經學通論箋注

〔清〕皮錫瑞 著

楊世文 張 行 吳龍燦 汪舒旋 箋注

上

圖書在版編目(CIP)數據

經學通論箋注 /(清)皮錫瑞撰;楊世文等箋注.
一上海:上海古籍出版社,2021.12
ISBN 978-7-5732-0203-1

Ⅰ.①經… Ⅱ.①皮… ②楊… Ⅲ.①經學—研究
Ⅳ.①Z126.27

中國版本圖書館 CIP 數據核字(2021)第 261799 號

經學通論箋注

(全二冊)

〔清〕皮錫瑞 撰

楊世文 張 行
吳龍燦 汪舒旋 箋注

上海古籍出版社出版發行

(上海市閔行區號景路 159 弄 1-5 號 A 座 5F 郵政編碼 201101)

(1)網址:www.guji.com.cn

(2)E-mail:guji1@guji.com.cn

(3)易文網網址:www.ewen.co

上海商務聯西印刷有限公司印刷

開本 710×1000 1/16 印張 57 插頁 6 字數 896,000

2021 年 12 月第 1 版 2021 年 12 月第 1 次印刷

ISBN 978-7-5732-0203-1

B·1246 定價:238.00 元

如有質量問題,請與承印公司聯繫

國家古籍整理出版專項經費資助項目

全國高等院校古籍整理研究工作委員會項目

四川大學古籍整理與經典文獻研究項目

皮錫瑞的經學成就及特色(代前言)

潘 斌

皮錫瑞(1850—1908),字鹿門,一字麓雲,湖南善化(今長沙市)人,清末經學家。因服膺漢代經師伏生,署所居爲"師伏堂",人稱"師伏先生"。皮氏主今文經學,屢試不第,遂專心於講學,博通群經,尤精《尚書》。著述頗豐,有《經學歷史》《經學通論》《今文尚書考證》《尚書大傳疏證》《古文尚書冤詞平議》《尚書古文疏證辨正》《尚書中候疏證》《春秋講義》《王制箋》《孝經鄭注疏》《駁五經異義疏證》《鄭志疏證》《六藝論疏證》《發墨守箴膏肓釋廢疾疏證》《易林證文》《漢碑引經考》《師伏堂經説》《南學會講義》等多種著作傳世。下面對皮錫瑞的經學成就及特色略作繹述。

一、解經貴實事求是

清代乾嘉學人推崇許慎、鄭玄之學,治經重視文字訓詁和名物制度的考證,并取得了很大的成就。然隨着世運學風的轉變,乾嘉漢學專事考證、不重義理的治學取向逐漸受到學界的批判,不少人在對乾嘉考據之學加以反思的同時,也試圖尋找新的理論形態以挽救衰局。嘉慶、道光年間,一些學人由東漢的古文經學回溯西漢的今文經學。到了晚清,今文經學已如日中天,在學界的影響力遠遠超過古文經學。

然而今文學家與古文學家之分,主要是從學術立場上來説,具體到每一個學人治學風格上來説又各有不同。事實上,今文學者并非完全不重名物制度之考證,古文學者也并非完全不講義理,比如晚清不少人治經以今文爲重,然從治經的形式上看不乏實學風格,這一點在皮錫瑞的經學著作中得到集中的體現。葉德輝稱皮氏"平生著作等身,實事求是",皮氏所作《六藝論疏證》是"考訂殘闕,別白是非,無一語不求其安,無一字不徵諸實"①。葉氏所言皮錫瑞解經"徵諸實",

---

① 葉德輝:《六藝論疏證序》,《六藝論疏證》卷首,師伏堂叢書本。

實際上是嘉許皮氏治經的實證風格。綜覽皮氏經學著作,可知其治經的實學風格主要體現在以下幾個方面:

第一,皮氏對漢人的經注經説做了大量的輯佚工作。其《駁五經異義疏證》《六藝論疏證》《尚書大傳疏證》《尚書中候疏證》《鄭志疏證》《孝經鄭注疏》《魯禮禘祫義疏證》《聖證論補評》等均是輯佚之作。如鄭玄《駁五經異義》早佚,皮氏之前已有王復、莊述祖、錢大昭、孔廣森、袁鈞、陳壽祺等輯本,皮氏以陳本爲優,以爲陳本“義據通深”,然也有“漏略”“疏闊”“習非”“炫博”四失,遂參核群書,益以袁鈞輯本,參互鈎稽,集其大成,成《駁五經異義疏證》。此外,皮氏在輯佚中對佚文多有考證,不乏精審之論。

第二,皮氏采用疏證體以解經。如于《今文尚書》《尚書大傳》《尚書中候》《魯禮禘祫義》《六藝論》《鄭志》《駁五經異義》等,皮氏均采用疏證體作解義。從皮氏爲經注經説所作疏證來看,大凡經、史、子、集之相關者,皮氏均多加徵引而不厭其煩。如於《康王之誥》“惟三月哉生魄”,皮氏以《漢書》的《藝文志》《律曆志》《王莽傳》以及《説文・月部》《禮記・鄉飲酒義》《詩緯・推度災》《孝經・援神契》、《白虎通・日月》篇、《法言・五百》篇中的内容予以參證。疏證體的特點是博采古注對經注經説加以疏通證明,而不多發議論,皮氏采用這樣的體式使其解經内容多淵源有自,而非師心自説。

第三,皮氏解經雖不以文字訓詁見長,然於經注經説,也多有文字訓詁和名物制度的考證。如《尚書・盤庚》“胥及逸勤”之“逸”,皮氏據蔡邕《司空文烈侯楊公碑》《詩》及《毛傳》《左傳》,以其又爲“肄”,據蔡邕《中鼎銘》《周禮・小宗伯》,“肄”又與“肆”相通。此爲皮氏自得之見,爲段玉裁、江聲、孫星衍、陳喬樅諸人所未得。

第四,皮氏治經態度矜慎,有求實精神。他説:“漢儒解經,其有明文而能自信者,即用決辭;其無明文而不能自信者,即爲疑辭。”[①]皮氏認爲,後世學人解經時則多將似是而非的内容當成確據,不但不能知聖人之旨,亦失漢儒矜慎之意。如《書序》:“西旅獻獒,大保作《旅獒》。”陳喬樅認爲作“獒”者爲《古文尚書》所用假借字,作“豪”者爲《今文尚書》之本字。皮氏曰:“今文無可考,陳説亦未見其必然,姑存之。”[②]皮氏認爲没有相關文獻記載爲佐證,尚難斷定“豪”一定就爲今文,引陳氏之説以存疑。

当然,由於皮氏有着今文經學的立場,所以其於經書經説所作考證難免受到

---

① 皮錫瑞撰:《經學通論・書》,師伏堂叢書本,葉五十。
② 皮錫瑞撰:《今文尚書考證》,盛冬鈴、陳抗點校本,中華書局,1989年,第519頁。

影響，其治經不免雜有先入爲主的經學觀念。對此，古文經學大師章太炎曾撰《駁皮錫瑞三書》，對其多有批評。

二、治學會通漢宋今古

歷史上儒學在發展的過程中分化成很多學派，如有漢學與宋學之分，漢學有今文與古文之分，宋學又有程朱理學與陸王心學之分。漢宋之爭、今古之爭、理學心學之爭，貫穿了整個清代經學史。在晚清今文學興起、今文學與古文學爭勝的思想文化背景下，皮錫瑞提出"學宜通達，不宜狹隘"①的主張，他說："無論何項學術，皆當自求心得，不當是己非人。意有不同，不妨周諮博訪，互相印證，以折衷於一是。即學派宗旨不可強合，盡可各尊所聞，各行所知，不妨有異同，不必爭門户。"②

對於今文學和古文學，皮錫瑞持包容的態度，他說："荀悦《申鑒》曰：'仲尼作經，本一而已；古今文不同，而皆自謂真本經。古今先師，義一而已；異家别説，而皆自謂真本説。'案今古文皆述聖經、尊孔教，不過文字説解不同而已。"③皮氏以荀氏之説爲據，認爲今文學和古文學同源而異流，故無必要視二者若冰炭。從皮氏治經之範圍來看，他不但於今文學多有研究，還於古文學多有探討。以《尚書》學爲例，皮氏不僅有《尚書》今文學著作，還有《尚書古文疏證辨正》《古文尚書冤詞平議》《尚書古文考實》等古文學著作。皮氏對古文《尚書》的探討頗具啓發意義，如於孔壁、中秘之古文《尚書》，劉逢禄、宋翔鳳、龔自珍、崔適等人多有非難。龔自珍認爲孔安國未嘗獻書，中秘古文《尚書》、百兩篇之類或出於劉歆之僞造，撰《説中古文》一文，舉十二證以明中秘古文《尚書》爲僞。皮氏認爲孔壁、中秘古文并非全僞，他說："近有專治今文攻古文《尚書》之僞者，力辨孔壁古文、中秘古文之非，世多駭爲創論。……予謂中古文即不僞，而自劉向校書之後不復見。孔氏所獻壁中真本，疑已爲赤眉之亂所毀，都尉朝傳至桑欽者，乃孔氏家之副本也。'中外相應'語出劉歆，不足據。"④皮氏不是絕對地否定孔壁、中秘古文《尚書》，他認爲中秘本在劉向校書之後已不復見，孔壁原有古文《尚書》，然孔氏所獻壁中之真本疑已爲赤眉之亂所毀，都尉朝傳至桑欽者乃孔氏家之副本。由此可見，關

① 皮錫瑞撰：《皮鹿門學長南學會第二次講義》，《皮錫瑞全集》第 8 册，吳仰湘點校，中華書局，2015 年，第 12 頁。
② 皮錫瑞撰：《皮鹿門學長南學會第二次講義》，《皮錫瑞全集》第 8 册，第 13 頁。
③ 皮錫瑞撰、周予同注釋：《經學歷史》，中華書局，1959 年，第 93 頁。
④ 皮錫瑞撰：《古文尚書冤詞平議》卷上，師伏堂叢書本。

於孔壁、中秘《古文尚書》之認識，與持絕對否定論者相比，皮氏的觀點顯得較爲平允。

皮錫瑞化解漢宋門户之見是從孔門四科談起的。《論語·先進》篇記載孔子將弟子分爲四科，他們各有偏長。皮氏認爲，漢宋之學都是承自孔子，"列四科之一者，實具聖人一體"；"漢學近文學，宋學近德行，其精者亦可備一科之選，特不兼通言語、政事，猶未見其切實有用可以經世耳"①。以宋學爲例，皮氏曰："宋儒明心見性，反身克己，近於'德行'一科，故爲後世所尊。然其流弊，以言語爲浮華，以政事爲粗才，語録盛行，科諢俚俗，并文字亦棄不講。四科中止講得德行，未得孔教之全。"皮氏又論漢學曰："乾嘉以後，學者乃專主國初諸儒訓詁考據，引而伸之，於是標舉漢學之名，以别異於宋學。其訓詁考據較國初諸儒爲精，而規模不及國初諸儒之大。四科中止講得文學，亦未得孔教之全。"②皮氏認爲，孔門四科中，既然漢宋之學皆源自孔子，那麼二者當異流而同源，皮氏曰："若自其同者而言之，漢學師孔子，宋學亦師孔子，考其源流分合，兩家本屬一家。""今孔教衰微，不絶如綫，尤宜破除門户，開通畛域，何必鬥穴中之鼠，操室中之戈乎！"③皮氏認爲，漢、宋之學皆孔學之流裔，二者本屬一家，故在孔教衰微之晚清，更需要破除漢、宋門户之見，而求諸學之會通。

三、治經重家法專門

皮錫瑞强調明經首先要守家法，他說："治經必嚴家法，方不至臆説亂經；五經博士各治本經，方不至變改師説。"④"今之治經者，欲求簡易，惟有人治一經，經主一家；其餘各家，皆可姑置；其他各經，更可從緩。……此古之治經者所以重家法而貴顓門也。"⑤他撰《經學家法講義》二十則短文，主要就是論述中國歷代經學之家法。

治經重家法，首先體現在他的鄭學研究中。鄭玄是漢代古文經學的集大成者，同時又兼通今文經學和讖緯，遍注群經，學識淵博，識斷精審，著述百餘萬言，是漢代經學的總結者。鄭玄經著所展現的文字訓詁和章句疏解，是漢學經典詮釋的傑作，清代乾嘉學派大多奉鄭玄群經注説爲宗主。道、咸以下，今文經學興

---

① 皮錫瑞撰：《皮鹿門學長南學會第七次講義》，《皮錫瑞全集》第8册，第45頁。
② 皮錫瑞撰：《皮鹿門學長南學會第七次講義》，《皮錫瑞全集》第8册，第43頁。
③ 皮錫瑞撰：《皮鹿門學長南學會第七次講義》，《皮錫瑞全集》第8册，第45頁。
④ 皮錫瑞撰：《經學講義底稿》，《皮錫瑞全集》第8册，第130頁。
⑤ 皮錫瑞撰、周予同注釋：《經學歷史》，第344頁。

起,但是崇尚鄭學之風依舊很濃。皮錫瑞重視研究鄭玄經學,他說:"錫瑞少習鄭學,意欲舉鄭氏諸書盡爲注解。"①他以《易》注已有惠棟、張惠言疏解,《書》注有江聲、王鳴盛、孫星衍、陳喬樅疏解,《論語》有金鶚、劉寶楠疏解,《左傳》服注有李貽德疏解,乃姑置之,作《孝經鄭注》《駁五經異義》《發墨守》《起廢疾》《鍼膏肓》《六藝論》《魯禮禘祫義》《鄭志》《鄭記》《答臨孝存周禮難》之疏證,以存鄭氏一家之學。皮氏研究鄭學的原因,可從以下三個方面來看:

第一,皮氏認爲鄭玄經注經說多有傳世,研究鄭學可窺漢代經學篤實之風。他說:"鄭君生當漢末,未雜玄虛之習、僞撰之書,箋注流傳,完整無缺,欲治漢學,舍鄭莫由。"②在他看來,鄭玄經學雖然混淆今古,然與魏晉時期治經雜玄虛之習、僞撰之書相比,實爲純正;此外,由於漢代經說多已亡佚,而鄭玄經注多能保存流傳下來,通過研究鄭玄經學,可窺漢代經學之盛。尤其是三《禮》之學,鄭玄傳承之功尤偉。他說:"鄭於禮學最精,而有功於《禮經》最大。向微鄭君之注,則高堂傳《禮》十七篇將若存若亡,而索解不得矣。……大小戴《記》亦無注釋,鄭注《小戴禮記》四十九篇,前無所承,亦獨爲其難者。向微鄭君之注,則小戴傳《記》四十九篇,亦若存若亡,而索解不得矣。"③在皮錫瑞看來,鄭玄《儀禮注》和《禮記注》爲後世學人研究《儀禮》和《禮記》提供了可靠的解義。

第二,皮氏認爲鄭玄經學有經世價值。皮氏持今文立場,重視經世致用,在他看來,鄭玄經學不僅有學術方面的意義,而且可以經世致用,鄭玄注三《禮》,且撰《魯禮禘祫義》《答臨孝存周禮難》等禮學著作,是以復古爲途徑,從而實踐經國之業。

第三,皮氏認爲研治鄭學可釐清漢代今古文之家法。他說:"治經必嚴家法,方不至臆説亂經;五經博士各治本經,方不至變改師説。"④鄭玄混淆今古文,以至於今古文經學的界限不明。按理説,強調經學家法的皮錫瑞對於混淆家法之鄭學當持批評之見,而事實上,他對鄭玄經學表現出巨大的熱情,多年研治鄭學,并"意欲舉鄭氏諸書盡爲注解"⑤。

鄭玄在經學史上有着承上啓下的地位,皮錫瑞指出,清初漢宋兼采之學逐漸變爲崇尚實證的乾嘉漢學,許慎、鄭玄之學是關鍵;由許、鄭之學溯源而上,則可回歸西漢之今文學,聖人之道由此而明。而這種回溯,其中就包括今古文之家

---

① 皮錫瑞撰:《經學講義底稿》,《皮錫瑞全集》第8冊,第134頁。
② 皮錫瑞撰、周予同注釋:《經學歷史》,第170頁。
③ 皮錫瑞撰:《經學通論·禮》,葉八。
④ 皮錫瑞撰:《經學講義底稿》,《皮錫瑞全集》第8冊,第130頁。
⑤ 皮錫瑞撰:《經學講義底稿》,《皮錫瑞全集》第8冊,第134頁。

法。鄭玄治經雖混淆今古，不守經學家法，然通過考察鄭學，漢代今古文之家法則朗然於目。由此可見，皮氏治鄭學，是希望通過研究鄭學而上窺漢代經學之家法，在考察經學家法的過程中以明聖人之道。

不過需要指出的是，皮氏經學雖有涵納各派之精神，却對今文情有獨鍾。他説：“惟前漢今文學能兼義理、訓詁之長。”①又云：“乾嘉以後，治今文者尤能窺見聖經微旨。”②因此皮氏治經以回復西漢今文學爲宗旨，他甚至將自己的居所稱之爲“師伏堂”，以表達對西漢今文經師伏生的景仰。皮氏在對鄭玄的《王制》《周禮》學考察中，尤其彰显了他的經學立場。

晚清廖平認爲今古文經學所言禮制分别是主《王制》和《周禮》，以《王制》主今學，《周禮》主古學，先立兩旗幟，然後招集流亡，各歸部屬。同廖平一樣，皮氏亦以《王制》和《周禮》分别今古，他説：“《王制》爲今文大宗，與《周禮》爲古文大宗兩相對峙”；兩者“一是周時舊法，一是孔子《春秋》所立新法”③。在皮氏看來，《王制》與《春秋》相通，因此《王制》爲今文大宗。皮氏曰：“《王制》爲多殷制，引《春秋》變周之文，從殷之質，則已知《王制》之通於《春秋》，特未明言爲素王之制耳。”④《王制》與《春秋》所言禮制相同，與《周禮》所言禮制相異；《王制》是以殷禮爲主而兼虞、夏、殷、周的四代之制，而《周禮》所記則多本周制。而鄭玄却認爲《王制》成書於先秦，在孟子之後。皮氏駁鄭玄説，認爲從内容上看，《王制》與《孟子》確實大同小異，然并不能以此推出《王制》據《孟子》所作。在皮氏看來，作《王制》者當是與孟子各記所聞，未見其必出於孟子之後。

鄭玄相信《周禮》爲周公所作，因此在解《王制》時必以《周禮》爲證。皮氏認爲鄭玄此舉和同今古，以至於經學家法不明。皮氏考鄭《注》，指出其失有六：一曰土地，二曰封國，三曰官制，四曰徵税，五曰禮典，六曰學制。皮氏解經重經學之家法，他説：“古文家即尊信《周禮》，亦但可以《周禮》解《周禮》，不可以《周禮》解各經。”⑤在他看來，鄭玄以古文之《周禮》解今文之《王制》是“昧於家法，而自生葛藤”⑥。

皮錫瑞批評鄭玄的《周禮》和《王制》研究，是出於其經學立場。今文家最爲重視《公羊傳》，因爲《公羊傳》多言改制，然而於具體制度的記述遠不及《王制》系

---

① 皮錫瑞撰、周予同注釋：《經學歷史》，第 90 頁。
② 皮錫瑞撰：《經學通論序》，《經學通論》卷首。
③ 皮錫瑞撰：《經學通論·禮》，葉七十一。
④ 皮錫瑞撰：《王制箋》，光緒三十四年(1908)思賢書局刻本。
⑤ 皮錫瑞撰：《經學通論·禮》，葉六十。
⑥ 皮錫瑞撰：《王制箋序》，《王制箋》卷首。

統。找到一種能與《周禮》言制度相抗衡的今文經典，是晚清今文家躍上學術舞臺時的一個重要使命。在這樣的背景下，與《周禮》一樣重視制度的《王制》便進入到了今文家的視閾，廖平、皮錫瑞等人紛紛起而用之，以《王制》爲今文之大宗，《王制》遂成爲晚清今文學的經中之經，以統帥今學諸經。

皮錫瑞治經重視家法還體現在他的箋注上。歷代今文學主要是圍繞《公羊》學而得以開展，而清人於今文家法之發明，已由《公羊》學而及他經，如馮登府之《三家詩異文疏證》、陳壽祺之《三家詩遺說考》、陳喬樅之《今文尚書經說考》《尚書歐陽夏侯遺說考》《三家詩遺說考》《齊詩翼氏學疏證》等皆言今文之家法。皮錫瑞最精者是《尚書》學，他指出以前的經學家治《尚書》皆不盡恪守今文之家法，"國朝經學，盡闢榛蕪，山東大師，猶鮮墨守。百詩專攻僞孔，不及今文。西莊獨阿鄭君，無關伏義。艮庭兼疏伏鄭，多以鄭學爲宗。茂堂辨析古今，每據古文爲是。淵如以《史記》多古說，遂反執鄭義爲今。樸園謂鄭注皆今文，不顧與伏書相背。伯申考證郅確，簡略惜不多傳。默深詆訶實工，武斷乃兼宋學。"①在《今文尚書考證》中，皮氏先列《伏傳》《史記》之說，同時又以先秦諸子之書、《白虎通義》《漢書》《後漢書》《後漢紀》《論衡》以及漢碑、緯書等所引經文和經說作爲參證。對於諸家經說，皮氏一以今文折衷。其先列《伏傳》《史記》之文，"字字遵信，加以發明，不可誤據後起之詞，輕疑妄駁"；次則取《白虎通》及兩《漢書》所引經說，加以漢碑所引之經，"此皆當日通行之今文，足備考證"；對於馬、鄭、僞孔，則"擇其善者，以今文爲折衷，合於今文者錄之，不合於今文者去之"②。由此可見皮氏治《尚書》時恪守今文家法之嚴。

四、闡發微言大義，強調經世致用

晚清今文經學家皆強調孔子所定《六經》別有深意，皮錫瑞亦推尊孔子和孔經，他說："孔子所定《六經》，皆有微言大義；自東漢專講章句訓詁，而微言大義置不論。今文十四博士，師傳中絕，聖經宗旨闇忽不章。"③在皮氏看來，如果專事章句訓詁，則難獲微言大義，因此他強調治經要先發掘孔子所定《六經》之微言大義。他說："《春秋》有大義，有微言。所謂大義者，誅討亂賊以戒後世是也；所謂微言者，改立法制以致太平是也。""孔子懼弒君弒父而作《春秋》，《春秋》成而亂臣賊子懼，是《春秋》大義，天子之事；知我罪我，其義竊取，是《春秋》微言。大義

---

① 皮錫瑞撰：《今文尚書考證·凡例》，師伏堂叢書本。
② 皮錫瑞撰：《經學通論·書》，葉六十一。
③ 皮錫瑞撰：《經學通論·詩》，葉五十。

顯而易見，微言隱而難明，孔子恐人不知，故不得不自明其旨。"①《春秋》大義是誅討亂賊以戒後世，即發揮懲戒的作用；《春秋》之微言是改立法制以致太平，即發揮改制的作用。大義是顯而易見的，而微言則是隱而難明的。皮氏所言"大義"在誅討亂賊，實即爲儒學的"尊尊"原則；皮氏所言"微言"在改立法制以致太平，即儒學的政治哲學和社會理想。

皮氏治經講求微言大義，首先體現在他爲《春秋》所作解義上。他説："讀《春秋經》，要先知孔子作《春秋》大義。"②孟子言孔子成《春秋》而亂臣賊子懼，何以《春秋》之後，亂臣賊子不絕於世？孔子作《春秋》之功安在？皮氏曰："自《春秋》大義昭著，人人有一《春秋》之義在其胸中，皆知亂臣賊子人人得而誅之，雖極凶悖之徒，亦有魂夢不安之隱，雖極巧辭飾説，以爲塗人耳目之計，而耳目仍不能塗，邪説雖橫，不足以蔽《春秋》大義。"③皮氏以王莽、曹丕、司馬炎、蕭衍、朱温、王敦、桓温、曹操、司馬懿等人爲例，認爲這些人雖有篡弑、詐僞、掩飾之事，然卻懼後世史官據事直書，此正説明此等人天良未盡泯滅，《春秋》大義已深入亂臣賊子之心。皮氏认为，孔子作《春秋》的重要意義是排絀詐力而彰顯王道。

皮錫瑞以"《春秋》立一王之法，其義尤爲顯著，而惟《公羊》知《春秋》是素王改制，爲能發明斯義"。他對《公羊傳》發明《春秋》爲後王立法之義多有説明，如："《公羊》之義大一統，路温舒曰：'臣聞《春秋》正即位大一統而慎始也。'……《公羊》之義大居正。袁盎曰：'方今漢家法周，周之道不得立弟，當立子，故《春秋》所以非宋公，宋公死，不立子而與弟，弟受國死，復反之，與兄之子、弟之子爭之，以爲我當代父。後即刺殺兄子，以故國亂禍不絕。故《春秋》曰：君子大居正。'……《公羊》之義，通三統。劉向曰：'王者必通三統，明天命所授者博，非獨一姓。'此皆見於兩《漢書》者。"④皮氏爲《公羊傳》所傳《春秋》之"大一統""大居正""通三統"之義所作疏釋，均是爲了更好地發明《春秋》之微言。

皮氏論《尚書》《詩經》等經典時也體現了他對經之微言大義的重視。如他以《今文尚書》二十九篇"經義本自瞭然，即云不見全經，二十九篇皆完書，無缺失也"⑤。在此觀念之下，皮氏認爲《今文尚書》二十九篇"篇篇有義"，他以"《堯典》見爲君之義，君之義莫大於求賢審官"，"《盤庚》見國遷詢萬民，命衆正法度之義，觀此知拓拔宏之譎衆脅遷者非矣"，"《費誓》見諸侯專征，嚴明紀律之義，觀此知

---

① 皮錫瑞撰：《經學通論·春秋》，葉一。
② 皮錫瑞撰：《師伏堂春秋講義》卷上，宣統元年(1909)師伏堂鉛印本。
③ 皮錫瑞撰：《經學通論·春秋》，葉二十七。
④ 皮錫瑞撰：《經學通論·春秋》，葉十四—葉十六。
⑤ 皮錫瑞撰：《經學通論·書》，葉三十六。

用兵不可擾民矣”,“《秦誓》見穆公悔過,卒伯西戎之義,觀此知人君不可飾非,當改變以救敗矣”①,此皆發掘《今文尚書》之微言。《詩經》之《魯頌》在《商頌》之先,皮氏認爲此即《春秋》“新周故宋”之義,此乃發掘《詩經》之微言。②

皮錫瑞治學重視經世致用,以此作爲評判治經水平高下之標準,這集中體現在他對《春秋》的論説上。他抱着對孔子孔經真誠的信仰,認爲“《春秋》爲萬世作”,他舉例曰:“《春秋》大一統,後世廢封建、設郡縣,此用《春秋》大一統之義也。《春秋》譏世卿,後世除世爵,行選舉,此用《春秋》譏世卿之義也。”③皮氏認爲,後世廢封建、設郡縣正是《春秋》“大一統”之義的體現,後世除世爵、行選舉正是《春秋》“譏世卿”之義的體現。

晚清中國內憂外患严重,皮錫瑞認爲,講外交當以《春秋》爲法。他説:“如齊、晉、秦、楚列土爭衡,俄、德、法、英群雄競勝,地若繡錯,國於鼎力,政府并尚權譎,使才皆習縱橫,此一似也。周之天子僅能守府而不能不假其聲靈,今之教皇亦等贅疣而不能不奉其宗教,大權實去,共主名存,王人雖微序於諸侯之上,羅馬之使亦列各國之前,此二似也。《春秋》諸侯於今歐洲諸國,外列盟會,內蓄詐虞,名爲婚姻,實懷猜忌,其中各藏叵測,而強以信責人,奉載書以要神明,持公法以藉口實,此三似也。《春秋》有弭兵之盟,今亦有弭兵之會,或英君哲相藉美名以售欺,或志士仁人傷兵禍而强聒,明知不能息戰,而必托於禁攻,兩伯爭先,何殊向戌之請,十字立會,猶是宋襄之仁,此四似也。”皮氏認爲,春秋時勢與晚清時期之歐洲相似。皮氏曰:“時勢既同,則交涉應付亦同,《春秋》之義,可實行於今日。”因此,“講外交不可不知《春秋》”。又如人才之提拔,皮氏亦主張法《春秋》,他説:“春秋時重士雖不如戰國,而強侯角立,皆以得人爲重,故春秋列國之人材亦爲後世之所莫逮,由能破格以招之,優禮以待之故也。今中國雖一統,而東西各國方競爭,與中國抗衡,其需材無異于分裂之時,欲求得士而強,亦非破格優禮不可。”④皮氏認爲孔經爲後世之大綱大法,舉凡政治、外交、選拔人才等,皆可在孔經中找到依據。

皮錫瑞是經學家,而非政治家,其在治經中所闡發的經世致用思想僅僅停留於學術層面,而難以付諸實踐。今天我們研究皮氏經學,要重視他留下的學術遺産。而其《經學歷史》與《經學通論》二書,爲治經學者指示門徑,歷來爲學者所重。

---

① 皮錫瑞撰:《經學通論·書》,葉三十一。
② 皮錫瑞撰:《經學通論·詩》,葉五十一。
③ 皮錫瑞撰:《師伏堂春秋講義》卷上。
④ 皮錫瑞撰:《師伏堂春秋講義》卷上。

箋注説明

皮錫瑞以經學稱名於世。"皮氏治經,宗今文;但持論平允,没有康有爲那樣的武斷,也没有廖平那樣的怪誕。"①這是周予同對皮錫瑞的評價,長久以來得到學界的認同。徐世昌主編的《清儒學案》②以及楊向奎主編的《清儒學案新編》③都爲皮錫瑞專門設案。張舜徽的《清儒學記》綜述皮氏一生"始治《尚書》,中治鄭學,晚歲博貫群經,創通大義"。張舜徽結合皮錫瑞在南學會的諸次講義,分析皮氏的學術思想和治學門徑,雖守今文經,但是極其通達,很少門户之見。稱贊皮氏"實是通學門庭,在許多問題上,能見其大,能觀其通。近人衹把他看成專治今文家言的經師,那就是縮小他的作用了"④。皮氏衆多經學著作之中,《經學歷史》與《經學通論》二書,總論經學歷史,解析經學問題,指示經學門徑,一百多年來爲學習研究經學者案頭必備之書。

《經學歷史》從縱向梳理了中國經學發展的脉絡,分中國經學爲三大派:西漢今文經學、東漢古文經學、宋學。劃分中國經學的發展爲十個時期:經學開闢時代、經學流傳時代、經學昌明時代、經學極盛時代、經學中衰時代、經學分立時代、經學統一時代、經學變古時代、經學積衰時代、經學復盛時代。在編纂體例上,《經學歷史》一書吸收了史學上的會通觀點,借鑒了章節體的形式,在時間和内容上稱得上是一部完整的中國經學史。

《經學通論》一書,則以五經爲綱,以問題爲緯,梳理經學源流,衡論經學問題,對《易經》《書經》《詩經》、三《禮》(《周禮》《儀禮》《禮記》)及《春秋》(包括三傳)五種儒家經典的撰著流傳、内容要義,以及歷代經説的是非得失、經學研究的方法門徑等問題,作了扼要的闡述。本書與《經學歷史》同爲皮錫瑞的代表性著作,直至今天仍不失爲一部有價值的經學參考書。

---

① 周予同撰:《皮錫瑞傳略》,載皮錫瑞撰、周予同注釋:《經學歷史》,中華書局,1959年,第8頁。
② 徐世昌撰:《清儒學案》卷一九三《鹿門學案》,人民出版社,2010年。
③ 楊向奎撰:《清儒學案新編》第四卷《鹿門學案》,齊魯書社,1988年。
④ 張舜徽撰:《清儒學記·湖南學記第七》,華中師範大學出版社,2005年。

《經學歷史》已有周予同箋注本行世,流傳頗廣。而《經學通論》一書,從經學問題出發,從經典的角度論述經學問題,一縱一橫,可與《經學歷史》并觀,堪稱一部實用的經學通識教材。其中論《易經》三十條,論《書經》三十三條,論《詩經》三十八條,論《三禮》五十二條,論《春秋》五十六條,共二百零九條,涉及經學問題廣博。閱讀這些條目,讀者對中國經學會有一個比較全面而深入的理解。

目前雖有不少經學研究論著問世,但真正能夠作爲世所公認的教材其實并不多見。因此我們認爲,皮氏《經學通論》仍然不失爲經學研究的入門書。但該書內容比較專門,普通讀者閱讀可能會有一定的難度,有必要對其作進一步整理、注釋。

經學問題十分複雜,皮氏論述的範圍又十分廣泛。爲了減少閱讀障礙,我們對《經學通論》做了比較詳細的箋注,讀者閱讀時以正文爲綱,以注釋爲緯,可逐步深入經學殿堂,一窺其美盛。我們主要做了以下幾項工作:

1. 底本校勘。《經學通論》有光緒三十三年思賢書局刻本、師伏堂叢書本、國學基本叢書本。我們以思賢書局刻本爲底本,參互校勘,并參考了華夏出版社周春健校注本、中華書局吳仰湘點校本等當代整理本的校勘成果。每篇添加編號,適當分段,以便閱讀。

2. 專有名詞的注釋。對書中涉及的重要經學名詞、用語,適當進行解釋,比如"今古文""美刺""三科九旨""百國春秋"等等,以便理解。

3. 人名注釋。對書中提到的重要人物及其事迹進行補充注釋,側重其在學術上的貢獻,比如董仲舒、何休、徐遵明、胡安國、蔡沈等等。

4. 著作注釋。對書中提到的重要書名,從卷數、作者、內容梗概方面進行解釋,以便查閱。如《尚書大傳》《五經異義》《六經奧論》《讀禮通考》等等。

5. 引文核對與注釋。對書中引用他書的部分,于注中標明書名、卷數、主要內容,并與所引原文進行校對,遇有差異者於注中標出。

6. 對書中重要的觀點進行補充。遇有爭議的觀點,於注中分列不同説法,以便讀者參考。

7. 对于"允""元""正""宏"等避諱字,一般徑回改爲"胤""玄""貞""弘"等。

本書是全國高校古籍整理工作委員會 2009 年度立項項目(編號 2009—127,0956)。本書的箋注,歷時較長。總體上由楊世文負責,張行、吳龍燦、汪舒旋共同完成。舒大剛、黃開國、王啓濤等教授對本書出版給予大力支持,潘斌教授撰寫了前言,張尚英研究員審讀了部分稿件,張玉秋、文建剛同學做了部分資料校對工作,在此深致謝忱。由於我們學力有限,箋注工作又非常艱巨複雜,不足之處在所難免,衷心希望各位師友不吝賜教。

目 録

詩經通論箋注

三禮通論箋注

自　序

　　經學不明，則孔子不尊。孔子不得位，無功業表見，晚定六經，以教萬世，尊之者以爲萬世師表。自天子以至於士庶，莫不讀孔子之書、奉孔子之教。天子得之以治天下，士庶得之以治一身，有捨此而無以自立者。此孔子所以賢於堯舜，爲生民所未有，其功皆在刪定六經。孟子稱孔子作《春秋》，比禹與周公，爲天下一治，其明證矣。漢初諸儒深識此義，以六經爲孔子所作，且謂孔子爲漢定道。太史公謂："言六藝者，折衷於孔子，可謂至聖。"董仲舒奏武帝表章六經，抑黜百家，"諸不在六藝之科、孔子之教者，勿使并進"。故其時上無異教，下無異學。君之詔旨，臣之章奏，無不先引經義，所用之士必取經明行修。此漢代人才所以極盛，而治法最近古，由明經術而實行孔教之效也。後漢以降，始有異議，不盡以經爲孔子作。《易》則以爲文王作卦辭，周公作爻辭；《春秋》則以凡例爲出周公；《周禮》《儀禮》皆以爲周公手定；《詩》《書》二經，亦謂孔子無刪定事。於是孔子無一書傳世，世之尊孔子，特名焉而已，不知所以爲萬世師表者安在。唐時乃尊周公爲先聖，降孔子爲先師，配享從祀，與漢《韓敕》《史晨》諸碑所言大異。豈非經學不明、孔子不尊之過歟？近世異說滋多，非聖無法，至欲以祖龍之一炬，施之聖經。在廷儒臣，上言尊孔，恭奉諭旨，升孔子爲大祀，尊崇盛典，遠軼百王。

　　錫瑞竊以爲，尊孔必先明經。前編《經學歷史》，以授生徒，猶恐語焉不詳，學者未能窺治經之門徑，更纂《經學通論》，以備參考。大旨以爲：

　　一、當知經爲孔子所定，孔子以前不得有經；

二、當知漢初去古未遠，以爲孔子作經，説必有據；

三、當知後漢古文説出，乃尊周公以抑孔子；

四、當知晉宋以下，專信《古文尚書》《毛詩》《周官》《左傳》，而大義微言不彰；

五、當知宋元經學雖衰，而不信古文諸書，亦有特見；

六、當知國朝經學復盛，乾嘉以後，治今文者尤能窺見聖經微旨。

執此六義以治諸經，乃知孔子爲萬世師表之尊，正以其有萬世不易之經。經之大義微言亦易甚明，治經者當先去其支離不足辨，及其瑣碎無大關繫，而用漢人存大體、玩經文之法，勉爲漢時通經致用之才，斯不至以博而寡要與迂而無用疑經矣。錫瑞思殫炳燭之明，用救燔經之禍，鑽仰既竭，不知所裁，尚冀達者諒其僭愚，而匡所不逮，則幸甚。

光緒丁未，善化皮錫瑞自序。

易經通論箋注

1. 論變易、不易皆《易》之大義

治經者當先知此經之大義。以《易》而論，變易、不易皆大義所在，二者當并行不相悖。《周易正義》第一"論易之三名"曰[1]："夫《易》者，變化之總名，改換之殊稱[2]。自天地開闢，陰陽運行，寒暑迭來，日月更出，孚萌庶類[3]，亭毒群品[4]，新新不停，生生相續，莫非資變化之力，換代之功。然變化運行在陰陽二氣，故聖人初畫八卦[5]，設剛柔兩畫[6]，象二氣也，布以三位[7]，象三才也[8]，謂之爲《易》，取變化之義。既義總變化[9]，而獨以'易'爲名者，《易緯‧乾鑿度》云[10]：'《易》一名而含三義：所謂易也，變易也，不易也。'又云：'《易》者其德也，光明在四通[11]，簡易立節，天以爛明，日月星辰，布設張列，通精無門，藏神無穴，不煩不擾，澹泊不失，此其易也。變易者，其氣也，天地不變，不能通氣，五行迭終[12]，四時更廢[13]，君臣取象，變節相移，能消者息，必專者敗，此其變易也。不易者，其位也，天在上，地在下，君南面，臣北面，父坐，子伏，此其不易也。'鄭玄依此義作《易贊》及《易論》云[14]：'《易》一名而含三義：易簡一也，變易二也，不易三也。'故《繫辭》云[15]：'乾坤其《易》之蘊邪？'又云：'《易》之門戶邪？'又云：'夫乾，確然示人易矣；夫坤，隤然示人簡矣[16]。易則易知，簡則易從。'此言其易簡之法則也。又云：'爲道也屢遷，變動不居，周流六虛[17]，上下無常，剛柔相易，不可爲典要，唯變所適。'此言順時變易，出入移動者也。又云：'天尊地卑，乾坤定矣，卑高以陳，貴賤位矣，動靜有常，剛柔斷矣。'此言其張設布列不易者也。"

錫瑞案：孔穎達引證詳明，《乾鑿度》爲說《易》最古之書，鄭君兼通今古文之學[18]，其解《易》之名義，皆兼變易、不易之說，鄭引《易》尤切實。是《易》雖有窮變通久之義，亦有不易者在。斯義也，非獨《易》言之，群經亦多言之，而莫著於《禮記‧大傳》曰[19]："改制度，易服色,殊徽號,異器械,別衣服,此其所得與民變革者也。其不可得變革者則有矣,尊尊也,親親也,長長也,男女有別,此其不可得與民變革者也。"變革即變易也,不可變革即不易也。董仲舒[20],漢初大儒,深得斯旨,其對策曰[21]:"道之大原出於天,天不變,道亦不變。"又曰:"爲政而不行,甚者必變而更化之,乃可理也。"後人讀之,疑其前後矛盾,不知董子對策之意,全在變法,以爲舜繼堯後,大治有道,故可無爲而治;漢繼秦後,大亂無道,而漢多襲秦舊,故謂當變更化。不變者道也,當變者法也,亦即《易》以變易爲義,而有不變者在也。今之學者,不知窮變通久之義[22],一聞變法,群起而争;反其説者,又不知變易之中有不易者在,舉天地、君臣、父子不可變者亦欲變之,又豈可訓乎!

箋注

〔1〕《周易正義》第一,阮校刻本《十三經注疏》此處作"《周易正義》卷首第一"。

〔2〕案,"易"之首義爲"變易",即變化、改換。總名,總稱;殊稱,別名。

〔3〕孚萌,指孵育滋生;庶類,衆多物類。

〔4〕亭毒,指養育。典出《老子·五十一章》:"長之育之,亭之毒之,養之覆之。"高亨《老子正詁》:"'亭'當讀爲'成','毒'當讀爲'熟',皆音同通用。"後引申爲養育,化育。《文選·劉孝標〈辯命論〉》:"生之無亭毒之心,死之豈虔劉之志。"李周翰注:"亭、毒,均養也。"群品,萬事萬物。

〔5〕聖人初畫八卦,指傳説中的伏羲發明八卦。伏羲所發明的八卦也稱伏羲八卦、先天八卦,即乾、坤、震、巽、坎、離、艮、兑,分別代表了天、地、雷、風、水、火、山、澤。北宋邵雍區分不同八卦體系,把由一分爲二而來的"天地定位"的八卦點陣圖稱爲先天八卦,又名伏羲八卦;把《説卦傳》"帝出乎震"一段談的八卦稱爲後天八卦,又稱文王八卦。

〔6〕剛柔兩畫,指陰畫"– –"和陽畫"——",代表陰陽二氣,是卦的兩種基本組成符號。剛柔指陰陽。

〔7〕布以三位,指將陰陽二畫排列組合,三畫一組,構成了乾、坤、震、巽、坎、離、艮、兑八種基本卦。

〔8〕三才,即天、地、人;三畫卦中,上畫代表天,下畫代表地,中畫代表人。

〔9〕義總變化,指總括變化之義。

〔10〕《易緯・乾鑿度》,西漢末緯書《易緯》中的一篇,“乾”爲天,“度”是路,《乾鑿度》有開闢通向天上道路的意思。《白虎通義・天地》篇已引用《乾鑿度》,曾有鄭玄及宋均兩家注。

〔11〕光明四通,指光明無所不達。四通即“東南西北”各方位。

〔12〕五行,指“金、木、水、火、土”;迭終,指五行互相變化、相生相克的互動關繫。

〔13〕四時更廢,即“春、夏、秋、冬”四季輪換。

〔14〕鄭玄(127—200),字康成,東漢北海高密(今屬山東)人。世稱“後鄭”,以別於鄭興、鄭衆父子。據《後漢書・鄭玄列傳》,玄博學多師,兼通今古文。史稱“師事京兆第五元先,始通《京氏易》《公羊春秋》《三統曆》《九章算術》。又從東郡張恭祖受《周官》《禮記》《左氏春秋》《韓詩》《古文尚書》。以山東無足問者,乃西入關,因涿郡盧植,事扶風馬融”。在外游學十餘年,後回鄉里聚徒講學,其門生“相隨已數百千人”。後因政治上反對宦官專權而被禁錮。自此閉門不出,潛心著述,通過注釋、研究諸經和當時流傳下來的歷史文獻,而創立了鄭學。根據《後漢書》記載,鄭玄著作很多,其中有反駁何休而作的《發墨守》《箴膏肓》《起廢疾》,有弟子撰鄭氏答弟子問五經的《鄭志》八篇。“凡玄所注《周易》《尚書》《毛詩》《儀禮》《禮記》《論語》《孝經》《尚書大傳》《中候》《乾象曆》,又著《天文七政論》《魯禮禘祫義》《六藝論》《毛詩譜》《駁許慎五經異義》《答臨孝存周禮難》,凡百餘萬言”。清袁鈞《鄭氏佚書》、馬國翰《玉函山房輯佚書》輯錄鄭玄著述。孔廣森《通德遺書所見錄》、黃奭《高密遺書》也有輯本。據歷代史志記載,其易學著作主要有《周易注》《易贊》《易論》《易緯注》,現存的有《易緯注》,其餘佚失。鄭玄的易學思想主要見於《易緯注》及唐李鼎祚《周易集解》,宋王應麟、清丁傑、張惠言等人輯有《周易鄭康成注》《周易鄭注》《周易鄭氏注》等書。清惠棟作《易漢學》、張惠言作《周易鄭荀義》對鄭氏易學皆有闡發。通觀鄭氏易學,主要有四方面的內容:爻辰説、禮象説、易數説、易學訓詁。參閱林忠軍著《象數易學發展史》第一卷,齊魯書社,1994年,第150頁。

〔15〕《繫辭》,《易傳》篇目。《周易》分《易經》和《易傳》兩部分。《易傳》相傳爲孔子所作,共分十篇:《彖》上下、《象》上下、《繫辭》上下、《文言》《説卦》《序卦》《雜卦》,亦稱“十翼”。

〔16〕案,乾卦和坤卦都是單一爻卦,乾卦由六個陽爻組成,坤卦由六個陰爻組成,故稱之爲簡、易。王弼《周易注》云:“確,剛貌也。隤,柔貌也。乾、坤皆

恒一其德，物由以成，故簡易也。"

〔17〕六虛，《易經》六十四卦，每卦六爻的位置。因爻有陰陽，每卦之爻變動無定，故爻位稱"虛"。

〔18〕案，"古文"與"今文"對舉，最早見於司馬遷《史記》。秦始皇統一中國以前，秦國使用的是籀文（大篆），與東方六國古文不同。近代王國維首先提出"古文"係戰國時東方六國文字的論斷。秦始皇三十四年（前213），天下焚書，儒家古文經書遭到了大浩劫，只有部分被藏匿而保存下來。漢初稱爲"今文"的，即用當時通行的隸書抄寫的；稱爲"古文"的，即指由六國文字抄寫的舊書。漢代的今古文經之爭，雖和書寫所用文字的今古有關，但實際爭論的問題，却在文字背後，涉及的問題很多，如書目、經典排列次序、對待孔子和五經的態度、社會地位和影響等都有所不同。一般認爲西漢官方經學主要是今文經學，西漢末劉歆推崇古文經學，開啓了漢代經學的今古文之爭，到東漢早中期爲最甚。鄭玄兼采古今，遍注群經，消弭今古文之爭，被稱爲經學"小統一"時代。到清代嘉慶、道光以後，經學"今古文之爭"又起。

〔19〕《禮記》，儒學經典之一，是孔子的門人及戰國時期儒者論禮的作品。原來有一百多篇，西漢末戴德將劉向收集的130篇加以整理，一共得85篇，稱爲《大戴禮記》。後來其侄戴聖重新簡化删削，得46篇，再加上《月令》《明堂位》和《樂記》，一共49篇，稱爲《小戴禮記》。《大戴禮記》至隋、唐時期已散逸大半，現僅傳39篇，而《小戴禮記》因通行至今。《大傳》是《小戴禮記》之第十六篇。"改制度"，《大傳》原文作"改正朔"。"尊尊也，親親也"，《大傳》原文作"親親也，尊尊也"。

〔20〕董仲舒（前179—前104），西漢廣川郡（今屬河北衡水）人。他向漢武帝建議"罷黜百家，獨尊儒術"，確立了儒學的統治地位。董仲舒的《天人三策》《春秋繁露》以儒家學説爲基礎，以陰陽五行爲框架，綜羅諸子百家之學，建立起一個適應西漢時代發展的新儒學思想體系。董仲舒也被譽爲"儒者宗""漢代的孔子"。

〔21〕對策，即"天人三策"。建元元年（前140），漢武帝劉徹即位，詔令全國舉賢良對策，董仲舒針對漢武帝的策問，以"天人關繫"爲基礎系統論述了切合西漢更化改制需要的一系列重大政治哲學理論問題，爲漢武帝所采納，并陸續實施，史稱"天人三策"。

〔22〕窮變通久之義，指事物到了盡頭就要變化，變化才能繼續發展，才能久遠。語本《易·繫辭下傳》："易，窮則變，變則通，通則久。"

2. 論伏羲作《易》垂教，在正君臣、父子、夫婦之義

讀《易》者，當先知伏羲爲何畫八卦，其畫八卦有何用處。《正義》曰[1]："作《易》所以垂教者，即《乾鑿度》云：'孔子曰：上古之時，人民無別，群物未殊，未有衣食器用之利，伏羲乃仰觀象於天，俯觀法於地，中觀萬物之宜，於是始作八卦，以通神明之德，以類萬物之情。故《易》者，所以繼天地、理人倫而明王道。是以畫八卦，建五氣[2]，以立五常之行[3]；象法乾坤，順陰陽，以正君臣、父子、夫婦之義；度時制宜，作爲罔罟[4]，以佃以漁，以贍民用。於是人民乃治，君親以尊，臣子以順，群生和洽，各安其性。此其作《易》垂教之本意也。"又《坤靈圖》曰[5]："伏羲氏立九部[6]，民易理。"《春秋緯·文耀鈎》曰[7]："伏羲作《易》名官[8]。"《禮緯·含文嘉》曰[9]："虙者別也，戲者獻也，法也。伏羲始別八卦以變化天下，天下法則[10]，咸伏貢獻，故曰伏羲也。"鄭君《六藝論》曰[11]："虙羲作十言之教曰：乾、坤、震、巽、坎、離、艮、兌、消、息，無文字，謂之《易》，以厚君民之別。"鄭專以厚君民之別爲説，蓋本孔子云"君親以尊，臣子以順"之義[12]。陸賈《新語·道基》篇[13]亦云："先聖仰觀天文，俯察地理，圖畫乾坤，以定人道，民始開悟，知有父子之親，君臣之義，夫婦之道，長幼之序，於是百官立，王道乃生。"《白虎通》暢其説云[14]："古之時未有三綱六紀[15]，民人但知其母而不知其父，能覆前不能覆後，臥之詁詁[16]，起之吁吁[17]，飢即求食，飽即棄餘，茹毛飲血而衣皮葦[18]。於是伏羲仰觀象於天，俯察法於地，因夫婦，正五行，始定人道，畫八卦，以治天下。"

焦循謂[19]："讀陸氏之言，乃恍然悟伏羲所以設卦之故。"更推闡其旨曰："學《易》者，必先知伏羲未作八卦之前是何世界，伏羲作八卦，重爲六十四，何以能治天下，神農、堯、舜、文王、周公、孔子，何奉此卦畫爲萬古修己治人之道。孔子删《書》始唐虞[20]，治法至唐虞乃備也；

贊《易》始伏羲,人道自伏羲始定也。有夫婦然後有父子,有父子然後有君臣,伏羲設卦觀象[21],定嫁娶以別男女,始有夫婦,有父子,有君臣。然則君臣自伏羲始定,故伏羲爲首出之君,前此無夫婦父子,即無君臣。凡緯書所載天皇、地皇、人皇、九頭、五龍、攝提、合雒等紀[22],無容議矣。《莊子·繕性》篇云[23]:'古之人在混茫[24]之中,與一世而得淡漠[25]焉。當是時也,陰陽和静,鬼神不擾,四時得節,萬物不傷,群生不夭,人雖有知,無所用之,此之謂至一[26]。當是時也,莫之爲,常自然。逮德下衰,及燧人[27]、伏戲始爲天下,是故順而不一。'按莊子不知《易》道,不知伏羲之功者也。飲食男女,雖禽獸蟲豸[28]生而即知,然牝牡無定偶,故有母而無父[29]。自伏羲畫八卦而人道定,有夫婦乃有父子,有父子乃有君臣。孔子贊《易》,所以極稱伏羲之功也。人道不定,天下大亂,何以得至一? 故無伏羲畫卦,則無夫婦,無父子,無君臣,而以爲陰陽和静,萬物不傷,真妄論矣。阮嗣宗《通易論》[30]云:'《易》者何也? 乃昔之玄真[31],往古之變經也。庖犧氏當天地一終,值人物憔悴[32],利用不存[33],法制夷昧[34],神明之德不通,萬物之情不類,於是始作八卦,引而伸之,觸類而長之,分陰陽,序剛柔,積山澤,連水火,雜而一之,變而通之,終於《未濟》,六十四卦盡而不窮[35]。'嗣宗亦莊生之流,而論《易》則稱伏羲之功,不拾漆園[36]唾餘。然謂'利用不存,法制夷昧',似謂上古本有法制利用,至伏羲時晦亂,而伏羲氏復之,則無稽耳。"

錫瑞案:焦氏發明伏羲畫卦之功尤暢。畫卦之功,首在厚君民之別,故曰:"上天下澤,履,君子以辨上下,定民志。"[37] 而地天爲《泰》[38],天地爲《否》[39],似與此義相反。蓋《泰》之得在天地交,《否》之失在天地不交。《履》以位[40]言,《泰》《否》以情[41]言,所謂言豈一端而已。後世尊卑闊絕,而上下之情疏,禮節繁多,而君臣之義薄。四語本蘇子瞻。昧者欲矯其弊,遂議盡去上下之分,豈知作《易》垂教,所以理人倫而明王道之義乎!

箋注

〔1〕引文見《周易正義》卷首"論易之三名"。

〔2〕五氣，指金、木、水、火、土五行之氣。《素問·六節臟象論》："五氣更立，各有所勝。"

〔3〕五常之行，指儒家倫理"仁、義、禮、智、信"五種德行。

〔4〕"罔"，同網。"罟"(gǔ)，古代網的總稱。語出《繫辭傳》："作爲結繩而爲罔罟，以佃以漁，蓋取諸《離》。"

〔5〕《坤靈圖》，緯書《易緯》中的一篇，與《乾鑿度》相配。《易緯》有《乾坤鑿度》《乾鑿度》《稽覽圖》《通卦驗》《辨終備》《是類謀》《乾元序制記》及《坤靈圖》。

〔6〕立九部，意爲分劃人民爲九個部落，或建立九個相應的社會管理部門。

〔7〕《春秋緯·文耀鈎》，緯書《春秋緯》中的一篇。《春秋緯》共有 13 個篇目：《演孔圖》《元命包》《文耀鈎》《運斗樞》《感精符》《合誠圖》《考異郵》《保乾圖》《漢含孳》《佑助期》《握誠圖》《潛潭巴》《説題辭》。

〔8〕伏羲作《易》名官，案《左傳·昭公十七年》郯子曰："太皞氏以龍紀，故爲龍師，而龍名。"杜預注曰："太皞伏犧氏，風始祖也。有龍瑞，故以龍令官。"《易緯·通卦驗》曰："宓犧方牙蒼精作《易》，無書以畫事。"鄭玄注："宓犧時質樸，作《易》以爲政令而不書，但以畫其事之形象而已。"

〔9〕《禮緯·含文嘉》，漢代緯書名，《白虎通義》曾據引以證三綱六紀之義。

〔10〕天下法則，指治理天下的法則，如政治制度、經濟生活和人倫規範等法度、原則。

〔11〕《六藝論》，鄭玄所作經學著作，論孔子六藝著述宗旨，已散佚，有皮錫瑞《六藝論疏證》等輯佚本。

〔12〕"君親以尊，臣子以順"，語出《易緯·乾鑿度》，言君臣、父子之間的尊卑、健順的關繫。

〔13〕《新語》十二篇，西漢初思想家陸賈(前 240—前 170)所著。内容主要反思秦政速亡教訓，反對暴政，主張德政，如《新語·輔政》篇："秦以刑罰爲巢，故有覆巢破卵之患。"《新語·道基》篇："虐行則怨積，德布則功興。"

〔14〕《白虎通》，又稱《白虎通義》《白虎通德論》。東漢章帝建初四年(79)朝廷召開白虎觀會議，由太常、將、大夫、博士、議郎、郎官及諸生、諸儒在白虎觀陳述見解，"講議五經異同"，漢章帝親自裁決其經義奏議。會議結論由班固

整理撰寫成《白虎通義》一書,簡稱《白虎通》。《白虎通》以今文經説爲基礎,初步實現了經學的統一。

〔15〕三綱六紀,出自《白虎通義·號》篇。三綱即君爲臣綱,父爲子綱,夫爲妻綱;六紀即諸父有善,諸舅有義,族人有序,昆弟有親,師長有尊,朋友有舊。

〔16〕詁詁(qū),呼吸聲。

〔17〕吁吁,喘息聲。《莊子·盜跖》篇云:"神農之代,卧則居居,起則於於。"成玄英疏:"居居,安静之容;於於,自得之貌。"

〔18〕"衣皮葦",指身穿動物皮或草木製作的簡易衣服。盧文弨云:"葦或疑革,或韋之僞,與上毛血爲類,似不指草衣卉服言。"(轉引自陳立《白虎通疏證》)

〔19〕焦循(1763—1820),字理堂,一字里堂,揚州府甘泉縣(今揚州邗江黄珏鎮)人,嘉慶六年(1801)中舉人,翌年應禮部試不第,即不出仕。以天文曆算、禮學、《孟子》及《周易》研究著稱。焦循主張"非明六書之假借、轉注,不足以知象辭、爻辭、十翼之義"。完成《易通釋》十二卷,復提其要爲《易圖略》《易章句》。後以此三書合刊爲《易學三書》(全名《雕菰樓易學三書》)。引文分别見《易話》卷下《陸賈説易》、卷上《學易叢言》。

〔20〕案,孔子删《書》始唐虞,指孔子删述六經中的《尚書》,最早的篇目是《堯典》《舜典》。唐虞,即唐堯、虞舜。

〔21〕《繫辭》引孔子語"聖人設卦觀象,繫辭焉以明吉凶";焦循《易圖略》"伏羲設卦以觀變通之象,觀象者即觀其當位失道之吉凶也"。

〔22〕案,指緯書中所説的十紀年代。《春秋命曆序》:"自開闢至獲麟二百二十七萬六千歲。分爲十紀,每紀爲二十六萬七千年,凡世七萬六百年。一曰九頭紀,二曰五龍紀,三曰攝提紀,四曰合洛紀,五曰連通紀,六曰叙命紀,七曰循蜚紀,八曰因提紀,九曰禪通紀,十紀疏仡紀。"(見《路史前紀》卷二、《文獻通考》卷一七四引)

〔23〕《莊子·繕性》篇,《莊子》外篇中的一篇,取文首兩字爲篇名,討論如何養生修性。

〔24〕混茫,《莊子》原文爲"混芒",混沌茫昧,形容遠古之時,人類尚未開化,還没有時間的概念,也没有什麽事迹流傳下來。

〔25〕淡漠,恬淡寂寞,碌碌無爲。

〔26〕至一,合乎自然、渾然一體的最高境界。

〔27〕燧人,即燧人氏,古史傳説三皇之首,風姓,簡稱燧人,尊稱燧皇。燧人氏鑽木取火,教人熟食,結束了遠古人類茹毛飲血的歷史,開創了華夏文明,被

奉爲"火祖"。

〔28〕蟲豸(zhì),昆蟲的總稱。《爾雅·釋蟲》:"有足謂之蟲,無足謂之豸。"

〔29〕有母而無父,原始社會處於雜婚狀態,男女關繫混亂不定,因而只知其母而不知其父。《呂氏春秋·恃君覽》:"昔太古嘗無君矣,其民聚生群處,知母不知父,無親戚兄弟夫妻男女之別,無上下長幼之道,無進退揖讓之禮。"

〔30〕阮籍(210—263),字嗣宗,陳留尉氏(今河南開封)人,三國曹魏玄學家、詩人,"竹林七賢"之一。曾任步兵校尉,人稱阮步兵,與嵇康并稱"嵇阮"。

〔31〕玄真,指遠古社會、原始社會。

〔32〕人物憔悴,形容原始社會人文凋零、文明尚未開化的狀態。

〔33〕利用不存,經濟生產、人倫日用尚未開展。

〔34〕法制夷昧,政治法律制度尚未建立。

〔35〕盡而不窮,案《未濟》卦是繼《既濟》卦而來,也是《易經》六十四卦的最終卦,下坎上離,離爲火,坎爲水。火向上炎,水往下潤,兩兩不相交。卦中也是三陰三陽,兩兩相應,有同舟共濟之象,故此卦爲《亨》。但六爻均位不正,陰差陽錯,若"小狐汔濟,濡其尾,無攸利",以小狐未能渡過河爲喻,闡明"物不可窮"的道理。《周易·序卦》:"有過物者必濟,故受之以《既濟》。物不可窮也,故受之以《未濟》終焉。"

〔36〕漆園,指代莊子。莊子曾任漆園吏。

〔37〕引自《周易·履卦·象傳》。

〔38〕《泰卦》之象,上地下天。

〔39〕《否卦》之象,上天下地。

〔40〕位,指八卦的爻位。《易經》一共有六十四個卦,每個卦由有六個爻組成,所以每個卦也就有六個爻位。爻位是由下往上數,最下面的爲初爻,接着往上排的第二個爲二爻,依次向上爲三爻、四爻、五爻,到最上面爲六爻,也叫上爻。爻位的排列也分陰陽,排在奇數位的叫陽位,排在偶數位的叫陰位。陽爻稱九,陰爻稱六。陰爻居陽位或陽爻居陰位叫錯位、失位,陰爻居陰位或陽爻居陽位,叫得位、當位。王弼《周易略例·辨位》:"夫位者,列貴賤之地,待才用之宅也。爻者,守位分之任,應貴賤之序者也。"

〔41〕情,指相攻、相取、相感之情,即六爻的相互關繫。《繫辭下傳》:"變動以利言,吉凶以情遷,是故愛惡相攻而吉凶生,遠近相取而悔吝生,情僞相感而利害生。凡易之情,近而不相得,則凶,或害之,悔且吝。"

3. 論重卦之人當從史遷、楊雄、班固、王充以爲文王

《易》爲群經之首[1]，讀《易》當先知作《易》之人。欲知作卦爻辭爲何人，又必先知重卦爲何人。《周易正義》第二"論重卦之人"曰："重卦之人，諸儒不同，凡有四説：王輔嗣等以爲伏羲重卦[2]，鄭玄之徒以爲神農重卦[3]，孫盛以爲夏禹重卦[4]，史遷等以爲文王重卦[5]。其言夏禹及文王重卦者，案《繫辭》，神農之時，已有蓋取《益》與《噬嗑》[6]，以此論之，不攻自破。其言神農重卦，亦未爲得。今以諸文驗之，案《説卦》云[7]：'昔者聖人之作《易》也，幽贊於神明而生蓍[8]。'凡言作者，創造之謂也。神農以後，便是述修，不可謂之作也，則幽贊用蓍謂伏羲矣。"

錫瑞案：解經以最初之説爲主。《史記·儒林傳》曰[9]："自魯商瞿受《易》孔子[10]，傳六世至齊人田何字子莊，而漢興，田何傳東武人王同子仲，子仲傳淄川人楊何。"言《易》者本於楊何之家，是楊何上距商瞿凡八傳，漢初《易》皆主楊何，太史公父談亦受《易》於楊何，史公言《易》必用楊何之説。《周本紀》曰："西伯蓋即位五十年，其囚羑里，蓋益《易》之八卦爲六十四卦。"《日者傳》曰[11]："自伏羲作八卦，周文王演三百八十四爻，而天下治。"《正義》謂史遷以爲文王重卦，其説甚明。且非獨史遷之説爲然也，楊子《法言·問神》篇曰[12]："《易》始八卦，而文王六十四，其益可知也。"《問明》篇曰："文王淵懿也。重《易》六爻，不亦淵乎！"《漢書·藝文志》曰[13]："至於殷周之際，紂在上位，逆天暴物，文王以諸侯順命而行道，天人之占可得而效，於是重《易》六爻。"《論衡·對作》篇曰[14]："《易》言伏羲作八卦，前是未有八卦，伏羲造之，故曰作也。文王圖八，自演爲六十四，故曰演。"《正説》篇曰："伏羲得八卦，非作之，文王得成六十四，非演也。"是以爲文王重卦者，非獨史遷，更有楊雄、班固、王充，故《正義》以爲史遷等。楊雄西漢末人，班

固、王充東漢初人，皆與史遷説同。鄭玄東漢末人，已在諸人之後，其説以爲神農重卦，蓋以取《益》《噬嗑》爲據，謂伏羲取諸《離》，在八卦之内，神農《益》《噬嗑》在六十四卦之内也。孔《疏》亦以神農之時，已有蓋取《益》與《噬嗑》，爲伏犧重卦之證。案：此説亦太泥。

《朱子語類》曰[15]：“十三卦所謂‘蓋取諸《離》’‘蓋取諸《益》’者，言結繩而爲網罟，有《離》之象，非觀《離》而始有此也。”又云：“不是先有見乎《離》而後爲網罟，先有見乎《益》而後爲耒耜。聖人亦祇是見魚鱉之屬，欲有以取之，遂做一箇物事去攔截他。欲得耕種，見土地硬，遂做一箇物事去剗起他。却合於《離》之象、合於《益》之意[16]。”沈寓山《寓簡》曰[17]：“《大傳》[18]言‘蓋取諸《益》’‘取諸《睽》’，凡一十三卦，蓋聖人謂耒耜得《益》、弧矢得《睽》耳，非謂先有卦名，乃作某器也。”陳澧[19]曰：“案《繫辭》所言‘取諸’者，與《考工記》輪人‘取諸圜也’‘取諸易直也’‘取諸急也’文義正同。輪人意取諸圜，非因見圜物而取之也，意取易直與急，非因見易直與急之物而取之也。”此三説皆極通，可無疑於神農時已有《益》與《噬嗑》，而不得云文王重卦矣。後人猶有疑者，皆疑所不當疑。羅泌《路史餘論》曰[20]：“世以爲文王重卦，因楊雄之説而謬之也。‘滿招損，謙受益’[21]，謙與損、益，《益稷》之言[22]，不自後世。佃漁之《離》，謂之小成可也。耒耜之《益》，與交易之《噬嗑》，豈小成哉！然則不自文王重卦可識矣。”顧炎武《日知録》曰[23]：“考襄公九年，穆姜遷於東宫，筮之，遇《艮》之《隨》。姜曰：‘是於《周易》曰：《隨》，元亨利貞，无咎。’獨言是於《周易》，則知夏、商皆有此卦，而重八卦爲六十四卦者，不始於文王也。”

錫瑞案：羅氏不知“滿招損，謙受益”出僞古文《大禹謨》[24]，不足據。《益》與《噬嗑》言“取諸”者，朱子辨之已明[25]，顧氏不知《左氏》雜取占書，唐啖助已言不可盡信[26]。占筮書多傅會，穆姜説“元亨利貞”之義，全同孔子《文言》[27]，以爲暗合，未必穆姜之學與聖人同。以爲孔子作《文言》，剿襲穆姜之説，尤無是理。疑占書取孔子《文言》傅之穆姜，而《左氏》載之，不當反據其文，疑重卦不始文王也。丁晏《孝經徵文》云[28]：“丘明博聞，多采孔門精語綴集成文，而後儒反疑聖經剿取《左氏》，必不然矣。"據丁氏説，可爲《左氏傳》引聖經之證。焦循亦云[29]："左氏生孔子贊《易》之後，刺取《易》義以飾爲周史之言。"

箋注

〔1〕案，隨着今古文經學之争的興起，兩漢之際産生了"《易》爲五經之原"（劉歆）的新觀念，《易》在六經中的次序從先秦以來的第五（《詩》《書》《禮》《樂》《易》《春秋》）變爲第一（《易》《書》《詩》《禮》《樂》《春秋》），班固《漢書·藝文志》置《易》爲《六藝略》之首，爲後世所沿用，故有"《易》爲群經之首"的説法。

〔2〕王弼（226—249），字輔嗣，三國曹魏山陽郡（今山東金鄉）人，魏晉玄學的主要代表人物之一。著有《老子注》《老子指略》《周易注》《周易略例》。重卦，這裏指八卦兩兩相重演化爲六十四卦。《周禮·春官·太卜》："掌三易之法，一曰《連山》，二曰《歸藏》，三曰《周易》。其經卦皆八，其别皆六十有四。"杜子春注："《連山》，宓犧；《歸藏》，黄帝。"王弼據之而以爲伏羲重卦。

〔3〕神農，即神農氏，又稱魁隗氏、烈山氏、連山氏，相傳年代在夏朝以前，伏羲和黄帝之間。相傳"神農嘗百草"、教人醫療與農耕，中國人視之爲傳説中的農業和醫藥的發明者、守護神，尊稱爲"藥王""五穀王""五穀先帝""神農大帝"等。《周易·繫辭下傳》："神農氏作，斲木爲耜，揉木爲耒，耒耜之利，以教天下，蓋取諸《益》。日中爲市，致天下之民，聚天下之貨，交易而退，各得其所，蓋取諸《噬嗑》。"鄭玄據之以爲神農重卦。

〔4〕孫盛（302—373），字安國，西晉太原中都（今山西省平遥縣西北）人，撰有《魏氏春秋》《晉陽秋》等。鄭玄《易贊》及《易論》云："夏曰《連山》，殷曰《歸藏》，周曰《周易》。"夏有《連山》，即兼山之艮，孫盛據之以爲重卦始於夏禹。

〔5〕史遷，即司馬遷。司馬遷在《史記·周本紀》稱："西伯蓋即位五十年，其囚羑里，蓋益《易》之八卦爲六十四卦。"

〔6〕《益》，卦名，《周易》第四十二卦，下震上巽，象徵增益，"天施地生""與時偕行"，卦意爲時機得當則自然界的施化之益遍及萬方，與神農"斲木爲耜，揉木爲耒，耒耨之利，以教天下"之功合。《噬嗑》，卦名，《周易》第二十一卦，下震上離，卦意去除障礙使之齊通，與神農所創"日中爲市，致天下之民，聚天下之貨，交易而退，各得其所"之集市合。

〔7〕《説卦》，《易傳》之一篇，解説八卦所對應的豐富意象、排列方位及其思想内

涵,六十四卦的六爻組成來源以及《周易》其所蘊含的深刻意義。

〔8〕蓍(shī),蓍草,多年生草本植物,古代用其莖占卜。此處指古代的占卜活動。

〔9〕案,此處應爲《史記·儒林列傳》。本篇記敘西漢前期多位經學大師的事迹,并附帶言及大師們的傳承弟子數十人,主要反映了漢武帝時期儒學興盛的局面。它是合寫衆多儒學之士的專題性類傳,因以"儒林"標題。

〔10〕商瞿,孔子弟子,字子木,少孔子二十九歲,是親炙并傳承孔子易學的主要弟子。明楊慎曰:"孔子弟子商瞿,《世本》作'商瞿上',《文翁石室圖》亦作'商瞿上'。宋景文公(宋祁)作《成都先賢贊》,以商瞿上爲蜀人。考之《路史》及《輿地紀》,瞿上城在雙流。"(《升庵集》卷四八《蜀志遺事》)明曹學佺曰:"雙流縣有商瞿里,本志云:治東十里瞿上鄉,有孔子弟子商瞿上墓,時有錦雞、白鷳見焉,文明之德未艾也。"(《蜀中名勝記》卷五"雙流縣")清顧祖禹曰:"瞿上城在縣東十八里,相傳蠶叢氏所都,亦曰商瞿里,以孔子弟子商瞿所居也,今爲瞿上鄉。"(《讀史方輿紀要》卷六七"雙流縣")《大清一統志》卷二九四《成都府》:"周商瞿,雙流人,孔子弟子,生於瞿上鄉,歿亦葬於瞿上,至今墓碣猶存。《文翁石室圖》作商瞿上。"乾隆及嘉慶《四川通志》亦云商瞿爲四川雙流人,可備一説。

〔11〕《日者傳》,即《日者列傳》,是《史記》中列傳之一,專記日者的類傳。日者,古時占候卜筮的人。

〔12〕楊子,即揚雄(前53—18),一作楊雄,字子雲,蜀郡成都(今四川成都郫縣)人,西漢著名學者,著有《太玄》《法言》《方言》等書。《法言》是揚雄模擬《論語》而作,闡發儒家思想和六經要義。

〔13〕《漢書·藝文志》,是班固所修《漢書》十志之一,内容大體由劉歆《七略》删定而成,爲後代正史"藝文志"之祖。

〔14〕《論衡》,東漢思想家王充的代表作,全書共八十五篇,佚亡一篇。主要對當時社會上流行的讖緯等各種神秘主義進行了批判,闡述無神論思想。王充(27—97),字仲任,會稽上虞(今屬浙江)人。《後漢書·王充傳》云:"充好論説,始若詭異,終有理實。以爲俗儒守文,多失其真,乃閉門潜思,絶慶吊之禮,户牖墙壁各置刀筆,著《論衡》八十五篇,二十餘萬言,釋物類同異,正時俗嫌疑。"王充著有《譏俗》《節義》《政務》《論衡》《養性》等書,但只有《論衡》保存下來。

〔15〕《朱子語類》(又名《朱子語類大全》),全書共一百四十卷,集録了南宋理學家朱熹(1130—1200)講學時與其門人的問答語録,由南宋導江人黎靖德彙

编成。引文見《朱子語類》卷七五《易》十一。

〔16〕《離》，八卦之一，也是《周易》第三十卦，象“日”“火”，引申爲“附麗”。《離》卦的卦象有繩、有口，疏密相間，正是網罟之象，故《繫辭下傳》説：“作爲結繩而爲罔罟，以佃以漁，蓋取諸《離》。”《益》以興利，惠棟《周易述》：“震爲興，乾爲利，上之初，利用大作，耒耜之利，故爲興利。”

〔17〕沈寓山，即沈作喆，字明遠，號寓山，吳興(今浙江湖州)人。南宋紹興中登進士第。淳熙間以左奉議郎爲江西漕司幹官。著有《寓簡》十卷，記録宋代軼事、典制，并加考證。自序稱屏居山中，偶有所得，寫於簡牘之上，故以“寓簡”爲書名。引文見該書卷一。

〔18〕《大傳》，指《周易》中的《易傳》，傳爲孔子所作，包括《彖》上下、《象》上下、《繫辭》上下、《文言》《説卦》《序卦》《雜卦》等十篇，也稱“十翼”。此處所引文字出自《繫辭下傳》。

〔19〕陳澧(1810—1882)，字蘭甫，學者稱東塾先生，廣東番禺(今廣州)人，晚清經學家。道光十二年(1832)舉人，選河源縣學訓導，歸爲學海堂學長數十年，至老爲菊坡精舍山長。少好爲詩，及長棄去，博覽群籍，凡天文、地理、樂律、算術、古文、駢文、填詞，無不研究。著有《東塾讀書記》等。學術上調和漢宋。引文見該書卷四《易》。

〔20〕羅泌(1131—1189)，字長源，號歸愚。南宋吉州廬陵(今江西吉安)人。乾道年間著有《路史》四十七卷。書名取自《爾雅》的“訓路爲大”，所謂“路史”，即大史也。共有前記九卷，後記十四卷，國名記八卷，發揮六卷，餘論十卷，詳述有關上古時期的歷史、地理、風俗、氏族等方面的史事和傳説，取材繁博龐雜，是神話、古史傳説集大成之作。引文見《路史餘論》二《重卦伏羲》。

〔21〕語出《尚書·大禹謨》：“滿招損，謙受益，時乃天道。”

〔22〕《益稷》，《尚書·虞書》篇名，禹稱美益、稷二人之作，因以名篇。

〔23〕顧炎武(1613—1682)，原名絳，字忠清。明亡後，因慕文天祥學生王炎午爲人，改名炎武，字寧人，亦自署蔣山傭，學者尊爲亭林先生。蘇州府崑山縣(今江蘇崑山)人，明末清初著名的思想家、學者。學識淵博，著述宏富，與黃宗羲、王夫之并稱“明末清初三大儒”或“明末清初三大思想家”。所著《日知録》，爲其“稽古有得，隨時札記，久而類次成書”的代表性著作。此處所引見《日知録》卷一《重卦不始文王》。

〔24〕《大禹謨》，是梅頤所上古文《尚書》之一篇。本篇首段記叙了大禹、伯益和舜謀劃政事，因而得篇名。

〔25〕見前文所引《朱子語類》所論。

〔26〕啖助(724—770)，字叔佐，唐趙州(治今河北趙縣)人，後遷居關中。博通經學，唐玄宗天寶(742—755)年末，曾歷任臨海尉、丹楊主簿。長於《春秋》學，好標新立異，所論多異於先儒。以爲《左傳》非左丘明一人所作，"蓋左氏集諸國史以釋《春秋》，後人謂左氏，便傅著丘明，非也"(《新唐書·儒學下·啖助傳》)。認爲公羊名高、穀梁名赤，不知何據，未必是實。主張爲學不必嚴守"師法"和"家法"，應該變《春秋》專門之學爲通學。他以十年的功夫，撰成《春秋集傳》和《春秋統例》二書，後又由其弟子趙匡和陸淳加以補充完善。其主要思想保存在陸淳編定的《春秋集傳纂例》之中。

〔27〕《文言》，是《易傳》中的一篇，專門解説《乾》《坤》二卦。《乾》《坤》二卦在《易經》六十四卦當中具有特殊地位，是理解《易經》的關鍵。其中，解釋《乾卦》的稱《乾文言》，解釋《坤卦》的稱《坤文言》。

〔28〕丁晏(1794—1875)，字儉卿，號柘堂，江蘇山陽(今淮安)人，原籍山東濟南。道光元年舉人，官至內閣中書。晚年主講於麗正書院。著有《尚書餘論》二卷、《石亭紀事續編》二卷、《孝經徵文》一卷等。

〔29〕引文見焦循《易話》下《春秋傳説易》。

4. 論《連山》《歸藏》

　　《周易正義》第三"論三代易名"曰："案《周禮·太卜》'三《易》'云[1]，一曰《連山》，二曰《歸藏》，三曰《周易》。杜子春云：'《連山》伏羲，《歸藏》黃帝。'鄭玄《易贊》及《易論》云：'夏曰《連山》，殷曰《歸藏》，周曰《周易》。'鄭玄又釋云：'《連山》者，象山之出雲，連連不絕；《歸藏》者，萬物莫不歸藏於其中；《周易》者，言易道周普，無所不備。'鄭玄雖有此釋，更無所據之文，先儒因此遂爲文質之義，皆煩而無用，今所不取。案《世譜》等群書[2]，神農一曰連山氏[3]，亦曰列山氏，黃帝一曰歸藏氏[4]。既連山、歸藏并是代號，則《周易》稱周，取岐陽地名[5]，《毛詩》云'周原膴膴'是也[6]。又文王作《易》之時，正在羑里[7]，周德未興，猶是殷世也，故題周別於殷，以此文王所演，故謂之《周易》，其猶

《周書》《周禮》，題周以別餘代。故《易緯》云'因代以題周'是也。先儒又兼取鄭說云，既指周代之名，亦是普遍之義，雖欲無所遐棄，亦恐未可盡通。其《易》題周，因代以稱周，是先儒更不別解。唯皇甫謐云[8]：'文王在羑里，演六十四卦，著七八九六之爻，謂之《周易》，以此文王安周字，其《繫辭》之文，《連山》《歸藏》無以言也。'"

《周禮・太卜》疏："趙商問：'今當從此說以不？敢問杜子春何由知之？'答云：'此數者非無明文，改之無據，故著子春說而已[9]。'近師皆以爲夏、殷、周，鄭既爲此說，故《易贊》云：'夏曰《連山》，殷曰《歸藏》。'又注《禮運》云[10]：'其書存者有《歸藏》，如是玉兆爲夏，瓦兆爲殷可知。'[11]是皆從近師之說也。按今《歸藏・坤・開筮》'帝堯降二女爲舜妃'[12]，又見《節卦》云'殷王其國常毋谷'[13]。若然，依子春說'《歸藏》黃帝'，得有帝堯及殷王之事者。蓋子春之意，必戲、黃帝造其名，夏、殷因其名以作《易》，故鄭云改之無據。是以皇甫謐《記》亦云[14]：'夏人因炎帝曰《連山》，殷人因黃帝曰《歸藏》。'雖炎帝與子春黃帝不同，是亦相因之義也。云'名曰《連山》，似山內出氣也'者[15]，此《連山易》，其卦以純艮爲首，艮爲山，山上山下，是名《連山》，雲氣出內於山，故名《易》爲《連山》。《歸藏》者，萬物莫不歸而藏於其中者，此《歸藏易》以純坤爲首；坤爲地，故萬物莫不歸而藏於中，故名爲《歸藏》也。鄭雖不解《周易》，其名《周易》者，《連山》《歸藏》皆不言地號，以義名《易》，則周非地號。以《周易》以純《乾》爲首，《乾》爲天，天能周匝於四時[16]，故名《易》爲周也。"

錫瑞案：孔、賈二疏不同，孔不從鄭，以爲代號，賈從鄭，以爲以義名，當以鄭說義名爲是。《連山》《歸藏》若是代號，不應夏、殷襲伏羲、黃帝之舊。且《連山》《歸藏》不名《易》，若是代號，必下加"易"字，乃可通。故鄭皆以義名，與《連山》首艮、《歸藏》首坤正合。鄭以《周易》爲周普，亦以義名，蓋本《繫辭傳》"《易》之爲書也，周流六虛"。孔《疏》以爲無據，非也。桓譚《新論》曰[17]："《連山》八萬言，《歸藏》四千三百言。"不應夏《易》數倍於殷，疑皆出於依托。《連山》劉炫僞作[18]，《北史》明言之[19]。《歸藏》雖出隋唐以前，亦非可信爲古書。刪定六經，始於孔子。孔子以前，《周易》與《連山》《歸藏》并稱，猶魯之《春秋》，與晉之《乘》、楚之《檮杌》并稱也[20]。《周易》得孔子贊之而傳爲經，《連山》《歸藏》不得孔子贊之而遂亡，猶魯之《春秋》得孔子修之而傳爲經[21]，晉《乘》、楚《檮杌》不得孔子修之而遂亡也。孔子所不贊修者，學者可不措意，況是僞書，何足辨乎！《連山》《歸藏》之辭，絕不見於古書稱引，蓋止有占法而無文辭，故《周易》當孔子未贊之前，疑亦止有占而無文辭也。

箋注

〔1〕三易，中國古籍記載的三種占卜方法，包括《連山》《歸藏》及《周易》，共通性都是由八個經卦及兩兩重疊的六十四個別卦組成，但各卦排列次序和占卦方法不同。《周禮·春官·大宗伯》云："太卜掌《三易》之法，一曰《連山》，二曰《歸藏》，三曰《周易》。"

〔2〕《世譜》，南北朝時後周明帝組織編纂的編年史書，内容"捃采衆書，自羲農以來訖於魏末"。據《太平御覽》載："《後周書》曰：'元偉，世宗初拜師氏中大夫，受詔於麟趾殿刊正經籍。'又曰：'明帝幼而好學，博覽群書，善屬文，詞彩溫麗。及即位，集公卿已下有文學者八十餘人，於麟趾殿刊校經史，又捃采衆書，自羲農以來訖於魏末，叙爲《世譜》，凡五百卷云。所著文章十卷。'"（《太平御覽》卷六一八《學部》十二）

〔3〕神農氏，又曰連山氏，始見於唐人張守節所著的《史記正義》，但明確説明引自《帝王世紀》。《史記正義》説："《帝王世紀》云：'神農氏，姜姓也。初都陳，又徙魯。又曰魁隗氏，又曰連山氏，又曰列山氏。'"

〔4〕案，東漢王充引張衡云："列山氏得河圖，夏后因之，曰《連山》。歸藏氏得河圖，殷人因之，曰《歸藏》。伏羲氏得河圖，周人因之，曰《周易》。"（《論衡·正説》）《周禮·太卜》鄭玄注引杜子春云："連山，宓戲；歸藏，黄帝。"

〔5〕案，周太王古公亶父曾率族人東遷岐陽，得到發展壯大。岐陽是周之主要發源地之一，故孔穎達以爲岐陽可作爲周之代號。

〔6〕周原膴膴，出自《詩經·大雅·緜》，該詩描述周太王東遷岐陽、創業興國，一直到文王受命的開國過程。《毛傳》："周原，沮漆之間也。膴，美也。"

〔7〕羑里，又稱羑都，在今河南省安陽市湯陰縣北，爲商紂囚禁周文王的所在地。《史記·周本紀》載"西伯拘羑里而演《周易》"，以爲周文王被商紂王囚

羑里七年,將伏羲八卦推演爲六十四卦的《周易》。

〔8〕皇甫謐(215—282),字士安,幼名静,自號玄晏先生,安定朝那(今寧夏固原,一説甘肅靈臺)人。西晉著名學者。曾祖父爲東漢太尉皇甫嵩。得風痹疾後猶手不釋卷,終身不仕,潜心著述,忘寢廢食,時人謂之"書淫"。在文學、史學、醫學諸方面皆有建樹,著有《帝王世紀》《高士傳》《列女傳》《鍼灸甲乙經》《玄晏春秋》《年曆》等書。《晉書》卷五一有傳。

〔9〕杜子春(約前30—約58),河南緱氏(今河南偃師南)人。西漢末從劉歆受《周禮》,東漢儒者鄭衆、賈逵并從其受業。"著子春説"指鄭玄《周禮·太卜》注引杜子春云:"連山,宓戲;歸藏,黄帝。""今當從此説以不"句,原作"今當從此問以不",據《周禮疏》所引改。

〔10〕《禮運》,是《小戴禮記》中的一篇,以孔子與弟子言偃答問形式提出儒家政治理想社會"大同""小康"學説。鄭玄《三禮目録》云:"名《禮運》者,以其記五帝、三王相變易,陰陽轉旋之道。"

〔11〕《周禮·春官·大卜》:"大卜掌三兆之法,一曰玉兆,二曰瓦兆,三曰原兆。"鄭玄注引杜子春云:"玉兆,帝顓頊之兆;瓦兆,帝堯之兆;原兆,有周之兆。"鄭玄注《禮運》又云:"其書存者有《歸藏》,如是玉兆爲夏,瓦兆爲殷可知。"可見鄭玄并不確信所引述的"近師"杜子春所言。

〔12〕開筮,一作"啓筮"。帝堯降二女爲舜妃,指帝堯嫁其二女以觀舜德,其二女後爲帝舜之二妃,名曰娥皇、女英。

〔13〕案,馬國翰《歸藏》輯本作"殷王其國,常毋若谷",并稱《路史注》引作"常毋谷月"。王家臺秦墓竹簡《歸藏》中則有"昔者殷王貞卜其邦尚毋有咎"之語。王明欽認爲:"傳本中的'國'原應作'邦',是漢代避劉邦諱而改;傳本'殷王'之後脱一'筮'字,秦簡中則作'貞卜';'常'爲'尚'之借字,而'谷'與'咎'、'月'與'有'字形相近,且秦簡中表示不吉的卦辭中除'咎'之外也有'咎',可知'谷月'當是'咎有'之誤。因此,所謂'殷王其國,常毋谷月'應爲'殷王筮其邦,尚毋有咎'。"(《王家臺秦墓竹簡概述摘要》)

〔14〕《記》,據《周禮注疏》當爲《紀》,指皇甫謐所撰《帝王世紀》。

〔15〕似山出内氣也,原引作"似山内出氣也",據鄭玄《周禮注》改。

〔16〕周匝,即周普、周遍。此説本於鄭玄《易論》:"《周易》者,言易道周普,無所不備也。"

〔17〕桓譚(前23—56),字君山,相(今安徽濉溪)人。東漢光武帝時,任議郎給事中,曾進諫皇帝不應以讖緯來決斷事情,險丢命,被降爲六安郡丞,病死於途中。著作《新論》,原書早佚。清代有孫馮翼、嚴可均輯本。引文見《新

論·正經》篇。

〔18〕劉炫（約546—約613），字光伯。河間景城（今河北獻縣東北）人。隋代博學通儒。隋文帝開皇中，參與撰寫隋史及天文、律曆。時牛弘奏請購求遺書，他僞造《連山易》《魯史記》等百餘卷送官，領賞而去，被人揭發除名。又起復爲旅騎尉、太學博士。葉適《習學記言》卷三七說他"當時稱數百年來，博學通儒無能出其右"。曾著《論語述議》《春秋攻昧》《五經正名》《孝經述議》《春秋述議》《尚書述議》《毛詩述議》等書，均散佚，清馬國翰《玉函山房輯佚書》有輯本。

〔19〕案，《北史·劉炫傳》記劉炫"遂僞造百餘卷，題爲《連山易》"。

〔20〕見《孟子·離婁下》："《詩》亡然後《春秋》作。晉之《乘》，楚之《檮杌》，魯之《春秋》，一也，其事則齊桓、晉文，其文則史。"

〔21〕案，今存《春秋》經文，皆以魯國國君紀年，以魯國史事爲中心，皮錫瑞據此以爲孔子修《春秋》所據爲《孟子·離婁下》中提到的"魯之《春秋》"。

5. 論卦辭文王作、爻辭周公作皆無明據，當爲孔子所作

　　《周易正義》第四"論卦辭爻辭誰作"曰："其《周易》'繫辭'凡有二説：一説所以卦辭、爻辭并是文王所作[1]。知者，案《繫辭》云：'《易》之興也，其於中古乎？作《易》者，其有憂患乎？'又曰：'《易》之興也，其當殷之末世、周之盛德耶？當文王與紂之事耶？'又《乾鑿度》云：'垂皇策者犧[2]，卦道演德者文[3]，成命者孔[4]。'《通卦驗》又云[5]：'蒼牙通靈昌之成[6]，孔演命[7]，明道經[8]。'準此諸文，伏羲制卦，文王繫辭，孔子作"十翼"，《易》歷三聖[9]，只謂此也。故史遷云'文王因而演《易》'，即是'作《易》者其有憂患乎'。鄭學之徒并依此説也。二以爲驗爻辭多是文王後事。案《升卦》六四：'王用亨於岐山。'武王克殷之後，始追號文王爲王，若爻辭是文王所制，不應云'王用亨於岐山'。又《明夷》六五：'箕子之明夷。'武王觀兵之後[10]，箕子始被囚奴[11]，文王不宜預言箕子之明夷。又《既濟》九五：'東鄰殺牛，不如西鄰之禴祭[12]。'説者皆云，西鄰謂文王，東鄰謂紂。文王之時，紂尚南面，豈容自言己德，受福勝殷，又欲抗君之國，

遂言東西相鄰而已？又《左傳》：韓宣子適魯，見《易》象[13]，云：'吾乃知周公之德。'周公被流言之謗[14]，亦得爲憂患也。驗此諸説，以爲卦辭文王，爻辭周公。馬融、陸績等并同此説[15]，今依而用之。所以只言三聖，不數周公者，以父統子業故也。"《左傳正義》[16]曰："《易·繫辭》云：'《易》之興也，其當殷之末世，周之盛德耶？當文王與紂之事耶？'鄭玄云：'據此言，以《易》是文王所作，斷可知矣。'且史傳、讖緯，皆言文王演《易》。演謂爲其辭以演説之，《易經》必是文王作也。但《易》之爻辭有'箕子之明夷，利貞'，又云'王用亨於岐山'，又云'東鄰殺牛，不知西鄰之禴祭，實受其福'。二者之意皆斥文王，若是文王作經，無容自伐其德。故先代大儒鄭衆、賈逵或以爲卦下之彖辭文王所作[17]，爻下之象辭周公所作[18]。雖復紛競大久，無能決當是非。"

錫瑞案：據孔《疏》之説，文王作卦爻辭，及文王作卦辭，周公爻辭，皆無明文可據，是非亦莫能決。今據西漢古義以斷，則二説皆非是。以卦辭爲文王作者，但據《繫辭傳》"《易》之興也，其於中古乎"，下有"是故履德之基也"云云，"當文王與紂之事耶？是故其辭危"云云，遂以爲文王作卦辭。實則"履德之基也"云云，共引九卦[19]，正是文王重卦之證，則"其辭"云云，當即六十四卦，非必別有卦辭。伏羲在未制文字之先，八卦止有點畫；文王在制文字之後，六十四卦必有文字，有文字即是辭，不必作卦辭而後爲辭也。孔《疏》云："史傳、讖緯皆言文王演《易》。"今考之史傳，《史記》但云文王演三百八十四爻，不云作卦爻辭，讖緯云"卦道演德者文"，則演《易》即演三百八十四爻之謂，不必爲辭演説乃爲演也。其云周公作爻辭者，但以"箕子""岐山""東鄰"等文，不當屬文王説。惠棟《周易述》[20]，用趙賓[21]説而小變之，以"箕子"爲"其子"，又據《禹貢》"冀州治梁及岐"[22]，《爾雅》"梁山晉望也"[23]，因謂岐山亦冀州之望，夏都冀州，王用亨於岐山者爲夏王。惠氏疏通爻辭，可以解鄭、賈諸人之疑矣。然以爻辭爲文王作，止是鄭學之義；以爻辭爲周公作，亦始於鄭衆、賈逵、馬融諸人，乃東漢古文家異説[24]，若西漢今文家説[25]，皆不如是。史遷、揚雄、班固、王充但云文王重卦，未嘗云作卦辭、爻辭，當以卦爻之辭并屬孔子所作。蓋卦爻分畫於羲、文，而卦爻之辭皆出於孔子。如此，則與"《易》歷三聖"之文不背[26]，箕子、岐山、東鄰西鄰之類，自孔子言之亦無妨。若以爲文王作爻辭，既疑不應豫言，以爲周公作爻辭，又與"《易》歷三聖"不合。孔《疏》以爲"父統子業"，殊屬强辭。韓宣適魯，單文孤證，未可依據，韓宣亦未明説周公作爻辭也。或疑《左氏傳》引筮辭，多在孔子之前[27]，不得以卦辭、爻辭爲始於孔子。案占書傅會，前已言之。《困學紀聞》曰[28]："'八世之後，莫之與京'，其田氏篡齊之後之言乎？'公侯子孫，必復其始'，其三卿分晉之後之言乎？皆非《左氏》之舊也。"姚鼐以爲畢萬筮仕晉一條，吳起增竄以媚魏者[29]。然則懿氏卜妻敬仲，云"有嬀之後，將育于姜"[30]，亦陳氏得政之後，人所增竄，若是當時實事，未必齊人不忌敬仲，而更任用之。晉獻公筮嫁伯姬於秦[31]，有"爲嬴敗姬，姪其從姑，死於高梁"之占。叔孫穆子之生，有"以讒人入，其名曰牛，卒以餒死"之占[32]，應驗如神，疑皆傅會。若是當時實事，獻公未必嫁女於秦，穆子未必用豎牛爲政，《左氏傳》此等處皆不可據。《説苑》泄冶引《易》曰"君子居其室"至"可不慎乎"，泄冶在孔子前，不應引《繫辭》，此等明是後人攙入，《左氏》引《易》亦猶是也。

箋注

〔1〕垂皇策，指畫八卦。犧，指伏羲。

〔2〕卦道演德，指重卦爲六十四卦。文，指周文王。

〔3〕案，《周易》經文的文字系統由卦名、卦辭、爻辭組成，共有卦名六十四個、卦辭六十四條、爻辭三百八十六條。

〔4〕成命，指完成使《周易》成爲經書的使命。孔，指孔子。

〔5〕《通卦驗》，是《易緯》中的一篇，馬端臨《文獻通考·經籍考》《宋史·藝文志》俱載其名，黃震《黃氏日鈔》謂其書大率爲卦氣而發。朱彝尊《經義考》則以爲久佚。今見《四庫全書》取於《説郛》有《通卦驗》二卷，皆從類書中湊合而成。

〔6〕蒼牙通靈，意爲"白蒼精牙肩之人能通神靈之意"，謂伏羲作《易》制卦。昌，指周文王姬昌。成，指觀象而繫辭。

〔7〕孔,孔子;演命,指孔子作《易傳》。

〔8〕明道經,指闡明《周易》精義,使《周易》成爲後世尊奉的經書。

〔9〕《易》歷三聖,指《周易》的成書歷經三位聖人作者之手才正式完成,三聖分別指伏羲(制卦)、文王(繫辭)、孔子(作"十翼")。

〔10〕武王觀兵,即孟津觀兵。周武王即位後的第二年,就發動大軍,載文王木主,由鎬京出發,進入今河南境内,到達古渡孟津,八百諸侯不期而會,要求立即伐商。但周武王認爲時機尚未成熟,乃率軍返回鎬京,等待新的機會。《史記‧殷本紀》載:"西伯既卒,周武王之東伐,至盟津,諸侯叛殷會周者八百。諸侯皆曰:'紂可伐矣!'武王曰:'爾未知天命。'乃復歸。"

〔11〕箕子,商紂王的叔父。紂王暴虐,鑒於王子比干直諫而被剖心,恐遭不測而裝瘋,被紂囚禁爲奴。《史記‧殷本紀》載:"箕子懼,乃佯狂爲奴,紂又囚之。"《今本竹書紀年‧殷紀中》記載:"(紂王五十一年)冬十一月戊子,周師渡孟津而還。王囚箕子,殺王子比干,微子出奔。"

〔12〕案,據今《周易》傳本,此句九五爻辭當爲"東鄰殺牛,不如西郊之禴祭"。九五爻辭之後,《象》曰:"東鄰殺牛,不如西鄰之時也,實受其福,吉大來也。"始有"西鄰"之説,蓋皮錫瑞混淆之。

〔13〕典出《左傳‧昭公二年》:"春,晉侯使韓宣子聘魯,觀書於太史氏,見《易象》與《春秋》,説:'周禮盡在魯矣!吾乃知周公之德與周之所以王也!'"

〔14〕典出《尚書‧金縢》:"武王既喪,管叔及其群弟乃流言於國曰:'公將不利於孺子。'周公乃告二公曰:'我之弗辟,我無以告我先王。'周公居東二年,則罪人斯得。於後,公乃爲詩以貽王,名之曰《鴟鴞》。王亦未敢誚公。"

〔15〕馬融(79—166),字季長,扶風茂陵(今陝西興平東北)人,東漢時期著名經學家。《後漢書》卷六〇上《馬融傳》:"融才高博洽,爲世通儒,教養諸生,常有千數。涿郡盧植,北海鄭玄,皆其徒也。善鼓琴,好吹笛,達生任性,不拘儒者之節。居宇器服,多存侈飾。常坐高堂,施絳紗帳,前授生徒,後列女樂,弟子以次相傳,鮮有入其室者。嘗欲訓《左氏春秋》,及見賈逵、鄭衆注,乃曰:'賈君精而不博,鄭君博而不精。既精既博,吾何加焉!'但著《三傳異同説》。注《孝經》《論語》《詩》《易》《三禮》《尚書》《列女傳》《老子》《淮南子》《離騷》,所著賦、頌、碑、誄、書、記、表、奏、七言、琴歌、對策、遺令,凡二十一篇。"陸績(187—219),字公紀,三國吳郡人。通曉天文、曆算。孫權徵其爲奏曹掾,後出爲鬱林太守,加偏將軍。曾作《渾天圖》,注《易經》,撰《太玄經注》。

〔16〕《左傳正義》,全稱《春秋左傳正義》,是唐孔穎達主持編纂的《五經正義》之一。《五經正義》原名《五經義疏》,由唐太宗詔令孔穎達主持編纂,由諸儒

共同參議,貞觀十六年撰成,續有修正,直到唐高宗永徽四年才頒布,初名"義贊",詔改稱"正義"。

〔17〕案,《象》本指"十翼"之一,此"卦下之象辭"指"卦辭"。《周易·繫辭上傳》:"象者,言乎象者也。"認爲"象"爲"斷"義,卦辭依卦象以論斷吉凶。唐孔穎達疏:"象謂卦下之辭言,説乎一卦之象也"。明清之際王夫之認爲周文王"得即卦象而體之,乃繫之象辭"。

〔18〕案,《象》本指"十翼"之一,此"爻下之象辭"指"爻辭"。

〔19〕案,所引"九卦",見《周易·繫辭下傳》:"《易》之興也,其於中古乎! 作《易》者,其有憂患乎! 是故,《履》,德之基也;《謙》,德之柄也;《復》,德之本也;《恒》,德之固也;《損》,德之修也;《益》,德之裕也;《困》,德之辨也;《井》,德之地也;《巽》,德之制也。"

〔20〕惠棟(1697—1758),字定宇,號松崖,江蘇元和(今吳縣)人。學者稱小紅豆先生,清代漢學家,乾嘉學派吳派之代表人物。《清史稿》卷四八一《儒林傳二》:"棟於諸經熟洽貫串,謂詁訓古字古音,非經師不能辨,作《九經古義》二十二卷。尤邃於《易》,其撰《易漢學》八卷,掇拾孟喜、虞翻、荀爽緒論,以見大凡。其末篇附以己意,發明漢《易》之理,以辨正《河圖》《洛書》、先天、太極之學。《易例》二卷,乃鎔鑄舊説以發明《易》之本例,實爲棟論《易》諸家發凡。其撰《周易述》二十三卷,以荀爽、虞翻爲主,而參以鄭康成、宋咸、干寶之説,約其旨爲注,演其説爲疏。書垂成而疾革,遂闕《革》至《未濟》十五卦及《序卦》《雜卦》兩傳,雖爲未善之書,然漢學之絶者千有五百餘年,至是而粲然復明。撰《明堂大道錄》八卷,《禘説》二卷,謂禘行於明堂,明堂法本於《易》。《古文尚書考》二卷,辨鄭康成所傳之二十四篇爲孔壁真古文,東晉晚出之二十五篇爲僞。又撰《後漢書補注》二十四卷,《王士禎精華錄訓纂》二十四卷,《九曜齋筆記》《松崖文鈔》諸書。"

〔21〕趙賓,西漢易學家。蜀人,生卒年無考。《漢書·儒林傳》:"蜀人趙賓好小數書,後爲《易》,飾《易》文,以爲'箕子明夷,陰陽氣亡箕子。箕子者,萬物方荄茲也。'賓持論巧慧,《易》家不能難,皆曰非古法也。云(受)〔授〕孟喜,喜爲名之。"

〔22〕《禹貢》,《尚書》中的一篇,其作者説法不一。如王國維《古史新證》以《禹貢》爲周初人所作,日人内藤虎次郎以爲戰國末至漢初作。史念海《論〈禹貢〉的著作時代》一文中據《禹貢》中有"南河""西河"之稱,認定作者爲魏國人;顧頡剛則認爲出自戰國時秦國人之手。

〔23〕《爾雅》,是中國最早的一部解釋經典詞義的訓詁著作,約成書於周秦之際。

後列入"十三經"之中。

〔24〕古文經學,興起於西漢末年,盛行於東漢民間,與今文經學相對應。西漢魯恭(共)王壞孔子宅,發現壁中夾層所藏竹簡《論語》《尚書》《孝經》等數十篇,因其以古蝌蚪文所寫,乃稱古文經。此外河間獻王亦在其王國立《毛詩》等古文經博士。王莽當政時期,劉歆極力鼓吹古文經學,并使古文《尚書》《左傳》《周禮》《毛詩》等立爲新朝博士。東漢時期,古文經學雖然一直沒有被立爲博士,屬於民間學説,但是其影響力越來越大,逐步超出并壓倒了今文經學。

〔25〕今文經學,與古文經學相對應。西漢時期,經學主要是正統的五經博士之學,直到西漢末年劉歆提倡古文經學,於是西漢博士之學被稱爲今文經學,以區別於興起於兩漢之際、盛行於東漢時期的古文經學。

〔26〕《易》歷三聖,指《周易》的成書作者主要經過伏羲、文王和孔子三聖人之手,與"卦爻分畫於羲、文,而卦爻之辭皆出於孔子"的説法不相矛盾。

〔27〕案,《左傳》載有不少卜筮活動,所引《易》筮辭甚多,與今《周易》有同有異。

〔28〕《困學紀聞》,宋王應麟撰。王應麟(1223—1296),字伯厚,慶元府鄞縣(今浙江寧波)人。爲學宗朱熹,涉獵經史百家、天文地理,熟悉掌故制度,長於考證。一生著述頗富,計有二十餘種、六百多卷。《宋史·儒林傳八》:"所著有《深寧集》一百卷、《玉堂類稿》二十三卷、《掖垣類稿》二十二卷、《詩考》五卷、《詩地理考》五卷、《漢藝文志考證》十卷、《通鑑地理考》一百卷、《通鑑地理通釋》十六卷、《通鑑答問》四卷、《困學紀聞》二十卷、《蒙訓》七十卷、《集解踐阼篇》《補注急就篇》六卷、《補注王會篇》《小學紺珠》十卷、《玉海》二百卷、《詞學指南》四卷、《詞學題苑》四十卷、《筆海》四十卷、《姓氏急就篇》六卷、《漢制考》四卷、《六經天文編》六卷、《小學諷咏》四卷。"《四庫全書總目提要》卷一一八《子部·雜家類二》:"《困學紀聞》二十卷,宋王應麟撰。……是編乃其札記、考證之文,凡《説經》八卷,《天道》《地理》《諸子》二卷,《考史》六卷,《評詩文》三卷,《雜識》一卷。卷首有自叙云:'幼承義方,晚遇艱屯,炳燭之明,用志不分'云云。蓋亦成於入元之後也。應麟博洽多聞,在宋代罕其倫比。雖淵源亦出朱子,然書中辨正朱子語誤數條,……皆考證是非,不相阿附,不肯如元胡炳文諸人堅持門户,亦不至如明楊慎、陳耀文、國朝毛奇齡諸人,肆相攻擊。蓋學問既深,意氣自平,能知漢唐諸儒本本原原,具有根柢,未可妄詆以空言。又能知洛、閩諸儒亦非全無心得,未可概視爲弇陋,故能兼收并取,絶無黨同伐異之私。所考率切實可據,良有由也。"引文見《困學紀聞》卷六《左氏傳》。

〔29〕姚鼐(1731—1815),字姬傳,一字夢穀,世稱惜抱先生,清代安徽桐城人,桐

城派代表人物。與方苞、劉大櫆并稱爲"桐城三祖"。《清史稿》四八五有傳。其著作集爲《惜抱軒全集》，包括文集、詩集，又有《法帖題跋》《左傳補注》《國語補注》《公羊傳補注》《穀梁傳補注》《九經説》《老子章義》《莊子章義》等。所輯文總集有《古文辭類纂》、詩選集《五七言今體詩鈔》。引文見《左傳補注序》。《左傳·閔公元年》："初，畢萬筮仕於晉，遇《屯》之《比》。辛廖占之曰：'《屯》固《比》入，吉孰大焉，其必蕃昌。《震》爲土，車從馬，足居之，兄長之，母覆之，衆歸之，六體不易。合而能固，安而能殺，公侯之卦也。公侯之子孫必復其始。'"

〔30〕案，出自《左傳·莊公二十二年》："初，懿氏卜妻敬仲，其妻占之，曰：'吉，是謂"鳳皇于飛，和鳴鏘鏘；有嬀之後，將育于姜。五世其昌，并于正卿；八世之後，莫之與京。"'"

〔31〕案，出自《左傳·僖公十五年》："初，晉獻公筮嫁伯姬於秦，遇《歸妹》之《睽》。史蘇占之曰：'不吉。其繇曰："士刲羊，亦無衁也。女承筐，亦無貺也。西鄰責言，不可償也。《歸妹》之《睽》，猶無相也。"《震》之《離》，亦《離》之《震》，爲雷、爲火。爲嬴敗姬，車説其鞶，火焚其旗，不利行師，敗於宗丘。《歸妹》《睽》孤，寇張之弧，姪其從姑，六年其逋，逃歸其國，而棄其家，明年其死於高梁之虛。'"

〔32〕案，出自《左傳·昭公五年》："初，穆子之生也，莊叔以《周易》筮之，遇《明夷》之《謙》，以示卜楚丘。曰：'是將行，而歸爲子祀。以讒人入，其名曰牛，卒以餒死。《明夷》，日也。日之數十，故有十時，亦當十位。自王已下，其二爲公，其三爲卿。日上其中，食日爲二，旦日爲三。《明夷》之《謙》，明而未融，其當旦乎，故曰"爲子祀"。日之《謙》，當鳥，故曰"明夷於飛"。明之未融，故曰"垂其翼"。象日之動，故曰"君子於行"。當三在旦，故曰"三日不食"。《離》，火也；《艮》，山也。《離》爲火，火焚山，山敗。於人爲言，敗言爲讒，故曰"有攸往，主人有言"，言必讒也。純《離》爲牛，世亂讒勝，勝將適《離》，故曰"其名曰牛"。謙不足，飛不翔，垂不竣，翼不廣，故曰："其爲子後乎。"吾子，亞卿也，抑少不終。'"

6. 論《易》至孔子始著，於是學士大夫尊信其書

《王制》[1]："樂正崇四術[2]，立四教[3]，順先王《詩》《書》《禮》《樂》

以造士。春、秋教以《禮》《樂》，冬、夏教以《詩》《書》。”《文獻通考》應氏曰[4]：“《易》雖用於卜筮，而精微之理，非初學所可語。《春秋》雖公其記載，而策書亦非民庶所得盡窺。故《易象》《春秋》，韓宣子適魯始得見之，則諸國之教，未必盡備六者。”

錫瑞案：此亦卦辭爻辭不出於文王、周公之一證。若卦爻之辭爲文王、周公作，則當如後世欽定、御纂之書，頒之學官以教士子矣。而當時造士，止有《禮》《樂》《詩》《書》，則以《易》但有卦爻而無文辭，故不可與《禮》《樂》《詩》《書》并立爲教。當時但以爲卜筮之書而已，至孔子闡明其義理，推合於人事，於是《易》道乃著。《史記·孔子世家》曰：“孔子晚而喜《易》，序彖、繫象、説卦、文言[5]。讀《易》，韋編三絶[6]，曰：‘假我數年，若是，我於《易》則彬彬矣。’孔子以《詩》《書》《禮》《樂》教，弟子蓋三千焉，身通六藝者七十有二人。”[7]蓋《易》與《春秋》，孔門惟高才弟子乃能傳之，於是學士大夫尊信其説，或論作《易》之大旨，或説學《易》之大用，或援《易》以明理，或引《易》以決事，而其教遂大明。如《荀子·大略》篇曰：“善爲《易》者不占[8]。”此以當時之用《易》者專爲占卜，不知天地消長、人事得失無不可以《易》理推測，故云善《易》不占，以挽其失。又曰：“《易》之《咸》，見夫婦之道不可不正也，君臣父子之本也。”《咸》，感也，以高下下，以男下女，柔上而剛下，聘士之義，親迎之道，重始也。此本《象傳》《序卦》之旨而引申之。《非相》篇曰：“好其實，不恤其文，是以終身不免埤污庸俗[9]。故《易》曰‘括囊，无咎无譽’，腐儒之謂也。”此爲當日石隱者流[10]，如沮溺丈人[11]，匿迹銷聲，介之推所謂“身將隱，焉用文之”[12]，究非中道。《大略》篇又曰：“復自道，何其咎。”以爲能變也。《吕覽·務本》篇引而申之曰[13]：“以言本無異，則動卒有喜。”《荀子》言變，《吕覽》言動，皆取《復卦》剛反之義。《吕覽·應同》篇曰：“平地注水，水流濕；均薪施火，火就燥。”闡發經義，簡明不支。《慎大覽》篇引《易》“愬愬，履虎尾，終吉”，可證今本之誤[14]。《召類》篇引史默説渙群之義曰[15]：“渙者賢也，群者衆也，元者吉之始也。‘渙其群元吉’者，其佐多賢也。”可證注疏以渙爲渙散之非。元吉與大吉異，元吉以德言，大吉以時言。《象》曰[16]：“大哉乾元，萬物資始。"《文言》曰："乾元者，始而亨者也。"故曰："元吉者，吉之始。"亦可證舊解"元吉"爲"大吉"之失。周末諸子引《易》，具有精義如此。《史記》載蔡澤言"亢龍"之義，上而不能下，信而不能詘，往而不能自返[17]。《國策》載春申君言"狐濡其尾"之義，始之易，終之難[18]。皆引《易》文以決時事，其說之精，亦可以補周末諸子之遺也。

箋注

〔1〕《王制》，《禮記》中的一篇，主要論述古代君主治理天下的典章制度，内容涉及封國、職官、爵禄、祭祀、葬喪、刑罰、建立成邑、選拔官吏以及學校教育等方面的制度。

〔2〕樂正，古代在宮廷中負責管理音樂的官名，樂官之長，掌國子之教。四術，《詩》《書》《禮》《樂》四種先王治國理政之途徑。

〔3〕四教，即《詩》《書》《禮》《樂》四種教育。

〔4〕《文獻通考》，簡稱《通考》，宋末元初馬端臨編撰。馬端臨（1245—1323），字貴輿，號竹洲，饒州平樂（今江西平樂）人，宋元之際史學家，著有《文獻通考》《大學集注》《多識録》等書。該書以杜佑《通典》爲藍本，將《通典》之八門增擴爲二十四門，共348卷，搜考上古到南宋寧宗時期的典章制度，是繼《通典》《通志》之後規模最大的一部記述歷代典章制度的著作，和《通典》《通志》合稱"三通"。引文見《文獻通考》卷一七四《經籍考一·總叙》。

〔5〕案，"序、繫、説、文"可以理解爲動詞，"彖、象、卦、言"可以理解爲文章體裁，泛指孔子作"十翼"之事。郭沂認爲應作"序《彖》《繫》《象》《説卦》《文言》"解，序爲動詞，爲序跋之序，即爲《周易》作後面這五篇序文。參閱郭沂《從早期〈易傳〉到孔子易説》，載《郭店竹簡與先秦學術思想》，上海教育出版社，2001年。

〔6〕韋編，古代的書籍是用竹片或木牘書寫，再用皮條編綴成册。韋，熟牛皮。三，指多次。絶，斷。孔子勤讀《易》書，致使編綴簡牘的皮條多次被翻斷。

〔7〕六藝，此處指六經。六藝有二，一是指六種技能：禮、樂、射、御、書、數，見《周禮·保氏》："養國子以道，乃教之六藝：一曰五禮，二曰六樂，三曰五射，四曰五御，五曰六書，六曰九數。"二是指六經：《易》《書》《詩》《禮》《樂》《春秋》。孔子開私學授六藝，即儒學六經。

〔8〕案，荀子認爲真正理解《易》理的人不事占卜。《周易》自孔子之前是卜筮之

書,經過孔子的詮釋而成爲"寡過""觀德"修身功能的儒家經典。可參閱馬王堆帛書《要》篇。

〔9〕埤污,卑污。庸俗,《荀子·非相》篇原文作"傭俗",平庸,俗氣。

〔10〕石隱者流,指避世隱居者。典出晉孫楚"漱石枕流"。《世說新語·排調》:"孫子荆年少時欲隱,語王武子'當枕石漱流',誤曰'漱石枕流'。王曰:'流可枕,石可漱乎?'孫曰:'所以枕流,欲洗其耳;所以漱石,欲礪其齒。'"又見《晉書·孫楚傳》。

〔11〕典出《論語·微子》:"長沮、桀溺耦而耕,孔子過之,使子路問津焉。""子路從而後,遇丈人,以杖荷蓧。"長沮、桀溺、丈人都是孔子時避世隱士。

〔12〕介之推(? —前636),又稱介子、介推,春秋時期晉國人。晉文公重耳的輔臣。驪姬之亂發生後,他跟隨重耳出奔,歷盡艱辛,曾"割股奉君",忠心輔佐重耳得以返國登基,功成後淡泊功名,歸隱山林。引文見《左傳·僖公二十四年》。

〔13〕《呂覽》,即《呂氏春秋》,爲秦相呂不韋及其門人集體編纂而成的一部政治理論散文的彙編,完成於秦王政六年(前241)。其內容涉及甚廣,以道家黃老思想爲主,兼收儒、名、法、墨、農和陰陽各先秦諸子百家言論,是雜家的代表作。《務本》是《八覽》之首《有始覽》中的一篇,主張以民爲本,"順民""愛民"。

〔14〕《周易·履卦》九四爻辭"履虎尾,愬愬,終吉"。《呂氏春秋·慎大》篇引《易》"愬愬,履虎尾,終吉",皮錫瑞以爲可證今本之倒訛或缺漏。

〔15〕史默,《呂氏春秋·恃君覽·召類》篇原文作"史黯",春秋晚期晉國太史,又稱蔡墨、蔡史墨或史墨。長於天文星象、五行術數與筮占,熟悉各諸侯國內政,曾提出"社稷無常奉、君臣無常位""五行相勝""物生有兩"等著名哲學觀點。

〔16〕彖,皮氏原引誤作"象",據《周易·乾卦》改。

〔17〕參閱《史記·范睢蔡澤列傳》。蔡澤,戰國時燕國人,善辯多智,游說諸侯,秦昭王拜爲客卿,後代范睢爲秦相。曾爲秦王政出使於燕,使太子丹入質於秦。蔡澤引《易》"亢龍有悔"總結商君、白公、吳起、大夫種四子之功成不知身退而受誅的歷史教訓,説服范睢功成身退,舉蔡澤自代爲秦相。"詘"原作"决",據《史記·范睢蔡澤列傳》改。

〔18〕參閱《戰國策·秦策》。春申君,即黃歇(前314—前238),楚國江夏人,與魏國信陵君魏無忌、趙國平原君趙勝、齊國孟嘗君田文并稱爲"戰國四公子"。楚考烈王元年(前262),以黃歇爲相,封爲春申君,賜淮北地十二縣。

7. 論卦辭、爻辭即是繫辭，"十翼"之説於古無徵

以卦辭、爻辭爲孔子作，疑無明文可據，然亦非盡無據也。古以《繫辭》即爲卦辭、爻辭，漢儒説皆如是[1]。而今之《繫辭》上、下篇，古以爲《繫辭傳》。《釋文》王肅本有傳字，蓋古本皆如是。宋吳仁傑《古周易》以爻爲《繫辭》[2]。今考《繫辭》有云："聖人設卦、觀象、繫辭焉以明吉凶。"又云："聖人有以見天下之動[3]，而觀其會通，以行其典禮，繫辭焉以斷其吉凶，是故謂之爻。"又云："繫辭焉而命之，動在其中矣。"又云："繫辭焉以盡其言。"據此諸文，明是指卦爻辭謂之《繫辭》，若謂《繫辭》中四處所云"繫辭"即是今之《繫辭》，孔子不應屢自稱其所著之書，又自言其作辭之義，且不應自稱聖人。蓋《繫辭》即卦辭、爻辭，乃孔子所作，今之《繫辭》乃《繫辭》之傳，孔子弟子所作。《繫辭》中明有"子曰"，必非出自孔子手筆。《史記·自序》引《繫辭》之義爲《易大傳》[4]，是其明證。凡孔子所作謂之經，弟子所作謂之傳。所云"聖人繫辭焉以斷其吉凶"，乃孔子弟子作傳，稱孔子爲聖人，非孔子作《繫辭》而稱文王、周公爲聖人也。

鄭樵《六經奧論》曰[5]："《易大傳》言'繫辭'者五，皆指爻辭曰《繫辭》。如《上繫》曰'繫辭焉而明吉凶''繫辭以斷其吉凶'有二，曰'繫辭焉而命之'，孔子專指爻辭以爲《繫辭》，今之《繫辭》乃孔門七十二子傳《易》於夫子之言，爲《大傳》之文。則《繫辭》者，其古傳《易》之《大傳》歟？"鄭樵以《繫辭傳》爲《易大傳》，正本《史記》、孔《疏》云，經文王、周公所作，傳孔子所作。不知孔子以前不得有經，《漢書·儒林傳》云"孔子晚而好《易》，讀之，韋編三絶，而爲之傳"，則已誤以孔子所作爲傳，與《史記》之説大異矣。歐陽修不信祥異，以《繫辭》云"河出圖，洛出書，聖人則之"爲非孔子之言[6]。不知《繫辭傳》本非孔子之言，乃孔子弟子所作以解釋孔子之言者也。《史記·孔子世家》云："孔子晚而喜

《易》，序彖、繫象、説卦、文言。"史公既以今之《繫辭》爲《易大傳》，則不以爲孔子所作。《世家》所謂亦必指卦辭、爻辭而言。繫者屬也，"繫辭"猶云屬辭。據《史記》云，伏戲畫八卦，文王重卦爲六十四，分爲三百八十四爻而無其辭，至孔子乃屬辭以綴其下，故謂之"繫"。此其有明文可據而不必疑者也。惟《孔子世家》引《説卦》頗疑有誤。《論衡·正説》篇曰："至孝宣皇帝之時，河内女子發老屋，得逸《易》《禮》《尚書》各一篇，奏之。宣帝下示博士[7]，然後《易》《禮》《尚書》各益一篇。"所説《易》益一篇，蓋《説卦》也。《隋書·經籍志》曰："及秦焚書，《周易》獨以卜筮得存，唯失《説卦》三篇。後河内女子得之。"所謂三篇，蓋兼《序卦》《雜卦》在内。據王充説，《説卦》至宣帝時始出，非史公所得見，故疑《世家》"説卦"二字爲後人攙入者。《説卦》論八卦方位[8]，與卦氣圖合[9]，疑焦、京之徒所爲[10]。程迥《古易考》十二篇[11]，闕《序》《雜卦》，以爲非聖人之言。李邦直、朱新仲、王巽卿皆疑《序卦》[12]，近儒朱彝尊亦然[13]。戴震云[14]："昔儒相傳《説卦》三篇，與今文《大誓》同後出。《説卦》分之爲《序卦》《雜卦》，故三篇詞指不類孔子之言，或經師所記孔門餘論，或別有所傳述，博士集而讀之，遂一歸孔子，謂之'十翼'矣。"據此，則古今人皆疑《説卦》三篇。而"十翼"之説，於古無徵。《漢書·藝文志》："《易經》十二篇。"又曰："孔氏爲之《彖》《象》《繫辭》《文言》《序卦》之屬十篇。"是已分爲十篇，尚不名爲"十翼"。孔《疏》以爲鄭學之徒并同此説，是"十翼"出東漢以後，未可信據。歐陽修謂"十翼"之説不知起於何人，自秦漢以來大儒君子不論[15]。後人以爲歐陽不應疑經，然"十翼"之説，實不知起於何人也。

箋注

〔1〕案，漢儒多以爲孔子之《繫辭》即爲今見《周易》中卦辭、爻辭，京房《易傳》才有《繫》曰"。

〔2〕吳仁傑，字斗南，一字南英，宋代崑山（今江蘇崑山）人，淳熙五年(1178)進士，歷任羅田縣令、國子學録等職，歸里後自號"蠹隱"。著有《陶靖節先生

年譜《洪範辯圖》《兩漢刊誤補遺》《古周易》《易圖書》等。吴仁傑《古周易》十二卷，已亡佚，《四庫全書總目提要》説"今《古周易》世罕傳本，僅《永樂大典》尚有全文"，稱其"引據賅洽，考證詳晰，元元本本，務使明白無疑而後已"。《文獻通考》引陳氏曰："仁傑所録，以《爻》爲《繫辭》，今之《繫辭》爲《説卦》。其言'十翼'，謂《彖傳》《繫辭傳》上下、《説卦》上中下、《文言》《序卦》《雜卦》，并上下經爲十二篇。"

〔3〕 動，原作"物"，據《周易・繫辭傳》改。

〔4〕 案，《史記・太史公自序》載司馬談"論六家之要指"，徵引《易大傳》"天下一致而百慮，同歸而殊塗"之語，同今《繫辭》所載。

〔5〕 鄭樵(1104—1162)，字漁仲，南宋興化軍莆田(今福建莆田)人，世稱夾漈先生。鄭樵一生無意於科舉，畢生從事學術研究，在經學、禮樂之學、語言學、自然科學、文獻學、史學、天文、地理、蟲魚、草木等方面成就卓著，著書81部、900餘卷，流傳至今有《通志》《爾雅注》《詩辨妄》《六經奧論》《系聲樂譜》《夾漈遺稿》等。《六經奧論》，舊題鄭樵撰，或疑非其所著。《四庫總目提要》云："《六經奧論》舊本題'宋鄭樵撰'，朱彝尊《曝書亭集》有是書《跋》，曰：'成化中旴江危邦輔藏本，黎溫序而行之，云是鄭漁仲所著。荆川唐氏輯《稗編》從之。'今觀其書，議論與《通志略》不合。"引文見《六經奧論》卷一。

〔6〕 歐陽修(1007—1072)，字永叔，號醉翁、六一居士，謚文忠，吉州廬陵(今江西吉安)人。唐宋古文八大家之一，所修兩部史書《新唐書》及《新五代史》列入廿四正史。經學上開創宋人直接解經、不依注疏的新風氣，在中國金石學、詩話及花譜撰作等方面都有開創。著《易童子問》三卷，在易學上打破《易傳》的權威地位，是中國經學史上提出"十翼"皆非孔子所作的第一人；反對以《易經》占筮，又主張刪去注疏中的讖緯部分，認爲六十四卦都是説明人事，反對天人感應説，影響後世易學中義理學派的形成。另著有《詩本義》《集古録》《歐陽文忠公集》等。引文見《易童子問》卷三，略有不同。

〔7〕 宣帝，原作"皇帝"，據《論衡・正説》篇改。河内女子所發書，學者一般以爲其中有今《易傳》之《説卦》(或以爲《説卦》《序卦》《雜卦》三篇)和《尚書》之《泰誓》，分別補《周易》"十翼"和《今文尚書》二十九篇之缺。

〔8〕 八卦方位，古代按八卦各卦性質而配以方位，分伏羲方位和文王方位兩説。前者稱先天學，所列方位稱先天圖，由邵雍提出，天(乾)南地(坤)北，日出東方(離)，日落西方(坎)，西北高山(艮)，東南海洋(兑)，西南多風(巽)，東北多雷(震)。後者稱後天學，所列方位稱後天圖，乃《説卦》所述、漢易所

稱，即乾西北，坎北方，艮東北，震東方，巽東南，離南方，坤西南，兑西方。

〔9〕卦氣圖，指與易學卦氣説相配合的圓形圖。卦氣説是以陰陽五行家的五行運數説和天人感應論爲理論支撐，借用天文曆法知識，將《周易》占術與秦漢間的五行雜占之術結合的産物。一般認爲由西漢孟喜發明，將六十四卦與一年中體現陰陽之氣進退消長的四時、十二個月、二十四節氣、七十二候、三百六十五又四分之一天相互對應比配，并與自然、人事相比附。後世象數易學家推演發展了卦氣説，并配上各種形象而又複雜的卦氣圖。

〔10〕焦、京之徒，指焦延壽、京房等人。焦延壽，字贛，一説名贛，字延壽，西漢梁國(治今河南商丘南)人。家貧好學，得梁敬王之助，學成之後，爲郡吏察舉，補小黄令。自言得孟喜之學，撰《易林》十六卷，後授給學生京房，漢代遂有京氏之學。京，即京房。西漢有兩位易學家京房，一位受學於楊何，官至太中大夫、齊郡太守。其學傳梁丘賀；另一位是西漢今文易、京氏之學創始人。此處指後者之京房(前77—前37)，東郡頓丘(今河南清豐西南)人，字君明，本姓李，好音律，推律自定爲京氏。於易學師從梁人焦延壽，對《周易》象數多有發明，言納甲、八宮、世應、飛伏、五星四氣等，能夠運用象數理論進行占驗。元帝時立爲博士，官至魏郡太守。屢次上疏，以卦氣、陰陽災異推論時政，後因劾奏中書令石顯專權，爲石氏所忌恨，被捕下獄處死。著述頗豐，其學傳與東海段嘉、河東姚平、河南乘弘，形成了西漢易學中的"京氏之學"。

〔11〕程迥，字可久，人稱沙隨先生。宋應天府寧陵(今河南寧陵)人。孝宗隆興元年(1163)進士，官至朝奉郎。善《易》，著有《古易考》《古易章句》《古占法》《易傳外編》等書。

〔12〕李邦直，即李清臣，北宋魏(今河北大名)人，《宋史》卷三二八有傳。朱新仲，即朱翌，著有《猗覺寮雜記》二卷。《宋史翼》有傳。王巽卿，即王申子，字巽卿，元代易學家，著有《大易輯説》十卷。按，"王巽卿"皮氏原誤作"傅選卿"，蓋誤讀朱彝尊《王氏大易輯説跋》"若夫李邦直朱新仲疑序卦傳巽卿亦然"(《曝書亭集》卷四二)，將"傳巽卿"三字誤認爲人名，又誤"傳"爲"傅"，"巽"爲"選"。序卦，亦稱《序卦傳》，"十翼"中的一篇，説明《易經》六十四卦排列的次序。

〔13〕朱彝尊(1629—1709)，字錫鬯，號竹垞，浙江秀水(今浙江嘉興市)人，清代詞人、經學家、藏書家。康熙十八年(1679)舉博學鴻詞科，除檢討。二十二年(1683)入直南書房。曾參加纂修《明史》。著有《曝書亭集》八十卷，《日下舊聞》四十二卷，《經義考》三百卷；選《明詩綜》一百卷，《詞綜》三十六卷

（汪森增補）。

〔14〕戴震（1724—1777），字東原，號杲溪，徽州休寧（今安徽黄山市）人，清代考
據學家、語言學家、思想家，皖派主要代表人物。乾隆二十七年舉人。曾六
次會試未中，晚年因學術成就顯著，乾隆帝特招入《四庫全書》館任纂修官，
賜同進士出身，授翰林院庶吉士。戴震之學，主張“由聲音、文字以求訓詁，
由訓詁以尋義理”，“義理不可空憑胸臆，必求之於古經”，“古訓明則古經
明，古經明則賢人聖人之義理明”。對經學、天文、地理、歷史、數學、機械、
水利、生物及古代器物都有研究，被譽爲百科全書式的學者。先後撰成《籌
算》《勾股割圓記》《六書論》《爾雅文字考》及《考工記圖注》《原善》《尚書今
文古文考》《春秋改元即位考》《詩經補注》《聲類表》《方言疏證》《聲韻考》及
《孟子字義疏證》等，并應河北、山西等地官員聘請，纂修《直隸河渠書》《汾
州府志》《汾陽縣志》）。戴震卒後，其小學則高郵王念孫、金壇段玉裁傳之；
測算之學，則曲阜孔廣森傳之；典章制度之學，則興化任大椿傳之（《清史
稿·儒林傳》）。梁啓超稱之爲“前清學者第一人”。

〔15〕引文見歐陽修《文忠集》卷一八《易或問三首》。

8. 論孔子作卦辭、爻辭，又作《彖》《象》《文言》，是自作而自解

　　或疑卦辭、爻辭爲孔子作，《彖》《象》《文言》又孔子作。夫《彖》
《象》《文言》，所以解卦辭、爻辭也，是豈孔子自作之而自解之歟？曰：
孔子正是自作之而自解之也。聖人作《易》，幽贊神明，廣大精微，人不
易喻。孔子恐人之不能盡喻也，既作卦辭，又自作《彖》以解卦辭；既作
爻辭，又自作《象》以解爻辭。乾、坤爲《易》之門，居各卦之首，又特作
《文言》以釋之，所謂言之不足，故長言之，所以開愚蒙、導後學也。若
疑自作自解，無此文體，獨不觀揚雄之《太玄》乎[1]？《太玄》準《易》而
作者也。《漢書·揚雄傳》曰：“爲其泰曼漶而不可知[2]，故有《首》《衝》
《錯》《測》《攡》《瑩》《數》《文》《掜》《圖》《告》十一篇[3]，皆以解剥玄
體[4]，離散其文[5]，章句尚不存焉。”據此，是雄作《太玄》，恐人以爲曼

溰不可知，自作十一篇解散其文，以示後人，正猶孔子作《易》，有卦辭、爻辭，恐人不知，自作《彖》《象》《文言》以示後人也。

司馬光《説玄》曰："《易》有《彖》，《玄》有《首》，《彖》者卦辭也，《首》者亦統論一首之義。《易》有爻，《玄》有贊，《易》有《象》，《玄》有《測》，《測》所以解贊也。《易》有《文言》，《玄》有《文》，《文》解五德并《中》首九贊，《文言》之類也。"據此，則《太玄》準《易》，《玄》之贊即《易》之爻。若謂自作不當自解，則揚子既作贊矣，何必又有《測》以解贊，復有《言》以解贊乎？當時客有難《玄》太深，雄解之，號曰《解難》[6]，其辭曰："是以宓犧氏之作《易》也，綿絡天地[7]，經以八卦，文王附六爻，孔子錯其象而象其辭，然後發天地之藏，定萬物之基。"揚子但以文王爲附六爻，與《法言》所説同[8]。文王但重卦而無辭，則卦、爻辭必孔子作。雄以孔子作卦、爻辭，又作《彖》《象》《文言》而自解之，故準《易》作《太玄》，亦作《首》《贊》以法卦、爻辭，又作《測》與《文》而自解之。揚雄《太玄》自作自解，人未有疑之者，獨疑孔子不應自作自解，是知二五而不知十也。

高貴鄉公以下[9]，多疑《彖》《象》不當合經，不知《彖》《象》與卦、爻辭皆孔子一人所作。既皆孔子所作，則皆當稱爲經，并無經、傳之分，惟《繫辭傳》當稱傳耳。《彖》《象》合卦、爻辭與不合卦、爻辭，似可無庸爭辨。《太玄》舊本分《玄》之贊辭爲三卷，一方爲上，二方爲中，三方爲下，次列《首》《衝》《錯》《測》《攡》《瑩》《數》《文》《掜》《圖》《告》凡十一篇。范望[10]散《首》《測》於贊辭之間，王涯因之[11]，宋惟幹依《易》之序[12]，以《玄首》準卦辭，《測》準《小象》，《文》準《文言》，《攡》《瑩》《掜》《圖》準《繫辭》，《告》《數》準《説卦》，《衝》準《序卦》[13]，《錯》準《雜卦》，吳秘因之[14]，司馬光從范本[15]。諸人紛紛改訂，正與改訂《易》文相似。其實一人所作，次序先後可以不拘。阮孝緒[16]稱《太玄經》九卷，雄自作章句，是雄且作章句以自解其《太玄》矣，尚何疑於自作自解之不可乎？章學誠《文史通義》以著書自注爲最善[17]，謂本班固《漢書》，不知揚雄又在班固之前，孔子更在前也。

箋注

〔1〕《太玄》，又稱《太玄經》《揚子太玄經》或《玄經》，西漢揚雄作，用來闡述他的哲學體系和宇宙論。《四庫全書》中爲避康熙皇帝的名諱，改稱其爲《太元經》。《太玄》糅合了儒家、道家和陰陽家的學說。首先從《老子》"玄之又玄"中概括出"玄"的概念，以玄爲中心，按天、地、人三道的分類建立了一個形而上學體系。認爲一切事物從發展到旺盛到消亡都可分成九個階段。《太玄》也是學術史上首部擬經之作，在内容和體裁上模擬《周易》。《周易》以陰陽關繫爲主題，分爲兩儀、四象、八卦、六十四重卦、三百八十四爻，并有"十翼"詮釋經文。《太玄》以天、地、人關繫爲主題，分成一玄、三方、九州、二十七部、八十一家、七百二十九贊；另有《玄首》《玄測》《玄衝》《玄攡》《玄錯》《玄瑩》《玄數》《玄文》《玄倪》《玄圖》《玄告》十一篇闡發。

〔2〕泰，通"太"。曼漶，模糊不清。顔師古注："張晏曰：'曼音滿。'曼漶，不分别貌，猶言蒙鴻也。""不可知"下原衍一"夬"字，據《漢書·揚雄傳》删。

〔3〕案，學者一般認爲《太玄》爲揚雄模仿《周易》"十翼"而作，《玄首》模仿《彖傳》，《玄測》模仿《象傳》，《玄文》模仿《文言》，《玄攡》《玄瑩》《玄掜》《玄圖》《玄告》模仿《繫辭》，《玄數》模仿《説卦》，《玄衝》模仿《序卦》，《玄錯》模仿《雜卦》。

〔4〕解，剖開，分開。剝，去掉外面的皮或其他東西。解剝玄體，即解析探究《太玄》的哲學思想體系。

〔5〕離散其文，逐個分析《太玄》各首辭、贊辭的内涵。

〔6〕《解難》，揚雄爲解答時人問難《太玄》而作，見於《漢書·揚雄傳下》："客有難《玄》大深，衆人之不好也，揚解之，號曰《解難》。"

〔7〕綿絡天地，網絡宇宙，包羅萬物。

〔8〕《法言》，揚雄擬《論語》而作，共十三卷。其中《問神》篇云："《易》始八卦，而文王六十四，其益可知也。"

〔9〕高貴鄉公，即曹髦（241—260），字彦士，魏文帝曹丕之孫，東海定王曹霖之子。善詩文，好經學。封高貴鄉公，公元254年登基爲曹魏第四位皇帝，260年率領宫人僮僕數百餘人討伐司馬昭，被武士成濟所弑。

〔10〕范望，東晉學者，曾撰《太玄經》注，作《解贊》。

〔11〕王涯（764—835），字廣津，唐太原人。博學工文，擢進士，又舉宏辭，歷任藍田尉、左拾遺、翰林學士、起居舍人、中書侍郎、同中書門下平章事、劍南東

川節度使、吏部尚書。"甘露之變"中被腰斬。著有《太玄注》和《説玄》五篇。

〔12〕宋惟幹,北宋鄆州須城(今山東東平)人。雍熙中知泉州,端拱中爲起居舍人,淳化中爲陝西轉運使。歷官都官郎中、直昭文館,以右諫議大夫分司西京,擢中大夫,進封開國伯。著有《太玄解》十卷、《太玄譚旨》。

〔13〕衝,原誤作"衡",據《太玄》改。

〔14〕吳秘,字君謨,北宋建安(今屬福建)人。景祐元年進士,官至京東提刑。著有《周易神通》《太玄音義》。

〔15〕司馬光(1019—1086),字君實,號迂叟,陝州夏縣(今山西夏縣)人,世稱涑水先生。司馬光是北宋政治家、史學家,主持編纂中國歷史上第一部編年體通史《資治通鑑》。曾三十多年精讀《太玄》《法言》,并爲之作《集注》。還模仿《太玄》著《潛虛》。范本,指晉范望所注《太玄經注》。

〔16〕阮孝緒(479—536),字士宗,南朝梁陳留尉氏(今河南尉氏)人,隱居不仕。曾斟酌劉歆、王儉之義例,撰有《七錄》一書,著錄圖書6 288種、44 526卷,廣集宋、齊以來圖書記錄,分爲經、史、子、集、方伎、佛、道七類,總結前代目錄學成就。門人私謚文貞處士。《南史》卷七六《隱逸傳下》、《梁書》卷五一《處士傳》有傳。

〔17〕章學誠(1738—1801),字實齋,會稽(今浙江紹興)人,清代史學家、思想家。所著《文史通義》,提出"經世致用""六經皆史""做史貴知其意"和"史德"等著名論斷,與唐劉知幾的《史通》并稱史學理論名著。

9. 論傳經之人惟《易》最詳,經義之亡惟《易》最早

　　孔子删定六經[1],傳授之人惟《易》最詳,而所傳之義惟《易》之亡最早。《史記·仲尼弟子列傳》曰:"孔子傳《易》於商瞿,瞿傳楚人馯臂子弘[2],弘傳江東人矯子庸疵[3],疵傳燕人周子家豎[4],豎傳淳于人光子乘羽[5],羽傳齊人田子莊何[6],何傳東武人王子中同[7],同傳菑川人楊何[8]。何,元朔[9]中以治《易》爲漢中大夫[10]。"

　　《漢書·儒林傳》曰:"自魯商瞿子木受《易》孔子,以授魯橋庇子庸,子庸授江東馯臂子弓,子弓授燕周醜子家,子家授東武孫虞子乘,

子乘授齊田何子裝，田何授東武王同子中、雒陽周王孫、丁寬、齊服生，同授淄川楊何字叔元，寬授同郡碭田王孫，王孫授施讎、孟喜、梁丘賀，繇是《易》有施、孟、梁丘之學。"

《史》《漢》載商瞿以下傳授名字，子弘即子弓，矯疵即橋庇，周醜即周豎，光羽即孫虞。《史記》以爲子弘傳子庸，《漢書》以爲子庸傳子弓，各有所據，而小異大同，孔門傳《易》之源流，在漢固甚明也。

《史記》止於楊何，距商瞿八傳，《漢書》下及施、孟、梁丘，距商瞿九傳。《史記·儒林傳》云："言《詩》於魯則申培公[11]，於齊則轅固生[12]，於燕則韓太傅[13]。言《尚書》自濟南伏生[14]，言《禮》自魯高堂生[15]，言《易》自菑川田生[16]，言《春秋》於齊、魯自胡毋生[17]，於趙自董仲舒[18]。"是皆言漢初傳經諸人，而申公、轅固、韓嬰、伏生、高堂生等皆不言其所授，蓋史公已不能明。惟於《易》云，自魯商瞿受《易》孔子；孔子卒，商瞿傳《易》，六世至齊人田何字子莊，而漢興。田何傳東武人王同子仲，子仲傳菑川人楊何。史公父談受《易》於楊何，故於《易》之授受獨詳。史公能詳《易》家授受之人，豈不能知《易經》作卦、爻辭之人？而《周本紀》但云文王重卦，《魯世家》不云周公作爻辭，則文王、周公無作卦、爻辭之事。《孔子世家》云"序彖繫象"，即卦、爻辭在其中矣。《史記》不及丁寬，《漢書》以爲寬授田王孫，王孫授施、孟、梁丘[19]。又云："至成帝時，劉向校書，考《易》説，以爲諸《易》家説皆祖田何、楊叔元、丁將軍，大誼略同，唯京氏爲異黨[20]。焦延壽獨得隱士之説，托之孟氏，不相與同。"據《漢書》，則田何、丁寬、楊何之學本屬一家，傳之施、孟、梁丘，爲《易》之正傳。焦、京之學，明陰陽術數，爲《易》之別傳[21]。乃至於今，不特王同、周王孫、丁寬、服生之《易》傳數篇無一字存，即施、孟、梁丘，漢立博士授生徒以千萬計，今其書亦無有存者，轉不如伏生《尚書》，齊、魯、韓《詩》，猶可稍窺大旨，豈非事理之可怪，而經學之大可惜者乎？後惟虞翻注《易》[22]，自謂五世傳孟氏《易》，其注見李鼎祚《集解》稍詳[23]，近儒張惠言爲之發明[24]。此則孟氏之學支與流裔猶有存者，而漢儒《易》學幸得存什一於千百也。

箋注

〔1〕孔子删定六經：孔子與"六經"的關繫，衆説紛紜，是一大公案。一般按《史記》所述，孔子删《詩》《書》，定《禮》《樂》，贊《周易》，修《春秋》，成爲中國古代文化經典中最核心的"六經"。

〔2〕馯臂子弘，戰國時楚國人，姓馯，名臂，字子弘，《漢書》作"馯臂子弓"，從孔子弟子魯人商瞿子木受易學。

〔3〕矯子庸疵，戰國時越國人，姓矯，名疵，字子庸，《漢書》作"橋庇子庸"，孔子易學的第三代傳人。

〔4〕周子家豎，戰國時燕國人，姓周，名豎，字子家，《漢書》作"周醜子家"，孔子易學第四代傳人。

〔5〕光子乘羽，姓光，名羽，字子乘，《漢書》作"孫虞子乘"，戰國時淳于國人，孔子易學第五代傳人。

〔6〕田子莊何，姓田，名何，字子莊，《漢書》作"子裝"，秦漢之際淄川人，徙杜陵(今陝西西安東南)，號杜田生。西漢今文易學的開創者，西漢立爲博士的今文易學，都源出他的傳授。

〔7〕王子中同，姓王，名同，字子中，西漢東武(今山東諸城)人，西漢易學家。

〔8〕楊何，字叔元，西漢淄川人。武帝時任中大夫。曾受《易》於田何，著有《易傳楊氏》二篇，已佚。曾授司馬談易學，《史記·太史公自序》："太史公學天官於唐都，受《易》於楊何，習道論於黃子。"

〔9〕元朔，漢武帝的第三個年號，共六年(前128—前123)。

〔10〕中大夫，官名，秦光禄勳屬官有中大夫，漢武帝太初元年(前104)改名光禄大夫，掌論議。

〔11〕申培公，姓申名培，尊稱申公，西漢時魯(郡治在今山東曲阜一帶)人。曾與魯穆生、白生及後來成爲西漢楚元王的劉交等皆受《詩》於荀子的學生浮丘伯，西漢今文《詩》學中"魯詩學"之開創者，漢文帝時立爲博士。又傳《春秋穀梁傳》於瑕丘江公。武帝時應召封太中大夫。《漢書·藝文志》著録有《魯故》二十五卷、《魯説》二十八卷，均佚。清馬國翰《玉函山房輯佚書》中輯有《魯詩故》三卷。

〔12〕轅固生，姓轅名固，西漢齊國彤水(今山東桓臺)人。景帝時立爲《詩經》博士。曾與黃生在景帝面前争論"湯武革命"的正當性問題。答竇太后問對，言《道德經》乃家人言，太后怒而投諸豬圈。景帝認爲轅固廉潔正直，拜爲

清河王劉乘太傅。轅固開創了西漢《詩經》的齊詩學派。

〔13〕韓太傅,即韓嬰(約前200—前130),涿郡鄭(今河北任丘)人。漢文帝時曾任博士,漢景帝時爲常山太傅,後人稱"韓太傅"。以《詩經》見長,世稱"韓詩",與轅固生的"齊詩"、申培的"魯詩"并稱"三家詩"。著有《韓詩内傳》《韓詩外傳》《韓説》等,南宋後僅存《韓詩外傳》。

〔14〕伏生(前260—161),一作伏勝,西漢濟南(今山東鄒平)人。曾爲秦博士,秦時焚書,於壁中藏《尚書》,至漢初僅存二十九篇(一説二十八篇),教授於齊魯之間。文帝時求能治《尚書》者,以年九十餘,老不能行,乃使晁錯往受之。西漢今文《尚書》傳自伏生。

〔15〕高堂生,複姓高堂,名伯,西漢魯(治今山東曲阜)人。秦始皇焚書後,《禮經》失傳。高堂生傳《儀禮》十七篇,又授瑕丘蕭奮。

〔16〕淄川田生,即田何,注見前。

〔17〕胡母生,《漢書》作胡母生,字子都,齊國人。曾與董仲舒同學於公羊學傳人公羊壽,并與其師公羊壽將口傳的《春秋公羊傳》著於竹帛,在漢景帝時立爲博士。

〔18〕董仲舒(前179—前104),西漢信都廣川(今屬河北衡水)人,漢代經學家、思想家。《漢書·董仲舒傳》:"少治《春秋》,孝景時爲博士。下帷講誦,弟子傳以久次相授業,或莫見其面。蓋三年不窺園,其精如此。進退容止,非禮不行,學士皆師尊之。……武帝即位,舉賢良文學之士前後百數,而仲舒以賢良對策焉。……及去位歸居,終不問家産業,以修學著書爲事。……仲舒所著,皆明經術之意,及上疏條教,凡百二十三篇。而説《春秋》事得失,《聞舉》《玉杯》《蕃露》《清明》《竹林》之屬,復數十篇,十餘萬言,皆傳於後世。掇其切當世施朝廷者著於篇。"董仲舒以儒家學説爲基礎,以陰陽五行爲框架,兼采諸子百家的思想精華,建立起一個新儒學思想體系,被漢武帝采納,確立了儒學在中國古代文化中的正統地位,被譽爲"儒者宗"。

〔19〕丁寬,字子襄,梁國睢陽(今河南睢陽)人。漢景帝時,丁寬爲梁孝王率軍抗拒吳楚,號爲丁將軍。作《易説》三萬言,解釋字義,舉其大義,爲《小章句》。丁寬傳給同郡碭田王孫。王孫傳給施讎、孟喜、梁丘賀,由此《易》有施、孟、梁丘之學。施、孟、梁丘三家《易》在宣帝時都立爲博士。

〔20〕京氏,即京房,其易學稱"京氏易",在元帝時立爲官學博士,詳注見前。

〔21〕焦、京之學,即焦延壽和京房的象數易學,詳注見前。

〔22〕虞翻(164—233),字仲翔,會稽餘姚(今浙江餘姚)人,三國時期東吳經學家和政治家,官至騎都尉。虞翻爲《老子》《論語》《國語》《孝經》《周易參同契》

作過訓注，并著《太玄注》(或名《明揚釋宋》)十四卷、《易注》十卷、《周易日月變例》六卷、《京氏易律曆注》一卷、《周易集林律曆》一卷等易學著作，皆亡佚。現存虞氏易注主要見於李鼎祚《周易集解》。

〔23〕李鼎祚，資州磐石(今屬四川資中)人，約活動於唐朝中後期，歷唐玄宗、肅宗、代宗三代，官至左拾遺、秘書省著作郎、殿中侍御史。著有《周易集解》。主張"刊輔嗣之野文，補康成之逸象"，博采子夏、孟喜、焦贛、京房、馬融、荀爽、鄭玄、劉表、何晏、宋衷、虞翻、陸績、干寶、王肅、王弼、姚信、王虞、張璠、向秀、王凱仲、侯果、蜀才、翟玄、韓康伯、劉瓛、何妥、崔憬、沈驎士、盧氏、崔覲、伏曼容、孔穎達、姚規、朱仰之、蔡景吾等 35 家易說，主要彙集漢易象數派各家的注釋，又以引荀爽、虞翻、干寶等人注釋最多，使瀕於失傳的漢代象數學及諸家易說得以保存至今，爲研究漢代易學的珍貴文獻。

〔24〕張惠言(1761—1802)，原名一鳴，字皋文，一作皋聞，號茗柯，武進(今江蘇常州)人。深於易學，與惠棟、焦循一同被後世稱爲"乾嘉易學三大家"。他以惠棟的方法治《易》，立說專宗虞翻，參以鄭玄、荀爽諸家之言。著《周易虞氏義》九卷、《周易虞氏消息》二卷、《虞氏易禮》二卷、《虞氏易事》二卷、《虞氏易候》二卷、《虞氏易言》二卷，將虞氏易說發揮盡致。

10. 論漢初說《易》皆主義理、切人事，不言陰陽術數

西漢《易》學之書雖亡，而其說猶有可考者，如《淮南子·繆稱訓》曰[1]："故君子懼失仁義，小人懼失利，觀其所懼，知各殊矣。《易》曰：'即鹿無虞。惟入於林中，君子幾，不如舍，往吝。'"[2]又曰："小人在上，如寢關暴纊[3]，不得須臾安，故《易》曰：'乘馬班如，泣血漣如[4]。'言小人處非其位，不可長也。"又曰："故至德者言同略，事同指，上下一心，無歧道旁見者，遏障之於邪，開道之於善，而民鄉方[5]矣。故《易》曰：'同人於野，利涉大川[6]。'"《齊俗訓》曰[7]："故《易》曰：'履霜，堅冰至[8]。'聖人之見終始微言。"《氾論訓》曰[9]："自古及今，五帝三王，未有能全其行者也。故《易》曰：'小過，亨，利貞。'言人莫不有過而不欲其大也。"[10]《人間訓》曰[11]："今霜降而樹穀，冰泮而求穫，欲其食則難

矣。故《易》曰'潛龍勿用[12]'者,言時之不可以行也,故'君子終日乾乾,夕惕若厲,无咎[13]'。'終日乾乾',以陽動也[14];'夕惕若厲',以陰息也[15]。因日以動,因夜以息,惟有道者能行之。"《泰族訓》曰[16]:"《易》曰'豐其屋,蔀其家,窺其戶,闃其無人'者[17],非無衆庶也,言無聖人以統理之也。"

賈誼《新書·容經》曰[18]:"亢龍往而不返,故《易》曰'有悔'。悔者凶也;潛龍入而不能出,故曰'勿用',勿用者,不可也。龍之神也,其爲蜚龍[19]乎!《春秋》篇曰:'故愛出者愛反,福往者福來。'《易》曰:'鳴鶴在陰,其子和之[20]。'其此之謂乎!"

董子《繁露·基義》篇曰[21]:"《易》言履霜堅冰[22],蓋言遜也。"《精華》篇曰[23]:"其在《易》曰:'鼎折足,覆公餗[24]。'夫'鼎折足'者,任非其人也;'覆公餗'者,國家傾也。"

劉向《說苑》[25]:"无咎,有言不信,聖人所與人難言信也。"又引孔子曰:"困之爲道,猶寒之及煖,煖之及寒也,惟賢者獨知而難言之也。《易》曰:'困亨貞,大人吉。'"[26]《法誡》篇曰[27]:"孔子讀《易》,至於《損》《益》,則喟然而嘆。子夏避席而問曰:'夫子何爲嘆?',孔子曰:'自損者益,自益者缺,吾是以嘆也。'子夏曰:'然則學者不可以益乎?'孔子曰:'否。夫道成者未嘗得久也,夫學者以虛受之,故曰得。'"又曰:"謙也者,致恭以存其位者也。夫《豐》明而動,故能大,苟大則虧矣,吾戒之。"《奉使》篇曰[28]:"趙簡子將襲衛,使史黯往視之,黯曰:'渙其群,元吉[29]。'渙者賢也,群者衆也,元者吉之始也。'渙其群,元吉'者,其佐多賢矣。"《指武》篇曰[30]:"《易》曰:'不威小,不懲大,此小人之福也[31]。'"《列女傳》[32]:鄒孟母曰[33]:"《易》曰:'在中饋,无攸遂[34]',以言婦人無擅制之義,而有三從之道也。"[35]

《劉向傳》稱[36]:"《易》有《鼎卦》。鼎,宗廟之器,主器奉宗廟者長子也。野鳥自外來,入爲宗廟器主,是繼嗣將易也。一曰,鼎三足,三公象,而以耳行,野鳥居鼎耳,小人將居公位,敗宗廟之祀。野木生朝,野鳥入廟,敗亡之異也。"又曰:"於《易》在《豐》之《震》[37],曰'豐其沛,日中見沬,折其右肱,无咎[38]'。於《詩·十月之交》則著卿士司徒[39],

下至趣馬師氏，咸非其材，同於右肱之所折，協於三務之所擇，明小人乘君子，陰侵之原也。”又曰：“讒邪進則眾賢退，邪枉盛則正士消。故《易》有《否》《泰》，小人道長，君子道消[40]，則政日亂，故爲《否》。否者，閉而亂也。君子道長，小人道消[41]，則政日治，故爲《泰》。泰者，通而治也。”又曰：“《易》‘渙汗其大號[42]’，言號令如汗，汗出而不返者也。”又曰：“故賢人在上位，則引其類而聚之於朝。《易》曰‘飛龍在天[43]’，大人聚也。在下位，則思與其類俱進。《易》曰：‘拔茅茹，以其彙，征吉[44]。’又《易》曰：‘有嘉折首，獲匪其醜[45]。’言誅首惡之人，而諸不順者皆來從也。”

《彭宣傳》[46]：宣上書言：“三公鼎足承君，一足不任，則覆亂矣。”宣治《易》事張禹，禹受《易》於施讎者也；劉向治《易》，校書，考《易》説，以爲諸家説皆祖田何、楊叔、丁將軍者也；淮南王集九師説《易》者也[47]；賈、董漢初大儒。其説《易》皆明白正大，主義理，切人事，不言陰陽術數，蓋得《易》之正傳，田何、楊叔之遺，猶可考見。

 箋注

〔1〕《淮南子》，又名《淮南鴻烈》（鴻，廣大；烈，光明），西漢淮南王劉安主持編著的門客作品集。據《漢書·藝文志》云“《淮南》内二十一篇，外三十三篇”，顏師古注曰：“内篇論道，外篇雜説。”全書主要以道家爲宗，雜糅陰陽、墨、法和儒家思想。《繆稱訓》爲今存《淮南子》第十篇，多次稱引“五經”，内容多儒家學説，郭沂等學者認爲其主要内容采自佚失的《子思子》二十二篇之一《累德》篇。

〔2〕見《周易》之《屯卦》六三爻辭。

〔3〕寢關暴纊：關，關隘；纊，蠶繭。人睡在關隘之上，蠶繭曬在日光之下，比喻不得安寧。

〔4〕見《周易》之《屯卦》上六爻辭。

〔5〕鄉方：鄉，同“嚮”，趨嚮；方，善之模範。

〔6〕見《周易》之《同人卦》之卦辭，原文爲：“同人於野，亨，利涉大川，利君子貞。”

〔7〕《齊俗訓》爲今存《淮南子》第十一篇，許慎注本題解云：“齊，一也。四字之

風,世之衆理,皆混其俗,令爲一道也,故曰'齊俗'。"

〔8〕見《周易》之《坤卦》初六爻辭。

〔9〕《氾論訓》爲今存《淮南子》第十三篇。高誘注本題解云:"博説世間古今得失,以道爲化,大歸於一,故曰'氾論',因以題篇。"

〔10〕小過,皮氏原引作"小道",誤。《淮南子》原文此句作"小過,亨,利貞",出自《周易》之《小過》卦辭。下一"過"字亦據改。

〔11〕《人間訓》,今存《淮南子》第十八篇。許慎注本題解云:"人間之事,吉凶之中,徵得失之端,反存亡之幾也,故曰'人間'。"

〔12〕見《周易》之《乾卦》初九爻辭。

〔13〕見《周易》之《乾卦》九三爻辭。

〔14〕終日乾乾,以日爲陽,積極進取,故曰"陽動"。

〔15〕夕惕若厲,以夕爲陰,警惕反思,故曰"陰息"。

〔16〕《泰族訓》,今存《淮南子》第二十篇。許慎注本題解云:"泰曰古今之道,萬物之指,族於一理,明其所謂也,故曰'泰族'。"

〔17〕見《周易》之《豐卦》上六爻辭。

〔18〕賈誼(前200—前168),雒陽(今河南洛陽市東)人,曾爲長沙王太傅,故世稱賈太傅、賈生、賈長沙。漢初著名的思想家、文學家。《新書》是賈誼的政論文集,又稱《賈子》,今存十卷五十八篇,其中《問孝》《禮容語上》兩篇有目無文,實爲五十六篇,集中反映了賈誼的政治經濟哲學思想。《容經》是賈誼《新書》中的一篇,主要叙述古代禮儀中的正確禮容及姿勢,包括視、聽、言語、坐、立、行、趨、拱手、揖讓及跪拜等應有的禮容。

〔19〕蜚龍,即飛龍。《史記·封禪書》:"《乾》稱蜚龍,鴻漸於般。"今本《易·乾》作"飛龍"。

〔20〕見《周易》之《中孚卦》九二爻辭。

〔21〕《繁露·基義》篇,即今本《春秋繁露》第五十二篇。《春秋繁露》共分十七卷、八十二篇,其中第三十九篇、第四十篇、第五十四篇等三篇闕失,實存七十九篇。

〔22〕見《周易》之《坤卦》初六爻辭。

〔23〕《精華》篇,今本《春秋繁露》第五篇。

〔24〕見《周易》之《鼎卦》九四爻辭。

〔25〕劉向(約前77—前6),原名更生,字子政,西漢楚國彭城(今江蘇徐州)人,楚元王劉交四世孫。漢宣帝時,爲諫大夫。漢元帝時,任宗正。曾以反對宦官弘恭、石顯下獄,免爲庶人。漢成帝即位後,得進用,任光禄大夫,改名

爲"向"，官至中壘校尉。曾奉命領校秘書，所撰《別録》，是我國最早的圖書分類目録。今存其編著的《新序》《説苑》《列女傳》《戰國策》等書。其著作《五經通義》《五經要義》有清人馬國翰輯本。明人輯有《劉中壘集》。《説苑》二十卷，成書於鴻泰四年(前17)，分類記述春秋戰國至漢代的遺聞軼事，每類之前列總説，後加按語。以記述諸子言行爲主，不少篇章中有關於治國安民、家國興亡的哲理格言。

〔26〕見《周易》之《坤卦》卦辭。

〔27〕《法誡》篇，《説苑》第十卷，今本作《敬慎》。

〔28〕《奉使》篇，《説苑》第十二卷。

〔29〕見《周易》之《渙卦》六四爻辭。

〔30〕《指武》篇，《説苑》第十五卷。

〔31〕語出《易·繫辭下傳》："小人不耻不仁，不畏不義，不見利不勸，不威不懲；小懲而大誡，此小人之福也。"

〔32〕《列女傳》，西漢劉向撰，是一部介紹中國古代婦女品行的人物故事集。共分七篇：母儀、賢明、仁智、貞順、節義、辯通、孽嬖，記叙了105位婦女的事迹。認爲"王教由内及外，自近者始"，婦女品行的影響非常重要。

〔33〕鄒孟母，即孟子的母親，鄒人，仉氏。孟軻早年喪父，孟母教子有方，養育孟子成爲大儒。《列女傳·母儀第一》載有《鄒孟軻母傳》，記述著名的"孟母三遷"故事。《三字經》有"昔孟母，擇鄰處，子不學，斷機杼"句。元朝延祐三年(1316)，朝廷追封孟子父孟激爲邾國公，追封孟子母親孟仉氏爲邾國宣獻夫人。

〔34〕見《周易》之《家人卦》六二爻辭。

〔35〕三從之道，《儀禮·喪服》："婦人有三從之義，無專用之道，故未嫁從父，既嫁從夫，夫死從子。"《禮記·郊特牲》："婦人，從人者也：幼從父兄，嫁從夫，夫死從子。夫也者，夫也。夫也者，以知帥人者也。"班固《白虎通·爵》："婦人無爵何？陰卑無外事，是以有三從之義。"

〔36〕案，所引文出處在《漢書·五行志》，觀點出自劉向之子劉歆，而非《漢書·劉向傳》。

〔37〕《豐》之《震》，《豐》卦上《震》下《離》，《震》爲雷，雷聲震天，寓意小人權勢强大，壓倒君子。

〔38〕見《周易·豐卦》九三爻辭。

〔39〕《詩·十月之交》，《詩經·小雅·節南山之什》的一篇。周幽王時一位朝廷小官因不滿於當政者皇父諸人在其位不謀其政，不管社稷安危，只顧中飽

私囊的行爲而作的一首政治怨刺詩。此詩中記載的日食發生在公元前776年9月6日(周幽王六年夏曆十月一日),是世界上最早的日食記録。

〔40〕見《周易·否卦·象傳》。

〔41〕見《周易·泰卦·象傳》。

〔42〕見《周易·涣卦》九五爻辭。

〔43〕見《周易·乾卦》九五爻辭。

〔44〕見《周易·泰卦》初九爻辭。

〔45〕見《周易·離卦》上九爻辭。

〔46〕彭宣(? —4),字子佩,淮陽郡陽夏(今河南太康)人。跟隨張禹習《易》,被推舉爲博士,爲東平王太傅。永始三年(前14)任右扶風,翌年遷廷尉。漢哀帝時任御史大夫,後改爲大司空,封長平侯,見王莽簒漢而引退故里,卒謚頃侯。見《漢書·彭宣傳》。

〔47〕九師説,淮南王劉安曾聘請九位易學家解《易》,稱"九師説"。除《漢書·彭宣傳》外,記載此事的還有《漢書·藝文志》:"易家有《淮南·道訓》兩篇。"班固自注云:"淮南王安,聘明《易》者九人,號九師説。"

11. 論陰陽災變爲《易》之別傳

經學有正傳,有別傳。以《易》而論,別傳非獨京氏而已,如孟氏之卦氣[1],鄭氏之爻辰[2],皆別傳也。又非獨《易》而已,如伏《傳》五行[3],齊《詩》五際[4],《禮》月令、明堂陰陽説[5],《春秋公羊》多言災異,皆別傳也。子貢謂夫子言性與天道,不可得聞[6],則孔子删定六經,以垂世立教,必不以陰陽五行爲宗旨。《漢·藝文志》陰陽、五行分爲二家[7],其後二家皆竄入儒家,此亦有所自來。古之王者恐己不能無失德,又恐子孫不能無過舉也,常假天變以示儆惕[8]。《禮記》曰:"王前巫而後史,卜筮瞽侑皆在左右,王中心無爲也,以守至正。"[9]《易》本卜筮之書,其掌卜筮者,必陳祥異占驗以左右王。古卜筮與史通。《周官》馮相、保章司天文者屬太史[10],故《國語》曰:"吾非瞽史,焉知天道。"[11]《左氏傳》采占書,雖未必皆當時本文,而所載卜筮事,皆屬史官占之，此古卜筮與史通之明證，亦古卜史借天道以儆君之明證。後世君尊臣卑，儒臣不敢正言匡君，於是亦假天道進諫，以爲仁義之説，人君之所厭聞，而祥異之占，人君之所敬畏，陳言既效，遂成一代風氣。故漢世有一種天人之學，而齊學尤盛[12]，伏《傳》、齊《詩》、公羊《春秋》，皆齊人所傳也。孟、京非齊學，其言《易》亦主陰陽災變者[13]，卜筮占驗，本與陰陽災變爲近，故後世之言術數者[14]，多托於《易》。

《漢書·儒林傳》曰："孟喜好自稱譽，得《易》家候陰陽災變書，詐言師田生且死時枕喜䣛獨傳喜[15]，諸儒以此燿之[16]，博士缺，衆人薦喜。上聞喜改師法[17]，遂不用喜。京房受《易》梁人焦延壽，延壽云，嘗從孟喜問《易》。會喜死，房以爲延壽《易》即孟氏學，翟牧、白生不肯[18]，皆曰非也。至成帝時，劉向校書，考《易》説，唯京氏爲異黨。"據班氏説，則《易》家以陰陽災變爲説，首改師法，不出於田何、楊叔、丁將軍者，始於孟而成於京。班氏既謂二家不同，而《藝文志》又有《孟氏京房》十一篇、《灾異孟氏京房》六十六篇，似二家實合爲一者。蓋又京氏托之孟氏，而非孟氏之本然也。孟氏得《易》家書，焦延壽得隱士説，則當時實有此種學，而非其所自創。《漢志》易家有《雜灾異》三十五篇，是《易》家本有專言灾異一説，而其傳此説者，仍是別傳，而非正傳。漢儒藉此以儆其君，揆之《易》義，納約自牖[19]，與神道設教之旨皆相吻合[20]，可見人臣進諫之苦心，亦不背聖人演《易》之宗旨，而究不得爲正傳者。

孔子説《易》，見於《論語》者二條[21]，一勉無過，一戒無恒，皆切人事而言。戰國諸子及漢初諸儒言《易》，亦皆切人事，而不主陰陽災變。至孟、京出而説始異，故雖各有所授，而止得爲《易》之別傳也。

《困學紀聞》："《京氏易》積算法[22]，引夫子曰，西伯父子[23]研理窮通，上下囊括，推爻考象，配卦世應，加乎星宿[24]，局於六十四所[25]、二十四氣[26]，分天地之數，定人倫之理，驗日月之行，尋五行之端，灾祥進退，莫不因兹而兆矣。"王應麟曰[27]："此占候之學，決非孔子之言。"惠棟曰："如京説，則今占法所謂納甲、世應、游歸、六親、六神之説，皆始於西伯父子也。"[28]案西漢以前，無以爲文王、周公作卦爻辭者，況納甲、世應之説乎？此不特非孔子之言，并非京氏之説，《京氏易傳》無之，乃後人傅會，不可信。

 箋注

〔1〕 孟喜(約前90—前40)，字長卿，東海蘭陵人。父孟卿，善爲《禮》《春秋》。孟喜遵父命習《易》，與施讎、梁丘賀同學於田王孫，舉孝廉爲郎，後爲丞相掾，宣帝時，立爲博士。孟氏治《易》，倡以陰陽之説解《周易》，用以推測氣候之變化，判斷人事之吉凶，首倡卦氣説，提出四正卦、十二月卦、七十二候、六日七分等説法，爲一種占驗術，將卦象配合時日，比附人事，以探象數奥妙，究灾異深旨，對後世産生深遠影響。

〔2〕 爻辰説，是鄭玄創立的一種解《易》新體例。用《乾》《坤》十二爻與十二辰(地支)相配，即以十二地支中的陽支子、寅、辰、午、申、戌，分別配《乾卦》初至上六爻；以十二地支中的陰支未、酉、亥、丑、卯、巳，分別配《坤卦》初至上六爻，然後再推廣到其他六十二卦，即《周易》六十四卦三百八十四爻均可納辰，成爲具有内在有機聯繫、一體無隔的卦爻系列。

〔3〕 指伏生著《洪範五行傳》，在《尚書大傳》中。《洪範五行傳》是《尚書·洪範》篇的詮釋性著作，通篇充滿了具有神秘色彩的五行灾異思想，首次把《洪範》中所説君王日常行爲的五事"貌、言、視、聽、思"分別與五行"木、火、金、水、土"相配，并創造性地把自然界發生的種種灾異現象歸納爲五大類，分屬於木、火、金、水、土，還用"五行相克"的理論解讀灾異現象發生的原因。

〔4〕 五際説，西漢齊詩的經學詮釋理論，用來解釋王朝興盛、發展、衰落，以及政治改革與政治革命時機的政治哲學。《漢書·翼奉傳》載齊詩博士翼奉上疏："《易》有陰陽，《詩》有五際，《春秋》有灾異，皆列終始，推得失，考天心，以言王道之安危。"《詩緯·泛曆樞》具體解釋"五際"："卯，《天保》也；酉，《祈父》也；午，《采芑》也；亥，《大明》也。然則亥爲革命，一際也；亥又爲天門，出入候聽，二際也；卯爲陰陽交際，三際也；午爲陽謝陰興，四際也；酉爲陰盛陽微，五際也。"

〔5〕 《禮》月令、明堂陰陽説，戰國和漢代儒家提出的利用明堂作爲布政之宫，在天人感應理論指導下法天施政、順時布政，是具有濃厚陰陽五行色彩的政治理想模式。以《禮記·月令》和蔡邕《明堂月令章句》爲代表作。

〔6〕 典出《論語·公冶長》："子貢曰：'夫子之文章，可得而聞也；夫子之言性與

天道,不可得而聞也。'"

〔7〕《漢書·藝文志·兵書略》著録"《陰陽》十六家,二百四十九篇,圖十卷",在《術數略》著録"《五行》三十一家,六百五十二卷"。

〔8〕天變,即災異;儆惕,即警惕。西漢董仲舒提出以陰陽五行、"天人感應"爲理論基礎的"天命"論、"災異"説、"天譴"説,將自然災異附會人事政治變化,成爲西漢以降歷代流行的傳統政治學説。

〔9〕引自《禮記·禮運》。

〔10〕《周禮》中天文官隸屬於史官。《周禮·春官·宗伯》中,太史"掌建邦之六典,以逆邦國之治。"太史屬官馮相氏"掌十有二歲,十有二月,十有二辰,十日、二十有八星位,辨其叙事,以會天位。冬夏致日,春秋致月,以辨四時之叙";太史屬官保章氏"掌天星,以志星辰日月之變動,以觀天下之遷,辨其吉凶。以星土辨九州之地,所封封域皆有分星,以觀妖祥。以十有二歲之相,觀天下之妖祥。以五雲之物辨吉凶、水旱降、豐荒之祲象。以十有二風察天地之和命,乖别之妖祥"。

〔11〕引自《國語·周語下》單子對魯侯問。

〔12〕齊學,秦漢之際經學流派之一。因此派經師中傳《詩》的轅固(轅固生)、傳《春秋公羊傳》的公羊壽都是齊人而得名。董仲舒把陰陽五行説和今文經《公羊傳》相結合提出天人之學,就是沿襲齊學學風而發展的。

〔13〕《漢書·儒林傳》:"孟喜得易家候陰陽災變之書。"孟喜及其再傳弟子京房都講陰陽災變,其象數《易》結合陰陽五行和自然災變推斷人事的吉凶。

〔14〕術數,也作數術,《漢書·藝文志》云:"數術者,皆明堂羲和史卜之職也。"《數術略》又分爲天文、曆譜、五行、蓍龜、雜占、形法六類。著録凡數術百九十家,二千五百二十八卷。

〔15〕田生,即漢初易學家田何,漢《易》開創者。郄,"膝"之本字,即膝蓋。

〔16〕燿,炫耀、誇耀。

〔17〕師法,西漢經學最先形成權威經文傳本和解釋體系的經師之言。漢代經學講究"師法"和"家法"。一般認爲,嚴守經師之説,叫做師法;同一經師的不同學生又各自爲家,故師法之下又講家法,在遵從師法的前提下才能成一家之言。師法是追溯先秦經學淵源,家法是漢代經師後學對師説的引伸與發展。

〔18〕翟牧,字子兄,沛國(治今安徽濉溪)人。白光,字少子,東海郯(今山東郯城)人。兩人都是孟喜弟子。孟喜與施讎、梁丘賀同學於田王孫,各成一家,故《易》有施、孟、梁丘之學,并稱"漢初三大家"。孟喜又授與白光、翟

牧，因此，《易》又有翟、孟、白之學。

〔19〕 納約自牖，典出《周易·坎卦》："六四，樽酒簋貳，用缶，納約自牖，終无咎。"
程頤傳："納約，謂進結於君之道。牖，開通之義。室之暗也，故設牖，所以
通明。自牖，言自通明之處，以況君心所明處。《詩》云：'天之牖民，如塤如
篪。'毛公訓牖爲道，亦開通之謂。人臣以忠信善道結於君心，必自其所明
處乃能入也。"後遂以"納牖"指導人於善。

〔20〕 神道設教，見《易經·觀卦》彖曰："觀天之神道而四時不忒，聖人以神道設
教而天下服矣。"後指以鬼神禍福相因之理，教化世人，參閱《後漢書·隗囂
傳》："王莽尚據長安，雖欲以漢爲名，其實無所受命，將何以見信於衆乎？
宜急立高廟，稱臣奉祠，所謂神道設教，求助人神者也。"

〔21〕 一條見於《論語·述而》："子曰：'加我數年，五十以學《易》，可以無大過
矣！'"另一條見於《論語·子路》："子曰：'南人有言曰："人而無恆，不可以
作巫醫。"善夫！"不恆其德，或承之羞。"'子曰：'不占而已矣。'"

〔22〕 積算法，即月建積演算法，京氏《易》占卜演算方法。京房《易》把六十四卦
納入八個純卦中，以爻直月從世起建，布於六位，一卦凡一百八十日。以
《乾卦》爲例，第一爻變成爲《姤卦》，即《姤卦》爲《乾卦》的一世卦。而一世
卦之第二爻變則成《遯卦》，即《遯卦》爲《乾卦》的二世卦。如此推演下去可
得三世卦、四世卦、五世卦，但到了五世卦就不能以第六爻爲變，否則如《剝
卦》第六爻變則成《坤卦》，已經到別宮去了。這時只得往回即第四爻變而
成《晉卦》，此有一特殊名詞稱爲"游魂卦"；再在游魂之後返回《乾卦》成爲
《大有卦》，因它有歸來之意，所以稱《大有卦》爲"歸魄卦"。京氏月建積演
算法，因其法繁瑣，魏晉以後已鮮有傳。

〔23〕 西伯父子，指周文王和周公。

〔24〕 世應，京房《易》中納甲筮法的重要概念，是世爻與應爻的合稱。京氏對卦
中的六個爻確立了主從關繫，即一卦六爻當中有一個卦主，爲主爻，也叫世
爻，與卦主相對應的是從屬於主爻，是應爻，就是輔助之爻。世應爻的確定
是根據八宮爻變的原則，先確定主爻，然後應爻可確定，主爻、應爻之間相
距兩爻之遠。星宿，指二十八星宿。

〔25〕 即六十四卦。

〔26〕 即二十四節氣。

〔27〕 引文見王應麟《困學紀聞》卷一《易》。

〔28〕 引文見惠棟《易漢學》卷四《京君明易上》。納甲，京氏《易》將曆法中的十干
納入《易》卦中配以卦爻，反映天地陰陽自然生生不息之道。游歸：即游魂

卦和歸魂卦。六親，又名六神。京氏《易》以六親形式對《易》卦卦爻加以標示，六親分別以官鬼、妻財、天地（父母）、福德（子孫）、同氣（兄弟）。通過六親形式比擬五行之間的生克比和等各種關繫。三百八十四爻皆可用六神標示，《易》卦內各爻之間變成親屬符號關繫。

12. 論孟氏爲京氏所托，虞氏傳孟學，亦間出道家

孟氏之學，以今考之，有與諸家相出入者。卦氣出於孟氏，而其書不傳，其説不詳，詳見於京氏書。《漢書·京房傳》曰：“分六十卦，更直日用事，以風雨寒温爲候[1]。”孟康曰：“分卦直日之法，一爻主一日，六十卦爲三百六十日，餘四卦震、離、兑、坎，爲方伯監司之官。所以用震、離、兑、坎者，是二至二分用事之日。”[2]其説亦見於《易緯·稽覽圖》[3]，所云卦氣起《中孚》[4]，卦主六日七分[5]，大誼略同。唐一行《卦議》引之[6]，以爲十二月卦[7]，出於孟氏章句。

漢儒以緯爲孔子作[8]，固未必然，孔《疏》以讖緯起自哀、平[9]，亦不甚合。緯書之出最古，亦有漢儒傅會者。《稽覽圖》未知與孟京孰爲先後，或緯竊孟、京，抑或孟、京竊緯，皆不可知。漢儒稱讖緯，宋人斥讖緯而稱圖書[10]，其實皆主陰陽五行。如邵子曰[11]：“卦氣始於《中孚》。”蔡西山云[12]：“康節亦用六日七分。”是孟、京之説，不僅漢儒宗之，宋儒亦宗之矣。然其説有可疑者。六十四卦直日用事，何以《震》《離》《兑》《坎》四卦不在内，但主二至、二分？《乾》《坤》爲諸卦之宗，何以與諸卦并列？似未免削趾適履，强合牽附。京氏與孟氏相出入。《漢書》云“焦、京托之孟氏，不相與同”，則卦氣之説，或并焦、京所托，非孟氏本旨歟？《漢書》又云“孟喜得《易》家候陰陽灾變書”[13]，則卦氣之説，或孟氏得《易》家書本有之歟？皆疑莫能明。焦循云，六日七分，即所得陰陽灾變托之田生者。《藝文志》：《章句》二篇[14]，此乃得之田王孫者。今《説文》《釋文》中所引即此。《志》又有《孟氏京房》十一篇、六十六篇，則所傳卦氣六日七分之學也。孟氏今文，與費氏古文

《易》判然不合〔15〕,而許慎《説文解字叙》云〔16〕,《易》孟氏皆古文也。則孟氏亦有古文矣。

　　荀爽傳費氏《易》,而言升降,虞翻表獻帝云:"潁川荀諝號爲知《易》,臣得其注,有愈俗儒。"〔17〕虞氏言消息旁通〔18〕,與荀言升降相出入,則荀氏費《易》,與虞氏孟《易》相入矣。張惠言《易義別録》首列孟氏,亦僅能舉《説文》《釋文》諸書之異字,而不能舉其義。張氏以爲學者求田何之書,則惟孟氏此文,求孟氏之義,惟虞氏注説,故作《虞氏義》與《消息》,阮元〔19〕稱爲孤家專學。近之漢學家多宗之,而亦有不盡謂然者。王引之謂虞氏以旁通説《彖》《象》,顯與經違,虞氏釋"貞以之正",違失經義,見《經義述聞》〔20〕。錢大昕論虞仲翔説《易》之卦有失其義者,有自紊其例者,見《潛研堂答問》〔21〕。陳澧云,虞氏《易注》多不可通,所言卦象尤多纖巧,見《東塾讀書記》。焦循《易圖略》雖取虞義,亦駁其非。張惠言云:"虞氏雖傳孟學,亦斟酌其意,不必盡同。"〔22〕然則虞氏間有違失,而非必盡出於孟矣。虞氏引《參同契》"日月爲《易》"〔23〕,又言夢道士飲以三爻,則其學雜出於道家。故虞氏雖漢《易》大宗,亦有當分別觀之者。

箋注

〔1〕六十卦,四庫本《漢書·京房傳》注引宋祁曰:"別本作六十四卦"。直,通"值"。候,即七十二候。以五日爲候,三候爲氣,六氣爲時,四時爲歲,一年二十四節氣共七十二候。各候均以一個物候現象相應,稱候應。候爲"卦氣説"的重要概念之一。孟喜、京房"卦氣説"用四正卦配四時和二十四節氣,用十二消息卦配二十四月和七十二候,借《易》卦卦象模擬四時變化、星移斗轉和萬物消長的節律性。

〔2〕六十卦,四庫本《漢書·京房傳》注引孟康曰作"六十四卦"。

〔3〕《易緯·稽覽圖》,西漢末緯書《易緯》中的一篇,宋以後佚失。《永樂大典》載有《稽覽圖》一卷,其書言卦氣起《中孚》,而以《坎》《離》《震》《兑》爲四正卦,其餘六十卦每卦主六日七分。又以自《復》至《坤》十二卦爲消息卦,餘雜卦主公卿大夫候風雨寒溫以爲徵應。

〔4〕卦氣起《中孚》，根據卦氣説，《中孚》卦當值冬至日，故從此卦作爲一年節氣的開端。杭辛齋云："卦氣起《中孚·九二》'鳴鶴在陰'。鶴，陽鳥也，居漢陰地，陽生於陰之義也。終於《頤》，頤者養也，歸養中宫，至《中孚》復出。斯造化之機軸。孔子贊《易》，以人事言天道，故贊《中孚·九二》曰'天下應之'，曰'天下之樞機'，可謂天人合一。"(《周易杭氏學·卦氣第八》)

〔5〕卦主六日七分，杭辛齋云："一卦值六日，共三百六十日，而歲度周，尚餘五日四分日之一。每日以八十分計，五日四分日之一，共得四百二十分，每卦應得七分，故合計六日七分，一卦始畢。"(《周易杭氏學·卦氣第八》)

〔6〕一行(683—727)，俗名張遂，唐代僧人，也稱爲沙門一行、一行阿闍梨，唐人還呼爲"一公"。魏州昌樂(今河南南樂)人。開元九年(721)，經張説推薦，唐玄宗命一行主持編修新曆法《大衍曆》。同年，他和梁令瓚一起，設計製造了黄道游儀、渾儀、復矩等天文測量儀器。他利用新製成的黄道游儀測量恒星的赤道坐標，發現和漢代的測量結果有很大的變動，這比英國天文學家哈雷在1712年提出自行運動的觀點幾乎要早一千年。開元十一年(723)，一行主持大規模的全國性天文測量，測量了北到鐵勒(今蒙古國烏蘭巴托西南喀拉和林遺址附近)，南到交州(今越南中部地區)共13個地點的日影和北極星高度。根據其測量結果可以計算出地球子午綫的長度，開創了科學史上用觀測方法確定子午綫長度的先河。《新唐書·曆志》收有唐一行《卦議》。

〔7〕十二月卦，也叫十二辟卦、十二消息卦。在一個卦體中，凡陽爻去而陰爻來稱爲"消"；陰爻去而陽爻來稱"息"。"十二消息卦"即被視爲由《乾》《坤》二卦各爻的消息變化而來的。"辟"是主宰之義。用十二個卦配十二個月，每一卦爲一月之主，是謂"十二辟卦"，即十二月卦。這十二卦是：復、臨、泰、大壯、夬、乾、姤、遯、否、觀、剥、坤。配以地支排序之月份，就是：復主十一(子)月，臨主十二(丑)月，泰主正(寅)月，大壯主二(卯)月，夬主三(辰)月，乾主四(巳)月，姤主五(午)月，遯主六(未)月，否主七(申)月，觀主八(酉)月，剥主九(戌)月，坤主十(亥)月。

〔8〕西漢經學已采緯書，東漢更稱七緯爲内學，五經爲外學。班固《白虎通義》直接引用緯書，鄭玄更爲讖緯書做注，遍注群經時常引緯書。

〔9〕孔《疏》，此指唐孔穎達撰《周易正義》。

〔10〕讖緯，是讖書和緯書的合稱，是一種灾異符命、機祥推驗之説。《四庫全書總目提要》云："讖者詭爲隱語，預決吉凶"；"緯者經之支流，衍及旁義"。《説文解字》："讖，驗也，有徵驗之書。河雒所出書曰讖。"緯是附會經義而

衍生出來的一類輔經之書。讖緯在東漢被稱爲"内學",而儒家經典反被稱爲"外學"。圖書,本爲河圖、洛書的合稱,此處指宋代興起的圖書之學,始於宋華山道士陳摶(圖南),盛於劉牧與邵雍。朱熹采納蔡元定的意見,取邵子的《河圖》《洛書》與先天、大小、方圓各圖,以及文王八卦次序方位圖等,加上他自己改訂的《卦變圖》,共有九圖,列在他的《周易本義》卷首。同時他又著《易學啓蒙》,闡明邵子之學,於是圖書之學盛興。

〔11〕邵子,即邵雍(1011—1077),字堯夫,自號安樂先生,人又稱百源先生,謚康節,後世稱邵康節,北宋五子之一,與周敦頤、程頤、程顥齊名,以治《易》、先天象數之學著稱。著有《漁樵問對》《觀物篇》《先天圖》《伊川擊壤集》《皇極經世》等書。《宋史》卷四二七有傳。

〔12〕蔡西山,即蔡元定(1135—1198),字季通,號西山,朱熹門人,世稱西山先生。福建建陽人。被譽爲"朱門領袖""閩學干城"。著有《律吕新書》《皇極經世指要》《八陣圖説》《脉經》等書。引文見《朱子語類》卷六七《易三》。

〔13〕"候"字原脱,據《漢書·儒林傳》補。

〔14〕《漢書·藝文志·六藝略》著録:"《章句》,施、孟、梁丘氏各二篇。"

〔15〕費氏,即費直,字長翁,西漢東萊(今山東掖縣)人,長於卜筮。費氏《易》傳本是用古文字所撰定,所以稱爲《古文易》。無章句傳注,只以《彖》《象》《繫辭》十篇文言解説上下經。西漢末劉向用中古文校對施、孟、梁丘各氏《易》經書,有的丢失經文"无咎""悔亡",只有費氏《易》與古文相同。

〔16〕許慎(約58—約147),字叔重,汝南召陵(今河南漯河)人,東漢著名經學家、文字學家。性淳篤,少博學經籍,師事賈逵,受古文經學,爲馬融所推崇,時人譽稱"五經無雙許叔重"。爲郡功曹,舉孝廉,爲太尉閣祭酒,再遷除洨長。卒於家。初,許慎以五經傳説臧否不同,於是撰爲《五經異義》;又作《説文解字》十四篇,分五百四十部,爲文九千三百五十三,另有重文一千一百六十三,注十三萬三千四百四十字。原書分爲目録一篇和正文十四篇,後附《叙》。推究六書之義,分部類從,至爲精密。宋雍熙三年,詔徐鉉、葛湍、王惟恭、句中正等重加刊定,稱爲"大徐本",流傳至今。另著有《淮南鴻烈解詁》等書。傳見《後漢書》卷七九《儒林傳下》。

〔17〕荀爽(128—190),字慈明,一名諝。潁川潁陰(今河南許昌市)人,著《禮》《易傳》《詩傳》《周易荀氏注》等。京房將陰陽氣化的進退往復和爻位的上下變化相結合,提出陰陽之氣的運動形式爲"升降",荀爽因之提出乾升坤降的解易新體例。虞翻表見《三國志·吴書·虞翻傳》裴注引《翻別傳》。

〔18〕旁通,首見於《周易·乾卦·文言傳》:"六爻發揮,旁通情也。"虞翻則賦予

"旁通"新内涵,創立旁通説,認爲六十四卦中,凡所有同位之爻的爻性皆相反的一對卦,就構成旁通關繫。例如《乾卦》與《坤卦》,《屯卦》與《鼎卦》,《比卦》與《大有卦》等。陰與陽相對待,互爲旁通關繫的兩卦間,它們的所有同位之爻、整個卦體、下卦及上卦、内中的互體連互之象間,皆呈兩兩相對待之勢,一卦透過爻之變化,最終即可變爲、通向另一卦,他們相互之間是一顯一隱、相互涵攝的關繫。通過旁通説,虞翻又進一步揭示了十二消息卦所表徵的陰陽二氣,其動態的一息一消、一顯一隱、相互涵攝、變化互通之關繫,從而詮釋出一幅包括人生萬象在内的完整而奇妙的有隱有顯、對待涵攝、變化互通的總體宇宙圖景。

〔19〕阮元(1764—1849),字伯元,號芸臺、雷塘庵主,晚號怡性老人,江蘇儀徵人,清代學者、官員。其在經史、數學、天算、輿地、編纂、金石、校勘等方面皆有精深之造詣,有"三朝閣老""九省疆臣""一代文宗"之稱。《清史稿·阮元傳》:"元博學淹通,早被知遇。敕編《石渠寶笈》,校勘《石經》。再入翰林,創編國史《儒林》《文苑傳》,……在浙江立詁經精舍,祀許慎、鄭康成,選高才肄業;在粵立學海堂亦如之,并延攬通儒。造士有家法,人才蔚起。撰《十三經校勘記》《經籍籑詁》《皇清經解》百八十餘種,專宗漢學,治經者奉爲科律。集清代天文、律算諸家作《疇人傳》,以章絕學。重修《浙江通志》《廣東通志》,編輯《山左金石志》《兩浙金石志》《積古齋鐘鼎款識》《兩浙輶軒録》《淮海英靈集》,刊當代名宿著述數十家爲《文選樓叢書》。自著曰《揅經室集》。他紀事、談藝諸編,并爲世重。身歷乾、嘉文物鼎盛之時,主持風會數十年,海内學者奉爲山斗焉。"

〔20〕王引之(1766—1834),字伯申,號曼卿,江蘇高郵人。清代著名學者。父念孫、祖安國,皆以治名物訓詁稱著。嘉慶四年(1799)中探花,授翰林院編修,擢禮部左侍郎,累官工部尚書。與其父念孫并稱"高郵二王"。王引之早年承其家學,尤精文字、音韻、訓詁之學。《清史稿》卷四八一《儒林傳二》:"引之因推廣庭訓,成《經義述聞》十五卷,《經傳釋辭》十卷,《周秦古字解詁》《字典考證》。論者謂有清經術獨絕千古,高郵王氏一家之學,三世相承,與長洲惠氏相埒云。"《經義述聞》三十二卷,根據其父論述以及自身見解,解釋了大量經史傳記中訛字、衍文、脱簡、句讀。是一部從經學、小學和校勘學角度研究《周易》《尚書》《詩經》等中國古代經典的著作。引文見《經義述聞》卷七《周易上·虞氏釋貞以之正違失經義》條。

〔21〕錢大昕(1728—1804),字曉徵,一字辛楣,號竹汀,江蘇嘉定(今上海嘉定)人。早年以詩賦聞名江南,獻賦獲賜舉人,又精通經學、史學、天文、曆算、

音韻、訓詁、金石。乾隆十九年中進士，選翰林院庶吉士，散館授編修，歷升侍講學士、少詹事，提督廣東學政。曾在鐘山、婁東、紫陽等書院講學多年。著有《廿二史考異》《十駕齋養新録》《潛研堂答問》等。虞仲翔，即虞翻，字仲翔。引文見《潛研堂文集》卷四《答問一》。

〔22〕引文見張惠言《易義別録序》。

〔23〕《參同契》，又名《周易參同契》，是一本講煉丹術的著作。作者魏伯陽，大致生活在漢桓帝時期(147—167)。"參"即"三"，指《周易》、黄老、爐火三事。用《周易》爻象和陰陽五行學説來論述煉丹成仙的方法，爲儒道所共尊，被稱爲"萬古丹經王"。

13. 論鄭、荀、虞三家之義，鄭據《禮》以證《易》，學者可以推補，不必推補爻辰

鄭君用費氏《易》，其注《易》有爻辰之説，蓋本費氏《分野》一書〔1〕。然鄭所長者不在此，鄭學最精者三《禮》〔2〕，其注《易》，亦據《禮》以證〔3〕。《易》義廣大，無所不包，據《禮》證《易》，以視陰陽術數，實遠勝之。鄭注如嫁娶、祭祀、朝聘，皆合於《禮經》，其餘雖闕而不完，後儒能隅反〔4〕而意補之，亦顓家之學也〔5〕。鄭君自序〔6〕："來至元城，乃注《周易》。"其成書在絶筆之年。晉以後，鄭《易》皆立學〔7〕。南北朝時，河北用鄭《易》，江左用王弼《易》注〔8〕。至隋，鄭《易》漸衰。唐定《正義》〔9〕，《易》主王弼，而鄭《易》遂亡。宋末王應麟始爲蒐輯古書之學，輯《鄭易注》一卷〔10〕。近儒惠棟以爲未備，更補正爲三卷〔11〕，丁杰〔12〕又以爲有誤入者，復加釐訂，稱爲善本。是鄭君之成《易注》，視諸經爲最後；鄭君書多亡逸，輯《易注》者視諸書爲最先。

張惠言亦輯鄭《易》，而加以發明，《周易鄭荀義叙》〔13〕曰："昔者虙犧作十言之教，曰乾、坤、震、巽、坎、離、艮、兑、消、息，鄭氏贊《易》實述之。至其説經，則以卦爻無變動〔14〕，謂之象辭。夫七八者象，九六者變〔15〕，經稱用九、用六〔16〕，而辭皆七八〔17〕，名與實不相應，非虙犧氏之

旨也。爻象之區既隘，則乃求之於天，《乾》《坤》六爻，上繫二十八宿，依氣應宿，謂之爻辰[18]。若此，則三百八十四爻，其象十二而止，殆猶溓焉[19]，此又未得消息之用也。然其列貴賤之位，辨大小之序，正不易之倫，經綸創制，吉凶損益，與《詩》《書》《禮》《樂》相表裏，則諸儒未有能及之也。荀氏之說消息，以《乾》升《坤》降，萬物始乎《泰》，終乎《否》[20]。夫陰陽之在天地，出入上下，故理有易有簡，位有進有退，道有經有權，歸於正而已。而荀氏言陽常宜升而不降，陰常降而不升，則《姤》《遯》《否》之義大於《既濟》也。然其推《乾》《坤》之本，合於一元[21]，雲行雨施，陰陽和均，而天地成位，則可謂得《易》之大義者也。虞氏考日月之行以正乾元[22]，原七九之氣以定六位[23]，運始終之紀以敘六十四卦[24]，要變化之居以明吉凶悔吝[25]，六爻發揮旁通，乾元用九則天下治，以則四德[26]，蓋與荀同源，而閎大遠矣。王弼之說，多本鄭氏，而棄其精微。後之學者習聞之，則以爲費氏之義如此而已。其盈虛消息之次，周流變動之用，不詳於《繫辭》《彖》《象》者，概以爲不經[27]。若觀鄭、荀所傳，卦氣、十二辰、八方之風、六位、世應爻、互卦變[28]，莫不彰著。劉向有言，《易》家皆祖田何，大義略同，豈特楊叔、丁將軍哉？"

錫瑞案：張氏舉鄭、荀、虞而斟酌其得失，皆有心得，其於鄭義取其言禮，不取其言爻辰，與李鼎祚《集解》采鄭注不采其言爻辰者同一卓識。惟以卦氣、十二辰之類亦祖田何，則未必然。孟、京以前，言《易》無有主卦氣、十二辰之類者，不可以後人之說誣前人，而以《易》之別傳爲正傳也。焦循曰[29]："爻辰自爲鄭氏一家之學，非本之《乾鑿度》，亦不必本於月律也。然以《離》九三爲《艮》爻，位值丑，丑上值弁星，弁星似缶，《坎》上六爻辰在巳，蛇之蟠屈似徽纆，《臨卦》斗臨丑，爲殷之正月，以見周改殷正之數，謬悠非經義[30]。至以'焚如'爲不孝之刑，'女壯'爲一女當五男[31]，尤非聖人之義也，余於爻辰無取焉爾。"

注

〔1〕案，據羅泌《路史》，費直《易》十二篇，以易卦配地域，原書早佚。《晉書·天

文志》引其十二次所起度數，稱"費直《周易》分野"。唐《開元占經》亦引之，亦稱"費直《周易》分野"。馬國翰據此輯成《周易分野》一卷。分野，指與星次相對應的地域。古代占星家爲了用天象變化來占卜人間的吉凶禍福，將星紀、玄枵、娵訾、降婁、大梁、實沈、鶉首、鶉火、鶉尾、壽星、大火、析木等十二星次的位置劃分地面上州、國的位置，與天上星空區域相對應。就天文説，稱作分星；就地面説，稱作分野。

〔2〕 三《禮》，指《儀禮》《禮記》《周禮》等三部禮書及其經學詮釋。

〔3〕 案，鄭玄精通《三禮》，多引《禮》注《易》，此即禮象説，專指以《禮》注卦爻辭。主要見於對《周易》上下經注釋中。鄭玄注《易》所涉及的禮，有婚禮、祭禮、賓禮、刑禮等。

〔4〕 隅反，舉一反三。典出《論語·述而》："舉一隅不以三隅反，則不復也。"

〔5〕 顓家之學，指自成一家之學。顓，通"專"。

〔6〕 鄭君，即鄭玄。建安元年(196)，時任北海相的孔融厚遇應邀回到高密的鄭玄，囑咐部下："昔周人尊師，謂之尚父，今可咸曰鄭君，不得稱名也。"故鄭玄有"鄭君"之稱。自序，指鄭玄《周易注》自序。

〔7〕 立學，指立於官學。

〔8〕 河北，指匯渭東流以後的黃河以北的地區，泛指南北朝時的北朝；江左，指長江以南，泛指南北朝時的南朝。

〔9〕 案，指唐代頒布《五經正義》，包括《周易正義》十四卷，《尚書正義》二十卷、《毛詩正義》四十卷、《禮記正義》七十卷、《春秋左傳正義》三十六卷。孔穎達等奉唐太宗之命主持編定，前後歷時 30 餘年，參與者約 50 餘位著名學者。其中《周易》用魏王弼、晉韓康伯注；《尚書》爲梅頤本孔安國傳；《詩經》用漢毛亨傳、鄭玄箋；《禮記》用鄭玄注；《左傳》用晉杜預注。各經大多依據兩漢魏晉以來多家注釋整理刪定而成。唐太宗貞觀十六年(642)編成。後經馬嘉運校定，長孫無忌、於志寧等增損，於唐高宗永徽四年(653)頒行。

〔10〕 蒐輯古書之學，即輯佚學。蒐，同"搜"。

〔11〕 案，即惠棟《增補鄭氏周易》三卷。

〔12〕 丁杰(1738—1807)，原名錦鴻，字升衢，號小疋，浙江歸安(今浙江湖州)人。乾隆四十六年(1781)進士，官寧波府教授。精於《大戴禮記》，與盧文弨齊名，又與戴震、邵晉涵、程瑤田、桂馥等交游，曾助翁方綱纂修《四庫全書》。著有《周易鄭注後定》《大戴禮記繹》《漢隸字原考正》《小西山房文集》等。

〔13〕 案，張惠言闡發鄭玄和荀爽的易學思想，撰《周易鄭荀義》三卷。

〔14〕 案，根據象數易學，無論八卦還是六十四卦都是由單卦或復卦組合而成。

單卦是由三個卦爻組合而成,復卦是由六個卦爻組合而成。卦爻既有陰陽之分,又有動、變之分。靜爻是不變的爻,動爻是變化的爻。陰爻或陽爻與其他五個卦爻組合成一個復卦,稱之爲主卦,最後又變爲陽爻或陰爻,仍與其他五個卦爻組成一個復卦,稱爲變卦。變卦的陰陽確定之後,即可進入斷卦階段。卦爻之間既有生、克關繫,也有衝、合關繫,其中還有克處逢生、衝中逢合、六合變六衝、六衝變六合等復雜關繫。卦中動爻、靜爻在月建的影響下,形成旺、衰之不同,宇宙間萬事萬物都可在六爻卦中尋找根源。

〔15〕案,據《周易》筮法,經過分二、挂一、揲四等步驟,最後得出六、七、八、九四組數。六爲老陰,七爲少陽,八爲少陰,九爲老陽。老變,少不變。七、八爲少陽、少陰,爲不變之爻;九、六爲老陽、老陰,爲變化之爻。《周易·繫辭上傳》:"彖者,言乎象者也;爻者,言乎變者也。"《易緯·乾鑿度》:"七八爲彖,九六爲變。"

〔16〕卜筮占變爻,不占不變爻。九、六爲變爻,故取九、六命名各爻做爻題。

〔17〕彖,即卦辭。卦辭本稱彖辭,唐朝以後才改稱卦辭,其作用是從整體上説明該卦的基本特點和象徵意義。李鼎祚《周易集解》引崔憬曰:"伏羲始畫八卦,因而重之,以備萬物,而告於人也。爻謂爻下辭,彖謂卦下辭。""七八爲彖",故言"彖皆七八"。

〔18〕案,鄭玄用《乾》《坤》六爻與十二時辰、二十八宿相值,并兼及二十四節氣以説《易》,稱爲爻辰。

〔19〕潊,薄水,近乎斷流。《廣韻·纛》:"潊,大水中絶,小水出也。"

〔20〕案,李鼎祚《周易集解》引荀爽注《泰卦·大象傳》辭曰:"《坤》氣上升以成天道,《乾》氣下降以成地道,天地二氣若時不交,則爲閉塞。今既相交,乃通泰。"此即荀爽消息説的"以《乾》升《坤》降,萬物始乎《泰》,終乎《否》"解釋。

〔21〕一元,指太極。"太極生二儀",二儀者陰陽,《乾》《坤》二卦乃陰陽之代表卦,故曰"推《乾》《坤》之本,合於一元"。

〔22〕乾元,即乾"元、亨、利、貞"之元,即是天道伊始、萬物資始的春天。正乾元,即確定春天的確切日、月曆,這樣自然就把所有的日、月曆都弄清楚了。虞翻繼承東漢魏伯陽的月體納甲説,由月相盈虧昭示陰陽消長之義,系統考察日月運行的規律,從而爲創制更爲精確的曆法做出重要貢獻。

〔23〕七九之氣,陽動而氣息,屬於虞翻消息説的內容。《易緯·乾鑿度》曰:"陽動而進,變七之九,象其氣之息也;陰動而退,變八之六,象其氣之消也。"六位,原刻本誤作"大位",據張惠言《周易鄭荀義》自序改。六位即六爻。《易緯·乾鑿度》曰:"孔子曰:《易》有六位。三才,天、地、人,道之分際也。三

才之道，天、地、人也。天有陰陽，地有柔剛，人有仁義，法此三者，故生六位。"王弼曰："六位，爻之文也。"

〔24〕案，始之紀指《乾》卦，終之紀指《既濟》卦。虞翻以"乾元"爲陰陽流轉的源頭和内在驅動力，六十四卦都是在乾元潛存、展開和回歸的過程中變化生成，乾元統攝六十四卦，并在《既濟》之後回到自身。

〔25〕案，指從卦爻之變化中闡明吉凶悔吝。虞翻注《繫辭》"吉凶悔吝者生乎動者也"曰："動，謂爻也。爻者，效天下之動者也。爻象動内，吉凶見外，吉凶生而悔吝著，故生乎動也。"（李鼎祚《周易集解》引）

〔26〕四德，指《乾卦》之"元、亨、利、貞"四德。

〔27〕不經，没有引經據典。此處蓋爲"荒誕不經"之略。

〔28〕八方之風，一説爲八個方位之風。《説文解字·風部》："東方曰明庶風，東南曰清明風，南方曰景風，西南曰涼風，西方曰閶闔風，西北曰不周風，北方曰廣莫風，東北曰融風。"另一説即爲八種季候風，《易緯·通卦驗》曰："八節之風謂之八風。立春條風至，春分明庶風至，立夏清明風至，夏至景風至，立秋涼風至，秋分閶闔風至，立冬不周風至，冬至廣莫風至。"互卦變："變"原刻本誤作"動"，據張惠言《周易鄭荀義》自序改。互卦，指每卦中間四爻相連互之卦，分爲下互和上互。

〔29〕引文見焦循《易圖略》卷八《論爻辰》。

〔30〕謬悠，虚空悠遠，荒誕無稽。典出《莊子·天下》篇："莊周聞其風而悦之，以謬悠之説，荒唐之言，無端崖之辭，時恣縱而不儻，不以觭見之也。"成玄英疏："謬，虚也；悠，遠也。"

〔31〕案，鄭玄注《離卦》云："焚如，殺其親之刑。"注《姤卦》云："遘，遇也。一陰承五陽，一女當五男，苟相遇耳，非禮之正，故謂之遘。女壯如是，壯健似淫，故不可娶。婦人以婉娩爲其德也。"（王應麟《周易鄭康成注》）

14. 論費氏《易》傳於馬、鄭、荀、王，而其説不同，王弼以十篇説經，頗得費氏之旨

漢《易》立博士者四家，施、孟、梁丘、京氏，并今文説，而皆亡佚[1]。後世所傳者，費氏古文《易》也；而今之《易》又非古文，蓋爲後人變改幾

盡。《説文》間載古文，許慎以爲孟氏。《釋文》所載經文異字，惟《易》獨多[2]。然則漢時傳《易》者，尤爲雜而多端，未知田何、楊叔、丁將軍之傳本，究如何也。《漢書・儒林傳》曰："費直字長翁，東萊人也，治《易》爲郎，至單父令。長於卦筮，亡章句，徒以《彖》《象》《繫辭》十篇《文言》解説上下經，琅邪王璜平中能傳之。"《後漢書・儒林傳》曰："東萊費直能《易》，授琅邪王橫爲費氏學，本以古字，號古文《易》。陳元[3]、鄭衆[4]皆傳費氏《易》，其後馬融亦爲其傳。融授鄭玄，玄爲《易注》，荀爽又作《易傳》，自是費氏興而京氏遂衰。"

錫瑞案：費氏之《易》，不知所自來。考其年當在成、哀間，出孟、京後。王璜即王橫，與王莽同時，爲費氏一傳弟子，則必在西漢之末矣。費氏無章句，故《藝文志》不載。《釋文》有《費直章句》四卷，當屬後人依托。費氏專以《彖》《象》《繫辭》《文言》解經，與丁將軍訓故舉大誼略同，似屬《易》之正傳。而漢不立學者，漢立學皆今文，而費氏傳古文，漢人重師授，而費氏無師授，故范升曰[5]："京氏既立，費氏怨望。"則東漢初有欲立費《易》者，而卒不立。陳元傳費《易》，或即欲立費《易》之人，正與范升反對者也。陳元、鄭衆、馬融《易》學不傳，鄭、荀二家稍傳其略，王弼亦傳費《易》，而其説各異。費氏亡章句，止有文字。東漢人重古文，蓋但據其本文，而説解各從其意，此鄭、荀、王所以各異也。劉向以中古文《易經》校施、孟、梁丘經，或脱去无咎、悔亡，唯費氏經與古文同，此馬、鄭所以皆用費氏。《釋文》以爲費《易》人無傳者，是不知馬、鄭、王之《易》即費《易》也。王弼盡掃象數，而獨標卦爻承應之義[6]，蓋本費氏之以《彖》《象》《繫辭》《文言》解經。後儒多議其空疏，陳澧獨取之[7]，曰："'乾：元亨利貞。初九：潛龍勿用。'王輔嗣注云：'《文言》備矣。''九二：見龍在田。'注云：'出潛離隱，故曰見龍，處於地上，故曰在田。'此真費氏家法也。'元亨利貞'之義，'潛龍勿用'之義，《文言》已備，故輔嗣不復爲注。至'見龍在田'，《象》曰'德施普也'，《文言》曰'龍德而正中者也'，又曰'時舍也'，皆未釋'見'字、'田'字，故皆爲之注，而又不可以意而説也。《文言》曰：'潛之爲言也，隱而未見。'潛爲未見，則見爲出潛矣。潛爲隱，則見爲離隱矣。故輔嗣云

'出潛離隱'，據彼以解此也。《繫辭傳》曰：'兼三才而兩之，故《易》六畫而成卦。'是五與上爲天，三與四爲人，初與二爲地，初爲地下，二爲地上，故輔嗣云'處於地上也'。此真以十篇解說經文者，若全經之法皆如是，則誠獨冠古今矣。"

箋注

〔1〕馬端臨《文獻通考·經籍考》云："梁丘、施氏亡於西晉，孟氏、京氏有書無師，梁、陳鄭玄、王弼二注列於國學。齊代唯傳鄭義。至隋，王注盛行，鄭學浸微，今殆絕矣。"

〔2〕《釋文》，即《經典釋文》，陸德明著，是解釋儒家經典與《老子》《莊子》音義的專著。經文和注文皆注反切，統一魏晉以來混亂的注音，方便讀者瞭解其句解。唐代以降與《十三經注疏》并行，爲閱讀經籍的依據。陸德明(550—630)，名元朗，字德明，以字行，吳人。歷仕陳、隋、唐，任南朝陳始興國左常侍、國子助教，隋秘書學士、國子助教，唐文學館學士、太學博士、國子博士等職，封吳縣男。著有《經典釋文》三十卷、《老子疏》十五卷、《易疏》二十卷。《四庫全書總目提要》卷三三《經部·五經總義類》："《經典釋文》三十卷(內府藏本)。唐陸元朗撰。……首爲《序錄》一卷，次《周易》一卷、《古文尚書》二卷、《毛詩》三卷、《周禮》二卷、《儀禮》一卷、《禮記》四卷、《春秋左氏》六卷、《公羊》一卷、《穀梁》一卷、《孝經》一卷、《論語》一卷、《老子》一卷、《莊子》三卷、《爾雅》二卷。其列《老》《莊》於經典而不取《孟子》，頗不可解。蓋北宋以前，《孟子》不列於經，而《老》《莊》則自西晉以來爲士大夫所推尚。德明生於陳季，猶沿六代之餘波也。其例，諸經皆摘字爲音，惟《孝經》以童蒙始學，《老子》以衆本多乖，各摘全句。……所采漢、魏六朝音切凡二百三十餘家，又兼載諸儒之訓詁，証各本之異同。後來得以考見古義者，注疏以外，惟賴此書之存。真所謂殘膏剩馥，沾溉無窮者也。……然字句偶訛，規模自在，研經之士終以是爲考証之根柢焉。"

〔3〕陳元(生卒年不詳)，字長孫，蒼梧廣信人，東漢經學家。少傳父陳欽業，潛心研究與注釋《春秋左傳》。建武初舉孝廉，以父任爲郎，與桓譚、杜林、鄭興俱爲學者所崇。時議欲立《左傳》博士，遭尚書令范升反對，陳元駁斥范升，得到漢光武帝劉秀肯定。著有《左氏異同》《陳元集》(均佚)。

〔4〕鄭衆（？—83），字仲師，河南開封人。東漢著名經學家，官至大司農，故又稱鄭司農。他與鄭玄合稱"先鄭"與"後鄭"（鄭衆爲先、鄭玄爲後）。鄭衆主要治《春秋左傳》，著有《春秋難記條例》《春秋删》。

〔5〕范升，字辯卿，東漢代郡人。少孤，依外家居。曾任聊城縣令。九歲通《論語》《孝經》，及長，習《梁丘易》《老子》，教授後生。王莽大司空王邑辟升爲議曹史。東漢建武二年，光武徵詣懷宫，拜議郎，遷博士。尚書令韓歆上疏欲爲《費氏易》《左氏春秋》立博士，詔下其議。范升反對，與陳元等古文經學家廷前辯論。

〔6〕卦爻承應，指以一卦六爻的爻與爻之間的關繫來分析義理的方法。在六爻順序中，凡陰爻對上一爻的陽爻關繫，稱爲承，象徵柔弱者順承剛强者，或賢臣輔佐明君。當陰爻在上時，陰爻對其下一爻的陽爻關繫稱爲乘，即居高臨下之意。由於爻位遠近不同，乘剛的程度也不同。陰爻與陽爻的相鄰關繫，稱爲比，指比鄰、親近之意。初與二、二與三、三與四、四與五、五與上，都呈比的關繫。凡陰陽相遇爲朋友類，若陽遇陽、陰遇陰，則皆爲敵。六爻中，初與四、二與五、三與上之間的呼應關繫，稱爲應，有一種同志聯盟的關繫。若以柔應柔或剛應剛，則無相求相得之情。有時卦中的一爻也與其他數爻有呼應關繫。如《比卦》象曰"上下應也"，九五爲剛，其餘五爻皆爲柔，是上下五柔應一剛之象，象徵四方諸侯對王臣服。承、乘、比、應反映的是卦象内部相關兩爻之間的關繫，可總結爲同性相斥、異性相吸。

〔7〕引文見陳澧《東塾讀書記》卷四《易》。

15. 論王弼多清言，而能一掃術數，瑕瑜不掩是其定評

王弼《易注》，孔《疏》以爲獨冠古今。程子謂學《易》先看王弼《易》[1]，《傳》中不論象，不論卦變，皆用弼説。王應麟謂輔嗣之注，學者不可忽也。《困學紀聞》録王注二十三條。何焯云[2]："程《傳》中所取輔嗣之義正多，厚齋則但就其格言録之。"陳澧謂[3]："厚齋所録非但尚《易》之辭，并尚輔嗣之辭矣，此孫盛所謂麗辭溢目者也。然所録如《大有》六五注云：'不私於物，物亦公焉；不疑於物，物亦誠焉。'《頤》初九注云：'安身莫若不競，修己莫若自保，守道則福至，求禄則辱來。'造

語雖精，然似自作子書，不似經注矣。又如《乾》九三注云：‘《乾》三以處下卦之上，故免亢龍之悔；《坤》三以處下卦之上，故免龍戰之灾。’厚齋所云‘《乾》以惕无咎，《震》以恐致福’，頗似摹擬輔嗣語也。朱子云：‘漢儒解經，依經演釋。晉人則不然，捨經而自作文。’輔嗣所爲格言，是其學有心得，然失漢儒注經之體，乃其病也。”

錫瑞案：程子之取王弼者，以其説多近理，朱子之不取晉人者，以其文太求工，言非一端，義各有當。陳澧謂其所爲格言，學有心得。予謂弼之所學，得於老氏者深，而得於《易》者淺。魏晉人尚清言[4]，常以《老》《易》并舉，見於史者，多云某人善説《老》《易》，是其時之所謂《易》學，不過藉爲談説之助，且與老氏并爲一談。王弼嘗注《老子》，世稱其善，其注《易》亦雜老氏之旨，雖名詞雋句，耐人尋味，實即當時所謂清言。南朝好玄理，重文詞，故弼之書盛行。北人尚樸學，《易》主鄭玄，不主王弼。自隋以後，北學并入南學，唐人以爲獨冠古今，於是《易》專主王弼注及晉韓康伯之補注矣[5]。宋元嘉時，王、鄭兩立[6]，顔延之爲祭酒，黜鄭置王[7]。而《太平御覽》引顔延之《庭誥》[8]曰：“馬、陸得其象數[9]，而失其成理；荀、王舉其正宗[10]，而略其象數。”則延之雖以王弼爲正宗，亦疑其於象數太略也。孔子之《易》，重在明義理，切人事。漢末《易》道猥雜，卦氣、爻辰、納甲、飛伏、世應之説，紛然并作，弼乘其敝，掃而空之，頗有摧陷廓清之功。而以清言説經，雜以道家之學，漢人樸實説經之體，至此一變。宋趙師秀[11]詩云“輔嗣《易》行無漢學”，可爲定論。范武子謂“王弼、何晏罪浮桀紂”[12]，則詆之太過矣。弼注之所以可取者，在不取術數而明義理；其所以可議者，在不切人事而雜玄虛。《四庫提要》曰：“弼之説《易》，源出費直，直《易》今不可見，然荀爽《易》即費氏學，李鼎祚書尚頗載其遺説。大抵究爻位之上下，辨卦德之剛柔，已與弼注略近，但弼全廢象數，又變本加厲耳。平心而論，闡明義理，使《易》不雜於術數者，弼與康伯深爲有功；祖尚虛無，使《易》竟入於老莊者，弼與康伯亦不能無過。瑕瑜不掩，是其定評，諸儒偏好偏惡，皆門户之見，不足據也。”

箋注

〔1〕 程子,即二程中的程頤(1033—1107),字正叔,人稱伊川先生,洛陽人,北宋理學家、教育家。歷官汝州團練推官、西京國子監教授。元祐元年(1086)除秘書省校書郎,授崇政殿説書。與其胞兄程顥共創“洛學”,爲理學奠定了基礎。著有《易傳》《經説》《文集》。其著作被後人集爲《河南二程全書》。

〔2〕 何焯(1661—1722),字屺瞻,號茶仙,江蘇蘇州人。清經學家、藏書家。先世曾以“義門”旌,學者稱義門先生。著有《義門讀書記》等。

〔3〕 引文見陳澧《東塾讀書記》卷四《易》。

〔4〕 清言,又稱清談,流行於魏晉時期。漢末黄巾之亂,中央政權瓦解,地方勢力崛起,儒家經學衰落,老莊思想逐漸抬頭,士大夫不談俗事,脱離現實,祖述老莊,大振玄風,最常談的是《周易》《老子》《莊子》,稱爲“三玄”。

〔5〕 魏王弼注《周易》上下經,撰《周易略例》,尚未注《繫辭》《説卦》《序卦》《雜卦》,晉韓康伯補注之,合并流傳行世。韓康伯,名伯,字康伯,潁川長社(今河南長葛西)人,歷官散騎常侍、豫章太守,入爲侍中。改丹楊尹、吏部尚書、領軍將軍。

〔6〕 案,南朝宋在元嘉十九年(442)之前,國子學并立鄭玄與王弼兩家《周易注》。

〔7〕 顏延之(384—456),字延年。琅邪臨沂(今山東臨沂)人。在劉宋時官至金紫光禄大夫,與謝靈運合稱“顏謝”。元嘉十九年(442)任國子祭酒,廢除鄭玄《周易注》,獨尊王弼注。

〔8〕 《庭誥》,顏延之寫的家訓。《南史·顏延之傳》:“閑居無事,爲《庭誥》之文以訓子弟。”

〔9〕 馬,馬融;陸,陸績。象數:“象”指卦象、爻象,即卦爻所象之事物及其時位關繫;“數”指陰陽數、爻數,是占筮解卦的基礎。漢易重象數,孟喜、京房、鄭玄、荀爽各有發明,三國吳虞翻綜合發揮漢易象數學。魏王弼則黜象數而重義理。宋代陳摶提出所謂“先天圖”,邵雍又加以發展,於是象數之學大興,稱爲“先天象數之學”。

〔10〕 荀,荀爽。王,王弼。正宗,正統、正脉。顏延之視義理學派爲易學正宗。

〔11〕 趙師秀(1170—1220),字紫芝,號靈秀,亦稱靈芝,又號天樂。永嘉(今浙江溫州)人,南宋詩人,“永嘉四靈”之一。宋光宗紹熙元年(1190)進士。寧宗慶元元年(1195)任上元(今江蘇南京)主簿,後爲筠州(今江西高安)推官。晚年寓居錢塘(今浙江杭州)。著有《趙師秀集》二卷,別本《天樂堂集》二

卷，皆佚。

〔12〕范甯（約339—401），字武子，南陽順陽（今河南淅川）人。曾任臨淮太守、豫章太守，封陽遂縣侯。著有《春秋穀梁傳集解》。范甯批評何晏、王弼：“王、何蔑棄典文，不遵制度，游辭浮説，波蕩後生。”“遂令仁義幽淪，儒雅蒙塵，禮壞樂崩，中原傾覆。”（《晉書·范甯傳》）

16. 論以傳附經始於費直，不始於王弼，亦非本於鄭君

古本《易經》與今不同。朱子《記嵩山晁氏卦爻象象説》謂：“古經始變於費氏，而卒大亂於王弼。”顧炎武謂：“此據孔氏《正義》，謂連合經傳始於輔嗣，不知其實本於康成也。”《漢書·儒林傳》云：費直治《易》無章句，徒以《彖》《象》《繫辭》《文言》解説上下經。則以傳附經，又不自康成始。[1]

近儒姚配中説尤詳晰[2]，曰：“經傳之合，始自費直。《魏志·高貴鄉公紀》帝問曰：‘孔子作《彖》《象》，鄭氏作注，雖聖賢不同，其所釋經義一也，今《彖》《象》不與經文相連，而注連之，何也？’《易》博士淳于俊對曰：‘鄭氏合《彖》《象》於經，欲使學者尋省易了也。’據此，則經傳之合，始自鄭矣。然案《儒林傳》云：‘費直治《易》，長於卦筮，亡章句，徒以《彖》《象》《繫辭》十篇、《文言》解説上下經。’以傳解經，則必以傳合經，經傳之連，實當始自費，非始自鄭也。而高貴鄉公、淳于俊并云鄭者，蓋費氏亡章句，徒以傳解經，則傳即爲其章句。注者因費氏之本，既注經，即還注傳，而合傳於經之名，遂獨歸注之者矣。且直以古字號古文《易》，劉向以中古文《易》校諸家，唯費氏經與古文同。費氏經既與中古文同，而又亡章句，非合傳於經，則傳其書者，直云傳古文可耳，烏得以直既無章句，又無異文，而乃獨以其學歸之費氏耶？《尚書》有今古文之學[3]，此其可證者也。《後漢書·儒林傳》云：‘陳元、鄭衆皆傳費氏《易》，其後馬融亦爲其傳。’案馬融注《周禮》[4]，尚欲省學者兩讀，其爲《易傳》，當亦必仍費氏之舊。高貴鄉公不言馬融，獨言鄭連之

者，時方講鄭學，據鄭言也。蓋唯費無章句，以傳解經，傳其學者，不過用其本耳，是以注家言人人殊，而俱曰傳費氏《易》，極至王弼之虛言，亦稱爲費氏之學，此其明驗也。”

錫瑞案：姚氏此說，可爲定論。其謂傳費氏學者不過用其本，是以注家言人人殊，尤可以見漢時傳古文者之通例。非特《周易》一經，即如《尚書》，傳古文者，衛、賈、馬、鄭皆用杜林本[5]，而鄭不同於馬，馬亦未必同於衛、賈，正與鄭、荀、王皆傳費氏《易》，而言人人殊者相似。漢時傳今文者，有師授，有家法；傳古文者，無師授，無家法[6]。其崇尚古文者，以古文之本爲是，今文之本爲非。如《易》則云諸家脫“无咎”“悔亡”，《書》則云《酒誥》脫簡一，《召誥》脫簡二[7]。故好古者以古文經相矜炫，而相傳爲秘本。然古文但有傳本而無師說，當時儒者若但以古文正今文之誤，而師說仍用今文博士所傳，則無鄉壁虛造之譏，亦無多歧亡羊之患。漢之經學，雖至今存可也。乃諸儒名爲慕古，實則喜新，傳本雖用古文，而解經各以意說，以致異議紛雜，言人人殊，學者苦其繁而無由折衷，以致漢末一亂，而同歸於盡，不得謂非諸儒之咎矣。《易經》皆孔子作，《象》《象》《文言》亦當稱經，惟今之《繫辭傳》可稱傳耳。據高貴鄉公言，則當時已誤以卦爻辭爲經，《象》《象》《文言》爲傳矣。

箋注

〔1〕《記嵩山晁氏卦爻彖象說》，見朱熹《晦庵集》卷六六。引顧炎武文見《日知錄》卷一“三易”。嵩山晁氏，即晁說之。

〔2〕姚配中（1792—1844），字仲虞，安徽旌德人。教授鄉里二十餘年，家貧而守堅，學優而遇寒，以廩生病逝於故里。博覽經史，旁通百家，尤好《易經》，對清代經學家張惠言《周易虞氏義》傾心研讀，又求得李鼎祚《集解》，研究衆家之說，以鄭氏最優，苦其義簡略，著成《周易參象》十四卷，并作《論》十篇，闡說其通義，附於編後。其後又刪改通義之十篇爲三篇《易學闡元》，移至編首，題爲《周易姚氏學》。引文見該書卷一。

〔3〕《尚書》有今古文之學，先秦儒家所傳《尚書》原有百餘篇，經秦焚書亡失。

漢初，秦博士伏勝傳28篇（一説29篇），後學者遞相授受，分大、小夏侯及歐陽三家。因爲是以漢隸書寫，區別於當時的古文《尚書》，故稱“今文《尚書》”。實際上西漢還保留有不少的古《尚書》篇章，其中有河間獻王民間求書所得古文《尚書》、孔壁出書并經孔安國整理的古文《尚書》，多出今文《尚書》16篇，但無師説，而未立於學官，不久失傳。東漢時，東萊張霸將《尚書》的29篇重新整合，又以《左傳》《尚書序》作爲首尾，共計102篇，史稱《百兩篇》。西晉永嘉之亂時，歐陽、大小夏侯三家今文《尚書》全部喪失。東晉元帝時，豫章郡守梅頤又獻上《尚書》經文58篇，自稱傳自於失傳多時的孔安國古文《尚書》，除包含與今文《尚書》相同的33篇外（原29篇被拆爲33篇），又多出25篇，并帶有據説由孔安國所作之《傳》，盛行於江南。隋代南北一統，南朝經學流入北方。唐代貞觀年間孔穎達奉敕撰《尚書正義》，即以梅頤所上孔安國傳本爲底本。從宋朝開始，吳棫、朱熹等人對於梅獻孔傳《尚書》的真實性開始懷疑。明代中期梅鷟撰《尚書譜》《尚書考異》，首先系統性批判古文《尚書》流傳與內容上的可疑之處。清初黃宗羲亦舉古文《尚書》疑點。清康熙年間閻若璩承梅鷟之説，寫成《尚書古文疏證》八卷，用“以虛證實，以實證虛”的考證方法，列舉128條證據，認定梅獻孔傳《尚書》所多出的25篇，都是後世魏晉時代所僞作，其餘33篇（僞孔傳《尚書》將原伏生所傳今文《尚書》部分的29篇，拆爲33篇）則真僞雜糅。從此，通行本《尚書》中有25篇爲僞書的説法，遂成定論，通稱爲“僞古文《尚書》”。毛奇齡寫了《古文尚書冤詞》反駁閻若璩的説法，然閻説仍被大多數學者接受，故今日稱此本爲僞孔傳《尚書》或僞古文《尚書》。

〔4〕案，馬融曾注《周禮》，并授鄭玄。《周禮》叙六官之事，屬古文經學，西漢無師説，東漢古文經學興起之後，有鄭衆、賈逵、鄭興、馬融諸家注，鄭玄受學馬融，融會各家的注説，編成《周禮注》十二卷，流傳至今，舊注遂廢。

〔5〕杜林(？—47)，字伯山，扶風茂陵(今陝西興平)人，東漢建武六年(30)官侍御史，仕至大司空。於西州得漆書《古文尚書》一卷，常寶愛不離身，世稱“杜林漆書本”。

〔6〕案，西漢初，秦火之後經典殘缺，經學家必須嚴守師法才能保證經文及其解釋的真實和純正。漢武帝立五經博士後，經學尤其重視師法、家法，以保證其經學傳承的權威性和正統性。所謂師法，是漢初經學大師確立的經典文本及其解釋系統。起初立於學官的五經博士數量少，後來以師法傳授的各經又分出多個弟子傳承，形成家法。家法出自師法，重師法必重家法，并排斥不遵守師法、家法的另類傳承體系。而古文經起自民間，沒有師法、家法

可言，因而受到以官學爲代表的正統今文經學的排斥。直到東漢末年，經過一百多年的今古文經學之爭，鄭玄兼采古今，遍注群經，融合今古文經學，師法、家法也就消亡了。

〔7〕參見《漢書·藝文志》："劉向以中古文《易經》校施、孟、梁丘《經》，或脱去'无咎''悔亡'，唯費氏經與古文同。""劉向以中古文校歐陽、大小夏侯三家經文，《酒誥》脱簡一，《召誥》脱簡二。率簡二十五字者，脱亦二十五字；簡二十二字者，脱亦二十二字。文字異者七百有餘，脱字數十。"

17. 論宋人圖書之學亦出於漢人，而不足據

漢人有圖書之學，宋人亦有圖書之學。宋人之圖書，亦出於漢人之圖書。《公羊疏》曰："《六藝論》言：'六藝者，圖所生也。'《春秋》言依百二十國史何？答曰：王者依圖書行事，史官録其行事，言出圖書，豈相妨奪。"[1]俞正燮曰[2]："百二十國史仍是圖書。古太史書雜處，取《易》於《河圖》，則《河圖》餘九篇，取《洪範》於《洛書》，則《洛書》餘六篇，皆圖書也。"

錫瑞案：漢時圖書即是讖緯，讖緯篇多以圖名，則當時書中必有圖。《韓敕禮器碑》云[3]："秦項作亂[4]，不尊圖書。"此碑多引緯書，其稱圖書必是讖緯。《易緯》亦或以圖名篇。卦氣出《稽覽圖》，則所云坎、離、震、兑爲四正卦，餘六十卦，每月五卦，卦六日七分，當日必有圖以明之，是讖緯即圖書之明證。宋人圖書之學，出於陳搏，搏得道家之圖，創爲太極、河洛、先天、後天之説[5]，宋人之言《易》學者多宗之。周子稍變而轉易之，爲《太極圖説》[6]，宋人之言道學者多宗之。邵子精於數學，著《皇極經世書》[7]，亦爲學者所宗。程子與邵同時，又屬懿戚，不肯從受數學，其著《易傳》[8]，專言理，不言數。《答張閎中書》云："得其義，則象數在其中。"[9]故程子於《易》頗推王弼，然其説理非弼所及，且不雜以老氏之旨，尤爲純正。顧炎武謂見《易》説數十家，未見有過於程《傳》者，以其説理爲最精也。朱子作《本義》以補程《傳》[10]，謂

程言理而未言數，乃於篇首冠以九圖[11]，又作《易學啓蒙》[12]，發明圖書之義，同時袁樞、薛季宣已有異論[13]。考《宋史·儒林傳》，《易學啓蒙》朱子本屬蔡元定創稿，非所自撰。《晦庵大全集》中載《答劉君房書》："《啓蒙》本欲學者且就《大傳》所言卦畫蓍數推尋，不須過爲浮説，而自今觀之，如《河圖》《洛書》，亦不免尚有剩語。"至於《本義》卷首九圖，王懋竑《白田雜著》以《文集》《語類》鈎稽參考[14]，多相矛盾，信其爲門人所依附，則九圖亦非朱子所自列也。朱子嘗疑《龍圖》是僞書[15]，以康節之學爲《易》外別傳[16]，持論至確。特疑程子《易傳》不言象數，以致後來有九圖之附益。宋、元、明言《易》者，開卷即及先天、後天。惟元陳應潤作《爻變義蘊》[17]，始指先天諸圖爲道家借《易》理以爲修煉之術。吳澄、歸有光亦不信圖書。國朝毛奇齡作《圖書原舛篇》[18]，黃宗羲作《易學象數論》[19]，黃宗炎作《圖書辨惑》[20]，爭之尤力。胡渭《易圖明辨》[21]引據舊文，足箝依托之口。張惠言《易圖條辨》[22]駁詰精審，足箴先儒之失。今且不必深論，但以"圖書"二字詰之。圖，今所謂畫也；書，今所謂字也。是圖但有點畫，而書必有文字。漢人以《河圖》爲八卦，《洛書》爲九疇[23]，劉歆謂"初一曰五行"以下二十八字，即是《洛書》[24]，其説尚爲近理。宋人所傳《河》《洛》，皆黑白點字[25]，但可云《河圖》《洛圖》，何云《河圖》《洛書》？ 此百喙所不能解者。

箋注

〔1〕 案，引文略見於《公羊疏》卷一。

〔2〕 俞正燮（1775—1840），字理初，安徽黟縣人，清代學者。曾爲彭元瑞、劉鳳誥撰輯《五代史記補注》，爲黟縣知縣吳甸華編纂《黟縣志》，林則徐聘其編纂《兩湖通志》。又協助陳用光校勘《讀史方輿紀要》。著有《癸巳類稿》《癸巳存稿》各十五卷。《清史稿·文苑傳三》："正燮讀書，置巨册數十，分題疏記，積歲月乃排比爲文，斷以己意。藻爲刻十五卷，名曰《癸巳類稿》，又有《存稿》十五卷，山西楊氏刻之。"

〔3〕《韓敕禮器碑》，全稱《漢魯相韓敕造孔廟禮器碑》，又稱《修孔子廟器碑》《韓

明府孔子廟碑》等。東漢永壽二年(156)立,碑文記述魯相韓敕修飾孔廟、增置各種禮器、吏民共同捐資立石以頌其德事。碑側及碑陰刊刻捐資立石的官吏姓名及錢數。此碑是漢代隸書的重要代表作之一,現存山東曲阜孔廟。

〔4〕秦項作亂,指秦始皇"焚書坑儒"和項羽火燒阿房宮史實。

〔5〕陳摶(872—989),字圖南,號扶搖子,人稱希夷先生,後世尊稱爲陳摶老祖、希夷祖師等。通三教之學,多所師法。其學術思想繼承漢代以來的易學傳統,糅合黄老思想、修煉方術、儒家修養和佛教禪宗思維,爲北宋初三教合流的首倡者。好讀經史百家之書,舉進士不第,而游歷名山,求仙訪道,長期隱居在武當山、華山和少華山。相傳紫微斗數、無極圖説、河圖洛書皆爲陳摶創作。陳摶的《周易》先天圖説對宋朝理學有較大影響。所傳《無極圖》,其弟子傳給理學家周敦頤,周敦頤作《太極圖説》,對理學發展有很大的影響。

〔6〕周子,即周敦頤(1017—1073),原名敦實,字茂叔,號濂溪,又稱濂溪先生。道州營道縣(今湖南道縣)人,北宋理學家,北宋五子之一。著有《太極圖説》《通書》。《太極圖説》是周敦頤爲其《太極圖》寫的一篇説明文字,全文249字。認爲"太極"是宇宙的本原,人和萬物都是由於陰陽二氣和水火木金土五行相互作用而形成的,五行統一於陰陽,陰陽統一於太極。文中突出人的價值和作用,又特別突出聖人的價值和作用,認爲"聖人定之以中正仁義,而主静,立人極焉",對後世影響很大。

〔7〕"數學"二字原缺,中華本補二字,是。《皇極經世書》,也稱《皇極經世》,北宋邵雍撰,是宋代圖書之學的代表作。共十二卷,六十四篇。首六卷《元會運世》三十四篇,次四卷《聲音律吕》十六篇,次《觀物内篇》十二篇,末《觀物外篇》二篇。

〔8〕《易程傳》,又稱《伊川易傳》《周易程氏傳》《周易程傳》《程氏易傳》,北宋程頤所作。全書只有六十四卦及《彖》《象》《文言》的注解,而無《繫辭》《説卦》《雜卦》注。《序卦》則分置於六十四卦的卦首。程頤不取象數,是宋代易學中義理派的代表。

〔9〕《答張閎中書》,見《程氏文集》卷九,是程頤答弟子張閎中問有關《易》之象、辭、理相互關繫的重要文獻。他認爲:"理無形也,故因象以明理;理既見乎辭,則可由辭而觀象。故曰:'得其義。則象數在其中矣。'"

〔10〕《周易本義》,南宋朱熹撰。朱熹的哲學思想繼承程頤,世稱"程朱",而他的《易》學思想則有異於程頤。程氏易學遵循王弼開拓的道路,以義理解

《易》;朱熹則認爲《易》是卜筮之書,作《周易本義》就是要還《周易》的本來
面目。

〔11〕九圖,《周易本義》卷首載有九圖,包括河圖、洛書、伏羲八卦次序圖、伏羲八
卦方位圖、伏羲六十四卦次序圖、伏羲六十四卦方位圖、文王八卦次序圖、
文王八卦方位圖、卦變圖。

〔12〕《易學啓蒙》,朱熹與其弟子蔡元定合撰,由蔡氏起稿。朱熹以爲言《易》不
本象數,即支離散漫而無根,本象數者又不知法象之自然,未免牽合附會,
於是搜輯舊聞,作《易學啓蒙》,與《周易本義》互爲表裏。書凡四篇:《本圖
書》第一,引孔安國、劉歆、關朗等說,證十爲河圖、九爲洛書;《原卦畫》第
二,通論伏羲四圖及文王二圖,綜述先天之學與後天之學;《明蓍策》第三,
研究古筮法;《考變占》第四,擬定七條占筮體例,解說卦變圖,明一卦可變
六十四卦之理。該書圍繞《周易本義》卷首九圖作論,雖名爲“啓蒙”,卻非
真的僅給初學者開蒙之用,更多地是爲了闡發九圖的哲學意義,系統發揮
朱熹的象數之學。

〔13〕袁樞(1131—1205),字機仲,南宋建安(今福建建甌)人。宋孝宗隆興元年
(1163)進士。歷任溫州判官、嚴州教授、太府丞兼國史院編修、大理少卿、
工部侍郎兼國學祭酒、右文殿修撰知江陵府等職。與當時學者朱熹、呂祖
謙、楊萬里有往來。著有《易學索隱》《周易辯異》《通鑑紀事本末》等書。
薛季宣(1134—1173),字士龍,號艮齋,永嘉(今浙江溫州)人。十七歲從荆
南帥孫汝翼聘爲書寫機宜文字。後從程頤弟子袁溉學。紹興三十年
(1160)以伯父蔭出任鄂州武昌令,樞密使王炎薦爲大理寺主簿。後知常
州。學者稱常州先生。季宣反對空談義理,開永嘉事功學派先河,著有《古
文周易》十二卷,《書古文訓》十六卷,《春秋經解》十二卷,《春秋旨要》二卷、
《論語少學》《論語直解》《十國紀年通譜》《漢兵制》《九州圖志》及《浪語集》
三十五卷等。

〔14〕王懋竑(1668—1741),字予中,號白田,江蘇寶應人。康熙四十七年(1708)
鄉試中舉,康熙五十七年(1718)成進士,授官安慶府教授。精研朱熹之學。
著有《白田草堂存稿》《讀書記疑》《朱子年譜》等。

〔15〕《龍圖》,北宋時所出,有二十餘圖。今傳的《河圖》就是《龍圖》裏的“天地生
成之數”圖,《洛書》則是《龍圖》裏的“縱橫十五之象”圖。當時還有幾種《河
圖》《洛書》版本,由於《龍圖》得到朱熹及弟子蔡元定肯定而流傳至今。

〔16〕康節之學,即邵雍象數圖書之學。康節是邵雍的字。

〔17〕陳應潤,浙江天台人。元代延祐年間起爲郡曹掾,至正年間調桐江賓幕。

《易》學著作主要有《周易爻變義蘊》。

〔18〕毛奇齡(1623—1716)，原名甡，又名初晴，字大可，號秋晴，又號初晴、晚晴等，浙江蕭山人。以郡望西河，學者稱西河先生。與弟毛萬齡并稱爲"江東二毛"。清康熙時薦舉博學鴻詞科，授檢討，充明史館纂修官。奇齡淹貫群書，所自負者在經學，然好爲駁辨，他人所已言者，必力反其詞。古文《尚書》自宋吳棫後多疑其僞，及閻若璩作《疏證》，奇齡力辨爲真，遂作《古文尚書冤詞》。又刪舊所作《尚書廣聽録》爲五卷，以求勝於若璩，而《周禮》《儀禮》，奇齡又以爲戰國之書。所作《經問》，指名攻駁者，惟顧炎武、閻若璩、胡渭三人。以三人博學重望，足以攻擊，而餘子以下不足齒録，其傲睨如此。所著《西河合集》分經集、史集、文集、雜著，共四百餘卷。《四庫全書》收奇齡所著書目多至四十餘部。所著《河圖洛書原舛編》和《太極圖説遺議》各一卷，都是考辨圖書之學源流并對其加以抨擊的專著。《清史稿》卷四八一《儒林傳二》有傳。

〔19〕黄宗羲(1610—1695)，字太冲，一字德冰，號南雷，別號梨洲老人，世稱梨洲先生，浙江餘姚人。明末清初經學家、史學家、思想家。著有《明儒學案》《宋元學案》《明夷待訪録》等，傳見《清史稿》卷四八〇《儒林傳一》。黄宗羲所著《易學象數論》是研究象數易學的經典之著，不僅對兩漢以來象數易學多有整理和闡述，也廓清了宋明學者的諸多見解。

〔20〕黄宗炎(1616—1686)，字晦木，一字立溪，學者稱鷓鴣先生。浙江餘姚人。與兄宗羲、弟宗會俱從學於劉宗周。黄宗炎於象緯、律吕、小學、軌革、壬遁之學均有鑽研，兼長於詩，主張理象合一，注重踐履。易學著作有《周易象辭》二十一卷、《尋門餘論》一卷、《圖學辯惑》一卷、《太極圖説辨》等。另著有《四書會通》《六書會通》《二晦山棲集》等。《圖書辨惑》認爲《太極圖》是道家養生之書，與《易》無關，力闢宋人圖書之説。

〔21〕胡渭(1633—1714)，初名渭生，字朏明，號東樵。浙江德清人。明末清初經學家、地理學家。曾與閻若璩等助修《大清一統志》。撰《易圖明辨》《禹貢錐指》等。《易圖明辨》追溯易圖學的歷史源流，按這些易圖出現的時間先後爲序依次進行辯駁。

〔22〕《易圖條辨》，清張惠言著，辨劉牧《河圖》《洛書》、周敦頤《太極圖》、朱震《納甲圖》及趙撝謙所列《天地自然河圖》等，是繼毛奇齡《河圖洛書原舛編》《太極圖説遺議》及胡渭《易圖明辨》之後進一步辯證宋人易圖的一部力作。

〔23〕九疇，即《尚書·洪範》九疇。

〔24〕參閲《漢書·五行志》。

〔25〕案，一般認爲，在宋朝之前關於太極與河圖、洛書的記述只有文字，直到陳摶才提出了太極、河圖、洛書的圖象。陳摶首創“龍圖易”，融合了漢唐間的九宮學説以及五行生成數的理論。北宋劉牧又將陳摶的龍圖區分爲“河圖”“洛書”兩種圖式：將九宮圖稱爲“河圖”，五行生成圖稱爲“洛書”。南宋時蔡元定則將它改變過來，將九宮圖稱爲“洛書”，將五行生成圖稱爲“河圖”。朱熹支持蔡元定的學説，并將其附於《周易本義》卷首。

18. 論《先天圖》不可信，朱子《答袁機仲書》乃未定之説

宋人圖書之學，近儒已摧陷廓清，學者可勿道矣。而朱子之説，猶有不得不辨者。《答袁機仲書》[1]曰：“據邵氏説，先天者，伏羲所畫之《易》也；後天者，文王所演之《易》也。伏羲之《易》初無文字，只有一圖以寓其象數，而天地萬物之理、陰陽始終之變具焉。文王之《易》，即今之《周易》，而孔子所爲作傳者也。孔子既因文王之《易》以作傳，則其所論固當專以文王之《易》爲主，然不推本伏羲作《易》畫卦之所由，則學者必將誤認文王所演之《易》便爲伏羲始畫之《易》，只從中半説起，不識向上根原矣。故‘十翼’之中，如‘八卦成列，因而重之’，太極、兩儀、四象、八卦，與天、地、山、澤、雷、風、水、火之類[2]，皆本伏羲畫卦之意。而今新書《原卦畫》一篇[3]，亦分兩儀。伏羲在前，文王在後，必欲知聖人作《易》之本，則當考伏羲之畫，若只欲知今《易》書文義，則但求之文王之經、孔子之傳足矣。兩者初不相妨，而亦不可以相雜。來教乃謂專爲邵氏解釋，而於《易經》無所折衷[4]，則恐考之有未詳也。”《本義·圖説》曰：“右《易》之圖九。有天地自然之《易》，有伏羲之《易》，有文王、周公之《易》，有孔子之《易》。自伏羲以上，皆無文字，只有圖畫，最宜深玩，可見作《易》本原精微。文王以下，方有文字，即今之《周易》。然讀者亦宜各就本文消息，不可便以孔子之《易》爲文王之説也。”

錫瑞案：朱子此説與經學大有關礙。六經皆出孔子，故漢初人以爲文王但重卦而無辭，卦辭、爻辭皆孔子作。其後乃謂文王作卦爻辭，又

謂文王作卦辭，周公作爻辭，孔《疏》遂以文王、周公作者爲經，孔子作者爲傳，則已昧於經傳之別，而奪孔子之制作以歸之文王、周公矣。然《易》歷三聖，道原一揆，猶未始歧而二之也。自宋陳、邵之圖書出，乃有伏羲之《易》與文王之《易》、孔子之《易》分而爲三，朱子此説，更增以天地自然之《易》，判而爲四，謂不可便以孔子《易》爲文王之説，又謂不可誤認文王所演之《易》爲伏羲始畫之《易》。則是學《易》者於孔子之明義理、切人事者可以姑置勿論，必先索之杳冥之際，混沌之初，即使真爲上古之傳，亦無裨於聖經之學。矧其所謂伏羲者，非伏羲也，乃陳、邵之書也，且非儒家之言，乃道家之旨也。夫以道家之旨解《易》，固不始於宋人。虞翻明引《參同契》，是道家之旨也；王弼以老氏注《易》，亦道家之旨也。然二人但以道家之旨雜於儒家之中，宋人乃以道家之書加乎孔子之上。以圖書之學説《易》，亦不始於宋人，卦氣、爻辰出於讖緯，亦圖書之學也。然漢人以讖緯爲孔子所作，説雖近誣，尚不失爲尊聖；宋人乃以羲、文列孔子之上，説尤近誣，而聖更不尊矣。學如孔子，亦云至矣，不當更求之於孔子之上。時代如孔子，亦云古矣，不當更推之於孔子之前。世去孔子一二千年，聖學之僅存不過什一千百，乃於其僅存者視爲未足，必遠求之荒渺無徵，飾僞欺人，迭相祖述，怪圖滿紙，迷誤後學。王鳴盛謂宋儒以虞廷十六字爲三聖傳心[5]，此《風俗通》所云鮑君神之類[6]。予謂《先天》諸圖乃真鮑君神之類也。《朱子語類》曰："《先天圖》傳自希夷[7]，希夷又自有所傳[8]。"蓋方士技術用以修煉，則朱子非不知《先天圖》不可信，《答袁機仲》蓋未定之説，不可不辨。

箋注

〔１〕《答袁機仲書》，即朱熹答友人袁樞討論易學的十一封通信，見《晦庵集》卷三八。

〔２〕案，"天、地、水、火、雷、風、山、澤"八卦之象，對應卦名分別爲"乾、坤、坎、離、震、巽、艮、兑"。

〔３〕案，朱熹《易學啓蒙》共分四篇，《本圖書》是對河圖洛書的解説，《原卦畫》是對伏羲四圖及文王二圖的解説，《考變占》是對卦變圖的解説，《明蓍策》是

對古筮法的研究。

〔4〕折衷,同“折中”,意爲取正,用爲判斷事物的準則。《史記·孔子世家》:“孔子布衣,傳十餘世,學者宗之。自天子王侯,中國言六藝者,折中於夫子,可謂至聖矣!”

〔5〕王鳴盛(1722—1797),字鳳喈,號禮堂、西莊,晚號西沚居士。江蘇嘉定(今屬上海市)人。早年學詩於沈德潛,後又從惠棟問經義。精研經學、史學、小學、目錄等學,乾隆十九年(1754 年)榜眼,歷任翰林院編修。主張“經以明道,以求道者不必空執義理求之也。但當正文字,辨音讀,釋訓詁,通傳注,則義理自見,而道在其中矣”。著有《十七史商榷》《蛾術編》《尚書後案》等書。虞廷十六字即“人心惟危,道心惟微,惟精惟一,允執厥中”(《尚書·大禹謨》),被宋儒二程、朱熹等認爲是堯、舜、禹三聖的“十六字心傳”。引文見《蛾術編》卷八一《説通一》。

〔6〕《風俗通》,即《風俗通義》,東漢泰山太守應劭撰。原書三十卷,今僅存十篇,析爲十卷。以考證名物制度、風俗、傳聞爲主,對兩漢民間的風俗迷信、奇聞怪談多有駁正。應劭(約 153—196),字仲遠,又作仲瑗,汝南南頓(今河南項城)人,應奉之子。《後漢書》有傳。生於世宦之家,博覽多聞,於漢典章故事尤爲精熟,著有《風俗通義》《集解漢書音義》《漢官儀》等。《風俗通義·怪神》篇載鮑君神故事:“汝南鮦陽有於田得麕者,其主未往取也。商車十餘乘經澤中行,望見此麕著繩,因持去。念其不事,持一鮑魚置其處。有頃,其主往,不見所得麕,反見鮑君,澤中非人道路,怪其如是,大以爲神,轉相告語,治病求福,多有效驗,因爲起祀舍,衆巫數十,帷帳鐘鼓,方數百里皆來禱祀,號鮑君神。其後數年,鮑魚主來歷祠下,尋問其故,曰:‘此我魚也,當有何神。’上堂取之,遂從此壞。”

〔7〕希夷,陳摶的號。

〔8〕案,陳摶的《太極圖》及内丹理論,與魏伯陽《周易參同契》、彭曉《周易參同契分章通真義》有傳承淵源。

19. 論胡渭之辨甚確,若知《易》皆孔子所作,更不待辨而明

胡渭《易圖明辨》辨《本義》之説曰:“按《本義》卷首列九圖於前,而

總爲之説，所謂天地自然之《易》，《河圖》《洛書》也；伏羲之《易》，先天八卦及六十四卦次序方位也[1]；文王之《易》，後天八卦次序方位及六十四卦之卦變也[2]；是皆著爲圖者。伏羲有畫而無辭，文王繫彖，周公繫爻，孔子作‘十翼’，皆遞相發揮，以盡其義。故曰‘聖人之情見乎辭’[3]。辭者，所以明象數之難明者也。而朱子顧以爲三聖人之《易》專言義理，而象數闕焉，是何説與？且《易》之所謂象數，著卦焉而已。卦主象，著主數[4]。二體六畫[5]，剛柔雜居者，象也。大衍五十[6]，四營成《易》者[7]，數也。經文粲然，不待圖而明。若朱子所列九圖，乃希夷、康節、劉牧之象數[8]，非《易》之所謂象數也。三聖人之言，胡爲而及此乎？伏羲之世，書契未興，故有畫而無辭。延及中古，情僞漸啓[9]，憂患滋多。故文王繫彖，以發明伏羲未盡之意，周公又繫爻，以發明文王未盡之辭，一脉相承，若合符節。至於孔子，紹聞知之統，集群聖之大成，論者以爲生民所未有[10]。使伏羲、文王、周公之意，而孔子有所不知，何以爲孔子？既已知之，而別自爲説，以求異於伏羲、文王、周公，非述而不作之旨也。然則伏羲之象，得辭而益彰，縱令深玩圖畫[11]，而得其精微，亦不外乎文王、周公、孔子所言之理，豈百家衆技之説所得而竄入其中哉！九圖雖妙，聽其爲《易》外別傳，勿以冠經首可也。”

錫瑞案：胡氏之辨甚明，以九圖爲《易》外別傳，尤確。特猶誤沿前人之説，以爲文王作卦辭，周公作爻辭，孔子作“十翼”，故但以爲孔子之説，不異文王、周公之意，不知卦爻辭亦孔子之説也。自東漢後，儒者誤疑《繫辭傳》云“蓋取諸《益》”與“《噬嗑》”，以爲神農時已有重卦，則重卦當屬神農；重卦既爲神農，則文王演《易》，必當有辭，遂疑卦辭、爻辭爲文王作。其後又疑文王作爻辭，不應有“岐山”“箕子”“東鄰”諸文，遂又疑爻辭爲周公作。重牾貤繆[12]，悍然以文王、周公加孔子之上，與六經皆孔子作之旨不合矣。宋之陳、邵更加伏羲，此猶許行并耕，上托神農[13]，老莊無爲，高談皇古[14]，乃昌黎所謂惟怪之欲聞者[15]。宋儒之學，過求高深，非但漢唐注疏視爲淺近，孔孟遺經亦疑平易，故其解經多推之使高，鑿之使深，有入於二氏而不覺者。其説《易》以孔子之《易》爲未足，而務求之道家，亦猶其解各經，疑孔子之言爲未至，而間雜以二氏也。宋時一代風尚如此，故陳、邵圖書盛行，以朱子之明，猶無定見而爲所惑。元明以其書取士[16]，學者不究《本義》，而先觀九圖，遂使《易》學沉霾數百年，國初諸儒辨之而始熄。若知《易》皆孔子所作，不待辨而明矣。

箋注

〔1〕"先天八卦"之説，來自先天之學，由邵雍發明，朱熹稱揚。邵雍之前，没有區分不同的八卦體系。邵雍在《皇極經世》中區分二種八卦：把由一分爲二而來的"天地定位"的八卦點陣圖稱爲先天八卦，又名伏羲八卦；把《説卦傳》"帝出乎震"一段談的八卦稱爲後天八卦，也名文王八卦。隨着伏羲八卦圖傳世的，另還有"伏羲六十四卦次序圖"及"伏羲六十四卦方位圖"。朱熹《周易本義》書前九圖載之云："伏羲四圖，其説皆出邵氏，蓋邵氏得之李之才挺之，挺之得之穆修伯長，伯長得之華山希夷先生陳摶圖南者，所謂先天之學也。"

〔2〕"後天八卦"即"文王八卦方位圖"，根據《説卦傳》："萬物出乎震，震，東方也。齊乎巽，巽，東南也。齊也者，言萬物之絜齊也。離也者，明也。萬物皆相見，南方之卦也。聖人南面而聽天下，嚮明而治，蓋取諸此也。坤也者，地也。萬物皆致養焉，故曰致役乎坤。兑，正秋也，萬物之所説也，故曰説言乎兑。戰乎乾，乾，西北之卦也，言陰陽相薄也。坎者，水也，正北方之卦也，勞卦也，萬物之所歸也，故曰勞乎坎。艮，東北之卦也，萬物之所成終而所成始也，故曰成言乎艮。""文王八卦次序圖"根據《説卦傳》："乾，天也，故稱乎父。坤，地也，故稱乎母。震，一索而得男，故謂之長男。巽，一索而得女，故謂之長女。坎，再索而得男，故謂之中男。離，再索而得女，故謂之中女。艮，三索而得男，故謂之少男。兑，三索而得女，故謂之少女。"《周易本義》在圖後加注説明："邵子曰：此文王八卦，乃入用之位，後天之學也。"

〔3〕見，通"現"，指聖人的真情實感流露於字裏行間。《周易·繫辭下傳》："爻象動乎内，吉凶見乎外，功業見乎變，聖人之情見乎辭。"

〔4〕"象"指卦象、爻象；"數"指筮數、爻數。故曰"卦主象，蓍主數"。清人胡渭

云:"卦者,《易》之體所以立;著者,《易》之用所以行。"(《易圖明辨》)

〔5〕《易經》六十四卦,每卦都是由六爻所構成,六爻各占一位,有不同的名稱和含義,故稱"六位"。這六畫分爲上下兩個三畫卦,叫做"二體",分別叫上卦與下卦,或者稱外卦與内卦。

〔6〕大衍五十,出自《周易·繫辭上傳》:"大衍之數五十。"大,太,指太極、天地或宇宙;衍,衍生,推演或演繹。《周易》筮法把天地推演之數模擬設定爲五十,用著草通過一系列程式、變化來推算一卦之六爻。

〔7〕案,指《周易》筮法演算過程中,經過"分二,挂一,揲四,歸奇"四個步驟而成卦形:"大衍之數五十,其用四十有九。分而爲二以象兩,挂一以象三,揲之以四以象四時,歸奇於扐以象閏,五歲再閏,故再扐而後卦。"(《周易·繫辭上傳》)

〔8〕希夷,陳摶的號。康節,邵雍的字。劉牧,字長民,官太常博士。其易學師承范諤昌,傳陳摶河洛之學,有《易數鉤隱圖》。

〔9〕"延及中古,情僞漸啓",指殷周之際,文王被囚、周公受疑的憂患啓發了《周易》的生成。

〔10〕"生民所未有",出自《孟子·公孫丑上》:"自有生民以來,未有如孔子者。"

〔11〕圖畫,原引誤作"圖書",據《易圖明辨》卷一〇《象數流弊論·四聖之易》改。

〔12〕重性貤繆,形容謬誤太多,不勝枚舉。出自左思《魏都賦》:"兼重性以貤繆。"性(pī),謬誤。貤(yì),重複。

〔13〕案,《孟子·滕文公上》記載孟子同時的農家許行,托神農之言而叙述自己的主張:"賢者與民并耕而食,饔飧而治。"《漢書·藝文志》中著録《神農》二十篇,班固自注:"六國時,諸子疾時怠於農業,道耕農事,托之神農。"

〔14〕皇古,指遠古。

〔15〕昌黎,即韓愈(768—824),字退之,河陽(今河南孟州)人,祖籍河北昌黎,世稱韓昌黎。唐代文學家、思想家,中唐古文運動、儒學復興運動領袖。著有《韓昌黎集》四十卷,《外集》十卷等。其《原道》篇説:"甚矣!人之好怪也。不求其端,不訊其末,惟怪之欲聞。"

〔16〕案,南宋程朱之學盛行,元代開始,科舉考試以朱熹的《四書章句集注》爲基本依據。明成祖永樂中曾頒布《四書五經大全》,作爲學校教學、科舉考試的標準教材,嚴重限制了士子讀書範圍,許多人甚至連儒家五經也束之高閣。

20. 論黄宗羲論《易》取王《注》與程《傳》，漢之焦、京，宋之陳、邵皆所不取，説極平允，近人復理焦、京之緒，又生一障

　　黄宗羲《象數論・序》曰[1]："夫《易》者，範圍天地之書也，廣大無所不備，故九流百家之學[2]俱可竄入焉。自九流百家借之以行其説，而於《易》之本意反晦矣。《漢・儒林傳》：孔子六傳至菑川田何，《易》道大興。吾不知田之説何如也，降而焦、京，世應、飛伏、動爻、互體、五行、納甲之變[3]，無不具者。吾讀李鼎祚《集解》，一時諸儒之説，蕪穢康莊[4]，使觀象玩占之理[5]，盡入淫瞽方技之流[6]，可不悲夫！有魏王輔嗣出而注《易》，得意忘象，得象忘言[7]，日時歲月，五氣相推[8]，悉皆擯落，多所不關，庶幾潦水盡而寒潭清矣[9]。顧論者謂其以老莊解《易》。試讀其注，簡當而無浮義，何曾籠絡玄旨，故能遠歷於唐，發爲《正義》，其廓清之功，不可泯也。然而魏伯陽之《參同契》，陳希夷之圖書，遠有端緒。世之好奇者，卑王《注》之淡薄，未嘗不以別傳私之。逮伊川作《易傳》，收其昆侖旁薄者[10]，散之於六十四卦中，理到語精，《易》道於是而大定矣。其時康節上接种放、穆修、李之才之傳[11]，而創爲《河圖》先天之説，是亦不過一家之學耳。晦庵作《本義》，加之於開卷，讀者從之，後世頒之學官，初猶兼《易傳》并行，久而止行《本義》，於是經生學士信以爲羲、文、周、孔，其道不同。所謂象數者，又語焉而不詳，將夫子之韋編三絶者，須求之賣醬箍桶之徒[12]，而《易》學之榛蕪，仍如焦、京之時矣。晦翁曰[13]：'談《易》者譬之燭籠，添得一條骨子，則障了一路光明，若能盡去其障，使之統體光明，豈不甚好。'斯言是也，奈何添入康節之學，使之統體皆障乎？世儒過視象數，以爲絶學，故爲所欺。余一一疏通之，知其於《易》本了無干涉，而後反求之程《傳》，或亦廓清之一端也。"

錫瑞案：黄氏此説，但取王弼《注》與程《傳》之説理者，而尤推重程《傳》，漢之焦、京，宋之陳、邵，皆所不取，説甚平允。焦、京之《易》，出陰陽家之占驗，雖應在事後，非學《易》之大義。陳、邵之《易》，出道家之修煉，雖數近巧合，非作《易》之本旨。故雖自成一家之學，而於聖人之《易》，實是別傳，而非正傳。俞琰曰：“《先天圖》雖《易》道之緒餘，亦君子養生之切務。”[14]又曰：“丹家之説，雖出於《易》，不過依仿而托之者，初非《易》之本義，因作《易外別傳》以明之。”[15]俞氏深於丹家，明言陳、邵之圖爲《易》外別傳，乃彼道家自認不諱，吾儒家猶據以説《易》，斯可謂大惑矣。近世學者於陳、邵之圖闢之不遺餘力，而又重理焦、京之説，是去一障又生一障，曷若如黄氏言，盡去其障之尤善乎！惟焦循《易圖略》遍斥納甲、納音、卦氣、爻辰之失，曰，納甲、卦氣皆《易》之外道。趙宋儒者闢卦氣而用先天，近人知先天之非矣，而復理納甲、卦氣之説，不亦“唯之與阿”哉[16]！

箋注

[1] 《象數論·序》，即《易學象數論》之自序。《易學象數論》六卷，明末清初黄宗羲撰，前三卷爲《外篇》，論“象”；後三卷爲《內篇》，論“數”。其論説大旨，謂古聖人以象示人，有八卦之象、六爻之象、象形之象、爻位之象、反對之象、方位之象、互體之象，七象備而象窮；後儒之説，有納甲、動爻、卦變、先天，四者雜而七者晦。於是取古法而斥偽説，以辨象學之訛。又取鄭玄“太乙行九宮法”、《吳越春秋》之占法、《國語》伶州鳩之對，以證太乙、六壬、遁甲，以辨數學之失。

[2] “九流”之稱，出自班固《漢書·藝文志·諸子略序》：“諸子十家，其可觀者，九家而已。”先秦諸子具有代表性的十家，即儒家、道家、陰陽家、法家、名家、墨家、縱横家、雜家、農家、小説家，其中小説家不入流，故稱“九流”。春秋後期已出現道家、儒家、法家、墨家、陰陽家等不同學派，至戰國中期，學派紛呈，形成諸子百家争鳴局面。

[3] 飛伏，漢代易學術語，以卦見者爲飛，不見者爲伏；以飛爲未來，伏爲既往。漢儒用以占驗吉凶。可參閲《京氏易傳》、清惠棟《易漢學》。

[4] 康莊，平坦寬廣、四通八達的道路。

〔5〕引文出自《周易·繫辭上傳》:"是故君子居則觀其象而玩其辭,動則觀其變而玩其占。是以自天佑之,吉無不利。"

〔6〕淫,指淫巫,惑亂人心的巫師。瞽,指瞽史,古代樂師與史官的并稱。方技,指方技家,主要講養生和醫藥。《漢書·藝文志》:"方技者,皆生生之具,王官之一守也。"

〔7〕案,"言意之辨"啓之於《周易》與《莊子》,而盛於魏晉玄學,既涉及認識論的問題,也涉及方法論的問題,因而它具有重要的哲學意義。王弼的"得意忘象"説,不同於"言不盡意"説(荀粲)和"言盡意"説(歐陽建),另一方面肯定言、象具有表達意義的功能,一方面又强調言、象只是表達意義的手段,爲了不使手段妨礙目的(得意),可以把手段忘記,這就叫做"得意忘象"(得意忘言)。《周易略例·明象》:"故言者所以明象,得象而忘言;象者所以存意,得意而忘象。猶蹄者所以在兔,得兔而忘蹄;荃者所以在魚,得魚而忘荃也。"

〔8〕"日時歲月,五氣相推"是象數易的特徵,爲王弼易學所摒棄。《三國志·魏志·鍾會傳》:"(王弼)注《易》及《老子》。"裴松之注引晉孫盛曰:"至於六爻變化,群象所效,日時歲月,五氣相推,弼皆擯落,多所不關。"

〔9〕潦,古同"澇"。潦水,大雨後的積水。本句出自王勃《滕王閣序》:"潦水盡而寒潭清,烟光凝而暮山紫。"比喻王弼掃盡象數而闡明義理易學。

〔10〕引文出自揚雄《太玄·中》:"初一,昆侖旁薄,幽。測曰:昆侖旁薄,思諸貞也。"晉范望注:"昆,渾也,侖,淪也,天之象也。旁薄,猶彭魄也,地之形也。幽,隱也。言天渾淪而包於地,地彭魄而在其中。"

〔11〕种放(955—1015),字明逸,自號雲溪醉侯,北宋洛陽(今河南洛陽)人。七歲能文,精於易學。不應科舉,隱居終南山,講學授徒。屢隱屢仕,官至工部侍郎,著有《退士傳》。

穆修(979—1032),字伯長,鄆州汶陽(今山東汶上)人。後居蔡州(今河南汝陽)。他在柳開之後繼續提倡韓、柳古文,曾親自校正、刻印韓愈和柳宗元文集。北宋真宗大中祥符中,賜進士出身。初任泰州司理參軍,以負才寡合,被誣貶池州。後爲潁州、蔡州文學參軍。性剛介,好議論時弊,詆斥權貴。著有《穆參軍集》。

李之才(980—1045),字挺之,青社(今山東青州)人,精於《易》學。曾師從穆修學《易》,後爲邵雍師。宋仁宗天聖八年(1030)同進士出身。任衛州獲嘉主簿,權共城令,後調孟州司法參軍,又辟爲澤州簽署判官。

〔12〕賣醬箍桶之徒,指蜀地高人隱士,典出《宋史·譙定傳》:"(譙)定《易》學得

之程頤，授之胡憲、劉勉之，而馮時行、張行成則得定之餘意者也。定後不知所終，樵夫牧童往往有見之者，世傳其爲仙云。初，程頤之父嘗守廣漢，頤與兄顥皆隨侍，游成都，見治篾箍桶者挾册，就視之則《易》也，欲擬議致詰，而篾者先曰：‘若嘗學此乎？’因指‘未濟男之窮’以發問。二程遜而問之，則曰‘三陽皆失位’。兄弟渙然有所省。翌日再過之，則去矣。其後袁滋入洛，問《易》於頤，頤曰：‘《易》學在蜀耳，盍往求之？’滋入蜀訪問，久無所遇。已而見賣醬薛翁於眉、卭間，與語，大有所得，不知所得何語也。憲、勉之、滋皆閩人，時行、行成蜀人，郭曩氏及篾叟、醬翁皆蜀之隱君子也。”

〔13〕 晦翁，朱熹晚年自號。

〔14〕 俞琰（1253—1316），字玉吾，吳郡（今江蘇蘇州）人。宋亡，隱林屋山著書立説，元朝“授溫州學録，不赴，後得異人金液還丹之妙”（《吳中人物志》）。精於易學，著作有《周易集説》四十卷，《讀易舉要》四卷，《易圖纂要》二卷，《易古占法》一卷，《易外別傳》一卷，《大易會要》一百三十卷等。引文見俞琰《易外別傳》卷首序。

〔15〕 丹家，指煉丹的方士。引文“丹家之説，雖出於《易》”，皮氏誤引“雖”作“非”，據俞琰《易外別傳》卷末自跋原文改。

〔16〕 唯之與阿，指相差很遠。唯，恭敬的應諾之聲，往往指回應長輩的聲音，故較低。阿，怠慢的應答之聲，往往指長輩回應晚輩的聲音，故較高。出自《道德經》第二十章：“唯之與阿，相去幾何。”

21. 論近人説《易》張惠言爲顓門，焦循爲通學，學者當先觀二家之書

《四庫提要·易類》曰：“聖人覺世牖民[1]，大抵因事以寓教。《詩》寓於風謡[2]，《禮》寓於節文[3]，《尚書》《春秋》寓於史[4]，而《易》則寓於卜筮。故《易》之爲書，推天道以明人事者也。《左傳》所記諸占，蓋猶太卜之遺法[5]。漢儒言象數，去古未遠也，一變而爲京、焦，入於機祥[6]，再變而爲陳、邵，務窮造化[7]，《易》遂不切於民用。王弼盡黜象數，説以老、莊，一變而胡瑗、程子，始闡明儒理[8]，再變而李光、楊萬里，又參證史事[9]，《易》遂日啓其論端。此兩派六宗[10]，已互相攻駁。

又《易》道廣大，無所不包，旁及天文、地理、樂律、兵法、韻學、算術，以逮方外之爐火[11]，皆可援《易》以爲說，而好異者又援以入《易》，故《易》說愈繁。夫六十四卦，《大象》皆有‘君子以’字[12]，其爻象則多戒占者，聖人之情見乎詞矣。其餘皆《易》之一端，非其本也。今參校[13]諸家，以因象立教爲宗，而其他《易》外別傳者，亦兼收以盡其變。”又惠棟《易漢學》提要曰[14]：“漢學之有孟、京，亦猶宋學之有陳、邵，均所謂《易》外別傳也。”[15]

錫瑞案：以孟、京、陳、邵均爲《易》外別傳，至明至公。孟、京即所謂天文算術，陳、邵即所謂方外爐火。漢之孟、京，宋之陳、邵，既經辭闢，學者可以勿道。國朝二黃、毛、胡之闢宋學[16]，可謂精矣，圖書之學，今已無人信之者，則亦可以勿論。惠棟爲東南漢學大宗[17]，然生當漢學初興之時，多采掇而少會通，猶未能成一家之言。其《易漢學》采及《龍虎經》[18]，正是方外爐火之說，故《提要》謂其掇拾散佚，未能備睹專門授受之全，則惠氏書亦可從緩。近儒說《易》，惟焦循、張惠言最善，其成書稍後，《四庫》未收，故《提要》亦未及稱許，實皆學《易》者所宜急治。焦氏說《易》，獨辟畦町[19]，以虞氏之旁通，兼荀氏之升降，意在采漢儒之長而去其短。《易通釋》六通四辟[20]，皆有據依。《易圖略》復演之爲圖，而於孟氏之卦氣、京氏之納甲、鄭氏之爻辰皆駁正之，以示後學。《易章句》簡明切當，亦與虞氏爲近。學者先玩《章句》，再考之《通釋》《圖略》，則於《易》有從入之徑，無望洋之嘆矣。張氏著《周易虞氏義》，復有《虞氏消息》《虞氏易禮》《易事》《易言》《易候》，篤守家法，用功至深，漢學頹門，存此一綫。治顓門者，當治張氏之書，以窺漢《易》之旨。若欲先明義理，當觀王《注》而折衷於程《傳》，亦不失爲《易》之正傳。

箋注

〔1〕 覺世牖民，指喚醒世人，誘導百姓向善。《詩·大雅·板》：“天之牖民，如塤如篪。”毛傳：“牖，道也。”孔穎達疏：“牖與‘誘’古字通用，故以爲導也。”

〔2〕風謠,指通過采風而搜集的民間歌謠。《詩經》之"風"部分即爲采風遺集。隋王通《中説·問易》云:"諸侯不貢詩,天子不采風,樂官不達雅,國史不明變,嗚呼,斯則久矣,《詩》可以不續乎!"

〔3〕節文,指禮儀、禮節。《禮記·檀弓下》:"辟踊,哀之至也。有筭,爲之節文也。"孔穎達疏:"男踊女辟,是哀痛之至極也,若不裁限,恐傷其性,故辟踊有筭,爲準節文章。"《史記·劉敬叔孫通列傳》:"禮者,因時世人情爲之節文者也。"

〔4〕案,孔子刪定《尚書》,取自堯舜以來歷史文獻,寄寓古聖王之道;而述作《春秋》則根據史書材料,寄托微言大義。《孟子·離婁下》云:"晉之《乘》、楚之《檮杌》,魯之《春秋》,一也。其事則齊桓、晉文,其文則史。孔子曰:'其義則丘竊取之矣。'"

〔5〕太卜,又作大卜,掌陰陽卜筮之法,幫助天子決定嫌疑,觀國家之吉凶。太卜掌三兆之法、三易之法、三夢之法(參閲《周禮·春官·太卜》),無論是國家祭祀、喪事、遷都、征伐,都必須參考太卜的占卜結果。先秦的占卜形式因而被稱爲太卜遺法,《左傳》諸占皆是。

〔6〕機祥,指作爲吉凶先兆的變異之事。《史記·天官書》:"所見天變,皆國殊窟穴,家占物怪,以合時應,其文圖籍機祥不法。"張守節《正義》引顧野王曰:"機祥,吉凶之先見也。"京、焦,即京房、焦延壽,西漢象數易代表人物。

〔7〕造化,指自然界的發展演變。陳、邵,即陳摶、邵雍,北宋易學象數圖書學派代表人物。

〔8〕程子,即程頤。胡瑗、程頤是北宋易學義理學派代表人物。胡瑗(993—1059),字翼之,泰州海陵(今江蘇泰州)人。因世居安定堡(今陝西省子長縣),故世稱安定先生。北宋教育家,爲"宋初三先生"之一,被認爲是理學先聲。精通儒家經學,以"聖賢自期許",講學分"經義""治事"二類,治事包括水利、算術、曆法等,表現了經世致用的特點;又精於鐘律。著作有《周易口義》《洪範口義》等。《宋史》卷四三二有傳。

〔9〕李光(1078—1159),字泰發,一作字泰定,自號讀易老人,越州上虞(今浙江上虞)人。徽宗崇寧五年(1106)進士,知開化縣,擢秘書少監、知婺州,改擢吏部侍郎,拜參知政事。卒諡莊簡。《宋史》卷三六三有傳。清初開四庫館,從《永樂大典》輯出《莊簡集》十八卷,其中《讀易詳説》十卷,諸家書目或題《讀易老人解説》。此書多援引史事解説《易》旨。

楊萬里(1127—1206),字廷秀,號誠齋,吉州吉水(今江西吉水)人。官至寶謨閣直學士,封廬陵郡開國侯,卒贈光禄大夫,諡號文節。著有《誠齋集》

《誠齋易傳》等。《誠齋易傳》闡發《周易》憂患意識、變革思想，以史證經，不講時行的圖書之學，爲《周易》義理學開創新風。

〔10〕《四庫全書總目提要·經部·易類叙》所述易學流派爲兩派六宗。兩派，指義理派和象數派；六宗，指占卜、禨祥、造化、老莊、儒理、史事。六宗實際上可歸屬於兩派，占卜、禨祥、造化三宗歸屬於象數派，老莊、儒理、史事三宗歸屬於義理派。

〔11〕方外，異域，世外。《莊子·大宗師》："彼游方之外者也。"方内、方外的劃分，後世一般是以儒家價值標準區分的。儒家認爲，除了儒家之外的思想，如佛老、方術等，均可叫做方外之學。爐火，道士煉製丹藥。葛洪《神仙傳·李少君》："少君於安期先生得神丹爐火之方。"

〔12〕《大象》，亦稱《大象傳》。《周易》"象傳"分爲"大象"和"小象"兩部分。說明卦象的稱爲"大象"，說明爻象的稱爲"小象"。"大象"主要以八卦所象徵的天、地、風、雷、水、火、山、澤等現象來解釋卦象、卦名的涵義。"小象"主要以各爻位置的不同來解釋爻辭。"大象"皆有"君子以"三字，主要從義理上解釋卦象以指導人事。

〔13〕參校，參互對比加以校訂。

〔14〕《易漢學》，清惠棟撰。共八卷，輯有孟喜《易》上下兩卷，虞翻《易》一卷，京房《易》上下兩卷，鄭玄《易》一卷，荀爽《易》一卷。

〔15〕《易》外別傳，原引"外"誤作"卦"，據《四庫全書總目·經部·易類總叙》改。

〔16〕宋學，一般特指宋代的儒家學術，也泛指宋代學術。兩宋是中國歷史上學術比較繁榮的時期，宋學綜合儒、釋、道三教，形成了所謂新儒學，主要包括周敦頤的"道學"派（以"道"爲核心概念）、邵雍的"數學"派（以"數"爲核心概念）、張載的"氣學"派（以"氣"爲核心概念）、二程與朱熹的"理學"派（以"理"爲核心概念）、陸九淵的"心學"派（以"心"爲核心概念）、陳亮與葉適的"事功學派"、吕祖謙的經世致用派等。宋學派別眾多，各家之間常有學術辯論，比如"鵝湖之會"。"二黄、毛、胡"，指黄宗羲、黄宗炎、毛奇齡、胡渭，他們是清初易學的代表人物。

〔17〕漢學，本指漢代學術，這裏專指清代樸學、考據學、乾嘉漢學或乾嘉學派。清代乾嘉漢學大致可分爲以惠棟爲首的吳派和以戴震爲首的皖派，代表性學者均出自中國東南各省，故亦稱東南漢學。梁啓超云："吳派以惠定宇（棟）爲中心，以信古爲標幟，我們叫他做'純漢學'。皖派以戴東原（震）爲中心，以求是爲標幟，我們叫他做'考證學'。"（《中國近三百年學術史》）

〔18〕《龍虎經》，又名《古文龍虎經》或《金丹金碧潛通訣》，簡稱《龍虎經》或《金碧

經》，收入《正統道藏》太玄部。作者不詳，托名黃帝著。或以爲其成書年代早於魏伯陽的《周易參同契》，理由是五代時的彭曉在《周易參同契分章通真義序》中曾說魏伯陽"得古文《龍虎經》，盡獲妙旨。乃約《周易》，撰《參同契》三篇。"據王明先生考證，該經實爲唐羊參微《金丹金碧潛通訣》的異名。《龍虎經》分三十三章或二十六章，文奧理深，晦澀難懂。其基本内容與《周易參同契》相仿，皆以《乾》《坤》兩卦象徵鼎器，《坎》《離》兩卦象徵藥物，由八卦而衍生出的六十四卦象徵煉丹的火候。書後還附有兩圖"攢簇周天火候圖"和"金火相交生藥圖"，以幫助煉丹者理解經義。

〔19〕焦氏，即焦循。畦町，田間的小路，比喻界限、規矩、約束。畦，田間區塊。古代稱田五十畝爲一畦。

〔20〕案，焦循撰《易學三書》包括《易通釋》《易章句》《易圖略》。《易通釋》重點闡述由他創立的易學體系和詮釋《周易》經傳中有關概念、術語、範疇、命題，從縱横兩個方面通釋全《易》。

22. 論象數已具於《易》，求象數者不當求象於《易》之外，更不當求數於《易》之先

王《注》、程《傳》，説《易》主理，固不失爲《易》之正傳，而有不盡滿人意者，則以王《注》言理不言象，程《傳》言理不言數也。《易》本卜筮之書，伏戲畫卦，文王重卦，皆有畫而無辭，其所爲"通神明之德，類萬物之情"[1]者，當時必有口説流傳，卜人筮人[2]，世守其業，傳其大義，以用於卜筮，學士大夫尟有通其説者，但以爲卜筮之書而已。至孔子，乃於卦爻各繫以辭，又作《彖》《象》《文言》以解其義。而《易》本爲卜筮之用，不得專以空言説之，孔子欲借卜筮以教人，不能不借象數以明義。若但空言説理，孔子自可別撰一書，何必托之於《周易》乎？平心論之，説《易》不可盡掃象數，亦不可過求之象數，象數已具於《易》。《易》之言象，詳於《説卦》，"乾爲馬，坤爲牛"及"乾爲天，坤爲地"之類是也。《易》之言數，詳於《繫辭傳》，"天一，地二"，"天數五，地數五"之類是也。《易》之言象已具，則不當求象於《易》之外；《易》之言數已具，

則不當求數於《易》之先。所謂不當求象於《易》之外者，顧炎武《日知錄》曰："夫子作傳，傳中更無別象，荀爽、虞翻之徒，穿鑿附會，象外生象，以'同聲相應'爲震、巽，'同氣相求'爲艮、兌，'水流濕，火就燥'爲坎、離，'云從龍'則曰乾爲龍，'風從虎'則曰坤爲虎，'十翼'之中，無語不求其象，而《易》之大指荒矣。"[3]

案：漢人於《說卦》言象之外，別有逸象[4]，又有出於逸象之外者，穿鑿誠如顧氏所譏。故王弼盡掃其說。《易略例》曰[5]："爻苟合順，何必坤乃爲牛；義苟應健，何必乾乃爲馬。而或者定馬於乾，案文責卦，有馬無乾，則僞說滋蔓，難可紀矣。互體不足，遂及卦變，變又不足，推致五行。一失其原，巧愈彌甚，縱或復值，而義無所取。"[6]王氏駁諸家說極明快，而其注有偏矯太過者。如《渙·彖》曰："利涉大川，乘木有功也。"據孔《疏》，先儒皆以此卦坎下巽上，以爲乘木水上涉川之象，坎水巽木，明見於《易》，而王注云"乘木即涉難也"，并明見《易》象者亦不取，故人譏其蹈虛[7]。李鼎祚《集解·序》曰："集虞翻、荀爽三十餘家，刊輔嗣之野文，補康成之逸象。"李氏蓋以王不取象而多空言，故欲刊其野文，而補以逸象。然康成注《易》不用逸象，正是謹嚴，又何必補。是王矯漢儒之失太過，李矯王氏之失又太過也。

所謂不當求數於《易》之先者，《繫辭傳》曰："河出圖，洛出書，聖人則之。"又曰："古者包羲氏之王天下也，仰則觀象於天，俯則觀法於地，觀鳥獸之文與地之宜，近取諸身，遠取諸物，於是始作八卦。"是包羲作八卦，并非專取圖書，況圖書自古不傳，秦不焚《易》，無獨焚其圖書之理，何以漢儒皆不曾見，乃獨存於道家？自宋陳摶創說於前，邵子昌言於後，其傳之者，或以《河圖》爲九，《洛書》爲十，或以《河圖》爲十，《洛書》爲九，說又互異[8]，而皆有圖無書。程子曰："有理而後有象，有象而後有數[9]。"《易》因象以知數，得其義則象在其中矣，必欲窮象之隱微，盡數之毫忽，乃尋流逐末，術家所尚，非儒者之務也，管輅、郭璞之學是已[10]。故程《傳》言理不言數。朱子曰："程先生《易傳》義理精，字數足，無一毫欠缺，只是於本義不相合。《易》本是卜筮之書，程先生只說得一理[11]。"朱子以程《傳》不合本義，故作《本義》以補程《傳》，而必兼言數。既知龍圖是僞書，又使蔡季通入蜀求真圖[12]；既知邵子是《易》外別傳，又使蔡季通作《啓蒙》[13]，以九圖冠《本義》之首，未免添蛇足而糞佛頭[14]。且曰有伏羲之《易》，是求數於作《易》之始也；有天地自然之《易》，是并求數於未作《易》之前也。皆未免賢知之過也。

〔1〕 案，語出《周易·繫辭下傳》："古者包犧氏之王天下也，仰則觀象於天，俯則觀法於地，觀鳥獸之文與地之宜，近取諸身，遠取諸物，於是始作八卦，以通神明之德，以類萬物之情。"朱熹注："'神明之德'，如健順動止之性；'萬物之情'，如雷風山澤之象。"(《周易本義》)"神明之德"即陰陽變化的德性，"萬物之情"即陰陽形體的情態。

〔2〕 卜人、筮人，周官名，專職龜策卜筮占問吉凶的官員。《禮記·曲禮》："龜爲卜，策爲筮。"鄭玄注："筮，所以問吉凶，謂蓍也。"《周禮·春官》："筮人掌《三易》，一曰《連山》，二曰《歸藏》，三曰《周易》。"

〔3〕 案，引文見顧炎武《日知録》卷一《卦爻外無別象》。《易》之大指，指《易》的主要精神與作用。

〔4〕 逸象，指沒有明確表述出來的《周易》象辭。唐李鼎祚《周易集解·序》："刊輔嗣之野文，補康成之逸象。"《周易集解》一書輯有京房、荀爽、馬融、鄭玄、宋衷、虞翻、陸績、姚信、翟子玄等九家逸象。

〔5〕 《易略例》，即《周易略例》，魏王弼著，由總論《周易》體例及易學思想的七篇文字組成。"縱或復值"，《周易略例·明象》作"縱復或值"。

〔6〕 案，王弼對漢易主流象數學派拘泥、執著、附會易象而輕視義理的做法持批評態度，提出"得意在忘象，得象在忘言"以矯正，在《周易注》中盡掃象數，開出了對《周易》做義理化詮釋的新路。

〔7〕 案，批評王弼蹈虛者，只就王弼援道家學説解釋《周易》方面而言。如司馬光云："常病輔嗣好以老莊解《易》，恐非《易》之本指，未足以爲據也。"(司馬光《傳家集》)

〔8〕 案，宋代易學家朱震《漢上易解》叙述宋圖書學派源流云："陳摶以《先天圖》傳种放，放傳穆修，穆修傳李之才，之才傳邵雍。放以《河圖》《洛書》傳李漑，漑傳許堅，許堅傳范諤昌，諤昌傳劉牧。穆修以《太極圖》傳周惇頤，惇頤傳程顥、程頤。是時，張載講學於二程、邵雍之間。故雍著《皇極經世

書》,牧陳天地五十有五之數,惇頤作《通書》,程頤著《易傳》,載造《太和》
《參兩》篇。"圖書學派堅信"河出圖、洛出書,聖人則之"而畫卦,但針對何謂
河圖、何謂洛書,有"圖九書十"與"圖十書九"的分歧,前者以劉牧爲代表,
王湜、朱震、鄭樵、朱元升、李簡、薛季宣、張理襲其說,後者以朱熹、蔡元定
爲代表。

〔9〕案《二程遺書》卷二一上,程頤門人張閎中"以書問《易》之義本起於數",程
子答曰:"謂義起數,則非也。有理而後有象,有象而後有數,《易》因象以知
數,得其義,則象在其中矣。必欲窮象之隱微,盡數之毫忽,乃尋流逐末,術
家所尚,非儒者之務也。管輅、郭璞之學是已。"又曰:"理無形也,故因象以
明理。理見乎辭者也,則可由辭以觀象。故曰:得其義,則象數在其中
矣。"程頤闡發了理本象用、理在象先的易學觀。

〔10〕管輅、郭璞之學,指方術之學。管輅(209—256),字公明,三國平原郡人,以
卜筮著名,後世的命相家奉爲管先師。郭璞(276—324),字景純,東晉河東
聞喜(今山西聞喜)人。博學,好古文奇字,精天文、曆算、卜筮,擅長詩賦。
《晉書》卷七二《郭璞傳》:"璞好經術,博學有高才,而訥於言論,詞賦爲中興
之冠。好古文奇字,妙於陰陽算曆。……洞五行、天文、卜筮之術,攘災轉
禍,通致無方,雖京房、管輅不能過也。……璞撰前後筮驗六十餘事,名爲
《洞林》。又抄京、費諸家要最,更撰《新林》十篇、《卜韻》一篇。注釋《爾
雅》,別爲《音義》《圖譜》。又注《三蒼》《方言》《穆天子傳》《山海經》及《楚
辭》《子虛》《上林賦》數十萬言,皆傳於世。所作詩賦誄頌亦數萬言。"

〔11〕案,朱熹認爲《周易》的本義是卜筮,而義理爲儒家引申,即象數之學是解
義,義理之學是明理,故他稱程頤的義理之學只說得一理。朱熹專作《周易
本義》一書,以補程頤《易傳》之缺,闡述象數之學。

〔12〕案,紹熙四年(1193)朱熹托蔡元定入蜀尋找易圖,蔡從蜀之隱者手中求得
《河圖》《洛書》。

〔13〕《啓蒙》,即《易學啓蒙》,朱熹、蔡元定合撰。蔡元定(1135—1198)師事朱
熹,朱熹以友視之。朱熹以爲言《易》不本象數,既支離散漫而無所根著,其
本象數者又不知法象之自然,未免牽合附會,"因與同志頗輯舊聞",作《易
學啓蒙》。該書與《周易本義》互爲表裏,圍繞《周易本義》卷首九圖作論四
篇,發揮朱熹的象數之學。

〔14〕案,《周易本義》卷首置有《河圖》《洛書》《伏羲八卦次序》《伏羲八卦方位》
《伏羲六十四卦次序》《伏羲六十四卦方位》《文王八卦次序》《文王八卦方
位》和《卦變圖》九圖。

23. 論焦循易學深於王弼，故論王弼得失極允

　　焦循論王弼極允。《周易補疏·叙》曰：“《易》之有王弼，説者以爲罪浮桀紂。[1] 近之説漢《易》者屏之不論不議者也。歲壬申[2]，余撰《易學三書》[3] 漸有成，夏月啓書塾北窗，與一二友人看竹中紅薇白菊，因言《易》及趙賓解箕子爲荄兹。或詘其説曰：‘非王弼輩所能知也。’余笑而不答，或曰：‘何也？’余乃取王弼注示之，曰：‘弼之解箕子，正用趙賓説，孔穎達不能申明之也。’衆唯唯退。門人進曰：‘《正義》者，奉王弼爲準繩者也，乃不能申弼如是乎？’余曰：‘非特此也，如讀彭爲旁[4]，借雍爲甕[5]，通孚爲浮，而訓爲務躁[6]，解斯爲廝，而釋爲賤役[7]。諸若此，非明乎聲音訓詁，何足以明之。東漢末，以《易》學名家者稱荀、劉、馬、鄭[8]，荀謂慈明爽，劉謂景升表。表之學受於王暢，暢爲粲之祖父，與表皆山陽高平人[9]，粲族兄凱，爲劉表女壻，凱生業，業生二子，長宏，次弼。粲二子既誅，使業爲粲嗣。然則王弼者，劉表之外曾孫，而王粲之嗣孫，即暢之嗣玄孫也。弼之學蓋淵源於劉，而實根本於暢。宏字正宗，亦撰《易》義。王氏兄弟，皆以《易》名，可知其所受者遠矣[10]。故弼之《易》雖參以己見，而以六書通借[11] 解經之法，尚未遠於馬、鄭諸儒，特貌爲高簡，故疏者概視爲空論耳。弼天資察慧，通俊卓出[12]，蓋有見於説《易》者支離傅會，思去僞以得其真，而力不能逮，故知卦變之非而用反對[13]，知五氣之妄而用十二辟[14]，唯之於阿，未見其勝也。解‘龍戰’，以坤上六爲陽之地，固本爻辰之在巳[15]。解‘文柔文剛’，以乾二坤上言，仍用卦變之自《泰》來，改換其皮毛，而本無真識也。至局促於乘承比應之中[16]，顛頇於得象忘言之表[17]，道消道長，既偏執於扶陽[18]，貴少貴寡，遂漫推夫卦主[19]。較量於居陰居陽[20]，揣摹於上卦下卦[21]，智慮不出乎六爻，時世謬拘於一卦[22]，洵童稚之藐識[23]，不足與言通變神化之用也。然於《觀》則會及全《蒙》，

於《損》亦通諸《剝》道，'聰不明'之傳，似明比例之相同[24]，'觀我生'之爻，頗見升降之有合[25]。機之所觸，原有悟心，倘天假之年，或有由一隙貫通，未可知也。惜乎秀而不實，稱道者徒飲其糠秕，譏刺者莫探其精液。然則弼之《易》，未可屛之不論不議也。"

錫瑞案：焦氏《易》學，深於王弼，故能考其得失。弼注"箕子之明夷"曰："險莫如兹，而在斯中。"焦氏《補疏》曰："古字箕即其，子通滋，滋通兹，王氏讀箕子爲其兹，以兹字解子字，以斯字解其字。"焦氏《易章句》曰："箕古其字，與《中孚》'其子和之'同義。"以'其子'解'箕子'，與王氏意略同，其以假借說《易》，亦與王注讀彭爲旁、借雍爲甕相合，故有取於王注，而特爲之《補疏》也。

箋注

〔1〕案，此説出自晉范甯所論："時以浮虛相扇，儒雅日替，寧以爲其源始於王弼、何晏，二人之罪深於桀紂，乃著論曰：'……王、何蔑棄典文，不遵禮度，游辭浮説，波蕩後生，飾華言以翳實，騁繁文以惑世。搢紳之徒，翻然改轍，洙泗之風，緬焉將墜。遂令仁義幽淪，儒雅蒙塵，禮壞樂崩，中原傾覆。……'"(《晉書》卷七五《范汪傳》附《范甯傳》)

〔2〕歲壬申，即嘉慶十七年(1812)，是年焦循五十歲。焦循自嘉慶九年(1804)四十二歲時開始寫《易通釋》，至嘉慶二十年(1815)五十三歲撰成《雕菰樓易學三書》四十卷。

〔3〕《易學三書》，即《雕菰樓易學三書》(《易通釋》《易章句》《易圖略》)，是焦循研究《周易》的代表性著作。

〔4〕案，《周易》"大有"卦九四爻辭："九四，匪其彭，无咎。"王弼注云："常匪其旁，則无咎矣。"

〔5〕案，《周易》"井"卦《象》云"羸其瓶"，九二爻辭云"甕敝漏"，王弼解"甕敝漏"云："水不上出而反下注。不上出，甕敝也。下注，漏也。"

〔6〕案，《周易》"姤"卦初六爻辭："初六，繫於金柅，貞吉。有攸往，見凶。羸豕孚，蹢躅。"王弼注："孚猶務，躁也。"

〔7〕案，《周易》"旅"卦初六爻辭云："初六，旅瑣瑣，斯其所取災。"王弼注："最處下極，寄旅不得所安，而爲斯賤之役，所取致災，志窮且困。"

〔8〕 荀、劉、馬、鄭，即荀爽、劉表、馬融、鄭玄。劉表（142—208），字景升，山陽高平（今山東鄒城西南）人。漢魯恭王劉餘之後，東漢末群雄之一。曾任鎮南將軍、荊州牧，封成武侯。在荊州期間，從容自保，又開經立學，愛民養士，廣納天下名士學者，開創荊州學派，成爲漢末文化中心之一。劉表與宋衷等共撰《五經章句後定》，删除浮辭，爲經學統一之先河。

〔9〕 王暢（？ —169），字叔茂，東漢山陽高平（今山東鄒城西南）人。初舉孝廉，以病辭。曾先後任齊王相、司隸校尉、南陽太守，四次徵拜尚書令。以守正嚴明著稱，與李膺、陳蕃齊名。精通《周易》，爲劉表之師，王粲祖父。

王粲（177—217），字仲宣，山陽高平（今山東鄒城西南）人。東漢末年“建安七子”之一。初平二年（192），因關中騷亂，前往荊州依附劉表，客居荊州十餘年。建安十三年（208）曹操南征荊州，王粲歸附曹操，深得曹氏父子信賴，賜爵關内侯。後爲魏王國侍中。

〔10〕 王宏（？ —284），字正宗，王業之子，王弼之兄。魏時歷任尚書郎、給事中。晉武帝泰始初爲汲郡太守，有治績。後遷衛尉、河南尹、大司農。晉太康中，代劉毅爲司隸校尉，五年（284）卒，追贈太常。

〔11〕 六書通借，指漢字造字法“六書”中的“通假”和“假借”兩法。

〔12〕 案，《三國志·魏書·鍾會傳》附《王弼傳》裴松之注引何劭《王弼傳》：“弼幼而察慧，年十餘，好老氏，通辯能言。”“時爽專朝政，黨與共相進用，弼通俊不治名高。”“弼天才卓出，當其所得，莫能奪也。”

〔13〕 反對，指將一個卦倒過來（旋轉180度），形成另外一卦，稱爲反對。如《臨》與《觀》《漸》與《歸妹》皆互爲反對。最早運用“反對”關繫注經者是虞翻。虞氏所謂的“反對”，即後人所説的“覆卦”“綜卦”。《益卦》六二爻爻辭：“或益之，十朋之龜，弗克違，永貞吉。”王弼注：“以柔居中，而得其位；處内履中，居益以衝。益至外來，不召自至，不先不爲，則朋龜獻策，同於《損》卦六五之位。”《益》與《損》卦互爲反對，故言《益》之六二同於《損》之六五。

〔14〕 十二辟，即象數學中的十二辟卦。辟是“君”、“主”的意思。十二辟卦是以十二卦（復、臨、泰、大壯、夬、乾、姤、遯、否、觀、剥、坤）分掌一年十二個月，這十二卦總共有七十二爻，分掌七十二候，故又稱“十二消息卦”。相傳此説最早出現在《歸藏》中，漢孟喜加以闡發，成爲象數學的理論之一。

〔15〕 固，原作“因”，據焦循《周易補疏·叙》改。

〔16〕 乘承比應，又作“承乘比應”，説明《易》卦六爻的相互關繫。由於諸爻的位次、性質、遠近、距離等因素，常反映出承、乘、比、應等相互關繫。承謂下爻緊依上爻，乘謂上爻凌下爻，比謂逐爻相連并列，應謂上下卦兩兩相對交

感。乘、承、比、應在《易傳》(尤其是《彖傳》《象傳》)中常常提及,用於説明事物在複雜的環境中變化發展或利或弊的内在規律。

〔17〕顢頇(mān hān),臉大的樣子,形容不明事理,糊里糊塗,或漫不經心。得象忘言,王弼在《周易略例·明象》中提出"得意在忘象、得象在忘言"命題,認爲卦象及所取之物象是用來表現卦義的,卦爻辭是用來説明卦象的,因此窮盡卦義莫如通過卦象,窮盡卦象莫如通過卦爻辭。一旦理解了卦象,就可以把卦爻辭忘掉;一旦理解了卦義,就可以把卦爻辭忘掉。就如抓到了魚、兔,就可以把捕魚、兔的筌、蹄等工具丢棄了一樣(筌爲捕魚的竹器,蹄是攔兔的器具)。

〔18〕道消道長,指以《周易》之《剥》《復》兩卦爲代表的陰陽消息盈虚義理。《復》卦辭云:"亨。出入无疾,朋來无咎;反復其道,七日來復。利有攸往。"王弼注:"朋,謂陽也。""陽氣始剥盡,至來復時,凡七日。"

〔19〕案,王弼認爲六十四卦中每卦都有一爻爲卦主,代表其卦義的。以尊位原則確定卦主:"夫少者,多之所貴也;寡者,衆之所宗也。一卦五陽而一陰,則一陰爲之主矣;五陰而一陽,則一陽爲之主矣。夫陰之所求者陽也,陽之所求者陰也。陽苟一焉,五陰何得不同而歸? 陰苟隻焉,五陽何得不同而從之? 故陰爻雖賤,而爲一卦之主者,處其至少之地也。"(《周易略例·明象》)

〔20〕案,王弼《周易略例》中有《辨位》一文,認爲位有尊卑貴賤,爻有陰陽剛柔,三、五居一卦之上位,故爲陽位,二、四居一卦之下位,故爲陰位,表示陽尊陰卑之義。又提出"適時説",某爻所處的分位不同,則所遇時機當否、吉凶之義也不同。其中陽居陰位、陰居陽位,則處於不當時位。

〔21〕上卦下卦,又稱"二體",即卦之上體(上面的三畫卦)和下體(下面的三畫卦),上下體有内外、往來、進退、乘承等關繫。卦之上體謂之外,又謂之往、上、進;卦之下體謂之内,又謂之來、下、退。上卦對下卦而言謂之乘,下卦對上卦而言謂之承。"内外二體説"是王弼"卦主説"的一個重要方面,從組成該卦的上體卦和下體卦之間的複雜關繫來分析所蘊含的深意。《周易略例·明象》説:"卦體不明乎一爻,則全以二體之義明之。"在不能用一個爻象來統率某卦的卦體時,就要運用該卦的上下"二體"之間的和合相與的情形來昭明該卦之義。如《革卦》象曰:"革,水火相息,二女同居,其志不相得,曰革。"王弼注:"火欲上而澤欲下,水火相戰而後生變者也。"

〔22〕案,王弼對《周易》做義理化、哲學化詮釋的一個重要特徵,是以人事問題比附卦爻的變化,以爻位的變化説明人事的變動,闡發實踐智慧。

〔23〕洵,誠然,確實。藐,小、幼。王弼二十三歲而卒,故焦循在例舉王弼易學不足之處後評之爲"洵童稚之藐識"(誠然爲小孩子幼稚的見識)。

〔24〕案,"比例説"由焦循提出,即按數學上比例的原則,處理卦爻畫和卦爻辭之間的關繫。相錯、旁通、二五互異等三種卦,皆爲比例卦象,其卦爻辭也可以互釋。"聰不明"語出《周易》之《夬卦》九四爻象云:"其行次且,位不當也,聞言不信,聰不明也。"王弼注:"同於《噬嗑》滅耳之凶。"又《周易》之《噬嗑》卦上九爻辭及象曰:"何校滅耳,凶。象曰:何校滅耳,聰不明也。"王弼注爻辭云:"處罰之極,惡積不改者也。罪非所懲,故刑及其首,至於滅耳。及首非誠,滅耳非懲,凶莫甚焉。"注《象傳》云:"聰不明故不慮,惡積至於不可解也。"《夬》和《噬嗑》爲二五互異之卦,王弼此注符合焦循"比例説"。

〔25〕案,所謂升降,其説發明自漢荀爽易學,是指陰陽進退消息,陽性主升,陰性主降。《周易》之《觀卦》六三、九五爻辭皆有"觀我生",初六爻辭有"童觀",六二爻辭有"窺觀",六四爻辭有"觀國之光",上九爻辭有"觀其生"。王弼以爻位升降解釋觀察者距離王者的遠近、觀察主體的地位高低、觀察内容的詳略等變化,一直到王者自觀其德,頗合升降之義。如《觀卦》六三爻辭王弼注:"居下體之極,處二卦之際,近不比尊,遠不童觀,觀風者也。居此時也,可以觀我生,進退也。"

24. 論焦循以假借説《易》本於《韓詩》,發前人所未發

　　焦循以假借説《易》,獨辟畦町。其《易話》"韓氏《易》"一條[1],引《韓詩外傳》云[2]:"《易》曰:'困於石,據於蒺藜,入於其宫,不見其妻,凶。'此言困而不疾據賢人者[3]。昔者秦穆公困於殽,疾據五羖大夫、蹇叔、公孫支而小霸[4]。晉文以困於驪氏,疾據咎犯、趙衰、介子推而遂爲君[5]。越王句踐困於會稽,疾據范蠡、大夫種而霸南國[6]。齊桓公困於長勺,疾據管仲、甯戚、隰朋而匡天下[7]。此皆困而知疾據賢人者也。夫困而不知疾據賢人而不亡者,未嘗有也。以'疾據賢人'解'據於蒺藜',則借蒺爲疾,由此可悟《易》辭之比例。《漢書·儒林傳》稱韓嬰亦以《易》授人[8],推《易》意而爲之傳,於引可見其一端。余於

其以疾解蒺，悟得經文以假借爲引申，如借祗爲底，借豚爲遯，借豹爲約，借鮒爲附，借鶴爲翟，借羊爲祥，借袂爲夬，皆韓氏有以益我也。"又"《周易》用假借論"曰："近者學《易》十許年，悟得比例引申之妙，乃知彼此相借，全爲《易》辭而設，假此以就彼處之辭，亦假彼以就此處之辭。如豹、袀爲同聲，與虎連類而言，則借袀爲豹，與祭連類而言，則借豹爲袀。沛、綏爲同聲，以其剛掩於困下，則借沛爲綏，以其成兌於豐上，則借綏爲沛，各隨其文以相貫，而聲近則以借而通。蓋本無此字而假借者，作六書之法也；本有此字而假借者，用六書之法也。古者命名辨物，近其聲即通其義，如天之爲顛，日之爲實，春之爲蠢，秋之爲愁，嶽之爲桷，岱之爲代，華之爲獲，子之爲滋，丑之爲紐，卯之爲冒，辰之爲振，仁之爲人，義之爲我，禮之爲體，富之爲福，銘之爲名，及之爲汲，葬之爲喪[9]，栗之爲慄，蜘蛛之爲踟躕，汝瀾之爲芄蘭，無不以聲之通，而爲字形之借。故聞其聲即知其實，用其物即思其義。欲其夷平也，則以雉名官[10]。欲其勾聚也，則以鳩名官[11]。欲其户止也，則以扈名官[12]。以曲文其直，以隱蘊其顯，其用本至精而至神，施諸《易》辭之比例[13]，引申尤爲切要矣。是故柏人之過，警於迫人[14]，秭歸之地，原於姊歸[15]，髮忽蒜而知算盡[16]，履露卯而識陰謀[17]，即楊之通於揚[18]，娣之通於秭也[19]。梁簡文、沈約等集[20]，有藥名、將軍名、郡名等詩。唐權德輿詩曰[21]：'藩宣秉戎寄，衡石崇位勢。年紀信不留，弛張良自愧。'宣秉、石崇、紀信、張良[22]，即箕子、帝乙之借也。陸龜蒙[23]詩：'佳句成來誰不伏，神丹偷去亦須防。風前莫怪携詩藁，本是吳吟蕩槳郎。'伏神、防風、藁本，即蒺藜、莧陸之借也。温庭筠詩[24]：'井底點燈深燭伊，共郎長行莫圍棋。玲瓏骰子安紅豆，入骨相思知不知。'借燭爲屬，借圍棋爲違期，即借蚌爲邦，借鮒爲附之遺也。相思爲紅豆之名，長行爲雙陸之名，借爲男之行、女之思，即'高尚其事'爲逸民，'匪躬之故'爲臣節，借爲當位之高、失道之匪也。合艮手坤母而爲拇，合坎弓艮瓜而弧，即孔融之離合也[25]。樽酒爲尊卑之尊，蒺藜爲遲疾之疾，即子夜之雙關也。"[26]

箋注

〔1〕《易話》二卷，焦循著，有清道光八年(1828)半九書塾刻本。

〔2〕《韓詩外傳》，西漢初韓嬰借《詩》發揮其政治、倫理思想的著作。多述孔子
佚事、諸子雜説和春秋故事。引《詩》證事，非述事以明《詩》，故稱“外傳”。
韓嬰(約前 200—前 130)，涿郡鄭(今河北任丘市)人。漢文帝時任博士，漢
景帝時官至常山太傅，後人又稱他韓太傅。傳《詩經》，世稱“韓詩”，與轅固
生的“齊詩”、申培的“魯詩”并稱“三家詩”。又擅《易》。著有《韓詩内傳》
《韓詩外傳》《周易韓氏傳》等。

〔3〕“疾”字，焦循《易話》下《韓氏易》作“見”。

〔4〕秦穆公(？—前 621)，或稱秦繆公，春秋時秦國國君，春秋五霸之一。嬴
姓，名任好。在位三十九年，謚號穆。秦穆公獲得百里奚、蹇叔、由餘、丕
豹、公孫枝等賢臣的輔佐，擊敗晉國，兼國十二，開地千里，周襄王命他爲西
方諸侯之伯，遂稱霸西戎，爲後來秦統一中國打下了基礎。

〔5〕晉文公(前 697—前 628)，姬姓，名重耳，晉獻公之子，晉國國君，在位 9 年。
公元前 656 年，重耳之兄申生被驪姬害死，重耳也遭到迫害，被迫流亡 19
年，經歷狄、衛、齊、曹、宋、鄭、楚、秦八國，公元前 636 年，秦穆公護送重耳
回晉國即位，在咎犯、趙衰、狐偃、賈佗、先軫、魏武子、介之推等人的輔佐
下，成爲春秋五霸之一，開創了晉國長達一個多世紀的中原霸權，爲後來的
三晉(趙國、魏國、韓國)位列戰國七雄奠定了基礎。

〔6〕句踐(約前 520—前 465)，又作勾踐，春秋末年越國國君。公元前 496 年即
位，曾敗於吳國，被迫求和。返國後重用范蠡、文種，臥薪嘗膽，使越國國力
漸漸恢復，公元前 482 年，吳王夫差興兵參加黄池之會，越王勾踐抓住機會
率兵而起，大敗吳師。夫差倉卒與晉國定盟而返，與勾踐連戰皆慘敗，不得
已與越議和。公元前 478 年，句踐再度率軍攻打吳國，在笠澤三戰三捷，大
敗吳軍主力。公元前 473 年，破吳都，迫使夫差自盡，吳滅。越王句踐成爲
春秋時期最後一位霸主。

〔7〕齊桓公(？—前 643)，姜姓，名小白，春秋時齊國第十五位國君，春秋五霸
之首。齊桓公任管仲爲相，重用甯戚、隰朋等賢才，推行改革，實行軍政合
一、兵民合一的制度，齊國逐漸强盛。公元前 681 年，齊桓公在齊國北杏
(今山東聊城東)召集宋、陳、蔡、邾等諸侯會盟，是歷史上第一個代替周天
子充當盟主的諸侯。當時中原華夏諸侯苦於戎狄等游牧部落的攻擊，於是

齊桓公打出"尊王攘夷"的旗號，北擊山戎，南伐楚國，受到周天子嘉獎。

〔8〕案，《漢書·藝文志》在《易》類中著録"《韓氏》二篇"，注云："名嬰。"一説《子夏易傳》即《韓氏易傳》。清人宋翔鳳云："子夏當是韓商之字，與卜子夏名字正同，當是取傳韓氏《易》最後者題其書，故韓氏《易傳》爲《子夏傳》也。"（《過庭録》）

〔9〕葬，《易話》下《周易用假借論》作"桑"。

〔10〕典出《左傳·昭公十七年》："秋，郯子來朝，公與之宴。昭子問焉，曰：'少皞氏以鳥名官，何故也？'郯子曰：'吾祖也，我知之。昔者黄帝氏以雲紀，故爲雲師而雲名；炎帝氏以火紀，故爲火師而火名；共工氏以水紀，故爲水師而水名；大皞氏以龍紀，故爲龍師而龍名。我高祖少皞摯之立也，鳳鳥適至，故紀於鳥，爲鳥師而鳥名。鳳鳥氏曆正也，玄鳥氏司分者也，伯趙氏司至者也，青鳥氏司啓者也，丹鳥氏司閉者也，祝鳩氏司徒也，鴡鳩氏司馬也，鳲鳩氏司空也，爽鳩氏司寇也，鶻鳩氏司事也。五鳩，鳩民者也。五雉爲五工正，利器用，正度量，夷民者也。九扈爲九農正，扈民無淫者也。自顓頊以來，不能紀遠，乃紀於近，爲民師而命以民事，則不能故也。'"

〔11〕典出《左傳·昭公十七年》，注見前。

〔12〕典出《左傳·昭公十七年》，注見前。

〔13〕比例，從排比具有共同特點的事例中，引申出反映事物本質特點的規律。焦循自述："余學《易》所悟得者三：一曰旁通，二曰相錯，三曰時行。"（《易圖略自序》）王引之致焦循論《易學三書》手札云："其要法則'比例'二字盡之。"

〔14〕典出《史記·張耳陳餘列傳》："漢八年，上從東垣還，過趙，貫高等乃壁人柏人要之，置厠。上過欲宿，心動，問曰：'縣名爲何？'曰：'柏人。''柏人者，迫於人也！'不宿而去。"

〔15〕"姊"原誤作"秭"，據焦循《易話》改。秭歸縣，位於今湖北省宜昌市。酈道元《水經注》云："屈原有賢姊，聞原放逐，亦來歸，因名曰姊歸。""秭"由"姊"演變而來。

〔16〕《北齊書·列傳第十二》："西魏遣其大將王思政入據潁州，又以（慕容）紹宗爲南道行臺，與太尉高岳、儀同劉豐等率軍圍擊，堰洧水以灌之。時紹宗頻有凶夢，意每惡之。乃私謂左右曰：'吾自年二十已還，恒有蒜髮，昨來蒜髮忽然自盡。以理推之，蒜者算也，吾算將盡乎！'未幾，與豐臨堰，見北有塵氣，乃入艦同坐。暴風從東北來，遠近晦冥，舟纜斷，飄艦徑向敵城。紹宗自度不免，遂投水而死，時年四十九。"

〔17〕典出《晉書·五行志上》:"舊爲屐者,齒皆達楄上,名曰露卯。太元中忽不徹,名曰陰卯。識者以爲卯,謀也,必有陰謀之事。"

〔18〕楊,作姓或古江津名時,與"揚"通。西漢揚雄,也稱楊子。如晉左思《詠史》之四:"寂寂楊子宅,門無卿相輿。"楊子渡,即楊子津,也寫作"揚子渡"、"揚子津"。楊子江,本指今江蘇省揚州市附近長江河段,後通稱長江爲楊子江。如唐韋莊《陪金陵府相中堂夜宴》詩:"却愁宴罷青蛾散,楊子江頭月半斜。"

〔19〕焦循《易通釋》云:"《大過》'枯楊生稊',虞仲翔云'稊,穉也',在男爲弟,在女爲娣,在草木則爲稊。"

〔20〕梁簡文,即梁簡文帝,姓蕭名綱(503—551),字世贊,一作世纘,小字六通,梁武帝蕭衍第三子,昭明太子蕭統的胞弟,531年蕭統病故之後被封爲皇太子。548年侯景叛亂,攻陷臺城後,梁武帝憂憤而死,侯景立蕭綱爲皇帝,次年改元大寶。後被廢,侯景派人以棉被悶死。

沈約(441—513),字休文,吳興武康人,南朝史學家、文學家。仕劉宋、蕭齊、蕭梁三朝。博通群籍,擅長詩文,歷時二十餘年撰成《晉書》一百二十卷,又奉詔修《宋書》,一年完成。另著有《齊紀》《梁武紀》《邇言》《謚例》《宋文章志》《四聲譜》等,皆佚,僅《宋書》流傳至今。

〔21〕權德輿(759—818),字載之,唐天水略陽(今甘肅秦安)人。四歲能詩,不到二十歲即以文章著稱,德宗召爲太常博士,改左補闕。貞元十年(794)改起居舍人,知制誥;憲宗元和初,歷兵部、吏部侍郎,官至同中書門下平章事。後與李吉甫不合,爲山南西道節度使。著有《權文公文集》。所引詩爲《古人名詩》,二十句詩每句嵌有一位古人名。

〔22〕宣秉(? —30),字巨公,馮翊雲陽人。從小修養高節,顯名於三輔。漢哀帝、平帝之際,逃遁隱居深山,州郡連召,他稱病不肯出仕。王莽爲宰衡,召不應。王莽篡位後,遣使徵召,堅稱有病。更始帝劉玄即位,徵爲侍中。

石崇(249—300),字季倫,小名齊奴。渤海南皮(今河北南皮東北)人。西晉"金谷二十四友"之一。早年歷任修武縣令、城陽太守、散騎侍郎、黃門郎等職,吳國滅亡後獲封安陽鄉侯。後任南中郎將、荆州刺史、南蠻校尉、鷹揚將軍。後任徐州刺史、衛尉等職。賈后專權時,石崇阿附外戚賈謐。永康元年(300),賈后等爲趙王司馬倫所殺,司馬倫黨羽孫秀向石崇索要其寵妾綠珠不果,因而誣陷其爲亂黨,遭夷三族。

紀信(? —前204),趙人(一説充國人)。隨劉邦起兵抗秦,曾參與鴻門宴。由於身形及樣貌恰似劉邦,在滎陽城危時假裝劉邦,向西楚詐降,被項羽用火刑處决。

張良(約前 250—前 185),字子房,封爲留侯,謚號文成,潁川城父人。漢高祖劉邦的主要謀臣,漢朝的開國元勳之一,與蕭何、韓信同爲漢初三傑。

〔23〕陸龜蒙(? —881),字魯望,唐蘇州吳(今屬江蘇蘇州)人。進士不第,曾在湖州、蘇州幕府游歷。後來回到故鄉蘇州甫里,隱居耕讀,自號天隨子,與皮日休爲友,飲酒吟詩,世稱"皮陸",二人唱和之作編爲《松陵集》十卷。另著有《笠澤叢書》四卷。

〔24〕溫庭筠(812—870),又名岐,字飛卿,太原祁(今山西祁縣)人。晚唐著名詩人、花間派詞人。精通音律,詞風濃綺艷麗,與李商隱、段成式齊名,號稱"三十六體"。在詞史上,與韋莊齊名,并稱"溫韋"。存詞七十餘首,大都見録《花間集》。後人輯有《溫飛卿集》及《金奩集》。

〔25〕離合,析合字體以成詩。梁任昉《文章緣起》云:"孔融作四言離合詩。"明陳懋仁注云:"字可拆合而成文,故曰離合也。"孔融有《離合郡姓名字詩》:"漁父屈節,水潜匿方;與時進止,出行施張。吕公饑釣,闔口渭旁;九域有聖,無土不王。好是正直,女回予匡;海外有截,隼逝鷹揚。六翮不奮,羽儀未彰;龍蛇之蟄,俾也可忘。玟璿隱曜,美玉韜光。無名無譽,放言深藏;按轡安行,誰謂路長?"全詩二十二句,離合成"魯國孔融文舉"六字。楊修因離合字詞多次戲弄曹操,而被曹操所殺。

〔26〕子夜,即《子夜歌》,樂府曲名,現存四十二首,收於《樂府詩集》中。以五言爲形式,以愛情爲題材,後來延伸出多種變曲。雙關:即雙關語,指利用詞的多義和同音的條件,有意使語句具有雙重意義,言在此而意在彼的一種修辭方式。如《子夜歌(其一)》:"始欲識郎時,兩心望如一。理絲入殘機,何悟不成匹。"這裏的絲、悟都是諧音雙關,"絲"諧"思",猶言織婦對自己心儀的情人的思念;"悟"諧"誤",指由於各種各樣的原因耽誤了一段本應美好的愛情。

25. 論假借説《易》并非穿鑿,學者當援例推補

焦循《與朱椒堂兵部書》曰[1]:"《易》之道,大抵教人改過,即以寡天下之過。改過全在變通,能變通即能行權,所謂'使民宜之','使民

不倦’、‘窮則變，變則通，通則久’，聖人格致誠正、修齊治平，全於此一以貫之。則《易》所以名《易》也，《論語》《孟子》已質言之。而卦畫之所之，其比例齊同，有似九數[2]，其辭則指其所之，亦如句股割圓，用甲乙丙丁子丑等字指其變動之迹[3]。吉凶利害，視乎爻之所之，泥乎辭以求之，不啻泥甲乙丙丁子丑之義以索算數也。惟其中引申發明，其辭之同有顯而明者。如‘密雲不雨，自我西郊’，《小過》《小畜》同。‘先甲三日，先庚三日’，《蠱》與《巽》同。其‘冥升’‘冥豫’，‘敦復’‘敦艮’‘敦臨’，‘同人於郊’‘需於郊’之類，多不勝指數。又多用六書之轉注、假借。轉注如冥即迷、顛即窒、喜即樂，假借如借繻爲需，《説文》。借蕧爲疾，《韓詩外傳》。借豚爲遯，黃穎説。借祀爲巳，虞翻。推之，鶴即萑，祥即牽羊之羊，禄即即鹿之鹿，礿即納約之約，拔即寡髮之髮，昧即歸妹之妹，胏即德積之積，沛即朱紱之紱，彼此訓釋，實爲兩漢經師之祖，其聲音相借，亦與三代金石文字相乎。非明九數之齊同比例[4]，不足以知卦畫之行；非明六書之假借轉注[5]，不足以知象辭、爻辭、‘十翼’之義。”

錫瑞案：焦氏自明説《易》之旨，其比例通於九數，其假借、轉注本於六書，而説假借之法尤精，可謂四通六闢[6]，學者能推隅反之義例，爲觸類之引申，凡難通者無不可通，不至如何平叔之不解《易》中七事矣[7]。或疑假借説《易》近於傅會，不知卦名每含數義，不得專執一義以解。專以本義解之，爻辭多不可通。如《革卦》之義爲改革，初九“鞏用黃牛之革”，則借爲皮革。據《説文》：“革，獸皮治去其毛，革更之。”故假借爲改革，是皮革爲革字本義也。九五“大人虎變”[8]，上六“君子豹變”，亦取象於虎豹之皮，而取義於皮革。《禮記·玉藻》“君羔幬虎犆”[9]，故曰“大人虎變”[10]；“大夫、士鹿幬豹犆”，故曰“君子豹變”。君稱大人，大夫、士稱君子。云“小人革面”者，蓋庶人役車，其幬以犬羊之鞹爲之[11]，無虎犆、豹犆，故曰革面。若以革面爲改頭換面，古無此文法也。《易》之取象必有其物，有其事，無虛文設言者。如《賁卦》之義爲賁飾，初九“賁其趾”，趾乃足趾。王注云：“飾其趾。”世豈有文飾其足趾者？正所謂“飾粉黛於胸臆，綴金翠於足趾”[12]矣。賁當假爲僨，取僨車之義[13]。《左氏傳》：“鄭伯之車僨於濟。”“賁其趾”謂僨車傷其足，故捨車而徒也。六二"賁其須"，須乃須鬐。孔《疏》云："似賁飾其須。"世豈有文飾其須鬐者？殆有如湘東王子方諸踞鮑泉腹，以五色彩辮其鬐矣[14]。賁當假爲班，謂須鬐斑白也。凡此等，皆專執一義必不可通者，必以假借之義通之，而後怡然理順，渙然冰釋。學者試平心靜氣以審之，當信其必非傅會矣。

〔1〕《與朱椒堂兵部書》，焦循作於嘉慶二十二年(1817)五十五歲時，此爲完成《易學三書》之後，系統闡述他對易學看法的重要文獻。朱爲弼(1770—1840)，字右甫，號椒堂，又號頤齋，浙江平湖人。通經學，精研金石之學，尤嗜鐘鼎文。清嘉慶二年(1797)，阮元督學浙江，創辦詁經精舍，聘請爲弼參與修輯《經籍籑詁》，并爲阮元所撰《積古齋鐘鼎彝器款識》審釋、作序、編定成書。嘉慶十年舉進士，授兵部主事，遷員外郎。

〔2〕九數，春秋戰國時代形成的數學九個分支。《周禮·地官司徒·保氏》言："保氏掌諫王惡而養國子以道，乃教之六藝：一曰五禮，二曰六樂，三曰五射，四曰五御，五曰六書，六曰九數。"鄭玄《周禮注》引鄭衆説："九數：方田、粟米、差分、少廣、商功、均輸、方程、贏不足、旁要，今有重差、夕桀、勾股。"劉徽《九章算術注原序》："周公制禮而有九數，九數之流則《九章》是矣。"

〔3〕句股割圓，指中國古代算術中的勾股定律和割圓術的數學方法，常用於曆法觀測中的句股測望、弧矢割圓等。《周髀算經》提出句股弦求法。三國吳趙爽著有《周髀算經注》，其中有530餘字對《勾股圓方圖》的注文，即《句股圓方圖説》，解出了句股弦及其和差互求問題三十六種中的二十四種。三國魏劉徽完成的《九章算術注》中提出用割圓術計算圓周率的方法，計算出正192邊形的面積，得到圓周率的近似值爲157/50(即3.14)，在此基礎上又計算出正3 072邊形的面積，得到圓周率的近似值爲3 927/1 250(即3.141 6)。還依據其"割補術"提出"出入相補、以盈補虛"的原理，另闢蹊徑作青朱出入圖。南北朝劉宋時祖冲之采用劉徽割圓術分割到24 576邊形，算出圓周率在3.141 592 6和3.141 592 7之間。直到1 000多年後才由15世紀的阿拉伯數學家阿爾·凱西以17位有效數字打破此記錄。

〔4〕齊同比例，比例和比例分配都要用到率，劉徽拓展了率的意義，提出"凡數

相與者謂之率",即成率關繫的數量同時擴大或縮小同樣的倍數,其率關繫不變,猶如分數通分。劉徽把分子、分母看作一組率的關繫,"齊其子,同其母",分母和分子可乘同一個數而率不變,劉徽把這種變換稱爲齊同原理。

〔5〕"六書"之名,最早見於《周禮・地官・保氏》。西漢劉歆《七略》最早解釋"六書"條目:"古者八歲入小學,故《周官・保氏》掌養國子,教之六書,謂象形、象事、象意、象聲、轉注、假借,造字之本也。"東漢許慎給"六書"下定義:"象形者,畫成其事,隨體詰詘,日、月是也;指事者,視而可識,察而見意,上、下是也;會意者,比類合誼,以見指撝,武、信是也;形聲者,以事爲名,取譬相成,江、河是也;轉注者,建類一首,同意相受,考、老是也;假借者,本無其字,依聲托事,令、長是也。"(《說文解字敘》)

〔6〕六通四闢,指上下四方和春夏秋冬四時。出自《莊子・天道》篇:"明於天,通於聖,六通四闢於帝王之德者,其自爲也,昧然無不静者矣。"

〔7〕何平叔,即何晏。《三國志・魏書・管輅傳》載,何晏因"不解《易》九事"向管輅請教。《南齊書・張緒傳》引張緒云:"何平叔所不解《易》七事,諸卦中所有時義,是其一也。"王應麟云:"晏以老、莊談《易》,'繫小子,觀朵頤',所不解者,豈止七事哉! 以義理解《易》,自王弼始,何晏非弼比也。"(《困學紀聞》卷一《易》)

〔8〕九五,皮氏原誤作"六五",據《周易・革卦》改。

〔9〕君羔幦虎犆,君主用羔羊皮作車覆軨,用老虎皮作車飾。見《禮記・玉藻》。幦(mì),古代車前橫木上的覆蓋物。犆(zhí),鑲邊。

〔10〕大人,指地位顯赫的人。虎變,老虎身上斑紋的變化。用來比喻身居高位的人行動變化莫測。《周易・革卦》:"大人虎變,未占有孚。"

〔11〕鞹(kuò),動物去了毛的皮革。

〔12〕語出南朝梁劉勰《文心雕龍・事類》:"或微言美事,置於閑散,是綴金翠於足脛,靚粉黛於胸臆也。"金翠,黃金和翠玉製成的飾物。足脛,小腿。粉,脂粉。黛,婦女用以畫眉的青黑色顏料。胸臆,胸腔、內心,引申爲心意,此處指胸部。

〔13〕僨(fèn),敗壞,破壞。僨車:覆車,比喻覆敗。

〔14〕事見《資治通鑑・梁紀二十》:"郢州刺史蕭方諸,年十五,以行事鮑泉和弱,常侮易之,或使伏床,騎背爲馬。恃徐文盛軍在近,不復設備,日以蒲酒爲樂。侯景聞江夏空虛,乙巳,使宋子仙、任約帥精騎四百,由淮內襲郢州。丙午,大風疾雨,天色晦冥,有登陴望見賊者,告泉曰:'虜騎至矣!'泉曰:'徐文盛大軍在下,賊何因得至! 當是王珣軍人還耳。'既而走告者稍衆,始命閉門,子仙等

已入城。方諸方踞泉腹，以五色彩辮其髻；見子仙至，方諸迎拜，泉匿於床下；子仙俯窺見泉素髻間彩，驚愕，遂擒之，及司馬虞豫送於景所。"

26. 論《易》説多依托，不當崇信僞書

《困學紀聞》云："經説多依托，《易》爲甚。《子夏傳》[1]，張弧作也[2]；關子明《傳》[3]，阮逸作也[4]；《麻衣正易》[5]，戴師愈作也[6]。"

錫瑞案：關子明《傳》《麻衣正易》，朱子答李壽翁明言兩書皆是僞書。關子明《易》是阮逸僞作，陳無己集[7]中説得分明。《麻衣易》乃是南康戴師愈作。今兩書已罕見稱述，惟《子夏易傳》見隋、唐《志》，劉知幾辨其僞[8]，晁以道以爲唐張弧作，朱彝尊《經義考》[9]證以陸德明、李鼎祚、王應麟所引，皆今本所無，不但非子夏書，并非張弧書。或以爲漢杜子夏作[10]，又或以爲韓嬰、丁寬[11]，皆傅會無據，不足辨。而論《易》之僞托，尚不止此數書，如《連山》《歸藏》[12]，《漢志》不載。《歸藏》或以爲晉薛貞所得，或以爲唐長孫無忌所得[13]。《連山》隋劉炫作，鄭樵信以爲真[14]。不知《連山》《歸藏》與《易》無關，非由孔子所定，其真其僞，皆可不論。《先天》《後天》之圖，漢以來所未見，宋陳摶始創爲《龍圖》，朱子以《龍圖》爲僞，更求真圖。不知此皆道家修煉之圖，與《易》無關，非由孔子所定，其真其僞，更可不論。高明好奇之士，不知經皆孔子手定，凡出於孔子之後者，不得爲經，即出於孔子之前者，亦不得爲經。聖人則《河圖》《洛書》，《繫辭傳》明言之。然聖人既則圖、書而作《易》，學者但求之於《易》，不必求之圖、書。猶《春秋》本魯之《春秋》，孟子亦明言之[15]，然聖人既據魯史而作《春秋》，學者但求之《春秋》，不必求之魯史。《莊子》云："筌者所以得魚，得魚而忘筌；蹄者所以得兔，得兔而忘蹄。"[16]《河圖》《洛書》與魯《春秋》，正《莊子》筌、蹄之類也。後儒不明此旨，惜圖、書不可見，惜未修《春秋》不可見。不思孔子之經且未能明，何暇求之孔子之前？求之不得，或且以僞應之。如《連山》《歸藏》《河》《洛》之圖，皆無

益於經，而反汩經義，豈非高明好奇之過哉！《漢·郊祀志》劉向引《易大傳》曰："誣神者殃及三世。"今見《大戴禮·本命》篇，而子政以爲《易大傳》，與《史記》引《繫辭》爲《易大傳》正同。又《經解》引《易》曰："差若毫釐，繆以千里。"今見《易緯》，而引爲《易經》。則漢以前傳本，或與今本不同。今本以《彖》《象》雜經文，《序卦》《雜卦》蓋出東漢以後，"十翼"之説，亦出鄭學之徒〔17〕。宋人訂古《周易》，欲復聖經之舊，其意未始不善，然但知經出羲、文，不當以孔子所作之傳雜之，而不知經實出孔子，不當以弟子所作之傳雜之也。

箋注

〔1〕《子夏傳》，即《子夏易傳》，舊題孔子弟子卜商作，但作者有争議。陸德明《經典釋文·序録》著録"《子夏易傳》三卷"，注云："卜商，字子夏，衛人，孔子弟子，魏文侯師。《七略》云：漢興，韓嬰傳。《中經簿録》云：丁寬所作。張璠云：或馯臂子弓所作，薛虞記。虞不詳何許人。"

〔2〕張弧，生卒年、里貫不詳，唐末官大理評事，兩《唐書》無傳。著有《素履子》十四篇。宋晁説之《學易堂記》稱："今號爲《子夏傳》者，乃唐張弧之《易》。"

〔3〕案，馬端臨《文獻通考·經籍考》："關子明《易傳》一卷，晁氏曰：魏關朗撰。元魏太和末，王虬言於孝文，孝文召見之，著成《筮論》數十篇。唐趙蕤云：'恨書亡半，隨文詮解，才十一篇而已。'李邯鄲始著之目，云：'王通贊《易》，蓋宗此也。'《朱子語録》：'關子明《易》，僞書也。'陳氏曰：'唐趙蕤注。然《隋》《唐志》皆不録，或云阮逸僞作。'"

〔4〕阮逸，字天隱，建州建陽（今屬福建）人。通經學，擅長詞賦。天聖五年（1027）進士，景祐二年（1035）典樂事。慶曆中，以詩得罪，除名，貶竄遠州。皇祐中，特遷户部員外郎。與胡瑗合著有《皇祐新樂圖記》。宋邵博《邵氏聞見後録》卷五云："世傳王氏《元經》、薛氏《傳》、關子明《易》《李衛公問對》，皆阮逸擬作。逸嘗以私稿示蘇明允也。晁以道云：'逸才辯莫敵，其擬《元經》等書，以欺一世之人不難也。'予謂逸後爲仇家告'立太山石，枯上林柳'之句，編竄抵死，豈亦有陰譴耶！"

〔5〕《麻衣正易》，全稱《麻衣道者正易心法》，又名《正易心法》，相傳麻衣道者撰，宋初陳摶注。《范氏奇書》《津逮秘書》《學津討原》《叢書集成初編》《藝海珠塵》《藏外道書》等收録。

〔6〕戴師愈,南宋人,與朱熹同時,官湘陰(今屬湖南)主簿。曾與朱熹有交往,
朱熹在《朱子語類》中斷定舊題麻衣道者所撰的《正易心法》爲戴師愈僞托。

〔7〕陳師道(1053—1101),字履常,一字無己,别號後山居士,彭城(今江蘇徐
州)人。蘇門六君子之一,常與蘇軾、黄庭堅等唱和。元祐二年(1087)由蘇
軾、曾鞏等表薦,任亳州司户參軍,後任徐州教授、太學博士等。一生淡薄
名利,閉門苦吟,有"閉門覓句陳無己"之稱。方回《瀛奎律髓》有"一祖三
宗"之説,即以杜甫爲祖,三宗便是黄庭堅、陳師道和陳與義,并説:"老杜詩
爲唐詩之冠,黄、陳詩爲宋詩之冠。"著有《後山集》《後山談叢》《後山詩話》
等,門人魏衍編有《彭城陳先生集》二十卷。

〔8〕劉知幾(661—721),字子玄,彭城(今江蘇徐州)人,唐代史學家。弱冠舉進
士,官至左散騎常侍。他歷任著作佐郎、中書舍人、著作郎,又撰起居注,兼
修國史二十餘年。景龍二年(708)辭去史職,從事私人修史工作。僅有《史
通》傳世,是中國第一部史學理論專著。《唐會要》卷七七載:"開元七年詔:
'《子夏易傳》近無習者,令儒官詳定。'"劉知幾議曰:《漢志》,《易》有十三
家,而無子夏作傳者。至梁阮氏《七録》始有《子夏易》六卷,或云韓嬰作,或
云丁寬作。然據《漢書》,《韓易》十二篇,《丁易》八篇,求其符合,事殊隙刺。
必欲行用,深以爲疑。"司馬貞議亦曰:"案劉向《七略》有《子夏易傳》,但此
書不行已久,今所存多失真本。荀勖《中經簿》云:'《子夏傳》四卷,或云丁
寬。'是先達疑非子夏矣。又《隋書·經籍志》云'《子夏傳》殘闕,梁六卷,今
二卷',知其書錯繆多矣。又王儉《七志》引劉向《七略》云:'《易》傳子夏,韓
氏嬰也。'今題不稱韓氏,而載薛虞《記》,其質粗略,旨趣非遠,無益後學。"

〔9〕朱彝尊,注見前。《經義考》是朱彝尊仿馬端臨《文獻通考·經籍考》體例,
通考歷代經學文獻,著録了自先秦迄於清初8 400多種經學著述。全書共
300卷,把經學文獻分類爲《易》《書》《詩》《周禮》《儀禮》《禮記》、通禮、《樂》
《春秋》《論語》《孝經》《孟子》《爾雅》、群經、四書、逸經、毖緯、擬經、承師、宣
講、立學、刊石書壁、鏤版、著録、通説等凡二十六類,末附家學、自序兩篇。
所收録的經書都列出撰人姓名、書名、卷(篇)數,并且注明存、闕、佚、未見
和僞書。搜集歷代著録情況和序跋,最後的是"按語",爲朱尊自己的考訂
文字。《四庫全書總目》評其書"上下二千年間,元元本本,使傳經原委,一
一可稽,亦可以云詳贍矣"。後來翁方綱撰有《經義考補正》十二卷,羅振玉
撰有《經義考目録附校記》九卷,沈廷芳撰有《續經義考》。

〔10〕案,南宋孫坦《周易析藴》云:"世有《子夏易傳》,……疑漢杜子夏之學。"杜
鄴(?—前2),字子夏,茂陵(今陝西興平東北)人,原籍魏郡繁陽(今河南

內黃東北），張敞外孫。幼孤，隨其舅父張吉生活，遂繼承張氏家學。初以孝廉爲郎，後任御史。漢哀帝初任涼州刺史。

〔11〕《漢書·藝文志》載："《易傳》子夏，韓氏嬰也。"魏荀勖《中經簿》遺文載："《子夏傳》四卷，或云丁寬所作。"

〔12〕《連山》《歸藏》與《周易》并稱"三易"。《周禮·春官·太卜》云："掌《三易》之法，一曰《連山》，二曰《歸藏》，三曰《周易》。其經卦皆八，其別皆六十有四。"鄭玄注："名曰《連山》，似雲出内氣也；《歸藏》者，萬物莫不歸而藏於其中。杜子春云：'《連山》，宓戲，《歸藏》黃帝。'"賈公彦疏："《連山易》，其卦以純《艮》爲首，艮爲山，山上山下，是名《連山》，雲氣出内於山。"《歸藏易》，以純《坤》爲首，坤爲地，故萬物莫不歸而藏於中。"《周易正義》孔穎達引鄭玄云："夏曰《連山》，殷曰《歸藏》，周曰《周易》。"王應麟《玉海》引《山海經》云："伏羲氏得河圖，夏后因之，曰《連山》；黃帝得河圖，商人因之，曰《歸藏》；列山氏得河圖，周人因之，曰《周易》。"西晉時猶存，尚秉和《周易尚氏傳》認爲亡於晉永嘉之亂。《漢魏遺書鈔》《玉函山房輯佚書》各輯有一卷。

〔13〕薛貞，原作"薛正"，蓋避清諱改。《隋書·經籍志》："《歸藏》十三卷，晉太尉參軍薛貞注。"《隋書·經籍志》爲唐長孫無忌所撰，或以爲《歸藏》十三卷爲長孫無忌所得。

〔14〕《北史·儒林傳·劉炫傳》："時牛弘奏購求天下遺逸之書，炫偽造書百餘卷，題爲《連山易》《魯史記》等，錄上送官，取賞而去。後有人訟之，經赦免死，坐除名。"鄭樵《通志·藝文略》云："《連山》十卷，夏后氏《易》，至唐始出，今亡。"

〔15〕《孟子·離婁下》："王者之迹熄而《詩》亡，《詩》亡然後《春秋》作。晉之《乘》，楚之《檮杌》，魯之《春秋》，一也。其事則齊桓、晉文，其文則史。孔子曰：'其義則丘竊取之矣。'"

〔16〕《莊子·外物》篇："荃者所以在魚，得魚而忘荃；蹄者所以在兔，得兔而忘蹄；言者所以在意，得意而忘言。"

〔17〕案，皮氏關於《序卦》《雜卦》及"十翼"的時代、作者的判斷有失偏頗。

27. 論《易》爲卜筮作，實爲義理作，孔子作卦、爻辭，純以理言，實即羲、文本意

朱子曰："《易》爲卜筮作，非爲義理作。伏羲之《易》，有占而無文，

與今人用《火珠林》起課者相似[1]。文王、周公之《易》，爻辭如籤辭[2]。孔子之《易》，純以理言，已非羲、文本意。某解《易》，只是用虛字去迎過意來，便得[3]。"周漁[4]駁之曰："然則孔子當日何用三絶韋編[5]，而所稱加年無大過者[6]，豈終日把定一束蓍草耶？"

錫瑞案：朱子以《易》爲卜筮作，非爲義理作，其説大誤，然其誤亦有所自來。伏羲畫卦，雖有占而無文，而亦寓有義理在内。《繫辭傳》謂"包羲始作八卦，以通神明之德，以類萬物之情"，所謂"通神明"、"類萬物"者，必有義理口授相傳。焦循曰："伏羲畫八卦，重爲六十四，其旁通行動之法，當時必口授指示，久而不傳。文王、周公以辭明之，即明其當日口授指示者也。學者捨其辭，但觀其卦，則此三百八十四畫，遂成一板而不靈之物。如棋有車、馬、礮、卒、士、相、帥、將，按圖排之，必求之於譜，乃知行動之法，其精微奇妙，存乎其中。若捨去譜而徒排所謂車、馬、礮、卒、士、相、帥、將，不敢動移一步，又何用乎其爲棋也。六十四卦，車、馬、礮、卒、士、相、帥、將也，文王、周公、孔子之辭，譜也。不於辭中求其行動之用，是知有棋而不知有譜者也。"[7]焦氏之説極通，惜猶拘於舊説，以爲伏羲重卦，文王、周公作卦爻辭，若更定之，於"重爲六十四"上加"文王"二字，"文王、周公以辭明之"改爲"孔子以辭明之"，"文王、周公、孔子之辭"去"文王、周公"四字，則更合矣。而據其説，可知伏羲作《易》垂教，當時所以正人倫、盡物性者，皆在八卦之内，意必有義説寓於卜筮，必非專爲卜筮而作。文王重卦，其説加詳，卜人、筮人口授相傳，以其未有文辭，故樂正不以教士[8]，然其中必有義理，不可誣也。或疑止有畫而無辭，何得有義理在内？既有義理，則必著爲文辭，是又不然。

《左氏》雜采占書，其占不稱《周易》者，當是夏、殷之《易》，而亦未嘗不具義理。若無義理，但有占法，何能使人信用。觀夏、殷之《易》如是，可知伏羲、文王之《易》亦如是矣。周衰而卜筮失官，蓋失其義，專言禍福，流爲巫史。《左氏》所載，焦循嘗一一辨其得失，曰："《易》至春秋，淆亂於術士之口，謬悠荒誕，不足以解聖經，孔子所以韋編三絶而翼贊之也。昭七年傳一條，以靈公名元，直以'元亨'之'元'爲靈公之名[9]，此與陽虎占《泰》之《需》，以'帝乙'爲宋之祖，同一因文生意，有如市俗神籤妖讖，去古筮法遠矣。"[10]據此，是孔子見當時之人惑於吉凶禍福，而卜筮之史加以穿鑿傅會，故演《易》繫辭，明義理，切人事，借卜筮以教後人，所謂以神道設教。其所發明者，實即羲、文之義理，而非別有義理；亦非羲、文并無義理，至孔子始言義理也。當即朱子之言而小變之曰："《易》爲卜筮作，實爲義理作。伏羲、文王之《易》，有占而無文，與今人用《火珠林》起課者相似，孔子加卦爻辭，如籤辭，純以理言，實即羲、文本意。"則其説分明無誤矣。

箋注

〔1〕《火珠林》一卷，舊題爲五代末宋初麻衣道者撰。此書述以三錢代蓍之占筮術，繼承了京房易遺法，又稱錢筮法。唐賈公彥《儀禮疏》曰："但古用木畫地，今則用錢。以三少爲重錢，重錢則九也。三多爲交錢，交錢則六也。兩多一少爲單錢，單錢則七也。兩少一多爲拆錢，拆錢則八也。"杭辛齋《學易筆談》以爲今本乃宋以後人僞托書。

〔2〕籤辭，求籤是民間算命活動之一，寫好籤辭的竹木籤事先在放在神主的竹筒中，求籤者捐錢求神後，取竹筒摇出三籤，由司神者或算命先生爲求籤者解説籤辭吉凶禍福之義。

〔3〕虛字，即虛詞，如介詞、連詞、助詞。《朱子語類》卷六七："且如解《易》，只是添虛字去迎過意來，便得。今人解《易》，乃去添他實字，却是借他做己意説了。"

〔4〕周漁，字大西，江蘇興化人，清順治己亥進士，官翰林院編修。《四庫全書總目》著録《加年堂講易》十二卷，引《自序》稱與朱子《本義》、程子《傳》及古今來言《易》之家大相乖戾，并稱："直接加年寡過之學，漁不敢當也。謂四聖人覺世明道之旨，不欲終晦於天下，賴四聖人之靈，竅吾之聰，鑿吾之明，假吾之心慮口宣，以代爲發之也，是則何能辭？"引文見朱彝尊《經義考》卷六七《周氏漁加年堂講易序》。

〔5〕典出《史記·孔子世家》："讀《易》，韋編三絶。"

〔6〕典出《論語·述而》："加我數年，五十以學《易》，可以無大過矣。"

〔7〕引文見焦循《易話》上《學易叢言》。案，中國象棋有着三千多年的歷史，是一種雙方對陣的競技游戲。棋子共有三十二個，分爲紅黑兩組，各有十六

個，由對弈的雙方各執一組。帥與將、仕與士、相與象、兵與卒的作用完全相同，僅僅是爲了區別紅棋和黑棋而已。

〔8〕案，《禮記·王制》："樂正崇四術，立四教，順先王《詩》《書》《禮》《樂》以造士。春、秋教以《禮》《樂》，冬、夏教以《詩》《書》。"樂正教士無《易》《春秋》。《文獻通考》卷一七四《經籍考一》引應氏曰："樂正崇四術以訓士，則先王之《詩》《書》《禮》《樂》其設教固已久。《易》雖用於卜筮，而精微之理非初學所可語；《春秋》雖公其記載，而策書亦非民庶所得盡窺。故《易象》《春秋》，韓宣子適魯始得見之。則諸國之教未必盡備六者。蓋自夫子刪定、贊修、筆削之餘，而後傳習滋廣，經術流行。"皮錫瑞《經學歷史·經學開闢時代》云："文王重六十四卦，見《史記·周本紀》，而不云作卦辭；《魯周公世家》亦無作爻辭事。蓋無文辭，故不可以教士。若當時已有卦爻辭，則如後世御纂、欽定之書，必頒學官以教士矣。觀樂正之不以《易》教，知文王、周公無作卦爻辭之事。"

〔9〕典出《左傳·昭公七年》："衛襄公夫人姜氏無子，嬖人婤姶始生子曰元。"

〔10〕引文出自焦循《易話》下《春秋傳說易》。案《左傳·哀公九年》："晉趙鞅卜救鄭，遇水適火，占諸史趙、史墨、史龜。史龜曰：'是謂沈陽，可以興兵，利以伐姜，不利子商，伐齊則可，敵宋不吉。'史墨曰：'盈，水名也，子，水位也，名位敵，不可干也，炎帝爲火師，姜姓其後也，水勝火，伐姜則可。'史趙曰：'是謂如川之滿，不可游也，鄭方有罪，不可救也，救鄭則不吉，不知其他。'陽虎以《周易》筮之，遇《泰》之《需》，曰：'宋方吉，不可與也。微子啓，帝乙之元子也。宋、鄭，甥舅也。祉，祿也。若帝乙之元子歸妹，而有吉祿，我安得吉焉？'乃止。"

28. 論説《易》之書最多，可取者少

《四庫全書》經部，惟《易經》爲最多[1]，《提要》別擇之亦最嚴。《存目》之外，又別出於術數[2]，不欲以溷經也。《易》義無所不包，又本卜筮之書，一切術數皆可依托，或得《易》之一端，而要不足以盡《易》，雖云密合，亦屬强附。如京房卦氣，原出曆數。唐一行言曆，孟喜卦氣[3]。揚雄《太玄》推本渾天[4]，其數雖似巧合於《易》，實是引《易》以强合其

數。孔子作《易》，當時并不知有漢曆，謂孔子據漢曆作《易》，斷斷乎不然也。陳摶《龍圖》本是丹術，邵子衍數亦原道家，其數雖似巧合於《易》，實是引《易》以强合其數。孔子作《易》，當時亦不知有道書，謂孔子據道書作《易》，斷斷乎不然也。此兩家準之孔子作《易》之旨，既皆不然，則其學雖各成一家，皆無關於大義。漢學誤於讖緯，宋學亂於圖書，當時矜爲秘傳，後儒不得不加論辨。今辨之已晰，人皆知其不關大義，學者可以不必誦習，亦不必再加論辨矣。其餘一切術數、風角、壬遁[5]，實有徵驗，丹鼎爐火[6]，亦足養生，其書亦或假《易》爲名，要不盡符於《易》之理。《參同契》見引於虞氏[7]，而專言《坎》《離》之旨，已與《易》重《乾》《坤》不同[8]。陰陽五行、蓍龜雜占，《漢書·藝文志》别出之於後，未嘗以溷於《易》[9]，誠以先聖大義，非可以九流衆技參之。即蓍龜十五家[10]，實爲卜筮之書，而但言占法，不言義理，亦不得與《易》十三家并列於前。古人别擇之嚴如此，所以尊經而重道也，又況後世臆造委巷不經之書乎！漢人之書，自《太玄》《參同契》以外，今皆亡佚，所傳術數，多出唐宋以後。《提要》既别出於後，不入《易》部，學者更可不必誦習，亦不必再加論辨矣。《存目》諸書，取資甚尟，即收入經部者，亦多節取其長。蓋漢儒之書不傳，自宋至今，能治專家之學如張惠言，通全經之學如焦循者，實不多覯[11]，故後之學《易》者必自此二家始。

箋注

〔1〕案，《四庫全書》收書 3 464 種，存目 6 791 種。其中"易類"所收 158 部、1 757 卷，附録 8 部、12 卷。又"易類"存目 317 部，2 371 卷（内 46 部無卷數），附録 1 部、1 卷。《四庫全書》經部爲全書主體，收書總 698 種，"易類"收書數占近四分之一，是收録最多的一類文獻，這還不包括已分拆至術數和道書中的十數種易類著作。

〔2〕術數，"術"指方術，"數"指數理，指以陰陽五行生克制化之理推測人事吉凶的古代神秘文化。《四庫全書總目·子部·術數類序》云："術數之興，多在秦漢以後。要其旨不出乎陰陽五行，生克制化。實皆《易》之支流，傳以雜

説耳。物生有象,象生有數,乘除推闡,務究造化之源者,是爲數學。星土雲物,見於經典,流傳妖妄,寖失其真。然不可謂古無其説,是爲占候。自是以外,末流猥雜,不可殫名。史志總概以五行。今參驗古書,旁稽近法,析而別之者三,曰相宅相墓,曰占卜,曰命書相書。并而合之者一,曰陰陽五行。雜技術之有成書者,亦別爲一類附焉。中惟數學一家,爲《易》外別傳,不切事而猶近理。其餘則皆百僞一真,遞相煽動。必謂古無是説,亦無是理,固儒者之迂談;必謂今之術士能得其傳,亦世俗之惑志。徒以冀福畏禍,今古同情。趨避之念一萌,方技者流遂各乘其隙以中之。故悠謬之談,彌變彌夥耳。然衆志所趨,雖聖人有所弗能禁。其可通者存其理,其不可通者姑存其説可也。"《四庫全書》術數類數學之屬 16 部、137 卷,皆易學著作,其中包括揚雄《太玄經》(避諱而稱《太元經》)和邵雍《皇極經世書》等書。

〔3〕案,唐僧一行精通天文曆數,曾制"孟氏卦氣圖"。在開元九年(721)奉詔創制的《開元大衍曆》,運用孟喜"卦氣説"原理,是當時世界上最先進的曆法。

〔4〕推本,原引誤作"推木",據文意改。"推本"意即推究本原。揚雄在《太玄》中持渾天説,并借鑒了以渾天説爲基礎的《太初曆》。揚雄曾把渾天説與《太玄》一書邏輯結構直接聯繫起來。《漢書·揚雄傳下》:"大潭思渾天,參摹而四分之,極於八十一。"顏師古注:"潭,深也。"

〔5〕風角,根據對風的觀察以卜吉凶的一種方術。《後漢書·郎顗傳》李賢注:"風角,謂候四方四隅之風以占吉凶也。"壬遁,"六壬"與"奇門遁甲"的并稱,古代預測人事吉凶的一種術數。

〔6〕丹鼎爐火,指煉丹術,這裏借喻道教練丹過程。"爐火"比喻練精或氣或神,"丹鼎"比喻氣沉丹田。道教丹鼎派,又稱鼎爐派、金丹道教,是對道教中以煉金丹求仙爲主的各道派的通稱。由古代的神仙家、方仙道發展而來,包括外丹黃白術和內丹術。早期理論著作是漢魏伯陽的《周易參同契》。魏晉時葛洪進一步發展了金丹派神仙道教。南北朝隋唐丹鼎派以煉外丹爲主,宋元以後由外丹轉向內丹。

〔7〕虞氏,即三國吳學者虞翻。虞翻可能是《參同契》的第一個注釋者。《經典釋文》卷二引虞翻注《參同契》云:"易字從日下月。"

〔8〕案,《參同契》中,"坎離"連用 5 次,"坎"字單獨使用 5 次,"離"字單獨使用 8 次,主要藉以説明兩種相對的煉丹的基本原料(藥物)。在外丹術,指燒煉金丹的原料鉛和汞;在內丹術,指維持人的生命的先天元素元精(元氣)和元神。認爲《乾》《坤》與《坎》《離》的關繫是"《乾》《坤》爲體,《坎》《離》爲

用"，"《坎》《離》者，《乾》《坤》之用"。《乾》《坤》《坎》《離》四卦是宇宙的總括，也是金丹大道爐鼎和藥物的形象。

〔9〕涽，同"混"。《漢書·藝文志》將天文、曆譜、五行、蓍龜、雜占、形法等六類列入"術數略"。

〔10〕蓍龜，指蓍草和龜甲，古時用來占卜。《周易·繫辭上傳》："探賾索隱，鉤深致遠，以定天下之凶吉，成天下之亹亹者，莫大乎蓍龜。"《漢書·藝文志》著錄蓍龜十五家，四百零一卷。今皆亡佚。

〔11〕覯，音構，遇見。

29. 論漢人古義多不傳，漢碑可以引證

漢人《易》義，傳世甚尠，惟鄭、荀、虞稍存崖略，而三家皆生於漢末，距魏王弼時代不遠，其前通行之本，出於施、孟、梁丘、京氏者，皆不可考。今惟漢碑引《易》爲當時通行之本，姑舉數條證之。《博陵太守孔彪碑》云[1]："《易》建八卦，揆肴斅辭。"《隸釋》云[2]："碑以肴爲爻，斅即繫字。"案碑云"建卦揆爻"乃云"繫辭"，此以卦辭、爻辭即是"繫辭"之證。所謂"繫辭"，非今之所謂《繫辭》也。《百石卒史碑》云[3]："孔子作《春秋》，制《孝經》，刪述五經，演《易》繫辭，經緯天地，幽贊神明。"碑以"演《易》繫辭"屬孔子說，則亦必以"繫辭"爲卦爻辭，非今之所謂《繫辭》也。今《繫辭傳》曰："昔者聖人之作《易》也，幽贊乎神明而生蓍。"碑以"幽贊神明"屬孔子說，則亦必以聖人作《易》屬之孔子。此二碑皆漢人遺說，以卦爻辭爲"繫辭"、爲孔子作之明證也。若其字句與今不同，而與古說合者，如蔡邕《處士圂叔則碑》云[4]："童蒙來求。"與《釋文》"一本作'來求我'"合，足證今本之誤脫[5]。又云："彪之用文。"及《司徒袁公夫人馬氏碑銘》云[6]："蒙昧以彪。"胡廣《徵士法高卿碑》云[7]"彪童蒙"，與《釋文》"鄭曰'包當作彪，彪，文也'"合，足證鄭義之有本。《衛尉卿衡方碑》云[8]："恩隆乾夳，威肅剥氚。"氚即坤，則夳亦即泰，與《說文》"夳，古文泰"合，足證漢《易》之古文。《玄儒先生婁壽

碑》云[9]："不可營以禄。"《堂邑令費鳳碑》云[10]："不營榮禄。"邊韶《老子銘》云："禄執弗營。"與虞氏《易》作"營"合，足證"營"訓"營惑"，而孔《疏》訓爲"榮華"之非[11]。《荆州刺史度尚碑》云[12]："暉光日新。"與《釋文》"鄭以'日新'絶句"合，足證王注以"渾光日新其德"爲句之非[13]。《博陵太守孔彪碑》云："扝馬鼇害。"與《釋文》"子夏作扝"合，足證唐開成後定作"拯"字之非[14]。《太尉橋公廟碑》云[15]："亦用齊斧。"與《釋文》《子夏傳》及衆家并作"齊斧"合，足證今作"資斧"之非[16]。《安平相孫根碑》云[17]："厥先出自有殷，玄商之系，子湯之苗。至於東叩，大呂戕仁。聖武定周，封干之墓。"《隸釋》引班孟堅《幽通賦》云[18]："東厹虐而殲仁。"注云："厹，古鄰字，謂紂也。仁即三仁也。"碑中之語，蓋出於此，則是以叩爲厹，以戕爲殲，或爲戕也，與《坊記》引《易》此文，鄭注曰"東鄰謂紂"，孔疏《易》與《左傳》云，説者皆云"東鄰"謂紂合，足證王注、孔疏撥棄古義不解"東鄰"之非[19]。李鼎祚《周易集解》集子夏、孟喜、京房、馬融、荀爽、鄭康成、劉表[20]、何晏、宋衷、虞翻、陸績、干寶、王輔嗣、姚信、王廙、張璠、向秀、王凱冲[21]、侯果、蜀才、翟玄、韓伯、劉瓛、何妥、崔憬、沈麟士[22]、盧氏、崔覲、孔穎達三十餘家。《釋文》云張璠《易集解》二十二家：鍾會、向秀、庾運、應貞、荀煇、張輝、王宏、阮咸、阮渾、楊乂、王濟、衛瓘、欒肇、鄒湛、杜育、楊瓚、張軌、宣舒、邢融、裴藻、許適、楊藻。《釋文》所引諸家，於二《集解》之外，又有董遇、黄穎、尹濤三人。張璠書今不傳，但傳《釋文》與李鼎祚書，漢人《易》説亦不多，漢碑可以補其缺也。

箋注

[1]《孔彪碑》，全稱《博陵太守孔彪碑》，漢代名碑之一。東漢靈帝建寧四年（171）刻立。原立於曲阜孔林孔彪墓前，清康熙年間移入孔廟，現存大成殿東廡內。孔彪（？—171），字元上，孔子十九代孫，舉孝廉，曾官郎中、博昌長、尚書侍郎、治書侍御史、博陵太守、下邳相、河東太守等職，在官有清政，死後博陵故吏等刊石銘文。

[2]《隸釋》，宋洪适著。成書於南宋乾道二年（1166），著録漢魏隸書石刻文字

183 種,并附輯《水經注》中的漢魏碑目和歐陽修《集古録》、歐陽棐《集古録目》、趙明誠《金石録》和佚名《天下碑録》中的漢魏部分。《隸釋》是現存最早的一部集録和考釋漢魏晉石刻文字的專著,《四庫全書總目》稱:"自有碑刻以來,推是本爲最精博。"洪适(1117—1184),字景伯,晚號盤洲老人。饒州鄱陽(今江西鄱陽)人。擅長文章辭令,與弟洪遵、洪邁并稱"三洪"。高宗紹興十二年(1142)中博學鴻詞科。孝宗時任司農少卿,官至尚書僕射、同中書門下平章事。癖好漢碑,盡數十年之力搜集豐富的資料,著成《隸釋》。

〔3〕《百石卒史碑》,全稱《魯相乙瑛奏置孔廟百石卒史碑》,簡稱《乙瑛碑》,與《禮器碑》《史晨碑》并稱"孔廟三碑"。漢桓帝永興元年(153)立,碑在山東曲阜孔廟。此碑記司徒吴雄、司空趙戒就以前魯相乙瑛之言,代孔子十九世孫孔麟上書漢廷,請於孔廟置百石卒史一人,執掌禮器廟祀之事。

〔4〕蔡邕(133—192),字伯喈,陳留圉(今河南杞縣)人。博學多才,通曉經史、天文、音律,擅長辭賦。漢靈帝時召拜郎中,校書於東觀,遷議郎。曾因彈劾宦官流放朔方。漢獻帝時董卓迫其出仕爲侍御史,官左中郎將。董卓被誅後,爲王允所捕,死於獄中。蔡邕著詩、賦、碑、誄、銘等共 104 篇。《隋書·經籍志》著録有集二十卷,早佚,明人張溥輯有《蔡中郎集》,嚴可均《全後漢文》對其著作多有輯録。《處士圂叔則碑》,《藝文類聚》引作《處士圂典碑》。碑文由蔡邕記載好友圂典(字叔則)耕讀隱居、高潔不阿的生平事迹。

〔5〕案,今本《周易》之《蒙》卦《彖傳》云:"匪我求童蒙,童蒙求我。""童蒙求我"或爲"童蒙來求我"之誤脱。

〔6〕《司徒袁公夫人馬氏碑銘》,蔡邕作,今存《蔡中郎集》中。

〔7〕胡廣(91—172),字伯始,南郡華容(今湖北監利)人,東漢名臣、學者。初舉孝廉,後中策試第一,授尚書郎。歷任尚書僕射、汝南太守、大司農、司徒、太尉、太傅等職。曾作《百官箴》四十八篇。《徵士法高卿碑》,載名儒法真事迹。法真(100—188),字高卿,號玄德先生,扶風郿(今陝西眉縣)人,東漢末年南郡太守法雄之子,三國時代蜀漢集團謀士法正的祖父。法真好學博通,生性恬靜,隱然自守,一生不仕,漢順帝四次徵聘不往。友人郭正稱贊他是"百世之師",於是聯同鄉黨刻石歌頌其德。

〔8〕《衛尉卿衡方碑》,全稱《漢故衛尉卿衡府君之碑》,又稱《衡方碑》。東漢建寧元年(168)九月立,是衡方的門生朱登等爲其所立的頌德碑。隸書,碑文共二十三行,每行三十六字。有碑陰,只存題名二列,餘皆漫漶。碑額陽文隸書"漢故衛尉卿衡府君之碑"二行十字,二行之間有豎格綫。

〔9〕《漢玄儒先生婁壽碑》,簡稱《婁壽碑》,亦名《玄儒婁先生碑》。東漢靈帝熹平三年(174)刊立。其碑文輯錄於宋洪适所編《隸釋》及清人嚴可均輯《全後漢文》。婁壽爲東漢高士,字元考,河南南陽人。博覽群書,歸隱不仕,以授徒爲樂。逝後,其門人謚之"玄儒先生"。

〔10〕《堂邑令費鳳碑》,東漢熹平六年(177)刊立,刊堂邑令費鳳妻弟卜胤誄費鳳文。原碑亡佚,碑文載於《隸釋》卷九。

〔11〕案,《周易》之《否》卦《象》曰:"天地不交,否。君子以儉德辟難,不可榮以祿。"孔穎達《正義》:"'君子以儉德辟難'者,言君子於此否塞之時,以節儉爲德,辟其危難,不可榮華其身,以居倖位。此若據諸侯公卿言之,辟其群小之難,不可重受官賞;若據王者言之,謂節儉爲德,辟其陰陽已運之難,不可重自榮華而驕逸也。"

〔12〕《荆州刺史度尚碑》,碑文載《藝文類聚》卷五〇。度尚(117—166),字博平,東漢兗州山陽郡湖陸(今在山東微山)人,曾兩度任荆州刺史,兩次平定境內叛亂。

〔13〕案,《周易》之《大畜》卦《象傳》:"大畜,剛健篤實,輝光日新其德。"王弼注:"凡物既厭而退者,弱也;既榮而隕者,薄也。夫能輝光日新其德者,唯剛健篤實也。"

〔14〕案,《周易》之《明夷》卦六二爻辭:"明夷,夷於左股,用拯馬壯,吉。"《周易》之《渙》卦初六爻辭:"用拯馬壯,吉。"

〔15〕《太尉橋公廟碑》,蔡邕撰。《藝文類聚》卷四六題作《太尉橋玄碑》。碑文高度贊揚橋玄和節操和才能。橋玄(110—184),字公祖,梁國睢陽(今河南商丘南)人。曾任縣功曹,後舉孝廉,任洛陽左尉,四遷至齊國相,歷任上谷太守、漢陽太守。桓帝末被推舉爲度遼將軍,平定邊境之亂。靈帝時先後任河南尹、少府、大鴻臚等職。建寧三年(170)升爲司空,後改任司徒。翌年擔任尚書令。光和元年(178),升太尉,數月後托病辭官。

〔16〕案,《周易》之《旅》卦九四爻辭:"旅於處,得其資斧。"《象傳》云:"'旅於處',未得位也。'得其資斧',心未快也。"

〔17〕《安平相孫根碑》,立於東漢順帝光和四年(181)。該年安平相孫根(字元石)卒,因立是碑以記之,并記述了他的家世。收入《全後漢文》卷一〇四。

〔18〕班固(32—92),字孟堅,扶風安陵(今陝西咸陽)人,東漢史學家班彪之子,先後官蘭臺令史、典校秘書郎、玄武司馬、中護軍等職。撰有《白虎通義》《漢書》等。《幽通賦》是班固青年時期突遭家庭變故之際,抒發對宇宙、歷史、人生諸問題的思考,陳述家族盛衰,誓志發憤著述。收入《漢書·

叙傳》。

〔19〕案，《周易》之《既濟》卦之九五爻辭："東鄰殺牛，不如西鄰之禴祭，實受其福。"《象傳》曰："東鄰殺牛，不如西鄰之時也，實受其福，吉大來也。"王弼注和孔穎達疏皆解"東鄰""西鄰"爲虛指，而非實指商紂王和周文王。

〔20〕劉表，原刻本誤作"劉衷"，據《經義考》卷一四引《中興書目》改。

〔21〕王凱冲，原刻本誤作"王凱"，據《經義考》卷一四引《中興書目》改。

〔22〕沈麟士，《南齊書》本傳作"沈驎士"，當是。

30. 論筮《易》之法，今人以錢代蓍，亦古法之遺

聖人因卜筮而作《易》，乃神道設教之意。《漢·藝文志》曰："秦燔書，而《易》爲筮卜之事，傳者不絶。"劉歆《移博士書》曰[1]："天下但有《易》卜，未有他書。"是《易》以筮卜而倖存。《史記》《漢書》載漢初經師之傳，惟《易》最詳，蓋以此也。乃至漢後，而漢初說《易》之書無一存者，《易》卜之法亦失，其傳聖人之經，倖存於秦火之餘，而經義卜法，盡亡於漢代之後，此事理之不可解者。《漢·藝文志》蓍龜十五家，龜有《龜書》五十二卷，《夏龜》二十六卷，《南龜書》二十八卷，《巨龜》三十六卷，《雜龜》十六卷，凡五家。蓍止有《蓍書》二十八卷，一家。蓋重龜而輕蓍。古大事用卜，小事用筮。《左氏傳》云："蓍短龜長，不如從長。"[2]《史記·日者列傳》專言卜[3]，云太卜之起，自漢興而有，是古重卜輕筮之證。自漢以後，匙有用龜卜者，灼龜占墨之法，雖略見於注疏[4]，其詳不可得聞，唐李華所以有廢龜之論也[5]。惟筮法猶傳於世，詳見於朱子書[6]。朱子以韓侂胄專權，欲上書極諫，門人請以蓍決之[7]。是朱子嘗用揲蓍之法，而其法亦不通行。今世通行以錢代蓍，出於《火珠林》。陳振孫《書錄解題》卜筮類[8]："《火珠林》一卷，無名氏。今賣卜擲錢占卦，盡用此書。"《朱子語類》云："《火珠林》猶是漢人遺法。"蓋其法亦有所本。《儀禮·士冠禮》注曰："所卦者，所以畫地記爻。"[9]疏云："所卦者，所以畫地記爻者，筮法依七八九六之爻而記之，

但古用木畫地，今則用錢，以三少爲重錢，重錢則九也；三多爲交錢，交錢則六也；兩多一少爲單錢，單錢則七也；兩少一多爲拆錢，拆錢則八也。"項安世《家説》[10]："今占家以三錢擲之：兩背一面爲拆，此即兩少一多，少陰爻也[11]；兩面一背爲單，此即兩多一少，少陽爻也[12]；俱面者爲交，交者拆之，此即三多，爲老陰爻也[13]；俱背者爲重，重者單之，此即三少，爲老陽爻也。"[14] 蓋以錢代蓍，一錢當一揲[15]。錢大昕曰："賈公彦《疏》本於北齊黄慶、隋李孟悊二家[16]，是則齊、隋與唐初皆已用錢，重、交、單、拆之名[17]，與今不異也。但古人先揲蓍而後以錢記之，其後術者漸趨簡易，但擲錢得數，不更揲蓍。"

錫瑞案：據諸家之説，擲錢占卦，是由揲蓍而變，故朱子以《火珠林》爲漢法之遺也。越人雞卜，載在《史記》[18]，《鼠序卜黄》，列於《漢志》[19]。此等小數，猶可占驗，況擲錢本古人遺法，不能得蓍草者可以此代。用心誠敬，亦足以占吉凶，若心不誠敬，則雖得蓍龜而占之，亦將如《漢志》所云"筮瀆不告，《易》以爲忌，龜厭不告，《詩》以爲刺"矣。

箋注

〔1〕劉歆（前50—23），字子駿，西漢後期著名學者，古文經學的開創者。《漢書·楚元王傳》："歆字子駿，少以通《詩》《書》能屬文召見成帝，待詔宦者署，爲黄門郎。河平中，受詔與父向領校秘書，講六藝傳記，諸子、詩賦、數術、方技，無所不究。向死後，歆復爲中壘校尉。哀帝初即位，大司馬王莽舉歆宗室有材行，爲侍中太中大夫，遷騎都尉、奉車光禄大夫，貴幸。復領五經，卒父前業。歆乃集六藝群書，種别爲《七略》。語在《藝文志》。"《移博士書》即《移讓太常博士書》。漢哀帝時劉歆欲立古文經爲官學，受到今文博士抵制，因作此書深責今文博士："往者綴學之士，不思廢絕之闕，苟因陋就寡，分文析字，煩言碎辭，學者罷老且不能究其一藝，信口説而背傳記，是末師而非往古。至於國家將有大事，若立辟雍、封禪、巡狩之儀，則幽冥而莫知其原。猶欲保殘守缺，挾恐見破之私意，而亡從善服義之公心。或懷疾妬，不考情實，雷同相從，隨聲是非，抑此三學，以《尚書》爲不備，謂《左氏》不傳《春秋》，豈不哀哉！"此文是漢代古文經學興起的標志性文獻。

〔2〕案，《左傳·僖公四年》："卜人曰：筮短龜長，不如從長。""著"當爲"筮"。

〔3〕日者,古時占候卜筮的人。《史記·太史公自序》云:"齊、楚、秦、趙爲日者,各有俗所用。欲循觀其大旨,作《日者列傳》。"篇中祇叙楚人司馬季主之事,未及齊、秦、趙諸國,司馬貞以爲此傳爲"十篇缺"之一。日本瀧川資言《史記會注考證》云:"此篇有褚氏補傳,則本傳之成,必在少孫前,而非史公手筆。"

〔4〕案,指《周禮》《儀禮》《尚書》等注疏所涉及的"灼龜占墨之法"。

〔5〕案,指唐李華所著《廢卜論》。李華(715—778),字退叔,趙州贊皇(今河北省元氏縣)人,唐玄宗開元二十三年(735)進士,天寶二載(743)中博學宏詞科,歷官秘書省校書郎、監察御史、右補闕。安史之亂爆發,李華被叛軍挾持,被迫任鳳閣舍人。平叛後貶爲杭州司户參軍。後起爲檢校吏部員外郎。著有《前集》十卷、《中集》二十卷,皆已亡佚。

〔6〕案,此指朱熹《周易本義》中的《筮儀》一文。筮儀即占筮的儀式。《筮儀》總結古筮法,對如何問卦、算卦作了詳細的解説。

〔7〕案,《慶元黨禁》載:"朱熹時家居,自以蒙累朝知遇之恩,且尚帶從臣職名,義不容默,草封事數萬言,極陳奸邪蔽主之禍,因以明汝愚之冤。繕寫已具,子弟諸生更進迭諫,以爲必至賈禍,熹不聽。門人蔡元定入諫,請以蓍決之,遇《遯》之《同人》。熹默然,取奏稿焚之。因更號遯翁,遂以疾丐休致。"

〔8〕陳振孫(1179—1262),初名瑗,字伯玉,號直齋,湖州安吉(今屬浙江)人,一説湖州吴興(今浙江湖州)人。寧宗、理宗之際,歷溧水、紹興、鄞縣教授,江西南城縣令、興化軍通判、台州知州、嘉興知府、浙東提舉、浙西提舉,淳祐四年(1244)除國子司業,淳祐九年前後,以侍郎、寶章閣待制致仕,卒贈光禄大夫。平生好藏書,累積藏書五萬餘卷。以二十年的時間撰成《直齋書録解題》五十六卷,分經、史、子、集四録,五十三個小類。每書皆有解題。原本已佚,清代四庫館臣從《永樂大典》中輯出,重編爲二十二卷,刻入武英殿聚珍版叢書,爲今之通行本。引文見該書卷十二《卜筮類》。

〔9〕案,《儀禮·士冠禮》云"筮與席所卦者",鄭玄注:"所卦者,所以畫地記爻。《易》曰:'六畫而成卦。'"指卜筮者每占得一爻,或陰,或陽,即在地上畫上相應一爻記號,占得六爻,便成一卦。

〔10〕項安世(1129—1208),字平甫,號平庵。括蒼(今浙江麗水)人,後家江陵(今屬湖北)。孝宗淳熙二年(1175)進士,光宗時歷任秘書省正字、校書郎兼實録院檢討官。寧宗慶元元年通判池州,開禧二年起知鄂州,遷户部員外郎、湖廣總領,以太府卿終。慶元年間因謫居江陵,鑽研《左傳》《周易》諸

經。著有《周易玩辭》十六卷、《項氏家説》十卷、《平庵悔稿》等。引文見《項氏家説》卷二《京房易法以八卦變六十四卦》。

〔11〕拆,用三枚銅錢測六爻,出現兩個背面一個正面就爲拆,稱兩少一多,表示八,在《易》中,以八爲少陰。

〔12〕單,用三枚銅錢測六爻,出現兩個正面一個背面就爲單,稱兩多一少,表示七,在《易》中,以七爲少陽。

〔13〕交,用三枚銅錢測六爻,出現三個正面就爲交,稱三多,表示六,在《易》中,以六爲老陰。

〔14〕重,用三枚銅錢測六爻,出現三個背面就爲重,稱三少,表示九,在《易》中,以九爲老陽。

〔15〕案,《周易·繫辭傳》中提出的蓍草占筮法,三揲而成爻,十有八揲而成卦。錢筮法則三錢而成爻,共六次,則亦十有八錢而成卦。故曰“一錢當一揲”。

〔16〕案,所引錢大昕説,見《十駕齋養新録》卷一《筮用錢》。《四庫全書總目提要》之《儀禮注疏》條云:“其書自玄以前,絶無注本。玄後有王肅《注》十七卷,見於《隋志》。然賈公彦《序》稱‘《周禮》注者則有多門,《儀禮》所注後鄭而已’。則唐初肅書已佚也。爲之義疏者有沈重,見於《北史》;又有無名氏二家,見於《隋志》,然皆不傳。故賈公彦僅據齊黃慶、隋李孟悊二家之《疏》,定爲今本。”

〔17〕案,唐賈公彦云:“以三少爲重錢,重錢則九也;三多爲交錢,交錢則六也;兩多一少爲單錢,單錢則七也;兩少一多爲拆錢,拆錢則八也。”(《儀禮注疏》卷一《士冠禮》)

〔18〕案,《史記·孝武本紀》載:“是時既滅南越,越人勇之乃言:‘越人俗信鬼,而其祠皆見鬼,數有效。昔東甌王敬鬼,壽至百六十歲。後世謾怠,故衰秏。’乃令越巫立越祝祠,安臺無壇,亦祠天神上帝百鬼,而以雞卜。上信之,越祠雞卜始用焉。”唐張守節《正義》解“雞卜”云:“雞卜法,用雞一,狗一,生,祝願訖,即殺狗煮熟,又祭,獨取雞兩眼,骨上自有孔裂,似人物形則吉,不足則凶。今嶺南猶行此法也。”

〔19〕案,《漢書·藝文志·術數略》著録“《鼠序卜黃》二十五卷”,爲“蓍龜十五家”之一,書已亡。鼠序,即鼠卜。卜黃,即雞卜。

書經通論箋注

1. 論《尚書》分今古文最先，而《尚書》之今古文最糾紛難辨

兩漢經學，有今、古文之分，以《尚書》爲最先，亦以《尚書》爲最糾紛難辨。治《尚書》不先考今、古文分別，必至茫無頭緒，治絲而棼。故分別今、古文，爲治《尚書》一大關鍵[1]，非徒爭門户也。漢時今文先出，古文後出，今文立學，古文不立學。漢立十四博士[2]：《易》，施、孟、梁丘、京氏；《尚書》，歐陽、大小夏侯；《詩》，魯、齊、韓；《禮》，大、小戴；《春秋》，嚴、顔。皆今文立學者也。費氏[3]古文《易》、古文《尚書》、《毛詩》《周官》《左氏春秋》皆古文，不立學者也。其後今文立學者皆不傳，古文不立學者反盛傳。蓋自東漢以來，異説漸起，非一朝一夕之故矣。

謂今、古文之分，《尚書》最先者，《史記·儒林傳》舉漢初經師，《詩》自申培公、轅固生、韓太傅，《禮》自高堂生，《易》自田何，《春秋》自胡母生、董仲舒，皆今文，無古文。惟於《尚書》云："孔氏有古文《尚書》，而安國以今文讀之，因以起其家。"[4]是漢初已有古文《尚書》，與今文別出。故曰今、古文之分，以《尚書》爲最先也。

謂今、古文以《尚書》爲最糾紛難辨者，太史公時《尚書》立學者惟有歐陽[5]，太史公未言受書何人。《史記》引書多同今文，而《漢書·儒林傳》云："司馬遷從安國問故。遷書載《堯典》《禹貢》《洪範》《微子》《金縢》諸篇，多古文説。"然則《史記》引書爲歐陽今文乎？抑安國古文乎？此難辨者一。

《漢書·藝文志》曰："古文《尚書》者，出孔子壁中，安國獻之，遭巫蠱事[6]，未列於學官。劉向以中古文校歐陽、大小夏侯三家經文。"又《儒林傳》曰："世所傳《百兩篇》者[7]，出東萊張霸[8]，分析合二十九篇以爲數十，又采《左氏傳》《書叙》爲作首尾，凡百二篇。成帝時求其古

文者，霸以能爲百兩徵，以中書校之[9]，非是。"《後漢書·儒林傳》曰：
"扶風杜林傳古文《尚書》[10]，林同郡賈逵爲之作訓，馬融作傳，鄭玄作
解，由是古文《尚書》遂顯於世。"據此則漢時古文《尚書》已有三本，一
孔氏之壁書，一張霸之百兩，一杜林之漆書[11]，此難辨者二。

　　東晉梅頤獻古文《尚書》孔安國傳[12]，孔穎達作疏，以孔氏經傳爲
真，馬、鄭所注爲張霸僞書[13]。宋儒以孔安國書爲僞[14]。近儒毛奇齡
以孔氏經傳爲真，馬、鄭所注本於杜林漆書者爲僞[15]。閻若璩[16]、惠
棟[17]則以孔氏經傳爲僞，馬、鄭所注本於杜林者即孔壁真古文。劉逢
禄[18]、宋翔鳳[19]、魏源[20]又以孔氏經傳與馬、鄭本於杜林者皆僞，逸
十六篇亦非孔壁之真。此難辨者三。

　　錫瑞案：張霸書之僞，《漢書》已明辨之；孔安國書之僞，近儒已明
辨之；馬、鄭古文《尚書》出於杜林者是否即孔壁真古文，至今猶無定
論。故曰：今、古文之分，以《尚書》爲最糾紛難辨也。若唐玄宗詔集
賢學士衛包改古文從今文[21]，乃以當時俗書改隸書，與漢時今文不
同。《文獻通考》曰："漢之所謂古文者科斗書，今文者隸書也。唐之所
謂古文者隸書，今文者世所通用之俗字也。"[22]宋時又有古文《尚書》，
出宋次道[23]家，尤不足據。阮元[24]曰："衛包以前，未嘗無今文，衛包
以後，又別有古文也。"

箋注

〔1〕案，《漢書·藝文志·六藝略》："故《書》之所起遠矣，至孔子纂焉，上斷於
　　堯，下訖於秦，凡百篇，而爲之序，言其作意。秦燔書禁學，濟南伏生獨壁藏
　　之。漢興亡失，求得二十九篇，以教齊魯之間。訖孝宣世，有《歐陽》《大小
　　夏侯氏》，立於學官。古文《尚書》者，出孔子壁中。武帝末，魯共王懷孔子
　　宅，欲以廣其宮。而得古文《尚書》及《禮記》《論語》《孝經》凡數十篇，皆古
　　字也。……孔安國者，孔子後也，悉得其書，以考二十九篇，得多十六篇。
　　安國獻之。遭巫蠱事，未列於學官。"後以伏生所傳爲今文《尚書》，孔壁所
　　出爲古文《尚書》。東晉梅頤所上孔安國傳本古文《尚書》，因來歷不明，被
　　稱爲"僞古文《尚書》"。

〔2〕漢立十四博士，據《漢書·百官公卿表》："博士，秦官，掌通古今，秩比六百石，員多至數十人。武帝建元五年初置《五經》博士，宣帝黃龍元年稍增員十二人。"《後漢書》卷七九上《儒林傳上》："昔王莽、更始之際，天下散亂，禮樂分崩，典文殘落。及光武中興，愛好經術，未及下車，而先訪儒雅，采求闕文，補綴漏逸。……於是立《五經》博士，各以家法教授，《易》有施、孟、梁丘、京氏，《尚書》歐陽、大小夏侯，《詩》齊、魯、韓，《禮》大、小戴，《春秋》嚴、顏，凡十四博士，太常差次總領焉。"

〔3〕費氏，即費直。《漢書·儒林傳》："費直字長翁，東萊人也。治《易》爲郎，至單父令。長於卦筮，亡章句，徒以彖象繫辭十篇文言解說上下經。琅邪王璜平中能傳之。璜又傳古文《尚書》。"《後漢書》卷七九上《儒林傳上》："又有東萊費直，傳《易》，授琅邪王橫，爲費氏學。本以古字，號古文《易》。"

〔4〕《史記·儒林傳》："孔氏有古文《尚書》，而安國以今文讀之，因以起其家。逸《書》得十餘篇，蓋《尚書》滋多於是矣。"《漢書·儒林傳》："孔氏有古文《尚書》，孔安國以今文字讀之，因以起其家逸《書》，得十餘篇，蓋《尚書》茲多於是矣。"

〔5〕《漢書·儒林傳》贊曰："自武帝立五經博士，開弟子員，設科射策，勸以官祿，訖於元始，百有餘年，傳業者寖盛，支葉藩滋，一經說至百餘萬言，大師衆至千餘人，蓋祿利之路然也。初，《書》唯有歐陽，《禮》后，《易》楊，《春秋》公羊而已。"

〔6〕巫蠱事，即漢武帝征和二年(前91)因巫蠱而引發的統治者内部之鬥爭。《漢書·武帝紀》："冬十一月，發三輔騎士大搜上林，閉長安城門，索十一日乃解。巫蠱起。二年春正月，丞相(公孫)賀下獄死。夏四月，大風發屋折木。閏月，諸邑公主、陽石公主皆坐巫蠱死。夏，行幸甘泉。秋七月，按道侯韓説、使者江充等掘蠱太子宫。壬午，太子與皇后謀斬充，以節發兵與丞相劉屈氂大戰長安，死者數萬人。"《漢書·江充傳》："會陽陵朱安世告丞相公孫賀子太僕敬聲爲巫蠱事，連及陽石、諸邑公主，賀父子皆坐誅。語在《賀傳》。後上幸甘泉，疾病，充見上年老，恐晏駕後爲太子所誅，因是爲奸，奏言上疾祟在巫蠱。於是上以充爲使者治巫蠱。充將胡巫掘地求偶人，捕蠱及夜祠，視鬼，染汙令有處，輒收捕驗治，燒鐵鉗灼，強服之。民轉相誣以巫蠱，吏輒劾以大逆亡道，坐而死者前後數萬人。"《漢書·武五子傳》："武帝末，衛后寵衰，江充用事。充與太子及衛氏有隙，恐上晏駕後爲太子所誅，會巫蠱事起，充因此爲奸。是時，上春秋高，意多所惡，以爲左右皆爲蠱道祝詛，窮治其事。丞相公孫賀父子，陽石、諸邑公主，及皇后弟子長平侯

衛伉皆坐誅。”《漢書·公孫賀傳》：“（朱）安世遂從獄中上書，告敬聲與陽石公主私通，及使人巫祭祠詛上，且上甘泉當馳道埋偶人，祝詛有惡言。下有司案驗賀，窮治所犯，遂父子死獄中，家族。巫蠱之禍起自朱安世，成於江充，遂及公主、皇后、太子，皆敗。”

〔7〕《百兩篇》，即張霸所僞造之《尚書》。《論衡·正說》：“說《尚書》者，或以爲本百兩篇，後遭秦燔《詩》《書》，遺在者二十九篇。夫言秦燔《詩》《書》，是也；言本百兩篇者，妄也。蓋《尚書》本百篇，孔子以授也。遭秦用李斯之議，燔燒五經，濟南伏生抱百篇藏於山中。孝景皇帝時，始存《尚書》。伏生已出山中，景帝遣晁錯往從受《尚書》二十餘篇。伏生老死，《書》殘不竟。晁錯傳於倪寬。至孝宣皇帝之時，河內女子發老屋，得逸《易》《禮》《尚書》各一篇，奏之。宣帝下示博士，然后《易》《禮》《尚書》各益一篇，而《尚書》二十九篇始定矣。至孝景帝時，魯共王壞孔子教授堂以爲殿，得百篇《尚書》於牆壁中。武帝使使者取視，莫能讀者，遂秘於中，外不得見。至孝成皇帝時，徵爲古文《尚書》學。東海張霸案百篇之序，空造百兩之篇，獻之成帝。帝出秘百篇以校之，皆不相應，於是下霸於吏。吏白霸罪當至死。成帝高其才而不誅，亦惜其文而不滅。故百兩之篇傳在世間者，傳見之人則謂《尚書》本有百兩篇矣。”

〔8〕東萊張霸，西漢學者，撰《尚書》僞經《百兩篇》。東萊，古地名。《國語·齊語》：“通齊國之魚鹽於東萊，使關市幾而不征。”韋昭注：“東萊，齊東夷也。”即今山東龍口市一帶。

〔9〕中書，皇宮中之藏書。《漢書·儒林傳》：“成帝時求其古文者，霸以能爲百兩徵，以中書校之，非是。”顔師古注：“中書，天子所藏之書也。”

〔10〕案，《後漢書》卷二七《杜林傳》：“杜林字伯山，扶風茂陵人也。……林少好學沈深，家既多書，又外氏張竦父子喜文采，林從竦受學，博洽多聞，時稱通儒。”

〔11〕案，《後漢書》卷二七《杜林傳》：“林前於西州得漆書古文《尚書》一卷，常寶愛之，雖遭難困，握持不離身。出以示（衛）宏等曰：‘林流離兵亂，常恐斯經將絕。何意東海衛子、濟南徐生復能傳之，是道竟不墜於地也。古文雖不合時務，然願諸生無悔所學。’宏、巡益重之，於是古文遂行。”

〔12〕梅頤，字仲真，一作梅賾，官至豫章内史。《世說新語·方正》篇劉孝標注云：“《晉諸公贊》曰：頤字仲真，汝南西平人，少好學隱退，而求實進止。”《經義考》卷七四《書三》：“《漢志》：《古文經》四十六卷。存。……熊朋來曰：‘孔壁真古文之書不傳，後有張霸之徒僞作二十四篇，亦名《古文尚書》。

至晉豫章內史梅賾別得《古文尚書》二十五篇，凡漢儒注經指爲逸書者，遂皆有其書，又并有孔安國傳序，世傳以爲真。然所謂古文者，不如今文之古矣。"

〔13〕案，《尚書注疏》卷一《尚書序》："而古今文不同者，即馬融所云：'吾見書傳多矣，凡諸所引，今之《泰誓》皆無此言，而古文皆有。'則古文爲真，亦復何疑？但於先有張霸之徒僞造《泰誓》，以藏壁中，故後得而惑世也。"孔穎達，字沖遠，冀州衡水（今屬河北）人。孔子第三十一世孫，唐朝經學家。《新唐書·儒學上》："（穎達）八歲就學，誦記日千餘言，闇記《三禮義宗》。及長，明服氏《春秋傳》、鄭氏《尚書》《詩》《禮記》、王氏《易》，善屬文，通步曆。……初，穎達與顏師古、司馬才章、王恭、王琰受詔撰《五經》義訓凡百餘篇，號《義贊》，詔改爲《正義》云。雖包貫異家爲詳博，然其中不能無謬冗，博士馬嘉運駁正其失，至相譏詆。有詔更令裁定，功未就。永徽二年，詔中書門下與國子三館博士、弘文館學士考正之，於是尚書左僕射於志寧、右僕射張行成、侍中高季輔就加增損，書始布下。"

〔14〕案，宋人魏了翁《尚書要義》卷一《堯典》："《藝文志》又云：孔安國者，孔子後也，悉得其書，以古文又多十六篇。篇即卷也，即是僞書二十四篇也。"

〔15〕案，見毛奇齡《古文尚書冤詞》。《清史稿》卷四八一《儒林傳二》："奇齡淹貫群書，所自負者在經學，然好爲駁辨，他人所已言者，必力反其詞。古文《尚書》自宋吳棫後多疑其僞，及閻若璩作《疏證》，奇齡力辨爲真，遂作《古文尚書冤詞》。又刪舊所作《尚書廣聽錄》爲五卷，以求勝於若璩。"

〔16〕閻若璩（1638—1704），字百詩，號潛丘，山西太原人，清初著名學者。撰有《尚書古文疏證》一書，證成東晉梅賾所獻《古文尚書》及孔安國《尚書傳》爲僞托之作。《清史稿》卷四八一《儒林傳二》："研究經史，深造自得。……年二十，讀《尚書》至古文二十五篇，即疑其譌。沉潛三十餘年，乃盡得其癥結所在，作《古文尚書疏證》八卷。引經據古，一一陳其矛盾之故，古文之僞大明。所列一百二十八條，毛奇齡《尚書古文冤詞》百計相軋，終不能以強辭奪正理，則有據之言先立於不可敗也。"

〔17〕惠棟，注見前。

〔18〕劉逢祿（1776—1829），字申受，號申甫，江蘇武進人。清代經學家，常州學派代表人物。《清史稿》卷四八二《儒林傳三》："外王父莊存與、舅莊述祖，并以經術名世，逢祿盡傳其學。……其爲學務通大義，不專章句。由董生《春秋》闚六藝家法，由六藝求觀聖人之志。……於是尋其餘貫，正其統紀，爲《公羊春秋何氏釋例》三十篇，又析其疑滯，強其守衛，爲《箋》一卷，《答

難》二卷。又推原穀梁氏、左氏之得失，爲《申何難鄭》四卷。又博徵諸史刑、禮之不中者爲《儀禮決獄》四卷。又推其意爲《論語述何》《夏時經傳箋》《中庸崇禮論》《漢紀述例》各一卷。別有《緯略》二卷，《春秋賞罰格》一卷。愍時學者説《春秋》皆襲宋儒直書其事，不煩褒貶之辭，獨孔廣森爲《公羊通義》能抉其蔽，然尚不能信三科、九旨爲微言大義所在，乃著《春秋論》上、下篇以張聖權。又成《左氏春秋考證》二卷，知者謂與閻、惠之辯《古文尚書》等。……逢禄於《易》主虞氏，於《書》匡馬、鄭，於《詩》初尚毛學，後好三家。有《易虞氏變動表》《六爻發揮旁通表》《卦象陰陽大義》《虞氏易言補》各一卷。又爲《易象賦》《卦氣頌》，提其指要。《尚書今古文集解》三十卷，《書序述聞》一卷，《詩聲衍》二十七卷。所爲詩、賦、連珠、論、序、碑、記之文約五十篇。"

〔19〕宋翔鳳(1779—1860)，字虞庭，一作於庭，江蘇長洲(今蘇州)人。清代經學家，常州學派代表人物。《清史稿》卷四八一《儒林傳二》："宋翔鳳……亦莊述祖之甥。述祖有'劉甥可師、宋甥可友'之語，劉謂逢禄，宋謂翔鳳也。翔鳳通訓詁名物，志在西漢家法，微言大義，得莊氏之真傳。著《論語説義》十卷，……又有《論語鄭注》十卷，《大學古義説》二卷，《孟子趙注補正》六卷，《孟子劉熙注》一卷，《四書釋地辨證》二卷，《卦氣解》一卷，《尚書説》一卷，《尚書譜》一卷，《爾雅釋服》一卷，《小爾雅訓纂》六卷，《五經要義》一卷，《五經通義》一卷，《過庭録》十六卷。"

〔20〕魏源(1794—1857)，名遠達，字默深，湖南邵陽人。晚清著名學者，主張"經世致用"。《清史稿》卷四八六《文苑傳三》："源兀傲有大略，熟於朝章國故。論古今成敗利病，學術流別，馳騁往復，四座皆屈。……源以我朝幅員廣，武功實邁前古，因借觀史館官書，參以士大夫私著，排比經緯，成《聖武記》四十餘萬言。晚遭夷變，謂籌夷事必知夷情，復據史志及林則徐所譯西夷《四州志》等，成《海國圖志》一百卷。他所著有《書古微》《詩古微》《元史新編》《古微堂詩文集》。"

〔21〕案，《新唐書》卷五七《藝文志·經部·書類》："《今文尚書》十三卷。開元十四年，玄宗以《洪範》'無偏無頗'聲不協，詔改爲'無偏無陂'。天寶三載，又詔集賢學士衛包改古文從今文。"

〔22〕案，《文獻通考》卷一七七《經籍考四》："《古文尚書》十三卷……按：《漢儒林傳》言孔氏有《古文尚書》，孔安國以今文讀之。《唐·藝文志》有《今文尚書》十三卷，注言玄宗詔集賢學士衛包改古文從今文。然則漢之所謂古文者科斗書，今文者隸書也。唐之所謂古文者隸書，今文者世所通用之俗字

也。隸書，秦、漢間通行，至唐則久變而爲俗書矣，何《尚書》猶存古文乎？"

〔23〕宋次道，即宋敏求（1019—1079），北宋平棘（今河北趙縣）人。著有《春明退朝録》《長安志》等書，輯《唐大詔令集》。《宋史》卷二九〇《宋敏求傳》："王堯臣修唐書，以敏求習唐事，奏爲編修官。持祖母喪，詔令居家修書。……敏求家藏書三萬卷，皆略誦習，熟於朝廷典故，士大夫疑議，必就正焉。補唐武宗以下六世《實録》百四十八卷，他所著書甚多，學者多咨之。"

〔24〕阮元，注見前。引文見阮元《尚書注疏校勘記序》："《唐·藝文志》云天寶三載詔集賢學士衛包改古文從今文，説者謂今文從此始，古文從此絶。殊不知衛包以前，未嘗無今文，衛包以後，又別有古文也。"

2. 論漢時今古文之分由文字不同，亦由譯語各異

漢時所謂今文，今謂之隸書[1]，世所傳《熹平石經》[2]與孔廟等處漢碑是也。漢時所謂古文，今謂之古籀[3]，世所傳鐘鼎、石鼓與《説文》[4]所列古文是也。隸書漢時通行，故謂之今文，猶今人之於楷書，人人盡識者也。古籀漢時已不通行，故謂之古文，猶今人之視篆隸，不能人人盡識者也。《史記·儒林傳》曰："伏生者，濟南人也，故爲秦博士[5]。秦時焚書，伏生壁藏之。其後兵大起，流亡。漢定，伏生求其書，亡數十篇，獨得二十九篇，即以教於齊魯之間。"

錫瑞案：孔子寫定六經，皆用古文，見許氏《説文自叙》。伏生爲秦博士，所藏壁中之書，必與孔壁同爲古文。至漢發藏以教生徒，必易爲通行之隸書，始便學者誦習。江聲《尚書集注音疏》[6]始用篆文書，不通行，後卒改用今體楷書。觀今人不識篆文，不能通行，即知漢人不識古文，不能通行之故，此漢時立學所以皆今文，而古文不立學也。古文《尚書》之名，雖出漢初，尚未別標今文之名，但云歐陽《尚書》、夏侯《尚書》而已。劉歆建立古文《尚書》之後，始以今《尚書》與古《尚書》別異[7]。許慎《五經異義》[8]列古《尚書》説、今《尚書》夏侯歐陽説，是其明證。

龔自珍《總論漢代今文古文名實》曰[9]："伏生壁中書實古文也，歐

陽、夏侯之徒以今文讀之，傳諸博士，後世因曰伏生今文家之祖，此失其名也。孔壁固古文也，孔安國以今文讀之，則與博士何以異，而曰孔安國古文家之祖，此又失其名也。今文、古文，則出孔子之手，一爲伏生之徒讀之，一爲孔安國讀之，未讀之先，皆古文矣，既讀之後，皆今文矣。惟讀者人不同，故其說不同，源一流二，漸至源一流百。此如後世翻譯，一語言也，而兩譯之，三譯之，或至七譯之，譯主不同，則有一本至七本之異。未譯之先，皆彼方語矣；既譯之後，皆此方語矣。其所以不得不譯者，不能使此方之人曉殊方語。故經師之不能不讀者，不能使漢博士及弟子員悉通周古文。然而譯語者未嘗取所譯之本而毀棄之也，殊方語自在也。讀《尚書》者，不曰以今文讀後而毀棄古文也，故其字仍散見於群書及許氏《說文解字》之中，可求索也。又譯字之人，必華夷兩通而後能之。讀古文之人，必古今字盡識而後能之。此班固所謂曉古今語者，必冠世大師，如伏生、歐陽生、夏侯生、孔安國，庶幾當之，餘子皆不能也。此今文、古文家之大略也。若夫讀之之義，不專指以此校彼而言，又非謂以博士本讀壁中本而言。具如予外王父段先生言。"[10] 詳見段氏《古文尚書撰異》。[11] 案段氏解讀字甚精，龔氏通翻譯，解讀字尤確，據此可知今古文本同末異之故，學者不必震於古文之名而不敢議矣。

箋注

〔1〕 隸書，漢字字體之一種，亦稱叫佐書，由篆書簡化演變而成。始於秦代，普遍使用於漢魏。秦人程邈將此種書寫體加以搜集整理，後世遂有程邈創隸書之說。《晉書》卷三六《衛恒傳》："恒善草隸書，爲《四體書勢》曰：'……或曰，下土人程邈爲衙獄吏，得罪始皇，幽繫雲陽十年，從獄中作大篆，少者增益，多者損減，方者使員，員者使方，奏之始皇。始皇善之，出以爲御史，使定書。或曰，邈所定乃隸字也。自秦壞古文，有八體，一曰大篆，二曰小篆，三曰刻符，四曰蟲書，五曰摹印，六曰署書，七曰殳書，八曰隸書。'"《魏書》卷九一《術藝傳·江式》："隸書者，始皇使下杜人程邈附於小篆所作也，以邈徒隸，即謂之隸書。"

〔2〕熹平石經,東漢時所刻碑石經書。漢靈帝熹平四(175)年,據蔡邕等正定六經文字之建議始刻,訖至光和六年,凡歷九年而成,共刻四十六石碑,立於洛陽太學門前,有《魯詩》《尚書》《周易》《儀禮》《春秋》《公羊傳》《論語》等七種經文。因始於熹平年間,故稱《熹平石經》,此爲我國歷史上最早之官定儒家經本。《後漢書》卷七九《儒林傳上》:"熹平四年,靈帝乃詔諸儒正定《五經》,刊於石碑,爲古文、篆、隸三體書法以相參檢,樹之學門,使天下咸取則焉。"

〔3〕古籀,即古文與籀文之并稱。《晉書》卷三六《衛恒傳》:"恒善草隸書,爲《四體書勢》曰:'……自黃帝至三代,其文不改。及秦用篆書,焚燒先典,而古文絕矣。漢武時,魯恭王壞孔子宅,得《尚書》《春秋》《論語》《孝經》。時人以不復知有古文,謂之科斗書。……昔周宣王時,史籀始著《大篆》十五篇,或與古同,或與古異,世謂之籀書者也。'"

〔4〕《説文》,即《説文解字》,東漢許慎撰。注見前。

〔5〕《漢書·百官公卿表》:"博士,秦官,掌通古今,秩比六百石,員多至數十人。武帝建元五年初置《五經》博士,宣帝黃龍元年稍增員十二人。"

〔6〕江聲(1721—1799),字本濤,改字叔澐,號艮庭,清代經學家。原籍安徽休寧,後僑居江蘇元和。師事惠棟,於經學、文字學均有建樹。《清史稿》卷四八一《儒林傳二》:"江聲……讀《尚書》,怪古文與今文不類。又怪孔《傳》非安國所爲。年三十五,師事同郡通儒惠棟,得讀所著《古文尚書考》及閻若璩《古文疏證》,乃知古文及孔《傳》皆晉時人僞作,於是集漢儒之説,以注二十九篇,漢注不備,則旁考他書。精研古訓,成《尚書集注音疏》十二卷,附《補誼》九條、《識僞字》一條,《尚書集注音疏前後述外編》一卷,《尚書》經師系表也。經文注疏,皆以古篆書之。疑僞古文者,始於宋之吴才老,朱子以後,吴草廬、郝京山、梅鷟皆不能得其要領。至本朝閻、惠兩徵君所著之書,乃能發其作僞之迹、剿竊之原。若刊正經文,疏明古注,則皆未之及也,及聲出而集大成焉。"

〔7〕《漢書·楚元王傳》:"及(劉)歆親近,欲建立《左氏春秋》及《毛詩》、逸《禮》、古文《尚書》皆列於學官。"

〔8〕《後漢書》卷七九《儒林傳下》:"初,慎以五經傳説臧否不同,於是撰爲《五經異義》。"《隋書》卷三二《經籍志·經部》:"《五經異義》十卷,後漢太尉祭酒許慎撰。"《舊唐書》卷四六《經籍志·經部》:"《五經異義》十卷,許慎撰,鄭玄駁。"《新唐書》卷五七《經籍志·經部》:"許慎《五經異義》十卷,鄭玄駁。"

〔9〕龔自珍(1792—1841),字璱人,號定庵,浙江仁和(今杭州)人。晚年居住崑

山羽琤山館，又號羽琤山民。清代思想家、改良主義的先驅者。龔自珍曾任內閣中書、宗人府主事和禮部主事等官職。主張革除弊政，抵制外國侵略，曾全力支持林則徐禁除鴉片。四十八歲辭官南歸，次年卒於江蘇丹陽雲陽書院。於經通《公羊春秋》，於史長西北輿地，有《定盦集》，留存文章三百餘篇，詩詞近八百首，今人輯爲《龔自珍全集》。《總論漢代今文古文名實》見龔自珍《大誓答問第二十四》。

〔10〕具，原引誤作"其"，據龔自珍《大誓答問》第二十四改。段先生，即段玉裁（1735—1815），字若膺，號懋堂，晚年又號硯北居士、長塘湖居士、僑吳老人，江蘇金壇人。乾隆舉人，歷任貴州玉屏、四川巫山等縣知縣，引疾歸，居蘇州楓橋，閉門讀書。段玉裁曾師事戴震，愛好經學，長於文字、音韻、訓詁之學，精於校勘，是徽派樸學大師中傑出的代表。著述有《說文解字注》《六書音均表》《古文尚書撰異》《毛詩故訓傳定本》《經韻樓集》等。《清史稿》卷四八一《儒林傳二》有傳。《禮十七篇標題·漢無儀字說》見《經韻樓集》卷二。《清史稿》本傳："段玉裁生而穎異，讀書有兼人之資……著《六書音均表》五卷……其書始名《詩經韻譜》《群經韻譜》……於是積數十年精力專說說文，著《說文解字注》三十卷……述《漢讀考》，先成《周禮》六卷，又撰《禮經漢讀考》一卷，其他十六卷未成。儀徵阮元謂玉裁書有功於天下後世者三：言古音一也，言《說文》二也，《漢讀考》三也……重訂《毛詩古訓傳》三十卷……著《古文尚書撰異》三十二卷……著《春秋左氏古經》十二卷，而以《左氏傳五十凡》附後。外有《毛詩小學》三十卷，《汲古閣說文訂》六卷，《經韻樓集》十二卷。"

〔11〕案，周中孚《鄭堂讀書記》卷九《經部·書類》："《古文尚書撰異》三十二卷（原刊本）。國朝段玉裁撰。茂堂以兩漢博士治歐陽、夏侯《尚書》，載在令甲。漢人詔冊章奏，皆用博士所習者，乃今文也。至後漢衛、賈、馬、鄭迭興，古文之學始盛。賈逵分別古今，劉陶是正文字，其書皆不存。因廣蒐補闕，自《堯典》迄《秦誓》爲三十一篇（合之即二十八篇），《書序》一篇，篇各一卷。所載經文仍用僞孔傳本，而稍從古文。其《太誓》三篇，唐後乃亡，故存其目，而逸文不別爲篇，亦如各篇逸文附於《太誓序》下。參伍鉤考，博引繁稱，大抵詳於字而略於說字之異同，以正晉、唐之妄改，存周、漢之駁文。間於其說同異，亦時時論及之，所以折衷古義也。取賈逵傳語，名曰《古文尚書撰異》。自有此書，而今文古文之異同，昭昭然白黑分矣。故孫淵如師撰《今古文注疏》，於字之異同，一本是書，不假他求也。書成於乾隆辛亥，自爲之序。"

3. 論伏生傳經二十九篇，非二十八篇，當分《顧命》《康王之誥》爲二，不當數《書序》與《大誓》

　　孔子弟子漆雕開傳《尚書》[1]，其後授受源流，皆不可考。漢初傳《尚書》者，始自伏生。伏生傳經二十九篇，見《史記·儒林傳》《漢書·藝文志》。《儒林傳》亦云伏生求得二十九篇，無所謂二十八篇者。乃孔穎達《正義》云：“《尚書》遭秦而亡，漢初不知篇數。武帝時，有太常蓼侯孔臧者[2]，安國之從兄也，與安國書云：‘時人惟聞《尚書》二十八篇，取象二十八宿，謂爲信然，不知其有百篇也。’”[3]

　　錫瑞案：此引《論衡》“法四七宿”之說，而遺“其一曰斗”之文[4]。段玉裁謂孔臧書不可信[5]，王引之謂二十八篇之說，見於僞《孔叢子》[6]及《漢書·劉歆傳》臣瓚注[7]，蓋晉人始有此說。據段、王說，則今文二十八篇之說非是，孔臧書即僞《孔叢子》所載也。惟王充《論衡·正說》篇云：“至孝宣皇帝之時，河內女子發老屋，得逸《易》《禮》《尚書》各一篇，奏之宣帝，下示博士，然後《易》《禮》《尚書》各益一篇，而《尚書》二十九篇始定。”如其說，則益一篇乃有二十九，伏生所傳者止二十八矣。所益一篇是《大誓》[8]。《尚書正義》引劉向《別録》[9]曰：“武帝末，民有得《大誓》書於壁內者，獻之，與博士使讀說之，數月皆起傳以教人。”《文選注》引《七略》[10]同，且曰：“今《太誓》篇是也。”《論衡》言宣帝時，與《別録》《七略》言武帝末不合。王引之、陳壽祺[11]皆以《論衡》爲傳聞之誤，則其言《尚書》篇數，亦不可信。而即《論衡》之說考之，亦自有不誤者。《正說》篇云：“傳者或知《尚書》爲秦所燔，而謂二十九篇，其遺脫不燒者也。審若此言，《尚書》二十九篇，火之餘也。七十一篇爲炭灰，二十九篇獨遺耶？夫伏生年老，晁錯[12]從之學時，適得二十餘篇。伏生死矣，故二十九篇獨見，七十一篇遺脫。”據此，則王仲任亦以爲伏生傳晁錯，已有二十九篇，與馬、班說不異，其以爲益一篇而二十九篇始定，蓋當時傳聞之辭，仲任非必堅持其説，而其説亦有所自來。伏生所傳二十九篇，《堯典》一，《皋陶謨》二，《禹貢》三，《甘誓》四，《湯誓》五，《般庚》六，《高宗肜日》七，《西伯戡黎》八，《微子》九，《牧誓》十，《鴻範》十一，《大誥》十二。葉夢得云：“伏生以《大誥》列《金縢》前。”《金縢》十三，《康誥》十四，《酒誥》十五，《梓材》十六，《召誥》十七，《洛誥》十八，《多士》十九，《毋佚》二十，《君奭》二十一，《多方》二十二，《立政》二十三，《顧命》二十四，《康王之誥》二十五，《鮮誓》二十六，《甫刑》二十七，《文侯之命》二十八，《秦誓》二十九。《釋文》[13]：“‘王若曰：庶邦侯甸男衛’，馬本從此以下爲《康王之誥》，歐陽、大小夏侯同爲《顧命》。”[14] 故或謂今文二十九篇，當合《顧命》《康王之誥》爲一，而以《大誓》當一篇者，王引之《經義述聞》是也[15]。或以《書序》當一篇者，陳壽祺《左海經辨》是也[16]。案以《書序》當一篇，《經義述聞》已辨之矣[17]；以《大誓》當一篇，《大誓答問》已辨之矣[18]。當從《大誓答問》，分《顧命》《康王之誥》爲二，不數《大誓》《書序》爲是。惟龔氏論夏侯、歐陽無增篇，無解於《釋文》。所云歐陽、夏侯既無增篇，又并二篇爲一，則仍止二十八，而無二十九矣。《史記·周本紀》云“作《顧命》”“作《康誥》”。《康誥》即《康王之誥》。則史公所傳伏生之書，明分二篇。其後歐陽、夏侯乃合爲一，疑因後得《大誓》，下示博士，使讀説以教人，博士乃以《顧命》《康王之誥》合爲一篇，而攬入《大誓》，此夏侯篇數所以仍二十九，歐陽又分《大誓》爲三，所以篇數增至三十一也。《論衡》所云“益一篇而《尚書》二十九篇始定”，乃據其後言之。云伏生傳晁錯，適得二十九篇，乃據其先言之。如此解則二説皆可通，而伏生所傳篇數，與博士所傳篇數，名同而實不同之故，亦可考而知矣。若《書正義》謂“司馬遷在武帝之世，見《太誓》出而得行，入於伏生所傳內，故爲史總之，并云伏生所出，不復曲別分析，云民間所得”也。[19] 史公不應謬誤至此，其説非是。漢所得《大誓》今殘缺，考其文體，與二十九篇不類，白魚赤鳥之瑞[20]，頗近緯書，伏生《大傳》雖載之，似亦説經之文，而非引經之文，故董子但稱爲《書傳》，馬融疑之是也。唐人信僞孔古文，以此《大誓》爲僞，遂致亡佚。近人以爲不僞，復掇拾叢殘而補之，似亦可以不必矣。

箋注

〔1〕漆雕開，春秋末年魯國人，一説蔡國人，曾隨孔子習《尚書》，《韓非子·顯學》篇將其列爲儒家八派之一。《史記·仲尼弟子列傳》："漆彫開字子開。"《孔子家語·七十二弟子解》："漆雕開，蔡人，字子若。少孔子十一歲，習《尚書》，不樂仕。孔子曰：'子之齒可以仕矣！時將過。'子若報其書曰：'吾斯之未能信。'孔子悦焉。"《韓非子·顯學》："自孔子之死也，有子張之儒，有子思之儒，有顔氏之儒，有孟氏之儒，有漆雕氏之儒，有仲良氏之儒，有孫氏之儒，有樂正氏之儒。"

〔2〕孔臧，《漢書·百官公卿表下》："蓼侯孔臧爲太常，（元朔）三年坐南陵橋壞衣冠道絶，免。"《漢書·藝文志·諸子略·儒家類》："太常蓼侯孔臧十篇。"顔師古注："父蕠，高祖時以功臣封，臧嗣爵。"

〔3〕見《孔叢子·連叢子上·與從弟書》："唯聞《尚書》二十八篇取象二十八宿，謂爲至然也。何圖古文乃自百篇邪？"

〔4〕見《論衡·正説》："或説《尚書》二十九篇者，法曰斗，七宿也。四七二十八篇，其一曰斗矣，故二十九。"《論衡》，王充撰。《後漢書·王充傳》："充好論説，始若詭異，終有理實。以爲俗儒守文，多失其真，乃閉門潜思，絶慶吊之禮，户牖墻壁各置刀筆。著《論衡》八十五篇，二十餘萬言，釋物類同異，正時俗嫌疑。"

〔5〕孔臧書，即孔臧《與從弟書》，見《孔叢子·連叢子上》。

〔6〕《四庫全書總目提要》卷九一《子部·儒家類一》："《孔叢子》三卷。舊本題曰孔鮒撰。所載仲尼而下子上、子高、子順之言行，凡二十一篇，又以孔臧所著賦與書上下二篇附綴於末，別名曰《連叢》。鮒字子魚，孔子八世孫。仕陳涉爲博士。臧，高祖功臣孔蕠之子，嗣爵蓼侯。武帝時官太常。其書《文獻通考》作七卷。今本三卷，不知何人所并。晁公武《讀書志》云：《漢志》無《孔叢子》，儒家有《孔臧》十篇，雜家有孔甲《盤盂書》二十六篇，其獨治篇，鮒或稱孔甲。意者，《孔叢子》即孔甲《盤盂》，《連叢》即孔臧書。案《漢書·藝文志》顔師古注，謂孔甲黄帝之史，或云夏后孔甲，似皆非。則《孔叢》非《盤盂》。又志於儒家《孔臧》十篇外，詩賦家別出《孔臧賦》二十篇。今《連叢》有賦，則亦非儒家之孔臧。公武未免附會。《朱子語類》謂：《孔叢子》文氣軟弱，不似西漢文字，蓋其後人集先世遺文而成之者。陳振

孫《書録解題》亦謂：案，《孔光傳》，孔子八世孫鮒，魏相順之子，爲陳涉博士，死陳下。則固不得爲漢人。而其書記鮒之没，則又安得以爲鮒撰？其說當矣。《隋書·經籍志·論語家》有《孔叢》七卷。注曰：陳勝博士孔鮒撰。其序録稱《孔叢》《家語》并孔氏所傳仲尼之旨，則其書出於唐以前。然《家語》出王肅依托，《隋志》既誤以爲真，則所云《孔叢》出孔氏所傳者，亦未爲確証。朱子所疑，蓋非無見。"

〔7〕臣瓚，西晉學者，姓氏及籍貫不詳，其名見於裴駰《史記集解序》、顔師古《漢書叙例》。《史記集解序》："《漢書音義》稱'臣瓚'者，莫知姓氏。今直云'瓚曰'，又都無姓名者，但云《漢書音義》。"《漢書叙例》："有臣瓚者，莫知氏族，考其時代，亦在晉初，又總集諸家音義，稍以己之所見，續厠其末，舉駁前說，喜引《竹書》，自謂甄明，非無差爽，凡二十四卷，分爲兩帙。今之《集解音義》則是其書，而後人見者不知臣瓚所作，乃謂之應劭等《集解》。"王先謙《漢書補注》："宋祁曰：'景祐余靖校本云臣瓚不知何姓。'案裴駰《史記序》云莫知姓氏，韋棱《續訓》又言未詳，而劉孝標《類苑》以爲於瓚，酈元注《水經》以爲薛瓚。姚察《訓纂》云，案《庾翼集》，於瓚爲翼主簿，兵曹參軍，後爲建威將軍。《晉中興書》云，翼病卒，而大將於瓚等作亂，翼長史江虨誅之。於瓚乃是翼將，不載有注解《漢書》。然瓚所采衆家《音義》，自服虔、孟康以外，并因晉亂湮滅，不傳江左。而《高紀》中瓚案《茂陵書》，《文紀》中案《漢禄秩令》，此二書亦復亡失不得過江，明此瓚是晉中朝人，未喪亂之前，故得具其先輩《音義》及《茂陵書》《漢（禄秩）令》等耳。蔡謨之江左，以瓚二十四卷散入《漢書》，今之注也。若謂爲於瓚，乃是東晉人，年代前後了不相會，此瓚非於，足可知矣。又案《穆天子傳》目録云：秘書校書郎中傅瓚校古文《穆天子傳》曰，記《穆天子傳》者，汲縣人不準盜發古冢所得書。今《漢書音義》臣瓚所案，多引《汲書》以駁衆家訓義。此瓚疑爲是傅瓚。瓚時職點校書，故稱臣也。顔師古曰，後人斟酌瓚姓，附之傅族耳。既無明文，未足取信。洪頤煊曰：'劉昭《續漢志注補》、杜佑《通典》做於瓚，司馬貞《索隱》、李善《文選注》作傅瓚。'"《漢書·楚元王傳》："以《尚書》爲備，謂左氏爲不傳《春秋》，豈不哀哉！"顔師古注："臣瓚曰：'當時學者，謂《尚書》唯有二十八篇，不知本有百篇也。'師古曰：'瓚說是也。'"

〔8〕《大誓》，漢武帝時河内女子所上佚書，或曰即《泰誓》。

〔9〕《漢書·藝文志》："至成帝時，以書頗散亡，使謁者陳農求遺書於天下。詔光禄大夫劉向校經傳、諸子、詩賦，步兵校尉任宏校兵書，太史令尹咸校數術，侍醫李柱國校方技。每一書已，向輒條其篇目，撮其指意，録而奏之。"

案,劉向所録奏者即爲《别録》。《隋書·經籍志·史部·簿録類》:"《七略别録》二十卷,劉向撰。"《舊唐書·經籍志·史部·書目類》:"《七略别録》二十卷,劉向撰。"

〔10〕《七略》,劉歆撰。《漢書·楚元王傳》:"哀帝初即位,大司馬王莽舉歆宗室有材行,爲侍中太中大夫,遷騎都尉、奉車光禄大夫,貴幸。復領五經,卒父前業。歆乃集六藝群書,種别爲《七略》。"《漢書·藝文志》:"會向卒,哀帝復使向子侍中奉車都尉歆卒父業。歆於是總群書而奏其《七略》。"《隋書·經籍志序》:"歆遂總括群篇,撮其指要,著爲《七略》。"

〔11〕陳壽祺(1771—1834),字恭甫,號左海,晚自號隱屏山人,福建閩縣(今福州)人,清代經學家。《清史稿》卷四八二《儒林傳三》:"壽祺會試出朱珪、阮元門,乃專爲漢儒之學,又及見錢大昕、段玉裁、王念孫、程瑤田諸人,故學益精博。解經得兩漢大義,每舉一義,輒有折衷。兩漢經師莫先於伏生,莫備於許氏、鄭氏,壽祺闡明遺書,著《尚書大傳箋》三卷、《序録》一卷、《訂誤》一卷,附《漢書五行志》,綴以他書所引劉氏《五行傳論》三卷。……又著《五經異義疏證》三卷,《左海經辨》二卷,《左海文集》十卷,《左海駢體文》二卷,《絳跗堂詩集》六卷,《東越儒林文苑後傳》二卷,《東觀存稿》一卷。"

〔12〕晁錯(前200—前154),西漢潁川(今河南禹州)人。漢文帝時,任太常掌故,後歷任太子舍人、博士、太子家令;景帝即位後,任爲内史,後遷至御史大夫。推行改革,經濟上發展了重農抑商政策,主張納粟受爵,振興經濟;在抵禦匈奴侵邊問題上提出移民實邊,積極備禦;政治上進言削藩,鞏固中央集權,損害了諸侯利益。以吳王劉濞爲首的七國諸侯以"請誅晁錯,以清君側"爲名,舉兵反叛。景帝聽從袁益之計,腰斬晁錯於東市。《史記·晁錯列傳》:"晁錯者,潁川人也。學申、商刑名於軹張恢先所,與雒陽宋孟及劉禮同師。以文學爲太常掌故。……孝文帝時,天下無治《尚書》者,獨聞濟南伏生故秦博士,治《尚書》,年九十餘,老不可徵,乃詔太常使人往受之。太常遣錯受《尚書》伏生所。還,因上便宜事,以《書》稱説。詔以爲太子舍人、門大夫、家令。以其辯得幸太子,太子家號曰'智囊'。"晁錯是漢代傳伏生今文《尚書》的第一人。

〔13〕《釋文》,即《經典釋文》,唐陸德明撰。注見前。

〔14〕見《經典釋文》卷四《尚書音義下·康王之誥第四十五》:"甸男衛。馬本從此以下爲《康王之誥》,又云與《顧命》差異,叙歐陽、大小夏侯同爲《顧命》。"

〔15〕王引之《經義述聞·伏生〈尚書〉二十九篇説》:"伏生書本有《大誓》,故謂之二十九篇,何待益以民間所獻而篇數始足哉!二十九篇皆經文,又何待并

序計之哉！"

〔16〕陳壽祺《左海經辯·今文尚書有序説》："伏生所得序而《大誓》後出，則伏生二十九篇不得以百篇之序當其一。吾故曰伏生二十九篇，并序不并《大誓》也。"

〔17〕見《經義述聞·伏生〈尚書〉二十九篇説》。

〔18〕見《大誓答問第二十一·論充學之〈大誓〉是一篇是三篇處處不合》："意者民間獻書時原止一篇，厥後博士、俗師憙事之徒，欲塞詔書，起傳教人者見百篇之序甚明，因析而爲三，使合於孔門之舊，以張其學。因而秘書定目録，著録之也歟？"

〔19〕《尚書注疏》卷一《尚書序》："而言二十九篇者，以司馬遷在武帝之世見《泰誓》出而得行，入於伏生所傳内，故爲史總之，并云伏生所出，不復曲別分析。云民間所得，其實得時不與伏生所傳同也。"

〔20〕白魚赤烏之瑞，《史記·周本紀》："武王渡河，中流，白魚躍入王舟中，武王俯取以祭。既渡，有火自上復於下，至於王屋，流爲烏，其色赤，其聲魄云。"

4. 論古文增多十六篇見《漢志》，增二十四篇爲十六卷見孔《疏》，篇數分合增减皆有明文

伏生壁藏之書，漢立學，今傳誦者也。孔氏壁藏之書，漢不立學，今已不傳者也。書既不傳，則真僞不必辨。而既考今文之篇數，不能不并考古文之篇數。《史記·儒林傳》曰："逸《書》得十餘篇。"《漢書·藝文志》曰："以考二十九篇，得多十六篇。"皆未列其篇名。《書正義》曰："案壁内所得孔爲傳者，凡五十八篇，爲四十六卷。三十三篇與鄭注同，二十五篇增多鄭注也。其二十五篇者，《大禹謨》一，《五子之歌》二，《胤征》三，《仲虺之誥》四，《湯誥》五，《伊訓》六，《太甲》三篇九，《咸有一德》十，《説命》三篇十三，《泰誓》三篇十六，《武成》十七，《旅獒》十八，《微子之命》十九，《蔡仲之命》二十，《周官》二十一，《君陳》二十二，《畢命》二十三，《君牙》二十四，《冏命》二十五。但孔君所傳，值巫蠱不行。以終前漢，諸儒知孔本有五十八篇，不見孔《傳》。遂有張霸之徒，

於鄭注之外，僞造《尚書》凡二十四篇，以足鄭注三十四篇爲五十八篇。其數雖與孔同，其篇有異。孔則於伏生所傳二十九篇内，無古文《泰誓》，除《序》尚二十八篇，分出《舜典》《益稷》《盤庚》二篇、《康王之誥》爲三十三，增二十五篇爲五十八篇。鄭玄則於伏生二十九篇之内，分出《盤庚》二篇、《康王之誥》，又《泰誓》三篇，爲三十四篇，更增益僞書二十四篇爲五十八篇。所增益二十四篇者，則鄭注《書序》，《舜典》一，《汨作》二，《九共》九篇十一，《大禹謨》十二，《益稷》十三，《五子之歌》十四，《胤征》十五，《湯誥》十六，《咸有一德》十七，《典寶》十八，《伊訓》十九，《肆命》二十，《原命》二十一，《武成》二十二，《旅獒》二十三，《冏命》二十四。以此二十四爲十六卷，以《九共》九篇共卷，除八篇，故爲十六。故《藝文志》、劉向《别録》云五十八篇。”[1]

錫瑞案：孔《疏》以僞孔古文爲真，以鄭注古文爲僞，誠爲顛倒之見，而所數篇目，必有所據，其引鄭注《書序》“益稷”當作“棄稷”，“冏命”當作“畢命”，云增二十五篇，據僞孔序文，實當作二十四。蓋作僞孔書者，知伏生二十九篇不數《泰誓》與《序》，遂誤以爲二十八篇，而不知當數《康王之誥》也。桓譚《新論》云[2]：“古文《尚書》舊有四十五卷，爲五十八篇。”[3]《漢書·藝文志》云：“《尚書》古文經四十六卷，爲五十七篇。”二説不同。桓云四十五卷，蓋不數《序》，五十八篇兼數《武成》。班云四十六卷，則并數《序》，五十七篇不數《武成》。《武成》正義引鄭云：“《武成》逸書，建武[4]之際亡。”故比桓譚時少一篇矣。篇數分合增減，皆有明文可據。俞正燮謂：“《藝文志》本注云五十七篇者，與衆本皆不應，七是誤文。《正義》引劉向《别録》云五十八篇，八亦誤文。”[5]輕詆前人，殊嫌專輒。龔自珍不信《大誓》，極是，而必以爲博士無增《大誓》之事，則二十九篇之數不能定。乃謂劉向襲稱五十八，班固襲稱五十七爲誤，即亦未盡得也。[6]

箋注

〔1〕見《尚書注疏》卷二《堯典》。

〔2〕桓譚(約前23—56年),字君山,東漢經學家,著有《新論》一書,今有輯本。
《後漢書》卷二八《桓譚傳》:"譚以父任爲郎,因好音律,善鼓琴。博學多通,
遍習五經,皆詁訓大義,不爲章句。能文章,尤好古學,數從劉歆、揚雄辯析
疑異。性嗜倡樂,簡易不修威儀,而憙非毀俗儒,由是多見排抵。……初,
譚著書言當世行事二十九篇,號曰《新論》,上書獻之,世祖善焉。《琴道》一
篇未成,肅宗使班固續成之。所著賦、誄、書、奏,凡二十六篇。"《隋書》卷三
四《經籍志·子部·儒家類》:"桓子《新論》十七卷。後漢六安丞桓譚撰。"
《舊唐書》卷四七《經籍志·子録·儒家類》:"桓子《新論》十七卷。桓譚
撰。"《新唐書》卷四七《經籍志·子録·儒家類》:"桓子《新論》十七卷。
桓譚。"

〔3〕見桓譚《新論·正經第九》。

〔4〕建武,漢光武帝劉秀年號,公元25—56年。

〔5〕俞正燮《癸巳類稿》卷一《尚書篇目七篇并説》:"《藝文志》本注云五十七篇
者,與衆本皆不應,七是誤文也。《書正義》引劉向《別録》云五十八篇者,以
五十六篇亡《武成》一益《泰誓》三爲五十八,此非向所及知,八亦誤文也。"

〔6〕見龔自珍《大誓答問第十五》。

5. 論《尚書》僞中作僞,屢出不已,其故有二:一則因秦 燔亡失而篇名多僞,一則因秦燔亡失而文字多僞

　　孔子所定之經,惟《尚書》真僞難分明,至僞中作僞,屢出不已者,
其故有二:一爲秦時燔經,《尚書》獨受其害。《漢書·藝文志》曰:"及
秦燔書,而《易》爲筮卜之事,傳者不絶。"又曰:"凡三百五篇[1]遭秦而
全者,以其諷誦,不獨在竹帛故也。"據此,則《易》《詩》二經皆全,未嘗
受秦害也。《史記·儒林傳》曰:"《禮》固自孔子時,而其經不具,及至
秦焚書,《書》散亡益多。"《十二諸侯年表》曰:"孔子次《春秋》,七十子
之徒口受其傳,指爲有所刺譏、褒諱、挹損之文辭[2],不可以書見也。"
據此,則《禮》雖因焚書而散亡,其先本不完全,《春秋》本是口傳,今猶
完全,亦未嘗受秦害也。獨《尚書》一經,《史記》云:"秦時焚書,亡數十

篇。”〔3〕《漢書》云:“《書》凡百篇,秦燔書禁學,漢興亡失。”〔4〕《論衡·正説》篇云:“蓋《尚書》本百篇,孔子所授也,遭秦用李斯之議燔燒五經,濟南伏生抱百篇藏於山中。孝景皇帝時始存《尚書》,伏生已出山中,景帝遣晁錯往,從受《尚書》二十餘篇。伏生老死,書殘不竟。晁錯傳於倪寬〔5〕。”又云:“至孝景帝時,魯共王壞孔子教授堂以爲殿〔6〕,得百篇於墻壁中,武帝使使者取視,莫能讀者,遂秘於中,外不得見。至孝成皇帝時,徵爲古文《尚書》學,東海張霸案百篇之序,空造百兩之篇,獻之成帝,帝出所秘百篇以較之,皆不相應,於是下霸於吏,吏白霸罪當至死,成帝高其才而不誅,亦惜其文而不滅,故百兩之篇,傳在世間者,傳見之人,則謂《尚書》有百兩篇矣。”據此,則以孔子所定本有百篇,遭燔殘缺不全。王充且以爲孔壁所得,亦有百篇,因秘於中而不得見。學者既不得見,而徒聞“百篇”之名,遂有張霸出作僞。後之作僞孔古文者,正襲張霸之故智也。張霸與孔皆僞,究不知真古文安在。馬、鄭注古文十六篇〔7〕,世以爲孔壁真古文,而馬融云:“逸十六篇,絶無師説。”〔8〕既無師説,真僞難明,《史》《漢》皆不具其篇目。劉逢禄以爲《逸周書》之類〔9〕,非真古文《尚書》,證以劉歆引《武成》〔10〕即《逸周書·世俘解》〔11〕,似亦有據。其書既亡,是非莫決,此因秦燔亡失而篇名多僞者也。一則今文、古文,《尚書》分別獨早,孔壁古文藏於中秘,劉向以中古文校三家,成帝以秘百篇校張霸,皆必是真古文。後遭新莽赤眉之亂〔12〕,西京圖籍,未必尚存。《後漢書·杜林傳》云:“林前於西州得漆書古文《尚書》一卷〔13〕,常寶愛之,雖遭艱困,握持不離身,出以示衛宏〔14〕、徐巡〔15〕曰:‘林流離兵亂,常恐斯經將絶,何意東海衛子、濟南徐生復能傳之,是道竟不墜於地也。古文雖不合時務,然願諸生無悔所學。’宏、巡益重之,於是遂行。”案杜林古文,馬、鄭本之以作傳注,所謂古文遂行也。此漆書或是中秘古文,遭亂佚出者。杜林作《蒼頡訓纂》《蒼頡故》〔16〕,《漢書》云:“世言小學者由杜公。”〔17〕杜既精於小學,得古文一卷,可以校刊俗本之譌,故賈逵作訓,馬融作傳,鄭玄注解〔18〕,皆據以爲善本。許慎師賈逵,《説文》所列古文,當即賈逵所傳杜林漆書一卷,故其字亦無多。或以爲杜林見孔壁全書,固非,或又以漆書爲杜林僞作，亦非也。《説文》黻字注引衛宏説[19]。《隋書·經籍志》：古文《官書》一卷，後漢衛敬仲撰。《史記·儒林傳》正義、《漢書·儒林傳》注皆引作衛宏《詔定古文尚書》[20]。衛宏傳杜林之學，《官書》一卷，蓋本杜林。東漢諸儒，多壓今文以尊古文，馬融詆爲俗儒[21]，鄭君疾其蔽冒[22]，於是僞孔所謂隸古定[23]，乃乘虛而入。自唐衛包改爲今文，而隸古定又非其舊，於是宋人之僞古文，又繼踵而起。而據《經典釋文叙録》[24]曰：“今齊、宋舊本，及徐、李等音所有古字[25]，蓋亦無幾，穿鑿之徒，務欲立異，依傍字部，改變經文，疑惑後生，不可承用。”段玉裁謂：“按此則唐以前久有此僞書，蓋集《説文》《字林》[26]《魏石經》[27]及一切離奇之字爲之傳，至郭忠恕作《古文尚書釋文》[28]，此非陸德明《釋文》也。徐楚金、賈昌朝、夏竦、丁度、宋次道、王仲至、晁公武、宋公序、朱元晦、蔡仲默、王伯厚[29]皆見之。公武刻石於蜀[30]，薛季宣取爲《書古文訓》[31]，此書僞中之僞，不足深辨。今或以爲此即僞孔序，所謂隸古者亦非也。”[32]又謂：“按《尚書》自有此一種與今本絶異者，如郭氏璞説茂才茂才[33]，賈氏公彦説三岳三海[34]，釋玄應説高宗夢寽、説砆砥砮丹[35]，陸氏德明説育徯五典[36]，孔氏穎達説壁内之書治皆作亂[37]，顔氏師古説湯斷奴嬲[38]，徐氏鍇説才生明、説驪歌[39]，皆在宋次道以前也。”[40] 江聲好改字，深信之，段不信，識優於江。據此，則僞中之僞，至於擅造文字，此又因秦燔亡失而文字多僞者也。

箋注

〔1〕三百五篇，即《詩經》。《史記·孔子世家》：“古者詩三千餘篇，及至孔子，去其重，取可施於禮義，上采契、后稷，中述殷、周之盛，至幽、厲之缺，始於衽席，故曰‘《關雎》之亂以爲《風》始，《鹿鳴》爲《小雅》始，《文王》爲《大雅》始，《清廟》爲《頌》始’。三百五篇孔子皆弦歌之，以求合韶、武、雅、頌之音。禮樂自此可得而述，以備王道，成六藝。”《漢書·儒林傳·王式》：“式對曰：‘臣以《詩》三百五篇朝夕授王，至於忠臣孝子之篇，未嘗不爲王反復誦之也；至於危亡失道之君，未嘗不流涕爲王深陳之也。臣以三百五篇諫，是以

亡諫書。'"

〔2〕刺譏，猶言譏刺。《史記·平原君虞卿列傳》："不得意，乃著書，上采《春秋》，下觀近世，曰《節義》《稱號》《揣摩》《政謀》，凡八篇。以刺譏國家得失，世傳之曰《虞氏春秋》。"《淮南子·泰族訓》："刺幾辯義者，《春秋》之靡也。"褒諱，即揚善隱惡。劉知幾《史通·外篇·疑古》："至於遠古則不然，夫其所錄也，略舉綱維，務存褒諱，尋其終始，隱没者多。"抑損，即貶抑。《漢書·谷永杜鄴傳》："及欽欲抑損鳳權，而鄴附會音、商。"《三國志》卷三五《蜀書·諸葛亮傳》："方今天下騷擾，元惡未梟，君受大任，幹國之重，而久自抑損，非所以光揚洪烈矣。"

〔3〕《史記·儒林傳》："秦時焚書，伏生壁藏之。其後兵大起，流亡，漢定，伏生求其書，亡數十篇，獨得二十九篇，即以教於齊魯之間。"

〔4〕《漢書·藝文志》："故《書》之所起遠矣，至孔子纂焉，上斷於堯，下訖於秦，凡百篇，而爲之序，言其作意。秦燔書禁學，濟南伏生獨壁藏之。漢興亡失，求得二十九篇，以教齊魯之間。"

〔5〕倪寬（？—前103），又作"兒寬"，西漢經學家。《兒寬傳》："兒寬，千乘人也。治《尚書》，事歐陽生。以郡國選詣博士，受業孔安國。貧無資用，嘗爲弟子都養。時行賃作，帶經而鉏，休息輒讀誦，其精如此。"

〔6〕魯共王，即魯恭王劉餘。《漢書·景十三王傳》："魯恭王餘以孝景前二年立爲淮陽王。吳楚反破後，以孝景前三年徙王魯。好治宮室苑囿狗馬，季年好音，不喜辭。爲人口吃難言。……恭王初好治宮室，壞孔子舊宅以廣其宮，聞鐘磬琴瑟之聲，遂不敢復壞，於其壁中得古文經傳。"

〔7〕《隋書》卷三二《經籍志·經部·書類》："《尚書》十一卷，馬融注。《尚書》九卷，鄭玄注。……初漢武帝時，魯恭王壞孔子舊宅，得其末孫惠所藏之書，字皆古文。孔安國以今文校之，得二十五篇。其《泰誓》與河内女子所獻不同。又濟南伏生所誦，有五篇相合。安國并依古文，開其篇第，以隸古字寫之，合成五十八篇。其餘篇簡錯亂，不可復讀，并送之官府。安國又爲五十八篇作傳，會巫蠱事起，不得奏上，私傳其業於都尉朝，朝授膠東庸生，謂之《尚書》古文之學，而未得立。後漢扶風杜林傳古《尚書》，同郡賈逵爲之作訓，馬融作傳，鄭玄亦爲之注。然其所傳，唯二十九篇，又雜以今文，非孔舊本。自餘絶無師説。"

〔8〕《尚書注疏》卷二《堯典》："馬融《書序》云：'經傳所引《泰誓》，《泰誓》并無此文。'又云：'逸十六篇，絶無師説。'"

〔9〕《逸周書》，本名《周書》，隋、唐以後亦稱《汲冢周書》。《四庫全書總目提要》

卷五〇《史部六·別史類》:"《逸周書》十卷(內府藏本)。舊本題曰《汲冢周書》。考《隋經籍志》《唐藝文志》俱稱此書以晉太康二年得於魏安釐王冢中。則汲冢之説,其來已久。然《晉書·武帝紀》及《荀勗》《束晳傳》載汲郡人不準所得《竹書》七十五篇,具有篇名,無所謂《周書》。杜預《春秋集解後序》載汲冢諸書,亦不列《周書》之目。是《周書》不出汲冢也。考《漢書·藝文志》先有《周書》七十一篇,今本比班固所紀惟少一篇。陳振孫《書錄解題》稱凡七十篇,《叙》一篇在其末。京口刊本始以《序》散入諸篇,則篇數仍七十有一,與《漢志》合。司馬遷紀武王克商事,亦與此書相應。許慎作《説文》,引《周書》'大翰若翬雉',又引《周書》'獴有爪而不敢以攕'。馬融注《論語》,引《周書·月令》。鄭玄注《周禮》,引《周書·王會》,注《儀禮》,引《周書》比黨州閭。皆在汲冢前,知爲漢代相傳之舊。郭璞注《爾雅》,稱《逸周書》。李善《文選注》所引,亦稱《逸周書》。知晉至唐初,舊本尚不題'汲冢'。其相沿稱汲冢者,殆以梁任昉得竹簡漆書,不能辨識,以示劉顯。顯識爲孔子刪書之餘。其時《南史》未出,流傳不審,遂誤合《汲冢》竹簡爲一事,而修《隋志》者誤采之耶?"

〔10〕劉歆引《武成》,《漢書·律曆志下》:"《周書·武成》篇:'惟一月壬辰旁死霸,若翌日癸巳,武王乃朝步自周,於征伐紂。'……《武成》篇曰:'粵若來三月,既死霸,粵五日甲子,咸劉商王紂。'……故《武成》篇曰:'惟四月既旁生霸,粵六日庚戌,武王燎於周廟。翌日辛亥,祀於天位。粵五日乙卯,乃以庶國祀馘於周廟。'"

〔11〕劉逢祿《尚書古今文集解·大誓第十》:"莊曰,古《大誓》篇雖亡,然以《書序》推之,知亦不記年,故特書'惟十有一年武王伐殷,一月戊午師渡孟津'。今文《太誓》雖晚出,然去古未遠,視《克殷》《世俘》爲近,實亦周史記之文,不過非百篇中《大誓》耳。其記月皆用商正,故曰'惟十有二月戊午'。《史記》從《書序》加十有一年,記月則仍今文《大誓》,故不曰'一月戊午'。若篇中已記年,則劉歆輩不得謂云十有一年會諸侯、十三年伐紂矣。至其得白魚赤烏之瑞君臣相戒,及武主數紂之惡曰毀壞其三正,尤非三代以下所能言。故以今文《大誓》充學,愈於以《世俘》爲《武成》也。"

〔12〕新莽,指王莽或王莽建立之新朝。西漢末王莽篡權,改國號爲新,故稱。赤眉之亂,指漢末以樊崇等爲首之農民軍,因以赤色塗眉爲標志,故稱。《漢書·王莽傳下》:"赤眉力子都、樊崇等以饑饉相聚,起於琅邪,轉鈔掠,衆皆萬數。……赤眉樊崇等衆數十萬人入關,立劉盆子,稱尊號。"赤眉,亦作"赤糜"。《漢書·王莽傳下》:"唯翼平連率田況素果敢,發民年十八以上四

萬餘人,授以庫兵,與刻石爲約。赤糜聞之,不敢入界。"顏師古注:"糜,眉也。以朱塗眉,故曰赤眉。古字通用。"

〔13〕西州,當指涼州、朔方一帶。《後漢書》卷一三《隗囂傳》:"囂素謙恭愛士,傾身引接爲布衣交。以前王莽平河大尹長安谷恭爲掌野大夫,平陵范逡爲師友,趙秉、蘇衡、鄭興爲祭酒,申屠剛、杜林爲持書,楊廣、王遵、周宗及平襄人行巡、阿陽人王捷、長陵人王元爲大將軍,杜陵、金丹之屬爲賓客。由此名震西州,聞於山東。……建武二年,大司徒鄧禹西擊赤眉,屯雲陽。禹裨將馮愔引兵叛禹,西向天水,囂逆擊,破之於高平,盡獲輜重。於是禹承制遣使持節命囂爲西州大將軍,得專制涼州、朔方事。"

〔14〕衛宏,東漢經學家。《後漢書》卷七九《儒林傳下》:"衛宏字敬仲,東海人也。少與河南鄭興俱好古學。初,九江謝曼卿善《毛詩》,乃爲其訓。宏從曼卿受學,因作《毛詩序》,善得風雅之旨,於今傳於世。後從大司空杜林更受古文《尚書》,爲作訓旨。……宏作《漢舊儀》四篇,以載西京雜事;又著賦、頌、誄七首,皆傳於世。"

〔15〕徐巡,東漢經學家。《後漢書》卷二七《杜林傳》:"濟南徐巡,始師事宏,後皆更受林學。"《後漢書》卷七九《儒林傳下》:"時濟南徐巡師事宏,後從林受學,亦以儒顯,由是古學大興。"

〔16〕《漢書·藝文志·六藝略·小學類》:"杜林《蒼頡訓纂》一篇。杜林《蒼頡故》一篇。"王應麟《漢藝文志考證》卷四《小學》:"杜林《蒼頡訓纂》一篇。《杜鄴傳》:初鄴從張吉學,吉子竦從鄴學問,尤長小學。鄴子林正文字過於鄴、竦,故世言小學者由杜公。"《容齋隨筆·五筆》卷六《經解之名》:"小學有杜林《蒼頡故》。"

〔17〕《漢書·杜鄴傳》:"(杜)鄴子林,清静好古,亦有雅材,建武中歷位列卿,至大司空。其正文字過於鄴、竦,故世言小學者由杜公。"

〔18〕《隋書》卷三二《經籍志·經部·書類》:"後漢扶風杜林,傳《古文尚書》,同郡賈逵爲之作訓,馬融作傳,鄭玄亦爲之注。"

〔19〕《説文解字》卷八《黹部》:"黺:衮衣山龍華蟲。黺,畫粉也。從黹,從粉省。衛宏説。"

〔20〕《史記·晁錯傳》:"太常遣錯受《尚書》伏生所。"張守節《正義》:"衛宏《詔定古文尚書序》云:'徵之,老不能行,遣太常掌故晁錯往讀之。年九十餘,不能正言,言不可曉,使其女傳言教錯。齊人語多與潁川異,錯所不知者凡十二三,略以其意屬讀而已也。'"《漢書·儒林傳》:"及至秦始皇兼天下,燔詩書,殺術士,六學從此缺矣。"顏師古注:"……衛宏《詔定古文官書序》云:

'秦既焚書，患苦天下不從所改更法，而諸生到者拜爲郎，前後七百人，乃密令冬種瓜於驪山阮谷中温處。瓜實成，詔博士諸生説之，人人不同，乃命就視之。爲伏機，諸生賢儒皆至焉，方相難不決，因發機，從上填之以土，皆壓，終身無聲。'"《隋書》卷三二《經籍志·經部·小學類》："《古文官書》一卷，後漢議郎衛敬仲撰。"《新唐書》卷五七《藝文志·經部·小學類》："衛宏詔定古文《字書》一卷。"

〔21〕《尚書注疏》卷八《湯誓》："馬云：'俗儒以湯爲謚，或爲號。號者似非其意，言謚近之。然不在《謚法》，故無聞焉。及禹，俗儒以爲名，《帝系》禹名文命，《王侯世本》湯名天乙，推此言之，禹豈復非謚乎？亦不在《謚法》，故疑焉。'"此俗儒當指傳今文《尚書》之歐陽、大小夏侯三家。王鳴盛《十七史商榷》卷三四《後漢書》："歐陽、大小夏侯，皆漢之俗儒，爲鄭康成所賤。"

〔22〕《尚書注疏》卷二《堯典》："鄭玄《書贊》云：'我先師棘子下生安國，亦好此學，衛、賈、馬二三君子之業，則雅才好博，既宣之矣。'又云：'歐陽氏失其本義，今疾此蔽冒，猶復疑惑未悛。'"

〔23〕隸古定，即以漢代隸書寫定籀文或蝌蚪文。《尚書注疏》卷一《尚書序》："至魯共王好治宫室，壞孔子舊宅，以廣其居，於壁中得先人所藏古文虞夏商周之書及傳《論語》《孝經》，皆科斗文字。王又升孔子堂，聞金石絲竹之音，乃不壞宅。悉以書還孔氏。科斗書廢已久，時人無能知者，以所聞伏生之書考論文義，定其可知者，爲隸古定，更以竹簡寫之，增多伏生二十五篇。"

〔24〕《經典釋文叙録》，見陸德明《經典釋文》卷一。

〔25〕徐、李等音，即徐邈、李軌《尚書音》。《隋書》卷三二《經籍志·經部·書類》："《古文尚書音》一卷徐邈撰。梁有《尚書音》五卷，孔安國、鄭玄、李軌、徐邈等撰。"《晉書》卷九一《儒林傳》："徐邈，東莞姑幕人也。……邈姿性端雅，勤行勵學，博涉多聞，以慎密自居。少與鄉人臧壽齊名，下帷讀書，不游城邑。……雖不口傳章句，然開釋文義，標明指趣，撰正五經音訓，學者宗之。"

〔26〕《字林》，晉吕忱著的一部字書。《魏書》卷九一《術藝傳》："晉世義陽王典祠令任城吕忱表上《字林》六卷，尋其況趣，附托許慎《説文》，而案偶章句，隱別古籀奇惑之字，文得正隸，不差篆意也。"陳振孫《直齋書録解題》卷三《小學類》："《字林》五卷。晉鮟令吕忱撰。太乙山僧雲勝注。案隋、唐《志》皆七卷，《三朝國史志》惟一卷，董氏《藏書志》三卷。其書集《説文》之漏略者，凡五篇，然雜揉錯亂，未必完書也。"

〔27〕《魏石經》，亦稱"正始石經"。曹魏正始年間所刻石經，因字用古文、篆、隸

三體，又稱"三體石經"。《三國志》卷四《魏書·齊王紀》裴注："及明帝立，詔三公曰：'先帝昔著典論，不朽之格言，其刊石於廟門之外及太學，與石經并，以永示來世。'"《晉書》卷三六《衛恒傳》："恒善草隸書，爲《四體書勢》曰：'……魏初傳古文者，出於邯鄲淳。恒祖敬侯寫淳《尚書》，後以示淳，而淳不別。至正始中，立三字石經，轉失淳法，因科斗之名，遂效其形。'"王應麟《困學紀聞》卷八《經說》："石經有七，漢熹平則蔡邕，魏正始則邯鄲淳，晉裴頠，唐開成中唐玄度，後蜀孫逢吉等。本朝嘉祐中楊南仲等。中興高廟御書。後蜀石經，於高祖、太宗諱，皆缺畫。唐之澤深矣。"

〔28〕郭忠恕(？—97)，五代末至北宋初畫家，兼精文字學、文學，善寫篆、隸書。著有《佩觿》，編有《汗簡》。《宋史》卷四四二《文苑傳四》："郭忠恕字恕先，河南洛陽人。七歲能誦書屬文，舉童子及第，尤工篆籀。……尤善畫，所圖屋室重複之狀，頗極精妙。……所定古今《尚書》并《釋文》并行於世。"

〔29〕徐楚金，即徐鍇(920—974)，五代末北宋初廣陵人，徐鉉(916—991)弟。博學多才，工詩能文，又精小學，與其兄鉉齊名，號"二徐"，著有《説文解字繫傳》《説文解字韻譜》等書。馬令《南唐書》卷一四《儒者傳下》："徐鍇字楚金，與兄鉉同有大名於江左。……鉉、鍇兄弟俱參近侍而其文相軋，議者方晉之二陸云。"陸游《南唐書》卷五《徐鍇傳》："鍇酷嗜讀書，隆寒烈暑，未嘗少輟，……少精小學，故所讎書尤審諦。……著《説文通釋》《方輿記》《古今國典》《賦苑》《歲時廣記》，及他文章，凡數百卷。鍇卒逾年，江南見討，比國破，其遺文多散逸者。"賈昌朝(997—1065)，《宋史》卷二八五《賈昌朝傳》："賈昌朝字子明，真定獲鹿人。晉史官緯之曾孫也。……景祐中，置崇政殿説書，以授昌朝。誦説明白，帝多所質問，昌朝請記錄以進，賜名《邇英延義記注》，加直集賢院。……謚曰文元。御書墓碑曰'大儒元老之碑'。所著《群經音辨》《通紀》《時令》《奏議》《文集》百二十二卷。"夏竦(985—1051)，《宋史》卷二八三《夏竦傳》："夏竦字子喬，江州德安人。……竦資性明敏，好學，自經史百家、陰陽律曆，外至佛老之書，無不通曉。爲文章典雅藻麗。……竦材術過人，急於進取，喜交結，任數術，傾側反覆，世以爲奸邪。……竦以文學起家，有名一時，朝廷大典策屢以屬之。多識古文，學奇字，至夜以指畫膚。文集一百卷。其爲郡有治績，喜作條教，於閭里立保伍之法，至盜賊不敢發，然人苦煩擾。治軍尤嚴，敢誅殺，即疾病死喪，拊循甚至。"著有《古文四聲韻》等書。丁度(990—1053)，《宋史》卷二九二《丁度傳》："丁度字公雅，其先恩州清河人。祖顗，後唐清泰初陷契丹，逃歸，徙居祥符。……度強力學問，好讀《尚書》，嘗擬爲書命十餘篇。……度著《邇英

聖覽》十卷、《龜鑑精義》三卷、《編年總錄》八卷，奉詔領諸儒集《武經總要》四十卷。"精通文字訓詁之學，與李淑等刊修《韻略》，改稱《禮部韻略》。又依例刊修《廣韻》，成《集韻》。王仲至，即王欽臣（約1034—1101），王洙之子，北宋應天府宋城（今河南商丘南）人，著有《廣諷味集》。《宋史》卷二九四《王欽臣傳》："欽臣字仲至，清亮有志操，以文贄歐陽脩，脩器重之。……欽臣平生爲文至多，所交盡名士，性嗜古，藏書數萬卷，手自讎正，世稱善本。"晁公武（1105—1180），字子止，號昭德先生，目録學家，宋濟州鉅野（今山東鉅野）人。家富藏書，又得南陽井度贈書，爲校讎異同，論述大旨，編成《郡齋讀書志》。著有《昭德文集》《易詁訓傳》《尚書詁訓傳》《毛詩詁訓傳》《中庸大傳》《春秋詁訓傳》《稽古後録》等。宋公序，即宋庠（996—1066），原名郊，入仕后改名庠。與弟宋祁俱以文學名，時稱"二宋"。《宋史》卷二八四《宋庠傳》："庠初名郊，李淑恐其先己，以奇中之，言曰：'宋，受命之號；郊，交也。合姓名言之爲不祥。'帝弗爲意，他日以諭之，因改名庠。……庠自應舉時，與祁俱以文學名擅天下，儉約不好聲色，讀書至老不倦。善正訛謬，嘗校定《國語》，撰《補音》三卷。又輯《紀年通譜》區別正閏，爲十二卷。《掖垣叢志》三卷，《尊號録》一卷，《別集四》十卷。"朱元晦，即朱熹（1130—1200），字元晦，又字仲晦，號晦庵，晚稱晦翁，謚文，世稱朱文公。南宋理學大師，後世尊稱爲朱子。《宋史·朱熹傳》："其爲學，大抵窮理以致其知，反躬以踐其實，而以居敬爲主。嘗謂聖賢道統之傳散在方冊，聖經之旨不明，而道統之傳始晦。於是竭其精力，以研窮聖賢之經訓。所著書有：《易本義》《啓蒙》《蓍卦考誤》，《詩集傳》，《大學》《中庸章句》《或問》，《論語》《孟子集注》，《太極圖》《通書》《西銘解》，《楚辭集注》《辨證》，《韓文考異》；所編次有：《論孟集議》，《孟子指要》，《中庸輯略》，《孝經刊誤》，《小學書》，《通鑑綱目》，《宋名臣言行録》，《家禮》，《近思録》，《河南程氏遺書》，《伊洛淵源録》，皆行於世。熹没，朝廷以其《大學》《語》《孟》《中庸》訓説立於學官。又有《儀禮經傳通解》未脱稿，亦在學官。平生爲文凡一百卷，生徒問答凡八十卷，別録十卷。理宗紹定末，秘書郎李心傳乞以司馬光、周敦頤、邵雍、張載、程顥、程頤、朱熹七人列於從祀，不報。淳祐元年正月，上視學，手詔以周、張、二程及熹從祀孔子廟。黄榦曰：'道之正統，待人而後傳。自周以來，任傳道之責者不過數人，而能使斯道章穎較著者，一二人而止耳。由孔子而後，曾子、子思繼其微，至孟子而始著。由孟子而後，周、程、張子繼其絶，至熹而始著。'識者以爲知言。"蔡仲默，即蔡沈（1167—1230），字仲默，南宋學者。蔡元定之子。後隱居九峰山下，學者稱"九峰先生"。《宋史·

儒林傳四》：“沈少從朱熹游。熹晚欲著《書傳》，未及爲，遂以屬沈。《洪範》之數，學者久失其傳，元定獨心得之，然未及論著，曰：‘成吾書者沈也。’沈受父師之托，沈潛反復者數十年，然後成書，發明先儒之所未及。”王伯厚，即王應麟(1223—1296)，南宋學者，著述甚富。注見前。

〔30〕曾宏父《石刻鋪敘》曰：“益郡石經，肇於孟蜀廣政，悉選士大夫善書者，模丹入石。七年甲辰，《孝經》《論語》《爾雅》先成，時晉出帝改元開運。至十四年辛亥，《周易》繼之，實周太祖廣順元年。《詩》《書》《三禮》不書歲月。逮《春秋三傳》，則皇祐元年九月訖工。時我宋有天下已九十九年矣，通蜀廣政元年肇始之日，凡一百一十二祀，成之若是其艱。又七十五年，宣和五年癸卯，益帥席貢始湊鐫《孟子》，運判彭慥繼其成。乾道六年庚寅，晁公武又鐫《古文尚書》暨諸經《考異》。”

〔31〕薛季宣，注見前。《四庫全書總目提要》卷一三《經部·書類存目一》：“《書古文訓》十六卷(內府藏本)，宋薛季宣撰。……是編所載經文，皆以古文奇字書之。案孔壁蝌蚪古文，漢時已佚，無人見其書迹。……季宣此本，又以古文筆畫改爲今體，奇形怪態，不可辨識，較篆書之本尤爲駭俗，其訓義亦無甚發明。《朱子語録》謂其惟於地名上用功，頗中其病。故雖宋人舊帙，今亦無取焉。”

〔32〕見段玉裁《古文尚書撰異》卷一《序》。

〔33〕郭璞，注見前。案，“茂才茂才”即“茂哉茂哉”。見《爾雅注疏》卷一《釋詁》：“《書》曰：‘茂哉茂哉。’《方言》云：周、鄭之間相勸勉爲勔釗。”

〔34〕三岳三海，即“四岳四海”。《舊唐書·儒學上》：“賈公彥，洺州永年人。永徽中，官至太學博士。撰《周禮義疏》五十卷、《儀禮義疏》四十卷。”《周禮注疏序》：“下又云‘帝曰四岳，湯湯洪水，有能俾乂’，鄭云：‘四岳，四時之官，主四岳之事。’始羲、和之時，主四岳者，謂之四伯。至其死，分岳事置八伯，皆王官。其八伯，唯驩兜、共工、放齊。案《周官》云：‘唐虞稽古，建官惟百。內有百揆、四岳。’則四岳之外，更有百揆之官者。但堯初天官爲稷，至堯試舜天官之任，謂之百揆。舜即真之後，命禹爲之，即天官也。案《尚書傳》云‘惟元祀巡狩四岳八伯’，注云：‘舜格文祖之年，堯始以羲、和爲六卿，春夏秋冬者，并掌方岳之事，是爲四岳，出則爲伯。其後稍死，驩兜、共工求代，乃置八伯。’”《周禮注疏》卷一四：“凡和難，父之讎辟諸海外。”鄭玄注：“和之使辟於此，不得就而讎之。九夷、八蠻、六戎、五狄，謂之四海。”賈疏：“案漢時徐州刺史荀文若問玄：‘《周禮》父之讎辟之海外，今青州人讎在遼東，可以王法縱不討乎？’當問之時，玄已年老，昏耄，意忘九夷、八蠻、六戎、五

狄謂之四海。然則《周禮》在四海之外，釋之如是，亦是遠矣。"

〔35〕釋玄應，《景德傳燈録》卷二四有傳，著有《一切經音義》。《一切經音義》卷一三《梵摩喻經》："如砥，又作底，同，之視反。底，平也，直也。《尚書》'砥砥砮石'。孔安國曰：'砥細於礪，皆磨石也。'砮音乃護反。"《尚書注疏》卷六《禹貢》："礪、砥、砮、丹。"孔傳："砥細於礪，皆磨石也。砮，石，中矢鏃。丹，朱類。"說，即傅說。《史記·殷本紀》："武丁夜夢得聖人，名曰說。以夢所見視群臣百吏，皆非也。於是乃使百工營求之野，得説於傅險中。是時説爲胥靡，築於傅險。見於武丁，武丁曰是也。得而與之語，果聖人，舉以爲相，殷國大治。故遂以傅險姓之，號曰傅説。"

〔36〕脊，即慎。《尚書·舜典》："慎徽五典，五典克從。"孔傳："徽，美也。五典，五常之教，父義、母慈、兄友、弟恭、子孝。舜慎美篤行斯道，舉八元使布之於四方，五教能從，無違命。"《經典釋文》卷三《尚書音義上》："徽，許韋反，王云美，馬云善也。"

〔37〕《尚書·盤庚上》："盤庚五遷，將治亳殷。"孔穎達疏："然孔子壁内之書，安國先得其本，此將'治亳殷'不可作'將始宅殷'。'亳'字磨滅，容或爲'宅'。壁内之書，安國先得，'始'皆作'乿'，其字與'治'不類，無緣誤作'始'字，知束晳不見壁内之書，妄爲説耳。"

〔38〕顏師古(581—645)，名籀，字師古，隋唐以字行，故稱顏師古。唐代著名學者，注《漢書》及《急就章》，另著有《匡謬正俗》一書。《舊唐書》卷七三《顏師古傳》："師古少傳家業，博覽群書，尤精詁訓，善屬文。……太宗以經籍去聖久遠，文字訛謬，令師古於秘書省考定《五經》，師古多所釐正……時承乾在東宫，命師古注班固《漢書》，解釋詳明，深爲學者所重。"《匡謬正俗》卷二《尚書·剢》："《商書·湯斬》(古誓字)云：'予則孥剢汝'，孔安國傳云：'古之用刑，父子兄弟罪不相及。今云"孥戮"，權以脅之，使勿犯也。'案，孥戮者，或以爲奴，或加刑戮，無有所赦耳。此非孥子之孥。猶《周書·泰誓》稱囚孥正士，亦謂或囚或孥也。豈得復言并子俱囚(一無因字)也？又班固《漢書·季布傳》贊云：'及至困亢奴僇苟活'，蓋引《商書》之言以爲折衷矣。"剢，古戮字。

〔39〕才生明，即"哉生明"，才、哉通，始也。《説文解字繫傳》卷一二："才，草木之初也。從｜，上貫一，將生枝葉。一，地也。凡才之屬皆從才。臣鍇曰：｜，草木也。上一，初生歧枝也。下一，地也。古亦用此爲纔始字，又引《古文尚書》者亦用此爲'哉生魄'字。此一部内無字，而云凡才之屬者爲有材字，及哉從才，在他部也，錢來反。"驩吺，即驩兜，《左傳·文公十八年》："昔

帝鴻氏有不才子，掩義隱賊，好行凶德，醜類惡物，頑嚚不友，是與比周，天下之民謂之‘渾敦’。”杜預注：“謂驩兜。”《説文解字繫傳》卷三：“吺，讙。吺，多言也。從口，殳聲。臣鍇按：《古文尚書》書驩兜，字作吺，單侯反。”

〔40〕引文見段玉裁《古文尚書撰異》卷一《堯典一》“帝曰咨四岳”條。

6. 論伏生所傳今文不僞，治《尚書》者不可背伏生《大傳》最初之義

篇名、文字多僞，皆屬古文。古文有僞，伏生所傳今文二十九篇固無僞也。《史》《漢》皆云伏生得書止二十九篇，《論衡》則云伏生老死，書殘不竟[1]，則伏生所得不止此數，當以《史》《漢》爲是。晁錯，景帝時已大用，受《書》伏生在文帝時。兒寬受《書》歐陽生，孔安國非晁錯所傳授，《論衡》多聞之失。惟以發孔壁在景帝時，足證《漢書》之誤[2]。《史》《漢》與《論衡》雖少異，而二十九篇之不僞，固昭昭也。《史》《漢》皆云，二十九篇之外，亡數十篇。劉歆《移太常博士書》[3]，謂博士以《尚書》爲備。臣瓚《漢書注》[4]曰，當時學者謂《尚書》唯有二十八篇，不知本存百篇也。《論衡》引或説《尚書》二十九篇者，法斗四七宿也，四七二十八篇，其一曰斗矣，故二十九。[5]漢時謂《尚書》唯有二十九篇，故以爲備。《尚書》不止此數，而秦燔亡失所得止此，則雖不備，而不得不以爲備矣。《史》《漢》與博士説少異，而二十九篇之不僞，又昭昭也。全經幾燼，一老憖遺[6]，以九十餘歲之人，傳二十九篇之經，又有四十一篇之傳[7]，今雖殘缺，猶存大略。其傳兼明大義，不盡釋經，而釋經者確乎可據。如大麓之野，必是山林，旋機之星，實爲北極[8]。四方上下，六宗之義[9]可尋；三才四時，七政之文具在[10]。禰祖歸假，知事死如事生[11]；鳥獸咸變，見物性通人性[12]。十二州之兆祀，是祭星辰[13]；三千條之肉刑，難解畫象[14]。七始、七律[15]，文猶見於唐山；五服、五章[16]，制豈同於周世。三公黜陟，在巡守之先；重華禪讓，居賓客之位[17]。西伯受命，逮六載而稱王；元公居攝，閱七年而致政[18]。

成王抗法，爲世子以迎侯[19]；皇天動威，開金縢而改葬[20]。此皆伏生所傳古義，必不可創新解而背師説者。其後三家之傳，漸失初祖之義。《漢書・于定國傳》："萬方之事，大録於君。"是用大夏侯説，背伏生"大麓"之説一矣[21]。《地理志》："周公封弟康叔，號曰孟侯。"[22]是用小夏侯説，背伏生"迎侯"之説二矣。《白虎通》以"虞賓在位"爲"不臣丹朱"，亦是用夏侯説[23]，背伏生"舜爲賓客"之説三矣。歐陽、夏侯説天子服十二章，公卿服九章[24]，背伏生"五服五章"之説四矣。說詳見後。古文後出，異説尤多。馬、鄭以璿機玉衡爲渾天儀[25]，背伏生旋機北極之説五矣。馬、鄭又以日、月、五星爲七政[26]，背伏生三才四時之説六矣。劉歆以六宗爲水、火、雷、風、山、澤[27]，賈、馬、許以爲日、月、星、河、海、岱[28]，鄭以爲星辰、司中、司命、風師、雨師[29]，背伏生上下四方之説七矣。馬、鄭訓"肇十二州"之"肇"爲始，分置并、幽、營三州，背伏生"兆祭分星"之説八矣[30]。鄭以藝祖猶周明堂[31]，背伏生"歸假祖禰"之説九矣。馬以鳥獸爲筍虡[32]，背伏生"鳥獸咸變"之説十矣。"七始訓"古文作"在治忽"，鄭本又作"曶"，解爲笏[33]，背伏生"七始七律"之説十一矣。馬、鄭古文以成王感雷雨，迎周公反國，背伏生"公薨改葬"之説十二矣[34]。說詳見後。

劉歆欲立古文，詆博士是末師而非往古[35]，試問傳《尚書》者，有古於伏生者乎？豈伏生《大傳》不足信，末師之説乃足信乎？鄭君爲《大傳》作注，可謂伏生功臣，乃於《虞傳》六宗，《夏傳》三公，《周傳・多士》之言郊，皆引《周禮》爲説[36]，又謂《虞傳》儀當爲義，以傅合義仲[37]；《洪範》容當爲睿，而改從古文[38]。則鄭君之於伏《書》，亦猶注《禮》箋《詩》，雜糅今、古，而非篤守伏《書》者矣。近儒王鳴盛説《牧誓》司徒、司馬、司空，以伏生爲不可解[39]，段玉裁説《金縢》，以今文爲荒謬[40]，彼祖護古文者，猶不足怪。孫星衍始治今文，於《多方》泥於鄭注踐奄在攝政時，謂《大傳》不出自伏生[41]。陳喬樅專治今文，乃於文王受命、周公避居兩事，皆詆伏生老耄，記憶不全[42]。此經義所以不明，皆由不守師説，誠無解於孔穎達"葉不歸根"之誚[43]矣。

箋注

〔1〕《論衡·正説》:"伏生老死,《書》殘不竟,晁錯傳於倪寬。"

〔2〕《漢書·藝文志》:"《古文尚書》者,出孔子壁中。武帝末,魯共王懷孔子宅,欲以廣其宫。而得《古文尚書》及《禮記》《論語》《孝經》凡數十篇,皆古字也。"案,《論衡》亦以發孔壁在武帝時。《論衡·正説》:"至孝武帝時,魯共王壞孔子教授堂以爲殿,得百篇《尚書》於墻壁中。武帝使使者取視,莫能讀者,遂秘於中,外不得見。"

〔3〕劉歆《移太常博士書》,見《漢書·楚元王傳》:"及歆親近,欲建立《左氏春秋》及《毛詩》《逸禮》《古文尚書》皆列於學官。哀帝令歆與五經博士講論其義,諸博士或不肯置對,歆因移書太常博士,責讓之。"

〔4〕臣瓚《漢書注》,《漢書敘例》曰:"有臣瓚者,莫知氏族,考其時代,亦在晉初,又總集諸家音義,稍以己之所見,續厠其末,舉駁前説,喜引《竹書》,自謂甄明,非無差爽,凡二十四卷,分爲兩帙。今之《集解音義》則是其書,而後人見者不知臣瓚所作,乃謂之應劭等《集解》。"

〔5〕見《論衡·正説》。

〔6〕一老,即伏生。憖(yìn)遺,願意留下。《漢書·藝文志》:"秦燔書禁學,濟南伏生獨壁藏之。漢興亡失,求得二十九篇,以教齊魯之間。"《史記·袁盎晁錯列傳》:"孝文帝時,天下無治《尚書》者,獨聞濟南伏生故秦博士,治《尚書》,年九十餘,老不可徵,乃詔太常使人往受之。"《詩·小雅·十月之交》:"不憖遺一老,俾守我王。"《左傳·哀公十六年》:"孔丘卒,公誄之曰:'旻天不弔,不憖遺一老,俾屏餘一人以在位。'"

〔7〕《漢書·藝文志·六藝略》:"《經》二十九卷。大、小夏侯二家。《歐陽經》三十二卷。《傳》四十一篇。"

〔8〕旋機,也作"琁璣""璿璣",北斗七星中的第二星、第三星。亦泛指北斗。孫之騄輯《尚書大傳》卷一·虞傳:"正月上日受終於文祖,在旋機玉衡,以齊七政。……傳曰:旋者,還也;機者,幾也,微也;其變幾微,而所動者大,謂之旋機。是故旋機謂之北極。"《史記·天官書》:"北斗七星,所謂'旋、璣、玉衡,以齊七政。'"裴駰《索隱》案:"《春秋運斗樞》云'斗,第一天樞,第二旋,第三璣,第四權,第五衡,第六開陽,第七搖光。'"……《尚書》'旋'作'璿'。馬融云'璿,美玉也。機,渾天儀,可轉旋,故曰機。衡,其中横筩。以璿爲機,以玉爲衡,蓋貴天象也'。鄭玄注《大傳》云'渾儀中筩爲旋機,外

規爲玉衡'也。"

〔9〕六宗,古代所尊祀之六神。《尚書·舜典》:"肆類於上帝,禋於六宗,望於山川,遍於群神。"《漢書·郊祀志》:"遂類於上帝,禋於六宗,"顏師古注:"孟康曰:'六宗,星、辰、風伯、雨師、司中、司命。一說云乾坤六子。又一說:天宗三,日、月、星辰;地宗三,泰山、河、海。或曰天地間游神也。'師古曰:'類,以類祭也。上帝,天也。絜精以祀謂之禋。六宗之義,說者多矣。乾坤六子,其最通乎。'"案,六宗爲何神,漢以來諸說不一,可參閱《尚書·舜典》孔穎達疏及俞正燮《癸巳類稿》卷一《虞六宗義》。

〔10〕三才,即天、地、人。《易·說卦》:"是以立天之道曰陰與陽,立地之道曰柔與剛,立人之道曰仁與義。兼三才而兩之,故《易》六畫而成卦。"王符《潛夫論·本訓》:"是故天本諸陽,地本諸陰,人本中和。三才異務,相待而成。"王應麟《小學紺珠·天道類》:"三才:天、地、人。"四時,即春、夏、秋、冬。《禮記·孔子閒居》:"天有四時,春秋冬夏。"《淮南子·本經訓》:"四時者,春生,夏長,秋收,冬藏。"七政,說法不一。孫之騄輯《尚書大傳》卷一《虞傳》:"正月上日受終於文祖,在旋機玉衡,以齊七政。齊,中也。七政者,謂春、秋、冬、夏、天文、地理、人道,所以爲政也。"《尚書·舜典》:"在璿璣玉衡,以齊七政。"孔安國傳:"七政,日月五星各異政。"孔穎達疏:"七政,謂日月與五星也。木曰歲星,火曰熒惑星,土曰鎮星,金曰太白星,水曰辰星。"王應麟《小學紺珠·天道類》:"七政:日、月、五星;天、地、人、四時。"

〔11〕《禮記·王制》:"歸假於祖禰,用特。"鄭注:"假,至也。特,特牛也。祖下及禰皆一牛。"《禮記·中庸》:"踐其位,行其禮,奏其樂,敬其所尊,愛其所親,事死如事生,事亡如事存,孝之至也。"

〔12〕孫之騄輯《尚書大傳》卷一《虞傳》:"維五祀,定鐘石,論人聲,乃及鳥獸,咸變於前,故更著四時,推六律六呂,詢十有二變,而道宏廣。"《宋書》卷一四《禮志一》:"《尚書傳》曰:'舜定鐘石,論人聲,乃及鳥獸,咸變於前。故更四時,改堯正。'"

〔13〕《禮記·表記》:"《詩》曰:'后稷兆祀。'"鄭玄注:"兆,四郊之祭處也。"《正義》:"'《詩》曰后稷兆祀'者,是《大雅·生民》之篇,美成王尊祖配天。所以尊后稷配天者,以后稷生存之時,於四郊之兆域,祭祀於天。"孫之騄輯《尚書大傳》卷一《虞傳》:"封十有二山,兆十有二州。……祭者必封,封亦壇也,十有二山、十有二州之鎮。兆,域也,爲營域以祭十二州之分星也。"

〔14〕《周禮注疏》卷三六《秋官·司刑》:"司刑掌五刑之法,以麗萬民之罪,墨罪

五百,劓罪五百,宮罪五百,刖罪五百,殺罪五百。”鄭玄注:“夏刑大辟二百,
臏辟三百,宮辟五百,劓、墨各千,周刖變焉,所謂刑罰世輕世重者也。鄭司
農云:‘漢孝文帝十三年,除肉刑。’”

〔15〕孫之騄輯《尚書大傳》卷一《虞傳》:“故聖王巡十有二州,觀其風俗,習其性
情,因論十有二俗,定以六律、五聲、八音、七始。……七始,天統也。”鄭玄
注:“七始,黃鐘、林鐘、大蔟、南呂、姑洗、應鐘、蕤賓也。”王應麟《小學紺
珠·律曆類》:“七始:黃鐘,林鐘,大蔟(天、地之始),姑洗、蕤賓、南呂、應
鐘(春、夏、秋、冬之始)。《漢·律志》:《書》曰‘予欲聞六律、五聲、八音、七
始咏,以出內五言’。七者,天地四時人之始也。”七律,古樂中之七種基本
音律。《國語·周語下》:“以七同其數,而以律和其聲,於是乎有七律。”韋
昭注:“七律爲音器,用黃鐘爲宮,太蔟爲商,姑洗爲角,林鐘爲徵,南呂爲
羽,應鐘賓變宮,蕤賓爲變徵也。”

〔16〕孫之騄輯《尚書大傳》卷二《皋繇謨》:“天子衣服,其文華蟲,作繢、宗彝、藻
火、山龍。諸侯,作繢、宗彝、藻火、山龍。子男,宗彝、藻火、山龍。大夫,藻
火、山龍。士,山龍。故《書》曰‘天命有德,五服五章哉。’”《尚書·皋陶
謨》:“天命有德,五服五章哉。”孔安國傳:“五服,天子、諸侯、卿、大夫、士之
服也。尊卑彩章各異,所以命有德。”《周禮·春官·小宗伯》:“辨吉凶之五
服,車旗宮室之禁。”鄭玄注:“五服,王及公、卿、大夫、士之服。”五章,服裝
上之五種不同文采。《左傳·昭公二十五年》:“爲九文、六采、五章,以奉五
色。”杜預注:“青與赤謂之文,赤與白謂之章,白與黑謂之黼,黑與青謂之
黻,五色備謂之繡。集此五章,以奉成五色之用。”

〔17〕重華,舜之美稱。《尚書·舜典》:“曰若稽古帝舜,曰重華,協於帝。”孔安國
傳:“華,謂文德。言其光文重合於堯,俱聖明。”《史記·五帝本紀》:“虞舜
者,名曰重華。”張守節《正義》:“目重瞳子,故曰重華。”

〔18〕元公,指周公,後世尊爲“元聖”。孫之騄輯《尚書大傳》卷三《洛誥》:“周公
攝政,一年救亂,二年克殷,三年踐奄,四年建侯衛,五年營成周,六年制作
禮樂,七年致政成王。”

〔19〕《禮記·文王世子》:“成王幼,不能涖阼,周公相,踐阼而治。抗世子法於伯
禽,欲令成王之知父子、君臣、長幼之道也;成王有過,則撻伯禽,所以示成
王世子之道也。”鄭玄注:“抗猶舉也。謂舉以世子之法,使與成王居而學
之。”孫之騄輯《尚書大傳》卷三《金縢》:“天子太子年十八曰孟侯。孟侯者,
於四方諸侯來朝,迎於郊,問其所不知也。問人民之所好惡、土地所生、山
川所有無,及父在時,皆知之。”鄭玄注:“孟,迎也。十八嚮入太學,爲成人,

博問庶事。"《玉海》曰:"孟侯者,四方諸侯來朝,迎於郊,或可遠郊勞,使世子爲之。是以《孝經注》亦云世子郊迎。郊迎,即郊勞也。雖據夏法,周亦然。"

〔20〕《尚書·金縢》:"秋,大熟,未穫,天大雷電以風,禾盡偃,大木斯拔;邦人大恐,王與大夫盡弁,以啓金縢之書,乃得周公所自以爲功,代武王之說。二公及王乃問諸史與百執事。對曰:'信。噫!公命,我勿敢言。'王執書以泣,曰:'其勿穆卜。昔公勤勞王家,惟予沖人弗及知;今天動威,以彰周公之德;惟朕小子其新逆,我國家禮亦宜之。'王出郊,天乃雨。反風,禾則盡起。二公命邦人,凡大木所偃,盡起而築之,歲則大熟。"《漢書·梅福傳》:"昔成王以諸侯禮葬周公,而皇天動威,雷風著災。"顏師古注曰:"《尚書大傳》云:'周公疾,曰:"吾死必葬於成周,示天下臣於成王也。"周公死,天乃雷雨以風,禾盡偃,大木斯拔。國恐,王與大夫開金縢之書,執書以泣曰:"周公勤勞王家,予幼人弗及知。"乃不葬於成周而葬之於畢,示天〔下〕不敢臣。'"《後漢書》卷六五《張奐傳》:"昔周公葬不如禮,天乃動威。"

〔21〕孫之騄輯《尚書大傳》卷一《虞夏傳》:"堯推尊舜屬諸侯,致天下於大麓之野。"鄭玄注:"山足曰麓。麓者,錄也。古者天子命大事,命諸侯,則爲壇國之外。堯聚諸侯,命舜陟位居攝,致天下之事,使大錄之。"《漢書·于定國傳》:"萬方之事,大錄於君。"顏師古注:"大錄,總錄也。"

〔22〕《漢書·地理志》:"故《書序》曰'武王崩,三監畔',周公誅之,盡以其地封弟康叔,號曰孟侯。"顏師古曰:"康叔亦武王弟也。孟,長也。言爲諸侯之長。"

〔23〕丹朱,堯之子。《史記·五帝本紀》:"堯知子丹朱之不肖,不足以授天下,於是乃權授舜。"《白虎通》卷六《王者不臣》:"王者所以不臣三,何也?謂二王之後,妻之父母,夷狄也。不臣二王之後者,尊先王通天下之三統也。《詩》云:'有客有客,亦白其馬。'謂微子朝周也。《尚書》曰:'虞賓在位。'不臣丹朱也。"孫之騄輯《尚書大傳》卷一《虞夏傳》:"舜爲賓客,而禹爲主人。"鄭玄注:"舜既使禹攝天子之事,於祭祀避之,居賓客之位,獻酒則爲亞獻也。"

〔24〕《周禮·春官·司服》:"王之吉服,祀昊天上帝,則服大裘而冕。"鄭玄注:"玄謂《書》曰:'予欲觀古人之象,日、月、星辰、山、龍、華蟲作繢,宗彝、藻、火、粉米、黼、黻希繡。'此古天子冕服十二章,舜欲觀焉。……而冕服九章,登龍於山,登火於宗彝,尊其神明也。九章,初一曰龍,次二曰山,次三曰華

蟲，次四曰火，次五曰宗彝，皆畫以爲繢；次六曰藻，次七曰粉米，次八曰黼，次九曰黻，皆希以爲繡。"《尚書·益稷》："予欲觀古人之象，日、月、星辰、山、龍、華蟲作會，宗彝、藻、火、粉米、黼、黻絺繡。"孔穎達疏："鄭云：'作服者，此十二章爲五服，天子備有焉，公自山龍而下，侯伯自華蟲而下，子男自藻火而下，卿大夫自粉米而下。'"

〔25〕《尚書·舜典》："在璿璣玉衡，以齊七政。"孔穎達《正義》曰："馬融云：'渾天儀可旋轉，故曰璣。衡，其橫簫，所以視星宿也。以璿爲璣，以玉爲衡，蓋貴天象也。'"《史記·五帝本紀》："舜乃在璿璣玉衡，以齊七政。"裴駰《集解》："鄭玄曰：'璿璣，玉衡，渾天儀也。'"

〔26〕《史記·五帝本紀》："舜乃在璿璣玉衡，以齊七政。"裴駰《集解》："鄭玄曰：'七政，日月五星也。'"《史記·天官書》："北斗七星，所謂'旋、璣、玉衡以齊七政'。"司馬貞《索隱》案："又馬融注《尚書》云'七政者，北斗七星，各有所主：第一曰正日；第二曰主月法；第三曰命火，謂熒惑也；第四曰煞土，謂填星也；第五曰伐水，謂辰星也；第六曰危木，謂歲星也；第七曰剽金，謂太白也。日、月、五星各異，故曰七政也。'"

〔27〕《漢書·郊祀志下》："後莽又奏言：《書》曰"類於上帝，禋於六宗"。歐陽、大小夏侯三家説六宗，皆曰上不及天，下不及墜，旁不及四方，在六者之間，助陰陽變化，實一而名六，名實不相應。……又日月雷風山澤，《易》卦六子之尊氣，所謂六宗也。星辰水火溝瀆，皆六宗之屬也。今或未特祀，或無兆居。謹與太師光、大司徒宮、羲和歆等八十九人議。'"

〔28〕《周禮注疏》卷一八《大宗伯》："案《異義》，今歐陽、夏侯説：'六宗者，上不及天，下不及地，傍不及四時，居中央，恍惚無有神助，陰陽變化，有益於人，故郊祭之。'《古尚書》説：'六宗，天地神之尊者，謂天宗三，地宗三。天宗，日、月、北辰；地宗，岱山、河、海。日月屬陰陽宗，北辰爲星宗，岱爲山宗，河爲水祝薨海爲澤宗。祀天則天文從祀，祀地則地理從祀。'"

〔29〕《周禮注疏》卷一八《大宗伯》："案《尚書·堯典》'禋於六宗'。但六宗之義，有其數無其名，故先儒各以意説，鄭君則以此星也，辰也，司中也，司命也，風師也，雨師也，六者爲六宗。"

〔30〕八矣，原誤作"七矣"，案前條爲"七矣"，後條爲"九矣"，則此處顯爲"八矣"之訛。《尚書·舜典》："肇十有二州。"孔安國《傳》："肇，始也。禹治水之後，舜分冀州爲幽州、并州，分青州爲營州，始置十二州。"

〔31〕《尚書·舜典》："歸，格於藝祖，用特。"孔穎達疏："才、藝、文、德其義相通，故'藝'爲文也。'文祖''藝祖'，史變文耳。《王制》説巡守之禮云：'歸，格

於祖禰,用特。'此不言'禰',故傳推之。'言祖則考著',考近於祖,舉尊以及卑也。'特'者獨也,故爲'一牛'。此惟言'文祖',故云'一牛'。遍告諸廟,廟用一牛,故鄭注:'彼云祖下及禰皆一牛也。'此時舜始攝位,未自立廟,故知告堯之文祖也。"

〔32〕《尚書·益稷》:"笙鏞以間,鳥獸蹌蹌。"陸德明《經典釋文》卷三《尚書音義上·益稷第五》:"鳥獸,孔以爲自舞也。馬云:'鳥獸,筍簴也。'"

〔33〕《尚書·益稷》:"予欲聞六律、五聲、八音,在治忽,以出納五言,汝聽。"孔安國傳:"言欲以六律和聲音在察天下治理及忽怠者。"《史記·夏本紀》:"予欲聞六律五聲八音,來始滑,以出入五言,女聽。"裴駰《集解》:"《尚書》'滑'字作'智',音忽。鄭玄曰:'智者,臣見君所秉,書思對命者也。君亦有焉,以出内政教於五官。'"司馬貞《索隱》:"古文《尚書》作'在治忽',今文作'采政忽',先儒各隨字解之。今此云'來始滑',於義無所通。"《禮記·玉藻》:"史進象笏,書思對命。"鄭玄注:"思,所思念將以告君者也。對,所以對君者也。命,所受君命者也。書之於笏,爲失忘也。"

〔34〕《毛詩·豳風》序:"《九罭》,美周公也。周大夫刺朝廷之不知也。"孔穎達《正義》曰:"鄭以爲,周公避居東都三年,成王既得雷雨大風之變,欲迎周公,而朝廷群臣猶有惑於管、蔡之言,不知周公之志者。及啓金縢之書,成王親迎,周公反而居攝,周大夫乃作此詩美周公,追刺往前朝廷群臣之不知也。"孫之騄輯《尚書大傳》卷四《金縢》:"周公薨,成王欲葬之於成周,天乃雷雨,以風,禾盡偃,大木斯拔,國人大恐。王乃葬周公於畢,示天下不敢臣。"《史記·周本紀》:"及成王用事,人或譖周公,周公奔楚。成王發府,見周公禱書,乃泣,反周公。"

〔35〕《漢書·楚元王傳》:"及歆親近,欲建立《左氏春秋》及《毛詩》《逸禮》《古文尚書》皆列於學官。哀帝令歆與五經博士講論其義,諸博士或不肯置對,歆因移書太常博士,責讓之曰:'……往者綴學之士不思廢絶之闕,苟因陋就寡,分文析字,煩言碎辭,學者罷老且不能究其一藝。信口説而背傳記,是末師而非往古,至於國家將有大事,若立辟雍封禪巡狩之儀,則幽冥而莫知其原。'"

〔36〕孫之騄輯《尚書大傳》卷一《虞傳》:"故《書》曰'煙於六宗',此之謂也。"鄭玄注:"烟,祭也,字當爲禋。馬氏以爲,六宗謂日、月、星辰、泰山、河、海也。經曰'肆類於上帝,烟於六宗,望秩於山川,遍於群神'。《月令》'天子祈來年於天宗'。如此,則六宗近謂天神也,以《周禮》差之,則爲星、辰、司中、司命、風師、雨師也。"又《尚書大傳》卷二《夏傳》:"天子三公:一曰司徒公,二

曰司馬公,三曰司空公。"鄭玄注:"《周禮》,天子六卿,與太宰、司徒同職者,則謂之司徒公;與宗伯、司馬同職者,則謂之司馬公,與司寇、司空同職者,則謂之司空公。一公兼二卿,舉下以爲稱。"又《尚書大傳》卷四《多士》:"古者百里之國,三十里之遂,二十里之郊,九里之城,三里之宮;七十里之國,二十里之遂,九里之郊,三里之城,一里之宮;五十里之國,九里之遂,三里之郊,一里之城。"鄭玄注:"玄或疑焉。《周禮》匠人營國,方九里,謂天子城也。今大國九里,則與天子同。"

〔37〕孫之騄輯《尚書大傳》卷一《虞傳》:"樂正道贊曰:尚考太室之義,唐爲虞賓。"鄭玄注:"義當爲儀。儀,禮儀也。"羲仲,傳説中黃帝時人。《尚書·堯典》:"分命羲仲,宅嵎夷,曰暘谷。寅賓出日,平秩東作。"孔安國傳:"羲仲居治東方之官。"《史記·五帝本紀》:"分命羲仲,居郁夷,曰暘谷。敬道日出,便程東作。日中,星鳥,以殷中春。"

〔38〕孫之騄輯《尚書大傳》卷二《洪範》:"思心之不容,是謂不聖。"鄭玄注:"容,當爲睿。睿,通也。"

〔39〕王鳴盛,注見前。《清史稿》卷四八一《儒林二》:"著《尚書後案》三十卷,專述鄭康成之學,若鄭注亡逸,采馬、王注補之。……又謂東晉所獻之《太誓》僞,而唐人所斥之《太誓》非僞,故附書今文《太誓》一篇,存古之功,自謂不減惠氏《周易述》也。"《尚書後案》卷一一《牧誓》:"御事司徒、司馬、司空。"王鳴盛案曰:"《太誓》云:'乃告司徒、司馬、司空。'此文與彼同,解亦當同。伏生《大傳》於彼文引《傳》以説之云:'天子三公,司徒公,司馬公,司空公。每一公三卿佐之,每一卿三大夫佐之,每一大夫三元士佐之。故三公、九卿、二十七大夫、八十一元士。考官數,虞六十,夏百二十,殷二百四十,周三百六十。此官百二十,故鄭以爲夏制。伏生於《虞傳》言三公,一公兼二卿,舉以下爲程,則止有六卿。此益爲九卿,是夏異於虞者不知所益何卿?殷又不可考。若《周禮》六卿之制當自武王時已定,則周制異於夏,同於虞。伏生何以據夏制説之,殊不可解。"

〔40〕段玉裁,注見前。《尚書古文撰異》卷一四《金縢》:"案,今文之説最爲荒謬。史官記事,前云既克商二年,云武王既喪,云居東二年,何等分明,豈有爲詩詒王之後,秋大孰之前,間隔若干年,若干大事不書,周公薨而突書其薨後之事,令人讀罷不知其顛末者。"

〔41〕孫星衍(1753—1818),字淵如,別署芳茂山人。江蘇陽湖人。少工詞章,與同鄉洪亮吉、黃仲則等齊名。於經史、文字、音訓、諸子百家皆通其義。輯刊《平津館叢書》《岱南閣叢書》堪稱善本。著有《周易集解》《寰宇訪碑

録》《孫氏家藏書目録内外篇》《尚書今古文注疏》《平津館文稿》等。《清史稿》卷四八一《儒林傳二》有傳。《尚書今古文注疏》卷二三《多方》："此篇《書序》列在《無逸》《君奭》之後，前尚有《成王征》《將薄姑》二佚篇。《史記·周本紀》《召誥》《洛誥》《多士》《無佚》及此《多方》，俱在周公行政七年成王長、周公反政之後，與伐誅管、蔡非一時事。《大傳》則云：'周公攝政，一年救亂，二年克殷，三年踐奄，四年建侯衛，五年營成周，六年制禮作樂，七年致政於成王。'則此是攝政三年事，當在《召誥》《洛誥》諸篇之前。故《書序》疏引鄭注云：'此伐淮夷與踐奄是攝政三年伐管、蔡時事。其編篇於此，未聞。'案：古今文說《書》本不同，史公問故孔安國，又與《書序》編篇之次相合，未可非也。又考《大傳》云：'管叔疑周公，流言於國曰："公將不利於王。"奄君薄姑謂禄父曰："武王已死矣，成王幼，周公見疑矣，此世之將亂也。請舉事。"然後禄父乃及三監叛。周公以成王之命殺禄父。'此時不言誅奄君。《周本紀》亦止云：'誅武庚、管叔，放蔡叔。'《蒙恬傳》則云：'成王能治國，有賊臣言："周公旦欲爲亂久矣，王若不備，必有大事。"王乃大怒，周公旦走而奔於楚。'又云：'殺言之者而反周公旦。'此賊臣流言在成王能治國後，是反政後譖周公，與管、蔡流言俱非一時事，蓋即奄君也。奄君先導管、蔡流言，或未聞於朝，故爲誅戮所不及。此時見周公反政，又進讒言，成王悟而誅之，疑即此時踐奄也。蒙恬親見百篇之《書》，說當不謬。伏生亦見全書，而《大傳》則夏侯、歐陽所記，或不必出自伏生耳。"

〔42〕陳喬樅(1809—1869)，字樸園，一字樹滋，福建侯官(今福州)人。年十七，舉於鄉。七上春官不第，以大挑分江西，歷宰分宜、弋陽、德化、南城諸縣，著袁州、臨江、撫州諸府。用經術飭吏治，居官有聲。潛心著述，撰《今文尚書經說考》三十四卷，《歐陽夏侯遺說考》一卷，《魯詩遺說考》六卷，《齊詩遺說考》四卷，《韓詩遺說考》五卷，《魯齊韓毛四家詩異文考》五卷，《齊詩翼氏學疏證》二卷，《詩緯集證》四卷，《禮記鄭讀考》六卷，《毛詩鄭箋改字說》一卷，《禮堂經說》二卷。《清史稿·儒林傳二》有傳。《今文尚書經說考》卷一一《太誓中》："其後教於齊魯之間，年已老耄，或於文王受命年數記憶未能明晰。"又卷一六《金縢》："其時藏書尚未出，生年已老，記憶容不能全，故脫去避居東國之事。"

〔43〕《四庫全書總目提要》卷一《經部·易類一》："《周易正義》十卷。……故皇侃《禮疏》或乖鄭義，穎達至斥爲'狐不首丘，葉不歸根'，其墨守專門，固通例然也。"

7. 論伏《傳》之後以《史記》爲最早，《史記》引《書》多同今文，不當據爲古文

　　漢武帝立博士，《尚書》惟有歐陽[1]。太史公《尚書》學，不言受自何人，考其年代，未能親受伏生，當是歐陽生所傳者。陳壽祺曰："司馬子長時，《書》惟有歐陽，所據《尚書》，乃歐陽本也。"[2]臧琳《經義雜記》[3]，分別《史記》引《尚書》爲今文，馬、鄭、王本爲古文，已列《堯典》一篇，餘可類推，其說甚是[4]。今考《史記》一書，如大麓是林麓，非録尚書；百揆即百官，匪云宰相；堯太祖稱文祖，異於禰祖之親；胤子朱是丹朱，知非胤國之爵；舜年凡百歲，見徵庸三十[5]之譌；帝咨廿二臣，有彭祖[6]一人在內；九官十二牧[7]，四岳[8]即在十二牧內，合以彭祖，正是二十有二人。"夔曰"八字[9]，本屬衍文；"予乘四載"，更當分列"戛擊鳴球"以下[10]，記自虞史；伯夷[11]明良喜起之歌[12]，義即舜傳；《大禹》《般庚》屬小辛[13]時作，比於陳古刺今；微子咨樂官乃行[14]，何與剖心胥靡[15]；太師、少師皆樂官，非箕子、比干。《多士》文兼《毋佚》，意在兩義互明；《君奭》告以勿疑，事在初崩居攝；成王開金匱，不因管、蔡之言；重耳賜彤弓，乃作《文侯之命》[16]；魯公就國，誓衆征戎[17]；秦伯封殽，懲前悔過[18]。皆與古文不合，而與《大傳》略同。惟文王囚羑里之後，乃出戡耆[19]，箕子封朝鮮之前，已先訪範[20]，此二事與《大傳》年代先後稍異耳。司馬貞《索隱》見與僞孔古文不符，謂史公采雜說，非本義[21]，此其謬人皆知之矣。《漢書》謂遷從孔安國問故，遷書載《堯典》《禹貢》《洪範》《微子》《金縢》，多古文說，其言亦無確證[22]。陳壽祺曰："今以此五篇考之，如《五帝紀》之載《堯典》'居郁夷曰柳谷'，'便在伏物'，'黎民始飢'，'五品不訓'，'歸至於祖禰廟'，'五流有度'，'五度三居'[23]，《夏本紀》之載《禹貢》'維箘簵楛'，'滎播既都'[24]，《周本紀》之載《洪範》'毋侮鰥寡'[25]，文字皆與今文吻合，則所謂多古文說者，

特指其説義耳。"[26] 段玉裁曰:"按此謂諸篇有古文説耳,非謂其文字多用古文也。《五經異義》每云古某説今某説,皆謂其義,非謂其文字。如説'内於大麓',云堯使舜入山林川澤,不云大録萬機之政[27]。説《禹貢》,云天子之國千里以外,甸、侯、綏、要、荒,每服五百里,方六千里,不云甸服千里,加侯、綏、要、荒,每服五百里,方五千里[28]。説《洪範》,云'思曰睿',不云思心曰容。[29] 説《微子》,云大師若曰,今誠得治國,死不恨,不得治,不如去,不云微子若曰,我舊云孩子,王子不出[30]。説《金縢》,雖用今文説,而亦云或譖周公,周公奔楚,成王發府,見周公禱書,乃泣,反周公。皆古文説之異於今文家,約略可言者也。"[31]

　　錫瑞案:史遷從安國問故,《史記》所未載,不知班氏何據。若《史記》所引《尚書》多同今文,不同古文,班氏所云"惟方六千里",同於賈、馬古文,"思曰睿,與曰涕",同於馬、鄭古文。若"大麓"不作"大録",是用歐陽説,與夏侯異。"大師"不作"父師",是今文説,與馬、鄭古文異,特不同於《論衡》一家之説耳。《金縢》在周公薨後,是今文説,與馬、鄭古文異,而又云"或譖周公,周公奔楚",雖與《論衡》引古文説頗合[32],而以爲公歸政後,與馬、鄭古文"避居"之説不同[33],皆不足爲《史記》用古文説之證。自孫星衍以後,皆誤用班氏説,以爲《史記》一書引《尚書》者,盡屬古文[34],於是《尚書》今古文家法大亂。不知分別家法確有明徵,非可執疑似之單文,撗昭晰之耳目。孫星衍過信班氏,其解《金縢》誤分《史記》以居東爲東征[35],與《毛詩》同者爲古文説,鄭以周公居東在成王禪後者爲今文説,而無以處《論衡》明言古文家,乃曰王氏充以爲古文者,今文亦古説。豈知《論衡》分今古文甚明,乃欲厚誣古人,豈不謬哉!

箋注

〔1〕《漢書·儒林傳》:"自武帝立五經博士,開弟子員,設科射策,勸以官禄,訖於元始,百有餘年,傳業者寖盛,支葉藩滋,一經説至百餘萬言,大師衆至千

餘人，蓋禄利之路然也。初，《書》唯有歐陽，《禮》后，《易》楊，《春秋》公羊而已。”

〔2〕陳壽祺《左海經辯》卷上《史記用今文尚書》：“司馬子長時，《書》惟有歐陽，大、小夏侯未立學官，然則《史記》所據《尚書》，乃歐陽本也。”

〔3〕《清史稿》卷四八一《儒林傳二》：“臧琳，字玉林，武進人。諸生。治經以漢注唐疏爲主，教人先以《爾雅》《説文》……有《尚書集解》百二十卷，《經義雜記》三十卷。”臧琳《經義雜記》：“居平不揣固陋，考究諸經，深有取於漢人之説，以爲去古未遠也。爲諸生三十年，未嘗一日不讀經。偶有一得，隨筆記録，間有他説，亦附益之。歲月既多，卷帙遂富。”

〔4〕見臧琳《經義雜記》卷二三《五帝本紀書説》。

〔5〕《尚書·舜典》：“舜生三十徵庸，三十在位，五十載陟方乃死。”孔安國傳：“言其始見試用。……三十徵庸，三十在位，服喪三年，其一在三十之數，爲天子五十年，凡壽百一十二歲。”

〔6〕彭祖，傳説其善養生，有導引之術，壽長八百餘歲。《莊子·逍遥游》：“而彭祖乃今以久特聞，衆人匹之，不亦悲乎！”成玄英疏：“彭祖者，姓籛，名鏗，帝顓頊之玄孫也。善養性，能調鼎，進雉羹於堯，堯封於彭城，其道可祖，故謂之彭祖。歷夏經殷至周，年八百歲矣。”

〔7〕九官，傳説舜時設置之九位大臣。《漢書·劉歆傳》：“臣聞舜命九官，濟濟相讓，和之至也。”顏師古注：“《尚書》禹作司空，棄后稷，契司徒，咎繇作士，垂共工，益朕虞，伯夷秩宗，夔典樂，龍納言，凡九官也。”十二牧，相傳舜時十二州之長官。《尚書·舜典》：“肇十有二州。”陸德明《音義》：“十有二州，謂冀、兗、青、徐、荆、揚、豫、梁、雍、并、幽、營也。”

〔8〕四岳，傳説爲堯臣羲、和四子。《尚書·堯典》：“帝曰：咨，四岳。”孔傳：“四岳即上羲、和之四子，分掌四岳之諸侯，故稱焉。”

〔9〕“夔曰”八字，見《尚書·舜典》：“於！予擊石拊石，百獸率舞。”

〔10〕《尚書·益稷》：“禹曰：‘洪水滔天，浩浩懷山襄陵，下民昏墊。予乘四載，隨山刊木。’……夔曰：‘戛擊鳴球，搏拊琴瑟以咏，祖考來格。’”

〔11〕伯夷，傳説堯舜時人。堯時被舉用，舜繼位，命伯夷掌秩宗，典三禮，以施政教。《尚書·舜典》：“帝曰：‘咨！四岳。有能典朕三禮？’僉曰：‘伯夷。’”孔傳：“伯夷，臣名。姜姓。”

〔12〕明良，謂賢明之君與忠良之臣；喜起，謂君臣協和。《尚書·益稷》：“乃歌曰：‘股肱喜哉，元首起哉，百工熙哉。’……乃賡載歌曰：‘元首明哉，股肱良哉，庶事康哉。’”孔傳：“股肱之臣喜樂盡忠，君之治功乃起。”

〔13〕小辛，商王，名頌。祖丁之子，盤庚之弟，繼盤庚即位。小辛爲其廟號。

〔14〕微子，名啓，帝乙長子，殷紂庶兄。《史記·殷本紀》："紂愈淫亂不止。微子數諫不聽，乃與大師、少師謀，遂去。"

〔15〕《史記·殷本紀》："比干曰：'爲人臣者，不得不以死争。'乃彊諫紂。紂怒曰：'吾聞聖人心有七竅。'剖比干，觀其心。"胥靡，指奴隷或刑徒。《史記·殷本紀》："是時説爲胥靡，築於傅險。"

〔16〕重耳，即晉文公，晉獻公次子，春秋時期霸主。《尚書·文侯之命》序："平王錫晉文侯秬鬯圭瓚，作《文侯之命》。"

〔17〕《尚書·費誓》序："魯侯伯禽宅曲阜，徐、夷并興，東郊不開，作《費誓》。"孔穎達疏："魯侯伯禽於成王即政元年始就封於魯，居曲阜之地。於時徐州之戎、淮浦之夷并起，爲寇於魯，東郊之門不敢開辟。魯侯時爲方伯，率諸侯征之，至費地而誓戒士衆。史録其誓辭，作《費誓》。"《史記·魯周公世家》："伯禽即位之後，有管、蔡等反也，淮夷、徐戎亦并興反。於是伯禽率師伐之於肸，作《肸誓》。"司馬貞《索隱》："《尚書》作'費誓'。"

〔18〕《左傳》僖公三十三年"夏四月辛巳，敗秦師於殽，獲百里孟明視、西乞術、白乙丙以歸，遂墨以葬文公。……文嬴請三帥……秦伯素服郊次，鄉師而哭，曰：'孤違蹇叔，以辱二三子，孤之罪也。'"《尚書·秦誓》序："秦穆公伐鄭，晉襄公帥師敗諸崤，還歸，作《秦誓》。"孔傳："晉舍三帥，還歸秦，穆公悔過作誓。"《史記·秦本紀》："當是時，晉文公喪尚未葬。太子襄公怒……遂墨衰絰，發兵遮秦兵於殽，擊之，大破秦軍，無一人得脱者。虜秦三將以歸。文公夫人，秦女也，爲秦三囚將請……晉君許之，歸秦三將。三將至，繆公素服郊迎，嚮三人哭曰：'孤以不用百里傒、蹇叔言以辱三子，三子何罪乎？子其悉心雪耻，毋怠。'遂復三人官秩如故，愈益厚之。"

〔19〕《尚書·西伯戡黎》序："殷始咎周，祖伊恐，奔告於受，作《西伯戡黎》。"孔穎達疏："伏生《書傳》云'文王受命，一年斷虞芮之質，二年伐邘，三年伐密須，四年伐犬夷，五年伐耆，六年伐崇，七年而崩'。耆即黎也。"《史記·周本紀》："帝紂乃囚西伯於羑里。……乃赦西伯，賜之弓矢斧鉞，使西伯得征伐。……明年，敗耆國。"張守節《正義》："即黎國也。鄒誕生云本或作'黎'。孔安國云黎在上黨東北。《括地志》云：'故黎城，黎侯國也，在潞州黎城縣東北十八里。《尚書》云"西伯既戡黎"是也。'"

〔20〕《史記·宋微子世家》："武王既克殷，訪問箕子。武王曰：'於乎！維天陰定下民，相和其居，我不知其常倫所序。'箕子對曰：'在昔鯀陻鴻水，汩陳其五行，帝乃震怒，不從鴻範九等，常倫所斁。鯀則殛死，禹乃嗣興。天乃錫禹

鴻範九等,常倫所序。……於是武王乃封箕子於朝鮮,而不臣也。"《尚書·洪範》序:"武王勝殷,殺受,立武庚,以箕子歸,作《洪範》。"孔穎達疏:"武王伐殷,既勝,殺受,立其子武庚爲殷後,以箕子歸鎬京,訪以天道,箕子爲陳天地之大法,叙述其事,作《洪範》。……《書傳》云:'武王釋箕子之囚,箕子不忍周之釋,走之朝鮮。武王聞之,因以朝鮮封之。箕子既受周之封,不得無臣禮,故於十三祀來朝,武王因其朝而問洪範。'"

〔21〕《史記·衛康叔世家》:"衛人因葬之釐侯旁,謚曰共伯,而立和爲衛侯,是爲武公。"司馬貞《索隱》:"和殺恭伯代立,此説蓋非也。案,季札美康叔、武公之德。又《國語》稱武公年九十五矣,猶箴戒於國,恭恪於朝,倚几有誦,至於没身,謂之叡聖。又《詩》著衛世子恭伯早卒,不云被殺。若武公殺兄而立,豈可以爲訓而刑之國史乎?蓋太史公探雜説而爲此記耳。"

〔22〕《漢書·儒林傳》:"安國爲諫大夫,授都尉朝,而司馬遷亦從安國問故。遷書載《堯典》《禹貢》《洪範》《微子》《金縢》諸篇,多古文説。"

〔23〕《尚書·堯典》:"分命羲仲,宅嵎夷,曰暘谷。"《史記·五帝本紀》:"分命羲仲,居郁夷,曰暘谷。"裴駰《集解》:"《尚書》作'嵎夷'。孔安國曰:'東表之地稱嵎夷。日出於暘谷。羲仲,治東方之官。'"司馬貞《索隱》:"舊本作'湯谷',今并依《尚書》字。案:《淮南子》曰'日出湯谷,浴於咸池',則湯谷亦有他證明矣。又下曰'昧谷',徐廣云:'一作"柳",柳亦日入處地名。太史公博采經記而爲此史,廣記異聞,不必皆依《尚書》。蓋郁夷亦地之别名也。"《尚書·堯典》:"申命和叔;居北方,曰幽都。平在朔易。"《史記·五帝本紀》:"申命和叔;居北方,曰幽都。便在伏物。"司馬貞《索隱》:"使和叔察北方藏伏之物,謂人畜積聚等冬皆藏伏。《尸子》亦曰'北方者,伏方也。'《尚書》作'平在朔易'。今案《大傳》云'便在伏物',太史公據之而書。"《尚書·舜典》:"歸,格於藝祖。"《史記·五帝本紀》:"歸,至於祖禰廟。"張守節《正義》:"禰音乃禮反。何休云:'生曰父,死曰考,廟曰禰。'"《尚書·舜典》:"棄,黎民祖飢,汝后稷播時百穀。"《史記·五帝本紀》:"棄,黎民始飢,汝后稷播時百穀。"裴駰《集解》:"徐廣曰:《今文尚書》作'祖飢'。祖,始也。"司馬貞《索隱》:"古文作'阻飢'。孔氏以爲阻,難也。祖、阻聲相近,未知誰得。"《尚書·舜典》:"契,百姓不親,五品不遜。"《史記·五帝本紀》:"契,百姓不親,五品不馴。"張守節《正義》:"馴音訓。"《尚書·舜典》:"五流有宅,五宅三居。"《史記·五帝本紀》:"五流有度,五度三居。"

〔24〕《尚書·禹貢》"惟箘簵楛",《史記·夏本紀》作"維箘簵楛"。又"滎波既豬",《史記·夏本紀》作"滎播既都"。司馬貞《索隱》:"《古文尚書》作'滎

波’，此及今文并云‘滎播’。”

〔25〕按，載《洪範》“毋侮鰥寡”者爲《宋微子世家》，非《周本紀》。《史記·宋微子世家》：“毋侮鰥寡而畏高明。”《尚書·洪範》：“無虐煢獨而畏高明。”

〔26〕見《左海經辯》卷上《史記用今文尚書》。

〔27〕《史記·五帝本紀》：“舜入於大麓，烈風雷雨不迷，堯乃知舜之足授天下。”

〔28〕《史記·夏本紀》：“令天子之國以外五百里甸服：百里賦納總，二百里納銍，三百里納秸服，四百里粟，五百里米。甸服外五百里侯服：百里采，二百里任國，三百里諸侯。侯服外五百里綏服：三百里揆文教，二百里奮武衛。綏服外五百里要服：三百里夷，二百里蔡。要服外五百里荒服：三百里蠻，二百里流。”

〔29〕《史記·宋微子世家》：“五事，一曰貌，二曰言，三曰視，四曰聽，五曰思。貌曰恭，言曰從，視曰明，聽曰聰，思曰睿。恭作肅，從作治，明作智，聰作謀，睿作聖。”

〔30〕《史記·宋微子世家》：“太師若曰：‘王子，天篤下菑亡殷國，乃毋畏畏，不用老長。今殷民乃陷淫神祇之祀。今誠得治國，國治身死不恨。爲死，終不得治，不如去。’”

〔31〕見段玉裁《古文尚書撰異序》。

〔32〕《論衡·感類》：“《金縢》曰‘秋大熟未穫，天大雷電以風，禾盡偃，大木斯拔，邦人大恐’。當此之時，周公死。儒者説之，以爲成王狐疑於周公。欲以天子禮葬公，公，人臣也；欲以人臣禮葬公，公有王功。狐疑於葬周公之間，天大雷雨，動怒示變，以彰聖功。古文家以武王崩，周公居攝，管、蔡流言，王意狐疑周公，周公奔楚，故天雷雨，以悟成王。夫一雷一雨之變，或以爲葬疑，或以爲信讒，二家未可審。”

〔33〕《尚書·金縢》：“周公乃告二公曰‘我之弗辟，我無以告我先王’。周公居東二年，則罪人斯得。”陸德明《音義》：“辟，扶亦反，治也；《説文》作壁，云必亦反，法也；馬、鄭音避，謂避居東都。”《毛詩·破斧》：“周公東征，四國是皇。”孔穎達《正義》：“鄭以爲，周公避居東都，成王迎而反之，攝政，然後東征。”

〔34〕孫星衍《尚書今古文注疏序》：“文有今古之分者，孔壁書科斗文字，安國以今文讀之。蓋秦已來改篆爲隸，或以今文寫書，安國據以讀古文，其字則異，其辭不異也。司馬氏用安國故，夏侯、歐陽用伏生説，馬、鄭用衛、賈説，其説與文字雖異，而經文不異也。”

〔35〕孫星衍《尚書今古文注疏》卷一三《金縢》：“《書序》云‘周公作《金縢》’。《史記·魯周公世家》載其文，又云：‘周公興師東伐，作《大誥》。’又云：‘寧淮夷

東土，二年而畢定。'是以周公居東二年爲伐叛，非避居也。"

8. 論伏《傳》《史記》之後惟《白虎通》多引今文，兩《漢書》及漢碑引《書》亦皆漢時通行之本

《尚書》有今古文之分，人皆知之，而未有一人能分別不誤者。孔壁古文罕傳於世，至東漢衛、賈、馬、鄭，古文之學漸盛，其原出於杜林，與孔壁古文是一是二未有明據。至東晉僞孔古文出，唐以立學[1]。孔穎達見其篇目與馬、鄭異，乃強謂馬、鄭爲今文[2]。近人皆知孔《疏》之謬矣，而又誤執班《志》遷《書》多古文說，遂以《史記》所載皆屬古文，而無以處馬、鄭與《史記》異者，又強謂馬、鄭爲今文。夫《史記》據歐陽《尚書》，明明屬今文矣，而必以爲古文。馬、鄭據杜林漆書，明明屬古文矣，而必以爲今文。則謂未有一人能分別不誤者，非過論也。經義最久遠難分明者，莫如《尚書》，經義最有確憑據者，亦莫如《尚書》。《尚書》之確憑據，首推伏生《大傳》，次則司馬《史記》，其說已見前矣，又次則《白虎通德論》[3]，多載今《尚書》說。陳壽祺曰：《白虎通義》用今文《尚書》。如琮璜五玉[4]，麛鹿二牲[5]。九族親睦，兼列異聞[6]；三考黜陟，不拘一義[7]。放勛非號，說見於郊天[8]；伯夷不名，義彰於敬老[9]。鳴球堂上，尤貴降神之歌[10]；燔柴岱宗，即爲封禪之禮[11]。考績事由二伯[12]，州牧旁立三人[13]。五行衰王之宜[14]，八音方位之別[15]。受銅即位，大斂即可稱王[16]；改朔應天，太平亦須革正[17]。周公薨當改葬[18]，康叔封據平安[19]。皆不背於伏書，亦無違於遷史。《白虎通》爲今文各經之總匯，具唐虞三代之遺文，碎璧零珪，均稱璵寶，雖不專爲《尚書》舉證，而《尚書》之故實典禮，要皆信而有徵。治今文《尚書》者，於伏《傳》《史記》外，當以此書爲最。他如兩《漢書》紀、志、傳之引《尚書》，漢碑之引《尚書》，以漢家四百年之通行，證伏書二十九篇之古義，雖不能備，而《尚書》之大旨，可以瞭然於心，而不爲異說所惑矣。至於

孔壁古文，久已不傳，其餘真僞難明，或且僞中作僞，既無禆於經學，學者可姑置之。與其信疑似難明之古文，而鄉壁虛造，不如信確實有據之今文，而抱缺守殘。《尚書》本出伏生，不當求《書》義於伏生所傳之外。兒寬受學於歐陽生，又受學於孔安國，歐陽、大小夏侯之學皆出於寬[20]，是安國古文之傳，已并入歐陽、夏侯，更不當求《書》義於歐陽、夏侯三家之外也。

 箋注

〔1〕《經典釋文・序錄》：“江左中興，元帝時豫章內史枚賾奏上孔傳《古文尚書》，亡《舜典》一篇。購不能得，乃取王肅注《堯典》，從‘愼徽五典’以下分爲《舜典》篇以續之。學徒遂盛。……永嘉喪亂，衆家之書并滅亡，而古文孔《傳》始興置博士，鄭氏亦置博士一人。近唯崇古文，馬、鄭、王注遂廢。今以孔氏爲正，其《舜典》一篇仍用王肅本。”

〔2〕孔穎達《尚書正義序》：“漢氏大濟區宇，廣求遺逸。采古文於金石，得今《書》於齊魯。其文則歐陽、夏侯二家之所説，蔡邕碑石刻之。古文則兩漢亦所不行，安國注之，實遭巫蠱，遂寢而不用。歷及魏、晉，方始稍興。故馬、鄭諸儒莫睹其學，所注經傳，時或異同。”

〔3〕《白虎通德論》，即《白虎通》，又稱《白虎通義》。東漢章帝建初四年(79)，依西漢石渠閣會議故事，召集各地著名儒生於洛陽白虎觀討論五經異同，章帝親自裁決，命班固將討論結果纂輯成《白虎通德論》，又稱《白虎通義》。《後漢書・章帝紀》：“於是下太常，將大夫、博士、議郎、郎官及諸生、諸儒會白虎觀，講議《五經》同異，使五官中郎將魏應承制問，侍中淳于恭奏，帝親稱制臨決，如孝宣甘露石渠故事，作《白虎議奏》。”《後漢書・儒林傳》：“建初中，大會諸儒於白虎觀，考詳同異，連月乃罷。肅宗親臨稱制，如石渠故事，顧命史臣著爲《通義》。”《四庫全書總目提要》卷一一八《子部・雜家類二》：“《白虎通義》四卷。漢班固撰。《隋書・經籍志》載《白虎通》六卷，不著撰人。《唐書・藝文志》載《白虎通義》六卷，始題班固之名。《崇文總目》載《白虎通德論》十卷，凡十四篇。陳振孫《書錄解題》亦作十卷，云凡四十四門。”

〔4〕《白虎通義》卷七《文質》：“何謂五瑞，謂珪、璧、琮、璜、璋也。……五玉者各何施？蓋以爲璜以徵召，璧以聘問，璋以發兵，珪以信質，琮以起土功之

事也。”

〔5〕麇鹿二牲，《白虎通義》卷七《文質》：“卿、大夫贄，古以麇、鹿，今以羔、雁何？以爲古者質，取其内，謂得美草鳴相呼；今文取其外，謂羔跪乳、雁有行列也。”

〔6〕《白虎通義》卷八《宗族》：“《尚書》曰：‘以親九族’，義同也。一说合言九族者，欲明堯時俱三也，禮所以獨父族四何？欲言周承二弊之後，民人皆厚於末，故興禮母族，妻之黨廢，禮母族父之族，足以貶妻族，以附父族也。或言九者，據有交接之恩也。若‘邢侯之姊，覃公惟私’也。言四者，據有服耳，不相害所異也。”

〔7〕《白虎通義》卷五《考黜》：“《尚書》曰：‘三載考績，三考黜陟。’何以知始考輒黜之？《尚書》曰：‘三年一考，少黜以地。’《書》所以言三考黜者，謂爵土異也。小國考之有功，增土進爵；後考無功，削黜，後考有功，上而賜之矣。五十里不過五賜而進爵土，七十里不過七賜而進爵土，能有小大，行有進退也。一说：盛德始封百里者，賜三等，得征伐、專殺、斷獄。七十里伯始封賜二等，至虎賁百人。後有功，賜弓矢。復有功，賜秬鬯，增爵爲侯，益土百里。復有功，入爲三公。五十里子男始封賜一等，至樂則。復有功，稍賜至虎賁，增爵爲伯。復有功，稍賜至秬鬯，增爵爲侯。未賜鈇鉞者，從大國連率、方伯而斷獄。”

〔8〕放勛，帝堯名。《尚書·堯典》：“曰若稽古，帝堯曰放勛。”《史記·五帝本紀》：“帝堯者，放勛。其仁如天，其知如神。”郊天，祭天之禮。《禮記·郊特牲》：“周之始郊，日以至。”鄭玄注：“郊天之月而日至，魯禮也。三王之郊一用夏正，魯以無冬至祭天於圓丘之事，是以建子之月郊天，示先有事也”《白虎通義》卷一《爵》：“何以知帝亦稱天子也？以法天下也。《中候》曰：‘天子臣放勛。’”

〔9〕《史記·伯夷列傳》：“伯夷、叔齊，孤竹君之二子也。……伯夷、叔齊雖賢，得夫子而名益彰。”《孟子·離婁上》：“伯夷辟紂，居北海之濱，聞文王作，興曰：‘盍歸乎來！吾聞西伯善養老者。’”

〔10〕《白虎通義》卷二《禮樂》：“降神之樂在上何？爲鬼神舉。故《書》曰：‘戛擊鳴球、搏拊、琴瑟，以咏，祖考來格。’何以用鳴球、搏拊者何？鬼神清虛，貴净賤鏗鏘也。”

〔11〕《史記·封禪書》張守節《正義》：“此泰山上築土爲壇以祭天，報天之功，故曰封。此泰山下小山上除地，報地之功，故曰禪。言禪者，神之也。……《五經通義》云：‘易姓而王，致太平，必封泰山、禪梁父何？天命以爲王，使

理群生,告太平於天,報群神之功。'"《白虎通義》卷五《封禪》:"封者廣也,言禪者,明以成功相傳也。梁甫者,太山旁山名,正於梁甫何? 以三皇禪於繹繹之山,明己成功而去,有德者居之。繹繹者,無窮之意也。五帝禪於亭亭者,制度審諦、德著明也。三王禪於梁甫之山者,梁信也,甫輔也,輔天地之道而行之也。太平乃封,知告於天,必也於岱宗何? 明知易姓也。刻石紀號,知自紀於百王也。燎祭天,報之義也,望祭山川,祀群神也。"

〔12〕《白虎通義》卷五《巡守》:"故五歲一巡狩,三年小備,二伯出,述職黜陟。……《傳》曰:'周公入爲三公,出爲二伯,中分天下,出黜陟。'"

〔13〕《白虎通義》卷三《封公侯》:"唐虞謂之牧何? 尚質,使大夫往來牧諸侯,故謂之牧。旁立三人,凡十二人。《尚書》曰:'咨十有二牧。'"

〔14〕《白虎通義》卷三《五行》:"五行所以更王何? 以其轉相生,故有終始也。木生火,火生土,土生金,金生水,水生木。是以木王,火相,土死,金囚,水休,王所勝老死、囚,故王者休。"

〔15〕《白虎通義》卷二《禮樂》:"八音者,何謂也?《樂記》曰:'土曰塤,竹曰管,皮曰鼓,匏曰笙,絲曰絃,石曰磬,金曰鐘,木曰柷敔。'此謂八音也。法《易》八卦也,萬物之數也;八音,萬物之聲也。……《樂記》曰:'塤,坎音也;管,艮音也;鼓,震音也;絃,離音也;鐘,兌音也;柷敔,乾音也。'"

〔16〕大斂,喪禮之一。將已裝裹的尸體放入棺材。《儀禮·既夕禮》:"大斂於阼。"鄭玄注:"主人奉尸斂於棺。"《白虎通義》卷一《爵》:"天子大斂之後稱王者,明士不可一日無君也。故《尚書》曰:'王麻冕黼裳。'此斂之後也。'何以知王從死後加王也? 以《尚書》言迎子劉,不言迎王。王者既殯而即繼體之位何? 緣民臣之心不可一日無君,故先君不可得見則後君繼體矣。《尚書》曰:'再拜興對,乃受銅。'明爲繼體君也。緣始終之義,一年不可有二君也。故《尚書》曰:'王釋冕喪服。'吉冕受銅稱王,以接諸侯,明己繼體爲君也。釋冕藏銅,反喪,明未稱王以統事也。"

〔17〕《白虎通義》卷一《爵》:"王者受命必改朔何? 明易姓,示不相襲也。明受之於天,不受之於人,所以變易民心,革其耳目,以助化也。故《喪服大傳》曰:'王始起,改正朔、易服色、殊徽號、異器械、別衣服也。'是以禹舜雖繼太平,猶宜改以應天。"

〔18〕《白虎通義》卷一〇《喪服》:"周公以王禮葬何? 以爲周公踐阼理政,與天同志,展興周道,顯天度數,萬物咸得,休氣允塞,原天之意,予愛周公與文武無異,故以王禮葬,使得郊祭。"

〔19〕《白虎通義》卷三《封公侯》:"普天之下,莫非王土,率土之賓,莫非王臣。海

內之衆已盡得使之，不忍使親屬無短足之居，一人使封之，親親之義也。以《尚書》封康叔據平安也。王者始起封諸父、昆弟，與己共財之義，故可與共土也。”

〔20〕《漢書·儒林傳》：“歐陽生字和伯，千乘人也。事伏生，授倪寬。寬又受業孔安國，至御史大夫，自有傳。……歐陽、大小夏侯氏學皆出於寬。寬授歐陽生子，世世相傳，至曾孫高子陽，爲博士。……高孫地餘長賓以太子中庶子授太子，後爲博士。……地餘少子政爲王莽講學大夫。由是《尚書》世有歐陽氏學。……夏侯勝，其先夏侯都尉，從濟南張生受《尚書》，以傳族子始昌。始昌傳勝，勝又事同郡蘭卿。蘭卿者，倪寬門人。勝傳從兄子建，建又事歐陽高。勝至長信少府，建太子太傅，自有傳。由是《尚書》有大小夏侯之學。”

9. 論古文無師説，二十九篇之古文説亦參差不合，多不可據

古文《尚書》之名舊矣，今止以今文二十九篇爲斷，古文置之不論。其説似乎駭俗，不知真古文之亡久矣。且真古文亦無師説，凡今文早出有師説，古文晚出無師説，各經皆然，非獨《尚書》。孔安國以今文讀古文，或略綴以文字，如後之《釋文》《校勘記》，亦未可知，要之必無章句訓義[1]。《漢書·孔光傳》曰：“忠生武及安國，武生延年，延年生霸，霸生光焉。安國、延年皆以治《尚書》爲武帝博士，安國至臨淮太守。霸亦治《尚書》，事太傅夏侯勝[2]，昭帝末年爲博士。”案，此孔安國古文《尚書》但有經而無傳之明證也。漢人重家法，歐陽生至歙八世，皆治歐陽《尚書》[3]。霸爲安國從孫，如安國有師説，霸豈得捨而事夏侯？大夏侯有孔、許之學[4]，則孔氏之家學，轉在夏侯，而非傳安國矣。蓋古文無師説，博士必以今文師説教授，故夏侯師説，有與古文《尚書》相出入者。班氏世習夏侯《尚書》[5]，《漢書》引經，與《史記》引歐陽説頗不同，而《漢書》又間用古字，其異同皆可考而知。孔氏所謂起其家者，不過守此孤本，傳爲家學耳。逸十六篇本之杜林，托之孔壁，衛、賈、

馬、鄭，遞相授受，馬融以爲絕無師説，鄭亦不注逸《書》[6]。觀於逸《書》之無師説，又安國古文《尚書》有經無傳之明證也。有經而無師説，與無經同，況并此真經而亡之，乃以贗鼎亂真[7]，奚可哉！二十九篇以外之古文，既不可信，二十九篇之中有古文説，蓋創始於劉歆。歆欲建立古文，必有説義，方可教授。《周禮》《左氏傳》皆由劉歆創通大義，有明文可據[8]，則古《尚書》説出於東漢之初者，亦由劉歆創立可知。如以三公爲太師、太傅、太保[9]，以六宗爲乾坤六子[10]，以父師爲箕子[11]，以文王爲受命九年而崩[12]，歆説至今可考見者，皆不與今《尚書》説同，是其明證。劉歆爲國師，王璜、塗惲皆貴顯，塗惲授桑欽[13]，則《漢書》《禹貢》引桑欽説，又在劉歆之後。《漢書·地理志》於《禹貢》引古文説，必分別言之[14]，則其餘皆今文可知。《五經異義》引古《尚書》説[15]，蓋出衛宏、賈逵，亦或本之於歆。衛、賈所作訓今不傳，鄭君《書贊》[16]曰："衛、賈、馬二三君子之業，則雅才好博，既宣之矣。"是鄭注古文《尚書》，多本於衛、賈、馬。今馬、鄭注解猶存其略，而鄭不同於馬，馬又不同於衛、賈。蓋古文本無師授，所以人自爲説，其説互異，多不可據，不當以衛、賈、馬、鄭後起之説，違伏生最初之義也。

箋注

〔1〕 章句，即剖章析句，爲漢代經學家解説經義之一種方式，亦泛指經書注釋。訓義，即解釋經文之意義。

〔2〕 夏侯勝，字長公，西漢東平(今屬山東)人。夏侯始昌族子。爲漢代今文《尚書》大夏侯學的開創者。《漢書·夏侯勝傳》："夏侯勝字長公。……勝少孤，好學，從始昌受《尚書》及《洪範五行傳》，説災異。後事蘭卿，又從歐陽氏問。爲學精孰，所問非一師也。善説禮服。"

〔3〕 《後漢書》卷七九《儒林傳》："歐陽歙字正思，樂安千乘人也。自歐陽生傳伏生《尚書》，至歙八世，皆爲博士。"

〔4〕 《漢書·儒林傳》："周堪字少卿，齊人也。與孔霸俱事大夏侯勝。……堪授牟卿及長安許商長伯。牟卿爲博士。霸以帝師賜爵號褒成君，傳子光，亦事牟卿，至丞相，自有傳。由是大夏侯有孔、許之學。"

〔5〕《漢書・叙傳》：“況生三子：伯、斿、稚。伯少受《詩》於師丹。……。時上方鄉學，鄭寬中、張禹朝夕入説《尚書》《論語》於金華殿中，詔伯受焉。既通大義，又講異同於許商。”《漢書・儒林傳》：“張山拊字長賓，平陵人也。事小夏侯建，爲博士，論石渠，至少府。授同縣李尋、鄭寬中少君、山陽張無故子儒、信都秦恭延君、陳留假倉子驕。”《後漢書》卷四〇上《班彪傳》：“（班）固字孟堅。年九歲，能屬文誦詩賦，及長，遂博貫載籍，九流百家之言，無不窮究。所學無常師，不爲章句，舉大義而已。……天子會諸儒講論五經，作《白虎通德論》，令固撰集其事。”《後漢書》卷六五《盧植傳》：“願得將書生二人，共詣東觀，就官財糧，專心研精，合《尚書》章句，考《禮記》失得，庶裁定聖典，刊正碑文。古文科斗，近於爲實，而厭抑流俗，降在小學。中興以來，通儒達士班固、賈逵、鄭興父子，并敦悦之。”案，據《漢書》之《叙傳》及《儒林傳》，知鄭寬中傳小夏侯《尚書》之學，許商傳大夏侯《尚書》之學，班伯師從許、鄭，故而兼通《尚書》大、小夏侯之學。又據《後漢書》之《班彪傳》《盧植傳》，知班固於《尚書》亦有造詣。班氏世習《尚書》，班伯至班固授受不明，期間當有家學承傳（參考馬士遠《兩漢尚書學研究》第九章《班固尚書學研究》）。

〔6〕《尚書注疏》卷二《堯典》孔穎達《正義》曰：“《藝文志》又云：‘孔安國者，孔子後也。悉得其書，以古文又多十六篇。’……馬融《書序》云：‘經傳所引《泰誓》，《泰誓》并無此文。’又云：‘逸十六篇，絕無師説。’是融亦不見也。……服虔、杜預皆不見也。鄭玄亦不見之。……又劉歆、賈逵、馬融之等并傳孔學，云十六篇逸，與安國不同者，良由孔注之後，其書散逸，傳注不行。以庸生、賈、馬之等惟傳孔學經文三十三篇，故鄭與三家同，以爲古文。而鄭承其後，所注皆同賈逵、馬融之學，題曰《古文尚書》。”案，馬融《書序》今亡佚，見孔穎達《尚書注疏》所引。

〔7〕贋鼎，指仿造或偽托之物。《韓非子・説林下》：“齊伐魯，索讒鼎，魯以其雁往，齊人曰：‘雁也。’魯人曰：‘真也。’”後因以“贋鼎”指仿造或偽托之物。

〔8〕《漢書・楚元王傳》：“及歆校秘書，見古文《春秋左氏傳》，歆大好之。時丞相史尹咸以能治《左氏》，與歆共校經傳。歆略從咸及丞相翟方進受，質問大義。初《左氏傳》多古字古言，學者傳訓故而已，及歆治《左氏》，引傳文以解經，轉相發明，由是章句義理備焉。”《漢書・王莽傳上》：“九月，莽母功顯君死，意不在哀，令太后詔議其服。少阿、羲和劉歆與博士諸儒七十八人皆曰：‘……聖心周悉，卓爾獨見，發得《周禮》，以明因監，則天稽古，而損益焉，猶仲尼之聞韶，日月之不可階，非聖哲之至，孰能若茲！綱紀咸張，成在

一匱,此其所以保佑聖漢,安靖元元之效也。'"

〔9〕《尚書·周官》:"立太師、太傅、太保,茲惟三公,論道經邦,燮理陰陽。"《漢書·百官公卿表》:"太師、太傅、太保,是爲三公,蓋參天子,坐而議政,無不總統,故不以一職爲官名。"

〔10〕《漢書·郊祀志》:"後莽又奏言:'《書》曰"類於上帝,禋於六宗"。……《易》有八卦,乾、坤六子,水火不相逮,雷風不相誖,山澤通氣,然後能變化,既成萬物也。……又曰、月、雷、風、山、澤,《易》卦六子之尊氣,所謂六宗也。星、辰、水、火、溝、瀆,皆六宗之屬也。今或未特祀,或無兆居。謹與太師光、大司徒宮、羲和歆等八十九人議。'"《文獻通考》卷八一《郊社考》:"孔光、劉歆以六宗謂乾、坤六子,水、火、雷、風、山、澤也。"

〔11〕《漢書·五行志》:"劉歆以爲慮羲氏繼天而王,受《河圖》,則而畫之,八卦是也;禹治洪水,賜《雒書》,法而陳之,《洪範》是也。聖人行其道而寶其真。降及於殷,箕子在父師位而典之。"

〔12〕《漢書·律曆志》:"向子歆究其微眇,作《三統曆》及《譜》以説《春秋》,推法密要,故述焉。……三統,上元至伐紂之歲,十四萬二千一百九歲,歲在鶉火張十三度。文王受命九年而崩,再期,在大祥而代紂。"

〔13〕王璜,西漢瑯琊人,字平中,受《易》於費直,受《毛詩》於徐敖。又傳《古文尚書》。塗惲,西漢扶風平陵人,字子真。從徐敖學古文《尚書》。桑欽,西漢河南人,字君長。從塗惲學古文《尚書》《毛詩》,著有《水經》。《漢書·儒林傳》:"費直字長翁,東萊人也。治《易》爲郎,至單父令。長於卦筮,亡章句,徒以象象繫辭十篇文言解説上下經。琅邪王璜平中能傳之。璜又傳古文《尚書》。……孔氏有古文《尚書》,孔安國以今文字讀之,因以起其家逸書,得十餘篇,蓋《尚書》茲多於是矣。遭巫蠱,未立於學官。安國爲諫大夫,授都尉朝,……都尉朝授膠東庸生。庸生授清河胡常少子,以明《穀梁春秋》爲博士、部刺史,又傳《左氏》。常授虢徐敖。敖爲右扶風掾,又傳《毛詩》,授王璜、平陵塗惲子真。子真授河南桑欽君長。王莽時,諸學皆立。劉歆爲國師,璜、惲等皆貴顯。"

〔14〕《漢書·地理志》:"禹錫玄圭,告厥成功。"顏師古注:"玄,天色也。堯以禹治水功成,故賜玄圭以表之也。自此以上,皆《禹貢》之文。"又:"先王之迹既遠,地名又數改易,是以采獲舊聞,考迹《詩》《書》,推表山川,以綴《禹貢》《周官》《春秋》,下及戰國、秦、漢焉。"

〔15〕陳壽祺《五經異義疏證》卷上:"《異義》:今歐陽、夏侯説六宗者,上不及天,下不及地,旁不及四時方,居中央,恍惚無有神助。陰陽變化有益於人,故

郊祭之。《古尚書》説六宗，天地神之尊者，謂天宗三、地宗三。"又《五經異義疏證》卷下："《異義》：《今尚書》歐陽、夏侯説中國方五千里，《古尚書》説五服方五千里，相距萬里。許慎謹案：據今漢地考之，自黑水至東海、衡山之陽至於朔方，經略萬里，從《古尚書》説。……《異義》：《今文尚書》歐陽説：肝，木也；心，火也；脾，土也；肺，金也；腎，水也。《古尚書》説：脾，木也；肺，火也；心，土也；肝，金也；腎，水也。許慎案：《月令》春祭脾、夏祭肺、至夏祭心、秋祭肝、冬祭腎，與《古尚書》同。"

〔16〕王應麟《玉海》卷三七《藝文·書》："漢鄭玄《書贊》。《正義》鄭玄《書贊》云：'我先師棘子下生安國，亦好此學，衛、賈、馬二三君子之業。'又云：'孔子乃尊而命之曰《尚書》。'《藝文志注》師古曰：'鄭玄《序贊》云：後又亡其一篇。'《書正義》鄭玄注《書序》《舜典》云'入麓伐木'，注《五子之歌》云'避亂於洛汭'，注《胤征》云'胤征，臣名'，又注《禹貢》引《胤征》云'厥匪玄黄，昭我周王'，又注《咸有一德》云'伊陟臣扈曰'，又注《典寶》引《伊訓》云'載孚在亳'，又曰'徵是三朡'，又注《旅獒》云'獒讀曰豪，謂是遒豪之長'。"

10. 論《禹貢》山川當據經文解之，據漢人古義解之，不得從後起之説

郡縣有時而更，山川終古不易。山川之名，自禹始定。《甫刑》曰："禹平水土，主名山川。"[1]郭璞《爾雅注》曰[2]："從《釋地》已下至九河，皆禹所名也。"據此，則禹奠高山大川之後，始一一爲之定名，相傳至今。其支峰支流，不必皆禹所定，而大山川之名，終古不易，即或山有崩壞，水道有遷徙，而準其地望，考其形勢，大致猶可推求。《禹貢》一書，爲後世山經水記之祖。《史記·河渠書》《漢書·地理志》皆全載其文。《漢志》又於郡縣下，備載《禹貢》某山某水，在今郡縣某處。漢時去古未遠，其説必有所受。後之治《禹貢》者，吾惑焉，經有明文，習而不察，其數可稽者，乃釋以顓頊之辭，此大惑者一。漢人引經有明文，誣而不信，其地可據者，反傅會不經之説，此大惑者二。試舉數條證之。

《禹貢》曰"九山刊旅、九川滌源、九澤既陂"，經明言九山、九川、九澤，則必數實有九，注疏乃以九州之山川澤解之。據《史記》云"道九山""道九川"，其爲實有九數，而非泛説九州可知。今以經文考之，岍及岐至於荆山一也[3]，壺口、雷首至於太岳二也[4]，砥柱、析城至於王屋三也[5]，太行、恒山至於碣石四也[6]，西傾、朱圉、鳥鼠至於太華五也[7]，熊耳、外方、桐柏至於陪尾六也[8]，嶓冢至於荆山七也[9]，内方至於大別八也[10]，岷山之陽至於衡山九也[11]。蓋山之數不止於九，而脉絡相承，數山實是一山，故經言某山至於某山，合之適得九數。《史記索隱》曰："汧、壺口、砥柱、太行、西傾、熊耳、嶓冢、内方、岐，是九山也。"其説不誤，惟專舉爲首一山言之，未明言一山合數山之故，又誤岷山爲岐。岷，《史記》作汶，或作岐。岐與岐相似致誤。《索隱》岍作汧，岷作岐，與今文合，蓋出今文遺説。後人不能訂正誤字，又不能按合經文，故《索隱》雖有明文，而莫之遵信矣。

九川者，《索隱》曰："弱、黑、河、瀁、江、沇、淮、渭、洛爲九川。"按之經文，其數適合。瀁作瀁，亦與今合，足見其説皆出今文。九澤，《索隱》無説，以經考之，雷夏一，大野二，彭蠡三，震澤四，雲夢五，滎波六，菏澤七，孟豬八，豬野九，其數亦適合。雷夏、彭蠡、震澤、菏澤，經明言澤；雲夢、孟豬、大野以澤名，見《周禮·職方》[12]；滎澤見《左氏傳》[13]，都野澤見《水經》[14]，即豬野，豬今文作都。或一州有二澤三澤，或一州無一澤，蓋無一定，非若《職方》每一州一澤也。楚人名澤中爲夢中，見王逸《楚辭注》[15]，是雲夢即雲澤，若分爲二，謂雲在江北，夢在江南[16]，則有十澤，非止九澤矣。此大山川明見經者，人且忽而不察，自來説《禹貢》者，無一人能確指其數，何論其他。九河當從許商[17]，以爲古説九河之名，有徒駭、胡蘇、鬲津，見在成平、東光、鬲界中[18]，自鬲以北至徒駭間，相去二百餘里。《漢志》：東光有胡蘇亭，成平虖沱河，民曰徒駭河。鬲，平當以爲鬲津，皆與許商説同[19]。班固、許商皆習夏侯《尚書》者。若王横言九河之地爲海所漸[20]，乃古文異説，不可從。三江，《漢志》：會稽郡吴縣"南江在南"[21]，毗陵"江在北"[22]，丹陽郡蕪湖"中江出西南"[23]。據《水經》，過毗陵縣，北爲北江，則《漢志》毗陵"江在北"，"江"上脱一

“北”字,合南江、北江、中江爲三江。九江,《史記》云:“余登盧山,觀禹疏九江。”《漢志》:盧江郡尋陽“《禹貢》九江在南,皆東合爲大江”。又豫章郡“莽曰九江”,有鄱水、餘水、修水、豫章水、旴水、蜀水、南水、彭水,皆入湖漢,合湖漢水爲九入江。則九江在漢盧江、豫章二郡之地。宋胡旦[24]、毛晃[25]始傅會《山海經》,以九江爲洞庭[26],近治《禹貢》者多惑之。案:古有雲夢,無洞庭。至戰國時,吳起説魏武侯,始言昔三苗氏左洞庭[27];蘇秦説楚威王,言南有洞庭、蒼梧[28];張儀説秦王,言大破荆襲郢,取洞庭五渚[29];屈子《楚辭》[30],屢稱洞庭,而雲夢罕見稱述。至漢以巴丘湖爲雲夢[31],又言雲夢,不言洞庭。蓋水道遷徒而異名,要與九江無涉。《山海經》太史公所不敢言,豈可據以證《禹貢》乎?《山海經》疑戰國人作,必非禹時之書。九河、三江亦多異説,九河或并簡絜爲一,三江或并三江爲一,庾仲初[32]以後各創新説,反疑《漢志》是《職方》三江,非《禹貢》三江[33]。又《漢志》大別在安豐,而或以爲翼際;東陵在金蘭,而或以爲巴陵;皆與古説不同[34]。胡渭《禹貢錐指》有重名[35],亦多惑於後起之説。惟焦循《禹貢鄭注釋》[36]、成蓉鏡《禹貢班義述》[37],專明古義,治《禹貢》者當先觀之。鄭引地記與班志微不同,蓋各有所據,鄭以“九江孔殷”爲其孔甚多[38];“因桓是來”,桓是爲隴坻之名[39],頗近於新巧,乃古文異説,不必從。

箋注

〔1〕《甫刑》,即《尚書·吕刑》。《尚書·吕刑》:“禹平水土,主名山川。”孔穎達《正義》:“伯禹身平治水土,主名天下山川,其無名者皆與作名。”

〔2〕郭璞《爾雅注》,注見前。

〔3〕岍山,在今陝西隴縣西南。岐山,在今陝西岐山縣。荆山,在今陝西閻良、富平、三原交界處。《史記·夏本紀》:“岍及岐至於荆山。”裴駰《集解》引鄭玄曰:“《地理志》汧在右扶風也。”司馬貞《索隱》:“汧,一作爲‘岍’。按,有汧水,故其字或從‘山’,或從‘水’,猶岐山然也。《地理志》云吴山在汧縣西,古文以爲汧山。岐山在右扶風美陽縣西北;荆山在左馮翊懷德縣南也。”張守節《正義》引《括地志》云:“汧山在隴州汧源縣西六十里。其山東

鄰岐、岫,西接隴岡,汧水出焉。岐山在岐州。”

〔4〕壺口,在今山西吉縣壺口鎮與陝西宜川縣壺口鄉交界處。《史記·夏本紀》:“冀州:既載壺口,治梁及岐。”裴駰《集解》引鄭玄曰:“《地理志》,壺口山在河東北屈縣之東南。”張守節《正義》引《括地志》云:“壺口山在慈州吉昌縣西南五十里冀州境也。”雷首,在今山西中條山脈之西南端。太岳,即霍山,在今山西霍縣東南。《周禮·夏官·職方氏》:“河內曰冀州,其山鎮曰霍山。”《史記·夏本紀》:“既脩太原,至於岳陽。”司馬貞《索隱》:“岳,太岳,即冀州之鎮霍太山也。按《地理志》,霍太山在河東彘縣東。”《史記·夏本紀》:“壺口、雷首至於太岳。”司馬貞《索隱》:“雷首山在河東蒲阪縣東南。”裴駰《集解》引孔安國曰:“三山在冀州,太岳在上黨西也。”張守節《正義》引《括地志》云:“壺口在慈州吉昌縣西南。雷首山在蒲州河東縣。太岳,霍山也,在沁州沁源縣。”

〔5〕砥柱山,又名三門山,在今河南省三門峽市,因河道整治,山已炸毀。析城山又名析津山,在今山西省陽城縣西南。王屋,在今山西省陽城、垣曲兩縣之間。因山有三重,其狀如屋,故名。《史記·夏本紀》:“砥柱、析城至於王屋。”張守節《正義》:“《括地志》云:‘氐柱山,俗名三門山,在陝州硤石縣東北五十里黃河之中。孔安國云:“氐柱,山名。河水分流,包山而過,山見水中,若柱然也”。’《括地志》云:‘析城山在澤州陽城縣西南七十里。《注水經》云:“析城山甚高峻,上平坦,有二泉,東濁西清,左右不生草木”。’《括地志》云:‘王屋山在懷州王屋縣北十里。《古今地名》云:“山方七百里,山高萬仞,本冀州之河陽山也”。’”

〔6〕太行山,位於今山西省與華北平原之間,東北—西南走向,縱跨北京、河北、山西、河南四省,是黃土高原之東部界綫。山勢西緩東陡,由河流切割而成之橫谷爲東西交通孔道,古有“太行八徑”之稱。恒山,亦名常山,即今河北保定市之大茂山。《史記·封禪書》:“十一月巡狩至北岳。北岳,恒山也。”張守節《正義》:“《括地志》云:‘恒山在定州恒陽縣西北百四十里,《周禮》云:“并州鎮曰恒山”。’”碣石,山名。《史記·夏本紀》:“夾右碣石。”裴駰《集解》:“孔安國曰:‘碣石,海畔山也’。”在今河北省昌黎縣。《史記·夏本紀》:“太行、常山至於碣石。”裴駰《集解》:“孔安國曰:‘此二山連延,東北接碣石,而入於滄海’。”司馬貞《索隱》:“太行山在河內山陽縣西北。常山,恒山是也,在常山郡上曲陽縣西北。”

〔7〕西傾山,在今青海省東南部。《史記·夏本紀》:“西傾因桓是來。”裴駰《集解》:“鄭玄曰:《地理志》西傾山在隴西臨洮。”張守節《正義》:“《括地志》

云：'西傾山，今嶒臺山，在洮州臨洮縣西南三百三十六里。'朱圉山，在今甘肅省天水市甘谷縣。鳥鼠山，在今甘肅省定西市渭源縣西南。太華山，即華山，五岳中之西岳，在今陝西省華陰市境内。《史記·夏本紀》："西傾、朱圉、鳥鼠至於太華。"裴駰《集解》："鄭玄曰：'《地理志》曰朱圉在漢陽南。'孔安國曰：'鳥鼠山，渭水所出，在隴西之西。'"裴駰《集解》："鄭玄曰：'《地理志》太華山在弘農華陰南。'"司馬貞《索隱》："圉，一作'圖'。朱圉山在天水冀縣南。鳥鼠山在隴西首陽縣西南。太華即敦物山。"

〔8〕熊耳山，在今河南洛陽市境内，分布於洛河、伊河之間，山脉呈東北—西南走向。外方山，即嵩山，五岳中之中岳，在今河南省登封市西北。桐柏山，位於今河南省、湖北省邊界地區。陪尾山，又稱横尾山，在今湖北省安陸市境内。《史記·夏本紀》："熊耳、外方、桐柏至於負尾。"裴駰《集解》引鄭玄曰："《地理志》熊耳在盧氏東。外方在潁川。嵩高山、桐柏山在南陽平氏東南。陪尾在江夏安陸東北，若横尾者。"司馬貞《索隱》："熊耳山在弘農盧氏縣東，伊水所出。外方山即潁川嵩高縣嵩高山，《古文尚書》亦以爲外方山。桐柏山一名大復山，在南陽平氏縣東南。陪尾山在江夏安陸縣東北，《地理志》謂之横尾山。負音陪也。"張守節《正義》引《地理志》云："華山在華州華陰縣南八里。熊耳山在虢州盧氏縣南五十里。嵩高山亦名太室山，亦名外方山，在洛州陽城縣北二十三里也。桐柏山在唐州桐柏縣東南五十里，淮水出焉。横尾山，古陪尾山也，在安州安陸縣北六十里。"

〔9〕嶓冢山，又名漢王山，爲漢江源頭，在今陝西省漢中市寧强縣境内。荆山，在今湖北省南漳縣西部。《史記·夏本紀》："道嶓冢，至於荆山。"裴駰《集解》引鄭玄曰："《地理志》荆山在南郡臨沮。"司馬貞《索隱》："此東條荆山，在南郡臨沮縣東北隅也。"張守節《正義》引《地理志》云："嶓冢山在梁州。荆山在襄州荆山縣西八十里也。'又云：荆山縣本漢臨沮縣地也。沮水即漢水也。"

〔10〕内方山，亦稱章山，在今湖北省鍾祥市境内。大別山，在今鄂、豫、皖三省邊境，西接桐柏山，東延爲霍山，爲長江、淮河之分水嶺。《史記·夏本紀》："内方至於大別。"裴駰《集解》引鄭玄曰："《地理志》内方在竟陵，名立章山。大別在廬江安豐縣。"司馬貞《索隱》："内方在竟陵縣東北。大別山在六安國安豐縣，今土人謂之甑山。"張守節《正義》："《地理志》云：'章山在荆州長林縣東北六十里。今漢水附章山之東，與經史符會。'案，大別山，今沙洲在山上，漢江經其左，今俗猶云甑山。注云'在安豐'，非漢所經也。"

〔11〕岷山，位於今四川省西部、甘肅省南部，爲長江水系與黄河水系之分水嶺。

衡山，五岳之南岳，在今湖南省境内。《史記·夏本紀》："岷山之陽至於衡山。"張守節《正義》引《地理志》云："岷山在茂州汶川縣。衡山在衡州湘潭縣西四十一里。"

〔12〕《周禮·夏官·職方氏》："正南曰荆州，其山鎮曰衡山，其澤藪曰雲夢。……正東曰青州，其山鎮曰沂山，其澤藪曰望諸。河東曰兗州，其山鎮曰岱山，其澤藪曰大野。"鄭玄《注》："望諸，明都也，在睢陽。"陸德明《釋文》："明都，《禹貢》作孟豬，今依《書》讀。"

〔13〕《春秋左傳·閔公二年》："及狄人戰於熒澤，衛師敗績。"注："此熒澤當在河北。"《史記·夏本紀》："滎播既都。"裴駰《集解》："孔安國曰：'滎，澤名。'"

〔14〕《水經》，漢桑欽撰，爲我國第一部記述水系之專著。《水經注》卷四〇：都野澤在武威縣東北。《史記·夏本紀》："原隰厎績，至於都野。"裴駰《集解》引鄭玄曰："《地理志》都野在武威，名休屠澤。"張守節《正義》引《地理志》云："都野澤在涼州姑臧縣東北二百八十里。"

〔15〕王逸，字叔師，漢南郡宜城（今湖北宜城）人。著有《楚辭章句》，是《楚辭》最早的完整注本。

〔16〕《楚辭·招魂》："與王趨夢兮課後先。"王注："夢，澤中也。楚人名澤中爲夢中。""據《左傳》，吳人入郢，楚子涉睢濟江，入於雲中。王寢，盜攻之，以戈擊王，王奔鄖。楚子自郢西走涉睢，則當出於江南，其後涉江入於雲中，遂奔鄖，鄖則今之安州。涉江而後至雲，入雲然後至鄖，則雲在江北也。《左傳》：鄭伯如楚，王以田江南之夢。曰江南之夢，則雲在江北明矣。"朱熹《楚辭集注》卷七《招魂第九》"與王趨夢兮課後先"注："夢，澤名。楚有雲夢澤，方八九百里，跨江兩岸。雲在江北，今玉沙、監利、景陵等縣是也；夢在江南，今公安、石首、建利等縣是也。"

〔17〕許商，西漢京兆長安（今陝西西安）人，字長伯。從周堪受大夏侯《尚書》，善長算術，著有《五行論曆》。漢成帝鴻嘉四年（前20），河決勃海、清河、信都三郡，時丞相史孫禁建議導河改道入海，許商以爲非《尚書·禹貢》九河範圍而反對之，九卿皆從許商之言。

〔18〕《漢書·溝洫志》："古説九河之名，有徒駭、胡蘇、鬲津，今見在成平、東光、鬲界中。"顏師古注："此九河之三也，徒駭在成平，胡蘇在東光，鬲津在鬲。成平、東光屬渤海，鬲屬平原。徒駭者，言禹治此河用功極衆，故人徒驚駭也。胡蘇，下流急疾之貌也。鬲津，言其陋小可鬲以爲津而度也，鬲與隔同。"

〔19〕平當，字子思，西漢梁國下邑（今安徽碭山）人，徙扶風平陵（今陝西咸陽

西）。以明經爲博士，每有災異，當輒引經據典，言得失。《漢書》有傳。

〔20〕王橫，西漢大臣。《漢書·溝洫志》：“大司空掾王橫言：河入勃海，勃海地高於韓牧所欲穿處。往者天嘗連雨，東北風，海水溢，西南出，浸數百里，九河之地已爲海所漸矣。”顏師古注：“橫字平中，琅邪人，見《儒林傳》。中讀曰仲。”《後漢書》卷七九《儒林傳上》：“又有東萊費直傳《易》，授琅邪王橫爲費氏學。”劉昭注：“前《書》橫作璜，字平仲。”

〔21〕《漢書·地理志上》：“會稽郡。……吳。”顏師古注：“故國，周太伯所邑。具區澤在西，揚州藪，古文以爲震澤。南江在南，東入海，揚州川。莽曰泰德。”

〔22〕《漢書·地理志上》：“會稽郡。……毗陵。”顏師古注：“季札所居。江在北，東入海，揚州川。莽曰毗壇。”

〔23〕《漢書·地理志上》：“丹陽郡。……蕪湖。”顏師古注：“中江出西南，東至陽羨入海，揚州川。”

〔24〕胡旦（955—1034），字周父，宋濱州渤海（今山東惠民）人。著有《漢春秋》《五代史略》等，皆佚。《宋史》卷四三二有傳。

〔25〕毛晃，宋衢州江山（今浙江江山）人。精於字學，爲海内所宗。考訂詳慎，硯爲之穿，學者稱爲鐵硯先生。有《禹貢指南》《增修互注禮部韻略》。

〔26〕朱熹《晦庵集》卷七二《九江彭蠡辨》：“國初胡秘監旦、近世晁詹事說之，皆以九江爲洞庭，則其援證皆極精博。”王應麟《困學紀聞》卷一○《地理》：“以九江爲洞庭，本於《水經》，而胡、晁、曾氏因之。”黃震《黃氏日抄》卷三五《讀本朝諸儒理學書三·晦庵先生文集二》：“《九江彭蠡辨》。……國初胡秘監旦、近世晁詹事之說，皆以九江爲洞庭，援證皆精博。”金履祥《書經注》卷三《夏書》：“九江孔殷。九江，洞庭也；孔殷，甚得其中也。朱子謂國初胡秘直、近世晁詹事、陳冠之皆以九江爲洞庭。按《江海經》亦云洞庭，沅灃之水、瀟湘之泉是爲九江。”按，據上引朱熹、王應麟之說，疑“以九江爲洞庭”之說始於胡旦、晁說之，而非始於胡旦、毛晃。

〔27〕《史記·吳起列傳》：“武侯浮西河而下，中流，顧而謂吳起曰：‘美哉乎山河之固，此魏國之寶也！’起對曰：‘在德不在險。昔三苗氏左洞庭，右彭蠡，德義不修，禹滅之。’”

〔28〕《史記·蘇秦列傳》：“乃西南說楚威王曰：‘楚，天下之強國也；王，天下之賢王也。西有黔中、巫郡，東有夏州、海陽，南有洞庭、蒼梧，北有陘塞、郇陽，地方五千餘里，帶甲百萬，車千乘，騎萬匹，粟支十年。此霸王之資也。’”

〔29〕《戰國策·秦策一·張儀說秦王》：“秦與荆人戰，大破荆，襲郢，取洞庭、五

渚、江南。"《史記·蘇秦列傳》:"蜀地之甲,乘船浮於汶,乘夏水而下江,五日而至郢。漢中之甲,乘船出於巴,乘夏水而下漢,四日而至五渚。"裴駰《集解》:"《戰國策》曰'秦與荊人戰,大破荊,襲郢,取洞庭、五渚'。然則五渚在洞庭。"司馬貞《索隱》:"按五渚,五處洲渚也,劉氏以爲宛鄧之間,臨漢水,不得在洞庭。或説五渚即五湖,益與劉説不同也。"

〔30〕屈子,即屈原,《史記》有傳。他在楚國民歌的基礎上創造了新的詩歌體裁楚辭,主要代表作品有《離騷》《九章》《九歌》《天問》等。《楚辭補注》卷二《九歌章句》:"邅吾道兮洞庭。"又卷一六《九嘆章句》:"步余馬兮洞庭。"

〔31〕《爾雅·釋地第九》:"楚有雲夢。"郭璞注:"今南郡華容縣東南巴丘湖是也。"

〔32〕庾仲初,即庾闡,仲初爲其字,潁川鄢陵(今河南鄢陵)人。東晉人,著有《揚都賦》。《晉書》卷九二有傳。

〔33〕《漢書·地理志》:"三江既入,震澤底定。"顏師古曰:"三江謂北江、中江、南江也。"《周禮·夏官·職方氏》:"東南曰揚州,其山鎮曰會稽,其澤藪曰具區,其川三江。"孔穎達疏:"按《禹貢》云九江,今在廬江、尋陽南,皆東合爲大江。揚州所以得有三江者,江至尋陽南合爲一,東行至揚州入彭蠡,復分爲三道而入海,故得有三江也。"《尚書·禹貢》:"三江既入,震澤底定。"陸德明《音義》:"三江,韋昭云:'謂吳松江、錢唐江、浦陽江也。'《吳地記》云:'松江東北行七十里,得三江口,東北入海爲婁江,東南入海爲東江,并松江爲三江。"《水經注》卷二九《沔水》:"庾仲初《揚都賦》注曰:'今太湖東注爲松江,下七十里有水口,分流東北入海爲婁江,東南入海爲東江,與松江而三也。'"

〔34〕《漢書·地理志》:"內方至於大別。"顏師古注:"內方在荊州,大別在廬江安豐也。"王先謙《補注》:"本志江夏竟陵下云章山在東北,古文以爲內方山,六安安豐下云大別山在西南。皮錫瑞云自杜預始疑大別不在安豐,《元和志》遂以翼際山當之,非古義。"又《漢書補注》卷二八《地理志第八上》:"金蘭西北有東陵鄉。"

〔35〕胡渭,注見前。《四庫全書總目提要》卷一二《經部·書類二》:"《禹貢錐指》二十卷、圖一卷(浙江巡撫采進本)。國朝胡渭撰。……原本標題二十卷而首列圖一卷,其中卷十一、卷十四皆分上下,卷十三分上、中、下,而中卷又自分上、下,實共爲二十六卷。其圖凡四十有七,如禹河初徙、再徙及漢、唐、宋、元、明河圖,尤考究精密。書中體例,亞經文一字爲《集解》,又亞一字爲《辨證》。歷代義疏及方志、與圖,搜采殆遍。於九州分域,山水脉絡,

古今同異之故，一一討論詳明。宋以來傅寅、程大昌、毛晃而下，注《禹貢》者數十家，精核典贍，此爲冠矣。”

〔36〕焦循，注見前。焦循《雕菰集》卷一六《禹貢鄭注釋自序》：“專明班氏、鄭氏之學，於班曰《志》，於鄭曰《注》。而以《水經》《禹貢》山水、地澤所在一篇，條列而辨之於末，其餘枝葉繁多，今無取焉。”

〔37〕成蓉鏡，字芙卿，自號心巢，後改名孺，江蘇寶應人。清代學者。《清史稿·儒林傳》有傳。劉毓崧《通義堂文集》卷二《成芙卿〈禹貢班義述〉序》：“芙卿之輯此書，於今文、古文之同異，莫不縷析條分，即鄭注與班義偶殊者，必一一爲之辨證；而班義與經文不合者，亦不曲護其非。洵可謂引史證經，實事求是者矣。昔人謂顏注爲班氏功臣，識者以爲過情之譽，惟移贈此書，斯爲名副其實耳。”

〔38〕《尚書·禹貢》：“九江孔殷。”孔穎達《正義》：“鄭云，殷猶多也。九江從山溪所出，其孔衆多，言治之難也。《地理志》：九江在今廬江潯陽縣南，皆東合爲大江。”

〔39〕《水經注》卷三六《桓水》：“鄭玄注《尚書》，言織皮謂西戎之國也，西傾雍州之山也。雍、戎二野之間人有事於京師者，道當由此州而來。桓是，隴坂名。其道盤桓旋曲而上，故名曰桓是。今其下民謂是坂，曲爲盤也。斯乃玄之別致，恐乖《尚書》‘因桓’之義。”《漢書·揚雄傳》：“留侯畫策，陳平出奇，功若泰山，嚮若阺隤。”王先謙《補注》：“鄭康成注《尚書》云：桓是，隴坂名。其道盤桓旋曲而上，故名曰桓是。今其下民謂是爲阪，曲爲盤也。”

11. 論五福、六極明見經文，不得以爲術數；五行配五事，當從伏《傳》《漢志》

陳澧曰[1]：“《洪範》九疇[2]，天帝不錫鯀而錫禹，此事奇怪，而載在《尚書》。反復讀之，乃解所謂‘我聞在昔’者。箕子上距鯀與禹千年矣，天帝之錫不錫，乃在昔傳聞之語也。《洪範》之文，奇古奧博，千年以來，奉爲秘寶，以爲出自天帝，箕子告武王，述其所聞如此耳，至以爲龜文[3]，則尤當存而不論。二劉輩乃或以爲龜背有三十八字，或以爲惟有二十字[4]，徒爲臆度，徒爲辨論而已，孰從而見之乎？《洪範》以庶徵爲五事之應[5]，伏生《五行傳》以五事分配五行[6]，又以皇極與五事爲六[7]，又以五福六極分配之[8]。《漢書・五行志》云：‘董仲舒[9]治《公羊春秋》，始推陰陽；劉向治《穀梁春秋》[10]，傳以《洪範》，與仲舒錯；至向子歆治《左氏傳》[11]，其《春秋》意亦已乖矣。’言《五行傳》又頗不同。澧謂此漢儒術數之學。其源雖出於《洪範》，然既爲術數之學，則治經者存而不論可矣。”[12]

錫瑞案：經學有正傳，有別傳。《洪範》五行，猶齊《詩》五際[13]，專言術數，皆經學之別傳。而《洪範》之五行[14]、五事、皇極、庶徵、五福、六極，明見經文，非比齊《詩》五際存於傳説，尤爲信而有徵，不得盡以爲漢儒術數矣。《繫辭傳》曰：“河出圖，洛出書，聖人則之。”漢儒以《河圖》爲八卦，《洛書》爲九疇[15]。古時天人本不相遠，龍官鳥紀以命氏[16]，龍圖龜書以授人[17]，所謂天錫，當有是事。三國魏時張掖湧石有牛馬之形，及大“討曹”字[18]，足見祥異之兆，有不可據理以斷有無者，安見三代以前，必無石見文字之事乎？豈真如杜鎬附會天書，云“聖人以神道設教”乎[19]？陳氏以爲奇怪，不應載在《尚書》，乃以“我聞在昔”爲傳聞之語，殊屬非是。周公曰“君奭，我聞在昔，伊尹格天”之類[20]，并非奇怪之事。以箕子曰“我聞在昔”爲傳聞之怪事，然則周公曰“我聞在昔”亦爲傳聞之怪事乎？《洪範》自《洪範》，《春秋》自《春秋》。《洪範》言陰陽五行，《春秋》不言陰陽五行。孔子作《春秋經》，但書灾異，藉以示儆，未嘗云某處之灾，應某處之事也。伏生作《洪範傳》，但言某事不修則有某灾，亦未嘗引《春秋》事應《洪範》某灾也。董、劉牽引《洪範》五行以説《春秋》灾異，某灾應在某事，正如《漢志》所譏“凌雜米鹽”[21]。董據《公羊》，劉向據《穀梁》，歆據《左氏》，三傳又各不同，尤爲後人所疑。《隋書・經籍志》云：“濟南伏生之傳，唯劉向父子所著《五行傳》是其本法，而又多乖戾。”《隋志》所云乖戾，指向、歆之説不同，而謂伏生之傳，惟《五行傳》是其本法，則誤以伏生之學僅有《五行》。不知《尚書》一經，皆出伏生所傳，而《五行》特其一端。故伏生《大傳》四十一篇，而《洪範五行傳》別出於後，此以《五行傳》爲別傳之證，伏生已明著之。《隋志》祖僞古文，抑今文，故不知伏生之本法何在，其言殊不足據。陳氏云漢儒術數，亦少別白。董、劉强《洪範》合《春秋》，謂之術數可也；伏生以五行配五事，謂之術數不可也。以《洪範》傳爲術數，《洪範》經亦術數乎？五行配五事，見《漢志》，曰："視之不明其極疾，順之其福曰壽；聽之不聽其極貧，順之其福曰富；言之不從其極憂，順之其福曰康寧；貌之不恭其極惡，順之其福曰攸好德；思心之不容其極曰凶短折，順之其福曰考終命。"[22] 皆本《大傳》爲説。《書正義》引鄭注"惟聽聰則致富"[23]，與《漢志》同，餘皆不同。蓋古文異説，孫星衍以爲鄭説皆遜於今文是也。元胡一中《定正洪範圖》[24]，穿鑿支離，與《易》之先、後天圖同一怪妄。

箋注

〔1〕引文見陳澧《東塾讀書記》卷五《尚書》。

〔2〕《尚書·洪範》："天乃錫禹洪範九疇，彝倫攸叙。初一曰五行，次二曰敬用五事，次三曰農用八政，次四曰協用五紀，次五曰建用皇極，次六曰乂用三德，次七曰明用稽疑，次八曰念用庶徵，次九曰嚮用五福，威用六極。"

〔3〕龜文，龜背之文理。蔡邕《篆勢》："體有六篆，巧妙入神，或象龜文，或比龍鱗。"《後漢書》六十三《李固傳》："固貌狀有奇表，鼎角匿犀，足履龜文。"

〔4〕二劉，即劉向、劉歆父子。《尚書·洪範》孔穎達疏："其'敬用''農用'等一十八字，大劉及顧氏以爲龜背先有總三十八字。小劉以爲'敬用'等亦禹所第叙，其龜文惟有二十字。并無明據，未知孰是，故兩存焉。"

〔5〕《尚書·洪範》："二，五事：一曰貌，二曰言，三曰視，四曰聽，五曰思。貌曰恭，言曰從，視曰明，聽曰聰，思曰睿。恭作肅，從作乂，明作哲，聰作謀，睿作聖。……八，庶徵：曰雨，曰暘，曰燠，曰寒，曰風，曰時。"孔安國《傳》："雨以潤物，暘以乾物，暖以長物，寒以成物，風以動物，五者各以其時，所以爲衆驗。"孔穎達《正義》："將説其驗，先立其名。五者行於天地之間，人物所以得生成也。其名曰雨，所以潤萬物也。曰暘，所以乾萬物也。曰燠，所以長萬物也。曰寒，所以成萬物也。曰風，所以動萬物也。此是五氣之名。……《五行傳》説五事致此五氣云：'貌之不恭，是謂不肅，厥罰恒雨，惟金沴木。言之不從，是謂不乂，厥罰恒暘，惟木沴金。視之不明，是謂不哲，厥罰恒燠，惟水沴火。聽之不聰，是謂不謀，厥罰恒寒，惟火沴水。思之不

睿,是謂不聖,厥罰恒風,惟木金水火沴土。'"

〔6〕伏生,一作伏勝,秦漢之際經學家。漢初,以《尚書》二十九篇教授於齊魯間。西漢今文《尚書》源出其門下。《尚書·洪範》:"五事:一曰貌,二曰言,三曰視,四曰聽,五曰思。"孔穎達《正義》引《五行傳》曰:"貌屬木,言屬金,視屬火,聽屬水,思屬土。"《五行傳》,伏生之書也。

〔7〕《尚書·洪範》:"五,皇極:皇建其有極。"孔安國《傳》:"大中之道,大立其有中,謂行九疇之義。"孔穎達《正義》:"皇,大也。極,中也。施政教,治下民,當使大得其中,無有邪僻。故演之云,大中者,人君爲民之主,當大自立其有中之道,以施教於民。"《蘇軾集》卷四五《御試制科策(并問)》:"夫五行之相,本不至於六。六者,起於諸儒欲以六極分配五行,於是始以皇極附益而爲六。夫皇極者,五事皆得。不極者,五事皆失。"

〔8〕《尚書·洪範》:"九,五福:一曰壽,二曰富,三曰康寧,四曰攸好德,五曰考終命。六極:一曰凶短折,二曰疾,三曰憂,四曰貧,五曰惡,六曰弱。"孔穎達《正義》:"《五行傳》有'致極'之文,無致福之事。"鄭玄依《書傳》云:"凶短折,思不睿之罰。疾,視不明之罰。憂,言不從之罰。貧,聽不聰之罰。惡,貌不恭之罰。弱,皇不極之罰。反此而云,王者思睿則致壽,聽聰則致富,視明則致康寧,言從則致攸好德,貌恭則致考終命。"

〔9〕《漢書·董仲舒傳》:"然則王者欲有所爲,宜求其端於天。天道之大者在陰陽。陽爲德,陰爲刑;刑主殺而德主生。是故陽常居大夏,而以生育養長爲事;陰常居大冬,而積於空虛不用之處。以此見天之任德不任刑也。天使陽出布施於上而主歲功,使陰入伏於下而時出佐陽;陽不得陰之助,亦不能獨成歲。終陽以成歲爲名,此天意也。"

〔10〕劉向,注見前。《漢書·楚元王傳》:"會初立《穀梁春秋》,徵更生受《穀梁》,講論五經於石渠。……向乃集合上古以來歷春秋六國至秦漢符瑞灾異之記,推迹行事,連傳禍福,著其占驗,比類相從,各有條目,凡十一篇,號曰《洪範五行傳論》。"

〔11〕《漢書·楚元王傳》:"及(劉)歆校秘書,見古文《春秋左氏傳》,歆大好之。……初《左氏傳》多古字古言,學者傳訓故而已,及歆治《左氏》,引傳文以解經,轉相發明,由是章句義理備焉。"

〔12〕見《東塾讀書記》卷五《尚書》。

〔13〕"齊《詩》五際",漢初《詩》有齊、魯、韓三家,翼奉傳齊《詩》,附會陰陽五行之説。《漢書·翼奉傳》:"《易》有陰陽,《詩》有五際。"顏師古注:"應劭曰:'君臣、父子、兄弟、夫婦、朋友也。'孟康曰:'《詩內傳》曰,五際,卯、酉、午、戌、

亥也。陰陽終始際會之歲，於此則有變改之政也。"

〔14〕《尚書·洪範》："一、五行：一曰水，二曰火，三曰木，四曰金，五曰土。水曰潤下，火曰炎上，木曰曲直，金曰從革，土爰稼穡。潤下作鹹，炎上作苦，曲直作酸，從革作辛，稼穡作甘。"

〔15〕《周易·繫辭上傳》："河出圖，洛出書，聖人則之。"孔穎達《正義》："'河出圖，洛出書，聖人則之'者，如鄭康成之義，則《春秋緯》云：河以通乾出天苞，洛以流坤吐地符。河龍圖發，洛龜書感。《河圖》有九篇，《洛書》有六篇。孔安國以爲《河圖》則八卦是也，《洛書》則九疇是也。"

〔16〕龍官鳥紀以命氏，《春秋左傳·昭公十七年》："大皡氏以龍紀，故爲龍師而龍名。"杜注："大皡，伏犧氏，風姓之祖也。有龍瑞，故以龍爲官。"又："我高祖少皡摯之立也，鳳鳥適至，故紀於鳥，爲鳥師而鳥名。鳳鳥氏，曆正也。"杜注："鳳鳥知天時，故以名曆正之官。"

〔17〕龍圖，即《河圖》。應劭《風俗通義·山澤·四瀆》："河者，播也，播爲九流，出龍圖也。"龜書，即《洛書》。《白虎通》卷五《封禪》："河出龍圖，洛出龜書。"《毛詩·文王之什》："文王受命作周也。"孔穎達《正義》："然則文王所受，實赤鳥銜書，非洛而出，謂之《洛書》者，以其河龍圖發，洛龜書感，此爲正也。"

〔18〕《三國志·魏書·明帝紀》："(三年)十一月丁酉，行幸許昌宮。"裴注："《搜神記》曰：初，漢元、成之世，先識之士有言曰，魏年有和，當有開石於西三千餘里，繫五馬，文曰'大討曹'。……《漢晉春秋》曰：氏池縣大柳谷口夜激波涌溢，其聲如雷，曉而有蒼石立水中，長一丈六尺，高八尺，白石畫之，爲十三馬，一牛，一鳥，八卦玉玦之象，皆隆起，其文曰'大討曹，適水中，甲寅'。"

〔19〕杜鎬(938—1013)，字周文，宋常州無錫(今江蘇無錫)人。博聞强記，治史嚴謹，有"杜萬卷"之稱。《宋史》有傳。《宋史》卷二八二《王旦傳》："帝猶尤豫，莫與籌之者。會幸秘閣，驟問杜鎬曰：'古所謂河出圖、洛出書，果何事耶？'鎬老儒，不測其旨，漫應之曰：'此聖人以神道設教爾。'"

〔20〕《尚書·君奭》："君奭，我聞在昔成湯既受命，時則有若伊尹，格於皇天。"

〔21〕《史記·天官書》："近世十二諸侯七國相王，言從衡者繼踵，而皋、唐、甘、石因時務論其書傳，故其占驗凌雜米鹽。"張守節《正義》："凌雜，交亂也。米鹽，細碎也。言皋、唐、甘、石等因時務論其書傳中災異所記錄者，故其占驗交亂細碎。其語在《漢書·五行志》中也。"案，其語不在《漢書·五行志》，而在《天文志》，且作"鱗雜米鹽"。《正義》所言有誤。《漢書·天文志》："近

世十二諸侯七國相王,言從橫者繼踵,而占天文者因時務論書傳,故其占驗鱗雜米鹽,亡可録者。"

〔22〕《漢書·五行志》:"'視之不明,是謂不悊。'……其極疾者,順之,其福曰壽。……'聽之不聰,是謂不謀。'……其極貧者,順之,其福曰富。"又:"'貌之不恭,是謂不肅,厥咎狂,厥罰恒雨,厥極惡。'……逆之,其極曰惡;順之,其福曰攸好德。……'言之不從,是謂不艾,厥咎僭,厥罰恒陽,厥極憂。……其極憂者,順之,其福曰康寧。'"又:"'思心之不睿,是謂不聖。'……其極曰凶短折,順之,其福曰考終命。"

〔23〕《尚書·洪範》:"六極。一曰凶短折,二曰疾,三曰憂,四曰貧,五曰惡,六曰弱。"孔穎達《正義》:"鄭玄依《書傳》云:'凶短折,思不睿之罰。疾,視不明之罰。憂,言不從之罰。貧,聽不聰之罰。惡,貌不恭之罰。弱,皇不極之罰。反此而云,王者思睿則致壽,聽聰則致富,視明則致康寧,言從則致攸好德,貌恭則致考終命。'"

〔24〕胡一中,字允文,元浙江諸暨人,官紹興府路參軍。《玩齋集》卷六《洪範定正序》:"會稽胡君一中深有得於王、吳二先生之説,摭其所長而訂正之。分經別傳,以傳附經,自成一書,名之曰《定正洪範》,然後義理明白,脉絡貫通,而神禹叙疇之義,燦然如指諸掌。夫龜書、馬圖自周、程、朱子固未嘗易置其名,今胡君直以圓九爲圖,方十爲書,而畫卦者兼取之,以分先、後天,其亦卓然有見者哉!"《四庫全書總目提要》卷一三《經部·書類存目》:"《定正洪範》二卷(内府藏本)。……是編因王柏、文及翁、吳澄三家改定《洪範》之本而以己意參酌之,首爲圖説,次考訂經文,次爲雜説。……且説既穿鑿,理多窒礙,乃於必不可通者,更遁爲錯簡之説,以巧飾其謬,遂割裂舊文,强分經傳。"

12. 論古文《尚書》説誤以《周官》解唐虞之制

子曰:"殷因於夏禮,所損益可知也;周因於殷禮,所損益可知也。"[1] 又曰:"行夏之時,乘殷之輅,服周之冕,樂則韶舞。"[2] 知一代有一代之制度,所謂"五帝殊時,不相沿樂,三王異世,不相襲禮"[3],未有唐、虞、夏、商、周一切皆沿襲不變者。强後人以盡遵前人,固不能行,强前人而豫法後人，尤爲乖謬。今文家之説《尚書》也，唐虞之書，即以唐虞之制解之，此其理甚易明，而至當不可易者也。古文家説《尚書》，務創新説，以別異於今文。其所謂新説者，大率本於《周官》一書。《周官》出山巖屋壁，漢人多不信爲周公所作[4]。即使真是周公手定，而唐、虞、夏、商諸帝王，遠在千載以上，安能豫知姬周之代，有一周公其人，有一周公手定之書名曰《周官》，而事事效法之，此其理甚易明而至當，不可易者也。乃自劉歆以至馬、鄭，趑知此義，而《尚書》之制度大亂。今試略舉數事言之。

如堯命羲和，敬授人時，又分命四子[5]，《史記·天官書》《曆書》，《漢書·成帝紀》《律曆志》《食貨志》《藝文志》《百官公卿表》《魏相傳》，以及《論衡》《中論》，《後漢書》《續漢志》[6]，皆以羲、和專司天文，四子即是羲和。鄭注《尚書》，乃云官名，蓋春爲秩宗，夏爲司馬，秋爲士，冬爲共工，通稷與司徒，是六官之名見[7]。又云，仲叔，羲和之子，又主方岳之事，是爲四岳[8]。案：唐虞以羲和司天文，四岳主方岳，九官治民事，各分其職，鄭乃混而一之，是本《周官》六卿，以亂唐虞之官制，其失一矣。

"天命有德，五服五章"[9]，《大傳》云："山龍青也，華蟲黃也，作繪黑也，宗彝白也，藻火赤也。天子服五，諸侯服四，次國服三，大夫服二，士服一。"[10]《續漢·輿服志》：孝明皇帝永平二年初，詔有司采《周官》《禮記》《尚書·皋陶》篇，乘輿、服從歐陽説，日、月、星辰十二章[11]，公卿以下從大小夏侯氏説，山龍九章、華蟲七章[12]，與經"五服五章"不合。當時詔以《周官》列首，故三家捨伏《傳》而從《周官》。鄭注又本於歐陽、夏侯，是本《周官》十二章以亂唐虞之服制，其失二矣。

"弼成五服，至於五千"[13]，歐陽、夏侯説中國方五千里，《漢書·賈捐之傳》《鹽鐵論》《説苑》《論衡》《白虎通》説同[14]。惟《史記》以爲天子之國以外五服各五百里，似爲賈、馬説六千里所本。《異義》、古《尚書》説五服方五千里[15]，相距萬里，鄭云五服已五千，又弼成爲萬里，蓋以夏之五服與周九服相同。是本《周官》九服[16]，以亂唐虞土地之制，其失三矣。

"輯五瑞",《白虎通・瑞贄》篇曰:"何謂五瑞?謂珪、璧、琮、璜、璋也。蓋璜以徵召,璧以聘問,璋以發兵,珪以質信,琮以起土功之事也。"[17]《公羊・定八年傳解詁》曰:"不言璋言玉者,起珪、璧、琮、璜、璋五玉盡亡之也。珪以朝,璧以聘,琮以發兵,璜以發衆,璋以徵召。"與《白虎通》所施略異,而名正同。馬注云:"五瑞,公、侯、伯、子、男取執以爲瑞信也。"案《禮記・王制》鄭注、《白虎通・爵》引《禮緯・含文嘉》,皆云殷爵三等,則周以前不得有五等之爵。是以《周官》五等,亂唐虞瑞玉之制,其失四矣。

他如"六宗"爲天地、四方,鄭引《周官》以爲星辰、司中、司命、風師、雨師。"同律度量衡"[18],"同"訓齊同,鄭引《周官・典同》,以爲"同"是陰呂[19]。"象以典刑,流宥五刑"[20],《大傳》《孝經緯》《公羊注》《白虎通》《風俗通》皆云唐虞象刑,馬融注云:"五刑,墨、劓、剕、宮、大辟。"是以周制說虞制。"大戰於甘,乃召六卿"[21],《異義》[22]、今《尚書》夏侯、歐陽說天子三公九卿,古《周禮》說天子立三公,又立三少,冢宰、司徒、宗伯、司馬、司寇、司空,是爲六卿之屬。許君謹案"此周之制"[23],是周以前不得有六卿。《甘誓》所云,鄭注以爲六軍之將,是也,又引《周禮》六軍將皆命卿,則三代同[24],與許義不合。不知一代有一代之制,非可强前人以從後人也。

箋注

〔1〕見《論語・爲政》。

〔2〕見《論語・衛靈公》。

〔3〕見《史記・樂書》。

〔4〕賈公彥《周禮注疏・序周禮廢興》:"然則《周禮》起於成帝劉歆,而成於鄭玄,附離之者大半。故林孝存以爲武帝知《周官》末世瀆亂不驗之書,故作《十論》《七難》以排棄之。何休亦以爲六國陰謀之書。"

〔5〕《漢書・食貨志》:"堯命四子,以敬授民時。"顏師古注:"四子,謂羲仲、羲叔、和仲、和叔也。事見《虞書・堯典》也。"

〔6〕《續漢志》,晉司馬彪撰。《鄭堂讀書記》卷一五《史部一》:"《後漢書》本紀十

卷,列傳八十卷,宋范蔚宗撰,唐章懷太子李賢注。《志》三十卷,晉司馬彪撰,梁劉昭注。《志》即彪之《續漢書志》。昭注《後漢書》,以其無《志》,故取彪《志》補之,并爲之注也。"

〔7〕六官,《周禮》以天官冢宰、地官司徒、春官宗伯、夏官司馬、秋官司寇、冬官司空分掌邦國之政,總稱六官或六卿。賈公彦《周禮注疏序》:"故分命仲叔,注云官名,蓋春爲秩宗,夏爲司馬,秋爲士,冬爲共工,通稷與司徒,是六官之名見也。"

〔8〕四岳,《史記·五帝本紀》:"堯又曰:'嗟,四岳,湯湯洪水滔天,浩浩懷山襄陵,下民其憂,有能使治者?'"裴駰《集解》引鄭玄曰:"四岳,四時官,主方岳之事。"張守節《正義》:"嗟歎鴻水,問四岳誰能理也。孔安國云:'四岳,即上羲和四子也。分掌四岳之諸侯,故稱焉。'"

〔9〕五章,衣服上之五種不同文采。《尚書·皋陶謨》:"天命有德,五服五章哉!"孔安國《傳》:"五服,天子、諸侯、卿、大夫、士之服也。尊卑彩章各異,所以命有德。"

〔10〕《白虎通·衣裳》:"聖人所以制衣服,何以爲絺紵? 蔽形、表德、勸善、別尊卑也。"陳立《疏證》:"《御覽》引《書大傳》:天子衣服其文華蟲、作繪、宗彝、藻火、山龍,諸侯作繢、宗彝、藻火、山龍,子男宗彝、藻火、山龍,大夫藻火、山龍,士山龍,故《書》曰:'天命有德,五服五章哉'。又曰:'山龍青也,華蟲黃也,作繢黑也,宗彝白也,藻火赤也。天子服五,諸侯服四,次國服三,大夫服二,士服一',是伏生所説五服升降之次。"

〔11〕日月星辰十二章,古代天子之服繪繡的十二種圖像。衣繪日、月、星辰、山、龍、華蟲,稱上六章;裳繡宗彝、藻、火、粉米、黼、黻,稱下六章。《周禮·春官·司服》:"王之吉服,祀昊天、上帝,則服大裘而冕,祀五帝亦如之。"賈公彦《疏》:"玄謂《書》曰:'予欲觀古人之象,日、月、星辰、山、龍、華蟲作繢,宗彝、藻、火、粉米、黼、黻希繡。'此古天子冕服十二章,舜欲觀焉。"

〔12〕山龍九章,即十二章中去掉日、月、星辰。華蟲七章,即九章中去掉山、龍。《周禮·春官·司服》賈疏云:"冕服九章,登龍於山,登火於宗彝,尊其神明也。九章,初一曰龍,次二曰山,次三曰華蟲,次四曰火,次五曰宗彝,皆畫以爲繢;次六曰藻,次七曰粉米,次八曰黼,次九曰黻,皆希以爲繡。則袞之衣五章,裳四章,凡九也。鷩畫以雉,謂華蟲也。其衣三章,裳四章,凡七也。"

〔13〕"弼成五服"句,《尚書·益稷》:"弼成五服,至於五千。"孔安國《傳》"五服,侯、甸、綏、要、荒服也。服五百里,四方相距爲方五千里,治洪水輔成之。"

孔穎達《正義》:"據《禹貢》所云五服之名數,知五服即甸、侯、綏、要、荒服也。彼五服每服五百里,四面相距爲方五千里也。"

〔14〕《論衡・書虛》:"舜之與堯,俱帝者也。共五千里之境,同四海之內,二帝之道相因不殊。"《說苑・脩文》:"禹陂九澤,通九道,定九州,各以其職來貢,不失厥宜。方五千里,至於荒服。"《鹽鐵論・地廣》:"古者天子之立於天下之中,縣內方不過千里,諸侯列國不及不食之地,禹貢至於五千里。"《白虎通・爵》:"以其俱命於天,而王治五千里內。"

〔15〕方,原作"旁",據鄭玄《駁五經異義・補遺・中國里數》(四庫本)改。

〔16〕《周官》九服,《周禮・夏官・職方氏》:"乃辨九服之邦國,方千里曰王畿,其外方五百里曰侯服,又其外方五百里曰甸服,又其外方五百里曰男服,又其外方五百里曰采服,又其外方五百里曰衛服,又其外方五百里曰蠻服,又其外方五百里曰夷服,又其外方五百里曰鎮服,又其外方五百里曰藩服。"

〔17〕《白虎通・文質》:"何謂五瑞?謂珪、璧、琮、璜、璋也。《禮》曰:'天子珪尺有二寸。'"又曰:"博三寸,剡上寸半,厚半寸。半珪爲璋。方中圓外曰璧。半璧曰璜。圓中牙身玄外曰琮。《禮記・王度》曰:'王者,有象君之德,燥不輕,濕不重,薄不撓,廉不傷,疵不掩,是以人君寶之。'天子之純玉尺有二寸。公侯九寸,四玉一石也。伯、子、男俱三玉二石也。五玉者各何施?蓋以爲璜以徵召,璧以聘問,璋以發兵,珪以信質,琮以起土功之事也。"陳立《白虎通疏證》卷八《瑞贄》:"舊作《文質》。孫志祖云:'當即《說苑》修文反質名篇之義。'莊述祖云:'《文質》自在下《三正》篇內,具見此當爲《瑞贄》。'盧云:'《文質》所該者廣,不僅當篇,故從莊所改,今仍之。'"

〔18〕《尚書・舜典》:"協時月正日,同律度量衡。"孔安國《傳》:"合四時之氣節,月之大小,日之甲乙,使齊一也。律法制及尺丈、斛斗、斤兩,皆均同。"孔穎達《正義》:"均同其國之法制、度之丈尺、量之斛斗、衡之斤兩,皆使齊同,無輕重大小。"《白虎通・巡狩》:"叶時月正日,同律度量衡。"《漢書・郊祀志》:"合時月正日,同律度量衡。"

〔19〕陰呂,即六呂。古樂有十二聲,陽聲、陰聲各六,陽爲律,陰爲呂。《國語・周語》:"王將鑄無射,問律於伶州鳩,對曰:'律所以立均出度也。'"韋昭注:"律,謂六律、六呂也。陽爲律,陰爲呂。六律:黃鐘、大蔟、姑洗、蕤賓、夷則、無射也。六呂:林鐘、仲呂、夾鐘、大呂、應鐘、南呂也。均者,均鐘木,長七尺,有絃繫之以均鐘者,度鐘大小清濁也。漢大予樂官有之。"

〔20〕《尚書・舜典》:"象以典刑,流宥五刑。"孔安國《傳》:"象,法也。法用常刑,用不越法";"宥,寬也。以流放之法寬五刑"。孔穎達《正義》:"又留意於

民，詳其罪罰，依法用其常刑，使罪各當，刑不越法。用流放之法寬宥五刑。五刑雖有犯者，或以恩減降，不使身服其罪，所以流放宥之。”

〔21〕《尚書·甘誓》：“大戰於甘，乃召六卿。”孔安國《傳》：“天子六軍，其將皆命卿。”孔穎達《正義》：“將戰而召六卿，明是卿爲軍將。”

〔22〕《異義》，即《五經異義》，許慎撰。《後漢書》卷七九《儒林傳》：“初，慎以五經傳說臧否不同，於是撰爲《五經異義》。”

〔23〕《尚書·周官》：“立太師、太傅、太保，茲惟三公。論道經邦，燮理陰陽。官不必備，惟其人。少師、少傅、少保曰三孤。貳公弘化，寅亮天地，弼予一人。冢宰掌邦治，統百官，均四海；司徒掌邦教，敷五典，擾兆民；宗伯掌邦禮，治神人，和上下；司馬掌邦政，統六師，平邦國；司寇掌邦禁，詰奸慝，刑暴亂；司空掌邦土，居四民，時地利。六卿分職，各率其屬，以倡九牧，阜成兆民。”《漢書·百官公卿表上》：“夏、殷亡聞焉，周官則備矣。天官冢宰，地官司徒，春官宗伯，夏官司馬，秋官司寇，各官司空，是爲六卿，各有徒屬職分，用於百事。太師、太傅、太保，是爲三公，蓋參天子，坐而議政，無不總統，故不以一職爲官名。又立三少爲之副，少師、少傅、少保，是爲孤卿，與六卿爲九焉。”

〔24〕《周禮·夏官》：“凡制軍，萬有二千五百人爲軍，王六軍，大國三軍，次國二軍，小國一軍，軍將皆命卿。”孔穎達《正義》：“鄭云‘言凡軍將皆命卿，則凡軍帥不特置，選於六官、六鄉之吏’者，鄭云選於六官者，謂王朝六卿，此六軍之將，還選六卿中有武者爲君將也。”

13. 論古文《尚書》説變易今文，亂唐虞三代之事實

　　一代有一代之制度，未可據後王而强同之也。一代有一代之事實，尤未可憑胸而强易之也。伏生《大傳》《太史公書》所載事實，大致不異，古來口授相傳，本是如此。兩漢今文，并遵師說，東漢古文，始有異義，所改制度，多本《周官》，所改事實，不知何本，大率采雜說，憑臆斷，爲宋明人作俑。自此等臆說出，不僅唐虞三代之制度亂，并唐虞三代之事實亦亂，今略舉數事以證之。

　　《堯典》“乃命羲和”，專爲授時，帝曰“疇咨若時登庸”〔1〕，別爲一

事。張守節《史記正義》云："言將登用之嗣位。"張説蓋本漢人揚雄《美新》云[2]："陛下以至聖之德，龍興登庸。"是漢人以"登庸"爲登帝位之證。馬、鄭乃連合上文爲一事。馬云："羲和爲卿官，堯之末年，竟以老死，庶績多闕，故求賢順四時之職，欲用以代羲和。"[3]鄭注《大傳》云："堯始得羲和，命爲六卿，後稍死，驩兜、共工等代之。"馬、鄭以羲和爲六卿，登庸爲代羲和，以致孔《疏》有求賢而薦太子之疑，信僞孔以胤子朱爲胤國子爵[4]，而違《史記》嗣子丹朱之明證。此亂唐虞之事實者一也。

"帝曰我其試哉"，《史記·五帝本紀》作"堯曰吾其試哉"。《論衡·正説篇》引"堯曰我其試哉"，是今文有"帝曰"。孔《疏》云："馬、鄭、王本皆無'帝曰'，當時庸生之徒漏之也。"是古文無"帝曰"。如其説，當直以"我其試哉"爲四岳語[5]，四岳如何試舜？必不可通。古文不如今文，即此可證。此亂唐虞之事實者二也。

"四罪而天下咸服"[6]，《五帝本紀》云："舜攝政，巡狩，見鯀治水無狀，請於堯而殛之。"[7]是殛鯀在禹治水成功之前。鄭注云："禹治水事畢，乃流四凶。"[8]王肅難云："若待治水功成，而後以鯀爲無功，殛之，是舜用人子之功，而流放其父，則禹之勤勞，適足使父致殛，舜失五典克從之義，禹陷三千莫大之罪，進退無據，亦甚迂哉！"[9]如鄭説，誠無以解王肅之難。此亂唐虞之事實者三也。

《盤庚》，《殷本紀》："帝盤庚之時，殷已都河北，盤庚渡河南，復居成湯之故居，乃五遷無定處。帝盤庚崩，弟小辛立，殷復衰，百姓思盤庚，乃作《盤庚》三篇。"[10]鄭云："陽甲立，盤庚爲之臣，乃謀徙居湯舊都。上篇盤庚爲臣時事，下篇盤庚爲君時事。"[11]又云："湯自商徙亳，數商、亳、囂、相、耿爲五，而不數所遷之殷，與經文'於今五邦'今字不符。"石經《盤庚》三篇合爲一篇[12]，依鄭説，非一時事，不當合。此亂三代之事實者四也。

微子，《殷本紀》："微子數諫不聽，乃與太師、少師謀，遂去。比干強諫紂，紂殺比干，囚箕子[13]。殷之太師、少師乃持其祭樂器奔周。"《宋微子世家》："微子度紂終不可諫，欲死之，及去，未能自決，乃問於太師、少師。”古文“太師”作“父師”，鄭云：“父師者，三公也，時箕子爲之；少師者，太師之佐孤卿也，時比干爲之。”僞孔《傳》從鄭義，此亂三代之事實者五也。

《金縢》：“周公居東二年，則罪人斯得。”《魯世家》：“周公乃奉成王命，興師東伐，作《大誥》[14]。遂誅管叔[15]，殺武庚[16]，放蔡叔，收殷餘民，寧淮夷、東土[17]，二年而畢定。”是居東即東征，罪人即武庚、管、蔡甚明。《異義》引《古尚書》説云：“武王崩時，成王年十三，後一年管、蔡作亂，周公東辟之[18]。王與大夫盡弁以開金縢之書。”此説當出於劉歆、衛、賈諸人，始以“我之弗辟”爲“弗避”[19]，“居東”爲“東辟”，不爲東征；開金縢爲周公生前，不在薨後[20]。鄭云：“罪人，周公之屬黨與知居攝者。周公出，皆奔，今二年，盡爲成王所得。”王肅以爲橫造，此亂三代之事實者六也。

“秋大熟，未穫，天大雷電以風”，《大傳》曰：“周公死，成王欲葬之於成周，天乃雷雨以風，禾盡偃，大木斯拔。國人大恐，王與大夫開金縢之書，執書以泣。”《魯世家》，《論衡・感類》篇、《白虎通・封公侯》篇、《葬》篇，《漢書・梅福傳》《杜鄴傳》《儒林傳》，《後漢書・周舉傳》《張奐傳》，《公羊何氏解詁》説同。是秋大熟，不知何年秋，在周公薨後。鄭云：“秋謂周公出二年之明年秋也。新逆改先時之心，更自新以迎周公於東與之歸，尊任之。”此亂三代之事實者七也。

《多士》在前，《多方》在後，《史記》所載今文《書序》，與馬、鄭古文《書序》同。僞孔《傳》云：“奄再叛再征。”蓋本漢人舊説，按之經文，其説不誤，鄭君誤合爲一。《多方》疏引鄭云：“此伐淮夷與踐奄[21]，是攝政三年伐管、蔡時事，其編篇於此，未聞。”蓋謂不應編於《多士》《無逸》《君奭》之後，遂啓後人《多士》《多方》先後倒置之疑[22]。此亂三代之事實者八也。

《無逸》，石經“肆高宗之饗國百年”，下接“自時厥後”，則其在祖甲[23]。今文作“昔在殷王太宗”[24]，以爲“太甲”在“周公曰嗚乎”下，以後乃云“其在中宗”[25]“其在高宗”[26]。古文《尚書》於前遺太宗，而於後增祖甲。《殷本紀》：“帝甲淫亂。”《國語》亦云：“帝甲亂之。”則祖甲非賢主,不當在三宗之列。王肅爲調停之説,以祖甲爲太甲,云先中宗,後祖甲,先德後有過[27],説尤非是。此亂三代之事實者九也。

《君奭》,《史記·燕世家》:"成王既幼,周公攝政,當國踐阼,召公疑之,作《君奭》。"與《列子·楊朱》篇"周公攝天子之政,召公不説"相合。《漢書·孫寶傳》《王莽傳》,《後漢書·申屠剛傳》,皆以爲周公攝政時作。古文編列《多士》之後,馬、鄭遂有"不説周公貪寵"之説[28],此亂三代之事實者十也。

箋注

〔1〕登庸,選拔任用。《尚書·堯典》:"帝曰:'疇咨若時登庸。'"孔安國《傳》:"疇,誰。庸,用也。誰能咸熙庶績,順是事者,將登用之。"

〔2〕《美新》,即《劇秦美新》,此爲揚雄仿效司馬相如《封禪書》所作而獻於王莽之奏書。此奏書批判暴秦,贊頌王莽,并建議王莽效仿古代故事而行巡狩天下、封禪泰山之禮。《揚子雲集》卷四《劇秦美新》:"往時司馬相如作《封禪》一篇,以彰漢氏之休。臣常有顛眴病,恐一旦先犬馬填溝壑,所懷不章,長恨黄泉,敢竭肝膽,寫腹心,作《劇秦美新》一篇。"朱彝尊《曝書亭集》卷五九《揚雄論》:"王莽將篡漢,恭儉以下士。雄之澹泊自守,若無榮利動其中,其初蓋欲悦莽之心,及久未見用,躁不能禁,乃爲《劇秦美新》之文以獻媚。"

〔3〕羲和,羲氏、和氏之并稱。《尚書·堯典》:"乃命羲、和,欽若昊天。"孔安國《傳》:"重黎之後羲氏、和氏世掌天地四時之官,故堯命之,使敬順昊天。"《史記·五帝本紀》:"乃命羲、和,敬順昊天。"裴駰《集解》:"孔安國曰:'重黎之後,羲氏、和氏世掌天地之官。'"張守節《正義》:"《吕刑傳》云:'重即羲,黎即和,雖别爲氏族,而出自重黎也。'"王莽時主掌全國財賦之官吏亦稱羲和,《漢書·王莽傳中》:"更名大司農曰羲和,後更爲納言。"

〔4〕《尚書·堯典》:"放齊曰:'胤子朱啓明。'"孔安國《傳》:"放齊,臣名。胤,國。子,爵。朱,名。啓,開也。"

〔5〕四岳,一説爲堯臣羲、和四子羲仲、羲叔、和仲、和叔。《尚書·堯典》:"咨!四岳。"孔安國《傳》:"四岳,即上羲和之四子,分掌四岳之諸侯,故稱焉。"

〔6〕四罪,即共工、驩兜、三苗、鯀。《尚書·舜典》:"流共工於幽洲,放驩兜於崇山,竄三苗於三危,殛鯀於羽山,四罪而天下咸服。"《史記·五帝本紀》:"於是舜歸而言於帝,請流共工於幽陵,以變北狄;放驩兜於崇山,以變南蠻;遷

三苗於三危，以變西戎；殛鯀於羽山，以變東夷：四罪而天下咸服。”

〔7〕案，此句改寫自《史記·夏本紀》：“舜登用，攝行天子之政，巡狩。行視鯀之治水無狀，乃殛鯀於羽山以死。”文中言《五帝本紀》云”者有誤。

〔8〕四凶，一説爲共工、驩兜、三苗、鯀四人，即上所言“四罪”。一説爲渾敦、窮奇、檮杌、饕餮。《左傳·文公十八年》：“昔帝鴻氏有不才子，掩義隱賊，好行凶德，醜類惡物，頑嚚不友，是與比周，天下之民謂之渾敦。少暭氏有不才子，毁信廢忠，崇飾惡言，靖譖庸回，服讒蒐慝，以誣盛德，天下之民謂之窮奇。顓頊氏有不才子，不可教訓，不知話言，告之則頑，舍之則嚚，傲很明德，以亂天常，天下之民謂之檮杌。此三族也，世濟其凶，增其惡名，以至於堯，堯不能去。縉雲氏有不才子，貪於飲食，冒於貨賄，侵欲崇侈，不可盈厭，聚斂積實，不知紀極，不分孤寡，不恤窮匱，天下之民以比三凶，謂之饕餮。舜臣堯，賓於四門，流四凶族，渾敦、窮奇、檮杌、饕餮，投諸四裔，以禦魑魅。”

〔9〕《尚書·舜典》：“四罪而天下咸服。”孔穎達《正義》：“而鄭玄以爲‘禹治水事畢，乃流四凶’。故王肅難鄭言：‘若待禹治水功成，而後以鯀爲無功殛之，是爲舜用人子之功，而流放其父，則禹之勤勞適足使父致殛，爲舜失五典克從之義，禹陷三千莫大之罪，進退無據，亦甚迂哉！’”

〔10〕《尚書·盤庚上》：“盤庚五遷，將治亳殷，民諮胥怨，作《盤庚》三篇。”孔穎達《正義》：“商自成湯以來屢遷都邑，仲丁、河亶甲、祖乙皆有言誥，歷載於篇。盤庚最在其後，故序總之，‘自湯至盤庚凡五遷都’。今盤庚將欲遷居，而治於亳之殷治，民皆戀其故居，不欲移徙，諮嗟憂愁，相與怨上，盤庚以言辭誥之。史叙其事，作《盤庚》三篇。”

〔11〕《尚書·盤庚上》：“盤庚五遷，將治亳殷。”孔穎達《正義》：“民不欲遷，而盤庚必遷者，鄭玄云：‘祖乙居耿後，奢侈逾禮，土地迫近山川，嘗圮焉。至陽甲立，盤庚爲之臣，乃謀徙居湯舊都。’……此以君名名篇，必是爲君時事，而鄭玄以爲上篇是盤庚爲臣時事，何得專輒謬妄也。”

〔12〕案，伏生所傳《尚書》即合《盤庚》三篇爲一，而東漢熹平四年蔡邕等正定六經文字并鐫刻石經，即用伏生所傳《尚書》。《尚書注疏》卷一《尚書序》：“伏生又以《舜典》合於《堯典》，《益稷》合於《皋陶謨》，《盤庚》三篇合爲一，《康王之誥》合於《顧命》，復出此篇，并序，凡五十九篇，爲四十六卷。”孔穎達《正義》：“伏生之本亦壁內古文而合之者，蓋以老而口授之時，因誦而連之，故殊耳。其《盤庚》本當同卷，故有并也。”

〔13〕《史記·殷本紀》：“比干曰：‘爲人臣者，不得不以死争。’乃强諫紂。紂怒

曰：‘吾聞聖人心有七竅。’剖比干，觀其心。箕子懼，乃詳狂爲奴，紂又囚之。”

〔14〕《尚書·大誥》序：“武王崩，三監及淮夷叛，周公相成王，將黜殷，作《大誥》。”孔穎達《正義》曰：“武王既崩，管叔、蔡叔與紂子武庚三人監殷民者又及淮夷共叛。周公相成王，攝王政，將欲東征，黜退殷君武庚之命，以誅叛之義大誥天下。史叙其事，作《大誥》。”

〔15〕管叔，名鮮；蔡叔，名度，都是周武王之弟。武王滅商後，封紂王之子武庚爲諸侯。同時讓管叔、蔡叔、霍叔共同監督武庚，史稱“三監”。後因與蔡叔伙同武庚作亂被殺。《史記·管蔡世家》：“武王既崩，成王少，周公旦專王室。管叔、蔡叔疑周公之爲不利於成王，乃挾武庚以作亂。周公旦承成王命伐誅武庚，殺管叔，而放蔡叔。”

〔16〕武庚，名祿父，紂子。武王克商，封武庚爲諸侯以續殷祀。武王卒，成王幼，周公攝政。武庚與管叔、蔡叔聯合東夷部族爲亂。周公旦承成王命伐誅武庚。《史記·殷本紀》：“封紂子武庚祿父，以續殷祀。……周武王崩，武庚與管叔、蔡叔作亂，成王命周公誅之。”

〔17〕“收殷餘民”，“收”原刻本誤作“放”，據《史記·魯周公世家》改。淮夷，古代居於淮河流域之部族。《尚書·大誥》：“武王崩，三監及淮夷叛。”孔安國《傳》：“三監，管、蔡、商。淮夷，徐、奄之屬。”《尚書·費誓》：“徂兹淮夷、徐戎并興。”孔安國《傳》：“今往征此淮浦之夷、徐州之戎，并起爲寇。”東土，古代指陝以東某一區域。《尚書·康誥》：“乃寡兄勖，肆汝小子封，在兹東土。”《國語·鄭語》：“桓公爲司徒，甚得周衆與東土之人。”韋昭《注》：“周衆，西周之民。東土，陝以東也。”

〔18〕周公東辟，即《金縢》所云“周公居東”。《尚書·金縢》：“武王既喪，管叔及其群弟乃流言於國，曰：‘公將不利於孺子。’周公乃告二公曰：‘我之弗辟，我無以告我先王。’周公居東二年，則罪人斯得。”

〔19〕《尚書·金縢》：“周公乃告二公曰：‘我之弗辟，我無以告我先王。’”陸德明《音義》：“辟，扶亦反，治也；《説文》作壁，云必亦反，法也；馬、鄭音避，謂避居東都。”

〔20〕《尚書·金縢》：“王與大夫盡弁，以啓金縢之書。……惟朕小子其新逆，我國家禮亦宜之。”孔安國《傳》：“周公以成王未寤，故留東未還，改過自新，遣使者迎之，亦國家禮有德之宜。”孔穎達《正義》：“公之東征，止爲伐罪，罪人既得，公即當還。以成王未寤，恐與公不和，故留東未還，待王之察己也。新迎者，改過自新，遣使者迎之。”

〔21〕《尚書·多士》:"王曰:'多士,昔朕來自奄,予大降爾四國民命。'"孔安國《傳》:"昔我來從奄,謂先誅三監,後伐奄淮夷。"孔穎達《正義》:"獨言'來自奄'者,謂先誅三監,後伐奄與淮夷,奄誅在後,誅奄即來,故言'來自奄'也。"《尚書·多方》:"惟五月丁亥,王來自奄,至於宗周。"孔安國《傳》:"周公歸政之明年,淮夷奄又叛。魯征淮夷,作《費誓》。王親征奄,滅其國,五月還至鎬京。"

〔22〕王柏《書疑》卷七《多士多方》:"凡化頑民之書,《多士》《多方》兩篇而已。緣中間紛亂脫落,序者不得其要,讀者莫知其條理,是故隨文解義,卒不能貫通。愚不敢觀序,止熟讀正文,而知其有脱簡焉。竊謂《多方》當在前,《多士》當在後。"皮錫瑞《今文尚書考證》卷一九《多士》:"《書序》云:'成王東伐淮夷,遂踐奄,作《成王征》。成王既踐奄,遷其君於薄姑。周公告召公,作《將薄姑》。成王歸自奄,作《多方》。'《書疏》引鄭注云:'此伐淮夷與踐奄,是攝政三年伐管、蔡時事,其編篇於此,未聞。'謂編在《多士》《無逸》《君奭》之後也。"

〔23〕祖甲,或稱帝甲、辛甲。商代國君,武丁之子,祖庚之弟,繼祖庚即位。《史記·殷本紀》:"帝祖庚崩,弟祖甲立,是爲帝甲。帝甲淫亂,殷復衰。"司馬貞《索隱》:"《國語》云'帝甲亂之,七代而隕'是也。"

〔24〕殷王太宗,即太甲,太丁之子,成湯嫡孫,商朝第四位君主。《史記·殷本紀》:"太甲,成湯適長孫也,是爲帝太甲。帝太甲元年,伊尹作《伊訓》,作《肆命》,作《徂后》。帝太甲既立三年,不明,暴虐,不遵湯法,亂德,於是伊尹放之於桐宫。三年,伊尹攝行政當國,以朝諸侯。帝太甲居桐宫三年,悔過自責,反善,於是伊尹乃迎帝太甲而授之政。帝太甲修德,諸侯咸歸殷,百姓以寧。伊尹嘉之,乃作《太甲訓》三篇,褒帝太甲,稱太宗。"

〔25〕中宗即太戊,太甲之孫,太庚之子,小甲、雍己之弟,商朝第九任君主。《史記·殷本紀》:"帝雍己崩,弟太戊立,是爲帝太戊。帝太戊立伊陟爲相。亳有祥桑穀共生於朝,一暮大拱。帝太戊懼,問伊陟。伊陟曰:'臣聞妖不勝德,帝之政其有闕與? 帝其修德。'太戊從之,而祥桑枯死而去。伊陟贊言於巫咸。巫咸治王家有成,作《咸艾》,作《太戊》。帝太戊贊伊陟於廟,言弗臣,伊陟讓,作《原命》。殷復興,諸侯歸之,故稱中宗。"

〔26〕高宗即武丁。《史記·殷本紀》:"帝武丁祭成湯,明日,有飛雉登鼎耳而呴,武丁懼。祖己曰:'王勿憂,先修政事。'祖己乃訓王曰:'唯天監下典厥義,降年有永有不永,非天夭民,中絕其命。民有不若德,不聽罪,天既附命正厥德,乃曰其奈何。嗚呼! 王嗣敬民,罔非天繼,常祀毋禮於棄道。'武丁修

政行德,天下咸驩,殷道復興。帝武丁崩,子帝祖庚立。祖已嘉武丁之以祥雉爲德,立其廟爲高宗,遂作《高宗肜日》及《訓》。"

〔27〕《史記·魯周公世家》:"故祖甲饗國三十三年。"裴駰《集解》:"王肅曰:'先中宗後祖甲,先盛德後有過也。'"

〔28〕《史記·燕召公世家》:"成王既幼,周公攝政,當國踐祚,召公疑之,作《君奭》。《君奭》不說周公。"裴駰《集解》:"馬融曰:'召公以周公既攝政致太平,功配文、武,不宜復列在臣位,故不說,以爲周公苟貪寵也。'"

14. 論《尚書》義凡三變,學者各有所據,皆不知專主伏生

孔廣森《戴氏遺書序》[1]曰:"君以梅、姚售僞[2],孔、蔡謬悠[3],妄云壁下之書,猥有航頭之字,乃或誤援《伊訓》,滋元年正月之疑[4],强執《周官》,推五服一朝之制[5]。譬之爭年鄭市[6],本自兩非,議瓜驪山[7],良無一是。"孔氏此說,最爲通達,據此可以折衷一是,解釋群疑。惟戴氏非《尚書》專家,其作《尚書義考》[8]未成,未能發明今文,以津逮後學耳。

經定自孔子,傳自漢初諸儒,使後世學者能恪遵最先之義,不惑於後起之說,徑途歸一,門户不分,不難使天下生徒皆通經術。況《尚書》一經,傳之者止伏生一老,非若《詩》有齊、魯、韓三家,《春秋》有公羊、穀梁、左氏,各有所受,本不止一師也。歐陽、大小夏侯既分顓門,小有出入[9],亦未至截然不合如今古文家也。其後古文說出,初不知所自來。衛、賈、馬、鄭所說各異,既無師授,安可據依。後世震於劉歆古文之名,壓於鄭君盛名之下,循用注解,立於學官,古文說盛行,而今文衰歇,於是《尚書》之義一變。王肅學承賈、馬,亦遠本於歐陽。其學兼通古文,又去漢代不遠,使其自爲傳注,原可與鄭并行,乃必托名於孔安國,又僞造《尚書》古文經[10]。後世見其經既增多,孔《傳》又古於鄭,廢鄭行孔,定於一尊,僞古文說盛行,而今文盡亡,於是《尚書》之義再

變。宋儒不信古人，好矜創獲，獻疑孔《傳》[11]，實爲首庸。惟宋儒但知孔《傳》之可疑，而不知古義之可信，又專持一"理"字臆斷唐虞三代之事，凡古事與其"理"合者，即以爲是，與其"理"不合者，即以爲非。蔡沈、王柏、金履祥之說盛行[12]，編書者至改古事以從之。《綱鑑輯略》一書，改西伯戡黎爲武王，微子奔周爲武庚[13]。以近儒臆斷之空言，改自古相傳之實事，於是《尚書》之義三變。經義既已屢變，學者各有所據，蔽所不見，遂至相攻。有據孔《傳》以攻蔡《傳》者，如毛奇齡《古文尚書冤詞》是也[14]。有據蔡《傳》以攻孔《傳》者，如閻若璩《尚書古文疏證》是也[15]。有據馬、鄭而攻孔《傳》與蔡《傳》者，如江聲《尚書集注音疏》、王鳴盛《尚書後案》是也[16]。要皆不知導原而上，專主伏生，故不能宗初祖以折服末師，甚且信末師以反攻初祖，其說有得有失，半昧半明，正孔廣森所云"爭年鄭市，本自兩非，議瓜驪山，良無一是"者。此《尚書》一經，所以本極易明，反致糾紛而極不易明也。

箋注

〔1〕孔廣森(1751—1786)，字衆仲，一字撝約，號顨軒，山東曲阜人。清代學者，孔子六十八代孫。《清史稿》卷四八一《儒林傳二》："廣森聰穎特達，嘗受經於戴震、姚鼐之門，經史、小學，沉覽妙解。所學在《公羊春秋》，嘗以《左氏》舊學涅於征南，《穀梁》本義汩於武子。王祖游謂何休志通《公羊》，往往爲《公羊》疾病。其餘啖助、趙匡之徒，又橫生義例，無當於經，唯趙汸最爲近正。何氏體大思精，然不無承訛率臆。於是旁通諸家，兼采《左》《穀》，擇善而從，著《春秋公羊通義》十一卷，《序》一卷。凡諸經籍義有可通於《公羊》者，多著錄之。……儀徵阮元謂讀其書始知聖志之所在。又著有《大戴禮記補注》十四卷，《詩聲類》十三卷，《禮學卮言》六卷，《經學卮言》六卷，《少廣正負術內外篇》六卷。駢體兼有漢、魏、六朝、初唐之勝，江都汪中讀之，嘆爲絕手。然廣森不自足，作堂於其居，名曰'儀鄭'，自庶幾於康成。桐城姚鼐謂其將以孔子之裔傳孔子之學，雖康成猶不足以限之。"《漢學師承記》卷六《孔廣森》："少受經於東原氏，爲《三禮》及《公羊春秋》之學，能作篆隸，書入能品。尤工駢體文，汪明經中、孫觀察星衍亟稱之。其序《戴氏遺書》"云云。《戴氏遺書序》即孔廣森《駢儷文》卷二《戴氏遺書總序》。

〔2〕梅、姚，即梅賾、姚方興。梅賾字仲真，東晉汝南人，官至豫章內史。曾獻《古文尚書》及《尚書孔氏傳》立爲官學。宋以來之考據家指其爲僞書。姚方興，南齊學者。建武四年(497)，於大航頭發現西漢孔安國作傳之古文《尚書·舜典》一篇。《隋書·經籍志》："至東晉，豫章內史梅賾始得安國之傳，奏之，時又闕《舜典》一篇。齊建武中，吳姚方興，於大桁市得其書，奏上，比馬、鄭所注，多二十八字，於是始列國學。"

〔3〕孔、蔡，孔即孔安國，蔡即蔡沈。孔安國，字子國，西漢魯人，孔子後裔，曾爲《古文尚書》作傳。蔡沈，字仲默，號九峰，南宋建州建陽(今屬福建)人，注《尚書》，撰《書集傳》。

〔4〕元年正月之疑，《尚書·洛誥》："戊辰，王在新邑，烝祭歲，文王騂牛一，武王騂牛一。王命作冊，逸祝冊，惟告周公其後。"孔安國《傳》："明月，夏之仲冬，始於新邑烝祭，故曰'烝祭歲'。古者襃德賞功，必於祭日，示不專也。特加文武各一牛，告曰尊周公，立其後爲魯侯。"孔穎達《正義》曰："鄭玄以'烝祭'上屬。'歲文王騂牛一'者，'歲'是成王元年，正月朔日，特告文武封周公也。"

〔5〕《尚書·周官》："六年，五服一朝。"孔安國《傳》："五服，侯、甸、男、采、衛。六年一朝會京師。"孔穎達《正義》曰："此篇説六卿職掌，皆與《周禮》符同，則'六年，五服一朝'亦應是《周禮》之法，而《周禮》無此法也。《周禮·大行人》云：'侯服歲一見，其貢祀物。甸服二歲一見，其貢嬪物。男服三歲一見，其貢器物。采服四歲一見，其貢服物。衛服五歲一見，其貢材物。要服六歲一見，其貢貨物。'先儒説《周禮》者，皆云'見'謂來朝也。必如所言，則周之諸侯各以服數來朝，無六年一朝之事。"

〔6〕爭年鄭市，典出《韓非子·外儲説左上》："鄭人有相與爭年者，一人曰：'吾與堯同年。'其一人曰：'我與黃帝之兄同年。'訟此而不決，以後息者爲勝耳。"

〔7〕議瓜驪山，《史記·儒林傳》："及至秦之季世，焚詩書，阬術士，六藝從此缺焉。"張守節《正義》："顏云，今新豐縣溫湯之處號愍儒鄉。溫湯西南三里有馬谷，谷之西岸有阬，古相傳以爲秦坑儒處也。衛宏《詔定古文尚書序》云，秦既焚書，恐天下不從所改更法，而諸生到者拜爲郎，前後七百人，乃密種瓜於驪山陵谷中溫處，瓜實成，詔博士諸生説之。人言不同，乃令就視。爲伏機，諸生賢儒皆至焉，方相難不決，因發機，從上填之以土，皆壓，終乃無聲也。"

〔8〕《尚書義考》，戴震著。孔廣森《戴氏遺書總序》："爲《尚書義考》未成，成《堯

典》一卷。”

〔9〕 顓門，典出《漢書·夏侯勝傳》：“建卒自顓門名經。”顏師古注：“顓與專同。專門者，自別爲一家之學。”

〔10〕 惠棟《古文尚書考》卷一：“僞《書》當作俑於王肅，肅好造僞書，以詆康成，《家語》其一也。”戴震《尚書義考義例》：“如陸氏、孔氏所言，今之《古文尚書》及孔《傳》殆出於王肅，猶之《孔子家語》出於王肅手定也。肅欲奪鄭氏而冀行其學，故往往假托以爲作證。”

〔11〕《朱子語類》卷七八《尚書一》：“《尚書》決非孔安國所注，蓋文字軟善，不是西漢人文章。”“《尚書》孔安國傳，此恐是魏晉間人所作，托安國爲名，與毛公《詩傳》大段不同。今觀序文，亦不類漢文章。漢時文字粗，魏晉間文字細，如《孔叢子》亦然，皆是那一時人所爲。”江藩《國朝漢學師承記》卷二《江艮庭》：“疑僞古文者，始於宋之吳才老。”皮錫瑞《經學歷史·經學變古時代》：“疑孔《傳》始於宋吳棫。朱子繼之，謂‘某嘗疑孔安國書是假，《書序》是魏晉間人作。《書》凡易讀者皆古文，伏生所傳皆難讀，如何偏記其所難，而易者全不能記。’朱子所疑，真千古卓識。”

〔12〕 王柏（1197—1274），字會之，號長嘯，後更號魯齋，婺州金華（今浙江金華）人。宋代學者，與何基、金履祥、許謙并稱爲“金華四先生”，又名“北山四先生”。從黃榦門人何基游，以教授爲業，曾受聘主麗澤、上蔡等書院。工詩善畫，著述甚富，著作有《詩疑》《書疑》等。卒謚文憲。《宋史》卷四三八《儒林傳八》有傳。金履祥，字吉父，婺州蘭溪（今浙江蘭溪）人。宋亡後隱金華山中，晚居仁山下，學者稱仁山先生，卒謚文安。有《大學疏義》《論語集注考證》《通鑑前編》和《仁山集》等。《元史》卷一八九《儒學傳一》有傳。

〔13〕《綱鑑輯略》，清朱璘撰。該書四十卷，起於上古，迄於元末。《湖北通志檢存稿》卷二《平夏逆傳》：“璘以貢監筮仕，而好學不倦。著有《綱鑑輯略》《明紀全載》，又定《諸葛武侯文集》《二程文略》《朱子文略》《古文適》《八大家古文適》《訓誘蒙學》。”

〔14〕 毛奇齡《古文尚書冤詞》八卷，爲駁辨閻若璩《尚書古文疏證》一書而作。《清史稿》卷四八一《儒林傳二·毛奇齡》：“奇齡淹貫群書，所自負者在經學，然好爲駁辨，他人所已言者，必力反其詞。《古文尚書》自宋吳棫後多疑其僞，及閻若璩作《疏證》，奇齡力辨爲真，遂作《古文尚書冤詞》。”

〔15〕 案，閻若璩《尚書古文疏證》證成東晉梅頤所獻《古文尚書》及孔安國《尚書傳》爲僞托之作。《清史稿》卷四八一《儒林傳二·閻若璩》：“年二十，讀《尚書》至古文二十五篇，即疑其譌。沉潛三十餘年，乃盡得其癥結所在，作《古

文尚書疏證》八卷。引經據古，一一陳其矛盾之故，古文之僞大明。"

〔16〕周中孚《鄭堂讀書記》卷九《經部·書類》："《尚書後案》三十卷、《後辨》一卷（原刊本）。國朝王鳴盛撰。案：真古文《尚書》二十九篇，并《序》一篇。自孔安國遞傳至衛敬仲、賈景伯、馬季長、鄭康成、王子雍，皆爲之注。安國未嘗作《傳》，衛、賈之注自陸氏作《釋文》時已亡，故不引及。惟引及馬、鄭、王注。孔冲遠撰《正義》，捨鄭而從僞孔《傳》者，蓋承二劉之疏爲藍本，而不能獨創鄭注之疏爾。因之歷唐及宋，馬、鄭、王注既亡，而真《太誓》亦與之俱亡。西沚從群書中所引，搜羅馬、鄭、王注及真《太誓》，惜已殘闕。以鄭師祖孔學，獨得其真，於是以鄭爲主，而傳益以馬、王、二孔傳疏，作案語以詳説釋鄭義。馬、王、二孔傳疏與鄭異者，條晰其非，折中於鄭氏。名曰《後案》者，言最後所存之案也。至僞孔之《傳》爲冲遠等所疏者，本有真古文在內，故得繫於三家之下。惟《太誓》別造三篇，除去二十八篇真古文，尚有僞造《舜典》二十八字，及《大禹謨》以下二十五篇。今仍録其文，并二孔傳疏於下，而別爲《後辨》一卷，以其所補綴皆有所本，因歷引群籍以辨證之。并首辨及二孔《序》《疏》及《釋文》，又載及《史》《漢》諸書以爲證焉。蓋自趙松雪、吳草廬分今文古文以後，至此始有定本。由是江艮庭、段茂堂、宋半塘暨孫淵如師諸家，接踵而起，先之者西沚是書也，厥功偉已。前有自序及采取書目。"又《清史稿》卷四八一《儒林傳二·王鳴盛》："著《尚書後案》三十卷，專述鄭康成之學，若鄭注亡逸，采馬、王注補之。孔《傳》雖出東晉，其訓詁猶有傳授，間一取焉。又謂東晉所獻之《太誓》僞，而唐人所斥之《太誓》非僞，故附書今文《太誓》一篇，存古之功，自謂不減惠氏《周易述》也。"

15. 論衛、賈、馬、鄭尊古文而抑今文，其故有二：一則學術久而必變，一則文字久而致訛

嘗疑衛、賈、馬、鄭皆東漢通儒，豈不知今文遠有師承，乃必尊古文抑今文，誠不解其用意。今細考之，而知其故有二：

一則學術久而必變。漢初《尚書》惟有歐陽而已，後乃增立夏侯。夏侯學出張生，張生與歐陽生皆伏生弟子，所學當無不同，然既別於歐陽而自成一家，則同中必有異。如以"大麓"爲"大録"是。夏侯勝從子建，

師事勝及歐陽高，左右采獲，又從五經諸儒問與《尚書》相出入者，牽引以次章句，具文飾說，勝非之曰："建所謂章句小儒，破碎大道。"建亦非勝"爲學疏略，難以應敵"。建卒自顓門名經，是小夏侯又異於大夏侯。而增立博士，號爲顓門，此人情好異，學術易變之證。秦恭延君守小夏侯說，又增師法至百萬言[1]。桓譚《新論》："秦近君即延君。能說《堯典》，篇目兩字之誼，至十餘萬言，但說'曰若稽古'三萬言。"[2]《漢書·藝文志》云"說五字之文，至於二三萬言"，即指秦恭而言。蓋小夏侯本破碎支離，恭又加以蔓衍，使人憎厭。古文家乘其敝，而別開一門徑，名雖古而實新，喜新者遂靡然從之，此其故一。

　　一則文字久而致訛。伏生改古文爲今文，以授生徒，取其通俗。古無刊板印本，專憑口授手鈔，訛以傳訛，必不能免。觀《熹平石經》殘字，及孔廟等處漢碑[3]，字多省俗，不合六書[4]，故桓譚、馬融并詆今文家爲俗儒[5]。當時所謂通儒劉歆、揚雄、杜林、衛宏、賈逵、許慎，以及馬、鄭，皆精小學，以古文正今文之訛俗，其意未始不善。惟諸儒當日但宜校正文字，而不必改易其義訓，則三家之原於伏生者，雖至今存可也。而古文之名既立，嫉今文如仇讎，依據故書[6]，如《周禮》之類。創爲新說，古文本無者，以意補之，今文本有者，以意更之，附和末師，撥棄初祖，如拔趙幟而立漢幟[7]，以爲不如是不能別立一學。義雖新而文古，好古者又靡然從之，此其故二。

　　有此二故，故雖歐陽、夏侯三家立學數百年，徒黨遍天下，爲古文家掊擊，而其勢漸衰歇。重以典午[8]永嘉之亂[9]，而歐陽、夏侯三家皆亡[10]。至東晉而僞古文經傳出[11]，托之於孔安國，年代比馬、鄭爲更古，而篇又增多，馬、鄭不注逸《書》，而此遍注之，故其後孔、鄭并行，鄭學又漸衰歇。唐以僞孔立學[12]，而鄭氏《尚書》亡，向之攻擊三家者，乃與三家同歸於盡。大有積薪之嘆[13]，甘售贋鼎之欺[14]，豈非好古與喜新者階之厲哉！夫伏書本藏山之業，而僞孔云失其本經[15]。古文與史籀稍殊，而僞孔云"字皆科斗"，其抑今文而尊古文，誣妄何可勝究？而其說非始於僞孔、衛宏，《古文尚書序》曰[16]："伏生老，不能正言，言不可曉也，使其女傳言教錯，齊人語多與潁川異，錯不知者凡十二三,略以其意屬讀而已。"案《史》《漢》無伏生使女傳言之事,古人書皆口授,即伏生老不能口授,使女傳言,亦有藏書可憑,何至以意屬讀。其時山東大師無不涉《尚書》以教,晁大夫何至不知者凡十二三。宏榮古虐今,意以伏生所傳,全不可信,僞孔以爲失其本經,口以傳授,正用衛宏之説,而更加誣。不知《史》《漢》明言得二十九篇,則失本經之説不可信。鄭君《書贊》已有科斗書之説,亦不可信。說見後。

 箋注

〔1〕《漢書·儒林傳》:"張山拊字長賓,平陵人也。事小夏侯建,爲博士,論石渠,至少府。授同縣李尋、鄭寬中少君、山陽張無故子儒、信都秦恭延君、陳留假倉子驕。無故善修章句,爲廣陵太傅,守小夏侯説文。恭增師法至百萬言,爲城陽内史。"

〔2〕桓譚《新論·正經》:"秦近君能説《堯典》,篇目兩字之説,至十餘萬言,但説'曰若稽古'二三萬言。"

〔3〕孔廟等處漢碑,如《乙瑛碑》《禮器碑》《孔宙碑》《史晨碑》等。

〔4〕六書,古人分析漢字造字之理論,即象形、指事、會意、形聲、轉注、假借。《周禮·保氏》:"掌諫王惡,而養國子以道。乃教之六藝:一曰五禮,二曰六樂,三曰五射,四曰五馭,五曰六書,六曰九數。"鄭玄注引鄭司農曰:"六書:象形、會意、轉注、處事、假借、諧聲也。"《漢書·藝文志》:"古者八歲入小學,故《周官》保氏掌養國子,教之六書,謂象形、象事、象意、象聲、轉注、假借,造字之本也。"許慎《説文解字序》:"《周禮》八歲入小學,保氏教國子先以六書。一曰指事。指事者,視而可識,察而見意,上下是也。二曰象形。象形者,畫成其物,隨體詰詘,日月是也。三曰形聲。形聲者,以事爲名,取譬相成,江河是也。四曰會意。會意者,比類合誼,以見指撝,武信是也。五曰轉注。轉注者,建類一首,同意相受,考老是也。六曰假借。假借者,本無其字,依聲托事,令長是也。"

〔5〕俗儒,淺陋迂腐之儒士,與通儒、大儒相對,典出《荀子·儒效》:"故有俗人者,有俗儒者,有雅儒者,有大儒者。不學問,無正義,以富利爲隆,是俗人者也。逢衣淺帶,解果其冠,略法先王而足亂世,術繆學雜,舉不知法後王而一制度,不知隆禮義而殺詩書;其衣冠行僞已同於世俗矣,然而不知惡;其言議談説已無異於墨子矣,然而明不能別;呼先王以欺愚者而求衣食焉;

得委積足以挩其口,則揚揚如也;隨其長子,事其便辟,舉其上客,億然若終身之虜而不敢有他志:是俗儒者也。"

〔6〕故書,指古本。阮元《周禮注疏校勘記序》:"鄭氏云'故書'者,爲初獻於秘府所藏之本也。其民間傳寫不同者,則爲今書。"

〔7〕拔趙幟而立漢幟,典出《史記·淮陰侯列傳》:"(韓)信建大將之旗鼓,鼓行出井陘口,趙開壁擊之,大戰良久。於是信、張耳佯棄鼓旗,走水上軍。水上軍開入之,復疾戰。趙果空壁爭漢鼓旗,逐韓信、張耳。韓信、張耳已入水上軍,軍皆殊死戰,不可敗。信所出奇兵二千騎,共候趙空壁逐利,則馳入趙壁,皆拔趙旗,立漢赤幟二千。趙軍已不勝,不能得信等,欲還歸壁,壁皆漢赤幟,而大驚,以爲漢皆已得趙王將矣,兵遂亂,遁走,趙將雖斬之,不能禁也。"

〔8〕典午,"司馬"之隱語,後因以"典午"指晉朝。《三國志·蜀書·譙周傳》:"(譙)周語次,因書版示立曰:'典午忽兮,月酉沒兮。'典午者謂司馬也,月酉者謂八月也,至八月而文王果崩。"胡應麟《少室山房筆叢》卷一六《乙部·史書佔畢四》:"當塗爲魏,典午爲晉,世率知之,而意義出處,或未明瞭。案,代漢者當塗高,《春秋讖》也。自西京末茲語盛傳,光武與公孫述書嘗稱及而竟無驗,及曹氏僭號,譙周問以杜瓊,瓊曰:'魏,闕名也,當塗而高,讖驗矣。'然安知非老瞞擅國之日故封魏以應謠言耶?讖不足信,此蓋可見。典,司也;午,馬也,見周所爲讖文。"

〔9〕永嘉之亂,又稱永嘉之禍。永嘉五年(311),匈奴攻陷洛陽,俘虜晉懷帝,殺死王公士民三萬餘人,史稱"永嘉之亂"。永嘉之亂後,晉朝統治集團南遷,定都建康(今南京)建立東晉,史稱衣冠南渡。

〔10〕《隋書·經籍志》:"晉世秘府所存,有《古文尚書》經文,今無有傳者。及永嘉之亂,歐陽、大小夏侯《尚書》并亡。濟南伏生之傳,唯劉向父子所著《五行傳》是其本法,而又多乖戾。"

〔11〕案,此指梅頤(賾)獻僞古文《尚書》事。《經義考》卷七四《書三》引熊朋來曰:"孔壁真'古文'之書不傳,後有張霸之徒僞作二十四篇,亦名《古文尚書》。至晉豫章內史梅頤果得《古文尚書》二十五篇,凡漢儒注經指爲'逸書'者,遂皆有其書,又并有孔安國傳、序,世傳以爲真。然所謂'古文'者,不如'今文'之古矣。"

〔12〕唐以僞孔立學,指唐修《五經正義》,《尚書》爲梅頤本孔安國傳。

〔13〕《漢書·汲黯傳》:"始黯列爲九卿,而公孫弘、張湯爲小吏。及弘、湯稍益貴,與黯同位,黯又非毀弘、湯等。已而弘至丞相,封爲侯;湯至御史大夫;

故黯時丞相史皆與黯同列，或尊用過之。黯褊心，不能無少望，見上，前言曰：'陛下用群臣如積薪耳，後來者居上。'上默然。"

〔14〕《韓非子·説林下》："齊伐魯，索讒鼎，魯以其雁往，齊人曰：'雁也。'魯人曰：'真也。'齊曰：'使樂正子春來，吾將聽子。'魯君請樂正子春，樂正子春曰：'胡不以其真往也？'君曰：'我愛之。'答曰：'臣亦愛臣之信。'"

〔15〕僞孔云失其本經，見《尚書正義》卷首所載孔氏《尚書序》，云："濟南伏生，年過九十，失其本經，口以傳授，裁二十餘篇。以其上古之書，謂之《尚書》。"

〔16〕古文尚書序，即衛宏《定古文尚書序》。原刻本誤作"古文官書序"，衍"官字"。《漢書·儒林傳》："時伏生年九十餘，老不能行，於是詔太常使掌故朝錯往受之。"顏師古注："衛宏《定古文尚書序》云：'伏生老，不能正言，言不可曉也，使其女傳言教錯。齊人語多與潁川異，錯所不知者凡十二三，略以其意屬讀而已。'"

16. 論庸生所傳已有脱漏，足見古文不如今文，中古文之説亦不可信

劉歆《移太常博士書》云："考學官所傳，經或脱簡，傳或間編。"〔1〕《漢書·藝文志》云："劉向以中古文校歐陽、大小夏侯三家經文，《酒誥》脱簡一，《召誥》脱簡二，率簡二十五字者，脱亦二十五字，簡二十二字者，脱亦二十二字，文字異者七百有餘，脱字數十。"此即歆所云"經或脱簡"也。後之祖古文者每以藉口，據爲今文不如古文之證。

案《漢書》，庸生傳古文〔2〕，爲孔安國再傳弟子，而《堯典》開卷已漏"帝曰"。《般庚》之"心腹腎腸"〔3〕，《吕刑》之劓刵椓黥〔4〕，古文與今文不同，當即在七百有餘之內，而皆不如夏侯、歐陽本之善。據此可見古文不如今文，一有師承，一無師承之明證也。

龔自珍《説中古文》曰〔5〕："中古文之説，余所不信。秦燒天下儒書，漢因秦宮室，不應宮中獨藏《尚書》，一也。蕭何收秦圖籍，乃地圖之屬，不聞收《易》與《書》，二也。假使中秘有《尚書》，何必遣晁錯往伏生所受二十九篇，三也。假使中秘有《尚書》，不應安國獻孔壁書，始知

增多十六篇，四也。假使中秘有《尚書》，以宣、武之爲君[6]，諸大儒之爲臣，百餘年間無言之者，不應劉向始知校《召誥》《酒誥》，始知與博士本異文七百，五也。此中秘書既是古文，外廷所獻古文，遭巫蠱不立，古文亦不亡，假使有之，則是燒書者更始之火，赤眉之火[7]，而非秦火矣，六也。中秘既是古文，外廷自博士以迄民間應奉爲定本，斠若畫一，不應聽其古文家、今文家紛紛異家法，七也。中秘有書，應是孔門百篇全經，不但《舜典》《九共》[8]之文，終西漢世具在，而且孔安國之所無者亦在其中，孔壁之文，又何足貴。今試考其情事，然邪不邪？八也。秦火後，千古儒者獨劉向、歆父子見全經，而生平不曾於二十九篇外引用一句，表章一事，九也。亦不傳受一人，斯謂空前，斯謂絕後，此古文者迹過如埽矣，異哉！異至於此，十也。假使中秘書并無百篇，則向作《七略》[9]，當載明是何等篇，其不存者亡於何時，其存者又何所受也，而皆無原委，千古但聞有中古文之名，十一也。中秘既有五經，獨《易》《書》著，其三經何以蔑聞？十二也。當帝之時，以中書校《百兩篇》非是，予謂此中古文，亦張霸《百兩》之流亞，成帝不知而誤收之，或即劉歆所自序之言，托於其父，并無此事。古文《書》如此，古文《易》可知，宜其獨與絕無師承之費直《易》相同，而不與施、孟、梁丘同也。《漢書》劉向一傳，本非班作，歆也博而詐，固也佝而愿[10]。”

案：龔氏不信中古文，并疑劉向以中古文校今文，《易》《書》皆有脫簡，爲劉歆所假托，可謂特見。惟《漢志》所云中古文，似即孔壁古文之藏中秘者，非必別有一書。而此中秘書，不復見於東漢以後，則亦如龔氏所云，毀於更始、赤眉之火矣。書既不存，可以不辨。顧炎武曰：“不知中古文即安國所獻否，及王莽末遭赤眉之亂，焚燒無餘。”

箋注

〔1〕間編，《漢書·楚元王傳》：“經或脫簡，傳或間編。”顏師古注：“脫簡，遺失之。間編，謂舊編爛絕，就更次之，前後錯亂也。間，音古莧反。”

〔2〕庸生，西漢膠東人，爲孔安國再傳弟子，傳《齊論語》，通《古文尚書》。

〔3〕《尚書·盤庚下》："今予其敷心腹腎腸，歷告爾百姓於朕志。"孔安國《傳》："布心腹，言輸誠於百官以告志。"王鳴盛《尚書後案》卷六《盤庚下》："鄭注《尚書》，篇與夏侯等同而經字多異，夏侯等《書》'心腹腎腸'曰'憂腎陽'。夏侯等《書》乃今文，鄭所傳乃古文。"

〔4〕《尚書·呂刑》："殺戮無辜，爰始淫爲劓、刵、椓、黥。"孔安國《傳》："三苗之主，頑凶若民，敢行虐刑，以殺戮無罪，於是始大爲截人耳鼻，椓陰，黥面，以加無辜，故曰'五虐'。"陸德明《音義》："劓，魚器反。刵，徐如志反。椓，丁角反。黥，其京反。"孔穎達《正義》："殺戮無罪之人，於是始大爲四種之刑。刵，截人耳。劓，截人鼻。椓，椓人陰。黥，割人面。"吳汝綸《尚書故·呂刑》："爰始淫爲劓刵椓黥。《說文》作'劓劓馘黥'，鄭本作'刵劓馘剄'，夏侯等書'劓刵馘剄'爲'髕宮劓割'。"

〔5〕《說中古文》，見龔自珍《定盦全集·文集補編》卷三。

〔6〕宣，即漢宣帝劉詢；武，即漢武帝劉徹。《漢書·藝文志》："迄孝武世，書缺簡脫，禮壞樂崩，聖上喟然而稱曰：'朕甚閔焉！'於是建藏書之策，置寫書之官，下及諸子傳說，皆充秘府。至成帝時，以書頗散亡，使謁者陳農求遺書於天下。"

〔7〕更始，劉聖公年號。《漢書·王莽傳下》："初，世祖族兄聖公先在平林兵中。三月辛巳朔，平林、新市、下江兵將王常、朱鮪等共立聖公爲帝，改年爲更始元年，拜置百官。"赤眉，指漢末以樊崇等爲首之農民軍。因以赤色塗眉爲標志，故稱。《漢書·王莽傳下》："明年夏，赤眉樊崇等衆數十萬人入關，立劉盆子，稱尊號，攻更始，更始降之。赤眉遂燒長安宮室市里，害更始。民飢餓相食，死者數十萬，長安爲虛，城中無人行。"

〔8〕《九共》，《尚書》逸篇名。《尚書·舜典》後附亡書序："帝釐下土，方設居方，別生分類。作《汨作》、《九共》九篇、《稾飫》。"孔穎達《正義》："作《汨作》篇，又作《九共》九篇，又作《稾飫》之篇，凡十一篇，皆亡。"

〔9〕案，作《七略》者爲劉歆，而非劉向，龔自珍誤。《漢書·藝文志》："至成帝時，以書頗散亡，使謁者陳農求遺書於天下。詔光禄大夫劉向校經傳、諸子、詩賦，步兵校尉任宏校兵書，太史令尹咸校數術，侍醫李柱國校方技。每一書已，向輒條其篇目，撮其指意，錄而奏之。會向卒，哀帝復使向子侍中奉車都尉歆卒父業。歆於是總群書而奏其七略，故有《輯略》，有《六藝略》，有《諸子略》，有《詩賦略》，有《兵書略》，有《術數略》，有《方技略》。"

〔10〕侗，蒙昧無知。愿，老實謹慎。《論語·泰伯》："子曰：'狂而不直，侗而不愿，悾悾而不信，吾不知之矣。'"

17. 論百篇全經不可見，二十九篇篇篇有義，學者當講求大義，不必考求逸《書》

《史記》云："伏生得二十九篇，亡數十篇。"[1] 未言百篇全數。《漢書·藝文志》曰："《書》之所起遠矣，至孔子篹焉，凡百篇。"《論衡·正說篇》曰："蓋《尚書》本百篇，孔子所授也。"始明言《書》有百篇。《尚書璿璣鈐》[2]曰："孔子求書，定可以爲世法者百二十篇，以百二篇爲《尚書》。"則以爲《書》有百二篇，乃張霸《百兩》所自出。或以《古文尚書》爲百篇，《今文尚書》爲百二篇。伏傳、書緯及張霸所據皆今文。伏傳有《揜誥》[3]，《史記》有《太戊》[4]，即其多出二篇，古無明文，不必深究。漢博士以《尚書》爲備，以二十八篇應二十八宿[5]，則以爲《書》止有此數，不信百篇、百二篇之説。

案二十九篇，篇篇有義，如《堯典》見爲君之義，君之義莫大於求賢、審官，其餘巡守、朝覲、封山、濬川、賞功、罰罪皆大事，非大事不書，觀此可以知作史本紀之法矣。《皋陶謨》見爲臣之義，臣之義莫大於盡忠、納誨，上下交儆以致雍熙[6]，故兩篇皆冠以"曰若稽古"，觀此可以知記言、問對之體矣。《禹貢》見禹治水之功，并錫土姓[7]，分別五服，觀此可以冠地理、水道之書矣。《甘誓》見天子親征，申明約束之義，觀此知仁義之師，亦必兼節制矣[8]。《湯誓》見禪讓變爲征誅，吊民伐罪之義，與《牧誓》合觀，可知暴非桀、紂，聖不及湯、武，不得以放伐藉口矣[9]。《般庚》見國遷詢萬民，命衆正法度之義，觀此知拓拔宏之譎衆脅遷者非矣[10]。《高宗肜日》見遇灾而懼，因事進規之義[11]，觀此知漢以灾異求直言，得敬天之意矣。《西伯戡黎》見拒諫速亡，取以垂戒之義[12]，觀此知天命不足恃，而人事不可不勉矣。《微子》見殷之亡，由法度先亡，取以垂戒之義，觀此知爲國當正紀綱，不可使民玩其上矣[13]。《牧誓》見吊民伐罪[14]，兼明約束之義[15]，觀此知步伐整齊，乃古兵法而非迂論矣。《洪範》見天人不甚相遠，禍福足以儆君之義[16]，觀此知人君一言一動，皆關天象，而不可不慎矣。《大誥》見開國時基業未固，防小腆靖大艱之義[17]，觀此知大臣當國，宜挺身犯難，而不宜退避矣。《金縢》見人臣忠孝，足以感天，人君報功當逾常格之義，觀此知周公所以爲聖，而成王命魯郊非僭矣[18]。《康誥》見用親賢以治亂國，宜慎用刑之義，觀此知父子兄弟罪不相及[19]，用法似重而實輕矣。《酒誥》見禁酒以絶亂源，宜從重典之義，觀此知作新民必先除舊習矣[20]。《梓材》見宥罪加惠以永保民之義，觀此知王者治天下，一夫一婦必無不得所矣。《召誥》見宅中圖大[21]，祈天永命之義，觀此知王者宜監前朝而疾敬德矣。《洛誥》見營洛復政，留公命後之義，觀此知君臣當各盡其道而不忘交儆。《多士》見開誠布公以靖反側之義，觀此知遺民不忘故君，非新主所能遽奪矣。《無逸》見人君當知艱難，毋以太平漸耽樂逸之義，觀此知憂盛危明[22]，當念魏徵所云十漸不克終[23]矣。《君奭》見大臣當和衷共濟，閔天越民之義[24]。《君奭》，據《史記》爲周公居攝時作，當上列於《大誥》《金縢》之間。觀此知富弼以撤簾與韓琦生意見者，其量褊矣[25]。《多方》見綏靖四方[26]，重言申明之義，觀此知開國之初，人多覬覦，當以德服其心，不當用威服矣。《立政》見爲官擇人，尤當慎選左右之義，觀此知命官當得其人，不當干預其事矣。《顧命》見王者所以正終[27]，當命大臣立嗣子之義，觀此知宦官宮妾擅廢立之禍，由未發大命矣。《康王之誥》見王者所以正始，當命大臣保王室，觀此知成康繼治，幾致刑措[28]，有由來矣。《甫刑》見哀敬折獄[29]，輕重得中之義，觀此知罰即贖刑，不可輕用其慈祥悱惻，漢人《緩刑書》[30]不足道矣。《文侯之命》見命方伯安遠邇之義[31]，觀此知襄王時王靈猶赫，惜不能振作矣。《費誓》見諸侯專征[32]，嚴明紀律之義，觀此知用兵不可擾民矣。《秦誓》見穆公悔過[33]，卒伯西戎之義，觀此知人君不可飾非，當改變以救敗矣。

　　知二十九篇之大義，則知《論衡》所引今文家説，獨爲二十九篇立法者，未可據百篇之序而非之也。其餘《左傳》《國語》及諸子書、《墨子》引《書》不在百篇之内者，蓋非孔子刪定之本。《大傳》《史記》所引逸文，雖非後世僞作，而全篇不可得見，則大義無由而明。至於逸十六篇以及後世《太誓》，真僞既莫能辨，尤不當以魚目混珠。《逸周書》劉向以爲孔子删書之餘[34]，其文不能閎深，亦不可以亂經。洪邁謂與《尚書》辭不相類[35]，陳振孫謂文辭與古文不類，似戰國後人放傚爲之者[36]。近人去僞孔古文[37]，而以《逸周書》入《尚書》，非是。昔人謂讀人間未見書，不如讀人間常見書[38]。二十九篇皆常見者，學者當寶愛而講明之，勿徒惜不見夫全經，而反面墙於大義也。

箋注

〔1〕《史記·儒林列傳》："秦時焚書，伏生壁藏之。其後兵大起，流亡，漢定，伏生求其書，亡數十篇，獨得二十九篇，即以教於齊魯之間。"

〔2〕《尚書璿璣鈐》，緯書名。《書緯》有《璿璣鈐》《考靈曜》《刑德放》《帝命驗》《運期授》五種，此其一。

〔3〕王應麟《困學紀聞》卷二《書》："《大傳》之序有《嘉禾》《揜誥》，今本闕焉。"《四庫全書總目提要》卷一二《經部·書類二》："《尚書大傳》四卷，《補遺》一卷。……又《九共》《帝告》《歸禾》《揜誥》皆逸書，而此書亦皆有傳。"

〔4〕《史記·殷本紀》："巫咸治王家有成，作《咸艾》，作《太戊》。"

〔5〕二十八宿，我國古代天文學家將周天黄道（太陽和月亮所經天區）之恒星分成二十八星座，即二十八宿。《淮南子·天文訓》："五星、八風、二十八宿。"高誘注："二十八宿，東方：角、亢、氐、房、心、尾、箕；北方：斗、牛、女、虛、危、室、壁；西方：奎、婁、胃、昴、畢、觜、參；南方：井、鬼、柳、星、張、翼、軫也。"

〔6〕納誨，進獻諫言。《尚書·説命上》："朝夕納誨，以輔台德。"孔安國《傳》："言當納諫誨直辭，以輔我德。"交儆，交相儆戒。《國語·楚語上》："左史倚相曰：'唯子老耄，故欲見以交儆子。'"雍熙，和樂升平。《漢書·楊震傳》："天下咸服，以致雍熙。"顏師古注："雍，和也。熙，廣也。"

〔7〕錫土姓，古時因土賜姓，即以生地、居處或封地之地名爲姓，以顯揚之。《尚書·禹貢》："錫土姓，祇台德先，不距朕行。"孔安國《傳》："天子建德，因生以賜姓。謂有德之人生此地，以此地名賜之姓以顯之。王者常自以敬我德爲先，則天下無距違我行者。"《史記·夏本紀》："中國賜土姓：'祇台德先，不距朕行。'"裴駰《集解》引鄭玄曰："天子建其國，諸侯祚之土，賜之姓，命

之氏，其敬悦天子之德既先，又不距違我天子政教所行。”

〔8〕《尚書·甘誓》：“大戰於甘，乃召六卿。王曰：‘嗟！六事之人，予誓告汝：有扈氏威侮五行，怠棄三正，天用勦絶其命，今予惟恭行天之罰。左不攻於左，汝不恭命。右不攻於右，汝不恭命。用命，賞於祖。弗用命，戮於社，予則孥戮汝。’”

〔9〕放伐，謂以武力討伐并放逐暴虐之君主。《孟子·梁惠王下》：“齊宣王問曰：‘湯放桀，武王伐紂，有諸？’”

〔10〕拓跋宏(467—499)，即北魏孝文帝，在位二十九年，廟號高祖。在位期間推行改革，遷都洛陽。見《北史》卷三《魏本紀三》、《魏書》卷七《高祖紀》。

〔11〕進規，謂進諫規勸。《資治通鑑》卷八八《晉紀十》：“殷爲相不犯顏忤旨，然因事進規，補益甚多。”

〔12〕垂戒，即垂示警戒。《後漢書》卷二九《郅惲傳》：“上天垂戒，欲悟陛下，令就臣位，轉禍爲福。”

〔13〕玩，輕慢，輕視。《日知録》卷二《殷之所以亡》：“至於‘攘竊神祇之犧牲，用以容，將食無災’，可謂民玩其上，而威刑不立者矣。”

〔14〕吊民伐罪，即慰問受害之人，討伐有罪之人。《孟子·梁惠王下》：“誅其君而吊其民，若時雨降，民大悦。”《宋書》卷九五《索虜傳》：“興雲散雨，慰大旱之思，吊民伐罪，積後已之情。”

〔15〕兼明約束，當爲“堅明約束”，即堅定明確遵守信約之義。《史記·藺相如傳》：“相如至，謂秦王曰：‘秦自繆公以來二十餘君，未嘗有堅明約束者也。’”

〔16〕儆君，即告戒、警告君主。《國語·楚語下》：“臣避於成臼，以儆君也。”

〔17〕小腆，小國。《尚書·大誥》：“殷小腆，誕敢紀其叙。”孔安國《傳》：“言殷後小腆，腆之禄父，大敢紀其王業，欲復之。”孔穎達《正義》：“殷本天子之國，武庚比之爲小，故言‘小腆’，‘腆’是小貌也。鄭玄云：‘腆謂小國也。’”大艱，大難。《尚書·大誥》：“有大艱於西土，西土人亦不静，越兹蠢。”孔安國《傳》：“四國作大難於京師，西土人亦不安，於此蠢動。”孔穎達《正義》：“四國作逆於東，京師以爲大艱，故言‘作大難於京師’。”

〔18〕《史記·魯周公世家》：“於是成王乃命魯得郊祭文王。魯有天子禮樂者，以褒周公之德也。”裴駰《集解》：“《禮記》曰：‘諸侯不得祖天子。’鄭玄曰：‘魯以周公之故，立文王之廟也。’”

〔19〕《春秋左傳·昭公二十年》：“在《康誥》曰，父子兄弟，罪不相及。”孔穎達《正義》：“此非《康誥》之全文，引其意而言之。其本文云：‘子弗祗服厥父事，大

傷厥考心。於父不能字厥子,乃疾厥子。於弟弗念天顯,乃弗克恭厥兄;兄亦不念鞠子哀,大不友於弟。惟吊茲,不於我政人得罪。'孔安國云:'至此不孝不慈弗友不恭,不於我執政之人得罪乎!道教不至所致。'又曰:'文王作罰,刑茲無赦。'言刑此不孝不慈之人無赦也。刑不慈者,不可刑其父又刑其子;刑不孝者,不可刑其子又刑其父。是爲父子兄弟,罪不相及。"

〔20〕《尚書·康誥》:"亦惟助王宅天命,作新民。"孔安國《傳》:"弘王道,安殷民,亦所以惟助王者居順天命,爲民日新之教。"

〔21〕宅中圖大,指居於中心,圖謀四方,指得地勢之利。典出張衡《東京賦》:"彼偏據而規小,豈如宅中而圖大。"

〔22〕憂盛危明,猶言居安思危。《明史》卷一八一《徐溥丘濬等傳》贊曰:"徐溥以寬厚著,丘濬以博綜聞。觀其指事陳言,懇懇焉爲憂盛危明之計,可謂勤矣。"

〔23〕案,即魏徵於貞觀十三年(639)所上之《論十漸不克終疏》,見《新唐書》卷九七《魏徵傳》、《貞觀政要》卷一〇《慎終》,文字略有不同。

〔24〕《尚書·君奭》:'予不惠若茲多誥。予惟用閔於天越民。'孔安國《傳》:"我不順若此多誥而已,欲使汝念躬行之閔勉也。我惟用勉於天道加於民。"

〔25〕富弼(1004—1083),字彥國,宋洛陽人。卒諡文忠。曾與范仲淹等推行"慶曆新政",與王安石政見不合,反對變法。《宋史》卷三一三有傳。韓琦(1008—1075),字稚圭,號贛叟,相州安陽(今屬河南)人。卒諡忠獻。久歷行伍,功績卓著,與范仲淹并稱"韓范"。曾與范仲淹等主持"慶曆新政"。與王安石政見不合,反對青苗法。《宋史》卷三一二有傳。撤簾,即曹太后撤簾還政一事。事具《宋史紀事本末》卷三四《英宗之立》、《宋史》卷二五《英宗本紀二》、《宋史》卷三一二《韓琦傳》。

〔26〕綏靖四方,指安撫平定四方。《三國志·吳書·陸遜傳》:"敬服王命,綏靖四方。"

〔27〕正終,即壽終正寢。《春秋穀梁傳·定公十一年》:"昭公之終非正終也。"范甯注:"死在外故。"

〔28〕幾致刑措,即置刑法而不用。《漢書·文帝紀》:"斷獄數百,幾致刑措。"顏師古注引應劭曰:"措,置也。民不犯法,無所刑也。"

〔29〕《尚書·呂刑》:"哀敬折獄,明啓刑書。胥占,咸庶中正。"孔安國《傳》:"當憐下人之犯法,敬斷獄之害人,明開刑書,相與占之,使刑當其罪,皆庶幾必得中正之道。"孔穎達《正義》:"斷獄之時,當哀憐之下民之犯法,敬慎斷獄之害人,勿得輕耳斷之,必令典獄諸官明開刑書,相與占之,皆庶幾得中正之道,其所刑罰,其當詳審能之,勿使失中。"哀敬,即憐憫,同情;折獄,即斷

決訴訟。

〔30〕漢人《緩刑書》，即西漢路溫舒所上奏疏，見《漢書·路溫舒傳》："會昭帝崩，昌邑王賀廢，宣帝初即位，溫舒上書，言宜尚德緩刑。"

〔31〕方伯，指一方諸侯之長，泛指地方長官。《史記·周本紀》："平王之時，周室衰微，諸侯彊并弱，齊、楚、秦、晉始大，政由方伯。"裴駰《集解》："《周禮》曰：'九命作伯。'鄭衆云：'長諸侯爲方伯。'"安遠邇，安撫遠近之地。《荀子·議兵》："兵不血刃，遠邇來服。"

〔32〕諸侯專征，指諸侯受命自主征伐。《資治通鑑》卷一《周紀一》："幽厲失德，周道日衰，綱紀散壞，下陵上替，諸侯專征，大夫擅政，禮之大體什喪七八矣。"

〔33〕秦穆公使孟明視、西乞術、白乙丙三將伐鄭，未至鄭而還。晉襄公於崤山大敗秦軍，虜其三將。後晉國歸秦三將。秦穆公自悔己過，誓戒群臣。事具《左傳·僖公三十三年》、《史記·秦本紀》。

〔34〕《漢書·藝文志》："《周書》七十一篇。周史記。"顏師古注："劉向云'周時誥誓號令也，蓋孔子所論百篇之餘也。'今之存者四十五篇矣。"

〔35〕洪邁(1123—1202)，字景盧，號容齋，宋饒州鄱陽(今江西鄱陽)人。卒謚文敏。學識博洽，論述弘富，尤熟於宋代掌故。有《容齋隨筆》《夷堅志》《野處類稿》《史記法語》等。《宋史》卷三七三有傳。《容齋續筆》卷一〇《汲冢周書》："《汲冢周書》今七十篇，殊與《尚書》體不相類，所載事物亦多過實。"

〔36〕陳振孫，注見前。陳氏藏書五萬一千餘卷，仿晁公武《郡齋讀書志》，作《直齋書錄解題》傳世。《直齋書錄解題》卷二《書類》："《汲冢周書》十卷。……文體與古書不類，似戰國後人依仿爲之者。"

〔37〕偽孔古文：即東晉梅賾所獻孔安國作傳之《古文尚書》五十九篇。

〔38〕黃庭堅《次韻元翁從王夔玉借書》："常思天下無雙祖，得讀人間未見書。"《宋詩紀事》卷二五《藍奎》："懶思身外無窮事，願讀人間未見書。"

18. 論《書序》有今古文之異，《史記》所引《書序》皆今文，可據信

　　西漢馬、班皆云"孔子序《書》"[1]，東漢馬、鄭皆云"《書序》，孔子所作"[2]。《論衡·須頌》篇曰："問說《書》者，'欽明文思'以下，誰所言

也？曰，篇家也。篇家者誰也？孔子也。”陳喬樅謂《論衡》以“欽明文思”以下爲孔子所言者，蓋指《堯典序》，《書序》實孔子所作也。據此則《書序》孔子作，今、古文之説同，而今、古文之序實有不同。《書正義》曰：“安國既以同序爲卷，檢此百篇，凡有六十三序，同序而别篇者三十三篇，通《明居》[3]、《無逸》等四篇不序所由者爲三十七篇，加六十三，即百篇也。”

錫瑞案：僞孔《古文尚書序》，即馬、鄭之《書序》，其稍異者見於《釋文》。如《金縢》序“武王有疾”云，馬本作“有疾不豫”；《康王之誥》序“康王既尸天子”云，馬本此句上更有“成王崩”三字；《文侯之命》序云，馬本無“平”字，則其餘皆同矣。《史記》不載典、謨之序，《禹貢》《甘誓》《五子之歌》《胤征》《帝誥》《女鳩》《女房》《湯誓》《典寶》《夏社》《中𪖁作誥》[4]《湯誥》《咸有一德》《明居》《伊訓》《肆命》《徂后》《太甲》《沃丁》《咸艾》，皆與馬、鄭古文序説略同，惟《典寶》在《夏社》前，《咸有一德》在《明居》前，次序不同。“伊陟讓，作《原命》”，與古文序作“伊陟《原命》”異，仲丁云“書闕不具”。《河亶甲》《祖乙》亦必有書，史公不云作書，蓋省文。《盤庚》三篇，以爲小辛時作。高宗夢得説，序事與古文同，不言作《説命》，亦省文。《高宗肜日》《西伯戡黎》《微子》略同，惟“父師”作“大師”爲異。《大誓》《牧誓》《武成》略同，惟“三百”作“三千”，“歸獸”作“歸狩”爲異。《洪範》《分器》略同，《金縢》無周公作《金縢》明文，序事至周公薨後。《大誥》《微子之命》《歸禾》《嘉禾》《康誥》《酒誥》《梓材》《召誥》《洛誥》《多士》《毋逸》略同。《君奭》以爲周公攝政當國踐阼，召公疑之，則當在《大誥》前後，與古文序次異。《蔡仲之命》雖序事同，無作命明文，其次序亦無考。《書正義》云，鄭以爲在《費誓》前第九十六，則與孔本又異。《成王政》《將蒲姑》序事同，不言作書，蒲字作薄。《多方》《立政》《周官》《賄肅慎之命》同，肅之作息。《亳姑》序事同，不言作書，蓋即《亳姑》之序，孫星衍據之疑《金縢》“秋大熟”以下爲《亳姑》文誤入。《顧命》《康王之誥》略同，《康王之誥》作《康誥》。《畢命》《冏命》《吕刑》《文侯之命》《費誓》《秦誓》略同，惟“冏”作“𩦠”，“吕”作“甫”，“費”作“肸”爲異。《文侯之命》以爲周襄王命晉文公,《秦誓》以爲封殽尸之後追作。此《史記》引《書序》,與馬、鄭、僞孔《書序》不同之大致也。

段玉裁曰:"按《書序》亦有古文、今文之殊。《漢志》曰,《尚書》古文經四十六卷,此蓋今文二十八篇爲二十八卷,又逸書十六卷,并《書序》得此數也。伏生教於齊魯之間,未知即用《書序》與否,而太史公臚舉[5]十取其八九,則漢時《書序》盛行,非俟孔安國也。假令孔壁有之,民間絕無,則亦猶逸書十六卷,絕無師説耳。馬、班安能采録,馬、鄭安能作注,以及妄人張霸安能竊以成百兩哉?《孔叢子》與《連叢子》皆僞書[6]也,臧與安國書[7]曰:'聞《尚書》二十八篇,取象二十八宿,何圖古文乃有百篇耶?'學者因此語,疑百篇序至安國乃出。然則其所云'弟素以爲《堯典》雜有《舜典》',今果如所論者,豈亦可信乎? 其亦惑矣。惟内外皆有之,是以《史記》字時有同異,如女房、女方,登鼎耳、升鼎耳,饑、鼜,紂、受,牧、坶,行狩、歸獸,異母、異畝,餽禾、歸禾,魯天子命、旅天子命,毋逸、無逸,息慎、肅慎,伯蘙、伯冏,胐誓、獮誓,柴誓,甫刑、吕刑之類,皆《今文尚書》《古文尚書》之異也。"[8]

 箋注

〔1〕《史記·三代世表》:"孔子因史文次《春秋》,紀元年,正時日月,蓋其詳哉。至於序《尚書》則略,無年月;或頗有,然多闕,不可録。"《史記·孔子世家》:"追迹三代之禮,序《書傳》。"《漢書·藝文志》:"故《書》之所起遠矣,至孔子纂焉,上斷於堯,下訖於秦,凡百篇,而爲之序,言其作意。"

〔2〕《尚書今古文注疏》卷三〇《書序》:"又説孔子序《書》,上紀唐、虞之際,下至秦繆,編次其事。馬融、鄭康成皆曰:'《書序》,孔子所作。'"

〔3〕《尚書·湯誥》:"咎單作《明居》。"孔安國《傳》:"咎單,臣名,主土地之官。作《明居民法》一篇,亡。"《史記·殷本紀》:"以令諸侯。伊尹作《咸有一德》,咎單作《明居》。"裴駰《集解》:"馬融曰:'咎單,湯司空也。明居民之法也。'"

〔4〕《女鳩》《女房》,一作《汝鳩》《汝方》。《史記·殷本紀》:"入自北門,遇女鳩、女房,作《女鳩》《女房》。"裴駰《集解》:"孔安國曰:'鳩、房二人,湯之賢臣也。二篇言所以醜夏而還之意也。'"《中䮄作誥》,一作"仲虺作誥"。䮄

同旭。

〔5〕臚舉，即列舉。《東塾讀書記》卷五《尚書》：“僞古文襲用諸經傳之語，閻百
詩、惠定宇皆臚舉之。”

〔6〕《連叢子》，附於《孔叢子》中，題曰孔臧撰。《四庫全書總目提要》卷九一《子
部·儒家類一》：“《孔叢子》三卷。舊本題曰孔鮒撰。所載仲尼而下子上、
子高、子順之言行，凡二十一篇，又以孔臧所著賦與書上下二篇附綴於末，
別名曰《連叢》。”

〔7〕臧與孔安國書，即孔臧《與從弟書》，見《孔叢子·連叢子上》。

〔8〕引文見段玉裁《古文尚書撰異》卷三二《書序》。

19. 論馬、鄭、僞孔古文《書序》不盡可據信，致爲後人所疑，當以《史記》今文《序》爲斷

朱彝尊曰[1]：“説《書序》者不一，謂作自孔子者，劉歆、班固、馬融、
鄭康成、王肅、魏徵、程顥、董銖諸儒是也[2]。謂歷代史官轉相授受者，
林光朝、馬廷鸞也[3]。謂齊魯諸儒次第附會而作者，金履祥也。至朱
子持論，謂決非夫子之書、孔門之舊[4]，由是九峰蔡氏作《書傳》[5]，從
而去之。按古者《書序》自爲一篇，列於全書之後，故陸德明稱馬、鄭之
徒，百篇之序總爲一卷，至孔安國之傳出，始引小序分冠各篇之首，後
人習而不察，遂謂伏生今文無序，序與孔《傳》并出。不知漢孝武帝時
即有之，此史遷據以作夏、殷、周《本紀》，而馬氏於《書小序》有注，見於
陸氏《釋文》[6]。又鄭氏注《周官》引《書序》文以證保傅[7]。故許謙[8]
云鄭氏不見古文而見百篇之序。考馬、鄭傳注本漆書古文，是孔《傳》
未上之時，百篇之序先著於漢代，初不與安國之書同時而出也。”

錫瑞案：宋儒疑《書序》與僞孔《傳》同出，孔《傳》僞，則《書序》亦
僞，朱氏已辨之矣[9]。戴震《尚書今文古文考》以序爲伏書所無[10]，王
鳴盛《尚書後案》以《書序》亦從屋壁中得[11]。陳壽祺《今文尚書有序
説》[12]列十有七證以明之。以歐陽經三十二卷，西漢經師不爲《序》作

訓,故歐陽章句仍止三十一卷,其證一。《史記》於《書序》臚舉十之八九,說義文字,往往與古文異,顯然兼取伏《書》,其證二。張霸案百篇《序》造《百二篇》,即出今文,非古文也,其證三。《書正義》曰"伏生二十九卷而序在外",必見石經《尚書》有百篇之《序》,其證四。《書傳》云"遂踐奄"三字,明出於《成王政》之序,其證五。《書傳》言葬周公事本於《亳姑序》,其證六。《大傳》曰"武丁祭成湯,有雉飛升鼎耳而雊"[13],此出《高宗肜日》之序,其證七。《大傳》曰"成王在豐,欲宅洛邑,使召公先相宅",此述《召誥》之序,其證八。《大傳》曰"夏刑三千條",此本《甫刑》之序,其證九。《大傳》篇目有《九共》《帝告》《粵命》序,又有《嘉禾》《揜誥》在二十九篇外,非見《書序》,何以得此篇名,其證十。《白虎通·誅伐》篇稱《尚書序》曰"武王伐紂",此《大誓序》及《武成序》之文,其證十一。《漢書·孫寶傳》曰:"周公大聖,召公大賢,尚猶有不相說,著於經典。"此引《君奭》之序,其證十二。《後漢書·楊震傳》曰:"《般庚》五遷,殷民胥怨。"此引《般庚》之序,其證十三。《法言·問神篇》曰:"《書》之不備過半矣,而習者不知,惜乎!《書序》之不如《易》也。"《書》不備過半,唯今文爲然,其證十四。《法言》[14]又曰:"古之說《書》者序以百,而《酒誥》之篇俄空焉,今亡矣。"夫《酒誥》唯今文有脫簡,其證十五。《論衡·正說篇》曰:"按百篇之序闕遺者七十一篇。"亦據今文爲說,若古文有《逸書》二十四篇,不得去闕遺者七十一篇,其證十六。杜預[15]《春秋左傳後序》曰:"《紀年》與《尚書》說太甲事乖異,老叟之伏生或致昏忘。"詳預此言,直以《書序》爲出自伏生,其證十七。十七證深切著明,無可再翻之案。惟陳氏但知今文有序,而今文序之勝於古文者,尚未道及。《史記》引《書序》是今文,馬、鄭、僞孔序是古文,今文《序》皆可信,古文不盡可信。崔應榴[16]謂《書序》可疑者有數端,《舜典》備載一代政事始終,《序》祇言其歷試諸難,則義有不盡。《伊訓》稱"成湯既歿,太甲元年",則與《孟子》及《竹書紀年》不合[17]。《泰誓》"惟十有一年武王伐殷",則不與今文合。《畢命》"康王命作冊畢分居里成周郊",則句意爲難通。又《左傳》祝鮀[18]稱魯曰"命以《伯禽》",稱晉曰"命以《唐誥》"[19],此二篇何以《序》反無之?案百篇《序》無《伯禽》《唐誥》，孫寶侗[20]、顧炎武已言之，此二篇或在百篇之外，無庸深辨。"作冊畢"下脱一"公"字，故難通。據《史記》有"公"字。十有一年武王伐殷，與僞《泰誓》[21]不同。僞《泰誓》從劉歆古文説，十一年觀兵，十三年克殷。《泰誓序》從《史記》今文説，九年觀兵，十一年克殷，故年歲兩歧，《序》却不誤。若《舜典序》祇言歷試諸難，遂開梅、姚分"慎徽五典"以下爲《舜典》之妄説。《伊訓序》云"成湯既没，太甲元年"，中失外丙、仲壬兩朝，遂啓宋人以孟子所云二年、四年爲生年之謬論[22]。又如周公東征攝王，成王不親行，古文《序》於"成王既黜殷命""成王既伐管蔡"，皆冠以"成王"字，後人遂誤執爲周公未攝王之證。周公作《君奭》，《史記》引《序》在踐阼當國時，古文《序》列於復政後，遂有召公疑周公貪寵之言。此皆古文之不可信者，宋人一概疑之，固非，近人一概信之，亦未是，惟一以《史記》引今文《序》爲斷，則得之矣。

箋注

〔1〕引文見朱彝尊《曝書亭集》卷五九《書論二》。

〔2〕董銖（1152—1214），字叔重，號槃澗，宋饒州德興（今江蘇鄱陽）人。南宋學者，先從程洵問學，後受業朱熹。著有《性理注解》《易書注》。

〔3〕史官，原引作"史書"，據朱彝尊《曝書亭集》卷五九《書論二》改。林光朝（1114—1178），字謙之，號艾軒，興化軍莆田（今福建莆田）人。宋代學者，傳伊洛之學。著作有《艾軒集》。《宋史》卷四三三有傳。馬廷鸞（1222—1289），字翔仲，號碧梧，晚年號玩芳病叟，宋饒州樂平（今屬江西）人。著有《玩芳集》《木心集》，已佚。清四庫館臣據《永樂大典》輯成《碧梧玩芳集》二十四卷。《宋史》卷四一四有傳。

〔4〕朱熹《晦庵集》卷五四《答孫季和》："《小序》決非孔門之舊，安國《序》亦決非西漢文章。"

〔5〕九峰蔡氏，即蔡沈。少承家學，師事朱熹。慶元黨禁，受朱熹命注《尚書》，凡歷十餘年成《書集傳》。

〔6〕陸氏《釋文》，即陸德明《經典釋文》。

〔7〕保傅，古代保育、教導太子等貴族子弟及未成年帝王、諸侯之男女官員，統

稱爲保傅。《周禮・地官司徒》:"保氏,下大夫一人,中士二人,府二人,史二人,胥六人,徒六十人。"鄭玄《注》:"保,安也,以道安人者也。《書叙》曰:'周公爲師,召公爲保,相成王,爲左右。'聖賢兼此官也。"

〔8〕許謙(1270—1337),字益之,號白雲山人。元金華人。與何基、金履祥、王柏并稱爲"金華四先生",卒諡文懿。有《讀書傳叢説》《詩名物鈔》《白云集》等。《元史》卷一八九有傳。

〔9〕朱熹《晦庵集》卷七一《記尚書三義》:"今孔《傳》并《序》皆不類西京文字氣象,未必真安國所作,只與《孔叢子》同是一手僞書,蓋其言多相表裏,而訓詁亦多出《小爾雅》也。"

〔10〕戴震《尚書今文古文考》:"是《大誓》并《序》爲伏生《書》所無明甚。"見《戴東原集》卷一。

〔11〕王鳴盛《尚書後案》卷三〇《序》:"至孔安國《書》出,方知有百篇之目,然則百篇之《序》亦從屋壁中得也。"

〔12〕陳壽祺《今文尚書有序説》,見氏著《左海經辯》卷上。

〔13〕《史記・殷本紀》:"帝武丁祭成湯,明日,有飛雉登鼎耳而呴。"張守節《正義》:"音構。呴,雉鳴也。《詩》云:'雉之朝呴。'"

〔14〕《法言》,西漢揚雄模仿《論語》所作之書。《漢書・揚雄傳下》:"及太史公記六國,歷楚漢,訖麟止,不與聖人同,是非頗謬於經。故人時有問雄者,常用法應之,撰以爲十三卷,象《論語》,號曰《法言》。"

〔15〕杜預(約222—284),字元凱,西晉京兆杜陵(今陝西西安東南)人。博學多通,明於興廢之道。既立功之後,從容無事,乃耽思經籍。酷愛《左傳》成癖,手不釋卷,著有《春秋經傳集解》三十卷,是現存《左傳》注解中最早的一種,對後世影響甚大,唐代修《五經正義》,《左傳》即以杜解爲準。另著有《春秋釋例》《春秋長曆》《盟會圖》等書,成一家之學。《晉書》卷三四有傳。

〔16〕崔應榴(1754—1815),字星洲,號秋谷,晚又號藤花村農,浙江海鹽人,清代學者。著作有《吾亦廬稿》《廣孝編》《廣慈編》等。引文見《吾亦廬稿》。

〔17〕《竹書紀年》,相傳爲戰國時魏國史官所撰,記載夏商周至戰國時代之歷史。晉武帝泰康二年(281)發現於汲郡一座古墓中,故亦稱《汲冢竹書》。《晉書》卷五一《束皙傳》:"初,太康二年,汲郡人不準盜發魏襄王墓,或言安釐王冢,得竹書數十車。其《紀年》十三篇,記夏以來至周幽王爲犬戎所滅,以事接之,三家分,仍述魏事至安釐王之二十年。蓋魏國之史書,大略與《春秋》皆多相應。"

〔18〕祝鮀,字子魚,衛國大夫,有辯才。《論語・雍也》:"不有祝鮀之佞,而有宋

朝之美,難乎免於今之世矣。"

〔19〕《左傳·定公四年》:"是使之職事於魯,以昭周公之明德。分之土田倍敦,祝、宗、卜、史,備物、典策,官司、彝器。因商奄之民,命以《伯禽》,而封於少皞之虛。……分唐叔以大路,密須之鼓,闕鞏,沽洗,懷姓九宗,職官五正。命以《唐誥》,而封於夏虛,啓以夏政,疆以戎索。"

〔20〕孫寶侗,字仲愚,山東益都人,清代學者。善詩文,有《惇裕堂集》。

〔21〕《尚書注疏》卷一《尚書序》:"但於先有張霸之徒僞造《泰誓》,以藏壁中,故後得而惑世也。"《尚書·泰誓上》:"惟十有一年,武王伐殷。一月戊午,師渡孟津,作《泰誓》三篇。"孔穎達《正義》:"漢初惟有二十八篇,無《泰誓》矣。後得僞《泰誓》三篇,諸儒多疑之。"

〔22〕《孟子·萬章上》:"伊尹相湯以王於天下,湯崩,太丁未立,外丙二年,仲壬四年。"

20. 論二十九篇皆完書,後人割裂補亡殊爲多事

《尚書》以今文爲斷,經義本自瞭解,即云不見全經,二十九篇皆完書,無缺失也,而後人必自生葛藤,任意割裂,或離其篇次,或攙入僞文,使二十九篇亦無完膚,誠不可解。且其説不僅出於宋以後,并出於漢以前。今舉《堯典》一篇言之,《堯典》本屬完書,舜事即在《堯典》之中,故《大學》引作《帝典》[1]。而漢傳《逸書》十六篇,首列《舜典》之名,意必別有一篇,非《堯典》雜有《舜典》也。《舜典》不傳,僅得其序。云"虞舜側微,堯聞之聰明",即《堯典》之"明明揚側陋"至"帝曰予聞"云云也;"歷試諸難",即"我其試哉"至"納於大麓"云云也。鄭君親見《逸書》者也,其注《書序》云"入麓伐木",尤即"納於大麓"之明證。然證《逸書》所謂《舜典》,亦即分裂《堯典》之文,并非別有一篇,或即從"明明揚側陋"分篇,亦未可知。僞孔古文從"慎徽五典"分篇,蓋因馬、鄭之本小變之耳。其後僞中又僞,增入十二字,復增入二十八字。《釋文》:"王氏注相承云,梅頤上孔氏傳古文《尚書》,亡《舜典》一篇,時以王肅注頗類孔氏,故取王注從'慎徽五典'以下爲《舜典》,以續孔《傳》,

‘曰若稽古，帝舜曰重華，協於帝’，此十二字是姚方興所上，孔氏《傳》本無[2]。阮孝緒亦云然。方興本或此下更有‘濬哲文明，温恭允塞，玄德升聞，乃命以位’，此二十八字異，聊出之，於王注無施也。”[3]夫《堯典》爲二千年之古籍，開宗明義之第一篇，學者當如何寶愛信從，豈可分裂其篇，加增其字！且序事直至舜崩之年，則舜事已備載，不可再安蛇足。《舜典》既名曰典，必有大典禮，大政事，不可專說遜位，而遜位歷試已見《堯典》，不可重複再見。乃自僞孔分裂於前，方興加增於後。當時梁武帝爲博士，已駁議曰：“孔《序》稱伏生誤合五篇，皆文相承接，所以致誤，《舜典》首有‘曰若稽古’，伏生雖昏耄，何容合之？”遂不行用。[4]隋初購求遺典，劉炫復以姚書上之，又撰“濬哲文明”十六字，與《堯典》“欽明文思”四句相配，僞中又僞，實自東漢古文逸書啓之，此劉逢禄、宋翔鳳所以不信《逸書》也。趙岐[5]未見《逸書》者也，其注《孟子》曰：“孟子時《尚書》凡百二十篇。”《逸書》有《舜典》之叙，亡失其文，孟子諸所言舜事，皆《堯典》當作《舜典》。及《逸書》所載。自有此説，又開《舜典》補亡一派。閻若璩謂“舜往于田”，“祇載見瞽瞍”，與“不及貢，以政接於有庳”[6]等語，安知非《舜典》之文乎？又“父母使舜完廩”一段，文辭古崛，不類《孟子》本文，《史記·舜本紀》[7]亦載其事，其爲《舜典》之文無疑。毛奇齡作《舜典補亡》[8]，遂斷自“月正元日”以下爲《舜典》，采《史記》本紀之文，列於其前，又取魏高堂隆《改朔議》[9]引《書》“粵若稽古，帝舜曰重華，建皇授政改朔”冠於篇首，以代二十八字。朱彝尊《經義考》所説略同。不知高堂所引，乃《中候考河命》[10]文，見《太平御覽·皇天部》[11]引。《史記》本紀載“使舜完廩”一段，或即取之《孟子》，何以見其爲《舜典》文？聖經既亡，豈末學所能臆補？如以爲可臆補，則僞孔古文固應頒之學官，唐白居易補《湯征》[12]，亦可用以教士子矣。《四庫提要》曰：“司馬遷書豈可以補經？即用遷書爲補，亦何可前半遷書，後半忽接以古經，混合爲一？”[13]其駁毛氏之失，深切著明。王柏《書疑》於“舜讓於德弗嗣”下，補《論語·堯曰》以下二十四字；“敬敷五教在寬”下，補《孟子》“勞之來之”以下二十二字。《皋陶謨》《益稷》《武成》《洪範》《多方》《立政》，皆更易其文之次序。蘇軾、黃震皆移易《洪範》[14]，蘇軾又改《康誥》篇首四十八字於《洛誥》上[15]，金履祥亦移易《洪範》，疑《洛誥》有缺文。《武成》僞書不在内。[16] 不知諸儒何仇於聖經，并二十九篇之完書而必欲顚倒錯亂，使無完膚也？天下本無事，庸人自擾之，諸儒爲此紛紛，是亦不可以已乎！

箋注

〔1〕案，《禮記·大學》：“《帝典》曰‘克明峻德’。”

〔2〕孔氏《傳》本無，原脱“無”字，據《尚書正義》卷三《舜典》、《經典釋文》卷三《尚書音義上·舜典第二》補。

〔3〕見陸德明《經典釋文》卷三《尚書音義上》。

〔4〕見陸德明《經典釋文》卷一《序録》。

〔5〕趙岐（約108—201），字邠卿，京兆長陵（今陝西咸陽東北）人。初名嘉，號臺卿。少時即以明經著稱，多才藝。仕州郡，辟司空掾。延熹中爲避宦官迫害，變易姓名，逃難四方，後遇赦得出。曾任并州刺史等職。靈帝初，復遭黨錮之禍十餘年。獻帝即位，復拜議郎，累遷太僕。後任太常，卒。好經學，尤重《孟子》，潛心鑽研，多有所得。平生多所述作，著有《孟子章句》《三輔決録》等，並行於時。其《孟子章句》爲《孟子》最早注本，釋文通達，明白易曉，後經北宋孫奭疏，收入《十三經注疏》。傳見《後漢書·趙岐傳》。

〔6〕案，皆爲《孟子·萬章上》引《尚書》語。

〔7〕案，即《史記·五帝本紀》。

〔8〕《舜典補亡》，《八千卷樓書目》卷一《經部》、《四庫全書總目提要》卷一四《經部·書類存目二》有著録。

〔9〕高堂隆（？—237），字升平，三國泰山平陽（今山東新泰）。《三國志·魏書·高堂隆傳》：“隆又以爲改正朔，易服色，殊徽號，異器械，自古帝王所以神明其政，變民耳目，故三春稱王，明三統也。於是敷演舊章，奏而改焉。帝從其議，改青龍五年春三月爲景初元年孟夏四月，服色尚黃，犧牲用白，從地正也。”《改朔議》即《改正朔議》，見嚴可均《全上古秦漢三國六朝文》卷三一《高堂隆》。

〔10〕《中候考河命》，《尚書緯》之一，明孫瑴、清喬松年各有輯本。孫氏輯本收入《古微書》，喬氏輯本收入《緯攟》。

〔11〕《太平御覽》，宋代著名的類書，爲北宋李昉、李穆、徐鉉等學者奉敕編纂，

始於宋太宗太平興國二年(977)三月,成書於太平興國八年(983)十月。全書共一千卷,分五十五部、五百五十門。初名爲《太平總類》;書成之後,宋太宗日覽三卷,一歲而讀周,又更名爲《太平御覽》。書中共引用古書一千多種,保存有大量宋以前之文獻資料,其中十之七八現已亡佚。

〔12〕白居易補《湯征》,即白居易《補逸書》一文,見朱金城《白居易集箋校》卷四六。

〔13〕見《四庫全書總目提要》卷一四《經部·書類存目二》之《舜典補亡》一書提要。

〔14〕蘇軾(1037—1101),字子瞻,號東坡居士,眉州眉山(今四川省眉山市)人,北宋著名文學家、書法家、畫家。與父蘇洵、弟蘇轍合稱"三蘇",著有《東坡易傳》《東坡書傳》《東坡樂府》等書。《宋史》卷三三八有傳。

《黃氏日鈔》,宋黃震(1213—1280)撰。《宋史·儒林傳》:"黃震字東發,慶元府慈溪人。……震常告人曰:'非聖人之書不可觀,無益之詩文不作可也。'居官恒未明視事,事至立決。自奉儉薄,人有急難,則周之不少吝。所著《日抄》一百卷。卒,門人私謚曰文潔先生。"《東坡書傳》卷一〇《洪範》:"'王省惟歲'。自此以下,皆五紀之文也。簡編脫誤,是以在此。其文當在'五日曆數'之後。"《黃氏日鈔》卷五《讀尚書·洪範》:"'王省惟歲'止'月之從星'一章。或云此四'五紀'之文,錯簡在八庶徵之後,蓋九疇皆有演辭,而四五紀獨無之,'王省惟歲'以下正叙四'五紀'之説,而於'庶徵'無關,移此置彼,文義方順。"

〔15〕《東坡書傳》卷一二《康誥》:"乃洪大誥治。自'惟三月哉生魄'至此,皆《洛誥》文,當在《洛誥》'周公拜手稽首'之前。"

〔16〕金履祥《書經注》卷七《洪範》:"'無偏無陂,遵王之義。無有作好,遵王之道。無有作惡,遵王之路。無偏無黨,王道蕩蕩。無黨無偏,王道平平。無反無側,王道正直。會其有極,歸其有極。'傅氏子駿以爲此章乃古書韻語,與箕子前後書文不同,子王子是之。即以繼'皇建其有極'之下,以爲'皇極'經文,上文所謂'斂時五福'者乃五福傳文,下'皇極敷言'者乃箕子此章傳文,今從之。"又卷九《洛誥》:"王曰:'公,予小子其退即辟於周,命公後。四方迪亂,未定於宗禮,亦未克敉公功。迪將其後,監我士師工,誕保文武受民亂,爲四輔。'《洛誥》自此以下疑皆成王在洛之言,上下必有缺文。"又卷七《武成》:"'柴望大告武成。'……今按:伏生今文《尚書》無《武成》,獨孔氏古文《尚書》乃有此篇。"

21. 論僞孔經傳前人辨之已明，閻若璩、毛奇齡兩家之書互有得失，當分別觀之

歐陽、大小夏侯三家既亡，其後鄭、孔并行，至隋鄭氏漸微。唐作《正義》，專用孔《傳》[1]，至宋吳棫始發其覆[2]，朱子繼之，曰："孔安國解經最亂道，看得祇是《孔叢子》等做出來。某嘗疑孔安國書是假書，孔書至東晉方出，前此諸儒皆不曾見，可疑之甚。"[3]

錫瑞案：朱子於孔《傳》直斥其僞，可謂卓識。而於古文經雖疑之，未敢明斥之，猶爲調停之説曰："《書》有二體，有極分曉者，有極難曉者。《尚書》諸命皆分曉，蓋如今制誥，是朝廷做底文字；諸誥皆難曉，蓋是時與民下説話，後來追録而成之。"[4]據此，是朱子以傳爲僞，於經猶有疑辭。故蔡沈作傳，仍存古文，然猶賴有朱子之疑，故蔡《傳》能分別今古文之有無[5]。其後吳澄、歸有光、梅鷟愈推愈密[6]。嘗謂僞孔古文，上於東晉之梅頤，而攻古文漸有實據者，出於晚明之梅鷟。同一梅氏，而關僞古文之興廢，倘亦天道之循環歟？至閻若璩、惠棟考證更精[7]。至丁晏《尚書餘論》[8]，據《家語後序》定爲王肅僞作，《隋書·經籍志》、孔氏《正義》皆有微辭，唐初人已疑之，不始於吳才老。朱子可謂搜得真贓實證矣。毛奇齡好與朱子立異，乃作《古文尚書冤詞》[9]，其所執爲左證以鳴冤者，《隋書·經籍志》也。《隋志》作於唐初，其時方尊僞孔，作《義贊》頒學官[10]，作志者即稍有微辭，何敢顯然直斥其僞？志所云，雖歷歷可據，要皆傳爲僞書者臆造不經之説。孔書經傳一手所作，僞則俱僞，閻若璩已明言之。毛乃巧爲飾辭，以爲東晉所上之書是經非傳，專以《隋志》爲證。使斯言出《漢·藝文志》，乃爲可信，若《後漢·儒林傳》，則已不可信矣。以范蔚宗作書之時，僞書已出，不免爲所惑也。況《隋志》修於唐初，在古文立學之後哉！

《冤詞》一書，相傳爲駁閻若璩《尚書古文疏證》而作。案閻、毛二

家互有得失，閻證古文之僞甚確，特當明末宋學方盛，未免沾染其説。夫據古義以斥孔《傳》可也，據宋人以斥孔《傳》則不可。閻引金履祥説，以《高宗肜日》“典祀無豐於昵”爲祖庚繹於高宗之廟[11]，其誤一也。引邵子書，以定“或十年”等年數[12]，其誤二也。引程子説，謂武王無觀兵事[13]，其誤三也。駁《武成》篇，并以文王受命改元爲妄[14]，其誤四也。駁孔《傳》以“居東”爲避居，不爲東征[15]，其誤五也。信金履祥以爲武王封康叔[16]，其誤六也。信金履祥以《多方》爲在《多士》前[17]，其誤七也。知“九江”在尋陽，又引《水經》云“九江在長沙下雋西北”[18]，未免騎墻之見，其誤八也。解“三江”亦以爲有二，與“九江”同[19]，其誤九也。信蔡氏説，以《康誥》屬武王[20]，其誤十也。移易《康誥》《大誥》《洛誥》以就其説[21]，其誤十一也。謂伏生時未得《小序》[22]，其誤十二也。以金履祥更定《洪範》爲文從字順，章妥句適[23]，其誤十三也。閻氏此等處，皆據宋人以駁古義，有僞孔本不誤而閻誤者。蓋孔書雖僞，而去漢未遠，臆説未興，信宋人不如信僞孔。毛不信宋人，篤守孔書之義，以爲《尚書》可焚，《尚書》之事實不可焚。今溥天之下，老老大大皆有一武王戡黎封康叔、周公留後治洛[24]典故在其胸中，此千古大冤大枉事。是則毛是而閻非者，學者當分別觀之，勿專主一家之説，但以今文之説爲斷，則兩家之得失明矣。

箋注

〔1〕《尚書正義》卷首載孔氏《尚書序》曰：“承詔爲五十九篇作傳，於是遂研精覃思，博考經籍，采摭群言，以立訓傳。約文申義，敷暢厥旨，庶幾有補於將來。”

〔2〕吳棫（約1100—1154），字才老，宋建州建安（今福建建甌）人。精訓釋之學，著有《字學補韻》《書裨傳》《論語指掌》《楚辭釋音》等。閻若璩《尚書古文疏證》卷八稱：“疑古文自吳才老始。”

〔3〕見《朱子語類》卷七八《尚書一》。

〔4〕見《朱子語類》卷七八《尚書一》。

〔5〕蔡傳能分別今古文之有無，如《書集傳》卷一《舜典》：“《舜典》。今文、古文皆有。今文合於《堯典》，而無篇首二十八字。”又卷一《大禹謨》：“林氏曰：‘虞史既述二典，其所載有未備者，於是又敘其君臣之間嘉言善政，以爲《大禹》《皋陶謨》《益稷》三篇，所以備《舜典》之未備者。’今文無，古文有。”又卷一《皋陶謨》：“《皋陶謨》。今文、古文皆有。”等等。

〔6〕吳澄（1249—1333），字幼清，人稱爲草廬先生，元撫州崇仁（今屬江西）人，元代經學家、理學家。與當世經學大師許衡齊名，有“北許南吳”之稱。著有《春秋纂言》《易纂言》《禮記纂言》等。《元史》卷一七一有傳。《元史·吳澄傳》：“於經、傳皆習通之，知用力聖賢之學，乃著《孝經章句》，校定《易》《書》《詩》《春秋》《儀禮》及大、小《戴記》。於《易》《春秋》《禮記》，各有《纂言》，盡破傳注穿鑿，以發其蘊，條歸紀叙，精明簡潔，卓然成一家言。作《學基》《學統》二篇，使人知學之本，與爲學之序，尤有得於邵子之學。校定《皇極經世書》，又校正《老子》《莊子》《太玄經》《樂律》，及《八陣圖》、郭璞《葬書》。”歸有光（1506—1571），字熙甫，號震川，江蘇崑山人。世稱震川先生，明代文章大家，著有《震川集》。梅鷟（約1483—1553），字致齋，寧國府旌德（今屬安徽）人，明代學者。疑《古文尚書》爲僞書，參考諸書，指出可疑之處，雖采擷未廣，然有功於經學。著有《古易考原》《尚書考異》《春秋指要》等書。

〔7〕閻若璩，注見前。撰有《尚書古文疏證》一書，證成東晉梅頤所獻《古文尚書》及孔安國《尚書傳》爲僞托之作。惠棟，注見前。著有《古文尚書考》二卷，辨鄭康成所傳之二十四篇爲孔壁真古文，東晉晚出之二十五篇爲僞。

〔8〕丁晏（1794—1875），字柘堂，清江蘇山陽（今江蘇淮安）人。治經學以漢儒傳注爲宗，而不廢宋儒之説，生平校訂著述書籍極多，著有《毛鄭詩釋》《三禮釋注》《周易述傳》《尚書餘論》等。《清史稿》卷四八二《儒林傳三·丁晏》：“晏以顧炎武云梅頤僞古文雅密，非頤所能爲，考之《家語後序》及《釋文》《正義》，而斷爲王肅僞作。蓋肅雅才博學，好作僞以難鄭君。鄭君之學昌明於漢，肅爲古文孔傳以駕其上，後儒誤信之。近世惠棟、王鳴盛頗疑肅作而未能暢其旨，特著論申辨之，撰《尚書餘論》二卷。”

〔9〕《四庫全書總目提要》卷一二《經部十二·書類二》：“古文《尚書》自吳棫、朱子以來皆疑其僞，及閻若璩作《古文尚書疏證》，奇齡又力辨以爲真。知孔安國《傳》中有安國以後地名，必不可掩，於是別遁其詞，摭《隋書·經籍志》之文以爲梅頤所上者乃孔《傳》，而非古文《尚書》。其古文《尚書》本傳習人

間，而賈、馬諸儒未之見。其目一曰《總論》，二曰《今文尚書》，三曰《古文尚書》，四曰《古文之冤始於朱氏》，五曰《古文之冤成於吳氏》，六曰《書篇題之冤》，七曰《書序之冤》，八曰《書小序之冤》，九曰《書詞之冤》，十曰《書字之冤》。”

〔10〕《新唐書》卷一九八《儒學傳上》：“初穎達與顏師古、司馬才章、王恭、王琰受詔撰《五經義訓》，凡百餘篇，號《義贊》，詔改爲《正義》云。”

〔11〕陸德明《尚書音義》：“馬云：‘昵，考也，謂禰廟也。’”豐，謂犧牲禮物多也。祖庚，商朝君主，武丁之子。繹，古代之祭祀儀式。正祭之次日續祭稱“繹”。《尚書古文疏證》卷四《第五十·言兩以錯解爲事實》：“凡書之本序多稱其君之名或曰王，未有以廟號稱者。而此曰‘高宗肜日’，則似果若追書之云者。繹之於廟門之外西室，主事以士行，君不親也。夫君既不親矣，而曰高宗，且君且以廟號稱之，曰‘典祀無豐於昵’。詳味其辭，安知非祖庚之時繹於高宗之廟，而有雌雄之異乎？”

〔12〕邵子，即邵雍。《尚書古文疏證》卷四《第五十·言兩以錯解爲事實》：“按《無逸篇》泛言自三宗之後，或十年，或七八年，或五六年，或四三年。以邵子《經世書》證之，或十年者，則太戊後仲丁十三年，河亶甲九年；或七八年者，則太戊後陽甲七年、武丁後祖庚七年；或五六年，或四三年者，則祖甲後廩辛六年，武乙四年，太丁三年，歷歷皆合。”

〔13〕《尚書古文疏證》卷二《第二十六·言晚出〈武成〉〈泰誓〉仍存改元觀兵舊說》：“而伊川程子出，則謂武王無觀兵，而武王之冤始白。”

〔14〕《尚書古文疏證》卷二《第二十六·言晚出〈武成〉〈泰誓〉仍存改元觀兵舊說》：“《書·無逸》稱‘文王受命惟中身，厥享國五十年’，《詩·大雅》稱‘文王受命，有此武功’，其所爲受命之説如是而已，無稱王改元事也。”

〔15〕《尚書古文疏證》卷四《第五十·言兩以錯解爲事實》：“《金縢》‘我之弗辟’，馬、鄭皆讀‘辟’爲‘避’。周公居東二年，謂避居東都。至王肅始錯解爲東征，孔《傳》因之。”

〔16〕《尚書古文疏證》卷五上《第六十七·言考定〈武成〉未合〈左傳〉數紂罪告諸侯之辭》：“仁山《前編》繫封康叔於殷東，於是歲三月內曰：《康誥》云‘在兹東土’，《酒誥》云‘肇國在西土’，又云‘我西土棐徂’，則此時武王似未來自商以前也。蓋武王克商留處三月而後反，封康叔，意此時與最合則。”

〔17〕《尚書古文疏證》卷六上《第八十三·言以曆法推古文〈畢命〉六月朏正合》：“又按《多士》本在《多方》前。金仁山案，《多方》云‘惟五月丁亥，王來自奄’，《多士》云‘昔朕來自奄’，則《多方》在《多士》之前明甚。”

〔18〕《尚書古文疏證》卷六上《第八十六·言〈泰誓上〉〈武成〉皆認孟津爲在河之南》："詳玩《水經》之文，上有衡山，下有東陵，敷淺原曰九江，地在長沙下雋縣西北。"

〔19〕《尚書古文疏證》卷六下《言安國傳華山之陽解非是》："《國語》申胥曰：'吳與越三江環之。'范蠡曰：'我與吳爭三江五湖之利。'夫環二國之境而食其利，正《職方》之三江，我故曰《周禮》一三江，《禹貢》又一三江也。"

〔20〕《尚書古文疏證·附朱子古文書疑》："且如《康誥》第述文王，不曾説及武王。只有乃寡兄是説武王，又是自稱之詞，然則《康誥》是武王誥康叔明矣。"

〔21〕《尚書古文疏證》卷七《第一百一·言〈蔡仲之命〉周公致辟於管叔本王肅〈金縢〉辟字解》："愚考甲子乃月之二十一日，'哉生魄'則月之十六日，'哉生魄'在前，甲子在後，豈可并於一時？又豈可以'哉生魄'字不合而擅削去之與？竊以是歲三月甲辰朔，乙卯周公始至洛，丁巳用牲於郊，戊午社於新邑。祭告事畢，翼日己未望，方大興斧斤版築之事，侯、甸、男邦、采衛咸在，周公乃作《大誥》焉後。"

〔22〕《尚書古文疏證》卷七《第一百五·言百篇小序伏生所未見然實出周秦之間》："百篇序謂之《小序》，伏生時猶未得《小序》。"

〔23〕《尚書古文疏證》卷七《第一百十二·言僞孔傳以洛書數有九禹因之以成九類之説非》："又按《洪範》篇二孔俱不言有錯簡，宋蘇子瞻始言之，以'曰王省惟歲'至'則以風雨'八十七字爲五紀之傳，繫於'五曰曆數'之下。逮金仁山參以子王子益定，又以'無偏無陂'至'歸其有極'爲'皇極'經文。'曰皇極之敷言'至'以爲天下王'爲'皇極'傳文，共一百字，皆繫於'皇建其有極'之下；'斂時五福'至'其作汝用咎'一百四十六字，繫於'五曰考終命'下，爲五福之傳；'惟辟作福'至'民用僭忒'四十八字，繫於'六曰弱'下，爲五福六極之總傳。讀之頗覺如昌黎所謂文從字順，皇甫湜所謂章妥句適云。"

〔24〕蔡沈《書集傳》卷三《西伯戡黎》："或曰西伯武王也。《史記》嘗載紂使膠鬲觀兵，膠鬲問之曰'西伯曷爲而來'，則武王亦繼文王爲西伯矣。"《書集傳》卷四《康誥》："王若曰：'孟侯，朕其弟小子封。'王，武王也。孟，長也，言爲諸侯之長也。封，康叔名。舊説周公以成王命誥康叔者非是。"《書集傳》卷五《洛誥》："迪將其後，監我士師工，誕保文武受民亂，爲四輔。將，大也。周公居洛，啓大其後，使我士師工有所監視，大保文武所受於天之民，而治爲宗周之四輔也。漢三輔蓋本諸此。今按，先言啓大其後而繼以亂爲四輔，則命周公留後於洛明矣。"

22. 論焦循稱孔《傳》之善亦當分別觀之

國朝諸儒，自毛奇齡外，尟有祖孔《傳》者，惟焦循頗右之。其《尚書補疏序》曰："'曰若稽古帝堯''曰若稽古皋陶'，《傳》皆以'順考古道'[1]解之，鄭以'稽古'爲'同天'。'同天'二字，可加諸帝堯，不可施於皋陶。若亦以皋陶爲同天，則是人臣可僭天子之稱頌；若以帝堯之'稽古'爲'同天'，以皋陶之'稽古'爲'順考古道'，則文同義異，歧出無理，此《傳》之善一也。'四罪而天下咸服'，《傳》以舜徵用之初，即誅四凶，是先殛鯀而後舉禹[2]。鄭以禹治水畢，乃流四凶。故王肅斥之云：'是舜用人子之功，而流放其父，則爲禹之勤勞適足使父致殛，舜失'五典克從'之義，禹陷'三千莫大'之罪。'此《傳》之善二也。堯舍丹朱，以天位授舜，朱雖不肖，不宜自歷數其不善。《史記》以'無若丹朱傲'上加'帝曰'，而《傳》則以爲禹之言。自禹言之則可，自舜言之則不可，此《傳》之善三也。《盤庚》三篇，鄭以上篇乃盤庚爲臣時所作。然則陽甲在上，公然以臣假君命，因而即真，此莽、操、師、昭之事[3]，而乃以之誣盤庚，大可怪矣。《傳》皆以爲盤庚爲王時所作，此《傳》之善四也。微子問父師、少師，父師答之，不云少師。鄭以爲少師志在必死，蓋以少師指比干。顧大臣徒志於死，遂不謀國以出一言，非可爲忠。《傳》雖亦以少師指比干，而於此則云[4]'比干不見，明心同，省文'。此《傳》之善五也。《金縢》'我之不辟'[5]，鄭讀爲避，謂周公避居於東，又以'罪人斯得'爲成王收周公之屬官，殊屬謬悠，説者多不以爲然。《傳》則訓辟爲法，居東即東征，罪人即指祿父、管、蔡，此《傳》之善六也。《明堂位》以周公爲天子，漢儒用以説《大誥》，遂啓王莽之禍。鄭氏不能辨正，且用以爲《尚書》注，而以周公稱王。自時厥後，歷曹、馬[6]以及陳、隋、唐、宋，無不沿莽之故事。而《傳》特卓然以周公不自稱王而稱成王之命以誥，勝鄭氏遠甚，此《傳》之善七也。爲此《傳》者，蓋見當時曹、馬所爲，爲之説者，有如杜預之解《春秋》[7]，束晳等之僞造《竹書》[8]，舜可囚堯，啓可殺益，太甲可殺伊尹，上下倒置，君臣易位，邪説亂經，故不憚改《益稷》，造《伊訓》《太甲》諸篇，陰與《竹書》相齟齬[9]，又托孔氏《傳》，以黜鄭氏，明君臣上下之義，屏僭越抗害之譚，以觸當時之忌，故自隱其姓名。”

錫瑞案：近儒江、段、孫、王，皆尊鄭而黜孔，焦氏獨稱孔《傳》之善，可謂特見。惟未知孔《傳》實王肅僞作，故所説有得有失。肅之學得之父朗，朗師楊賜，楊氏世傳歐陽《尚書》[10]。洪亮吉《傳經表》以肅爲伏生十七傳弟子[11]，是肅亦今文家之支流。肅又好賈、馬之學，則兼通古文者，雜糅今古與鄭君同，而立意與鄭君爲難。鄭注《書》從今文，則以古文駁之，鄭從古文，則又以今文駁之。肅以今文駁古文，實有勝鄭注者。焦氏所舉以“稽古”爲考古，以“四罪”爲禹治水之前，以“居東”爲東征，以“罪人”爲祿父、管、蔡，是其明證。至信僞孔、疑《史記》《明堂位》，則其説非是。《史記》引《書》最古，明有“帝曰”，豈可妄去？舜、禹同爲堯臣，禹可直斥丹朱，何以舜獨不可？周公稱王，非獨見於《明堂位》，《荀子》親見百篇《尚書》，其書中屢言之[12]。伏傳、《史記》皆云周公居攝，豈可改易古事，强爲回護？焦氏乃以作傳者以觸時忌，自隱姓名，則尤求之過深。肅與司馬氏昏姻，助晉篡魏，豈能明君臣屏僭越者[13]？若僞作《竹書》者，言啓殺益，太甲殺伊尹，反似改古事以做亂臣，又何必作僞古文，以與《竹書》相齟齬乎？焦循之子廷琥作《尚書申孔篇》[14]，與其父所見同，中有數條，即《補疏序》所説，餘瑣細不足辨，兹不具論。

箋注

〔1〕《尚書·堯典》：“曰若稽古，帝堯。”孔安國《傳》“若，順；稽，考也。能順考古道而行之者帝堯。”

〔2〕《尚書·堯典》：“鯀則殛死，禹乃嗣興。”孔安國《傳》：“放鯀至死不赦。嗣，繼也。廢父興子，堯舜之道。”《春秋左傳·襄公二十一年》：“鯀殛而禹興。”

孔穎達《正義》:"是言舜初被徵用,先誅鯀而後舉禹,故言'鯀殛而禹興'。"

〔3〕莽即王莽,操即曹操,師、昭即司馬師、司馬昭。王莽篡西漢、曹魏篡東漢,司馬氏篡曹魏。

〔4〕於,原爲墨丁,據焦循《尚書補疏叙》補。

〔5〕辟,原爲墨丁,據焦循《尚書補疏叙》補。

〔6〕魏爲曹氏,晉爲司馬氏,故以曹、馬指代魏晉。

〔7〕《晉書》卷三四《杜預傳》:"既立功之後,從容無事,乃耽思經籍,爲《春秋左氏經傳集解》。又參考衆家譜第,謂之《釋例》。又作《盟會圖》《春秋長曆》,備成一家之學,比老乃成。"

〔8〕《竹書》即《竹書紀年》,有部分學者以其爲束晳等人所僞造。《晉書》卷五一:"初,太康二年,汲郡人不準盜發魏襄王墓,或言安釐王冢,得竹書數十車。……大凡七十五篇,七篇簡書折壞,不識名題。……漆書皆科斗字。初發冢者燒策照取寶物,及官收之,多燼簡斷札,文既殘缺,不復詮次。武帝以其書付秘書校綴次第,尋考指歸,而以今文寫之。晳在著作,得觀竹書,隨疑分釋,皆有義證。"

〔9〕齮齕(yǐ hé),毁傷、陷害、傾軋。《史記·田儋列傳》:"且秦復得志於天下,則齮齕用事者墳墓矣。"裴駰《集解》:"如淳曰:'齮齕,猶齰齧。'"

〔10〕《後漢書》卷五四《楊震傳》:"震少好學,受歐陽《尚書》於太常桓郁,明經博覽,無不窮究。……震中子秉。秉字叔節,少傳父業,兼明京氏《易》,博通書傳,常隱居教授。……子賜。賜字伯獻。少傳家學,篤志博聞。……建寧初,靈帝當受學,詔太傅、三公選通《尚書》、桓君《章句》宿有重名者,三公舉賜,乃侍講於華光殿中。"

〔11〕洪亮吉(1746—1809),字稚存,號北江,晚自號更生居士,江蘇陽湖(今江蘇常州)人,清代著名學者,長於輿地之學,著述甚富,兼工辭章。詩與黃景仁、孫星衍齊名,駢文爲一時翹楚。著有《春秋左傳詁》《卷施閣集》《更生齋集》等。洪亮吉《傳經表序》:"今文《尚書》伏勝十七傳至王肅。"

〔12〕如《荀子》卷一《修身》:"《書》曰'無有作好,遵王之道。無有作惡,遵王之路',此言君子之能以公義勝私欲也。"卷五《王制》:"《書》曰'維齊非齊',此之謂也。"卷八《君道》:"《書》曰:'先時者殺無赦,不逮時者殺無赦。'"等等。

〔13〕僭越,即超越本分行事。《魏書》卷二二《清河王傳》:"諒以天尊地卑,君臣道別,宜杜漸防萌,無相僭越。"

〔14〕焦廷琥(1781—1821),字虎玉,清江蘇甘泉(今屬揚州)人。治學長於訓詁,亦精算法,兼擅詞章。有《益古演段開方補》《地圓說》《密梅花館詩文鈔》。

23. 論宋儒體會語氣勝於前人,而變亂事實不可爲訓

孔《傳》立學,行數百年,至宋而漸見疑。蔡《傳》立學,行數百年,至今又漸見廢。陳澧曰:"近儒説《尚書》,考索古籍,罕有道及蔡仲默《集傳》者矣。然僞孔《傳》不通處,蔡《傳》易之,甚有精當者,江艮庭《集注》[1]多與之同。《大誥》'若兄考乃有友伐厥子,民養其勸弗救',僞孔《傳》云:'以子惡故。'孔《疏》云:'民皆養其勸伐之心不救之。'此甚不通。蔡《傳》云:'蘇氏曰:養,廝養也,謂人之臣僕,言若父兄有友攻伐其子,爲之臣僕者,其可勸其攻伐而不救乎?'江氏注云:'長民者其相勸止不救乎?'《召誥》'王敬作所,不可不敬德',僞孔云:'敬爲所不可不敬之德。'蔡云:'所,處所也,猶所其無逸之所,王能以敬爲所,則無往而不居敬矣。'江云:'王其敬爲之所哉,言處置之得所也。'[2]《召誥》'我不敢知曰',僞孔云:'我不敢獨知,亦王所知。'蔡云:'夏商歷年長短,所不敢知,我所知者惟不敬厥德,即墜其命也。'江云:'夏殷歷年長短,我皆不敢知,惟知其皆以不敬德,故早墜其命。'《君奭》'襄我二人',僞孔云:'當因我文武之道而行之。'蔡云:'王業之成,在我與汝而已。'江云:'二人,己與召公也。'[3]《多方》'我惟時其戰要囚之',僞孔云:'謂討其倡亂,執其朋黨。'蔡云:'我惟是戒懼而要囚之。'江云:'戰,懼也。'《康王之誥》'惟新陟王',僞孔云:'惟周家新升王位。'蔡云:'陟,升遐也。成王初崩,未葬未諡,故曰新陟王。'江云:'登假也,謂崩也。成王初崩未有諡,故稱新陟王。'《秦誓》'昧昧我思之',僞孔云:'惟察察便巧善爲辨佞之言,使君子回心易辭,我前多有之,以我昧昧思之不明故也。'蔡云:'昧昧而思者,深潛而静思也。'以'昧昧我思之'屬下文。江云:'昧昧我思者,是穆公自道,思此一介臣,非謂前

日之昧昧於思也，此文當爲下文緣起。'此皆蔡《傳》精當，而江氏與之同者。如爲暗合，則於蔡《傳》竟不寓目，輕蔑太甚矣。如覽其書，取其說而没其名，則尤不可也。"[4]

錫瑞案：陳氏取蔡《傳》，與焦氏取孔《傳》，同一特見。宋儒解經，善於體會語氣，有勝於前人處，而其失在變易事實以就其說。《尚書》載唐虞三代之事，漢初諸儒去古未遠，其說必有所受。宋儒乃以一己所見之義理，懸斷千載以前之故事，甚至憑恃臆見，將古事做過一番。雖其意在維持名教，未爲不善，然維持名教亦只可借古事發論，不得翻前人之成案。孔《傳》謂周公不稱王，伊尹將告歸，已與古說不符。而蔡《傳》引宋人之說又加甚焉。《西伯戡黎》，伏《傳》《史記》皆云文王伐者，黎即耆，西伯即文王。蔡《傳》獨爲文王回護，以西伯爲武王，其失一也。《大誥》"王若曰"，鄭注："王謂攝也，周公居攝命大事，則權代王也。"伏《傳》《史記》皆云周公居位踐阼，則鄭說有據。蔡《傳》從孔《傳》，以爲周公稱成王以誥，其失二也。《康誥》"王若曰：'孟侯，朕其弟，小子封。'"《漢書·王莽傳》引《書》解之曰："此周公居攝稱王之文也。"蔡《傳》不信周公稱王之事，從蘇氏說，移篇首四十八字於《洛誥》上，又無以解"朕其弟"之語，遂以爲武王封康叔。不知《史記》明言康叔封、冉季載皆少，未得封，是武王無封康叔事。《左氏傳》祝鮀言周公尹天下封康叔[5]，鮀以衛人言衛事，豈猶有誤？而横造事實，擅移經文，其失三也。《洛誥》："王命周公後，作册逸誥，在十有二月。惟周公誕保文武受命，惟七年。"言周公七年致政，當歸國，成王留公，命伯禽就國爲公後。蔡《傳》乃以爲王命周公留後治洛。不知唐置節度使乃有留後[6]，周無此官。周公老於豐，薨於豐，并無治洛之事，其失四也。宋儒習見莽、操，妄托古人，故極力回護，欲使後世不得藉口。不知古人行事，光明磊落，何待後儒回護。王莽托周公，無傷於周公；曹操託文王，無傷於文王。天位無常，惟有德者居之，聖人無闖干[7]非分之心，而天與人歸，則亦不得不受禪讓。易而傳子，又復易爲征誅，事雖不同，其義則一。稷、契同受封於舜、禹，周之先本非商之臣，不窋失官，公劉、太王遷豳、岐，商王未嘗過問，文王始率諸侯事紂，後入朝而被囚，釋歸而諸侯皆從之，受命稱王，何損至德[8]。《詩》《書》皆言文王受命，伏《傳》言受命六年稱王，《史記》言詩人道西伯，蓋受命之年稱王，此漢初古說可信者。必以文王稱王爲非，則湯之伐桀亦非，舜、禹之受禪亦非，必若巢、許[9]而後可也。至周公居攝，尤是常事。古有攝主，見《禮記·曾子問》。君薨而世子未生，則有上卿攝國事，稱攝主。此上卿蓋同姓子弟，世子生則避位，或生非世子，則攝主即真。觀《左氏傳》，季孫有疾，命正常曰："南孺子之子，男也則以告而立之，女也則肥也可。"[10]賈誼上疏，有"植遺腹，朝委裘"[11]之文，是其明證。或世子生而幼，國有大事，亦必有人攝行。鄭注"命大事權代王"，并無語弊。武王薨而東諸侯皆叛，周之勢且岌岌，成王幼，不能親出，公不權代王以鎮服天下，大局將不可問，事定而稽首歸政，可告無罪於天下萬世矣。後世古義不明，即有親賢處周公之位者，亦多畏首畏尾，如蕭齊竟陵王子良，以此自誤，并以誤國。蓋自馬、鄭訓"我之弗辟"爲避位，已非古義。宋儒以力辨公不稱王之故，臆撰武王封康叔、周朝設留後之事，以爲左證，使後世親賢當國者誤信其說，避嫌而不肯犯難，必誤國事，是尤不可不辨。古人事實不可改易，如編小說、演雜劇者，借引古事做過一番以就其說，此在彈詞、演劇可不拘耳，若以此解經，則斷乎不可。

箋注

〔1〕江艮庭，即江聲，《清史稿》卷四八一《儒林傳二》有傳。《集注》即《尚書集注音疏》一書。

〔2〕言，原作"而"，據陳澧《東塾讀書記》卷五《尚書》改。

〔3〕已，原無，據陳澧《東塾讀書記》卷五《尚書》改。

〔4〕引文見陳澧《東塾讀書記》卷五《尚書》。

〔5〕案，《左傳·定公四年》："故周公相王室，以尹天下，……分康叔以大路、少帛、綪茷、旃旌、大呂，殷民七族：陶氏、施氏、繁氏、錡氏、樊氏、饑氏、終葵氏；封畛土略，自武父以南及圃田之北竟，取於有閻之土以共王職，取於相土之東都以會王之東蒐。"

〔6〕留後，官職名。唐代節度使、觀察使職位空缺時所設置的代理官職。唐中

葉後，藩鎮坐大，節度使遇有事故，往往以其子侄或親信將吏代行職務，稱節度留後或觀察留後。亦有叛將推翻統師，自稱留後，而後由朝廷補行正式任命者。《新唐書》卷五〇《兵志》：“兵驕則逐帥，帥彊則叛上。或父死子握其兵而不肯代，或取捨由於士卒，往往自擇將吏，號爲‘留後’，以邀命於朝。”

〔7〕闇干，“干”通“奸”，亦作“闇奸”“暗干”，謂陰謀篡奪。《晉書》卷九九：“是知神器不可以闇干，天祿不可以妄處者也。”《文選》卷五二《王命論》：“又況么麼不及數子，而欲暗干天位者也。”

〔8〕至德，最高之德，盛德。《論語·泰伯》：“泰伯其可謂至德也已矣。”

〔9〕巢、許，即巢父、許由。相傳皆爲堯時隱士，堯讓位於二人，皆不受。《史記·伯夷列傳》：“而説者曰堯讓天下於許由，許由不受，恥之逃隱。”張守節《正義》：“皇甫謐《高士傳》云：‘許由字武仲。堯聞致天下而讓焉，乃退而遁於中岳潁水之陽，箕山之下隱。堯又召爲九州長，由不欲聞之，洗耳於潁水濱。時有巢父牽犢欲飲之，見由洗耳，問其故，對曰：“堯欲召我爲九州長，惡聞其聲，是故洗耳。”巢父曰：“子若處高岸深谷，人道不通，誰能見子？子故浮游，欲聞求其名譽，污吾犢口。”牽犢上流飲之。許由歿，葬此山，亦名許由山。’”

〔10〕見《左傳·哀公三年》。正常，桓子寵臣。

〔11〕案，《漢書·賈誼傳》：“植遺腹，朝委裘而天下不亂。”顏師古注引服虔曰：“言天下安，雖赤子遺腹在位，猶不危也。”又引應劭曰：“置遺腹，朝委裘，皆未有所知也。”又引孟康曰：“委裘，若容衣，天子未坐朝，事先帝裘衣也。”顏師古曰：“應、孟二説皆是。”亦見賈誼《新書》卷二《五美》。

24. 論僞孔《書》相承不廢，以其言多近理，然亦有大不近理者，學者不可不知

僞孔古文《尚書》，自宋至今，已灼知其僞矣，而猶相承不廢，是亦有故。宋之不廢者“人心惟危”四句[1]，宋儒以爲道統相傳。其《進尚書注表》[2]，首以“三聖傳心”爲説，而四語出僞《大禹謨》。故宋儒雖於僞傳獻疑，而於僞經疑信參半。王鳴盛《蛾術編》戲以虞廷十六字爲

《風俗通》所言鮑君神之類[3]，此在今日漢學家吐棄宋學，乃敢爲此語，而在當日固無不尸祝俎豆者也[4]。此其遠因一。

且古文雖僞，而言多近理，非止"人心惟危"四句。真德秀曰[5]："開萬世性學之源，自成湯始。敬、仁、誠并言，始見於此，三者堯、舜、禹之正傳也。"此皆出僞古文，爲宋儒言道學所本，故宋儒不敢直斥之，而且尊信之，此其遠因二。

近儒不尊宋學，斥僞經亦甚於宋儒，而至今仍不廢者，阮元曰："《古文尚書孔傳》出東晉，漸爲世所誦習，其中名言法語，以爲出自古聖賢，則聞者尊之。故宇文周主視太學，太傅于謹爲三老，帝北面訪道，謹曰：'木從繩則正，后從諫則聖。'帝再拜受言[6]。唐太宗見太子息於木下，誨之曰：'木受繩則正，后從諫則聖。'[7]唐太宗自謂兼將相之事，給事中張行成上書，以爲禹不矜伐，而天下莫與之爭，上甚善之[8]。唐總章元年太子上表曰：'《書》曰："與其殺不辜，寧失不經。"伏願逃亡之家，免其配役。'從之[9]。凡此君臣父子之間，皆得陳善納言之益。"[10]是知其僞，而欲留爲納言之益，此近因一。

龔自珍述莊存與之言曰[11]："帝胄天孫，不能旁覽雜氏，惟賴幼習五經之簡，長以通於治天下。昔者《大禹謨》廢，人心道心之旨、殺不辜寧失不經之誡亡矣。《太甲》廢，儉德永圖[12]之訓墜矣。《仲虺之誥》廢，謂人莫己若之誠亡矣。《説命》廢，股肱良臣啓沃[13]之誼喪矣。《旅獒》廢，不寶異物賤用物之誡亡矣。《冏命》廢，左右前後皆正人之美失矣。"公乃計其委曲，退直上書房日，著書曰《尚書既見》如干卷，數數稱《禹謨》《虺誥》《伊訓》。是書頗爲承學者詬病，而古文竟獲仍學官不廢[14]。是知其僞，而恐廢之無以垂誡，此其近因二。

有此四故，故得相承不廢。然而過書舉燭，國賴以治，非郢人之意也[15]。齊求岑鼎，魯應以贗，非柳下所許也[16]。古文雖多格言，而僞託帝王則可惡。且其言多近理，亦多不近理者。如《大禹謨》"舞干羽於兩階，七旬，有苗格"[17]，爲宋人重文輕武、口不言兵所藉口[18]。《胤征》"威克厥愛，允濟"[19]，爲楊素[20]等用兵好殺之作俑。《仲虺》"若苗之有莠，若粟之有秕，小大戰戰[21]，罔不懼於非辜"，則湯之伐桀爲自全計,非爲弔民。《咸有一德》"伊尹既復政厥辟[22],將告歸",則伊尹不曾相太甲,與《君奭》所言及《左氏傳》伊尹放太甲而相之義違[23]。《泰誓》三篇數殷紂罪,有"刳剔孕婦,斮朝涉之脛,剖賢人之心"[24]等語,宋人遂疑湯數桀之罪簡,武數紂之罪太甚。而"罪人以族",非三代以前所有;"時哉不可失",亦非弔民伐罪之言。《旅獒》太保訓王云"功虧一簣",宋人遂疑湯伐桀後,猶有慚德[25],武伐紂後,一事不做。《君陳》以"爾有嘉謀嘉猷"[26],爲康王語,宋人遂謂康王失言。此皆僞古文之大不近理者。而割裂古書,綴輯成文,詞意亦多牽強,不相貫串。如《孟子》引王曰"無畏寧爾也,非敵百姓也,若崩厥角稽首"[27],夾議夾叙,詞意極明,僞孔乃更之曰"勖哉夫子,罔或無畏,寧執非敵,百姓懍懍,若崩厥角"[28],無論如何解説,必不可通,似全不識文義者所爲。此等書豈可以教國胄。毛奇齡以祖僞古文之故,至謂《論語》引《書》有四,無不改其詞,篡其句,易其讀者[29]。僞孔擅改古經,顯違孔訓,僭妄已極,奇齡不罪僞孔,反歸罪於孔子改經,可謂悍然無忌憚矣!

箋注

〔1〕 "人心惟危"四句,"危"原引作"微",據《尚書·大禹謨》改。下"人心惟危"同。按,四句即《大禹謨》所載"人心惟危,道心惟微,惟精惟一,允執厥中"十六字,被稱爲"虞廷十六字心傳"。

〔2〕《進尚書注表》,本作《進〈書集傳〉表》,南宋蔡沈之子蔡杭撰,置於蔡沈《書集傳》卷首。

〔3〕《風俗通》,東漢應劭撰,亦名《風俗通義》。鮑君神,見《風俗通》卷九《怪神》。

〔4〕 尸祝俎豆,即祭祀、奉祀之意。尸,古代祭祀時之神主。祝,古代祭祀時掌祝之人。俎豆,古代祭祀、宴饗時盛食物用的兩種禮器,亦泛指各種禮器。

〔5〕 真德秀(1178—1235),字景元,一字希元,後改作景希,號西山。宋建寧府浦城(今福建浦城)人。南宋後期著名理學家,學宗朱熹,與魏了翁齊名,學者稱其爲"西山先生"。著有《大學衍義》《四書集編》《西山讀書記》等書。《宋史》卷四三七《儒林傳七》有傳。引文見《大學衍義》卷五。

〔6〕 宇文周,即南北朝時之北周,因皇室姓宇文,故稱。三老,古代掌教化之官。《禮記·禮運》:"故宗祝在廟,三公在朝,三老在學。"訪道,詢問治理國家之

辦法。《宋史》卷三四二《王巖叟傳》:"虛心以訪道,屈己以從諫。"此處所云宇文周主,即北周武帝宇文邕,事見《周書》卷一五《于謹傳》、《北史》卷二三《于謹傳》。

〔7〕事見《貞觀政要》卷四《教誡太子諸王》:"見其休於曲木之下,又謂曰:'汝知此樹乎?'對曰:'不知。'曰:'此木雖曲,得繩則正。爲人君雖無道,受諫則聖。此傅説所言。'"

〔8〕張行成(587—653),字德立,唐定州義豐人。少師事劉炫,勤學不倦。太宗時糾劾不避權貴,屢上疏直諫,甚得太宗寵信,累遷給事中、侍中兼刑部郎中。高宗時官至太子少傅。卒謚定。事見《資治通鑑》卷一九六《唐紀十二》。矜伐:恃才誇功,誇耀。

〔9〕總章,唐高宗李治年號,公元668—670年。事見《舊唐書》卷八六《高宗中宗諸子·孝景皇帝弘》。

〔10〕見阮元《揅經室集一集》卷四《引書説》。

〔11〕莊存與(1719—1788),字方耕,號養恬,江蘇武進(今屬常州)人。清代著名經學家,提倡今文經學,爲常州學派創始人之一。著有《春秋正辭》《尚書概見》《尚書説》《毛詩説》《周官説》等,輯爲《味經齋遺書》。《清史稿》有傳。

〔12〕《尚書·太甲上》:"慎乃儉德,惟懷永圖。"孔安國《傳》:"言當以儉爲德,思長世之謀。"

〔13〕啓沃,竭誠開導、輔佐君王。《尚書·説命上》:"啓乃心,沃朕心。"孔穎達《正義》:"當開汝心所有,以灌沃我心,欲令以彼所見,教己未知故也。"後因以"啓沃"謂竭誠開導、輔佐君王。

〔14〕見《定盦全集·文集》卷上《資政大夫禮部侍郎武進莊公神道碑銘》。

〔15〕此即"郢書燕説"之典。《韓非子·外儲説左上》:"郢人有遺燕相國書者,夜書,火不明,因謂持燭者曰:'舉燭。'云而過書'舉燭',舉燭,非書意也,燕相受書而説之,曰:'舉燭者,尚明也。尚明也者,舉賢而任之。'燕相白王,王大説,國以治。治則治矣,非書意也。今世舉學者多似此類。"後以其比喻曲解原意,以訛傳訛。

〔16〕柳下,即柳下惠。《呂氏春秋》卷九《審己》:"齊攻魯,求岑鼎,魯君載他鼎以往。齊侯弗信而反之,爲非,使人告魯侯曰:'柳下季以爲是,請因受之。'魯君請於柳下季,柳下季答曰:'君之賂,以欲岑鼎也?以免國也?臣亦有國於此,破臣之國以免君之國,此臣之所難也。'於是魯君乃以真岑鼎往也。且柳下季可謂此能説矣,非獨存己之國也,又能存魯君之國也。"

〔17〕舞干,謂文德感化。《尚書·大禹謨》:"舞干羽於兩階。"孔安國《傳》:"干,

楯。羽,翳也。皆舞者所執。修闡文教,舞文舞於賓主階間,抑武事。"

〔18〕藉口,借別人的話作爲依據。《春秋左傳·成公二年》:"若苟有以藉口而復於寡君,君之惠也。"杜預注:"藉,薦;復,白也。"孔穎達《正義》:"藉是承薦之言,故爲薦也。復者,報命於君,故爲白也。言無物則空口以爲報,少有所得則與口爲藉,故曰藉口。"

〔19〕《尚書·胤征》:"威克厥愛,允濟。"孔安國《傳》:"嘆能以威勝所愛,則必有成功。"

〔20〕楊素(544—606),字處道,弘農華陰(今陝西華陰)人。隋朝大臣,初仕北周,後從楊堅定天下,卒諡景武。《隋書》卷四八有傳。

〔21〕戰戰,戒慎貌,畏懼貌。《逸周書·大匡解》:"在昔文考戰戰,惟時祇祇。"

〔22〕辟,君主。復政厥辟,即歸還政權於君主。

〔23〕《尚書·君奭》:"在太甲,時則有若保衡。"孔安國《傳》"太甲繼湯,時則有如此伊尹爲保衡。"《左傳·襄公二十一年》:"伊尹放大甲而相之,卒無怨色。"

〔24〕《尚書·泰誓上》:"刳剔孕婦。"孔安國《傳》"懷子之婦刳剔視之。"孔穎達《正義》:"刳剔,謂割剝也。《説文》云:'刳,刲也。'今人去肉至骨謂之'剔去',是則亦'剔'之義也。"

〔25〕慙德,因言行有缺失而内愧於心,亦作"慭德"。《尚書·仲虺之誥》:"成湯放桀於南巢,惟有慙德。"

〔26〕謀,謀略。猷,規劃。嘉謀嘉猷,高明的治國謀略和治國規劃。

〔27〕《孟子·盡心下》:"王曰:'無畏,寧爾也,非敵百姓也。'若崩厥角,稽首。"趙岐注:"武王令殷人曰:無驚畏,我來安止爾也。百姓歸周,若崩厥角,額角犀厥地。稽首拜命,亦以首至地也。"

〔28〕見《尚書·泰誓中》。

〔29〕見《尚書古文冤詞》卷七《論語書云孝乎惟孝友於兄弟今無孝乎字何也》。

25. 論僞古文多重複且敷衍不切

《尚書》與《春秋》,皆記事之書,所記之事必有義。在孔子之作《春秋》,非有關繫足以明義者不載,事見於前者,不復見於後,所以省繁複也。故孔子之刪《書》,亦非有關繫足以明義者不載,事見於前者,不復見於後，亦所以省繁複也。古書詳略互見，變化不拘，非同後世印板文字，有一定之例。《堯典》兼言二帝合爲一篇，聖德則堯詳於舜，政事則舜詳於堯，是詳略互見之法。而作僞者不達此義，別出《舜典》一篇，以爲不應略於舜之聖德，乃於《舜典》篇首，僞撰二十八字以配《堯典》[1]，不顧文義，首尾橫決，由不曉古書之法也。《盤庚》三篇，旨意不同，上篇告親近在位者，中篇告民之弗率，下篇既遷之後申告有衆，未嘗有重複之義。《康誥》《酒誥》《梓材》皆言封康叔，《召誥》《洛誥》皆言營洛都，旨意不同，亦未嘗有重複之義。而僞孔書《太甲》三篇、《説命》三篇皆上、中、下文義略同，且辭多膚泛，非但上、中、下篇可移易，而伊尹之辭可移爲傅説，傅説之辭可移爲伊尹，伊尹、傅説之辭，又可移爲《大禹謨》之禹、皋，以皆臣勉其君，而無甚區別也。《泰誓》三篇，皆數紂罪而無甚區別，使真如此文繁義複，古人何必分作三篇。

今文《尚書》二十九篇，篇篇有義，初不犯複，其辭亦無複見。若僞古文不但旨意略同，其辭亦多雷同。《太甲》下與《蔡仲之命》雷同尤甚。《太甲》下云：“惟天無親，克敬惟親，民罔常懷，懷於有仁，德惟治，否德亂，與治同道罔不興，與亂同事罔不亡。”《蔡仲之命》云：“皇天無親，惟德是輔，民心無常，惟惠之懷，爲善不同，同歸於治，爲惡不同，同歸於亂。”其文義不謂之雷同得乎？《太甲》下云：“慎終於始。”《蔡仲之命》云：“慎厥初，惟厥終。”亦雷同語。蓋其書本憑空結撰，其胸中義理又有限，止此敷衍不切之語，説來説去，層見疊出，又文多駢偶，似平正而實淺近，以比《尚書》之渾渾灝灝[2]者，迥乎不同，而雜湊成篇，尤多文不合題之失。

姚鼐謂《古文尚書》多不切，文之切者，皆不中於理，可謂知言[3]。漢古文學創通於劉歆，僞古文《書》撰成於王肅，亂經之人，遞相祖述。古天子、諸侯皆五廟，至周始有七廟，劉歆以爲周以上皆七廟。《呂覽》“五世之廟，可以觀怪”[4]，僞古文《咸有一德》改云“七世之廟，可以觀德。”後世遂引爲商時七廟之證。此肅本之於歆者也。《異義》：“天子六卿[5]周制，三公九卿[6]商以前制。”周三公在六卿中，見《顧命》，而無三孤[7]。僞古文《周官》有三公三孤，本《漢書·百官公卿表》，表又出於莽、歆之制。又蕭本之於歆者也。古云相某君是虛字，不以爲官名，僞古文《説命》"爰立作相"，又誤沿漢制而不覺者。《左氏傳》：仲虺爲湯左相[8]，亦可疑。

箋注

〔1〕僞撰二十八字，即"曰若稽古，帝舜曰重華，協於帝。濬哲文明，溫恭允塞，玄德升聞，乃命以位"，見《尚書·舜典》。

〔2〕渾渾灝灝，廣大無際貌。《法言·問神》："虞、夏之《書》渾渾爾，《商書》灝灝爾，《周書》噩噩爾。"

〔3〕姚鼐《惜抱軒詩文集·文集》卷一《賈生名申商論》："世所謂《古文尚書》者，何其言之漫然泛博也！彼以爲使人誦其書，莫可指摘者，必以爲聖賢之言如是其當於理也，而不知言之不切者，皆不當於理者也。"

〔4〕《吕氏春秋·有始覽》："《商書》曰：'五世之廟，可以觀怪；萬夫之長，可以生謀。'"

〔5〕六卿，即六官。《尚書·周官》："冢宰掌邦治，統百官，均四海；司徒掌邦教，敷五典，擾兆民；宗伯掌邦禮，治神人，和上下；司馬掌邦政，統六師，平邦國；司寇掌邦禁，詰奸慝，刑暴亂；司空掌邦土，居四民，時地利。六卿分職，各率其屬，以倡九牧，阜成兆民。"《漢書·百官公卿表》："夏、殷亡聞焉，周官則備矣。天官冢宰，地官司徒，春官宗伯，夏官司馬，秋官司寇，各官司空，是爲六卿。"

〔6〕三公，古代中央三種最高官銜的合稱，周制以太師、太傅、太保爲三公。《尚書·周官》："立太師、太傅、太保，兹惟三公。"孔安國《傳》："師，天子所師法；傅，傅相天子；保，保安天子於德義者，此惟三公之任。"九卿，古代中央政府九個高級官職，周以少師、少傅、少保、冢宰、司徒、宗伯、司馬、司寇、司空爲九卿。《周禮·匠人》："外有九室，九卿居焉。"鄭玄注："六卿三孤爲九卿。"《漢書·百官公卿表序》："太師、太傅、太保，是爲三公，蓋參天子，坐而議政，無不總統，故不以一職爲官名。又立三少爲之副，少師、少傅、少保，是爲孤卿，與六卿爲九焉。"

〔7〕三孤，指少師、少傅、少保。《尚書·周官》："少師、少傅、少保曰三孤。"孔安國《傳》："此三官名曰三孤。孤，特也。言卑於公，尊於卿，特置此三者。"

〔8〕《左傳·定公元年》："仲虺居薛，以爲湯左相。"

26. 論孔《傳》盡釋經文之可疑，及馬、鄭古文與今文駁異之可疑

《朱子語録》云："某嘗疑孔安國是假書，比毛公《詩》如此高簡，大段省事。漢儒訓釋文字多是如此，有疑則闕，今此却盡釋之。豈有千百年前人説底話，收拾於灰燼屋壁中，與口傳之餘，更無一字訛舛？理會不得如此，可疑也。"[1]

錫瑞案：朱子之説，具有特見。漢初，説《易》者舉大誼，如丁將軍者是；説《詩》者無傳疑，如魯申公者是。毛公之傳，未知真出漢初與否，而其文亦簡略，未嘗字字解經。惟僞孔於經盡釋之，此僞孔《傳》所以可疑。蔡沈曰："今文多艱澀，而古文反平易。伏生倍文暗誦，乃偏得其所難，而安國考定於科斗古書錯亂摩滅之餘，反專得其所易，則又有不可曉者。"[2]吳澄曰："伏生書雖難盡通，然詞義古奥，其爲上古之書無疑。梅頤所增，體製如出一手，采輯補綴，雖無一字無所本，而平緩卑弱，殊不類先漢以前之文。夫千年古書，最晚乃出，而字畫略無脱誤，文勢略無齟齬，不亦大可疑乎？"[3]蔡氏、吳氏之説，亦有特見。伏、孔之書難易不同，伏生不應獨記其難，安國不應專得其易，此僞孔經所以可疑。

而由二家之説推之，《尚書》之可疑者非直此也，僞孔書無論矣。二十九篇今、古文同，而夏侯、歐陽之今文，與馬、鄭、王之古文，其字句又不同。今以《熹平石經》及兩漢人引用《尚書》之文考之，其異於馬、鄭古文者亦多。今文艱澀而古文平易，試舉數條以證。《盤庚》"器非求舊"，石經"求"作"救"，求、救音近得通，求字易而救字難也。《洪範》"鯀堙洪水"，石經"堙"作"伊"，堙、伊音近叚借，堙字易而伊字難也。"保后胥戚"，石經"戚"作"高"，戚、高音近叚借，戚字易而高字難也。"無弱孤有幼"，石經"弱"作"流"，弱、流音近叚借，弱字易而流字難也。

《無逸》"乃諺"，石經作"乃憲"，"既誕"，石經作"既延"，諺、憲、誕、延音近得通，諺、誕易而憲、延難也。"無皇"，石經作"毋兄"，皇、兄音近得通，皇字易而兄字難也。"此厥不聽"，石經"聽"作"聖"，聽、聖音近得通，聽字易而聖字難也。《立政》"相時憸民"，石經"憸"作"散"，憸、散音近叚借，憸字易而散字難也。以此推之，不但世所傳今文多艱澀，而偽孔古文反平易，即漢所傳今文亦多艱澀，而馬、鄭古文反平易，不但偽孔古文可疑，即馬、鄭古文亦不盡可信矣。惜《經典釋文》不列三家《尚書》之異同，使學者無由見今文真本，所賴以略可考見者，惟石經殘字十數處及孔[4]《疏》引"優賢揚歷""臏宮劓割頭庶剠"數處而已，豈不惜哉！竊意東漢諸儒之傳古文，蓋亦多以訓故改經，與太史公《史記》相似。有字異而義相同者，如《般庚》"器非求舊"之類是也；有字異而義違失者[5]，如《般庚》"優賢揚歷"[6]之類是也。然則今之偽孔增多古文，固皆撰造，而非安國之真，即偽孔同於馬、鄭二十九篇之古文，亦有改竄[7]，而非伏生之舊者。偽孔所造古文固當刪棄，即偽孔同於馬、鄭之古文，後人以爲真，是伏生之所親傳，孔子之所手定，亦豈可盡信哉！孟子曰："盡信《書》則不如無《書》。"[8]觀於世所傳之《尚書》，益嘆孟子之言爲不妄也。

箋注

〔1〕見《朱子語類》卷七八《尚書一》。"口傳"，原刻本誤作"日傳"，據《朱子語類》改。如此，《語類》作"兼小序皆"。

〔2〕見《書經集傳·書》。

〔3〕見《吳文正集》卷一《四經叙錄》。

〔4〕孔疏，原刻本"孔"作"也"，形近誤也。

〔5〕違，原刻本作"選"，據中華本改。

〔6〕優賢揚歷，亦作"優賢颺歷"，謂禮敬賢才，顯揚其事迹。《三國志·魏書·管寧傳》："若寧固執匪石，守志箕山，追迹洪崖，參踪巢許，斯亦聖朝同符唐虞優賢揚歷，垂聲千載。"裴松之注："《今文尚書》曰：'優賢揚歷。'謂揚其所歷試。"

〔7〕 改竄,原刻本作"之竄",據中華本改。

〔8〕 盡信《書》則不如無《書》,見《孟子·盡心下》。

27. 論《尚書》有不能解者當闕疑,不必强爲傅會,漢儒疑辭不必引爲確據

　　子曰:"多聞闕疑。"〔1〕又曰:"君子於其所不知,蓋闕如也。"〔2〕然則聖人生於今日,其解經必不嚮壁虛造而自欺欺人也,明矣。《尚書》最古,文義艱深,伏生易爲今文,而史公著書,多以訓故改經,馬、鄭名傳古文,而與今文駁異者,亦疑多以訓故改經,其必改艱深爲平易者,欲以便學者誦習也。而二十九篇傳於今者,猶未能盡索解人,"周《誥》殷《盤》,詰屈聱牙",韓文公已言之〔3〕。《尚書》之難解,以諸篇爲尤甚。如《大誥》之"今蠢,今翼日""乃有友伐厥子,民養其勸勿救"〔4〕,《盤庚》之"吊由靈""用宏兹賁"〔5〕等語,或由方言之莫識,或由簡策之傳訛,無論如何曲説,終難據爲確解。而孔《傳》强爲解之,近儒江、王、孫又强爲解之〔6〕,此皆未敢信爲必然,當從不知蓋闕者也。北魏徐遵明解經〔7〕,史稱其穿鑿,所據本八寸策誤作八十宗,遂强以八十宗解之〔8〕。然則强不知以爲知,非皆八十宗之類乎? 漢儒解經,其有明文而能自信者,即用決辭,其無明文而不能自信者,即爲疑辭。如《堯典》之"羲和"疏引鄭云〔9〕:"高辛氏之世,命重爲南正司天,黎爲火正司地。堯育重、黎之後,羲氏、和氏之子賢者,使掌舊職天地之官,亦紀於近氏,命以民事。其時官名,蓋曰稷、司徒。"

　　錫瑞案:鄭以四子分屬四時,羲、和實司天、地,地官司徒猶可强附,天官爲稷,并無明文。《國語》云:"稷爲大官。"〔10〕有誤作"天官"者。《緯》云:"稷爲司馬。"〔11〕又云:"司馬主天。"故鄭君以此傅會之云,初堯天官爲稷,禹登用之年,舉棄爲之。時天下賴后稷之功,故以官名通稱。箋《詩》又云:"堯登用之,使居稷官,民賴其勞,後雖作司馬,天下猶以后稷稱焉。"〔12〕鄭之彌縫,亦云至矣。然如其説,則棄於

堯時已爲天官，其位最尊，若周之冢宰矣。何以堯、舜禪讓，皆不及棄？且稷爲天官，司馬爲夏官，天官尊於夏官，后稷有功於民，何以反由天官降爲司馬？舜命九官，并無司馬之名，鄭知其無明文，不能自信，故云“蓋曰稷、司徒”〔13〕。凡言“蓋”者，皆疑辭也。《周禮疏序》又引鄭云：“堯既分陰陽爲四時，命羲仲、和仲、羲叔、和叔等爲之官，又主方岳之事，是爲四岳。掌四時者曰仲叔，則掌天地者其曰伯乎？”案鄭以四子即四岳，又別有掌天地之官，與兩漢今文説不同。鄭知其無明文，不能自信，故云“其曰伯乎”。凡言“乎”者，皆疑辭也，其不敢爲決辭，猶見先儒矜慎之意〔14〕。後之主鄭義者，必強傅會以爲確據，非但不知聖人闕疑之旨，并先儒矜慎之意亦失之矣。

箋注

〔1〕語見《論語·爲政》。

〔2〕語見《論語·子路》。

〔3〕語見《韓昌黎文集》卷一《進學解》。周《誥》即《尚書·周書》之《大誥》《康誥》《酒誥》《召誥》《洛誥》《康王之誥》，殷《盤》即《尚書·商書》之《盤庚》。

〔4〕《尚書·大誥》：“今蠢，今翼日。”孔安國《傳》：“今天下蠢動，今之明日。”又：“乃有友伐厥子，民養其勸弗救。”孔安國《傳》：“若兄弟父子之家，乃有朋友來伐其子，民養其勸不救者，以子惡故。”

〔5〕《尚書·盤庚下》：“非廢厥謀，吊由靈。”孔安國《傳》：“吊，至。靈，善也。非廢，謂動謀於衆，至用其善。”又：“各非敢違卜，用宏兹賁。”孔安國《傳》：“宏、賁皆大也。君臣用謀，不敢違卜，用大此遷都大業。”

〔6〕江，即江聲，著有《尚書集注音疏》；王，即王鳴盛，著有《尚書後案》；孫，即孫星衍，著有《尚書今古文注疏》。

〔7〕徐遵明(475—529)，字子判，北魏華陰(今陝西渭南)人。北朝大儒。師事屯留王聰，受《毛詩》《尚書》《禮記》，又師從燕趙張吾貴、範陽孫買德、平原唐遷等學經。終身未仕，開門授徒二十餘年，門生衆多。博通《孝經》《論語》《毛詩》《尚書》《三禮》諸經，爲學守東漢鄭玄之學，傳鄭玄注《周易》《尚書》和《三禮》。又曾得舊本服虔注《春秋》，研究數年，撰成《春秋義章》三十卷，已佚。《北史》卷八一有傳。

〔8〕《北史》卷八一《儒林傳上》："遵明見鄭玄《論語序》云'書以八寸策',誤作'八十宗',因曲爲之説。其僻也皆如此。"

〔9〕案,以下引文實爲賈公彦《周禮正義·序》所引鄭玄《尚書·堯典》注。

〔10〕稷爲大官,見《國語·周語上》。

〔11〕稷爲司馬,見《尚書刑德考》。

〔12〕引文見《毛詩·閟宫》鄭箋。

〔13〕案,《周禮正義序》："天地之官,亦紀於近,命以民事,其時官名蓋曰稷、司徒。"

〔14〕矜慎,嚴謹慎重之意。《梁書》卷八《昭明太子傳》："矜慎庶獄,勤恤關市。"

28. 論僞古文言仁、言性、言誠乃僞孔襲孔學,非孔學出僞書

王應麟曰:"《仲虺之誥》,言仁之始也;《湯誥》,言性之始也;《太甲》,言誠之始也;《説命》,言學之始也,皆見於《商書》。'自古在昔,先民有作,温恭朝夕,執事有恪'〔1〕,亦見於《商頌》,孔子之傳有自來矣。"〔2〕

錫瑞案:《商書》四篇,皆出僞孔古文,惟《禮記·文王世子》引《兑命》曰:"念終始典於學。"〔3〕鄭注:"兑"當爲"説"。《説命》,《書》篇名,殷高宗之臣傅説之所作,是王氏所舉《商書》四篇之語,惟"學"之一字實出《説命》,其餘皆未可據。宋儒講性理,故於古文雖知其僞,而不能不引以爲證,其最尊信者"危微精一"十六字之傳。考"人心之危,道心之微"二語,出《荀子》引《道經》〔4〕。荀子親見全書,若出《尚書》,不當引爲《道經》;既稱《道經》,不出《尚書》可知。僞孔以羼入《大禹謨》,宋儒乃以四語爲傳心秘訣。四語惟"允執厥中"出《論語·堯曰》篇"允執其中",實有可據,二帝相傳即此已足。《中庸》稱舜"執其兩端,用其中於民",正是推闡"允執其中"之義。《論語》云"舜亦以命禹"〔5〕,足見二帝相傳無異。朱注云:"今見於《虞書·大禹謨》,比此加詳。"如其説,則堯命舜爲寥寥短章,舜命禹爲洋洋大篇,由誤信僞古文,與《論語》亦字不合。

大凡理愈推而愈密，辭愈衍而愈詳。性理自堯、舜至孔、孟而後，推衍精詳，前此或有其義而無其文，要其義亦足以盾之。如《堯典》云"欽明文思安安"[6]等語，《史記·堯本紀》譯其文，而代以"其仁如天，其知如神"等語[7]，是當時已有"仁"之義也。孟子曰："堯、舜性之也。"[8]是當時已有"性"之義也。《今文尚書》"文思"作"文塞"，"塞"有"誠實"之義，是當時已有誠之義也。古文字簡略，而義已包括於其中，何必謂《㐰誥》言仁，《湯誥》言性，《太甲》言誠，至《商書》始發其義乎？典以"欽"始，謨以"欽"終[9]，二帝相傳心法，"欽"之一字足以括之，何必十六字乎？偽孔古文出於魏晉孔孟之學大明之時，掇拾闕里緒言，撰成偽書文字，此乃偽孔書襲孔學，非孔學本於偽孔書。王氏不知，乃以此等書爲聖學所自出，豈非顛倒之甚哉！惟《商頌》作於正考父，乃孔子六世祖，以爲孔子之傳有自來，其說尚不誤耳，然亦本於近祖有正考父[10]，而非本於遠祖商王也。

箋注

〔1〕《毛詩·商頌·那》："自古在昔，先民有作。溫恭朝夕，執事有恪。"毛傳："先王稱之曰自古，古曰在昔，昔曰先民。有作，有所作也。恪，敬也。"

〔2〕見王應麟《困學紀聞》卷二《書》。

〔3〕《禮記·文王世子》："《兌命》曰：'念終始典於學。'"鄭玄《注》："典，常也。念事之終始常於學。學，禮義之府。"孔穎達《正義》："云'念終始'者，言人君念錄事之終始，常在於學中念之，以學爲禮義之府，故聖人於中而行養老之禮，是念終始常於學也。"

〔4〕《荀子·解蔽》："故《道經》曰：'人心之危，道心之微。'"

〔5〕見《論語·堯曰》。

〔6〕《尚書·堯典》："欽明文思安安。"孔安國《傳》："欽，敬也。言堯放上世之功化，而以敬、明、文、思之四德，安天下之當安者。"孔穎達《正義》："鄭玄云：'敬事節用謂之欽，照臨四方謂之明，經緯天地謂之文，慮深通敏謂之思。'孔無明說，當與之同。四者皆在身之德，故謂之'四德'。"

〔7〕《史記·五帝本紀》："其仁如天，其知如神。"

〔8〕《孟子·盡心下》："堯舜，性者也。"

〔9〕《尚書·堯典》：“曰若稽古帝堯，曰放勛，欽明文思，安安。”《尚書·益稷》：“帝拜曰：‘俞，往欽哉！’”《清穆宗實錄》卷六五：“而《堯典》以欽始，《益稷》以欽終，其與執中之理，可互相發明歟？”

〔10〕案，正考父當爲孔子七世祖。世系爲：正考父—孔父嘉—木金父—祁父—孔防叔—伯夏—叔梁紇—孔丘。見江永《鄉黨圖考·孔子先世譜》。

29. 論王柏《書疑》疑古文有見解，特不應并疑今文

王柏《書疑》與《詩疑》[1]，皆爲人詬病。王氏失在并今文而疑之耳，疑古文不得謂其失也。

其疑僞孔《尚書序》曰：“其一曰：‘《三墳》之書言大道，《五典》之書言常道。’所謂《三墳》《五典》《八索》《九丘》者，古人固有此書，歷代相傳，至夫子時已删而去之，則其不足取以爲後世法可知矣。序者欲誇人所不知，遂敢放言以斷之曰‘此言大道’‘此言常道’也。使其果有聖人經世治民之道，登載於簡籍之中，正夫子之所願幸，必爲之發揮紀述，傳之方來，必不芟夷退黜，使埋没於後世。夫天下之論，至孔子而定，帝王之書，至《堯典》而始。上古風氣質樸，隨時致治，史官未必得纂紀之要。故夫子定《書》，所以斷自唐虞者，以其立政有綱，制事有法，可以爲萬世帝王之軌範也。唐虞之下，且有存有亡，有脱有誤，唐虞之上，千百年之書[2]，孰得其全而傳之？孰得其要而繹之[3]？予嘗爲之説曰：凡帝王之事，不出於聖人之經者，皆妄也。學者不當信其説[4]，反引以證聖人之經也。其二曰：‘孔壁之書，皆科斗文字。’[5]予嘗求科斗之書體，茫昧恍惚，不知其法，後世所傳夏、商鼎彝盤匜之類[6]，舉無所謂科斗之形。或謂科斗者，顓頊之時書也。序者之言，不過欲耀孔壁所藏之古耳。謂科斗始於顓帝者，亦不過因序者之言，實以世代之遠而傅會之。且曰科斗書廢已久，時人無能知者，又不知何以參伍點畫，考驗偏傍，而更爲隸古哉？於是遂遁其詞曰：‘以所聞伏生之書，考論文義，定其可知者。’則是古文之書，初無補於今文，反賴

今文而成書。本欲尊古文，而不知實陋古文也。”[7]

錫瑞案：王氏辨孔《序》二條，皆有見解。知《尚書》以孔子所定爲斷，則鄭樵信《三墳》[8]，王應麟輯《三皇五帝書》[9]，愛奇炫博，皆可不必。知古文科斗之無據，則非惟僞孔《序》不足信，即鄭君《書贊》曰：“《書》初出屋壁，皆周時象形，今所謂科斗書，以形言之爲科斗，指體即周之古文。”亦未可信。晉王隱[10]謂科斗文者，其字頭粗尾細，似科斗之蟲，故俗名之焉。段玉裁據此，以科斗文乃晉人里語，孔叙《尚書》乃有科斗文字之稱，其僞顯然。考鄭君《書贊》已云科斗書，則段説未確。案鐘鼎文無頭粗尾細之形，王氏已明言之，《説文》所列古文，亦不似科斗，然則古文科斗之説，乃東漢古文家自相矜炫，鄭君信其説而著之《書贊》，僞孔又信鄭説而著之《書序》也。

王氏知古文之僞，不知今文之真，其并疑今文，在誤以宋儒之義理，準古人之義理，以後世之文字，繩古人之文字。蘇軾疑《顧命》不當陳設吉禮[11]，趙汝談疑《洪範》非箕子作[12]，晁以道[13]疑《堯典》《禹貢》《洪範》《吕刑》《甘誓》《盤庚》《酒誥》《費誓》諸篇。見《容齋三筆》。《書疑》多本前人，亦非王氏獨創。特王氏於《尚書》篇篇獻疑，金履祥等從而和之，故其書在當時盛行，而受後世之掊擊最甚。平心而論，疑經改經，宋儒通弊，非止王氏，皆由不信經爲聖人手定。王氏《詩疑》删鄭、衛詩，竄改《雅》《頌》，僭妄太甚，《書疑》猶可節取。

箋注

〔1〕《書疑》九卷，爲王柏辯論《尚書》之文，其以脱簡爲醉，對《尚書》文字有所移補。《四庫全書總目提要》卷一三《書類存目一》有著録。《詩疑》二卷，爲王柏研究《詩經》之作，其書否定毛傳、鄭箋，且懷疑《詩經》原文，并以錯簡、脱簡爲由對詩文予以改易、删除。《四庫全書總目提要》卷一七《詩類存目一》有著録。

〔2〕書，原刻本作“前”，據王柏《書疑》卷一《書大序》改。

〔3〕繹，原刻本作“詳”，據王柏《書疑》卷一《書大序》改。

〔4〕其説，柏《書疑》卷一《書大序》作“而惑之”。

〔5〕案，《漢書•藝文志》：“武帝末，魯共王壞孔子宅，欲以廣其宫，而得古文《尚書》及《禮記》《論語》《孝經》凡數十篇，皆古字也。”《尚書注疏》卷一《尚書

序》："至魯共王好治宫室，壞孔子舊宅以廣其居，於壁中得先人所藏古文虞、夏、商、周之《書》及《傳》《論語》《孝經》，皆科斗文字。"

〔6〕 鬴(fǔ)，古代量器。《周禮·地官·廩人》："凡萬民之食食者，人四鬴，上也；人三鬴，中也；人二鬴，下也。"鄭玄《注》："此皆謂一月食米也。六斗四升曰鬴"。鬲(lì)，古代炊具。《漢書·郊祀志上》："禹收九牧之金，鑄九鼎，象九州。皆嘗鬺享上帝鬼神。其空足曰鬲。"注引蘇林曰："鬲音歷。足中空不實者，名曰鬲也。"盤、匜(yí)，古代盛水洗手器具，用於沃盥之禮，爲先秦禮器之一。《儀禮·公食大夫禮》："小臣具槃匜，在東堂下。"

〔7〕 見王柏《書疑》卷一《書大序》。

〔8〕 《三墳》爲伏羲、神農、黃帝之書，泛指古書。《通志》卷六三《藝文略·經類第一·易》："《三皇太古書》亦謂之《三墳》，一曰《山墳》，二曰《氣墳》，三曰《形墳》。天皇伏羲氏本《山墳》而作《易》曰《連山》，人皇神農氏本《氣墳》而作《易》曰《歸藏》，地皇黃帝氏本《形墳》而作《易》曰《坤乾》。"

〔9〕 王應麟《玉海》卷三七《藝文·書》："《三皇五帝書》，古《三墳》。"

〔10〕 王隱，字處叔，東晉陳郡陳(今河南淮陽)人。博學多聞，受父遺業，熟諳西晉舊事。元帝太興初，召爲著作郎，令撰《晉史》。預平王敦有功，賜爵平陵鄉侯。年七十餘卒。著有《王隱文集》十卷，《晉書》九十三卷，後亡佚。《晉書》卷八二有傳。

〔11〕 吉禮，古代五禮之一，即祭祀天神、地祇、人鬼等之禮儀活動。

〔12〕 趙汝談(? —1237)，字履常，號南塘，餘杭(今浙江餘杭西南)人。宋宗室，太宗八世孫。理宗初，因疾去官，杜門著述，於經、子、《通鑑》、杜詩皆有注。有《介軒詩集》。卒諡文恪。《宋史》卷四一三《趙汝談傳》："《書》堯、舜二《典》宜合爲一，禹功只施於河、洛，《洪範》非箕子之作。"

〔13〕 晁説之(1059—1129)，字以道，一字伯以，濟州鉅野(今山東鉅野)人。因慕司馬光爲人，自號景迂生。晚年信佛。工詩，善畫山水。博通五經，尤精於《易》。著有《儒言》《晁氏客語》《景迂生集》等。

30. 論劉逢禄、魏源之解《尚書》多臆説，不可據

今、古文之興廢，皆由《公羊》《左氏》爲之轉關。前漢通行今文，劉歆議立《左氏春秋》，於是牽引《古文尚書》《毛詩》《逸禮》諸書，以爲之

佐。後漢雖不立學，而古文由此興，今文由此廢。以後直至國朝諸儒，昌明漢學，亦止許、鄭古文。及孔廣森專主《公羊》[1]，始有今文之學。陽湖莊氏[2]乃推今《春秋公羊》義并及諸經，劉逢祿、宋翔鳳、龔自珍、魏源繼之，而三家《尚書》、三家《詩》，皆能紹承絕學。凌曙、陳立師弟[3]，陳壽祺、喬樅父子，各以心得，著爲專書，二千餘年之墜緒，得以復明，十四博士之師傳，不至中絕，其有功於聖經甚大。實亦由治《公羊春秋》，漸通《詩》《書》《易》《禮》之今文義也。常州學派[4]蔚爲大宗，龔自珍詩所謂"秘緯户户知何休"者[5]，蓋《公羊》之學爲最精。而其説《尚書》則有不可據者。

劉逢祿《書序述聞》[6]多述莊先生説，不補《舜典》，不信《逸書》，所見甚卓，在江、孫、王諸家之上，而引《論語》《國語》《墨子》以補《湯誓》，以《多士》《多方》爲有錯簡而互易之，自謂非取蹈宋人改經故轍，而明明蹈其故轍矣。《盤庚》以"咸造勿"爲句，謂"勿"爲古文"旍"；《微子》以"刻子"讀爲"亥子"，《洪範序》以"立武庚曰"爲句，謂"已"當作"祀"；《洛誥》以"王賓殺禋"[7]爲句，"咸格王"爲句，"入太室裸"[8]爲句，謂"殺"當爲"秉"，"秉禋"即"奉璋"也；《顧命》"太保命仲桓、南宮毛俾爰"爲句，"爰"者扶掖之名；《畢命序》以"康王命作册"爲句，"畢分居里成周郊"爲句，謂畢，終也，周公、成王未竟之業至康王始畢之。皆求新而近鑿。《太誓序》"惟十有一年"，爲武王即位之十一年，不蒙文王受命之年數之，與今文、古文皆不合。至於不信周公居攝之説，以孫卿爲誣聖亂經；不取太子孟侯之文，以伏《傳》爲街談巷議；不用孟津觀兵之義，以馬遷爲齊東野人。橫暴先儒，任意武斷。乃云漢儒誣之於前，宋儒亂之於後，其實莊氏所自矜創獲，皆陰襲宋儒之餘唾，而顯背漢儒之古訓者也。孫卿在焚書之前，伏生爲傳經之祖，太史公去古未遠，其説必有所受。乃以理斷之，謂皆不可信，宋儒之説，獨可信乎？宋儒已不可信，莊氏之説，又可信乎？劉逢祿雖尊信之，宋翔鳳、龔自珍皆不守其説。魏源尊信劉逢祿，其作《書古微》[9]痛斥馬、鄭，以扶今文，實本莊、劉，更參臆説。補《湯誓》本莊氏，補《舜典》《湯誥》《牧誓》《武成》，則莊氏所無。《周誥分年集證》[10]將《大誥》至《洛誥》之文，盡竄易其次序，與王柏《書疑》無以異。以管叔爲嗜酒亡國[11]，則雖宋儒亦未敢爲此無據之言。而於《金縢》"未敢訓公"之下，既知必有缺文，又云"後半篇不如從馬、鄭説。西漢今文，千得豈無一失？東漢古文[12]，千失豈無一得？"則其解經并無把握，何怪其是末師而非往古乎？解經但宜依經爲訓，莊、劉、魏皆議論太暢，此宋儒説經之文，非漢儒説經之文。解經於經無明文者，必當闕疑，莊、劉、魏皆立論太果，此宋儒武斷之習，非漢儒矜慎之意也。

箋注

〔1〕《清史稿》卷四八一《儒林傳二·孔廣森》："所學在《公羊春秋》，嘗以《左氏》舊學湮於征南，《穀梁》本義汩於武子。王祖游謂何休志通《公羊》，往往爲《公羊》疾病。其餘啖助、趙匡之徒，又橫生義例，無當於經，唯趙汸最爲近正。何氏體大思精，然不無承訛率臆。於是旁通諸家，兼采《左》《穀》，擇善而從，著《春秋公羊通義》十一卷，《序》一卷。凡諸經籍義有可通於《公羊》者，多著録之。"

〔2〕陽湖莊氏，即江蘇武進（今屬常州）莊存與、莊培因、莊述祖家族，是清代常州今文經學的開創者之一，也是常州學派重要領袖之一。

〔3〕凌曙（1775—1829），字曉樓，江蘇江都（今江蘇揚州）人，清代經學家。家貧好學，初爲塾師，後從阮元校書授讀。著有《公羊禮疏》《公羊禮説》《公羊問答》等書。陳立（1809—1869），字卓人，號默齋，江蘇句容人。清代經學家，於《公羊》用力甚深。著有《公羊義疏》《白虎通疏證》《爾雅舊注》《句溪雜著》等書。凌曙、陳立，《清史稿》卷四八一《儒林傳三》皆有傳。

〔4〕案，常州學派是清代乾隆、嘉慶年間以莊存與、莊述祖、莊綬甲、劉逢禄爲代表的研究《春秋公羊傳》的今文經學派。由於他們都是清代常州府人，故得名。

〔5〕龔自珍《定盦文集·補古今體詩》下卷《常州高材篇·送丁若士（履恒）》："《易》家人人本虞氏，毖緯户户知何休。"

〔6〕《書序述聞》一卷，爲劉逢禄研究《書序》之作，收入《皇清經解續編》。

〔7〕禋，古代祭天儀式。先燔柴升煙，再加牲體或玉帛於柴上焚燒。《周禮·春官·大宗伯》："以禋祀祀昊天上帝。"鄭玄《注》："禋之言煙，周人尚臭，煙，氣之臭聞者。"殺禋，謂殺牲祭祖。《尚書·洛誥》："王賓，殺禋。"孔安國

《傳》:"王賓異周公,殺牲,精意以享文武。"

〔8〕太室,太廟中央之室,亦指太廟。祼(guàn),古代祭祀儀式,以香酒灌地而告神。《尚書·洛誥》:"王入太室祼。"孔安國《傳》:"太室,清廟。祼鬯(chàng)告神。"孔穎達《正義》:"'清廟',神之所在,故王入太室祼獻鬯酒以告神也。'祼'者,灌也。王以圭瓚酌鬱鬯之酒以獻尸,尸受祭而灌於地,因奠不飲謂之'祼'。"

〔9〕《書古微》十二卷,魏源研究《尚書》之著作。《古微堂集·外集》卷一《書古微序》:"《書古微》何爲而作也?所以發明西漢《尚書》今、古文之微言大誼,而闢東漢馬、鄭古文之鑿空無師傳也。"

〔10〕案,《周誥分年集證》共五篇,見《書古微》卷一〇。

〔11〕案,"亡國"當作"亡身"。《書古微》卷一〇《周誥發微中》:"吾讀《朱子語錄》言:管叔何以從武庚之畔?此必管叔舊有酒德,武庚以酒酗之,使人乘醉離間,謂弟秉國枋,兄投閒散,激其忿而詿以邪謀。斯言也,吾於《酒誥》經文得之。前半篇恫管叔違文王之教,以酒亡身;後半篇始言殷人違成湯諸哲王之訓,以酒亡國。"

〔12〕東漢,原刻本作"一漢",據《書古微》卷九《金縢發微下》改。

31. 論孔子序《尚書》略無年月,《皇極經世》《竹書紀年》所載共和以前之年皆不足據

太史公《三代世表》曰[1]:"孔子因史文次《春秋》,紀元年,正時、日、月,蓋其詳哉! 至於序《尚書》,則略無年月,或頗有,然多闕不可録,故疑則傳疑,蓋其慎也。余讀諜記,黄帝以來,皆有年數,稽其曆譜諜終始五德之傳[2],古文咸不同乖異,夫子之弗論次其年月,豈虛哉! 於是以《五帝繫諜》《尚書》,集世紀黄帝以來訖共和,爲《世表》。"《十二諸侯年表》曰:"於是譜十二諸侯,自共和訖孔子。"

錫瑞案:太史公於共和以前,但表其世,自黄帝始,至共和二伯行政止。共和以後,始表其年,自庚申共和元年,以宣王少,大臣共和行政始,至甲子周敬王四十三年崩止。蓋史公所據載籍,於共和

以前之年歲，已不可考，故史公作五帝、夏、商、周《本紀》，但書某帝王崩，某帝王立；周宣王后，始紀崩年。正所謂疑則傳疑，蓋其慎也。鄭君《詩譜》曰："夷、厲以上，歲數不明，太史年表，自共和始，歷宣、幽、平王而得《春秋》，次第以立斯譜。"是鄭君亦不能知共和以前也。《漢書‧律曆志》據劉歆《三統術》曰："夏后氏繼世十七王，四百三十二歲，自伐桀至武王伐紂六百二十九歲。故傳曰'殷載祀六百'。《殷曆》曰：當成湯方即世用事，十三年十一月甲子朔旦冬至，終六府首[3]。當周公五年，則爲距伐桀四百五十八歲[4]，少百七十一歲，不盈六百二十九。又以夏時乙丑爲甲子，計其年，乃孟統後五章癸亥朔旦冬至也。以爲甲子府首，皆非是。凡殷世繼嗣三十一王，六百二十九歲，《春秋》《殷曆》皆以殷，魯自周昭王以下亡年數，故據周公伯禽以下爲紀。"

案劉歆所推據殷、魯曆，於周僅能舉文、武、成、康之年，昭王以下，則不能知。魯則自伯禽至惠公崩，年皆具。蓋據曆推之，不能備，而亦不盡可信者也。今即《尚書》而論，堯在位七十載，雖有明文，然不知從何年數起。舜生三十徵庸，三十在位，五十載陟方乃死，亦有明文，不知從何年數起。鄭本作徵庸二十，其年又異。殷中宗七十有五年，高宗五十有九年，祖甲三十有三年，有明文。而今文祖甲作太甲，不同。高宗饗國百年，其年又異。文王享國五十年，穆王享國百年，有明文，亦不知從何年數起。故孔子序《書》，略無年月，疑在孔子時，已不盡可考矣。皇甫謐《帝王世紀》載帝王在位之年[5]，不知從何得之。《竹書紀年》據束晳[6]所引云夏年多殷，與《左氏傳》《漢志》不同。今《紀年》云：自禹至桀十七世，用歲四百七十一年，自成湯滅夏，以至於受，二十九王，用歲四百九十六年，仍殷年多夏，而與《左氏傳》《漢志》亦異。疑皆以意爲説，當從不知蓋闕者也。劉恕作《通鑑外紀》[7]，起三皇五帝，止用共和，載其世次而已，起共和至威烈王二十二年丁丑，四百三十八年爲一編。又作《疑年譜》《年略譜》[8]，謂先儒叙包羲、女媧，下逮三代，享國之歲，衆説不同，懼後人以疑事爲信書，穿鑿滋甚，故周厲王以前三千五百一十九年，爲《疑年譜》，而共和以下至元祐壬申一千九百一十八年，爲《年略譜》。劉氏原本《史記》，猶不失爲矜愼。自邵子作《皇極經世書》[9]，上稽唐堯受命甲辰之元爲編年譜[10]。胡宏《皇王大紀》[11]、張栻《經世紀年》[12]皆本其説。張氏云："外丙、仲壬之紀，康節以數知之，乃合於《尚書》'成湯旣没，太甲元年'之説。成湯之後，蓋實傳孫，孟子所説，特以太丁未立而卒。方是時，外丙生二年，仲壬生四年耳，又正武王伐商之年，蓋武王嗣位十一年矣。故《書序》稱十有一年，而復稱十三年者，字之誤也。是類皆自史遷以來傳習之謬，一旦使學者曉然得其眞，萬世不可改者也。"

錫瑞案：宋儒好武斷，而自相標榜，至此而極。二帝三代相傳之年，孔子所未言，漢儒所不曉。邵子生於數千載之後，全無依據，而以數推知之，豈可信乎？孟子云"外丙二年，仲壬四年"，必是在位之年。若以年爲年歲，古者植遺腹、朝委裘而天下不亂，豈有二歲、四歲之人不可立者。古文《書序》云"成湯旣没，太甲元年"，遺却外丙、仲壬兩朝，正可以見古文《書序》之僞。邵子不能辨，而據以就其所推之數，誤矣。武王伐殷，十一年、十三年有二説，今文説文王受命七年而崩，武王再期觀兵爲九年，又二年伐紂爲十一年；古文説以文王受命九年而崩，武王再期觀兵爲十一年，又二年伐紂爲十三年。皆蒙文王受命之年而言。邵子不能辨，又不蒙文王受命之年，以爲武王十一年，而十三年字誤，其實并非誤也。張氏所引二事，已皆非是，其餘可知。金履祥《通鑑前編》[13]、許謙《讀書叢説·紀年圖》[14]，皆用邵子之説。元明以來，尊崇宋學，臆推之年，遂成鐵案。編年之史，率沿僞説，世所傳《綱鑑易知録》[15]《歷代帝王年表》[16]諸書，篇首載帝王之年，歷歷可數。唐堯以上，或出於皇甫謐，要皆俗語不實，流爲丹青，而不知其爲嚮壁虛造也。世傳《竹書紀年》，如以外丙、仲壬列入紀年，及所推帝王年代，又與《皇極經世》所推多異，而與僞孔古文《尚書》全符，皆由後人依托爲之，并非汲冢之舊，尤不可據。閻若璩云："邵子出而數明，上下千萬載罔或抵牾。"此閻氏過信宋學之故，不知皆憑臆撰造也。

箋注

〔1〕太史公,原刻本誤作"太平公"。

〔2〕諜,《史記索隱》:"音牒。牒者,紀系諡之書也。下云'稽諸曆諜',謂歷代之譜。"傳,《史記索隱》:"音轉。謂帝王更王,以金木水火土之五德傳次相承,終而復始,故云終始五德之傳也。"

〔3〕終,原刻本作"於",據《漢書・律曆志下》改。

〔4〕八,原刻本脱,據《漢書・律曆志下》補。

〔5〕皇甫謐,注見前。《帝王世紀》一書專述帝王世系、年代及事迹,所叙上起三皇,下迄漢魏。内容多采自經傳、圖緯及諸子雜書,載録之史事有《史記》及兩《漢書》所闕而不備者,具有較高史料價值。

〔6〕束皙(約261—約300),字廣微,陽平元城(今河北大名東)人。西晉著名學者,曾撰《晉書・帝紀》。《晉書》卷五一有傳。武帝太康時,汲郡人盗發戰國時魏襄王墓(或言安釐王墓),得竹書數十車。皙在著作,參與考訂論證,整理成七十五篇,内有《竹書紀年》《穆天子傳》等。另著《五經通論》《七代通記》《發蒙記》等書。

〔7〕劉恕(1032—1078),字道原,一作道源,筠州高安(今江西高安)人。宋代學者,尤擅治史,與司馬光同修《資治通鑑》。著有《通鑑外紀》《五代十國紀年》等書。《宋史》卷四四四有傳。《直齋書録解題》卷四《編年類》:"《通鑑外紀》十卷、《目録》三卷。秘書丞高安劉恕道原撰。司馬公修歷代君臣事迹,辟恕爲屬。嘗謂《史記》不及庖犧、神農,今歷代書不及威烈之前,欲爲《前紀》而本朝爲後紀,將俟書成請於公。會道原病發,絶意《後紀》,乃改《前紀》爲《外紀》云。"

〔8〕《直齋書録解題》卷四《編年類》:"《疑年譜》一卷、《年略譜》一卷、《雜年號》附。劉恕撰。謂《春秋》起周平、魯隱,《史記》本紀自軒轅,列傳首伯夷,年表起共和。共和至魯隱,其間七十一年,即與春秋相接矣。先儒叙庖犧、女媧,下逮三代,享國之歲,衆説不同,懼後人以疑事爲信書,穿鑿滋甚,故周厲王以前三千五百一十九年爲《疑年譜》,而共和以下至元祐壬申一千九百一十八年爲《年略譜》,大略不取正閏之説,而從實紀之。四夷及寇賊僭紀名號,附之於末。"

〔9〕邵子,即邵雍,諡康節。《直齋書録解題》卷一《易類》:"《皇極經世》十二卷、《叙篇系述》二卷。處士河南邵雍堯夫撰。其學出於李之才挺之,之才受之

穆修伯長,修受之种放明逸,放受之陳搏,蓋數學也。曰元會運世,以元經
會,以運經世。自帝堯至於五代,天下離合,治亂興廢、得失邪正之迹,以天
時而驗人事,以人事而驗天時,以陰陽剛柔窮聲音律呂,以窮萬物之數。末
二卷論所以爲書之意,窮日月星辰、飛走動植之數,以窮天地萬物之理;述
皇王帝霸之事,以明大中至正之道。書謂之《經世》,篇謂之《觀物》,凡六十
二篇。其子伯溫爲之《叙系》,具載先天、後天、變卦、反對諸圖,又爲《易學
辨惑》一篇,叙傳授本末真偽。然世之能明其學者,蓋鮮焉。"

〔10〕上,原刻本誤作"土",據中華本改。

〔11〕胡宏(1106—1162),字仁仲,號五峰,學者稱五峰先生。胡安國子,建寧崇
安(今福建武夷山市)人。幼師楊時、侯仲良,傳其父之學。著有《知言》《皇
王大紀》《五峰集》等書。《宋史》卷四三五有傳。《直齋書録解題》卷四《編
年類》:"《皇王大紀》八十卷。胡宏撰。述三王、五帝至周赧王。前二卷自
盤古至帝嚳,年不可考信,姑載其事而已。自堯以後用《皇極經世》曆,起甲
辰,始著年紀。博采經傳,時有論説,自成一家之言。然或取莊周寓言以爲
實,及叙邃古之初,終於無徵不信云爾。"

〔12〕張栻(1133—1180),字敬夫,號南軒,學者稱南軒先生,謚曰宣,後世又稱張
宣公。張浚之子,漢州綿竹(今四川綿竹)人,寓居長沙。南宋初期著名理
學家,教育家。師胡宏,與朱熹、呂祖謙爲友。著有《論語解》《孟子説》《南
軒先生文集》等書。《宋史》卷四二九有傳。《直齋書録解題》卷四《編年
類》:"《經世紀年》二卷。侍講廣漢張栻敬夫撰。用《皇極經世》譜編,有所
發明則著之。其言邵氏以數推知去外丙、仲壬之年,乃合於《尚書》'成湯既
没,太甲元年'之説。今按,孔氏《正義》正謂劉歆、班固不見古文,謬從《史
記》,而章衡《通載》乃云以紀年推之外丙、仲壬合於歲次,《尚書》殘缺而《正
義》之説誤。蓋三代而上帝王,歷年遠而難考類如此,劉道原所謂疑年者
也。然孟子亦有明文,不得云《史記》謬。"

〔13〕《鄭堂讀書記》卷一六《史部二》:"《通鑑前編》十八卷、《舉要》二卷(元刊
本)。宋金履祥撰。……其門人許白雲(謙)序謂:先生以劉恕《通鑑外紀》
不本於經,而信百家之説,是非既謬於聖人,此不足以傳信。乃用邵氏《皇
極經世》、胡氏《皇王大紀》之例,損益折衷,一以《尚書》爲主,下及《詩》《禮》
《春秋》,旁采舊史諸子,表年繫事,復加訓釋,斷自唐堯以下,接於《通鑑》之
前,勒爲一書,名曰《通鑑前編》,凡十有八卷,《舉要》二卷,廣博精密,凡帝
王經世之大猷,聖賢傳道之微旨,具在是矣。"

〔14〕《四庫全書總目提要》卷一二《經部·書類二》:"《讀書叢説》六卷(浙江吳玉

埠家藏本）。元許謙撰。……自蔡沈《書集傳》出，解經者大抵樂其簡易，不復參考諸書。謙獨博覈事實，不株守一家，故稱叢説。……書内載其師金履祥説爲多。卷首《書紀年》一篇，即據履祥《通鑑前編》起算，其間得失雜出，亦不盡確然。宋末元初説經者多尚虚談，而謙於《詩》考名物，於《書》考典制，猶有先儒篤實之遺，是足貴也。"

〔15〕《綱鑑易知録》，清人吳乘權編。上起盤古，下至明末。從《三皇紀》到《元紀》共九十二卷，另有《明紀》（又名《明鑑易知録》）十五卷，共一百零七卷。戰國以前至神話傳説時期之史事據劉恕《通鑑外紀》、金履祥《通鑑前編》編成，宋、元兩朝史事據商輅《資治通鑑綱目》編成，《明紀》部分據朱國標等按年分條節鈔《明史紀事本末》而成的《明紀鈔略》編成。

〔16〕《歷代帝王年表》，清人齊召南撰。《鄭堂讀書記》卷一六《史部二》："《歷代帝王年表》十三卷（浦江戴氏校刊本）。國朝齊召南撰（召南，字次風，號瓊臺，晚號息園，浙江天台人。乾隆元年舉鴻詞科，授庶吉士，累官禮部侍郎）。是書仿司馬氏《通鑑》目録之意，總二十一史而提其綱，始自三皇，迄於元亡，三代以上但列世次之大都，自秦六國以下，皆以年序縱橫列之，統閏別之，惟地與事附而繫之，略識其治亂得失，使數千年間興亡分合，一展卷而瞭如，亦讀史者之一助也。"

32. 論《尚書》是經非史，史家擬《尚書》之非

劉知幾《史通》[1]論史有六體，一曰《尚書》家。劉氏是史才，是説作史者摹仿《尚書》，有此一家，非説《尚書》也，以此説《尚書》則大誤。其説曰："《書》之所主，本於號令，所以宣王道之正義，發話言於臣下，故其所載，皆典、謨、訓、誥、誓、命之文。至於《堯》《舜》二典，直序人事，《禹貢》一篇，唯言地理，《洪範》總述灾祥，《顧命》都陳喪禮，兹亦爲例不純者也。"[2]

錫瑞案：聖人作經，非可拘以史例。《漢書·藝文志》曰："左史記言，言爲《尚書》，右史記事，事爲《春秋》。"荀悦《申鑑》[3]説同。鄭君《六藝論》曰："左史所記爲《春秋》，右史所記爲《尚書》。是以《玉藻》

云：動則左史書之，言則右史書之。"其分左右，言動互異，不知當以何說爲正。即如諸家之説，亦不過借《尚書》《春秋》作指點語。劉氏所見過泥，遂以《尚書》專主記言，不當記事，敢議聖經爲例不純，此與《惑經》《申左》諸篇詆斥《春秋》[4]，同一謬妄，由史家未通經學也。其論孔衍《漢魏尚書》[5]、王邵《隋書》[6]義例準《尚書》之非，則甚明確。曰："原夫《尚書》之所記也，若君臣相對，詞旨可稱，則一時之言，累篇咸載；如言無足紀，語無可述，若此故事，雖有脱略，而觀者不以爲非。案：此足證《尚書》非史，不必疑其略而不備。爰逮中葉，文籍大備，必翦截今文，摸擬古法，事非改轍，理涉守株。故舒元孔衍字。所撰《漢魏》等書，不行於代也。若乃帝王無紀，公卿缺傳，則年月失序，爵里難詳。斯并昔之所忽而今之所要。如君懋王邵字。《隋書》，雖欲祖述商周，憲章虞夏，觀其所述，乃似《孔子家語》。臨川《世説》[7]，可謂畫虎不成反類犬也。"[8]

　　案：史家不知《尚書》是經非史，其書不名一體，非後人所敢妄議，其書自成一經，亦非後人所能摸仿，作史者惟宜撰次當代文章，別定義例，以備觀覽，必不可以憲章虞夏、祖述商周自命，蹈《春秋》吳楚僭王之失。王通作《四範》《七業》以擬《尚書》[9]，或云僞作。朱子謂高、文、武、宣之制，豈有精一、執中之傳。漢帝固不能比古帝王，彼擬《尚書》者，亦何敢自比孔子乎？《尚書·璇璣鈐》曰："孔子求書，得黃帝玄孫帝魁之書，迄於秦穆公，凡三千二百四十篇，斷遠取近，定可以爲世法者百二十篇，以百二篇爲《尚書》，十八篇爲《中候》。"案《中候敕省圖》《握河紀》《運衡考》《河命》《題期》《立象儀》《明禮》《闓卑》《苗興》《契握》《雜予命》《稷起》《我應》《雜師謀》《合符后》《摘雒戒》《霸免》《準纖哲》凡十八篇。緯書雖難盡信，然古時書必不少，孔子但取其可爲法者，餘皆删之。猶作《春秋》，但取其可明義者，餘皆削之。聖人删定六經，務在簡明，便學者誦習。後人不知此旨，嫌其簡而欲求多，於是張霸書、僞孔書抵隙而出，史家復從而妄續之。不知史可續，經不可續，孔衍、王邵之擬《尚書》，正與沈既濟、孫甫之擬《春秋》[10]同一謬見也。

箋注

〔1〕劉知幾,注見前。《直齋書錄解題》卷二二《文史類》:"《史通》二十卷。唐崇文館學士劉知幾子玄撰。《新史》以爲工訶古人,拙於用己,然爲書亦博矣。"

〔2〕見《史通・內篇・六家》。

〔3〕荀悦(148—209),字仲豫,潁川潁陰(今河南許昌)人。東漢史學家、政論家。漢獻帝以班固《漢書》文繁難省,令荀悦以《左傳》體撰《漢紀》三十篇。又著《申鑒》《崇德》《正論》等書。《後漢書》卷六二《荀悦傳》:"悦志在獻替,而謀無所用,乃作《申鑒》五篇。其所論辯,通見政體,既成而奏之。其大略曰:'夫道之本,仁義而已矣。五典以經之,群籍以緯之,咏之歌之,弦之舞之,前監既明,後復申之。故古之聖王,其於仁義也,申重而已。'"

〔4〕《惑經》《申左》諸篇,見《史通・外篇》。"申",原刻本誤作"甲",據《史通》改。

〔5〕孔衍(268—320),字舒元,東晉魯國(今山東曲阜)人,孔子二十二世孫。著有《春秋時國語》《春秋後國語》《漢尚書》《漢春秋》《公羊集解》等書。《晉書》卷九一《儒林傳》有傳。《史通》卷一《內篇・六家》:"至晉廣陵相魯國孔衍,以爲國史所以表言行,昭法式,至於人理常事,不足備列。乃刪漢、魏諸史,取其美詞典言,足爲龜鏡者,定其篇第,纂成一家。由是有《漢尚書》《後漢尚書》《漢魏尚書》,凡爲二十六卷。"

〔6〕王邵,字君懋,隋并州晉陽(今山西太原)人。官至著作佐郎、秘書少監。《隋書》卷六九有傳。《史通》卷一《內篇・六家》:"至隋秘書監太原王邵,又錄開皇、仁壽時事,編而次之,以類相從,各爲其目,勒成《隋書》八十卷。尋其義例,皆準《尚書》。"

〔7〕臨川《世說》,即《世說新語》。臨川,即劉義慶(403—444),襲封臨川王,故稱。

〔8〕見《史通・內篇・六家》。

〔9〕王通(584—617),字仲淹,隋絳州龍門(今山西河津)人。辭官後歸河汾間以教授爲業,受業者以千數,時稱"河汾門下"。薛收、房喬、李靖、魏徵等皆從受王佐之道。嘗仿《春秋》作《元經》,又著《中説》(一稱《文中子》)。其言論不爲儒者所稱,惟《中説》傳於後世。卒,門人私謚"文中子"。王應麟《小學紺珠》卷四《藝文類》:"《四範》《七業》,四名制、詔、志、策。文中子《續

書》，天子之義列乎範者四。命、訓、對、贊、議、誡、諫，大臣之義載乎業者七。化、政、頌、嘆，文中子《續詩》有四名。”

〔10〕沈既濟（約750—約797），唐蘇州吳（今江蘇蘇州）人，一說吳興德清（今浙江德清）人。博通群籍，史筆尤工。著有《建中實録》《枕中記》《任氏傳》等書。孫甫（998—1057），字之翰，許州陽翟（今河南禹州）人。著有《唐史記》七十五卷、文集七卷，均佚。《宋史》卷二九五有傳。

33. 論治《尚書》當先看孫星衍《尚書今古文注疏》、陳喬樅《今文尚書經説考》

孔《傳》至今日，人知僞作而不足信矣，蔡《傳》又爲人輕蔑而不屑稱矣。然則治《尚書》者當以何書爲主？陳澧曰：“江、王、段、孫四家之書善矣。既有四家之書，則可删合爲一書，取《尚書大傳》及馬、鄭、王注、僞孔《傳》，與《史記》之采《尚書》者，《爾雅》《説文》《釋名》《廣雅》之釋《尚書》文字名物者，漢人書之引《尚書》而説其義者，采擇會聚而爲集解。孔《疏》、蔡《傳》以下，至江、王、段、孫及諸家説《尚書》之語，采擇融貫而爲義疏。其爲疏之體，先訓釋經意於前，而詳説文字、名物、禮制於後，如是則盡善矣。”〔1〕

錫瑞案：陳氏説近是而未盡也。江聲《尚書集注音疏》疏解全經，在國朝爲最先，有篳路藍縷之功，惟今文搜輯未全，立説亦有未定。如解“曰若稽古”兩歧，孫星衍已辨之。又承東吳惠氏之學〔2〕，好以古字改經，頗信宋人所傳之古《尚書》，此其未盡善者。王鳴盛《尚書後案》主鄭氏一家之學〔3〕，是爲專門之書，專主鄭，故不甚采今文，且間駁伏生，如解司徒、司馬、司空之類。亦未盡善。段玉裁《古文尚書撰異》於今、古文分別具晰，惟多説文字，尠解經義，且意在袒古文，而不信伏生之今文，如《金縢》詆今文説之類。亦未盡善。孫星衍《尚書今古文注疏》〔4〕於今、古説搜羅略備，分析亦明，但誤執《史記》皆古文，致今、古文家法大亂，如《論衡》明引《金縢》古文説，孫以其與《史記》不合，乃曰王氏充以爲古者，今文亦古説也,豈非遁詞。亦有未盡善者。然大致完善,優於江、王,故王懿榮[5]請以立學。其後又有劉逢禄《尚書今古文集解》[6]、魏源《書古微》、陳喬樅《今文尚書經説考》[7],三家之書,皆主今文,不取古文。蓋自常州學派以西漢今文爲宗主,《尚書》一經亦主今文,劉氏、魏氏不取馬、鄭,并不信馬、鄭所傳逸十六篇,其識優於前人。惟既不取馬、鄭古文,則當專宗伏生今文,而劉氏、魏氏一切武斷改經增經,如魏氏改《梓材》爲《魯誥》,且臆增數篇攙入《尚書》。魏氏尤多新解,如以管叔爲嗜酒亡國之類。皆不盡善。陳氏博采古説,有功今文,惟其書頗似長編,搜羅多而斷制少,又必引鄭君爲將伯,誤執古説爲今文,以致反疑伏生違棄初祖。如文王受命、周公避居二事,皆詆伏生老耄記憶不全。亦有未盡善者,但以捃拾宏富,今文家説多存,治《尚書》者,先取是書與孫氏《今古文注疏》,悉心研究,明通大義,篤守其説,可不惑於歧趨。今即近人所著書中酌取兩家之説,指明初學所入門徑,以免歧誤,猶《易》取焦、張兩家之説也。若如陳澧所言,撰爲集解、義疏,當先具列伏《傳》《史記》之説,字字遵信,加以發明,不可誤據後起之詞,輕疑妄駁。次則取《白虎通》及兩《漢書》所引經説,加以漢碑所引之經,此皆當日通行之今文,足備考證。又次則取馬、鄭、僞孔,擇其善者,以今文爲折衷,合於今文者録之,不合於今文者去之,或於疏引而加駁正。至蔡《傳》與近儒所著,則於義疏擇取其長,兩説相同,則取先出。如取蔡不取江是。不合於今文者,概置不取,以免轇轕[8]。惟其説尤足惑人,及人所誤信者,乃加辨駁,使勿迷眩。後人以此體例勒成一書,斯爲盡善。否則俱收并蓄,未能別黑白、定一尊,古今雜淆,漢宋兼采,覽者如入五都之市,瞀惑[9]不知所歸,衹是一部類書,無關一經閎旨,豈得爲善本乎?今人王先謙《尚書孔傳參正》[10],兼疏今、古文,詳明精確,最爲善本。

〔1〕見《東塾讀書記》卷五《尚書》。
〔2〕東吳惠氏之學,指江蘇吳縣惠周惕、惠士奇、惠棟祖孫三代之學。《清史稿》

卷四八一《儒林傳二》：“清二百餘年，談漢儒之學者，必以東吳惠氏爲首。惠氏三世傳經，周悕其創始者也。”

〔3〕主，原刻本誤作“王”，據中華本改。

〔4〕孫星衍，注見前。《鄭堂讀書記》卷九《經部·書類》：“《尚書今古文注疏》三十卷（冶城山館刊本）。國朝孫星衍撰。先是吾師嘗取王厚齋所輯《尚書鄭注》，補其未備，又附益以馬注，爲《古文尚書注》十卷、《尚書逸文》二卷。既又以《史記》所說爲孔安國故，伏生《書大傳》爲夏侯、歐陽說，馬、鄭注爲本衛宏、賈逵孔壁古文說，皆有師法，不可遺也，因合集爲《今古文注》而疏之。遍采古人傳記之涉《書》義者，自漢、魏迄於隋、唐。不取宋已來諸人注者，以其時文籍散亡，較今代無異聞，又無師傳，恐滋異說也。又采近代王西沚、江艮庭、段茂堂諸君書說，暨王懷祖、王伯申、莊葆琛、畢恬溪諸家，亦孔冲遠所謂質近代之異同，存其是而削煩增簡者也。創始於乾隆甲寅，至嘉慶乙亥迄功。凡《虞夏書》四篇，《商書》五篇，《周書》二十篇，《書序》一篇，篇各爲卷，共三十卷。中有析一卷爲上下卷及上中下卷者，則三十九卷也。近儒講《尚書》之成全書者，王西沚有《尚書後案》，江艮庭有《尚書集注音疏》，段茂堂有《古文尚書撰異》，但西沚用鄭注，兼存僞《傳》，不載《史記》《大傳》異說；艮庭篆寫經文，又依《說文》改字，所注《禹貢》僅有古地名，不便學者循誦；茂堂之書亦僅分別今古文字，而不及注義。吾師實取三家之書而折其衷，定著此書，真能集《尚書》之大成。雖上之朝廷，頒之學宮可也。後學驟讀是書，或未領略其旨，試先取三家之書以次循誦畢後，然後溫習是書，則思過半矣。所微憾者，《堯典》僅六十八葉，而必以‘帝曰：欽哉！慎徽五典’以下另分爲下卷，《皋陶謨》僅五十葉，而必以‘帝曰：來禹，汝亦昌言’以下另分爲中卷，則仍蹈僞孔分卷之誤矣。惟以‘帝曰欽哉’四字屬下卷，則非通古義者不知也。至《書序》傳自孔子，本屬一篇，僞孔分冠篇首，後人議之。今取逸《書》之殘篇零句，分附於各序之下，試問馬、鄭原本有如是否？初刻馬鄭注，《書序》自《書序》，逸文自逸文，尚不相亂。乃因段氏《撰異》，以逸文分附各《序》下，遂改而從之。不知彼爲考證正文，此爲復古注疏，體例各異，何可同也。且既作注疏，必須更作釋文，而此亦不及之，尚未美備。然即此三十卷書，體大思精，得未曾有，固近時經學之大宗。間有小疵，不害其全書也。”

〔5〕王懿榮（1845—1900），字濂生，又字正孺，清山東福山人。近代金石學家，甲骨文發現者。八國聯軍入京時，投井死。諡文敏。《清史稿》卷二五五有傳。

〔6〕劉逢禄《劉禮部集》卷九《尚書今古文集解序》："《尚書今古文集解》何爲而作也？所以述舅氏莊先生一家之學，且爲諸子授讀之本也。……爰推舅氏未竟之志，綴爲是編。其例凡五：一曰正文字。《尚書》已罹七厄，見段氏《撰異序》，故經文之下，必先審其音訓，別其句讀，詳其衍脱，析其同異。段氏旁徵蔓衍，煩賾爲患，芟蕪存英，什僅二三，從簡要也。二曰徵古義。馬、鄭、王注采自《後案》，不復疏其出典。其差繆過甚，如以夏侯等《書》轉爲古文，孔壁本轉爲今文之類，悉爲釐正，嚴家法也。三曰祛門户。孫《疏》好古，雖《史記》周公奔楚、揣爪沈河之説，必篤信不疑。《後案》祖鄭，雖殛鯀在玄圭告成之後，《金縢》誅官屬黨與之誣，必曲申其是，遷周、孔以就服、鄭、實爲大惑。至偽孔《傳》於'導渭'條'漆沮'亦曰洛水，《顧命》篇夾兩階配爲堂廉，致爲精確，不可以人而廢言，集衆思廣公益也。四曰崇正義。六宗、四載、三江、九江，諸家聚訟，詳載博辨，體同考索。至於因中星而及歲差之西法，説璣衡而詳後世之銅儀，有乖説經，概從薙汰，懼支蔓也。五曰述師説。凡聞自莊先生及外王父莊宗伯公者，皆別出之。獨下已意者，以謹案別之。其《書序》説義亦詳，爲引申附諸其後，明授受也。"

〔7〕陳喬樅《今文尚書經説考·自序》："《今文尚書經説考》三十三卷，凡所采摭經史傳注，及諸子百家之説，實事以求是，必溯師承，沿流以討源，務隨家法而參詳考校，則亦有取於馬、鄭之傳注，爲之旁證而引伸之。"謝章鋌《賭棋山莊集·文七·左海後人樸園陳先生墓志銘》："其《今文尚書經説考》謂二十九篇今文具存，十六篇既無今文可考，遂莫能盡通其義。凡古文《易》《書》《詩》《禮》《論語》《孝經》所以傳，悉由今文爲之先驅，今文所無輒廢。向微伏生，則萬古長夜矣。歐陽、大小夏侯各守師法，苟能得其單辭片義，以尋千百年不傳之緒，則今文之維持聖經於不墜者豈淺尟哉？"

〔8〕轇轕，亦作"轇葛"，轇一作膠。謂交錯雜亂，糾纏不清。《楚辭·九嘆·思古》："潺湲轇轕，雷動電發，馺高舉兮。"

〔9〕眊惑，即迷亂困惑之意。《廿二史札記》卷三一《明史》："宋子京以爲簡要，其實轉滋眊惑。"

〔10〕王先謙(1842—1917)，字益吾，學者稱葵園先生，湖南長沙人。曾任國子監祭酒、江蘇學政。晚年回長沙曾主講思賢講舍，任岳麓書院山長。輯刻《續皇清經解》，著有《漢書補注》《莊子集解》《荀子集解》等書。王先謙《尚書孔傳參正序例》："有宋朱子、吳草廬發偽孔之覆，明梅鷟繼之，國朝諸儒抉偽扶經，既美既備。惜其散而無紀，尋繹爲難。學者束髮受《尚書》，垂老而不

明真僞、古今之辨，豈不哀哉？先謙從事斯經，自《史》《漢》《論衡》《白虎通》諸書，迄於《熹平石經》，可以揮發三家經文者，采獲略備，兼輯馬、鄭傳注，旁徵諸家義訓，其有未達，間下己意。今古文説炳焉著名，以僞孔古文雖經純皇帝論定，然功令所布，家傳僮習，莫敢廢也。仍用其經傳元文，附諸考證，爲《尚書孔傳參正》三十六卷，以便讀者，雅才好博，亦或取斯云爾。"

詩經通論箋注

1. 論《詩》比他經尤難明，其難明者有八

《詩》爲人人童而習之之經，而《詩》比他經尤難明。其所以難明者，《詩》本諷諭，非同質言，前人既不質言，後人何從推測？就《詩》而論，有作《詩》之意，有賦《詩》之意。鄭君云："賦者或造篇，或述古。"[1]故《詩》有正義，有旁義，有斷章取義[2]。以旁義爲正義則誤，以斷章取義爲本義尤誤。是其義雖并出於古，亦宜審擇，難盡遵從。此《詩》之難明者一也。

漢初傳經皆止一家，《易》出田何，《書》出伏生。惟《詩》在漢初已不名一家，申公、轅固生、韓嬰，魯、齊、韓《詩》，并號初祖[3]。故漢十四博士[4]，其先止分五經，《書》惟歐陽，《禮》后，《易》楊，《春秋》公羊，其制最善。後又分出家數，《易》有施、孟、梁丘、京氏，《書》有歐陽、大小夏侯，《禮》大小戴，《春秋》嚴、顏。其實皆不必分，惟《詩》三家同爲今文，所出各異，當時必應分立，後人不可并爲一談。而專家久亡[5]，大義茫昧。此《詩》之難明者二也。

三家亡而《毛傳》孤行，義亦簡略，猶申公傳《詩》，疑者則闕弗傳，未嘗字字解釋。後儒作疏，必欲求詳，毛所不言，多以意測，或毛義與三家不異，而強執以爲異，軌途既別，溝合無由。此《詩》之難明者三也。

鄭君作箋[6]，以毛爲主，若有不同，便下己意。鄭改經字，多因魯、韓，所謂"下己意"者，或本三家，或創新解。鄭學雜糅今、古，難盡剖析源流。此《詩》之難明者四也。

他經之疏，專主一家，惟《詩》毛、鄭并行，南北同尚[7]。唐作《正義》[8]，兼主《傳》《箋》。毛無明文，而孔《疏》云"毛以爲"者，大率本於王肅[9]，名爲申毛，實則申王。王好與鄭立異，或毛意與鄭不異，又強執以爲異，既分門户，未易折衷。此《詩》之難明者五也。

歐陽修《詩本義》[10]始不專主毛、鄭，宋人競立新説，至朱子集其成[11]。元、明一概尊崇，近人一概抹撒。案朱子《集傳》間本三家，實亦有勝於毛、鄭者，而漢、宋强争，今古莫辨。此《詩》之難明者六也。

宋人疑經，至王柏而猖狂已極，妄删《國風》，進退孔子[12]。國初崇尚古學，陳啓源等仍主《毛詩》[13]。後有戴震、段玉裁、胡承珙、馬瑞辰諸人[14]。陳奂《毛氏傳疏》尤備[15]，然毛所不言者，仍不能不補以箋疏，或且强韓同毛。乾嘉崇尚今文，《齊詩》久亡，孤學復振，采輯三家《詩》者甚夥，陳喬樅《魯齊韓詩遺説考》[16]尤備，然止能搜求斷簡，未能解釋全經，毛既簡略不詳，三家尤叢殘難拾，故於毛、鄭通其故訓，於三家莫證其微言。此《詩》之難明者七也。

三家《序》亡，獨存毛《序》[17]，然《序》亦不盡出毛公。沈重云[18]："案鄭《詩譜》意，《大序》是子夏作，《小序》是子夏、毛公合作。"鄭於《絲衣》又云，高子之言非毛公後人著之。《後漢·儒林傳》"衛宏作《毛詩》序"，後人遂謂《序》首句毛公作，以下衛宏續作，或止用首句而棄其餘，或并首句不用[19]。宋王質、鄭樵、朱子，皆不信毛《序》[20]。近人申毛者以《序》《傳》爲一人所作，然《序》實有不可盡信者，與馬、鄭古文《書序》同，究竟源自西河，抑或出於東海[21]？此《詩》之難明者八也。

箋注

〔1〕語出《鄭志》記鄭玄答趙商問云："凡賦詩者，或造篇，或誦古。"又《毛詩正義·常棣序》言："此詩自是成王之時，周公所作，以親兄弟也。但召穆公見厲王之時，兄弟恩疏，重歌此周公所作之詩以親之耳……所云誦古，指此召穆公所作誦古之篇，非造之也。此自周公之事，鄭輒言召穆公事，因《左傳》所論而引之也。"皮氏所論，認爲"賦"包括兩種情況：造篇，即創作，如周公作《常棣》；誦古，即將古人所作詩歌用以歌誦，如召穆公重歌《常棣》。《鄭志》爲鄭玄與門人問答之集録。

〔2〕《詩》之正義，在皮氏指詩人作詩之本義，及孔子修詩之本義。旁義則指三家《詩》與《毛詩》雜采各説，除正義外之其他義。斷章取義，指詩在引用過程中，被截取某句，以喻使用狀況，而脱離本義。詳見本書《論詩有正義、有

旁義,即古文亦未盡可信》一節。

〔3〕初祖,指魯、齊、韓三家《詩》。案《漢書·藝文志》云:"漢興,魯申公爲《詩》訓故,而齊轅固、燕韓生皆爲之傳。"西漢惠帝除"挾書律"後,當時儒生用漢隸書寫經文,并據此解説,這便是今文經及其經解。三家都是今文經學,在漢初最早傳授《詩》,故曰"初祖"。其中魯、韓在漢文帝時曾被立爲博士,《齊詩》在漢景帝時曾被立爲博士。不過這種博士并非漢武帝以後教育官性質,而是顧問性質的百家傳記博士。

〔4〕《後漢書·儒林傳》云:"於是立五經博士,各以家法教授。《易》有施、孟、梁丘、京氏,《尚書》歐陽、大小夏侯,《詩》齊、魯、韓、毛,《禮》大小戴,《春秋》嚴、顏,凡十四博士。"此中《詩》毛氏當爲衍文,除《毛詩》外正十四家,皆今文經學。施,施讎;孟,孟喜;梁丘,梁丘賀;京,京房;歐陽,歐陽生;大夏侯,夏侯勝;小夏侯,夏侯建;大戴,戴德;小戴,戴聖;嚴,嚴彭祖;顏,顏安樂。這是東漢初光武帝根據西漢末以來經學傳授規定的博士定員。

〔5〕專家,專門名家,以一種解《詩》的方法和《詩經》文本爲自己這一家的專守,這裏指三家《詩》。三家《詩》的經文和解説亡佚已久,今只剩《韓詩外傳》。

〔6〕《後漢書·儒林傳》云"鄭玄作《毛詩箋》",《毛詩》自馬融、鄭玄後大興。鄭玄先習今文經學,後又學古文經學,遍注群經,融合今古,在爲《詩經》作箋時,以《毛詩》爲主,參考三家。

〔7〕《隋書·儒林傳》:"南北所治章句,好尚互有不同。江左《周易》則王輔嗣,《尚書》則孔安國,《左傳》則杜元凱;河洛《左傳》則服子慎,《尚書》《周易》則鄭康成,《詩》則并主於毛公,《禮》則同遵於鄭氏。大抵南人約簡,得其英華;北學深蕪,窮其枝葉。考其終始,要其會歸,其立身成名,殊方同致矣。"據此可知南朝、北朝都研習古文經學的《毛詩》。

〔8〕唐作《正義》,指唐初編纂《五經正義》,其中《毛詩正義》四十卷,由孔穎達主其事。《正義》主要吸收了魏晉南北朝時期經學家尤其劉焯、劉炫的研究成果,亦爲經學至唐代南北合流定於一尊之體現。

〔9〕王肅(195—256),字子雍,東海郯(今屬山東)人,三國時著名經學家。王肅亦遍注群經,他反對當時占主流的鄭玄經學,因此在自己的著作中與鄭玄立異之處很多。王肅的學説在曹魏和西晉時一度盛行,後來漸趨衰落。皮錫瑞認爲王肅的經學影響了南北朝經學,因此唐代孔穎達編纂《五經正義》也受到王肅經學影響。

〔10〕《詩本義》,宋歐陽修撰。《四庫全書總目》云:"《毛詩本義》十六卷,宋歐陽修撰。是書凡爲説一百十有四篇,統解十篇,時世、本末二論,豳、魯、序三

問,而《補亡鄭譜》及《詩圖總序》附於卷末……自唐以來,説《詩》者莫敢議毛、鄭。雖老師宿儒,亦謹守小序。至宋而新義日增,舊説俱廢,推原所始,實發於修。"故皮錫瑞稱其書"始不專主毛、鄭"。

〔11〕朱子集其成,案朱熹著《詩集傳》八卷,《四庫全書總目》云:"《詩集傳》八卷,宋朱子撰。《宋志》作二十卷,今本八卷,蓋坊刻所并……注《詩》亦兩易稿……其初稿其説全宗小序,後乃改從鄭樵之説……自是以後,説《詩》者遂分攻序、宗序兩家,角立相爭,而終不能以偏廢。"故皮錫瑞稱其"集其成"。

〔12〕"宋人疑經"句,王柏疑《詩》《書》,著有《詩疑》《書疑》。《宋史·儒林傳》云:"柏之言曰……'今《詩》三百五篇,豈盡定於夫子之手? 所刪之詩,容或有存於閭巷浮薄之口,漢儒取於補亡',乃定《二南》各十有一篇,兩兩相配。退《何彼穠矣》《甘棠》歸之《王風》,削去《野有死麕》,黜鄭、衛淫奔之詩。"又《四庫全書總目》云"《詩疑》二卷,宋王柏撰",論述王柏改經頗詳。

〔13〕陳啓源(? —1689),字長發,江蘇吳江人,康熙時諸生,著有《毛詩稽古編》三十卷。《清史稿·儒林傳》云:"其詮釋經旨,一準《毛傳》,而《鄭箋》佐之。訓詁聲音以《爾雅》爲主,草木蟲魚以陸《疏》爲則,於漢學可謂專門。"

〔14〕戴震,注見前。著有《毛鄭詩考正》四卷、《杲溪詩經補注》二卷。段玉裁,注見前。師從戴震,著有《詩經小學》四卷、《毛詩故訓傳定本》三十卷。胡承珙(1776—1832),字景孟,號墨莊,安徽涇縣人,嘉慶進士,著有《毛詩後箋》三十卷(以《魯頌·有駜》絕筆,《泮水》以下爲陳奐續寫)。馬瑞辰(1782—1853),字元伯,安徽桐城人,嘉慶進士,著有《毛詩傳箋通釋》三十二卷。

〔15〕陳奐(1786—1863),字碩甫,號師竹,晚號南園老人,江蘇長洲(今蘇州)人,傳見《清史稿·儒林傳》。著有《詩毛氏傳疏》三十卷,專主《毛詩》。

〔16〕《魯齊韓詩遺説考》十五卷、叙録三卷,其中《魯詩遺説考》六卷,叙録一卷;《齊詩遺説考》四卷,叙録一卷;《韓詩遺説考》五卷,叙録一卷,陳喬樅撰。其父陳壽祺輯三家《詩》未成,喬樅續成之。

〔17〕"三家序亡"句,今《詩經》各篇前有一段解説此詩主旨、作者情況等內容的文字,被稱爲小序。在《關雎》小序前還有一段議論詩歌的起源、功能等內容的文字,被稱爲大序。這是《毛詩》系統傳下的序,是爲"《毛詩》序"。關於三家《詩》是否有序,仍有爭論。皮氏乃今文家,以爲三家原有《詩》序,且《詩》序今文可信,古文不可信,今有諸書所引者存。

〔18〕沈重(500—583),字德厚,吳興武康(今屬浙江)人。沈重是北周時著名經學家,尤明《詩》《禮》及《左氏春秋》,著有《毛詩義》二十八卷、《毛詩音》二

卷。案陸德明《經典釋文》卷五云："沈重云：'案鄭《詩譜》意，《大序》是子夏作，《小序》是子夏、毛公合作。卜商意有不盡，毛更足成之。'"

〔19〕《隋書·經籍志》云："序，子夏所創，毛公及敬仲又加潤益。"敬仲即衛宏字。蘇轍作《詩集傳》，於《詩序》惟存其發端一語，餘皆刪去；朱熹《詩經集傳》即"并首句不用"。又案"鄭於《絲衣》又云"句不見《絲衣》鄭箋，而見於《絲衣序》疏引《鄭志》答張逸云。

〔20〕鄭樵，注見前。所著《詩辨妄》反對《詩序》，朱熹受其影響頗深。王質（1135—1189），字景文，鄆州（今屬山東）人，著有《詩總聞》二十卷。

〔21〕西河，指孔子弟子子夏在魏文侯時講學西河（今河北館陶），創"西河學派"。東海，指衛宏。衛宏（生卒年不詳），字敬仲，東海（今屬山東）人，東漢經學家。

2. 論《詩》有正義，有旁義，即古義亦未盡可信

說經必宗古義，義愈近古，愈可信據。故唐宋以後之說，不如漢人之說；東漢以後之說，又不如漢初人之說。至於說出春秋以前，以經證經，尤爲顛撲不破。惟說《詩》則不盡然。《漢書·藝文志》曰："漢興，魯申公爲《詩》訓故，齊轅固、燕韓生皆爲之傳，或取《春秋》，采雜說，咸非其本義。與不得已，魯最爲近之。"案《漢書·叙傳》："班伯少受《詩》於師丹。"[1]《師丹傳》："治《詩》事匡衡。"是班伯習《齊詩》。固傳家學，亦當是習《齊詩》者，而以齊、韓或采雜說，非本義，魯最爲近。是三家雖所傳近古，而孰爲正義，孰爲旁義，已莫能定，以爲詩人之意如是，亦莫能明。若《左傳》《國語》《禮記》《孟子》《荀子》諸書所引又在漢初以前，更近古而可信據矣。而《左氏·襄二十八年傳》明載盧蒲癸之言曰："賦《詩》斷章。"[2]則《傳》載當時君臣之賦《詩》，皆是斷章取義，故杜注皆云取某句。《左傳》與《毛詩》同出河間博士[3]，故二書每互相援引。《左傳》如衛人所爲賦《碩人》[4]，許穆夫人賦《載馳》[5]，既有牽引之疑，而《毛傳》解《詩》，亦多誤執引《詩》之說。如《卷耳》執《左傳》"周行官人"一語[6]，以爲后妃求賢審官，《四牡》"懷和周諏"誤執《國語》爲

説[7]，皆未免於高叟之固[8]。是以經證經雖最古，而其孰爲作《詩》之義，孰爲引《詩》之義，已莫能定，以爲詩人之意如是，亦莫能明。朱子曰："古人之詩，如今之歌曲，雖閭里童稚，皆習聞之而知其説。"[9]蓋古以《詩》《書》《禮》《樂》造士，人人皆能誦習，《詩》與《樂》相比附，人人皆能弦歌，賓客燕享，賦《詩》明志，不自陳説，但取諷諭。此爲春秋最文明之事，亦惟其在《詩》義大明之日，詩人本旨，無不瞭然於心，故賦《詩》斷章，無不暗解其意，而引《詩》以證義者，無不如自己出，其爲正義、爲旁義，無有淆混而歧誤也。《詩》三百五篇遭秦而全者，以其諷誦，不獨在竹帛[10]，而《詩》義經燔書之後，未必盡傳。《史記》載三家，以申培、轅固、韓嬰爲初祖[11]，而三家傳自何人，授受已不能詳。三家所以各成一家，異同亦無可考。況今《魯故》《齊故》《韓故》[12]無存於世，存於世者，惟《韓詩外傳》[13]，而《外傳》亦引《詩》之體，而非作《詩》之義。《毛傳》晚出，漢人不信，後世以其與《左氏傳》合，信爲古義，豈知毛據《左氏》以斷章爲本義，其可疑者正坐此乎？古義既亡，其僅存於今者，又未必皆《詩》之本義，説《詩》者雖以意逆志[14]，亦苦無徵不信，安能起詩人於千載之上，而自言其義乎？此《詩》所以比他經尤難分明，即好學深思，亦止能通其所可通，而不能通其所不可通者。申公傳《詩》最早，疑者則闕不傳，況在後儒，可不知闕疑之意乎！

箋注

〔1〕班伯（前55—前17），扶風安陵（今陝西咸陽東北）人，爲班固伯祖。案《漢書・叙傳》云"伯少受《詩》於師丹"；《漢書・儒林傳》云"后蒼……通《詩》……授翼奉、蕭望之、匡衡……衡授琅邪師丹……由是《齊詩》有翼、匡、師、伏之學"；《漢書・師丹傳》云"師丹字仲公，琅邪東武人也。治《詩》，事匡衡。……元帝末，爲博士"。是班伯從師丹習《齊詩》，皮錫瑞遂認爲寫作《漢書》的班固也習《齊詩》。

〔2〕"賦《詩》斷章"句，案《左傳・襄公二十八年》載，盧蒲癸反齊，臣於慶舍，慶舍以女妻之，"慶舍之士謂盧蒲癸曰：'男女辨姓，子不辟宗，何也？'曰：'宗不余辟，余獨焉辟之？賦詩斷章，余取所求焉，惡識宗？'"古者同姓不婚，盧

蒲癸和慶舍同是姜姓，而盧蒲癸以爲慶舍不避同宗，自己也不必避，正如賦詩，只求合於己意，取己所需，不必求原意。此以“賦詩斷章”爲喻，正見其時用《詩》之法。

〔3〕“河間博士”句，案漢景帝子劉德（前171—前130），封河間王，謚獻。修學好古，從民間搜訪古書，學舉六經，立《毛氏詩》《左氏春秋》博士，皆古文經學。案孔穎達《毛詩正義》引鄭玄《詩譜》曰：“魯人大毛公爲《訓詁傳》於其家，河間獻王得而獻之，以小毛公爲博士。”《漢書·儒林傳》云：“漢興，北平侯張蒼及梁太傅賈誼、京兆尹張敞、大中大夫劉公子皆修《春秋左氏傳》。誼爲《左氏傳訓故》，授趙人貫公，爲河間獻王博士。”

〔4〕“衛人”句，見《左傳·隱公三年》云：“衛莊公娶於齊東宮得臣之妹，曰莊姜，美而無子，衛人所爲賦《碩人》也。”

〔5〕“許穆夫人”句，見《左傳·閔公二年》：“初，惠公之即位也少，齊人使昭伯烝於宣姜，不可，强之。生齊子、戴公、文公、宋桓夫人、許穆夫人。文公爲衛之多患也，先適齊。及敗，宋桓公逆諸河，宵濟。衛之遺民男女七百有三十人，益之以共、滕之民爲五千人，立戴公以廬於曹。許穆夫人賦《載馳》。”

〔6〕“周行官人”句，案《毛詩·周南·卷耳》“嗟我懷人，寘彼周行”句下毛傳云：“懷，思。寘，置。行，列也。思君子官賢人，置周之列位。”鄭箋云：“周之列位，謂朝廷臣也。”孔疏云：“知者，以其言周行是周之列位，周是后妃之朝，故知官人是朝廷臣也。襄十五年《傳》引《詩》曰‘嗟我懷人，寘彼周行’，能官人也。王及公、侯、伯、子、男、采、衛、大夫各居其列，所謂周行也。彼非朝廷臣，亦言周行者，《傳》證楚能官人，引《詩》斷章，故不與此同。”案《左傳·襄公十五年》云：“楚公子午爲令尹，公子罷戎爲右尹，蔿子馮爲大司馬，公子橐師爲右司馬，公子成爲左司馬，屈到爲莫敖，公子追舒爲箴尹，屈蕩爲連尹，養由基爲宮廐尹，以靖國人。君子謂：‘楚於是乎能官人。官人，國之急也。能官人，則民無覦心。《詩》云：“嗟我懷人，寘彼周行。”能官人也。王及公、侯、伯、子、男、甸、采、衛大夫，各居其列，所謂周行也。’”

〔7〕“懷和周諏”句，案《國語·魯語》云：“《四牡》，君之所以章使臣之勤也，敢不拜章；《皇皇者華》，君教使臣曰‘每懷靡及’，諏、謀、度、詢，必咨於周，敢不拜教。臣聞之曰：‘懷和爲每懷，咨才爲諏，咨事爲謀，咨義爲度，咨親爲詢，忠信爲周。’君貺使臣以大禮，重之以六德，敢不重拜。”案《毛詩·小雅·四牡》孔穎達疏云：“故文王所述其功苦以勞之，而悅其心焉。此經五章，皆勞辭也。其有功見知，則悅矣，總述勞意，於經無所當也。”

〔8〕"高叟之固"句，案《孟子·告子下》云："公孫丑問曰：'高子曰："《小弁》，小人之詩也。"'孟子曰：'何以言之？'曰：'怨。'曰：'固哉，高叟之爲《詩》也！有人於此，越人關弓而射之，則己談笑而道之；無他，疏之也。其兄關弓而射之，則己垂涕泣而道之；無他，戚之也。《小弁》之怨，親親也。親親，仁也。固矣夫，高叟之爲《詩》也！'"注曰："高子，齊人也。《小弁》，《小雅》之篇，伯奇之詩也。怨者，怨親之過，故謂之小人。"案《毛詩·小雅·小弁》孔穎達疏云："太子，謂宜咎也。幽王信褒姒之讒，放逐宜咎。其傅親訓太子，知其無罪，閔其見逐，故作此詩以刺王。經八章，皆所刺之事。諸序皆篇名之下言作人，此獨末言太子之傅作焉者，以此述太子之言，太子不可作詩以刺父，自傅意述而刺之，故變文以云義也。經言'弁彼鸒斯'，不言小鳥。曰'小弁'者，弁，樂也。鸒斯，卑居，小鳥而樂，故曰'小弁'。"

〔9〕"朱子曰"句，引文見朱熹《論語集注·泰伯》"興於詩"一節注云："夫古人之詩，如今之歌曲，雖閭里童稚，皆習聞之而知其說，故能興起。今雖老師宿儒，尚不能曉其義，況學者乎？是不得興於詩也。"

〔10〕"不獨在竹帛"句，案《漢書·藝文志》云："孔子純取周詩，上采殷，下取魯，凡三百五篇，遭秦而全者，以其諷誦，不獨在竹帛故也。"此指秦始皇焚書坑儒，靠竹簡、帛書記錄的文獻容易失傳，《詩》則由於許多人都能背誦而保存完好。

〔11〕"《史記》載三家"句，案《史記·儒林列傳》云："言《詩》，於魯則申培公，於齊則轅固生，於燕則韓太傅。"

〔12〕"況今《魯故》"句，案《漢書·藝文志》載有《魯故》二十五卷、《齊后氏故》二十卷、《齊孫氏故》二十七卷、《韓故》三十六卷。"故"，通"詁"，以今言解釋古代語言文字或方言字義。《魯故》《齊故》《韓故》即《魯詩》《齊詩》《韓詩》之注解文字。

〔13〕《韓詩外傳》，案《漢書·藝文志》載有《韓內傳》四卷、《韓外傳》六卷，今僅見《韓詩外傳》，題爲韓嬰撰，爲十卷。《隋書·經籍志》《舊唐書·經籍志》《新唐書·藝文志》《宋史·藝文志》均只著錄《外傳》十卷，或認爲今本《外傳》合《內傳》爲十卷。又《史記·儒林傳》云："韓生推《詩》之意而爲內、外《傳》數萬言，其語頗與齊、魯間殊，然其歸一也。"

〔14〕"以意逆志"句，案《孟子·萬章上》云："故說《詩》者，不以文害辭，不以辭害志。以意逆志，是爲得之"。逆，迎也。孟子之意是說讀《詩》不可因一字而誤解一句之義，不可因字面意思而誤解詩人的原義。當以己意推測詩人之志，才能得詩的真諦。

3. 論《關雎》爲刺康王詩，魯、齊、韓三家同

《詩》開卷有一大疑焉，以《關雎》爲周康王時詩是也。《史記・十二諸侯年表序》曰：“周道缺，詩人本之袵席，《關雎》作。”[1] 又《儒林傳序》曰：“周室衰而《關雎》作。”《淮南・氾論訓》曰[2]：“王道缺而《詩》作，周室廢、禮義壞而《春秋》作。《詩》《春秋》，學之美者也，皆衰世之造也。”又《詮言訓》曰：“《詩》之失僻。”高誘注：“《詩》者，衰世之風也。”《漢書・杜欽傳》上疏曰：“是以佩玉晏鳴，《關雎》嘆之。”劉向《列女傳》曰[3]：“周之康王夫人晏出朝，《關雎》豫見，思得淑女以配君子。夫雎鳩之鳥，猶未嘗見乘居而匹處也。”揚雄《法言・孝至》篇曰[4]：“周康之時，頌聲作乎下，《關雎》作乎上，習治也。故習治則傷始亂也。”王充《論衡・謝短》篇[5]：“詩家曰‘周衰而《詩》作’，蓋康王時也。康王德缺於房，大臣刺晏，故《詩》作。”袁宏《後漢紀》楊賜上書曰[6]：“昔周康王承文王之盛，一朝晏起，夫人不鳴璜，宮門不擊柝，《關雎》之人，見幾而作。”《後漢書・皇后紀論》曰[7]：“康王晚朝，《關雎》作諷。”《楊賜傳》曰：“康王一朝晏起，《關雎》見幾而作。”應劭《風俗通義》曰[8]：“昔周康王一旦晏起，詩人以爲深刺。天子當夜寢蚤作，身省萬機。”張超《誚青衣賦》曰[9]：“周漸將衰，康王晏起。畢公喟然，深思古道。感彼《關雎》，德不雙侶，願得周公，配以窈窕，防微消漸，諷諭君父。孔氏大之，列冠篇首。”凡此諸説，後人皆以爲《魯詩》。其解《關雎》，皆以爲衰世之詩，康王時作。張超以爲畢公所撰，説尤詳明。

且非獨《魯詩》然也，齊、韓二家亦同。《後漢書・明帝紀》曰：“應門失守，《關雎》刺世。”注引薛君《韓詩章句》[10]：“詩人言雎鳩貞潔慎匹，以聲相求，必於河之洲隱蔽無人之處，故人君退朝，入於私宮，后妃御見，去留有度，應門擊柝，鼓人上堂，退反宴處，體安志明。今時大人內傾於色，賢人見其萌，故咏《關雎》，説淑女，正容儀，以刺時。”《韓詩》

之説同於魯而更詳，《齊詩》未見明文，説者疑《齊詩》與魯、韓異。匡衡習《齊詩》者也[11]，其上疏戒妃匹曰：“孔子論《詩》，以《關雎》爲始，言太上者民之父母，后夫人之行，不侔乎天地，則無以奉神靈之統，而理萬物之宜。故《詩》曰‘窈窕淑女，君子好仇’，言能致其貞淑，不貳其操，情欲之感，無介乎容儀，宴私之意，不形乎動靜，夫然後可以配至尊而爲宗廟主。”則衡所習《齊詩》亦與魯、韓義同。“致其貞淑，不貳其操”云云，即張超所云“德不雙侶”，劉向所云“未見乘居匹處”，薛君所云“貞潔慎匹”也。“后夫人之行，不侔乎天地”云云，即劉向所云“夫人晏起”，楊賜所云“夫人不鳴璜”也。且《齊詩》多同緯説，五際六情[12]，皆出於緯。《春秋緯·説題辭》曰[13]：“人主不正，應門失守，故歌《關雎》以感之。”宋均曰[14]：“應門，聽政之處也。言不以政事爲務，則有宣淫之心。《關雎》樂而不淫，思得賢人與之共化，修應門之政者也。”以緯證經，正與魯、韓説合。《齊詩》既多同緯説，其不得有異義可知。歐陽修曰，《關雎》，齊、魯、韓三家皆以爲康王政衰之詩[15]，晁説之《詩説》[16]謂齊、魯、韓三家以《關雎》皆爲康王詩，其説不誤。

箋注

〔1〕“周道缺”句，案《史記·十二諸侯年表》云：“太史公讀《春秋曆譜諜》……曰：嗚呼，師摯見之矣……周道缺，詩人本之袵席，《關雎》作。仁義陵遲，《鹿鳴》刺焉。”袵席，床褥與莞簟，又泛指臥席，更引申爲夫婦。

〔2〕《淮南·氾論訓》，案《淮南子》二十一篇，西漢初淮南王劉安與門客所作。此書主旨近於《老子》，多經傳道家言，并載古今奇事，名爲《鴻烈》。其後劉向校書，題名《淮南》。東漢高誘爲之注，《淮南子》中每篇篇題之“訓”字疑即高誘作注時所加。

〔3〕《列女傳》，漢劉向撰。《漢書·楚元王傳》云：“向睹俗彌奢淫，而趙、衛之屬起微賤，逾禮制。（師古曰：“趙皇后、昭儀、衛倢伃也。”）向以爲王教由內及外，自近者始。故采取《詩》《書》所載賢妃貞婦興國顯家可法則，及孽嬖亂亡者，序次爲《列女傳》，凡八篇，以戒天子。”又《漢書·藝文志》云：“劉向所序六十七篇。《新序》《説苑》《世説》《列女傳頌圖》也。”

〔4〕《法言》，十三篇，漢揚雄撰。《漢書·揚雄傳》云：“故人時有問雄者，常用法應

之,撰以爲十三卷,(師古曰:"譔與撰同。")象《論語》,號曰《法言》。"又《漢書·藝文志》云:"揚雄所序三十八篇,《太玄》十九,《法言》十三,《樂》四,《箴》二。"

〔5〕《論衡》,漢王充撰。注見前。

〔6〕《後漢紀》,晉袁宏撰。袁宏(約328—約376),字彥伯,陽夏(今河南淅川)人。《晉書·文苑傳》云:"撰《後漢紀》三十卷及《竹林名士傳》三卷、詩賦誄表等雜文凡三百首,傳於世。"

〔7〕《後漢書》,南朝宋范曄撰。范曄(398—445),字蔚宗,順陽(今屬河南)人。出身士族,博覽群書。爲冠軍長史,遷秘書丞、新蔡太守。元嘉九年貶爲宣城太守,始撰《後漢書》,遷寧朔將軍。歷官後將軍長史、南下邳太守、左衛將軍、太子詹事。元嘉二十二年隨從孔熙先擁戴彭城王劉義康即位,事敗被殺,時年四十八歲。所著《後漢書》,博采衆書,結構嚴謹,屬詞麗密,與《史記》《漢書》《三國志》并稱"前四史"。《宋書》有傳。

〔8〕應劭《風俗通義》,注見前。《後漢書·應奉傳》云:"劭……撰《風俗通》,以辯物類名號,釋時俗嫌疑。文雖不典,後世服其洽聞。"

〔9〕《誚青衣賦》,東漢張超撰。張超,字子并,河間鄚(今河北任丘)人。傳見《後漢書·文苑傳》。《誚青衣賦》見《藝文類聚》卷三五人部十九"婢"。又見《初學記》卷一九人部下。此賦乃譏蔡邕《青衣賦》所作。

〔10〕《韓詩章句》,案《經義考》云:"《隋志》二十二卷。《後漢書》:薛漢,字公子,淮陽人。世習《韓詩》,父子以章句著名。漢少傳父業,尤善説災異讖緯,教授常數百人。建武初爲博士,受詔校定圖讖,當世言《詩》者推漢爲長。王應麟曰:薛漢世習《韓詩》,父子以章句著名。《馮衍傳》注引薛夫子《韓詩章句》,即漢也。"薛漢傳見《後漢書·儒林傳》。

〔11〕"匡衡習《齊詩》者"句,案匡衡(生卒年不詳),字稚圭,東海承(今山東蘭陵)人。以治《齊詩》聞名,官至丞相。皮錫瑞所引匡衡上疏,見《漢書·匡衡傳》。

〔12〕"五際六情"句,案《漢書·翼奉傳》云《詩》有五際",顏師古注曰:"應劭曰:'君臣、父子、兄弟、夫婦、朋友也。'孟康曰:《詩内傳》:"五際,卯、酉、午、戌、亥也。陰陽終始際會之歲,於此則有變改之政也。""又云"觀情以律",顏注云:"張晏曰:'情謂六情,廉貞、寬大、公正、奸邪、陰賊、貪狼也。律,十二律也。'"又《毛詩序》孔疏曰:"鄭作《六藝論》,引《春秋緯·演孔圖》云'《詩》含五際、六情'者,鄭以《汎曆樞》云午亥之際爲革命,卯酉之際爲改正。辰在天門,出入候聽。卯,《天保》也。酉,《祈父》也。午,《采芑》也。亥,《大明》也。然則亥爲革命,一際也;亥又爲天門出入候聽,二際也;卯爲陰陽交際,三際也;午爲陽謝陰興,四際也;酉爲陰盛陽微,五際也。其六情

者，則《春秋》云‘喜、怒、哀、樂、好、惡’是也。《詩》既含此五際六情，故鄭於《六藝論》言之。”

〔13〕《春秋緯·説題辭》，緯書之一，多言陰陽災異，興於漢代，後漸亡佚。《説題辭》意爲解説經題之辭，此篇泛論六經旨意，有似叙論。《後漢書·孝明帝紀》云：“詔曰：‘群僚所言，皆朕之過。人冤不能理，吏黠不能禁；而輕用人力，繕修宮宇，出入無節，喜怒過差。昔應門失守，《關雎》刺世’。”注云：“《春秋説題辭》曰：‘人主不正，應門失守，故歌《關雎》以感之。’宋均注曰：‘應門，聽政之處也。言不以政事爲務，則有宣淫之心。《關雎》樂而不淫，思得賢人與之共化，修應門之政者也。’薛君《韓詩章句》曰：‘詩人言雎鳩貞絜慎匹，以聲相求，隱蔽於無人之處。故人君退朝，入於私宮，后妃御見有度，應門擊柝，鼓人上堂，退反宴處，體安志明。今時大人內傾於色，賢人見其萌，故咏《關雎》，説淑女，正容儀以刺時。’”

〔14〕宋均（？—76），字叔庠，東漢南陽安衆（今河南南陽）人也。父伯，建武初爲五官中郎將。均以父任爲郎，時年十五，好經書，每休沐日，輒受業博士，通《詩》《禮》，善論難。至二十餘，調補辰陽長。嘗合《春秋》緯書爲一編，總名爲《春秋災異》。見《後漢書·宋均傳》。

〔15〕案，歐陽修《詩本義》卷一四“時世論”云：“昔孔子嘗言《關雎》矣，曰‘哀而不傷’，太史公又曰‘周道缺，詩人本之衽席而《關雎》作’，而齊、魯、韓三家皆以爲康王政衰之詩，皆與鄭氏之説其意不類，蓋常以哀傷爲言，由是言之，謂《關雎》爲周衰之作者近是矣。”“政衰之詩”，原刻本引作“政衰之時”，誤，據歐陽修《詩本義》卷一四改。

〔16〕晁説之《詩説》，案《四庫全書》於《景迂生集》提要云：“所著書數十種，靖康中遭兵毀不存，其孫子健訪輯遺亡，復編爲十二卷，又續廣爲二十卷。……《詩序論》四篇。”其《景迂生集》卷一一“詩之序論三”曰：“齊、魯、韓三家之《詩》早立博士，而傳者多卿相顯人，所説與《毛詩》又不類，以《關雎》……之類皆爲康王詩。”疑此即爲皮氏言《詩説》。

4. 論《關雎》刺康王晏朝，詩人作《詩》之義，《關雎》爲正風之首，孔子定《詩》之義，漢人已明言之

《齊詩》魏代已亡，《魯詩》不過江東，《韓詩》雖在，無傳之者，後卒

亡於北宋，僅存《外傳》，亦非完帙，於是三家古義盡失[1]。言《詩》者率以《關雎》刺詩爲三家詬病，謂誤以正詩爲刺詩，違詩人之本旨。呂祖謙曰："《關雎》正風之首，三家者乃以爲刺。"[2]其意蓋以《關雎》爲正風之首，不得以刺詩當之也。

錫瑞案：以漢人之説考之，三家并非不知《關雎》爲正風之首者。太史公習《魯詩》者也，《外戚世家》曰："自古受命帝王，及繼體守文之君，非獨内德茂也，蓋亦有外戚之助焉。夏之興也以塗山[3]，而桀之亡也以妹喜[4]；殷之興也以有娀[5]，紂之殺也嬖妲己[6]；周之興也以姜原及大任[7]，而幽王之禽也淫於褒姒[8]。故《詩》始《關雎》，夫婦之際，人道之大倫也。"劉向習《魯詩》者也，《列女傳》曰："自古聖王必正妃匹，妃匹正則興，不正則亂。夏之興也以塗山，亡也以妹喜。殷之興也以有㜪[9]，亡也以妲己。周之興也以太姒[10]，亡也以褒姒。周之康王夫人晏出朝，《關雎》豫見，思得淑女以配君子。夫雎鳩之鳥，猶未嘗見乘居而匹處也。夫男女之盛，合之以禮，則父子生焉，君臣成焉，故爲萬物始。"據此二説，則《關雎》爲正風之始，習《魯詩》者非不知也。匡衡習《齊詩》者也，其上疏云："臣又聞之師曰：匹配之際，生民之始，萬福之原。婚姻之禮正，然後品物遂而天命全。孔子論《詩》，以《關雎》爲始。"[11]荀爽習《齊詩》者也，其對策曰："夫婦，人倫之始，王化之端，陽尊陰卑，蓋乃天性。且《詩》初篇，實首《關雎》，禮始冠婚，先正夫婦。"[12]據此二説，則《關雎》爲正風之始，習《齊詩》者亦非不知也。《韓詩外傳》："子夏問曰：'《關雎》何以爲《國風》始也？'孔子曰：'《關雎》至矣乎！夫《關雎》之人，仰則天，俯則地，幽幽冥冥，德之所藏，紛紛沸沸，道之所行，如神龍變化，斐斐文章。大哉，《關雎》之道也！萬物之所繫[13]，群生之所懸命也。河洛出圖書，麟鳳翔乎郊，不由《關雎》之道，則《關雎》之事，將奚由至矣哉！夫六經之策，皆歸論汲汲，蓋取之乎《關雎》，《關雎》之事大矣哉！馮馮翊翊，自東自西，自南自北，無思不服。子其勉強之，思服之，天地之間，生民之屬，王道之原，不外乎此矣。'子夏喟然嘆曰：'大哉《關雎》，乃天地之基也！《詩》曰：鼓鐘樂之。'"案：《韓詩》論《關雎》義尤閎大，何以又有《關雎》刺時之説？

豈自言之而自背之乎？必以三家爲誤，豈一家誤而兩家亦從而誤乎？《漢志》言"取《春秋》、采雜説，非其本義，魯最近之"，然則齊、韓有誤，魯不應誤，何以《魯詩》明言《關雎》爲衰世之詩，康王時作乎？《詩》有本義，有旁義。如《漢志》説三家容有采雜説，以旁義爲正義者，而開宗明義，必不致誤。然則以爲正風之始，又以爲刺康王晏朝，二者必皆是正義而非旁義。刺康王晏朝，詩人作詩之義也；爲正風之始，孔子定《詩》之義也。安見既爲刺詩，遂不可以爲正風而冠全詩乎？張超曰"防微消漸，諷諭君父"，此作詩之義；"孔氏大之，取冠篇首"，此定《詩》之義。據漢人之遺説，不難一以貫之。後人疑其所不當疑，開章第一義已不能通，又何足與言《詩》。

箋注

〔1〕案，《隋書·經籍志》云："《齊詩》魏代已亡，《魯詩》亡於西晉，《韓詩》雖存，無傳之者。唯《毛詩》、鄭箋，至今獨立。"清王先謙《詩三家義集疏》引陳喬樅《韓詩遺説考序》云："宋元以後……《韓詩》之傳遂絶，其僅有存者，《外傳》十篇而已。"

〔2〕引文見《吕氏家塾讀詩記》卷二，原文爲："魯、齊、韓、毛師讀既異，義亦不同。以魯、齊、韓之義尚可見者較之，獨《毛詩》率與經傳合。《關雎》正風之首，三家者乃以爲刺，餘可知矣。是則《毛詩》之義最爲得其真也。"可知吕氏論《詩》，一本《毛傳》。吕祖謙（1137—1181），字伯恭，婺州（今浙江金華）人，學者稱東萊先生。南宋著名理學家，與朱熹、張栻齊名，同被尊爲"東南三賢"。著有《東萊集》《東萊博議》《吕氏家塾讀詩記》《東萊書説》《周易繫辭精義》《春秋左氏傳説》《續説》等書。《宋史》卷四三四有傳。

〔3〕塗山氏，爲大禹妻。《史記·夏本紀》云："夏后帝啓，禹之子，其母塗山氏之女也。"又《通志·三王紀》曰："帝啓，其母塗山氏之女也……按《淮南子》，啓之母塗山氏，禹治洪水，通轘轅山，化爲熊，謂塗山氏曰：'欲餉，聞鼓聲乃來。'禹跳石，誤中鼓，塗山氏往，見禹方作熊，慙而去。至嵩高山下化爲石，禹曰：'歸我子！'石破北方而啓生。"此言夏因塗山氏而興。

〔4〕案，劉向《列女傳·孽嬖傳》云：“夏桀末喜。末喜者，夏桀之妃也，美於色，薄於德，亂孽無道……桀既棄禮義，淫於婦人……日夜與末喜及宮女飲酒，無有休時。置末喜於膝上，聽用其言，昏亂天道，驕奢自恣……於是湯受命而伐之，戰於鳴條，桀師不戰。湯遂放桀與末喜嬖妾同舟流於海，死於南巢之山。”又《史記·夏本紀》云：“桀走鳴條，遂放而死。”《正義》曰：“《括地志》云：‘廬州巢縣有巢湖，即《尚書》“成湯伐桀，放於南巢”者也。《淮南子》云：“湯敗桀於歷山，與末喜同舟浮江，奔南巢之山而死。”《國語》云“滿於巢湖”，又云“夏桀伐有施，施人以妹喜女焉。”’”末喜，即妹喜，有施氏之女。

〔5〕《史記·殷本紀》云：“殷契，母曰簡狄，有娀氏之女，爲帝嚳次妃。三人行浴，見玄鳥墮其卵，簡狄取吞之，因孕生契。”

〔6〕《史記·殷本紀》云：“（紂王）好酒淫樂，嬖於婦人。愛妲己，妲己之言是從。”是紂因妲己而亡國。殺，被殺，言紂之亡。嬖，寵幸。

〔7〕《史記·周本紀》云：“周后稷，名棄。其母有邰氏女，曰姜原。姜原爲帝嚳元妃。姜原出野，見巨人迹，心忻然說，欲踐之，踐之而身動如孕者。居期而生子……初欲棄之，因名曰棄。”“古公有長子曰太伯，次曰虞仲。太姜生少子季歷，季歷娶太任，皆賢婦人。生昌，有聖瑞。”

〔8〕《史記·周本紀》云：“幽王嬖愛褒姒。……當幽王三年，王之後宮見而愛之，生子伯服，竟廢申后及太子，以褒姒爲后，伯服爲太子……申侯怒，與繒、西夷犬戎攻幽王……遂殺幽王驪山下，虜褒姒，盡取周賂而去。”禽，擒也，此指幽王被擒。

〔9〕“有娎”，即有莘（shēn），古國名。商湯娶有莘氏之女。

〔10〕案《史記·管蔡世家》“母曰太姒”下《正義》曰：“《國語》云：‘杞、繒二國，姒姓，夏禹之後，太姒之家。太姒，文王之妃，武王之母。’《列女傳》云：‘太姒者，武王之母，禹后姒氏之女也。在邰之陽，在渭之涘。仁而明道，文王嘉之，親迎於渭，造舟爲梁。及入，太姒思媚太姜、太任，旦夕勤勞，以進婦道。太姒號曰文母。文王理外，文母治内。太姒生十男，教誨自少及長，未嘗見邪僻之事，言常以正道持之也。’”

〔11〕“匡衡習《齊詩》者”句，皮錫瑞所引匡衡上疏，見《漢書·匡衡傳》。

〔12〕“荀爽習《齊詩》者”句，案荀爽（128—190），字慈明，潁川潁陰（今河南許昌）人。以經學聞名，曾著《易傳》《詩傳》。皮錫瑞所引荀爽對策，見《後漢書·荀爽傳》。

〔13〕繫，原刻本誤作“繁”，據《韓詩外傳》卷五改。

5. 論四始是孔子所定，《儀禮》亦孔子所定，解此乃無疑於合樂《關雎》、工歌《鹿鳴》

孔子刪定六經，則定《詩》之四始，亦必出於孔子。自漢以後，經義湮廢，讀孔子之書者，必不許孔子有定六經之事，而以刪定六經之功歸之周公，於是六經之旨大亂而不能理。《詩》之四始，以《關雎》爲《風》始，《鹿鳴》爲《小雅》始，《文王》爲《大雅》始，《清廟》爲《頌》始，自是定論，必不可不遵者也。《關雎》《鹿鳴》《文王》《清廟》，皆歌文王之德，爲後世法，亦是定論，必不可不遵者也。然考漢以前古義，惟《文王》《清廟》是言文王，且是周公稱美文王，有明文可據，而《關雎》《鹿鳴》無明文。《呂氏春秋》[1]曰："周公作詩云：'文王在上，於昭於天，周雖舊邦，其命維新。'以繩文王之德。"《漢書·翼奉傳》曰："周公作詩，深戒成王，以恐失天下，曰：'殷之未喪師，克配上帝。'"《世說新語》[2]荀慈明曰："公旦《文王》之詩，不論堯、舜之德而頌文、武者，親親之義也。"是《文王》詩爲周公作，古有明文。《尚書大傳》[3]曰："周公升歌《清廟》而弦文武。"王褒《四子講德論》[4]曰："周公咏文王之德，而作《清廟》，建爲《頌》首。"《劉向傳》曰："文王既没，周公思慕，歌咏文王之德，其詩云：'肅雍顯相，濟濟多士，秉文之德。'"是《清廟》詩爲周公作，古有明文。而遍考古書，未有言周公作《關雎》與《鹿鳴》者。惟謝太傳劉夫人以《關雎》爲周公詩，見於《世說》[5]。魯、齊《詩》晉已亡，此非雅言，亦非古義，不可據。太史公曰："周道缺，詩人本之衽席，《關雎》作；仁義陵遲，《鹿鳴》刺焉。"是《關雎》《鹿鳴》皆出於衰周，非周公作，亦非周公之所及見。四始之義，至孔子始定。孔子以爲《關雎》貞潔慎匹，如匡衡所謂"情欲之感，無介乎容儀"者，惟文王、太姒足以當之。《鹿鳴》《四牡》《皇華》，亦惟文王率殷之叛國足以當之。故推《關雎》《鹿鳴》爲《風》與《小雅》之始，以配《文王》《清廟》而爲四，四始之義，是孔子所定，非周初所有也。張超曰:"孔氏大之,取冠篇首。"此以《關雎》冠篇首出孔氏之明證。張超又曰:"願得周公,配以窈窕。"此尤《關雎》不出周公之明證。若出周公,周公豈得自言?若《關雎》明指文王、太姒,更豈得爲此言?"窈窕淑女"屬太姒,乃周公之母,而願得周公配之,非病狂喪心之人,必無此荒謬不通之語。張子并作《誚青衣賦》,以誚蔡伯喈作《青衣賦》爲志蕩辭淫,若先自居於荒謬不通,不反爲伯喈所誚乎?據張超所言,則《關雎》必不作於周公以前,而四始必由於孔子所定矣。或難之曰:《儀禮》,周公之書,而鄉飲酒合樂《關雎》之三,燕禮工歌《鹿鳴》之三,非周公時已有《關雎》《鹿鳴》之明證乎?曰:以《儀禮》爲周公書,亦是後儒之説,古無明文。"恤由之喪,哀公使孺悲學士喪禮於孔子,《士喪禮》於是乎書"[6],則《儀禮》十七篇,亦孔子所定也。《列女·太姒傳》引《詩》曰:"大邦有子。"又曰:"太姒嗣徽音。"不引《關雎》,是《魯詩》不以《關雎》詩屬太姒之證。

箋注

〔1〕《吕氏春秋》,戰國末秦國丞相吕不韋組織門人所作。此書有十二紀、八覽、六論,以道家學説爲主,兼采儒、墨、名、法、陰陽等諸家學説,涉及天文、地理、歷史、人物等方面内容,《漢書·藝文志》將其歸入雜家。皮錫瑞所引見《吕氏春秋·古樂》。

〔2〕《世説新語》,南朝宋臨川王劉義慶撰。主要記載東漢末年至東晉末年二百多年間士族階層的瑣聞軼事,其中魏晉尤其是東晉時期的内容占主要部分。案此書《言語》篇云:"荀慈明與汝南袁閬相見,閬笑曰:'士但可因親舊而已乎?'慈明曰:'足下相難,依據者何經?'閬曰:'方問國士而及諸兄,是以尤之耳。'慈明曰:'昔者祁奚内舉不失其子,外舉不失其讎,以爲至公;公旦《文王》之詩,不論堯舜之德而頌文武者,親親之義也。《春秋》之義,内其國而外諸夏。且不愛其親而愛他人者,不爲悖德乎?'"

〔3〕《尚書大傳》,舊題漢代伏生撰,蓋伏生弟子記録其説《尚書》之義,後經劉向校書整理而成。清人陳壽祺有《尚書大傳輯校》八卷,皮錫瑞有《尚書大傳疏證》六卷,王闓運有《尚書大傳補注》七卷。

〔4〕《四子講德論》,見《文選》。王褒(前90—前51),字子淵,蜀人,以辭賦聞名

當時。《漢書》有傳。

〔5〕"惟謝太傅"句，案《世説新語·賢媛》"謝公夫人"條余嘉錫《箋疏》注引《藝文類聚》録《妒記》云："謝太傅劉夫人，不令公有別房。公既深好聲樂，後遂頗欲立妓妾。兄子外生等微達此旨，共問訊劉夫人，因方便稱《關雎》《螽斯》有不忌之德。夫人知以諷已，乃問：'誰撰此詩？'答云：'周公。'夫人曰：'周公是男子，相爲爾，若使周姥撰詩，當無此也。'"

〔6〕"恤由之喪"句，見《禮記·雜記》，原文爲："恤由之喪，哀公使孺悲之孔子學士喪禮，《士喪禮》於是乎書。"鄭玄注云："時人轉而僭上，士之喪禮已廢矣，孔子以教孺悲，國人乃復書而存之。"

6. 論班固云《關雎》哀周道而不傷,爲哀而不傷之確解

子曰："《關雎》樂而不淫，哀而不傷。"[1] 稱《關雎》以哀、樂并言，自來莫得其解。毛《序》衍其説曰："是以《關雎》樂得淑女以配君子，憂在進賢，不淫其色，哀窈窕，思賢才，而無傷善之心焉。"其解樂、哀二字，殊非孔子之旨。自宋程大昌以後多疑之，謂與夫子之語全不相似，當爲衛宏所續，不出毛公。《鄭箋》知其不可通也，乃云"哀"當爲"衷"，字之誤也。然"衷窈窕"仍不可通。且孔子明言"哀"，而改爲"衷"，與孔子言哀不合。朱注《論語》："求之未得，則宜其有寤寐反側之憂；求而得之，則宜其有琴瑟鐘鼓之樂。"[2] 孔子言哀不言憂，朱以"哀"字太重而改爲"憂"，亦與孔子言哀不合。近儒劉台拱《論語駢枝》，謂兼《關雎》之三而言之。《關雎》《葛覃》樂而不淫，《卷耳》哀而不傷，引《卷耳》詩"維以不永傷"爲據[3]。魏源駁之曰[4]："夫反側憂勞，豈得謂專樂無哀？既哀矣，可不紬其所哀何事乎？文王化行二南之日，太姒歸周已數十年，而猶求之不得，寤寐綢繆何爲乎？若謂后妃求賢，則以文王之聖，又得太姒之助，即未更得賢嬪，豈遂反側堪哀，且哀而恐至於傷乎？岐周國盡於渭地，不至河，而云'在河之洲'，明爲陝以東之風，非周國所采，而謂作於宮人女史，其可通乎？《關雎》房中之樂，后夫人侍御於

君，女史歌之以節義序，豈惟有頌美、無諷諭乎？”

錫瑞案：魏氏駁劉，知《關雎》爲諷諭，又以河洲非屬岐周，正可爲《關雎》非指文王、太姒之證，而猶必以文王、太姒爲説，故仍不得其解。竊嘗以意解之，《關雎》一詩，實爲陳古刺今。“樂而不淫”，屬陳古言。《韓詩外傳》云：“人君退朝，入於私宫，后妃御見，去留有度。”此之謂“樂而不淫”。“哀而不傷”，屬刺今言。班固《離騷序》[5]：“《關雎》哀周道而不傷。”馮衍《顯志賦》[6]：“美《關雎》之識微兮，愍王道之將崩。”哀即哀周道、愍王道之義[7]，不傷謂婉而多諷，不傷激切，此之謂“哀而不傷”。班氏於“哀而不傷”中加“周道”二字[8]，義極明晰。“樂而不淫”，《關雎》詩之義也，可見人君遠色之正。“哀而不傷”，作《關雎》詩之義也，可見大臣托諷之深。二義本不相蒙，後人并爲一談，又必專屬文王、太姒而言，以致處處窒礙，謂君子求淑女，則必以爲文王求太姒。夫國君十五而生子，文王生武王，年止十四，有何汲汲至寤寐反側以求夫人？且“娶妻如之何，必告父母”[9]，文王亦非可結婚自由，而自求夫人者，此説之必不可通者也。毛云“后妃之德”，并未明指太姒，《序》言“憂在進賢”，則已有后妃求賢女之意，《鄭箋》遂以爲后妃寤寐求賢女，其義亦本於三家《詩》。《列女·湯妃有娎傳》引《詩》云：“窈窕淑女，君子好逑。”言賢女能爲君子和好衆妾。《詩推度災》曰[10]：“《關雎》有原冀得賢妃正八嬪。”是魯、齊《詩》已與《鄭箋》意同，乃鄭君之所本。然此亦是旁義，而非正義。蓋不妒忌雖爲后妃盛德，要不得爲王化之原，未足以冠全《詩》。且古諸侯一娶九女，適夫人一姪一娣，左右媵各一姪一娣，是爲九女[11]。貴妾之數早定，不待后妃求之，故止可爲旁義，而不得爲正義也。論其正義，是詩人求淑女以配君子；論其旁義，是后妃求淑女以配君子；皆不指定文王、太姒。朱子知其不可通也，以爲宫中之人，於其始至，見其有幽閑貞静之德，爲作是詩[12]。如其説，不知宫人爲何人？以爲文王之宫人，不應適夫人未至，而已先有宫妾；以爲王季之宫人[13]，尤不應知世子“寤寐反側”之隱。且適夫人之得不得，尤非宫人之所能求。是皆求其説而不得，從而爲之辭者。

箋注

〔1〕引文見《論語·八佾》。邢昺《疏》曰：“此章言正樂之和也。《關雎》者，《詩·國風·周南》首篇名，興后妃之德也。《詩序》云：‘樂得淑女，以配君子，憂在進賢，不淫其色。’是樂而不淫也。‘哀窈窕，思賢才，而無傷善之心焉。’是哀而不傷也。樂不至淫，哀不至傷，言其正樂之和也。”

〔2〕引文見朱熹《論語集注》卷二。朱熹云：“淫者，樂之過而失其正者也。傷者，哀之過而害於和者也。《關雎》之詩言后妃之德宜配君子。求之未得，則不能無寤寐反側之憂；求而得之，則宜其有琴瑟鐘鼓之樂。蓋其憂雖深，而不害於和；其樂雖盛，而不失其正。故夫子稱之如此，欲學者玩其辭、審其音而有以識其性情之正也。”

〔3〕引文見《詩·周南·卷耳》：“陟彼高岡，我馬玄黃。我姑酌彼兕觥，維以不永傷。”劉台拱（1751—1805），字端臨，寶應（今屬江蘇）人。著《論語駢枝》一卷，收入《劉氏遺書》中。

〔4〕引文見魏源著《詩古微》上編《四始義例》。

〔5〕《離騷序》，見《楚辭·班孟堅序》，云：“且君子道窮，命矣，故潛龍不見是而無悶，《關雎》哀周道而不傷”。

〔6〕《顯志賦》，漢馮衍作。馮衍，字敬通，京兆杜陵（今陝西西安市南）人，《後漢書》有傳。傳收其賦，自序云：“乃作賦自厲，命其篇曰《顯志》。顯志者，言光明風化之情，昭章玄妙之思也。”賦曰：“美《關雎》之識微兮，愍王道之將崩；拔周唐之盛德兮，捃桓文之譎功。”愍王道，原刻本作“愍周道”，據《後漢書》改。

〔7〕哀周道、愍王道，原刻本作“哀王道、愍周道”，據前文文意及《國學基本叢書》本改。

〔8〕周道，原刻本作“王道”，據班固《離騷序》改。

〔9〕“娶妻如之何”句，見《詩·齊風·南山》：“藝麻如之何？衡從其畝；取妻如之何？必告父母。既曰告止，曷又鞠止。”

〔10〕《詩推度災》，爲《詩》緯之一種，推測天度，占驗灾異，即據以陰陽五行，推測天之行度，以占驗吉凶。引文見《太平御覽》卷一四五“皇親部十一嬪”下云：“《詩推度災》曰：‘《關雎》有原冀得賢妃正八嬪。’”

〔11〕“是爲九女”句，案《公羊傳·莊公十九年》云：“媵者何？諸侯娶一國，則貳國往媵之，以姪娣從。姪者何？兄之子也。娣者何？女弟也。諸侯壹聘九女，諸侯不再娶。”適，嫡也，嫡夫人即正妻。媵，妾。

〔12〕引文見朱熹《詩經集傳》卷一《關雎》下云:"周之文王生有聖德,又得聖女姒氏以爲之配,宫中之人,於其始至,見其有幽閑貞静之德,故作是詩。"

〔13〕王季,周文王之父。《史記·周本紀》云:"古公卒,季歷立,是爲公季。公季修古公遺道,篤於行義,諸侯順之。公季卒,子昌立,是爲西伯。西伯曰文王。"公季即王季。

7. 論畢公追咏文王、太姒之事以爲規諫,范處義説得之,非本有是詩而陳古以諷

范處義《逸齋詩補傳》曰[1]:"《關雎》咏太姒之德,爲文王風化之始。而韓、齊、魯三家,皆以爲康王政衰之詩,故司馬遷、劉向、揚雄、范蔚宗并祖其説。近世説《詩》者,以《關雎》爲畢公作,謂得之張超,或謂得之蔡邕。畢公爲康王大臣,册命尊爲父師,盡規固其職也。而張超、蔡邕皆漢儒,多見古書,必有所據,然則《關雎》雖作於康王之時,乃畢公追咏文王、太姒之事,以爲規諫,故孔子定爲一經之首。"

錫瑞案:宋以後説《關雎》者,惟范氏此説極通,可謂千古特識。蓋作詩以陳古刺今者畢公,删《詩》而定爲經首者孔子;在畢公視之爲刺詩,在孔子視之爲正詩。如此解,乃無疑於刺詩之不可爲正詩矣。惟范氏於張、蔡二説,尚未能定,王應麟《困學紀聞》亦以爲未詳所出[2]。張超《誚青衣賦》見《藝文類聚》三十五卷。《古文苑》云:"蔡伯喈作《青衣賦》,志蕩詞淫,故張子并作此以規之。"《青衣賦》見《蔡集》中,無畢公作《關雎》語,是以《關雎》爲畢公作,當屬張而不屬蔡矣。又《詩篇目論》曰[3]:"司馬遷曰:'仁義陵遲,《鹿鳴》刺焉。'蔡邕亦曰:'《鹿鳴》者,周大臣之所作也。王道衰,大臣知賢者幽隱,故彈弦諷諫。'[4]且《鹿鳴》文武治内之政,先聖孔子自衛反魯,雅、頌各得其所,不應以刺詩冠《小雅》篇首。就如二人之説,其殆《關雎》之類,雖作於文王之後,實則文王之事也。孔子讀《鹿鳴》,見君臣之有禮,則非刺明矣。"案《關雎》《鹿鳴》,同一刺詩,并見《史記》,皆作於文王之後,而追咏文王之事,故雖是刺詩,而可列於

四始。孔子讀《鹿鳴》，見君臣之有禮，孔子讀《關雎》，何嘗不以爲"生民之屬，王道之原"乎？《關雎》刺詩，可冠經首，《鹿鳴》刺詩，何獨不可冠《小雅》篇首乎？范氏明於《關雎》而昧於《鹿鳴》，所見未諦。蓋《逸齋補傳》專宗毛、鄭，故雖稱引古義，而仍不能釋然於《傳》《箋》也。

薛士龍《答何商霖書》曰[5]："來教謂《詩》之作，起於教化之衰，所引康王晏朝，將以爲據。《魯詩》所道，可盡信哉？求詩名於《禮經》，非後世之作也，又安知《關雎》作刺之説，非賦其詩者乎？"《困學紀聞》曰："《鹿鳴》在《宵雅》之首，馬、蔡以爲風刺，蓋齊、魯、韓三家之説，猶《關雎》刺時作諷也。"[6]原注："呂元鈞謂陳古以諷，非謂二詩作於衰周。"[7]

案：此皆調停之説也，不欲違背古義，又不能屏除俗説，乃謂周初本有《關雎》《鹿鳴》之詩，後人陳古以爲諷刺。據鄭君云："賦者，或造篇，或述古。"則以《關雎》爲畢公作，謂是述古而非造篇，似亦有可通者，而揆之漢人所引三家《詩》義，則實不然。《史記》兩言"《關雎》作"[8]，《法言》云"《關雎》作乎上"，《論衡》云"周衰而《詩》作"，楊賜云"《關雎》見幾而作"。既皆云"作"，必是造篇。且《關雎》若本有是詩，女史歌之房中，康王必已飫聞，畢公雖欲托諷，何能使王感悟？未可以召公之《常棣》比畢公之《關雎》也。薛以《禮經》爲疑，不知《禮經》非必出於周公，但知六經皆孔子所定，則於諸經皆豁然無疑矣。歐陽修曰："《關雎》，周衰之作也。太史公曰'周道缺而《關雎》作'，蓋思古以刺今之詩也。謂此淑女配於君子，不淫其色，而能與其左右勤其職事，則可以琴瑟鐘鼓友樂之爾，皆所以刺時之不然。先勤其職而後樂，故曰'《關雎》樂而不淫'；其思古以刺今，而言不迫切，故曰'哀而不傷'"。[9]朱子以《儀禮》已有《周南》疑之[10]，由不知《禮經》亦孔子所定。

箋注

〔1〕《逸齋詩補傳》，宋范處義撰。《四庫全書總目提要》云："《詩補傳》三十卷，舊本題曰'逸齋撰'，不著名氏。朱彝尊《經義考》云，《宋史·藝文志》有范處義《詩補傳》三十卷，卷數與逸齋本相符。明朱睦㮮《聚樂堂書目》直書處

義名，當有證據。處義，金華人，紹興中登張孝祥榜進士'云云，則此書爲處義所作，'逸齋'蓋自號也。大旨病諸儒説詩，好廢序以就已説。"

〔2〕"未詳所出"句，案王應麟《困學紀聞》卷三"詩"下云："近世説《詩》者，以《關雎》爲畢公作，謂得之張超，或謂得之蔡邕，未詳所出。"

〔3〕《詩篇目論》，指范處義《詩補傳》之"詩補傳篇目"篇。

〔4〕"司馬遷曰"句，王應麟《困學紀聞》卷三"詩"下云："太史公謂'仁義陵遲，《鹿鳴》刺焉'，蔡邕《琴操》'《鹿鳴》，周大臣所作也。王道衰，大臣知賢者幽隱，彈弦風諫'。"太史公所謂者見《史記·十二諸侯年表》。《琴操》二卷，傳爲東漢蔡邕撰，已佚，有清人王謨《漢魏遺書鈔》輯本。

〔5〕《答何商霖書》，見薛季宣《浪語集》卷二四。

〔6〕《宵雅》，即《小雅》。《禮記·學記》"宵雅肆三，官其始也"鄭注云："宵之言小也；肆，習也。習《小雅》之三，謂《鹿鳴》《四牡》《皇皇者華》也。""刺時"，原刻本引作"刺詩"，據《困學紀聞》卷三改。

〔7〕"吕元鈞謂"句，案吕陶（1028—1104），字元鈞，眉州彭山（今屬四川）人，著有《净德集》三十八卷，《宋史》有傳。

〔8〕"《史記》兩言'《關雎》作'"，一見《史記·十二諸侯年表》，云"周道缺，詩人本之衽席，《關雎》作"；一見《史記·儒林傳》，云"夫周室衰而《關雎》作"。

〔9〕"歐陽修曰"句，見《詩本義》卷一。

〔10〕"朱子以"句，案朱熹《詩經集傳》卷一云："孔子謂伯魚曰：'女爲《周南》《召南》矣乎？人而不爲《周南》《召南》，其猶正墻面而立也與！'《儀禮》鄉飲酒、鄉射、燕禮皆合樂《周南·關雎》《葛覃》《卷耳》、《召南·鵲巢》《采蘩》《采蘋》。燕禮又有房中之樂，鄭氏注曰：'弦歌《周南》《召南》之詩而不用鐘磬，云房中者后夫人之所諷誦以事其君子。'程子曰：'天下之治正家爲先，天下之家正，則天下治矣。二南，正家之道也，陳后妃夫人大夫妻之德，推之士庶人之家一也。故使邦國至於鄉黨皆用之，自朝廷至於委巷莫不謳吟諷誦，所以風化天下。'"

8. 論魏源以《關雎》《鹿鳴》爲刺紂王，臆説不可信，三家初無此義

魏源《詩古微·四始義例篇》曰："二《南》及《小雅》，皆當殷之末

季，文王與紂之時，謂誼兼諷刺則可，謂刺康王則不可，并誣三家以正風雅爲康王時詩，尤大不可。蓋吟咏性情以諷其上者，詩人之本誼也；以文王時諷諭王室之詩施之後王者，國史之旁誼，非詩人之本誼也。考《關雎》之爲刺詩，《魯詩》則見於《史記》《漢書》、劉向、揚雄、張超之著述，《韓詩》則見於《後漢書》明帝之詔、楊賜之傳[1]、馮衍之賦。《鹿鳴》之爲刺詩，則亦見於《史記》、王符《潛夫論》[2]、蔡邕《琴操》之稱引。其間有本義，有旁義，在善學者分別觀之。三家既以《關雎》《鹿鳴》與《文王》《清廟》同爲正始，必非衰周之詩。韓《序》祇云‘《關雎》，刺時也’，未嘗言刺康王，則是思賢妃以佐君子，即爲諷時之誼。但在文王國中爲正風正雅者，在商紂國中視之，則爲變風變雅，此《關雎》《鹿鳴》刺時之本誼也。在盛世歌之爲正風正雅者，在衰世歌之，即爲變風變雅，此畢公刺康王之旁誼也。”又曰：“太史公讀《春秋曆譜牒》，廢書而嘆曰：‘師摯見之矣。紂爲象箸而箕子唏，周道缺。自注：“周”當爲“商”，蒙上文師摯、紂、箕子而言之。詩人本之衽席，《關雎》作，仁義陵遲，《鹿鳴》刺焉。’西漢今古文説，皆謂師摯以商紂樂官而歸周。《韓詩外傳》曰‘有瞽有瞽，在周之庭’，言殷紂之餘民也。故師摯作樂之始，甫聞《關雎》之亂，蓋以《關雎》樂章作於師摯洋洋盈耳之日，正靡靡溺音之時。《大雅》首《文王》，而往復於殷命之靡常。《周頌》首《清廟》，而肇禋於《多士》之駿奔。四始皆致意於殷周之際，豈獨《關雎》《鹿鳴》而已乎？故曰：《詩》三百篇，皆仁聖賢人發憤之所爲作也。摯而有別，即樂而不淫；寤寐反側，即哀而不傷。”

錫瑞案：以摯而有別爲樂而不淫，寤寐反側爲哀而不傷，前人解《關雎》詩，皆如此説，而樂與哀屬何人説，則無以質言之。三家《詩》并無以《關雎》屬文王、太姒之明文。《焦氏易林》云[3]：“《關雎》淑女，賢聖配偶。”未嘗云是文王、太姒。即《毛詩》亦止云“后妃之德也”，未嘗言后妃爲何人。則以屬文王、太姒者，自是推論之辭，若質言之，動多窒礙。范處義云“作於文王之後，追咏文王之事”，斯爲得之。魏源作《詩古微》，意在發明三家，而不知四始定自孔子，非自周公。《關雎》雖屬刺詩，孔子不妨以爲正風，取冠篇首。六經皆孔子手定，并非依傍前人。魏氏惟不知此義,故雖明引三家之説,而與三家全相反對。三家明云周衰時作,魏云必非衰周之詩;三家明云是刺康王,魏云未嘗言刺康王,且改其説,以爲是刺紂王而美文王。試問魏所引魯、韓《詩》,有言及紂王一字者乎?魏謂前人誣三家以正風雅爲康王詩,前人實未嘗誣,而魏臆造三家以《關雎》爲刺紂王之説,則誣甚矣。太史公明言"周道缺",魏臆改"周"爲"商",牽引師摯、紂、箕子而并言之。案三家皆以《關雎》爲識微、爲豫見,康王晏起,大臣見幾,正與師摯審音、箕子嘆象等相似,非以三事并合爲一。至孔子云"師摯之始"[4],此師摯又非紂時之師摯,必是孔子同時之人,故聞其歌《關雎》而有洋洋盈耳之嘆。若是商周時人,孔子安得聞之而嘆之乎?必不可并合爲一也。《史記·儒林傳序》"周室衰而《關雎》作",正與"周道缺,《關雎》作"一轍。如魏氏説,將并改周室之"周"字爲"商"以就其説乎?劉向、揚雄、王充、楊賜、應劭、張超,皆明云刺康王,如魏氏説,亦將一概抹搬之乎?魏以畢公爲賦詩非作詩,即宋薛士龍、吕元鈞之意,又强牽合師摯與紂,造爲刺紂美文之説,則又宋儒之所未言。不知解經是樸學,不得用巧思;解經須確憑,不得任臆説。魏誣三家而創新解,解《關雎》一詩即大誤,恐其惑世,不得不辨。

箋注

〔1〕楊賜(?—185),字伯獻,弘農華陰(今屬陝西)人。《後漢書·楊賜傳》載其上封事曰"康王一朝晏起,《關雎》見幾而作",是以爲刺詩。

〔2〕《潛夫論》,漢王符撰。王符(約85—約163),字節信,安定臨涇(今甘肅鎮源南)人,《後漢書》有傳。《潛夫論·班禄》云"其後忽養賢而《鹿鳴》思",是以《鹿鳴》爲刺詩。

〔3〕《焦氏易林》,漢焦延壽撰。《漢書·京房傳》云:"京房字君明,東郡頓丘人也。治《易》,事梁人焦延壽。延壽字贛。"

〔4〕"師摯之始",見《論語·泰伯》:"子曰:'師摯之始,《關雎》之亂,洋洋乎,盈耳哉!'"邢昺《疏》曰:"此章美正樂之音也。師摯,魯太師名也。始猶首也。《關雎》,《周南》篇名,正樂之首章也。周道衰微,鄭、衛之音作,正樂廢而失

節。魯太師摯識《關雎》之聲，而首理其亂者，洋洋盈耳，聽而美之。"

9. 論四始之説當從《史記》所引《魯詩》，《詩緯》引《齊詩》異義亦有可推得者

毛《序》："《關雎》，后妃之德也，風之始也。風，風也，教也，風以動之，教以化之。雅者，正也，言王政之所由廢興也。政有大小，故有小雅焉，有大雅焉。頌者，美盛德之形容，以其成功告於神明者也。是謂四始，詩之至也。"《正義》曰："四始者，鄭答張逸云：'風也，小雅也，大雅也，頌也，此四者，人君行之則爲興，廢之則爲衰。'又《箋》云：'始者，王道興衰之所由。'然則此四者，是人君興廢之始，故謂之四始也。案：《詩緯・汎曆樞》[1]云：'《大明》在亥，水始也；《四牡》在寅，木始也；《嘉魚》在巳，火始也；《鴻雁》在申，金始也。'與此不同者，緯文因金、木、水、火有四始之義，以詩文托之。又鄭作《六藝論》[2]，引《春秋緯・演孔圖》云'《詩》含五際六情'者[3]，鄭以《汎曆樞》云：'午亥之際爲革命，卯酉之際爲改正，辰在天門，出入候聽。卯，《天保》也；酉，《祈父》也；午，《采芑》也；亥，《大明》也。'然則亥爲革命，一際也；亥又爲天門出入候聽，二際也；卯爲陰陽交際，三際也；午爲陽謝陰興，四際也；酉爲陰盛陽微，五際也。其六情者，則《春秋》云'喜、怒、哀、樂、好、惡'是也。《詩》既含此五際六情，故鄭於《六藝論》言之。"

案：孔《疏》以四始爲人君興廢之始，義殊不瞭。陳啓源謂風、雅、頌四者即是始[4]，非更有爲風、雅、頌之始者，則何必言四始，毛《序》又何以《關雎》爲風之始乎？考《史記》曰："《關雎》之亂以爲風始，《鹿鳴》爲小雅始，《文王》爲大雅始，《清廟》爲頌始。"[5]義始瞭然。太史公據《魯詩》，毛以《關雎》爲風之始，則亦與《魯詩》不異矣。《詩緯》言四始乃《齊詩》異義，近儒孔廣森推得其説曰[6]："始、際之義，蓋生於律。《大明》在亥者，應鐘爲均也；《四牡》則太簇爲均，《天保》夾鐘爲均，《嘉

魚》仲吕爲均,《采芑》蕤賓爲均,《鴻雁》夷則爲均,《祈父》南吕爲均[7]。漢初古樂未湮者如此,故翼奉曰:‘《詩》之爲學,情性而已,五性不相害,六情更興廢,觀性以曆,觀情以律。’律曆迭相治,與天地稽,三耆之變[8],亦於是可驗。古之作樂,每三詩爲一終,經傳可考者,有升歌《文王》之三,升歌《鹿鳴》之三,間歌《魚麗》之三。然《采薇》《出車》《杕杜》,皆所以勞將士,《常棣》《伐木》《天保》,皆所以燕朋友兄弟,《蓼蕭》《湛露》《彤弓》,皆所以燕諸侯,亦三篇同奏,確然可信者也。説始、際者,則以與三耆相配,如《文王》爲亥孟,《大明》爲亥仲,《緜》爲亥季。其水始獨言《大明》,猶三耆之先仲次季而後孟也。故《鹿鳴》《四牡》《皇華》同爲寅宮,與《四牡》以表之;《魚麗》《嘉魚》《南山有臺》同爲巳宮,舉《嘉魚》以表之。卯不言《伐木》而言《天保》,容三家《詩》次不盡與毛同耳。以次推之,《采薇》之三正合辰位,唯《采芑》爲午,似《蓼蕭》之三,彼倒在《六月》《采芑》《車攻》之後而爲未也。《吉日》《鴻雁》《庭燎》,乃申也。《祈父》非酉之中,又篇次之異。且其戌、子、丑爲何等篇,不可推測矣。”

錫瑞案:《詩緯》在漢後爲絕學,孔氏所推甚精,惟《采薇》《杕杜》《出車》依三家當爲宣王詩,孔仍《毛詩》,次序稍誤。魏源更正之,以《蓼蕭》《湛露》《彤弓》列《魚麗》之前,爲辰;《采薇》《杕杜》《出車》列《采芑》之後、《車攻》之前,爲午季、未孟、未仲,次序更合。《齊詩》與緯説合,略見翼奉、郎顗二《傳》[9]。郎顗曰:“四始之缺。”李賢注[10]不引《汎曆樞》,而引“《關雎》爲《國風》之始,《鹿鳴》爲《小雅》之始,《文王》爲《大雅》之始,《清廟》爲《頌》之始”以解之;應劭注《漢書》[11],以君臣、父子、兄弟、夫婦、朋友爲五際;宋均注《演孔圖》[12],以風、賦、比、興、雅、頌爲六情:皆甚誤。而據《匡衡傳》曰:“孔子論《詩》以《關雎》爲始。”則《齊詩》雖傳異義,亦未嘗不以《關雎》爲始也。翼奉曰:“《易》有陰陽,《詩》有五際,《春秋》有災異。”是《詩》之五際,亦陰陽、災異之類。《易》之陰陽,《春秋》之災異,皆是別傳而非正傳,則《詩》之五際、四始,亦別傳而非正傳矣。《翼奉傳》孟康注引《詩内傳》曰[13]:“五際,卯、酉、午、戌、亥也。陰陽終始際會之歲於此,則有變改之政也。”《齊詩內傳》五際數戌，而《詩疏》不及戌。據《郎顗傳》注宋均云〔14〕：“天門戌亥之間。”則亥爲革命當一際，出入候聽，應以戌當一際也。迮鶴壽《齊詩翼奉學》〔15〕、陳喬樅《詩緯集證》〔16〕發明《齊詩》尤詳，以非正傳，故不備舉。

箋注

〔1〕《詩緯·汎曆樞》，一作《氾曆樞》，乃《詩緯》之一種。氾覽五際，其樞在水。以《詩》三百篇配五行干支，《詩·大明》在亥，亥爲水始，爲革命之時，是運數之關鍵。《詩緯》之學興於哀、平之後兩百年間。《詩緯》今有多種輯本，以安居香山、中村璋八所輯的《緯書集成》本較爲完備。

〔2〕《六藝論》，《隋書·經籍志》載此書一卷，鄭玄撰。此書已佚，有馬國翰《玉函山房輯佚書》本。

〔3〕《春秋緯·演孔圖》，《春秋》之緯書一種。云孔子獲麟而作《春秋》，九月書成，端門受命，天降血書，中有作圖。此篇多有神話孔子之言。此書已佚，有馬國翰《玉函山房輯佚書》等輯本。

〔4〕陳啓源論四始，見《毛詩稽古編》卷二五“四始”條下。

〔5〕引文見《史記·孔子世家》。“清廟”二字原刻本誤作“文王”，據《史記》改。

〔6〕孔廣森，注見前。引文見《經學卮言》卷三“十月之交朔日辛卯”條下。

〔7〕“均”，讀爲“韻”。一指樂器名，以確定音階高度。《後漢書·律曆志》“冬夏至，陳八音，聽五均”，注云：“均，長七尺，繫以絲，以節樂音。”《國語·周語下》“景王問鐘律於伶州鳩”云：“律所以立均出度也。古之神瞽考中聲而量之以制，度律均鐘，百官軌儀，紀之以三，平之以六，成於十二，天之道也。夫六，中之色也，故名之曰黃鐘，所以宣養六氣、九德也。由是第之：二曰太蔟，所以金奏贊陽出滯也。三曰姑洗，所以修潔百物，考神納賓也。四曰蕤賓，所以安靖神人，獻酬交酢也。五曰夷則，所以詠歌九則，平民無貳也。六曰無射，所以宣布哲人之令德，示民軌儀也。爲之六間，以揚沈伏，而黜散越也。元間大呂，助宣物也。二間夾鐘，出四隙之細也。三間仲呂，宣中氣也。四間林鐘，和展百事，俾莫不任肅純恪也。五間南呂，贊陽秀也。六間應鐘，均利器用，俾應復也。律呂不易，無奸物也。細鈞有鐘無鎛，昭其大也。大鈞有鎛無鐘，甚大無鎛，鳴其細也。”此處指十二律的音高，以一個律的音高作爲全曲主音。

〔8〕 "與天地稽,三朞之變"句,與,原刻本引作"夫",誤,據孔廣森《經學卮言》卷
三改。朞,音"姬",亦作期,指一個周期。《尚書・堯典》云"朞三百有六旬
有六日,以閏月定四時成歲",陸德明云:"朞,居其反。"稽,至、到。

〔9〕 翼奉,字少君,東海下邳(今江蘇睢寧)人。治《齊詩》,與蕭望之、匡衡同師。
《漢書・翼奉傳》有"臣奉竊學《齊詩》,聞五際之要《十月之交》篇"等語。郎
顗,字雅光,北海安丘(今屬山東)人。《後漢書・郎顗傳》云:"父宗,字仲
綏,學京氏《易》,善風角、星筭、六日七分……顗少傳父業,兼明經典。"又云
"四始之缺,五際之厄,其咎由此",注云:"四始謂《關雎》爲《國風》之始,《鹿
鳴》爲《小雅》之始,《文王》爲《大雅》之始,《清廟》爲《頌》之始。缺猶廢也。
《翼奉傳》曰:'《易》有陰陽五際。'孟康曰:'《韓詩外傳》云:五際,卯、酉、
午、戌、亥也,陰陽終始際會之歲,於此則有變改之政。'"

〔10〕 "李賢注"句,章懷太子李賢(652—684),字明允,唐高宗第六子。《舊唐
書・李賢傳》云:"賢又招集當時學者太子左庶子張大安、洗馬劉訥言、洛州
司戶格希元、學士許叔牙、成玄一、史藏諸、周寶寧等,注范曄《後漢書》,表
上之,賜物三萬段,仍以其書付秘閣。"

〔11〕 應劭注《漢書》,《後漢書》本傳云"又集解《漢書》,皆傳於時"。

〔12〕 宋均注《演孔圖》,《隋書・經籍志》著錄宋均《春秋緯注》三十卷。

〔13〕《詩內傳》,《漢書・翼奉傳》云"《易》有陰陽,《詩》有五際",注云"應劭曰:
'君臣、父子、兄弟、夫婦、朋友也。'孟康曰:'《詩內傳》五際,卯、酉、午、戌、
亥也。陰陽終始際會之歲,於此則有變改之政。'"此指《齊詩內傳》。案
荀悅《前漢紀》曰:"齊人轅固生爲景帝博士,亦作《詩外內傳》,由是有魯、
韓、齊之學。"

〔14〕 案《後漢書・郎顗傳》云"《詩氾曆樞》曰'卯酉爲革政,午亥爲革命,神在天
門,出入候聽'",注引宋均云"神,陽氣,君象也。天門,戌亥之間,乾所
據者"。

〔15〕《齊詩翼奉學》四卷,清迮鶴壽撰。迮鶴壽,字青崖,江蘇吳江人,道光六年
(1826)進士,長於考證。此書收圖、表十三題,說解十七題,詮次論四始五
際者。

〔16〕《詩緯集證》四卷,清陳喬樅撰。隋代焚禁讖緯,《詩緯》漸佚,喬樅輯注之。
陳氏精通經今文學,尤精今文《詩》學。此書搜輯《齊詩》遺說,成於《齊詩翼
氏學疏證》之後。陳氏以爲漢儒翼奉、郎顗之《詩》說,多出於緯。又言隋火
之後,《詩緯》漸失,間有存者,或與雜讖比例齊觀,學者棄置勿道,書遂
盡亡。

10. 論三家亡而《毛傳》孤行，人多信毛疑三家，魏源駁辨明快，可爲定論

　　魏源《齊魯韓毛異同論》[1]：“程大昌曰[2]：‘三家不見古序，故無以總測篇意。毛惟有古序以該括章旨，故訓詁所及，會全詩以歸一貫。’然考《新唐書·藝文志》：‘《韓詩》二卷，卜商序、韓嬰注。’而《水經注》引《韓詩·周南叙》曰：‘其地在南郡、南陽之間。’至諸家所引《韓詩》，如‘《關雎》，刺時也’；‘《漢廣》，説人也’；‘《汝墳》，辭家也’；‘《芣苢》，傷夫有惡疾也’；‘《黍離》，伯封作也’；‘《蝃蝀》，刺奔女也’；‘《溱與洧》，説人也’；‘《雞鳴》，讒人也’；‘《夫栘》，燕兄弟也’；‘《伐木》，文王敬故也’；‘《鼓鐘》，刺昭王也’；‘《賓之初筵》，衛武公飲酒悔過也’；‘《抑》，衛武公刺王室以自戒也’；‘《假樂》，美宣王之德也’；‘《雲漢》，宣王遭亂仰天也’；‘《雨無極》，正大夫刺幽王也’；‘《四月》，嘆征役也’；‘《閟宮有侐》，公子奚斯作也’；‘《那》，美襄公也’。皆與《毛詩》首語一例，則《韓詩》有序明矣。《齊詩》最殘缺，而張揖魏人[3]，習《齊詩》，其《上林賦注》曰：‘《伐檀》，刺賢者不遇明王也。’其爲《齊詩》之序明矣。劉向，楚元王孫，世傳《魯詩》，其《列女傳》以《芣苢》爲蔡人妻作，《汝墳》爲周南大夫妻作，《行露》爲召南申女作，《邶·柏舟》爲衛夫人作，《碩人》爲莊姜傅母作，《燕燕》爲定姜送婦作，《式微》爲黎莊夫人及傅母作，《載馳》爲許穆夫人作，視《毛序》之空衍者，尤鑿鑿不誣。且其《息夫人傳》曰：‘君子故序之於詩。’《黎莊夫人傳》曰：‘君子故序之以編詩。’而向所自著書亦曰《新序》，是《魯詩》有序明矣。且三家遺說，凡《魯詩》如此者，韓必同之；《韓詩》如此者，魯必同之；《齊詩》存什一於千百，而魯、韓必同之。苟非同出一原，安能重規疊矩？三人占則從二人之言，謂毛不見三家古序則有之，三家烏用見毛《序》爲哉？程氏其何説之詞？鄭樵曰[4]：‘毛公時，《左傳》《孟子》《國語》《儀禮》未盛

行,而先與之合。世人未知《毛詩》之密,故俱從三家。及諸書出而證之,諸儒得以考其異同得失,長者出而短者自廢,故皆舍三家而宗毛。'應之曰:《齊詩》先《采蘋》而後《草蟲》,與《儀禮》合。《小雅》四始五際次第,與樂章合。魯、韓《詩》說《碩人》《二子乘舟》《載馳》《黃鳥》,與《左氏》合。說《抑》及《昊天有成命》,與《國語》合。說《騶虞》樂官備,與《射義》合。說《凱風》《小弁》,與《孟子》合。說《出車》《采薇》非文王伐玁狁,與《尚書大傳》合。《大武》六章次第,與樂章合。其不合諸書者安在?而《毛詩》則動與抵牾,其合諸書者又安在?顧謂西漢諸儒未見諸書,故捨毛而從三家,則太史公本《左氏》《國語》以作《史記》,何以宗《魯詩》而不宗毛?賈誼、劉向博極群書,何以《新書》《說苑》《列女傳》宗魯而不宗毛?謂東漢諸儒得諸書證合,乃知宗毛而捨三家,則班固評論四家《詩》,何以獨許魯近?《左傳》由賈逵得立,服虔作解[5],而逵撰《齊魯韓毛異同》,服虔注《左氏》,鄭君注《禮》,皆顯用《韓詩》。即鄭箋毛,亦多陰用韓義。許君《說文叙》,自言《詩》稱毛氏,皆古文家言,而《說文》引《詩》什九皆三家。《五經異義》[6]論壘制,論《鄭風》,論《生民》,亦并從三家說。豈非鄭、許之用毛者,特欲專立古文門戶,而意實以魯、韓為勝乎?若云長者出而短者自廢,則鄭、荀、王、韓之《易》,賢於施、孟、梁丘,梅賾當作頤,下同。之書賢於伏生、夏侯、歐陽,《韓詩外傳》賢於《韓詩內傳》,《左氏》之杜預賢於賈、服,而《逸書》十六篇、《逸禮》七十篇,皆亡所當亡耶?至錢氏大昕據《孟子》'勞於王事,不得養父母'為孟子之用《小序》[7],《緇衣》篇'長民者衣服不貳,從容有常'為公孫尼子之用《小序》,則不如據《論語》'《關雎》樂而不淫,哀而不傷'為夫子用《小序》之為愈也。梅賾之偽《古文書》,其亦三代經傳襲用梅氏耶?鄭氏其何說之詞?姜氏炳璋曰:'漢四家《詩》,惟毛公出自子夏,淵源最古。且《魯頌》傳引孟仲子之言,《絲衣》序引高子之言,《北山》序同《孟子》之語,則又出於《孟子》。而大毛公親為荀卿弟子,故《毛傳》多用荀子之言,非三家所及。'[8]應之曰:《漢書·楚元王傳》言浮邱伯傳《魯詩》於荀卿,則亦出荀子矣。《唐書》載《韓詩》卜商序,則亦出子夏矣。《韓詩外傳》高子問《載馳》之詩於孟子,孟子曰:

'有衛女之志則可，無衛女之志則怠。'又載荀卿《非十二子篇》獨去子思、孟子[9]。且《外傳》屢引七篇之文，則亦出《孟子》矣。故《漢書》曰：'又有毛公之學，自言子夏所傳。''自言'云者，人不取信之詞也。至《釋文》引徐整云：三國吳人。'子夏授高行子，高行子授薛倉子，薛倉子授帛妙子，帛妙子授河間人大毛公。毛公爲《詩故訓傳》，以授趙人小毛公，小毛公爲河間獻王博士。'一云：子夏授曾申，申傳魏人李克，克傳魯人孟仲子，孟仲子傳根牟子，根牟子傳趙人孫卿子，孫卿子傳魯人大毛公。'夫同一《毛詩》傳授源流，而姓名無一同，且一以爲出荀卿，一以爲不出荀卿，一以爲河間人，一以爲魯人，展轉傅會，安所據依？豈非《漢書》'自言子夏所傳'一語已發其覆乎？以視三家源流，孰傳信，孰傳疑？姜氏其何說之詞？"

錫瑞案：三家亡，《毛傳》孤行，多信毛而疑三家。魏氏辨駁分明，一掃俗儒之陋。

箋注

〔1〕《齊魯韓毛異同論》，見魏源《詩古微》二十卷本之上編。《詩古微》有初刻兩
卷本（係未定本）和二刻二十卷本（係增訂本），持論專主三家詩說。

〔2〕程大昌（1123—1195），字泰之，徽州休寧（今屬安徽）人。傳見《宋史·儒林
傳》。魏源所引程大昌論《詩序》，見程大昌《考古編》卷三《詩論》十三。

〔3〕唐顏師古《漢書敘例》曰："諸家注釋，雖見名氏，至於爵里，頗或難知。傳無
所存，具列如左：……張揖字稚讓，清河人，一云河間人。魏太和中爲博
士。止解《司馬相如傳》一卷。"《上林賦》即司馬相如之作，皮錫瑞所引張揖
注見《文選·上林賦》李善注引。

〔4〕《六經奧論》卷三"詩經"下云："毛公之時，《左氏傳》未出，《孟子》《國語》《儀
禮》未甚行，而毛氏之說先與之合，不謂之源流子夏可乎？漢興，三家盛行，
毛最後出，世人未知毛氏之密，其說多從齊、魯、韓氏。迨至魏晉，有《左氏》
《國語》《孟子》諸書證之，然後學者捨三家而從毛氏。故《齊詩》亡於魏，《魯
詩》亡於西晉，《韓詩》雖存無傳之者。"

〔5〕賈逵（30—101），字景伯，扶風平陵（今陝西咸陽西）人。《後漢書·賈逵傳》
云："父徽，從劉歆受《左氏春秋》，兼習《國語》《周官》，又受《古文尚書》於塗

惲，學《毛詩》於謝曼卿，作《左氏條例》二十一篇。逵悉傳父業，弱冠能誦《左氏傳》及五經本文，以大夏侯《尚書》教授，雖爲古學，兼通五家《穀梁》之説……尤明《左氏傳》《國語》，爲之解詁五十一篇……肅宗立，降意儒術，特好《古文尚書》《左氏傳》。建初元年，詔逵入講北宮白虎觀、南宮雲臺。帝善逵説，使發出《左氏傳》大義長於二傳者。逵於是具條奏之……書奏，帝嘉之，賜布五百匹，衣一襲，令逵自選《公羊》嚴、顏諸生高才者二十人，教以《左氏》。"服虔，字子慎，滎陽（今屬河南）人。《後漢書·儒林傳》云"有雅才，善著文論，作《春秋左氏傳解》，行之至今。又以《左傳》駁何休之所駁漢事六十條"。

〔6〕《五經異義》，漢許慎撰。注見前。

〔7〕錢大昕《十駕齋養新録》卷一"詩序"云："愚又考《孟子》説《北山》之詩云'勞於王事而不得養父母'，即《小序》説也。唯《小序》在《孟子》之前，故《孟子》得引之。"

〔8〕姜炳璋（1736—1813），字石貞，號白巖，象山丹城（今屬浙江）人。著有《詩序廣義》二十四卷。

〔9〕案《荀子·非十二子》篇，其批評者有：它囂、魏牟、陳仲、史鰌、墨翟、宋鈃、慎到、田駢、惠施、鄧析、子思、孟子。而《韓詩外傳》卷四云："夫當世之愚，飾邪説，文奸言，以亂天下，欺惑眾愚，使混然不知是非治亂之所存者，則是范睢、魏牟、田文、莊周、慎到、田駢、墨翟、宋鈃、鄧析、惠施之徒也。此十子者，皆順非而澤，聞見雜博，然而不師上古，不法先王，按往舊造説，務自爲工道，無所遇而人相從。故曰十子者之工説，説皆不足合大道、美風俗、治紀綱。然其持之各有故，言之皆有理，足以欺惑眾愚，交亂樸鄙，則是十子之罪也。"是謂去子思、孟子。

11. 論《毛傳》不可信，而明見《漢志》，非馬融所作

《史記·儒林傳》述漢初經師，《易》止田生一人，《書》止伏生一人，《禮》止高堂生一人，《春秋》有胡毋生、董仲舒二人，而二人皆傳《公羊》，故漢初立《公羊》博士，不分胡、董。惟《詩》有三人，於魯則申培公，於齊則轅固生，於燕則韓太傅。此三人者，生非一處，學非一師，同

爲今文而實不同，故漢初分立三博士，蓋有不得不分別者。《史記》不及毛公，若毛公爲六國時人，所著有《毛詩故訓傳》，史公無緣不知，此《毛傳》不可信者一。《漢書·藝文志》雖列《毛詩》與《毛詩故訓傳》，而云“與不得已，魯最爲近之”，“三家皆列於學官，又有毛公之學，自謂子夏所傳，而河間獻王好之，未得立”。“自謂”者，人不謂然也。《毛詩》始發見於劉歆，《漢志》多本劉歆《七略》[1]，乃以魯最爲近，而於毛有微詞，則班氏初不信毛，《漢志》亦非全用《七略》，此《毛傳》不可信者二。徐整、陸璣説《毛詩》授受源流[2]，或以爲出荀卿，或以爲不出荀卿。魏源辨之已詳。兩漢以前皆無此説，此《毛傳》不可信者三。荀卿《非十二子》，有“子夏之賤儒”，是荀卿之學非出子夏，判然爲二。毛公之學，自謂子夏所傳，祖子夏不應祖荀卿，祖荀卿不應祖子夏，此《毛傳》不可信者四。申公受《詩》於浮丘伯，浮丘伯又受之荀卿，則《魯詩》實出荀卿矣。若《毛詩》亦荀卿所傳，何以與《魯詩》不同？此《毛傳》不可信者五。《漢志》但云毛公之學，不載毛公之名，亦無大、小毛公之分。鄭君《詩譜》曰：“魯人大毛公爲《訓詁傳》於其家，河間獻王得而獻之，以小毛公爲博士。”陸璣曰：“荀卿授魯國毛亨，毛亨作《詁訓傳》以授趙國毛萇，時人謂亨爲大毛公，萇爲小毛公。”蓋鄭君始言大、小毛公有二，陸璣始著大、小毛公之名。如其説，則作傳者毛亨，非毛萇。故孔《疏》云：“大毛公爲其傳，由小毛公而題毛也。”鄭漢末人，不應所聞詳於劉、班，陸璣吳人，不應所聞又詳於鄭，此《毛傳》不可信者六。《後漢書·章帝紀》：建元八年[3]，詔令群儒選高才生，“受學《左氏》《穀梁春秋》《古文尚書》《毛詩》，以扶微學、廣異義焉”。袁宏《後漢紀》遂言於是《古文尚書》《毛詩》《周官》皆置弟子。案：古文在漢時無置博士弟子者，惟《左氏》立而旋罷，故顧炎武斷《後漢·儒林傳》“《詩》齊、魯、韓、毛”，“毛”字爲衍文[4]。《儒林傳》云：“三家皆立博士。趙人毛萇傳《詩》，是爲《毛詩》，未得立。”顧氏之説是也。《儒林傳》：“馬融作《毛詩傳》。”何焯曰：“後人據此《傳》，云《詩序》之出於宏，不悟《毛傳》之出於融，何也？或疑融別有《詩傳》，亦非，范氏明與《鄭箋》連類言之矣。康成親受經於季長，以箋爲致敬亦得。”[5]案：何氏説雖有據，而《漢志》

已列《毛詩詁訓傳》，仍當以融別有《詩傳》爲是。

箋注

〔1〕《七略》，漢劉歆撰。西漢成帝時，劉向奉命校理中秘圖書。每校一書，劉向便寫一篇敘録，以記録書的概況，最後將敘録集結成《別録》一書。向死，其子劉歆繼承父業繼續整理圖書，并將《別録》内容簡省，形成《七略》。班固作《漢書·藝文志》，又在《七略》基礎上删定。《別録》和《七略》已亡佚。

〔2〕案陸璣《毛詩草木鳥獸蟲魚疏》曰：“孔子删《詩》，授卜商，商爲之序，以授魯人曾申，申授魏人李克，克授魯人孟仲子，孟仲子授根牟子，根牟子授趙人荀卿，荀卿授魯國毛亨，亨作《訓詁傳》，以授趙國毛萇，時人謂亨爲大毛公，萇爲小毛公。”又《經典釋文序録》引徐整云：“子夏授高行子，高行子授薛倉子，薛倉子授帛妙子，帛妙子授河間人大毛公，毛公爲《詩故訓傳》於家以授趙人小毛公，小毛公爲河間獻王博士。”

〔3〕建元八年，原刻本引“八”誤作“六”，據《後漢書·章帝紀》改。

〔4〕詳見顧炎武《日知録》卷二六“史文衍字”條下。參見中華書局本《後漢書·儒林傳》“詩齊、魯、韓”下校勘記云：“二五四五頁六行‘詩齊魯韓’，按：汲本、殿本‘韓’下衍‘毛’字。”

〔5〕何焯（1661—1722），字屺瞻，號茶仙，江蘇長洲（今蘇州）人，著有《義門讀書記》五十八卷。引文見《義門讀書記》卷二四：“後馬融作《毛詩傳》，鄭玄作《毛詩箋》。范氏世有經學，其言多有根柢，後儒但據此傳言《詩序》之出於宏，而不悟《毛傳》之出於融，何也？或疑馬融别有《詩傳》，亦非。范氏明與《鄭箋》連類言之矣。（注：箋，薦也，薦成毛義也。）又引《博物志》：毛公嘗爲北海相，玄是郡人，故以爲敬。按康成親受經季長，以箋爲致敬亦得。”

12. 論以世俗之見解《詩》最謬，《毛詩》亦有不可信者

凡經學愈古愈可信，而愈古人愈不見信。所以愈可信者，以師承有自，去七十子之傳不遠也。所以愈不信者，去古日遠，俗説沉溺，疑古説不近人情也。後世説經有二弊：一以世俗之見測古聖賢，一

以民間之事律古天子諸侯。各經皆有然，而《詩》爲尤甚，姑舉一二言之。如《關雎》，三家以爲詩人求淑女以配君子，毛以爲后妃求賢以輔君子，皆不以寤寐反側屬文王。俗説以爲文王求太姒至於寤寐反側，淺人信之，以爲其説近人情矣。不知獨居求偶，非古聖王所爲，且如其説，則《關雎》與《月出》《株林》[1]相去無幾，正是樂而淫，哀而傷，孔子何以稱其不淫不傷，取之以冠篇首？試深思之，則知俗説不可信矣。《卷耳》，三家無明文，荀子以爲卷耳易采，頃筐易盈也，然而不可以貳周行[2]，毛以爲后妃佐君子求賢審官，皆不以采卷耳爲實事。俗説以爲提筐采卷耳，因懷人而置之大道，引唐人詩“提籠忘采葉，昨夜夢漁陽”[3]爲比例，又以二、三章爲登山望夫，酌酒銷愁，淺人信之，以爲其説近人情矣。不知提筐采卷耳，非后妃身分；登山望夫，酌酒銷愁，亦非后妃身分，且不似幽閑淑女行爲。試深思之，則知俗説不可用矣。其他如疑詩人不應多諷刺，是不知古者“師箴、瞍賦、矇誦、百工諫”之義也[4]。疑淫詩不當入國史，是不知古者男女歌咏，各言其傷，行人獻之太師之義也[5]。疑陳古刺今不可信，是不知“主文譎諫，言之者無罪，聞之者足戒”之義也[6]。疑作詩不當始衰世，是不知“王道缺而《詩》作，周室壞而《春秋》作，皆衰世所造”之義也[7]。疑康王不應有刺詩，是不知“頌聲作乎下，《關雎》作乎上，習治則傷始亂”之義也[8]。後儒不知詩人作詩之意、聖人編詩之旨，每以世俗委巷之見，推測古事，妄議古人，故於近人情而實非者，誤信所不當信；不近人情而實是者，誤疑所不當疑。見毛、鄭之説，已覺齟齬不安；見三家之説，尤爲枘鑿不入，曲彌高而和彌寡矣。或謂大毛公六國時人，安見不比三家更古？曰：毛公六國時人，并無明文可徵。且《毛傳》實有不可信者。丕、顯二字屢見《詩》《書》，《毛傳》於《文王》“有周不顯”，曰“不顯，顯也”，又於“不顯亦世”，曰“不世顯德乎”，是其意以“不”字爲語詞，爲反言，不知“不顯”即“丕顯”也，“不顯亦世”即“丕顯奕世”也，“不顯不時”即“丕顯丕承”，《清廟》之“不顯不承”，正“丕顯丕承”之證也。《卷阿》“伴奐爾游矣”，“伴奐”疊韻，連文爲義，與下“優游”一例，即《皇矣》之“畔援”。顏注《漢書》引《詩》正作"畔換"[9]，亦即《閔予小子》之"判換"，所謂美惡不嫌同辭也。《毛傳》乃云："廣大有文章貌。"是其意分伴、奐爲兩義，伴訓廣大，奐訓有文章，不知下句"優游"何以解之？毛何不分優游爲兩義乎？《正義》據孔晁引孔子曰："奐乎其有文章，伴乎其無涯際。"孔晁，王肅之徒，其所引即《孔叢》《家語》之類，王肅僞作，必非聖言[10]。《蕩》"曾是彊禦"，"彊禦"亦二字連文爲義。《左氏·昭元年傳》曰："彊禦已甚。"《十二年傳》曰："吾軍帥彊禦。"皆二字連文。《繁露·必仁且智》篇[11]曰："其强足以覆過，其禦足以犯難。"《史記集解》[12]引《牧誓》鄭注曰："彊禦，猶彊暴也。"彊禦，即《爾雅·釋天》之"彊圉"。《漢石門頌》[13]倒其文曰："綏億衙彊。"惟其義同，故可倒用。《毛傳》乃云"彊梁，禦善也"，不知二字連文，而望文生義，豈六國時人之書乎？

箋注

[1]《月出》，見《毛詩·陳風》。原詩爲："月出皎兮，佼人僚兮。舒窈糾兮，勞心悄兮。月出皓兮，佼人懰兮。舒憂受兮，勞心慅兮。月出照兮，佼人燎兮。舒夭紹兮，勞心慘兮。"其序云："《月出》，刺好色也。在位不好德，而説美色焉。"説，悦也。《株林》，亦見《陳風》。原詩爲："胡爲乎株林？從夏南？匪適株林，從夏南！駕我乘馬，説於株野。乘我乘駒，朝食於株。"其序云："《株林》，刺靈公也。淫乎夏姬，驅馳而往，朝夕不休息焉。"

[2]《荀子·解蔽》篇引《詩經·周南》之詩《卷耳》曰："《詩》云'采采卷耳，不盈傾筐。嗟我懷人，寘彼周行。'傾筐易滿也，卷耳易得也，然而不可以貳周行。故曰：心枝則無知，傾則不精，貳則疑惑。以贊稽之，萬物可兼知也。身盡其故則美，類不可兩也，故知者擇一而壹焉。"《毛傳》云："思君子，官賢人，置周之列位。"《箋》云："周之列位，謂朝廷臣也。"

[3]此爲唐代詩人張仲素《春閨思》中句，原詩爲"裊裊城邊柳，青青陌上桑。提籠忘采葉，昨夜夢漁陽"。張仲素（約769—約819），字繪之，符離（今安徽宿州）人。

[4]《國語·周語》云："故天子聽政，使公卿至於列士獻詩，瞽獻曲，史獻書，師

箴,瞍賦,矇誦,百工諫,庶人傳語,近臣盡規,親戚補察,瞽、史教誨,耆、艾修之,而後王斟酌焉,是以事行而不悖。”即采詩以諫上之意。

〔5〕《漢書·食貨志》曰:“孟春之月,群居者將散,行人振木鐸徇於路,以采詩,獻之大師,比其音律,以聞於天子。故曰王者不窺牖戶而知天下。”顏師古注曰:“行人,遒人也,主號令之官。鐸,大鈴也,以木爲舌,謂之木鐸。徇,巡也。采詩,采取怨刺之詩也。”“大師,掌音律之官,教六詩以六律爲之音者。比謂次之也。”

〔6〕見《毛詩序》,曰:“上以風化下,下以風刺上,主文而譎諫,言之者無罪,聞之者足以戒,故曰風。”《箋》云:“主文,主與樂之宫商相應也。譎諫,咏歌依違,不直諫。”

〔7〕見《淮南子·氾論訓》,云:“王道缺而《詩》作。周室廢,禮義壞,而《春秋》作。《詩》《春秋》,學之美者也,皆衰世之造也”。

〔8〕見揚子《法言》,云:“周康之時,頌聲作乎下,《關雎》作乎上,習治也。齊桓之時縕,而《春秋》美邵陵,習亂也。故習治,則傷始亂也;習亂,則好始治也”。

〔9〕《毛詩·大雅·皇矣》曰:“帝謂文王,無然畔援,無然歆羨,誕先登於岸。”鄭玄《箋》云:“畔援,猶拔扈也。”又《漢書·叙傳》云:“項氏畔換,黜我巴、漢。”顏師古注曰:“畔換,强恣之貌,猶言跋扈也。《詩·大雅·皇矣》篇曰‘無然畔換’。”

〔10〕《孔叢子》二十一篇,舊題孔鮒作。王肅《聖證論》多引,與《孔子家語》相似。《孔子家語》早佚,有人認爲今本《家語》經王肅僞作,以駁難鄭學。王肅(195—256),字子雍,東海郯(今山東郯城)人。傳見《三國志·魏書·王朗傳》。孔晁,正史無傳,爲晉泰始初五經博士。《隋書·經籍志》載梁有《尚書義問》三卷,題爲鄭玄、王肅及晉五經博士孔晁撰,清代學者姚振宗、馬國翰等人遂認爲孔晁屬於王肅學派。

〔11〕即《春秋繁露·必仁且智》篇。《春秋繁露》十七卷,漢董仲舒撰。董仲舒(前179—前104),廣川(今河北衡水)人,以治《春秋》聞名,《漢書》有傳。

〔12〕《史記集解》,八十卷,南朝宋裴駰撰。此書以徐廣《史記音義》爲基礎,兼采經傳諸史而成。裴駰,字龍駒,河東聞喜(今屬山西)人,傳見《宋書·裴松之傳》。

〔13〕《漢石門頌》,摩崖石刻,全稱《漢司隸校尉犍爲楊君頌》。東漢建和二年(148)十一月刻,漢中太守王升撰文,爲順帝初年司隸校尉楊孟文所寫頌詞。全文655字,記楊氏上書請修褒斜道及修道經過。原刻於陝西省襄城

縣,現存於漢中市博物館。

13. 論毛義不及三家,略舉典禮數端可證

《毛傳》孤行久矣。謂毛不及三家,人必不信。如《關雎》刺晏朝、《苤苢》傷惡疾之類,人必以爲傳聞各異,事實無徵。今以典禮之實有可徵者,略舉二《南》數事證之。如《韓詩外傳》五引《詩》"鼓鐘樂之",與《毛詩》"鐘鼓樂之"不同,《外傳》一引《詩》作"鐘鼓",蓋後人依《毛詩》誤改。《外傳》言古者天子左五鐘、右五鐘,而不及鼓。侯包《韓詩翼要》曰[1]:"后妃房中樂有鐘磬。"亦不及鼓,是《韓詩》不作"鐘鼓"甚明。《周禮》:磬師"教縵樂、燕樂之鐘磬"。鄭注:"燕樂,房中之樂,所謂陰聲也。二樂皆教其鐘磬。"疏云:"燕樂,房中之樂者,此即《關雎》二《南》也。謂之房中者,房中謂婦人后妃以風喻君子之詩,故謂之房中之樂。"據此,則古《周禮》説與《韓詩》合,皆謂房中樂有鐘磬而無鼓。鐘磬清揚,於房中宜;鼓音重濁,於房中不宜。或據薛君《章句》[2]"鼓人上堂",謂《韓詩》亦當兼言鼓。不知鼓人上堂,不入房中,不與鐘磬并列,仍不當兼言鼓。鼓鐘之鼓訓擊,是虛字,是一物;鐘鼓之鼓是實字,是二物。毛作"鐘鼓",與古禮不合,此毛不及《韓詩》者一。《説文》引《詩》"以晏父母",與《毛詩》"歸寧父母"不同,蓋三家之異文。《春秋》莊二十七年杞伯姬來,何休《公羊解詁》曰:"諸侯夫人尊重,既嫁,非有大故不得反。惟自大夫妻,雖無事,歲一歸寧。"[3]疏云:"其大故者,奔喪之謂。文九年夫人姜氏如齊,彼注云'奔父母之喪'是也。自,從也,言從大夫妻以下,即《詩》云'歸寧父母'是也。"案《詩》是后妃之事,而云"大夫妻"者,何氏不信毛《叙》故也。案:"歸寧父母"是《毛詩》,三家不作"歸寧",亦未必以《葛覃》爲大夫妻,疏引《詩》誤。《左氏傳》曰:"凡諸侯之女,歸寧曰來,出曰來歸;夫人歸寧曰如某,出曰歸於某。"據此,則今《春秋公羊》説夫人不得歸寧,古《春秋左氏》説夫人亦得歸寧。案:

《詩·竹竿》云：“女子有行，遠父母兄弟。”故《泉水》《載馳》《竹竿》，皆思歸而不得。《戰國策》左師說趙太后“甚愛燕后，飲食必祝曰‘必勿使反’”。是諸侯女既嫁，不得復反，反即大歸，戰國時猶知此義。當從今文說不得歸寧爲正。《毛詩》與《左傳》同出河間博士，故此傳曰：“寧，安也。父母在，則有時歸寧耳。”毛以父母在得歸寧，父母終不得歸寧，爲調停之說。鄭箋《泉水》云“國君夫人父母在歸寧”，正本《毛傳》。惠周惕《詩說》[4]謂古無歸寧之禮，《毛傳》因《左氏》而誤，其說近是。蓋《鄭箋》又因《毛傳》而誤也。段玉裁亦疑《毛傳》[5]，謂方嫁不得遽圖歸寧，此歸字作以字爲善，是欲改毛以從三家，不知今古文說不同。陳奐謂[6]“父母在”九字爲《鄭箋》竄入，是欲删毛以歸之鄭，亦不知今古文說不同。皆明見毛義之不安而不敢駁。即如陳氏强釋毛義，謂歸以安父母，歸寧不訓歸家，而截歸字爲一句，殊近不辭。不如三家作“以晏父母”文義甚明，不與歸寧相混。此毛不及三家者二。《困學紀聞》引曹粹中《詩說》[7]，《齊詩》先《采蘋》而後《草蟲》。據《儀禮》，合樂歌《周南》，則《關雎》《葛覃》《卷耳》三篇同奏；歌《召南》，則《鵲巢》《采蘩》《采蘋》三篇同奏[8]。古詩篇次，以《采蘋》列《草蟲》之前，三家次第當與毛異。《齊詩》傳自轅固，夏侯始昌爲轅固弟子，后蒼事始昌，通《詩》《禮》，爲博士，二戴皆后蒼弟子，則《儀禮》及二戴《禮》中所引《詩》當爲《齊詩》。曹氏所言，不爲無據。毛失其次，與《儀禮》歌《詩》不合，此毛不及《齊詩》者三。《五經異義》：“今《詩》韓、魯說騶虞天子掌鳥獸官，古《毛詩》說騶虞義獸，白虎黑文。”案：賈誼《新書·禮篇》：“騶者天子之囿也，虞者囿之司獸者也。”《儀禮·鄉射禮》注：“其詩有一發五豝、五豵，於嗟騶虞之言，樂得賢者衆多，嘆思至仁之人以充其官。”《禮記·射義》：“騶虞者，樂官備也。”注：“樂官備者，謂騶虞。曰‘壹發五豝’，喻得賢者多也；‘於嗟乎騶虞’，嘆仁人也。”皆與韓、魯《詩》合。《文選·魏都賦》注引《魯詩傳》曰：“古有梁騶。梁騶，天子獵之田也。”韓義蓋與魯同。若《山海經》《逸周書》《尚書大傳》雖言騶虞[9]，而未嘗明言即《詩》之騶虞。漢初大儒，如申公、韓太傅、賈太傅[10]，必無不見《山海經》《逸周書》，而不引以解《詩》之騶虞者，知彼所言騶虞，非《詩》

之所言騶虞也。《毛詩》晚出，見"騶虞"二字偶合，遂據以易三家舊說，撰出"義獸"二字，以配麟之仁獸。《異義》引《毛詩》說《周南》終《麟趾》，《召南》終《騶虞》，俱稱嗟嘆之，皆獸名。後人多惑其說，不知《麟趾》爲《關雎》之應，《騶虞》爲《鵲巢》之應，此是毛義，非三家義。且即以毛義論，騶虞與麟亦不相對。《麟之趾序》箋云："有似麟應之時。"疏引張逸問云："致信厚，未致麟。"〔11〕孔氏引申之曰："由此言之，不致明矣。"是文王無致麟之事。若騶虞，據《尚書大傳》，散宜生取以獻紂，是文王實致騶虞矣。一實致，一未致，一本事，一喻言，安得以爲相對？至於"於嗟"，嘆辭，屢見於《詩》，如"於嗟闊兮""於嗟洵兮""於嗟鳩兮""於嗟女兮"〔12〕，皆詩人常言，豈可以兩處嘆辭偶同，强爲牽合？《焦氏易林》云："陳力就列，騶虞悦喜。"亦以騶虞爲官名。陳喬樅以《易林》爲《齊詩》，是三家之説同。《爾雅》多同《魯詩》，故《釋獸》無騶虞。以騶虞爲獸名，《毛詩》一家之言，與古義不合，此毛不及三家者四。略舉四證，皆二《南》之關於典禮者，學者可以隅反〔13〕。

箋注

〔1〕侯包，又作侯苞、侯芭，揚雄門人。《漢書·揚雄傳》："鉅鹿侯芭常從雄居，受其《太玄》《法言》焉。"《隋書·經籍志》著録《韓詩翼要》十卷，漢侯苞撰。清人王謨輯有一卷。

〔2〕薛君《章句》，即薛漢《韓詩章句》，漢傳見《後漢書·儒林傳》。

〔3〕歸寧，原刻本誤作"歸宗"，據《春秋公羊傳注疏》卷八莊公二十七年改。《隋書·經籍志》著録《春秋公羊解詁》十一卷，漢諫議大夫何休注。何休（129—182），字邵公，漢任城樊（今山東濟寧）人。拜博士羊弼爲師，精研六經，注《孝經》《論語》等，皆發明古訓，據《春秋》駁漢事六百餘條，深得《公羊》本意。作《春秋公羊傳解詁》，系統地總結與發揮了《公羊》的微言大義，是漢代《公羊》學的一部總結性著作，具有里程碑的意義，對後來的《公羊》學產生了重大影響，也爲研究戰國秦漢之間的儒家思想提供豐富的參考資料。傳見《後漢書·何休傳》。

〔4〕《詩說》三卷，清惠周惕撰。《四庫全書總目》曰："周惕，字元龍，長洲人。康熙辛未進士，改庶吉士，散館授密雲縣知縣。惠氏三世以經學著，周惕其創

始者也。是書於毛傳、鄭箋、朱傳無所專主，多自以己意考證其大旨。"

〔5〕案，段玉裁撰《毛詩故訓傳定本小箋》三十卷，合《傳》爲一編，置於詩文之後，以復古時經傳別行之舊，并訂正訛誤、衍文。

〔6〕案，陳奐所言見其所撰《詩毛氏傳疏·葛覃》條。

〔7〕案，《宋史·藝文志》著録曹粹中《詩説》三十卷，已佚。引語見《困學紀聞》卷三。曹粹中，字純老，號放齋，定海（今屬浙江）人。

〔8〕案，見《儀禮·鄉飲酒禮》《鄉射禮》《燕禮》。

〔9〕《山海經·海內北經》："林氏國有珍獸，大若虎，五彩畢具，尾長於身，名曰騶吾，乘之日行千里。"郭璞注云："吾宜作虞也。"《逸周書·王會解》："央林以酋耳。酋耳者，身若虎豹，尾長參其身，食虎豹。"酋耳即騶虞、騶吾。清人孫之騄輯《尚書大傳》卷二："取怪獸尾倍其身名曰虞之有參氏。"鄭玄注云："虞，蓋騶虞也。"

〔10〕賈太傅，即賈誼，注見前。《漢書·賈誼傳》曰："於是天子後亦疏之，不用其議，以誼爲長沙王太傅"；"乃拜誼爲梁懷王太傅"。

〔11〕致，獲得。信厚，誠實敦厚。案《毛詩·周南·麟之趾》疏云："信厚如麟時，實不致麟，故張逸問《麟趾》義云……'《關雎》之化致信厚，未致麟'。"

〔12〕"於嗟闊兮""於嗟洵兮"，見於《詩經·邶風·擊鼓》；"於嗟鳩兮""於嗟女兮"，見於《詩經·衛風·氓》。於嗟，吁嗟也，嘆詞，表憂傷或有所感。

〔13〕《論語·述而》云："子曰：'不憤不啓，不悱不發。舉一隅不以三隅反，則不復也。'""隅反"即指舉一反三，舉一端而知其餘，以此類推之意。

14. 論三家《詩》大同小異，《史記·儒林列傳》可證

王應麟《詩考·後序》曰[1]："劉向《列女傳》謂蔡人妻作《芣苢》，周南大夫妻作《汝墳》，申人女作《行露》，衛宣夫人作《邶·柏舟》，定姜送婦作《燕燕》，黎莊夫人及其傅母作《式微》，莊姜傅母作《碩人》，息夫人作《大車》。《新序》謂伋之傅母作《二子乘舟》，壽閔其兄作憂思之詩《黍離》是也。楚元王受《詩》於浮丘伯，向乃元王之孫，所述蓋《魯詩》也。"

王引之《經義述聞》曰[2]："《列女傳·貞順傳》蔡人妻傷夫有惡疾

而作《芣苢》,與《文選·辨命論》注所引《韓詩》合[3]。《賢明傳》:周南大夫妻言仕於亂世者,爲父母在故也,乃作詩曰'魴魚赬尾'云云,與《後漢書·周磐傳》注所引《韓詩章句》合。《貞順傳》召南申女以夫家一物不具,一禮不備,守節持義,必死不往,而作詩曰'雖速我獄'云云,與《韓詩外傳》合。《母儀傳》衛姑定姜賦《燕燕》之詩,與《坊記》鄭注合。鄭爲《記》注時,多取《韓詩》也。又《上災異封事》引《詩》'密勿從事'[4],與《文選·爲宋公求加贈劉前軍表》注所引《韓詩》'密勿同心',皆以'密勿'爲'黽勉'。然則向所述者,乃《韓詩》也。"

錫瑞案:二説皆有據,蓋魯、韓義本同。《史記·儒林列傳》曰:"韓生推《詩》之意而爲内外傳數萬言,其語頗與齊、魯間殊,然其歸一也。"以《史記》之説推之,可見魯、齊、韓三家《詩》,大同小異。惟其小異,故須分立三家;若全無異,則立一家已足,而不必分立矣。惟其大同,故可并立三家;若全不同,則如《毛詩》大異而不可并立矣。三家《詩》多不傳,今試取其傳者論之。如《黍離》一篇,《新序·節士》篇云:"衛宣公子壽閔其兄伋之且見害,作憂思之詩。"此劉子政所引《魯詩》義也。而《韓詩》曰[5]:"《黍離》,伯封作也。"陳思王植《令禽惡鳥論》云:"昔尹吉甫信後妻之讒,而殺孝子伯奇,弟伯封求而不得,作《黍離》之詩。"[6]後漢郅惲理《韓詩》,光武令惲授皇太子《韓詩》,惲説太子曰:"吉甫賢臣,放逐孝子。"[7]薛君《韓詩注》曰[8]:"詩人求己兄不得。"是《韓詩》以《黍離》爲伯封作,與《魯詩》以爲公子壽作者異。《韓詩外傳》載趙蒼唐爲魏文侯子擊使於文侯曰:"好《黍離》與《晨風》。"文侯曰:"怨乎?"曰:"非敢怨也,時思也。"[9]《説苑·奉使篇》略同,子政據《魯詩》而與《韓詩》同者。蓋論此詩之事,則異國、異人并異時,而論此詩之義,則同一孝子之見害,同一悌弟之思兄,此所以小異而大同,《外傳》與《説苑》皆可引爲思親之意也。若其篇次,則《魯詩》當入《衛風》,與《毛詩》異,《韓詩》當入《王風》,與《毛詩》同,而其説解則魯、韓可合,而與《毛詩》全不合。三家大同小異,可以此詩推之。魏源不知此義,乃欲强合魯、韓爲一,謂伯封乃衛壽之字,反以曹植徵引爲誤[10],則《御覽》明引《韓詩》伯封作,豈亦誤乎?伯封爲衛壽字,又何據乎?憑臆武斷,詎可爲訓？ 蓋誤於魯、韓《詩》從無不同之見,而未考《史記·儒林傳》也。

箋注

〔1〕案《四庫全書總目提要》云:"《詩考》一卷,宋王應麟撰。《隋書·經籍志》云:'《齊詩》魏代已亡,《魯詩》亡於西晉,《韓詩》雖存,無傳之者。'今三家詩惟《韓詩外傳》僅存,所謂《韓故》《韓內傳》《韓説》者亦并佚矣。 應麟檢諸書所引,集以成帙,曰《韓詩》,曰《魯詩》,曰《齊詩》,以存三家逸文。 又旁搜廣討曰《詩異字異義》、曰《逸詩》以附綴其後。"該書有王氏後序。

〔2〕《經義述聞》三十二卷,清王引之撰,是對經史傳記的考據之作。引文見《經義述聞》卷七。

〔3〕《昭明文選》,南朝梁武帝長子蕭統與門客編纂的詩文集,蕭統死後謚"昭明"。 其後有唐高宗顯慶間李善作注,玄宗開元間吕延濟、劉良、張銑、吕向、李周翰作注(稱"五臣注"),宋哲宗元祐間合刻爲"六臣注"。《六臣注文選》卷五四載劉孝標《辨命論》云"顔回敗其叢蘭,冉耕歌其《芣苢》",注云:"《韓詩》曰,《采苢》,傷夫有惡疾也。"

〔4〕見《漢書·楚元王傳》附《劉向傳》。

〔5〕見《太平御覽》卷四六九"人事部"引。《太平御覽》一千卷,北宋李昉等奉敕編纂的類書。

〔6〕"伯封",原刻本誤作"伯到",據《令禽惡鳥論》改。《四庫全書總目》云:"《曹子建集》十卷,魏曹植撰。案《魏志》植本傳,景初中撰録植所著賦、頌、詩、銘、雜論凡百餘篇,副藏内外。《隋書·經籍志》載《陳思王集》三十卷,《唐書·藝文志》作二十卷,而注其下曰'又三十卷'。 蓋三十卷者,隋時舊本,二十卷者,爲後來合并重編,寔無兩集。"《令禽惡鳥論》見此書卷一〇。曹植傳見《三國志·魏書》。

〔7〕郅惲,字君章,汝南西平(今屬河南)人。《後漢書·郅惲傳》曰:"及長,理《韓詩》《嚴氏春秋》……後令惲授皇太子《韓詩》……后既廢,而太子意不自安,惲乃説太子曰:'久處疑位,上違孝道,下近危殆。昔高宗明君,吉甫賢臣,及有纖介,放逐孝子。'"

〔8〕薛君《韓詩注》,即薛漢《韓詩章句》。

〔9〕《韓詩外傳》卷八曰:"魏文侯有子曰擊,次曰訴。訴少而立以嗣,封擊中山,

三年莫往來。其傳趙蒼唐曰：'父忘子，子不可忘父，何不遣使乎？'擊曰：
'願之而未有所使也。'蒼唐曰：'臣請使。'擊曰：'諾。'……文侯曰：'中山之
君亦何好乎？'對曰：'好詩文。'侯曰：'於詩何好？'曰：'好《黍離》與《晨
風》'……文侯曰：'怨乎？'曰：'非敢怨也，時思也。'……於是文侯大悦……
遂廢太子訴，召中山君以爲嗣。"

〔10〕見魏源《詩古微》下編《詩外傳演》。

15. 論《詩序》與《書序》同有可信有不可信，今文可信，古文不可盡信

　　《毛序》有可信、不可信，爲説《詩》者一大疑案。《關雎序》自"《關
雎》后妃之德也"至"《關雎》之義也"，《經典釋文》卷第五："舊説云：起
此至'用之邦國焉'〔1〕，名《關雎序》，謂之《小序》，自'風，風也'訖末，名
爲《大序》。沈重云：案鄭《詩譜》意，《大序》是子夏作，《小序》是子夏、
毛公合作，卜商意有不盡，毛更足成之。"朱子作《詩序辨説》〔2〕，以"詩
者，志之所之"至"詩之至也"爲《大序》，其餘首尾爲《關雎》之《小序》。
《詩正義》自《關雎》以後，每詩一篇，即有一序，皆謂之《小序》。此大
序、小序之分也。作序之人，自《詩譜》外，王肅以爲子夏所序《詩》即今
《毛詩序》〔3〕；范蔚宗以爲衛宏受學謝曼卿，作《詩序》〔4〕；魏徵等以爲子
夏所創，毛公及衛宏又加潤益〔5〕。韓愈議子夏不序《詩》有三焉：知不
及，一也；暴揚中冓之私，《春秋》所不道，二也；諸侯猶世，不敢以云，三
也。學者欲顯其傳，因藉之子夏〔6〕。成伯璵以爲子夏惟裁初句，其下
皆是大毛自以詩中之意而繫其辭〔7〕。王安石以爲《序》乃詩人所自
製〔8〕。程子以爲《小序》國史之舊文，《大序》孔子所作〔9〕。蘇轍以爲衛
宏所作，非孔氏之舊，止存其首一言，餘皆删去〔10〕。王得臣以爲首句
孔子所題〔11〕。曹粹中以爲《毛傳》初行，尚未有《序》，門人互相傳授，
各記師説〔12〕。鄭樵、王質以爲村野妄人所作〔13〕。作序之人，説者不
一，自唐定《正義》以後，惟宋歐陽修撰《毛詩本義》〔14〕，爲論以辨毛、鄭

之失，猶未甚立異同。迨鄭樵專指毛、鄭之妄，謂《小序》非子夏所作，盡削去之，而以己意爲説。其《詩序辨》[15]曰：“《序》有鄭注而無鄭箋，其不作於子夏明矣。毛公於《詩》，第爲之傳，其不作《序》又明矣。《小序》出於衛宏，有專取諸書之文至數句者，有雜取諸家之説而辭不堅決者，有委曲婉轉附經以成其義者。‘情動於中而形於言，言之不足，故嗟嘆之’，其文全出於《樂記》。‘成王未知周公之志，公乃爲詩以遺王’，其文全出於《金縢》。‘自微子至於戴公，其間禮樂廢壞’，其文全出於《國語》。‘古者長民，衣服不貳，從容有常，以齊其民’，其文全出於《公孫尼子》。則《詩序》之作，實在於數書既傳之後明矣。此所謂取諸書之文有至數句者此也。案：人多以爲《毛序》與古書合，此則以爲衛《序》取古書。《關雎》之序，既曰‘風之始也，所以風天下而正夫婦也’，意亦足矣，又曰‘風，風也，風以動之，上以風化下，下以風刺上’，又曰‘一國之事，係一人之本，謂之風’。《載馳》之詩，既曰‘許穆夫人閔其宗國顛覆而作’，又曰‘衛懿公爲狄所滅’。《絲衣》之詩，既曰‘繹賓尸矣’，又曰‘靈星之尸也’。此蓋衆説并傳，衛氏得有美辭美意，并録而不忍棄之。此所謂雜諸家之説而辭不堅決者也。《騶虞》之詩，先言‘人倫既正，朝廷既治，天下純被文王之化’，而後繼之‘蒐田以時，仁如騶虞，則王道成’。《行葦》之詩，先言‘國家忠厚，仁及草木’，然後繼之以‘內睦九族，外尊事黃耇養老’之言，此所謂委曲宛轉附經以成其義者此也。惟宏《序》作於東漢，故漢世文字，未有引《詩序》者。案：近人引《漢廣序》‘德廣所及’等語，漢時古書多未見，必是引《序》。惟黃初四年，有‘曹共公遠君子、近小人’之語[16]，蓋魏後於漢，而宏之《序》至是而始行也。使其果知《詩序》出於衛宏，則風、雅正變之説[17]，二《南》分繫之説[18]，《羔羊》《蟋蟀》之説[19]，或鬱而不暢，或巧而不合。如《蕩》以‘蕩蕩上帝’發語，而曰‘天下蕩蕩，無綱紀文章’。《召旻》以‘旻天疾威’發語，而曰‘閔天下無如召公之爲臣’。《雨無正》，乃大夫刺幽王也，而曰‘衆多如雨，非所以爲正’。牽合爲文而取譏於世，此不可不辨也。”《文獻通考》載石林葉氏説略同。

程大昌《考古編》[20]曰：“范傳[21]：‘衛宏作《毛詩序》，今傳於世。’

所序者,《毛傳》耳,《詩》之古序非宏也。古序之與宏序,今混并無別,然有可考者。凡《詩》發序兩語,如'《關雎》,后妃之德也',世人之謂《小序》者,古序也;兩語以外,續而申之,世謂《大序》者,宏語也。"

錫瑞案:程氏之分《大序》《小序》,與《釋文》舊説、朱子《辨説》并異。以發序兩語爲《小序》,兩語以外,續而申之者爲《大序》,《小序》出於國史,爲古序,《大序》綴於衛宏,非子夏所作,其説本於蘇轍,實淵源於成伯璵。近人魏源謂續序不得毛《序》之意,正本程説[22]。魏晉以後,《毛傳》孤行,人多遵信《序》説,以爲真出子夏,至宋則疑信參半。朱子作《詩集傳》,始亦從《序》,後與吕祖謙争辨,乃改用鄭樵説,有《辨説》攻《小序》[23],而《集傳》未及追改,如《緇衣》《豐年》等篇者[24]。元延祐科舉法,《詩》用朱子《集傳》[25],而《毛傳》幾廢。國朝人治漢學,始尊毛而攻朱。近人治西漢今文學,又尊三家而攻毛。平心論之,《詩》之《序》猶《書》之《序》也,《詩序》有今古文之分,猶《書序》有今古文之分也。伏生今文《書序》,見於《史記》所引者可信,馬、鄭古文《書序》,不可盡信。三家今文《詩序》,見於諸書所引者可信,古《毛詩序》不可盡信。鄭君論緯説云:"不信亦非,悉信亦非。"[26]竊謂古文《詩》《書》之《序》,當如鄭君之説。若鄭樵攻《毛序》而以己意爲序,則近於妄。魏源《詩古微》主三家,而三家所無者,皆以己意補之爲序[27],是鄭樵之類也。

箋注

〔1〕"舊説云起此至"句,"起"字原刻本脱,據《經典釋文》卷五《毛詩音義上》補。

〔2〕《詩序辨説》一卷,宋朱熹撰。以攻《毛序》立論。

〔3〕《孔子家語·七十二弟子解》王肅注云:"子夏所叙詩義,今之《毛詩序》是。"

〔4〕案《後漢書·儒林傳》曰:"衛宏字敬仲……初,九江謝曼卿善《毛詩》,乃爲其訓。宏從曼卿受學,因作《毛詩序》,善得風、雅之旨,於今傳於世。"

〔5〕《隋書·經籍志》云:"序,子夏所創,毛公及敬仲又加潤益。"《隋書》題爲"唐魏徵等撰",是皮氏有此語。

〔6〕見韓氏《詩之序議》(載《韓昌黎集》)。

〔7〕成伯璵《毛詩指説》云:"其餘衆篇之《小序》,子夏惟裁初句耳……其下皆是大毛公自以詩中之意繫其辭也。"案《四庫全書總目》云:"《毛詩指説》一卷,唐成伯璵撰。伯璵爵里無考。書凡四篇……頗似劉氏《文心雕龍》之體,蓋説經之餘論也。然定《詩序》首句爲子夏所傳,其下爲毛萇所續,實伯璵此書發其端,則决別疑似,於説詩亦深有功矣。"

〔8〕范家相《詩瀋》卷二"詩序"四引王安石語曰:"《詩序》者,詩人所自製。"

〔9〕《二程遺書》卷一九《伊川先生語録》程頤云:"《詩小序》便是當時國史作……如《大序》則非聖人不能作。"

〔10〕蘇轍《詩集傳》卷一云:"今《毛詩》之叙……其言時有反覆煩重,類非一人之詞者,凡此皆毛氏之學,而衛宏之所集録也。"案《四庫全書總目》云:"蘇氏《詩集傳》二十卷,宋蘇轍撰……因惟存其發端一言,而以下餘文悉從删汰。"

〔11〕王得臣(1036—1116),字彥輔,自號鳳亭子,安陸(今屬湖北)人。王氏著《麈史》卷二云:"予以爲序非出於子夏,且聖人删次風雅頌……然若'《關雎》后妃之德也','《葛覃》后妃之本也',此一句孔子所題,其下乃毛公發明之言耳。"

〔12〕朱彝尊《經義考》卷九九引曹氏言曰:"《毛傳》初行之時,猶未有序也。意毛公既托之子夏,其後門人互相傳授,各記其詩説,至宏而遂著之,後人又復增加,殆非成於一人之手。"

〔13〕《朱子語類》卷八〇引鄭氏《詩辨妄》云:"皆是村野妄人所作。"王質所論見其著《詩總聞》。

〔14〕《毛詩本義》,即《詩本義》十六卷,宋歐陽修撰。《四庫全書總目》云:"自唐以來,説《詩》者莫敢議毛、鄭,雖老師宿儒亦謹守《小序》,至宋而新義日增,舊説幾廢,推原所始,實於修。然修之言曰……是修作是書,本出於和氣平心,以意逆志,故其立論未嘗輕議二家,而亦不曲徇二家。"

〔15〕《詩序辨》,見鄭樵《六經奧論》卷三。

〔16〕《毛詩·曹風·候人》序曰:"《候人》,刺近小人也。共公遠君子而好近小人焉。"又《三國志·魏書·文帝紀》云:"黄初……四年……夏五月,有鵜鶘鳥集靈芝池,詔曰'此詩人所謂污澤也。曹詩刺恭公遠君子而近小人,今豈有賢智之士處於下位乎?'"

〔17〕案,《毛詩序》以爲治世之音即正風、正雅,是故安以樂,其政和;亂世之音即變風、變雅,是故怨以怒,其政乖。

〔18〕《詩序》云:"且二《南》,文王之詩,而分繫二公,若文王不賜采邑,不使行化,

安得以詩繫之?"

〔19〕分別見《毛詩·召南·羔羊》與《毛詩·唐風·蟋蟀》之《序》。

〔20〕案,《考古編》十卷,宋程大昌撰,爲程氏考證經史之學術筆記。引文見《考古編》卷二《詩論十》。

〔21〕范傳,即范曄所作《後漢書·儒林傳》。

〔22〕説見魏源《詩古微》上編《毛詩義例》。魏氏以爲《小序》首句爲毛公之義,其下爲衛宏續申之詞,稱之爲"續序"或"衛序","續序"背離《毛傳》《毛序》。

〔23〕案,朱熹於淳熙四年(1177)寫作《詩經集傳》初稿時,猶據《詩序》立説,其時呂祖謙亦撰《呂氏家塾讀詩記》,且援引朱熹之説。呂氏宗《詩序》,呂氏書作於淳熙三年至淳熙八年,此間朱熹受鄭樵《詩辨妄》影響,主張棄《序》。於是朱、呂二人就《序》之存廢有所爭辯,見於《朱子語類》《詩傳遺説》《呂太史別集》《呂氏家塾讀詩記》中。

〔24〕説見《毛詩·鄭風·緇衣》、《毛詩·周頌·豐年》與朱熹《詩經集傳》此二篇。

〔25〕案,元仁宗延祐年間定科舉法,《詩》義用朱熹《詩經集傳》,猶參用古注疏。

〔26〕引文見《鄭志》卷上。

〔27〕引文詳見魏源《詩古微》下編《詩序集義》)。

16. 論朱子不信《毛序》,亦有特見,魏源多本其説

朱子曰[1]:"《詩序》之作,説者不同,或以爲孔子,或以爲子夏,或以爲國史,皆無明文可考,惟《後漢·儒林傳》以爲'衛宏作《毛詩序》,今傳於世',則《序》乃宏作明矣。然鄭氏又以爲諸序本自合爲一編,毛公始分以寘諸篇之首,則是毛公之前,其傳已久,宏特增廣而潤色之耳。故近世諸儒,多以《序》之首句爲毛公所分,而其下推説云云者,爲後人所益。理或有之,但今考其首句,則已有不得詩人之本意而肆爲妄説者矣,況沿襲云云之誤哉!然計其初,猶必自謂出於臆度之私,非經本文,故且自爲一編列附經後。又以尚有齊、魯、韓氏之説并傳於世,故讀者亦有以知其出於後人之手,不盡信也。及至毛公引以入經,乃不綴篇後而超冠篇端,不爲注文而直作經字[2],不爲疑辭而遂爲決

辭。其後三家之傳又絕，而毛説孤行，則其抵牾之迹無復可見。故此《序》者，遂若詩人先所命題，而詩文反爲因《序》而作。於是讀者轉相尊信，無敢擬議，至於有所不通，則必爲之委曲遷就，穿鑿而附合之，寧使經之本文繚戾破碎[3]，不成文理，而終不忍明以《小序》爲出於漢儒也。愚之病此久矣，然猶以其所從來也遠，其間容或真有傳授證驗而不可廢者，故既頗采以附傳中，而復并爲一編以還其舊，因以論其得失云。"又論《邶·柏舟》序曰："《詩》之文意、事類，可以思而得，其時世、名氏[4]，則不可以強而推。故凡《小序》唯詩文明白[5]，直指其事，如《甘棠》《定中》《南山》《株林》之屬。若證驗的切，見於書史，如《載馳》《碩人》《清人》《黄鳥》之類，決爲可無疑者。其次則詞旨大概可知必爲某事，而不可知其的爲某時某人者，尚多有之。若爲《小序》者，姑以其意推尋探索，依約而言，則雖有所不知，亦不害其爲不自欺，雖有未當，人亦當恕其所不及。今乃不然，不知其時者，必強以爲某王某公之時；不知其人者，必強以爲某甲某乙之事。於是傅會書史，依托名謚，鑿空妄語，以誑後人。其所以然者，特以耻其所不知，而惟恐人之不見信而已。且如《柏舟》不知其出於婦人，而以爲男子，不知其不得於夫，而以爲不遇於君，此則失矣。馬端臨引劉向封事以駁朱子[6]："案《孟子》已引此詩屬孔子矣。或斷章取義，不必泥看。"然有所不及而不自欺，則亦未至於大害理也，今乃斷然以爲衛頃公之時，則其故爲欺罔以誤後人之罪不可揜矣。蓋其偶見此詩冠於三衛變風之首[7]，是以求之《春秋》之前，而《史記》所書莊、桓以上衛之諸君事，皆無可考者，謚亦無甚惡者。獨頃公有賂王請命之事，其謚又爲'甄心動懼'之名[8]，如漢諸侯王必其嘗以罪謫[9]，然後加以此謚，以是意其必有棄賢用佞之失，而遂以此詩予之。若將以衒其多知而必於取信，不知將有明者從旁觀之，則適所以暴其真不知，而啓其深不信也。凡《小序》之失，以此推之，什得八九矣。"

錫瑞案：朱子駁《毛序》有特見。古書序皆附末，《毛詩》獨冠篇端，誠有如先有此題而後作此詩者，朱子并爲一編以還其舊是也。僞孔古文《尚書》以《序》冠篇首，亦非古法，即此可證其僞。《序》所云刺某君，多無明文可據。朱子云頃公謚惡，故以《柏舟》爲刺頃公。今以朱子之説推之,則《序》所云"刺某某"者,多有可疑,雖未見朱説之必然,亦無以見其必不然也。魏源之駁《毛序》[10],有朱子已言者。毛有《序》,三家亦有《序》,其《序》説多不同。三家亡而毛義孤行,安見三家《序》皆不是,而毛《序》獨是?故朱子深惜三家之傳絕,無以考其抵牾之迹也。

箋注

〔1〕引文見朱熹《詩序辨説》(《朱子全書》第一册)。

〔2〕文,原脱,據《詩序辨説》補。

〔3〕繚戾破碎,繚,纏繞、紛亂;戾,曲折輾轉。

〔4〕名,原脱,據《詩序辨説》補。

〔5〕故,原脱,據《詩序辨説》補。

〔6〕見《文獻通考》卷一七八《經籍考》論《詩序》。

〔7〕三衛,《左傳・襄公二十九年》記季札觀樂,將三國之風統稱爲"衛",邶、鄘二國并入衛。

〔8〕《毛詩・邶風・柏舟》序云:"《柏舟》,言仁而不遇也。衛頃公之時,仁人不遇,小人在側。"衛頃公,即衛頃侯。《史記・衛康叔世家》云:"貞伯卒,子頃侯立,頃侯厚賂周夷王,夷王命衛爲侯。"《逸周書・謚法》云:"甄心動懼曰頃。"

〔9〕侯,原脱,據《詩序辨説》補。

〔10〕魏源之駁《毛序》,詳見《詩古微》上編《毛詩義例》、下編《詩序集義》。

17. 論馬端臨駁朱申毛,可與朱説參看,且能發明風人之旨

馬端臨曰:"《書序》可廢,而《詩序》不可廢。就《詩》而論,《雅》《頌》之序可廢,而十五《國風》之序不可廢。蓋風之爲體,比興之辭,多於叙述,風諭之意,浮於指斥,蓋有反覆咏嘆,聯章累句,而無一言叙作之之意者,而序者乃一言以蔽之曰'爲某事'也。苟非其傳授之有源,探索之無舛,則孰能臆料當時指意之所歸,以示千載乎?而文公深詆

之，且於《桑中》《溱洧》諸篇辨析尤至，以爲安有刺人之惡而自爲彼人之辭，以陷於所刺之地？其意蓋謂《詩》之辭如彼，而《序》之說如此，則以《詩》求《詩》可也，烏有捨明白可見之詩辭，而必欲曲從臆度難信之《序》說乎？然愚以爲必若此，則《詩》之難讀者多矣。豈直《鄭》《衛》諸篇哉！夫《芣苢》之序，以婦人樂有子，爲后妃之美也，而其詩語不過形容采掇芣苢之情狀而已；《黍離》之序，以爲閔周室宮廟之顛覆也，而其詩語不過慨嘆禾黍之苗穗而已。此詩之不言所作，而賴《序》以明者也。若捨《序》以求之，則其所以采掇者爲何事，而慨嘆爲何說乎？《叔于田》之二詩，《序》以爲刺鄭莊公，而其詩語則鄭人愛叔段之辭耳。《揚之水》《椒聊》二詩，《序》以爲刺晉昭公，而其詩語則晉人愛桓叔之辭耳。此詩之序其事以諷，初不言刺之之意，而賴《序》以明者也。若捨《序》以求之，則如四詩也，非子雲《美新》之賦[1]，則袁宏《九錫》之文耳[2]。《鴇羽》《陟岵》之詩，見於變風，《序》以爲征役者不堪命而作也。《四牡》《采薇》之詩，見於正雅，《序》以爲勞使臣遣戍役而作也。而深味四詩之旨，則嘆行役之勞苦，叙飢渴之情狀，憂孝養之不遂[3]，悼歸休之無期，其辭語一耳。此詩之辭同意異，而賴《序》以明者也。若捨《序》以求之，則文王之臣民，亦怨其上，而《四牡》《采薇》不得爲正雅矣。《采薇》，三家本不以爲文王詩，馬氏專據《毛詩》。即是數端而觀之，則知《序》之不可廢。《序》不可廢，則《桑中》《溱洧》，何嫌其爲刺奔乎？且夫子嘗删《詩》矣。所取於《關雎》，謂其樂而不淫，則《詩》之可删，孰有大於淫者？今以文公《詩傳》考之[4]，其指以爲男女淫泆奔誘，而自作詩以序其事者，凡二十有四。如《桑中》《東門之墠》《溱洧》《東方之日》《東門之池》《東門之楊》《月出》，則《序》以爲刺淫，而文公以爲淫者所自作也。如《靜女》《木瓜》《采葛》《丘中有麻》《將仲子》《遵大路》《有女同車》《山有扶蘇》《蘀兮》《狡童》《褰裳》《丰》《風雨》《子衿》《揚之水》《出其東門》《野有蔓草》，則《序》本別指他事，而文公亦以爲淫者所自作也。夫以淫昏不檢之人，發而爲放蕩無恥之辭，其多如此，夫子猶存之，不知所删何等一篇也[5]？夫子曰：‘思無邪。’如《序》者之說，則雖詩辭之邪，亦必以正視之，如《桑中》刺奔、《溱洧》刺亂之類是也。如文公之説，則雖詩辭之正者，亦必以邪視之，如不以《木瓜》爲美齊桓公，不以《采葛》爲懼讒，不以《遵大路》《風雨》爲思君子，不以《褰裳》爲思見正，不以《子衿》爲刺學校廢，不以《揚之水》爲閔無臣，而俱指爲淫奔謔浪要約贈答之辭是也。且此諸篇者，雖其辭之欠莊重，然首尾無一字及婦人，而謂之淫邪，可乎？《左傳》載列國聘享賦詩，固多斷章取義，然其大不倫者，亦以來譏誚，如鄭伯有賦《鶉之奔奔》[6]，楚令尹子圍賦《大明》[7]，及穆叔不拜《肆夏》[8]，甯武子不拜《彤弓》[9]之類是也。然鄭伯如晉，子展賦《將仲子》[10]；鄭伯享趙孟，子太叔賦《野有蔓草》[11]；鄭六卿餞韓宣子，子齹賦《野有蔓草》，子太叔賦《褰裳》，子游賦《風雨》，子旗賦《有女同車》，子柳賦《蘀兮》[12]。此六詩，皆文公所斥以爲淫奔之人所作也，然所賦皆見善於叔向[13]、趙武、韓起，不聞被譏，乃知鄭、衛之《詩》，未嘗不施於燕享，而此六詩之旨意訓詁，當如序者之説，不當如文公之説也。"[14]

　　錫瑞案：《毛序》不盡可信，《毛詩》與《左氏春秋》同出河間博士，其與《左氏》合者，亦不盡可信。惟三家既亡，《毛詩》猶爲近古，與其信後人之臆説，又不如信《毛詩》。朱子以鄭、衛爲淫詩，且爲淫者自作，不可爲訓。馬駁朱以申毛，能發明風人之旨。

箋注

〔1〕案，見《文選》所收揚雄之《劇秦美新》賦。同卷班固《典引序》云："揚雄《美新》，典而亡實。"即云有名無實。

〔2〕《晉書·謝安傳》："及溫病篤，諷朝廷加九錫，使袁宏具草。安見，輒改之，由是歷旬不就。會溫薨，錫命遂寢。"是宏所撰文無用耳。

〔3〕遂，原刻本作"逮"，據《文獻通考》卷一七八改。

〔4〕文公《詩傳》，指朱熹《詩經集傳》。嘉定二年（1209）詔賜遺表恩澤，謚朱熹曰文，故稱朱熹爲文公。

〔5〕一，原刻本作"之"，據《文獻通考》卷一七八改。

〔6〕《左傳·襄公二十七年》："鄭伯享趙孟於垂隴，子展、伯有、子西、子產、子大叔、二子石從……伯有賦《鶉之賁賁》，趙孟曰：'床笫之言不逾閾，況在野

乎？非使人之所得聞也。'……文子告叔向曰：'伯有將爲戮矣！詩以言志，志誣其上，而公怨之，以爲賓榮，其能久乎？幸而後亡。'"

〔7〕《左傳·昭公元年》："令尹享趙孟，賦《大明》之首章，趙孟賦《小宛》之二章。事畢，趙孟謂叔向曰：'令尹自以爲王矣，何如？'對曰：'王弱，令尹彊，其可哉！雖可，不終。'趙孟曰：'何故？'對曰：'彊以克弱而安之，彊不義也。不義而彊，其斃必速。'"

〔8〕《左傳·襄公四年》："穆叔如晉，報知武子之聘也。晉侯享之，金奏《肆夏》之三，不拜……（穆叔）對曰：'《三夏》，天子所以享元侯也，使臣弗敢與聞。'"

〔9〕《左傳·文公四年》："衛甯武子來聘，公與之宴，爲賦《湛露》及《彤弓》。不辭，又不答賦。使行人私焉。對曰：'臣以爲肄業及之也。昔諸侯朝正於王，王宴樂之，於是乎賦《湛露》，則天子當陽，諸侯用命也。諸侯敵王所愾，而獻其功，王於是乎賜之彤弓一，彤矢百，旅弓矢千，以覺報宴。今陪臣來繼舊好，君辱貺之，其敢干大禮以自取戾？'"

〔10〕《左傳·襄公二十六年》："秋七月，齊侯、鄭伯爲衛侯故如晉，晉侯兼享之……國子賦《轡之柔矣》，子展賦《將仲子兮》，晉侯乃許歸衛侯。叔向曰：'鄭七穆，罕氏其後亡者也，子展儉而壹。'"

〔11〕《左傳·襄公二十七年》："鄭伯享趙孟於垂隴，子展、伯有、子西、子產、子大叔、二子石從……子大叔賦《野有蔓草》，趙孟曰：'吾子之惠也。'"

〔12〕《左傳·昭公十六年》："夏四月，鄭六卿餞宣子於郊。宣子曰：'二三君子請皆賦，起亦以知鄭志。'子齹賦《野有蔓草》。宣子曰：'孺子善哉！吾有望矣。'……子大叔賦《褰裳》。宣子曰：'起在此，敢勤子至於他人乎？'子大叔拜。宣子曰：'善哉，子之言是！不有是事，其能終乎？'子游賦《風雨》，子旗賦《有女同車》，子柳賦《蘀兮》。宣子喜，曰：'鄭其庶乎！二三君子以君命貺起，賦不出鄭志，皆昵燕好也。二三君子，數世之主也，可以無懼矣。'"

〔13〕皆，原刻本作"者"，據《文獻通考》卷一七八改。

〔14〕案，此段引文見馬端臨《文獻通考》卷一七八《經籍考五》論《詩序》。

18. 論《樂記》疏引《異義》説鄭《詩》非必出於三家，魏源據以爲三家《詩》，未可執爲確證

解經必遵最初之説，而後起之説不可從；尤必據最古之明文，而疑

似之文不可用。《禮記·樂記》疏引《異義》云[1]:"《今論》説鄭國之爲俗,有溱洧之水,男女聚會,謳歌相感,故云'鄭聲淫'。《左傳》説煩手淫聲謂之鄭聲者[2],言煩手躑躅之聲使淫過矣。許君謹案:'《鄭詩》二十一篇,説婦人者十九矣。故鄭聲淫也。'今案鄭詩説婦人者,唯九篇,《異義》云十九者,誤也,無十字矣。"

　　錫瑞案:許君《異義》引《詩》之例,必云"今韓魯《詩》説""古《毛詩》説",以爲分别。此"謹案"下無引"今《詩》""古《詩》"字樣,則此説必非出於詩家,當是許君自爲之説,亦或别有所本。劉寶楠《論語正義》曰[3]:"《魯論》舉《溱洧》一詩,以爲鄭俗多淫之證,非謂《鄭詩》皆是如此。許錯會此旨,舉《鄭詩》而悉被以淫名,自後遂以《鄭詩》混入鄭聲,而謂夫子不當取淫詩,又以序所云刺時刺亂者,改爲刺淫,則皆許君之一言誤之矣。"劉氏之説,是以許君爲自爲之説也。《白帖》引《通義》云[4]:"鄭國有溱洧之水,會聚謳歌相感。今《鄭詩》二十一篇,説婦人者十九,故鄭聲淫也。"此《通義》未知是劉向《通義》,或即《白虎通義》? 當爲許君之所本也。然其説有可疑者。《異義》《通義》皆云《鄭詩》二十一篇,説婦人者十九,而《鄭詩》實無十九篇説婦人者。孔《疏》以爲今《鄭詩》説婦人者唯九篇,則其數已不能合矣。以今考之,《鄭詩》説婦人者,《女曰雞鳴》《有女同車》《丰》《東門之墠》《出其東門》《野有蔓草》《溱洧》,實止七篇。《女曰雞鳴》,古賢夫婦警戒之詞,雖説婦人,不得謂之淫詩。《野有蔓草》,《韓詩外傳》與《説苑》皆載孔子遭齊程本子,傾蓋而語,孔子引《野有蔓草》之詩,韓、魯義同以爲邂逅賢士,與毛、朱男女不期而會異,是三家亦不以爲淫詩。除去二篇,止有五篇,其數更不能合矣。疑似之文,既不可解,學者姑置之可也,魏源《詩古微》好創新説,引《白虎通》與《漢書·地理志》"鄭國山居谷浴,男女錯雜,爲鄭聲以相説懌",爲班固《魯詩》説。又引《異義》"許君謹案"之説,爲三家《詩》。不知許君未明引今韓、魯《詩》,何以知爲三家?《白虎通》與《漢志》,皆未明引《詩》説,又何以知爲三家?《後漢書》注引《韓詩章句》[5]:"鄭國之俗,三月上巳之辰,於溱、洧二水之上,執蘭招魂,被除不祥,故詩人願與所説者俱往也。"《韓詩》惟以《溱洧》爲淫詩有明文，與毛義同，不以《野有蔓草》爲淫詩，則與毛義異。韋昭《毛詩答問》云[6]："草始生而云蔓者，女情急欲以促時。"江淹《麗色賦》云[7]："感蔓草於《鄭詩》。"自是毛義。而江淹《雜詩》云[8]："既傷《蔓草》別，方知《杕杜》情。"則同三家遇賢之義。詩人非經學專家，隨手掇拾，不爲典要，魏乃强爲調停之說，謂遇賢而托諸男女，猶《離騷》比君子於美人。捨《韓詩》明文可據者，而强同於毛義，又於三家無明文可據者，而執《異義》疑似之文以解之，皆非實事求是之義。以中侯爲《狡童》[9]，以子瑕説《揚之水》[10]，皆無據。

箋注

〔1〕《異義》，即許慎《五經異義》。注見前。

〔2〕《左傳·昭公元年》："於是有煩手淫聲，慆堙心耳，乃忘平和。"煩，繁多、繁瑣。煩手，指演奏樂器手法繁複。

〔3〕《論語正義》二十四卷，清人劉寶楠撰。仿焦循《孟子正義》之法而作，因病停筆，由其子恭冕續成。劉寶楠（1791—1855），字楚楨，號念樓，江蘇寶應人。道光二十年進士，歷任文安、元氏、三河、寶坻等縣知縣。與劉文淇、梅植之、汪喜孫等人交往甚密，是揚州學派的傑出代表。著作有《論語正義》《釋穀》《殉揚録》《寶應圖經》等二十餘種。其中《論語正義》不僅彌補了宋人邢昺解《論語》的疏陋不足之處，且多所闡發，成爲研究《論語》之集大成之作。

〔4〕《白帖》，即《白氏六帖》，原名《經史類要》《事類集要》，三十卷，唐白居易編著。宋代有晁仲衍作注，孔傳撰《孔氏六帖》，後人將其與《白氏六帖》合一，稱《白孔六帖》。

〔5〕見《後漢書·袁紹傳》注引薛君《章句》。

〔6〕《毛詩答問》，《隋書·經籍志》云："《毛詩答雜問》七卷，吳侍中韋昭、侍中朱育等撰。"引文見《太平御覽》卷九九四百卉部一"草"下。韋昭（204—273），字弘嗣，傳見《三國志·吳書·韋曜傳》（史臣避司馬昭諱，改稱韋曜）。

〔7〕《麗色賦》，見《江文通集》卷一。案《江文通集》四卷，梁江淹撰。江淹（444—505），字文通，濟陽考城（今河南民權）人。據《梁書·江淹傳》，"凡所著述百餘篇，自撰爲前後集"。《隋書·經籍志》著録《江淹集》九卷，《江淹後集》十卷。明人胡之驥有《江文通集匯注》。

〔8〕《雜詩》，即江淹《雜體詩三十首》，見《文選》。

〔9〕《狡童》，見《毛詩·鄭風》。《左傳·僖公七年》："初，申侯，申出也，有寵於楚文王。"詳見魏源《詩古微》中編《檜鄭答問》。

〔10〕《揚之水》，見《毛詩·鄭風》。《韓非子·說難》："昔者，彌子瑕有寵於衛君。"詳見魏源《詩古微》中編《檜鄭答問》。

19. 論《毛序》或以爲本之子夏，或以爲續於衛宏，皆無明文可據，即以爲衛宏續作，亦在鄭君之前

陳澧曰[1]："《釋文》引沈重云：'案鄭《詩譜》意，《大序》是子夏作，《小序》是子夏、毛公合作，卜商意有不盡，毛更足成之。'自注：孔《疏》所載《詩譜》，不言《序》爲誰作，沈重之說，不知所據。澧案：《儀禮·鄉飲酒禮》賈疏以'《南陔》，孝子相戒以養也'之類，是子夏序文，其下云'有其義而亡其辭'，是毛公續序，與沈重足成之說同。今讀《小序》，顯有續作之迹。如《載馳》序云：'許穆夫人作也，閔其宗國顛覆，自傷不能救也。'此已說其事矣。又云：'衛懿公爲狄人所滅，國人分散，露於漕邑。許穆夫人閔衛之亡，傷許之小，力不能救，思歸唁其兄，又義不得，故賦是詩也。'此以上文三句簡略，故復說其事，顯然是續也。《有女同車》序云：'刺忽也。鄭人刺忽之不昏於齊。'此已說其事矣。又云：'太子忽嘗有功於齊，齊侯請妻之，齊女賢而不取，卒以無大國之助，至於見逐，故國人刺之。'此以上文二句簡略，故亦復說其事，顯然是續也。鄭君雖無說，讀之自明耳。鄭君非以《小序》皆子夏、毛公合作也。《常棣》序云：'燕兄弟也。閔管、蔡之失道，故作《常棣》焉。'孔《疏》引《鄭志》答張逸云：'此序子夏所爲，親受聖人。'是鄭以此序三句皆子夏所爲，非獨'燕兄弟也'一句矣。《十月之交》《雨無正》《小旻》《小宛》四篇序，皆云刺幽王，《詩譜》則云'刺厲王。漢興之初，師移其第耳'。孔《疏》云：'《十月之交》箋云，《詁訓傳》時移其篇第，因改之耳。'則所云師者，即毛公也。據此，則鄭君以《序》皆毛公所定，雖首句亦有非子夏之舊者也。或謂《序》之首句傳自毛公以前，次句以下，毛公後人續作，

尤不然也。如《終風》序云：‘衛莊姜傷己也。遭州吁之暴，見侮慢而不能正也。’若毛公時《序》但有首句，而無‘遭州吁之暴’云云，則次章‘莫往莫來’，《傳》云‘人無子道以來事己，己亦不得以母道往加之’，所謂子者誰乎？以母道加誰乎？又如《考槃》序云：‘刺莊公也。不能繼先公之業，使賢者退而窮處。’《毛傳》云：‘考，成；槃，樂也。山夾水曰澗，曲陵曰阿。薖，寬大貌；軸，進也。’若毛公時《序》但有首句，則此傳但釋考、槃、澗、阿、薖、軸六字，不知序何以云‘刺莊公’矣？且‘永矢弗告’，《傳》云‘無所告語’，尤不知所謂矣。《鄭風·羔裘》序云：‘刺朝也，言古之君子以風其朝焉。’《毛傳》亦但釋字義，不知《序》何以云刺朝矣。”

　　錫瑞案：陳氏引《序》文以證鄭義，可謂明切。但如其說，鄭既以爲子夏、毛公合作，又以《序》爲皆出子夏，又以《序》爲皆出毛公，是鄭君一人之說，已前後歧異。蓋本無明據，故游移無定，安見鄭說可盡信乎？陳引《載馳》《有女同車》，以爲序有續作。陳信《毛詩》者，故以爲毛公續子夏；其不信《毛詩》者，不亦可以爲衛宏續《毛序》乎？陳引《終風》《考槃》《羔裘》，以爲作傳時，不但有首句，足駁衛宏續《序》之說，不知蘇轍、程大昌何以解之？而邱光庭《兼明書》[2]舉《鄭風·出其東門》篇，謂《毛傳》與《序》不符。曹粹中《放齋詩說》[3]亦舉《召南·羔羊》《曹風·鳲鳩》《衛風·君子偕老》三篇，謂《傳》意、《序》意不相應，《序》若出於毛，安得自相違戾？又不知陳澧何以解之？平心論之，《毛序》本不知出自何人，尊之者推之毛公之前而屬之子夏，疑之者抑之毛公之後，而屬之衛宏，其實皆無明文。三家既亡，無有更古於《毛詩》者。即謂《序》出衛宏，亦在鄭君之前，非後人臆說可比，學者當尊崇爲古義，不必争論爲何人也。《四庫提要》定序首二語爲毛萇以前經師所傳，以下續申之詞，萇以下弟子所附，斯爲定論[4]。

笺注

〔1〕引文見陳澧所撰《東塾讀書記》卷六“詩”。

〔2〕《兼明書》五卷,五代邱光庭撰。邱光庭(907—960),烏程(今浙江湖州)人,官太學博士。《兼明書》前三卷論述經史諸書,對《周易》《尚書》《毛詩》《春秋》《禮記》《論語》《孝經》《爾雅》《史記》《白虎通》中的文字、訓詁、傳說、故實以及風俗、名物等都有所考辯。卷四專駁五臣的《文選注》,卷五爲雜説。每條先列舊説,後陳己見,以"明曰"標出。儘管有些見解不免武斷無徵,然而亦有不少可取,故《四庫全書總目提要》稱其書"引據辨駁,具有條理。駁五臣《文選注》諸條,亦皆精核"。

〔3〕曹粹中,字純老,號放齋,定海(今屬浙江)人。宋徽宗宣和六年進士,調黃州教授。因不附秦檜,待次不偶。後以張浚薦,通判建寧。著有《詩説》三十卷,已佚。事見《寶慶四明志》卷八。

〔4〕見《四庫全書總目》卷一五"經部三"《詩序》提要語。

20. 論十五《國風》之次當從鄭《譜》,世次、篇次三家亦不盡同於毛

毛義孤行,而《詩》之國次、世次、篇次皆從毛爲定本,其實有不然者。十五《國風》之次,古説已不同。孔《疏》於《毛詩·國風》云:"鄭《譜》《王》在《豳》後者,退就《雅》《頌》,并言王世故耳。諸國之次,當是大師所第,孔子删定,或亦改張。襄二十九年《左傳》:魯爲季札遍歌周樂,《齊》之下即歌《豳》、歌《秦》,然後歌《魏》。杜預云[1]:'於《詩·豳》第十五,《秦》第十一,後仲尼删定,故不同。'杜以爲今所第,皆孔子之制,孔子之前,則如《左傳》之次,鄭意或亦然也。"又於《王城譜》云:"《王》詩次在《鄭》上,《譜》退《豳》下者,欲近《雅》《頌》,與王世相次故也。"又於《鄭譜》云:"既譜檜事,然後譜鄭。"又於《檜譜》云:"鄭滅虢、檜而處之,故《譜》先檜而後鄭。"

歐陽修曰:"《周南》《召南》《邶》《鄘》《衛》《王》《鄭》《齊》《豳》《秦》《魏》《唐》《陳》《檜》《曹》,此孔子未删之前,周太師樂歌之次第也。《周》《召》《邶》《鄘》《衛》《王》《鄭》《齊》《魏》《唐》《陳》《檜》《曹》《豳》[2],此今詩次第也。《周》《召》《邶》《鄘》《衛》《檜》《鄭》《齊》《魏》《唐》《秦》

《陳》《曹》《豳》《王》，此鄭氏《詩譜》次第也。"

魏源曰[3]："大師舊第，不過以《邶》《鄘》《衛》《王》東都之地爲一類，《豳》《秦》西都之地爲一類，《鄭》《齊》一類，《唐》《魏》一類，《陳》《檜》《曹》小國一類，取其民風相近，初非有大義其間，所謂其文則史者也。夫子挈《豳》於後，先《唐》於《秦》，既皆裁以大義，不事沿襲，則王畿民風烏有仍厠侯國之理？檜爲鄭并，何獨不援魏、唐畫一之例？乃有夫子舊第，大即乎人心所同然，日在人耳目而不覺者。其説曰，《王》在《豳》後，《檜》處《鄭》先，是説也，鄭《詩譜》著之，孔《疏》凡四述之，若非夫子舊第三家同傳，鄭安敢冒不韙以更毛次？此必因《毛詩》進《王》退《檜》，徒欲復大師原第，而大乖夫子古義，故鄭援魯、韓次第以正之。"

錫瑞案：三説當從鄭《譜》爲正，魏氏之説近是。以爲夫子舊第，三家同傳，雖無明文可證，然其説必有所授。孔《疏》臆斷以爲鄭意亦如杜説，今所第皆孔子之制，則鄭君作《譜》，何敢擅更《毛詩》之次第乎？魏源又謂《毛詩》篇次，如後《采蘋》於《草蟲》，後《賚》於《桓》，與樂章不符，增笙詩佚篇於《小雅》，厠宣王《采薇》《出車》之詩於正雅，與三家《詩》不符。案《困學紀聞》[4]："《詩正義》曰：《儀禮》歌《召南》三篇，越《草蟲》而取《采蘋》，蓋《采蘋》舊在《草蟲》之前。"曹氏《詩説》謂《齊詩》先《采蘋》而後《草蟲》[5]。今考《齊詩》魏代已亡，曹粹中不知何據。而《儀禮》以《鵲巢》《采蘩》《采蘋》三篇連奏[6]。《左氏傳》云："《風》有《采蘩》《采蘋》。"[7]則《毛詩》以《草蟲》列《采蘩》《采蘋》之間，實紊其次。《左氏傳》以《賚》爲《大武》之三章，《桓》爲《大武》之六章，杜注曰"不合於今《頌》次第，蓋楚樂歌之次第。"孔《疏》曰："今《頌》次第，《桓》八《賚》九。"[8]則《毛詩》與《左傳》不同。六笙詩本不列於《詩》[9]，故《史記》《漢書》皆云三百五篇。王式云[10]："以三百五篇當諫書。"《樂緯·動聲儀》《詩緯·含神霧》《尚書·璇璣鈐》[11]皆云三百五篇，若加六篇，則三百十一篇，與古説皆不合。蓋《笙詩》本有聲無辭。如金奏下管，皆樂歌而非詩。以金奏《肆夏》《樊遏》《渠》爲《時邁》《執競》《思文》，下管《新宮》爲《斯干》，《象》爲《維清》[12]，皆非是。《豳雅》《豳頌》[13]，亦不敢强爲之説。毛以六笙詩入《詩》非，鄭欲改什尤非。《采薇》《出車》《杕杜》爲宣王詩，見於《漢書·匈奴傳》《後漢書·馬融傳》《鹽鐵論》《潛夫論》[14]、《古今人表》[15]。文王時無南仲，宣王時有南仲，然則《出車》之南仲，即《常武》之南仲也。《出車》云“王命南仲”，即《常武》云“王命卿士，南仲大祖”也。毛以宣王詩列於文王時，尤篇次之誤者。若《鄭箋》以《十月之交》以下四篇爲刺厲王，疏以爲出《魯詩》，《魯詩》以《黍離》爲衛公子壽所作，當入《衛風》，不入《王風》，足見漢人所傳之《詩》次序，不盡與《毛詩》同。惜三家已亡，末由考見。至於世次，則孔《疏》於《衛風》已云“後人不能盡得其次第”，於《鄭風》引鄭答趙商云[16]：“《詩》本無文字，後人不能盡録其第。録者，直録其義而已。”如《志》之言，則作序乃始雜亂。是《毛詩》次第之不可據，鄭、孔皆明言之。鄭君時三家俱存，惜不引以正《毛詩》之誤也。鄭《譜》，《大雅·生民》下及《卷阿》，《小雅·南有嘉魚》下及《菁菁者莪》，周公、成王之詩。《左氏》襄二十九年《傳》“爲季札歌《小雅》”，服虔注云[17]：“自《鹿鳴》至《菁菁者莪》，道文武，修小政，定大亂，致太平。”是服氏以《小雅》無成王之詩。《傳》又云“爲之歌《大雅》”，服虔注云[18]：“陳文王之德，武王之功，自《文王》以下至《鳧鷖》，是爲正《大雅》。”是服氏以《生民》《行葦》《既醉》《鳧鷖》爲武王之詩，與鄭《譜》不同，略可考見三家《詩》之世次。

箋注

〔1〕杜預注《左傳》，所言爲今《毛詩》次第，詳見《左傳·襄公二十九年》。

〔2〕引文見歐陽修之《詩本義》“鄭氏詩譜”下，原文爲：“《周南》《召南》《邶》《鄘》《衛》《王》《鄭》《齊》《豳》《秦》《魏》《唐》《陳》《檜》《曹》，此孔子未刪之前，周大師樂歌之次第也。《周》《召》《邶》《鄘》《衛》《王》《鄭》《齊》《魏》《唐》《秦》《陳》《檜》《曹》《豳》，此鄭氏《詩譜》次第也。黜《檜》後陳，此今詩次第也。”皮氏引“今詩次第”處少“秦風”，案今本《毛詩》，《秦風》當在《唐》《陳》之間。

〔3〕引文見魏源《詩古微》上編《通論王風》。

〔4〕引文見其書卷三“詩”。

〔5〕見《困學紀聞》卷三"詩"所引。

〔6〕《儀禮·士昏禮》云："乃合樂《周南》：《關雎》《葛覃》《卷耳》；《召南》：《鵲巢》《采蘩》《采蘋》。"又云："遂歌鄉樂《周南》《關雎》《葛覃》《卷耳》；《召南》《鵲巢》《采蘩》《采蘋》。"

〔7〕引文見《左傳·隱公三年》。

〔8〕引文見《左傳·宣公十二年》。

〔9〕案《小雅》有笙詩《南陔》《白華》《華黍》《由庚》《崇丘》《由儀》六篇。《傳》言"有其義而亡其辭"，《箋》言"遭戰國及秦之世而亡之，其義則與衆篇之義合編，故存"。鄭樵、朱熹皆以爲"亡"訓爲"無"，即笙詩有聲無辭。

〔10〕《漢書·儒林傳》："王式字翁思，東平新桃人也……昭帝崩，昌邑王嗣立，以行淫亂廢，昌邑群臣皆下獄誅，唯中尉王吉、郎中令龔遂以數諫減死論。式繫獄當死，治事使者責問曰：'師何以亡諫書？'式對曰：'……臣以三百五篇諫，是以亡諫書。'"

〔11〕《樂緯·動聲儀》言五聲律呂與風物之相感，歌咏舞蹈，聲能感人，儀動則心動。《詩緯·含神霧》言蘊含神靈奧義，幽隱如霧。列上天五帝座之神名，以五音六律與國風地理相配。《尚書·璇璣鈐》言璇璣者，帝王治曆觀天之器。鈐者，關鍵。述上古至漢代之符瑞徵驗。此皆緯書。《毛詩·詩譜序》正義曰："《樂緯·動聲儀》《詩緯·含神務》《尚書·璿璣鈐》皆云三百五篇者，漢世毛學不行，三家不見《詩序》，不知六篇亡失，謂其唯有三百五篇，讖緯皆漢世所作故。"

〔12〕《左傳·襄公四年》載："叔孫豹如晉，晉侯享之。金奏《肆夏》之三，不拜。"《文獻通考·樂考》云："襄公四年，穆叔如晉報聘，晉侯享之，金奏《肆夏》之三，不拜。《肆夏》《樊遏》《渠》，即《時邁》《執競》《思文》也。"《困學紀聞》卷三"詩"云："或謂《河水》，《沔水》也。《新宮》，《斯干》也。"《四庫全書總目》於楊名時《詩經札記》提要云："引《儀禮》'下管《新宮》'在宣王之前，證《新宮》非《斯干》，亦皆具有考據，於其師說可謂有所佑明矣。"《毛詩·周頌·維清》序云："《維清》，奏《象》舞也。"《箋》云："《象》舞，象用兵時刺伐之舞，武王制焉。"

〔13〕顧炎武《日知錄》卷三"四詩"及"豳"條下以爲："《豳詩》不屬於《國風》，周世之國無豳，此非太師所采。周公追王業之始，作爲《七月》之詩，兼《雅》《頌》之聲"，"《豳》謂之《豳詩》，亦謂之《雅》，亦謂之《頌》，而非《風》也。"

〔14〕《漢書·匈奴傳》云："至懿王曾孫宣王，興師命將以征伐之，詩人美大其功，曰：'……出車彭彭，城彼朔方。'"此即《小雅·出車》之詩。《後漢書·龐參

傳》云："校書郎中馬融上書請之曰：'昔周宣獫狁侵鎬及方，孝文匈奴亦略上郡，而宣王立中興之功，文帝建太宗之號。非惟兩主有明叡之姿，抑亦扞城有虓虎之助，是以南仲赫赫，列在周詩，亞夫赳赳，載於漢策。'""南仲赫赫"即《出車》之句。《鹽鐵論·繇役》云："及後戎狄猾夏，中國不寧，周宣王、仲山甫式遏寇虐。詩云：'薄伐獫狁，至於太原。''出車彭彭，城彼朔方。'"《潛夫論·敘錄》云："宣王中興，南仲征邊。"

〔15〕《古今人表》，即《漢書·古今人表》。

〔16〕《詩譜》鄭玄答趙商云："《詩》本無文字，後人不能盡得其第，錄者直錄其義而已。"又見《鄭志》卷上。

〔17〕《毛詩·鹿鳴之什》正義云："襄二十九年《左傳》爲吳季札歌《小雅》，服虔云'自《鹿鳴》至《菁菁者莪》，道文武，修小政，定大亂，致太平，樂且有儀，是爲正《小雅》。'"

〔18〕《毛詩·鹿鳴之什》正義云："《左傳》又曰'爲之歌《大雅》'，服虔云'陳文王之德，武王之功。自《文王》以下至《卷阿》，是爲正《大雅》。'"

21. 論迹熄《詩》亡説者各異，據三家《詩》，變《風》亦不終於陳靈

《孟子》曰[1]："王者之迹熄而《詩》亡，《詩》亡然後《春秋》作。"趙注以《頌》聲不作爲亡[2]，朱注以《黍離》降爲《國風》而《雅》亡爲亡[3]。鄭《詩譜》曰："於是王室之尊與諸侯無異，其詩不能復雅，故貶之，謂之王國之變《風》。"《譜》疏引服虔云："《風》不稱周而稱王者，猶尊之，猶《春秋》王人列於諸侯之上，在《風》則已卑矣。"范甯《穀梁集解·序》[4]曰："就大師而正《雅》《頌》，因魯史而作《春秋》，列《黍離》於《國風》，齊王德於邦君，所以明其不能復雅，政化不足以被群后也。"陸德明謂平王東遷，政遂微弱，《詩》不能復雅，下列稱《風》[5]。孔穎達謂王爵雖在，政教纔行於畿内，化之所及與諸侯相似也。《風》《雅》繫政廣狹，王爵雖尊，猶以政狹入《風》[6]。據此數説，降王於《國風》而《雅》亡，其説不始於朱子也。而宋人説《詩》亡，多兼《風》《雅》言之。蘇轍曰[7]："《詩》

止於陳靈，而後孔子作《春秋》。"呂祖謙曰[8]："《雅》亡而《風》未亡，清議猶懍懍焉，變《風》終於陳靈而《詩》遂亡。"王應麟曰[9]："《詩》《春秋》相表裏，《詩》之所刺，《春秋》之所貶也。《小雅》盡廢，有宣王焉，《春秋》可以無作也。《王風》不復雅，君子絕望於平王矣。然《雅》亡而《風》未亡，清議蓋懍懍焉。《擊鼓》之詩，以從孫子仲爲怨，則亂賊之黨猶未盛也[10]。《無衣》之詩，待天子之命然後安，則篡奪之惡猶有懼也[11]。更齊、宋、晉、秦之霸，未嘗無詩，禮義之維持人心如此。魯有《頌》而周益衰，變風終於陳靈而《詩》遂亡。夏南之亂[12]，諸侯不討而楚討之，中國爲無人矣，《春秋》所以作與？"

據此數説，是《詩》亡兼變《風》言之，而變《風》終於陳靈，去《春秋》托始於隱已遠，年代殊不相合[13]。魏源曰[14]："王朝變《雅》與王國民《風》，并亡於平王之末，桓王之初也。何以知之？以《春秋》始平王四十九年知之也[15]。如謂東遷而《雅》降爲《風》，則《春秋》胡不始於平王之初年而始於末年？觀《抑》詩作於平王三十餘年之後，《彼都人士》《王風》皆作於東遷後《春秋》前，故變《雅》《王風》一日不亡，則《春秋》一日不作。蓋東遷之初，衛武公與晉文侯爲王卿士，'修爾車馬，弓矢戎兵，用戒戎作，用逷蠻方'[16]，王綱尚未解紐，列國陳詩，慶讓之典尚存。及衛武、晉文俱歿，平王晚政益衰，僅以守府虛名於上，王迹蕩然不存，故以《春秋》作之年，知《詩》亡之年也。若夫此外，列國變《風》，下逮陳靈，是霸者之迹，非王者之迹矣。觀《齊風》終於襄公[17]，《唐風》終於獻公[18]，而桓、文創伯[19]，反無一詩，則知桓、文陳其先世之風於王朝，而衛終於《木瓜》，美齊桓者，亦齊伯所陳，以著其存衛之功[20]。秦之《渭陽》，曹之《候人》，皆與晉文相涉[21]。而曹之《下泉》，有思伯之詞[22]，秦之《駟鐵》《無衣》[23]，又有勤王之烈。陳靈《株林》，則楚莊存陳之盛舉，而鄭則二伯所必爭，蓋亦伯者所代陳矣[24]。雖有伯者陳詩之事，而無王朝巡守述職、慶讓黜陟之典，陳詩與不陳何異，豈能以伯者虛文當王者之實政乎？故以《王風》居列國之終，鄭《譜》以《王風》居終。示《風》終於平王，與《雅》亡同也。故《春秋》始於《王風》、二《雅》所終之年，明王迹已熄，不復以列國之變《風》爲存亡也。”

錫瑞案：魏説近通，但孟子云“王迹”，當即車轍馬迹之迹。天子不巡守，太師不陳詩，則雖有詩而若亡矣。魏以霸者之迹與王者之迹對舉，似猶未合，以變《風》爲伯者所陳，説亦近理。但齊、晉之伯，乃天子所命，楚莊之伯，非天子所命[25]。楚與周聲教隔絶，陳靈《株林》之詩未必爲楚所陳。且三家以《燕燕》爲衛定姜送婦之詩，《坊記注·釋文》曰[26]：“此是《魯詩》。”又在陳靈之後。據《毛詩》，則變《風》終於陳靈；據三家，則當云變《風》終於衛獻。而三家之説多不傳，或更有後於衛獻者，尤未可執變《風》終於陳靈以斷之也。

箋注

〔1〕引文見《孟子·離婁下》。
〔2〕《孟子·離婁下》趙岐注云：“王者，謂聖王也。太平道衰，王迹止熄，《頌》聲不作，故《詩》亡。《春秋》撥亂，作於衰世也。”
〔3〕朱熹《孟子集注》卷四云：“王者之迹熄，謂平王東遷而政教號令不及於天下也。《詩》亡，謂《黍離》降爲《國風》而《雅》亡也。《春秋》，魯史記之名，孔子因而筆削之。始於魯隱公之元年，實平王之四十九年也。”
〔4〕范甯撰有《春秋穀梁傳集解》十二卷。案《四庫全書總目》曰：“《春秋穀梁傳注疏》二十卷，晉范甯集解，唐楊士勛疏。”此書前有范甯《春秋穀梁傳序》。
〔5〕《經典釋文·毛詩音義》曰：“王國者，周室東都王城畿内之地，在豫州，今之洛陽是也。幽王滅，平王東遷，政遂微弱，《詩》不能復雅，下列稱《風》，以王當國，猶《春秋》稱王人。”
〔6〕《毛詩·詩譜》正義曰：“於時王室雖衰，天命未改，《春秋》王人之微猶尊矣。言與諸侯無異者，以其王爵雖在，政教纔行於畿内，化之所及，與諸侯相似，故言無異也。《詩》者緣政而作，《風》《雅》繫政廣狹，故王爵雖尊，猶以政狹入《風》。”
〔7〕見蘇轍《詩集傳·陳風·澤陂》。
〔8〕見《吕氏家塾讀詩記》卷一。
〔9〕見《困學紀聞》卷六“春秋”。
〔10〕《毛詩·邶風·擊鼓》序曰：“《擊鼓》，怨州吁也。衛州吁用兵暴亂，使公孫

文仲將而平陳與宋國，人怨其勇而無禮也。"孫子仲，即公孫文仲，字子仲，衛國世卿。

〔11〕《毛詩·唐風·無衣》序曰："《無衣》，美晉武公也。武公始并晉國，其大夫為之請命乎天子之使，而作是詩也。"

〔12〕《毛詩·陳風·株林》鄭箋曰："夏姬，陳大夫妻，夏徵舒之母，鄭女也。徵舒字子南。"又《左傳·宣公十一年》曰："冬，楚子為陳夏氏亂故，伐陳。謂陳人'無動，將討於少西氏'。遂入陳，殺夏徵舒。"

〔13〕陳靈公在位時間為公元前613—公元前599年，魯隱公在位時間為公元前722—公元前712年，故曰年代不合。

〔14〕見《詩古微》上編《王風義例》。

〔15〕周平王四十九年即魯隱公元年，即《春秋》開始之年。

〔16〕見《毛詩·大雅·抑》："修爾車馬，弓矢戎兵，用戒戎作，用遏蠻方。"《正義》曰："王既有惡，而臣亦同之，是相率為惡，武公惜其亡而戒之，故知戒群臣不中行者，恐將并誅之也。"遏，同"逷"，遠也。晉文侯事見《尚書·周書·文侯之命》。

〔17〕《毛詩·齊風·猗嗟》正義曰："以其齊人所作，故繫之於齊襄公淫之，故為襄公之詩也。"

〔18〕《毛詩·唐風·采苓》序曰："刺晉獻公也，獻公好聽讒焉。"

〔19〕指齊桓公、晉文公會諸侯、盟大夫之事。

〔20〕《史記·齊太公世家》云："二十八年，衛文公有狄亂，告急於齊。齊率諸侯城楚丘而立衛君。"此即齊桓公存衛。

〔21〕《毛詩·秦風·渭陽》序曰："康公之母，晉獻公之女。文公遭麗姬之難未反，而秦姬卒。穆公納文公，康公時為大子，贈送文公於渭之陽，念母之不見也。"又《毛詩·曹風·候人》序曰："刺近小人也。共公遠君子而好近小人焉。"《左傳·僖公二十八年》曰："二十八年春，晉侯將伐曹。"

〔22〕《毛詩·曹風·下泉》序曰："《下泉》，思治也。曹人疾共公侵刻，下民不得其所，憂而思明王賢伯也。"

〔23〕駟驖，原刻本誤作"駟鐵"，據《毛詩·秦風》改。《毛詩·秦風·駟驖》正義曰："秦自非子以來世為附庸，未得王命。今襄公始受王命為諸侯，有游田狩獵之事、園囿之樂焉，故美之也。"又《毛詩·秦風·無衣》曰："豈曰無衣？與子同袍。王於興師，修我戈矛，與子同仇。"是皆"勤王之烈"。

〔24〕詳見《左傳·宣公十一年》，言晉、楚爭奪鄭、陳事。

〔25〕案《史記·齊太公世家》與《晉世家》，齊、晉皆周王所封。又《楚世家》云：

“武王……三十五年，楚伐隨。隨曰：‘我無罪。’楚曰：‘我蠻夷也。今諸侯皆爲叛相侵，或相殺。我有敝甲，欲以觀中國之政，請王室尊吾號。’隨人爲之周，請尊楚，王室不聽，還報楚。三十七年，楚熊通怒曰：‘吾先鬻熊，文王之師也，早終。成王舉我先公，乃以子男田令居楚，蠻夷皆率服，而王不加位，我自尊耳。’乃自立爲武王，與隨人盟而去。”是謂“非天子所命”。

〔26〕見《經典釋文》卷一二《禮記音義·坊記第三〇》。

22. 論《詩》齊、魯、韓説聖人皆無父，感天而生，太史公、褚先生、鄭君以爲有父，又感天，乃調停之説

今、古文多駮異，三家《詩》與《毛詩》尤多駮異，姑舉一二大者言之。《生民》《玄鳥》《長發》《閟宮》四詩，三家皆主感生之説〔1〕。《生民》疏引《異義》：“《詩》齊、魯、韓，《春秋》公羊，説聖人皆無父感天而生。”《列女傳》曰：“棄母姜嫄者，邰侯之女也。當堯之時，見巨人迹，好而履之，歸而有娠。浸以益大，心怪惡之，卜筮禋祀以求無子，終生子，以爲不祥，而棄之隘巷，牛羊避而不踐。乃送之平林之中，後伐平林者，咸薦覆之。乃取置寒冰之上，飛鳥傴翼之。姜嫄以爲異，乃收以歸，因命曰棄。《詩》云‘赫赫姜嫄，其德不回，上帝是依’〔2〕，此之謂也。”又曰：“契母簡狄者，有娀氏之長女也。當堯之時，與其妹娣浴於玄丘之水，有玄鳥銜卵過而墜之，五色甚好。簡狄與其妹娣競往取之，簡狄得而含之，誤而吞之，遂生契焉。《詩》云‘有娀方將，立子生商’〔3〕，又曰‘天命玄鳥，降而生商’〔4〕，此之謂也。”劉向所引蓋《魯詩》。褚少孫補《史記》引《詩傳》曰〔5〕：“湯之先爲契，無父而生。契母與姊妹浴於玄丘水，有燕銜卵墮之，契母得故含之，誤吞之，即生契。契生而賢，堯立爲司徒，姓之曰子氏。子者，兹；兹，益大也。詩人美而頌之曰：‘殷社芒芒，天命玄鳥，降而生商。’〔6〕商質，殷號也。文王之先爲后稷，后稷亦無父而生〔7〕。后稷母爲姜嫄，出見大人迹而履踐之，知於身，即生后稷。姜

嫄以爲無父，賤而棄之道中，牛羊避不踐也。抱之山中，山者養之。又捐之大澤，鳥覆席食之。姜嫄怪之，於是知其天子，乃取長之。堯知其賢才，立以爲大農，姓之曰姬氏，姬者本也。詩人美而頌之曰'厥初生民'[8]，深修益成，而道后稷之始也。"褚少孫事博士王式，由是《魯詩》有褚氏之學[9]。所引《詩傳》乃《魯詩傳》，與《列女傳》正同。《索隱》以史所引出《詩緯》[10]。《詩疏》引《河圖》[11]云："姜嫄履大人迹生后稷。"《中候·稷起》[12]云："蒼耀稷生感迹昌。"《苗興》[13]云："稷之迹乳。"《契握》[14]云："玄鳥翔水遺卵流，娀簡吞之，生契封商。"《春秋元命苞》[15]："姜嫄游閟宮，其地扶桑，履大人迹而生稷。"《齊詩》與緯候多合，則亦與《魯詩》合。董子《繁露·三代改制質文》[16]篇曰："天將授湯，主天法質，而王祖錫姓爲子氏，謂契母吞玄鳥卵生契。天將授文王，主地法文，而王祖錫姓姬氏，謂后稷母姜嫄履天之迹而生后稷。"董子述《公羊春秋》義，故《異義》以爲《詩》齊、魯、韓，《春秋》公羊，說聖人皆無父感天而生也。《異義》又引《左氏》說，聖人皆有父。謹案《堯典》"以親九族"，即堯母慶都感赤龍而生堯，堯安得九族而親之？《禮讖》云[17]"唐五廟"，知不感天而生。鄭君駁曰[18]："諸言感生得無父，有父則不感生，此皆偏見之說也。《商頌》'天命玄鳥，降而生商'，謂娀簡吞鳦子生契，是聖人感生，見於經之明文。劉媼是漢太上皇之妻，感赤龍而生高祖，是非有父感神而生者也？且夫蒲盧之氣，嫗煦桑蟲，成爲己子[19]，況乎天氣，因人之精，就而神之[20]，反不使子賢聖乎？是則然矣，又何多怪！"

錫瑞案：今文三家《詩》《公羊春秋》，聖人皆無父、感天而生爲一義；古文《毛詩》《左氏》，聖人皆有父、不感天而生爲一義。鄭君兼取二義，爲調停之說，此其說亦有所自來。張夫子問褚先生曰："《詩》言契、后稷皆無父而生，今案諸傳記，咸言有父，父皆黃帝子也，得無與《詩》繆乎？"褚先生曰："不然，《詩》言契生於卵，后稷人迹，欲見其有天命精誠之意耳，鬼神不能自成，須人而生，奈何無父而生乎？一言有父，一言無父，信以傳信，疑以傳疑，故兩言之。"[21]褚少孫兩言之，已與鄭意相似，當時《毛詩》未出，所謂詩言，即三家《詩》，所謂傳記，即《五帝德》

《帝繫姓》之類〔22〕，太史公據之作《三代世表》，自云"不離古文者近是"，是以稷、契有父，父皆黃帝子，乃古文説，故與《毛詩》《左氏》合，與三家《詩》《公羊春秋》不合。太史公作殷、周《本紀》，用三家今文説，以爲簡狄吞玄鳥卵，姜嫄踐巨人迹，而兼用古文説云："殷契母曰簡狄，有娀氏之女，爲帝嚳次妃。"〔23〕"后稷母有邰氏女曰姜嫄，爲帝嚳元妃。"〔24〕是亦合今、古文義而兩言之，又在褚少孫之先。若三家《詩》義實不如是，據褚先生所引《詩傳》及劉向《列女傳》，皆不云簡狄、姜嫄有夫，亦不云爲帝嚳妃。且《列女傳》言稷、契之生，皆當堯之時，則簡狄、姜嫄不得爲帝嚳妃甚明。此等處當分別觀之，不得以《史記》雜采古今，見其與《毛傳》不同，遂執以爲三家今文義如是也。

箋注

〔1〕 四詩分見《詩·大雅·生民》《詩·商頌·玄鳥》《詩·商頌·長發》《詩·魯頌·閟宫》。

〔2〕 見《詩·魯頌·閟宫》。

〔3〕 見《詩·商頌·長發》。

〔4〕 見《詩·商頌·玄鳥》。

〔5〕 褚少孫，西漢潁川（今河南禹州）人。曾爲《魯詩》博士，人稱"褚先生"。因司馬遷《史記》有缺失，遂補之。《漢書·司馬遷傳》注引張晏曰："遷没之後，亡《景紀》《武紀》《禮書》《樂書》《兵書》《律書》《漢興以來將相年表》《日者列傳》《三王世家》《龜策列傳》《傅靳列傳》。元、成之間，褚先生補缺，作《武帝紀》《三王世家》《龜策》《日者傳》，言辭鄙陋，非遷本意也。"褚少孫引《詩傳》，見《史記·三代世表》。

〔6〕 案，今本《毛詩》中《玄鳥》詩爲"天命玄鳥，降而生商，宅殷土芒芒。"而此處爲《魯詩》，見《史記·三代世表》。芒芒，廣大遼闊貌。

〔7〕 后，原刻本脱，據《史記·三代世表》補。

〔8〕 見《詩·大雅·生民》。

〔9〕 《漢書·儒林傳》曰："山陽張長安幼君先事式，後東平唐長賓、沛褚少孫亦來事式，問經數篇，式謝曰：'聞之於師俱是矣，自潤色之。'……張生、唐生、褚生皆爲博士……由是《魯詩》有張、唐、褚氏之學。"

〔10〕唐司馬貞爲《史記》作《索隱》。案《史記·三代世表》索隱云："有娀氏女曰簡狄，浴於玄丘水，出《詩緯》。"

〔11〕《毛詩·大雅·生民》疏云："《河圖》曰姜嫄履大人迹生后稷。"《河圖》屬於讖緯文獻的一種，取"河出圖"之義，内容有解説經義者，亦有占卜預言者。

〔12〕《隋書·經籍志》云："《尚書中候》五卷，鄭玄注。"《尚書中候》亦緯書。候者，觀測、占驗。此書《隋志》著録五卷，鄭玄注。有十八篇，《稷起》爲其中一篇。另皮錫瑞有《尚書中候疏證》一卷。又《毛詩·大雅·生民》疏曰："蒼耀稷生感迹昌。"

〔13〕《苗興》，緯書《中候》之一篇。見《毛詩·大雅·生民》疏曰："契之卵生，稷之迹乳。"

〔14〕《契握》，緯書《中候》之一篇。見《毛詩·大雅·生民》疏曰："玄鳥翔水遺卵流，娀簡吞之，生契，封商。"

〔15〕《春秋元命苞》，爲《春秋》緯書之一種，一名《元命包》。元者，大也。命者，理之深隱也。包者，無所不包。此篇涉及三才、五行、帝運等天人合一之道。

〔16〕即《春秋繁露·三代改制質文》篇。

〔17〕引文見《毛詩·大雅·生民》疏。

〔18〕引文見《毛詩·大雅·生民》疏"玄之聞也"下。

〔19〕《毛詩·小雅·小宛》傳云："螟蛉，桑蟲也。蜾蠃，蒲盧也。"箋云："蒲盧取桑蟲之子，負持而去，煦嫗養之，以成其子。喻有萬民不能治，則能治者將得之。"《正義》曰："螟蛉、桑蟲、蜾蠃、蒲盧皆《釋蟲》文。郭璞曰：'蒲盧即細腰蜂也，俗呼爲蠮螉。桑蟲俗謂之桑蝤，亦呼爲戎女。鄭《中庸》注以蒲盧爲土蜂。'陸璣云：'螟蛉者，桑上小青蟲也，似步屈。其色青而細小，或在草菜上。蜾蠃，土蜂也。似蜂而小腰。取桑蟲負之於木空中七日而化爲其子'……《樂記》注云：'以體曰嫗，以氣曰姁，謂負而以體，煖之以氣，煦之而令變爲已子也。'"

〔20〕神，原刻本作"成"，據《毛詩正義》改。

〔21〕"張夫子問褚先生曰"句，見《史記·三代世表》。

〔22〕參見今本《大戴禮記》及《孔子家語》。案《史記·五帝本紀》太史公曰："孔子所傳《宰予問五帝德》及《帝繫姓》，儒者或不傳……予觀《春秋》《國語》，其發明《五帝德》《帝繫姓》章矣，顧弟弗深考，其所表見皆不虛。《書》缺有間矣，其軼乃時時見於他説。非好學深思，心知其意，固難爲淺見寡聞道也。余并論次，擇其言尤雅者，故著爲《本紀》書首。"

〔23〕引文見《史記·殷本紀》。

〔24〕引文見《史記·周本紀》，原文爲："周后稷名棄，其母有邰氏女曰姜原，姜原

爲帝嚳元妃。"

23. 論《生民》《玄鳥》《長發》《閟宫》四詩當從三家，不當從毛

《毛詩》與《左氏》相表裏，故《左氏》説聖人皆有父，《毛詩》亦以爲有父。《毛傳》云："后稷之母配高辛氏帝，履帝武敏。帝，高辛氏之帝也。"此毛以爲有父不感天之義。《鄭箋》云："姜嫄當堯之時，爲高辛氏之世妃，履帝武敏。帝，上帝也。"此鄭以爲有父又感天之義。

錫瑞案：以《詩》義推之，《毛傳》必不可通。帝既弗無子，生子何又棄之？且一棄、再棄、三棄，必欲置之死地。作此詩者乃周人，尊祖以配天，若非實有神奇，必不自誣其祖。有夫生子，人道之常，何以鋪張生育之奇，乃至連篇累牘？孫毓謂自履其夫帝嚳之迹，何足異而神之，其説甚通[1]。馬融知毛義不可通，强爲遺腹避嫌之説以解之[2]，王基、馬昭已駁之矣[3]。近人又各創爲新説，有謂帝爲帝摯，諸侯廢摯立堯，姜嫄避亂，生子而棄之者[4]；有謂"先生如達"，稷形似羊，如包義牛首，以其怪異而棄之者[5]；有謂"不坼不副，居然生子"，稷初生如卵，古人未知翦胞之法而棄之者[6]；有謂"后稷呱矣"，可見初生不哭，以其不哭而棄之者[7]。紛紛異説，無一可通。即解《生民》詩可强通，而解《玄鳥》《長發》《閟宫》三詩皆不可通。《玄鳥》詩云："天命玄鳥，降而生商。"則契生於鳦卵甚明。若但以爲玄鳥至而祀禖生契[8]，何言天命？又何但言天命玄鳥？作此詩者近不辭矣。《長發》詩云："有娀方將，立子生商。"《列女傳》、高誘《吕覽》注引皆無帝字。詩稱"有娀"，不及其夫，自不以爲帝嚳，則契非帝嚳所生甚明。鄭解帝爲黑帝，不如三家本無帝字爲更明也。若《閟宫》詩義尤昭著，云："赫赫姜嫄，其德不回，上帝是依，無災無害，彌月不遲，是生后稷。"上帝必是天帝，人帝未有稱上帝者。《生民》之帝，可以高辛帝强解之，《閟宫》之上帝，不可以高辛

帝强解。故《毛傳》云："上帝是依，依其子孫。"此不得已而爲之辭，與詩上下文不相承。《箋》云："依，依其身也，天用是憑依。"其解經甚合。後人乃疑不當儕姜嫄爲房后，擬上帝於丹朱[9]。不知周、魯之人，作詩以祀祖宗，叙述神奇，并無隱諱，何以後人少見多怪，必欲曲爲掩飾？依古緯説，自華胥生皇羲，以至簡狄、姜嫄，皆有感生之事[10]。許君《異義》早成，《説文》晚定，《異義》從古文説，《説文》仍從今文云[11]："古之神聖母感天而生子，故稱天子。"蓋帝王之生，皆有神異，豈可偏執一理，以爲必無其事？且據詩而論，無論事之有無，而詩人所言明以爲有。如必斷爲理之所無，則當起周、魯與宋《商頌》宋人作，見後。作詩之人，責以誣祖之罪，不當謂三家説《詩》爲誤，責以誣古之罪也。古文説聖人皆有父，以姜嫄、簡狄皆帝嚳之妃。如其説，則殷周追尊，自當妣祖并重，何以周立先妣姜嫄之廟，不祀帝嚳？《生民》等詩，專頌姜嫄、有娀之德，不及帝嚳。《儀禮》曰[12]："禽獸知母而不知父。"如古文説，稷、契皆有父，而作詩者但知頌稷、契之母，而不及其父，得毋皆禽獸乎？戴震曰[13]："《帝繫》曰'帝嚳上妃姜嫄'，本失實之詞，徒以傅會周人禘嚳爲其祖之所自出。使嚳爲周家祖之所自出，何《雅》《頌》中言姜嫄、言后稷，竟無一語上溯及嚳？且姜嫄有廟，而嚳無廟，若曰履迹感生，不得屬之嚳，則嚳明明非其祖所自出。"古文似正而非，今文似奇而是，學者試取詩文，平心而熟玩之，知此四詩斷然當從三家，而不當從《毛傳》。《鄭箋》以毛爲主，而解四詩從三家不從毛。朱子曰[14]："履巨迹之事有此理。且如契之生，詩中亦云'天命玄鳥，降而生商'，蓋以爲稷、契皆天生之爾，非有人道之感，不可以常理論也。漢高祖之生亦類此。"故其解《生民》，亦從鄭不從毛。鄭君、朱子皆大儒，其讀書精審，知不如此解詩不能通也。

《論衡·奇怪》篇云："儒者稱聖人之生不因人氣，更禀精於天。禹母吞薏苡而生禹，故夏姓曰姒。卨母吞燕卵而生卨[15]，故殷姓曰子。后稷母履大人迹而生后稷，故周姓曰姬。夫薏苡，草也，燕卵，鳥也，大人迹，土也。三者皆形，非氣也。燕之身不過五寸，薏苡之莖不過數尺，二女吞其卵實，安能成七尺之形乎？今謂大人天神，故其迹巨。使大人施氣於姜嫄，姜嫄之身小，安能盡得其精？不能得其精，則后稷不能成人。蒼頡作書〔16〕，與事相連。姜嫄履大人迹，迹者基也，姓當爲其下土，乃爲女旁，臣非基迹之字，不合本事，疑非實也。以周姬況夏、殷，亦知子之與姒，非燕子、薏苡也，或時禹、卨、后稷之母，適欲懷妊，遭吞薏苡、燕卵、履大人迹也。”

案：仲任引儒者之言，乃漢時通行今文説，仲任不信奇怪，故加駁詰。其駁詰之語，正所謂癡人前説不得夢。錫瑞嘗謂後世説經之弊，在以世俗之見，律古聖賢，以民間之事，擬古天子。仲任生於東漢，已有此等習見。即如其説，亦當以爲詩人之誤，不當以爲儒者説詩之誤也。

箋注

〔1〕《毛詩・大雅・生民》疏引孫毓曰：“天道徵祥，古今有之，皆依人道而有靈助，劉媪之任高祖，著有雲龍之怪，褒姒之生，由於玄黿之妖，巨迹之感，何獨不然？而謂自履其夫帝嚳之迹，何足異而神之？”案《經典釋文序録》，孫毓字休朗，北海平昌人，任長沙太守，撰有《毛詩異同評》十卷，此書宋時已亡佚。

〔2〕《毛詩・大雅・生民》疏載王肅引馬融曰：“帝嚳有四妃，上妃姜嫄……姜嫄未有子，故禋祀求子，上帝大安其祭祀而與之子。任身之月，帝嚳崩。摯即位而崩，帝堯即位。帝嚳崩後十月而后稷生，蓋遺腹子也。雖爲天所受，然寡居而生子，爲衆所疑，不可申説。姜嫄知后稷之神奇，必不可害，故欲棄之以著其神，因以自明。堯亦知其然，故聽姜嫄棄之。”

〔3〕《毛詩・大雅・生民》疏引王基駁之曰：“凡人有遺體，猶不以爲嫌，況於帝嚳聖主、姜嫄賢妃，反當嫌於遭喪之月，便犯禮哉？人情不然一也。就如融言，審是帝嚳之子，凡聖主賢妃生子未必皆賢聖，能爲神明所祐。堯有丹朱，舜有商均，文王有管、蔡。姜嫄御於帝嚳而有身，何以知其特有神奇而置之於寒冰乎？假令鳥不覆翼，終疑逾甚，則后稷爲無父之子，嚳有淫昏之妃，姜嫄有污辱之毀，當何以自明哉？本欲避嫌，嫌又甚焉。不然二也。”又言：“馬昭曰：‘稷奇見於既棄之後，未棄之前用何知焉？’”王基（190—261），字伯輿，東萊曲城（今山東掖縣東北）人。守鄭學，常與王肅之學抗衡，撰有《毛詩駁》一卷。案《舊唐書・元行沖傳》云：“子雍規玄數十百件，守鄭學

者,時有中郎馬昭,上書以爲肅繆。"又《禮記·樂記》孔穎達疏引馬昭云:"《家語》,王肅所增加,非鄭所見。"

〔4〕王夫之《詩經稗疏》云:"姜嫄摰妃,后稷摰之子也⋯⋯摰既失守,后妃嬪御蒙草莽,姜嫄不能保有其子而置之隘巷,或自隘巷收之,知爲帝妃之所生,而送之平林。"王夫之(1619—1692),字而農,湖南衡陽人,晚居石船山,世稱船山先生,明末清初著名思想家。主張經世致用,自謂"六經責我開生面,七尺從天乞活埋"。著作主要有《周易内傳》《周易外傳》《尚書引義》《春秋世論》《讀四書大全説》《張子正蒙注》《莊子解》《黄書》《噩夢》《讀通鑑論》《宋論》等。著述存世的約有73種,401卷,散佚的約有20種。傳見《清史稿》卷四八〇《列傳二百六十七》。

〔5〕魏源《詩古微》中編《大雅答問》云:"近人鋭意求通⋯⋯有謂'先生如達',蓋稷形似羊,如庖犧牛首蛇身,怪異致棄者。"

〔6〕魏源《詩古微》中編《大雅答問》云:"惟羊之生子,連胞而下,其産獨易。稷生亦然,胞無坼副之形,兒無灾苦之啼,古人未知後世剪胞之法,故見其混沌包裹,形如卵然,則以爲小産未成形而棄之。"

〔7〕俞樾《群經平議》卷一一"毛詩"云:"此詩之意,在'后稷呱矣'一句,蓋直至鳥去之後,后稷始呱,然則前此者,后稷未嘗呱也。凡人之初生,無不呱呱而泣。后稷生而不呱,是其異也。於是人情駭怪,僉欲棄之。"

〔8〕祀,祭祀。禖(méi),求子之祭祀,也指求子所祭之神。

〔9〕《史記·五帝本紀》云:"堯知子丹朱之不肖,不足授天下,於是乃權授舜。"《索隱》云:"鄭玄云:'肖,似也。不似,言不如父也。'皇甫謐云:'堯娶散宜氏之女,曰女皇,生丹朱。又有庶子九人,皆不肖。'"又《國語·周語上》言:"昔昭王娶於房,曰房后,實有爽德,協於丹朱,丹朱馮身以儀之,生穆王焉。"儕(chái),等同。

〔10〕皇犧,即伏羲也。《藝文類聚》卷一〇言:"《帝王世紀》曰,燧人之世,有大迹出雷澤,華胥履之,生庖犧氏於成紀也。"庖犧,即伏羲。

〔11〕引文見《説文解字》"姓"字條。

〔12〕引文見《儀禮·喪服傳》。

〔13〕引文見《戴震集》卷一《詩生民解》。

〔14〕見《朱子語類》卷八一"詩二"《生民》。

〔15〕卨(xiè),契也。段玉裁《説文解字注》人部"偰"下云:"高辛氏之子,爲堯司徒,殷之先也。"注云:"經傳多作契。古亦假卨爲之。"

〔16〕《漢書·藝文志》曰:"《蒼頡》一篇。上七章秦丞相李斯作。《爰歷》六章,車

令趙高作。《博學》七章，太史令胡母敬作。”此爲秦小篆字書。又清閻若璩《尚書古文疏證》卷七第一百七云：“皇甫謐《帝王世紀》曰：‘黃帝垂衣裳，倉頡造文字，然後書契始作。’”

24. 論《魯頌》爲奚斯作，《商頌》爲正考父作，當從三家，不當從毛

三家與毛，又有大駁異處。如以《魯頌》爲公子奚斯作，以《商頌》爲正考父作是也。揚子《法言》曰[1]：“正考甫嘗晞尹吉甫矣，公子奚斯晞正考甫矣。”《後漢書·曹褒傳》曰：“昔奚斯贊魯，考父咏殷。”班固《兩都賦·序》[2]曰：“故皋陶歌虞，奚斯頌魯。”王延壽《魯靈光賦》曰[3]：“故奚斯頌僖，歌其路寢。”曹植《承露盤銘·序》曰[4]：“奚斯《魯頌》。”《蕩陰令張君表頌》曰[5]：“奚斯贊魯，考父頌殷。”《梁相費汎碑》曰[6]：“感奚斯之德。”《太尉楊震碑》曰[7]：“故感慕奚斯之追述。”《沛相楊統碑》曰[8]：“庶考斯之頌儀。”《郃陽令曹全碑》曰[9]：“嘉慕奚斯、考父之美。”《巴郡太守張納碑》曰[10]：“庶慕奚斯缺二字。之義。”《荊州刺史度尚碑》曰[11]：“於是故吏感《清廟》之頌，嘆斯父之詩。”《綏民校尉熊君碑》曰[12]：“昔周文公作頌，宋成考父、公子奚斯，追羨遺迹，紀述前勛。”宋洪适《隸釋》[13]及近人武億《群經義證》[14]、王昶《金石萃編》[15]，皆以漢碑爲誤。

錫瑞案：《曹褒傳》注引薛君《韓詩章句》曰[16]：“奚斯，魯公子也，言其新廟奕奕然盛，是詩公子奚斯所作也。正考父，孔子之先也，作《商頌》十二篇。”是奚斯作《魯頌》、考父作《商頌》，義出《韓詩》。而《史記》用《魯詩》[17]，班固用《齊詩》，三家義同，烏得偏據《毛詩》以駁之乎？孔廣森曰[18]：“三家謂詩爲奚斯作者是也。此與‘吉甫作頌，其詩孔碩’文義正同。曼，長也。《詩》之章句未有長如此篇者，故以曼言之。《毛傳》謂‘奚斯作廟’，則‘孔曼且碩’，意竟複矣。”孔氏以三家爲是，是矣，而未盡也。《駉》毛《序》曰：“季孫行父請命於周，而史克作是

頌。”鄭《詩譜》曰：“僖復魯舊制，未遍而薨，國人美其功，季孫行父請命於周而作其頌。”尋毛、鄭之意，蓋謂《魯頌》皆史克作，作於僖公薨後，故解奚斯所作爲作廟，不爲作頌。今案《閟宮》詩多祝壽之語，且云“令妻壽母”，意必僖公在位，其母成風、其妻聲姜皆在，乃宜爲此頌禱之辭。若在僖公薨後，世無其人已死，猶爲之追祝壽，且并頌其母與妻者，如毛、鄭之説，可謂一大笑話。史克見《左氏‧文十八年傳》，宣公時尚存，見《國語》，其年輩在後。奚斯見《左氏‧閔二年傳》，其年輩在前。則奚斯作頌於僖公之時，時代正合，故當從三家以爲奚斯所作。漢人引《詩》各處相合以爲誤，必無各處皆誤之理。若毛、鄭之説則誠誤，不必爲之曲諱。段玉裁訂《毛詩故訓傳》[19]，乃强改“作是廟也”之“廟”字爲“詩”字，以傅合漢人所引三家《詩》義。陳奐疏《毛氏傳》[20]亦從段説，豈非童牛角馬[21]，不今不古者乎！

 箋注

〔1〕引文見《法言‧學行》篇，注云“睎，睎慕也。”“正考甫，宋宣公之上卿。尹吉甫，周宣王之卿士。尹吉甫深於詩教，作《大雅‧崧高》《烝民》之詩以美宣王。正考甫慕之，亦能得《商頌》十二篇，以頌湯之盛德。《昭公七年傳》曰及正考父佐戴武宣。”“奚斯，魯僖公之臣，慕正考甫，作《魯頌》。”“正考甫《商頌》蓋美禘祀之事，而魯大夫公子奚斯能作僖公之廟，亦睎詩之教也。”“揚子以謂正考甫作《商頌》，奚斯作《閟宮》之詩，故云然。”

〔2〕《兩都賦》，班固作。《文選》注云：“范曄《後漢書》曰：‘班固字孟堅，北地人也。年九歲，能屬文，長遂博貫載籍。顯宗時除蘭臺令史，遷爲郎，乃上《兩都賦》。大將軍竇憲出征匈奴，以固爲中護軍。憲敗，固坐免官，遂死獄中焉。’”

〔3〕《魯靈光賦》，即《魯靈光殿賦》，王延壽作。《文選‧游覽》注云：“范曄《後漢書》曰：‘王逸，字叔師，南郡宜城人也。子延壽，字文考，有雋才。游魯，作《靈光殿賦》。後蔡邕亦造此賦，未成，及見延壽所爲，甚奇之，遂輟翰而止。後溺水死，時年二十餘。’”

〔4〕顏師古《匡謬正俗》卷七論《魯頌》曰：“陳思王《承露盤銘‧序》云‘奚斯《頌魯》’。”

〔5〕《蕩陰令張君表頌》,即《漢故穀城長蕩陰令張君表頌》,又名《張遷碑》《張遷表頌》。漢靈帝中平三年(186)立。現存於山東岱廟碑廊,爲漢隸碑刻。碑主張遷,字公方,陳留己吾(今河南寧陵西南)人。曾任蕩陰令。故吏韋萌等立石追尊其德。

〔6〕《梁相費汎碑》,趙明誠《金石録》卷一七曰:"《漢費汎碑》在湖州,其額題'漢故梁相費君之碑'。碑云:'梁相諱汎,字仲慮,此邦之人也。'"

〔7〕《太尉楊震碑》,歐陽修《集古録》卷二云:"《漢楊震碑》,首題云'漢故太尉楊公神道碑銘',文字殘缺,首尾不完。"

〔8〕《沛相楊統碑》,趙明誠《金石録》卷一七曰:"《漢沛相楊君碑》,歐陽公《集古録》云'碑首尾不完,失其名字',余按《楊震碑》沛相名統,震長子富波侯相牧之子也。"

〔9〕《郃陽令曹全碑》,即《漢郃陽令曹全碑》,又名《曹景完碑》,漢靈帝中平二年(185)立。現存於西安碑林。爲漢隸碑刻。

〔10〕《巴郡太守張納碑》,巴郡,原刻本作"巴納",誤。案《隸釋》卷五云:"《巴郡太守都亭侯張府君功德叙》,靈帝中平五年立,今在巴州。張君名納,勃海人。"靈帝中平五年即公元188年。

〔11〕《荆州刺史度尚碑》,案《隸釋》卷七云:"《漢故荆州刺史度侯之碑》,篆額,威宗永康元年立。度君名尚,山陽湖陸人。"永康元年即公元167年。

〔12〕《綏民校尉熊君碑》,案《隸釋》卷一一云:"《漢故綏民校尉騎都尉桂陽曲紅灌陽長熊君之碑》,篆額,今在道州,獻帝建安二十一年造。"建安二十一年即公元216年。

〔13〕洪适,原刻本誤作"洪邁"。《四庫全書總目》曰:"《隸釋》二十七卷,宋洪适撰。适字景伯,饒州鄱陽人。紹興壬戌中博學宏詞科。官至尚書左僕射同中書門下平章事。謚文惠。"《宋史·洪皓傳》云:"子适、遵、邁。适字景伯,皓長子也……邁字景盧,皓季子也。"

〔14〕《群經義證》八卷,清武億撰。武億(1745—1799),字虚谷,一字小石,號半石山人,河南偃師人。傳見《清史稿·儒林傳》。

〔15〕《金石萃編》一百六十卷,清王昶撰。王昶(1724—1806),字德甫,號述庵,江蘇青浦人。《清史稿》有傳。

〔16〕《後漢書·曹褒傳》曰:"褒省詔,乃嘆息謂諸生曰:'昔奚斯頌魯,考甫咏殷。夫人臣依義顯君,竭忠彰主,行之美也。當仁不讓,吾何辭哉!'"注云:"《韓詩》曰:'新廟奕奕,奚斯所作。'薛君《傳》云:'是詩公子奚斯所作也。'正考甫,孔子之先也,作《商頌》十二篇。"

〔17〕《史記·宋世家》云："其大夫正考父美之,故追道契、湯、高宗,殷所以興,作《商頌》。"

〔18〕案,"曼",原誤作"碩"。此詩見《毛詩·魯頌·閟宮》,詩末云："松桷有舄,路寢孔碩。新廟奕奕,奚斯所作。孔曼且碩,萬民是若。"《毛傳》云："桷,榱也。舄,大貌。路寢,正寢也。新廟,閔公廟也。有大夫公子奚斯者作是廟也。曼,長也。"又,"吉甫作頌,其詩孔碩"見《毛詩·大雅·崧高》。孔廣森所言見其《經學卮言》卷三"奚斯所作孔曼且碩"條下。

〔19〕段玉裁撰《毛詩故訓傳定本》三十卷,恢復經傳別行之舊,訂正《毛傳》誤字、衍文。

〔20〕《毛氏傳》,即陳奐所撰《詩毛氏傳疏》。

〔21〕童牛,無角之牛。角馬,長角之馬。喻不倫不類之事物。揚雄《太玄》曰："童牛角馬,不今不古。"

25. 論正考父與宋襄公年代可以相及,鄭君《六藝論》從三家《詩》,箋毛亦兼采三家

《史記·宋世家》曰:宋"襄公之時,修仁行義,欲爲盟主,其大夫正考父美之,故追道契、湯、高宗,殷所以興,作《商頌》。"史公用《魯詩》說,裴駰《集解》曰:"《韓詩·商頌》亦美襄公。"蓋三家說同,後人不信三家,以考父頌殷爲誤,謂考父與宋襄年代遠不相及。

錫瑞案:史公去古未遠,從孔安國問故,何至於孔子先世之事,懵然不知?《孔子世家》既載孟釐子言"正考父佐戴、武、宣"矣,《十二諸侯年表》戴、襄相距百有一十六年,則史公非不知考父之年必百三四十歲,而後能相及也。百齡以上之壽,古多有之,寶公、張蒼即其明證[1]。或又疑其子見殺,其父不應尚存,則《春秋》時明有其人,亦即宋國之人。《左氏·文十六年傳》曰:"初公子蕩卒,公孫壽辭司城,請使意諸爲之。"[2]意諸死昭公之難,歷文十七、十八兩年,宣十八年,成八年,凡二十八年,宋公使公孫壽來納幣,明見於經。蕩意諸見殺,其父公孫壽可來納幣,何獨孔父見殺,其父正考父不可作頌乎?今古文多駁異,

《異義》以齊魯韓《詩》、《公羊春秋》爲一説,《毛詩》《左氏》爲一説。《公羊》稱宋襄爲文王不過此[3],故三家以《商頌》爲美宋襄。《左氏》於宋襄多貶辭。河間博士治《毛詩》者,以爲宋襄無足頌美,故別創一説,此其踪迹之可尋者。後人乃據《左氏》殤公即位,君子引《商頌》,以駁三家。無論古文説不足難今文,即如《左氏》之言,《左氏》作傳在春秋末,距春秋初二百餘年,所引"君子曰"或事後追論[4],豈必殤公同時之人哉?宋襄與魯僖同時,故《商頌》與《魯頌》文體相似。若是商時人作,商質而周文,不應《周頌》簡,《商頌》反繁。且鋪張有太過之處,王夫之嘗摘昆吾、夏桀爲失辭矣[5]。魏源《詩古微》列十三證,證《商頌》爲宋詩,可謂深切著明[6]。考《詩序》疏引鄭君《六藝論》曰:"文王創基,至於魯僖。"則《商頌》不在數矣。羅泌《路史後紀》注曰[7]:"《商頌》,宋頌也,頌襄公之詩耳。叙詩者以爲正考父所得商詩,中言湯孫,而毛、鄭遂以爲太甲、中宗之詩,妄也。夫言'奮伐荆楚',襄公事也。'萬舞有奕',非商樂也。蓋宋有商王之廟,而詩爲宋祀之詩,此常理爾。故韓嬰、馬遷亦以爲美襄公。然遷以爲考父作,則繆矣。考父佐戴、武、宣,非襄公時,蓋因而誤之。此宋也而謂之商,不忘本也。"引《六藝論》云:"文王創基,至魯僖間,《商頌》不在數矣。孔子删《詩》時,録此五章,豈無意哉!'商邑翼翼,四方之極,我有嘉客,亦不夷懌',豈能忘哉!景山,商墳墓之所在也,商邑之大,豈無賢才哉!'松柏丸丸',在於斲而遷之,方斲而敬承之,以用之爾。松柏小材,有梴而整布,衆楹大材,有閑而静别。既各得施,則寢成而孔安矣。拱成群材,而任以成國,則人君高拱仰成矣。是綢繆牖户之義也。"[8]案羅氏以《商頌》爲宋頌是也,引《六藝論》甚詳,可以推見鄭君之意。子曰"《詩》三百",自《周南》至《魯頌》,適得三百之數,鄭君以爲《商頌》不在數,孔子删《詩》,録此五篇,以寓懷舊之感。其説必有所受。以景山爲商之墳墓,松柏喻商之賢材,且以松柏喻小材,衆楹喻大材,寢成孔安喻任群材成國,皆爲喻言,不爲實事,與箋詩以陟景山、掄材木爲實事者不同,是鄭君作論時從三家之明證。鄭箋《殷武》詩云:"時楚僭號王位。"亦兼用三家義,以爲宋詩。若商世,不聞楚有僭王之事。孔《疏》駁馬昭曰[9]:"名曰《商頌》,是商世之頌,非宋人之詩,安得曰宋郊配契也。馬昭雖出鄭門,其言非鄭意也。"孔穎達但知《鄭箋》從毛,不知兼采三家。馬昭既出鄭門,其言當得鄭意。羅氏荆楚、萬舞二證,足明三家之義,而以考父非襄公時爲疑,則猶未知其年代可以相及也。

箋注

〔1〕《漢書·藝文志》:"六國之君,魏文侯最爲好古,孝文時得其樂人竇公,獻其書,乃《周官·大宗伯》之《大司樂》章也。"顏師古注云:"桓譚《新論》云竇公年百八十歲。"張蒼,陽武(今屬河南)人,封北平侯。《史記·張丞相傳》云:"蒼年百有餘歲而卒。"

〔2〕《左傳·文公十六年》云:"初,司城蕩卒,公孫壽辭司城,請使意諸爲之。既而告人曰:'君無道,吾官近,懼及焉。棄官,則族無所庇。子,身之貳也,姑紓死焉。雖亡子,猶不亡族。'既,夫人將使公田孟諸而殺之。公知之,盡以寶行。蕩意諸曰:'盍適諸侯?'公曰:'不能其大夫,至於君祖母以及國人,諸侯誰納我?且既爲人君,而又爲人臣,不如死。'盡以其寶賜左右而使行。夫人使謂司城去公,對曰:'臣之而逃其難,若後君何?'冬,十一月甲寅,宋昭公將田孟諸,未至,夫人王姬使帥甸攻而殺之。蕩意諸死之。"

〔3〕《春秋公羊傳·僖公二十二年》云:"宋公與楚人期,戰於泓之陽……已陳,然後襄公鼓之,宋師大敗。故君子大其不鼓不成列,臨大事而不忘大禮,有君而無臣,以爲雖文王之戰,亦不過此也。"

〔4〕《春秋左氏傳·隱公三年》云:"殤公即位。君子曰:'宋宣公可謂知人矣。立穆公,其子饗之,命以義夫。《商頌》曰"殷受命咸宜,百禄是荷",其是之謂乎!'"所引詩見《商頌·玄鳥》。

〔5〕見王夫之《詩經稗疏》卷四論"商頌"下言"昆吾國"及湯伐桀。

〔6〕見《詩古微》上編《商頌魯韓發微》。

〔7〕以下引文見《路史後記》卷一九《後記十》。"頌襄公之詩","頌"字原誤作"宋";"太甲、中宗詩","詩"字原誤作"時";"宋祀之詩","祀"原誤作"禮";據《路史後記》改。案《四庫全書總目》云:"《路史》四十七卷,宋羅泌撰。泌字長源,廬陵人。是書成於乾道庚寅。凡《前紀》九卷,述初三皇至陰康無懷之事。《後紀》十四卷,述太昊至夏履癸之事。《國名紀》八卷,述上古至三代諸國姓氏地理,下逮兩漢之末。《發揮》六卷,《餘論》十卷,皆辨難考證

之文。……句下注文題其子苹所撰。”

〔8〕“引《六藝論》云”句,見《路史》卷一八“後紀九”下。

〔9〕《毛詩·商頌·長發》孔疏云:“馬昭云:‘《長發》,大禘者,宋爲殷後,郊祭天以契配,不郊冥者異於先王,故其詩咏契之德。宋無圓丘之禮,唯以郊爲大祭,且欲别之於夏禘,故云大禘。’此説非也。何則? 名曰《商頌》,是商世之頌,非宋人之詩,安得云宋郊契配也。”

26. 論鄭《譜》、鄭《箋》之義知聲音之道與政通

鄭《詩譜序》曰:“勤民恤功,昭事上帝,則受頌聲宏福如彼,若違而弗用,則被劫殺大禍如此。吉凶之所由,憂娱之萌漸,昭昭在斯,足作後王之鑒[1],於是止矣。”《正義》曰:“此言孔子録《詩》唯取三百之意。‘宏福如彼’,謂如文、武、成王世修其德,致太平也。‘大禍如此’,謂如厲、幽、陳靈惡加於民,被放弑也。‘違而不用’,謂不用《詩》義,則‘勤民恤功,昭事上帝’,是用《詩》義也,互言之也。用詩則吉,不用則凶。‘吉凶之所由’,謂由《詩》也。《詩》之規諫,皆防萌杜漸,用《詩》則樂,不用則憂,是爲‘憂娱之萌漸’也。”陳澧案[2]:“《大序》云‘國史明乎得失之迹’,《小序》每篇言美某王某公、刺某王某公。鄭君本此意以作《譜》,而於《譜序》大放厥辭。此乃三百篇之大義也,此詩學所以大有功於世也。《鄭箋》有感傷時事之語。《桑扈》‘不戢不難,受福不那’,《箋》云:‘王者位至尊,天所子也,然而不自斂以先王之法,不自難以亡國之戒,則其受福禄亦不多也。’此蓋嘆息痛恨於桓、靈也。《小宛》‘螟蛉有子,蜾蠃負之’,《箋》云:‘喻有萬民不能治,則能治者將得之。’此蓋痛漢室將亡,而曹氏將得之也。又‘戰戰兢兢,如履薄冰’,《箋》云:‘衰亂之世,賢人君子雖無罪,猶恐懼。’此蓋傷黨錮之禍也。《雨無正》‘維曰於仕,孔棘且殆’,《箋》云:‘居今衰亂之世,云往仕乎,甚急迮且危。’此鄭君所以屢被徵而不仕乎? 鄭君居衰亂之世,其感傷之語,有自然流露者,但箋注之體謹嚴,不溢出於經文之外耳。”

錫瑞案：鄭君作《譜序》，深知孔子録《詩》之意。陳氏引《鄭箋》，深知鄭君箋詩之意。在心爲志，發言爲詩，言爲心聲，非可勉强。聲音之道，與政相通，故曰："治世之音安以樂，其政和；亂世之音怨以怒，其政乖；亡國之音哀以思，其民困。"[3]《詩》之世次難以盡知，何楷《世本古義》[4]臆斷某詩爲某人某事作，《提要》以爲大惑不解[5]。即《毛序》某詩刺某君，朱子亦不深信[6]。然今即以詩辭而論，有不待箋釋，而知其時之爲盛爲衰，不必主名，而見其政之爲治爲亂者。如《魚麗》美萬物衆多[7]，而《苕華》云："人可以食，鮮可以飽。"則其民之貧富可知。《天保》云："群黎百姓，遍爲爾德。"而《兔爰》云"尚寐無吪"，《苕華》云"不如無生"，則其民之憂樂可知。是即不明言爲何王之詩，而盛衰治亂之象，宛然在目，其君之應受宏福與受大禍，亦瞭然於前矣。朱子曰："周之初興時，'周原膴膴，菫荼如飴'[8]，苦底物亦甜。及其衰也，'牂羊墳首，三星在罶'，'人可以食，鮮可以飽'[9]，直恁地蕭索。"正得此意。

箋注

〔1〕作，原刻本脱，據鄭玄《詩譜序》補。

〔2〕引文見陳澧《東塾讀書記》卷六"詩"。"美某王某公、刺某王某公"，原刻本誤作"美某王美公"，據《東塾讀書記》改。

〔3〕引文見《禮記·樂記》。

〔4〕案《四庫全書總目》云："《詩經世本古義》二十八卷，明何楷撰。"又於何楷《古周易訂詁》下云："楷字元子，晉江人。天啓乙丑進士，官至吏科給事中。"

〔5〕《四庫全書總目》於《詩經世本古義》下云："楷乃於三千年後鉤棘字句，牽合史傳，以定其名姓時代。如……以《草蟲》爲《南陔》，以《菁菁者莪》爲《由儀》，以《緡蠻》爲《崇丘》，人孰傳之而孰受之？大惑不解，楷之謂乎。"

〔6〕"朱子亦不深信"句，詳見朱子《詩序辨説》。

〔7〕"《魚麗》美萬物"句，見《詩·小雅·魚麗》。《毛序》曰："《魚麗》，美萬物盛多能備禮也。"

〔8〕"周原膴膴"句，見《詩·大雅·緜》。《鄭箋》曰："廣平曰原。周之原地在岐

山之南。膴膴然肥美，其所生菜雖有性苦者，甘如飴也。"

〔9〕"牂羊墳首"句，見《詩·小雅·苕之華》。《毛傳》曰："牂羊，牝羊也。墳，大也。罶，曲梁也，寡婦之笱也。'牂羊墳首'言無是道也，'三星在罶'言不可久也。治日少而亂日多。"《鄭箋》曰："'無是道者'，喻周已衰，求其復興不可得也。'不可久者'，喻周將亡，如心星之光耀見於魚笱之中，其去須臾也。今者士卒人人於晏早，皆可以食矣，時饑饉，軍興乏少，無可以飽之者。"

27. 論先魯後殷、新周故宋見《樂緯》，三《頌》有《春秋》存三統之義

　　孔子所定六經，皆有微言大義。自東漢專講章句訓詁，而微言大義置不論。今文十四博士師傳中絶，聖經宗旨闇忽不章，猶有遺文散見於古書者。《文選·潘安仁笙賦》注引《樂緯·動聲儀》曰："先魯、後殷、新周、故宋。"此《詩》三《頌》有通三統之義，與《春秋》存三統大義相通。三家《詩》之遺説不傳，而散見於緯書者也。先魯、後殷謂《魯頌》在先，《商頌》在後。所以録《商頌》於後者，即《春秋》新周、故宋之義。三家《詩》以《商頌》爲正考父美宋襄公，當云宋頌，而謂爲《商頌》者，宋本商後，《春秋》時稱宋爲商。《左氏傳》司馬子魚曰："天之棄商久矣。"史龜曰："利以伐姜，不利子商。"宗人釁夏曰："孝惠娶於商。"皆稱宋爲商之明證。或云："魯定公諱宋，當時改宋爲商。"似未盡然。《樂記·師乙》曰："肆直而慈愛者宜歌《商》，溫良而能斷者宜歌《齊》。"《大戴禮記》七篇"商、齊可歌也"，商、齊即師乙所謂商、齊，商與齊對舉，非謂商一代，謂宋一國也。《毛詩》與《國語》皆古文，故據《國語》云"正考父校商之名頌十二篇於周太師"，以《商頌》爲正考父所校，不以《宋頌》爲正考父所作，與三家《詩》以《商頌》爲美宋襄者，判然不合。《毛詩》既據《國語》，又據《左傳》，於宋襄多詆斥之詞故也。自《毛詩》《左傳》單行，人不信三家《詩》，更不知《詩》有先魯、後殷、新周、故宋之微言，與《春

秋》三統之義相通。而孔子刪《詩》，如徐陵之選《玉臺新咏》[1]，王安石之選《唐百家詩》[2]，不過編輯成書，并無義例之可言矣。三家《詩》所傳微言必多，惜皆不傳於世，僅存《樂緯》八字，猶略可考。其餘與《春秋》相通者，《春秋》"元年春王正月"，王謂文王，《詩》之四始，皆稱文王，其相通者一。《春秋》尊王，褒美桓、文，《詩·風》終於《豳》，稱周公，《雅》終於《召旻》，言召公，《匪風》思王，《下泉》思伯，其相通者二。《孟子》云"《詩》亡然後《春秋》作"，必更有微言大義相合者，惜今文説亡佚，多不可考耳。顧炎武曰："《詩》之次序，猶《春秋》之年月。夫子因其舊文，述而不作也。頌者，美盛德之形容以告宗廟。魯之頌，頌其君而已，而列之《周頌》之後者，魯人謂之頌也。世儒謂夫子尊魯而進之爲頌，是不然。魯人謂之頌，夫子安得不謂之頌乎？爲下不倍也。《春秋》書公、書郊禘，亦同此義。《孟子》曰'其文則史'，不獨《春秋》也，雖六經皆然。今人以爲聖人作書，必有驚世絶俗之見，此是以私心待聖人。"[3]

錫瑞案：顧氏此説，非獨不知《詩》，并不知《春秋》。《孟子》曰[4]"其文則史"，不嘗引孔子曰"其義則某竊取之"乎。義不獨《春秋》，六經皆有之，《孟子》稱孔子作《春秋》，功繼群聖，安得無驚世絶俗之見，而謂以私心待聖人乎？信顧氏説，必不信《孟子》而後可。世儒謂夫子尊魯而進之爲頌，正是先魯後殷之義，宋頌亦謂之頌，正是新周故宋之義。《詩》之次序，《春秋》之年月，皆夫子手定，必有微言大義，而非專襲舊文。"述而不作"[5]，是夫子謙辭，若必信以爲真，則夫子手定六經，并無大義微言，《詩》《書》止編輯一過，《春秋》止鈔録一過，所謂萬世師表者安在？成伯璵《毛詩指説》以《魯頌》爲變頌[6]，陳鵬飛《詩解》[7]不解殷、魯二頌，以爲《商頌》當闕，而《魯頌》可廢，皆不知三頌有通三統之義也。阮元曰[8]："頌本容貌之容，容、養、漾一聲之轉。《周頌》《魯頌》《商頌》，猶云周之樣子、魯之樣子、商之樣子耳。《風》《雅》惟歌而已，惟《頌》有舞，以象成功，如今之演劇，據孔子與賓牟賈論樂可見。"

箋注

〔1〕《四庫全書總目》云:"《玉臺新咏》十卷,陳徐陵撰。案劉肅《大唐新語》曰:'梁簡文爲太子,好作艷詩,境內化之,晚年欲改作,追之不及,乃令徐陵撰《玉臺集》以大其體。'據此則是書作於梁時,故簡文稱皇太子,元帝稱湘東王,今本題'陳尚書左僕射太子少傅東海徐陵撰',殆後人之所追改。"

〔2〕《四庫全書總目》云:"《唐百家詩選》二十卷,舊本題宋王安石編。其去取絶不可解,自宋以來疑之者不一,曲爲解者亦不一,然大抵指爲安石。惟晁公武《讀書志》云:'《唐百家詩選》二十卷,皇朝宋敏求次道編。次道爲三司判官,嘗取其家所藏唐人一百八家詩,選擇其佳者凡一千二百四十六首爲一編。王介甫觀之,因再有所去取,且題云:"欲觀唐詩者,觀此足矣",世遂以爲介甫所纂。'其說與諸家特異。按《讀書志》作於南宋之初,去安石未遠,又晁氏自元祐以來舊家文獻緒論相承,其言當必有自。"

〔3〕引文見顧氏《日知録》卷三"魯頌商頌"條。

〔4〕《孟子·離婁下》云:"孟子曰:'王者之迹熄而《詩》亡,《詩》亡然後《春秋》作。晉之《乘》,楚之《檮杌》,魯之《春秋》,一也。其事則齊桓、晉文,其文則史。孔子曰:其義則丘竊取之矣。'"

〔5〕見《論語·述而》,原文爲:"子曰:'述而不作,信而好古,竊比於我老彭。'"何晏注曰:"老彭,殷賢大夫,好述古事,我若老彭,但述之耳。"

〔6〕成伯璵《毛詩指説》"解説第二"曰:"有正即有變,風、雅既有變,頌亦有變。自王、衛至豳詩爲變風;自《六月》之詩至《何草不黄》爲變小雅;自《民勞》至《召旻》爲變大雅。風、雅之變,自幽、厲尤甚。魯、殷爲變頌,多陳變亂之辭也。"

〔7〕《宋史·藝文志》著録"陳鵬飛《詩解》二十卷"。案朱彝尊《經義考》卷一〇五曰:"陳氏鵬飛《詩解》,《通考》二十卷。未見。陳振孫曰:'不解商、魯二頌,以爲《商頌》當闕,而《魯頌》可廢。'王應麟曰:'陳少南不取《魯頌》,然則思無邪一言亦在所去乎?'朱子曰:'陳少南於經旨既疏略不通,點檢處極多,不足據。'"

〔8〕引文見阮元撰《揅經室集》卷一《釋頌》。《揅經室集》六十四卷,是阮元的學術文集。

28. 論《左氏傳》所歌詩皆傳家據已定錄之，非孔子之前已有此義

子曰：“吾自衛反魯，然後樂正，雅、頌各得其所。”[1]然則夫子未正樂之前，雅、頌必多失次可知。而《左氏傳》載季札觀樂在夫子未正樂之前，十五《國風》《雅》《頌》皆秩然不紊，學者多以爲疑，此在漢人已明解之。《周禮・春官・大師》疏引鄭衆《左氏春秋注》[2]云：“孔子自衛反魯，在哀公十一年，當此時雅、頌未定，而云爲歌大小雅、頌者，傳家據已定錄之，言季札之於樂，與聖人同。”又《詩譜序》疏引襄二十九年《左傳》服虔注云：“哀公十一年，孔子自衛反魯，然後樂正，雅、頌各得其所，距此六十二歲，當時雅、頌未定，而云爲之歌小雅、大雅、頌者，傳家據已定錄之。”李貽德曰[3]：“是時孔子尚幼，未得正樂，歌者未必秩然如是，傳者從後序其事，則據孔子定之次追錄之，故得同正樂後之次第也。”《詩》孔《疏》以服說爲非，引鄭司農《春官注》，與鄭同以爲風、雅先定，非孔子爲之。不知《春官》賈疏引鄭司農《左氏》《周官》兩處之注，明有兩解，服虔以爲傳家據已定錄之，正本司農《左氏》之注。是司農雖據《周官》而解《左氏》，知其說不可通，故注《周官》用《周官》義，注《左氏》用《左氏》義。《周官》《左氏》皆古文，注者皆鄭司農，而不能專持一義解之，以孔子反魯正樂有明文，不敢背其說也。凡古人注經前後不合者，皆於經義有疑，未能決定，意在矜慎，并非矛盾。疏家不明此旨，但主一說而盡棄其餘，即一人之說前後不符，亦專取其一，舉先儒之疑而未定者，臆定以爲決辭而反相駁難，或且去取乖繆，捨其是者，而取其不是者，於是先儒矜慎之意全失，雖有異義，無從考見。其或於他處散見一二，皆學者所宜標出以備參考者也。康成注多歧異，其答弟子，明見《鄭志》。孔《疏》駁《鄭志》，專取一書之注，非康成之意。鄭司農在東漢之初，服子慎在東漢之末，二人之說遞相祖述，皆以傳家。據孔子所

定雅、頌,言季札之於樂與聖人同。蓋當時古文雖盛行,猶未敢以《左氏》《周官》顯違《論語》之義,不若唐以後人之悍,專主一經,而盡廢群經也。《左傳疏》曰:"此爲季札歌《詩》,《風》有十五國,其名皆與《詩》同,唯其次第異耳。"則仲尼以前,篇目先具,其所删削,蓋亦無多,記傳引《詩》[4],亡逸甚少,知本先不多也。《史記·孔子世家》云:"古者《詩》三千餘篇,孔子去其重,取三百五篇。"蓋馬遷之謬耳。案孔《疏》據季札所歌以駁删《詩》之說,猶之可也,若據季札所歌,而疑孔子以前《詩》與今同,并無定《詩》正《樂》之事,則斷乎不可。據鄭、服兩說,足見《左氏》一書,多以闕里之緒論,爲當時之實事。季札歌《詩》既從後定,其餘諸大夫之斷章取義,其義或亦出於孔子之後,而非出於孔子之前,未可盡以《春秋》之斷章,爲詩人之本旨也。《左氏》引《易》《禮》《論語》,皆當作如是觀。《國語》楚子引《曹詩》"不遂其媾"[5],乃當時刺曹共公詩。或謂《候人》即爲晉公子作,何以遽傳至楚,而楚子引之,殊不可信。俞正燮[6]強護《國語》,謂晉公子從者挾其詩以示人,尤爲臆説無據。

箋注

〔1〕引文見《論語·子罕》。

〔2〕案,朱彝尊《經義考》卷一七二曰:"鄭氏衆《春秋難記條例》,《七録》九卷,佚。《春秋删》,《本傳》十九篇,佚。《後漢書》:'衆從父受《左氏春秋》,作《春秋難記條例》。其後受詔作《春秋删》十九篇。'徐彦曰:'鄭衆作《長義》十九條十七事,專論《公羊》之短、《左氏》之長'。"鄭衆(?—83),字仲師,河南開封人。官至大司農,故又被稱爲鄭司農。又稱先鄭,對應鄭玄之後鄭。傳見《後漢書·鄭興傳》。

〔3〕李貽德(1783—1832),字天彝,號次白,浙江嘉興人,嘉慶舉人。撰《春秋左傳賈服注輯述》二十卷。引文見《春秋左傳賈服注輯述》卷一三《襄公二十九年》李貽德注。

〔4〕引詩,原刻本誤作"與詩",據《春秋左傳正義》卷三九《襄公二十九年》改。

〔5〕案,《國語·晉語》云:"子玉曰:'然則請止狐偃。'王曰:'不可。《曹詩》曰:"彼己之子,不遂其媾。"郵之也。夫郵而效之,郵又甚焉。效郵,非禮也。'於是懷公自秦逃歸。秦伯召公子於楚,楚子厚幣以送公子於秦。"又《詩·

《曹風·候人》曰："彼其之子，不遂其媾。"《序》曰："《候人》，刺近小人也。共公遠君子而好近小人焉。"

〔6〕俞正燮(1775—1840)，注見前。俞正燮所言見《癸巳存稿》卷一"候人遂媾義"條。

29. 論賦、比、興、豳雅、豳頌皆出《周禮》，古文異説不必深究

《詩》有風、雅、頌，人人所知也。而《周禮》大師教六詩，曰風，曰賦，曰比，曰興，曰雅，曰頌。《毛序》據其説，謂《詩》有六義，於是風、雅、頌之外，有賦、比、興，而《傳》專言興，不言比、賦。孔《疏》曰："《毛傳》特言興也，爲其理隱故也。"又曰："風、雅、頌者，詩篇之異體；賦、比、興者，詩文之異辭耳。大小不同，而得并爲六義者，賦、比、興是《詩》之所用，風、雅、頌是《詩》之成形，用彼三事，成此三事，是故同稱爲義，非別有篇卷也。"《鄭志》張逸問何詩近於比、賦、興，答曰："比、賦、興，吴札觀詩已不歌也，孔子録詩，已合風、雅、頌中，難復摘別，篇中義多興。"據此，則比、賦、興難以摘別，與風、雅、頌大小不同。鄭、孔亦明知之，特以毛義不敢駁，毛又本於《周禮》，是古文異説，今文三家《詩》無是説也。十五《國風》有《豳風》，人人所知也。而《周禮·籥章》"掌土鼓豳籥，歌豳詩，歌豳雅，歌豳頌"[1]，鄭注："豳詩，《豳風·七月》也。豳雅，亦《七月》也。《七月》又有'於耜''舉趾''饁彼南畝'之事，是亦歌其類。謂之雅者，以其言男女之正。豳頌，亦《七月》也。《七月》又有'獲稻作酒，躋彼公堂，稱彼兕觥，萬壽無疆'之事，是亦歌其類也。謂之頌者，以其言歲終人功之成。"[2]鄭箋《詩》，則以"殆及公子同歸"以上，是謂豳風；"以介眉壽"以上，是謂豳雅；"萬壽無疆"以上，是謂豳頌。孔《疏》云《籥章》之注與此小殊，彼又觀《籥章》之文而爲説也。以其歌豳詩以迎寒迎暑，故取寒暑之事以當之，吹豳雅以樂田畯[3]，故取耕田之事以當之，吹豳頌以息老物，故取養老之事以當之。

就彼爲説，故作兩解也。諸詩未有一篇之内，備有風、雅、頌，而此篇獨有三體。據此，則分《七月》詩爲風、雅、頌，本無定説，一篇不應分三體，鄭、孔亦明知之，特欲引據《周禮》，不得不强傅會，是古文異説，今文三家《詩》亦無是説也。至宋以後，異説尤多。朱子《詩傳》，以興、比、賦分而爲三，摘《毛傳》不合於興者四十九條。且曰："《關雎》興詩也，而兼於比；《緑衣》比詩也，而兼於興；《頍弁》一詩，興、比、賦兼之。"愈求精，愈游移無定，究不知比、興如何分別。胡致堂引李仲蒙説："叙物以言情謂之賦，索物以托情謂之比，觸物以起情謂之興。"[4]亦屬空言。王質駁《鄭箋》[5]，謂一詩如何分爲三，《籥章》所謂豳詩，以鼓鐘瑟琴四器之聲合籥也。《禮》：笙師歈竽、笙、壎、籥、簫、篪、箎、管、舂、牘、應、雅，凡十二器，以雅器之聲合籥也[6]。《禮》：眡瞭播鼗、鼓，擊頌磬、笙磬，凡四器，以頌器之聲合籥也[7]。朱子有三説：一説豳詩吹之，其調可風、可雅、可頌；一説《楚茨》諸詩是豳之雅，《噫嘻》諸詩是豳之頌；一説王介甫謂豳自有雅、頌，今皆亡矣[8]。黄震謂《楚茨》諸詩於今爲刺幽王之詩，《噫嘻》諸詩於今爲成周郊社之詩，未易遽指以爲豳。若如介甫謂豳詩别自有雅、頌，則豳乃先公方自奮於戎狄之地，此詩安得有天子之雅頌耶？惟前一説得之，以王質考訂爲精詳[9]。

錫瑞案：王質之説尤謬。舂牘，先鄭以爲一器，後鄭以爲牘應雅教，其舂則笙師所教，止十一器而無十二。頌磬、笙磬，鄭注："在東方曰笙，笙，生也；在西方曰頌，頌或作庸，庸，功也。"引《大射禮》爲據[10]，甚確。則頌磬非頌器之聲。王質引《周禮》，又不用《周禮》之義。改亂古注以就其説，宋人習氣，固無足怪，而《周禮》亦不可爲據。漢人古説，自《周禮》外無言豳雅、豳頌者；自《周禮》《毛傳》外無言賦、比、興者。鄭注、孔疏强爲傅會，而心不能無疑。宋人又不信注疏，而各自爲説，實則皆如孔廣森之論《尚書》孔、蔡謬悠，議瓜驪山，良無一是者也[11]。《周禮》一書，與諸經本不相通，後人信之，反亂經義。如孔子所定之《易》，《周易》是也。《周禮·太卜》有《連山》《歸藏》《周易》爲"三易"。後人不求明《易》，而爭論《連山》《歸藏》，於是有僞《連山》《歸藏》[12]。孔子所定之《書》，《尚書》是也，《周禮》外史有三皇五帝之書〔13〕。後人不求明《書》，而爭論三皇五帝之書，於是有僞《三墳書》〔14〕。孔子所定之《詩》，風、雅、頌是也，《周禮》有賦、比、興、豳雅、頌。後人不求明《詩》，而爭論賦、比、興、豳雅、頌。此等皆無裨經義，其真其僞，其是其非，可以不論。治經者先掃除一切單文孤證疑似之文，則心力不分，而經義易晰矣。

箋注

〔1〕案《周禮·春官》，籥，舞者所吹樂器。籥章，吹籥以爲詩章，其職有《豳詩》《豳雅》《豳頌》，是吹籥以爲詩章，故官名籥章。其職云："掌土鼓、豳籥。中春，晝擊土鼓、龡《豳詩》，以逆暑。中秋，夜迎寒，亦如之。凡國祈年於田祖，龡《豳雅》，擊土鼓，以樂田畯。國祭蜡，則龡《豳頌》，擊土鼓，以息老物。"龡，同"吹"。

〔2〕言，原誤作"年"，據《周禮注疏》卷二四改。

〔3〕《周禮·春官·籥章》注言："鄭司農云：'田畯，古之先教田者。《爾雅》曰：'畯，農夫也。'"賈公彥云："以其教農，故號農夫。"

〔4〕引文見胡寅《斐然集》卷一八《致李叔易》，其云："如賦、比、興，古今論者多矣，惟河南李仲蒙之說最善。其言曰：'敘物以言情謂之賦，情物盡也；索物以托情謂之比，情附物者也；觸物以起情謂之興，物動情者也。'"案《四庫全書總目》云："《斐然集》三十卷，宋胡寅撰。寅字，《宋史》作明仲，此集題曰仲虎，樓鑰序又稱曰仲剛，蓋有三字也。崇安人。"世稱其爲致堂先生。

〔5〕王質《詩總聞》卷八《豳風·七月》下云："不知如何分一詩作三種。《禮》：瞽矇諷誦詩，世莫繫，鼓琴瑟，誦也，詩也，各有聲也，此二聲四器也。先諷其辭，而後入鼓鐘，莫鼓也，擊鐘也，世曳長也。又入琴瑟，《籥章》所謂豳詩，以鼓鐘琴瑟之聲合籥也。《禮》：笙師，龡竽、笙、塤、籥、簫、篴、篞、管、舂、牘、應、雅，此十二器也。《籥章》所謂雅，以雅之器之聲合籥也。《禮》：眡瞭，播鼗、鼓，擊頌磬、笙磬，此四器也。《籥章》所謂《豳頌》，以頌器之聲合籥也。《禮》：諸器諸聲亦在和之。所謂凡爲樂器，以十有二律爲之數度，以十有二聲爲之齊量，凡和樂亦如之。"

〔6〕《周禮·春官》曰："笙師：掌教龡竽、笙、塤、籥、簫、篴、篞、管、舂、牘、應、雅，以教祴樂。凡祭祀、饗射，共其鐘、笙之樂，燕樂亦如之。大葬，廞其樂器；及喪，奉而藏之。大旅，則陳之。"舂亦爲動詞，奏樂器之義。

〔7〕《周禮·春官》曰：“眡瞭：掌凡樂事，播鼗，擊頌磬、笙磬。掌大師之縣。凡樂事，相瞽。大喪，廞樂器；大旅，亦如之。賓射，皆奏其鐘鼓；鼜、愷獻，亦如之。”是此處以“擊”爲動詞，擊打義，不以爲樂器。

〔8〕見黃震《黃氏日鈔》卷四“齒風齒雅齒頌”下。案王安石《周官新義》卷一〇“篇章”云：“《齒雅》《齒頌》謂之雅、頌，則非《七月》之詩。”

〔9〕見黃震《黃氏日鈔》卷四“齒風齒雅齒頌”下。

〔10〕《周禮·春官》曰：“眡瞭：掌凡樂事，播鼗，擊頌磬、笙磬。”下注云：“磬在東方曰笙。笙，生也。在西方曰頌。頌或作庸，庸，功也。《大射禮》曰：‘樂人宿縣於阼階東，笙、磬西面，其南笙鐘，其南鑮，皆南陳。’又曰：‘西階之西頌、磬東面，其南鐘，其南鑮，皆南陳。’”注所引見《儀禮·大射儀》。

〔11〕“孔廣森之論《尚書》”句，見孔廣森《戴氏遺書序》。

〔12〕馬端臨《文獻通考·經籍考》云：“按《連山》《歸藏》乃夏商之易，本在《周易》之前。然《歸藏》，《漢志》無之，《連山》，《隋志》無之，蓋二書至晉隋間始出，而《連山》出於劉炫之偽作，《北史》明言之，度《歸藏》之爲書亦此類耳。”

〔13〕周禮，原刻本誤作“周易”。案《周禮·春官·大宗伯》：“外史，掌書外令，掌四方之志，掌三皇五帝之書。”據改。

〔14〕馬端臨《文獻通考·經籍考》於《古三墳書》下曰：“晁氏曰：‘張天覺言得之於比陽民家，墳皆古文而傳乃隸書。所謂三墳者，山氣形也。《七略》《隋志》皆無之，世以爲天覺偽撰。’陳氏曰：‘元豐中，毛漸正仲奉使京西，得之唐州民舍，其辭詭誕不經，蓋偽書也。三墳之名，惟見於《左氏》右尹子革之言，蓋自孔子定書，斷自唐虞以下，前乎唐虞，無徵不信，不復采取，於時固已影響不存。去之二千載而其書忽出，何可信也？況皇謂之墳，帝謂之典，皆古史也，不當如毛所錄，其偽明甚。人之好奇有如此其僻者。晁公武云張商英偽撰，以比李筌《陰符經》。’”

30. 論《南陔》六詩與金奏三《夏》不在三百五篇之内

洪邁《容齋續筆》曰[1]：“《南陔》《白華》《華黍》《由庚》《崇丘》《由儀》六詩，毛公爲《詩詁訓傳》，各置其名，述其義，而亡其辭。《鄉飲酒》《燕禮》云：‘笙入堂下，磬南北面立，樂奏《南陔》《白華》《華黍》，乃間歌

《魚麗》，笙《由庚》，歌《南有嘉魚》，笙《崇丘》，歌《南山有臺》，笙《由儀》，乃合樂《周南・關雎》《葛覃》《卷耳》《召南・鵲巢》《采蘋》《采蘩》。’切詳文意，所謂歌者，有其辭所以可歌，如《魚麗》《嘉魚》《關雎》以下是也。亡其辭者不可歌，故以笙吹之，《南陔》至於《由儀》是也。有其義者，謂孝子相戒，以養萬物，得由其道之義。亡其辭者，元未嘗有辭也。鄭康成始以爲及秦之世而亡之，又引《燕禮》升歌《鹿鳴》、下管《新宮》爲比，謂《新宮》之詩亦亡[2]。按《左傳》：宋公享叔孫昭子，賦《新宮》[3]，杜注爲逸詩，則亦有辭，非諸篇比也。陸德明《音義》云[4]，此六篇蓋武王之詩，周公制禮，用爲樂章，吹笙以播其曲，孔子刪定在三百一十一篇内，及秦而亡。蓋祖鄭説耳。且古《詩經》刪及逸不存者多矣，何獨列此六名於《大序》中乎？束皙補亡六篇[5]，不可作也。《左傳》：叔孫豹如晉，晉侯享之，金奏《肆夏》《韶夏》《納夏》，工歌《文王》《大明》《綿》《鹿鳴》《四牡》《皇皇者華》[6]。三夏者樂曲名，擊鐘而奏，亦以樂曲無辭，故以金奏之。若六詩則工歌之矣，尤可證也。”

錫瑞案：洪説是也。漢初史遷、王式諸人皆云《詩》三百五篇，無有云三百十一篇者，是不數六笙詩甚明。《毛詩故訓傳》不以六笙詩列什數，則《序》云“有其義而亡其辭”，亡字當讀有無之無。鄭君以爲亡逸之亡，箋云：“孔子論《詩》雅、頌各得其所，時俱在耳，篇第當在於此。遭戰國及秦而亡之，其義則與衆篇之義合編故存。至毛公爲《詁訓傳》，乃分衆篇之義，各置於其篇端云，又闕其亡者，以見在爲數，故推改什首遂通耳，而下非孔子之舊。”自鄭君爲此説，陸德明、孔穎達、成伯璵皆以爲《詩》三百十一篇，與漢初人云三百五篇不合矣。杜子春《周禮・鐘師》注[7]引《春秋傳》“金奏《肆夏》之三”，云《肆夏》與《文王》《鹿鳴》俱稱三，謂其三章也。以此知《肆夏》詩也。《國語》曰：“金奏《肆夏》《繁遏》《渠》，天子所以享元侯。”[8]《肆夏》《繁遏》《渠》，所謂三夏矣。呂叔玉云[9]：“《肆夏》《繁遏》《渠》，皆《周頌》也。《肆夏》，《時邁》也；《繁遏》，《執競》也；《渠》，《思文》也。肆，遂也。夏，大也。言遂於大位，謂王位也。故《時邁》曰‘肆於時夏，允王保之’。繁，多也。遏，止也。言福祿止於周之多也。故《執競》曰：‘降福穰穰，降福簡簡，福祿來反。'渠,大也。言以后稷配天,王道之大也。故《思文》曰:'思文后稷,克配彼天。'鄭謂以《文王》《鹿鳴》言之,則九《夏》皆詩篇名,《頌》之族類也。此歌之大者,載在樂章,樂崩亦從而亡,是以《頌》不能具。"案吕説蓋以《時邁》《思文》皆有"時夏"之文,而《執競》一篇在其間,故據以當三夏,其説近傅會,鄭君不從,是也。特以爲《頌》之族類,樂崩亦從而亡,則猶未知金奏與工歌不同,本不在三百五篇中,非《頌》不能具也。

箋注

〔1〕案,引文見洪邁《容齋續筆》卷一五"南陔六詩"條。

〔2〕鹿鳴,原刻本誤作"鹿歌"。案《毛詩·小雅·由庚序》鄭箋曰:"云此三篇者,《鄉飲酒》、《燕禮》亦用焉,曰'乃間歌《魚麗》,笙《由庚》,歌《南有嘉魚》,笙《崇丘》,歌《南山有臺》,笙《由儀》',亦遭世亂而亡之。《燕禮》又有'升歌《鹿鳴》,下管《新宫》',《新宫》亦詩篇名也,辭義皆亡,無以知其篇第之處。"

〔3〕《左傳·昭公二十五年》曰:"二十五年春,叔孫婼聘於宋……宋公享昭子,賦《新宫》。"

〔4〕陸德明《音義》,即陸德明《經典釋文》。

〔5〕案,《文選》收《補亡詩六首》,束廣微撰,注云:"四言并序。《補亡詩序》曰:'皙與同業疇人肆修鄉飲之禮,然所咏之詩,或有義無辭,音樂取節闕而不備。於是遥想既往,存思在昔,補著其文以綴舊制。'王隱《晉書》曰:'束皙字廣微,平陽陽干人也。父惠,馮翊太守。兄粲,與皙齊名。嘗覽古詩,惜其不備,故作詩以補之,賈謐請爲著作郎。'"

〔6〕《左傳·襄公四年》經曰:"夏,叔孫豹如晉。"傳曰:"穆叔如晉,報知武子之聘也。晉侯享之,金奏《肆夏》之三,不拜。工歌《文王》之三,又不拜。歌《鹿鳴》之三,三拜。韓獻子使行人子員問之曰:'子以君命,辱於敝邑。先君之禮,藉之以樂,以辱吾子。吾子捨其大而重拜其細,敢問何禮也?'對曰:'《三夏》,天子所以享元侯也,使臣弗敢與聞。《文王》,兩君相見之樂也,臣不敢及。《鹿鳴》,君所以嘉寡君也,敢不拜嘉?《四牡》,君所以勞使臣也,敢不重拜?《皇皇者華》,君教使臣曰:必諮於周。臣聞之:訪問於善爲咨,咨親爲詢,咨禮爲度,咨事爲諏,咨難爲謀。臣獲五善,敢不重拜?'"

〔7〕案,賈公彦《周禮注疏》"序周禮廢興"曰:"(劉歆)徒有里人河南緱氏杜子

春,尚在永平之初,年且九十,家於南山,能通其讀,頗識其説,鄭衆、賈逵往受業焉。”

〔8〕見《國語·魯語下》。

〔9〕案,引文見《周禮·春官》。呂叔玉爲東漢儒者。

31. 論《詩》無不入樂,《史》《漢》與《左氏傳》可證

《史記》曰:“三百五篇,孔子皆弦歌之,以求合韶武雅頌之音。”〔1〕則孔子之時,《詩》無不入樂矣。《漢書》曰:“行人振木鐸徇於路,以采詩獻之,大師比其音律。”〔2〕則孔子之前,《詩》無不入樂矣。《墨子》曰:“誦詩三百,弦詩三百,歌詩三百,舞詩三百。”〔3〕則孔子之後,《詩》無不入樂矣。《詩》之入樂有一定者,有無定者。如《鄉飲酒禮》間歌《魚麗》,笙《由庚》,歌《南有嘉魚》,笙《崇丘》,歌《南山有臺》,笙《由儀》,合樂《周南·關雎》《葛覃》《卷耳》,《召南·鵲巢》《采蘩》《采蘋》。鄉射禮合樂同。《燕禮》間歌歌鄉樂,與《鄉飲酒禮》同。大射歌《鹿鳴》三終〔4〕。《左氏傳》云:《湛露》,王所以宴樂諸侯也。《彤弓》,王所以燕獻功諸侯也。《文王》,兩君相見之樂也。亦升歌《清廟》。《鹿鳴》《四牡》《皇華》,嘉鄰國君、勞使臣也。此詩之入樂有一定者也。三《夏》依鄭説,不取呂叔玉説,爲《肆夏》《執競》《思文》。《鄉飲酒禮》:正歌備後有無算樂。注引《春秋》襄二十九年,吳公子札來聘,請觀於周樂,此國君之無算。然則《左氏傳》載列國君卿賦詩言志,變風、變雅,皆當在無算樂之中,此詩之入樂無一定者也。若惟正風、正雅入樂,而變風、變雅不入樂,吳札焉得而觀之?列國君卿焉得而歌之乎?至宋儒乃有《詩》不入樂之説。程大昌曰:“南、雅、頌,樂名也,若今樂曲之在其官者也。邶、鄘、衛十三國者,詩皆可采,而聲不入樂,則直以徒詩著之本土。”〔5〕朱子曰:“二《南》正風,房中之樂也,鄉樂也。二《雅》之正雅,朝廷之樂也。商周之《頌》,宗廟之樂也。至變雅,則衰周卿士之作,以言時政之得失,而《邶》《鄘》以下,則大師所陳以觀民風者耳,非宗廟燕享之所用

也。"[6]顧炎武用其説曰："夫二《南》也,《豳》之《七月》也,《小雅》正十六篇,《大雅》正十八篇,《頌》也,詩之入樂者也。《邶》以下十二國之附於二南之後,而謂之風。《鴟鴞》以下六篇之附於《豳》,而亦謂之《豳》。《六月》以下五十八篇之附於《小雅》,《民勞》以下十三篇之附於《大雅》,而謂之變雅,《詩》之不入樂者也。"[7]

錫瑞案:謂《詩》不入樂,與《史》《漢》皆不合,亦無解於《左氏》之文。古者詩教通行,必無徒詩不入樂者。唐人重詩,伶人所歌,皆當時絶句。宋人重詞,伶人所歌,皆當時之詞。元人重曲,伶人所歌,亦皆當時之曲。有朝脱稿而夕被管弦者。宋歌詞不歌詩,於是宋之詩爲徒詩。元歌曲不歌詞,於是元之詞爲徒詞。明以後歌南曲,不歌北曲,於是北曲亦爲徒曲,今并南曲亦失其傳,雖按譜而填,尟有能按節而歌者。如古樂府辭皆入樂,後人擬樂府,則名焉而已。周時《詩》方通行,必不如是。宋人與顧氏之説,竊未敢謂然也。笙入金奏,本非三百五篇之《詩》,而説者必强以爲《詩》。三百五篇本無不入樂之詩,而説者又謂有徒詩,皆不可據。

箋注

〔1〕引文見《史記·孔子世家》。

〔2〕引文見《漢書·食貨志》。

〔3〕引文見《墨子·公孟》篇。

〔4〕案,《儀禮·大射儀》曰:"小樂正立於西階東。乃歌《鹿鳴》三終。"

〔5〕引文見程大昌《考古編》卷一《詩論》一。"某宫"原誤作"某官",據《考古編》改。

〔6〕引文見朱鑑《詩傳遺説》卷二。

〔7〕引文見顧炎武《日知録》卷三"詩有入樂不入樂之分"條。

32. 論《詩》至晉後而盡亡,開元遺聲不可信

《困學紀聞》曰[1]:"《大戴禮·投壺》云:'凡《雅》二十六篇,其八篇

可歌：歌《鹿鳴》《貍首》《鵲巢》《采蘩》《采蘋》《伐檀》《白駒》《騶虞》。
八篇廢不可歌，七篇《商》《齊》可歌也，三篇間歌。'《上林賦》'撢群
雅'[2]，張揖注云：'《詩·小雅》之材七十四人，《大雅》之材三十一
人。'[3]愚謂八篇可歌者，唯《鹿鳴》《白駒》在《小雅》，《貍首》今亡，鄭氏
以爲《射義》所引曾孫侯氏之詩，餘皆風也，而亦謂之雅，豈風亦有雅
歟？劉氏《小傳》或曰[4]：'《貍首》，《鵲巢》也，篆文似之。'此有《貍首》，
又有《鵲巢》，則或說非矣。張揖言二雅之材，未知所出。"

閻若璩按："《小雅》除笙詩自《鹿鳴》至《何草不黃》凡七十四篇，
《大雅》自《文王》至《召旻》凡三十一篇，故曰小雅之材七十四人，大雅
之材三十一人，以篇數言也。"[5]

屠繼序按："文當云八篇廢不可歌，《史辟》《史義》《史見》《史童》
《史謗》《史賓》《拾聲》《叡挾》，七篇《商》《齊》可歌也，三篇間歌也，合二
十六篇之數。又按《伐檀》即《小雅·伐木》也，意三家必有作'伐檀丁
丁'者，杜夔傳《琴操》，仍其異文耳。"[6]

《困學紀聞》又曰[7]："漢大樂食舉十三曲，一曰《鹿鳴》。杜夔傳舊
雅樂四曲[8]，一曰《鹿鳴》，二曰《騶虞》，三曰《伐檀》，四曰《文王》，皆古
聲辭。《琴操》曰[9]：'古琴有詩歌五曲，曰《鹿鳴》《伐檀》《騶虞》《鵲巢》
《白駒》。'"朱子《儀禮經傳通解》[10]十四《詩樂》十二《詩譜》：雅詩六：
《鹿鳴》《四牡》《皇華》《魚麗》《嘉魚》《南山有臺》，黃鐘清宮，俗呼正宮；
風詩六：《關雎》《葛覃》《卷耳》《鵲巢》《采蘩》《采蘋》，無射清商，俗呼
越調。朱子曰："今按《大戴禮》頗有闕誤，其篇目、都數皆不可考，至漢
末年止存三篇，而加《文王》，又不知其何自來也。其後改作新辭，舊典
遂廢。至唐開元鄉飲酒禮，其所奏樂，乃有此十二篇之目，而其聲今亦
莫得聞矣。此譜乃趙彥肅所傳[11]，曰即開元遺聲也。古聲亡滅已久，
不知當時工師何所考而爲此也？竊疑古樂有唱有嘆。唱者，發歌句
也；和者，繼其聲也。詩詞之外，應更有疊字散聲以嘆發其趣。故漢晉
之間，舊典既失其傳，則其辭雖存，而世莫能補，爲此故也。若但如此
譜，直以一聲叶一字，則古詩篇篇可歌，無復樂崩之嘆矣。夫豈然哉！
又其以清聲爲調，似亦非古法。然古聲既不可考，則姑存此以見聲歌

之仿佛，俟知樂者考其得失云。”〔12〕

　　錫瑞案：漢食舉奏《鹿鳴》，則《鹿鳴》猶通行。明帝二年幸辟雍，詔曰升歌《鹿鳴》，下管《新宮》。《新宮》乃逸詩，不知何從得之。杜夔傳四曲有《文王》，亦不知何從得之。《伐檀》變風，誠非倫次，屠氏以爲《伐木》，則非是。《上林賦》云：“悲《伐檀》，樂樂胥。”《伐檀》云悲，當同毛《序》賢者不遇明王之義。若是《伐木》，何悲之有？夔傳四曲皆古聲辭，及太和中左延年改夔《騶虞》《伐檀》《文王》更自作聲節〔13〕，其名雖存，而聲實異。唯因夔《鹿鳴》全不改易，每正旦大會，東廂雅樂常作者是也。至泰始五年，荀勖乃除《鹿鳴》舊歌，更作行禮詩，於是《鹿鳴》亦亡〔14〕。若開元所奏、趙彥肅所傳十二篇，皆不知所自來，朱子疑之，以一聲叶一字爲非，可謂至論。而《通解》仍載十二詩譜，不得已而存餼羊之義耳〔15〕。今學宮歌詩，正以一聲叶一字者。

箋注

〔1〕引文見《困學紀聞》卷三“詩”。
〔2〕《史記·司馬相如列傳》裴駰《集解》曰：“駰案《漢書音義》曰《大雅》《小雅》也。”司馬貞《索隱》曰：“揵，捕也。張揖曰：‘詩《小雅》之材七十四人，《大雅》之材三十一人，故曰群雅也。’”
〔3〕“張揖注”句，注見前。
〔4〕劉氏《小傳》，即宋劉敞撰《七經小傳》三卷。案，引文出自此書卷中。劉敞（1019—1068），字原父，一作原甫，臨江（今屬江西）人，世稱公是先生。北宋史學家、經學家。與其弟劉攽合稱爲“北宋二劉”，著有《七經小傳》《春秋傳》《春秋權衡》《春秋傳説例》等。《宋史》卷三一九有傳。
〔5〕案《四庫全書總目》曰：“國朝閻若璩、何焯所校各有評注，多足與應麟之説相發明，今仍從刊本附於各條之下，以相參證。”引文見《困學紀聞》卷三“詩”下閻注，并云“以篇數言也，未知然否”。
〔6〕案，引文見屠繼序校補《校訂困學紀聞三箋》。史賓，原刻本誤作“史賛”，據《大戴禮記·投壺》篇改。案《校訂困學紀聞三箋》二十卷，宋王應麟撰，清閻若璩、何焯、全祖望箋，清屠繼序校補，清嘉慶九年（1804）刻本。此本有張惠言批本。又有歸鶴修跋，并錢大昕、邵齊熊校跋。屠繼序，浙江鄞縣

（今寧波）人。

〔7〕引文見《困學紀聞》卷三"詩"。

〔8〕案《晉書·樂志》曰："杜夔傳舊雅樂四曲,一曰《鹿鳴》,二曰《騶虞》,三曰《伐檀》,四曰《文王》,皆古聲辭。"杜夔,字公良,河南人。傳見《三國志·魏書·方技傳》。

〔9〕《琴操》,注見前。

〔10〕案《四庫全書總目》曰："《儀禮經傳通解》三十七卷,續二十九卷。《儀禮經傳通解》,宋朱子撰。初名《儀禮經傳集注》。朱子《乞修三禮札子》所云'以《儀禮》爲經,而取《禮記》及諸經史雜書所載有及於禮者,皆附本經之下,具列注疏,諸儒之説,略有端緒',即是書也。其札子竟不果上。晚年修葺,乃更定今名。"

〔11〕見朱熹《儀禮經傳通解》卷一四"風雅拾貳詩譜"所收。案《四庫全書總目》於《復齋易説》下曰："彥肅字子欽,號復齋,太祖之後。"

〔12〕知樂,原作"知音",據《儀禮經傳通解》卷一四改。

〔13〕案《晉書·樂志》曰："及太和中,左延年改變《騶虞》《伐檀》《文王》三曲,更自作聲節,其名雖存,而聲實異。唯因變《鹿鳴》,全不改易。每正旦大會,太尉奉璧,群后行禮,東廂雅樂常作者是也。"

〔14〕案《晉書·樂志》曰："及晉初,食舉亦用《鹿鳴》。至泰始五年,尚書奏,使太僕傅玄、中書監荀勗、黃門侍郎張華各造正旦行禮及王公上壽酒、食舉樂歌詩。荀勗云:'魏氏行禮、食舉,再取周詩《鹿鳴》以爲樂章。又《鹿鳴》以宴嘉賓,無取於朝,考之舊聞,未知所應。'勗乃除《鹿鳴》舊歌,更作行禮詩四篇,先陳三朝朝宗之義。"

〔15〕案《論語·八佾》曰："子貢欲去告朔之餼羊。子曰:'賜也,爾愛其羊,我愛其禮。'"注云:"鄭曰:'牲生曰餼。禮,人君每月告朔於廟,有祭謂之朝享。魯自文公始不視朔,子貢見其禮廢,故欲去其羊。'包曰:'羊存猶以識其禮,羊亡禮遂廢。'"

33. 論《詩》教溫柔敦厚在婉曲不直言,《楚辭》及唐詩宋詞猶得其旨

《論語》言六經,惟《詩》最詳,可見聖人刪《詩》之旨,而不得其解,

則反致轇轕。如言《關雎》"樂而不淫，哀而不傷"，《毛序》已糾纏不清，《鄭箋》改哀爲衷，朱注《論語》又以憂易哀，後人更各爲臆説矣。言"《詩》三百，一言以蔽之，曰'思無邪'"，《詩》本托諷，聖人恐人誤會，故以"無邪"正之。毛、鄭解《詩》，於此義已不盡合，朱子以《鄭》《衛》詩爲淫人自言，王柏乃議删《鄭》《衛》矣。惟言"小子何莫學夫《詩》"一章，興觀群怨，事父事君，多識鳥獸草木之名，本末兼該，鉅細畢舉，得詩教之全，而人亦易解，其大者尤在温柔敦厚，長於風諭。

《困學紀聞》曰[1]："子擊好《晨風》《黍離》而慈父感悟[2]；見《韓詩外傳》。《韓詩》以《黍離》爲伯奇之弟伯封作，言孝子之事，故能感悟慈父，與《毛詩》以爲閔周者不同。周磐誦《汝墳》卒章，而爲親從仕[3]；王裒誦《蓼莪》，而三復流涕[4]；裴安祖講《鹿鳴》，而兄弟同食[5]，可謂興於詩矣。"

焦循《毛詩補疏·序》曰："夫《詩》，温柔敦厚者也。不質直言之，而比興言之，不言理而言情，不務勝人，而務感人。自理道之説起，人各挾其是非，以逞其血氣，激濁揚清，本非謬戾，而言不本於性情，則聽者厭倦。至於傾軋之不已，而忿毒之相尋，以同爲黨，即以比爲爭。甚而假宮闈、廟祀、儲貳之名，動輒千百人哭於朝門，自鳴忠孝，以激其君之怒，害及其身，禍於其國，全戾乎所以事君父之道[6]。余讀《明史》，每嘆詩教之亡，莫此爲甚。夫聖人以一言蔽三百，曰'思無邪'。聖人以詩設教，其去邪歸正奚待言。所教在思，思者容也，思則情得，情得則兩相感而不疑。故示之於民，則民從，施之於僚友，則僚友協，誦之於君父，則君父怡然釋。不以理勝，不以氣矜，而上下相安於正。無邪以思致，思則以嗟嘆永歌，手舞足蹈而致。《管子》曰：'止怒莫如《詩》。'[7]劉向曰：'夫《詩》，思然後積，積然後流，流然後發。'[8]《詩》發於思，思以勝怒，以思相感，則情深而氣平矣。此《詩》之所以爲教歟？"

又《補疏》曰[9]："循按《蒹葭》《考槃》，皆遯世高隱之辭，而《序》則云《考槃》刺莊公，《蒹葭》刺襄公，此説者所以疑《序》也。嘗觀《序》之言刺，如《氓》《静女》刺時，《簡兮》刺不用賢，《芄蘭》刺惠公，《匏有苦葉》《雄雉》刺衛宣公，《君子于役》刺平王，《叔于田》《太叔于田》刺莊公，《羔裘》刺朝[10]，《還》刺荒，《著》刺時不親迎，《葛屨》刺褊，《汾沮洳》刺儉，《十畝之間》刺時，《伐檀》刺貪，《蟋蟀》刺晉僖公，《山有樞》《椒聊》刺晉昭公，《有杕之杜》刺晉武公，《葛生》《采苓》刺晉獻公，《宛邱》刺陳幽公，《蜉蝣》刺奢，《鳲鳩》刺不壹，《祈父》《白駒》《黃鳥》刺宣王，《賓之初筵》衛武公刺時，《魚藻》《采菽》《黍苗》《隰桑》《匏葉》刺幽王，《抑》衛武公刺厲王。求之詩文，不見刺意。惟其爲刺詩，而詩中不見有刺意，此三百篇所以溫柔敦厚，可以興，可以觀，可以群，可以怨也。後世之刺人，一本於私，雖君父不難於指斥，以自鳴其直。學《詩》三百，於《序》既知其爲刺某某之詩矣。而諷味其詩文，則婉曲而不直言，寄托而多隱語，故其言足以感人，而不以自禍。即如《節南山》《雨無正》《小弁》等作，亦惻怛纏綿，不傷於直，所以爲千古事父事君之法也。若使所刺在此詩中，即明白言之，不待讀《序》，即知其爲刺某人之作，則何以爲主文譎諫而不訐，溫柔敦厚而不愚？二語李行修説。〔11〕人之多辟，無自立辟，洩冶所以見非於聖人也〔12〕。宋明之人，不知詩教，士大夫以理自持，以倖直抵觸其君，相習成風，性情全失，而疑《小序》者遂相率而起。余謂《小序》之有裨於《詩》，至切至要，特詳論於此。”

　　錫瑞案：《詩》婉曲不直言，故能感人，焦氏所言甚得其旨。三百篇後，得風雅之旨者，惟屈子《楚辭》。太史公云：“《國風》好色而不淫，《小雅》怨誹而不亂。”〔13〕若《離騷》者，可謂兼之。而《楚辭》未嘗引經，亦未道及孔子。宋玉始引《詩》“素餐”之語〔14〕，或據以爲當時孔教未行於楚之證。案楚莊王、左史倚相、觀射父、白公子張諸人〔15〕，在《春秋》時已引經，不應六國時猶未聞孔教。《楚辭》蓋偶未道及，而實兼有《國風》《小雅》之遺。其後唐之詩人，猶通比興，至宋乃漸失其旨。然失之於詩，而得之於詞，猶詩教之遺也。

箋注

〔1〕引文見《困學紀聞》卷三“詩”。其中“王衰誦《蓼莪》”一句，原書爲“王衰讀《蓼莪》”。案，據文中動詞使用“好”“誦”“講”看，宜爲“讀”。

〔2〕案，《説苑·奉使》篇載魏文侯封太子擊於中山。三年，文侯召其舍人趙倉

唐,倉唐對文侯問,曰其君業《詩》,好《晨風》《黍離》,文侯自讀,以爲"子之君以我亡之乎?""子之君怨乎?",倉唐皆對曰"不敢,時思耳",文侯乃出少子摯封中山,而復太子擊。

〔3〕《後漢書·周磐傳》云:"磐字堅伯。居貧養母,儉薄不充。嘗誦《詩》至《汝墳》之卒章,乃解韋帶,就孝廉之舉。"

〔4〕《晉書·孝友傳》云:"王裒……痛父死非命,隱居教授。讀《詩》至'哀哀父母,生我劬勞',未嘗不三復流涕,門人受業者并廢《蓼莪》之詩。"

〔5〕《北史·裴安祖傳》云:"年八九歲,就師講《詩》,至《鹿鳴》篇,語諸兒曰:'鹿得食相呼,而况人乎!'自此未曾獨食。"

〔6〕案,此段可泛指宋學興起后之歷代此類政治事件,而此似又可專指明代東林黨人而言。觀《明史》可知,東林黨人以清議干朝政,閹黨即以梃擊、紅丸、移宮三案對其打擊。另見《明儒學案·東林學案》。

〔7〕見《管子·內業》篇,原文爲:"凡人之生也,必以平正,所以失之,必以喜怒憂患,是故止怒莫若詩,去憂莫若樂,節樂莫若禮,守禮莫若敬,守敬莫若靜,內靜外敬,能反其性,性將大定。"可見此處言內靜心而自守,以《詩》爲個人修養之用。

〔8〕見《説苑·貴德》篇,原文爲:"善之故言之,言之不足故嗟嘆之,嗟嘆之不足故歌咏之。夫《詩》,思然後積,積然後滿,滿然後發,發由其道而致其位焉。百姓嘆其美而致其敬,甘棠之不伐也,政教惡乎不行。"引文與此略有不同。原文論治民以仁、貴德,亦詩教關於政治者。

〔9〕案,焦循著有《六經補疏》二十卷,《毛詩補疏》五卷爲其中之一。

〔10〕刺朝,原刻本作"刺時",據《毛詩補疏》改。

〔11〕引文見《唐文粹》卷二六上李行修《請置詩學博士書》。原文爲:"昔殷周相承,俱有聖治,道洽於下,下無快心。王化盛,告成功於神明;德澤衰,反變化於禮素。其辭主文譎諫而不訐,其教溫柔敦厚而不愚。"行修,元和四年進士,官至嶺南節度使。《毛詩序》云:"上以風化下,下以風刺上,主文而譎諫,言之者無罪,聞之者足以戒。"鄭箋:"主文,主與樂之宮商相應也;譎諫,咏歌依違不直諫。"

〔12〕《左傳·宣公九年》云"陳殺其大夫洩冶",杜預注:"洩冶,直諫於淫亂之朝以取死。故不爲《春秋》所貴而書名。"《傳》曰:"陳靈公與孔寧、儀行父通於夏姬……洩冶諫……遂殺洩冶。孔子曰:《詩》云"民之多辟,無自立辟",其洩冶之謂乎!"杜注:"辟,邪也;辟,法也。《詩·大雅》言邪辟之世,不可立法,國無道,危行言孫。"辟,僻也。孫,遜也。引《詩》二句見《大雅·板》。

〔13〕引文見《史記·屈原賈生列傳》，原文爲："屈平正道直行，竭忠盡智以事其君，讒人間之可謂窮矣。信而見疑，忠而被謗，能無怨乎？屈平之作《離騷》，蓋自怨生也。《國風》好色而不淫，《小雅》怨誹而不亂，若《離騷》者，可謂兼之矣。上稱帝嚳，下道齊桓，中述湯武，以刺世事，明道德之廣崇，治亂之條貫，靡不畢見。其文約，其辭微，其志潔，其行廉，其稱文小而其指極大，舉類邇而見義遠。"以此可見太史公將《離騷》做刺時諷諫之解，而又婉曲不直言，恰合詩教之義。

〔14〕見《楚辭·九辯》，原文爲："竊慕詩人之遺風兮，願托志乎素餐。"《章句》曰："勤身修德樂《伐檀》也，不空食禄而曠官也。《詩》云：'彼君子兮，不素餐兮。'謂居位食禄，無有功德，名曰素餐也。"引《詩》見《魏風·伐檀》。

〔15〕《困學紀聞》卷二言："左史倚相之言'《懿》戒'，觀射父之言'重黎'，白公子張之言《説命》，其有功於經學，在漢儒訓詁之先。蓋自遲任、史佚以來，統緒相承，氣脉未嘗絶也。"左史倚相事見《國語·楚語》，其謂申公子亹曰"昔衛武公……作《懿》戒以自儆也"；觀射父事見《國語·楚語》，昭王與其論"《周書》所謂重黎實使天地不通者"；白公子張事見《國語·楚語》，白公諫靈王云："《周詩》有之曰：'弗躬弗親，庶民弗信。'臣懼民之不信君也"。皆引《詩》《書》爲言，是謂"在春秋時已引經"。

34. 論三百篇爲全經，不可增删改竄

《漢書·藝文志》曰："《詩》三百篇，遭秦而全者，以其諷誦，不獨在竹帛故也。"班氏據漢博士之説，《詩》遭秦爲全經，漢時所傳之三百篇，即聖人所謂《詩三百》，非有不完不備，待後人補綴者。漢時今《尚書》家以二十九篇爲備，古《尚書》家以爲有百篇，二説不同，而《詩》則三家與毛今古文皆以爲全經，無不同也。王柏乃疑："今日之三百五篇，豈果爲聖人之三百五篇，秦法嚴密，《詩》無獨全之理。竊意夫子已删去之詩，容有存於閭巷浮薄者之口。蓋雅奧難識，淫俚易傳，漢儒病其亡逸，妄取而攛雜，以足三百篇之數。"[1]柏此説與《漢志》相反，柏以前無爲此説者，果何所據而云然乎？吳師道引劉歆言，《詩》始出時，一人不

能獨盡其經，或爲雅，或爲頌，相合而成，以證王氏之説[2]。

案：劉歆但云雅頌相合，未云攙雜足數。且班固既著此語於《歆傳》，而《藝文志》以《詩》爲全經，是班氏未嘗以歆所云疑《詩》爲不全也。王氏因朱子以《鄭》《衛》爲淫詩，毅然删去三十二篇，且於二《南》删去《野有死麕》一篇，而退《何彼穠矣》《甘棠》於《王風》[3]。聖人手定之經，敢加删改，後人以其淵源於朱子，而莫敢議，金履祥、許謙從而和之[4]。不知朱子之説，證以《左氏》，已難據信。朱子曰：“今若以《桑中》《濮上》爲雅樂，當以薦何等鬼神，接何等賓客？”[5]案：《桑中》詩雖未見古人施用，而《鄭》《衛風》三十二篇，朱子所指爲淫詩，王氏所毅然删去者，如《將仲子》《褰裳》《風雨》《有女同車》《蘀兮》《野有蔓草》六詩，明見於《左氏傳》，用以宴享賓客。《左氏傳》雖難盡信，然必非出於漢以後。朱子之説，已未可信，王氏所疑，豈可信乎？自漢以後，學者不知聖人作經，非後人所敢擬議，王通《續詩》，有“四名五志”[6]，或云僞作。朱子曰：“王通欲取曹、劉、沈、謝之詩爲《續詩》[7]，曹、劉、沈、謝又那得一篇如《鹿鳴》《四牡》《大明》《文王》《關雎》《鵲巢》？劉迅取《房中歌》至《後庭鬭百草》《臨春樂》《少年子》之類凡一百四十二篇，以擬《雅》章；又取《巴渝歌》《白頭吟》《折楊柳》至《談容娘》，以比《國風》之流，亦屬僭[8]。”邱光庭《兼明書》曰：“大中年中，《毛詩》博士沈朗進新添《毛詩》四篇，表云：‘《關雎》后妃之德，不可爲三百篇之首，蓋先儒編次不當耳。今别撰二篇爲堯舜詩，取虞人之箴爲禹詩，取《大雅·文王》之篇爲文王詩，請以此四詩置《關雎》之前，所以先帝王而後后妃，尊卑之義也。’朝廷嘉之。明曰：‘沈朗論《詩》，一何狂謬！不知沈朗自謂新添四篇，爲風乎？爲雅乎？爲風也，不宜歌帝王之道；爲雅也，則不可置《關雎》之前。非唯首尾乖張，實謂自相矛盾，其爲妄作，無乃甚乎！’”[9]案沈朗妄添《詩》，罪在劉迅之上；王柏妄删《詩》，罪亦不在沈朗之下。《四庫提要》斥之曰：“柏何人斯，敢奮筆以進退孔子哉？”程敏政、茅坤信王柏[10]，二人非經師，毛奇齡已辨之[11]。閻若璩深於《書》而淺於《詩》，亦誤信王柏，皆不足據[12]。

箋注

〔1〕 引文見閻若璩《尚書古文疏證》卷五下所引，參見王柏《魯齋集》卷一六"詩亡辨"。

〔2〕 吳師道（1283—1344），字正傳，婺州蘭溪（今屬浙江）人，傳見《元史·儒學傳》。引文見吳氏《禮部集》卷一五《詩集傳名物鈔序》。

〔3〕 案《何彼穠矣》《甘棠》皆在今《毛詩·召南》，而《召南》在《王風》前，故曰"退"。參見王柏《詩疑》二卷。

〔4〕 金履祥（1232—1303），字吉父，號次農，婺州蘭溪（今屬浙江）人，事同郡王柏。許謙（1270—1337），字益之，金華（今屬浙江）人，受業金履祥之門。傳皆見《元史·儒學傳》。

〔5〕 引文見朱熹《晦庵先生朱文公文集》卷七〇《讀呂氏詩記桑中篇》。

〔6〕 案，王通仿孔子作《續六經》，《續詩》即其中之一，已佚。案王氏《中說》卷三曰："薛收問《續詩》。子曰：'有四名焉，有五志焉。何謂四名？一曰化，天子所以風天下也；二曰政，蕃臣所以移其俗也；三曰頌，以成功告於神明也；四曰嘆，以陳誨立誠於家也。凡此四者，或美焉，或勉焉，或傷焉，或惡焉，或誠焉，是謂五志。"

〔7〕 引文見朱鑑《詩傳遺說》卷一。曹，曹植；劉，劉楨；沈，沈約；謝，謝靈運。皆魏晉南北朝時期詩家。

〔8〕 案，朱彝尊《經義考》卷二八〇"擬經十三"錄劉迅《六說》五卷，已佚。并曰："《新唐書》迅續《詩》《書》《春秋》《禮》《樂》五說，書成不以示人。王應麟曰：'迅作《六說》以繼六經，自《孔氏》至《考亂》凡八十九章，取漢史詔書及群臣奏議以擬《尚書》，又取《房中歌》至《後庭鬪百草》《臨春樂》《少年子》之類凡一百四十二篇以擬《雅》章，又取《巴渝歌》《白頭吟》《折楊柳》至《談容娘》以比《國風》之流。'"又見王應麟《困學紀聞》卷三"詩"下。

〔9〕 引文見《兼明書》卷二《毛詩·沈朗新添》。"禹詩"原刻本作"禹時"，據《兼明書》改。

〔10〕 程敏政（1445—1499），字克勤，安徽休寧人。茅坤（1512—1601），字順甫，號鹿門，歸安（今浙江湖州）人。

〔11〕 見毛奇齡《西河集》卷一九及《經問》卷一五。

〔12〕 見閻若璩所撰《毛朱詩說》一卷。

35. 論風人多托意男女,不可以文害辭

《漢書·食貨志》曰:"男女有不得其所者,因相與歌咏,各言其傷。師古曰:怨刺之詩也。孟春之月[1],群居者將散,行人振木鐸徇於路,以采詩獻之大師,比其音律,以聞於天子。"何休《公羊解詁》曰[2]:"男女有所怨恨,相從而歌,飢者歌其食,勞者歌其事。男年六十、女年五十無子者,官衣食之,使之民間求詩,鄉移於邑,邑移於國,國以聞於天子。"據此二説,則風詩實有民間男女之作。然作者爲民間男女,而其怨刺者,不必皆男女淫邪之事,朱子乃以詞意不莊近於褻狎者皆爲淫詩,且爲淫人所自作。陳傅良謂"以彤管爲淫奔之具,城闕爲偷期之所,竊所未安"[3],藏其説不與朱子辨。朱子謂[4]:"陳君舉兩年在家中解《詩》,未曾得見。近有人來説,君舉解《詩》,凡詩中所説男女事,不是説男女,皆是説君臣,未可如此一律。今人解經,先執偏見,類如此。"

錫瑞案:陳止齋《詩説》,今不可得見,據朱子謂其以説男女者爲説君臣,則風人之義,實當有作如是解者。朱子《楚詞集注》[5]曰:"楚人之詞,其寓情草木,托意男女,以極游觀之適者,變風之流也。其叙事陳情,感今懷古,以不忘乎君臣之義者,變雅之類也。其語祀神歌舞之盛,則幾乎頌,而其變也,又有甚焉。其爲賦則如《騷經》[6]首章之云也。比則香草惡物之類也。興則托物興詞,初不取義。如《九歌》沅芷澧蘭[7],以興思公子而未敢言之屬也。"朱子以《詩》之六義説《楚詞》,以托意男女爲變風之流,沅芷澧蘭、思公子而未敢言爲興。其於《楚詞》之托男女,近於褻狎而不莊者,未嘗以男女淫邪解之,何獨於《風詩》之托男女近於褻狎而不莊者,必盡以男女淫邪解之乎?後世詩人得風人之遺者,非止《楚詞》。漢唐諸家近於比興者,陳沆《詩比興箋》已發明之[8]。初唐四子托於男女者[9],何景明

《明月篇序》已顯白之〔10〕。古詩如傅毅《孤竹》，張衡《同聲》，繁欽《定情》，曹植《美女》〔11〕，雖未知其於君臣朋友何所寄託，要之必非實言男女。唐詩如張籍"君知妾有夫"一篇〔12〕，乃在幕中却李師道聘作，託於節婦而非節婦；朱慶餘"洞房昨夜停紅燭"一篇〔13〕，乃登第後謝薦舉作，託於新嫁娘而非新嫁娘；皆不待箋釋而明者。即如李商隱之《無題》〔14〕，韓偓之《香奩》〔15〕，解者亦以爲感慨身世，非言閨房。以及唐宋詩餘〔16〕，溫飛卿之《菩薩蠻》感士不遇〔17〕，韋莊之《菩薩蠻》留蜀思唐〔18〕，馮延巳之《蝶戀花》忠愛纏綿〔19〕，歐陽修之《蝶戀花》爲韓、范作〔20〕，張惠言《詞選》已明釋之〔21〕。此皆詞近閨房，實非男女，言在此而意在彼，可謂之接迹風人者。不疑此而反疑風人，豈非不知類乎？孟子曰："故說《詩》者不以文害辭，不以辭害志，以意逆志，是爲得之。"〔22〕以託意男女而據爲實言，正以文害辭，以辭害志，而不知以意逆志者也。

箋注

〔1〕 孟春之月，原刻本引作"春秋之月"，誤。《漢書·食貨志》顏師古注曰："行人，遒人也，主號令之官。鐸，大鈴也，以木爲舌，謂之木鐸。徇，巡也。采詩，采取怨刺之詩也。"

〔2〕 引文見《公羊傳·宣公十五年》何休解詁。

〔3〕 竊所未安，原刻本作"竊所未妥"，據葉紹翁《四朝聞見録》甲集《止齋陳氏》條改。陳傅良（1137—1203），字君舉，號止齋，人稱止齋先生，卒諡文節，溫州瑞安（今屬浙江）人。早年師事鄭伯熊、薛季宣，爲永嘉學派巨擘。著有《詩解詁》《周禮說》《春秋後傳》《止齋集》等書。《宋史》卷四三四有傳。《四庫全書總目》於《止齋文集》曰："葉紹翁《四朝聞見録》稱，考亭先生晚注《毛詩》，盡去序文，以彤管爲淫奔之具，以城闕爲偷期之所。止齋陳氏得其說而病之，謂以千七百年女史之彤管與三代之學校以爲淫奔之具、偷期之所，竊有所未安。獨藏其說不與考亭先生辨。考亭微知其然，嘗移書求其詩說。止齋答以'公近與陸子靜互辨無極，又與陳同甫爭論王霸矣。且某未嘗注《詩》，所以說《詩》者不過與平人爲舉子講義，今皆毀棄之矣'，蓋不欲滋朱之辨也。"

〔4〕引文見朱鑑《詩傳遺説》卷一。

〔5〕《楚詞集注》,即朱熹《楚辭集注》。引文見《楚辭集注序》。"興則托物興詞"句,原本"物"誤作"興"。《四庫全書總目》曰:"《楚辭集注》八卷,《辨證》二卷,《後語》六卷,宋朱子撰。以後漢王逸《章句》及洪興祖《補注》二書詳於訓詁,未得意旨,乃鄹括舊編,定爲此本。以屈原所著二十五篇爲《離騷》,宋玉以下十六篇爲《續離騷》,隨文詮釋,每章各繫以興、比、賦字,如《毛詩傳》例。其訂正舊注之謬誤者別爲《辨證》二卷附焉,自爲之序。又刊定晁補之《續楚辭》《變離騷》二書,録荀卿至吕大臨凡五十二篇爲《楚辭後語》,亦自爲之序。《楚辭》舊本有東方朔《七諫》、王褒《九懷》、劉向《九嘆》、王逸《九思》,晁本刪《九思》一篇,是編并削《七諫》《九懷》《九嘆》三篇,益以賈誼二賦。"

〔6〕《騷經》,即《離騷》。

〔7〕案《楚辭·九歌·湘夫人》曰"沅有芷兮澧有蘭",王逸注曰:"言沅水之中有盛茂之芷,澧水之内有芬芳之蘭,異於衆草。"

〔8〕《詩比興箋》四卷,此書自咸豐五年(1855)初刻本即署名"蘄水陳沆撰",而同時亦有"實魏默深先生之作"之説。陳沆(1785—1826),字太初,號秋舫,湖北蘄水人,嘉慶進士。

〔9〕初唐四子,即"初唐四傑"王勃、駱賓王、楊炯、盧照鄰。

〔10〕《明月篇序》,見《大復集》卷一四。案《四庫全書總目》曰:"《大復集》三十八卷,明何景明撰。景明字仲默,信陽人,弘治壬戌進士,官至陝西提學副使,事迹具《明史·文苑傳》。"

〔11〕"古詩如"句,見《文選·古詩一十九首》録《冉冉孤生竹》,即《孤竹》,《文心雕龍·明詩篇》以爲傅毅所作。又《文選·樂府上》收曹植《美女篇》,即《美女》。又郭茂倩《樂府詩集·雜曲歌辭》收張衡《同聲歌》,即《同聲》;又收後漢繁欽《定情詩》,即《定情》。

〔12〕案,《樂府詩集·新樂府辭》收張籍《節婦吟》,即此詩。原詩爲:"君知妾有夫,贈妾雙明珠。感君纏綿意,繫在紅羅襦。妾家高樓連苑起,良人執戟明光裏。知君用心如日月,事夫誓擬同生死。還君明珠雙淚垂,何不相逢未嫁時。"

〔13〕案,即朱慶餘上張籍之詩《近試上張水部》,原詩爲:"洞房昨夜停紅燭,待曉堂前拜舅姑。裝罷低聲問夫婿,畫眉深淺入時無。"

〔14〕案,李氏以《無題》爲名之詩極多,其詩作多感懷身世,詳見《李義山詩集》。

〔15〕韓偓(842—923),字致堯,號玉山樵人,京兆萬年(今屬陝西)人,著有《香奩

集》。案《舊五代史·周書》注曰："《宋朝類苑》'和魯公凝有艷詞一編名《香奩集》,凝後貴,乃嫁其名爲韓偓,今世傳韓偓《香奩集》,乃凝所爲也。凝生平著述,分爲《演綸》《游藝》《孝悌》《疑獄》《香奩》《籯金》六集,自爲《游藝集序》云:'予有《香奩》《籯金》二集,不行於世。'凝在政府避議論,諱其名,又欲後人知,故於《游藝集序》實之,此凝之意也。'"

〔16〕詩餘,即詞之異名。通説以爲古詩一變而爲樂府,樂府又一變而爲長短句,長短句乃詩之餘。長短句亦即詞。

〔17〕温庭筠,字飛卿,其詞《菩薩蠻》之一爲:"小山重叠金明滅,鬢雲欲度香腮雪。懶起畫娥眉,弄妝梳洗遲。照花前後鏡,花面交相映,新帖繡羅襦,雙雙金鷓鴣。"張惠言《詞選》云:"此感士不遇也。"

〔18〕韋莊,字端己,京兆杜陵(今陝西西安南)人,有《菩薩蠻》一組五首,張惠言《詞選》收四首,均言有留蜀思唐之意。

〔19〕馮延巳《蝶戀花》,張惠言《詞選》收三首,云:"三詞忠愛纏綿,宛然《騷》《辨》之義。延巳爲人專蔽嫉妒,又敢爲大言,此詞蓋以排間異己者,其君之所以信而弗疑也。"《蝶戀花》詞牌又爲《鵲踏枝》。

〔20〕歐陽修《蝶戀花》:"庭院深深深幾許,楊柳堆烟,簾幕無重數。玉勒雕鞍游冶處,樓高不見章臺路。雨横風狂三月暮,門掩黄昏,無計留春住。泪眼問花花不語,亂紅飛過秋千去。"張惠言《詞選》云:"'庭院深深',閨中既以邃遠也。'樓高不見',哲王又不寤也。'章臺''游冶',小人之徑,'雨横''風狂',政令暴急也。'亂紅''飛去',斥逐者非一人而已。殆爲韓、范作乎?"

〔21〕《詞選》二卷,張惠言選編。張惠言(1761—1802),字皋文,江蘇武進人,嘉慶進士。

〔22〕引文見《孟子·萬章上》。

36. 論鳥獸草木之名當考《毛傳》《爾雅》、陸《疏》,而參以圖説、目驗

鳥獸草木之名雖屬《詩》之緒餘,亦足以資多識。三家既亡,詳見《毛傳》。毛公之學,自謂子夏所傳。張揖《進廣雅表》云:"周公著《爾雅》一篇,今俗所傳三篇,或言仲尼所增,或言子夏所益,或言叔孫通所

補,或言沛郡梁文所考。"[1]據此,則《毛傳》與《爾雅》同淵源於子夏,故《爾雅》之釋草、釋木、釋鳥、釋獸,與《毛傳》略同。曹粹中《放齋詩説》以爲《爾雅》成書在毛公以後[2]。

戴震曰:"傳注莫先《毛詩》,其爲書又出《爾雅》後。《爾雅》'杜,甘棠','梨,山樆','榆,白枌',立文少變。杜澀棠甘,而名類可互見。'杜赤棠',白者棠,以棠見杜;'杜甘棠',以杜見棠。《毛詩》'甘棠,杜也'誤,'枌,白榆也'不誤。杜甘曰棠,梨山生曰樆,榆白曰枌。朱子《詩集傳》於《陳·東門之枌》云:'枌,白榆也。'本《毛詩》。於《唐·山有蘲》云:'榆,白枌也。'殆稽《爾雅》而失其讀。其他《毛詩》誤用《爾雅》者甚多,先儒言《爾雅》往往取諸《毛詩》,非也。"[3]

錢大昕曰:"毛公所見《爾雅》勝於今本。如草木蟲魚,增加偏旁,多出於漢以後經師,而毛公猶多存古。夫不、秸鞠、脊令、卑居之屬,皆當依毛本改正者也。"[4]

陳奐曰:"大毛公生於六國,其作《詩故訓傳》,傳義有具於《爾雅》,有不具於《爾雅》。用依《爾雅》,編作義類。"[5]

案諸家説,皆以《爾雅》先於《毛詩》,與曹氏説不同。考鳥獸草木者,二書之外,陸璣《草木鳥獸蟲魚疏》爲最近古[6]。成伯璵《毛詩指説》曰[7]:"陸璣作《草木疏》二卷,亦論蟲魚鳥獸。然土物所生,耳目不及,相承迷悮,明體乖殊,十得六七而已。"據此,則唐人於陸疏已不盡信,然十得六七,猶勝後人臆説。宋蔡卞《毛詩名物解》[8]、許謙《集傳名物鈔》[9]、陸佃《爾雅新義》[10]、羅願《爾雅翼》[11],自矜創獲,求異先儒。而蔡卞、陸佃皆王安石新學[12],安石《詩經新義》"八月剥棗"不用《毛詩》"剥,扑"之訓,以爲剥其皮以養老。後罷政居鍾山,聞田家扑棗之言,乃悟杜詩"東家扑棗任西鄰"及"棗熟從人打",知《毛傳》"剥,扑"之訓不誤,奏請删去《詩義》[13]。宋人新説之不可信如此,所説名物,安可據乎?古今名物不同,未易折衷壹是,然不知雎鳩爲何鳥,則不能辨摯而有別,言摯至與言鷙猛之孰優[14]。不知芣苢爲何草,則不能定毛與三家,樂有子與傷惡疾之孰是[15]。多識草木鳥獸,乃足以證《詩》義。動植物學,今方講明,宜考《毛傳》《爾雅》、陸《疏》,證以圖説,參以目驗，審定古之何物，爲今之何物，非但取明經義，亦深有裨實用，未可以其瑣而忽之也。

箋注

〔1〕張揖《進廣雅表》，見張揖撰《廣雅》首。案《四庫全書總目》曰："《廣雅》十卷，魏張揖撰。揖字稚讓，清河人，太和中官博士。其名或從木作楫，然證以稚讓之字，則爲揖讓之揖審矣。"

〔2〕見朱彝尊《經義考》卷二三七"爾雅一"所引，又見《四庫全書總目》於《爾雅注疏》提要所引。

〔3〕見《戴東原集》卷三《答江慎修先生論小學書》。橘，原刻本作"檎"，誤。

〔4〕見錢大昕《潛研堂文集》卷一〇"《爾雅》答問"。秸，原刻本作"桔"，誤。

〔5〕見陳氏《毛詩傳義類序》。《毛詩傳義類》一卷，是陳奐模仿《爾雅》體例爲《毛詩》所作的訓詁匯集。

〔6〕《四庫全書總目》云："《毛詩草木鳥獸蟲魚疏》二卷，吳陸璣撰。明北監本《詩正義》全部所引皆作陸機。考《隋書·經籍志》'《毛詩草木蟲魚疏》二卷'注云'烏程令吳郡陸璣撰'，陸德明《經典釋文序録》'陸璣《毛詩草木鳥獸蟲魚疏》二卷'注云'字元恪，吳郡人，吳太子中庶子烏程令'，《唐書·藝文志》亦作'陸璣'，則監本爲誤。"

〔7〕引文見《毛詩指説》"傳受第三"。悞，原刻本作"悟"，誤。

〔8〕《四庫全書總目》曰："《毛詩名物解》二十卷，宋蔡卞撰。卞字元度，興化仙游人，熙寧三年與兄京同舉進士第，仕至觀文殿學士，事迹具《宋史》。"蔡卞傳見《宋史·蔡京傳》附。

〔9〕《四庫全書總目》曰："《詩集傳名物鈔》八卷，元許謙撰……謙雖受學王柏，而醇正過之，研究諸經，亦多明古義，故是書所考名物音訓，頗有根據，足以補《集傳》之闕遺。"

〔10〕《四庫全書總目》曰："《埤雅》二十卷，宋陸佃撰。佃字農師，越州山陰人。少從學於王安石，熙寧三年擢甲科，授蔡州推官，選爲鄆州教授，召補國子監直講，歷官至尚書左丞，未幾罷爲中大夫，出知亳州，卒於官。《宋史》本傳稱其精於禮家名數之學，著書二百四十二卷，如《埤雅》《禮象》《春秋後傳》皆傳於世。王應麟《玉海》記其修《説文解字》。子宰作《埤雅序》又稱其有《詩講義》《爾雅注》。今《爾雅新義》僅散見《永樂大典》內，餘俱亡佚不

見，獨是書尚傳。"陸佃傳見《宋史》。

〔11〕《四庫全書總目》曰："《爾雅翼》三十二卷，宋羅願撰。元洪焱祖《音釋》：'願字端良，歙縣人，孝宗時爲鄂州守。'焱祖字潛夫，亦歙縣人，官休寧縣尹。是書卷端有願自序及王應麟序後，有方回及焱祖跋語。應麟序謂'以淳熙庚午之郡齋'，而其所爲《玉海·藝文志》內乃失載，蓋偶疏也。"

〔12〕《四庫全書總目》於《毛詩名物解》提要曰："自王安石《新義》及《字説》行，而宋之士風一變，其爲名物訓詁之學者僅卞與陸佃二家。佃，安石客；卞，安石婿也。故佃作《埤雅》，卞作此書。大旨皆以《字説》爲宗。陳振孫稱卞書議論穿鑿，徵引瑣碎，無裨於經義，詆之甚力。蓋佃雖學術本安石，而力沮新法，斷斷異議，君子猶或取之。卞則傾邪奸憸，犯天下之公惡，因其人以及其書，群相排斥，亦自取也。"

〔13〕見王安石《臨川文集》卷四三《乞改三經義誤字札子二道》，曰："臣近具札子奏乞改正經義，尚有《七月》詩'剝棗者，剝其皮而進之，養老故也'十三字謂亦合刪去。如合聖心，亦乞付外施行。取進止。"

〔14〕案歐陽修《詩本義》卷一《關雎》下曰："先儒辨雎鳩者甚衆，皆不離於水鳥，惟毛公得之，曰'鳥摯而有別'，謂水上之鳥，捕魚而食，鳥之猛摯者也。而鄭氏轉釋'摯'爲'至'，謂雌雄情意至者，非也。鳥獸雌雄皆有情意，孰知雎鳩之情獨至也哉？或曰：詩人本述后妃淑善之德，反以猛摯之物比之，豈不戾哉？對曰：不取其摯，取其別也。雎鳩之在河洲，聽其聲則和，視其居則有別，此詩人之所取也。"

〔15〕案《毛詩·芣苢》序曰："《芣苢》，后妃之美也，和平則婦人樂有子矣。"《毛傳》曰："芣苢，馬舃。馬舃，車前也，宜懷妊焉。"《音義》曰："郭璞云：'江東呼爲蝦蟇衣。'《草木疏》云：'幽州人謂之牛舌，又名當道，其子治婦人生難。'《本草》云：'一名牛遺，一名勝舃。'《山海經》及《周書·王會》皆云'芣苢，木也。實似李，食之宜子出。'"又范家相《三家詩拾遺》卷三《芣苢》下曰："魯詩，劉向《列女傳》：'蔡人之妻，宋人之女也。夫有惡疾，其母將改嫁之。女曰："夫之不幸，女之不幸也。且夫'采采芣苢'之草，雖其臭惡，猶始於采埒之，終於懷襭之，況於夫婦之道乎？"其母乃作《芣苢》之詩。'《韓序》：'《芣苢》，傷夫有惡疾也。'……《韓詩內傳》曰：'直曰車前，瞿曰芣苢。'薛君曰：'芣苢，澤寫也，臭惡之草。詩人傷其君子有惡疾，人道不通，求已不得，發憤而作。以是興芣苢雖臭惡乎，我猶采取而不已者，以興君子雖有惡疾，我猶守而不離去也。'"

37. 論鄭《箋》、朱《傳》間用三家，其書皆未盡善

　　自漢以後，經學宗鄭，説《詩》者莫不主《鄭箋》。自宋以後，經學宗朱，説《詩》者莫不從朱《傳》。《鄭箋》宗毛者也，而間用三家説。朱《傳》不宗毛者也，亦間用三家説。

　　惠棟《九經古義》曰[1]：“王伯厚謂鄭康成先通《韓詩》[2]，故注三《禮》，與箋《詩》異。案《鄭志》答炅模云：‘爲記注時就盧君，先師亦然。後乃得毛公傳記，古書義又且然，記注已行，不復改之。’盧君，謂盧子幹也[3]；先師，謂張恭祖也[4]。《續漢書》：盧植與鄭玄俱事馬融，同門相友。玄本傳云：‘又從東郡張恭祖受《韓詩》’，故記注多依韓説。《六藝論》云：‘注《詩》宗毛爲主，毛義若隱略，則更表明，如有不同，即下己意。’案鄭《箋》宗毛，然亦間有從韓、魯説者。如《唐風》‘素衣朱襮’，以繡黼爲綃黼[5]，《十月之交》爲厲王時[6]，《皇矣》‘侵阮徂共’爲三國名[7]，皆從《魯詩》。《衡門》‘可以樂飢’，以樂爲療[8]。《十月之交》‘抑此皇父’，抑讀爲意。《思齊》‘古之人無斁’，斁作擇。《泮水》‘狄彼東南’，狄作鬄[9]，皆《韓詩》説也。”詳見《毛詩稽古編》《經義雜記》[10]。此鄭《箋》間用三家之證也。王應麟《詩考序》曰，賈逵撰齊、魯、韓與毛《詩》異同[11]，“崔靈恩采三家本爲《集注》[12]，今唯毛《傳》、鄭《箋》孤行。獨朱文公閎意眇指，卓然千載之上，言《關雎》則取康衡[13]；宋人諱匡字，改爲康。《柏舟》婦人之詩則取劉向[14]；笙詩有聲無辭則取《儀禮》[15]；‘上天甚神’則取《戰國策》[16]；‘何以恤我’則取《左氏傳》[17]；《抑》戒自儆，《昊天有成命》道成王之德，則取《國語》[18]；‘陟降庭止’則取《漢書注》[19]；《賓之初筵》‘飲酒悔過’，則取《韓詩序》[20]；‘不可休思’，‘是用不就’，‘彼岨者岐’，皆從《韓詩》[21]；‘禹敷下土方’，又證諸《楚辭》[22]；一洗末師專己守殘之陋。”此朱《傳》間用三家之證也。

　　錫瑞案：鄭《箋》所以間用三家者，當時三家通行，毛不通行，故鄭

君注《禮》時，尚未得見毛《傳》。蓋鄭見毛《傳》後，以爲孤學，恐致亡佚，故作《箋》以表明，有不愜於心者，間采三家裨補其義。不明稱三家說者，正以三家通行，人人皆知之故。鄭樵曰："當鄭氏箋《詩》，三家俱存，故鄭氏雖解釋經文，不明言改字之由，亦以學者既習《詩》，則三家之《詩》不容不知也。後世三家既亡，學者惟見其改字，而不見詩學之所由異，此鄭氏之所以獲譏也。"[23] 其後鄭《箋》既行，而齊、魯、韓三家遂廢，《經典釋文》之說。此鄭君所不及料者。鄭精三《禮》，以《禮》解《詩》，頗多紆曲，不得詩人之旨。魏源嘗摘其失，如"亦既覯止"，引男女之構精[24]；"言從之邁"，殉古人於泉壤[25]；《菀柳》相戒，言王者不可朝事[26]；《四月》怨役，斥先祖爲非人[27]；除《牆茨》之淫昏，反違禮而害國[28]；頌《椒聊》之桓叔，能均平不偏黨[29]；"瞻烏爰止"，則教民以貳上[30]；昊天爲政，望更姓而改物[31]；成王省耕，王后與世子偕行[32]；閻妻屬妃，童角乃皇后之斥[33]；取子毀室，誅周公之黨與[34]；屢五緯雙，數姜襄之姆傅[35]。此鄭《箋》之未盡善也。朱《傳》所以間用三家者，亦以毛、鄭不愜於心，間采三家裨補其義。據王應麟《詩考序》云："扶微學，廣異義，亦文公之意。"則其采輯三家，實由朱子《集傳》啓之。後來范家相、馬國翰更加撝拾[36]，至陳喬樅益詳[37]，未始非朱子先路之導。攻朱者不顧朱義有本，并其本於三家者亦攻駁之，過矣。

朱子作《白鹿洞賦》，用青衿傷學校語，門人問之，曰："古《序》亦不可廢。"[38] 是朱子作《集傳》，不過自成一家之說。後人尊朱，遂廢注疏，亦朱子所不及料者。鄭《箋》之失，在以《禮》解《詩》；朱《傳》之失，則在以理解《詩》。其失不同，皆不得詩人之旨。黃震謂晦庵先生盡去美刺，探求古始，雖東萊先生不能無疑[39]，陳傅良謂竊所未安。是朱《傳》在當時人已疑之。元延祐科舉條制，《詩》用朱《傳》。明胡廣等竊劉瑾之書，作《詩經大全》，著爲令典[40]，於是專宗朱《傳》，漢學遂亡。本《提要》。近陳啓源等乃駁朱申毛，疏證詳明，一一有本[41]。本《提要》。此朱《傳》之未盡善也。

然則學者治《詩》，以何書爲主乎？曰：三家既亡，毛又簡略，治《詩》者不得不以唐人《正義》爲本。其書以劉焯《毛詩義疏》、劉炫《毛詩述義》爲稿本[42]，故能融貫群言，包羅古義。本《提要》。雖或過於護鄭，且有强毛合鄭之處，而名物訓詁，極其該洽，遠勝《周易》《尚書》疏之空疏。朱子《集傳》，名物訓詁亦多本於孔《疏》。學者能通其說，不僅爲治《毛詩》之用，且可以通群經。至於近人之書，則以陳奐《詩毛氏傳疏》能專爲毛氏一家之學，在陳啓源、馬瑞辰、胡承珙之上。陳疏惟合明堂、路寢爲一，非是。鍾文烝嘗詆爲新奇繆戾[43]。陳喬樅《魯詩遺說考》《齊詩遺說考》《韓詩遺說考》，能兼考魯、齊、韓三家之遺，比王應麟、范家相、馬國翰爲詳。學者先觀二書，可以得古《詩》之大義矣。陳氏於三家少發明，魏源發明三家，未能篤守古義，且多武斷。

箋注

〔1〕惠棟《九經古義》，十六卷，解《周易》《尚書》《毛詩》《周禮》《儀禮》《禮記》《公羊》《穀梁》《論語》九經。引文見《九經古義》卷五《毛詩古義》。

〔2〕案，惠棟所引見王應麟《困學紀聞》卷三"詩"。

〔3〕盧植(139—192)，字子幹，涿郡涿(今河北涿州)人。師從太尉陳球、大儒馬融等，與鄭玄、管寧、華歆的同門師兄。曾先後任九江、盧江太守，平定蠻族叛亂。後與馬日磾、蔡邕等在東觀校勘經典，并參修《漢記》。黃巾之亂起，爲北中郎將，率軍與張角交戰，後被誣陷下獄。皇甫嵩平定黃巾後，力救盧植，復任爲尚書。又因激怒董卓免官，隱居上谷軍都山，後被袁紹聘爲軍師。初平三年卒。傳見《後漢書》。

〔4〕案，《後漢書·鄭玄傳》曰："又從東郡張恭祖受《周官》《禮記》《左氏春秋》《韓詩》《古文尚書》。以山東無足問者，乃西入關，因涿郡盧植，事扶風馬融。"

〔5〕案，《毛詩·唐風·揚之水》"素衣朱襮"《傳》曰："襮，領也，諸侯繡黼丹朱中衣。"《箋》曰："繡，當爲綃，綃黼丹朱中衣，中衣以綃黼爲領，丹朱爲純也。"《疏》曰："中衣者，朝服祭服之裏衣也，其制如深衣……案《考工記》云：'白與黑謂之黼，五色備謂之繡。'……破繡爲綃，綃是繒名。《士昏禮》注引詩云'素衣朱綃'，《魯詩》以'綃'爲'綺'屬，然則綃是繒綺別名，於此綃上刺爲繡文，故謂之綃黼也。綃上刺繡，以爲衣領，然後名之爲襮。"

〔6〕時，原刻本作"詩"，誤。鄭玄《毛詩譜》云："又問曰：'小雅之臣何以獨無刺厲王？'曰：'有焉，《十月之交》《雨無正》《小旻》《小宛》之詩是也，漢興之初

師移其第耳。'"

〔7〕《毛詩·大雅·皇矣》"侵阮徂共",《傳》云:"國有密須氏侵阮,遂往侵共。"《箋》云:"阮也,徂也,共也,三國犯周而文王伐之,密須之人乃敢距其義兵,違正道,是不直也。"

〔8〕《毛詩·陳風·衡門》"可以樂飢",《傳》曰:"樂飢,可以樂道忘飢。"《箋》曰:"飢者,不足於食也。泌水之流,洋洋然,飢者見之,可飲以療飢。以喻人君慇懃,任用賢臣,則政教成,亦猶是也。"

〔9〕《毛詩·小雅·十月之交》"抑此皇父",《箋》曰:"抑之言噫,噫是皇父疾而呼之……此皇父所築邑人之怨辭。"又《毛詩·大雅·思齊》"古之人無斁",《箋》云:"古之人謂聖王明君也。口無擇言,身無擇行,以身化其臣下。"此即以"斁"作"擇"。又《毛詩·魯頌·泮水》"狄彼東南",《箋》曰:"狄當作剔。剔,治也。"《音義》曰:"《韓詩》云:'鬀,除也。'"此即以"狄"作"鬀"。

〔10〕《經義雜記》三十卷,清臧琳撰。臧琳(1650—1713),字玉琳,江蘇武進人。康熙中補縣學生。生平博極群書,尤精《爾雅》《説文》之學。潦倒諸生三十年,未嘗一日不讀經。有所得,輒隨筆記之,積文成《經義雜記》三十卷。每卷有標目,而不分門,凡五百十七則,皆會粹唐以前諸儒之説,辨其離合,咸有確征,非由臆決。《清史稿》卷四八一有傳。

〔11〕《後漢書·賈逵傳》曰:"逵數爲帝言《古文尚書》與經傳《爾雅》詁訓相應,詔令撰歐陽、大小夏侯《尚書》古文同異。逵集爲三卷,帝善之。復令撰齊、魯、韓《詩》與毛氏異同。并作《周官解故》。"

〔12〕崔靈恩,清河武城(今山東武城)人,南朝梁代經師。崔靈恩撰有《毛詩集注》二十四卷,已佚,清人馬國翰有輯本。馬氏評論其書雖以毛爲主,而間取三家。

〔13〕朱熹《詩經集傳》卷一《關雎》下注云:"匡衡曰:'窈窕淑女,君子好逑,言能致其貞淑,不貳其操,情欲之感,無介乎容儀,宴私之意,不形乎動靜,夫然後可以配至尊而爲宗廟主,此綱紀之首,王化之端也。'可謂善説詩矣。"

〔14〕朱熹《詩經集傳》卷二《柏舟》注曰:"《列女傳》以此爲婦人之詩。今考其辭氣,卑順柔弱,且居變風之首,而與下篇相類,豈亦莊姜之詩也歟?"《列女傳》即劉向所作。

〔15〕朱熹《詩經集傳》卷四《南陔》下注曰:"此笙詩也。有聲無辭,舊在《魚麗》之後。以《儀禮》考之,其篇次當在此,今正之,説見《華黍》。"

〔16〕朱熹《詩經集傳》卷五《菀柳》"上帝甚蹈,無自瘵焉"句下注曰:"瘵,病也……鳥之高飛極至於天耳,彼王之心於何所極乎。言其貪縱無極,求責

無已,人不知其所至也,如此則豈予能靖之乎?乃徒然自取凶矜耳。"又《戰國策·楚策》云:"《詩》曰:'上天甚神,無自瘵也。'"

〔17〕朱熹《詩經集傳》卷八《周頌·維天之命》下注曰:"言文王之神將何以恤我乎?有則我當受之,以大順文王之道,後王又當篤厚之而不忘也。"又《左傳·襄公二十七年》曰:"左師辭邑。向氏欲攻司城,左師曰:'我將亡,夫子存我,德莫大焉,又可攻乎?'君子曰:'彼己之子,邦之司直。'樂喜之謂乎?'何以恤我,我其收之。'向戌之謂乎?"

〔18〕朱熹《詩經集傳》卷七《大雅·抑》下注曰:"衛武公作此詩,使人日誦於其側以自警……《楚語》左史倚相曰:'昔衛武公年數九十五矣,猶箴儆於國,曰:"自卿以下至於師長士,苟在朝者,無謂我老耄而捨我,必恭恪於朝夕以交戒我。"在輿有旅賁之規,位宁有官師之典,倚几有誦訓之諫,居寢有褻御之箴,臨事有瞽史之道,宴居有師工之誦,史不失書,矇不失誦,以訓御之,於是作《懿》戒以自儆。及其沒也,謂之睿聖武公。'韋昭曰:'懿讀爲抑,即此篇也。'董氏曰:'侯包言武公行年九十有五,猶使人日誦是詩而不離於其側。'然則序説爲刺厲王者誤矣。"又卷八《周頌·昊天有成命》下注曰:"此詩多道成王之德,疑祀成王之詩也……《國語》叔向引此詩而言曰:'是道成王之德也。成王能明文昭定武烈者也。'以此證之,則其爲祀成王之詩無疑矣。"

〔19〕朱熹《詩經集傳》卷八《周頌·閔予小子》下注曰:"顏注亦云若神明臨其朝廷是也。"又《漢書·匡衡傳》顏師古注曰:"《周頌·閔予小子》之詩言成王常念文王、武王之德,奉而行之,故鬼神上下臨其朝廷。"

〔20〕朱熹《詩經集傳》卷五《小雅·賓之初筵》下注云:"《毛氏序》曰:'衛武公刺幽王也。'《韓氏序》曰:'衛武公飲酒悔過也。'今按此詩意與《大雅·抑》戒相類,必武公自悔之作,當從韓義。"

〔21〕王先謙《詩三家義集疏》卷一《周南·漢廣》"南有喬木,不可休息",下注曰:"《韓》'息'作'思。'"然《四庫全書》與《四庫薈要》本朱熹《詩經集傳》卷一《周南·漢廣》皆作"南有喬木,不可休息"。又王先謙《詩三家義集疏》卷一七《小雅·小旻》"謀夫孔多,是用不集",下注曰:"《韓》'集'作'就。'"然《四庫全書》與《四庫薈要》本朱熹《詩經集傳》卷五《小雅·小旻》皆爲"謀夫孔多,是用不集"。又王先謙《詩三家義集疏》卷二四《周頌·天作》"彼徂矣,岐有夷之行",下注曰:"《韓》下'矣'作'者。'"然《四庫全書》與《四庫薈要》本朱熹《詩經集傳》卷八《周頌·天作》皆曰"彼岨矣,岐有夷之行"。又王先謙於此引陳喬樅言曰:"王氏謂《集傳》'彼徂者岐'從《韓詩》,非也。"王應麟

去朱熹未遠，其所見朱熹《詩經集傳》，或另有所本，王氏未必爲非。

〔22〕見朱熹《詩經集傳》卷八《商頌·長發》"禹敷下土方"，而朱熹《楚辭集注》卷三《天問》"禹之力獻功降省下土方"下注曰："'土'下或有'四'字……今按'下土方'蓋用《商頌》語，'四'字之衍明甚。"

〔23〕引文見《六經奧論》卷三"詩經"。案《四庫全書總目》曰："《六經奧論》六卷，舊本題宋鄭樵撰。朱彝尊《曝書亭集》有是書跋曰：'成化中盱江危邦輔藏本，黎溫序而行之，云是鄭漁仲所著。荊川唐氏輯《稗編》從之。'今觀其書議論與《通志略》不合。樵嘗上書自述其著作，臚列名目甚悉，而是書曾未之及，非樵所著審矣。後崑山徐氏刻《九經解》仍題樵名。今檢書中論《詩》皆主毛、鄭，已與所著《詩辨妄》相反。又'天文辨'一條引及樵説稱'夾漈先生'，足證不出樵手。又'論詩'一條引晦庵説詩，考《宋史》樵本傳卒於紹興三十二年，朱子《詩傳》之成在淳熙四年，而晦庵之號則始於淳熙二年，皆與樵不相及，'論書'一條并引《朱子語錄》，且稱朱子之諡，則爲宋末人所作，具有明驗。不知顧湄校《九經解》時何未一檢也。第相傳既久，所論亦頗有可采，故仍録存之，綴諸宋人之末，而樵之名則從刪焉。"

〔24〕《毛詩·召南·草蟲》"亦既覯止，我心則降"，《箋》曰："既見，謂己同牢而食也。既覯，謂己昏也。始者憂於不當，今君子待己以禮，庶自此可以寧父母，故心下也，《易》曰：'男女覯精，萬物化生。'"

〔25〕《毛詩·小雅·都人士》"我不見兮，言從之邁"，《箋》曰："言亦我也。邁，行也。我今不見士女此飾，心思之，欲從之行。言己憂悶欲自殺，求從古人。"

〔26〕《毛詩·小雅·菀柳》"有菀者柳，不尚息焉"，《箋》曰："尚，庶幾也。有菀然枝葉茂盛之柳，行路之人豈有不庶幾欲就之止息乎？興者，喻王有盛德，則天下皆庶幾願往朝焉，憂今不然。"

〔27〕《毛詩·小雅·四月》"先祖匪人，胡寧忍予"，《箋》曰："匪，非也。寧，猶曾也。我先祖非人乎？人則當知患難何爲，曾使我當此難世乎？"

〔28〕《毛詩·鄘風·牆有茨》之《傳》曰："興也。牆所以防非常。茨，蒺藜也。欲掃去之反傷牆也。"《箋》曰："國君以禮防制一國，今其宮内有淫昏之行者，猶牆之生蒺藜。"

〔29〕《毛詩·唐風·椒聊》："椒聊之實，蕃衍盈升。彼其之子，碩大無朋。"《箋》曰："椒之性芬香而少實，今一救之實蕃衍滿升，非其常也。興者，喻桓叔晉君之支別耳，今其子孫衆多，將日以盛也。之子，是子也，謂桓叔也。碩謂壯，貌佼好也。大謂德美廣博也。無朋，平均不朋黨。"

〔30〕《毛詩·小雅·正月》"瞻烏爰止，於誰之屋"，《傳》曰："富人之屋，烏所集

也。"《箋》曰:"視烏集於富人之屋,以言今民亦當求明君而歸之。"是謂"教民以貳上"。

〔31〕《毛詩·小雅·節南山》"不自爲政,卒勞百姓",《箋》曰:"卒,終也。昊天不自出政教,則終窮苦百姓,欲使昊天出《圖》《書》有所授命,民乃得安。"

〔32〕《毛詩·周頌·臣工》"如何新畬",《箋》曰:"保介,車右也。《月令》:'孟春天子親載耒耜,措之於參保介之御間。'莫,晚也。周之季春於夏爲孟春。諸侯朝周之春,故晚春遣之,敕其車右以時事,女歸,當何求於民?將如新田、畬田何?急其教農趨時也。介,甲也。車右,勇力之士,被甲執兵也。"

〔33〕《毛詩·小雅·十月之交序》曰:"《十月之交》,大夫刺幽王也。"《箋》曰:"當爲刺厲王,作《詁訓傳》時移其篇第,因改之耳。《節彼》刺師尹不平,亂靡有定。此篇譏皇父擅恣,日月告凶。《正月》惡褒姒滅周。此篇疾豔妻煽方處。又幽王時,司徒乃鄭桓公友,非此篇之所云番也,是以知然。"又王先謙《詩三家義集疏》卷一七於此詩"豔妻煽方處"下注曰:"《魯》'豔'作'閻'。"

〔34〕《毛詩·豳風·鴟鴞》"既取我子,無毀我室",《箋》曰:"重言鴟鴞者,將述其意之所欲言,丁寧之也。室,猶巢也。鴟鴞言已取我子者,幸無毀我巢。我巢積日累功,作之甚苦,故愛惜之也。時周公竟武王之喪,欲攝政成周,道致太平之功,管叔、蔡叔等流言云'公將不利於孺子'。成王不知其意,而多罪其屬黨。興者,喻此諸臣乃世臣之子孫,其父祖以勤勞有此官位土地,今若誅殺之,無絕其官位,奪其土地。王意欲誚公,此之由然。"

〔35〕《毛詩·齊風·南山》"葛屨五兩,冠緌雙止",《傳》曰:"葛屨服之賤者,冠緌服之尊者。"《箋》曰:"葛屨五兩,喻文姜與姪娣及傅姆同處。冠緌,喻襄公也。五人爲奇,而襄公往從而雙之。冠屨不宜同處,猶襄公、文姜不宜爲夫婦之道。"

〔36〕《四庫全書總目》曰:"《三家詩拾遺》十卷,國朝范家相撰。家相字蘅洲,會稽人,乾隆甲戌進士,官至柳州府知府……王應麟於咸淳之末始掇拾殘賸,輯爲《詩考》三卷。然創始難工,多所挂漏,又增綴逸詩篇目,雜采諸子依托之説,亦頗少持擇。家相是編,因王氏之書重加衷輯,增入者十之六七。其以三百篇爲綱,而三家佚説一一并見,較王氏所録以三家各自爲篇者,亦頗易循覽。惟其以《三家詩拾遺》爲名,則古文考異不盡三家之文者,自宜附録。其逸詩不繫於三家者,亦自宜芟除。乃一例收入,未免失於貪多,且冠於篇端,使開卷即名實相乖,尤非體例。"馬國翰(1794—1857),字詞溪,號竹吾,山東歷城人,道光進士。有《玉函山房輯佚書》六百九十一卷。其中輯三家詩有:《魯詩故》三卷,漢申培撰;《齊詩傳》二卷,漢后蒼撰;《韓詩

故》二卷,漢韓嬰撰;《韓詩内傳》一卷,漢韓嬰撰;《韓詩説》一卷,漢韓嬰撰;《薛君韓詩章句》二卷,漢薛漢撰;《韓詩翼要》一卷,漢侯苞撰。

〔37〕陳喬樅有《齊詩翼氏學疏證》二卷、《詩經四家異文考》五卷、《詩緯集證》四卷、《魯齊韓詩遺説考》十八卷,故可謂"益詳"。

〔38〕朱熹《晦庵先生集》卷一《白鹿洞賦》曰:"廣青衿之疑問,樂菁莪之長育。"又楊慎《丹鉛總録》卷一八"詩小序"云:"朱子作《詩傳》,盡去《小序》,蓋矯吕東萊之弊,一時氣信之偏,非公心也。馬端臨及姚牧庵諸家辯之悉矣。有一條可發一笑,并記於此。《小序》云《菁莪》樂育人才也,《子衿》學校廢也,《傳》皆以爲非。及作《白鹿洞賦》有曰'廣青衿之疑問',又曰'樂菁莪之長育'。或舉以爲問,先生曰:'舊説亦不可廢。'此何異俗諺所謂'玉波去四點,依舊是王皮'乎?"

〔39〕黄震《黄氏日鈔》卷四云:"晦庵先生因鄭公之説盡去美刺,探求古始,其説頗驚俗,雖東萊不能無疑焉。"

〔40〕案,明永樂十二年(1414),敕胡廣、楊榮、金幼孜等修《五經四書大全》,頒行天下。然所修之書,皆就前代成書雜抄而成。其中《詩經大全》全抄元代劉瑾之《詩傳通釋》而稍變其例。參見《四庫全書總目·毛詩正義》提要。

〔41〕案,陳啓源《毛詩稽古編》三十卷,專以駁朱申毛,參前注。

〔42〕《四庫全書總目》於《毛詩注疏》提要曰:"至唐貞觀十六年命孔穎達等因《鄭箋》爲《正義》,乃論歸一定,無復歧途。《毛傳》二十九卷,《隋志》附以《鄭箋》作二十卷,疑爲康成所并。穎達等以疏文繁重,又析爲四十卷。其書以劉焯《毛詩義疏》、劉炫《毛詩述義》爲稿本,故能融貫群言,包羅古義,終唐之世,人無異詞。"又朱彝尊《經義考》卷一○三云:"劉氏焯《毛詩義疏》,佚;劉氏炫《毛詩述義》,《隋志》四十卷,佚。"

〔43〕鍾文烝(1818—1877),字殿才,號子勤,浙江嘉善人,道光舉人,撰有《春秋穀梁經傳補注》二十四卷,傳見《清史稿·儒林傳》。鍾氏評價陳奂之言見《春秋穀梁經傳補注》卷一四"文公十三年"條。

38. 論孔子删《詩》是去其重,三百五篇已難盡通,不必更求三百五篇之外

《史記·孔子世家》曰:"古者《詩》三千餘篇,及至孔子去其重,取

可施於禮義，上采契、后稷，中述殷、周之盛，至幽、厲之缺，始於衽席。故曰《關雎》之亂以爲《風》始，《鹿鳴》爲《小雅》始，《文王》爲《大雅》始，《清廟》爲《頌》始。三百五篇，孔子皆弦歌之，以求合韶武雅頌之音。"案史公説本《魯詩》，爲西漢最初之義。云"始於衽席"，正與讀《春秋曆譜牒》曰"周道缺，詩人本之衽席，《關雎》作"[1]相合。可知《關雎》實是刺詩，而無妨於列正風，冠篇首矣。云"《關雎》之亂以爲風始"，可知四始實孔子所定，而非周公所定，且并非周初所有矣。云"三百五篇"，可知孔子所定之《詩》，止有此數，不得如毛、鄭增入笙詩六篇，而陸、孔遂以爲三百十一篇矣。云"皆弦歌之，以求合韶武雅頌"，可知三百五篇，無淫邪之詩在内，不得如朱子以爲淫人自作，而王柏妄删《鄭》《衛》矣。

　　孔子删《詩》之説，孔穎達已疑之，謂"案書傳所引之《詩》，見在者多，亡逸者少，則夫子所録者，不容十分去九，馬遷之言未可信"[2]。惟歐陽修以遷説爲然，以圖推之，有更十君而取其一篇者，又有二十餘君而取其一篇者。由是言之，何啻乎三千[3]？近人朱彝尊、趙翼、崔述、李惇皆力辯删《詩》之非[4]。惟趙坦用史公之説，曰："删《詩》之旨可述乎？曰：去其重複焉爾。今試舉群經、諸子所引《詩》，不見於三百篇者一證之。如《大戴禮·用兵》篇引《詩》云：'魚在在藻，厥志在餌'；'鮮民之生矣，不如死之久矣'；'校德不塞，嗣武孫武子'[5]。今《小雅》之《魚藻》《蓼莪》《商頌》之《玄鳥》等篇辭句有相似者[6]。《左傳·襄八年》引《詩》云：'兆云詢多，職競作羅。'今《小雅》之《小旻》篇句有相似者[7]。《荀子·臣道》篇引《詩》云：'國有大命，不可以告人，妨其躬身。'與今《唐風·揚之水》篇亦相似[8]。凡若此類，複見疊出，疑皆爲孔子所删也。若夫《河水》即《沔水》，《新宫》即《斯干》，昔人論説有足取者。然則史遷所云'去其重，取可施於禮義者'，直千古不易之論。"[9]

　　王崧亦爲之説曰："《史記》之書繆誤固多，皆有因而然，從無鑿空妄説者。考《漢書·食貨志》：'孟春之月，行人振木鐸徇於路，以采詩獻之太師，比其音律，以聞於天子'云云，《史記》所謂'古《詩》三千餘篇'者，蓋太師所采之數，迨比其音律聞於天子，不過三百餘篇。何以知之？采詩非徒存其辭，乃用以爲樂章也。音律之不協者棄之，即協者尚多，而此三百餘篇，於用已足，其餘但存之太史，以備所用之或闕。'《詩》三百''誦《詩》三百'，皆孔子之言，前此未有綜計其數者。蓋古《詩》不止三百五篇，東遷以後，禮壞樂崩，《詩》或有句而不成章，有章而不成篇者，無與於弦歌之用。孔子自衛反魯而正樂，釐訂汰黜，定爲此數，以教門人，於是授受不絕。設無孔子，則此三百五篇亦胥歸泯滅矣。故世所傳之逸《詩》，有太師比音律時所棄者，有孔子正樂時所削者。所采既多，其原作流傳誦習，後人得以引之。是則'古《詩》三千餘篇，去其重，取其可施於禮義'，乃太師所爲。司馬遷傳聞孔子正樂時，於《詩》嘗有所删除，而遂以歸之孔子，此其屬辭之未密，或文字有脱誤耳。然謂'孔子皆弦歌之，以求合韶武雅頌之音'，可知非獨取其辭意已。"〔10〕

魏源又引三家異文證之曰〔11〕："今所奉爲正經章句者，《毛詩》耳。而孔《疏》謂《毛詩》經文與三家異者，動以百數。故崔靈恩載《般》頌末，三家有'於繹思'一語，而毛無之〔12〕。後漢陳忠疏引《詩》云'以雅以南，韎任朱離'，注謂出齊、魯《詩》，而毛無之〔13〕。《韓詩》北宋尚存，見於《御覽》，乃劉安世述《雨無正》，篇首有'雨無其極，傷我稼穡'二語，而毛無之〔14〕。至《選注》引《韓詩》經文，有'萬人顒顒，仰天告愬'二語〔15〕。鄭司農《周禮注》述三家《詩》云：'敕爾瞽，率爾衆，工奏爾悲誦'，則今并不得其何篇〔16〕。使不知爲三家經文，必謂夫子筆削之遺無疑矣。至若《緇衣》《左傳》引《都人士》首章〔17〕，而鄭君、服虔之注，并以爲逸《詩》，孔《疏》謂《韓詩》見存，實無首章。然賈誼《新書·等齊》篇引《詩》曰'狐裘黃裳，萬民之望'〔18〕，是《魯詩》有《都人士》首章，而《韓》逸之也。《左傳》引《詩》'何以恤我，我其收之'，明是《周頌》之異文，而杜注以爲逸《詩》〔19〕，是皆但據《毛詩》之蔽也。夫毛以三家所有爲逸，猶韓以毛所有爲逸，果孰爲夫子所删之本耶？是逸《詩》之不盡爲逸，有如斯者。推之《韓詩》，《常棣》作《夫栘》，《齊詩》《還》作《營》〔20〕。韋昭謂《鳲飛》即《小宛》，《河水》即《沔水》〔21〕，是逸篇不盡逸，有如斯者。再推之，則《左傳》澶淵之會引《詩》云'淑慎爾止，無載爾僞’，乃《抑》篇之歧句[22]。《荀子·臣道》篇引《詩》云：‘國有大命，不可以告人，妨其躬身’，《坊記》引《詩》云‘相彼盍旦，尚猶患之’，《緇衣》引《詩》云‘誰能秉國成，不自爲政，卒勞百姓’，《漢書》引《詩》云‘四牡翼翼，以征不服’，烏知匪《揚之水》《小弁》《節南山》《六月》之文[23]？而謂皆刪章、刪句、刪字之餘耶？”

魏説主不刪《詩》，而可證《史記》“去其重”之義，故節取之。案《詩》三百五篇，已不能盡通其義，更何暇求三百五篇之外？刪《詩》之説，逸《詩》之名，學者宜姑置之，但求通其所能通者可也。

箋注

〔1〕《史記·十二諸侯年表》曰：“太史公讀《春秋曆譜諜》，至周厲王，未嘗不廢書而嘆也。曰：嗚呼，師摯見之矣！紂爲象箸而箕子唏。周道缺，詩人本之衽席，《關雎》作。仁義陵遲，《鹿鳴》刺焉。”司馬貞《索隱》曰：“案劉杳云：‘《三代系表》旁行邪上，其放《周譜》。’譜起周代。《藝文志》有《古帝王譜》。又自古爲《春秋》學者，有年曆、譜諜之説，故杜元凱作《春秋長曆》及《公子譜》。蓋因於舊説，故太史公得讀焉也。”

〔2〕案，引文見《毛詩·詩譜序》孔氏疏。

〔3〕歐陽修《詩本義》末“詩圖總序”曰：“以予考之，遷説然也。何以知之？今書傳所載逸詩何可數焉，以圖推之，有更十君而取其一篇者，又有二十餘君而取其一篇者。由是言之，何啻乎三千？”

〔4〕朱彝尊，注見前。趙翼（1727—1814），字雲崧，號甌北，江蘇陽湖人，乾隆進士，撰有學術筆記《陔餘叢考》《廿二史札記》等，論刪詩見《陔餘叢考》卷二。崔述（1740—1816），字武承，號東壁，直隸大名府（今河北大名）人，乾隆舉人，撰有《洙泗考信錄》四卷，論刪詩見《洙泗考信錄》卷三。李惇（1734—1784），字成裕，江蘇高郵人，乾隆進士，撰有《群經識小》八卷，論刪詩見《群經識小》卷二。

〔5〕“嗣武孫武子”，原刻本作“嗣武丁孫子”，據《大戴禮記解詁》卷一一《用兵》篇改。

〔6〕案，“魚在在藻”見《小雅·魚藻》，而《小雅·蓼莪》篇有“鮮民之生，不如死之久矣”，又《商頌·玄鳥》有“商之先后，受命不殆，在武丁孫子。武丁孫子，武王靡不勝”，此皆辭句相似者。

〔7〕案,《左傳‧襄公八年》引《詩》下注曰:"兆,卜。詢,謀也。職,主也。言既卜且謀多,則競作羅網之難,無成功。"而《小雅‧小旻》曰:"謀夫孔多,是用不集。"此爲相似者。

〔8〕案,《唐風‧揚之水》有"我聞有命,不敢以告人",與《荀子》引詩相似。

〔9〕趙坦,字寬夫,浙江仁和人,曾入學阮元詁經精舍,撰有《寶甓齋文集》一卷。引文見《寶甓齋文集》"孔子刪詩辨"條。

〔10〕王崧(1752—1837),原名藩,字伯高,號樂山,雲南浪穹(今云南洱源)人,嘉慶進士,撰有《説緯》六卷。引文見《説緯》"孔子刪詩"條。

〔11〕引文見兩卷本《詩古微》卷上《三家發凡》。

〔12〕案,王先謙《詩三家義集疏》卷二六《周頌‧般》末注曰:"三家'命'下有'於繹思'句,與《賚》篇同……《釋文》云:'於繹思,《毛詩》無此句,齊魯韓有之,今《毛詩》有者,衍文也。崔《集注》本有,是采三家之本,崔因有故解之。'"

〔13〕《後漢書‧陳禪傳》"尚書陳忠劾奏禪曰"下注云:"《詩‧小雅‧鼓鐘》之詩曰:'以雅以南,以籥不僭。'薛君云:'南夷之樂曰南。四夷之樂唯南可以和於雅者,以其人聲音及籥不僭差也。'《周禮》,鞮鞻氏掌四夷之樂。鄭玄注云:'東方曰韎,南方曰任,西方曰朱離,北方曰禁。'《毛詩》無'韎任朱離'之文,蓋見齊、魯之詩也,今亡。韎音昧。《禮記》曰,九夷、八蠻、六戎、五狄來朝,立於明堂四門之外也。"

〔14〕朱熹《詩經集傳》卷五《小雅‧雨無正》下注曰:"元城劉氏曰:'嘗讀《韓詩》有《雨無極》篇,序云:"《雨無極》,正大夫刺幽王也。"至其詩之文,則比《毛詩》篇首多"雨無其極,傷我稼穡"八字。'"劉安世(1048—1125),字器之,號讀易老人,世稱元城先生。

〔15〕《文選‧百辟勸進今上牋》"搢紳顒顒,深所未達"下注曰:"薛君《韓詩章句》曰:'萬人顒顒,仰天告愬。'"

〔16〕《周禮‧春官》"詔來瞽皋舞"下鄭玄注曰:"鄭司農云:'瞽,當爲鼓。皋,當爲告。呼擊鼓者,又告當舞者,持鼓與舞俱來也。鼓字或作瞽,詔來瞽或曰來敕也。"敕爾瞽,率爾衆,工奏爾悲誦,肅肅雍雍,毋怠毋凶。"'玄謂:詔來瞽,詔眡瞭扶瞽者來入也。皋之言號告國子當舞者舞。"案此鄭司農當指鄭衆。

〔17〕案,《小雅‧都人士》有"行歸於周,萬民所望"句,《左傳‧襄公十四年》所引,清惠棟《左傳補注》卷三云:"服虔曰:'逸詩也,《都人士》首章有之。'康成《緇衣注》云:'此詩毛氏有之,三家則亡。'案西漢《毛詩》不列於學官,故服氏謂之逸詩,猶鄭氏《尚書》古文二十四篇也。"又《禮記‧緇衣》引此詩,

經學通論箋注

〔清〕皮錫瑞 著

楊世文 張　行 吳龍燦 汪舒旋 箋注

下

1. 論漢初無三《禮》之名，《儀禮》在當時但稱《禮經》，今注疏本《儀禮》大題非鄭君自名其學

　　三《禮》之名，起於漢末，在漢初但曰《禮》而已。漢所謂《禮》，即今十七篇之《儀禮》[1]，而漢不名《儀禮》。專主經言，則曰《禮經》；合記而言，則曰《禮記》。許慎、盧植所稱《禮記》[2]，皆即《儀禮》與篇中之記，非今四十九篇之《禮記》也。其後《禮記》之名，爲四十九篇之記所奪，乃以十七篇之《禮經》別稱《儀禮》，又以《周官經》爲《周禮》[3]，合稱三《禮》。蓋以鄭君并注三書，後世盛行鄭注，於是三書有三《禮》之名，非漢初之所有也。

　　《史記·儒林傳》曰："諸學者多言《禮》，而魯高堂生最本[4]。《禮》固自孔子時，而其經不具，及至秦焚書，書散亡益多，於今獨有《士禮》，高堂生能言之。"據《史記》，高堂生所傳《士禮》，即今十七篇之《儀禮》，是史公所云《禮》，止數《儀禮》，不及《周禮》與《禮記》也。

　　《漢書·藝文志》："《禮古經》五十六卷，《經》七十篇。原注："后氏、戴氏。"劉敞曰："七十"當作"十七"。《記》百三十一篇，《明堂陰陽》三十三篇，《王史氏》二十一篇，《曲臺后倉》九篇，《中庸説》二篇，《明堂陰陽説》五篇[5]，《周官經》六篇。"據《漢書》，《經》十七篇，即今十七篇之《儀禮》；《古經》五十六篇，則合《逸禮》言之；《記》百三十一篇，今四十九篇之《禮記》在内；《明堂陰陽》，今《明堂位》《月令》在内；《中庸説》，即今《禮記》之《中庸》，而志皆不稱經。《周官經》別附於後，是班氏所云經，止數《儀禮》，不及《周禮》與《禮記》也。

　　《志》曰："帝王質文，世有損益。至周，曲爲之防，事爲之制，故曰：《禮經》三百，威儀三千。及周之衰，諸侯將逾法度，惡其害己，皆滅去其籍，自孔子時而不具，至秦大壞。漢興，魯高堂生傳《士禮》十七篇，訖孝宣世[6]，后倉最明，戴德、戴聖、慶普，皆其弟子，三家立於學官[7]。

《禮古經》者，出於魯淹中及孔氏[8]，學七十篇文相似，多三十九篇，及《明堂陰陽》《王史氏記》，多天子、諸侯、卿、大夫之制，雖不能備，猶瘉倉等推士禮而致於天子之説。”劉敞曰：“讀當云‘《禮古經》者，出於魯淹中及孔氏’，孔氏則安國所得壁中書也。‘學七十篇’當作‘與十七篇文相似’。五十六卷除十七，正多三十九也。”

《禮記·奔喪》正義曰：“鄭云《逸禮》者，《漢書·藝文志》云：漢興，始於魯淹中得古《禮》五十七篇，其十七篇與今《儀禮》正同，其餘四十篇藏在秘府，謂之《逸禮》，其投壺禮，亦此類也。又《六藝論》云：漢興，高堂生得《禮》十七篇，後孔子壁中得古文《禮》五十七篇，其十七篇與前同，而字多異。”

孔《疏》引《漢志》云“十七篇”，可證今本之誤，與劉氏説正合。而云古文《禮》五十七篇，其餘四十篇，則又誤多一篇，與《漢志》云五十六卷，多三十九篇之數不合。古云篇、卷，有同有異，此則五十六卷即五十六篇，蓋篇、卷相同者。《禮記正義·序》引《六藝論》[9]作“古文《禮》凡五十六篇”，不誤。下云“其十七篇與高堂生所傳同，而字多異”，其十七篇外，則《逸禮》是也，説尤詳明。下又云：“《周禮》爲本，則聖人體之；《儀禮》爲末，賢人履之”，蓋孔穎達推論之辭，諸家輯本，皆不以爲鄭君之論。丁晏《儀禮釋注·叙》據此以爲《儀禮》大題[10]，疑鄭君自名其學，非也。

箋注

〔1〕案《漢書·儒林列傳》：“言《禮》則魯高堂生。”《漢書·景十三王傳》：“獻王所得古書，皆古文先秦舊書《周官》《禮》《禮記》。”顏師古曰：“《禮》者，《禮經》也。”王先謙《補注》：“齊召南曰：《禮經》即《儀禮》十七篇也。”《隋書·經籍志·禮類》：“《儀禮》十七卷，鄭玄注。”《隋書·經籍志·禮類小序》：“漢初，有高堂生傳十七篇。”《舊唐書·經籍志·禮類》：“《儀禮》十七卷，鄭玄注。”《郡齋讀書志·禮類》：“《儀禮》十七卷，右鄭氏注。西漢諸儒得古文《禮》，凡五十六篇。高堂生傳《士禮》十七篇爲《儀禮》。”《宋史·藝文志·禮類》：“《儀禮》十七篇，高堂生傳。”

〔2〕案《後漢書・盧植傳》："盧植上書曰：'臣少從通儒故南郡太守馬融受古學，頗知今之《禮記》特多回冗，臣以《周禮》諸經，發起紕繆，敢率淺愚，爲之解詁……合《尚書》章句，考《禮記》失得，庶裁定聖典。'"《隋書・經籍志・禮類》："《禮記》十卷，漢北中郎將盧植注。"《舊唐書・經籍志・禮類》："《禮記》二十卷，盧植注。"

〔3〕案《漢書・景十三王傳》："獻王所得古書，皆古文先秦舊書《周官》《禮》《禮記》。"《漢書・藝文志・禮類》："《周官經》六篇。"顏師古曰："即今之《周官禮》也，亡其《冬官》，以《考工記》充之。"《隋書・經籍志・禮類》："《周官禮》十二卷，馬融注。""《周官禮》十二卷，鄭玄注。"《隋書・經籍志・禮類小序》："漢時有李氏得《周官》。《周官》蓋周公所制官政之法，上於河間獻王，獨闕《冬官》一篇，獻王購以千金不得，遂取《考工記》以補其處，合成六篇奏之。……是後馬融作《周官傳》以授鄭玄，玄作《周官注》。"《舊唐書・經籍志・禮類》："《周官》十二卷，馬融傳。《周官禮》十三卷，鄭玄注。"《郡齋讀書志・禮類》："《周禮》二十卷，右鄭玄注。漢武帝時，河間獻王開獻書之路，得《周官》，有五篇，失《冬官》一篇，乃募以千金，不得，取《考工記》以補其闕。"《四庫全書總目提要・經部十九・禮類一》："案《周禮》古謂之《周官》，《欽定三禮義疏》已復其本名，以諸家注本，題《周禮》者十之九，難於一一追改，故姑從鄭玄以來相沿之稱。"

〔4〕本，原刻本脱，據《史記・儒林列傳》補。

〔5〕《明堂陰陽説》五篇，"五篇"原刻本誤作"二篇"，據《漢書・藝文志》改。

〔6〕迄孝宣世，"迄"原刻本誤作"於"，據《漢書・藝文志》改。

〔7〕案《隋書・經籍志・禮類小序》："自高堂生，至宣帝時，后倉最明其業，乃爲《曲臺記》。倉授梁人戴德，及德從兄子聖、沛人慶普，於是有大戴、小戴、慶氏，三家并立。"《隋書・經籍志・禮類》："《大戴禮記》十三卷，漢信都王太傅戴德撰。梁有《謚法》三卷，後漢安南太守劉熙注，亡。""《禮記》三十卷，漢九江太守戴聖撰，鄭玄注。"《舊唐書・經籍志・禮類》："《大戴禮記》十三卷，戴德撰。""《小戴禮記》二十卷，戴聖撰，鄭玄注。"《宋史・藝文志・禮類》："《大戴禮記》十三卷，戴德纂。""《禮記》二十卷，戴聖纂。"《四庫全書總目提要・經部二〇・禮類二》："《儀禮注疏》十七卷，內府藏本。漢鄭玄注，唐賈公彥疏。《儀禮》出殘闕之餘，漢代所傳，凡有三本：一曰戴德本，……一曰戴聖本，……一曰劉向《別錄》本，即鄭氏所注。"

〔8〕案《漢書・藝文志》："武帝末，魯恭王壞孔子宅欲以廣其宮而得古文《尚書》及《禮記》《論語》《孝經》，凡數十篇，皆古字也……孔安國者，孔子後也，悉

得其書。”《漢書·景十三王傳》：“(恭王)壞孔子舊宅以廣其宮闈，聞鐘磬琴瑟之聲，遂不敢復壞，於其壁中得古文經傳。”《後漢書·儒林傳》：“孔安國所獻《禮古經》五十六篇及《周官經》六篇，前世傳其書，未有名家。”

〔9〕《六藝論》，鄭玄所著經學著作，已散佚，清末皮錫瑞著有《六藝論疏證》一卷，收入其所刊之《師伏堂叢書》。

〔10〕案，丁晏《儀禮釋注·叙》：“其後鄭君傳小戴禮(下注：據《後漢·儒林傳》)，參考古今文之異同，取其義長者爲鄭氏學，蓋至是而《儀禮》之學大著於世。漢儒稱《儀禮》曰《禮經》，或直曰《禮》，無《儀禮》之命。惟鄭君《六藝論》云‘《周禮》爲本，《儀禮》爲末’，《儀禮》大題疑鄭君自名其學也。”

2. 論鄭君分別今之《儀禮》及《大戴禮》《小戴禮記》甚明，無小戴删大戴之説

《禮記正義·序》又引《六藝論》云：“案《漢書·藝文志》《儒林傳》云，傳《禮》者十三家，唯高堂生及五傳弟子戴德、戴聖名在也。五傳弟子者，熊氏云[1]：‘則高堂生、蕭奮、孟卿、后倉及戴德、戴聖爲五也。’”[2]又引《六藝論》云：“今《禮》行於世者，戴德、戴聖之學也。”又云：“戴德傳記八十五篇”，則《大戴禮》是也。“戴聖傳記四十九篇”，則此《禮記》是也。鄭君分別今之《儀禮》及《大戴禮》《小戴禮記》甚明。

近人推闡鄭義者，陳壽祺《左海經辨》爲最晰[3]，其説曰：“壽祺案：二戴所傳《記》，《漢志》不別出，以其具於百三十一篇《記》中也。《樂記正義》引《別録》有《禮記》四十九篇[4]，此即小戴所傳。則大戴之八十五篇，亦必存其目。蓋《別録》兼載諸家之本，視《漢志》爲詳矣。《經典釋文·序録》引陳邵晉司空長史。《周禮論序》云[5]：‘戴德删古《禮》二百四篇爲八十五篇，謂之《大戴禮》，聖删《大戴禮》爲四十九篇，是爲《小戴禮》。後漢馬融、盧植考諸家同異，附戴聖篇章，去其繁重，及所叙略，而行於世，即今之《禮記》是也。’邵言微誤。《隋書·經籍志》因傅會謂戴聖删大戴之書爲四十六篇，馬融足《月令》《明堂位》《樂記》爲

四十九篇。休寧戴東原辨之曰：'孔穎達義疏，於《樂記》云：按《別錄》，《禮記》四十九篇。《後漢書・橋玄傳》：七世祖仁著《禮記章句》四十九篇，號曰橋君學。仁，即班固所説小戴授梁人橋仁季卿者也。劉、橋所見篇數，已爲四十有九，不待融足三篇甚明。康成受學於融，其《六藝論》亦但曰戴聖傳《記》四十九篇。作《隋書》者徒謂大戴闕篇即小戴所録，而尚多三篇，遂聊歸之融耳。'[6]壽祺案：橋仁師小戴，《後漢書》謂從同郡戴德學，亦誤。又《曹褒傳》：父充持慶氏《禮》，褒又傳《禮記》四十九篇，教授諸生千餘人，慶氏學遂行於世。然則褒所受於慶普之《禮記》，亦四十九篇也。二戴、慶氏皆后倉弟子，惡得謂小戴删大戴之書耶？《釋文・序録》云：'劉向《別録》有四十九篇，其篇次與今《禮記》同。'然則謂馬融足三篇者，妄矣。"

又曰："錢詹事大昕《漢書考異》云[7]：'《小戴記》四十九篇，《曲禮》《檀弓》《雜記》皆以簡策重多，分爲上下，實止四十六篇，合《大戴》之八十五篇，正協百三十一篇之數。'壽祺案：今二戴《記》有《投壺》《哀公問》兩篇，篇名同。《大戴》之《曾子大孝》篇，見《小戴・祭義》；《諸侯釁廟》篇，見《小戴・雜記》；《朝事》篇自'聘禮'至'諸侯務焉'，見《小戴・聘義》；《本命》篇自'有恩有義'至'聖人因殺以制節'，見《小戴・喪服四制》。其它篇目尚多同者。《漢書・王式傳》稱《驪駒》之歌在《曲禮》[8]，服虔注云在《大戴禮》[9]。《五經異義》引《大戴・禮器》[10]，《毛詩・豳譜正義》引《大戴禮・文王世子》[11]。唐皮日休有《補〈大戴禮・祭法〉》[12]。又《漢書・韋元成傳》引《祭義》[13]，《白虎通・畊桑》篇引《祭義》《曾子問》[14]，《情性》篇引《間傳》[15]，《崩薨》篇引《檀弓》《王制》[16]，蔡邕《明堂月令論》引《檀弓》[17]，其文往往爲《小戴記》所無，安知非出《大戴》亡篇中，如《投壺》《釁廟》之互存，而各有詳略乎？《大戴禮》亡篇四十七，唐人所見已然。《白虎通》引《禮・謚法》《王度記》《三正記》《別名記》《親屬記》《五帝記》[18]，《少牢饋食禮》注引禘於太廟禮，疏云《大戴禮》文[19]。《周禮注》引《王霸記》[20]，《明堂月令論》引《佋穆》篇[21]，《風俗通》引《號謚記》[22]，《論衡》引《瑞命》篇[23]，皆《大戴》逸篇。其他與《小戴》出入者，略可舉數，豈能彼此相足？竊謂二戴於百三十一篇之《記》，各以意斷取，異同參差，不必此之所棄，即彼之所録也。"

箋注

〔1〕熊氏，即熊安生，北朝經學家。《北史·儒林傳下》："熊安生字植之，長樂阜城人也。少好學，勵精不倦……然專以三《禮》教授……安生既學爲儒宗……所撰《周禮義疏》二十卷，《禮記義疏》三十卷，《孝經義》一卷，并行於世。"《舊唐書·藝文志·禮類》：《禮記義疏》四十卷，熊安生撰。按，熊氏所撰諸書均已佚。馬國翰《玉函山房輯佚書·經編·禮記類》：《禮記熊氏義疏》四卷，北周熊安生撰。

〔2〕見《漢書·儒林傳》："漢興，高堂生傳《禮》十七篇，而魯徐生善爲容。孝文時徐生以容爲禮官大夫。瑕丘蕭奮以禮至淮陽太守。……孟卿，東海人也。事蕭奮，以授后倉、魯閭丘卿。倉説《禮》數萬言，號曰《后氏曲臺記》，授沛聞人通漢子方、梁戴德延君、戴聖次君、沛慶普孝公。"

〔3〕《清史稿·儒林傳三》："陳壽祺，字恭甫，閩縣人。……著《尚書大傳箋》三卷、《序録》一卷、《訂誤》一卷。附《漢書五行志》，綴以他書所引劉氏《五行傳論》三卷。……又著《五經異義疏證》三卷，《左海經辨》二卷，《左海文集》十卷，《左海駢體文》二卷，《絳跗堂詩集》六卷，《東越儒林文苑後傳》二卷，《東觀存稿》一卷。"按，《清史稿·藝文志·小學類·字書之屬》著有《説文經字考》一卷，未見本傳。另《别集類》著有《左海文集》二十卷，與本傳不符，《絳跗堂詩集》作《絳蚨閣詩集》。

〔4〕《禮記正義·樂記第十九》曰："案《別録》，《禮記》四十九篇，《樂記》第十九。則《樂記》十一篇入《禮記》也，在劉向前矣。至劉向爲《別録》時，更載所入《樂記》十一篇，又載餘十二篇，總爲二十三篇也。其二十三篇之目，今總存焉。"

〔5〕《晉書·儒林傳》："陳邵字節良，東海襄賁人也。郡察孝廉，不就。以儒學徵爲陳留内史，累遷燕王師。撰《周禮評》，甚有條貫，行於世。"《隋書·經籍志·禮類》：《周官禮異同評》十二卷，晉司空長史陳邵撰。《舊唐書·經籍志·禮類》：《周官論評》十二卷，陳邵駁，傅玄評。案，陳壽祺所引之《周禮論》，即陳邵本傳所載之《周禮評》。隋、唐二《志》所載亦是此書，一書多名故也。

〔6〕《隋書·經籍志·禮類小序》："漢初，河間獻王又得仲尼弟子及後學者所記一百三十一篇獻之，時亦無傳之者。至劉向考校經籍，檢得一百三十篇，向

因第而叙之。而又得《明堂陰陽記》三十三篇、《孔子三朝記》七篇、《王氏史記》二十一篇、《樂記》二十三篇，凡五種，合二百四十篇。戴德刪其煩重，合而記之，爲八十五篇，謂之《大戴記》。而戴聖又刪大戴之書，爲四十六篇，謂之《小戴記》。漢末馬融，遂傳小戴之學。融又定《月令》一篇、《明堂位》一篇、《樂記》一篇，合四十九篇；而鄭玄受業於融，又爲之注。"

〔7〕按，此處所云之《漢書考異》即《二十二史考異》卷六至九《漢書》部分。

〔8〕《漢書·儒林傳》：博士江公世爲《魯詩》宗，至江公著《孝經説》，心嫉式，謂歌吹諸生曰："歌《驪駒》。"式曰："聞之於師：客歌《驪駒》，主人歌客毋庸歸。今日諸君爲主人，日尚早，未可也。"江翁曰："經何以言之？"式曰："在《曲禮》。"江翁曰："何狗曲也！"式耻之，陽醉遏墜。

〔9〕《後漢書·儒林傳下》："服虔字子慎，初名重，又名祇，後改爲虔，河南滎陽人也。少以清苦建志，入太學受業。有雅才，善著文論，作《春秋左氏傳解》，行之至今。又以《左傳》駁何休之所駁漢事六十條。"

〔10〕《五經異義》，東漢許慎著。《後漢書·儒林傳下》："初，慎以五經傳説臧否不同，於是撰爲《五經異義》，又作《説文解字》十四篇，皆傳於世。"《新唐書·藝文志·經解類》：許慎《五經異義》十卷，鄭玄駁。

〔11〕《毛詩正義·豳風·七月》曰："知然者，案《大戴禮·文王世子》篇云：'文王十三生伯邑考，十五生武王。'則武王之年，少於文王十四歲。《文王世子》云：'文王九十七而終，武王九十三而終。'"

〔12〕皮日休《補〈大戴禮·祭法〉文》，見於《全唐文》卷七九八及明賀復徵編《文章辨體彙選·雜著八》卷七八〇。按《唐才子傳》言：皮日休"自集所爲文十卷，名《文藪》，及詩集一卷，《滑臺集》七卷，又著《皮氏鹿門家鈔》九十卷，并傳"。《新唐書·藝文志四》：《皮日休集》十卷。《四庫全書總目提要·集部四·別集類四》：《皮子文藪》十卷，唐皮日休撰。

〔13〕韋元成，即韋玄成，避康熙皇帝名諱而改。其本傳附於《漢書·韋賢傳》後，引《祭義》曰："王者禘其祖自出，以其祖配之而立四廟。"

〔14〕《隋書·經籍志·論語類》：《白虎通》六卷，不著撰人。《舊唐書·經籍志·經解類》：《白虎通》六卷，漢章帝撰。《新唐書·藝文志·經解類》：班固等《白虎通義》六卷。《四庫全書總目提要·子部二八·雜家類二》："《白虎通義》四卷，漢班固撰。《隋書·經籍志》載《白虎通》六卷，不著撰人。《唐書·藝文志》載《白虎通義》六卷，始題班固之名。《崇文總目》載《白虎通德論》十卷，凡十四篇。陳振孫《書録解題》亦作十卷，云凡四十四門。"《白虎通·畊桑》引《祭義》："天子三推，三公五推，卿大夫七推。"又引《曾子

問》曰："天子耕東田而三反之。"

〔15〕按《情性》篇無引《間傳》之文者，有引《禮運》之文而今本《禮運》無者。其引《禮運》之文如下："故《禮運》記曰：六情，所以扶成五性也。"

〔16〕《白虎通·崩薨》引《檀弓》文如下："使大夫弔之，追遠重終之義也。故《禮·檀弓》曰：'天子哭諸侯，爵弁，純衣。'又曰：'遣大夫弔詞曰：皇天降災，子遭離之難，嗚呼哀哉！大王使臣某弔。'"又："《檀弓》曰：'孔子卒，所以受魯君之璠玉葬魯城北。'"又："《檀弓》記曰：'夏后氏殯於阼階，殷人殯於兩楹之間，周人殯於西階。'"又："《禮·檀弓》曰：'天子棺四重，水光革棺被之，其厚三寸。地棺一，梓棺二，柏椁以端，長六尺。'"又："《禮·檀弓》曰：'合葬，非古也，自周公已來未之有改也。'"又："《檀弓》曰：'孔子卒，所以受魯君之璠玉葬魯城北。'"又："故《檀弓》曰：'古也墓而不墳，今丘也。東西南北之人也，不可以不識也。於是封之，崇曰尺。'"引《王制》文如下："故《王制》曰：'天子七日而殯，諸侯五日而殯，卿大夫三日而殯。'"又："《禮·王制》曰：'天子棺椁九重，衣衾百二十稱於領。'"

〔17〕《隋書·經籍志·禮類》：《月令章句》十二卷，漢左中郎將蔡邕撰。《明堂月令論》引《禮記·檀弓》曰："王齊禘於清廟明堂也。"

〔18〕《白虎通·號》篇引《禮記·諡法》曰："德象天地稱帝，仁義所在稱王。"《諡》篇引《禮記·諡法》曰："翼善傳聖諡曰堯，仁聖盛明諡曰舜，慈惠愛民諡曰文，強理直諡曰武。"《爵》篇引《王度記》曰："天子冢宰一人，爵祿如天子之大夫。"《封公侯》篇引《禮·王度記》曰："子、男三卿，一卿命於天子。"《諫諍》篇引《王度記》曰："反之以玦，其不待放者，亦與之物。明有介主無介民也。"《考黜》篇引《王度記》曰："天子鬯、諸侯薰、大夫杞蘭、庶人艾。"《文質》篇引《禮記·王度》曰："王者，有象君之德，燥不輕，濕不重，薄不澆，廉不傷，疵不掩，是以人君寶之。"《嫁娶》篇引《王度記》曰："天子，一娶九女。"《社稷》篇引《禮記·三正記》曰："王者二社，爲天下立禮曰太社，自爲立社曰王社；諸侯爲百姓立社曰國社，自爲立社曰侯社。"《蓍龜》篇引《禮·三正記》曰："天子龜長一尺二寸，諸侯一尺，大夫八寸，士六寸。龜陰，故數偶也。天子蓍長九尺，諸侯七尺，大夫五尺，士三尺。蓍陽，故數奇也。……《禮·三正記》曰：'灼龜以荆。'"《三正》篇引《禮·三正記》曰："正朔三而改，文質再而復也。……《禮·三正記》曰：'質法天，文法地也。'"《封公侯》篇引《別名記》曰："司徒典民，司空主地，司馬順天。"《聖人》篇引《禮·別名記》曰："五人曰茂，十人曰選，百人曰俊，千人曰英，倍英曰賢，萬人曰傑，萬傑曰聖。"《三綱六紀》篇引《禮·親屬記》曰："男子先生稱兄，後生稱弟；女

子先生爲姊,後生爲妹。"《辟雍》篇引《禮‧五帝記》曰:"帝庠序之學,則父子有親,長幼有序,善如爾舍。"按:《白虎通》引《禮‧謚法》《王度記》《三正記》《別名記》《親屬記》《五帝記》皆著出處,唯未見引文著出自《少牢饋食》者。《社稷》篇引《王制》曰:"天子社稷皆大牢,諸侯社稷皆少牢。"

〔19〕《儀禮‧少牢饋食禮》注引《禘於大廟禮》曰:"日用丁亥,不得丁亥,則己亥、辛亥亦用之,無則苟有亥焉可也。"

〔20〕見《周禮注疏》卷二九。"暴內陵外則壇之"下注曰:"內謂其國,外謂諸侯。""壇"讀如"同墠"之墠。引《王霸記》曰:"置之空墠之地。""賊殺其親則正之"下注曰:"正之者,執而治其罪。"引《王霸記》曰:"正,殺之也。""放弒其君則殘之"下注曰:"放,逐也。殘,殺也。"引《王霸記》曰:"殘滅其爲惡。""犯令陵政則杜之"下注曰:"令猶命也。"引《王霸記》曰:"犯令者,違命也。""外內亂,鳥獸行,則滅之"注引《王霸記》曰:"悖人倫,外內無以異於禽獸,不可親百姓,則誅滅去之也。"

〔21〕《明堂月令論》引《禮記‧昭穆篇》曰:"祀先賢於西學,所以教諸侯之德也,即所以顯行國禮之處也。太學、明堂之東序也,皆在明堂辟雍之內。"

〔22〕《後漢書‧應劭傳》:"撰《風俗通》,以辨物類名號,釋時俗嫌疑。文雖不典,後世服其洽聞。"《隋書‧經籍志‧雜家類》:"《風俗通義》三十一卷,錄一卷。應劭撰。梁三十卷。"《舊唐書‧經籍志‧雜家類》:"《風俗通義》三十卷,應劭撰。"《風俗通義‧三皇》引《禮‧號謚記》說:"伏義、祝融、神農。"

〔23〕《後漢書‧王充傳》:"充好論說,始若詭異,終有理實。以爲俗儒守文,多失其真,乃閉門潛思,絕慶吊之禮,戶牖墻壁各置刀筆。著《論衡》八十五篇,二十餘萬言,釋物類同異,正時俗嫌疑。"《隋書‧經籍志‧雜家類》:"《論衡》二十九卷,後漢徵士王充撰。"《舊唐書‧經籍志‧雜家類》:"《論衡》三十卷,王充撰。"《論衡‧講瑞篇》引《禮記‧瑞命》篇云:"雄曰鳳,雌曰皇。雄鳴曰即即,雌鳴曰足足。"

3. 論三《禮》之分自鄭君始,鄭於《儀禮》十七篇自序皆依劉向《別錄》,《禮記》四十九篇皆引《別錄》,已有《月令》《明堂位》《樂記》三篇非馬融所增甚明

《後漢書‧儒林傳》:"中興,鄭眾傳《周官經》,後馬融作《周官傳》,

授鄭玄，玄作《周官注》。玄本習《小戴禮》，謂今《儀禮》。後以古經校之，取其義長者，故爲鄭氏學[1]。玄又注小戴所傳《禮記》四十九篇，通爲三《禮》焉。”

案：據此，則《禮》分爲三，實自鄭君始。《周官》古別爲一書，故《藝文志》列於後。賈疏謂“其書既出於山巖屋壁，復入秘府，五家之儒，莫得見焉”[2]，五家即高堂、蕭、孟、后、二戴，是西漢禮家無傳《周官》者。二戴所傳《禮記》亦附經，不別行。自鄭兼注三書，通爲三《禮》，於是《周官》之分經別出者，與《禮》合爲一途；《禮記》之附經不別出者，與經歧爲二軌。鄭君三《禮》之學，其閎通在此，其雜糅亦在此。自此以後，阮諶之《三禮圖》[3]，王肅之《三禮音》[4]，崔靈恩之《三禮義宗》[5]，莫不以三《禮》爲定名矣。

鄭注諸經，惟三《禮》有目録[6]。《周禮》六篇，依六官次序無異；《儀禮》十七篇，則皆依《別録》。《儀禮疏》曰：“其劉向《別録》，即此十七篇之次是也，皆尊卑吉凶次第倫叙，故鄭用之。[7]”至於《大戴》，即以《士喪》爲第四，《既夕》爲第五，《士虞》爲第六，《特牲》爲第七，《少牢》爲第八，《有司徹》爲第九，《鄉飲酒》第十，《鄉射》第十一，《燕禮》第十二，《大射》第十三，《聘禮》第十四，《公食》第十五，《覲禮》第十六，《喪服》第十七。《小戴》於《鄉飲》《鄉射》《燕禮》《大射》四篇，亦依此《別録》次第，而以《士虞》爲第八，《喪服》爲第九，《特牲》爲第十，《少牢》爲第十一，《有司徹》爲第十二，《士喪》爲第十三，《既夕》爲第十四，《聘禮》爲第十五，《公食》爲第十六，《覲禮》爲第十七。皆尊卑吉凶雜亂，故鄭玄皆不從之矣。《禮記》四十九篇，鄭《目録》皆引《別録》曰此於《別録》屬某門。《月令目録》曰：“此於《別録》屬《明堂陰陽記》。”《明堂位目録》曰：“此於《別録》屬《明堂陰陽記》。”《樂記目録》曰：“此於《別録》屬《樂記》，蓋十一篇合爲一篇。”[8]據鄭所引劉向《別録》，已有《月令》《明堂位》《樂記》三篇。劉與戴聖年輩相近，遠在馬融之前，四十九篇必是小戴原書，而非馬融增入可知。且《六藝論》明云：“戴聖傳《記》四十九篇。”鄭受學於馬融，使三篇爲融所增，鄭必不得統同言之，而盡以屬之戴聖矣。鄭《奔喪目録》曰：“實逸《曲禮》之正篇也。”《投壺目録》曰："實逸《曲禮》之正篇也。"鄭云"曲禮"，即今《儀禮》。鄭以此二篇當爲《逸禮》之正經，而不當入之《禮記》。當時尚無《儀禮》之稱，故云"曲禮"，《儀禮》本經禮，而謂之"曲禮"，鄭説稍誤。

箋注

〔1〕 "取其義長者"後，原刻本衍一"順"字，據《後漢書·董鈞傳》刪。《後漢書·鄭衆傳》："衆字仲師。年十二，從父受《左氏春秋》，精力於學，明三統歷，作《春秋難記條例》，兼通《易》《詩》，知名於世。"《後漢書·馬融傳》："融才高博洽，爲世通儒，教養諸生，常有千數。涿郡盧植，北海鄭玄，皆其徒也……著《三傳異同説》。注《孝經》《論語》《詩》《易》、三《禮》《尚書》《列女傳》《老子》《淮南子》《離騷》。"《後漢書·鄭玄傳》："又從東郡張恭祖受《周官》《禮記》《左氏春秋》《韓詩》《古文尚書》。以山東無足問者，乃西入關，因涿郡盧植，事扶風馬融。"《東漢會要》卷一二："玄本習《小戴禮》，後以古經校之，取其義長者，故爲鄭氏學。"《隋書·經籍志·禮類》："《周官禮》十二卷，馬融注。""《周官禮》十二卷，鄭玄注。"《舊唐書·經籍志·禮類》："《周官》十二卷，馬融傳。""《周官禮》十三卷，鄭玄注。"《新唐書·藝文志·禮類》："鄭玄注《周官》十三卷，馬融《周官傳》十二卷。"

〔2〕 賈疏，即賈公彦《周禮疏》，引文見於《周禮正義·序》。《舊唐書·經籍志·禮類》："《周禮疏》五十卷，賈公彦撰。"《新唐書·藝文志·禮類》："賈公彦《周禮疏》五十卷。"《舊唐書·儒學上》："賈公彦，洺州永年人。永徽中，官至太學博士。撰《周禮義疏》五十卷、《儀禮義疏》四十卷。"

〔3〕 《隋書·經籍志·禮類》："《三禮圖》九卷，鄭玄及後漢侍中阮諶等撰。"《四庫全書總目提要·經部·禮類四》："《三禮圖集注》二十卷，宋聶崇義撰……因取三《禮》舊圖，凡得六本，重加考訂……考《禮圖》始於後漢侍中阮諶。其後有梁正者，題諶《圖》云：陳留阮士信受學於潁川綦母君，取其説爲《圖》三卷……則所謂六本者，鄭玄一，阮諶二，夏侯伏朗三，張鎰四，梁正五，開皇所撰六也。"

〔4〕 《隋書·經籍志·禮類》："《禮記音》二卷，宋中散大夫徐爰撰。梁有鄭玄、王肅、射慈、射貞、孫毓、繆炳音各一卷，蔡謨、東晉安北諮議參軍曹耽、國子助教尹毅、李軌、員外郎范宣音各二卷，徐邈音三卷，劉昌宗音五卷，亡。"《三國志魏書·王肅傳》："初，肅善賈、馬之學，而不好鄭氏，采會同異，爲

《尚書》《詩》《論語》、三《禮》《左氏》解，及撰定父朗所作《易傳》……肅集《聖證論》以譏短玄，叔然駁而釋之，及作《周易》《春秋例》《毛詩》《禮記》《春秋三傳》《國語》《爾雅》諸注，又注書十餘篇。"

〔5〕《梁書·儒林傳》："崔靈恩，清河東武城人也。少篤學，從師遍通五經，尤精三《禮》、三《傳》。……靈恩集注《毛詩》二十二卷，集注《周禮》四十卷，制《三禮義宗》四十七卷，《左氏經傳義》二十二卷，《左氏條例》十卷，《公羊穀梁文句義》十卷。"《隋書·經籍志·禮類》："《三禮義宗》三十卷，崔靈恩撰。"《舊唐書·經籍志·禮類》："《三禮義宗》三十卷，崔靈恩撰。"《新唐書·藝文志·禮類》："崔靈恩《三禮義宗》三十卷。"

〔6〕《隋書·經籍志·禮類》："《三禮目録》一卷，鄭玄撰。梁有陶弘景注一卷，亡。"《舊唐書·經籍志·禮類》："《三禮目録》一卷，鄭玄注。"《新唐書·藝文志·禮類》："鄭玄《三禮目録》一卷。"《四庫全書總目提要·經部·禮類四(三禮總義)》："案：鄭康成有《三禮目録》一卷，此三《禮》通編之始。其文不可分屬。今共爲一類，亦五經總義之例也。其不標三《禮》之名，而義實兼釋三《禮》者，亦并附焉。"

〔7〕見賈公彦《儀禮疏·序》

〔8〕合，原刻本作"今"。據《禮記正義》卷三七《樂記正義》改。

4. 論鄭注《禮器》以《周禮》爲"經禮"、《儀禮》爲"曲禮"有誤，臣瓚注《漢志》不誤

自鄭君以《周禮》爲"經禮"，《儀禮》爲"曲禮"，於是漢代所尊爲《禮經》者，反列於後，而《周官》附於《禮經》者，反居於前。《禮記正義·序》曰："其《周禮》見於經籍，其名異者，見有七處。案《孝經説》云'禮經三百'〔1〕，一也；《禮器》云'經禮三百'〔2〕，二也；《中庸》云'禮儀三百'，三也；《春秋説》云'禮經三百'〔3〕，四也；《禮説》云'有正經三百'〔4〕，五也；《周官》外題謂爲《周禮》〔5〕，六也；《漢書·藝文志》云'《周官經》六篇'，七也。七者皆云'三百'，故知俱是《周官》。《周官》三百六十，舉其大數而云三百也。其《儀禮》之別，亦有七處，而有五名。一則《孝經説》《春秋》及《中庸》并云'威儀三千'，二則《禮器》云'曲禮三

千’，三則《禮説》云‘動儀三千’，四則謂爲《儀禮》，五則《漢書·藝文志》謂《儀禮》爲‘古禮經’[6]。凡此七處、五名稱謂并承三百之下，故知即《儀禮》也。所以三千者，其履行《周官》五禮之別[7]，其事委曲，條數繁廣，故有三千也。非謂篇有三千，但事之殊別，有三千條耳。或一篇一卷，則有數條之事，今行於世者，唯十七篇而已。”

錫瑞案：《禮器》《中庸》諸書所言三百、三千，當時必能實指其數，後世則無以實指之。鄭君以《周官》三百六十，與三百之數偶合，遂斷以《周官》爲“經禮”，而强坐《儀禮》爲“曲禮”，此由鄭君尊崇《周官》太過，而後人尊崇鄭義又太過，一軒一輕，竟成鐵案。如孔《疏》所列《周官》七名、《儀禮》五名，除所引《漢·藝文志》外，皆不可據。以《周官》爲經禮三百，不過仍以其數偶合，以《儀禮》爲曲禮三千，則以所引在經禮三百下，而强坐爲曲禮。據其説三千條止存十七篇，即篇有數條，亦比十七篇幾增加百倍。十七篇計五萬餘言，加百倍當有數百萬言，當時如何通行？學者如何誦習？且古書用簡策，必不能如此繁多，此不待辨而知其不然者。《漢志》明以今之《儀禮》爲經，而《周官》經附後，乃强奪經名歸之《周官》，而十七篇不爲經而爲曲，與《漢志》尤不合。《漢志》引“禮經三百，威儀三千”，韋昭曰：“周禮三百六十官也，三百舉成數也。”[8]臣瓚曰：“禮經三百，謂冠婚吉凶；周禮三百，是官名也。”[9]師古曰：“禮經三百，韋説是也。威儀三千，乃謂冠婚吉凶，蓋《儀禮》是也。”韋以《周官》爲禮經，顏以《儀禮》爲威儀，是主鄭説。臣瓚以禮經爲《儀禮》，非《周官》，是不主鄭説。經禮乃禮之綱，曲禮乃禮之目；《周官》言官制，不專言禮，不得爲《儀禮》之綱；《儀禮》專言禮，古稱《禮經》，不當爲《周官》之目。自鄭注《禮器》有誤，六朝、唐人皆沿其誤。瓚説獨不主鄭，而師古反是韋説，以當時皆從鄭義也。今若改正三《禮》之名，當正名《儀禮》爲《禮經》，以《大戴禮記》《小戴禮記》附之，而別出《周官》自爲一書，庶經學易分明，而禮家少聚訟矣。

〔1〕《漢書·藝文志》：“《孝經》一篇，十八章。長孫氏、江氏、后氏、翼氏四家。

長孫氏説二篇、江氏説一篇、翼氏説一篇、后氏説一篇，安昌侯説一篇。”《漢書·儒林傳》：“博士江公世爲《魯詩》宗，至江公著《孝經説》，心嫉之。”王應麟《困學紀聞》卷八：“鄭康成注二《禮》，引《易説》《書説》《樂説》《春秋説》《禮家説》《孝經説》，皆緯候也。”

〔2〕《禮記·禮器》云：“故經禮三百，曲禮三千，其致一也。”鄭玄注：“‘經禮’謂《周禮》也，《周禮》六篇，其官有三百六十。”

〔3〕《春秋説》：注見前。

〔4〕《禮説》，或爲王應麟所言《禮家説》。《周禮注疏·序》：“案《禮·稽命徵》曰：‘文王見禮壞樂崩，道孤無主，故設禮經三百，威儀三千’，其三百、三千。”

〔5〕孔穎達《禮記正義·原目》：“《周禮》於經籍而名異者見有七處：按《孝經》説云經禮三百，一也；《禮器》云經禮三百，二也；《中庸》云禮儀三百，三也；《春秋》説云禮經三百，四也；《禮説》云有正經三百，五也；《周官》外題謂爲《周禮》，六也；《漢書·藝文志》云《周官經》六篇，七也。七者皆云三百，故知俱是《周官》。周官三百六十，舉其大數而云三百也。”

〔6〕案《漢書·藝文志·禮類》：“《禮古經》五十六卷，《經》七十篇，后氏、戴氏。”《漢書補注》：“劉敞曰：此‘七十’與後‘七十’皆當作‘十七’。未聞稱‘古禮經’者。”

〔7〕《周官》五禮，指吉禮、凶禮、軍禮、賓禮、嘉禮也。《晉書·禮志上》：“《周官》五禮，吉、凶、軍、賓、嘉。”

〔8〕韋昭，《三國志》有傳，陳壽爲晉諱，改昭爲曜。《三國志·吳書·韋曜傳》：“韋曜字弘嗣，吳郡雲陽人也。少好學，能屬文。”《隋書·經籍志·史部》：《漢書音義》七卷，韋昭撰。

〔9〕臣瓚，其名不詳，見於裴駰《史記集解序》、顏師古《漢書叙例》。

5. 論鄭注三《禮》有功於聖經甚大，注極簡妙，并不失之於繁

《史記·儒林傳》言《禮》自魯高堂生，《索隱》：“謝承云[1]‘秦世季代有魯人高堂伯’，則伯是其字。云‘生’者，自漢以來儒者皆號生，亦

先生者省字呼之耳。"《後漢書注》"高堂生，名隆"，不知何據，疑涉魏高堂隆而誤[2]。《史記正義》引阮孝緒《七録》[3]，謂博士侍其生得十七篇。侍其生不知何時人，或在高堂之後。漢初立博士，《禮》主后倉，見《漢·藝文志》論。《志》云："迄孝宣世，后倉最明，戴德、戴聖、慶普皆其弟子，三家立於學官。"蓋三家分立，而后氏不立，猶《書》分立歐陽、夏侯，而伏氏不立也。《志》列《曲臺后倉》九篇，如淳曰[4]："行禮射於曲臺，后倉爲記，故名曰《曲臺記》。今九篇皆不傳。"《志》又列《議奏》三十八篇，原注云："石渠。"[5]《隋書·經籍志》："《石渠禮論》四卷，戴聖撰。"即《漢志》之《議奏》，中列蕭望之、韋玄成、聞人通漢、尹更始、劉更生諸人[6]，而題"戴聖撰"者，蓋小戴所撰集也。今略見於《詩》《禮》疏、杜佑《通典》[7]，共得二十餘條。《大戴喪服變除》一卷，見《唐書·藝文志》，今略見於《禮記》鄭注及疏、杜佑《通典》，共得十餘條。玉函山房皆有輯本[8]，二戴之學，猶可考見。漢《禮經》通行，有師授而無注釋。馬融但注《喪服》經傳[9]，鄭君始全注十七篇。鄭於禮學最精，而有功於《禮經》最大[10]。向微鄭君之注，則高堂傳《禮》十七篇，將若存若亡，而索解不得矣。《周官》晚出，有杜子春之《注》，鄭興、鄭衆、賈逵之《解詁》，馬融之《傳》[11]。鄭注《周禮》，多引杜子春、鄭大夫、鄭司農[12]，前有所承，尚易爲力。而十七篇前無所承，比注《周禮》六篇爲更難矣。大小戴《記》亦無注釋，鄭注《小戴禮記》四十九篇，前無所承，亦獨爲其難者。向微鄭君之注，則《小戴禮記》四十九篇[13]，亦若存若亡，而索解不得矣。鄭君著書百餘萬言，精力實不可及。傳云"質於辭訓，通人頗譏其繁"。

錫瑞案：鄭注《書》、箋《詩》，間有過繁之處，而注《禮》文簡義明，實不見其過繁。即如《少牢饋食禮》經二千九百七十九字，注二千七百八十七字，《有司徹》經四千七百九十字，注三千四百五十六字，《學記》《樂記》二篇經六千四百九十五字，注五千五百三十二字，《祭法》《祭義》《祭統》三篇，經七千四百六十字，注五千五百二十三字，皆注少於經。又《檀弓》"司寇惠子之喪，子游爲之麻衰、牡麻経"[14]，注云："惠子廢適立庶，爲之重服以譏之。""文子辭曰：'子辱與彌牟之弟游，又辱爲之服，敢辭。'子游曰：'禮也。'文子退，反哭。"注云："子游名習禮，文子亦以爲當然，未覺其所譏。""子游趨而就諸臣子位"，注云："深譏之，大夫之家臣位在賓後。""文子退，扶適子南面而立曰：'子辱與彌牟之弟游，又辱爲之服，又辱臨其喪，虎也敢不復位。"注："覺所譏也。虎，適子名。文子親扶而辭，敬子游也。""子游趨而就客位"，注云："所譏行。"此一節記文，若無鄭君之注，讀者必不解所謂，鄭注止數十字，而連用五"譏"字，使當時情事，歷歷如繪，其文法如此簡妙，豈後人所能及哉？《月令》《明堂位》《雜記》疏皆云《禮》是鄭學，兩《漢書·儒林傳》以《易》《書》《詩》《春秋》名家者多，而《禮》家獨少。惟馬融注《周官禮》《喪服》經傳，隋、唐《志》皆著錄[15]，而無《禮記》。《東漢會要》載有融《禮記注》[16]，玉函山房輯本得十六條。盧植注《禮記》二十卷，隋、唐《志》皆著錄，《東漢會要》作《禮記解詁》[17]，玉函山房輯本一卷。孔《疏》云："鄭附盧植之本而爲之注。"鄭《禮記注》或亦有本於盧、馬者，而注中未嘗質言之，如《周禮》稱引杜、鄭，則亦未見其必有所本也。

箋注

〔1〕謝承，字偉平，會稽山陰（今浙江紹興）人。《三國志·吳書五·妃嬪傳》："承拜五官郎中，稍遷長沙東部都尉、武陵太守，撰《後漢書》百餘卷。"裴松之注引《會稽典錄》曰："承字偉平，博學洽聞，嘗所知見，終身不忘。子崇，揚威將軍，崇弟勗，吳郡太守，并知名。"《隋書·經籍志·史部正史類》：《後漢書》一百三十卷，無帝紀，吳武陵太守謝承撰。《會稽先賢傳》，謝承撰。

〔2〕高堂隆，三國曹魏名臣、學者。《三國志·魏書二十五·高堂隆傳》："高堂隆字升平，泰山平陽人，魯高堂生後也。"

〔3〕《隋書·經籍志·總序》："普通中，有處士阮孝緒，沉靜寡欲，篤好墳史，博采宋、齊已來王公之家凡有書記，參校官簿，更爲《七錄》：一曰《經典錄》，紀六藝；二曰《記傳錄》，紀史傳；三曰《子兵錄》，紀子書、兵書；四曰《文集錄》，紀詩賦；五曰《技術錄》，紀數術；六曰《佛錄》；七曰《道錄》。其分部題目，頗有次序，割析辭義，淺薄不經。"

〔4〕如淳，三國曹魏學者。荀勗《中經新簿》："魏有陳郡馮翊如淳，注《漢書》。"

顏師古《漢書叙例》:"如淳,馮翊人,魏陳郡丞。"

〔5〕石渠,即石渠閣,與天禄、麒麟二閣并爲西漢皇家圖書典藏與編校機構。漢宣帝甘露三年(前51)召集名儒於石渠閣講論《五經》異同,宣帝親自裁斷。《漢書·儒林傳·梁丘賀》:"甘露中,奉使問諸儒於石渠。"《漢書·宣帝紀》:"詔諸儒講五經同異,太子太傅蕭望之等平奏其議,上親稱制臨決焉。"《漢書·儒林傳》:"乃召五經名儒太子太傅蕭望之等大議殿中,平《公羊》《穀梁》同異,各以經處是非。"又:"甘露中,與五經諸儒雜論同異於石渠閣。"顏師古注:《三輔故事》云石渠閣在未央殿北,以藏秘書也。"《三輔黃圖》卷六《閣》:"石渠閣,蕭何造,其下礱石爲渠以道水,若今御溝,因爲閣名。所藏入關所得秦之圖籍。至成帝,又於此藏秘書焉。"

〔6〕蕭望之(約前114—前47),字長倩,蕭何七世孫,東海蘭陵(今山東蘭陵)人,徙杜陵(今陝西西安東南)。歷任大鴻臚、太傅等官。後遭宦官弘恭、石顯等誣告下獄,憤而自殺。蕭望之事同縣后蒼治《齊詩》,復事同學博士白奇,又從夏侯勝問《論語》、禮服。爲太傅時,以《論語》、禮服授皇太子。是漢代《魯論語》的重要傳人。事見《漢書·蕭望之傳》。《漢書·藝文志·六藝略》:"傳《魯論語》者,常山都尉龔奮、長信少府夏侯勝、丞相韋賢、魯扶卿、前將軍蕭望之、安昌侯張禹,皆名家。"《隋書·經籍志·經部·論語類》:"魯則常山都尉龔奮、長信少府夏侯勝、韋丞相節侯父子、魯扶卿、前將軍蕭望之、安昌侯張禹,并名其學。"《漢書·藝文志·詩賦略》:"蕭望之賦四篇。"聞人通漢,字子方,漢代學者。《漢書·儒林傳·孟卿》:"倉説禮數萬言,號曰后氏曲臺記,授沛聞人通漢子方……通漢以太子舍人論石渠,至中山中尉。"尹更始,字翁君,西漢汝南人。先從蔡千秋學《穀梁春秋》,後又從張禹受《春秋左氏傳》。《漢書·儒林傳》:"穀梁議郎尹更始、待詔劉向、周慶、丁姓并論……尹更始爲諫大夫、長樂户將,又受左氏傳,取其變理合者以爲章句,傳子咸及翟方進、琅邪房鳳。"《隋書·經籍志·經部·春秋類》:"《春秋穀梁傳》十三卷吳僕射唐固注。梁有《春秋穀梁傳》十五卷,漢諫議大夫尹更始撰,亡。"劉更生,即劉向,注見前。

〔7〕杜佑(735—812),字君卿,京兆萬年(今陝西西安)人。出身京兆杜氏,門蔭入仕,起家濟南參軍,後赴浙西、淮南任職。順宗時官至遷檢校司徒、度支鹽鐵使。憲宗即位,進拜司徒,封岐國公。杜佑曾用三十六年撰成《通典》二百卷,爲中國第一部體例完備之政書,通記歷代典章制度建置沿革史,始於傳説時代,終於唐天寶末,間及肅宗、代宗、德宗三朝。分爲九典,各冠總論,下繫子目,凡有一千五百八十四條。《四庫全書總目提要》:"先是劉秩

仿《周官》之法，摭拾百家，分門詮次，作《政典》三十五卷。佑以爲未備，因廣其所闕，參益新禮，勒爲此書。凡分八門：曰食貨、曰選舉、曰職官、曰禮、曰樂、曰兵刑、曰州郡、曰邊防。每門又各分子目……所載上溯黃、虞，訖於唐之天寶。肅、代以後，間有沿革，亦附載注中……然其博取五經、群史及漢、魏、六朝人文集、奏疏之有裨得失者，每事以類相從，凡歷代沿革，悉爲記載，詳而不煩，簡而有要，元元本本，皆爲有用之實學，非徒資記問者可比。考唐以前之掌故者，茲編其淵海矣。至其各門徵引《尚書》《周官》諸條，多存舊詁……似此之類，尤頗有補於經訓。宋鄭樵作《通志》，與馬端臨作《文獻通考》，悉以是書爲藍本。然鄭多泛雜無歸，馬或詳略失當，均不及是書之精核也。”

〔8〕玉函山房，清道光中濟南學者馬國翰藏書樓名。馬國翰有《玉函山房輯佚書》，分經、史、子三編，七百三十九卷，輯佚書五百九十四種。輯錄之書均爲唐以前已散亡的古籍，爲輯書史上之空前巨著。

〔9〕案《隋書·經籍志·禮類》：“《喪服經傳》一卷，馬融注。”《後漢書·馬融傳》：“融才高博洽，爲世通儒……嘗欲訓《左氏春秋》，及見賈逵、鄭衆注，乃曰：‘賈君精而不博，鄭君博而不精。既精既博，吾何加焉！’但著《三傳異同說》。注《孝經》《論語》《詩》《易》、三《禮》《尚書》《列女傳》《老子》《淮南子》《離騷》，所著賦、頌、碑、誄、書、記、表、奏、七言、琴歌、對策、遺令，凡二十一篇。”

〔10〕鄭玄遍注群經，於“三禮”用力最深，其成就亦最高，其《三禮注》遂爲後世治禮學者所宗。孔穎達《禮記正義》有言“禮是鄭學”，顧炎武《述古詩》稱贊鄭玄云：“大哉鄭康成，探賾靡不舉。六藝既該通，百家亦兼取。至今三禮存，其學非小補。”《後漢書·鄭玄傳》：“凡玄所注《周易》《尚書》《毛詩》《儀禮》《禮記》《論語》《孝經》《尚書大傳》《中候》《乾象曆》，又著《天文七政論》《魯禮禘祫義》《六藝論》《毛詩譜》《駁許慎五經異義》《答臨孝存周禮難》，凡百餘萬言。”

〔11〕《隋志·經部·禮類（小序）》：“河南緱氏杜子春受業於歆，因以教授。是後馬融作《周官傳》，以授鄭玄，玄作《周官注》。”《四庫全書總目提要·經部·禮類》：“《周官注疏》……《周官》在漢於諸經最爲晚出，傳之者惟劉歆、杜子春、鄭衆、馬融數家，康成兼采衆説爲注。”杜子春曾於劉歆受《周官》，有《周官注》一書，早佚，鄭玄《周官注》多引其書。《後漢書·鄭興傳》：“興好古學，尤明《左氏》《周官》，長於曆數，自杜林、桓譚、衛宏之屬，莫不斟酌焉。世言《左氏》者多祖於興，而賈逵自傳其父業，故有鄭、賈之學。”《後漢書·

鄭衆傳》："衆字仲師。年十二，從父受《左氏春秋》，精力於學，明《三統曆》，作《春秋難記條例》，兼通《易》《詩》，知名於世。……其後受詔作《春秋刪》十九篇。"《後漢書·賈逵傳》："父徽，從劉歆受《左氏春秋》，兼習《國語》《周官》，又受《古文尚書》於塗惲，學《毛詩》於謝曼卿，作《左氏條例》二十一篇。逵悉傳父業……尤明《左氏傳》《國語》，爲之解詁五十一篇……并作《周官解詁》。"

〔12〕鄭大夫，即鄭興；鄭司農，即鄭衆。

〔13〕《隋書·經籍志·禮類小序》："漢初，河間獻王又得仲尼弟子及後學者所記一百三十一篇獻之，時亦無傳之者。至劉向考校經籍，檢得一百三十篇，向因第而叙之。而又得《明堂陰陽記》三十三篇、《孔子三朝記》七篇、《王氏史記》二十一篇、《樂記》二十三篇，凡五種，合二百四十篇。戴德刪其煩重，合而記之，爲八十五篇，謂之《大戴記》。而戴聖又刪大戴之書，爲四十六篇，謂之《小戴記》。漢末馬融，遂傳小戴之學。融又定《月令》一篇、《明堂位》一篇、《樂記》一篇，合四十九篇；而鄭玄受業於融，又爲之注。"《隋志·經部·禮類》："《禮記》二十卷，漢九江太守戴聖撰，鄭玄注。"

〔14〕見《禮記·檀弓上》。

〔15〕《隋書·經籍志·經部·禮類》：《周官禮》十二卷，馬融注。《喪服經傳》一卷，馬融注。《舊唐書·經籍志·經部·禮類》：《周官》十二卷，馬融傳。《喪服記》一卷，馬融注。《新唐書·藝文志·經部·禮類》：馬融《周官傳》十二卷，又注《喪服記》一卷。案，兩《唐志》所著之《喪服記》即《喪服經傳》。

〔16〕《四庫全書總目提要·史部·政書類一》："《東漢會要》四十卷，宋徐天麟撰。天麟官撫州教授時，既奏進《西漢會要》，後官武學博士時，續成此書，於寶慶二年復奏進之。其體例皆與前書相合。所列亦十五門，分三百八十四事，惟《西漢會要》不加論斷，而此書則間附以案語，及雜引他人論說，蓋亦用蘇冕《駁議》之例也。……天麟據范書爲本，而旁貫諸家，悉加哀次。其分門區目，排比整齊，實深有神於考證。……然其大體詳密，即稍有蹉駁，固不足以爲累也。其書世所傳者皆據宋本傳鈔，第三十七、三十八兩卷全闕，三十六、三十九兩卷，亦各佚其半，無可考補，今亦并仍之焉。"案，《玉函山房輯佚書》有《禮記馬氏注》一卷，《東漢會要》未著録有馬融《禮記注》。

〔17〕《後漢書·盧植傳》："少與鄭玄俱事馬融，能通古今學，好研精而不守章句……作《尚書章句》《三禮解詁》。"《隋志·經部·禮類》：《禮記》十卷，漢

北中郎將盧植注。《舊唐書·經籍志·經部·禮類》:《禮記》二十卷,盧植注。《新唐書·藝文志·經部·禮類》:盧植注《小戴禮記》二十卷。《玉函山房輯佚書》有《禮記盧氏注》一卷。《東漢會要》卷一二:"盧植字子幹,少與鄭玄同事馬融,能古今學,好研精而不守章句,作《尚書章句》《三禮解詁》。"

6. 論漢立二戴博士是《儀禮》,非《禮記》,後世說者多誤,毛奇齡始辨正之

　　漢立十四博士,《禮》大、小戴。此所謂《禮》,是大、小戴所受於后倉之《禮》十七篇,非謂《大戴禮記》八十五篇與《小戴禮記》四十九篇。後世誤以大、小戴《禮》爲大、小戴《禮記》,并誤以《后倉曲臺記》爲即今之《禮記》,近儒辨之,已家喻户曉矣。而在國初毛奇齡《經問》早辨其誤曰[1]:"戴聖受《儀禮》,立戴氏一學,且立一戴氏博士,而於《禮記》似無與焉。今世但知《禮記》爲《曲臺禮》,《容臺禮》爲《戴記》[2],而并不知《曲臺》《容臺》與戴《記》之爲《儀禮》。間嘗考《曲臺》《容臺》所由名。漢初,魯高堂生傳《士禮》十七篇[3],即《儀禮》也。是時東海孟卿傳《儀禮》之學以授后倉[4],而后倉受《禮》,居於未央宮前之曲臺殿,校書著記,約數萬言,因名其書爲《后氏曲臺記》。至孝文時,魯有徐生善爲頌,頌者容也,不能通經,祇以容儀行禮,爲禮官大夫,因又名習禮之處爲容臺。此皆以《儀禮》爲名字者。若其學,則后倉授之梁人戴德及德從兄子聖與沛人慶普三人。至孝宣時,立大小戴、慶氏《禮》,故舊稱《儀禮》爲慶氏《禮》,爲大、小戴《禮》,以是也。宋鄭樵爲《三禮辨》,有云:'魯高堂生所傳《士禮》一十七篇,今之《儀禮》是也。《后倉曲臺記》數萬言,今之《禮記》是也。[5]'按前、後《漢志》及《儒林傳》皆以高堂所傳十七篇,瑕邱蕭奮即以授后倉,作《曲臺記》,是時兩漢俱并無《禮記》一書,故孝宣立二戴及慶氏學,皆《儀禮》之學,源流不同。鄭樵著《通志》[6],而六經源流尚未能晰,況其他乎?若《禮記》則前志祇云'《記》

百三十一篇',當是《禮記》未成書時底本,然并不名《禮記》,亦并無二戴傳《禮記》之說。惟《後漢·儒林》有鄭玄所注四十九篇之目,則與今《禮記》篇數相合,故鄭玄作《六藝論》云:'今《禮》行於世者,戴德、戴聖之學也。'此《儀禮》也。又云'戴德傳《記》八十五篇',則今《大戴禮》是也,'戴聖傳《禮》四十九篇',則《禮記》是也。然其説究無所考。及觀《隋·經籍志》,則明云:'漢初,河間獻王得仲尼弟子所記一百三十一篇,至劉向校經籍,檢得一百三十篇,因第而叙之。又得《明堂陰陽記》凡五種,共二百十四篇。戴德删其繁重,合而記之爲八十五篇,謂之《大戴禮》。戴聖又删大戴之書爲四十六篇,謂之《小戴記》。'則二戴爲武、宣時人[7],豈能删哀、平間向、歆所校之書[8],荒唐甚矣!且二戴何人,以向、歆所校定二百十四篇,驟删去一百三十五篇?世無是理。況《前漢·儒林》并不載删《禮》之文,而《東漢·儒林》又無其事,則哀、平無幾,陡值莽變,安從删之?又且《大戴》見在,并非與今《禮記》爲一書者。且戴聖所删止四十六篇,相傳三篇爲馬融增入,則與《後漢·儒林》所稱四十九篇之目又復不合。凡此皆當闕疑,以俟後此之論定者。"

　　錫瑞案:毛氏云:"《士禮》稱《儀禮》,不知始於何時。然在當時,即有《容禮》之稱,《容禮》即《儀禮》也。"其説頗涉傅會,而分別《儀禮》《禮記》,辨鄭樵之誤及《隋志》之誤,則極精確。鄭注四十九篇,即今《禮記》,戴聖傳《禮》四十九篇,不待馬融增入,至今説已大著,毛氏猶爲疑辭。蓋在當時經義榛蕪,未能一旦廓清,而據其所辨明,已可謂卓識矣。

箋注

〔1〕《清史稿·藝文志·經部·經總義》:《經問》十八卷,《經問補》三卷。毛奇齡撰。《四庫總目提要·經部》:"《經問》十八卷、《經問補》三卷(浙江巡撫采進本)。國朝毛奇齡説經之詞,其門人録之成編。皆一問一答,故題曰'經問'。其後三卷,則其子遠宗所補録也。"引文見《經問》卷三。

〔2〕《曲臺禮》，即后倉所傳《曲臺記》。《漢書·儒林傳·孟卿傳》：“倉説《禮》數萬言，號曰《后氏曲臺記》。”顔師古注引服虔曰：“在曲臺校書著記，因以爲名。”《漢書·藝文志·六藝略》：“《禮古經》五十六卷，《經》十七篇。后氏、戴氏。”《隋書·經籍志·禮類小序》：“自高堂生，至宣帝時，后倉最明其業，乃爲《曲臺記》。”《周禮正義序》：“后倉説禮數萬言，號曰《后氏曲臺記》。”《初學記》卷二一《文部·經典第一·叙事》：“《禮記》者，本孔子門徒共撰所聞也，後通儒各有損益。子思乃作《中庸》，公孫尼子作《緇衣》。漢文時，博士作《王制》，其餘衆篇，皆如此例。至漢宣帝世，東海後蒼善説禮，於曲臺殿撰禮一百八十篇，號曰《后氏曲臺記》。后蒼傳於梁國戴德及從子聖。德乃删《后氏記》爲八十五篇，名《大戴禮》；聖又删《大戴禮》爲四十六篇，名《小戴禮》。”《容臺禮》又稱《容禮》，即《儀禮》。《戴記》即《大戴禮記》《小戴禮記》。毛奇齡《經問》卷一三：“《士禮》稱《儀禮》誠不知始於何時？然在漢時即有《容禮》之稱，《容禮》即《儀禮》也。據《漢儒林傳》，魯高堂生傳《士禮》十七篇，而魯徐生善爲頌。孝文時，徐生以頌爲禮官大夫。頌即容也，《詩傳》：頌者，美盛德之形容。《魯仲連傳》鮑焦無從頌而死，謂不從容而死。故漢儀有二：即以容貌習禮。而郡國有容吏，未央殿前有曲臺，即容臺，命后蒼説禮其中。當時稱《士禮》爲《容臺禮》，又名《容禮》。賈誼引《容經》文即《容禮》，後漢劉昆爲梁孝王后，少習《容禮》，皆是也。”

〔3〕“間嘗考曲臺、容臺所由名”，原刻本無“容臺”二字；“漢初魯高堂生傳《士禮》十七篇”，原刻本“士禮”前多“容臺”二字。據毛奇齡《經問》卷三改。

〔4〕《漢書·儒林傳》：“漢興，魯高堂生傳《士禮》十七篇……而瑕丘蕭奮以禮至淮陽太守……孟卿，東海人也。事蕭奮，以授后倉、魯閭丘卿。倉説禮數萬言，號曰《后氏曲臺記》。”《漢書·儒林傳(孟喜)》：“父號孟卿，善爲《禮》《春秋》，授后蒼、疏廣。世所傳《后氏禮》《疏氏春秋》，皆出孟卿。”

〔5〕見《六經奧論》卷五《禮經·三禮總辨》。案，關於《六經奧論》的考證，見《四庫全書·經部·五經總義類》。

〔6〕“鄭樵著《通志》”，原刻本作“鄭樵著《通考》”，誤。《四庫全書總目提要》：“《通志》二百卷（内府刊本）。宋鄭樵撰……樵負其淹博，乃網羅舊籍，參以新意，撰爲是編。凡帝紀十八卷、皇后列傳二卷、年譜四卷、略五十一卷、列傳一百二十五卷……其平生之精力，全帙之菁華，惟在二十略而已：一曰氏族、二曰六書、三曰七音、四曰天文、五曰地理、六曰都邑、七曰禮、八曰謚、九曰器服、十曰樂、十一曰職官、十二曰選舉、十三曰刑法、十四曰食貨、十五曰藝文、十六曰校讎、十七曰圖譜、十八曰金石、十九曰灾祥、二十曰草

木昆蟲。其氏族、六書、七音、都邑、草木昆蟲五略,爲舊史之所無……其采
摭既已浩博,議論亦多警辟。雖純駁互見,而瑕不掩瑜,究非游談無根者可
及。至今資爲考鏡,與杜佑、馬端臨書并稱‘三通’,亦有以焉。”

〔７〕武、宣,即漢武帝、漢宣帝。《隋書·經籍志·禮類小序》:“自高堂生,至宣
帝時,后倉最明其業,乃爲《曲臺記》。倉授梁人戴德,及德從兄子聖、沛人
慶普,於是有大戴、小戴、慶氏,三家并立。”

〔８〕《漢書·楚元王傳》:“成帝即位……而上方精於《詩》《書》,觀古文,詔向
校中五經秘書……歆字子駿,少以通《詩》《書》能屬文召見成帝……河平
中,受詔與父向領校秘書,講六藝、傳記、諸子、詩賦、數術、方技,無所不
究……哀帝初即位,大司馬王莽舉歆宗室有材行,爲侍中太中大夫,遷騎都
尉、奉車光禄大夫,貴幸。復領五經,卒父前業。歆乃集六藝、群書,種別爲
《七略》。”《漢書·藝文志》:“至成帝時,以書頗散亡,使謁者陳農求遺書於
天下。詔光禄大夫劉向校經傳諸子、詩賦,步兵校尉任宏校兵書,太史令尹
咸校數術,侍醫李柱國校方技。每一書已,向輒條其篇目,撮其指意,録而
奏之。會向卒,哀帝復使向子侍中奉車都尉歆卒父業。歆於是總群書而奏
其《七略》。”

7. 論段玉裁謂漢稱《禮》不稱《儀禮》甚確,而回護鄭注,未免强辭

段玉裁《禮十七篇標題·漢無儀字説》曰[1]:“鄭注《儀禮》十七卷,
賈公彦爲疏者,每卷標題首云‘士冠禮第一’,次云‘儀禮’,次云‘鄭氏
注’。陸德明《經典釋文·叙録》亦云:‘鄭某注《儀禮》十七卷。’《儀禮》
之名古矣。今按鄭君本書但云《禮》,無‘儀’字,可考而知也。《禮器》
曰:‘經禮三百,曲禮三千。’注云:‘經禮謂《周禮》,其官有三百六十。
曲猶事也,事禮謂今《禮》也。《禮》篇多亡,本數未聞,其中事儀三千。’
按:云‘今《禮》’者,謂當漢時所存《禮》十七篇也。不云《禮》,云‘今
《禮》’者,恐讀者不了,故加‘今’字,便易了也。云‘本數未聞’者,對上
《周禮》六篇,其官三百六十,言漢時經十七篇及《記》百三十一篇,乃殘

逸之所餘耳，其未殘逸時，具載事儀有三千也。原注：賈《疏》、師古《漢書注》皆云"威儀三千"即今《儀禮》，其説未是。《中庸》曰：'禮儀三百，威儀三千。'易經禮爲禮儀，易曲禮爲威儀者，凡禮皆儀[2]，故總其綱曰經禮，亦曰禮儀；詳其目曰曲禮，亦曰威儀。《藝文志》亦曰'禮經三百，威儀三千'是也。《禮器注》'今禮'二字可證鄭本不稱《儀禮》，凡鄭《詩箋》《三禮注》引用十七篇，多云《士冠禮》《鄉飲酒》《聘禮》《燕禮》，每舉篇名，未嘗備《儀禮》。考《藝文志》曰：'《禮古經》五十六卷，《經》十七篇。'《禮古經》者，出於魯淹中及孔氏，與十七篇文相似。《景十三王傳》：'《周官》《尚書》《禮》《禮記》《孟子》《老子》之屬。'[3] 師古注云：'《禮》者，《禮經》也。《禮記》者，諸儒記《禮》之説也。'《説文序》曰：'其稱《禮》《周官》，按《禮》謂十七篇及《記》百三十一篇也，《周官》即《周禮》也。'《説文》全書如'觶'下引《鄉飲酒禮》，'苄'下引《公食大夫禮》，'晢'下引《士冠禮》，'堋'下引《士喪禮》，'鉉'下'《禮》謂之鼏'，皆曰《禮》，無'儀'字。《景十三王傳》，《周官》《禮》《禮記》并言，則爲三。《説文序》但言《禮》《周官》，則'禮'字實包《禮》《禮記》。劉子玄《孝經老子注易傳議》[4]，據鄭自序云'遭黨錮之事，逃難注《禮》'，此'禮'字實包三《禮》。《後漢書·儒林傳》曰：'馬融作《周官傳》，授鄭某，某作《周官注》。某本習小戴《禮》，後以古經校之，取其義長者順故爲鄭氏學。'原注：順故，猶訓詁也。按：此小戴《禮》謂小戴之十七篇。鄭《目錄》云'大戴第幾''小戴第幾'是也。'鄭以古經校之'，謂以古經五十六篇校十七篇也。下文云'某又注小戴所傳《禮記》四十九篇，爲三《禮》焉'，則'某本習小戴《禮》'之爲十七篇無疑。凡漢人於十七篇稱《禮》，不稱《儀禮》，甚著。"

錫瑞案：段氏謂漢稱《禮》，不稱《儀禮》，極確，而回護鄭君，以賈疏、顏注爲未是。不思賈疏、顏注正本鄭君之説。段解'事儀三千'，明有經十七篇在内，與賈疏、顏注豈有異乎？段又明以經禮爲綱，曲禮爲目，《周禮》豈得爲《儀禮》之綱乎？後世之稱《儀禮》，正以鄭君誤解"威儀""曲禮"爲即十七篇之《禮》也。晉元帝時，荀崧請置鄭《儀禮》博士[5]，是《儀禮》之名，已著於晉時，段以爲梁、陳以後乃爲此稱，説亦未諦。

〔1〕段玉裁《禮十七篇標題·漢無儀字説》，見《經韻樓集》卷二。

〔2〕凡禮皆儀，原刻本誤作“凡皆禮儀”，據《經韻樓集》卷二乙。

〔3〕“周官”前原誤衍“禮”字，據《漢書·景十三王傳》《經韻樓集》卷二删。

〔4〕劉子玄，即劉知幾。《新唐書·劉子玄傳》：“劉子玄名知幾，以玄宗諱嫌，故
以字行……嘗議《孝經》鄭氏學非康成注，舉十二條佐證其謬，當以古文爲
正；《易》無子夏傳，《老子書》無河上公注，請存王弼學。”《大唐新語》卷九
《著述第十九》：“開元初，左庶子劉子玄奏議，請廢鄭子《孝經》，依孔注；《老
子》請停河上公注，行王弼注；《易傳》非子夏所造，請停。”案，《册府元龜》卷
六〇四《學校部·奏議第三》載劉子玄《上〈孝經注義〉》，奏《孝經》注請廢鄭
依孔，《老子》注請停河上公行王輔嗣，《易傳》非子夏所造。段玉裁所言劉
子玄《孝經老子注易傳議》即此。

〔5〕《晉書·荀崧傳》：“荀崧，字景猷，穎川臨穎人……時方修學校，簡省博士，
置《周易》王氏、《尚書》鄭氏、《古文尚書》孔氏、《毛詩》鄭氏、《周官禮記》鄭
氏、《春秋左傳》杜氏服氏、《論語》《孝經》鄭氏博士各一人，凡九人，其《儀
禮》《公羊》《穀梁》及鄭《易》皆省不置。崧以爲不可，乃上疏曰：……宜爲
鄭《易》置博士一人，鄭《儀禮》博士一人，《春秋公羊》博士一人，《穀梁》博士
一人。”

8. 論禮所以復性節情，經十七篇於人心世道大有關繫

《漢書·禮樂志》曰：“六經之道同歸，而禮樂之用爲急。治身者斯
須忘禮，則暴嫚入之矣；爲國者一朝失禮，則荒亂及之矣。人函天地陰
陽之氣，有喜怒哀樂之情，天稟其性而不能節也。聖人能爲之節而不
能絶也，故象天地而制禮樂，所以通神明，立人倫，正情性，節萬事者
也。人性有男女之情，妒忌之別，爲制婚姻之禮；有交接長幼之序，爲
制鄉飲之禮；有哀死思遠之情，爲制喪祭之禮；有尊尊敬上之心，爲制

朝覲之禮。哀有哭踊之節，樂有歌舞之容，正人足以副其誠，邪人足以防其失。"

凌廷堪本之[1]，作《復禮》篇曰："夫人之所受於天者性也，性之所固有者善也，所以復其善者學也，所以貫其學者禮也。是故聖人之道，一禮而已矣。孟子曰：'契爲司徒，教以人倫，父子有親，君臣有義，夫婦有別，長幼有序，朋友有信。'[2]此五者，皆吾性之所固有者也。聖人知其然也，因父子之道，而制爲士冠之禮；以君臣之道，而制爲聘覲之禮；因夫婦之道，而制爲士昏之禮；因長幼之道，而制爲鄉飲酒之禮；因朋友之道，而制爲士相見之禮。自元士以至於庶人，少而習焉，長而安焉，禮之外別無所謂學也。夫性具於生初，而情則緣性而有者也。性本至中，而情則不能無過不及之偏，非禮以節之，則何以復其性焉？父子當親也，君臣當義也，夫婦當別也，長幼當序也，朋友當信也，五者根於性者，所謂人倫也，而其所以親之、義之、別之、序之、信之，則必由於情以達焉者也，非禮以節之，則過者或溢於情，不及者或漠焉遇之。是故知父子之當親也，則爲醴醮祝字之文以達焉[3]；其禮非士冠可賅也，而於士冠焉始之。知君臣之當義也，則爲堂廉拜稽之文以達焉[4]；其禮非聘覲可賅也，而於聘覲焉始之。知夫婦之當別也，則爲笄次帨鞶之文以達焉[5]；其禮非士昏可賅也，而於士昏焉始之。知長幼之當序也，則爲盥洗酬酢之文以達焉[6]；其禮非鄉飲酒可賅也，而於鄉飲酒焉始之。知朋友之當信也，則爲雉腒奠授之文以達焉[7]；其禮非士相見可賅也，而於士相見焉始之。《記》曰：'禮儀三百，威儀三千。'其事蓋不僅父子、君臣、夫婦、長幼、朋友也，即其大者而推之，而百行舉不外乎是矣。其篇亦不僅《士冠》《聘覲》《士昏》《鄉飲酒》《士相見》也。即其存者而推之，而五禮舉不外乎是矣。"

錫瑞案：凌氏作《禮經釋例》，於十七篇用功至深，故能知十七篇足以賅括一切禮文，即有不備，可以推致，與邵懿辰之說相近[8]。凌氏年輩在前，當爲邵所自出，而其實皆本於《漢書》。其論禮所以節情復性，於人心世道尤有關繫，據此可見古之聖人制爲禮儀，先以灑掃、應對、進退之節，非故以此爲束縛天下之具，蓋使人循循於規矩，習慣而成自然，囂陵放肆之氣，潛消於不覺，凡所以涵養其德、範圍其才者，皆在乎此。後世不明此旨，以爲細微末節，可以不拘，其賢者失所遵循，或啓妨貴凌長之漸；不肖者無所檢束，遂成犯上作亂之風。其先由小節之不修，其後乃至大閑之逾越，爲人心世道之大害。試觀兩漢取士必由經明行修[9]，所用皆謹守禮法之人，風俗純厚，最爲近古。晉人高語莊老，謂禮豈爲我輩設[10]，酣放嫚易，以子字父[11]，遂有五胡亂華之禍[12]。足見細微末節，所關甚鉅。女叔侯謂禮所以保國[13]，晏平仲謂禮可以已亂[14]，洵非迂諭，漢晉之往事，萬世之明鑒也。漢以十七篇立學，灼見本原。後人以《周禮》爲本，《儀禮》爲末，本末倒亂，朱子已駁正其失矣[15]。又引陳振叔説《儀禮》云[16]："此乃儀，更有禮書。《儀禮》只載行禮之威儀，所謂威儀三千是也。禮書如云天子七廟之類，説大經處，這是禮，須自有個文字。"[17]則猶未知《禮經》關繫之重，更在制度之上也。《儀禮經傳通解》[18]有王朝禮，即是説大經之文字，制度雖不可略，然不如冠、昏、喪、祭之禮可以通行。

箋注

〔1〕凌廷堪(1757—1809)，字次仲，安徽歙縣人。清代經學家，長於禮學。著《禮經釋例》十三卷，乃區爲八例，以明同中之異，異中之同：曰通例，曰飲食例，曰賓客例，曰射例，曰變例，曰祭例，曰器服例，曰雜例。《禮經》第十一篇，自漢以來説者雖多，由不明尊尊之旨，故罕得經意，乃爲《封建尊尊服制考》一篇。廷堪《禮經》而外，復潛心於樂，著《燕樂考原》六卷。另著有《元遺山年譜》二卷，《校禮堂文集》三十六卷、《詩集》十四卷。其《鄉射五物考》《九拜解》《九祭解》《釋牲》《詩楚茨考》諸説經之文，多發古人所未發。其尤卓然者，則爲《復禮》三篇。見《清史稿·儒林傳》。以下引文見其《禮經釋例》卷首《復禮》。

〔2〕此句出自《孟子·滕文公上》。

〔3〕醴，甜酒，冠禮畢主人用以待賓。醮，冠禮時尊者對卑者酌酒，酌而無酬酢曰醮。祝，冠禮時之祝告。字，賓客爲冠者取字。《儀禮·士冠禮》："始加，祝曰：'令月吉日，始加元服。棄爾幼志，順爾成德。壽考惟祺，介爾景福。'再加，曰：'吉月令辰，乃申爾服。敬爾威儀，淑慎爾德。眉壽萬年，永受胡

福。'三加，曰：'以歲之正，以月之令，咸加爾服。兄弟具在，以成厥德。黃耇無疆，受天之慶。'醴辭曰：'甘醴惟厚，嘉薦令芳。拜受祭之，以定爾祥。承天之休，壽考不忘。'醮辭曰：'旨酒既清，嘉薦亶時。始加元服，兄弟具來。孝友時格，永乃保之。'再醮，曰：'旨酒既湑，嘉薦伊脯。乃申爾服，禮儀有序。祭此嘉爵，承天之祜。'三醮，曰：'旨酒令芳，籩豆有楚。咸加爾服，肴升折俎。承天之慶，受福無疆。'字辭曰：'禮儀既備，令月吉日，昭告爾字。爰字孔嘉，髦士攸宜。宜之於假，永受保之，曰伯某甫。'仲、叔、委，唯其所當。"

〔4〕堂廉，殿堂之側。《儀禮·鄉飲酒禮》："設席於堂廉，東上。"鄭玄注："側邊曰廉。"稽，稽首，叩頭至地。《禮記·喪大記》："大夫之喪，將大斂，既鋪絞紟衾衣。君至，主人迎，先入門右，巫止於門外，君釋菜，祝先入升堂，君即位於序端，卿大夫即位於堂廉楹西，北面東上；主人房外南面，主婦尸西，東面。遷尸，卒斂，宰告，主人降，北面於堂下，君撫之，主人拜稽顙，君降、升主人馮之，命主婦馮之。"

〔5〕笄，髮簪。次，《儀禮》鄭玄注："首飾也，今時髲也。"帨鞶，佩巾與鞶帶。《禮記·內則》："子生，男子設弧於門左，女子設帨於門右……男鞶革，女鞶絲……女子十年不出……十有五年而笄，二十而嫁。"《儀禮·士昏禮》："女次，純衣纁袡……女子許嫁，笄而醴之，稱字。"

〔6〕盥洗，盥手又洗爵。酬酢，即賓客互相敬酒。《儀禮·鄉飲酒禮》："主人坐取爵，興，適洗，南面坐，奠爵於篚下，盥洗。（鄭玄注：盥手又洗爵，致潔敬也。）……主人實觶酬賓（鄭玄注：酬，勸酒也。酬之言周，忠信爲周。）……主人實爵，酢於西階上，介右坐奠爵，遂拜，執爵興……賓北面坐，取俎西之觶，酢階上北面酬主人。"

〔7〕雉腒，乾雉。奠，設酒食以祭。《儀禮·士相見禮》："士相見之禮。摯，冬用雉，夏用腒。（鄭玄注：士摯用雉者，取其耿介，交有時，別有倫也。雉必用死者，爲其不可生服也。夏用腒，備腐臭也。）……賓入，奠摯……士大夫則奠摯，再拜稽首，君答一拜……若君賜之爵，則下席，再拜稽首，受爵，升席祭，卒爵而俟，君卒爵，然後授虛爵。"

〔8〕《清史稿·儒林傳一》：邵懿辰，字位西，浙江仁和人。覃思經籍，著《尚書通義》《禮經通論》《孝經通論》，頗采漢學考據家言，而要以大義爲歸。

〔9〕《漢書·王吉傳》："左曹陳咸薦駿賢父子，經明行修，宜顯以厲俗。"《三國志·魏書·高柔傳》："今博士皆經明行修，一國清選。"《宋名臣奏議》卷八一《儒學門·貢舉下》："然馴致先王之治亦宜有漸，則經明行修，謂宜別立

一科,稍仿三代、兩漢取士官人之法。"

〔10〕《世説新語·任誕》:"阮籍嫂嘗還家,籍見與别,或譏之。籍曰:'禮豈爲我輩設也?'"

〔11〕酣放,縱恣狂放。《世説新語·簡傲》:"晉文王功德盛大,坐席嚴敬,擬於王者。唯阮籍在坐,箕踞嘯歌,酣放自若。"嫚易,輕侮,欺侮。漢桓寬《鹽鐵論·論功》:"君臣嫚易,上下無禮。"

〔12〕五胡,指鮮卑、匈奴、羯、氐、羌五族。西晉八王之亂後,晉室分裂,國力空虚,匈奴族之劉氏,鮮卑族之慕容氏,羯族之石氏,氐族之苻氏,羌族之姚氏相繼稱帝建國,分據中原。自晉永興元年(304),至宋元嘉十六年(439),歷時約一百三十餘年。此百餘年間,胡人及漢人先後建立數十個强弱不等、大小各異之政權,史稱"五胡亂華"。

〔13〕女叔侯即女叔齊。《左傳·昭公五年》:晉侯謂女叔齊曰:"魯侯不亦善於禮乎?"對曰:"魯侯焉知禮?"公曰:"何爲? 自郊勞至於贈賄,禮無違者,何故不知?"對曰:"是儀也,不可謂禮。禮所以守其國,行其政令,無失其民者也。"

〔14〕《左傳·昭公二十六年》:齊侯與晏子坐於路寢,公嘆曰:"美哉室! 其誰有此乎?"晏子曰:"敢問何謂也?"公曰:"吾以爲在德。"對曰:"如君之言,其陳氏乎! 陳氏雖無大德,而有施於民。豆區釜鍾之數,其取之公也薄,其施之民也厚。公厚斂焉,陳氏厚施焉,民歸之矣。《詩》曰:'雖無德與女,式歌且舞。'陳氏之施,民歌舞之矣。後世若少惰,陳氏而不亡,則國其國也已。"公曰:"善哉! 是可若何?"對曰:"唯禮可以已之。在禮,家施不及國,民不遷,農不移,工賈不變,士不濫,官不滔,大夫不收公利。"公曰:"善哉! 我不能矣。吾今而後知禮之可以爲國也。"對曰:"禮之可以爲國也久矣,與天地并。"

〔15〕《朱子語類》卷八五《禮二·儀禮總論》:"先儒以《儀禮》爲經禮……《儀禮》是經,《禮記》是解《儀禮》。"

〔16〕陳振叔,《點校補正經義考》引《四庫》本作"陳振孫",城山陽宜所注《朱子語類》卷八五《禮二·儀禮總論》以陳振叔爲"陳騤"。案,陳振叔之説僅見於《朱子語類》。陳振孫字伯玉,卒年晚朱熹六十餘年,且不以治禮著名,朱熹無引其説之可能。陳騤字叔進,約與朱熹同時,不聞以治禮著名。宋代朱子之前治禮最著者爲陳祥道、陳暘,皆不字振叔。《宋史·儒林傳二》:陳暘字晉之,福州人。所著《樂書》二十卷,貫穿明備,乞援其兄祥道進《禮書》故事給札。祥道字用之,所著《禮書》一百五十卷,與暘《樂書》并行於世。"如云",原刻本無"云"字,"須自"原引作"須更",據《朱子語類》卷八五補、改。

〔17〕 此句見《朱子語類》卷八五《禮二·儀禮總論》。

〔18〕《四庫全書總目提要》:"《儀禮經傳通解》,宋朱子撰。初名《儀禮集傳集注》。朱子《乞修三禮札子》所云'以《儀禮》爲經,而取《禮記》及諸經史雜書所載有及於禮者,皆以附於本經之下,具列注疏諸儒之説,略有端緒',即是書也。其《札子》竟不果上,晚年修葺,乃更定今名。朱子没後,嘉定丁丑始刊版於南康道院。凡《家禮》五卷,《鄉禮》三卷,《學禮》十一卷,《邦國禮》四卷,共二十三卷,爲四十二篇。中闕《書數》一篇,《大射》至《諸侯相朝》八篇,尚未脱稿。其卷二十四至卷三十七,凡十八篇,則仍前草創之本,故用舊名《集傳集注》,是爲《王朝禮》。中闕《卜筮》一篇,目録內《踐阼》第三十一以後,序説并缺,蓋未成之本也。所載《儀禮》諸篇,咸非舊次,亦頗有所釐析。如《士冠禮》'三屨'本在辭後,仍移入前;陳器服章、戒、宿、加冠等辭本總記在後,乃分入前各章之下;末取《雜記》'女子十五許嫁笄'之文,續經立'女子笄'一目。如斯者不一而足。雖不免割裂古經,然自王安石廢罷《儀禮》,獨存《禮記》,朱子糾其棄經任傳,遺本宗末,因撰是書以存先聖之遺制。分章表目,開卷瞭然,亦考禮者所不廢也。其喪、祭二門則成於朱子門人黄榦,蓋朱子以創稿屬之。然榦僅修《喪禮》十五卷,成於嘉定己卯,其《祭禮》則尚未訂定而榦又没。越四年壬午,張慮刊之南康,亦未完本也。其後楊復重修《祭禮》,鄭逢辰進之於朝。今自卷十六至卷二十九,皆復所重修。合前《經傳通解》及《集傳集注》,總六十有六卷。雖編纂不出一手,而端緒相因,規模不異。古禮之梗概節目,亦略備於是矣。榦有文集著録録,復自有《儀禮圖》亦別著録云。"

9. 論《禮》十七篇爲孔子所定,邵懿辰之説最通,訂正《禮運》"射御"之誤當作"射鄉",尤爲精確

《周禮》《儀禮》,説者以爲并出周公。案:以《周禮》爲周公作,固非;以《儀禮》爲周公作,亦未是也。《禮》十七篇,蓋孔子所定。《檀弓》云:"恤由之喪,哀公使孺悲學士喪禮於孔子,《士喪禮》於是乎書。"[1]據此,則《士喪》出於孔子,其餘篇亦出於孔子可知。漢以十七篇立學,尊爲經,以其爲孔子所定也。

近人邵懿辰《禮經通論》曰[2]:"漢初,魯高堂生傳《禮經》十七篇,五傳至戴德、戴聖,分爲大戴、小戴之學,皆不言其有闕也。言僅存十七篇者,後人據《漢·藝文志》及劉歆《七略》,因多《逸禮》三十九而言耳。夫高堂、后蒼、二戴、慶普不以十七篇爲不全者,非專己而守殘也,彼有所取證,證之所附之記焉耳。《冠義》《昏義》諸記,本以釋經,爲《儀禮》之傳,先儒無異説。觀《昏義》曰:'夫禮始於冠,本於昏,重於喪祭,尊於朝聘,和於鄉射。'故有《冠義》以釋《士冠》,有《昏義》以釋《昏禮》,有《問喪》以釋《士喪》,有《祭義》《祭統》以釋《特牲》《少牢》《有司徹》,有《鄉飲酒義》以釋《鄉飲》,有《射義》以釋《鄉射》《大射》,有《燕義》以釋《燕食》,有《聘義》以釋《聘禮》,有《朝事》以釋《覲禮》,有《四制》以釋《喪服》,而無一篇之義出於十七篇之外者。是冠、昏、喪、祭、朝、聘、鄉、射八者,約十七篇而言之也。更證之《禮運》。《禮運》嘗兩舉八者以語子游,皆孔子之言也,特'射鄉'譌爲'射御'耳。一則曰'達於喪、祭、射、鄉、今本作御。冠、昏、朝、聘,再則曰'其行之以貨、力、辭、讓、飲、食、冠、昏、喪、祭、射、鄉、今本作御。朝、聘。''貨、力、辭、讓、飲、食'六者,禮之緯也,非貨財、強力不能舉其事,非文辭、揖讓不能達其情,非酒醴、牢羞不能隆其養。冠、昏、喪、祭、射、鄉、朝、聘八者,禮之經也。冠以明成人,昏以合男女,喪以仁父子,祭以嚴鬼神,鄉飲以合鄉里,燕射以成賓主,聘食以睦邦交,朝覲以辨上下。天下之人,盡於此矣;天下之事,亦盡於此矣。而其證之尤爲明確而可指者,適合於《大戴》十七篇之次。《大戴》:《士冠禮》一,《昏禮》二,《士相見禮》三,《士喪禮》四,《既夕》五,《士虞禮》六,《特牲饋食禮》七,《少牢饋食禮》八,《有司徹》九,《鄉飲酒》十,《鄉射禮》十一,《燕禮》十二,《大射儀》十三,《聘禮》十四,《公食大夫禮》十五,《覲禮》十六,《喪服》十七。是一、二、三篇,冠、昏也;四、五、六、七、八、九篇,喪、祭也;十、十一、十二、十三篇,射、鄉也;十四、十五、十六篇,朝、聘也。而《喪服》之通乎上下者附焉。《小戴》次序最爲雜亂,《冠》《昏》《相見》而後,繼以《鄉射》四篇,忽繼以《士虞》與《喪服》,又繼以《特牲》《少牢》《有司徹》,復繼以《士喪》《既夕》,而後以《聘禮》《公食》《覲禮》終焉。今鄭、賈注疏所用劉向

《別録》次序，則以喪、祭六篇居末，而《喪服》一篇，移在《士喪》之前，似依吉凶人神爲次。蓋向見《記》云'吉凶異道，不得相干'[3]，《荀子》云'吉事尚尊，喪事尚親'[4]，遂以昏、冠、射、鄉、朝、聘十篇爲吉禮居先，而喪、祭七篇爲凶禮後焉，較《小戴》稍有條理，而要不若《大戴》之次合乎《禮運》。疑自高堂生、后蒼以來，而聖門相傳篇序固已如此也。夫'經禮三百，曲禮三千'，《儀禮》所謂經禮也。周公所制本有三百之多，至孔子時即禮文廢闕，必不止此十七篇，亦必不止如《漢志》所云五十六篇而已也。而孔子所爲定禮樂者，獨取此十七篇以爲教，配六藝而垂萬世，則正以冠、昏、喪、祭、射、鄉、朝、聘八者，爲天下之達禮耳。"

錫瑞案：邵氏此説，犁然有當於人心。以十七篇爲孔子所定，足正後世疑《儀禮》爲闕略不全之誤。以《儀禮》爲經禮，足正後世以《周禮》爲經禮、《儀禮》爲曲禮之誤。訂正《禮運》兩處"射御"當爲"射鄉"，尤爲一字千金，真乃二千年儒先未發之覆。學者治《禮》，當知此義，先於冠、昏、祭、射、鄉、朝、聘八者求之。

箋注

〔1〕 此句出自《禮記·雜記下》，非出自《檀弓》，皮氏引書未確。

〔2〕《清史稿·儒林傳一》："邵懿辰，字位西，仁和人……著《尚書通義》《禮經通論》《孝經通論》，頗采漢學考據家言，而要以大義爲歸。"支偉成《清代樸學大師列傳·常州派今文經學家列傳第七·邵懿辰》："所著大半散佚，僅存《禮經通論》一卷。始辨《儀禮》十七篇爲足本，所謂《古文逸禮》三十九篇者，出劉歆僞造。"

〔3〕《禮記·喪服四制》："夫禮，吉凶異道，不得相干，取之陰陽也。"

〔4〕 引文出自《荀子·大略》。

10. 論邵懿辰以逸《禮》爲僞，與僞古文《書》同，十七篇并非殘闕不完，能發前人之所未發

劉歆《移太常博士》云[1]，魯共王壞孔子宅，得古文《逸禮》有三十

九篇。《漢·藝文志》"《禮古經》五十六卷",合十七篇與三十九篇言之。三十九篇無師説,遂致亡佚。朱子曰:"古《禮》五十六篇,班固時其書尚在,鄭康成亦及見之,注疏中多援引,不知何時失之,甚可惜也。"[2]

王應麟曰[3]:"逸《禮》三十九,其篇名頗見於他書。若《天子巡狩禮》見《周官·內宰》注[4],《朝貢禮》見《聘禮》注[5],《烝嘗禮》見《射人》疏[6],《中霤禮》見《月令》注及《詩·泉水》疏[7],《王居明堂禮》見《月令》《禮器》注[8],《古大明堂禮》見蔡邕論[9]。又《奔喪》疏引逸《禮》[10],《王制》疏引逸《禮》云'皆升合於太祖'[11],《文選》注引逸《禮》云'三皇禪云云,五帝禪亭亭。'[12]《論衡》:'宣帝時河內女子壞老屋,又得佚《禮》一篇,合五十七[13]。'斷珪碎璧,皆可寶也。[14]"

吳澄曰:"三十九篇,唐初猶存,諸儒曾不以爲意,遂至於亡,惜哉。"[15]

邵懿辰曰:"先儒以三百、三千之語,惜古《禮》散亡,而因惜三十九篇逸《禮》之亡;因三十九篇之亡,遂視十七篇爲殘闕不完之書,而失聖人定禮之本意。宋明以來,直廢此經,不以設科取士,則皆劉歆之奸且妄,有以淆其耳目而塞其聰明也。夫即後人所引《禘於太廟禮》《王居明堂禮》《烝嘗禮》《中霤禮》《天子巡狩禮》《朝貢禮》,及吳氏所輯《奔喪》《投壺》《遷廟》《釁廟》《公冠》之類,厠於十七篇之間,不相比附而連合也。何也?皆非當世通行之禮,常與變不相入,偏與正不相襲也。況其逸文之存,如《太平御覽》引《巡狩禮》,文辭不古,及'三皇禪云云,五帝禪亭亭',既誕而不足信矣。而《月令》注及《皇覽》引《王居明堂禮》數條,皆在《尚書大傳》第三卷《洪範五行傳》之中[16],吳氏不知其有全文,而僅引《禮注》合爲一篇。然觀其文意,實與伏生《五行傳》前後相協,必非古《王居明堂禮》。而伏生全引入於《大傳》也,則爲劉歆剽取《大傳》以爲《王居明堂禮》明矣。即此一端,而其他可知。亦猶十六篇逸《書》,即僞《武成》之剽《世俘解》,見其他皆作僞也。就令非僞,亦孔子定十七篇時删棄之餘,康成不爲之注,與十六篇僞古文《書》同[17]。大抵禿屑叢殘,無關理要。"[18]

丁晏曰："位西此論，謂逸《禮》不足信，過矣。當依草廬吳氏別存逸經爲允。至斥逸《禮》爲劉歆誣僞，頗嫌肊斷。且逸《禮》古經，漢初當魯共王得於孔壁，河間獻王得於淹中，《朝事儀》見於《大戴禮》[19]，《學禮》見於賈誼書[20]，皆遠在劉歆以前，未可指歆贋作也。"

錫瑞案：逸《禮》即非歆贋作，亦不得與十七篇并列，邵氏云"就令非僞，亦孔子定十七篇時删棄之餘，大抵禿屑叢殘，無關理要"，其説最爲確當。逸《禮》三十九篇，猶逸《書》十六篇也，皆傳授不明，又無師説，其真其贋，可以勿論。學者於二十九篇《書》、十七篇《禮》未能發明，而偏好於逸《書》、逸《禮》，拾其殘剩，豈可謂知所先務乎？邵氏據諸書所引，而斥其不足信，又謂《王居明堂禮》出於伏《傳》，比於《武成》出於《世俘》，可謂卓識。丁氏能證《古文尚書》之僞，而必信逸《禮》爲真，何也？

箋注

〔1〕《漢書·楚元王傳》："及歆親近，欲建立《左氏春秋》及《毛詩》《逸禮》《古文尚書》皆列於學官。哀帝令歆與五經博士講論其義，諸博士或不肯置對，歆因移書太常博士，責讓之。"

〔2〕《朱子語類》卷八五《禮二·儀禮總論》："河間獻王所得《禮》五十六篇，却有天子、諸侯之禮，故班固謂'愈於推士禮以爲天子、諸侯之禮者'。班固作《漢書》時，此《禮》猶在，不知何代何年失了。可惜！可惜……上古禮書極多，如河間獻王收拾得五十六篇，後來藏在秘府，鄭玄輩尚及見之。今注疏中有引援處，後來遂失不傳，可惜！可惜！"

〔3〕案，略見於王應麟《困學紀聞》卷五。

〔4〕《天子巡狩禮》，見《周官·內宰》注。《周禮·天官冢宰下·內宰》："凡建國，佐後立市，設其次，置其叙，正其肆，陳其貨賄，出其度、量、淳、制，祭之以陰禮。"鄭玄注："故書淳爲敦，杜子春讀敦爲純，純謂幅廣也，制謂匹長。玄謂純制，《天子巡守禮》所云'制幣丈八尺，純四𧙝'與？"

〔5〕《朝貢禮》，見《儀禮·聘禮》注。《儀禮·聘禮第八》："釋幣，制玄纁束，奠於几下，出。"鄭玄注："祝釋之也。凡物十曰束。玄纁之率，玄居三，纁居二。《朝貢禮》云：純，四只。制，丈八尺。"

〔6〕《烝嘗禮》，見《周禮·射人》疏。《周禮注·夏官司馬第四·射人》："祭祀，則贊射牲，相孤卿大夫之法儀。"鄭玄注："烝嘗之禮有射豕者。"賈疏："鄭知'烝嘗之禮有射豕者'者，據《逸烝嘗》者禮而知。"

〔7〕《中霤禮》，見《禮記·月令》注及《詩·泉水》疏。《月令》注："凡祭五祀於廟用特牲。"疏云："凡祭五祀於廟用特牲之下皆《中霤禮》文。""祀竈之禮，先席於門之奧，東面，設主於竈陘，乃制肺及心肝爲俎，奠於主西。"孔疏："祀竈之禮以下皆《逸中霤禮》文。"《月令》注："祀門之禮，北面，設主於門左樞，乃制肝及肺心爲俎，奠於主南。又設盛於俎東，其他皆如祭竈之禮。"疏曰："乃制肝及肺心爲俎，奠於主南，設盛於俎東"者皆約《中霤禮》文也。"《月令》注："行在廟門外之西爲軷，壤厚二寸，廣五尺，輪四尺。"孔疏："'行在廟門外之西'者，約《檀弓》云"毀宗躐行"。自此以下，皆《中霤禮》文。"案，《中霤禮》又見於《曾子問》疏、《禮器》疏及《毛詩正義》卷二《邶風·泉水》。

〔8〕《王居明堂禮》，見《禮記·月令》《禮器》注疏引。

〔9〕蔡邕論，即《明堂月令論》。《明堂月令論》引《禮記·古大明堂之禮》曰："日出居東門，膳夫是相；日中出南門，見九侯及門子；日側出西闈，視五國之事；日入出北闈，視帝獻。"

〔10〕《禮記注疏·奔喪》多引逸《奔喪禮》。

〔11〕《禮記·王制》注："天子先祫而後時祭，諸侯先時祭而後祫。凡祫之歲，春一祄而已。不祫，以物無成者不殷祭。周改夏祭曰祄，以禘爲殷祭也。魯禮，三年喪畢而祫於大祖，明年春禘於群廟。自爾之後，五年而再殷祭，一祫一禘。"孔疏："逸《禮》'其昭尸穆尸，其祝辭總稱孝子孝孫'，則是父子并列。逸《禮》又云'皆升合於其祖'，所以劉歆、賈逵、鄭衆、馬融等皆以爲然。"

〔12〕《六臣注文選》卷四六《三月三日曲水詩序一首（王元長）》："方握河沈璧，封山紀石，邁三五而不追，踐八九之遥迹。"注曰：《帝王世紀》曰：堯與群臣沉璧於河，乃爲《握河記》，今《尚書候》是也。《孝經·鉤命决》曰：封於太山，考績燔柴；禪於梁父，刻石紀號。《禮記》逸禮曰：'三皇禪云云，五帝禪亭亭。'《史記》楚子西曰：'孔子丘述三、五之法，明周、召之業。'八九，謂七十二君。曹植《魏德論》曰：'越八九於往素，踵黄帝之靈矩。'"秦蕙田《五禮通考》卷四九《吉禮四十九·四望山川（附封禪）》："三皇禪於繹繹之山，五帝禪於亭亭之山，三王禪於梁甫之山。"

〔13〕見《論衡·正説》："至孝宣皇帝之時，河内女子發老屋，得逸《易》《禮》《尚書》各一篇，奏之。"

〔14〕 此句部分見《困學紀聞》卷五《儀禮》。案，皮氏引王氏語有增改。《困學紀聞》卷五《儀禮》：“《藝文志》謂之《禮》，古經未有《儀禮》之名。張淳云：‘疑後漢學者見十七篇中有“儀”有“禮”，遂合而名之。’孔壁古文多三十九篇，康成不注，遂無傳焉。注謂：古文作某者，即十七篇古文也。《論衡》以爲宣帝時，河內女子壞老屋，得佚《禮》，恐非。《天子巡狩禮》《朝貢禮》《王居明堂禮》《烝嘗禮》《朝事儀》，見於三《禮》注。《學禮》，見於《賈誼書》。《古大明堂之禮》，見於蔡邕《論》。雖寂寥片言，如斷圭碎璧，猶可寶也。”

〔15〕 見吳澄《吳文正集》卷一《三禮叙録》，有刪節。原文爲：“餘三十九篇，藏在秘府，爲之逸《禮》。哀帝初，劉歆欲以列之學官，而諸博士不肯置對，竟不得立。孔、鄭所引逸《中霤禮》《禘於太廟禮》《王居明堂禮》皆其篇也。唐初猶存，諸儒曾不以爲意，遂至於亡，惜哉！”

〔16〕 《四庫全書總目提要·經部書類二》：“舊本題漢伏勝撰。勝，濟南人。……陸德明《經典釋文》稱《尚書大傳》三卷，伏生作。……其第三卷爲《洪範五行傳》，首尾完具，漢代緯候之説，實由是起。”

〔17〕 十六篇僞古文《書》，此指孔壁所出《古文尚書》多出濟南伏生所傳《尚書》者。《漢書·藝文志》：“秦燔書禁學，濟南伏生獨壁藏之。漢興亡失，求得二十九篇，以教齊魯之間。訖孝宣世，有歐陽、大小夏侯氏，立於學官。《古文尚書》者，出孔子壁中。武帝末，魯共王懷孔子宅，欲以廣其宮。而得《古文尚書》及《禮記》《論語》《孝經》凡數十篇，皆古字也。共王往入其宅，聞鼓琴瑟鐘磬之音，於是懼，乃止不壞。孔安國者，孔子後也，悉得其書，以考二十九篇，得多十六篇。安國獻之。遭巫蠱事，未列於學官。”《隋書·經籍志》：“後漢扶風杜林，傳《古文尚書》，同郡賈逵爲之作訓，馬融作傳，鄭玄亦爲之注。然其所傳，唯二十九篇，又雜以今文，非孔舊本。自餘絶無師説。”《四庫全書總目提要·經部·書類二》：“《古文尚書疏證》八卷。國朝閻若璩撰。……其中偶爾未核者，如據《正義》所載鄭玄《書序》注，謂馬、鄭所傳與孔《傳》篇目不符，其説最確，至謂馬、鄭注本亡於永嘉之亂，則殊不然。考二家之本，《隋志》尚皆著録，稱所注凡二十九篇。《經典釋文》備引之，亦止二十九篇。蓋去其無師説者十六篇，止得二十九篇，與伏生數合。”

〔18〕 見《禮經通論·論逸禮三十九篇不足信》。

〔19〕 案，《大戴禮記》有《朝事》一篇。

〔20〕 《學禮》，見賈誼《新書》卷五《保傅》：“及太子少長，知好色，則入於學。學者，所學之官也。《學禮》曰：‘帝入東學，上親而貴仁，則親疏有序而恩相及。帝入南學，上齒而貴信，則長幼有差而民不誣矣。帝入西學，上賢而貴

德,則賢智在位而功不遺矣。帝入北學,上貴而尊爵,則貴賤有等而下不逾矣。帝入太學,承師問道,退習而考於太傅,太傅罰其不則而匡其不及,則德智長而理道得矣。此五學者既成於上,則百姓黎民化輯於下矣。'學成治就,是殷、周所以長有道也。"

11. 論古禮情義兼盡,即不能復,而禮不可廢

聖人制禮,情義兼盡。專主情則親而不尊,必將流於褻慢;專主義則尊而不親,必至失於疏闊。惟古禮能兼盡而不偏重。

論君臣之義,《覲禮》:"侯氏入門右,坐,奠圭,再拜稽首。"注云:"入門右,執臣道,不敢由賓客位也。卑者見尊,奠贄而不授[1]。"又曰:"侯氏再拜稽首,以馬出授人,九馬隨之,乃右肉袒於廟門之東,乃入門右,北面立。"注云:"王不使人受馬者,主於享,王之尊益君,侯氏之卑益臣。右肉袒者[2],刑宜施於右也。入更從右者,臣益純也。"蓋古天子、諸侯分土而治,故必嚴君臣之分。侯氏稽首,天子不答,而天子負斧依立[3],亦不坐受其拜,臣盡臣之敬,君不恃君之尊。且燕饗仍迎送獻酬,待以賓客之禮。諸侯與大夫燕禮,使宰夫為獻主[4],臣莫敢與君抗禮也。其他皆如賓客。《詩·鹿鳴》《彤弓》皆曰"我有嘉賓"。臣有疾,君問之,臣死,君親臨其喪,情義兼盡者此其一。

論父子之義,《曲禮》:"凡為人子者,冬溫而夏清,昏定而晨省。"《內則》子事父母之禮尤詳。子之孝敬父母如此。《冠禮》:見於母,母拜之。以成人而與為禮。《特牲饋食禮》:"嗣舉奠,主人西面,再拜。"以先祖有功德,子孫當嗣之,父母之重其子如此,情義兼盡者又其一。

論夫婦之義,《昏義》:"是以昏禮納采、問名、納吉、納徵、請期[5],皆主人筵几於廟,所以敬慎重、正昏禮也。父親醮子而命之迎[6],男先於女也。婿執雁入,揖讓升堂,再拜奠雁,蓋親受之於父母也。婦至,婿揖婦以入,共牢而食,合卺而酳[7],所以合體同尊卑以親之也。"敬慎重正,而後親之,禮之大體,所以成男女之別,而立夫婦之義也,情義兼

盡者又其一。

論長幼之義，《鄉飲酒之禮》："六十者坐，五十者立侍，以聽政役，所以明尊長也。六十者三豆，七十者四豆，八十者五豆，九十事六豆，所以明養老也。民知尊長養老，而後乃能入孝弟。民入孝弟，出尊長養老，而後成教，成教而後國可安也。"其餘事先生長者之禮，見於《曲禮》《少儀》甚詳，情義兼盡者又其一。

論朋友之義，《士相見禮》：奉摯"曰：'某子以命命某見。'主人對曰：'請吾子之就家也，某將走見。'賓請終賜見，主人對：'某將走見。'賓固請，主人辭摯，賓對不以摯不敢見；主人固辭，賓又固請。主人出迎於門外，再拜，賓答再拜。主人揖，入門右。賓奉摯，入門左。主人再拜，受。賓再拜，送摯，出。"一見如此其敬讓也。其餘凡與客人及坐席飲食，見於《曲禮》《少儀》亦詳，情義兼盡者又其一。

夫父子、夫婦、長幼、朋友，皆情得於義，必有禮以節情，惟君臣則義重於情，當有禮以達情。自秦尊君卑臣，漢雖未能復古，其君於將相大臣，猶有在坐爲起，在輿爲下之禮[8]。後世此禮漸廢，至宋并廢坐論之禮[9]，故蘇軾有"禮節繁多，君臣義薄"之言[10]。後世拜跪之禮過繁，誠與古制不合，而矯其弊者，欲盡去拜跪而減等威[11]，則無以辨上下、定民志矣[12]。父子、夫婦、長幼、朋友之禮，雖不及君臣之嚴，亦非可以不修而聽其廢墜者。

箋注

〔1〕奠贄，原刻本作"贄奠"，據《禮記·覲禮》改。
〔2〕右肉袒者，原刻本無"右"字，據《禮記·覲禮》補。
〔3〕《禮記·明堂位》："天子負斧依南鄉而立。"注："天子，周公也。負之言背也。斧依，爲斧文屏風於戶牖之間，周公於前立焉。"《禮記·覲禮》："天子設斧依於戶牖之間。"注："依，如今綈素屏風也。有繡斧文，所以示威也。斧謂之黼。"案，"斧依"亦作"斧扆"，《逸周書·明堂解》："天子之位，負斧扆，南面立。"
〔4〕《禮記·燕義》："設賓主，飲酒之禮也；使宰夫爲獻主，臣莫敢與君亢禮也。

不以公卿爲賓，而以大夫爲賓，爲疑也，明嫌之義也。賓入中庭，君降一等而揖之，禮之也。"注："設賓主者，飲酒致歡也。宰夫，主膳食之官也。天子使膳宰爲主人。公，孤也。疑，自下上至之醻也。公卿尊矣，復以爲賓，則尊與君大相近。"《正義》曰："此經明《燕禮》臣莫敢亢君，君又屈而禮之也。"

〔5〕納采、問名、納吉、納徵、請期，此五者與"親迎"合稱"六禮"。《禮記·昏義》："昏禮者，將合二姓之好，上以事宗廟，而下以繼後世也。故君子重之。是以昏禮納采、問名、納吉、納徵、請期，皆主人筵幾於廟，而拜迎於門外，入，揖讓而升，聽命於廟，所以敬慎重正昏禮也。"《正義》曰："此一節總明昏禮之義，而拜迎於門外，揖讓而升，自從始至終也。"

〔6〕《禮記·昏義》："父親醮子而命之迎，男先於女也。"注曰："酌而無酬酢曰醮。醮之禮，如冠醮與？其異者，於寢耳。婿御婦車，輪三周，御者代之，婿自乘其車，先道之歸也。"《正義》曰："'父親醮子而命之迎'者，謂婿父身親以酒醮子，而命之親迎也。"

〔7〕《禮記·昏義》："共牢而食，合卺而醞，所以合體同尊卑，以親之也。"注："卺，徐音謹，破瓢爲卮也。"《正義》曰："'共牢而食'者，在夫之寢，婿東面，婦西面，共一牲牢而同食，不異牲。'合卺而醞'者，醞，演也。謂食畢飲酒，演安其氣。卺，謂半瓢，以一瓢分爲兩瓢，謂之卺。婿之與婦各執一片以醞，故云'合卺而醞'。'所以合體同尊卑，以親之也'者，'同尊卑'，謂共牢也。'所以合體同尊卑'者，欲使婿之親婦，婦亦親婿，所以體同爲一，不使尊卑有殊也。"

〔8〕《漢書·翟方進傳》："丞相進見聖主，御坐爲起，在輿爲下。"顏師古注："《漢舊儀》云，皇帝見丞相，起，謁者贊稱曰'皇帝爲丞相起'。起立乃坐。皇帝在道，丞相迎謁，謁者贊稱曰'皇帝爲丞相下輿'。立乃升車。"《漢書·王嘉傳》："聖王之於大臣，在輿爲下，御坐則起。"《後漢紀·孝安皇帝紀下》："故天子三公入則參議政事，出則司察群后。然王者虛己待以殊禮，在輿爲軾，在坐爲起。"《文獻通考》卷四九《職官考三》："故丞相進，天子御座爲起，在輿爲下。"

〔9〕《宋史·范質傳》："先是，宰相見天子議大政事，必命坐面議之，從容賜茶而退，唐及五代猶遵此制。及質等憚帝英睿，每事輒具札子進呈，具言曰：'如此庶盡稟承之方，免妄庸之失。'帝從之。由是奏御寖多，始廢坐論之禮。"

〔10〕《蘇軾全集》卷四六《策略五》："及其子孫，生於深宮之中，而狃於富貴之勢，尊卑闊絕，而上下之情疏；禮節繁多，而君臣之義薄。是故不爲近憂，而常爲遠患。及其一旦，固已不可救矣。"

〔11〕如譚嗣同《仁學》曰:"錮其耳目,桎其手足,壓制其心思,絕其利源,窘其生計,塞蔽其智術;繁拜跪之儀以挫其氣節,而士大夫之才窘矣;立著書之禁以緘其口説,而文字之禍烈矣;且即挾此土所崇之孔教爲緣飾史傳,以愚其人而爲藏身之固!"

〔12〕《周易·履卦》"象"曰:"上天下澤,履。君子以辨上下,定民志。"孔穎達《正義》曰:"天尊在上,澤卑處下,君子法此履卦之象,以分辨上下尊卑,以定正民之志意,使尊卑有序也。但此履卦名合二義,若以爻言之,則在上履踐於下,六三履九二也。若以二卦上下之象言之,則履,禮也,在下以禮承事於上。此象之所言,取上下二卦卑承尊之義,故云'上天下澤,履'。但易合萬象,反覆取義,不可定爲一體故也。"

12. 論禮雖繁而不可省,即昏喪二禮可證

《禮器》:"君子曰:'甘受和,白受采,忠信之人,可以學禮。苟無忠信之人,則禮不虛道,是以得其人之爲貴也。"而《老子》則曰:"禮者,忠信之薄,而亂之首也。"與禮家之言正相反。《曾子問》孔子引老聃之説有四[1],守禮如此謹嚴,其自著書則詆毀禮甚至,故或以爲老子是老萊子,非孔子問禮之老聃[2];或又以爲老子講禮厭煩,而遁入於空虛,正與六朝人講《喪服》厭煩,乃變而談《莊》《老》,同一相激相反之意[3]。二説未知孰是。老子高言上古者也,上古純樸,本無禮文。即以昏、喪二事證之,古者配偶無定,人知有母,而不知有父。古者不葬其親,其親死,則舉而委之於壑[4]。伏羲以後,始漸制禮,至周而後大備,郁郁文盛,儀節繁多。如一獻之禮,賓主百拜[5];一見之禮,賓主五請[6];執摯必先固讓[7],執玉必先固辭[8];入門必每曲揖[9],洗爵必下堂階[10]。自常情視之,似乎繁而可省。見則竟見之矣,何必三讓;受則竟受之矣,何必三辭。故老子以爲近作僞,而非忠信之道。不知禮已明言之矣。《聘義》曰:"上公七介,介紹而傳命。君子於其所尊弗敢質,敬之至也。"《禮器》曰:"是故七介以相見也,不然則已慤[11];三辭三讓而

至，不然則已蹙^{〔12〕}。"夫兩君相見，即須介紹，何必七介？而禮以爲不然則已慂，其他三辭三讓之禮，可以類推。《檀弓》曰："夫禮爲可傳也，爲可繼也，故哭踊有節。"又曰："辟踊，哀之至也^{〔13〕}；有算，爲之節文也。"又有子曰："予壹不知夫喪之踊也，予欲去之久矣。"子游曰："禮有微情者，有以故興物者，有直情而徑行者，戎狄之道也。禮道則不然。"^{〔14〕}夫親死，哀痛迫切，似不必言節文，而禮哭踊有節，以無節爲戎狄之道。其他不若喪禮之迫切者，更可以類推。故常情所見爲可省者，皆先王制禮不敢不至者也。今使直情徑行，而欲盡廢繁文縟節，即以昏、喪二禮證之：昏禮盡去六禮之文，納采、問名、納吉、納徵、請期、親迎，一切不用，則將不待父母之命，媒妁之言，鑽穴隙相窺，逾牆相從矣^{〔15〕}，可乎？不可乎？喪禮盡去附身、附棺、小斂、大斂之文^{〔16〕}，卜兆、封壙一切不用^{〔17〕}，則將舉而委之於壑，狐狸食之，蠅蚋姑嘬之矣^{〔18〕}，可乎？不可乎？古無束帛儷皮之儀^{〔19〕}，有持弓毆禽之弔^{〔20〕}。配偶無定，不葬其親，皇初榛狉^{〔21〕}，蓋非得已。由今觀之，非直近於野蠻，亦且比於禽獸。《禮》曰"戎狄之道"，戎狄即今所謂野蠻。《曲禮》曰："是故聖人作，爲禮以教人，使之以有禮，知自別於禽獸。"夫知有母，不知有父，親死委之狐狸蠅蚋，非禽獸而何？在古人特限於不知，後世聖人已作爲禮，而別於禽獸矣。伏羲漸近文明，及周爲文明之極。至文明已極，禮節不得不繁，若厭其太繁而矯枉過正，違文明之正軌，從野蠻之陋風，非惟於勢有所不行，亦必於心有所不忍。乃知古禮有繁而不可省者，文明之異於野蠻者在此，人之異於禽獸者亦在此也。古禮在今日不過略存餼羊之遺^{〔22〕}，而昏姻之六禮，喪葬之大事，猶多合於古者。蓋天理人情之至，皆知其不可廢。若欲舉此而盡廢之，不將爲野蠻、爲禽獸乎？

箋注

〔1〕《禮記·曾子問》："曾子問曰：'古者師行，必以遷廟主行乎？'孔子曰：'天子巡守，以遷廟主行，載於齊車，言必有尊也。今也取七廟之主以行，則失之

矣。當七廟、五廟無虛主；虛主者，唯天子崩，諸侯薨與去其國，與祫祭於祖，爲無主耳。吾聞諸老聃曰："天子崩，國君薨，則祝取群廟之主而藏諸祖廟，禮也。卒哭成事而後，主各反其廟。君去其國，大宰取群廟之主以從，禮也。祫祭於祖，則祝迎四廟之主。主，出廟入廟必蹕。""又："曾子問曰：'葬引至於堩，日有食之，則有變乎？且不乎？'孔子曰：'昔者吾從老聃助葬於巷黨，及堩，日有食之，老聃曰："丘！止柩，就道右，止哭以聽變。"既明，反而後行。曰："禮也。"反葬，而丘問之曰："夫柩不可以反者也，日有食之，不知其已之遲數，則豈如行哉？"老聃曰："諸侯朝天子，見日而行，逮日而舍奠；大夫使，見日而行，逮日而舍。夫柩不早出，不暮宿。見星而行者，唯罪人與奔父母之喪者乎！日有食之，安知其不見星也？且君子行禮，不以人之親痁患。"吾聞諸老聃云。'"又："曾子問曰：'下殤，土周葬於園，遂輿機而往，塗邇故也。今墓遠，則其葬也如之何？'孔子曰：'吾聞諸老聃曰："昔者史佚有子而死，下殤也。墓遠。召公謂之曰：'何以不棺斂於宮中？'史佚曰：'吾敢乎哉？'召公言於周公，周公曰：'豈不可？'史佚行之。"下殤用棺衣棺，自史佚始也。'"又："子夏曰：'金革之事無辟也者，非與？'孔子曰：'吾聞諸老聃曰："昔者魯公伯禽有爲爲之也。今以三年之喪，從其利者，吾弗知也。"'"

〔2〕《史記·老子韓非列傳》："老子者，楚苦縣厲鄉曲仁里人也，姓李氏，名耳，字聃，周守藏室之史也。孔子適周，將問禮於老子。"《莊子·天運》："孔子行年五十有一而不聞道，乃南之沛見老聃。"《呂氏春秋》卷二《當染》："孔子學於老聃、孟蘇夔、靖叔。"《孔子家語》卷三《觀周》："孔子謂南宮敬叔曰：'吾聞老聃博古知今，通禮樂之原，明道德之歸，則吾師也，今將往矣。'對曰：'謹受命。'"

〔3〕《南史·儒林傳》："伏曼容，字公儀，……爲《周易》《毛詩》《喪服集解》《老》《莊》《論》《語義》。""嚴植之，字孝源，建平秭歸人也。少善《莊》《老》，能玄言，精解《喪服》《孝經》《論語》。及長，遍習鄭氏《禮》《周易》《毛詩》《左氏春秋》。""太史叔明，吳興烏程人，吳太史慈後也。少善《莊》《老》，兼通《孝經》《論語》《禮記》，尤精三玄。""顧越，字允南，吳郡鹽官人也。……特善《莊》《老》，尤長論難……所著《喪服》《毛詩》《老子》《孝經》《論語》等義疏四十餘卷，詩、頌、碑、志、箋、表凡二百餘篇。"

〔4〕《孟子·滕文公上》："蓋上世嘗有不葬其親者，其親死，則舉而委之於壑。"

〔5〕《禮記·樂記》："一獻之禮，賓主百拜，終日飲酒而不得醉焉。此先王之所以備酒禍也。"

〔6〕《儀禮·士相見禮》："士相見之禮。……主人對曰：'某子命某見。吾子有辱。請吾子之就家也，某將走見。'賓對曰：'某不足以辱命，請終賜見。'主人對曰：'某不敢爲儀，固請吾子之就家也，某將走見。'賓對曰：'某不敢爲儀，固以請。'主人對曰：'某也固辭不得命，將走見。聞吾子稱摯，敢辭摯。'賓對曰：'某不以摯不敢見。'主人對曰：'某不足以習禮，敢固辭。'賓對曰：'某也不依於摯不敢見，固以請。'主人對曰：'某也固辭不得命。敢不敬從！'出迎於門外，再拜。賓答再拜。主人揖，入門右。賓奉摯入門左。主人再拜，受。賓再拜送摯，出。主人請見。賓反見，退。"是爲"一見之禮，賓主五請"。

〔7〕注見前引《儀禮·士相見禮》。

〔8〕《禮記·覲禮》："至於郊，王使人皮弁用璧勞。侯氏亦皮弁，迎於帷門之外，再拜。使者不答拜，遂執玉，三揖至於階。使者不讓，先升。侯氏升聽命，降，再拜稽首，遂升受玉。"《左傳·文公十二年》："秦伯使西乞術來聘，且言將伐晉。襄仲辭玉，曰：'君不忘先君之好，照臨魯國，鎮撫其社稷，重之以大器，寡君敢辭玉。'對曰：'不腆敝器，不足辭也。'主人三辭。賓客曰：'寡君願徼福於周公、魯公以事君，不腆先君之敝器，使下臣致諸執事以爲瑞節，要結好命，所以藉寡君之命，結二國之好，是以敢致之。'襄仲曰：'不有君子，其能國乎？國無陋矣。'厚賄之。"

〔9〕《儀禮·聘禮》："公揖入，每門、每曲揖。"又："擯者出請事，大夫朝服迎於外門外，再拜。賓不答拜，揖。大夫先入，每門、每曲揖。"

〔10〕《儀禮·鄉飲酒禮》："設洗於阼階東南，南北以堂深，東西當東榮。水在洗東，篚在洗西，南肆。……主人坐取爵於篚，降洗。……主人坐取爵，興，適洗，南面坐，奠爵於篚下，盥洗。……賓降洗，主人降。主人對，賓坐取爵，適洗南，北面。主人阼階東，南面辭洗。賓坐奠爵於篚，興對。主人復阼階東，西面。賓東北面盥，坐取爵，卒洗，揖讓如初，升。主人拜洗，賓答拜，興，降盥，如主人禮。……主人坐取觶於篚，降洗。賓降，主人辭降。賓不辭洗，立當西序，東面。卒洗，揖讓升。……主人降洗，賓降，辭如獻禮。升，不拜洗。……主人坐取爵於東序端，降洗。介降，主人辭降，介辭洗，如賓禮。升，不拜洗。……介降洗，主人復阼階，降辭如初。卒洗，主人盥。介揖讓升，授主人爵於兩楹之間。"《儀禮·特牲饋食禮》："主人降阼階，西面拜賓，如初。洗，賓辭洗。卒洗，揖讓升，酌，西階上獻賓。賓北面拜受爵。……設洗，南北以堂深，東西當東榮。水在洗東，篚在洗西，南順，實二爵、二觚、四觶、一角、一散。"

〔11〕介，使者也。古代出使，正使爲賓，副使爲上介，其餘隨從爲衆介。《禮記·聘儀》：“聘禮：上公七介，侯伯五介，子男三介，所以明貴賤也。”《禮記·禮器》：“諸侯七介七牢，大夫五介五牢。”《周禮·秋官·大行人》：“上公九介九牢，侯伯七介七牢，子男五介五牢。”

〔12〕《禮記·聘儀》：“三讓而後傳命，三讓而後入廟門，三揖而後至階，三讓而後升，所以致尊讓也。”

〔13〕哀之至也，“至”原刻本作“變”，據《禮記·檀弓下》改。

〔14〕見《禮記·檀弓下》：“有子與子游立，見孺子慕者，有子謂子游曰：‘予壹不知夫喪之踊也，予欲去之久矣。情在於斯，其是也夫？’子游曰：‘禮：有微情者，有以故興物者；有直情而徑行者，戎狄之道也。禮道則不然，人喜則斯陶，陶斯咏，咏斯猶，猶斯舞，舞斯慍，慍斯戚，戚斯嘆，嘆斯辟，辟斯踊矣。品節斯，斯之謂禮。’”

〔15〕《孟子·滕文公下》：“不待父母之命，媒妁之言，鑽穴隙相窺，逾墙相從，則父母國人皆賤之。”

〔16〕附身，即斂時所用衣衾；附棺，即隨葬之明器，亦作冥器；小斂，即爲死者沐浴、穿衣、覆衾等；大殮，即入棺。《禮記·檀弓上》：“子思曰：‘喪三日而殯，凡附於身者，必誠必信，勿之有悔焉耳矣。三月而葬，凡附於棺者，必誠必信，勿之有悔焉耳矣。’”《禮記·雜記上》：“小斂：布絞，縮者一，橫者三。君錦衾，大夫縞衾，士緇衾，皆一。衣十有九稱，君陳衣於序東；大夫士陳衣於房中；皆西領北上。絞紟不在列。大斂：布絞，縮者三，橫者五，布紟二衾。君大夫士一也。君陳衣於庭，百稱，北領西上；大夫陳衣於序東，五十稱，西領南上；士陳衣於序東，三十稱，西領南上。絞紟如朝服，絞一幅爲三、不辟，紟五幅、無紞。小斂之衣，祭服不倒。君無襚，大夫士畢主人之祭服；親戚之衣，受之不以即陳。小斂，君大夫士皆用複衣複衾；大斂，君大夫士祭服無算，君褶衣褶衾，大夫士猶小斂也。”《禮記·檀弓上》：“仲憲言於曾子曰：‘夏后氏用明器，示民無知也；殷人用祭器，示民有知也；周人兼用之，示民疑也。’曾子曰：‘其不然乎！其不然乎！夫明器，鬼器也；祭器，人器也；夫古之人，胡爲而死其親乎？’”《禮記·檀弓下》：“孔子謂爲明器者，知喪道矣，備物而不可用也。哀哉！死者而用生者之器也，不殆於用殉乎哉？‘其曰明器，神明之也。’塗車、芻靈，自古有之，明器之道也。”《禮記·問喪》：“死三日而後殮。”《禮記·檀弓上》：“子游曰：‘飯於牖下，小斂於戶內，大斂於阼，殯於客位，祖於庭，葬於墓，所以即遠也。’”《禮記·雜記上》：“小斂於戶內，大斂於阼。君以簟席，大夫以蒲席，士以葦席。”

〔17〕兆即葬域,卜兆即占卜以確定墓地。《左傳·哀公二年》:"無入於兆。"杜預注:"兆,葬域。"

〔18〕《孟子·滕文公上》:"蓋上世嘗有不葬其親者,其親死則舉而委之於壑。他日過之,狐狸食之,蠅蚋姑嘬之。"

〔19〕《儀禮·士昏禮》:"納徵,玄纁束帛、儷皮,如納吉禮。"鄭玄注:"束帛,十端也。""儷,兩也。""皮,鹿皮。"

〔20〕《説文解字》卷八《人部》:"吊,問終也。從人弓。古之葬者,厚衣之以薪,故人持弓,會毆禽。"

〔21〕皇初,即最早之帝王。《六臣注文選》卷四八《典引(班固)》:"厥有氏號,紹天闡繹,莫不開元於太昊皇初之首。"呂向注:"其有名氏號令之君,紹繼天下,開治萬物者,莫不始於太昊之主,以爲帝皇之首。"榛狉,即未開化之意。柳宗元《封建論》:"彼其初與萬物皆生,草木榛榛,鹿豕狉狉。"

〔22〕餼羊,古代祭祀時用做祭品之羊。《論語·八佾》:"子貢欲去告朔之餼羊,子曰:'賜也,汝愛其羊,我愛其禮。'"《集解》引鄭玄曰:"牲生曰餼。禮,人君每月告朔於廟,有謂之朝享也。魯自文公始不視朔,子貢見其禮廢,故欲去其羊也。"又引苞氏曰:"羊在,猶所以識其禮也;羊亡,禮遂廢也。"

13. 論古冠昏喪祭之禮,士以上有同有異

有王朝之禮,有民間通行之禮。論定禮之制,則民間通行之禮小,而王朝之禮大;論行禮之處,則民間通行之禮廣,而王朝之禮狹。十七篇古稱《士禮》,其實不皆士禮。純乎士禮者,惟冠、昏、喪、相見。若祭禮,則少牢饋食、有司徹爲大夫禮。鄉飲、射士大夫所通行,燕禮、大射、聘禮、公食大夫爲諸侯禮,覲禮爲諸侯見天子禮,并非專爲士設。其通稱《士禮》者,蓋以《士冠》列首,遂并其下通稱爲士,而不復分別耳。若士以上冠、昏、喪、祭之禮,與士或同或異,不見於十七篇,而見於《記》與他書者,亦略可以考見。

士冠禮,《記》曰:"無大夫冠禮,而有其昏禮。古者五十而後爵,何大夫冠禮之有?公侯之有冠禮也,夏之末造也。天子之元子猶士,天

下無生而貴者也。"[1]據此，則天子之子冠亦用士禮，其後乃別有諸侯之冠禮。《左氏傳》云："君冠必以祼享之禮行之，以金石之樂節之。"[2]正後起之禮。冠禮三加爲度[3]，天子、諸侯冠用四加，亦後起之禮也[4]。

昏禮，大夫與士異，蓋五十以後或有續娶。其可考者：士當夕成昏[5]，大夫以上三月廟祭而後禮成[6]。士不外娶，無留車反馬；大夫或外娶，有留車反馬[7]。士必親迎至婦家[8]，天子、諸侯親迎於館[9]。士納徵、儷皮、束帛，天子、諸侯加以玉[10]。此禮之稍異者。

喪禮，《中庸》曰："三年之喪，達乎天子。父母之喪，無貴賤一也。"[11]曾子曰："哭泣之哀，齊斬之情，饘粥之食，自天子達。"[12]孟子曰："三年之喪，齊疏之服，饘粥之食，自天子達於庶人。"[13]"高宗諒陰"，鄭君讀爲"梁闇"[14]，是天子亦居倚廬[15]。而春秋後禮已不行，故子張疑而問[16]，滕人謂魯先君莫之行[17]。又其後則大夫與士亦有異。《雜記》曰："端衰、喪車皆無等。"[18]是上下本同。又曰："大夫爲其父母、兄弟之未爲大夫者之喪[19]，服如士服。"是大夫、士有異。鄭注："今大夫喪服禮逸，與士異者，未得而備聞也。《春秋傳》曰[20]：齊晏桓子卒，晏嬰麤衰斬[21]，苴絰帶，杖，菅屨[22]，食粥，居倚廬，寢苫枕草[23]。其老曰：'非大夫之禮也。'曰：'惟卿爲大夫。'此平仲之謙也。"王肅曰："春秋之時，尊者尚輕簡喪服，禮制遂壞。"[24]張融曰："士與大夫異者，皆是亂世尚輕涼，非王者之達禮。"[25]孔《疏》曰："如融之說，是周公制禮之時，則上下同，當喪制無等。至後世以來，士與大夫有異。"據此，則大夫以上喪禮之異於士者，皆後起之禮也。

祭禮，則廟祧壇墠之數[26]，禘祫時祭之名[27]，尊彝酒齊之分[28]，冠服牲牢之異[29]，有見於三《禮》明文者，有注疏家所推得者，難於備舉。蓋天子、諸侯之祭禮，與《特牲》《少牢》本不同，非若喪禮之異，爲後來之變也。

〔1〕見《禮記·郊特牲》。

〔2〕見《左傳·襄公九年》:"武子對曰:'君冠,必以祼享之禮行之,以金石之樂節之,以先君之祧處之。'"祼享之禮,杜預注:"祼謂灌鬯酒也。享,祭先君也。"楊伯峻《春秋左傳注·襄公九年》:"祼亦作灌,已配合香料煮成之酒倒之於地,使受祭者或賓客嗅到香氣。此是行隆重禮節前之序幕。享亦作饗,王國維《觀堂集林》卷一謂'諸侯冠禮之祼享,正當《士冠禮》之醴或醮'。祼享即具有祼之儀式之饗禮。"

〔3〕《禮記·郊特牲》:"適子冠於阼,以著代也。醮於客位,加有成也。三加彌尊,喻其志也。冠而字之,敬其名也。"《禮記·冠義》:"故冠於阼,以著代也;醮於客位,三加彌尊,加有成也;已冠而字之,成人之道也。"《儀禮·士冠禮》:"適子冠於阼,以著代也。醮於客位,加有成也。三加彌尊,諭其志也。冠而字之,敬其名也。"

〔4〕《大戴禮·公符》:"公冠,四加,玄冕。"《儀禮注疏·士冠禮》:"若天子、諸侯冠,自有天子、諸侯冠禮,故《大戴禮》有《公冠》篇,天子自然有冠禮,但《儀禮》之內亡耳。士既三加,爲大夫早冠者,亦依士禮三加。若天子、諸侯禮則多矣。故《大戴禮·公冠》篇云'公冠四加'者,緇布、皮弁、爵弁後加玄冕。天子亦四加,後當加衮冕矣。"

〔5〕《儀禮·士昏禮》:"期,初昏,陳三鼎於寢門外東方,北面,北上。"明顧彥夫《村落嫁娶圖記》:"昏禮宜昏。於昏矣,農家苦燈燭之費,送迎以旦晝。"

〔6〕《禮記·曾子問》:"孔子曰:'三月而廟見,稱"來婦"也。擇日而祭於禰,成婦之義也。'"《正義》曰:"謂選擇吉日,婦親自執饌,以祭於禰廟,以成就婦人盥饋之義。"《儀禮·士昏禮》:"若舅姑既没,則婦入三月,乃奠菜。""必三月者,三月一時天氣變,婦道可以成之故也。"

〔7〕留車反馬,案古禮,夫家送還新婦來時所乘之馬,以示夫婦情好,婦永不復歸。《左傳·宣公五年》:"冬來,反馬也。"朱鶴齡《讀左日鈔》卷四《五年冬來反馬也》:"疏,大夫以上,其嫁皆有留車反馬之禮。留車,妻之道也;反馬,婿之義也。禮,送女適於夫氏,留其所送之馬,謙不敢自安於夫,若被出棄,示將乘之以歸,故留之也至。三月廟見,夫婦之情既固,則夫家遣使反其所留之馬,示與偕老,不復歸也。"楊伯峻注:"反馬之禮僅見於此,據孔《疏》引鄭玄《箴膏肓》,蓋古代士人娶婦,乘夫家之車,駕夫家之馬,故《儀禮·士昏禮》不載反馬之事。至大夫以上者娶婦,則乘母家之車,駕母家之馬。既三月以後,夫家留其車而反其馬。鄭玄云'留車,妻之道也'者,蓋謂妻不敢自必能長久居於夫家,恐一旦被出,將乘此車以歸,杜《注》所謂'謙不敢自安'之義也。鄭又云'反馬,婿之義也'者,夫家示以後不致發生出婦

之事也。”

〔8〕《禮記・昏義》：“父親醮子，而命之迎，男先於女也。子承命以迎，主人筵几於廟，而拜迎於門外。婿執雁入，揖讓升堂，再拜奠雁，蓋親受之於父母也。降，出御婦車，而婿授綏，御輪三周。”《儀禮・士昏禮》：“婿御婦車，授綏，姆辭不受。”

〔9〕《左傳・桓公三年》：“公子翬如齊逆女。”楊伯峻注：“舊禮，除天子外，娶妻皆必親迎。但《春秋》無諸侯迎夫人之文，恐諸侯之親迎，不出國境，出國境則使卿代迎。”

〔10〕《周禮・冬官考工記・玉人》：“穀圭七寸，天子以聘女。”鄭玄注：“納徵加於束帛。”《疏》曰：“自士已上，皆用玄纁束帛，但天子加以穀圭，諸侯加以大璋也。”

〔11〕《禮記・中庸》：“三年之喪，達乎天子。父母之喪，無貴賤一也。”《正義》曰：“‘父母之喪，無貴賤一也’，唯父母之喪，無問天子及士、庶人，其服并同，故云‘無貴賤一也’。”

〔12〕“曾子曰”句，見《禮記・檀弓上》。

〔13〕“孟子曰”句，見《孟子・滕文公上》。

〔14〕高宗諒陰，見《論語・憲問》。

〔15〕倚廬，即古人居父母喪時所居住之簡陋棚屋。《左傳・襄公十七年》：“齊晏桓子卒，晏嬰麤縗斬，苴絰、帶、杖，菅屨，食鬻，居倚廬，寢苫，枕草。”楊伯峻注曰：“居喪時，臨時所搭草棚。倚木爲廬，在中門外東墙下，以草夾障，不塗泥，向北開户。既葬以後，再加高於内塗泥，向西開户。”

〔16〕《論語・憲問》：“子張曰：‘《書》云：“高宗諒陰，三年不言。”何謂也？’子曰：‘何必高宗，古之人皆然。君薨，百官總己以聽於冢宰，三年。’”

〔17〕《孟子・滕文公上》：“然友反命，定爲三年之喪。父兄百官皆不欲也，故曰：‘吾宗國魯先君莫之行，吾先君亦莫之行也；至於子之身而反之，不可。且《志》曰：“喪祭從先祖。”’”羅泌《路史》卷三三《發揮二・共和辯》：“滕父兄曰：‘吾先君、魯先君亦莫之行。’則其禮廢已久，時人無能知矣。”

〔18〕“《雜記》曰”句，見《禮記・雜記上》。

〔19〕“喪”，原刻本脱，據《禮記・雜記》補。

〔20〕《春秋傳》，此即指《春秋左氏傳》。

〔21〕《左傳・襄公十七年》杜預注：“斬，不緝之也。縗在胸前。粗，三升布。”楊伯峻《春秋左傳注》：“麤，通作粗。麤縗斬，即粗布之斬衰。縗同衰。古代喪服，子爲父斬衰三年。杜《注》以麤爲三升布，鄭玄注《禮記・雜記》則云：

'鑐縓斬者,其縓在齊(音咨)斬之間,謂縓爲三升半而三升不緝也。斬衰以三升爲正,微細焉則屬於鑐也。'古代之布,以麻爲主,即今之大麻或黃麻。雌雄異株。雄株曰枲,雌株曰苴(音疽)。苴不好,只用於喪服之斬衰、齊衰。布以八十縷爲一升,布幅寬二尺二寸(周尺,約合今四十四釐米),以三升,即二百四十縷織成,比之最細之布用三十升,即二千四百縷者,當極粗疏。鄭玄謂縓如三升半,意即縷數仍是三升,但縷之粗細可比三升半。斬即不緝,衣裳之邊不縫。齊衰則縫邊。"

〔22〕《左傳·襄公十七年》杜預注:"苴,麻之有子者,取其粗也。杖,竹杖。菅屨,草屨。"楊伯峻《春秋左傳注》:"苴絰、苴帶、苴杖。絰音垤,指首絰,即服喪時戴於頭上用牝麻所織之物。苴帶,繫在腰上,像大帶。苴杖,竹杖。菅音姦,多年生草本植物。菅屨即喪服著之草鞋。"

〔23〕楊伯峻《春秋左傳注·襄公十七年》:"苫音山,編禾稈爲席,孝子臥其上。以草爲枕。"

〔24〕《禮記·雜記上》:"大夫爲其父母兄弟之未爲大夫者之喪,服如士服,士爲其父母兄弟之爲大夫者之喪,服如士服。"《正義》曰:"按《聖證論》王肅云:'喪禮自天子以下無等,故曾子云:"哭泣之哀,齊斬之情,饘粥之食,自天子達。"且大國之卿與天子上士俱三命,故曰一也。晉士起大國上卿,當天子之士也。平仲之言,"唯卿爲大夫",謂諸侯之卿,當天子之大夫,非謙辭也。春秋之時,尊者尚輕簡,喪服禮制遂壞,群卿專政,晏子惡之,故服粗衰枕草,於當時爲重。是以平仲云:"唯卿爲大夫。"遜辭以辟害也。'"案,《聖證論》,曹魏著名經學家王肅所著。《三國志·魏書·王肅傳》:"初,肅善賈、馬之學,而不好鄭氏,采會同異,爲《尚書》《詩》《論語》三《禮》《左氏》解,及撰定父朗所作《易傳》,皆列於學官。其所論駁朝廷典制、郊祀、宗廟、喪紀輕重,凡百餘篇。時樂安孫叔然,受學鄭玄之門,人稱東州大儒。徵爲秘書監,不就。肅集《聖證論》以譏短玄,叔然駁而釋之,及作《周易》《春秋例》,《毛詩》《禮記》《春秋三傳》《國語》《爾雅》諸注,又注書十餘篇。"《隋書·經籍志·經部·論語類》:"《聖證論》十二卷,王肅撰。"《新唐書·藝文志·經部·經解類》:"王肅《聖證論》十一卷。"原書已佚,清代馬國翰《玉函山房輯佚書》輯有一卷,皮錫瑞撰有《聖證論補評》二卷。

〔25〕《禮記·雜記上》:"大夫爲其父母兄弟之未爲大夫者之喪,服如士服,士爲其父母兄弟之爲大夫者之喪,服如士服。"《正義》曰:"鄭與言禮,張融評云:'士與大夫異者,皆是亂世尚輕涼,非王者之達禮。小功輕重,不達於禮。鄭言謙者,不異於遠害。'"

〔26〕廟祧，泛指祖廟。《周禮·春官·小宗伯》：“辨廟祧之昭穆。”壇墠，古代祭祀之場所。築土曰壇，除地曰墠。《禮記·祭法》：“天下有王，分地建國，置都立邑，設廟祧壇墠而祭之，乃爲親疏多少之數。是故王立七廟，一壇一墠，曰考廟，曰王考廟，曰皇考廟，曰顯考廟，曰祖考廟；皆月祭之。遠廟爲祧，有二祧，享嘗乃止。去祧爲壇，去壇爲墠。壇墠，有禱焉祭之，無禱乃止。去墠曰鬼。諸侯立五廟，一壇一墠，曰考廟，曰王考廟，曰皇考廟，皆月祭之；顯考廟，祖考廟，享嘗乃止。去祖爲壇，去壇爲墠。壇墠，有禱焉祭之，無禱乃止。去墠爲鬼。大夫立三廟，二壇，曰考廟，曰王考廟，曰皇考廟，享嘗乃止。顯考祖考無廟，有禱焉，爲壇祭之。去壇爲鬼。適士二廟一壇，曰考廟，曰王考廟，享嘗乃止。顯考無廟，有禱焉，爲壇祭之。去壇爲鬼。官師一廟，曰考廟。王考無廟而祭之，去王考爲鬼。庶士、庶人無廟，死曰鬼。”

〔27〕禘祫，古代帝王祭祀始祖之隆重儀禮。《禮記·曾子問》曰：“當七廟、五廟無虛主。虛主，惟天子崩、諸侯薨與去其國，與祫祭於太祖，爲無主耳。”《禮記·大傳》曰：“禮，不王不禘。王者禘其祖之所自出，以其祖配之。”《禮記·祭法》：“祭法：有虞氏禘黄帝而郊嚳，祖顓頊而宗堯。夏后氏亦禘黄帝而郊鯀，祖顓頊而宗禹。殷人禘嚳而郊冥，祖契而宗湯。周人禘嚳而郊稷，祖文王而宗武王。”《禮記·王制》：“天子犆礿，祫禘，祫嘗，祫烝。諸侯礿則不禘，禘則不嘗，嘗則不烝，烝則不礿。”《白虎通·宗廟》：“祭宗廟所以禘祫何？尊人君，貴功德，廣孝道也。位尊德盛，所及彌遠。謂之禘祫何？禘之爲言諦也。序昭穆，諦父子也。祫者，合也。毁廟之主，皆合食於太祖也。三年一祫。周以后稷、文、武特七廟，后稷爲始，與文王爲太祖，武王爲太宗。禘祫及遷廟何？以其能世世繼君之體，持其統而不絕，由親及遠，不忘先祖也。”時祭，即四時祭祀。《周禮·春官·大宗伯》：“以肆獻祼享先王，以饋食享先王，以祠春享先王，以禴夏享先王，以嘗秋享先王，以烝冬享先王。”《白虎通·宗廟》：“宗廟所以歲四祭何？春曰祠者，物微，故祠名之。夏曰禴者，麥熟進之。秋曰嘗者，新穀熟嘗之。冬曰烝者，烝之爲言衆也，冬之物成者衆。”《禮記·王制》：“大夫、士宗廟之祭，有田則祭，無田則薦。庶人春薦韭，夏薦麥，秋薦黍，冬薦稻。韭以卵，麥以魚，黍以豚，稻以雁。”

〔28〕尊彝，均爲古酒器名，亦泛指祭祀、朝聘、燕饗所用之禮器。尊爲盛酒、醴以獻祭等器之統稱，或曰小共名。《說文解字·酋部》：“尊，酒器也。……《周禮》六尊：‘犧尊、象尊、著尊、壺尊、太尊、山尊，以待祭祀賓客之禮。’”彝爲盛鬱鬯以祼祭之器的總稱，亦可曰大共名。《說文解字·糸部》：“彝：宗廟

常器也。……《周禮》：'六彝：雞彝、鳥彝、黃彝、虎彝、蟲彝、斝彝。以待裸將之禮。'"酒齊：即酒麴。《周禮·天官·酒正》："掌酒之政令，以式灋授酒材。凡為公酒者，亦如之。辨五齊之名，一曰泛齊，二曰醴齊，三曰盎齊，四曰緹齊，五曰沈齊。辨三酒之物，一曰事酒，二曰昔酒，三曰清酒。辨四飲之物，一曰清，二曰醫，三曰漿，四曰酏。"

〔29〕《周禮·春官·司服》："掌王之吉凶衣服，辨其名物與其用事。王之吉服：祀昊天上帝，則服大裘而冕，祀五帝，亦如之；享先王，則袞冕；享先公，饗射，則鷩冕；祀四望山川，則毳冕；祭社稷五祀，則希冕；祭群小祀，則玄冕。凡兵事，韋弁服。眡朝，則皮弁服。凡甸，冠弁服。凡凶事，服弁服。凡吊事，弁経服。凡喪，為天王斬衰，為王后齊衰。王為三公六卿錫衰，為諸侯緦衰，為大夫士疑衰，其首服皆弁経。大札、大荒、大災，素服。公之服，自袞冕而下，如王之服。侯伯之服，自鷩冕而下，如公之服。子男之服，自毳冕而下，如侯伯之服。孤之服，自希冕而下，如子男之服。卿大夫之服，自玄冕而下，如孤之服；其凶服，加以大功小功。士之服，自皮弁而下，如大夫之服，其凶服，亦如之。其齊服，有玄端素端。凡大祭祀、大賓客，共其衣服而奉之。大喪，共其復衣服，斂衣服，奠衣服，廞衣服，皆掌其陳序。"牲牢，古代祭祀時，用三鼎盛牛、羊、豕三牲，稱三牢。《大戴禮記·曾子天圓》："諸侯之祭，牲牛，曰太牢；大夫之祭，牲羊，曰少牢；士之祭，牲特豕，曰饋食；"《禮記·王制》："天子社稷皆大牢，諸侯社稷皆少牢。"《禮記·郊特牲》："郊特牲，而社稷大牢。天子適諸侯，諸侯膳用犢；諸侯適天子，天子賜之禮大牢；貴誠之義也。"《周禮·地官·封人》："凡喪紀、賓客、軍旅、大盟，則飾其牛牲。"《周禮·地官·牧人》："掌牧六牲而阜蕃其物，以共祭祀之牲牷。"

14. 論后倉等推士禮以致於天子，乃禮家之通例，鄭《注》、孔《疏》是其明證

《史記·儒林傳》曰："禮固自孔子時，而其經不具。"孟子曰："諸侯之禮，吾未之學也。"[1]然則天子、諸侯之禮，在孔孟時已不能備，孔子既不得位，又生當禮壞樂崩之後，雖適周而問老聃、萇宏[2]，入太廟而

每事問[3]，委曲詳細，必不盡知。所謂"吾學周禮，今用之者"[4]，蓋即冠、昏、喪、祭、射、鄉，當時民間通用之禮。觀孔子射於矍相之圃[5]，有"觀於鄉而知王道易易"之言[6]。漢初魯儒猶鄉飲射於孔子冢[7]，則當時民間猶行古禮可知。孔子周流四方，參互考證，晚而定禮，約之為十七篇，以為學者守此，已足以明君臣、父子、兄弟、夫婦、朋友之倫，雖不能備，亦略具矣。禮由義起[8]，在好學深思，心知其意者，即無明文可據，皆可以意推補。

古者"五刑之屬三千"，見於《尚書·呂刑》；"威儀三千，曲禮三千"，見於《中庸》《禮器》。其數皆三千者，出乎禮者入於刑，故取其數相準。數至三千，不為不多，然而事理之變無窮，法制之文有限，必欲事事而為之制，雖三千有所不能盡。如今之《大清律》[9]，遠本漢唐，繁簡得中，纖悉備具，而律不能盡者，必求之例，甚至例亦不能盡，更須臨時酌議。《大清通禮》[10]《禮部則例》雖極明備[11]，而承襲之異，服制之殊，亦有不能全載，上煩部議，取決臨時者，以今準古，何獨不然。是即周時三千之禮具在，其不能盡具者，亦須臨時推補，況在諸侯去籍，始皇焚書之後哉？后倉等推士禮以致於天子，乃不得不然之勢，其實是禮家之通例，莫不皆然者也。

《漢志》尊崇《逸禮》，謂雖不能備，猶瘉倉等推士禮以致於天子之說。其意以為博考《逸禮》，則天子禮略備，可以無煩推致。鄭君固親見三十九篇之《禮》者也，其注三《禮》，於《逸禮》中之《天子巡狩禮》《朝貢禮》《烝嘗禮》《禘於太廟禮》《王居明堂禮》，引用甚夥，且於古大典禮，後儒所聚訟者，未嘗引《逸禮》以為斷，仍不能不用倉等推致之意。如《周禮·內司服》"緣衣"注曰："此緣衣者，實作褖衣也。男子之褖衣黑，則是亦黑也。以下推次其色，則闕狄赤，揄狄青，襢衣玄。"[12]此鄭君自云推次者。"司尊彝"注曰："王酳尸用玉爵，而再獻者用璧角、璧散可知也。"[13]賈《疏》云："以《明堂位》云，爵用玉琖，加用璧角璧散差之，推次可知也。"[14]"弁師"注曰："庶人吊者素委貌，一命之大夫，冕而無旒，士變冕為爵弁。"[15]賈《疏》云："鄭云此者，以有大夫已上，因言庶人，且欲從下向上，因推出士變冕為爵弁之意也。"《掌客》："上公鉶四十有二，侯伯鉶二十有八，子男鉶十有八。"[16] 注曰："非衰差也，二十八，《書》或爲二十四，亦非也。其於衰，公又當三十，於言又爲無施。禮之大數，鉶少於豆，推其衰，公鉶四十二宜爲三十八，蓋近之矣。"[17] 鄭以推差訂正經文，尤爲精密。而《魯禮禘祫義》曰[18]："儒家之説禘祫也，通俗不同。或云歲祫終禘，或云三年一祫，五年再禘，學者競傳其聞，是用訩訩争論，從數百年來矣。竊念《春秋》者，書天子、諸侯中失之事，得禮則善，違禮則譏，可以發起是非，故據而述焉，從其禘祫之先後，考其疏數之所由，而粗記注焉。魯禮，三年之喪畢，則祫於太祖，明年春禘於群廟。僖也、宣也八年皆有禘祫祭，則《公羊傳》所云五年而再殷祭，祫在六年明矣。《明堂位》曰：'魯王禮也'，以相準況，可知也。"夫禘祫乃古大典禮，後儒所聚訟者，鄭君明言訩訩争論，而於《逸禮》"禘於太廟"之類，何不引以爲據，反據《春秋》以相準況？於此足見古文《逸禮》，大都單辭碎義，實無關於宏旨，故鄭不爲之注，亦不多引用。鄭之所謂準況，即倉等所謂推致也。其後孔、賈之疏經注，亦用推致之法。孔引皇、熊兩家之疏[19]，如《玉藻疏》云："熊氏更説卿大夫以下，日食及朔食，牲牢及敦數多少，上下差別，并無明據。"[20]《郊特牲疏》引皇氏説圜丘之祭燔柴牲玉之類，與宗廟祫同，其祭感生之帝，則當與宗廟禘祭同，其五時迎氣與宗廟時祭同[21]。孔《疏》云："皇氏於此經之首，廣解天地百神用樂委曲，及諸雜禮制，繁而不要，非此經所須，又隨事曲解[22]，無所憑據。"此則推致太過，而有得有失者，要皆禮家之通例也。

箋注

〔1〕見《孟子·滕文公上》。

〔2〕《史記·孔子世家》："魯南宮敬叔言魯君曰：'請與孔子適周。'魯君與之一乘車，兩馬，一豎子俱，適周問禮，蓋見老子云。"《史記·老子韓非列傳》："老子者，楚苦縣厲鄉曲仁里人也，姓李氏，名耳，字聃，周守藏室之史也。……孔子適周，將問禮於老子。"《莊子·天運》："孔子行年五十有一而不聞道，乃南之沛見老聃……孔子見老聃而語仁義……孔子見老聃歸，三

日不談。"《孔子家語·觀周》:"問禮於老聃,訪樂於萇弘。……孔子見老聃
而問焉。"

〔3〕《論語·八佾》:"子入太廟,每事問。"

〔4〕《禮記·中庸》"子曰:'吾説夏禮,杞不足徵也。吾學殷禮,有宋存焉;吾學
周禮,今用之,吾從周。'"

〔5〕《禮記·射義》:"孔子射於矍相之圃,蓋觀者如堵墻。"鄭玄注:"矍相,
地名。"

〔6〕《禮記·鄉飲酒義》:"孔子曰:'吾觀於鄉,而知王道之易易也。'"易易:非
常容易。

〔7〕《史記·孔子世家》:"魯世世相傳以歲時奉祠孔子冢,而諸儒亦講禮鄉飲大
射於孔子冢。"

〔8〕《荀子·禮論》:"禮起於何也? 曰:人生而有欲,欲而不得,則不能無求。
求而無度量分界,則不能不爭;爭則亂,亂則窮。先王惡其亂也,故制禮義
以分之,以養人之欲,給人之求。使欲必不窮於物,物必不屈於欲。兩者相
持而長,是禮之所起也。"

〔9〕《大清律》,即《大清律例》,爲清朝之法典。其修訂始於順治元年,經順治、
康熙、雍正三朝多次纂修,至乾隆五年修成定稿,更名爲《大清律例》,通稱
《大清律》。

〔10〕《大清通禮》,即《欽定大清通禮》。《四庫全書總目提要》卷八二《史部·政
書類典禮之屬》:"《欽定大清通禮》五十卷。乾隆元年奉敕撰,越二十一年
告成,首紀朝廟大典,及欽頒儀式。其餘五禮之序,悉準《周官》,而體例則
依仿《儀禮》。惟載貴賤之等差,節目之先後,而不及其沿革;惟載器物之名
數,陳設之方隅,而不及其形制。蓋沿革具於《會典則例》,形制具於《禮器
圖式》,各有明文,足資考證,故不復述也。"

〔11〕《禮部則例》,"則例"爲清朝針對中央各部門之職責、辦事規程而制定之基
本規則,爲規範各部院政務活動、保障其正常運轉之行政規則。則例爲數
衆多,可視爲清政府之行政法規,爲清代法律體系之重要組成部分。禮部
爲掌管禮儀、學校、科舉之中央國家機關,《禮部則例》即禮部所屬各司辦理
相關事務之工作條例。乾隆二十九年(1764)敕令禮部於《大清集禮》基礎
之上纂修《禮部則例》,三十五年(1770)經御准頒行,故通稱《欽定禮部則
例》,後有重修。《清史稿·藝文志·史部·職官類》:《禮部則例》一百九
十四卷。乾隆四十九年,德保等奉敕撰。

〔12〕見《周禮注疏·天官·內司服》:"此緣衣者,實作褖衣也。褖衣,御於王

之服，亦以燕居。男子之褖衣黑，則是亦黑也。六服備於此矣。褍、褕、狄、展，聲相近。緣，字之誤也。以下推次其色，則闕狄赤，褕狄青，褍衣玄。”

〔13〕見《周禮·春官·司尊彝》：“春祠、夏禴，祼用雞彝、鳥彝，皆有舟；其朝踐用兩獻尊，其再獻用兩象尊，皆有罍，諸臣之所昨也。秋嘗冬烝，祼用斝彝、黃彝，皆有舟；其朝獻用兩著尊，其饋獻用兩壺尊，皆有罍，諸臣之所昨也。”鄭玄注：“《祭統》曰：‘尸飲五，君洗玉爵獻卿。’是其差也。《明堂位》曰：‘灌用玉瓚大圭，爵用玉盞，加用璧角、璧散。’又《鬱人職》曰：‘受舉斝之卒爵而飲之。’則王酳尸以玉爵也。王酳尸用玉爵，而再獻者用璧角璧散可知也。”

〔14〕見《周禮注疏·春官·司尊彝》。“琖”與“盞”同。

〔15〕見《周禮·地官·弁師》：“諸侯及孤卿大夫之冕、韋弁、皮弁、弁絰，各以其等爲之，而掌其禁令。”鄭玄注：“庶人弔者素委貌。一命之大夫冕而無斿，士變冕爲爵弁。”賈《疏》：“云‘庶人弔者素委貌’者，此經不云庶人，鄭云此者，以有大夫已上，因言庶人，且欲從下向上，因推出士變冕爲爵弁之意也。云‘一命之大夫冕而無斿’者，此亦無文，鄭知然者，凡冕斿所以爲文飾，一命若有，則止一斿一玉而已，非華美。又見一命大夫衣無章，士又避之，變冕爲爵弁。若一命大夫有斿，士則不須變冕爲爵弁，直服無斿之冕矣，故知一命大夫無斿也。若然，爵弁制如冕，但無斿爲異，則無斿之冕亦與爵弁不殊。得謂之冕者，但無斿之冕亦前低一寸餘，故亦得冕名也。”

〔16〕“掌客”句，引用時有刪改，見《周禮·秋官·掌客》：“凡諸侯之禮：上公五積，皆視飧牽，三問皆脩，群介、行人、宰、史皆有牢。飧五牢，食四十，籩十，豆四十，鉶四十有二，壺四十，鼎簠十有二，牲三十有六，皆陳。……飧四牢，食三十有二，籩八，豆三十有二，鉶二十有八，壺三十有二，鼎簠十有二，腥二十有七，皆陳。……飧三牢，食二十有四，籩六，豆二十有四，鉶十有八，壺二十有四，鼎簠十有二，牲十有八，皆陳。”

〔17〕見《周禮注疏·秋官·掌客》注：“《禮器》曰：‘天子之豆二十有六，諸公十有六，諸侯十有二，上大夫八，下大夫六。’以《聘禮》差之，則堂上之數與此同。鉶，羹器也。公鉶四十二，侯伯二十八，子男十八，非衰差也。二十八，書或爲‘二十四’，亦非也。其於衰，公又當三十，於言又爲無施。禮之大數，鉶少於豆，推其衰，公鉶四十二，宜爲三十八，蓋近之矣。”

〔18〕《魯禮禘祫義》，鄭玄著，其書早已散佚，有輯本。《清史稿·藝文志·禮

類·總義之屬》：“漢鄭玄《魯禮禘祫志》一卷，馬國翰輯。”《玉函山房輯佚書》卷二八《經編·通禮類》：“《魯禮禘祫志》一卷，漢鄭玄撰。”皮錫瑞有《魯禮禘祫義疏證》一卷。

〔19〕皇、熊兩家之疏：皇即皇侃，熊即熊安生。《梁書·儒林傳》：“皇侃，吳郡人，……精力專門，盡通其業，尤明三《禮》《孝經》《論語》。……撰《禮記講疏》五十卷，……所撰《論語義》十卷，與《禮記義》并見重於世，學者傳焉。”《北史·儒林傳下》：“熊安生字植之，長樂阜城人也。少好學，勵精不倦……然專以三《禮》教授……安生既學爲儒宗……所撰《周禮義疏》二十卷，《禮記義疏》三十卷，《孝經義》一卷，并行於世。”案，皇、熊兩家所撰諸疏均已佚，馬國翰有輯本。

〔20〕見《禮記·玉藻》：“又朝服以食，特牲，三俎，祭肺。”鄭玄注：“食必復朝，服所以敬養身也。三俎：豕、魚、臘。”《正義》曰：“熊氏更説卿大夫以下日食及朔食牲牢及敦數多少，上下差別。并無明據，今皆略而不言也。”

〔21〕《禮記正義·郊特牲》：“其圜丘之祭，皇氏云：祭日之旦，王立丘之東南西向，燔柴及牲玉於丘上，升壇以降其神。故《韓氏内傳》云：‘天子奉玉升柴加於牲上。’《詩》又云：‘圭璧既卒。’是燔牲玉也。次乃奏圜鍾之樂，六變以降其神。天皇之神爲尊，故有再降之禮。次則掃地而設正祭，置蒼璧於神坐以禮之。其在先燔者，亦蒼璧也。次則以豆薦血腥，祭天無祼，故鄭注《小宰》云：‘唯人道宗廟有祼，天地大神至尊不祼，莫稱焉。’然則祭天唯七獻也，故鄭注《周禮》云：‘大事於大廟，備五齊三酒。’則圜丘之祭，與宗廟祫同。朝踐，王酌泛齊以獻，是一獻也，後無祭天之事。《大宗伯》‘次酌醴齊以獻’，是爲二獻也。王進爵之時皆奏樂，但不皆六變。次薦孰，王酌盎齊以獻，是爲三獻也。宗伯次酌醍齊以獻，是爲四獻也。次尸食訖，酌朝踐之泛齊，是爲五獻也。又次宗伯酌饋食之醍齊以獻，是爲六獻也。次諸臣爲賓長酌泛齊以獻，是爲七獻也。以外皆加爵，非正獻之數。其尸酢王以清酒，酢宗伯以昔酒，酢諸臣以事酒。其祭感生之帝，則當與宗廟禘祭同，唯有四齊無泛齊，又無降神之樂，惟燔柴升烟，一降神而已。王朝踐獻以醴齊，宗伯亞獻以盎齊，次饋孰王獻以醍齊，宗伯又獻以沈齊。尸食訖，王獻以朝踐之醴齊，宗伯獻以饋孰之沈齊，諸臣爲賓長亦獻以沈齊，不入正數。其五時迎氣，與宗廟時祭同，其燔柴以降神及獻尸與祭感生之帝同，但二齊醴盎而已。諸臣終獻，亦用盎齊。從上至此，皆皇氏所説。”

〔22〕又，原刻本作“文”，據《禮記正義·郊特牲》改。

15. 論《儀禮》爲經,《禮記》爲傳,當從朱子采用臣瓚之説,《儀禮經傳通解》分節尤明

自《逸禮》之書出,而十七篇有不全不備之疑。自三《禮》之名出,而十七篇有非經非傳之疑。以《周禮》爲經禮,《儀禮》爲曲禮,是《周禮》爲經,而《儀禮》爲傳矣。謂《儀禮》爲經禮,《禮記》爲曲禮,是《儀禮》爲經,而《禮記》爲傳矣。

朱子曰:"今按'禮經''威儀',《禮器》作'禮經'[1]'曲禮',而《中庸》以'禮經'爲《儀禮》,鄭玄等皆曰'經禮'即《周禮》,'曲禮'即今《儀禮》。臣瓚曰[2]:'周禮三百,特官名耳,經禮謂冠昏吉凶。'蓋以《儀禮》爲經禮也。而近世括蒼葉夢得曰[3]:'經禮,制之凡也;曲禮,文之目也。先王之世,二者蓋皆有書藏於有司,祭祀、朝覲、會同,則太史執之以蒞事,小史讀之以喻衆,而鄉大夫受之以教萬民,保氏掌之以教國子者,亦此書也。'愚意《禮》篇三名,《禮器》爲勝,諸儒之説,瓚、葉爲長。蓋《周禮》乃制治立法、設官分職之書,而非專爲禮設也。至於《儀禮》,則其中冠、昏、喪、祭、燕、射、朝、聘,自爲經禮大目,亦不容專以曲禮名之也。又嘗考之,經禮固今之《儀禮》,其存者十七篇,而其逸見於他書者,猶有《投壺》《奔喪》《遷廟》等篇;其不可見者,又有古經增多三十九篇,而《明堂陰陽》《王史氏記》數十篇,及河間獻王所輯禮樂古事,多至五百餘篇。倘或猶有逸在其間者,大率且以春官所領五禮之目約之[4],則其初固當有三百餘篇亡疑矣。所謂曲禮之微文小節,如今《曲禮》《少儀》《内則》《玉藻》《弟子職》篇,所記事親、事長、起居、飲食、容貌、辭氣之法,制器、備物、宗廟、宮室、衣冠、車旂之等,凡所以行乎經禮之中者,其篇之全數,雖不可知,然條而析之,亦應不下三千有餘矣。"

錫瑞案:分別經傳,當從朱子之説。朱子既有此分別,遂欲合經

傳爲一書。《答李季章書》云[5]："累年欲修《儀禮》一書，釐析章句，而附以傳說。"《答潘恭叔書》云[6]："《禮記》須與《儀禮》參，通修作一書，乃可觀。"《乞修三禮札子》云[7]："以《儀禮》爲經，而取《禮記》及諸經史、雜書所載有及於禮者，皆以附於本經之下，具列注、疏、諸儒之説。"札子竟不果上。晚年乃本此意修《儀禮經傳通解》，其書釐析章句，朱子已明言之，其失在釐析《儀禮》諸篇，多非舊次。如《士冠禮》，三屨本在辭後，乃移入前陳器服章[8]；戒賓、加冠等辭，本總記在後，乃分入前各章之下之類[9]，未免宋儒割裂經文之習。其功在章句分明，每一節截斷，後一行題云"右某事"，比賈疏分節尤簡明。《答應仁仲書》云[10]："前賢常患《儀禮》難讀，以今觀之，只是經不分章，記不隨經，而注疏各爲一書，故使讀者不能遽曉。今定此本，盡去此諸弊，恨不得令韓文公見之也。"近馬驌《繹史》載《儀禮》[11]、張爾岐《儀禮鄭注句讀》[12]、吳廷華《儀禮章句》[13]、江永《禮書綱目》[14]、徐乾學《讀禮通考》[15]、秦蕙田《五禮通考》[16]，分節皆用朱子之法。

箋注

〔1〕 禮記，原刻本作"劉向"，據朱熹《儀禮經傳通解》卷首"儀禮經傳目錄"注改。

〔2〕 "臣瓚曰"句，見《漢書·藝文志》顔師古注，引用時有改動。《漢書·藝文志》顔師古注："韋昭曰：'周禮三百六十官也。三百，舉成數也。'臣瓚曰：'禮經三百，謂冠、婚、吉、凶。周禮三百，是官名也。'師古曰：'禮經三百，韋説是也。威儀三千，乃謂冠、婚、吉、凶，蓋《儀禮》是也。'"

〔3〕 葉夢得(1077—1148)，字少蘊，吳縣(今江蘇蘇州)人。晚年隱居湖州弁山玲瓏山之石林，故號石林居士，所著詩文及書多以石林爲名，如《石林燕語》《石林詞》《石林詩話》《石林春秋》等。

〔4〕 春官所領五禮，即吉禮、凶禮、賓禮、軍禮、嘉禮。《周禮·春官·大宗伯》："掌建邦之天神人鬼地示之禮，以佐王建保邦國。以吉禮事邦國之鬼神示：以禋祀祀昊天上帝，以實柴祀日月星辰，以槱燎祀司中司命飌師雨師。以血祭祭社稷五祀五岳，以貍沈祭山林川澤，以疈辜祭四方百物。以肆獻祼享先王，以饋食享先王，以祠春享先王，以禴夏享先王，以嘗秋享先王，以烝冬享先王。以凶禮哀邦國之憂：以喪禮哀死亡，以荒禮哀凶札，以吊禮哀

禍災，以襘禮哀圍敗，以恤禮哀寇亂。以賓禮親邦國：春見曰朝，夏見曰宗，秋見曰覲，冬見曰遇，時見曰會，殷見曰同，時聘曰問，殷覜曰視。以軍禮同邦國：大師之禮，用眾也；大均之禮，恤眾也；大田之禮，簡眾也；大役之禮，任眾也；大封之禮，合眾也。以嘉禮親萬民：以飲食之禮親宗族兄弟，以婚冠之禮親成男女，以賓射之禮親故舊朋友，以饗燕之禮親四方之賓客，以脤膰之禮親兄弟之國，以賀慶之禮親異姓之國。”

〔5〕《答李季章書》，見《晦庵集》卷三八。李季章即李壁，號石林，又號雁湖居士，謚文懿，南宋史學家李燾之子。《宋史·李壁傳》：“李壁字季章，眉之丹棱人。父燾，典國史。……壁嗜學如飢渴，群經百氏搜抉靡遺，於典章制度尤綜練。爲文雋逸，所著有《雁湖集》一百卷、《涓塵録》三卷、《中興戰功録》三卷、《中興奏議》若干卷、《内外制》二十卷、《援毫録》八十卷、《臨汝閑書》百五十卷。壁父子與弟皆以文學知名，蜀人比之三蘇云。”

〔6〕《答潘恭叔書》，見《晦庵集》卷五〇。潘恭叔即潘友恭，南宋金華人。與兄友端并學於朱熹。萬斯同《儒林宗派》卷一〇《朱子門人》：“潘友端，（端叔，金華。）潘友恭。（恭叔，友端弟。）”

〔7〕《乞修三禮札子》，見《晦庵集》卷一四《奏札》。

〔8〕見《儀禮經傳通解》卷一：“屨，夏用葛。玄端黑屨，青絇、繶、純，純博寸。素積白屨，以魁柎之，緇絇、繶、純，純博寸。爵弁纁屨，黑絇、繶、純，純博寸。冬，皮屨可也。不屨繐屨。右陳器服。”

〔9〕“釐析……之下”句，引用時有刪改，《四庫全書總目提要》：“所載《儀禮》諸篇，咸非舊次，亦頗有所釐析。如《士冠禮》‘三屨’本在醮後，仍移入前陳器服章；戒賓、加冠等辭本總記在後，乃分入前各章之下。”戒賓、加冠等辭，原刻本“賓”誤作“宿”。《儀禮經傳通解》卷一：“右戒賓。醮：戒賓曰：‘某有子，某將加布於其首，願吾子之教之也。’……右宿賓。醮：宿曰：‘某將加布於某之首，吾子將蒞之，敢宿。’賓對曰：‘某敢不夙興。’……右始加。醮：始加，祝曰：‘令月吉日，始加元服。棄爾幼志，順爾成德。壽考惟祺，介爾景福。’……右再加。醮：再加曰：‘吉月令辰，乃申爾服。敬爾威儀，淑慎爾德。眉壽萬年，永受胡福。’……右三加。醮：三加曰：‘以歲之正，以月之令，咸加爾服。兄弟具在，以成厥德。黃耇無疆，受天之慶。’”《儀禮·士冠禮》：“戒賓曰：‘某有子某，將加布於其首，願吾子之教之也。’賓對曰：‘某不敏，恐不能共事，以病吾子，敢辭。’主人曰：‘某猶願吾子之終教之也。’賓對曰：‘吾子重有命，某敢不從！’宿曰：‘某將加布於某之首，吾子將蒞之，敢宿。’賓對曰：‘某敢不夙興！’始加，祝曰：‘令月吉日，始加元服。棄爾幼志，

順爾成德。壽考惟祺,介爾景福。'再加曰:'吉月令辰,乃申爾服。敬爾威儀,淑慎爾德。眉壽萬年,永受胡福。'三加曰:'以歲之正,以月之令,咸加爾服。兄弟具在,以成厥德。黄耇無疆,受天之慶。'"

〔10〕《答應仁仲書》,見《晦庵集》卷五四。應仁仲,見萬斯同《儒林宗派》卷一〇《朱子門人》。

〔11〕馬驌(1621—1673),字宛斯,一字聰御。鄒平(今屬山東)人。清世祖順治間進士,任淮安推官,改靈璧知縣。聖祖康熙十二年卒於官,士民奉祀名宦祠。博學好古,精研經史,尤致力於《左氏春秋》,因專治上古史,時人稱"馬三代"。著有《左傳事緯》十二卷,又廣搜古代典籍,編纂《繹史》一百六十卷,爲當時學者所推服。《清史稿·儒林傳二》:"驌又撰《繹史》一百六十卷,纂録開闢至秦末之事,博引古籍。疏通辨證,非《路史》《皇王大紀》所可及也。時人稱爲馬三代。"

〔12〕張爾岐(1612—1678),字稷若,號蒿庵,山東濟陽人。以諸生入清,不求聞達。所居敗屋不修,養母。集其弟四人講説三代古文於母前,愉愉如也。教授鄉里以終。《清史稿·儒林傳二》:"遜志好學,篤守程、朱之説,著《天道論》《中庸論》,爲時所稱。又著《學辨》五篇:曰《辨志》,曰《辨術》,曰《辨業》,曰《辨成》,曰《辨徵》。又著《立命説辨》,斥袁氏《功過格》《立命説》之非。年三十,覃思《儀禮》,以鄭康成注文古質,賈公彦釋義曼衍,學者不能尋其端緒;乃取經與注章分之,定其句讀,疏其節,録其要,取其明注而止,有疑義則以意斷之,亦附於末,成《儀禮鄭注句讀》十七卷,附以《監本正誤》《石經正誤》二卷。顧炎武游山東,讀而善之,曰:'炎武年過五十,乃知"不學禮無以立"。若《儀禮鄭注句讀》一書,根本先儒,立言簡當,以其人不求聞達,故無當世名,然書實可傳,使朱子見之,必不僅謝監獄之稱許矣。'"

〔13〕吳廷華,字中林,號東壁。初名蘭芳,鄉貢後改名廷華。錢塘(今浙江杭州)人。康熙甲午舉人。由中書舍人歷官福建海防同知。乾隆初薦修《三禮》,撰《儀禮章句》。還著有《三禮疑義》《曲臺小録》《東壁書莊集》等。《四庫全書總目提要·經部·禮類·儀禮之屬》:"《儀禮章句》十七卷(浙江吳玉墀家藏本),國朝吳廷華撰。……杭世駿《榕城詩話》稱廷華去官後,寄居蕭寺,穿穴賈、孔,著《三禮疑義》數十卷。案廷華所著《周禮疑義》今未之見。而此書則名《章句》,未審別有《儀禮疑義》,抑或改名《章句》也。其書以張爾岐《儀禮句讀》過於墨守鄭注,王文清《儀禮分節句讀》以句讀爲主,箋注失之太略,因折衷先儒,以補二書所未及。每篇之中,分其節次。每節之

內，析其句讀。其訓釋多本鄭、賈箋疏，亦間采他説，附‘案’以發明之。於喪禮尤爲詳審。……惟於三年之喪，過信毛奇齡三十六月之説，不知此説倡自唐王玄感，當時已爲禮官所駁。閻若璩《潛丘札記》辨之尤悉。廷華蓋偶未考。……然其章分句釋，箋疏明簡，於經學固不爲無補也。”

〔14〕江永(1681—1762)，字慎修，婺源(今屬江西)人。清代著名學者，皖派經學創始人。長於考據之學，深究三《禮》，於音韻、樂律、天文、地理均有研究，著述甚豐。《清史稿·儒林傳二》：“爲諸生數十年，博通古今，專心《十三經注疏》，而於三《禮》功尤深。以朱子晚年治禮，爲《儀禮經傳通解》。書未就，黄氏、楊氏相繼纂續，亦非完書。乃廣摭博討，大綱細目，一從吉、凶、軍、嘉、賓五禮舊次，題曰《禮經綱目》，凡八十八卷。引據諸書，釐正發明，實足終朱子未竟之緒。嘗一至京師，桐城方苞、荆溪吳紱質以《禮經》疑義，皆大折服。”《禮書綱目》，《清史稿》作《禮經綱目》。《四庫全書總目提要·經部·禮類·通禮之屬》：“《禮書綱目》八十五卷(安徽巡撫采進本)，國朝江永撰。其書雖仿《儀禮經傳通解》之例，而參考群經，洞悉條理，實多能補所未及，非徒立異同。……揆以禮意，較《通解》爲有倫次。……永引據諸書，釐正發明，實足終朱子未竟之緒，視胡文炳輩務博，篤信朱子之名，不問其已定之説、未定之説，無不曲爲袒護者，識趣相去遠矣。”

〔15〕徐乾學(1631—1694)，字原一、幼慧，號健庵、玉峰先生，江蘇崑山人。清初大儒顧炎武外甥，與弟元文、秉義皆官貴文名，人稱“崑山三徐”。康熙九年(1670 年)進士第三名，授編修。先後擔任日講起居注官、《明史》總裁官、侍講學士、内閣學士，康熙二十六年升左都御史、刑部尚書。曾主持編修《明史》《大清一統志》《讀禮通考》等書，著有《憺園文集》三十六卷。《清史稿·徐乾學傳》：“爲《讀禮通考》百二十卷，博采衆説，剖析其義。”《四庫全書總目提要·經部·禮類·儀禮之屬》：“《讀禮通考》一百二十卷(江蘇巡撫采進本)，國朝徐乾學撰。……是編乃其家居讀《禮》時所輯。歸田以後，又加訂定，積十餘年，三易稿而後成，於《儀禮·喪服》《士喪》《既夕》《士虞》等篇及大、小戴《記》，則仿朱子《經傳通解》，兼采衆説，剖析其義。於歷代典制，則一本正史，參以《通典》及《開元禮》《政和五禮新儀》諸書。立綱統目，其大端有八：一曰喪期，二曰喪服，三曰喪儀節，四曰葬考，五曰喪具，六曰變禮，七曰喪制，八曰廟制。《喪期》歷代異同則有表，《喪期》暨《儀節》《喪具》則有圖，縷析條分，頗爲詳備。蓋乾學傳是樓藏書甲於當代。而一時通經學古之士，如閻若璩等，亦多集其門，合衆力以爲之，故博而有要，獨過諸儒。乾學又欲并修吉、軍、賓、嘉四禮，方事排纂而歿。然是書搜羅富

有，秦蕙田《五禮通考》即因其義例而成之。古今言喪禮者，蓋莫備於是焉。"

〔16〕秦蕙田（1702—1764），字樹峰，號味經，江南金匱（今江蘇無錫）人。乾隆元年進士，授編修，累官禮部侍郎，工部、刑部尚書，兩充會試正考官。治經深於《禮》，繼徐乾學《讀禮通考》作《五禮通考》。又有《周易象日箋》《味經窩類稿》等。《清史稿·秦蕙田傳》："蕙田通經能文章，尤精於三禮，撰《五禮通考》，首采經史，次及諸家傳説儒先所未能決者，疏通證明，使後儒有所折衷。以樂律附吉禮，以天文曆法、方輿疆理附嘉禮。博大閎遠，條貫賅備。又好治《易》及音韻、律呂、算數之學，皆有著述。"《四庫全書總目提要·經部·禮類·通禮之屬》："《五禮通考》二百六十二卷（江蘇巡撫采進本），國朝秦蕙田撰。……是書因徐乾學《讀禮通考》惟詳喪葬一門，而《周官·大宗伯》所列五禮之目，古經散亡，鮮能尋端竟委。乃因徐氏體例，網羅衆説，以成一書。凡爲類七十有五。以樂律附於吉禮宗廟制度之後；以天文推步句股割圓，立'觀象授時'一題統之，以古今州國都邑山川地名，立'體國經野'一題統之，并載入嘉禮。雖事屬旁涉，非'五禮'所應該，不免有炫博之意，然周代六官，總名曰禮，禮之用，精組條貫，所賅本博。故朱子《儀禮經傳通解》，於學禮載鐘律詩樂，又欲取許氏《説文解字序説》及《九章算經》，爲書數篇而未成。則蕙田之以類纂附，尚不爲無據。其他考證經史，原原本本，具有經緯，非剿竊餖飣、挂一漏萬者可比。較陳祥道等所作，有過之無不及矣。"

16. 論言理不如言禮之可據，朱子以此推服鄭君，而鄭君之説亦由推致而得

漢儒多言禮，宋儒多言理。《仲尼燕居》："子曰：'禮也者，理也。'"《樂記》："禮者，理之不可易者也。"禮與理本一貫，然禮必證諸實，合於禮者是，不合於禮者非，是非有定，人人共信者也。理常憑於虛，彼亦一是非，此亦一是非，是非無定，不能人人共信者也。今舉一事明之。《宋史》朱熹《乞討論喪服札子》曰[1]："臣聞三年之喪，齊疏之服，饘粥之食，自天子達於庶人，無貴賤之殊，而《禮經》敕令子爲父、適孫承重

爲祖父，皆斬衰三年[2]。蓋適子當爲父後，以承大宗之重，而不能襲位以執喪，則適孫繼統而代之，執喪，義當然也。間者遺誥初頒，太上皇帝偶違康豫，不能躬就喪次，陛下實以世適之重，仰承大統[3]，則所謂承重之服，著在禮律，所宜一遵壽皇已行之法[4]，易月之外，且以布衣布冠，視朝聽政，以代太上皇帝躬執三年之喪。”

《建炎以來朝野雜記》曰[5]："方文公上議時，門人有疑者，文公未有以折之。後讀《禮記正義·喪服小記》‘爲祖後者’條[6]，因自識於本議之末，其略云：‘準五服年月格[7]，斬衰三年，適孫爲祖，法意甚明，而《禮經》無文，但《傳》云："父没而爲祖後者服斬。"’然而不見本經，未詳可據。但《小記》云：‘祖父没而爲祖母後者三年。’可以旁照。至‘爲祖後者’條下，疏中所引《鄭志》，乃有‘諸侯父有廢疾，不任國政，不任喪事’之問，而鄭答以‘天子、諸侯之服皆斬’之文[8]，方見父在而承國於祖之服。向來上此文字時，無文字可檢，又無朋友可問，故大約且以禮律言之，亦有疑父在不當承重者，時無明白證驗，但以禮律、人情大意答之，心常不安。歸來稽考，始見此説，方得無疑。乃知學之不講，其害如此，而禮經之文，誠有闕略，不無待於後人。向使無鄭康成，則此事終未有斷決，不可直謂古經定制，一字不可增損也。"[9]

錫瑞案：朱子以此推服鄭君，而鄭君此條，實由推致而得，可見禮爲人倫之至，而以推致言禮，爲一定之法，必惜逸經之不具，而疑推致爲無憑，非知禮者也。後儒空言理而不講禮，謂禮吾知敬而已，喪吾知哀而已，一遇國家有大疑議，則幽冥而莫知其原。宋濮議[10]、明大禮議[11]，舉朝爭論，皆無一是，激成朋黨，貽誤國家，尤非知禮者也。即如宋之寧宗，以祖父没，而父病不能執喪，代父而立[12]，自應承重，無可疑者。而或疑父在不應承重，亦未嘗不有一偏之理，所謂彼亦一是非，此亦一是非也。徒以律法、人情爲説，即以朱子之賢，猶不能折服群疑，必得《鄭志》明文，然後可以自信，此朱子所以服鄭，而并欲修禮，晚年所以有《通解》之作，而直以鄭注補經也。

〔1〕《乞討論喪服札子》，見《宋史·朱熹傳》、《晦庵集》卷一四《奏札·乞修三禮札子》、《歷代名臣奏議》卷一二四《禮樂（喪葬、山陵）》。案，皮氏引用有刪改。《宋史·朱熹傳》："熹奏：'禮經敕令，子爲父，嫡孫承重爲祖父，皆斬衰三年；嫡子當爲其父後，不能襲位執喪，則嫡孫繼統而代之執喪。自漢文短喪，歷代因之，天子遂無三年之喪。爲父且然，則嫡孫承重可知。人紀廢壞，三綱不明，千有餘年，莫能釐正。壽皇聖帝至性自天，易月之外，猶執通喪，朝衣朝冠皆用大布，所宜著在方册，爲萬世法程。間者，遺誥初頒，太上皇帝偶違康豫，不能躬就喪次。陛下以世嫡承大統，則承重之服著在禮律，所宜遵壽皇已行之法。一時倉卒，不及詳議，遂用漆紗淺黄之服，不惟上違禮律，且使壽皇已行之禮舉而復墜，臣竊痛之。然既往之失不及追改，唯有將來啓殯發引，禮當復用初喪之服。'"

〔2〕《儀禮·喪服》："父，傳曰：爲父何以斬衰也？父至尊也。……爲人後者。傳曰：何以三年也？受重者必以尊服服之。何如而可爲之後？同宗則可爲之後。何如而可以爲人後？支子可也。爲所後者之祖、父、母、妻，妻之父、母、昆弟，昆弟之子，若子。"承重，謂承受喪祭與宗廟的重任。《儀禮·喪服》："適孫。傳曰：何以期也？不敢降其適也。有適子者無適孫，孫婦亦如之。"鄭玄注："周之道，適子死則立適孫，是適孫將上爲祖後者也。長子在，則皆爲庶孫耳，孫婦亦如之。適婦在，亦爲庶孫之婦。凡父於將爲後者，非長子，皆期也。"

〔3〕《宋史·光宗本紀》："（五年秋七月）甲子，太皇太后以皇帝疾未能執喪，命皇子嘉王（宋寧宗）即皇帝位於重華宮之素幄，尊皇帝爲太上皇帝，皇后爲壽仁太上皇后，移御泰安宮。"

〔4〕壽皇即宋孝宗，其尊號爲"至尊壽皇聖帝"。《宋史·孝宗本紀》："（隆興十六年二月）辛未，上尊號曰至尊壽皇聖帝。"壽皇已行之法即宋孝宗爲宋高宗服喪三年。《宋史·孝宗本紀》："（隆興十四年冬十月）辛巳，詔曰：'大行太上皇帝奄棄至養，朕當衰服三年，群臣自遵易月之令，可令有司討論儀制以聞。'……（隆興十五年夏四月）丙戌，祔高宗神主於太廟，詔曰：'朕比下令欲衰經三年，群臣屢請御殿易服，故以布素視事内殿。雖詔俟過祔廟，勉從所請，然稽諸典禮，心實未安，行之終制，乃爲近古。宜體至意，勿復有請。'"

〔5〕《建炎以來朝野雜記》，宋代李心傳著，分甲集、乙集各二十卷。《宋史·李心傳傳》：“李心傳字微之，宗正寺簿舜臣之子也。……晚因崔與之、許奕、魏了翁等合前後二十三人之薦，自制置司敦遣至闕下。爲史館校勘，賜進士出身，專修《中興四朝帝紀》。甫成其三，因言者罷，添差通判成都府。尋遷著作佐郎兼四川制置司參議官。詔無入議幕，許辟官置局，踵修《十三朝會要》。端平三年成書。……踵修《十三朝會要》……所著成書，有《高宗繫年録》二百卷、《學易編》五卷、《誦詩訓》五卷、《春秋考》十三卷、《禮辨》二十三卷、《讀史考》十二卷、《舊聞證誤》十五卷、《朝野雜記》四十卷、《道命録》五卷、《西陲泰定録》九十卷、《辨南遷録》一卷、詩文一百卷。”《四庫全書總目提要·史部·政書類·通制之屬·建炎以來朝野雜記》：“心傳長於史學，凡朝章國典多所諳悉。是書取南渡以後事迹，分門編類。甲集二十卷，分上德、郊廟、典禮、制作、朝事、時事、故事、雜事、官制、取士、財賦、兵馬、邊防十三門。乙集二十卷，少郊廟一門，而末卷別出邊事，亦十三門。每門各分子目。雖以‘雜記’爲名，其體例實同‘會要’。蓋與《建炎以來繫年要録》互相經緯者也。”

〔6〕《禮記·喪服小記》：“祖父卒，而後爲祖母後者三年。”《正義》曰：“‘祖父卒’者，謂適孫無父而爲祖後，祖父已卒，今又遭祖母喪。故云‘爲祖母後’也。事事得中，如父卒爲母，故三年。若祖父卒時父已先亡，亦爲祖父三年。若祖卒時父在，已雖爲祖期，今父没，祖母亡時，已亦爲祖母三年也。”案，“爲祖後者”條亦見於《儀禮·喪服》：“父卒，然後爲祖後者服斬。”

〔7〕“五服”即爲死去之親屬服喪之制度。因血緣關繫親疏不同，故而服制亦不同，據此可將親屬分爲五等，由親至疏依次是：斬衰、齊衰、大功、小功、緦麻。斬衰，五服中最重的喪服。用最粗之生麻布製作，斷處外露不緝邊。喪服上衣叫“衰”，因稱“斬衰”，表示毫不修飾以盡哀痛，服期三年。《儀禮·喪服》：“疏衰裳，齊牡麻絰，冠布纓，削杖，布帶，疏屨，三年者。”《禮記·三年問》：“三年者，稱情而立文，所以爲至痛極也。斬衰，苴杖，居倚廬，食粥，寢苫，枕塊，所以爲至痛飾也。三年之喪，二十五月而畢。……故三年以爲隆，緦小功以爲殺，期九月以爲間。”齊衰，次於“斬衰”之喪服。用粗麻布製作，斷處緝邊，因稱“齊衰”。服期分三年、一年、五月、三月。《儀禮·喪服》：“繼父同居者……同居則服齊衰期，異居則服齊衰三月。……傳曰：何以服齊衰三月也？”服齊衰一年，用喪杖，稱“杖期”，不用喪杖，稱“不杖期”。《儀禮·喪服》：“父在則爲妻不杖。”大功，次於“齊衰”之喪服，用粗熟麻布製作，服期爲九月。小功，次於“大

功"之喪服,用稍粗熟麻布製成,服期五月。《儀禮·喪服》:"小功,布衰裳,澡麻帶、絰,五月者。"緦麻,次於"小功",於"五服"中最輕之一種。用較細熟麻布製成,做工也較"小功"爲細,服期三月。《儀禮·喪服》:"緦麻三月者。"《禮記·大傳》:"四世而緦,服之窮也,五世袒免,殺同姓也,六世親屬竭矣。"

〔8〕《儀禮·喪服》:"父卒,然後爲祖後者服斬。"《疏》引《鄭志》曰:"趙商問:'己爲諸侯,父有癈疾,不任國政,不任喪事,而爲其祖服,制度之宜,年月之斷云何?'答云:'父卒爲祖後者三年斬,何疑?'趙商又問:'父卒爲祖後者三年,已聞命矣。所問者,父在爲祖如何?欲言三年則父在,欲言期,復無主,斬杖之宜,主喪之制,未知所定。'答曰:'天子諸侯之喪,皆斬衰,無期。'"

〔9〕《建炎以來朝野雜記》乙集卷四《典禮·朱文公論三年喪》:"方文公上議時,門人有疑之者,文公未有以折之。後讀《禮記正義·喪服小記》'爲祖後'條,見其所引《鄭志》有'諸侯父有癈疾不任國政,不任喪事'之問,而鄭答以'天子、諸侯之服皆斬'之文,乃知經文有所未備,而待於傳注者如此,因自識於本議。"案,此段文字引自《宋史》,有改動。"其略云……增損也"見《晦庵集》卷一四《奏札·書奏稿後》。

〔10〕宋仁宗無嗣,死後以濮安懿王允讓之子趙曙繼位,是爲宋英宗。英宗治平二年詔議崇奉生父濮王典禮。侍御史呂誨、范純仁、呂大防及司馬光等力主稱仁宗爲皇考,濮王爲皇伯,而中書韓琦、歐陽修等則主張稱濮王爲皇考。英宗因立濮王園陵,貶呂誨、呂大防、范純仁三人出外。舊史稱之爲"濮議"。可參見宋楊仲良《皇宋通鑑長編紀事本末》卷五五《濮議》及明陳邦瞻《宋史紀事本末》卷三六《濮議》。

〔11〕明大禮議,指發生於明正德十六年(1521)至嘉靖三年(1524)間之規模巨大、曠日持久之有關皇統問題之政治爭論。因係朝廷禮法之至大者,故名。明正德十六年,武宗死,無子,興獻王朱祐杬子朱厚熜即皇帝位,是爲明世宗。世宗即位後下令禮臣議其生父朱祐杬尊號。至嘉靖三年九月,最終明世宗確定稱孝宗爲皇伯考,昭聖皇太后爲皇伯母,獻皇帝爲皇考,章聖皇太后爲聖母,并詔告天下。此事件對明朝嘉靖年間之政治産生深遠影響。可參見清谷應泰《明史紀事本末》卷五〇《大禮議》。

〔12〕《宋史·寧宗本紀》:"諱擴,光宗第二子也……(紹熙)五年六月戊戌,孝宗崩,光宗以疾不能出。壬寅,宰臣請太皇太后垂簾聽政,不許;請(寧宗)代行祭奠之禮,從之。"

17. 論鄭樵辨《儀禮》皆誤，毛奇齡駁鄭樵，而攻《儀禮》之説多本鄭樵

鄭樵《儀禮辨》曰："古人造士，以《禮》《樂》《詩》《書》并言之者，《儀禮》是也。古人六經[1]，以《禮》《樂》《詩》《書》《春秋》與《易》并言者，《儀禮》是也。《儀禮》一書，當成王太平之日，周公損益三代之制，作爲冠、婚、喪、祭之儀，朝、聘、射、饗之禮，行於朝廷、鄉黨之間，名曰《儀禮》，而樂寓焉，正如後世《禮樂》《輿服志》之類[2]。漢興，傳《儀禮》者出於高堂生《士禮》十七篇，而魯徐生善爲容，文帝時以容爲禮大夫。後《禮》之古經出於魯淹中[3]，河間獻王得之，凡五十六篇，并威儀之事。其十七篇與高堂生所傳《士禮》同，而字尤多略，今三十九篇乃《逸禮》。案班固九流[4]，劉歆《七略》，并不注《儀禮》。往往漢儒見高堂生所傳十七篇，遂模效禮經而作之。而范氏作《後漢書》云：'《禮古經》與《周官經》，前世傳其書，未有名家者。中興以後，鄭衆、馬融等爲《周官》作傳，并不及《儀禮》，則《儀禮》一書，蓋晚出無疑者。故《聘禮》一篇所記賓介饗餼之物[5]，禾米薪芻之數[6]，籩豆簠簋之實[7]，鉶壺鼎甕之列[8]，考於《周官·掌客》之禮[9]，皆不相合。《喪服》一篇，凡發'傳曰'以釋其義者十有三，又有問者曰'何以''何也'之辭，蓋出於講師，設爲問難以相解釋，此皆後儒之所增益明矣。《儀禮》之書，作於周公。《春秋》以來，禮典之書不存，禮經之意已失，三家僭魯[10]，六卿擅晉[11]，禮之大者已不存矣。士大夫略於禮而詳於儀。故殽烝之宴，武子不能識，彝器之薦，籍談不能對[12]。郊勞贈賄，魯昭公非不知禮，而女叔齊以爲儀也，非禮也[13]。揖遜周旋之問，趙簡子非不知禮，而子太叔以爲儀也，非禮也[14]。而古人禮意，未有能名者，傳至後世，《漢舊儀》有二，即爲此容貌、威儀事[15]。徐氏、張氏不知經，但能盤辟爲禮容，天下郡國有容吏，皆詣魯學之[16]，則天下所學儀禮者，僅容貌、

威儀之末爾。今《儀禮》十七篇，鄭康成、王肅等爲之注。唐貞觀[17]中孔穎達撰《五經正義》[18]，疑《周禮》《儀禮》非周公書[19]。其後賈公彥始爲《儀禮疏》[20]。"

錫瑞案：樂史論《儀禮》有可疑者五[21]，鄭氏所説多同樂史之論。其所以誤疑《儀禮》者，一則不知《儀禮》之名始於何時，以爲周公時已名《儀禮》，而漢人未嘗稱道《儀禮》，則今之《儀禮》必晚出，當是漢儒模效而作。不知禮十七篇原於周公，定於孔子。周公、孔子時但名《禮》，漢以立學，名爲《禮經》。班《志》本於劉歆《七略》，其云《經》十七篇，譌爲七十篇者，劉敞已訂正矣，鄭氏或未見。即今《儀禮》。劉、班時無《儀禮》之名，非別有《儀禮》而《志》不及也。鄭君以前雖無注《儀禮》者，而馬融已注《喪服》[22]，其非後儒增益明矣。一則誤執《左氏》之説，分儀與禮爲二，且重禮而輕儀。不知《左氏》極重威儀，北宮文子見令尹圍之儀，古本無咸字，見《經義述聞》。謂其不可以終[23]。於其時君、大夫視下言徐，其容俯仰之類，皆斷其將死亡[24]，何嘗以威儀爲末節？若女叔齊謂魯侯習儀，焉知禮，蓋以借諷晉君子。太叔謂是儀非禮，蓋以此進簡子，言非一端，不必過泥。武子不識殽烝，魯人不辨羔雁[25]，此孔子時經不具之明證。若周公成書具在，列國無緣不知。《聘禮》與《掌客》不同，又《儀禮》《周禮》不出周公之明證。若二書一手所作，何至彼此歧異。漢雖重徐氏之禮容，當時習《禮經》者，并非習容禮。十七篇後稱《儀禮》，蓋以其中或稱儀，大射一名大射儀。或稱禮而名之，非取容禮爲名。《禮》十七篇，亦非僅容貌、威儀之末也。云孔穎達疑《周禮》《儀禮》非周公書，孔《疏》中無明文。蓋因不疏二書，遂以爲疑之耳。毛奇齡攻《儀禮》，多本其説，故具論之。

箋注

〔1〕 六經，原刻本作"大經"，據《六經奧論》卷五《禮經·三禮辯》改。

〔2〕 按，《漢書》有《禮樂志》，《後漢書》有《禮儀志》《輿服志》，《晉書》有《禮志》《樂志》《輿服志》，宋書有《禮志》《樂志》，《南齊書》有《禮志》《樂志》《輿服

志》,《魏書》有《禮志》《樂志》,《隨書》有《禮儀志》《音樂志》,《舊唐書》有《禮儀志》《音樂志》《輿服志》,《新唐書》有《禮樂志》《車服志》,《宋史》有《禮志》《樂志》《輿服志》,《遼史》有《禮志》《樂志》《儀衛志》(案,《儀衛志》一、二爲"輿服"),《金史》有《禮志》《樂志》《輿服志》,《元史》有《禮樂志》《輿服志》,《明史》有《禮志》《樂志》《輿服志》,《清史稿》有《禮志》《樂志》《輿服志》。

〔3〕 "後《禮》"二字,原刻本作"後世",據《六經奧論》卷五《禮經‧三禮辯》改。

〔4〕 九流,即班固在《漢書‧藝文志》對諸子學派之劃分,分別指:儒家、道家、陰陽家、法家、名家、墨家、縱橫家、雜家、農家。《漢書‧藝文志》:"儒家者流,蓋出於司徒之官。……道家者流,蓋出於史官。……陰陽家者流,蓋出於羲和之官。……法家者流,蓋出於理官。……名家者流,蓋出於禮官。……墨家者流,蓋出於清廟之守。……從橫家者流,蓋出於行人之官。……雜家者流,蓋出於議官。……農家者流,蓋出於農稷之官。……小説家者流,蓋出於稗官。……諸子十家,其可觀者九家而已。……若能修六藝之術。而觀此九家之言,捨短取長,則可以通萬方之略矣。"案,班固以小説家不足觀,故儒家、道家、陰陽家、法家、名家、墨家、縱橫家、雜家、農家合稱"九流",合小説家則稱"九流十家"。

〔5〕 賓介,《儀禮‧鄉飲酒禮》:"主人就先生而謀賓、介。"鄭玄注:"賓、介,處士賢者……賢者爲賓,其次爲介,又其次爲衆賓。"饗,謂飪與腥。餼,凡賜人以牲,生曰餼。饗餼,古代諸侯行聘禮時接待賓客之大禮。《周禮‧秋官‧司儀》"致飧如致積之禮",鄭玄注:"小禮曰飧,大禮曰饗餼。"

〔6〕 《儀禮‧聘禮》:"宰夫朝服設飧……門外米、禾皆二十車,薪芻倍禾。上介……門外米、禾皆十車,薪芻倍禾。……門外,米三十車,車秉有五籔,設於門東,爲三列,東陳。禾三十車,車三秅,設於門西,西陳。薪芻倍禾。……門外米、禾視死牢,牢十車。薪芻倍禾。"

〔7〕 籩、豆,古代兩種食器,亦用於祭祀時盛放祭品。竹制爲籩,木制爲豆。簠、簋,古代兩種盛黍稷稻粱之禮器。《儀禮‧聘禮》:"夫人使下大夫勞以二竹簋方,玄被纁裏,有蓋。其實棗蒸栗擇,兼執之以進。……宰夫薦籩豆脯醢。……八簋繼之,黍其南稷,錯。……兩簠繼之,粱在北。……西夾六豆,設於西墉下,北上。……六簋繼之,黍其東稷,錯。……兩簠繼之,粱在西。……堂上籩豆六,設於戶東,西上,二以并,東陳。……上介四豆四籩四壺,受之如賓禮。"

〔8〕 詳見《儀禮‧聘禮》。鉶,羹器也。壺,酒尊也。舊題鄭樵《六經奧論》卷五《儀禮辯》作"銅壺時甕之列"。

〔9〕《周官·掌客》之禮：詳見《周禮·秋官·掌客》。

〔10〕三家即孟孫氏、叔孫氏、季孫氏，即"三桓"。魯國公室自宣公起，日益衰弱，魯國政柄爲以季氏爲首之三桓所操持。《左傳·昭公五年》："五年春王正月，舍中軍，卑公室也。毀中軍於施氏，成諸臧氏。初作中軍，三分公室，而各有其一。季氏盡征之，叔孫氏臣其子弟，孟氏取其半焉。及其舍之也，四分公室，季氏擇二，二子各一，皆盡征之，而貢於公。"《春秋左傳注·昭公五年》："今政令在家，不能取也。"楊伯峻注："大夫曰家。魯國此時之政權已在三家。"《史記·周魯公世家》："悼公之時，三桓勝，魯如小侯，卑於三桓之家。"《論語·八佾》："三家者以雍徹。子曰：'"相維辟公，天子穆穆"，奚取於三家之堂！'"

〔11〕六卿即趙氏、韓氏、魏氏、智氏、范氏、中行氏六家。《史記·六國年表序》："是後陪臣執政，大夫世祿，六卿擅晉權，征伐會盟，威重於諸侯。"

〔12〕"餤烝之宴"句，武子即士會，晉國大夫。祁姓，士氏，字季，謚武，因被封於隨、范，以邑爲氏，別爲范氏，又被稱爲士季、隨會、隨季、范子、范會、武季、隨武子、范武子。籍談，姬姓，籍氏，又稱籍父，晉國大夫。《左傳·宣公十六年》："冬，晉侯使士會平王室，定王享之。原襄公相禮。餤烝。武子私問其故。王聞之，召武子曰：'季氏，而弗聞乎？王享有體薦，宴有折俎。公當享，卿當宴，王室之禮也。'武子歸而講求典禮，以修晉國之法。"《左傳·昭公十五年》："十二月，晉荀躒如周，葬穆后，籍談爲介。既葬，除喪，以文伯宴，樽以魯壺。王曰：'伯氏，諸侯皆有以鎮撫王室，晉獨無有，何也？'文伯揖籍談，對曰：'諸侯之封也，皆受明器於王室，以鎮撫其社稷，故能薦彝器於王。晉居深山，戎狄之與鄰，而遠於王室，王靈不及，拜戎不暇，其何以獻器？'王曰：'叔氏，而忘諸乎？叔父唐叔，成王之母弟也，其反無分乎？密須之鼓與其大路，文所以大蒐也；闕鞏之甲，武所以克商也，唐叔受之，以處參虛，匡有戎狄。其後襄之二路，鏚鉞、秬鬯、彤弓、虎賁，文公受之，以有南陽之田，撫征東夏，非分而何？夫有勛而不廢，有績而載，奉之以土田，撫之以彝器，旌之以車服，明之以文章，子孫不忘，所謂福也。福祚之不登，叔父焉在？且昔而高祖孫伯黶司晉之典籍，以爲大政，故曰籍氏。及辛有之二子董之晉，於是乎有董史。女，司典之後也，何故忘之？'籍談不能對。賓出，王曰：'籍父其無後乎，數典而忘其祖。'"

〔13〕"魯昭公"句，女叔齊，亦稱女齊、叔齊，字侯，因曾任司馬，故亦稱司馬侯，晉國大夫。《左傳·昭公五年》："公如晉，自郊勞至於贈賄，無失禮。晉侯謂女叔齊曰：'魯侯不亦善於禮乎？'對曰：'魯侯焉知禮！'公曰：'何爲？自郊

勞至於贈賄，禮無違者，何故不知?'對曰:'是儀也，不可謂禮。禮，所以守其國，行其政令，無失其民者也。今政令在家，不能取也;有子家羈，弗能用也;奸大國之盟，陵虐小國;利人之難，不知其私。公室四分，民食於他。思莫在公，不圖其終。爲國君，難將及身，不恤其所。禮之本末將於此乎在，而屑屑焉習儀以亟。言善於禮，不亦遠乎?'君子謂叔侯於是乎知禮。"

〔14〕"揖遜"句，趙簡子即趙鞅，又名志父，謚簡，亦稱趙孟。春秋時期晉國趙氏之領袖。子太叔，即游吉，春秋時鄭國正卿。《左傳·昭公二十五年》:"子大叔見趙簡子，簡子問揖讓、周旋之禮焉。對曰:'是儀也，非禮也。'簡子曰:'敢問，何謂禮?'對曰:'吉也聞諸先大夫子産曰:"夫禮，天之經也，地之義也，民之行也。天地之經，而民實則之。則天之明，因地之性，生其六氣，用其五行。氣爲五味，發爲五色，章爲五聲。淫則昏亂，民失其性。是故爲禮以奉之:爲六畜、五牲、三犧，以奉五味;爲九文、六采、五章，以奉五色;爲九歌、八風、七音、六律，以奉五聲。爲君臣上下，以則地義;爲夫婦外内，以經二物;爲父子、兄弟、姑姊、甥舅、昏媾、姻亞，以象天明，爲政事、庸力、行務，以從四時;爲刑罰威獄，使民畏忌，以類其震曜殺戮;爲溫慈和，以效天之生殖長育。民有好惡、喜怒、哀樂，生於六氣，是故審則宜類，以制六志。哀有哭泣，樂有歌舞，喜有施捨，怒有戰鬥;喜生於好，怒生於惡。是故審行信令，禍福賞罰，以制死生。生，好物也;死，惡物也。好物，樂也;惡物，哀也。哀樂不失，乃能協於天地之性，是以長久。"簡子曰:'甚哉，禮之大也!'對曰:'禮，上下之紀，天地之經緯也，民之所以生也，是以先王尚之。故人之能自曲直以赴禮者，謂之成人。大，不亦宜乎!'簡子曰:'鞅也，請終身守此言也。'"

〔15〕《漢舊儀》，東漢衛宏撰。《後漢書·儒林傳》:"衛宏字敬仲，東海人也。……宏作《漢舊儀》四篇，以載西京雜事;又著賦、頌、誄七首，皆傳於世。"今本《漢官舊儀》二卷，係殘本，清人孫星衍有校證，并輯《補遺》二卷。《漢書·儒林傳》:"漢興，魯高堂生傳士禮十七篇，而魯徐生善爲頌。"顏師古注引蘇林曰:"《漢舊儀》有二郎爲此頌貌威儀事。有徐氏，徐氏後有張氏，不知經，但能盤辟爲禮容。天下郡國有容史，皆詣魯學之。"

〔16〕見《漢書·儒林傳》顏師古注。

〔17〕貞觀，唐太宗年號，自627年至649年。貞，原刻本作"正"。清代雍、乾之世，避諱至嚴，因清世宗名胤禛，故胤、禛、真、貞皆爲諱字，故"貞"改爲"正"。

〔18〕孔穎達於貞觀年間奉詔編纂《五經正義》，《五經》即《周易》《尚書》《詩經》

《禮記》《左傳》。《舊唐書・孔穎達傳》:"孔穎達字沖遠,冀州衡水人也。……尤明《左氏傳》、鄭氏《尚書》、王氏《易》《毛詩》《禮記》,兼善算曆,解屬文。……先是,與顏師古、司馬才章、王恭、王琰等諸儒受詔撰定《五經》義訓,凡一百八十卷,名曰《五經正義》。"《新唐書・儒學上》:"初,穎達與顏師古、司馬才章、王恭、王琰受詔撰《五經》義訓凡百餘篇,號《義贊》,詔改爲《正義》云。雖包貫異家爲詳博,然其中不能無謬冗,博士馬嘉運駁正其失,至相譏詆。有詔更令裁定,功未就。永徽二年,詔中書門下與國子三館博士、弘文館學士考正之,於是尚書左僕射於志寧、右僕射張行成、侍中高季輔就加增損,書始布下。"

〔19〕《六經奧論・總文・六經注疏辯》:"唐貞觀中,孔穎達奉詔撰《五經正義》,與馬嘉運等參議。於《禮記》《毛詩》取鄭,於《尚書》取孔傳,於《易》取王弼,於《左氏》取杜預。自《正義》作而諸家之學始廢(恐止於《易》),獨疑《周禮》《儀禮》非周公書,不爲義疏。"

〔20〕賈公彥,唐代經學家,尤精"三禮",撰有《周禮義疏》五十卷、《儀禮義疏》四十卷。《周禮義疏》即《周禮疏》,《儀禮義疏》即《儀禮疏》。《舊唐書・儒學上》:"賈公彥,洺州永年人。永徽中,官至太學博士。撰《周禮義疏》五十卷、《儀禮義疏》四十卷。"

〔21〕樂史,字子正,著有《太平寰宇記》等書。章如愚《群經考索》卷九《經史門・儀禮》:"大宋朝樂史謂《儀禮》有可疑者五:漢儒傳授《曲臺雜記》,後馬融、鄭衆始傳《周官》,而《儀禮》未嘗以教授,一疑也;《周禮》缺《冬官》,求之千金不可得,使有《儀禮》全書,諸儒寧不獻諸朝乎? 班固《七略》、劉歆九種并不著《儀禮》,魏、晉、梁、陳之間是書始行,二疑也;《聘禮》篇所記賓行饔餼之物,禾米薪芻之數,籩豆簠簋之實,鉶壺鼎甄之列,考之《周官・掌客》之說不同,三疑也;其中一篇《喪服》,蓋講師設問難以相解釋之辭,非周公之書,四疑也;《周官》所載,自王公以下至公、侯、伯、子、男皆有其禮,《儀禮》所謂'公食大夫禮'及'燕禮',皆公與卿大夫之事,不及於王。其他篇所言,曰主人、曰賓而已,似侯國之書。使周公當太平之時,豈不設天子之禮? 五疑也。"

〔22〕《隋書・經籍志・經部・禮類》:"《喪服經傳》一卷,馬融注。"《舊唐書・經籍志・經部・禮類》:"《喪服記》一卷,馬融注。"《新唐書・藝文志・經部・禮類》:"馬融《周官傳》十二卷,又注《喪服記》一卷。"

〔23〕北宮文子,衛國大夫。令尹圍,即楚令尹子圍。《左傳・襄公三十一年》:"衛侯在楚,北宮文子見令尹圍之威儀,言於衛侯曰:'令尹似君矣,將有他

志。雖獲其志，不能終也。《詩》云："靡不有初，鮮克有終。"終之實難，令尹其將不免。'公曰：'子何以知之？'對曰：'《詩》云："敬慎威儀，惟民之則。"令尹無威儀，民無則焉。民所不則，以在民上，不可以終。'"

〔24〕《左傳・昭公十一年》："單子會韓宣子於戚，視下言徐。叔向曰：'單子其將死乎！朝有著定，會有表；衣有襘，帶有結。會朝之言必聞於表著之位，所以昭事序也；視不過結襘之中，所以道容貌也。言以命之，容貌以明之，失則有闕。今單子爲王官伯，而命事於會，視不登帶，言不過步，貌不道容，而言不昭矣。不道，不共；不昭，不從。無守氣矣。'"《左傳・定公十五年》："十五年春，邾隱公來朝。子貢觀焉。邾子執玉高，其容仰；公受玉卑，其容俯。子貢曰：'以禮觀之，二君者，皆有死亡焉。夫禮，死生存亡之體也。將左右、周旋，進退、俯仰，於是乎取之；朝、祀、喪、戎，於是乎觀之。今正月相朝，而皆不度，心已亡矣。嘉事不體，何以能久？高、仰，驕也；卑、俯，替也。驕近亂，替近病。君爲主，其先亡乎！'"

〔25〕羔雁，古代卿、大夫之贄禮。《周禮・春官・大宗伯》："孤執皮帛，卿執羔，大夫執雁，士執雉，庶人執鶩，工商執雞。"《儀禮・士相見禮》："下大夫相見以雁，飾之以布，維之以索，如執雉。上大夫相見以羔，飾之以布，四維之結於面，左頭，如麛執之。"《左傳・定公八年》："公會晉師於瓦，范獻子執羔，趙簡子、中行文子皆執雁。魯於是始尚羔。"

18. 論熊朋來於三《禮》獨推重《儀禮》，其説甚通

熊朋來[1]曰："《儀禮》是經，《禮記》是傳，儒者恒言之。以《冠義》《昏義》《鄉飲酒義》《射義》《燕義》《聘義》與《儀禮》士冠、士昏、鄉飲酒、射、燕、聘之禮相爲經傳也。劉氏又補《士相見》《公食大夫》二義[2]，以爲二經之傳。及讀《儀禮》，則《士冠禮》自'記：冠義'以後，即《冠禮》之記矣。《士昏禮》自'記：士昏禮凡行事'以後，即《昏禮》之記矣。《鄉飲酒》自'記：鄉朝服謀賓介'以後，即《鄉飲》之記矣。《鄉射禮》自'記：大夫與公士爲賓'以後，即《鄉射》之記矣。《燕禮》自'記：燕朝服於寢'以後，即《燕禮》之記矣。《聘禮》自'記：久無事則聘'以後，即《聘禮》之記矣。《公食大夫禮》自'記：不宿戒'以後，即《公食大夫》之

記矣。《覲禮》自'記：几俟於東廂'以後，即《覲禮》之記矣。《士虞禮》自'記：虞沐浴不櫛'以後，即《士虞禮》之記矣。《特牲饋食禮》自'記：特牲'以後，即《特牲》之記矣。《士喪禮》則'士處適寢'以後附在《既夕》者，即《士喪禮》之記矣。《既夕禮》則'啓之昕'以後，即《既夕》之記矣。漢儒稱《既夕禮》即《士喪禮》下篇，故二記合爲一也。《喪服》一篇，每章有子夏作傳，而'記：公子爲其母'以後又別爲《喪服》之記。其記文亦有傳，是子夏以前有此記矣。十七篇惟《士相見》《大射》《少牢饋食》《有司徹》四篇不言記，其有記者十有三篇。然《冠禮》之記，有'孔子曰'，其文與《郊特牲》所記冠義正同。其餘諸篇，惟《既夕》之記，略見於《喪大記》之首章。《喪服》之傳，與《大傳》中數與疑處字誤。相似。餘記自與《小戴》冠昏等六義不同，何二戴不以《禮經》所有之記而傳之也？十三篇之後各有記，必出於孔子之後、子夏之前。蓋孔子定禮而門人記之，故子夏爲作《喪服傳》[3]，而并其記亦作傳焉。三《禮》之中，如《周禮》大綱雖正，其間職掌繁密，恐傳之者不皆周公之舊。《左傳》所引'周公制周禮曰'，殊與今《周禮》不相似。大、小戴所記，固多格言，而訛僞亦不免。惟《儀禮》爲禮經之稍完者，先儒謂其文物彬彬，乃周公制作之僅存者。後之君子，有志於禮樂，勿以其難讀而不加意也。"[4]

錫瑞案：熊氏於三《禮》中，推重《儀禮》，以爲孔子所定，周公制作之僅存，自是確論。十七篇爲周公之遺，孔子所定，或本成周之遺制，或參闕里之緒言，久遠難明。而漢稱爲《禮經》，則已定爲孔子之書矣。韓文公苦《儀禮》難讀，又云於今無所用之[5]，蓋慨當時《儀禮》不行，非謂《儀禮》真無所用。南、北朝《儒林傳》兼通三《禮》，猶不乏人[6]。賈公彥《疏》實本齊黃慶、隋李孟悊[7]。至唐而習此經者殆絕[8]，見李元璀上奏。舉行冠禮，人皆快鄭尹而笑孫子[9]。見柳宗元書。唐加母喪三年，并加外親服，褚無量嘆曰："俗情膚淺，一紊其制，誰能正之！"[10]故韓公有慨於此。至宋有張淳《儀禮辨誤》[11]、李如圭《儀禮集釋》并《釋宮》[12]。世傳《釋宮》爲朱子作。朱子嘗與如圭訂《禮》，或取其書入集中。朱子《儀禮經傳通解》，黃榦、楊復補《喪》《祭》二禮[13]，復又作《儀禮圖》[14]。元吳澄纂次八經十傳[15]。敖繼公《儀禮集説》[16]疏解頗暢，惟詆鄭注，疵多醇少，近儒褚寅亮[17]、錢大昕、俞正燮已駁正之。熊氏於《儀禮》雖非專家，而所論甚確，由朱子極尊《儀禮》，故宋元諸儒，猶知留意此經也。

箋注

〔1〕 熊朋來（1246—1323），字與可，豫章人。元代學者，著有《經説》《琴譜》等書。《元史·儒學二》：“朝廷以東南儒學之士唯福建、廬陵最盛，特起朋來連爲兩郡教授。所至，考古篆籀文字，調律吕，協歌詩，以興雅樂，制器定辭，必則古式，學者化焉。……四方學者，因其所自號，稱爲天慵先生。每燕居，鼓瑟而歌以自樂。嘗著《瑟賦》二篇，學者争傳誦之。……蓋朋來之學，諸經中三《禮》尤深，是以當世言禮學者，咸推宗之。……有《家集》三十卷，其大者明乎禮樂之事，關於世教，其餘若天文、地理、方技、名物、度數，靡不精究。”

〔2〕 劉氏即劉敞，北宋學者，與其弟劉攽爲後人合稱“北宋二劉”。注見前。《宋史·劉敞傳》：“敞學問淵博，自佛老、卜筮、天文、方藥、山經、地志，皆究知大略。……嘗得先秦彝鼎數十，銘識奇奧，皆案而讀之，因以考知三代制度，尤珍惜之。……朝廷每有禮樂之事，必就其家以取決焉。爲文尤贍敏。………長於《春秋》，爲書四十卷，行於時。”《士相見》《公食大夫》二義，見《公是集》卷三七。《四庫全書總目提要·經部·禮類儀禮之屬》：“《儀禮逸經傳》二卷（兩江總督采進本），元吳澄撰。……其《士相見》《公食大夫》二儀，則取宋劉敞之所補。敞擬《記》而作者尚有《投壺儀》一篇，亦見《公是集》中。”朱彝尊《經義考》卷一三五《儀禮六》：“劉氏（敞）《士相見義》一卷。存。”

〔3〕 子夏即卜商，“孔門十哲”之一。《隋書·經籍志·經部·禮類》：“其《喪服》一篇，子夏先傳之，諸儒多爲注解，今又别行。”洪邁《容齋隨筆·續筆》卷一四《子夏經學》：“孔子弟子惟子夏於諸經獨有書。雖雜記傳言未可盡信，然要爲與他人不同矣。於《易》則有傳，於《詩》則有序。而《毛詩》之學，一云子夏授高行子，四傳而至小毛公；一云子夏傳曾申，五傳而至大毛公。於《禮》則有《儀禮·喪服》一篇，馬融、王肅諸儒多爲之訓説。”毛奇齡《經問》卷三：“若《儀禮》，則顯然戰國人所爲。觀其托孺悲以作《士喪禮》，托子夏

以爲《喪服傳》。"又《經問》卷八:"《喪服傳》本戰國後人所作,故假爲子夏傳。"

〔4〕"熊朋來曰"句,見《經説》卷五《儀禮禮記》。

〔5〕韓文公即韓愈。《韓昌黎文集》卷一一《讀儀禮》:"余嘗苦《儀禮》難讀,又其行於今者蓋寡,沿襲不同,復之無由。考於今,誠無所用之。"

〔6〕南、北朝《儒林傳》,即《南史》《北史》之《儒林傳》。案《北史·儒林傳》:"三《禮》并出遵明之門。徐傳業於李鉉、祖儁、田元鳳、馮偉、紀顯敬、吕黄龍、夏懷敬。李鉉又傳授刁柔、張買奴、鮑季詳、邢峙、劉晝、熊安生。安生又傳孫靈暉、郭仲堅、丁恃德。其後生能通禮經者,多是安生門人。諸生盡通小戴禮。於《周》《儀禮》兼通者,十二三焉。"《南史·儒林傳》:"何佟之,字士威,廬江灊人,晉豫州刺史惲六世孫也。祖邵之,宋員外散騎常侍。父歆,齊奉朝請。佟之少好三《禮》,師心獨學,强力專精,手不輟卷。""司馬筠,字貞素,河内温人也。……筠少孤貧好學,師沛國劉瓛,强力專精,深爲瓛所器。及長,博通經術,尤明三《禮》。……子壽,傳父業,明三《禮》。""崔靈恩,清河東武城人也。少篤學,遍習《五經》,尤精三《禮》、三《傳》。""孔僉,會稽山陰人,少師事何胤,通《五經》,尤明三《禮》《孝經》《論語》。……僉兄子元素,又善三《禮》,有盛名,早卒。""沈峻,字士嵩,吴興武康人也。家世農夫,至峻好學。與舅太史叔明,師事宗人沈麟士,在門下積年,晝夜自課。睡則以杖自擊,其篤志如此。遂博通《五經》,尤長三《禮》。……文阿,字國衛,性剛强,有膂力。少習父業,研精章句。祖舅太史叔明、舅王慧興并通經術,而文阿頗傳之。又博采先儒異同,自爲義疏。通三《禮》、三《傳》,位《五經》博士。""皇侃,吴郡人,青州刺史皇象九世孫也。少好學,師事賀瑒,精力專門,盡通其業,尤明三《禮》《孝經》《論語》。""沈洙,字弘道,吴興武康人也。祖休季,梁餘杭令。父山卿,梁國子博士、中散大夫。洙少方雅好學,不妄交游。通三《禮》《春秋左氏傳》。精識强記,《五經》章句,諸子史書,問無不答。""戚袞,字公文,吴郡鹽官人也。少聰慧,游學都下,受三《禮》於國子助教劉文紹。……袞於梁代撰《三禮義記》,逢亂亡失。《禮記義》四十卷行於世。""鄭灼,字茂昭,東陽信安人也。幼聰敏,勵志儒學。少受業於皇侃。梁簡文在東宫,雅愛經術,引灼爲西省義學士。承聖中,爲兼中書通事舍人。仕陳武帝、文帝時,累遷中散大夫,後兼國子博士,未拜卒。灼性精勤,尤明三《禮》。""晉陵張崖、吴郡陸詡、吴興沈德威、會稽賀德基,俱以禮學自命。張崖傳三《禮》於同郡劉文紹。"

〔7〕賈公彦《儀禮注疏序》:"信都黄慶者,齊之盛德;李孟悊者,隋曰碩儒。"《郡

齋讀書志》卷一上《經部・禮類》："《儀禮疏》五十卷。右唐賈公彥撰。齊黄慶、隋李孟悊各有《疏義》，公彥删二疏爲此書。"《直齋書録解題》卷二《禮類》："《古禮疏》五十卷。唐文館學士臨洛賈公彥等撰。初有齊黄慶、隋李孟悊二家行於世，公彥據以爲本而增損之。"

〔8〕《經義考》卷二九五《通説》："李元璀曰：'三《禮》、三《傳》、《毛詩》《尚書》《周易》，并聖賢微旨。今明經所習，咸以《禮記》文順，人皆競讀。《周禮》，經邦之軌則；《儀禮》，莊敬之楷模；《公羊》《穀梁》，歷代宗習。今兩監及州縣，以獨學無友，四經殆絶。"

〔9〕《柳河東集》卷三四《答韋中立論師道書》："抑又聞之，古者重冠禮，將以責成人之道，是聖人所尤用心者也。數百年來，人不復行。近有孫昌胤者，獨發憤行之。既成禮，明日造朝，至外廷，薦笏，言於卿士曰：'某子冠畢。'應之者咸憮然。京兆尹鄭叔則怫然，曳笏却立，曰：'何預我耶？'廷中皆大笑。天下不以非鄭尹而快孫子，何哉？獨爲所不爲也。今之命師者大類此。"

〔10〕《資治通鑑》卷二〇二《唐紀二十八》："無量嘆曰：'聖人豈不知母恩之厚乎？厭降之禮，所以明尊卑、異戎狄也。俗情膚淺，不知聖人之心，一紊其制，誰能正之！'"《舊唐書・褚無量傳》："褚無量，字弘度，杭州鹽官人也。幼孤貧，勵志好學。家近臨平湖，時湖中有龍門，傾里閧就觀之，無量時年十二，讀書晏然不動。及長，尤精三《禮》及《史記》。"《新唐書・儒學下》略同。

〔11〕陳振孫《直齋書録解題》卷二《禮類》："《古禮》十七卷，《釋文》一卷，《識誤》三卷。永嘉張淳忠甫所校。"《四庫全書總目提要・經部・禮類儀禮之屬》："《儀禮識誤》三卷（永樂大典本），宋張淳撰。淳字忠甫，永嘉人。是書乃乾道八年兩浙轉運判官直秘閣曾逮刊。《儀禮鄭氏注》十七卷、陸氏《釋文》一卷，淳爲之校定，因舉所改字句，匯爲一編。其所引據，有周廣順三年及顯德六年刊行之監本，有汴京之巾箱本，有杭之細字本，嚴之重刊巾箱本，參以陸氏《釋文》、賈氏《疏》，核訂異同，最爲詳審。近世久無傳本，故朱彝尊《經義考》以爲已佚。惟《永樂大典》所載諸條，猶散附經文之後，可以綴録成編。其《鄉射》《大射》二篇，適在《永樂大典》闕卷中，則不可復考矣。《朱子語録》有曰：'《儀禮》人所罕讀，難得善本。而鄭注、賈疏之外，先儒舊説多不復見，陸氏《釋文》亦甚疏略。近世永嘉張淳忠甫校定印本，又爲一書以識其誤，號爲精密，然亦不能無舛謬。'又曰：'張忠甫所校《儀禮》甚仔細，較他本爲最勝。'今觀其書，株守《釋文》，往往以習俗相沿之字轉改六書正體，則朱子所謂'不能無舛謬'者，誠所未免。然是書存而古經漢注之訛文脱句藉以考識，舊槧諸本之不傳於今者，亦藉以得見崖略。其有功於《儀

禮》，誠非淺小。"

〔12〕《直齋書録解題》卷二《禮類》："《集釋古禮》十七卷，《釋宮》一卷，《綱目》一
卷。廬陵李如圭寶之撰。淳熙癸丑進士。"《四庫全書總目提要·經部·禮
類·儀禮之屬》："《儀禮集釋》三十卷（永樂大典本），宋李如圭撰。如圭字
寶之，廬陵人。官至福建路撫幹。案《文獻通考》引宋《中興藝文志》曰：
'《儀禮》既廢，學者不復誦習。乾道間，有張淳始訂其訛，爲《儀禮識誤》。
淳熙中，李如圭爲《集釋》，出入經傳，又爲《綱目》，以別章句之旨，爲《釋宮》
以論宮室之制。朱熹嘗與之校定《禮》書，蓋習於《禮》者'云云。……如圭
乃全録鄭康成注，而旁徵博引，以爲之釋，多發賈公彥疏所未備，又撰《綱
目》《釋宮》各一篇。世無傳本。故朱彝尊《經義考》云俱'未見'。今從《永
樂大典》録出，排纂成書。"又："《儀禮釋宮》一卷（永樂大典本），宋李如圭
撰。如圭既爲《儀禮集釋》，又爲是書，以考論古人宮室之制，仿《爾雅·釋
宮》，條分臚序，各引經、記、注、疏，參考證明。……其辨析詳明，深得經意，
發先儒之所未發，大抵類此，非以空言説禮者所能也。……是編之作，誠治
《儀禮》者之圭臬也。"

〔13〕黃榦（1152—1221），字直卿，號勉齋；楊復，字茂才，號信齋，福州人，皆朱子
門人。《直齋書録解題》卷二《禮類》："《古禮經傳續通解》二十九卷。外府
丞長樂黃榦直卿撰。……始晦庵著《禮書》，《喪》《祭》二禮未及論次，以屬
榦續成之。"《四庫全書總目提要·經部·禮類四》："《儀禮經傳通解》……
其《喪》《祭》二門則成於朱子門人黃榦。蓋朱子以創稿屬之。然榦僅修《喪
禮》十五卷，成於嘉定己卯，其《祭禮》則尚未訂定，而榦又没。越四年壬午，
張虙刊之南康，亦未完本也。其後楊復重修《祭禮》，鄭逢辰進之於朝。"

〔14〕《四庫全書總目提要·經部·禮類二》："《儀禮圖》十七卷，宋楊復撰。復既
續《儀禮經傳通解》，仍用其篇例，録十七篇經文及注，而間之以圖，詳其儀
節陳設之方位，爲圖二百有五。又分宮廟門、冕弁門、牲鼎禮器門，爲圖二
十有五，名《儀禮旁通圖》，附於後。"

〔15〕《元史·吳澄傳》："乃著《孝經章句》，校定《易》《書》《詩》《春秋》《儀禮》及
大、小《戴記》。……於《易》《春秋》《禮記》，各有纂言，盡破傳注穿鑿，以發
其蘊，條歸紀叙，精明簡潔，卓然成一家言。"《五禮通考》卷首《禮經作述源
流下》："《儀禮逸經》八篇，吳澄纂次……《儀禮》十篇吳澄纂次。"《吳文正
集》卷一《三禮叙録》："《儀禮逸經》八篇，澄所纂次。……《儀禮傳》十篇，澄
所纂次。《小戴記》三十六篇，澄所纂次。……《大戴記》三十四篇，澄所纂
次。"《四庫全書總目提要》卷二〇《經部·禮類二》："元吳澄作《纂言》及考

注,嘗有補《經》八篇,補《傳》十篇。"

〔16〕敖繼公,元代經學家。《明一統志》卷四〇《湖州府》:"敖繼公,福州人,寓居湖州。邃通經術,動循禮法。元趙孟頫師事之。平章高顯卿薦於朝,授信州教授,命下而卒。所著有《儀禮集說》。"《四庫全書總目提要・經部・禮類二》:"《儀禮集說》十七卷,元敖繼公撰。繼公字君善,《姓譜》又曰字長壽,莫之詳也。寓居吳興,趙孟頫嘗師事之。是書多立新意,蓋亦好深湛之思者。……繼公獨條分縷析,抉摘異同,用思既勤,頗亦發前人所未發。至若且鄭注簡約多古語,後來難以驟詳,唐人義疏尚未剖析無遺。繼公能逐字研求,務暢厥旨,經文注義得以引伸,其功亦曷可没也。"

〔17〕褚寅亮(1715—1790),字搢升,長洲人。《清史稿・儒林傳二》:"寅亮少以博雅名,心思精銳,於史書魯魚,一見便能訂其誤謬。中年覃精經術,一以注疏爲歸。從事《禮經》幾三十年,墨守家法,專主鄭學。……寅亮著《儀禮管見》三卷,於敖氏洞見其癥結,驅豁其霧霧。時公羊何氏學久無循習者,所謂五始、三科、九旨、七等、六輔、二類之義,不傳於世,惟武進莊存與默會其解,而寅亮能闡發之,撰《公羊釋例》三十篇。謂三《傳》惟《公羊》爲漢學,孔子作《春秋》,本爲後王制作,嘗議《公羊》者,實達經旨。又因何劭公言禮有殷制,有時王之制,與《周禮》不同,作《周禮公羊異義》二卷,世稱爲絕業。又長於算術,著《句股廣問》三卷,校正《三統術衍》刊本誤字甚多。……著有《十三經筆記》十卷,《諸史筆記》八卷,《諸子筆記》二卷,《名家文集筆記》七卷,藏於家。"

19. 論《聘禮》與《鄉黨》文合,可證《禮經》爲孔子作

熊朋來曰:"《聘禮》篇末'執圭如重''入門鞠躬''私覿愉如'等語,未知《鄉黨》用《聘禮》語,抑《聘禮》用《鄉黨》語[1]。大抵《禮經》多出於七十子之徒所傳。按朱子《鄉黨集注》引晁氏曰[2]:'定公九年,孔子仕魯,至十三年適齊,其間無朝聘之事。疑使擯執圭二條,但孔子嘗言其禮如此。'[3] 又引蘇氏曰[4]:'孔子遺書,雜記《曲禮》,非必孔子事也。見得古有《儀禮》之書,聖門因記其語。'"[5]

錫瑞案:此正可徵《儀禮》爲孔子作,《鄉黨》之文,與《儀禮》多合。

蓋有孔子所嘗行者，有孔子未嘗行而嘗言之者。熊氏謂“未知《鄉黨》用《聘禮》語，抑《聘禮》用《鄉黨》語”，蓋未知《鄉黨》《聘禮》皆孔子之書，而謂《禮經》多出於七十子之徒所傳，則已明知《禮經》出自孔子，而非出自周公矣。晁氏云“孔子嘗言其禮”，則亦略見及之。蘇氏云“古有《儀禮》之書，聖門因記其語”，則但知有《儀禮》作於周公之說，而不知爲孔子所作。夫《鄉黨》所言禮，既非孔子之事，又非孔子所言，聖門何必記其禮乎？《左氏·襄二十七年傳》[6]：“仲尼使舉是禮也，以爲多文辭”，孔《疏》曰：“服虔云：‘以其多文辭，故特舉而用之。後世謂之孔氏聘辭，以孔氏有其辭，故傳不復載也。’所言‘孔氏聘辭’，不知事何所出，實享禮而謂之爲聘，舉舊辭而目以孔氏事，亦不必然也。”[7]案孔氏聘辭，今無可考，服子慎在東漢末，說必有據。《鄉黨》文與《聘禮》合者，當即孔氏聘辭之文。服以爲孔氏有其辭，故傳不復載，則孔氏聘辭文必繁，不止如《鄉黨》篇中所載之略，此亦可爲《聘禮》傳自孔氏之證。後世必以《儀禮》爲周公所作，於是此等文皆失其解。孔《疏》正以《儀禮》爲周公作者，故於服氏之說，既不知何所出，遂謂事不必然，而古義盡湮矣。季札觀樂[8]，與今《風》《雅》《頌》次序合。服氏以爲傳者據已定錄之，則《左氏》所載當時諸侯、大夫行禮與《禮經》合者，或亦據孔子所定之禮錄之。顧棟高《左氏引經不及周官儀禮論》謂《周禮》爲漢儒傅會，即《儀禮》亦未敢信爲周公之本文[9]。俞正燮《儀禮行於春秋時義》駁顧氏說[10]，謂時行其儀，故不復引其文。據臧孫爲季孫立悼子，爲《儀禮》賓爲苟敬及嗣舉奠法[11]；齊侯飲昭公酒，使宰爲主人，而請安，爲《儀禮》請安法[12]；邾莊公與夷射姑飲酒，私出閨乞肉焉，爲《儀禮》取薦脯法[13]。雖其禮相吻合，未可據之以《儀禮》爲周公作，真出孔子之前也。

〔1〕《儀禮·聘禮》：“上介執圭如重，授賓。賓入門皇，升堂讓，將授志趨，授如爭承，下如送。君還而後退。下階，發氣怡焉，再三舉足，又趨，及門正焉。

執圭入門鞠躬焉，如恐失之。及享，發氣焉盈容。衆介北面，踧焉。私覿，愉愉焉。"《論語·鄉黨》："執圭，鞠躬如也，如不勝。上如揖，下如授。勃如戰色，足蹜蹜，如有循。享禮，有容色。私覿，愉愉如也。"

〔2〕晁氏，即晁説之，注見前。《四庫全書總目提要·子部·儒家類類》："《儒言》一卷(永樂大典本)，宋晁説之撰。説之字以道，鉅野人。少慕司馬光之爲人，光晚號'迂叟'，説之因自號曰'景迂'。"《四庫全書總目提要·集部·別集類》："《景迂生集》二十卷(兩淮馬裕家藏本)，宋晁説之撰。説之博極群籍，尤長經術，著書數十種，靖康中至兵燹不存，其孫子健訪輯遺文，編爲一十二卷，又續廣爲二十卷。前三卷爲奏議，四卷至九卷爲詩，十卷爲《易元星紀譜》，十一卷爲《易規》十一篇，又《堯典》《中氣》《中星》《洪範》小傳各一篇，《詩序論》四篇，十二卷爲《中庸傳》及讀史數篇，十三卷即《儒言》，十四卷爲雜著，十五卷爲書，十六卷爲記，十七卷爲序，十八卷爲後記，十九、二十卷爲傳、墓表、志銘、祭文。其中辨證經史，多極精當。"

〔3〕"晁氏曰"句，見朱熹《論語集注·鄉黨》。

〔4〕蘇氏，即蘇軾。《宋史·蘇軾傳》："蘇軾字子瞻，眉州眉山人。……比冠，博通經史，屬文日數千言，好賈誼、陸贄書。……軾成《易傳》，復作《論語説》；後居海南，作《書傳》；又有《東坡集》四十卷、《後集》二十卷、《奏議》十五卷、《內制》十卷、《外制》三卷、《和陶詩》四卷。一時文人如黃庭堅、晁補之、秦觀、張耒、陳師道，舉世未之識，軾待之如朋儕，未嘗以師資自予也。"

〔5〕"熊氏曰"句，見《經説》卷五《聘禮篇末有鄉黨語》。

〔6〕案，皮氏引文原作"《左氏·襄三十八年傳》"，誤。魯襄公在位僅三十一年。《左傳·襄二十七年》："六月丁未朔，宋人享趙文子，叔向爲介。司馬置折俎，禮也。仲尼使舉是禮也，以爲多文辭。"

〔7〕孔《疏》，即孔穎達《春秋左傳正義》，此句見《春秋左傳正義·襄公二十八年》。

〔8〕季札，又稱公子札、延陵季子、州來季子、季子，春秋時吳王壽夢第四子。《左傳·襄二十九年》："吳公子札來聘，見叔孫穆子，説之。謂穆子曰：'子其不得死乎？好善而不能擇人。吾聞君子務在擇人。吾子爲魯宗卿，而任其大政，不慎舉，何以堪之？禍必及子！'請觀於周樂。"

〔9〕顧棟高(1679—1759)，字震滄，江蘇無錫人，清代學者。著有《春秋大事表》《毛詩類釋》《尚書質疑》等書。《春秋大事表》卷四七《左氏引經不及周官儀禮論》："五十以後輯《春秋大事表》，凡十四年而卒業。乃始恍然有疑，非特《周禮》爲漢儒傅會，即《儀禮》亦未敢信爲周公之本文也。"

〔10〕俞正燮《儀禮行於春秋時義》，見《癸巳類稿》卷二。

〔11〕《左傳·襄公二十三年》："季武子無適子，公彌長而愛悼子，欲立之。訪於申豐曰：'彌與紇，吾皆愛之，欲擇才焉而立之。'申豐趨退，歸，盡室將行。他日又訪焉。對曰：'其然，將具敝車而行。'乃止。訪於臧紇，臧紇曰：'飲我酒，吾爲子立之。'季氏飲大夫酒，臧紇爲客。既獻，臧孫命北面重席，新樽絜之。召悼子，降，逆之。大夫皆起。及旅而召公鉏，使與之齒。季孫失色。"《癸巳類稿》卷二《儀禮行於春秋時義》："《左傳·襄公二十三年》，臧孫爲季孫立悼子，季氏飲大夫酒，臧孫爲客。即獻，命北面重席，新樽絜之。召悼子，降，逆之。大夫皆起。按《燕禮》，大夫賓席外有公孤席，在阼階西，北面東上，無加席，近主人，爲主人屈也。公與客燕，亦大夫介爲賓。《記》有苟敬則聘賓之卿爲之，席於阼階之西北面，亦以近主人，且敬之，使異於燕賓燕介，且異於賓席左之卿席也。臧孫命北面席，則是燕之公孤席，彼云東上，則猶有相次者，皆不加席，而獨重席召悼子，即阼階西之北面苟敬席，《表》異之，使知此爲悼子設也。及旅召公鉏使與齒，則阼階西北面之席本東上，有相次之禮。其無加席，則緣禮制以折公鉏，使禮降於悼子。又《特牲饋食禮》：既加爵，嗣舉奠，北面拜，受尸觶，啐酒，受肝，食肝，其人爲嗣子，其儀名舉奠。在《文王世子》爲上嗣，而大夫《少牢禮》無之，所以避嫌。臧孫以飲酒無主人嗣子受酢之禮，無以定之，因緣苟敬位，又自比祭尸，而上比上嗣，下比特牲嗣子，以悼子爲舉奠，明悼子爲主人之嗣也。"

〔12〕《左傳·昭公二十七年》："冬，公如齊，齊侯請饗之。子家子曰：'朝夕立於其朝，又何饗焉？其飲酒也。'乃飲酒，使宰獻，而請安。子仲之子曰重，爲齊侯夫人，曰：'請使重見。'子家子乃以君出。"《癸巳類稿》卷二《儀禮行於春秋時義》："《昭公二十七年》：齊侯飲昭公酒，使宰爲主人而請安。《注》云：齊侯請自安，不在坐，非也。《燕禮》云：司正西階上北面，受命於主人，主人曰請安於賓，司正告於賓。《鄉射禮》云：司正西階上北面，請安於賓，賓禮辭許，則請安者俱欲賓安坐盡歡。《傳》言請使夫人見，必賓許安而後可使夫人見。又稱夫人之名，是齊侯自請，知齊侯在座，即《儀禮》請安法也。"

〔13〕《左傳·定公二年》："邾莊公與夷射姑飲酒，私出。閽乞肉焉，奪之杖以敲之。"《癸巳類稿》卷二《儀禮行於春秋時義》："《定公二年》：邾莊公與夷射姑飲酒，私出。閽乞肉焉，奪之杖以敲之。閽以瓶水沃廷，曰夷射姑旋焉。私出者，《襄十二年》師慧過宋朝將私焉之私，即《傳》之旋。《注》云'逼酒'，非也。閽乞肉者，《燕禮》：坐取薦脯賜鐘人於門內，閽不知其私，以爲賓出

有薦脯，故乞之。夷射姑以私出無脯，致生釁，知其時行《儀禮》薦脯之法也，後儒不明其意，故不覺也。”

20. 論讀《儀禮》重在釋例，尤重在繪圖，合以分節，三者備則不苦其難

《春秋》有凡例，《禮經》亦有凡例。讀《春秋》而不明凡例則亂，讀《禮經》而不明凡例則苦其紛繁。

陳澧曰：“《儀禮》有凡例，作記者已發之矣。《鄉飲酒禮》，《記》云：‘以爵拜者不徒作，坐卒爵者拜既爵，立卒爵者不拜既爵。凡奠者於左，將舉於右。’[1]此記文之發凡者也。鄭注發凡者數十條。《士冠禮》注云：‘凡奠爵，將舉者於右，不舉者於左。’‘凡醴事[2]，質者用糟，文者用清。’‘凡薦出自東房，凡牲皆用左胖。’[3]其餘諸篇注皆有之，若鈔出之，即可為《儀禮》凡例矣。有鄭注發凡，而賈疏辨其同異者；有鄭注不發凡，而賈疏發凡者；有經是變例，鄭注發凡而疏申明之者；又有經是變例，注不發凡而疏發凡者；有賈疏不云凡而無異發凡者。文多不載，見《東塾讀書記》。綜而論之，鄭、賈熟於《禮經》之例，乃能作注、作疏，注精而簡，疏則詳而密，分析常例、變例，究其因由，且經有不具者，亦可以例補之。朱子云：‘《儀禮》雖難讀，然却多是重複，倫類若通，則其先後彼此輾轉參照，足以互相發明。’[4]此所謂倫類，即凡例也。近時則凌氏《禮經釋例》善承鄭、賈之學，大有助於讀此經者矣。”[5]

案：陳氏引注疏甚明，初學猶苦其分散難考，先觀《禮經釋例》，則一目了然矣。

陳澧又曰：“鄭、賈作注、作疏時，皆必先繪圖。今讀注疏，觸處皆見其踪迹。如《士冠禮》‘筮人許諾，右還，即席坐’[6]，注云：‘東面受命，右還北行就席。’疏云：‘鄭知“東面受命”者，以其上文有司在西方東面，主人在門東西面，今從門西東面主人之宰命之，故東面受命可知也。知“右還北行，就席”者，以其主人在門外之東南，席在門中，故知

右還北行，乃得西面就席坐也。'如此之類，乃顯而易見者。又如《燕禮》'主人盥，洗象觚'[7]，注云：'取象觚者東面。'疏云：'以膳籩南有臣之籩，不得北面取，又不得南面背君取，從西階來，不得籩東西南取，以是知取象觚者東南也。'此必鄭有圖，故知東面取；賈有圖，故知不得北面、南面、西面而必東面也。以下文多不載。楊信齋作《儀禮圖》[8]，厥功甚偉，惜朱子不及見也。《通志堂經解》刻此圖[9]，然其書巨帙不易得，故信齋此圖，罕有稱述者。張皋文所繪圖[10]，更加詳密，盛行於世，然信齋創始之功不可没也。阮文達公爲張皋文《儀禮圖序》云[11]：'昔漢儒習《儀禮》者必爲容，故高堂生傳《禮》十七篇，而徐生善爲頌，禮家爲頌皆宗之。頌即容也。予嘗以爲讀《禮》者當先爲頌。昔叔孫通爲縣蕝以習儀[12]，他日亦欲使家塾子弟畫地以肆禮，庶於治經之道，事半而功倍也。然則編修之書，非即徐生之頌乎？'澧案：畫地之法，澧嘗試爲之，真事半而功倍，恨未得卒業耳。若夫宮室器服之圖，則當合三《禮》爲之，此自古有之。今存於世者，惟聶崇義之圖[13]。至國朝諸儒所繪益精。若取《皇清經解》內諸圖與聶氏圖，考定其是非，而別爲《三禮圖》則善矣。"[14]

　　錫瑞案：聶氏《三禮圖》，朱子譏其醜怪不經，非古制。今觀其冠制多怪誕，必非三代法物。而據竇儼序[15]，稱其博采舊圖，凡得六本，則實原於鄭君及阮諶、梁正、夏侯伏明、張鎰諸家[16]，特非盡出鄭君。而鄭注《儀禮》、賈疏《儀禮》有圖，則自陳氏始發之。楊復圖世罕傳，惟張惠言《儀禮圖》通行，比楊氏更精密。韓文公苦《儀禮》難讀，讀《儀禮》有三法：一曰分節，二曰釋例，三曰繪圖。得此三法，則不復苦其難。分節可先觀張爾岐、吳廷華之書[17]，釋例凌廷堪最詳[18]，繪圖張惠言最密[19]。若胡培翬《儀禮正義》雖詳而太繁[20]，楊大堉所補多違古義[21]，與原書不合，不便學者誦習，姑置之。

 箋注

〔1〕不徒作，即不徒起，起必酢主人。坐卒爵者拜既爵，即坐飲爵中酒畢向獻酒

者行拜禮。奠於左者,即將觶置放於席前脯醢之右邊。

〔2〕醴事,原刻本誤作"醴士",據《東塾讀書記》卷八《儀禮》及《儀禮注疏》改。

〔3〕案《儀禮·士冠禮》:"冠者奠觶於薦東,降筵,北面坐取脯,降自西階,適東壁,北面見於母。"鄭注:"薦東,薦左。凡奠爵,將舉者於右,不舉者於左。適東壁者,出闈門也。時母在闈門之外,婦人入廟由闈門。"《儀禮·士冠禮》:"乃醴賓,以壹獻之禮。"鄭注:"《內則》曰:'飲,重醴清糟,稻醴清糟,黍醴清糟,粱醴清糟。'凡醴事,質者用糟,文者用清。"《儀禮·士冠禮》:"始加,醮用脯醢。賓降,取爵於篚,辭降如初。卒洗,升酌。"鄭注:"始加者,言一加一醮也。加冠於東序,醮之於戶西,同耳。始醮亦薦脯醢。賓降者,爵在庭,酒在堂,將自酌也。辭降如初,如將冠時降盥,辭主人降也。凡薦出自東房。"《儀禮·士冠禮》:"若殺,則特豚,載合升。"鄭注:"特豚,一豚也。凡牲皆用左胖,煮於鑊曰亨,在鼎曰升,在俎曰載。載合升者,明亨與載皆合左右胖。"

〔4〕"朱子云"句,見《晦庵集》卷五九《答陳才卿》。

〔5〕"陳澧曰"句,見《東塾讀書記》卷八《儀禮》。

〔6〕《儀禮·士冠禮》:"筮人許諾,右還,即席坐,西面。"

〔7〕《儀禮·燕禮》:"主人盥,洗象觚,升,實之,東北面獻於公。"

〔8〕楊信齋,即楊復。李清馥《閩中理學淵源考》卷二七《楊信齋先生復》:"楊復,字志仁,福州長溪人,朱子門人,後又受業於黃勉齋。勁特通敏,考索最精,見者無不嘆取陳師。復稱其學問精深,服膺拳拳。真西山知福州,即郡學創貴德堂以處之。著《祭禮圖》十四卷、《儀禮圖解》十七卷,又有《家禮雜說附注》二卷。學者稱信齋先生。"《宋史·藝文志·經部·禮類》:"楊復《儀禮圖解》十七卷。"案,《儀禮圖》即《閩中理學淵源考》所言之《儀禮圖解》十七卷。

〔9〕《通志堂經解》,清納蘭成德輯,收宋元諸儒説經之書一百四十種。《清史稿·文苑傳一》:"性德,納喇氏,初名成德,以避皇太子允礽嫌名改,字容若……性德鄉試出徐乾學門。與從輩討學術,嘗裒刻宋、元人説經諸書,書爲之序,以自撰《禮記陳氏集説補正》附焉,合爲《通志堂經解》。"

〔10〕張皋文,即張惠言(1761—1802),皋文爲其字,亦作皋聞,清代學者。所繪圖即其所著《儀禮圖》六卷。《清史稿·儒林傳二》:"生平精思絶人,嘗從歙金榜問故,其學要歸六經,而尤深《易》《禮》。著有《周易虞氏義》《虞氏消息》……又著有《虞氏易禮》二卷,《虞氏易候》一卷,《虞氏易言》二卷。……惠言傳虞氏易,即傳漢孟氏易矣,孤經絶學也。惠言又著《周易鄭氏義》三卷,《周易荀氏九家義》一卷,《周易鄭荀義》三卷,《易義別録》十四卷,《易緯略義》三卷,《易圖條辨》二卷。……於《禮》有《儀禮詞》一卷,《讀儀禮記》二

卷,皆特精審。又有《茗柯文》五卷,《詞》一卷。"《清史稿·藝文志·經部·禮類·儀禮之屬》:"《儀禮圖》六卷,《讀儀禮記》二卷。張惠言撰。"

〔11〕阮文達公,即阮元(1764—1849),注見前。

〔12〕縣蕝,即綿蕞。《史記·叔孫通傳》:"叔孫通者,薛人也。秦時以文學徵,待詔博士。……遂與所徵三十人西,及上左右爲學者與其弟子百餘人爲綿蕞野外。習之月餘。"裴駰《集解》:"駰案:如淳曰'置設綿索,爲習肄處。蕝,謂以茅翦樹地爲纂位。《春秋傳》曰"置茅蕝"也'。司馬貞《索隱》:"如淳云'翦茅樹地,爲纂位尊卑之次'。蘇林音纂。韋昭云'引繩爲綿,立表爲蕝。音茲會反'。按:賈逵云'束茅以表位爲蕝'。"

〔13〕聶崇義之圖,即《三禮圖》。《宋史·儒林傳一》:"聶崇義,河南洛陽人。少舉三《禮》,善禮學,通經旨。………周顯德中,累遷國子司業兼太常博士。先是,世宗以郊廟祭器止由有司相承製造,年代浸久,無所規式,乃命崇義檢討摹畫以聞。四年,崇義上之,乃命有司別造焉。……未幾,世宗詔崇義參定郊廟祭玉,又詔翰林學士竇儼統領之。崇義因取《三禮圖》再加考正,建隆三年四月表上之,儼爲序。"《宋史·藝文志·經部·禮類》:"聶崇義《三禮圖集注》二十卷。"

〔14〕"陳澧又曰"句,見《東塾讀書記》卷八《儀禮》。

〔15〕《宋史·竇儼傳》:"儼字望之,幼能屬文。……宋初,就轉禮部侍郎,代儀知貢舉。當是時,祠祀樂章、宗廟諡號多儼撰定,議者服其該博。……儼性夷曠,好賢樂善,優游策府凡十餘年。所撰《周正樂成》一百二十卷,詔藏於史閣;其《通禮》未及編纂而卒。有文集七十卷。……尤善推步星歷,逆知吉凶。"

〔16〕《四庫全書總目·經部·禮類》:"《三禮圖集注》二十卷,宋聶崇義撰。……三《禮》舊圖,凡得六本,重加考訂。……則所謂六本者,鄭玄一,阮諶二,夏侯伏朗三,張鎰四,梁正五,開皇所撰六也。"阮諶,字士信,受《禮》學於潁川綦毋君,著《三禮圖》三卷。梁正,《崇文總目》有梁正《三禮圖》九卷。夏侯伏明,當作夏侯伏朗,《新唐書·藝文志》有夏侯伏朗《三禮圖》十二卷。張鎰,《舊唐書·張鎰傳》:"張鎰,蘇州人,朔方節度使齊丘之子也。……撰《三禮圖》九卷、《五經微旨》十四卷、《孟子音義》三卷。"

〔17〕即張爾岐《儀禮鄭注句讀》、吳廷華《儀禮章句》。

〔18〕《釋例》即凌廷堪《禮經釋例》。《清史稿·儒林傳二》:"凌廷堪,字次仲,歙縣人……著《禮經釋例》十三卷,謂禮儀委曲繁重,必須會通其例。如鄉飲酒、鄉射、燕禮、大射不同,而其爲獻酢酬旅、酬無算爵之例則同;聘禮、覲禮不同,而其爲郊勞執玉、行享庭實之例則同;特牲饋食、少牢饋食不同,而其

爲尸飯主人初獻、主婦亞獻、賓長三獻、祭畢飲酒之例則同。乃區爲八例，以明同中之異，異中之同：曰通例，曰飲食例，曰賓客例，曰射例，曰變例，曰祭例，曰器服例，曰雜例。"

〔19〕張惠言著有《儀禮圖》六卷，世稱精密。

〔20〕胡培翬(1782—1849)，字載平，績溪人。清代經學家，尤精於禮學。《清史稿·儒林傳三》："績溪胡氏，自明諸生東峰以來，世傳經學。培翬涵濡先澤，又學於歙凌廷堪，遂精三《禮》。初著《燕寢考》三卷，王引之見而喜之。既爲《儀禮正義》，上推周公、孔子、子夏垂教之旨，發明鄭君、賈氏得失，旁逮鴻儒、經生之所議。張皇幽渺，闡揚聖緒，二千餘歲絕學也。其旨見與順德羅惇衍書曰：'培翬撰《正義》，約有四例：一曰疏經以補注，二曰通疏以申注，三曰匯各家之説以附注，四曰采他説以訂注。書凡四十卷，至賈氏公彥之疏，或解經而違經旨，或申注而失注意，不可無辨。別爲《儀禮賈疏訂疑》一書。宮室制度，今以朝制、廟制、寢制爲綱，以天子、諸侯、大夫、士爲目。學制則分別庠、序，館制則分別公、私，皆先將宮室考定，而以十七篇所行之禮，條繫於後，名《宮室提綱》。陸氏《經典釋文》於《儀禮》頗略，擬取各經音義及集《釋文》以後各家音切，挨次補録，名曰《儀禮釋文校補》。"

〔21〕楊大堉，字雅輪，江寧人。曾從胡培翬學《禮》。《清史稿·儒林傳三》："培翬覃精是書凡四十餘年，晚歲患風痺，猶力疾從事。尚有《士昏禮》《鄉飲酒禮》《鄉射禮》《燕禮》《大射儀》五篇未卒業而殁。門人江寧楊大堉從學禮，爲補成之。……大堉，字雅輪。諸生。篤學寡交，研窮經訓。初從元和顧廣圻、吳縣鈕樹玉游，備聞《蒼》《雅》閫奧。著《説文重文考》六卷，純以聲音求假借，以偏旁繁省求古籀異同之變。又作《五廟考》，專駁王肅之失。……他著《論語正義》《毛詩補注》《三禮義疏辨正》，皆佚。"

21. 論宋儒掊擊鄭學實本王肅，而襲爲己説以別異於注疏

　　三《禮》繁難，一人精力，難於通貫。漢以十七篇立學，后倉《曲臺記》後，并無解義。杜、賈、二鄭止解《周官》[1]，馬融解《周官》與《禮記》，而十七篇止注《喪服》。惟鄭君遍注三《禮》，至今奉爲圭臬，誠可

謂宏覽博物，精力絕人者矣。其後禮書之宏富者，有宋何承天删并《禮論》八百卷爲三百卷[2]，梁孔子袪又續何承天《禮論》一百五十卷[3]，隋《江都集禮》一百二十卷[4]，牛弘撰《儀禮》百卷[5]，今皆不傳，惟崔靈恩《三禮義宗》四十七卷[6]，猶存其略。宋陳祥道《禮書》一百五十卷[7]，晁公武、陳振孫并稱其精博[8]。《四庫提要》曰："其中多掊擊鄭學。如論廟制，引《周官》《家語》《荀子》《穀梁傳》，謂天子皆七廟，與康成天子五廟之說異。論禘祫，謂圜丘自圜丘，禘自禘，[9]力破康成禘即圜丘之說[10]。論禘大於祫，并祭及親廟[11]，攻康成禘小祫大，祭不及親廟之說[12]。辨上帝及五帝，引《掌次》文[13]，闢康成上帝即五帝之說[14]。蓋祥道與陸佃亦皆王安石客[15]，安石說經，既創造新義，務異先儒[16]，故祥道與陸佃亦皆排斥舊說。"[17]

錫瑞案：祥道之書，博則有之，精則未也。其自矜爲新義，實多原本王肅。漢時禮家聚訟，古今文說不同，鄭君擇善而從，立說皆有所據。如說廟制以爲天子五廟，周合文武二祧爲七[18]，本《喪服小記》王者立四廟[19]，《禮緯·稽命徵》[20]唐虞五廟，夏四廟，至子孫五，殷五廟，至子孫六，周尊后稷，文、武則七[21]。王肅乃數高祖之父、高祖之祖，與文、武而九[22]，不知古無天子九廟之說。而肅說二祧[23]，亦與《祭法》不合也。鄭說圜丘是禘嚳配天。圜丘本《周官》[24]，周人禘嚳本《國語》《祭法》[25]，王肅乃謂郊、丘是一，引董仲舒、劉向爲據[26]。不知董、劉皆未見《周官》，不知有圜丘，但言郊而不言禘，不足以難鄭也。鄭說三年祫，五年禘，祫大禘小，本於《春秋公羊》經[27]，書有事爲禘，各於其廟，大事爲祫，群廟主悉升於太祖[28]。而肅引禘於太廟，《逸禮》昭尸穆尸，皆升合於太祖[29]。孔《疏》已駁之曰："鄭以《公羊傳》爲正，《逸禮》不可用也。"[30]《逸禮》不足信，即此可見，故鄭不用，亦不爲之注。鄭說五帝爲五天帝，本《周官·司服》"祀昊天上帝，則服大裘而冕，祀五帝亦如之"[31]。五帝配南郊，祭用夏正月，故服大裘。若五人帝，則迎夏、迎秋，不得服裘。又先鄭注"掌次"云："五帝，五色之帝。"陳祥道據"掌次"駁鄭，即此可證其誤。是鄭義本先鄭。王肅以爲五人帝分主五行，然則大皥、炎黄之先，無司五行者乎？此與肅駁鄭義，以爲社稷專祀句龍[32]、后稷，不祀土穀之神者，同一謬妄也。王肅所據之書，鄭君無緣不知，其所以不用者，當時去取必自有説。肅乃取鄭所不用者，轉以難鄭。鄭據今文，則以古文駁之，如據《逸禮》以駁《公羊》是也。鄭據古文，則以今文駁之，如據董、劉以駁《周官》是也。其時馬昭、張融下至孔穎達疏，已爲細加分別[33]。宋人寡學，不盡知二家之説所自出，取王説之淺近，疑鄭義之博深，又以其時好立新説，鄭注立學已久，人多知之，王説時所不行，乃襲取之以爲己説，陳氏《禮書》，大率如是，皆上誣前賢，下誤後學，後人不當承其誤，凡此等書可屏勿觀。朱子曰："王肅議禮必反鄭玄。"[34]朱子於禮用功深，故能知鄭康成考禮名數大有功。

箋注

〔1〕杜即杜子春，賈即賈逵，二鄭即鄭興、鄭衆。杜子春，河南緱氏人，東漢經學家，曾於劉歆受《周官》，有《周官注》一書，早佚。《經義考》卷一二一《周禮二》："杜氏子春《周官注》，佚。《後漢書》：'杜子春永平之初年且九十，能通其讀，頗識其説，鄭衆、賈逵往受業焉。'"賈逵，注見前。《經義考》卷一二一《周禮二》："賈氏逵《周官解故》，佚。《後漢書》：'逵明《左氏傳》《國語》，爲之《解詁》五十一篇。帝復令撰齊、魯、韓《詩》與毛氏異同，并作《周官解故》。'"鄭興，字少贛，河南開封人，東漢經學家，光武帝時爲太中大夫。鄭衆，字仲師，鄭興子，漢章帝建初六年爲大司農，又稱"鄭司農"。《經義考》卷一二一《周禮二》："鄭氏興《周官解詁》，佚。……'按：鄭康成注稱爲鄭大夫者，即興之《解詁》也。鄭氏衆周官《解詁》，佚。《後漢書》：'鄭衆、賈逵，洪雅博聞，又以經書記轉相證明。杜氏爲《解》，逵《解》行於世，衆《解》不行，然衆所解説近得其實。'按：此《禮疏》所引范史無之，陸德明曰：'河南鄭衆字仲師，大司農。'晁公武曰：'鄭興、鄭衆傳授《周禮》，康成引之以參釋異同。云大夫者，興也；司農者，衆也。'按：鄭康成《注》稱爲鄭司農，孔氏《正義》呼曰先鄭，而目康成爲後鄭。"

〔2〕《宋書·何承天傳》："何承天，東海郯人也。……母徐氏，廣之姊也，聰明博學，故承天幼漸訓義，儒史百家，莫不該覽。……先是，《禮論》有八百卷，承天刪減并合，以類相從，凡爲三百卷，并《前傳》《雜語》《纂文》、論并傳於世。又改定《元嘉曆》，語在《律曆志》。"《隋書·經籍志·經部·禮類》："《禮論》三百卷，宋御史中丞何承天撰。"

〔3〕《梁書·儒林傳》:"孔子袪,會稽山陰人。少孤貧好學,耕耘樵采,常懷書自隨,投閑則誦讀。勤苦自勵,遂通經術,尤明古文尚書。……子袪凡著《尚書義》二十卷,《集注尚書》三十卷,續朱異《集注周易》一百卷,續何承天集《禮論》一百五十卷。"

〔4〕《隋書·文學傳》:"潘徽字伯彦,吳郡人也。性聰敏,少受《禮》於鄭灼,受《毛詩》於施公,受《書》於張冲,講《莊》《老》於張譏,并通大義。尤精三史。善屬文,能持論。……晉王廣復引爲揚州博士,令與諸儒撰《江都集禮》一部。復令徽作序曰:'……總括油素,躬披緗縹,艾蕪刈楚,振領提綱,去其繁雜,撮其指要,勒成一家,名曰《江都集禮》。凡十二帙,一百二十卷,取方月數,用比星周,軍國之義存焉,人倫之紀備矣。'"又見《北史·文苑傳》。

〔5〕牛弘,原刻本作"牛宏",蓋避清諱,今回改,後同。《隋書·牛弘傳》:"牛弘字里仁,安定鶉觚人也,本姓燎氏。祖熾,郡中正。父允,魏侍中、工部尚書、臨涇公,賜姓爲牛氏。……開皇初,遷授散騎常侍、秘書監。弘以典籍遺逸,上表請開獻書之路……三年,拜禮部尚書,奉敕修撰《五禮》,勒成百卷,行於當世。"《舊唐書·禮儀志》:"隋氏平陳,寰區一統。文帝命太常卿牛弘集南北儀注,定《五禮》一百三十篇。"《隋書·經籍志·史部·儀注類》:"《隋朝儀禮》一百卷,牛弘撰。"

〔6〕案,《南史》《隋書》、兩《唐書》皆著錄崔靈恩《三禮義宗》三十卷。

〔7〕《宋史·儒林傳二》:"陳祥道字用之。元祐中,爲太常博士,終秘書省正字。所著《禮書》一百五十卷,與賜《樂書》并行於世。"《宋史·藝文志·經部·禮類》:"陳祥道《注解儀》三十二卷,又《禮例詳解》十卷,《禮書》一百五十卷。"

〔8〕趙希弁《郡齋讀書後志》卷一《經類》:"《太常禮書》一百五十卷。右皇朝陳祥道用之撰。祥道元祐初,以左宣義郎任太常博士,解《禮》之名物且繪其象,甚精博。朝廷聞之,給札繕寫奏御。今世傳止五十卷,予愛之而恨其缺少。"陳振孫《直齋書錄解題》卷二《禮類》:"《禮書》一百五十卷。太常博士長樂陳祥道用之撰。論辨詳博,間以繪畫。於唐代諸儒之論,近世聶崇義之《圖》,或正其失,或補其闕。元祐中表上之。"

〔9〕陳祥道《禮書》卷七一《禘禮祫禮》:"鄭玄注《祭法》云:'禘謂配祭昊天上帝於圜丘也。'蓋見《祭法》所說,文在郊上,謂爲郊之最大者,故爲此說耳。《祭法》所論禘郊祖宗者,謂六廟之外永世不絶祭者有四種耳,非關配祭也。禘之所及最遠,故先言之耳,何關圜丘哉!若實圜丘,《五經》之中何得無一字說處?"

〔10〕《禮記·祭法》:"有虞氏禘黃帝而郊嚳,祖顓頊而宗堯。夏后氏亦禘黃帝而

郊鯀，祖顓頊而宗禹。殷人禘嚳而郊冥，祖契而宗湯。周人禘嚳而郊稷，祖文王而宗武王。”鄭玄注：“禘、郊、祖、宗，謂祭祀以配食也。此禘，謂祭昊天於圜丘也。”《魯禮禘祫志》(《玉函山房輯佚書》本)：“天子祭圜丘曰禘，祭宗廟大祭亦曰禘。”

〔11〕陳祥道《禮書》卷七一《禘祫》：“《大傳》曰：‘禮，不王不禘。諸侯不禘，降殺於天子也。’若禘、祫同貫，此諸侯亦不得祫也。然則禘大而祫小。”又：“鄭康成謂禘祭毀廟不及親廟。……鄭康成謂虞、夏宜郊顓頊，商宜郊契，其説非也。”

〔12〕《毛詩·周頌·雝》序：“《雝》，禘太祖也。”《箋》云：“禘，大祭也。大於四時而小於祫也。”《禮書》卷七一《禘祫下》：“鄭康成謂禘祭毀廟不及親廟。[《禘祫制》云：‘禘不及親廟，文武以下毀主，依昭穆於文武廟中祭之，王季以上，於后稷廟中祭之。]”案，《禘祫制》當爲《禘祫志》。

〔13〕《禮書》卷八八《天帝之辯上》：“《周禮》有言祀天，有言祀昊天上帝，有言上帝，有言五帝者。言天則百神皆預，言昊天上帝則統乎天者，言五帝則無預乎昊天上帝，言上帝則五帝兼存焉。《周官·司裘》：‘掌爲大裘，以共王祀天之服。’《典瑞》：‘四圭有邸，以祀天。’《大司樂》：‘若樂六變，天神皆降’。凡以神仕者，以冬至日致天神，此總天之百神言之也。《大宗伯》：‘以禋祀祀昊天上帝。’《司服》：‘大裘而冕以祀昊天上帝。’此指統乎天者言之也。《司服》言祀昊天上帝，祀五帝亦如之，則五帝異乎昊天上帝也。《大宰》：‘祀五帝，掌百官之誓戒，祀大神示，亦如之’，則五帝異乎大神也。《肆師》：‘類造上帝，封於大神’，則上帝又異乎大神也。《掌次》：‘大旅上帝，張氈案、設皇邸。祀五帝，張大次、小次’，則上帝異乎五帝也。《典瑞》：‘四圭有邸，以祀天，旅上帝’，則上帝異乎天也。上帝之文既不主於天與昊天上帝，又不主於五帝，而典瑞旅上帝對旅四望言之，旅者防而祭之之名，則上帝非一帝也。上帝非一帝，而《周禮》所稱帝者，昊天上帝與五帝而已，則上帝爲昊天上帝及五帝明矣。”

〔14〕《周禮·天官·大宗伯》：“國有大故，則旅上帝及四望。”鄭玄注：“故，謂凶災。旅，陳也。陳其祭事以祈焉，禮不如祀之備也。上帝，五帝也。鄭司農云：‘四望，日、月、星、海。’玄謂四望，五岳、四鎮、四瀆。”《周禮·春官·典瑞》：“四圭有邸以祀天、旅上帝。”鄭玄注：“玄謂祀天，夏正郊天也。上帝，五帝，所郊亦猶五帝，殊言天者，尊異之也。”

〔15〕《宋史·陸佃傳》：“陸佃字農師，越州山陰人。居貧苦學，夜無燈，映月光讀書。躡屩從師，不遠千里。過金陵，受經於王安石。……佃著書二百四十二卷，於禮家名數之説尤精，如《埤雅》《禮象》《春秋後傳》皆傳於世。”《四庫

全書總目・經部・四書類》：“《論語全解》十卷，宋陳祥道撰。祥道字用之，福州人。元祐中爲太常博士、秘書省正字。李廌《師友談記》載其本末甚詳。晁公武《讀書志》云：‘王介甫《論語注》，其子雱作《口義》，其徒陳用之作《解》，紹聖後皆行於場屋，爲當時所重。’”

〔16〕新義，即王安石《三經新義》。《宋史・王安石傳》：“初，安石訓釋《詩》《書》《周禮》，既成，頒之學官，天下號曰‘新義’。”

〔17〕“《四庫提要》曰”句，見《四庫全書總目提要》卷二二《經部二二・禮類四・通禮之屬》。

〔18〕《禮記・王制》：“天子七廟，三昭三穆，與太祖之廟而七。”鄭玄注：“此周制。七者，大祖及文王、武王之祧，與親廟四。”

〔19〕《禮記・喪服小記》：“王者禘其祖之所自出，以其祖配之，而立四廟。”

〔20〕《後漢書・方技傳》：“樊英字季齊，南陽魯陽人也。少受業三輔，習《京氏易》，兼明五經。又善風角、星筭、河洛七緯，推步災異。”李賢注：“七緯者，《易緯》：《稽覽圖》《乾鑿度》《坤靈圖》《通卦驗》《是類謀》《辨終備》也；《書緯》：《璿璣鈐》《考靈曜》《刑德放》《帝命驗》《運期授》也；《詩緯》：《推度災》《氾曆樞》《含神霧》也；《禮緯》：《含文嘉》《稽命徵》《斗威儀》也；《樂緯》：《動聲儀》《稽耀嘉》《葉圖徵》也；《孝經緯》：《援神契》《鉤命決》也；《春秋緯》：《演孔圖》《元命包》《文耀鉤》《運斗樞》《感精符》《合誠圖》《考異郵》《保乾圖》《漢含孳》《佐助期》《握誠圖》《潛潭巴》《説題辭》也。”

〔21〕《禮記・王制》：“天子七廟，三昭三穆，與大祖之廟而七。此周制。”鄭玄注：“七者，大祖及文王、武王之祧，與親廟四。大祖，后稷。殷則六廟，契及湯與二昭二穆。夏則五廟，無大祖，禹與二昭二穆而已。”孔穎達《正義》曰：“鄭氏之意，天子立七廟，唯謂周也。鄭必知然者，按《禮緯・稽命徵》云：‘唐虞五廟，親廟四，始祖廟一。夏四廟，至子孫五。殷五廟，至子孫六。’《鉤命決》云：‘唐堯五廟，親廟四，與始祖五。禹四廟，至子孫五。殷五廟，至子孫六。周六廟，至子孫七。’鄭據此爲説，故謂七廟，周制也。周所以七者，以文王武王受命，其廟不毀，以爲二祧，并始祖后稷，及高祖以下親廟四，故爲七也。”

〔22〕《禮記・王制》孔穎達正義曰：“自太祖以下與文、武及親廟四，用七人，姜嫄用一人，適盡。若除文武，則奄少二人。《曾子問》孔子説周事，而云七廟無虛主。若王肅數高祖之父、高祖之祖廟，與文、武而九，主當有九。孔子何云七廟無虛主乎？’”

〔23〕見王肅《聖證論》（《玉函山房輯佚書》輯本）：“先公遷主藏后稷之廟，先王遷

主藏文、武之廟,是爲二祧。”

〔24〕《周禮·春官·大司樂》:“凡樂,圜鍾爲宮,黃鍾爲角,大蔟爲徵,姑洗爲羽,
靁鼓靁鞀,孤竹之管,云和之琴瑟,《云門》之舞,冬日至,於地上之圜丘奏
之,若樂六變,則天神皆降,可得而禮矣。凡樂,函鍾爲宮,大蔟爲角,姑洗
爲徵,南呂爲羽,靈鼓靈鞀,孫竹之管,空桑之琴瑟,《咸池》之舞,夏日至,於
澤中之方丘奏之,若樂八變,則地示皆出,可得而禮矣。凡樂,黃鍾爲宮,大
呂爲角,大蔟爲徵,應鍾爲羽,路鼓路鞀,陰竹之管,龍門之琴瑟,《九德》之
歌,《九韶》之舞,於宗廟之中奏之,若樂九變,則人鬼可得而禮矣。”鄭注:
“此三者,皆禘大祭也。天神則主北辰,地祇則主崑崙,人鬼則主后稷,先奏
是樂以致其神,禮之以玉而祼焉,乃後合樂而祭之。《大傳》曰:‘王者必禘
其祖之所自出。’《祭法》曰:‘周人禘嚳而郊稷。’謂此祭天圜丘,以嚳配之。”

〔25〕《國語·魯語上》:“有虞氏禘黃帝而祖顓頊,郊堯而宗舜;夏后氏禘黃帝而
祖顓頊,郊鯀而宗禹;商人禘舜而祖契,郊冥而宗湯;周人禘嚳而郊稷,祖文
王而宗武王。”《禮記·祭法》:“有虞氏禘黃帝而郊嚳,祖顓頊而宗堯。夏后
氏亦禘黃帝而郊鯀,祖顓頊而宗禹。殷人禘嚳而郊冥,祖契而宗湯。周人
禘嚳而郊稷,祖文王而宗武王。”

〔26〕《禮記·郊特牲》孔穎達正義曰:“既以郊祭名篇,先儒説郊,其義有二:案
《聖證論》以天體無二,郊即圜丘,圜丘即郊。鄭氏以爲天有六天,丘、郊各
異。”《禮記·郊特牲》:“掃地而祭,於其質也。器用陶匏,以象天地之性
也。”《正義》曰:“王肅用董仲舒、劉向之説,以此爲周郊。”《禮記正義·郊特
牲》:“郊之用辛也,周之始郊,日以至。”《正義》曰:“王肅用董仲舒、劉向之
説,以此爲周郊。”

〔27〕《春秋公羊傳·文公元年》:“五年而再殷祭。”注:“殷,盛也,謂三年祫,五年
禘。禘所以異於祫者,功臣皆祭也。”

〔28〕《春秋公羊傳·文公二年》:“大事者何?大祫也。大祫者何?合祭也。其
合祭奈何?毀廟之主陳於太祖,未毀廟之主皆升,合食於太祖,五年而再
殷祭。”

〔29〕《尚書古文疏證》卷二:“按《禘於大廟禮》,王肅《聖證論》引用有‘昭尸穆
尸’,有‘孝子孝孫’,有‘皆升合於其祖’。”《經義考》卷二九三《逸經下·
禮》:“《禘於太廟禮》(句附)。禘於太廟之禮,日用丁亥,其昭尸穆尸,其祝
辭總稱‘孝子孝孫,皆升合於其祖’。祫於太廟之禮,毀廟之主升合食而立
二尸。右吴氏《儀禮逸經》《左傳杜預注》。”

〔30〕《禮記正義·王制》:“王肅《論》引賈逵説吉禘子莊公。禘者,遞也。審諦昭

穆,遷主遞位,孫居王父之處。又引禘於太廟逸禮,昭尸、穆尸,其祝辭總稱孝子、孝孫,則是父子并列。《逸禮》又云:皆升合於太祖,所以劉歆、賈逵、鄭衆、馬融等皆以爲然。鄭不從者,以《公羊傳》爲正,《逸禮》不可用也。"

〔31〕《周禮·天官·小宗伯》:"兆五帝於四郊,四望、四類亦如之。"鄭玄注:"兆爲壇之塋域。五帝,蒼曰靈威仰,大昊食焉;赤曰赤熛怒,炎帝食焉;黃曰含樞紐,黃帝食焉;白曰白招拒,少昊食焉;黑曰汁光紀,顓頊食焉。"《五禮通考》卷六《吉禮六》:"祀五帝之說始於《周禮》,先儒各以其意爲之訓詁。以爲五天帝者,曰靈威仰、赤熛怒、白招拒、汁光紀、含樞紐也,以爲五人帝者,曰太皞、炎帝、黃帝、少昊、顓頊也。"《五禮通考》卷二四《吉禮二十四》:"又孟春大雩季秋大享,鄭注謂合祭五天帝而以五人帝配之。"《禮記·月令》:"是月也,大饗帝。"鄭玄注:"言大饗者,遍祭五帝也。"

〔32〕句龍,相傳爲共工之子,能平水土,後世祀爲后土之神。《左傳·昭公二十九年》:"顓頊氏有子曰犂,爲祝融;共工氏有子曰句龍,爲后土,此其二祀也。后土爲社,稷,田正也。"《國語·魯語上》:"共工氏之伯九有也,其子曰后土,能平九土,故祀以爲社。"《晉書·天文志上》:"弧南六星爲天社,昔共工氏之子句龍,能平水土,故祀以配社,其精爲星。"

〔33〕馬昭、張融分別王肅之繆,見兩《唐書·元行冲傳》。《舊唐書·元行冲傳》:"子雍規玄數十百件,守鄭學者,時有中郎馬昭,上書以爲肅繆。詔王學之輩,占答以聞。又遣博士張融案經論詰,融登召集,分別推處,理之是非,具《聖證論》。王肅酬對,疲於歲時。"《新唐書·元行冲傳》:"王肅規鄭玄數千百條,鄭學馬昭訨劾肅短。詔遣博士張融按經問詰,融推處是非,而肅酬對疲於歲時。"

〔34〕《朱子語類》卷八七《禮四》:"鄭康成是箇好人,考禮名數大有功,事事都理會得。如漢律令亦皆有注,儘有許多精力。東漢諸儒煞好。盧植也好。"又:"康成也可謂大儒。王肅議禮,必反鄭玄。"

22. 論王肅有意難鄭,近儒辨正已詳,《五禮通考》捨鄭從王,俞正燮譏之甚是

合今古文説《禮》,使不分明,始於鄭君而成於王肅。鄭君以前,界限甚嚴,何休解《公羊傳》,據《逸禮》而不據《周官》,以《逸禮》雖屬古

文,不若《周官》之顯然立異也。杜、賈、二鄭解《周官》[1],皆不引博士說。鄭司農注《大司徒》五等封地,皆即本經立説,不牽涉《王制》[2]。惟注"諸男方百里"一條云"諸男食者四之一,適方五十里,獨此與五經家説合耳"。五經家説,即《王制》子男五十里之説也。鄭君疏通三《禮》,極具苦心,於其分明者,則分之爲周禮,爲夏、殷禮;不分明者,未免含混説之,或且改易文字,展轉求通,專門家法至此一變。王肅有意攻鄭,正當返求家法,分別今古,方可制勝。乃肅不惟不知分別,反將今古文説別異不同之處,任意牽合,如《王制》廟制今説,《祭法》廟制古説[3],此萬不能合者。而肅僞撰《家語》《孔叢子》[4]所言廟制[5],合二書爲一説。鄭君以爲《祭法》周禮,《王制》夏、殷禮,尚有踪迹可尋,至肅乃盡抉其藩籬,蕩然無復門户,使學者愈以迷亂,不復能知古禮之異。尤可笑者,《家語》《孔叢》舉禮家聚訟莫決者,盡托於孔子之言,以爲折衷。不知禮家所以聚訟,正以去聖久遠,無明文可據。是以石渠、虎觀,至煩天子稱制臨決[6],若孔子之言,如此彰灼,群言淆亂折諸聖,尚何庸斷斷爭辨乎?古人作注,發明大義而已。肅注《家語》五帝、七廟、郊丘之類,處處牽引攻鄭之語,殊乖注書之體,而自發其作僞之覆。肅又作《聖證論》以譏短鄭[7]。據唐《元行沖傳》云六十八條[8],今約存三十條。禮之大者,即五帝、七廟、郊丘、禘祫、社稷之屬,其餘或文句小異,不關大義。肅之所謂"聖證",即取證於《家語》《孔叢》,以爲鄭君名高,非托於聖言,不足以奪其席。而鄭學之徒馬昭[9],已灼知《家語》爲王肅僞作,斯可謂心勞日拙矣。晉武帝,王肅外孫,郊廟典禮,皆從肅説。其時鄭、王之徒,爭辨不已,久而論定。六朝南北學三《禮》皆遵鄭氏[10],至唐而孔疏《禮記》,賈疏《周禮》《儀禮》[11],發明鄭義尤詳。宋以後乃捨鄭從王,排斥注疏。國朝昌明鄭學,於王肅之僞撰《家語》、僞撰《古文尚書》經傳,攻之不遺餘力[12]。肅之私竄《毛詩》以難鄭者,亦深窺其癥結[13]。《聖證論》中所説郊廟大典,惠棟、孫星衍辨正尤詳[14]。惟秦蕙田《五禮通考》[15],多蹈陳祥道《禮書》捨鄭從王之失,似即以《禮書》爲藍本。《四庫提要》曰:"較陳祥道等所作,有過之無不及。"僅以爲過祥道,似亦有微辭焉。俞正燮《癸巳存稿》云[16]:"《五通考》所采漢以後事皆是，惟周時書籍，廣搜魏晉以後議論附於後。本康莊也，而荊棘榛芒之。可謂宋元人平話經義[17]與帖括經義，日課陋稿[18]，令人憎惡，不可謂之禮書也。據魏晉以後禮制，多本王肅、皇甫謐，其說不可不采，然宜附所引史志後，不宜附經後。引經止存漢傳注本義，魏晉以後野文皆削之。宋元人平話、帖括兩體文，尤不當載，而制度則案年次之。《通考》之體應如此，此書體例非也。"[19]

錫瑞案：《五禮通考》網羅浩博，自屬一大著作，而其大書旁注，低格附載，體例誠多未善，有如俞氏所譏。捨鄭從王，是宋非漢，尤爲顛倒之見，恐誤後學，不得不辨。秦氏之作《通考》，以徐乾學《讀禮通考》惟詳喪葬，而推廣爲五禮。徐氏專講喪禮，條理不繁，故詳審無可議。秦氏兼及五禮，過於繁博，故體例有未善，足見三《禮》非一人之力所能及。自鄭君并注三《禮》後，孔氏止疏《禮記》，且原本於皇、熊[20]。賈氏疏《儀禮》，本黃慶、李孟悊[21]。《周禮》不著所出，亦必前有所承。朱子《儀禮經傳通解》，至歿尚未卒業。若陳氏《禮書》、秦氏《通考》，未免舉鼎絕臏之弊[22]。近人林昌彝《三禮通釋》[23]，有編次而少折衷。林喬蔭《三禮陳數求義》[24]，有折衷而欠精確。惟江永《禮書綱目》[25]，本於朱子，足以補正朱子之書。治三《禮》者，可由此入門，而《五禮通考》姑置之可也。毛鴻賓序《三禮通釋》云[26]："《五禮通考》所據者，皆宋元明以下之說，多嚮壁虛造，而漢魏六朝經師之遺言大義，尠及之。"可謂知言。

箋注

〔1〕 杜即杜子春，賈即賈逵，二鄭即鄭興、鄭衆，東漢經學家。注見前。

〔2〕 《周禮·地官·大司徒》："凡建邦國，以土圭土其地而制其域：諸公之地，封疆方五百里，其食者半；諸侯之地，封疆方四百里，其食者參之一；諸伯之地，封疆方三百里，其食者參之一；諸子之地，封疆方二百里，其食者四之一；諸男之地，封疆方百里，其食者四之一。"鄭玄注："土其地，猶言度其地。鄭司農云：'土其地，但爲正四方耳。其食者半，公所食租稅得其半耳，其半皆附庸小國也，屬天子。參之一者亦然。故《魯頌》曰：'錫之山川，土地附庸。奄有龜蒙，遂荒大東，至於海邦。'《論語》曰："季氏將伐顓臾，孔子曰：

先王以爲東蒙主,且在邦域之中,是社稷之臣。"此非七十里所能容,然則方五百里四百里合於《魯頌》《論語》之言。諸男食者四之一,適方五十里。'"《禮記·王制》:"王者之制禄爵,公侯伯子男,凡五等。諸侯之上大夫卿,下大夫,上士中士下士,凡五等。天子之田方千里,公侯田方百里,伯七十里,子男五十里。不能五十里者,不合於天子,附於諸侯曰附庸。天子之三公之田視公侯,天子之卿視伯,天子之大夫視子男,天子之元士視附庸。"

〔3〕《禮記·王制》:"天子七廟,三昭三穆,與太祖之廟而七。諸侯五廟,二昭二穆,與太祖之廟而五。大夫三廟,一昭一穆,與太祖之廟而三。士一廟。庶人祭於寢。"《禮記·祭法》:"天下有王,分地建國,置都立邑,設廟祧壇墠而祭之,乃爲親疏多少之數。是故王立七廟,一壇一墠,曰考廟,曰王考廟,曰皇考廟,曰顯考廟,曰祖考廟;皆月祭之。遠廟爲祧,有二祧,享嘗乃止。去祧爲壇,去壇爲墠。壇墠,有禱焉祭之,無禱乃止。去墠曰鬼。諸侯立五廟,一壇一墠。曰考廟,曰王考廟,曰皇考廟,皆月祭之;顯考廟,祖考廟,享嘗乃止。去祖爲壇,去壇爲墠。壇墠,有禱焉祭之,無禱乃止。去墠爲鬼。大夫立三廟、二壇,曰考廟,曰王考廟,曰皇考廟,享嘗乃止。顯考祖考無廟,有禱焉,爲壇祭之。去壇爲鬼。適士二廟一壇,曰考廟,曰王考廟,享嘗乃止。顯考無廟,有禱焉,爲壇祭之。去壇爲鬼。官師一廟,曰考廟。王考無廟而祭之,去王考爲鬼。庶士、庶人無廟,死曰鬼。"

〔4〕《隋書·經籍志·經部·論語類》:"《孔叢》七卷,陳勝博士孔鮒撰。梁有《孔志》十卷,梁太尉參軍劉被撰,亡。《孔子家語》二十一卷,王肅解。梁有《當家語》二卷,魏博士張融撰,亡。"《舊唐書·經籍志·經部》:"《孔子家語》十卷,王肅注。《孔叢子》七卷,孔鮒撰。"

〔5〕《孔子家語·廟制》:"天下有王,分地建國設祖宗,乃爲親疏貴賤多少之數。是故天子立七廟,三昭三穆,與太祖之廟七,太祖近廟,皆月祭之。遠廟爲祧,有二祧焉,享嘗乃止。諸侯立五廟,二昭二穆,與太祖之廟而五,曰祖考廟,享嘗乃止。大夫立三廟,一昭一穆,與太廟而三,曰皇考廟,享嘗乃止。士立一廟,曰考廟,王考無廟,合而享嘗乃止。中庶人無廟,四時祭於寢。此自有虞以至於周之所不變也。"《孔叢子·論書》:"《書》曰:'維高宗報上甲微。'定公問曰:'此何謂也?'孔子對曰:'此謂親盡廟毀,有功而不及祖,有德而不及宗。故於每歲之大嘗而報祭焉,所以昭其功德也。'"

〔6〕石渠、虎觀即石渠閣會議、白虎觀會議。漢宣帝甘露三年(前51)召集蕭望之、劉向、韋玄成、薛廣德、施讎、賀等名儒,於未央宮北之石渠閣評論《五經》異同,宣帝親自裁斷,即石渠閣會議。石渠講論之奏疏經過匯集,輯成

《石渠議奏》一書。又名《石渠論》。《漢書·儒林傳·施讎傳》："甘露中,與《五經》諸儒雜論同異於石渠閣。"《漢書·儒林傳·梁丘賀》："甘露中,奉使問諸儒於石渠。"《漢書·儒林傳·周堪》："周堪字少卿,齊人也。與孔霸俱事大夏侯勝。霸爲博士。堪譯官令,論於石渠,經爲最高。"《漢書·儒林傳·張山拊傳》："張山拊字長賓,平陵人也。事小夏侯建,爲博士,論石渠,至少府。"《漢書·宣帝紀》："詔諸儒講五經同異,太子太傅蕭望之等平奏其議,上親稱制臨決焉。"東漢章帝建初四年(79),依西漢石渠閣會議故事,召集各地著名儒生於洛陽白虎觀討論五經異同,章帝親自裁決,此即白虎觀會議。此後,班固將討論結果纂輯成《白虎通德論》,又稱《白虎通義》。《後漢書·章帝紀》："於是下太常,將大夫、博士、議郎、郎官及諸生、諸儒會白虎觀,講議《五經》同異,使五官中郎將魏應承制問,侍中淳于恭奏,帝親稱制臨決,如孝宣甘露石渠故事,作《白虎議奏》。"《後漢書·楊終傳》："終又言:'宣帝博徵群儒,論定《五經》於石渠閣。方今天下少事,學者得成其業,而章句之徒,破壞大體。宜如石渠故事,永爲後世則。'於是詔諸儒於白虎觀論考同異焉。"《後漢書·儒林傳·魏應傳》："時會京師諸儒於白虎觀,講論《五經》同異,使應專掌難問,侍中淳于恭奏之,帝親臨稱制,如石渠故事。"

〔7〕《三國志》卷一三《魏書·王肅傳》："初,肅善賈、馬之學,而不好鄭氏……時樂安孫叔然,受學鄭玄之門,人稱東州大儒。徵爲秘書監,不就。肅集《聖證論》以譏短玄,叔然駁而釋之。"《隋書·經籍志·經部·論語類》："《聖證論》十二卷,王肅撰。"《新唐書·藝文志·經部·經解類》："王肅《聖證論》十一卷。"原書已佚,清代馬國翰《玉函山房輯佚書》輯有一卷,皮錫瑞撰有《聖證論補評》二卷。

〔8〕《舊唐書·元行沖傳》："又王肅改鄭六十八條,張融覈之,將定臧否。"

〔9〕《舊唐書·元行沖傳》："子雍規玄數十百件,守鄭學者,時有中郎馬昭,上書以爲肅繆。詔王學之輩,占答以聞。"《新唐書·元行沖傳》："王肅規鄭玄數千百條,鄭學馬昭詆劾肅短。詔遣博士張融按經問詰,融推處是非,而肅酬對疲於歲時。"

〔10〕南北學,即南朝與北朝之經學。《北史·儒林傳序》："大抵南北所爲章句,好尚互有不同。江左,《周易》則王輔嗣,《尚書》則孔安國,《左傳》則杜元凱。河洛,《左傳》則服子慎,《尚書》《周易》則鄭康成。《詩》則并主於毛公,《禮》則同遵於鄭氏。南人約簡,得其英華;北學深蕪,窮其枝葉。考其終始,要其會歸,其立身成名,殊方同致矣。"

〔11〕《舊唐書·經籍志·經部·禮類》：“《周禮疏》五十卷，賈公彥撰。”“《儀禮疏》五十卷，賈公彥撰。”“《禮記正義》七十卷，孔穎達撰。”“《禮記疏》八十卷，賈公彥撰。”《新唐書·經籍志·經部·禮類》：“《禮記正義》七十卷，孔穎達、國子司業朱子奢、國子助教李善信、賈公彥、柳士宣、范義頵、魏王參軍事張權等奉詔撰，與周玄達、趙君贊、王士雄、趙弘智覆審。賈公彥《禮記正義》八十卷，又《周禮疏》五十卷，《儀禮疏》五十卷。”《舊唐書·儒學上》：“賈公彥，洺州永年人。永徽中，官至太學博士。撰《周禮義疏》五十卷、《儀禮義疏》四十卷。”

〔12〕《漢書·藝文志》：“《古文尚書》者，出孔子壁中。武帝末，魯共王壞孔子宅，欲以廣其宮。而得《古文尚書》及《禮記》《論語》《孝經》凡數十篇，皆古字也。共王往入其宅，聞鼓琴瑟鐘磬之音，於是懼，乃止不壞。孔安國者，孔子後也，悉得其書，以考二十九篇，得多十六篇。安國獻之。遭巫蠱事，未列於學官。”《漢書·儒林傳》：“孔氏有《古文尚書》，孔安國以今文字讀之，因以起其家逸書，得十餘篇，蓋《尚書》茲多於是矣。遭巫蠱，未立於學官。”

〔13〕《四庫全書總目提要·經部·詩類》：“自《鄭箋》既行，齊、魯、韓三家遂廢然。《箋》與《傳》義亦時有異同。魏王肅作《毛詩注》《毛詩義駁》《毛詩奏事》《毛詩問難》諸書，以申毛難鄭。”馬國翰《玉函山房輯佚書·經編·詩類》：“《毛詩義駁》一卷，魏王肅撰。肅注《毛詩》，以鄭箋有不合於毛者，故爲此書曰義。駁者，駁鄭氏意也。”又：“《毛詩奏事》一卷，魏王肅撰。肅有《毛詩義駁》，專攻鄭氏。此則取鄭氏之違失，條奏於朝，故題《奏事》也。”又：“《毛詩問難》一卷，魏王肅撰。肅有《義駁》《奏事》，皆攻擊鄭氏。此之《問難》，大底亦申毛以難鄭也。”

〔14〕《清史稿·儒林傳二》：“（惠）棟於諸經熟洽貫串，謂詁訓古字古音，非經師不能辨，作《九經古義》二十二卷。”又：“孫星衍，字淵如，陽湖人。……深究經、史、文字、音訓之學，旁及諸子百家，皆必通其義。……星衍博極群書，勤於著述。又好聚書，聞人家藏有善本，借鈔無虛日。金石文字，靡不考其原委。”

〔15〕秦蕙田《五禮通考》，注見前。

〔16〕《清史稿·文苑傳三》：“正燮讀書，置巨册數十，分題疏記，積歲月乃排比爲文，斷以己意。藻爲刻十五卷，名曰《癸巳類稿》，又有《存稿》十五卷，山西楊氏刻之。”

〔17〕宋元人平話，宋元講史之話本，通稱“平話”，宋元時期流行於民間之口頭文學形式。“平話”之含義，蓋指以平常口語講述而不加彈唱，即只説不唱；作

品間或穿插詩詞，也只用於念誦，不施於歌唱。

〔18〕帖括，唐制明經科以帖經試士，應試時將經文貼去若干字，令應試者對答，後考生因帖經難於記誦，故總括經文而編成歌訣，以便於記誦應試，故稱"帖括"。《舊唐書·楊綰傳》："其明經比試帖經，殊非古義，皆誦帖括，冀圖僥倖。"《新唐書·選舉志》："明經填帖，故爲進士者皆誦當代之文，而不通經史，明經者但記帖括。"

〔19〕見俞正燮《癸巳存稿》卷一二《書五禮通考後》。

〔20〕皇即皇侃，熊即熊安生。《梁書·儒林傳》："皇侃，吳郡人，青州刺史皇象九世孫也。侃少好學，師事賀瑒，精力專門，盡通其業，尤明三《禮》《孝經》《論語》。……撰《禮記講疏》五十卷，書成奏上，詔付秘閣。頃之，召入壽光殿講《禮記義》，高祖善之……性至孝，常日限誦《孝經》二十遍，以擬《觀世音經》。……所撰《論語義》十卷，與《禮記義》并見重於世，學者傳焉。"熊安生，北朝經學家，通《五經》，精《三禮》。《北史·儒林傳下》："熊安生字植之，長樂阜城人也。少好學，勵精不倦。從陳達受三《傳》，從房虯受《周禮》，事徐遵明，服膺歷年，後受《禮》於李寶鼎，遂博通《五經》。然專以三《禮》教授，弟子自遠方至者千餘人。乃討論圖緯，捃摭異聞，先儒所未悟者，皆發明之。……安生既學爲儒宗，嘗受其業，擅名於後者，有馬榮伯、張黑奴、竇士榮、孔籠、劉焯、劉炫等，皆其門人焉。所撰《周禮義疏》二十卷，《禮記義疏》三十卷，《孝經義》一卷，并行於世。"

〔21〕黃慶，北朝齊之學者。李孟悊，隋代學者。此二人嘗注《儀禮》。注見前。

〔22〕舉鼎絕臏，雙手舉鼎，折斷脛骨。喻能力小，不能擔重任。《史記·秦本紀》："武王有力好戲，力士任鄙、烏獲、孟説皆至大官。王與孟説舉鼎，絕臏。"

〔23〕林昌彝（1803—1876），字惠常，號薌溪，別號茶叟、五虎山人，福建侯官（今福州市）人。著有《三禮通釋》二百八十卷。《三禮通釋自序》："乃專取三《禮》本文，反復尋釋，以彼此前後相參證。其三《禮》所無，則旁徵於諸經；諸經所無，乃取證於秦漢間人言之近古者，於是疑者釋而窒者通。"

〔24〕林喬蔭，字預萬，又字樾亭，福建侯官（今福州市）人。乾隆乙酉舉人，官四川江津知縣。博洽多聞。治《三禮》，時稱精賅。有《三禮陳數求義》《石塔碑刻記》《瓶城居士集》。《閩侯縣志》卷七〇《儒林傳》："喬蔭資稟穎異，讀書能觀其會通，嘗著《三禮陳數求義》三十卷，自謂平生精力盡於是。書以多掊擊注疏，爲時流所不喜。然貫通經傳，綱舉目張，能使讀之者渙然冰釋，怡然理順。視陳用之《禮書》有過之無不及。"

〔25〕 江永,注見前。《禮書綱目》,《清史稿》作《禮經綱目》。《四庫全書總目提要·經部·禮類通禮之屬》:"《禮書綱目》八十五卷(安徽巡撫采進本),國朝江永撰。其書雖仿《儀禮經傳通解》之例,而參考群經,洞悉條理,實多能補所未及,非徒立異同。……揆以禮意,較《通解》爲有倫次。"

〔26〕 毛鴻賓,字翊云,山東歷城人。事見《清史稿·毛鴻賓傳》。

23. 論古人行禮有一定之例,九拜分別,不厭其繁

古人行禮有一定之例,如主人敬賓,取爵,降洗,賓降,辭洗。主人卒洗,揖,讓,升,賓拜洗。主人拜,降盥,賓降。主人卒盥,揖,讓,升。主人實爵,獻賓,賓拜,受爵,主人拜送。賓啐酒,拜,告旨,主人答拜。賓卒爵,拜,主人答拜[1]。賓酢主人略同,不告旨。注云:"酒,己物也。"主人酬賓略同,酬酒不舉。注云:"君子不盡人之歡。"獻、酢、酬共爲一獻。所謂一獻之禮,賓主百拜,在今人視之,必以爲繁文縟節,而古人鄉飲、射、燕禮、大射皆行之。惟燕禮、大射使宰夫爲獻主,臣莫敢與君抗禮也。[2]古人之拜與今異,皆一人先拜,拜畢而後一人答拜。《曲禮》曰:"主人敬客,則先拜客,客敬主人,則先拜主人。凡非吊喪,非見國君,無不答拜者。"解此可無疑於《士冠禮》之"母答拜"[3],《昏禮》之"舅姑答拜"[4]矣。古無二人并拜之禮,故昏禮夫婦不交拜,以婿雖爲主人,婦不自居於客。夫婦敵體,不便一人先拜,一人答拜,故不拜,此古禮之與今異者。古臣朝,君不拜,以行禮必在堂,而朝在路門外,無堂,不便行禮。朝禮止打一照面,與今屬員站上司出班相似。且古無無事而拜者,及有事而拜,必拜於堂下,君辭之,乃升,成拜,故曰"拜下,禮也"[5]。《周禮》九拜[6],杜子春、鄭興、鄭衆、鄭康成、賈公彥、孔穎達、陳祥道、顧炎武、閻若璩、毛奇齡、惠棟、江永、方苞[7]、秦蕙田、段玉裁言人人殊,凌廷堪與陳壽祺、喬樅父子後出爲最覈[8]。壽祺云:"九拜皆主祭禮,而言稽首、頓首、空首三者,皆吉禮祭祀之拜也。振動、吉拜、凶拜三者,皆喪禮祭祀之拜也。奇拜、褒拜、肅拜,禮之殺也。

一曰稽首，鄭注：‘頭至地也。’賈疏云：‘稽留之字，頭至地多時，則爲稽首也。稽首，臣拜君法。’二曰頓首，《檀弓疏》引鄭曰：‘頭叩地，不停留也，此平敵以下拜也。’三曰空首，鄭注：‘空首拜頭至手，所謂拜手也。’賈疏云：‘空首拜者，君答臣下拜。’四曰振動，杜子春云：‘動讀爲哀慟之慟。’壽祺按：此即拜稽顙，成踊[9]也。五曰吉拜，六曰凶拜，惠氏云[10]：‘皆喪拜也，喪有吉凶，拜亦如之。有兩説，一小功以下爲吉，大功以上爲凶，其拜也，以吉凶分左右；一齊衰不杖以下爲吉，齊衰以上爲凶，其拜也，皆稽顙，以吉凶分先後。[11]’七曰奇拜，鄭大夫云[12]：‘奇拜謂一拜也。’八曰褒拜，鄭大夫云：‘褒讀爲報，報拜謂再拜也。’九曰肅拜，先鄭司農云[13]：‘肅拜，但俯下手。’今時揖是也。[14]”

錫瑞案：古人一拜之禮，而分別如此其繁，非故爲是瑣瑣也。凡人之情簡則易，易則慢心生，反是則嚴，嚴則畏心生。禮制之行，以文治亦以已亂，以誘賢亦以範不肖。故曰：出於禮者入於刑，納諸軌物，然後禮明而刑措。若謂委曲繁重之數，皆戕賊桎梏之具，率天下而趨於苟且便利，將上下無等而大亂。昔漢高帝去秦苟儀，群臣飲酒争功，拔劍妄呼，高帝患之，用叔孫通爲綿蕝起朝儀而後定。禮樂不可斯須去身[15]，豈不信乎！

〔1〕見《儀禮·鄉飲酒禮》。
〔2〕《禮記·燕義》：“設賓主，飲酒之禮也；使宰夫爲獻主，臣莫敢與君亢禮也。”《禮記·射義》：“古者諸侯之射也，必先行燕禮；卿、大夫、士之射也，必先行鄉飲酒之禮。”《儀禮·大射》：“主人降洗，洗南，西北面。”鄭玄注：“賓將從降，鄉之，不於洗北，辟正主。”賈公彥疏：“……按《鄉飲酒》《鄉射》主人降洗，洗北南面是正主，此宰夫代君爲主，故不於洗北南面也。”《毛詩·小雅·賓之初筵》：“賓之初筵，左右秩秩。發彼有的，以祈爾爵。”孔穎達疏：“今《大射禮》諸侯與其臣行禮，使宰夫爲主人。”
〔3〕《儀禮·士冠禮》：“冠者奠觶於薦東，降筵，北面坐，取脯，降自西階，適東壁，北面見於母。母拜，受。子拜，送。母又拜。”

〔4〕《儀禮·士昏禮》:“婦拜受,姑拜送。”

〔5〕《論語·子罕》:“子曰:‘麻冕,禮也;今也純,儉。吾從衆。拜下,禮也;今拜乎上,泰也。雖違衆,吾從下。’”

〔6〕《周禮·春官·大祝》:“辨九拜:一曰稽首,二曰頓首,三曰空首,四曰振動,五曰吉拜,六曰凶拜,七曰奇拜,八曰褒拜,九曰肅拜。”

〔7〕方苞(1668—1749),字靈皋,一字鳳九,晚年號望溪,清代桐城派散文創始人,與姚鼐、劉大櫆合稱“桐城三祖”。《清史稿·方苞傳》:“苞爲學宗程、朱,尤究心《春秋》、三《禮》,篤於倫紀。既家居,建宗祠,定祭禮,設義田。其爲文,自唐、宋諸大家上通《太史公書》,務以扶道教、裨風化爲任。尤嚴於義法,爲古文正宗,號‘桐城派’。”

〔8〕陳壽祺、喬樅父子,清代經學家。注見前。《清史稿·儒林傳三》:“初,壽祺以鄭注《禮記》多改讀,又嘗鈎考齊、魯、韓三家《詩》佚文、佚義與毛氏異同者,輯而未就。病革,謂喬樅曰:‘爾好漢學,治經知師法,他日能成吾志,九原無憾矣!’喬樅乃紬繹舊聞,勒爲定本,成《禮記鄭讀考》六卷,《三家詩遺説考》十五卷。又著《齊詩翼氏學疏證》二卷,《詩緯集證》四卷。……又著《今文尚書經説考》三十四卷,《歐陽夏侯經説考》一卷。……又有《詩經四家異文考》五卷,《毛詩鄭箋改字説》四卷,《禮堂經説》二卷,最後爲《尚書説》。時宿學漸蕪,考據家爲世詬謷,獨湘鄉曾國藩見其書以爲可傳。自元和惠氏、高郵王氏外,惟喬樅能修世業,張大其家法。”

〔9〕《儀禮·士喪禮》:“主人哭,拜稽顙,成踊。”

〔10〕惠氏,即惠士奇(1671—1741),字仲儒,晚號半農,人稱紅豆先生,清代學者。《清史稿·儒林傳二》:“士奇,字天牧。……士奇盛年兼治經史,晚尤邃於經學,撰《易説》六卷,《禮説》十四卷,《春秋説》十五卷。於《易》,雜釋卦爻,以象爲主,力矯王弼以來空疏説經之弊。於《禮》,疏通古音、古字,俱使無疑似,復援引諸子百家之文,或以證明周制,或以參考鄭氏所引之漢制,以遞觀周制,而各闡其制作之深意。於《春秋》,事實據《左氏》,論斷多采《公》《穀》,大致出於宋張大亨《春秋五禮例宗》、沈棐《春秋比事》,而典核過之。《大學説》一卷晚出,‘親民’不讀‘新民’。論格物不外本末終始先後,即絜矩之不外上下前後左右,亦能根極理要。又著《交食舉隅》三卷,《琴笛理數考》四卷。”

〔11〕“惠氏云”句,見惠士奇《禮説》卷八《春官三》。

〔12〕鄭大夫,即鄭興。鄭興字少贛,河南開封人,建武六年徵爲大中大夫,故鄭玄稱其爲鄭大夫。

〔13〕先鄭司農，即鄭衆。《後漢書·鄭衆傳》："建初六年，代鄧彪爲大司農。"《後漢書·鄭玄傳》："（袁）紹乃舉玄茂才，表爲左中郎將，皆不就。公車徵爲大司農，給安車一乘，所過長吏送迎。玄乃以病自乞還家。"故後世稱鄭衆爲先鄭司農，鄭玄爲後鄭司農。

〔14〕"壽祺云"句，見《左海經辨》卷上《九拜考》，有刪節。

〔15〕《禮記·樂記》："君子曰'禮樂不可斯須去身'。致樂以治心，則易直子諒之心油然生矣。易直子諒之心生則樂，樂則安，安則久，久則天，天則神。天則不言而信，神則不怒而威，致樂以治心者也。致禮以治躬則莊敬，莊敬則嚴威。心中斯須不和不樂，而鄙詐之心入之矣。外貌斯須不莊不敬，而易慢之心入之矣。故樂也者，動於內者也；禮也者，動於外者也。樂極和，禮極順，內和而外順，則民瞻其顏色而弗與爭也；望其容貌，而民不生易慢焉。故德輝動於內，而民莫不承聽；理發諸外，而民莫不承順。故曰：'致禮樂之道，舉而錯之，天下無難矣。'"

24. 論古禮多不近人情，後儒以俗情疑古禮，所見皆謬

《禮器》："禮之近人情者，非其至者也。"古人制禮坊民，不以諧俗爲務，故禮文之精意，自俗情視之，多不相近。又古今異制，年代愈邈，則隔閡愈甚。漢人去古未遠，疑經尚少，唐宋以後去古漸遠，而疑經更多矣。今舉數事證之。如《士冠禮》："北面坐，取脯，降自西階，適東壁，北面見於母，母拜受，子拜送，母又拜。"鄭注："婦人於丈夫，雖其子猶俠拜〔1〕。"《冠義》："見於母，母拜之，成人而與爲禮也。"是母之拜子，一爲受脯，一爲成人而與爲禮，猶嗣舉奠〔2〕，以父拜子，所以重宗嗣。凡此等皆有深義存焉，杜佑《通典》乃以爲瀆亂人倫，以古禮不近人情也〔3〕。《昏禮》女家告廟〔4〕，婿家無告廟之文，《白虎通》明解之，曰："娶妻不告廟者，示不必安也。"〔5〕蓋古有出妻之事〔6〕，故恐其不安，不先告廟。後人乃引《曲禮》"齊戒以告鬼神"，《文王世子》"五廟之孫，祖廟未毀，雖爲庶人，冠、娶妻必告"，《左氏傳》"先配而後祖"〔7〕，及"圍布几筵，告於莊、共之廟而來"等語〔8〕，以證告廟。不知齊戒告鬼神，不云告

祖禰[9]，當即卜日、卜吉之類[10]。冠、娶妻必告，鄭注明云“告於君也”。五廟乃天子諸侯之制[11]，豈有疏族士庶，得自告天子諸侯廟者？楚公子圍因聘而娶[12]，大夫出聘，本應告廟，并非專爲娶妻。“先配後祖”，當從賈、服，以祖爲廟見，大夫以上三月廟見，乃始成昏，譏先配也。昏禮是士禮，當夕成昏，鄭謂大夫以上皆然，不如賈、服之合古禮。夫娶不告廟，又大夫以上三月廟見乃成昏[13]，皆不近人情之甚者。《喪服》“父在爲母期”[14]，以父喪妻，止於期也。嫂叔之無服也，蓋推而遠之也。“婦爲舅姑期”[15]，《傳》曰：“何以期也？從服也。”“女子不適人者，爲其父母期”，《傳》曰：“何以期也？婦人不貳斬也。”然則婦爲舅姑期，亦不貳斬之義[16]。自唐以後，母與舅姑服加至三年[17]，嫂叔亦有服，正褚無量所謂俗情膚淺者，蓋疑古禮制服不近情也。古祭禮必有尸[18]，自天子至於士，皆有筮尸、宿尸之禮。杜佑《理道要訣》謂[19]：“周、隋《蠻夷傳》[20]，巴、梁間爲尸以祭[21]。今郴、道州人祭祀，迎同姓伴神以享[22]，則立尸之遺法，乃本夷狄風俗，至周未改耳。”杜不知外裔猶存古法，反以古法未離夷狄，是疑立尸不近情也。古士、大夫無主，以不禘祫，無須分別。少牢饋食，“束帛依神”[23]；特牲饋食，“結茅爲蕝，即以代主”[24]。許君、鄭君同義。孔《疏》、賈《疏》謂大夫、士無木主，以幣主其神。徐邈、元懌乃引《公羊》“大夫聞君之喪，攝主而往”[25]。不知何休《解詁》明云宗人攝行主事而往，不謂木主。又引《逸禮》“饋食設主”。不知《逸禮》不可據，故鄭不用，亦不爲注。捨許、鄭之明説，從疑似之誤文，是疑無主不近情也。古不祭墓，惟奔喪、去國哭於墓[26]。祭是吉禮，必行於廟。故辛有見被髮野祭，嘆其將爲戎[27]。後人乃引《周官·冢人》“祭墓爲尸”[28]，曾子曰“椎牛祭墓”[29]，孟子曰“卒之東郭墦間之祭者”[30]，及魯諸儒歲時上孔子冢[31]，以爲古已祭墓。不知《冢人》爲尸，後鄭以爲或禱祈焉[32]，先鄭以爲始竁時祭以告后土，與墓祭無涉[33]。趙岐[34]注《孟子》，以“卒之東郭墦間”爲句，亦非墓祭。曾子語見《韓詩外傳》，漢初之書；魯人上孔子冢，亦在秦漢之間。疑當其時世卿宗法既亡[35]，大夫不皆有廟，乃漸移廟祭爲墓祭，不得爲古祭墓之證。而毛奇齡、閻若璩皆曲徇俗説，是以不祭墓爲不近情也。古今異情，若此甚夥，今欲反古，勢所難行。然古有明文，非可誣罔，若沈溺俗説，是今人而非古人，不可也；或更傅會誤文，强古人以從今人，更不可也。

箋注

〔1〕俠拜，即夾拜，古時婦女答拜男子之禮節。婦女與男子爲禮，女先拜，男子答拜，女又拜，謂之俠拜。宋趙與峕《賓退録》卷八："禮，婦人與丈夫爲禮則俠拜。俠者夾，謂男子一拜，婦人兩拜，夾男子拜。"宋周煇《清波雜志》卷二："男子施敬於婦女，男一拜，婦答兩拜，名曰夾拜。古禮也。"清凌廷堪《禮經釋例》卷一《通例上》："凡婦人於丈夫皆俠拜。廷堪案：俠拜者，丈夫拜一次，婦人則拜兩次也。"

〔2〕《儀禮·特牲饋食禮》："嗣舉奠，盥，入，北面再拜稽首。"鄭玄注："嗣，主人將爲後者。舉，猶飲也。使嗣子飲奠者，將傳重，累之者。大夫之嗣子不舉奠，辟諸侯。"

〔3〕杜佑《通典》卷五六《禮十六·諸侯大夫士冠》："議曰：冠者表成人之容，正尊卑之序，而令母、兄、姑、姊與之交拜，豈非混淆長幼，瀆亂人倫乎？"

〔4〕《禮記·昏義》："昏禮者，將合二姓之好，上以事宗廟，而下以繼後世也。故君子重之。是以昏禮納采、問名、納吉、納徵、請期，皆主人筵几於廟，而拜迎於門外，入，揖讓而升，聽命於廟，所以敬慎重正昏禮也。"

〔5〕《白虎通·嫁娶》："娶妻不先告廟到者，示不必安也。婚禮請期，不敢必也。婦入三月，然後祭行。舅姑既殁，亦婦入三月，奠菜於廟。三月一時，物有成者，人之善惡可得知也。然後可得事宗廟之禮。"

〔6〕出妻，即休妻。《孟子·離婁下》："出妻屏子，終身不養焉。"古代休妻有"七出"，《大戴禮記·本命》："婦有七去：不順父母去，無子去，淫去，妒去，有惡疾去，多言去，竊盜去。"

〔7〕《左傳·隱公八年》："四月甲辰，鄭公子忽如陳逆婦嬀。辛亥，以嬀氏歸。甲寅，入於鄭。陳鍼子送女。先配而後祖。鍼子曰：'是不爲夫婦。誣其祖矣，非禮也，何以能育？'"

〔8〕圍，即楚國令尹公子圍。《左傳·昭公元年》："令尹命大宰伯州犁對曰：'君辱貺寡大夫圍，謂圍將使豐氏撫有而室。圍布几筵，告於莊、共之廟而來。若野賜之，是委君貺於草莽也，是寡大夫不得列於諸卿也。不寧唯是，又使

圍蒙其先君，將不得爲寡君老，其蔑以復矣。唯大夫圖之。'"

〔9〕祖禰，即祖廟與父廟。《春秋公羊傳·隱公元年》："惠公者何？隱之考也。"何休注："生稱父，死稱考，入廟稱禰。"《禮記·喪服小記》："尊祖故敬宗，敬宗所以尊祖禰也。"

〔10〕卜日，即占卜時日之吉凶，此處指占問吉日。《周禮·天官·太宰》："祀五帝，則掌百官之誓戒與其具修。前期十日，帥執事而卜日，遂戒。"《周禮·春官·大宗伯》："凡祀大神、享大鬼、祭大示，帥執事而卜日。"《周禮·春官·司巫》："大祭祀，與執事卜日。"《儀禮·即夕禮》："卜日吉，告從於主婦宅。"卜吉，即以占卜之法選擇吉利之婚期。

〔11〕《禮記·王制》："天子七廟，三昭三穆，與太祖之廟而七。諸侯五廟，二昭二穆，與太祖之廟而五。"《禮記·祭法》："王立七廟，一壇一墠，曰考廟，曰王考廟，曰皇考廟，曰顯考廟，曰祖考廟；皆月祭之。遠廟爲祧，有二祧，享嘗乃止。去祧爲壇，去壇爲墠。壇墠，有禱焉祭之，無禱乃止。去墠曰鬼。諸侯立五廟，一壇一墠。曰考廟，曰王考廟，曰皇考廟，皆月祭之；顯考廟，祖考廟，享嘗乃止。去祖爲壇，去壇爲墠。壇墠，有禱焉祭之，無禱乃止。去墠爲鬼。"

〔12〕《左傳·昭公元年》："元年春，楚公子圍聘於鄭，且娶於公孫段氏。"

〔13〕《禮記·曾子問》"三月而廟見，稱'來婦'也。擇日而祭於禰，成婦之義也。"

〔14〕《儀禮·喪服》："父在爲母。傳曰：何以期也？屈也。至尊在，不敢伸其私尊也。"《禮記·喪服四制》："故父在，爲母齊衰，期者，見無二尊也。"

〔15〕《儀禮·喪服》："婦爲舅姑。傳曰：何以期也？從服也。"

〔16〕不貳斬，即不服二斬衰之禮。《儀禮·喪服》："爲人後者，爲其父母，報。傳曰：何以期也？不貳斬也。何以不貳斬也？持重於大宗者，降其小宗也。……婦人不貳斬也。婦人不貳斬者何也？婦人有三從之義，無專用之道，故未嫁從父，既嫁從夫，夫死從子。故父者子之天也，夫者妻之天也。婦人不貳斬者，猶曰不貳天也，婦人不能貳尊也。"

〔17〕《舊唐書》卷二七《禮儀志》："二十年，中書令蕭嵩與學士改修定五禮，又議請依上元敕，父在爲母齊衰三年爲定。及頒禮，乃一依行焉。"《新唐書》卷二〇《禮樂志》："齊衰不杖周。……義服：爲伯叔母，爲繼父同居者，妾爲嫡妻，妾爲君之庶子，婦爲舅、姑，爲夫之兄弟之子，舅、姑爲嫡婦。"

〔18〕《禮記·曾子問》："曾子問曰：'祭必有尸乎？若厭祭亦可乎？'孔子曰：'祭成喪者必有尸，尸必以孫。孫幼，則使人抱之。無孫，則取於同姓可也。祭殤必厭，蓋弗成也。祭成喪而無尸，是殤之也。'"

〔19〕《玉海》卷五一《藝文》："杜佑《理道要訣》十卷。佑《表》曰：'竊思理道不録空言，由是累記修纂《通典》，包羅數千年事，探討禮法刑政，遂成二百卷，先已奉進。從去年春末，更於二百卷中纂成十卷，目曰《理道要訣》，凡三十三篇。詳古今之要，酌時宜可行。貞元十九年二月十八日上。'佑《自序》曰：'隋季文博《理道集》多主於規諫，而略於體要。臣頗探政理，竊究始終，遂假問答，方冀發明。第一至第三食貨，四選舉命官，五禮教，六封建州郡，七兵刑，八邊防，九十古今異制議。'《新唐書·藝文志·雜家類》："杜佑《理道要訣》十卷。"《直齋書録解題》卷一〇《雜家類》："《理道要訣》十卷。唐宰相杜佑撰，凡三十三篇。皆設問答之辭，末二卷記古今異制。蓋於《通典》中撮要，以便人主觀覽。"

〔20〕周、隋《蠻夷傳》，按《周書》無《蠻夷傳》。

〔21〕《通典》卷四八《禮八·沿革八·吉禮七·立尸義》："巴、梁間俗，每秋祭祀，鄉里美鬢面人，送迎爲尸以祭之。"

〔22〕《通典》卷四八《禮八·沿革八·吉禮七·立尸義》："今郴、道州人，每祭祀，迎同姓丈夫、婦人伴侶以享，亦爲尸之遺法，有以知古之中華則夷狄同也。"

〔23〕徐乾學《讀禮通考》卷四一《喪儀節·初終下》："置靈座設魂帛。設椸於尸南，覆以帕，置椅卓。其前結白絹爲魂帛，置椅上。設香爐，合盞注、酒果於卓子上，侍者朝夕設櫛頮奉養之，具皆如平生。問重。朱子曰：'《三禮圖》有畫像可考，然且如司馬公之説，亦是合時之宜，不必遇泥於古也。'楊復曰：'禮，大夫無主者，束帛依神。司馬公用魂帛，蓋取束帛依神之意。'高氏謂古人遺衣裳置於靈座，既而藏於廟中，恐當從此説。以遺衣裳置於座，而加魂帛於其上可也。"

〔24〕徐乾學《讀禮通考》卷五六《喪儀節·神帛》："許慎《五經異義》：大夫、士無主，大夫束帛依神，士結茅爲菆。……乾學案：古禮無神帛之説，自許、鄭誤以大夫、士無主，遂謂大夫束帛依神，士結茅爲菆。"又同卷《喪儀節·神主》："案：《公羊》説大夫非有土之君，不得祫享昭穆，故無主。大夫束帛依神，士結茅爲菆。……乾學案：主以依神，廟以藏主。有廟則有主，豈有大夫、士許其立廟，而不許其立主者乎？若因《儀禮》大夫、士之祭言尸不言主，遂謂不得立主，則《儀禮》初未嘗有王侯之祭禮也，何從見其言主而斷大夫、士之無主乎？至'束帛依神，結茅爲菆'之説，實妄誕不經。"又卷一百二十《吉禮·祭先聖先師》："古者木主棲神，天子、諸侯廟皆有主，大夫束帛，士結茅爲菆。"段玉裁《説文解字注》卷一《示部·祐》："今《春秋公羊》説卿、大夫、士非有土子民之君，不得祫享序昭穆，故無木主。大夫束帛依神，

士結茅爲蕝。許君謹按,《春秋左氏傳》曰:'衛孔悝反祏於西圃。祏,石主也。言大夫以石爲主。今山陽民俗,祭皆以石爲主。'鄭君駁之曰:'大夫、士無昭穆,不得有主。少牢饋食,大夫禮也,束帛依神。特牲饋食,士祭禮也,結茅爲蕝。'"

〔25〕《春秋公羊傳·昭公十五年》:"大夫聞君之喪,攝主而往。"何休注:"主,謂已主祭者。臣聞君之喪,義不可以不即行,故使兄弟若宗人,攝行主事而往。"

〔26〕《禮記·奔喪》:"奔喪者不及殯,先之墓,北面坐,哭盡哀。"《禮記·檀弓下》:"子路去魯,謂顏淵曰:'何以贈我?'曰:'吾聞之也:去國,則哭於墓而後行;反其國,不哭,展墓而入。'"顧炎武《日知録》卷一五《墓祭》:"古人於墓之禮,但有奔喪、去國二事。《記》曰:'奔喪者,不及殯,先之墓,北面坐哭盡哀。主人之待之也,即位於墓左,婦人墓右,成踊盡哀。'又曰:'若除喪而後歸,則之墓哭,成踊。束括髮,袒絰,拜賓成踊,送賓反位,又哭盡哀,遂除於家,不哭。'又曰:'奔兄弟之喪,先之墓而後之家,爲位而哭。所知之喪則哭於宮,而後之墓。'又曰:'去國則哭於墓而後行,反其國不哭,展墓而入。'魯昭公之孫於齊也,'與臧孫如墓謀,遂行'。吳延州來、季子之於王僚也,復命哭墓。是則古人之至於墓,皆有哭泣哀傷之事。而祭者,吉禮也,無舍廟而之墓者也。"案,州來季子復命哭墓見於《左傳·昭公二十七年》。

〔27〕《左傳·僖公二十二年》:"初,平王之東遷也,辛有適伊川,見被髮而祭於野者,曰:'不及百年,此其戎乎? 其禮先亡矣!'"

〔28〕《周禮·春官·冢人》:"凡祭墓,爲尸。"

〔29〕《韓詩外傳》卷七:"曾子曰:'往而不可還者親也,至而不可加者年也。是故孝子欲養,而親不待也,木欲直,而時不待也。是故椎牛而祭墓,不如雞豚逮親存也。'"

〔30〕《孟子·離婁下》:"蚤起,施從良人之所之。遍國中無與立談者。卒之東郭墦間之祭者,乞其餘;不足,又顧而之他。此其爲饜足之道也!"

〔31〕《史記·孔子世家》:"魯世世相傳以歲時奉祠孔子冢,而諸儒亦講禮鄉飲大射於孔子冢。"

〔32〕不知,原刻本作"不如",據文意改。《周禮·春官·冢人》:"凡祭墓,爲尸。"鄭注:"祭墓爲尸,或禱祈焉。鄭司農云:'爲尸,冢人爲尸。'"

〔33〕"先鄭"句:《周禮·春官·冢人》:"大喪既有日,請度甫竁,遂爲之尸。"鄭注:"甫,始也。請量度所始竁之處地。爲尸者,成葬爲祭墓地之尸也。鄭司農云:'既有日,既有葬日也。始竁時,祭以告后土,冢人爲之尸。'"

〔34〕《後漢書·趙岐傳》:"趙岐字邠卿,京兆長陵人也。初名嘉,生於御史臺,因字臺卿,後避難,故自改名字,示不忘本土也。岐少明經,有才藝⋯⋯岐多所述作,蓋《孟子章句》《三輔決錄》傳於時。"

〔35〕世卿宗法,即宗法制及世卿世禄制。宗法制度由氏族社會父系家長制演變而來,是王族貴族按血緣關繫分配國家權力,以便建立世襲統治之一種制度,其核心爲嫡長子繼承制。《禮記·大傳》:"君有合族之道,族人不得以其戚戚君位也。庶子不祭,明其宗也。庶子不得爲長子三年,不繼祖也。別子爲祖,繼別爲宗,繼禰者爲小宗。有百世不遷之宗,有五世則遷之宗。百世不遷者,別子之後也;宗其繼別子之所自出者,百世不遷者也。宗其繼高祖者,五世則遷者也。尊祖故敬宗。敬宗,尊祖之義也。有小宗而無大宗者,有大宗而無小宗者,有無宗亦莫之宗者,公子是也。公子有宗道:公子之公,爲其士大夫之庶者,宗其士大夫之適者,公子之宗道也。絶族無移服,親者屬也。"《儀禮·喪服》:"爲人後者,孰後? 後大宗也。曷爲後大宗? 大宗者,尊之統也。⋯⋯尊者尊統上,卑者尊統下。大宗者,尊之統也;大宗者,收族者也:不可以絶,故族人以支子後大宗也。"世卿,即天子或諸侯國君之下之貴族,世世代代、父死子繼。世禄,即官吏們世世代代父死子繼,享有所封土地及其賦税收入。世襲卿位及禄田制度在古代曾十分盛行。楊寬《戰國史》:"在周王國和各諸侯國裹,世襲的卿大夫便按照聲望和資歷來擔任官職,并享受一定的采邑收入,這就是世卿、世禄制度。"

25. 論古禮最重喪服,六朝人尤精此學,爲後世所莫逮

古禮最重喪服,《禮經》十七篇,有子夏《喪服傳》一篇在內[1]。《小戴禮記》四十九篇,有《曾子問》《喪服小記》《雜記》上下、《喪大記》《喪服大記》《奔喪》《問喪》《服問》《間傳》《三年問》《喪服四制》十一篇,《別錄》皆屬"喪服"。《檀弓》亦多言喪禮:"大功廢業,或曰:'大功,誦可也。'"《疏》云:"録記之人,必當明禮,應事無疑,使後世作法。今檢《禮記》多有不定之辭。仲尼門徒,親承聖旨,子游褐裘而吊,曾子襲裘而吊[2]。又小斂之奠,或云東方,或云西方[3]。同母異父昆弟,魯人或云爲之齊衰[4],或云大功[5]。其作記之人,多云'蓋'、多云'或曰',皆無

指的，并設疑辭者，以周公制禮，永世作法，時經幽、厲之亂，又遇齊、晉之强，國異家殊，樂崩禮壞，諸侯奢僭，典法訛舛，是以普天率土，不閑禮教[6]。故子思聖人之胤，不喪出母[7]，隨武子晉之賢相，不識殽烝[8]。作記之人，隨後撰録，善惡兼載，得失備書。但初制禮之時，文已不具，略其細事，舉其大綱。況乃時經離亂，日月縣遠，數百年後，何能曉達？記人所以不定，止爲失禮者多。推此而論，未爲怪也。"[9]

錫瑞案：孔《疏》所言極其通達，記文所以不定者，一則制禮之初，細數不能備具，一則亂離之後，故籍復不盡存，喪服更糾紛難明，故後儒尤多聚訟。漢人禮書最早，而略傳於今者，有《大戴·喪服變除》。十七篇《禮經》，馬融獨於《喪服》有注[10]，鄭君亦有《喪服變除》[11]。其後則有王肅《喪服經傳注》《喪服要記》[12]，射慈《喪服變除圖》[13]，杜預《喪服要集》[14]，袁準《喪服經傳注》[15]，孔倫《集注喪服經傳》[16]，陳銓《喪服經傳注》[17]，劉智《喪服釋疑》[18]，蔡謨《喪服譜》[19]，賀循《喪服要記》[20]，謝徽《喪服要記注》[21]，葛洪《喪服變除》[22]，裴松之《集注喪服經傳》[23]，雷次宗《略注喪服經傳》[24]，崔凱《喪服難問》[25]，周續之《喪服注》[26]，王儉《喪服古今集記》[27]，王逡之《喪服世行要記》[28]，見玉函山房輯本[29]。《釋文叙録》[30]有蔡超[31]、田僦之[32]、劉道拔[33]，皆不傳[34]。自漢魏至六朝諸儒，多講《禮服》，《通典》所載，辨析同異，窮極深微。朱子謂六朝人多精於《禮》，當時專門名家有此學，朝廷有禮事，用此等人議之[35]。顧炎武《日知録》云："唐《開元四部書目》[36]，《喪服傳》義疏有二十三部。昔之大儒，有專以《喪服》名家者。故蕭望之爲太傅，以《禮服》《論語》授皇太子[37]。宋元嘉末，徵隱士雷次宗詣京邑，築室於鍾山西岩下，爲皇太子、諸王講《喪服經》[38]。齊初何佟之爲國子助教，爲諸王講《喪服》[39]。陳後主在東宮，引王元規爲學士，親授《禮記》《左傳》《喪服》等義[40]。魏孝文帝親爲群臣講《喪服》於清徽堂[41]。而《梁書》言始興王憺薨，昭明太子命諸臣共議，從明山賓、朱異之言，以慕悼之辭宜終服月[42]。夫以至尊在御，不廢講求喪禮，異於李義府之言不豫凶事而去國恤一篇者矣[43]。"[44]案六朝尚清言，習浮華之世，講論服制，如此謹嚴，所以其時期功[45]去官，猶遵古禮,除服宴客,致罣彈章〔46〕,足見江左立國,猶知明倫理,重本原,故能以東南一隅,抗衡中原百餘年也。

 箋注

〔1〕《隋書·經籍志·經部·禮類》:"其《喪服》一篇,子夏先傳之,諸儒多爲注解,今又別行。"洪邁《容齋隨筆·續筆》卷一四《子夏經學》:"於《禮》則有《儀禮·喪服》一篇,馬融、王肅諸儒多爲之訓説。"毛奇齡《經問》卷三:"若《儀禮》,則顯然戰國人所爲。觀其托孺悲以作《士喪禮》,托子夏以爲《喪服傳》。"《經問》卷八:"《喪服傳》本戰國後人所作,故假爲子夏傳。"

〔2〕《禮記·檀弓上》:"曾子襲裘而吊,子游裼裘而吊。"

〔3〕《禮記·檀弓上》:"小斂之奠,子游曰:'於東方。'曾子曰:'於西方,斂斯席矣。'小斂之奠在西方,魯禮之末失也。"

〔4〕齊衰,次於"斬衰"之喪服。用粗麻布製作,斷處緝邊,因稱"齊衰"。服齊衰一年,用喪杖,稱"杖期",不用喪杖,稱"不杖期"。

〔5〕大功,次於"齊衰"之喪服。亦稱"大紅",用粗熟麻布製作,服期爲九月。

〔6〕"不閑禮教",原刻本"禮"誤作"異",據《禮記正義》改。

〔7〕"子思聖人之胤","胤"原作"允",避清世宗雍正皇帝諱,今回改。孔伋,字子思,孔子之孫、孔鯉之子,受教於曾參。孔子之思想學説由曾參傳子思,子思之門人再傳孟子。後人將子思、孟子并稱爲思孟學派,因子思上承曾參,下啓孟子,故其在孔孟"道統"之傳承中有重要地位。關於子思不喪出母,《禮記·檀弓上》曰:"子上之母死而不喪。門人問諸子思曰:'昔者子之先君子喪出母乎?'曰:'然。''子之不使白也喪之,何也?'子思曰:'昔者吾先君子無所失道;道隆則從而隆,道污則從而污。伋則安能? 爲伋也妻者,是爲白也母;不爲汲也妻者,是不爲白也母。'故孔氏之不喪出母,自子思始也。"

〔8〕《左傳·宣公十六年》:"冬,晉侯使士會平王室,定王享之。原襄公相禮,殽烝。武子私問其故。王聞之,召武子曰:'季氏! 而弗聞乎? 王享有體薦,宴有折俎。公當享,卿當宴,王室之禮也。'武子歸而講求典禮,以修晉國之法。"

〔9〕"大功廢業"句,見《禮記正義》卷七《檀弓上》。

〔10〕《隋書·經籍志·經部·禮類》:"《喪服經傳》一卷,馬融注。"《舊唐書·經

籍志·經部·禮類》："《喪服記》一卷,馬融注。"《新唐書·藝文志·經部·禮類》："馬融《周官傳》十二卷,又注《喪服記》一卷。"

〔11〕《舊唐書·經籍志·經部·禮類》："《喪服變除》一卷,鄭玄撰。"《新唐書·藝文志·經部·禮類》："鄭玄注《儀禮》十七卷,《喪服變除》一卷,注《喪服紀》一卷。"

〔12〕《隋書·經籍志·經部·禮類》："《喪服經傳》一卷,王肅注。""《喪服要記》一卷,王肅注。"《舊唐書·經籍志·經部·禮類》："《喪服要紀》一卷,王肅注。"《新唐書·藝文志·經部·禮類》："王肅《喪服要記》一卷,注《喪服紀》一卷。"

〔13〕《隋書·經籍志·經部·禮類》："梁有《喪服變除圖》五卷,吳齊王傅射慈撰,亡。"《舊唐書·經籍志·經部·禮類》："《喪服天子諸侯圖》二卷,謝慈撰。"《新唐書·藝文志·經部·禮類》："射慈《小戴禮記音》二卷,又《喪服天子諸侯圖》一卷。"《經義考》卷一四〇《禮記三》："射氏慈《禮記音義隱》,《隋志》一卷,佚。《七録》同。《唐志》二卷。《册府元龜》:射慈字孝宗,爲中書侍郎,撰《喪服變除圖》五卷,《禮記音》一卷。"射慈,一作謝慈。《三國志·吳志·孫休傳》："孫休,字子烈,權第六子。年十三,從中書郎射慈、郎中盛冲受學。"《三國志·吳志·孫奮傳》："及恪誅,奮下住蕪湖,欲至建業觀變。傅相謝慈等諫奮,奮殺之。"裴注:"慈字孝宗,彭城人,見《禮論》,撰《喪服圖》及《變除》行於世。"

〔14〕《隋書·經籍志·經部·禮類》："《喪服要集》二卷,晉征南將軍杜預撰。"《舊唐書·經籍志·經部·禮類》："《喪服要集議》三卷,杜預撰。"《新唐書·藝文志·經部·禮類》："杜預《喪服要集議》三卷。"

〔15〕《隋書·經籍志·經部·禮類》："《喪服經傳》一卷,晉給事中袁準注。"《舊唐書·經籍志·經部·禮類》："《喪服紀》一卷,馬融注。又一卷,鄭玄注。又一卷,袁準注。"《晉書·袁瓌傳》附《袁準傳》："準字孝尼,以儒學知名,注《喪服經》。官至給事中。"

〔16〕《隋書·經籍志·經部·禮類》："《集注喪服經傳》一卷,晉廬陵太守孔倫撰。"《經義考》卷一三一《儀禮三》："孔氏倫《儀禮注》,《唐志》一卷,佚。陸德明曰:倫字敬序,會稽人,東晉廬陵太守。"《經義考》卷一三六《儀禮七》"孔氏倫《集注喪服經傳》,《隋志》一卷,佚。陸德明曰:集衆家注。"

〔17〕《隋書·經籍志·經部·禮類》："《喪服經傳》一卷,陳銓注。"《舊唐書·經籍志·經部·禮類》："《喪服紀》一卷,馬融注。……又一卷,陳銓注。"《經義考》卷一三一《儀禮三》："陳氏銓《儀禮注》,《唐志》一卷,佚。陸德明曰:

不詳何人。"

〔18〕《隋書·經籍志·經部·禮類》:"《喪服釋疑》二十卷,劉智撰。亡。"《晉書·劉寔傳》:"弟智,字子房,貞素有兄風。少貧窶,每負薪自給,讀誦不輟,竟以儒行稱。……著《喪服釋疑論》,多所辨明。"

〔19〕《隋書·經籍志·經部·禮類》:"《喪服譜》一卷,晉開府儀同三司蔡謨撰。"《舊唐書·經籍志·經部·禮類》:"《喪服譜》一卷,蔡謨撰。"《新唐書·藝文志·經部·禮類》:"蔡謨《喪服譜》一卷。"《經義考》卷一三六《儀禮七》:"蔡氏謨《喪服譜》,《隋志》一卷,佚。舊《唐志》同。"《晉書·蔡謨傳》:"蔡謨字道明,陳留考城人也。……謨博學,於禮儀宗廟制度多所議定。文筆論議,有集行於世。總應劭以來注班固《漢書》者,爲之集解。"

〔20〕《隋書·經籍志·經部·禮類》:"《喪服譜》一卷,賀循撰。"《舊唐書·經籍志·經部·禮類》:"《喪服譜》一卷,賀循撰。"《新唐書·藝文志·經部·禮類》:"賀循《喪服譜》一卷。"《晉書·賀循傳》:"賀循字彦先,會稽山陰人也。其先慶普,漢世傳《禮》,世所謂慶氏學。族高祖純,博學有重名,漢安帝時爲侍中,避安帝父諱,改爲賀氏。……朝廷疑滯,皆諮之於循,循輒依經禮而對,爲當世儒宗。……循少玩篇籍,善屬文,博覽衆書,尤精禮傳。"

〔21〕《舊唐書·經籍志·經部·禮類》:"《喪服要紀》五卷,賀循撰,謝微注。"《新唐書·藝文志·經部·禮類》:"賀循《喪服譜》一卷。又《喪服要記》五卷,謝微注。"案,謝徽,一作謝微。《梁書·謝裕傳》:"微字玄度,美風采,好學善屬文,位兼中書舍人。與河東裴子野、沛國劉顯同官友善。時魏中山王元略還北,梁武帝餞於武德殿,賦詩三十韻,限三刻成。微二刻便就,文甚美,帝再覽焉。又爲臨汝侯猷製《放生文》,亦見賞於世。後除尚書左丞。及昭明太子薨,帝立晉安王綱爲皇太子,將出詔,唯召尚書右僕射何敬容、宣惠將軍孔休源及微三人與議。微時年位尚輕,而任遇已重。後卒於北中郎豫章王長史、南蘭陵太守。文集二十卷。"

〔22〕《隋書·經籍志·經部·禮類》:"《喪服變除》一卷,晉散騎常侍葛洪撰。"葛洪,字稚川,自號抱朴子,東晉道教學者、煉丹家,著有《抱朴子》《西京雜記》《肘後備急方》《神仙傳》等書。見《晉書·葛洪傳》。

〔23〕《隋書·經籍志·經部·禮類》:"《集注喪服經傳》一卷,宋太中大夫裴松之撰。"《宋書·裴松之傳》:"裴松之字世期,河東聞喜人也。……松之年八歲,學通《論語》《毛詩》。博覽墳籍,立身簡素。……上使注陳壽《三國志》,松之鳩集傳記,增廣異聞,既成奏上。……續何承天《國史》,未及撰述……子駰,南中郎參軍。松之所著文論及《晉紀》,駰注司馬遷《史記》,并行於

世。"《南史·裴松之傳》略同。

〔24〕《隋書·經籍志·經部·禮類》:"《略注喪服經傳》一卷,雷次宗注。"《經義考》卷一三六《儀禮七》:"雷氏次宗《略注喪服經傳》,《隋志》一卷,佚。"《宋書·隱逸傳》:"雷次宗,字仲倫,豫章南昌人也。少入廬山,事沙門釋慧遠,篤志好學,尤明三《禮》《毛詩》,隱退不交世務。……元嘉十五年,徵次宗至京師,開館於雞籠山,聚徒教授,置生百餘人。會稽朱膺之、潁川庾蔚之并以儒學,監總諸生。時國子學未立,上留心藝術,使丹陽尹何尚之立玄學,太子率更令何承天立史學,司徒參軍謝元立文學,凡四學并建。車駕數幸次宗學館,資給甚厚。又除給事中,不就。久之,還廬山,公卿以下,并設祖道。……後又徵詣京邑,爲築室於鐘山西岩下,謂之招隱館,使爲皇太子諸王講《喪服》經。次宗不入公門,乃使自華林東門入延賢堂就業。"《南史·隱逸傳》略同。

〔25〕《隋書·經籍志·經部·禮類》:"《喪服難問》六卷,崔凱撰。"《經義考》卷一三六《儀禮七》:"崔氏凱《喪服難問》,《七錄》六卷,佚。"《古經解鉤沉》卷一下《序錄下》:"崔凱《喪服駁》,《通典》引。《喪服難問》六卷,《隋書》三十二。"崔凱,南朝劉宋學者。

〔26〕周續之《喪服注》,《隋書》及兩《唐志》皆未著錄。《清史稿·藝文志·經部·禮類·儀禮之屬》:"宋周續之《喪服注》一卷。"《宋書·隱逸傳》:"周續之字道祖,雁門廣武人也。……豫章太守范甯於郡立學,招集生徒,遠方至者甚衆,續之年十二,詣甯受業。居學數年,通《五經》并《緯候》,名冠同門,號曰'顏子'。既而閑居讀《老》《易》,入廬山事沙門釋慧遠。時彭城劉遺民遁迹廬山,陶淵明亦不應徵命,謂之'尋陽三隱。'以爲身不可遺,餘累宜絕,遂終身不娶妻,布衣蔬食。"《南史·隱逸傳》略同。

〔27〕《隋書·經籍志·經部·禮類》:"《喪服古今集記》三卷,齊太尉王儉撰。"《舊唐書·經籍志·經部·禮類》:"《喪服古今集記》三卷,王儉撰。"《南齊書·王儉傳》:"王儉字仲寶,琅邪臨沂人也。……幼有神彩,專心篤學,手不釋卷。……上表求校墳籍,依《七略》撰《七志》四十卷,上表獻之,表辭甚典。又撰定《元徽四部書目》。……儉寡嗜慾,唯以經國爲務,車服塵素,家無遺財。手筆典裁,爲當時所重。少撰《古今喪服集記》并文集,并行於世。"《南史·王曇首傳》附《王儉傳》略同。

〔28〕《隋書·經籍志·經部·禮類》:"《喪服世行要記》十卷,齊光禄大夫王逡撰。"《舊唐書·經籍志·經部·禮類》:"《喪服五代行要記》十卷,王逡之志。"《新唐書·藝文志·經部·禮類》:"王逡之注《喪服五代行要記》十

卷。"《南齊書·文學傳》："王逡之字宣約,琅邪臨沂人也。……逡之少禮學博聞。……初,儉撰《古今喪服集記》,逡之難儉十一條。更撰《世行》五卷。轉國子博士。國學久廢,建元二年,逡之先上表立學,又兼著作,撰《永明起居注》。……逡之率素,衣裘不澣,机案塵黑,年老,手不釋卷。"《南史·王准之傳》附《王逡之傳》略同。

〔29〕玉函山房輯本,即《玉函山房輯佚書》,清代馬國翰輯。《清史稿·藝文志·經部·禮類儀禮之屬》："漢馬融《喪服經傳注》一卷。漢鄭玄《喪服變除》一卷。漢劉表《新定禮》一卷。魏王肅《喪經傳注》一卷,《喪服要記》一卷。吳射慈《喪服變除圖》一卷。晉杜預《喪服要集》一卷。晉袁準《喪服經傳注》一卷。晉孔倫《集注喪服經傳》一卷。晉劉智《喪服釋疑》一卷。晉蔡謨《喪服譜》一卷。晉賀循《喪服譜》一卷,《葬禮》一卷,《喪服要記》一卷。晉葛洪《喪服變除》一卷。晉孔衍《凶禮》一卷。不著時代陳銓《喪服經傳注》一卷。謝徽《喪服要記注》一卷。宋裴松之《集注喪服經傳》一卷。宋雷次宗《略注喪服經傳》一卷。宋崔凱《喪服難問》一卷。宋周續之《喪服注》一卷。齊王儉《喪服古今集記》一卷。齊王逡之《喪服世行要記》一卷。以上均馬國翰輯。"

〔30〕《釋文叙錄》,即陸德明《經典釋文·叙錄》。

〔31〕《隋書·經籍志·經部·禮類》："《集注喪服經傳》二卷,宋丞相諮議參軍蔡超注。"《舊唐書·經籍志·經部·禮類》："《喪服紀》一卷馬融注。……又二卷蔡超宗注。"《新唐書·藝文志·經部·禮類》："袁準注《儀禮》一卷。……蔡超宗注二卷。"《經義考》卷一三一《儀禮三》："蔡氏超《儀禮注》,《唐志》二卷,佚。陸德明曰:蔡超字希遠,濟陽人,宋丞相諮議參軍。新、舊《唐書》俱作'蔡超宗'。"

〔32〕《隋書·經籍志·經部·禮類》："《集解喪服經傳》二卷,齊東平太守田僧紹解。"《舊唐書·經籍志·經部·禮類》："《喪服紀》一卷,馬融注。……又二卷,田僧紹注。"《新唐書·藝文志·經部·禮類》："袁準注《儀禮》一卷。……田僧紹注二卷。"《經義考》卷一三一《儀禮三》："田氏僑之《儀禮注》(《唐志》書字),《唐志》二卷,佚。陸德明曰:田僑之字僧紹,馮翊人,齊東平太守。"

〔33〕《隋書·經籍志·經部·禮類》："梁又有《喪服經傳》一卷,宋徵士劉道拔注,亡。"《經義考》卷一三一《儀禮三》："按陸氏《釋文序錄》載注解、傳述人,於《儀禮》有鄭康成注。此外,馬融、王肅、孔倫、陳銓、裴松之、雷次宗、蔡超、田僑之、劉道拔、周續之,凡十家。"陸德明《經典釋文序錄》："劉道拔,彭

城人，宋海豐令。"

〔34〕陸德明《經典釋文序録》："鄭玄注《儀禮》十七卷，馬融、王肅、孔倫、陳銓、裴松之、雷次宗、蔡超（字希遠，濟陽人，宋丞相諮議參軍）、田僎之、劉道拔、周續之（自馬融以下，并注《喪服》）。"

〔35〕《朱子語類》卷八七《禮四·小戴禮·總論》："六朝人多是精於此。畢竟當時此學自專門名家，朝廷有禮事，便用此等人議之。"

〔36〕《開元四部書目》，即《群書四部目録》，又稱《群書四録》等。唐代開元年間毋煚等所撰。《舊唐書·經籍志序》："開元三年，左散騎常侍褚無量、馬懷素侍宴，言及經籍。玄宗曰：'内庫皆是太宗、高宗先代舊書，常令宫人主掌，所有殘缺，未遑補緝，篇卷錯亂，難於檢閲。卿試爲朕整比之。'至七年，詔公卿士庶之家，所有異書，官借繕寫。及四部書成，上令百官入乾元殿東廊觀之，無不駭其廣。九年十一月，殷踐猷、王愜、韋述、余欽、毋煚、劉彥真、王灣、劉仲等重修成《群書四部録》二百卷，右散騎常侍元行冲奏上之。"《舊唐書·元行冲傳》："先是，秘書監馬懷素集學者續王儉今書《七志》，左散騎常侍褚無量於麗正殿校寫四部書，事未就而懷素、無量卒，詔行冲總代其職。於是行冲表請通撰古今書目，名爲《群書四録》，命學士鄂縣尉毋煚、櫟陽尉韋述、曹州司法參軍殷踐猷、太學助教余欽等分部修檢，歲餘書成，奏上之。"

〔37〕《漢書·蕭望之傳》："爲太傅，以《論語》《禮服》授皇太子。"

〔38〕《宋書·隱逸傳》："雷次宗，字仲倫，豫章南昌人也。……後又徵詣京邑，爲築室於鐘山西巖下，謂之招隱館，使爲皇太子、諸王講《喪服》經。次宗不入公門，乃使自華林東門入延賢堂就業。"

〔39〕《南史·儒林傳》："何佟之，字士威，盧江灊人，……佟之少好三《禮》，師心獨學，強力專精，手不輟卷。讀《禮論》三百餘篇，略皆上口。……仕齊，初爲國子助教，爲諸王講《喪服》。"

〔40〕《陳書·儒林傳》："王元規字正範，太原晉陽人也。……後主在東宫，引爲學士，親受《禮記》《左傳》《喪服》等義，賞賜優厚。"《南史·儒林傳》："王元規字正範，太原晉陽人也。……後主在東宫，引爲學士，就受《禮記》《左傳》《喪服》等義。"

〔41〕《魏書·高祖紀下》："（七月）甲寅，帝親爲群臣講《喪服》於清徽堂。"《北史·魏本紀》同。

〔42〕《梁書·昭明太子傳》："三年十一月，始興王憺薨。舊事，以東宫禮絶傍親，書翰并依常儀。太子意以爲疑，命僕劉孝綽議其事。……司農卿明山賓、

步兵校尉朱異議，稱'慕悼之解，宜終服月'。於是令付典書遵用，以爲永準。"《南史·梁武帝諸子傳》略同。明山賓，《梁書·明山賓傳》："明山賓字孝若，平原鬲人也。……山賓七歲能言名理，十三博通經傳，居喪盡禮。……山賓累居學官，甚有訓導之益，然性頗疏通，接於諸生，多所狎比，人皆愛之。所著《吉禮儀注》二百二十四卷，《禮儀》二十卷，《孝經喪禮服義》十五卷。"《南史·明山賓傳》略同。朱異，《梁書·朱異傳》："朱異字彥和，吳郡錢唐人也。……既長，乃折節從師，遍治《五經》，尤明《禮》《易》，涉獵文史，兼通雜藝，博弈書算，皆其所長。……所撰《禮》《易》講疏及儀注、文集百餘篇，亂中多亡逸。"《南史·朱異傳》略同。

〔43〕《新唐書》卷二〇《禮樂志》："《周禮》五禮，二曰凶禮。唐初，徙其次第五，而李義府、許敬宗以爲凶事非臣子所宜言，遂去其《國恤》一篇，由是天子凶禮闕焉。至國有大故，則皆臨時采掇附比以從事，事已，則諱而不傳，故後世無考焉。"李義府，兩《唐書》有傳。

〔44〕見《日知錄》卷六《檀弓》。

〔45〕期功，古代喪服。期，服喪一年。功，又分爲大功、小功。大功服喪九月，小功服喪五月。《六臣注文選》卷三七《陳情事表（李密）》："外無期功強近之親，內無應門五尺之僮。"

〔46〕《晉書·劉隗傳》："廬江太守梁龕明日當除婦服，今日請客奏伎，丞相長史周顗等三十餘人同會，隗奏曰：'夫嫡妻長子皆杖居廬，故周景王有三年之喪，既除而宴，《春秋》猶譏，況龕匹夫，暮宴朝祥，慢服之愆，宜肅喪紀之禮。請免龕官，削侯爵。'顗等知龕有喪，吉會非禮，宜各奪俸一月，以肅其違。'從之。"除服，即脫去喪服，亦稱"除喪"。《禮記·喪服小記》："故期而祭，禮也；期而除喪，道也。祭不爲除喪也。"罣，牽連。彈章，即彈劾官吏之奏章。

26. 論王朝之禮與古異者可以變通，民間通行之禮宜定畫一之制

冠、昏、喪、祭之禮，古時民間通行，後世已不盡通行矣。若夫王朝之禮，古今異制，後世尤不能行。即如禘郊祖宗，據鄭君《祭法》注，祖文宗武於明堂，周之受命祖也[1]；郊稷於南郊，周之始封祖有功烈於民

者也[2]；禘嚳於圜丘，周之遠祖有聖德帝天下者也[3]。惟皆有功德，故可配天而無慚；惟誠爲其祖，故應崇祀而非妄。後世有天下者，與古大異，秦雖無道，其先猶爲諸侯，有始封祖。若漢高崛起，其先并無功德，亦無始封，在漢惟當以高祖受命，配天南郊，而圜丘、明堂，無人可配。自漢以後，猶夫漢也。若欲仿古典禮，必至如漢之祖堯[4]、魏之祖舜[5]，唐之祖李耳[6]，援引不可考之遙遙華胄，將有神不歆非類之誚。故宋神宗罷禘天之祭[7]，誠以無其人也。此則禘郊祖宗，古禮雖有明文，而難以仿效者也。廟制本於服制，服止五，廟亦止五，天子有其人，則增至七。《禮緯》[8]：夏四廟，至子孫五；殷五廟，至子孫六；周六廟，至子孫七。是古時已稍有通變。[9]諸侯五廟，魯有周公大廟[10]，魯公世室，與四親廟而六，《明堂位》有武公世室，則僭天子七廟之制。正與周制相仿，雖稍增而不過七也，過七則應祧遷[11]。如每帝一廟而不祧，商、周數百年，廟將無地以容。漢翼奉、貢禹、韋元成始建祧遷之議[12]，而議久不決。劉歆復以宗無數之妄言亂之[13]。廟所以敬祖先，非所以報功德，有功德即稱宗不祧。爲天子者誰肯謂其祖無功德，如此則無可祧之祖，故東漢遂變爲同堂異室之制。夫廟不二主，若一廟數人，正是祧廟之制，是同堂異室，名爲不祧，而早已祧。王者欲尊其祖，必一代之祖各爲一廟，而親盡即祧，誠以尊祖之義，古今一也。此則七廟祧遷，古禮本有明文，而可以仿效者也。

古人祭天，一歲凡九[14]，圜丘[15]、南郊[16]、明堂[17]、大雩[18]、五時迎氣[19]。祭祖一歲凡四，禴、禘、嘗、烝[20]，又有三年祫、五年禘[21]。後世車駕難以數動，經費又恐過繁，於是天地合祭，禘祫不行，明知非古，不免徇時，甚或傅會古制，以爲當然。其實古制不如是，而典禮不可廢。惟圜丘、明堂，既無配天之祖，不必强立，此又古禮有明文，而可以斟酌變通者也。

其他一切典禮，以及度數儀文之末，皆可因時制宜。後世於王朝之禮，考訂頗詳，民間通行之禮，頒行反略，國異政，家殊俗，聽其自爲風氣，多有鄙俚悖謬之處，官吏既不之禁，士大夫亦相習成風。宜命儒臣定爲畫一之制，原本《儀禮》，參以司馬《書儀》[22]、朱子《家禮》[23]。

冠禮、鄉飲，古制宜復，并非難行。昏禮、喪禮，今亦有與古合者。惟祭禮全異，立尸、交爵之類[24]，後世誠不可行。其他亦有可仿效者。古禮多行於廟，今士大夫不皆有廟，有廟亦與所居隔越，故宜變而通之，期不失夫禮意而已。朱軾《儀禮節略》[25]，撫浙時嘗試行之，未能通行，爲可惜也。

〔1〕《禮記·祭法》："祖文王而宗武王。"《詩·大雅·江漢》："文武受命，召公維翰。"《孝經·聖治章》："宗祀文王於明堂，以配上帝。"李隆基注："明堂，天子布政之宮也。周公因祀五方上帝於明堂，乃尊文王以配之也。"

〔2〕《禮記·祭法》："周人禘嚳而郊稷。"鄭注："祭上帝於南郊，曰郊。"《孝經·聖治章》："昔者周公郊祀后稷以配天。"注："后稷，周之始祖也。"《詩經·周頌·思文》："思文后稷，克配彼天。"《史記·封禪書》："周公既相成王，郊祀后稷以配天。"

〔3〕《禮記·祭法》："周人禘嚳而郊稷。"鄭玄注："此禘，謂祭昊天於圜丘也。"

〔4〕《史記·五帝本紀》："帝堯爲陶唐。"《漢書·高祖紀》贊曰："是以頌高祖云：'漢帝本系，出自唐帝。降及於周，在秦作劉。涉魏而東，遂爲豐公。'"顏師古注："荀悅曰：'唐者，帝堯有天下號。'"《漢書·眭弘傳》："先師董仲舒有言，雖有繼體守文之君，不害聖人之受命。漢家堯後，有傳國之運。"

〔5〕《三國志·魏書·蔣濟傳》："侍中高堂隆論郊祀事，以魏爲舜後，推舜配天。"裴松之注："及至景初，明帝從高堂隆議，謂魏爲舜後。後魏爲《禪晉文》，稱'昔我皇祖有虞'，則其異彌甚。"《日知錄》卷二三《姓》："及至景初中，明帝從高堂隆議，謂魏爲舜後。詔曰：'曹氏世系出自有虞氏，今祀圜丘，以始祖帝舜配。'後少帝禪晉文，亦稱'我皇祖有虞氏'，則又不知其何所據？"

〔6〕《史記·老子韓非列傳》："老子者，楚苦縣厲鄉曲仁里人也，姓李氏，名耳，字伯陽，諡曰聃，周守藏室之史也。"《舊唐書·房玄齡傳》："願陛下遵皇祖老子止足之誡，以保萬代巍巍之名。"《舊五代史·禮志上》："唐稱皋陶、老子之後。"《新唐書·禮樂志》："高宗自以李氏老子之後也，於是命樂工制道調。"《新唐書·五行志》："武德四年，亳州老子祠枯樹復生枝葉。老子，唐祖也。"王溥《唐會要》卷五〇《尊崇道教》："武德三年五月，晉州人吉善行於

羊角山，見一老叟，乘白馬朱鬣，儀容甚偉。曰：'謂吾語唐天子，吾汝祖也，今年平賊後，子孫享國千歲。'高祖異之，乃立廟於其地。"《全唐文》卷六《令道士在僧前詔》："況朕之本系，出於柱史。"

〔7〕《宋史》卷一〇七《禮志》："神宗謂輔臣曰：'禘者，本以審禘祖之所自出，故禮，不王不禘。秦、漢以後，譜牒不明，莫知其祖之所自出，則禘禮可廢也。'"《文獻通考》卷一〇二《宗廟考十二・祫禘》："(元豐)五年，帝謂宰臣曰：'禘者，所以審諦祖之所自出，故禮不王不禘。秦漢以來，譜牒不明，莫知祖之所自出，則禘禮可廢也。'宰臣蔡確等以爲聖訓得禘之本意，非諸儒所及。乃詔罷禘享。"

〔8〕《禮緯》，即緯書《含文嘉》《稽命徵》《斗威儀》等書。見《後漢書・方技傳》李賢注。

〔9〕《禮記・王制》："天子七廟，三昭三穆，與大祖之廟而七。此周制。七者，大祖及文王、武王之祧，與親廟四。大祖，后稷。殷則六廟，契及湯與二昭二穆。夏則五廟，無大祖，禹與二昭二穆而已。"《正義》曰："鄭氏之意，天子立七廟，唯謂周也。鄭必知然者，按《禮緯・稽命徵》云：'唐虞五廟，親廟四，始祖廟一。夏四廟，至子孫五。殷五廟，至子孫六。'《鈎命決》云：'唐堯五廟，親廟四，與始祖五。禹四廟，至子孫五。殷五廟，至子孫六。周六廟，至子孫七。'"

〔10〕《禮記・明堂位》："季夏六月，以禘禮祀周公於大廟。……魯公之廟，文世室也；武公之廟，武世室也。"

〔11〕祧遷，即將隔代之祖宗之神主遷入遠祖之廟。《禮記・祭法》："王立七廟，一壇一墠，曰考廟，曰王考廟，曰皇考廟，曰顯考廟，曰祖考廟；皆月祭之。遠廟爲祧，有二祧，享嘗乃止。"鄭玄注："天子遷廟之主，以昭穆合藏於二祧之中。"

〔12〕韋元成，即韋玄成，避清諱改。《漢書・翼奉傳》："奉以爲祭天地於雲陽汾陰，及諸寢廟不以親疏迭毀，皆煩費，違古制。又宮室苑囿，奢泰難供，以故民困國虛，亡累年之畜。所緣來久，不改其本，難以末正，乃上疏……其後，貢禹亦言當定迭毀禮，上遂從之。及匡衡爲丞相，奏徙南北郊，其議皆自奉發之。"《漢書・貢禹傳》："禹又奏欲罷郡國廟，定漢宗廟迭毀之禮，皆未施行。……禹卒後，上追思其議，竟下詔罷郡國廟，定迭毀之禮。(然通儒或非之)，語在《韋玄成傳》。"《漢書・韋玄成傳》："至元帝時，貢禹奏言：'古者天子七廟，今孝惠、孝景廟皆親盡，宜毀。及郡國廟不應古禮，宜正定。'天子是其議，未及施行而禹卒。永光四年，乃下詔先議罷郡國廟……丞相玄

成、御史大夫鄭弘、太子太傅嚴彭祖、少府歐陽地餘、諫大夫尹更始等七十
人皆曰……罷郡國廟後月餘，復下詔……玄成等四十四人奏議……"

〔13〕《漢書·韋玄成傳》："太僕王舜、中壘校尉劉歆議曰：'……七者，其正法數，
可常數者也。宗不在此數中。宗，變也，苟有功德則宗之，不可預爲設數。
故於殷，太甲爲太宗，大戊曰中宗，武丁曰高宗。周公爲《毋逸》之戒，舉殷
三宗以勸成王。繇是言之，宗無數也，然則所以勸帝者之功德博矣。'"

〔14〕《禮記·曲禮下》："天子祭天地。"《正義》曰："'天子祭天地'者，天地有覆載
大功，天子王有四海，故得總祭天地以報其功。其天有六，祭之一歲有九。
昊天上帝，冬至祭之，一也。蒼帝靈威仰，立春之日祭之於東郊，二也。赤
帝赤熛怒，立夏之日祭之於南郊，三也。黃帝含樞紐，季夏六月土王之日，
亦祭之於南郊，四也。白帝白招拒，立秋之日祭之於西郊，五也。黑帝汁光
紀，立冬之日祭之於北郊，六也。王者，各禀五帝之精氣而王天下，於夏正
之月祭於南郊，七也。四月龍星見而雩，總祭五帝於南郊，八也。季秋大饗
五帝於明堂，九也。"《文獻通考》卷六八《郊社考》："孫宣公曰：'歲九祭皆主
於天，至日圓丘，正月祈穀，五時迎氣，孟夏雩，季秋饗。惟至日其禮最大，
故稱曰昊天上帝。'"

〔15〕圓丘，古代祭天之場所。《周禮·春官·大司樂》："凡樂，圜鍾爲宮，黃鍾爲
角，大蔟爲徵，姑洗爲羽，靁鼓靁鼗，孤竹之管，云和之琴瑟，《云門》之舞，冬
日至，於地上之圜丘奏之，若樂六變，則天神皆降，可得而禮矣。"《禮記·祭
法》："周人禘嚳而郊稷。"鄭注："此禘，謂祭昊天於圜丘也。"《五禮通考》卷
一《吉禮·圜丘祀天》："《周禮》，冬日至，祀昊天上帝於圜丘。"

〔16〕南郊，古代祭天之場所。《禮記·郊特牲》："郊之祭也，迎長日之至也，大報
天而主日也。兆於南郊，就陽位也。"《禮記·月令》："立夏之日，天子親帥
三公、九卿、大夫以迎夏於南郊。"《公羊傳·僖公三十一年》："天子祭天。"
注："郊者，所以祭天也。天子所祭，莫重於郊。於南郊者，就陽位也。"《史
記·封禪書》："《周官》曰，冬日至，祀天於南郊，迎長日之至。"

〔17〕明堂，上古帝王祭祀之場所。《禮記·明堂位》孔穎達題解："蔡邕《明堂月
令章句》：'明堂者，天子大廟，所以祭祀。夏后氏世室，殷人重屋，周人明
堂。'饗功養老，教學選士，皆在其中。"《禮記·明堂位》："昔者周公朝諸侯
於明堂之位。"《禮記·樂記》："祀乎明堂而民知孝。"《禮記·祭義》："祀乎
明堂，所以教諸侯之孝也。"《左傳·文公二年》："《周志》有之：'勇則害上，
不登於明堂。'"《史記·封禪書》："周公既相成王，郊祀后稷以配天，宗祀文
王於明堂以配上帝。"《孝經·聖治章》："昔周公郊祀后稷以配天，宗祀文王

於明堂以配上帝。"

〔18〕大雩,古代求雨之祭。《禮記·月令》:"大雩帝,用盛樂。乃命百縣,雩祀百辟卿士有益於民者,以祈穀實。"鄭玄注:"雩,吁嗟求雨之祭也。雩帝,謂爲壇南郊之旁,雩五精之帝,配以先帝也。自'靼鞞'至'枳敔'皆作曰盛樂,凡他雩用歌舞而已。百辟卿士,古者上公,若句龍、后稷之類也。《春秋傳》曰:'龍見而雩。'雩之正,常以四月。凡周之秋三月之中而旱,亦修雩禮以求雨,因著正雩,此月失之矣。天子雩上帝,諸侯以下雩上公,周冬及春夏雖旱,禮有禱無雩。"《公羊傳·桓公五年》:"大雩。大雩者何?旱祭也。"何休注:"雩,旱請雨祭名。不解大者,祭言大雩,大旱可知也。君親之南郊,以六事謝過,自責曰:'政不一與?民失職與?宮室榮與?婦謁盛與?苞苴行與?讒夫倡與?'使童男女各八人,舞而呼雩,故謂之雩。"

〔19〕五時迎氣,五時即立春日、立夏日、立秋前十八日、立秋日、立冬日。迎氣即於立春日祭青帝,立夏日祭赤帝,立秋日祭白帝,立冬日祭黑帝,於立秋前十八日祭黃帝,用以迎接四季,祈求豐年。《後漢書·明帝紀》:"是歲(永平二),始迎氣於五郊。"李賢注引《續漢書》曰:"迎氣五郊之兆。四方之兆各依其位。中央之兆在未,壇皆三尺。立春之日,迎春於東郊,祭青帝句芒,車服皆青,歌《青陽》,八佾舞《云翹》之舞。立夏之日,迎夏於南郊,祭赤帝祝融,車服皆赤,歌《朱明》,八佾舞《雲翹》之舞。先立秋十八日,迎黃靈於中兆,祭黃帝后土,車服皆黃,歌《朱明》,八佾舞《雲翹》《育命》之舞。立秋之日,迎秋於西郊,祭白帝蓐收,車服皆白,歌《白藏》,八佾舞《育命》之舞。立冬之日,迎冬於北郊,祭黑帝玄冥,車服皆黑,歌《玄冥》,八佾舞《育命》之舞。"《路史》卷四一《五祀》:"五行之氣迎於四郊,而祭五德之帝。"

〔20〕《周禮·大宗伯》:"以祠春享先王,以禴夏享先王,以嘗秋享先王,以烝冬享先王。"《禮記·王制》:"天子、諸侯宗廟之祭:春曰礿,夏曰禘,秋曰嘗,冬曰烝。"

〔21〕《周禮·大宗伯》:"以肆獻祼享先王,以饋食享先王。"鄭玄注:"肆獻祼、饋食,在四時之上,則是祫也,禘也。""祫言肆獻祼,禘言饋食者,著有黍稷,互相備也。魯禮,三年喪畢,而祫於大祖;明年春,禘於群廟。自爾以後,率五年而再殷祭,一祫一禘。"

〔22〕司馬《書儀》,宋代史學家司馬光關於家庭禮儀之著作。《四庫全書總目提要·經部·禮類四》:"《書儀》十卷,宋司馬光撰。凡《表奏》《公文》《私書》《家書式》一卷,《冠儀》一卷,《婚儀》二卷,《喪儀》六卷。"

〔23〕《四庫全書總目提要·經部·禮類四》:"《家禮》五卷,舊本題宋朱子撰。案

王懋竑《白田雜著》有《家禮考》，曰：'《家禮》非朱子書也。《家禮》載於《行狀》，其序載於文集，其成書之歲月載於《年譜》，其書亡而復得之由，載於《家禮附録》。自宋以來，遵而用之，其爲朱子書，幾無可疑者，乃今反覆考之，而知決非朱子之書也'云云。其辯論甚詳。又有《家禮後考》十七條，引諸説以相印證，《家禮考誤》四十六條，引古禮以相辨難，其説并精核有據。懋竑之學，篤信朱子，獨於《易本義》九圖及是書斷斷辨論，不肯附合。則是書之不出朱子，可灼然無疑。然自元、明以來，流俗沿用，故仍録而存之，亦記所謂'禮從宜，使從俗'也。"

〔24〕立尸，即祭祀時，立尸以代死者受祭。《禮記・檀弓下》："虞而立尸。"《禮記・禮器》："夏立尸而卒祭，殷坐尸。"《禮記・祭法》："庶士、庶人立一祀，或立户，或立竈。"《儀禮・士虞禮》："祝迎尸。"鄭玄注："尸，主也。孝子之祭，不見親之形象，心無所繫，立尸而主意焉。"《魏書》卷四八《高允傳》："古者祭必立尸，序其昭穆，使亡者有憑，致食饗之禮。"交爵，即互相敬酒。《禮記・坊記》："子云：禮，非祭，男女不交爵。"鄭玄注："交爵，謂相獻酢。"

〔25〕朱軾（1665—1736），字若贍，江西高安人。《清史稿・朱軾傳》："軾樸誠事主，純修清德，負一時重望。高宗初典學，世宗命爲師傅，設席懋勤殿，行拜師禮。軾以經訓進講，亟稱賈、董、宋五子之學。高宗深重之，《懷舊詩》稱可亭朱先生，可亭，軾號也。"著有《周易傳義合訂》十二卷、《儀禮節要》二十卷、《吕氏四禮翼》一卷、《孝經注》三卷、《史傳三編》五十六卷，見《清史稿・藝文志》。《四庫全書總目提要・經部・禮類存目三》："《儀禮節要》二十卷（江西巡撫采進本），國朝朱軾撰。……是編分冠、昏、喪、祭四大綱，而《冠禮》後附以《學義》，《昏禮》後附以《士相見》《鄉飲酒》，於喪、祭二禮尤詳。附圖三卷，則其門人王葉滋所爲，軾所訂定者也。大旨以《朱子家禮》爲主，雜采諸儒之説，而斷以己意。意蓋欲權衡於今古之間，故於今禮多所糾正，於古禮亦多所變通。然如《士相見》《鄉飲酒》二篇，朱子以爲今不可行，蓋通儒明晰事勢之言。軾事事遵朱子，惟此條所見與朱子相左，必欲復之。然其説迄不可行，則終以朱子爲是也。"

27. 論明堂、辟雍、封禪當從阮元之言爲定論

古禮有聚訟千年，至今日而始明者，明堂、辟雍、封禪是也。阮元

曰[1]："辟雍與封禪，是洪荒以前之大典禮，最古不可廢者。竊以上古未有衣冠，惟用物遮膝前後。有衣冠之制，不肯廢古制，仍留此以爲韍[2]，與冕并重，此即明堂、辟雍之例也。上古未有宮室，聖人制爲棟宇以蔽風雨[3]，帝王有之，民間未必即有，故其制如今之蒙古包帳房，而又周以外水，如今邨居之必有溝繞宅也。古人無多宮室，故祭天、祭祖、軍禮、學禮、布月令、行政、朝諸侯、望星象，皆在乎是。故明堂、太廟、太學、靈臺[4]、靈沼[5]，皆同一地，就事殊名[6]。三代後制度大備，王居在城内，有前朝後市、左祖右社之分[7]，又有大學等皆在城内，而別建明堂於郊外，以存古制，如衣冠之有韍也。鄭康成解爲太學、太廟等各異處[8]，而不知城外原有明堂，泰山下亦有之。蔡伯喈知明堂、太廟等同處[9]，而不知此不過城外別建之處，其實祭祀等事，仍在城中。此雖憑虛臆斷，然博綜群書，究其實之如此也。此明堂之說也。封禪者，亦最古之禮，自漢、唐、宋以來，皆爲腐儒說壞。元以爲封者，即南郊祭天也；禪者，即北郊祭地也。泰山者，古中國之中也；主此事者，天子也；刻石紀號者，如今之修史也。何以言之？古帝王七十二代，荒遠無文，其間如蚩尤、共工等，亦皆創霸。大約其威力功德能服諸侯者，即爲天子，正天子之號，必至泰山下，諸侯皆來朝，同祭天地，後定天位，然後刻石於泰巔，以紀其號，如夏、商、周之類。其必須刻石者，古結繩而治，非如後世有漆書、竹册，可以藏之柱下也[10]。故必須刻石，始可知。此管夷吾之所由記憶者。其必在泰山何？古中國地小，以今之齊國爲天下之中，故《爾雅》曰'齊，中也。'[11]文曰：'中有岱岳，與其五穀魚鹽生焉。'[12]《列子》曰：'不知斯_{離也}。齊_{中也}。國幾千萬里。'[13]皆其證也。夏、商以來，禮文大修，諸侯有朝聘之儀，天地有郊澤之祀，太史有國事之書，無須祭泰山刻石矣。故六經不言封禪。《堯典》'舜巡四岳'，即封禪之禮，禹會諸侯如之。"

錫瑞案：六經不言封禪，惟《禮器》言"因名山升中於天"[14]，即封禪也。阮以"舜巡四岳"爲封禪之禮，說甚通達。穎容[15]、盧植、蔡邕以明堂與太廟、大學、辟雍、靈臺爲一[16]，而漢立明堂、辟雍，不在一處。《後漢紀》[17]注引《漢官儀》[18]曰："辟雍去明堂三百步。"鄭君習於時王之制，以爲古制亦然。袁準以鄭義駁蔡邕[19]。其實古制當如蔡說，特蔡未能別白其時代，故不免啓後儒之疑。阮云自漢以來，儒者惟蔡邕、盧植實知異名同地之制，尚昧上古、中古之分，辨析極精。特以爲大學在城內，與《王制》不合耳。劉歆譏漢儒若立辟雍、封禪、巡狩之儀，則幽冥而莫知其原[20]，今得阮氏之通識，可以破前儒之幽冥矣。阮元説，見《問字堂集贈言》。

箋注

〔1〕以下引阮元説，見《閱問字堂集贈言》，載《問字堂集》附録。

〔2〕韍(fú)，古代衣裳前之蔽膝，用熟皮製成。其形制、圖案、顔色皆因按身分、等級之不同而有所區別。《禮記·玉藻》：“一命緼韍幽衡，再命赤韍幽衡，三命赤韍蔥衡。”

〔3〕《周易·繫辭下傳》：“上古穴居而野處，後世聖人易之以宫室，上棟下宇，以待風雨。”陸賈《新語·道基》：“天下人民，野居穴處，未有室屋，則與禽獸同域。於是黃帝乃伐木構材，築作宫室，上棟下宇，以避風雨。”

〔4〕靈臺，古時帝王觀察天文星象、災變妖祥之建築。《毛詩注疏·大雅·靈臺》：“天子有靈臺者，所以觀祲象，察氣之妖祥也。文王受命，而作邑於豐，立靈臺。”《左傳·哀公二十五年》：“衛侯爲靈臺於籍圃。”《韓非子·難四》：“故靈臺之飲，衛侯怒而不誅，故褚師作難。”

〔5〕《詩經·大雅·靈臺》：“王在靈沼，於牣魚躍。”《毛傳》：“沼，池也。靈沼，言靈道行於沼也。”《正義》：“《左氏》説‘天子靈臺在太廟之中，壅之靈沼，謂之辟雍’。《毛詩》説‘靈臺，不足以監視。靈者，精也，神之精明稱靈，故稱臺曰靈臺，稱囿曰靈囿，稱沼曰靈沼’。”

〔6〕《毛詩注疏·大雅·靈臺》引盧植《禮記注》云：“明堂即大廟也。天子太廟，上可以望氣，故謂之靈臺。中可以序昭穆，故謂之太廟。圓之以水，似辟，故謂之辟雍。古法皆同一處，近世殊異，分爲三耳。”又引蔡邕《月令論》云：“取其宗廟之清貌則曰清廟，取其正室之貌則曰太廟，取其堂則曰明堂，取其四門之學則曰太學，取其周水圓如璧則曰辟雍。異名而同事，其實一也。”

〔7〕《周禮·考工記·匠人營國》：“匠人營國，方九里，旁三門。國中九經九緯，經塗九軌，左祖右社，面朝後市，市朝一夫。”

〔8〕《毛詩注疏·大雅·靈臺》:“《大雅·靈臺》一篇之詩有靈臺,有靈囿,有靈沼,有辟雍,其如是也,則辟雍及三靈皆同處在郊矣。……周立三代之學,虞庠在國之西郊,則周以虞庠爲辟雍矣。若然,魯是周之諸侯,於郊不當有學,泮宮亦應在國。而《禮器》注云:‘頖宮,郊之學也,《詩》所謂泮宮也。字或爲郊宮。’不在國者,以其詩言‘魯侯戾止’,是行往適之,故知在郊。蓋魯以周公之故,尊之使用殷禮,故學在其郊也。鄭以靈臺、辟雍在西郊,則與明堂、宗廟皆異處矣。”《禮記·王制》:“五十養於鄉,六十養於國,七十養於學,達於諸侯。”鄭玄注:“天子諸侯養老同也。國,國中小學,在王宮之左。學,大學也,在郊。小學在國中,大學在郊,此殷制明矣。”

〔9〕蔡伯喈,即蔡邕。蔡邕《明堂月令論》:“明堂者,天子太廟,所以宗祀其祖,以配上帝者也。夏后氏曰世室,殷人曰重屋,周人曰明堂。東曰青陽,南曰明堂,西曰總章,北曰玄堂,中央曰太室。……故雖有五名,而主以明堂也。其正中皆曰太廟,謹承天順時之令,昭令德宗祀之禮,明前功百辟之勞,起養老敬長之義,顯教幼誨稚之學,朝諸侯、選造士於其中,以明制度。……故言明堂,事之大、義之深也。取其宗祀之貌,則曰清廟;取其正室之貌,則曰太廟;取其尊崇,則曰太室;取其鄉明,則曰明堂;取其四門之學,則曰太學;取其四面周水圜如璧,則曰辟雍。異名而同事,其實一也。”

〔10〕柱下,周秦置柱下史,後因以爲御史之代稱。《史記》卷九六《張丞相列傳》:“張丞相蒼者,陽武人也。好書律曆。秦時爲御史,主柱下方書。”司馬貞《史記索隱》:“周秦皆有柱下史,謂御史也。所掌及侍立恒在殿柱之下,故老子爲周柱下史。”

〔11〕見《爾雅·釋言》。

〔12〕見《爾雅·釋地》。

〔13〕《列子·黃帝》:“不知斯齊國幾千萬里。”注:“斯,離也。齊,中也。”

〔14〕《禮記·禮器》:“因名山升中於天。”鄭玄注:“名猶大也。升,上也。中,猶成也。謂巡守至於方嶽,燔柴祭天,告以諸侯之成功也。《孝經說》曰:‘封乎泰山,考績燔燎,禪乎梁甫,刻石紀號也。’”

〔15〕《後漢書·儒林傳下》:“潁容,字子嚴,陳國長平人也。博學多通,善《春秋左氏》,師事太尉楊賜。郡舉孝廉,州辟,公車徵,皆不就。初平中,避亂荆州,聚徒千餘人。劉表以爲武陵太守,不肯起。著《春秋左氏條例》五萬餘言。建安中卒。”案,《隋書·經籍志·經部·春秋類》:“《春秋釋例》十卷,漢公車徵士潁容撰。”

〔16〕《毛詩注疏·大雅·靈臺》引潁容、盧植、蔡邕三人之説,注見前。潁容《春

秋釋例》云:"太廟有八名,其體一也。肅然清静謂之清廟,行禘祫、序昭穆謂之太廟,告朔行政謂之明堂,行饗射、養國老謂之辟雍,占云物、望氣祥謂之靈臺,其四明之學謂之太學,其中室謂之太室,總謂之宫。"

〔17〕《後漢紀》,東晉袁宏撰。《晉書·文苑傳》:"袁宏字彦伯,侍中猷之孫也。……宏有逸才,文章絶美……撰《後漢紀》三十卷及《竹林名士傳》三卷、詩賦誄表等雜文凡三百首,傳於世。"《隋書·經籍志·史部·古史類》:"《後漢紀》三十卷,袁彦伯撰。"《舊唐書·經籍志·史部·編年類》:"《後漢紀》三十卷,張璠撰。又三十卷,袁宏撰。"《新唐書·藝文志·史部·編年類》:"袁宏《後漢紀》三十卷。"

〔18〕《漢官儀》,東漢應劭撰。《隋書·經籍志·史部·職官類》:"《漢官儀》十卷,應劭撰。"《舊唐書·經籍志·史部·職官類》:"《漢官儀》十卷,應劭志。"《新唐書·藝文志·史部·職官類》:"應劭《漢官》五卷,《漢官儀》十卷。"《後漢書·應奉傳》附《應劭傳》:"劭字仲遠。少篤學,博覽多聞。……時始遷都於許,舊章埋没,書記罕存。劭慨然嘆息,乃綴集所聞,著《漢官禮儀故事》,凡朝廷制度,百官典式,多劭所立。"

〔19〕見《毛詩注疏·大雅·靈臺》引袁準《正論》。

〔20〕見劉歆《移讓五經博士書》,見《漢書·劉歆傳》:"信口説而背傳記,是末師而非往古,至於國家將有大事,若立辟雍、封禪、巡狩之儀,則幽冥而莫知其原。"顏師古曰:"幽冥,猶暗昧也。"

28. 論古制不明,由於説者多誤,小學大學皆不知在何處

古制存於三《禮》,而説禮者多誤,古制遂以不明。即以學校一事言之,《王制》云:"小學在公宫南之左,大學在郊。"此自古以來,天子諸侯之通制也。自鄭君以後,説者皆誤,由於不知古人立學竟在何處。

錫瑞案:古學皆在門堂之塾。《學記》曰:"古之教者家有塾。"[1]《尚書大傳》曰[2]:"大夫、士七十而致仕,老於鄉里,大夫爲父師,士爲少師。"鄭注:"古者仕焉而已者,歸教於閭里。"又曰:"上老平明坐於右塾,庶老坐於左塾。"鄭注:"上老,父師也;庶老,少師也。"《漢書·食貨

志》《白虎通》《公羊解詁》[3]皆與《大傳》文略相合,此鄉學在塾之證也。而小學、大學亦在塾。知小學在塾者,"小學在公宮南之左",古者左宗廟,右社稷,公宮南之左,乃宗廟之地,安得於此立學?《周禮》:"師氏以三德教國子,居虎門之左,掌國中失之事,以教國之子弟,凡國之貴游子弟學焉。"[4]"保氏養國子以道,教以六藝、六儀。"[5]據此,則公宮南之左,即是虎門[6]之左,乃路門[7]之左塾也。保氏當居右塾,不言者省文。師氏尊於保氏,《記》以師氏統保氏,故言左不言右,實則左右塾皆有學,當如《大傳》云:"上老坐右塾,庶老坐左塾"也。《大傳》言出學,就出言,故尊右;此記言入學,就入言,故尊左。國子小學,與鄉人小學制度相同。蔡邕《明堂月令論》曰:"《周官》有門闈之學,師氏教以三德守王門,保氏教以六藝守王闈。然則師氏居東門南門,保氏居西門北門也。"此師氏居左塾,保氏居右塾之證。蔡氏以此證明堂、大學則誤,以證路門左右小學,則正合矣。小學必在路門左右塾者,王太子、王子八歲入小學[8],必離宮中不遠,當是古之通制。若如鄭注王者相變,小學或在郊,八歲太子遠入郊學,殊非人情,必不然矣。知大學亦在塾者,蔡邕《明堂月令論》曰:"取其四門之學,則曰大學。"引《易傳·太初》篇曰:"太子旦入東學,晝入南學,莫入西學。當作晡入西學,莫入北學二句。在中央曰太學,天子之所自學也。"《禮記·保傅篇》曰:"帝入東學,上親而貴仁;入西學,上賢而貴德;入南學,上齒而貴信;入北學,上貴而尊爵;入太學,承師而問道。"與《易傳》同。魏文侯《孝經傳》曰:"太學者,中學明堂之位也。"[9]據蔡説,則東西南北四學,即在明堂東西南北四門,四學各有異名。《玉海》[10]引《禮象》曰[11]:"辟雍居中,其南爲成均,北爲上庠,東爲東序,西爲瞽宗。"[12]據此,則太學、中學即辟雍,在明堂中。明堂爲五經之文所藏處,故宜承師問道,爲天子所自學。古稱四學,亦曰五學,其實皆在一處,故《記》文以上下東西左右相對言之。若謂一在國,一在郊,相去甚遠,豈得遥遥相對?兩漢諸儒孔牢[13]、馬宮[14]、盧植、穎容,皆謂明堂、辟雍、太學同處,與蔡邕同。《異義》[15]引《韓詩》説:"辟雍者,天子之學,圜如璧,雍之以水示圓,所以教天下春射秋饗[16],尊事三老五更[17]。在南方七里之内,立明堂於中,五經之文所藏處。"[18] 此説與《孝經援神契》言"明堂在國之陽,七里之內"正合,乃明堂、大學同處之確證。四學在四門,即四門之塾,與各鄉小學、虎門小學不異,此亦當是通制。若如鄭《注》王者相變,大學或在國[19],古者國中地狹,大學人衆,必不能容。《記》曰:"王太子,王子,群后之太子,卿大夫、元士之適子,國之俊秀,皆造焉。"[20] 是王子、國子由虎門小學,凡民俊秀由各鄉小學,學成之後,皆入大學,非國中所能容,故必在郊,郊即南方七里之內也。人知鄉學在塾,不知小學、大學皆在塾。《考工記》"門堂三之一"[21],則塾之地不狹。明堂四門,門有兩塾,學者雖衆,足以容之。學制所以不明者,由於不信大學在明堂;所以不信大學在明堂者,由於不知四學在明堂四門之塾。袁準駁蔡,正由昧此。孫志祖[22]、段玉裁[23]、顧廣圻[24]、朱大韶[25]互相爭辯,其説卒不能定,亦由昧此故耳。

箋注

〔1〕教,原刻本作"學",據《禮記·學記》改。

〔2〕《四庫全書總目提要·經部·書類二》:"《尚書大傳》四卷《補遺》一卷,舊本題漢伏勝撰。勝,濟南人。考《史記》《漢書》但稱伏生,不云名勝,故説者疑其名爲後人所妄加。然《晉書·伏滔傳》稱遠祖勝,則相傳有自矣。《漢志·書類》載經二十九卷,傳四十一篇,無伏勝字,《隋志》載《尚書》三卷,鄭玄注,亦無伏勝字。陸德明《經典釋文》稱《尚書大傳》三卷,伏生作。《晉書·五行志》稱漢文帝時伏生創紀《大傳》。《玉海》載《中興館閣書目》引鄭康成《尚書大傳序》曰:'蓋自伏生也。伏生爲秦博士,至孝文時年且百歲。張生、歐陽生從其學而受之,音聲猶有詭誤,先後猶有舛差,重以篆隸之殊,不能無失。生終後,數子各論所聞,以己意彌縫其闕,別作章句,又特撰大義,因經屬指,別之曰傳。劉向校書,得而上之,凡四十一篇,銓次爲八十一篇'云云。然則此《傳》乃張生、歐陽生所述,特源出於勝爾,非勝自撰也。……其文或説《尚書》,或不説《尚書》,大抵如《詩外傳》《春秋繁露》,與經義在離合之間,而古訓舊典往往而在,用謂六藝之支流也。"

〔3〕《公羊解詁》,東漢何休著。《後漢書·儒林傳下》:"何休字邵公,任城樊人也。……休爲人質樸訥口,而雅有心思,精研六經,世儒無及者。……太傅

陳蕃辟之，與參政事。蕃敗，休坐廢錮，乃作《春秋公羊解詁》，覃思不闚門，
十有七年。又注訓《孝經》《論語》《風角七分》，皆經緯典謨，不與守文同説。
又以《春秋》駁漢事六百餘條，妙得《公羊》本意。休善曆算，與其師博士羊
弼，追述李育意以難二傳，作《公羊墨守》《左氏膏肓》《穀梁廢疾》。"

〔4〕《周禮·地官·師氏》："掌以媺詔王。以三德教國子：一曰至德，以爲道
本；二曰敏德，以爲行本；三曰孝德，以知逆惡。教三行：一曰孝行，以親父
母；二曰友行，以尊賢良；三曰順行，以事師長。居虎門之左，司王朝。掌國
中失之事，以教國子弟，凡國之貴游子弟學焉。"

〔5〕《周禮·地官·保氏》："掌諫王惡，而養國子以道。乃教之六藝：一曰五
禮，二曰六樂，三曰五射，四曰五馭，五曰六書，六曰九數。乃教之六儀：一
曰祭祀之容，二曰賓客之容，三曰朝廷之容，四曰喪紀之容，五曰軍旅之容，
六曰車馬之容。"

〔6〕虎門，即路寢門。《周禮·地官·師氏》："居虎門之左，司王朝。"鄭玄注：
"虎門，路寢門也。王日視朝於路寢門外，畫虎焉以明勇猛，於守宜也。司
猶察也，察王之視朝，若有善道可行者，則當前以詔王。"

〔7〕《周禮·天官·閽人》："閽人掌守王宮之中門之禁。"鄭玄注："中門，於外內
爲中，若今宮闕門。鄭司農云：'王有五門，外曰皋門，二曰雉門，三曰庫門，
四曰應門，五曰路門。路門一曰畢門。'"

〔8〕王太子、王子八歲入小學：《漢書·藝文志》："古者八歲入小學，故周官保
氏掌養國子。"

〔9〕見《蔡中郎集》卷三《明堂月令論》。

〔10〕《玉海》二百卷，南宋王應麟撰。《四庫全書總目提要·子部·類書類一》：
"是書分天文、律憲、地理、帝學、聖制、藝文、詔令、禮儀、車服、器用、郊祀、
音樂、學校、選舉、官制、兵制、朝貢、宮室、食貨、兵捷、祥瑞二十一門。每門
各分子目，凡二百四十餘類。……應麟尤爲博洽。其作此書，即爲詞科應
用而設。故臚列條目，率鉅典鴻章，其采録故實，亦皆吉祥善事，與他類書
體例迥殊。然所引自經史子集、百家傳記，無不賅具。而宋一代之掌故，率
本諸實録、國史、日曆，尤多後來史志所未詳。其貫串奧博，唐宋諸大類書
未有能過之者。"

〔11〕《禮象》，宋陸佃撰。《宋史·陸佃傳》："陸佃字農師，越州山陰人。居貧苦
學，夜無燈，映月光讀書。蹍屩從師，不遠千里。過金陵，受經於王安
石。……佃著書二百四十二卷，於禮家、名數之説尤精，如《埤雅》《禮象》
《春秋後傳》皆傳於世。"《宋史·藝文志·經部·禮類》："陸佃《禮記解》四

十卷。又《禮象》十五卷。"《四庫全書總目提要·經部·禮類四雜禮書之屬》:"《禮書》一百五十卷,宋陳祥道撰。……蓋祥道與陸佃皆王安石客。……佃《禮象》今不傳,惟神宗時詳定郊廟禮文諸議,今尚載《陶山集》中,大抵多生別解,與祥道駁鄭略同。"《四庫全書總目提要·集部·別集類七》:"《陶山集》十四卷(《永樂大典》本),宋陸佃撰。……佃所著有《禮象》諸書,當時以知禮名,集中若《元豐大裘議》諸篇,大抵宗王而黜鄭,理有可通,不妨各伸其説。"

〔12〕《玉海》卷一三一《學校》:"《禮象》曰:'辟雍居中,其南爲成均,北爲上庠,東爲東序,西爲瞽宗。'"

〔13〕《舊唐書》卷二二《禮儀志》:"平帝元始四年,大議營創。孔牢等乃以爲明堂、辟雍、太學,其實一也,而有三名。"《玉海》卷九五《郊祀·明堂三雍附》:"元始四年大議,孔牢等以爲明堂、辟雍、太學,一實三名。"

〔14〕《漢書》卷八一《馬宮傳》:"馬宮字游卿,東海戚人也。治《春秋》嚴氏。"

〔15〕《異義》,即許慎《五經異義》。

〔16〕春射秋饗,即春秋時節饗射,爲宴飲賓客時舉行射箭之禮。《周禮·春官·司几筵》:"大享射。"賈公彥疏:"云'大饗'者,謂王與諸侯行饗禮於廟,即《大行人》云'上公三饗'之屬是也。大射,謂王將祭祀,擇士而射於西郊小學虞庠中。"《周禮·春官·司服》:"享先公,饗射則鷩冕。"鄭玄注:"饗射,饗食賓客與諸侯射也。"《後漢書·循吏傳·秦彭》:"每春秋饗射,輒修升降揖讓之儀。"案,享同饗。

〔17〕三老五更,相傳古代統治者設三老五更之位,以尊養老人。《禮記·文王世子》:"始之養也:適東序,釋奠於先老,遂設三老、五更、群老之席位焉。"鄭玄注:"三老、五更各一人也,皆年老更事致仕者也。天子以父兄養之,示天下之孝悌也。名以三五者,取象三辰五星,天所因以照明天下者。群老無數,其禮亡。以鄉飲酒禮言之,帝位之處,則三老如賓,五更如介,群老如衆賓必也。"《禮記·樂記》:"食三老、五更於大學。"鄭玄注:"三老、五更,互言之耳,皆老人更知三德五事者也。"《禮記·祭義》:"祀於明堂,所以教諸侯之孝也。享三老、五更於太學者,所以教諸侯之悌也。"

〔18〕《毛詩注疏·大雅·靈臺》:"《韓詩》説'辟雍者,天子之學,圓如璧,雍之以水,示圓,言辟,取辟有德。不言辟水,言辟雍者,取其雍和也,所以教天下春射秋饗,尊事三老五更。在南方七里之内,立明堂於中,《五經》之文所藏處,蓋以茅草,取其潔清也'。"

〔19〕《禮記·王制》:"有虞氏養國老於上庠,養庶老於下庠。夏后氏養國老於東

序,養庶老於西序。殷人養國老於右學,養庶老於左學。周人養國老於東膠,養庶老於虞庠,虞庠在國之西郊。"鄭玄注:"皆學名也。異者,四代相變耳,或上西,或上東,或貴在國,或貴在郊。上庠、右學,大學也,在西郊;下庠、左學,小學也,在國中王宮之東;東序、東膠,亦大學,在國中王宮之東;西序、虞庠亦小學也,西序在西郊,周立小學於西郊。膠之言糾也,庠之言養也。周之小學爲有虞氏之庠制,是以名庠。云其立鄉學亦如之。"

〔20〕《記》即《禮記》。《禮記·王制》:"王大子、王子、群后之大子、卿大夫元士之適子、國之俊選,皆造焉。"

〔21〕三之一,當爲"三之二"。《周禮·考工記·匠人》:"門堂三之二,室三之一。"鄭玄注:"門堂,門側之堂,取數於正堂。今堂如上制,則門堂南北九步二尺,東西十一步四尺。《爾雅》曰:'門側之堂謂之塾。'"

〔22〕孫志祖(1737—1801),清代藏書家、學者。《清史稿·儒林傳二》:"孫志祖,字詒穀,仁和人。……清修自好,讀經史必釋其疑而後已,著《讀書脞録》七卷,考論經、子、雜家,折衷精詳,不爲武斷之論。又《家語疏證》六卷,謂王肅作《聖證論》以攻康成,又偽撰《家語》,飾其說以欺世。因博集群書,凡肅所剿竊者,皆疏通證明之。又謂《孔叢子》亦王肅偽托,其《小爾雅》亦肅借古書以自文,并作《疏證》以辨其妄。幼熟精《文選》,後乃仿《韓文考異》之例,參稽衆說,正俗本之誤,爲《文選考異》四卷。又輯前人及朋輩論說,爲《文選注補正》四卷。又有《文選理學權輿補》一卷。輯《風俗通逸文》一卷,補正姚之駰輯謝承《後漢書》五卷。"

〔23〕段玉裁,清代著名文字訓詁學家、經學家。注見前。

〔24〕顧廣圻(1770—1839),清代著名校勘學家、藏書家、目録學家。《清史稿·儒林傳二》:"顧廣圻,字千里,元和人。諸生。吳中自惠氏父子後,江聲繼之,後進翕然多好古窮經之士。廣圻讀惠氏書,盡通其義。論經學云:'漢人治經,最重師法。古文今文,其說各異。若混而一之,則輕輾不勝矣。'論小學云:'《說文》一書,不過爲六書發凡,原非字義盡於此。'廣圻天質過人,經、史、訓詁、天算、輿地靡不貫通,至於目録之學,尤爲專門,時人方之王仲寶、阮孝緒。兼工校讎,同時孫星衍、張敦仁、黃丕烈、胡克家延校宋本《說文》《禮記》《儀禮》《國語》《國策》《文選》諸書,皆爲之札記,考定文字,有益後學。乾、嘉間以校讎名家,文弨及廣圻爲最著云。又時爲漢學者多譏宋儒,廣圻獨取先儒語録,摘其切近者,爲《邇翁苦口》一卷,以教學者。著有《思適齋文集》十八卷。"

〔25〕朱大韶(1791—1844),字仲鈞,號虞卿,華亭(今上海市)人。生於清乾隆五

十六年，卒於清道光二十四年。清嘉慶二十四年舉人。官懷遠縣教諭，後選授江寧縣教諭，未至任而卒。治經一本高郵王氏父子，以形聲訓詁引伸假借，通古人所闕。尤熟精三禮，著有《實事求是齋經説》。

29. 論三《禮》皆周時之禮，不必聚訟，當觀其通

孔子謂殷因夏禮，周因殷禮，皆有損益[1]。《樂記》云："三王異世，不相襲禮。"是一代之制度，必不盡襲前代。改制度，易服色，殊徽號，禮有明徵，而非特後代之興，必變易前代也。即一代之制度，亦歷久而必變。周享國最久，必無歷八百年而制度全無變易者。三《禮》所載，皆周禮也。《禮經》十七篇，爲孔子所定，其餘蓋出孔子之後，學者各記所聞，而亦必當時實有此制度，非能憑空撰造。《儀禮》《周禮》言聘、覲之禮不盡合[2]，《禮記·檀弓》言東方、西方之奠，齊衰、大功之喪，亦不盡合[3]。《王制》《祭法》言廟制、祭禮，尤不相符[4]。説者推而上之，則以爲兼有夏、殷，鄭君云"《王制》夏殷雜"是也[5]。抑而下之，則以爲雜出秦漢，鄭君以《月令》爲秦制，盧植以《王制》爲漢法是也[6]。考其實皆不然，三《禮》皆周人之書，所記皆周時之禮。《禮記》所載，或有夏、殷禮，而既經周因與損益，則亦即周禮矣。秦漢之禮，又多本之於周。其所以參差抵牾者，由於歷代久遠，漸次變易，傳聞各異，紀載不同，非必上兼夏、殷而下雜秦、漢也。請以漢唐之禮證之。漢初用叔孫通所定之禮[7]，後漢又使曹褒撰次新禮[8]，既加更定，必與前不盡同。今使因其不同，而謂叔孫所定者爲漢禮，曹褒所定者非漢禮，可乎？唐初用《貞觀》《顯慶禮》，玄宗又作《開元禮》[9]，而五禮始備，既經改作，必與前不盡同。今使因其不同，而謂貞觀、顯慶作者爲唐禮，開元所作者非唐禮，可乎？疑三《禮》之參差抵牾，而謂一是周禮，一非周禮，何以異於是乎？若謂周時變禮無明文可徵，請以官制一事證之。制度以設官爲最重，執政又爲官之最尊。周初成、康之時，周公、召公以冢宰執政，故《周官》首天官冢宰。《左氏傳》曰鄭武公、莊公爲平王卿士[10]，又曰鄭

伯爲王左卿士[11]，又曰虢公忌父始作卿士於周[12]。則東遷以後，執政者稱卿士。《詩·十月之交》曰：“皇甫卿士，番維司徒。”以卿士列司徒之前，是幽王時，已稱執政者爲卿士，又不自東遷始。以此推之，官制可改，安見其餘不可改乎？西周之末，必稍變於成、康以前；東遷之後，又漸變於西周之末。當時既有改易，後世何能折衷？學者惟宜分別異同，以待人之審擇，若必堅持一說，據爲一定之制，則禮自孔子時，而其經不具，又安得有一書可爲定制乎？周公制作，《洛誥》《立政》所載不詳[13]，《周官》僞古文不可據。鄭衆未見僞古文，以爲《周官》六篇即《尚書·周官》篇[14]，卷帙太多，文法不類，其説亦不可信。周一代典禮，無成書可稽，試舉大者論之。《禮緯》云：“周六廟，至子孫七。”[15]蓋周初以后稷爲始封祖，文王爲受命祖，合四親廟爲六。其後武王親盡，以爲受命祖不可祧，增武世室爲七，此當在共、懿之世，禮無明文。東都有明堂，無宗廟，王入太室祼[16]，即明堂太室。西周亡，宗廟爲禾黍，東遷當更立廟，禮無明文。敬王居成周，別立廟與否，亦無明文。孝王以叔父繼兄子[17]，桓王以孫繼祖[18]，定王、顯王以弟繼兄[19]，如何序昭穆，亦無明文。大典如此，其他可知。更以魯事證之，郊則既耕而卜[20]，禘則未應吉禘而禘[21]，廟則立武宮、立煬宮，桓、僖不毁[22]。甚至公廟立於私家[23]，三家雍徹[24]，季氏八佾[25]，朝服以縞[26]，婦人髽而吊[27]，皆變禮之大者。《明堂位》謂禮樂政俗，未嘗相變，且以武公廟比武世室[28]。凡此等以爲禮，則實非禮；以爲非禮，則當時實有是事。魯事詳而周事略，以魯推周，則其禮之是非淆亂，記載參差，亦必當時實有是事，而非兼存前朝，誤入後代可知。理本易明，特讀者忽而不察耳。

箋注

〔1〕《論語·爲政》：“子曰：‘殷因於夏禮，所損益，可知也。周因於殷禮，所損益，可知也。’”

〔2〕《儀禮》《周禮》言聘、覲之禮不盡合，見《儀禮·聘禮》《覲禮》，《周禮·秋

官·掌客》《司儀》。

〔3〕《禮記·檀弓上》：“小斂之奠，子游曰：‘於東方。’曾子曰：‘於西方，斂斯席矣。’”又：“公叔木有同母異父之昆弟死，問於子游。子游曰：‘其大功乎？’狄儀有同母異父之昆弟死，問於子夏，子夏曰：‘我未之前聞也；魯人則爲之齊衰。’狄儀行齊衰。今之齊衰，狄儀之問也。”

〔4〕關於廟制，《禮記·王制》曰：“天子七廟，三昭三穆，與太祖之廟而七。諸侯五廟，二昭二穆，與太祖之廟而五。大夫三廟，一昭一穆，與太祖之廟而三。士一廟。庶人祭於寢。”《禮記·祭法》：“是故王立七廟，一壇一墠，曰考廟，曰王考廟，曰皇考廟，曰顯考廟，曰祖考廟，皆月祭之。遠廟爲祧，有二祧，享嘗乃止。去祧爲壇，去壇爲墠，壇、墠有禱焉，祭之；無禱，乃止。去墠曰鬼。諸侯立五廟，一壇一墠，曰考廟，曰王考廟，曰皇考廟，皆月祭之。顯考廟，祖考廟，享嘗乃止。去祖爲壇，去壇爲墠，壇、墠有禱焉，祭之；無禱，乃止。去墠爲鬼。大夫立三廟二壇，曰考廟，曰王考廟，曰皇考廟，享嘗乃止。顯考、祖考無廟，有禱焉，爲壇祭之。去壇爲鬼。適士二廟一壇，曰考廟，曰王考廟，享嘗乃止。顯考無廟，有禱焉，爲壇祭之。去壇爲鬼。官師一廟，曰考廟，王考無廟而祭之，去王考爲鬼。庶士、庶人無廟，死曰鬼。”關於祭禮，《禮記·王制》曰：“天子、諸侯宗廟之祭：春曰礿，夏曰禘，秋曰嘗，冬曰烝。天子祭天地，諸侯祭社稷，大夫祭五祀。天子祭天下名山大川：五岳視三公，四瀆視諸侯。諸侯祭名山大川之在其地者。天子諸侯祭因國之在其地而無主後者。”《禮記·祭法》：“燔柴於泰壇，祭天也。瘞埋於泰折，祭地也。用騂犢。埋少牢於泰昭，祭時也。相近於坎、壇，祭寒暑也。王宫，祭日也。夜明，祭月也。幽宗，祭星也。雩宗，祭水旱也。四坎壇，祭四方也。山林、川谷、丘陵能出雲，爲風雨，見怪物，皆曰神。有天下者祭百神。諸侯在其地則祭之，亡其地則不祭。”

〔5〕《禮記·王制》：“大夫三廟，一昭一穆，與大祖之廟而三。”《正義》引鄭玄答趙商云：“《祭法》，周禮。《王制》之云，或以夏、殷雜，不合周制。”是鄭以爲殷、周之別。

〔6〕《禮記正義·序》：“鄭康成云：《月令》，呂不韋所修。盧植云：《王制》，謂漢文時博士所録。”《禮記·月令》正義：“按鄭《目録》云：‘名曰《月令》者，以其記十二月政之所行也，本《呂氏春秋·十二月紀》之首章也，以禮家好事抄合之，後人因題之名曰《禮記》，言周公所作，其中官名時事多不合周法。’”《禮記·王制》正義：“盧植云：‘漢孝文皇帝令博士諸生作此《王制》之書。’”

〔7〕《史記·禮書》：“至秦有天下，悉内六國禮儀，采擇其善，雖不合聖制，其尊

君抑臣，朝廷濟濟，依古以來。至於高祖，光有四海，叔孫通頗有所增益減損，大抵皆襲秦故。自天子稱號下至佐僚及宮室官名，少所變改。”《史記·儒林傳》：“叔孫通作漢禮儀。”《漢書·禮樂志》：“漢興，撥亂反正，日不暇給，猶命叔孫通制禮儀，以正君臣之位。”《晉書·禮志下》：“漢興，始使叔孫通制禮。”《梁書·禮志上》：“漢初，叔孫通制漢禮。”

〔8〕《後漢書·儒林傳下》：“建武中，曹充習慶氏學，傳其子褒，遂撰漢禮，事在《褒傳》。”《後漢書·曹褒傳》：“曹褒字叔通，魯國薛人也。……褒少篤志，有大度，結髮傳充業，博雅疏通，尤好禮事。常感朝廷制度未備，慕叔孫通爲漢禮儀，晝夜研精，沈吟專思，寢則懷抱筆札，行則誦習文書，當其念至，忘所之適。……章和元年正月，乃召褒詣嘉德門，令小黃門持班固所上叔孫通《漢儀》十二篇，敕褒曰：‘此制散略，多不合經，今宜依禮條正，使可施行。於南宮、東觀盡心集作。’褒既受命，乃次序禮事，依準舊典，雜以五經、讖記之文，撰次天子至於庶人冠婚吉凶終始制度，以爲百五十篇，寫以二尺四寸簡。其年十二月奏上。”《晉書·禮志下》：“漢順帝冠，又兼用曹褒新禮。”《隋書·經籍志二》：“後漢又使曹褒定漢儀。”

〔9〕《舊唐書·禮儀志一》：“太宗皇帝踐祚之初，悉興文教，乃詔中書令房玄齡、秘書監魏徵等禮官學士，修改舊禮，定著《吉禮》六十一篇，《賓禮》四篇，《軍禮》二十篇，《嘉禮》四十二篇，《凶禮》六篇，《國恤》五篇，總一百三十八篇，分爲一百卷。……高宗初，議者以《貞觀禮》節文未盡，又詔太尉長孫無忌……等重加緝定，勒成一百三十卷。至顯慶三年奏上之，增損舊禮，并與令式參會改定，高宗自爲之序。……開元十年，詔國子司業韋縚爲禮儀使，專掌五禮。十四年，通事舍人王嵒上疏，請改撰禮記，削去舊文，而以今事編之。詔付集賢院學士詳議。右丞相張說奏曰：‘禮記漢朝所編，遂爲歷代不刊之典。今去聖久遠，恐難改易。今之五禮儀注，貞觀、顯慶兩度所修，前後頗有不同，其中或未折衷。望與學士等更討論古今，刪改行用。’制從之。初令學士右散騎常侍徐堅及左拾遺李銳、太常博士施敬本等檢撰，歷年不就。說卒後，蕭嵩代爲集賢院學士，始奏起居舍人王仲丘撰成一百五十卷，名曰《大唐開元禮》。”《新唐書·禮樂志一》：“唐初，即用隋禮，至太宗時，中書令房玄齡、秘書監魏徵，與禮官、學士等因隋之禮……爲《吉禮》六十一篇，《賓禮》四篇，《軍禮》二十篇，《嘉禮》四十二篇，《凶禮》十一篇，是爲《貞觀禮》。高宗又詔太尉長孫無忌……等增之爲一百三十卷，是爲《顯慶禮》。……終高宗世，《貞觀》《顯慶》二禮兼行。……玄宗開元十年，以國子司業韋縚爲禮儀使，以掌五禮。十四年，通事舍人王嵒上疏，請刪去禮記舊文而益以今事，詔付集賢院議。學士張

説以爲禮記不刊之書，去聖久遠，不可改易，而唐《貞觀》《顯慶禮》，儀注前後不同，宜加折衷，以爲唐禮。乃詔集賢院學士右散騎常侍徐堅、左拾遺李銳及太常博士施敬本撰述，歷年未就而銳卒，蕭嵩代銳爲學士，奏起居舍人王仲丘撰定，爲一百五十卷，是爲《大唐開元禮》。由是，唐之五禮之文始備，而後世用之，雖時小有損益，不能過也。"

〔10〕《左傳·隱公三年》："鄭武公、莊公爲平王卿士。"

〔11〕《左傳·隱公九年》："鄭伯爲王左卿士，以王命討之，伐宋。"

〔12〕《左傳·隱公八年》："夏，虢公忌父始作卿士於周。"

〔13〕周公制作，指周公制禮作樂。陸賈《新語·無爲》："周公制作禮樂，郊天地，望山川，師旅不設，刑格法懸，而四海之內，奉供來臻，越裳之君，重譯來朝。故無爲者乃有爲也。"

〔14〕"鄭衆未見僞古文"句，見《周禮注疏·序》："然衆時所解說，近得其實，獨以《書序》言'成王既黜殷命，還歸在豐，作《周官》'，則此《周官》也，失之矣。"

〔15〕《禮緯·鉤命決》云："唐堯五廟，親廟四，與始祖五。禹四廟，至子孫五。殷五廟，至子孫六。周六廟，至子孫七。"

〔16〕《尚書·周書·洛誥》："王入太室祼。"孔《傳》："太室，清廟。祼鬯告神。"孔《疏》："太室，室之大者，故爲清廟。廟有五室，中央曰太室。王肅云：'太室，清廟中央之室。'清廟，神之所在，故王入太室祼獻鬯酒以告神也。祼者，灌也。王以圭瓚酌鬱鬯之酒以獻尸，尸受祭而灌於地，因奠不飲謂之祼。"

〔17〕孝王以叔父繼兄子，見《史記·周本紀》："共王崩，子懿王囏立。……懿王崩，共王弟辟方立，是爲孝王。"

〔18〕桓王以孫繼祖，見《史記·周本紀》："五十一年，平王崩，太子洩父蚤死，立其子林，是爲桓王。桓王，平王孫也。"

〔19〕定王、顯王以弟繼兄，見《史記·周本紀》："匡王六年，崩，弟瑜立，是爲定王。……十年，烈王崩，弟扁立，是爲顯王。"

〔20〕郊則既耕而卜，見《左傳·襄公七年》："孟獻子曰：'吾乃今而後知有卜筮。夫郊祀后稷，以祈農事也。是故啓蟄而郊，郊而後耕。今既耕而卜郊，宜其不從也。'"

〔21〕禘則未應吉禘而禘，《左傳·文公二年》："八月，丁卯，大事於大廟，躋僖公。"杜預注："大事，禘也。躋，升也。僖公，閔公庶兄，繼閔而立，廟坐宜次閔下，今升在閔上，故書而譏之。時未應吉禘，而於大廟行之，其譏已明，徒以逆祀，故特大其事，異其文。"

〔22〕《左傳‧成公六年》：“二月，季文子以鞌之功立武宮，非禮也。”《公羊傳‧成公六年》：“二月辛巳，立武宮。武宮者何？武公之宮也。立者何？立者不宜立也。立武宮，非禮也。”《左傳‧定公元年》：“昭公出故，季平子禱於煬公。九月，立煬宮。”《公羊傳‧定公元年》：“立煬宮。煬宮者何？煬公之宮也。立者何？立者不宜立也。立煬宮，非禮也。”《左傳‧哀公三年》：“夏五月辛卯，司鐸火。火逾公宮，桓、僖災。”《公羊傳‧哀公三年》：“五月辛卯，桓宮、僖宮災。此皆毀廟也，其言災何？復立也。曷爲不言其復立？《春秋》見者不復見也。何以不言及？敵也。何以書？記災也。”

〔23〕公廟立於私家，見《禮記‧郊特牲》：“諸侯不敢祖天子，大夫不敢祖諸侯。而公廟之設於私家，非禮也，由三桓始也。”《孔子家語‧廟制》：“子曰：‘公廟設於私家，非古禮之所及，吾弗知。’”

〔24〕《論語‧八佾》：“三家者以雍徹。子曰：“‘相維辟公，天子穆穆’，奚取於三家之堂？”

〔25〕《論語‧八佾》：“孔子謂季氏：‘八佾舞於庭，是可忍也，孰不可忍也？’”

〔26〕《禮記‧玉藻》：“朝服之以縞也，自季康子始也。”鄭玄注：“亦僭宋王者之後。”《正義》曰：“知宋朝服以縞者，按《王制》云，殷人‘縞衣而養老’，燕服則爲朝服。宋是殷後，故‘朝服以縞’。”《文獻通考》卷一〇一《王禮考六‧君臣冠冕服章》：“魯季康子朝服以縞，僭宋之禮也。”縞（gǎo）：白繒，未染色的絹。

〔27〕婦人髽而弔，見《禮記‧檀弓上》：“魯婦人之髽而弔也，自敗於臺鮐始也。”鄭玄注：“敗於臺鮐，魯襄四年秋也。臺當爲壺字之誤也。《春秋傳》作狐鮐。時家家有喪，髽而相弔。去纚而紒曰髽。”髽（zhuā）：古代婦女在辦喪事時梳的髮髻，用麻束住頭髮。

〔28〕《禮記‧明堂位》：“禮樂、刑法、政俗，未嘗相變也，天下以爲有道之國。”又：“魯公之廟，文世室也；武公之廟，武世室也。”鄭玄注：“此二廟，象周有文王、武王之廟也。世室者，不毀之名也。魯公，伯禽也。武公，伯禽之玄孫也，名敖。”

30. 論《周官》改稱《周禮》始於劉歆，武帝盡罷諸儒，即其不信《周官》之證

《儀禮》非古名，《周禮》亦非古名。漢初名爲《周官》，始見於《史

記·封禪書》曰："群儒采封禪《尚書》《周官》《王制》之望祀射牛事。"[1]
賈公彥《疏序》謂："《周官》，孝武之時始出，秘而不傳。《周禮》後出者，
以其始皇獨惡之故也。是以《馬融傳》云[2]：'秦自孝公已下，用商君之
法，其政酷烈，與《周官》相反。故始皇禁挾書，特疾惡欲絕滅之，搜求
焚燒之獨悉，是以隱藏百年。孝武帝始除挾書之律，開獻書之路，既出
於山岩屋壁，復入於秘府，五家之儒[3]，莫得見焉。至孝成皇帝，達才
通人劉向、子歆校理秘書，始得列序於《錄》《略》，然亡其《冬官》一篇，
以《考工記》足之。時衆儒并出共排，以爲非是，唯歆獨識，其年尚幼，
務在廣覽博觀，又多銳精於《春秋》，末年乃知其周公致太平之迹，迹具
在斯。奈遭天下倉卒，兵革并起，疾疫喪荒，弟子死喪，徒有里人河南
緱氏杜子春尚在[4]，永平之初，年且九十，家於南山，能通其讀，頗識其
説，鄭衆、賈逵往受業焉。衆、逵洪雅博聞，又以經書記轉相證明爲
《解》。逵《解》行於世，衆《解》不行[5]，兼攬二家爲備，多所遺闕，目瞑
意倦，自力補之，謂之《周官傳》也。"[6]

　　鄭玄《序》云："世祖以來，通人達士大中大夫鄭少贛名興，及子大
司農仲師名衆，故議郎衛次仲，侍中賈君景伯，南郡太守馬季長，皆作
《周禮解詁》[7]。二鄭者同宗之大儒，明理於典籍，愧識皇祖大經《周
官》之義，存古字，發疑正讀，亦信多善，徒寡且約，用不顯傳於世。今
贊而辨之，庶成此家世所訓也。"

　　賈公彥曰："然則《周禮》起於成帝劉歆而成於鄭玄，附離之者大
半，故林孝存以爲武帝知《周官》末世瀆亂不驗之書，故作十論、七難以
排棄之。[8]何休亦以爲六國陰謀之書[9]。唯有鄭玄遍覽群經，知《周
禮》者乃周公致太平之迹，故能答林碩之論難，使《周禮》義得條通。故
《鄭氏傳》曰，玄以'括囊大典，網羅衆家'[10]。是以《周禮》大行。"

　　錫瑞案：《周禮》源流，賈氏叙述頗詳。以爲始皇焚書，特惡《周
禮》，説本馬融，融説亦不知何據。惠帝已除挾書之律，非始武帝，融蓋
以《周官》武帝時出而爲此説。劉歆典秘書在哀帝時，亦非成帝，賈公
彥已辨之。當時衆儒共排，以爲非是，其説惜不可考。《周官》改稱《周
禮》，蓋即始於劉歆。荀悅《漢紀》曰："劉歆奏請《周官》六篇列之於經

爲《周禮》。"陸德明《序録》曰："劉歆始建立《周官》經以爲《周禮》。"是其明證。

武億曰[11]："班氏於王莽一傳之中，凡莽及臣下施於詔議章奏，自號曰《周禮》，必大書之。而自爲史文，乃更端見例，復仍其本名曰《周官》。《食貨志》：莽乃下詔曰：'夫《周禮》有賒貸。'及後云：'又以《周官》税民。'是亦一《志》而兩見，由其意觀之，固未有著明於此也。《郊祀志》：莽改南北郊祭祀，猶稱《周官》。時未居攝，不敢紊易。《莽傳》：徵天下通藝及張純等奏之[12]，稱《周官》，亦皆在未居攝之時。是則《周官》之易名《周禮》，其在居攝之後可知矣，荀悦之言洵不誣也。"[13]

案：《周禮》名始歆、莽，武氏説尤分明。自是之後，《周官》《周禮》互見錯出。《後漢·儒林傳》言馬融作《周官傳》，鄭玄作《周官注》，蓋以馬、鄭自序原稱《周官》。或據以爲其時尚無《周禮》之名，又謂《周禮》名始鄭君，皆考之未審。鄭自序已稱《周禮》，其注《儀禮》《禮記》，引《周禮》甚多。《後漢·盧植傳》亦有《周禮》之稱。是其名非起於漢末，特在漢初本名爲《周官》耳。班《志》正名《周官》，不從歆、莽之制。或謂班《志》皆本劉歆《七略》[14]，據其稱《周官》，不稱《周禮》，與"又有毛公之學，自謂子夏所傳"等語[15]，皆與劉歆尊信《毛詩》《周禮》不同，似志非盡本於《七略》。林孝存謂武帝知《周官》瀆亂不驗，或據《封禪書》駁之，謂武帝知不驗，群儒何敢采用。不知《封禪書》下文明言群儒拘牽古文，上盡罷諸儒不用，此正武帝知《周官》不驗之證。孝存之説，必有據也。

箋注

[1] 望祀，即古代遥祭山川地祇之禮。《尚書·武成》："越三日庚戌，柴望，大告武成。"孔傳："燔柴郊天，望祀山川，先祖後郊，自近始。"《周禮·地官·牧人》："望祀，各以其方之色牲毛之。"鄭玄注："望祀，五岳、四鎮、四瀆也。"《周禮·春官·男巫》："男巫掌望祀望衍授號，旁招以茅。"鄭玄注："杜子春

云：'望衍，謂衍祭也。授號，以所祭之名號授之。旁招以茅，招四方之所望祭者。'"《禮記正義·王制》："柴而望祀山川。"鄭玄注："柴，祭天告至也。"《正義》："'柴，祭天告至'，謂燔柴以祭上天而告至，其祭天之後，乃望祀山川。"射牛，古代帝王、諸侯祭祀天地、宗廟，必自射牛以示隆重。《史記·孝武本紀》："群儒采封禪《尚書》《周官》《王制》之望祀射牛事。"《國語·楚語下》："天子禘郊之事，必自射其牲，王后必自舂其粢；諸侯宗廟之事，必自射牛、刲羊、擊豕，夫人必自舂其盛。"韋昭注："牲，牛也。"

〔2〕范曄《後漢書·馬融傳》中無此文。《經義考》卷一二一《周禮二》："杜氏子春《周官注》，佚。……按：《禮疏》所引後漢《馬融傳》中文，范史無之，當係謝承、華嶠、袁山松等書中語也。"

〔3〕五家之儒，指五家傳禮之儒，即后蒼、聞人通漢、戴德、戴聖、慶普。《漢書·儒林傳》："孟卿，東海人也。事蕭奮，以授后倉、魯閭丘卿。倉說禮數萬言，號曰《后氏曲臺記》，授沛聞人通漢子方、梁戴德延君、戴聖次君、沛慶普孝公。孝公為東平太傅。德號大戴，為信都太傅；聖號小戴，以博士論石渠，至九江太守。由是《禮》有大戴、小戴、慶氏之學。通漢以太子舍人論石渠，至中山中尉。普授魯夏侯敬，又傳族子咸，為豫章太守。大戴授琅邪徐良斿卿，為博士、州牧、郡守，家世傳業。小戴授梁人橋仁季卿、楊榮子孫。仁為大鴻臚，家世傳業，榮琅邪太守。由是大戴有徐氏，小戴有橋、楊氏之學。"

〔4〕《隋書·經籍志·經部·禮類》："河南緱氏杜子春受業於歆，因以教授。"丁晏《周禮釋注序》："歆傳杜子春，子春傳鄭眾、賈逵，而《周官》之學始著。"

〔5〕《經義考》卷一二一《周禮二》："杜氏子春《周官注》，佚。《後漢書》：'杜子春永平之初年且九十，能通其讀，頗識其說，鄭眾、賈逵往受業焉。'……鄭氏眾《周官解詁》，佚。……賈氏逵《周官解故》，佚。"

〔6〕《周官傳》，馬融撰。《隋書·經籍志·經部·禮類》："《周官禮》十二卷，馬融注。……河南緱氏杜子春受業於歆，因以教授。是後馬融作《周官傳》，以授鄭玄，玄作《周官注》。"《舊唐書·經籍志·經部·禮類》："《周官》十二卷，馬融傳。"

〔7〕衛次仲，當為衛敬仲，即衛宏。賈君景伯即賈逵。馬季長即馬融。《後漢書·衛宏傳》："衛宏字敬仲，東海人也。少與河南鄭興俱好古學。"《後漢書·賈逵傳》："賈逵字景伯，扶風平陵人也。……復令撰齊、魯、韓《詩》與毛氏異同。并作《周官解故》。"《後漢書·馬融傳》："馬融字季長，扶風茂陵人也。……三遷，桓帝時為南郡太守。……注《孝經》《論語》《詩》《易》、三

《禮》、《尚書》《列女傳》《老子》《淮南子》《離騷》，所著賦、頌、碑、誄、書、記、表、奏、七言、琴歌、對策、遺令，凡二十一篇。"《經義考》卷一二一《周禮二》："鄭興氏《周官解詁》，佚。⋯⋯鄭氏衆《周官解詁》，佚。⋯⋯賈氏逵《周官解故》，佚。⋯⋯衛氏宏《周官解詁》，佚。⋯⋯馬氏融《周官禮注》，《隋志》十二卷，佚。"

〔8〕林孝存，即林碩，東漢學者。彭大翼《山堂肆考》卷一二一《文學·周公制禮》："杜子春受業於歆，因以教授。自是馬融作《周官傳注》以授鄭玄，玄作《周官注略》。蘇綽、王通皆尊信之，唯何休以爲戰國陰謀之書，林孝存以爲瀆亂不經之説。"秦蕙田《五禮通考》卷首第一《禮經作述源流上》："武帝嘗作《十論》《七難》以排之，不立學官，而何休詆爲戰國陰謀，謬矣。宗元案：《十論》《七難》乃林碩作，非武帝也。"

〔9〕《經義考》卷一二〇《周禮一》："《周官經》，《漢志》⋯⋯六篇。李覯曰：'昔劉子駿、鄭康成皆以《周禮》爲周公致太平之迹，而林碩謂末世之書，何休云六國陰謀。'"

〔10〕《後漢書·鄭玄傳》論曰："自秦焚六經，聖文埃滅。漢興，諸儒頗修藝文；及東京，學者亦各名家。而守文之徒，滯固所禀，異端紛紜，互相詭激，遂令經有數家，家有數説，章句多者或乃百餘萬言，學徒勞而少功，後生疑而莫正。鄭玄括囊大典，網羅衆家，删裁繁誣，刊改漏失，自是學者略知所歸。"

〔11〕武億(1745—1799)，字虛谷，一字小石，自號半石山人，河南偃師人。清代學者。《清史稿·儒林傳二》："億學問醇粹，於七經注疏、三史、涑水《通鑑》，皆能闇誦。既罷官，貧不能歸，所至以經史訓詁教授生徒。勇於著録，有《群經義證》七卷，《經讀考異》九卷，《金石三跋》十卷，《金石文字續跋》十四卷，《偃師金石記》四卷，《安陽金石録》十三卷。又有《三禮義證》《授堂札記》《詩文集》等書，皆旁引遠徵，遇微罅，輒剖抉精藴，比辭達意，以成一例。大興朱珪稱億不愧好古遺直云。"江藩《國朝漢學師承記》卷四《武億》："生平深於經史，七經注疏、三史、涑水《通鑑》，皆能闇誦。所著書有《經讀考異義證》《偃師金石記》。校定《五經異義》《駁異義補遺》《箴膏肓》《起廢疾》《發墨守》《鄭志》等書。⋯⋯藩與君交垂二十年，核君行事，不愧循吏。古人云：'以經術飾吏事'，不通經術而能爲循吏者，蓋有之矣，我未之見也。"

〔12〕《後漢書·張純傳》："張純字伯仁，京兆杜陵人也。高祖父安世，宣帝時爲大司馬衛將軍，封富平侯。父放，爲成帝侍中。純少襲爵土，哀、平間爲侍中，王莽時列卿。遭值篡僞，多亡爵土，純以敦謹守約，保全前封。"

〔13〕"武億曰"句，見《授堂文鈔》卷一《周禮名所由始考》。

〔14〕《隋書·經籍志·序》："校書郎班固、傅毅等典掌焉。并依《七略》而爲書部，固又編之，以爲《漢書·藝文志》。"

〔15〕《漢書·藝文志·六藝略詩類》："漢興，魯申公爲《詩》訓故，而齊轅固、燕韓生皆爲之傳。或取《春秋》，采雜説，咸非其本義。與不得已，魯最爲近之。三家皆列於學官。又有毛公之學，自謂子夏所傳，而河間獻王好之，未得立。"

31. 論《周官》當從何休之説，出於六國時人，非必出於周公，亦非劉歆僞作

《周官》與《左氏》皆晚出，在漢時已疑信參半。後人尊《周官》者，以爲周公手訂，似書出太早，抑之者以爲劉歆僞作，似書出太遲，何休以爲出於六國時人，當得其實。

毛奇齡《周禮問》曰[1]："《周禮》自非聖經，不特非周公所作，且并非孔孟以前之書。此與《儀禮》《禮記》，皆同時雜出於周秦之間，此在稍有識者皆能言之，若實指某作，則自坐誣妄，又何足以論此書矣。"又曰："歆能僞作《周禮》，不能造爲《周禮》出處踪迹，以欺當世。假使河間獻王不獻《周禮》，成帝不詔向校理《周禮》，此馬融之説，賈疏已辨之。歆可造此諸事，以欺同朝諸儒臣乎？且《景十三王傳》云：'獻王所獻皆古文，先秦舊書，《周官》《尚書》《禮記》《孟子》《老子》之屬，皆經傳説記[2]。'言有經即有傳與説記也，此必非歆可預造其語者。乃考之《藝文》所志，在當時所有之書，則實有《周官經》六篇、《周官傳》四篇，此班氏所目睹也，此必非襲劉歆語也。使歆既爲經，又復爲傳，此萬無之事，藉曰有之，則偉哉劉歆，東西二漢，亦安有兩！將所謂博而篤者，必不止《論廟》一篇書矣[3]。且讀書當有究竟，《藝文志》於《樂經》云：'六國之君，魏文侯最爲好古，孝文時得其樂人竇公，上獻其書，乃《周官·大宗伯》之《大司樂》章也。'則在六國魏文侯時已有此書，其爲春秋、戰國間人所作無疑，而謂是歆作，可乎？且武帝好樂，亦嘗以《周官經》定

樂章矣。《藝文志》於竇公獻樂章後，即云武帝時河間獻王好儒，與毛生等共采《周官》及諸子言樂事者，以作《樂記》，内史丞王定傳之，以授常山王禹。禹，成帝時爲謁者，獻其書，有二十四卷。劉向校書，得《樂記》二十三篇，與禹不同。則在武帝朝，且有采《周官經》而爲《樂記》者，此不止竇公獻一篇，且必非歆行僞於《周官經》六篇外，又作此二十四卷，斷可知也。且《周官》之出，在東漢人即有詆其非周禮者，林孝存也。孝存以爲武帝知《周官》爲末世瀆亂不驗之書，擯斥不行，因作《十論》《七難》以排棄之。是闢此書者亦且明明云，漢武時早有此書，而效尤而興者反昧所從來，是攻膏肓而不解墨守曳兵之卒也[4]。若夫《周禮》一書，出自戰國，斷斷非周公所作，予豈不曉然。周制全亡，所賴以略見大意，祇此《周禮》《儀禮》《禮記》三經，以其所見者雖不無參臆，而其爲周制，則尚居十七。此在有心古學，方護衛不暇，而欲迸絶之，則饋羊盡亡矣。"[5]

　　錫瑞案：毛氏以《周官》爲戰國時書，不信爲周公所作，又力辨非劉歆之僞，而謂周制全亡，賴有《周禮》《儀禮》《禮記》三經，有心古學，宜加護衛，最爲持平之論。

箋注

〔1〕毛奇齡《周禮問》，《四庫全書總目提要》卷二三《經部・禮類存目一》："是書皆設爲'或問'，辨《周禮》出戰國之末，不出劉歆。凡十七目：一論《周禮》非漢人僞作，凡四條；一論六官、三官、二官，凡二條；一論古無三司名，一論冢宰，一論《周禮》與《尚書》《大戴禮》表裏；一論周六卿、唐虞六卿；一論司徒、司空，一論天地四時之名所始；一論宰夫，一論官名官職同異；一論人數多寡；一論祿數不及人數；一論分土三等同異；一論九州閑田；一論《周官》非秦制；一論羅氏攻《周禮》之謬；一論與他經同文，而其書與目不甚相應。蓋亦其門人所誤題也。其持論是非相半。……其他不無翼經之説。然以爲戰國人作，則仍用何休六國陰謀之説，與指爲劉歆所作者亦相去無幾。陽雖翼之，陰實攻之矣。與其以《儀禮》爲戰國之書，同一好爲異論，不足據也。"

〔2〕《後漢書·景十三王傳》:"獻王所得書皆古文先秦舊書,《周官》《尚書》《禮》《禮記》《孟子》《老子》之屬,皆經傳説記,七十子之徒所論。"

〔3〕止,原刻本作"在",據毛奇齡《周禮問》卷一改。《論廟》,即劉歆論毀廟一文,見《漢書·韋賢傳》。

〔4〕"攻膏肓而不解墨守"句,何休著有《公羊墨守》《左氏膏肓》《穀梁廢疾》等書。見《後漢書·儒林傳下》。《後漢書·鄭玄傳》:"及黨事起,乃與同郡孫嵩等四十餘人俱被禁錮,遂隱修經業,杜門不出。時任城何休好公羊學,遂著《公羊墨守》《左氏膏肓》《穀梁廢疾》;玄乃發《墨守》,鍼《膏肓》,起《廢疾》。休見而歎曰:'康成入吾室,操吾矛,以伐我乎!'"

〔5〕《論語·八佾》:"子貢欲去告朔之餼羊,子曰:'賜也!爾愛其羊,我愛其禮。'"《集解》引鄭玄曰:"牲生曰餼。禮,人君每月告朔,於廟有祭,謂之朝享。魯自文公始不視朔。子貢見其禮廢,故欲去其羊。"又引包氏曰:"羊存猶以識其禮,羊亡禮遂廢。"

32. 論毛奇齡謂《周官》不出周公,并謂《儀禮》不出周公,而不知《儀禮》十七篇乃孔子所定,不可詆毀

《經問》又曰[1]:"《書》《詩》《易》三經,則《禮記》多引之。《周禮》《儀禮》《禮記》三經[2],則《詩》《書》三經并未道及[3]。即孔孟二書,其論經多矣,然未有論及三《禮》隻字者,何也? 答曰:此予之所以疑此書爲戰國人書也。然此書爲戰國人書,而其禮則多是周禮。嘗讀《大戴記·朝事》一篇,其中所載大宗伯、典命、典瑞、大行人、職方、射人諸職,全是《周禮》原文,所差不過一二字。考是時三《禮》未出,大、小二戴於《儀禮》則直受后倉《曲臺記》,立二戴之學,於《禮記》則尚未有定。當時見於西漢書府者,猶有二百餘篇,而《周官》一經,則未之見也。乃大戴所録,則儼然有《朝事》諸文,在周人言周禮者,與今《周禮》相同,此豈大戴見《周禮》而附會之,抑豈李氏上《周官經》時[4],竊取此《朝事》諸文而增入之也? 然則《周禮》果周制,其爲周末言禮者所通見,當不止《朝事》篇矣。是以《内則》一篇,亦有'凡食齊視春時','凡和春多

酸'，及'牛宜稌，羊宜黍'一十四句[5]，又有'春行羔豚，膳膏臊'，及'牛夜鳴則庮'十句[6]，與《周禮》文全同，所差不過古今文一二字。此必當時言禮家所習言慣用，故彼此并出，全文不易，斷非一人一意可撰造者。"

錫瑞案：汪中《周官徵文》共得六事[7]，於毛氏引樂人竇公、《大戴·朝事》《禮記·內則》之外，增入《逸周書·職方》《禮記·燕義》《詩·生民》傳三事。陳澧又考得《雜記》鄭注、《郊特牲》孔疏、《考工記》賈疏、《大司馬》注疏四條。然此諸說，亦但可以證《周官》非劉歆作偽，而無以見其必爲周公所定。後人必以爲周公作，又以《儀禮》亦周公作，然則二書何以不符？又何以不見於孔、孟書及春秋時人所稱引？使人反疑不信。惟從毛氏之說，以爲戰國人作，方足以解兩家之紛。毛氏云："鄉遂之官迥異朝廟，其所設諸屬往往有不必計祿食者。《周官》一書總以'官不必備'四字統概全經，雖設官多名，而備實無幾。"[8]其說可以解官多而祿不給之疑。又云："三等分國固有常制，然不無特設以待非常之典。假若有新封者，必需賜國，有大功者，必需益地，則不能限以百里，而就有特設約爲之限。大約公不過五，侯不逾四，伯與子、男以漸而殺。"又云："五等分國，本造爲設法之例，以統校地數，故曰可以之周知天下。非謂一州之中，必四公、六侯、十一伯、二十五子、百男也。"[9]其說可以解國多而在不足之疑。毛氏說經多武斷，惟解《周官》心極細，論亦極平。而知《儀禮》不出周公，不知實出孔子，謂《儀禮》亦戰國人作。因《朱子家禮》尊信《儀禮》，乃作《昏禮辨正》[10]《喪禮吾說篇》[11]《祭禮通俗譜》[12]，詆斥《儀禮》，而自作禮文，致閻若璩有"毛大可私造典禮"之誚[13]，則由不曉《禮經》傳於孔氏，非《周禮》《禮記》之比也。

箋注

〔1〕案，此段引文實出自毛奇齡《周禮問·二》。
〔2〕禮記，原刻本作"禮"，據毛奇齡《周禮問·二》補。

〔3〕“《書》《詩》《易》三經”句,原刻本及毛奇齡《周禮問·二》俱無“易”,據毛氏前文補。

〔4〕《隋書·經籍志·經部·禮類》:“而漢時有李氏得《周官》。《周官》蓋周公所制官政之法,上於河間獻王,獨闕《冬官》一篇。”

〔5〕“凡食齊”句,“齊”字原脱,據《禮記·内則》補。案《禮記·内則》:“凡食齊視春時,羹齊視夏時,醬齊視秋時,飲齊視冬時。凡和,春多酸,夏多苦,秋多辛,冬多鹹,調以滑甘。牛宜稌,羊宜黍,豕宜稷,犬宜粱,雁宜麥,魚宜苽。”《周禮·天官·食醫》:“凡食齊眂春時,羹齊眂夏時,醬齊眂秋時,飲齊眂冬時。凡和,春多酸,夏多苦,秋多辛,冬多鹹,調以滑甘。凡會,膳食之宜,牛宜稌,羊宜黍,豕宜稷,犬宜粱,雁宜麥,魚宜苽。”

〔6〕《禮記·内則》:“牛夜鳴則庮,羊泠毛而毳,羶;狗赤股而躁,臊;鳥皫色而沙鳴,鬱;豕望視而交睫,腥;馬黑脊而般臂,漏。”《周禮·天官·内饔》:“牛夜鳴則庮;羊泠毛而毳,羶;犬赤股而躁,臊;鳥皫色而沙鳴,貍;豕盲眂而交睫,腥;馬黑脊而般臂,螻。”

〔7〕汪中(1744—1794),字容甫,江都(今屬江蘇揚州)人,清代著名學者。乾隆四十二年拔貢,後絶意仕進。遍讀經史百家之書,卓然成家。能詩,工駢文,所作《哀鹽船文》,爲杭世駿所嘆賞,因此文名大顯。精於史學,曾博考先秦圖書,研究古代學制興廢。著有《述學》六卷、《廣陵通典》十卷、《容甫遺詩》六卷等。劉端臨《容甫汪君家傳》:“晚年顓治經術,舉其大者,釋以義例,縱横貫穴,博大淹通,卓然成一家言。承學之士,初若創獲,及反復考訂,乃知依古。以來經師大儒所未發明者,自君抉其精奥,所謂縣諸日月不刊之書也。好《左氏春秋》,作《春秋釋義》數十條,又采定、哀之後列國之事,撰《春秋後傳》未成。病後人之誣《左氏》、疑《周官》也,作《春秋左氏釋疑》《周官徵文》。病女子未嫁守貞之非禮,作《女子許嫁而婿死從死及守志議》。病近世立家廟有不爲婦人作主者,作《婦人無主答問》。又謂‘媒氏中春會男女’,讀若司會之會,作《釋媒氏文》。凡所爲文,并有益經術,維持風教。”

〔8〕“毛氏云”句,見《周禮問·二》。“雖設官多名”句,原無“官”字,據《周禮問》補。

〔9〕引文見《周禮問·二》。“可以之”,原刻脱“之”字,據《周禮問》補。

〔10〕《四庫全書總目提要》卷二五《經部·禮類存目三》:“《昏禮辨正》一卷(浙江巡撫采進本),國朝毛奇齡撰。……是書方詆三《禮》經文……其説頗爲辨博。其中論告廟、朝至之儀,雖頗有根據,而核其大致,穿鑿者多,未足據爲

定論也。”

〔11〕《四庫全書總目提要》卷二三《經部·禮類存目一》：“《喪禮吾説篇》十卷（浙江巡撫采進本），國朝毛奇齡撰。……奇齡説經，好立異議，而顛舛乖謬，則莫過於是書。大旨以子夏《喪服傳》爲戰國以後人僞作，故逐條攻擊，務反其説。”

〔12〕《四庫全書總目提要》卷二二《經部·禮類四》：“《辨定祭禮通俗譜》五卷（浙江巡撫采進本），國朝毛奇齡撰。……是編一名《二重禮譜》。蓋欲成喪、祭二禮，嗣以喪禮别有《吾説編》，因惟存祭禮。其説取古禮而酌以今制，故以‘通俗’爲名。凡分七門：一曰祭所，二曰所祭者，三曰主祭之人，四曰祭之時，五曰祭儀，六曰祭器，七曰祭物，末附外神。其中各條雖間與《朱子家禮》爲難，不出奇齡平日醫争之習。……蓋其大意務通人情，故不免有違古義。然大致斟酌變通，於古禮之必不可行，及俗禮之誤托於古者，剖析考證，亦往往犂然有當，固不妨存備一家之説也。”

〔13〕毛大可，即毛奇齡。《郎潜紀聞》卷五：“西河檢討常與閻百詩辯地理，語多穿鑿。百詩太息曰：‘汪堯峰私造典禮，李天生杜撰故寶，毛大可割裂經文，貽誤後學不淺。’”又見《清稗類鈔·譏諷類》。

33. 論《周禮》爲古説，《戴禮》有古有今，當分别觀之，不可合并爲一

　　漢今文立學，古文不立學，沿習日久，遂以早出立學者爲今文，晚出不立學者爲古文。許慎《五經異義》有“古周禮説”“今禮戴説”，或云“今大戴禮説”，或云“戴禮”“戴説”，其中亦有大、小戴所傳十七篇《禮經》之説，非盡《大戴禮記》《小戴禮記》也。十七篇《禮》之説，不盡今文，近人分别十七篇經是古文説，經中之記是今文説，而十七篇經文又有今、古文之分。鄭君《傳》云：“玄本習小戴《禮》，後以古經校之。”[1]是小戴所傳十七篇《禮》，當時通行字皆今文，鄭以古經之字校之，取其義長者從之，故鄭注十七篇，或經從今，則注云“古文某爲某”，或經從古，則注云“今文某爲某”，詳見胡承珙《儀禮古今文疏義》[2]。此特即

其古今文字傳本不同者言之，非必義説之全異也。許君以《戴禮》爲今説，則對《周禮》爲古説言之耳。至若《小戴禮記》本非一手所成，或同今文，或同古文。《王制》多同《公羊》《穀梁》，爲今文説；《祭法》出於《國語》，爲古文説。其言祭禮、廟制不同，此顯有可證者。近人又分别二戴《記》，以《王制》爲今學之祖，取《祭統》《千乘》《虞戴德》《冠義》《昏義》《射義》《聘義》《鄉飲酒義》《燕義》等篇注之。取《祭法》爲古《國語》説，又取《玉藻》《盛德》《朝事》等篇爲古《周禮》説，又以《曲禮》《檀弓》《雜記》爲古《春秋左氏》説。雖未必盡可據，而《王制》爲今文大宗，《周禮》爲古文大宗，則顯有可證者。即以官制言之，《異義》：“今《尚書》夏侯、歐陽説天子三公，一曰司徒，二曰司馬，三曰司空，九卿，二十七大夫，八十一元士，凡百二十。古《周禮》説天子立三公，曰太師、太傅、太保，無官屬，與王同職，故曰坐而論道，謂之三公。又立三少以爲之副，曰少師、少傅、少保，是爲三孤。冢宰、司徒、宗伯、司馬、司寇、司空是爲六卿之屬。大夫、士、庶人在官者，凡萬二千。謹案周公爲傅，召公爲保，太公爲師，無爲司徒、司空文，知師、保、傅三公官名也。五帝三王不同物，此周之制也。”鄭駁無考。而據鄭注《王制》“天子三公，九卿，二十七大夫，八十一元士”曰：“此夏制也。《明堂》曰：夏后氏之官百，舉成數也。”鄭以《王制》今文説爲夏制，必以《周禮》説爲周制，其於許君無駁可知。三公、九卿蓋夏、殷至周初皆同。據《牧誓》《立政》止有司徒、司馬、司空三公，可證六卿則周成王以後之制。《甘誓》六卿，六軍之將。據《顧命》，乃同召太保奭、芮伯、彤伯、畢公、衞侯、毛公六卿兼三公，可證漢主今文，故三公、九卿。宇文周行周禮，故分設六部[3]。其後沿宇文之制，既設六部，又立九卿[4]，官制複重，議者多云可以裁并，不知《周官》《王制》古今文説必不相合，乃兼用兩説，多設冗官，皆由經義不明，故官制不善也。

箋注

〔1〕《後漢書》卷七九《儒林傳下》：“玄本習《小戴禮》，後以古經校之，取其義長

者，故爲鄭氏學。玄又注小戴所傳《禮記》四十九篇，通爲三《禮》焉。”

〔2〕胡承珙（1776—1832），注見前。《清史稿·藝文志·經部·禮類》：“《儀禮今古文疏義》十七卷。胡承珙撰。”《清史稿·儒林傳三》：“承珙究心經學，尤專意於《毛詩傳》，歸里後鍵户著書，與長洲陳奂往復討論不絶，著《毛詩後箋》三十卷。又以鄭君注《儀禮》參用古、今文二本，撮其大例，有必用其正字者，有即用其借字者，有務以存古者，有兼以通今者，有因彼以決此者，有互見而并存者。閎意妙旨，有關於經實夥。遂取注中迭出之字，并‘讀如’‘讀爲’‘當爲’各條，排比梳櫛，考其訓詁，明其假借，參稽旁采，疏通而證明之，作《儀禮古今文疏義》十七卷。”

〔3〕宇文周即北周，因皇室爲宇文氏，故稱。北周設《周禮》六官，非分設六部。《周書·文帝紀下》：“（魏恭帝）三年春正月丁丑，初行周禮，建六官。”《周書·武帝紀上》：“己巳，祠太廟，班太祖所述六官焉。”《周書·盧辯傳》：“初，太祖欲行周官，命蘇綽專掌其事。未幾而綽卒，乃令辯成之。於是依《周禮》建六官，置公、卿、大夫、士，并撰次朝儀，車服器用，多依古禮，革漢、魏之法。事并施行。……太祖以魏恭帝三年始命行之。”《周書·薛真傳》：“朝廷方改物創制，欲行周禮，乃令真與小宗伯盧辨斟酌古今，共詳定之。”《隋書·百官志上》：“有周創據關右，日不暇給。洎乎克清江漢，爰議憲章。酌酆鎬之遺文，置六官以綜務。”《通典·職官二》：“後周文帝又依周禮建六官。”

〔4〕《隋書·百官志上》：“高祖踐極，百度伊始，復廢周官，還依漢魏。”《隋書·百官志中》“太常、光禄、衛尉、宗正、太僕、大理、鴻臚、司農、太府，是爲九寺，置卿、少卿、丞各一人。”案，魏晉以後，九卿多同東漢制度。東漢以太常、光禄勳、衛尉、太僕、廷尉、大鴻臚、宗正、大司農、少府爲九卿。北齊改廷尉爲大理，少府爲太府，合太常、光禄、衛尉、宗正、太僕、鴻臚、司農，合稱爲九寺，置卿、少卿、丞各一人。此制度爲隋、唐所沿用。

34. 論鄭君和同古今文，於《周官》古文、《王制》今文力求疏通，有得有失

鄭君兼注三《禮》，調和古、今文兩家説，即萬不能合者，亦必勉强求通，論家法固不相宜，而苦心要不可没也。《周官》公五百里，《王制》

公侯田方百里,言封國大小迥異,此萬不能合者,惟鄭君能疏通證明之。其注《王制》曰:“周武王初定天下,猶因殷之地,以九州之界尚狹也。周公攝政,致太平,斥大九州之界,制禮成武王之意,封王者之後爲公,及有功之諸侯,大者地方五百里,其次侯四百里,其次伯三百里,其次子二百里,其次男百里。所因殷之諸侯,亦以功黜陟之,其不合者,皆益之地爲百里焉。”

錫瑞案:鄭注《王制》而引《周官》,能和同古、今文皆不背其説。或以鄭爲牽合無據,亦非盡無據也。即以齊、魯二國言之,二國始封,在武王時。《史記・周本紀》曰:“武王封功臣謀士,而師尚父爲首[1]。封尚父於營丘曰齊,封弟周公旦於曲阜曰魯。”[2]其時封地,蓋仍殷制,孟子所謂“爲方百里”[3]是也。魯至成王時益封[4],《明堂位》曰“地方七百里”,《魯頌譜》疏引《明堂位》以證,曰“大啓爾宇[5]”,魯之封疆於是始定。或疑七百里太大,然必不止百里,如仍百里舊封,何云“大啓爾宇”?《史記・漢興以來諸侯王表》曰:“封伯禽、康叔於魯、衛[6],地各四百里。”與《周官》“侯四百里”合,蓋得其實。七百里或兼山川附庸言之。齊之益封,與魯同時[7]。《史記》又曰:“太公於齊兼五侯地。”《鄭詩譜》曰[8]:“周武王伐紂,封太師吕望於齊,地方百里,都營丘。周公致太平,敷定九畿,復夏禹之舊制。成王用周公之法制,廣大邦國之境,而齊受上公之地,更方五百里。”《王制》:“公、侯皆方百里”,“五百里”正與“兼五侯地”合,是齊、魯實有益地之事。如鄭説,《周官》《王制》皆可通矣。而鄭亦有偶不照者,注《王制》“三年一大聘,五年一朝”曰:“此大聘與朝,晉文霸時所制也[9]。虞夏之制,諸侯歲朝;周之制,侯、甸、男、采、衛、要服六者,各以其服數來朝。[10]”《疏》引鄭《駁異義》云[11]:“《公羊》説‘比年一小聘,三年一大聘,五年一朝’,以爲文、襄之制[12],録《王制》者記文、襄之制者,非虞夏及殷法也。”又引《異義》云:“《公羊》説諸侯比年一小聘,三年一大聘,五年一朝天子;《左氏》説十二年之間,八聘,四朝,再會,一盟。許慎謹案:《公羊》説虞夏制,《左氏》説周禮。《傳》曰:三代不同物,明古今異説。鄭駁之云:三年聘,五年朝,文、襄之霸制。《周禮・大行人》:諸侯各以服數來朝。其諸侯歲聘間朝之屬[13]，説無所出。晉文公强盛諸侯耳，非所謂三代異物也。”

案：鄭注據《周官》而疑《王制》，以爲文、襄霸制，蓋據《左氏·昭三年傳》鄭子太叔之言[14]。然《公羊》必不用《左氏傳》文。《王制》之作，鄭以爲在叛王之後，其時《左氏》未出，非必引以爲證。《左氏》又有歲聘間朝之説，與昭三年傳文不合，鄭以爲不知何代之禮，故不從許案。以《左氏》爲周禮，遂并不從許案，以《公羊》爲虞夏制也。《王制》與《公羊》合，當是古禮有之，即文、襄創霸，亦必托於古禮。其後晉法變而益密，故又有歲聘間朝之屬。然則《王制》與《周官》不合，當從許君以爲前代之制，鄭以爲晉霸之制，似未必然。惟歲聘間朝之屬，鄭以爲説無所出，可斷以爲晉霸之制耳。

箋注

〔1〕《史記·周本紀》：“於是封功臣謀士，而師尚父爲首封。”《史記·齊太公世家》：“於是武王已平商而王天下，封師尚父於齊營丘。”

〔2〕《史記·魯周公世家》：“周公旦者，周武王弟也。……遍封功臣同姓戚者。封周公旦於少昊之虚曲阜，是爲魯公。周公不就封，留佐武王。”

〔3〕《孟子·告子下》：“周公之封於魯，爲方百里也；地非不足，而儉於百里。太公之封於齊也，亦爲方百里也；地非不足也，而儉於百里。今魯方百里者五，子以爲有王者作，則魯在所損乎？在所益乎？”

〔4〕魯至成王時益封，《左傳·定公四年》：“昔武王克商，成王定之，選建明德，以蕃屏周。故周公相王室，以尹天下，於周爲睦。分魯公以大路，大旂，夏后氏之璜，封父之繁弱，殷民六族，條氏、徐氏、蕭氏、索氏、長勺氏、尾勺氏。使帥其宗氏，輯其分族，將其類醜，以法則周公，用即命於周。是使之職事於魯，以昭周公之明德。”

〔5〕《詩經·魯頌·閟宮》：“大啓爾宇，爲周室輔。”

〔6〕《史記·漢興以來諸侯王表》：“周封五等：公，侯，伯，子，男。然封伯禽、康叔於魯、衛，地各四百里，親親之義，襃有德也。”《史記·魯周公世家》：“周公卒，子伯禽固已前受封，是爲魯公。”《史記·衛康叔世家》：“周公旦以成王命興師伐殷，殺武庚禄父、管叔，放蔡叔，以武庚殷餘民封康叔爲衛君，居

河、淇間故商墟。"

〔7〕《史記·齊太公世家》:"及周成王少時,管、蔡作亂,淮夷畔周,乃使召康公命太公曰:'東至海,西至河,南至穆陵,北至無棣,五侯九伯,實得征之。'齊由此得征伐,爲大國。"

〔8〕《齊詩譜》,原刻本誤作"鄭詩譜",據《毛詩正義》卷五《齊雞鳴詁訓傳第八》改。

〔9〕《左傳·昭公三年》:"昔文、襄之霸也,其務不煩諸侯,令諸侯三歲而聘,五歲而朝。"杜預注:"晉文公、襄公。"

〔10〕《周禮·秋官·大行人》:"邦畿方千里,其外方五百里,謂之侯服,歲壹見,其貢祀物;又其外方五百里,謂之甸服,二歲壹見,其貢嬪物;又其外方五百里,謂之男服,三歲壹見,其貢器物;又其外方五百里,謂之采服,四歲壹見,其貢服物;又其外方五百里,謂之衛服,五歲壹見,其貢材物;又其外方五百里,謂之要服,六歲壹見,其貢貨物;九州之外,謂之蕃國,世壹見,各以其所貴寶爲摯。"

〔11〕鄭《駁異義》,即鄭玄《駁五經異義》。《四庫全書總目提要》卷三三《經部·五經總義類》:"《駁五經異義》一卷、《補遺》一卷(山西巡撫采進本),漢鄭玄所駁許慎《五經異義》之文也。考《後漢書·許慎傳》稱:'慎以五經傳說,臧否不同,於是撰爲《五經異義》傳於世。'《鄭玄傳》載玄所著百餘萬言,亦有《駁許慎五經異義》之名。《隋書·經籍志》有'《五經異義》十卷,後漢太尉祭酒許慎撰',而不及鄭玄之駁議。《舊唐書·經籍志》:'《五經異義》十卷,許慎撰,鄭玄駁',《新唐書·藝文志》并同,蓋鄭氏所駁之文即附見於許氏原本之內,非別爲一書,故史志所載亦互有詳略。至《宋史·藝文志》遂無此書之名,則自唐以來失傳久矣。學者所見《異義》僅出於《初學記》《通典》《太平御覽》諸書所引,而鄭氏駁義則自《三禮正義》而外,所存亦復寥寥。此本從諸書采綴而成,或題宋王應麟編,然無確據。其閒有單詞只句,'駁'存而'義'闕者,原本錯雜相參,頗失條理,今詳加釐正,以'義''駁'兩全者匯列於前,其僅存駁義者,則附錄以備參考。又近時朱彝尊《經義考》內亦嘗旁引鄭駁數條,而長洲惠氏所輯則搜羅益爲廣備,往往多此本所未及。今以二家所采,參互考證,除其重複,定著五十七條,別爲《補遺》一卷,附之於後。其間有《異義》而鄭無駁者,則鄭與許同也。兩漢經學號爲極盛,若許若鄭,尤皆一代通儒,大敵相當,輪攻墨守,非後來一知半解所可望其津涯。此編雖散佚之餘,十不存一,而引經據古,猶見典型,殘章斷簡,固遠勝於後儒之累牘連篇矣。"

〔12〕文、襄即晉文公、襄公。《左傳・昭公三年》：“昔文、襄之霸也，其務不煩諸侯，令諸侯三歲而聘，五歲而朝，有事而會，不協而盟。”

〔13〕諸侯歲聘間朝，《左傳・昭公十三年》：“是故明王之制，使諸侯歲聘以志業，間朝以講禮，再朝而會以示威，再會而盟以顯昭明。志業於好，講禮於等，示威於衆，昭明於神。”

〔14〕鄭子太叔即游吉。《左傳・昭公三年》：“三年春，王正月，鄭游吉如晉，送少姜之葬。梁丙與張趯見之。梁丙曰：‘甚矣哉！子之爲此來也。’子大叔曰：‘將得已乎？昔文、襄之霸也，其務不煩諸侯。令諸侯三歲而聘，五歲而朝，有事而會，不協而盟。君薨，大夫吊，卿共葬事；夫人，士吊，大夫送葬。足以昭禮、命事、謀闕而已，無加命矣。今嬖寵之喪，不敢擇位，而數於守適，唯懼獲戾，豈敢憚煩？少姜有寵而死，齊必繼室。今茲吾又將來賀，不唯此行也。’張趯曰：‘善哉！吾得聞此數也。然自今，子其無事矣。譬如火焉，火中，寒暑乃退。此其極也，能無退乎？晉將失諸侯，諸侯求煩不獲。’二大夫退。子大叔告人曰：‘張趯有知，其猶在君子之後乎！’”

35. 論鄭君以《周禮》爲經、《禮記》爲記，其別異處皆以《周禮》爲正，而《周禮》自相矛盾者仍不能彌縫

鄭《駁異義》曰：“《周禮》是周公之制，《王制》是孔子之後大賢所記先王之事。”是鄭君雖不以《王制》爲漢博士作，而視《周禮》則顯分軒輊，故或據《周官》以疑《王制》，未嘗引《王制》以駁《周官》。所云先王之事，即指夏、殷之禮，而於朝聘直以爲晉文霸制，并不以爲夏殷之禮矣。《鄭志》[1]：“趙商問膳夫云：‘王日一舉鼎，十有二物皆有俎，有三牲備。商案《玉藻》：天子之食日少牢，朔月太牢，禮數不同，請問其説。’答云：‘《禮記》後人所集，據時而言，或諸侯同天子，或天子與諸侯等，所施不同，故難據。《王制》之法，與周異者多，當以經爲正。’”又曰：“《爾雅》之文雜，非一家之注，不可盡據以難《周禮》。”又趙商問：“周朝而遂葬，則是殯於宮，葬乃朝廟。按《春秋》，晉文公卒，殯於曲沃，是爲去絳就祖殯，與《禮記》義異，未通其説。”答曰：“葬乃朝廟，當

周之正禮也，其末世諸侯國何能同也。傳合不合當解傳耳，不得難經。"又趙商問："《祭法》云：'大夫立三廟，曰考廟，曰皇考廟'，注'非別子'，故知祖考無廟。商按《王制》：'大夫三廟，一昭一穆，與大祖之廟而三。'注云：'大祖別子始爵者。雖非別子，始爵者亦然。'二者不知所定。"答云："《祭法》《周禮》《王制》之云，或以夏、殷雜，不合周制。"

錫瑞案：鄭君答問，可以見其進退諸經之大旨，折衷三《禮》之苦心。鄭以《周禮》對《禮記》言之，則《周禮》爲經，《禮記》爲記。以《禮記》對《左傳》言，則《禮記》爲經，《左傳》爲傳，經可以正傳、記，傳、記不得難經。而以《禮記·祭法》對《王制》言之，則《祭法》爲周禮，《王制》爲夏、殷禮。禮家之糾紛難明者，據鄭所分析，已略有明據矣。惟鄭以《周禮》是周公之制，似未必然。《周官》一書，亦自有矛盾之處，鄭君雖極力彌縫之，學者不能無疑。

趙商問："《巾車》職曰：'建大麾以田。'[2]注云：'田，四時田獵。'商按《大司馬》職曰：'四時皆建大常。'[3]今又云'建大麾以田'何？"答曰："麾，夏之正色，雖習戰，春夏尚生，其時宜入兵。夏本不以兵得天下，故建其正色，以春夏田，至秋冬出兵之時乃建大常。"案《巾車》"建大麾"，《大司馬》"建大常"，兩處之文矛盾，萬無可通之理，鄭既以《周官》爲周公所作，不能加以駁難，故不得不爲之彌縫，其答趙商，皆強詞也。秋冬田建大常，明與《巾車》注"四時田"不合。以麾爲夏之正色，建之以春夏田，亦未有據。

《王制》"天子殺則下大綏，諸侯殺則下小綏"[4]，注云："綏當爲緌。緌，有虞氏之旌旗也。"《明堂位》"有虞氏之旂，夏后氏之綏"[5]，注云："有虞氏當言緌，緌謂注旄牛尾於杠首，所謂大麾。《周禮》'建大麾以田'也。"鄭於此數處之文，互相證明，自圓其說，以《禮記》之綏，即《周官》之麾。鄭云《王制》多雜夏、殷，故於解《周官》亦謂大麾是用夏制，如此則《周官》《王制》古今文兩不相背，而《周官》兩處之矛盾，仍未能泯其迹也。惠士奇[6]、金榜[7]又不從鄭，而各別爲說，尤傅會不可信。

箋注

〔1〕《後漢書‧鄭玄傳》：“門人相與撰玄答諸弟子問《五經》，依《論語》作《鄭志》八篇。”《四庫全書總目提要》卷三三《經部‧五經總義類》：“《鄭志》三卷、《補遺》一卷（兩江總督采進本）。案《隋書‧經籍志》：《鄭志》十一卷，魏侍中鄭小同撰，《鄭記》六卷，鄭玄弟子撰，《後漢書‧鄭玄本傳》則稱門生相與撰玄答弟子，依《論語》作《鄭志》八篇。劉知幾《史通》亦稱：鄭弟子追論師説及應答，謂之《鄭志》；分授門徒各述師言，更不問答，謂之《鄭記》。其説不同。然范蔚宗去漢未遠，其説當必有徵。《隋志》根據《七録》，亦阮孝緒等所考定，非唐、宋諸志動輒疏舛者比，斷無移甲入乙之事，疑追録之者諸弟子，編次成帙者則小同。《後漢書》原其始，《隋書》要其終。觀八篇分爲十一卷，知非諸弟子之舊本也。新、舊《唐書》載《鄭記》六卷，尚與《隋志》相同，而此書則作九卷，已佚二卷，至《崇文總目》始不著録，則全佚於北宋初矣。”

〔2〕《周禮‧春官‧巾車》：“建大麾，以田，以封蕃國。”鄭玄注：“大麾不在九旗中，以正色言之則黑，夏后氏所建。”

〔3〕大常，古代旗名。《周禮‧夏官‧大司馬》：“建大常，比軍衆，誅後至者。”《周禮‧春官‧巾車》：“建大常，十有二斿，以祀。”鄭玄注：“大常，九旗之畫日月者，正幅爲縿，斿則屬焉。”

〔4〕《禮記‧王制》：“天子殺則下大綏，諸侯殺則下小綏，大夫殺則止佐車。”

〔5〕《禮記‧明堂位》：“有虞氏之旗，夏后氏之綏，殷之大白，周之大赤。”

〔6〕惠士奇（1671—1741），字天牧，一字仲孺，晚號半農，人稱紅豆先生。江蘇吳縣人。康熙四十八年進士，官編修、侍讀學士，曾典試湖南，督學廣東。雍正間，以召對不稱旨，罰修鎮江城，以產盡停工削籍。乾隆初，再起爲侍讀。傳父惠周惕之學，搜集漢儒經説，加以解釋，方法較宋儒爲縝密。《清史稿‧儒林傳二》：“士奇盛年兼治經史，晚尤邃於經學，撰《易説》六卷、《禮説》十四卷、《春秋説》十五卷。於《易》，雜釋卦爻，以象爲主，力矯王弼以來空疏説經之弊。於《禮》，疏通古音、古字，俱使無疑似，復援引諸子百家之文，或以證明周制，或以參考鄭氏所引之漢制，以遞觀周制，而各闡其制作之深意。於《春秋》，事實據《左氏》，論斷多采《公》《穀》，大致出於宋張大亨《春秋五禮例宗》、沈棐《春秋比事》，而典核過之。《大學説》一卷晚出，‘親民’不讀‘新民’。論格物不外本末終始先後，即絜矩之不外上下前後左右，

亦能根極理要。又著《交食舉隅》三卷,《琴笛理數考》四卷。"

〔7〕 金榜(1735—1801),字輔之,一字蕊中,號榮齋,清安徽歙縣人。乾隆進士,
授修撰。性恬淡,以病不復出,師事江永,友戴震,治禮宗鄭玄。著有《禮
箋》十卷。《清史稿·儒林傳二》:"榜治禮最尊康成,然博稽而精思,慎求而
能斷。嘗援《鄭志》答趙商云'不信亦非,悉信亦非',曰:'斯言也,敢以爲治
經之大法。故鄭義所未衷者必糾正之,於鄭氏家法不敢誣也。'"

36. 論《周禮》在周時初未舉行,亦難行於後世

　　漢今文家張禹[1]、包咸[2]、周生烈[3]、何休、林碩[4],不信《周禮》者
也。賈疏云:"張、包、周、何、林,不信《周禮》爲周公所作。"古文家劉歆、杜子
春、鄭興、鄭衆、衛宏、賈逵、許慎、馬融、鄭玄,尊信《周禮》者也。自漢
至今,於《周禮》一書,疑信各半。《周禮》體大物博,即非周公手筆,而
能作此書者,自是大才,亦必掇拾成周典禮之遺,非盡憑空撰造,其中
即或有劉歆增竄,亦非歆所能獨辦也。惟其書是一家之學,似是戰國
時有志之士據周舊典,參以己意,定爲一代之制,以俟後王舉行之者。
蓋即《春秋》素王[5]改制之旨,故其封國之大,設官之多,與各經不相
通,所以張、包、周、何、林皆不信。古文家即尊信《周禮》,亦但可以《周
禮》解《周禮》,不可以《周禮》解各經。而馬、鄭注《尚書》官制、服制,皆
引《周禮》爲證。即如其説,以《周禮》爲周公手定,亦不得強虞夏以從
周。況《周禮》未必出於周公,豈可據之以易舊説乎?《禮記》七十子之
後所作,未知與作《周禮》者孰先孰後,其説禮與《周禮》或異,當各從其
説以解之。鄭以《周禮》爲經,《禮記》爲記,一切據《周禮》爲正,未免有
武斷之失。《周禮》晚出,本無師授,文字奇古,人多不識,鄭注所引故
書,乃其原本。杜、鄭諸儒[6],始爲正音讀,明通假。鄭君所云二三君
子所變易,灼然如晦之見明,使山岩屋壁之書得以昭見於世,其有功於
《周禮》甚大。而因尊信《周禮》太過,一經明而各經皆亂,則諸儒亦不
能無過矣。

《周禮》鄭注、賈疏之外，王安石[7]、王昭禹[8]、王與之[9]、易袚[10]之説，皆有可采。近人沈彤《周官禄田考》[11]、王鳴盛《周禮軍賦説》[12]，皆能自成一家之説，但未能疏全書。治此經者仍以注疏爲主。

《考工記》據“胡無弓車”之類，亦屬戰國人作，文字奥美，在《周官》上，可考古人制器尚象之遺。宋林希逸《鬳齋考工記解》[13]，於古器制度未詳核。近人戴震《考工記圖》[14]、程瑶田《考工創物小記》[15]、阮元《車制圖考》[16]、鄭珍《輪輿私箋》[17]，皆有發明，惟詳於車，而他物尚略。陳澧云[18]：“《記》以輪爲首[19]，有旨哉！古人以輪行地，今外國竟以輪行水。且西洋人奇器圖説所載諸器，多以輪爲用，算法之割圜[20]，亦輪之象也。予謂《易·既濟》《未濟》皆水火，而爻辭皆云‘曳其輪’[21]，亦有微旨。”今當振興工藝之日，學者能遠求《考工》之法，必當大著成效。

《周禮》自王莽[22]、蘇綽[23]、王安石試行不驗，後人引以爲戒。王莽篡弑之賊，本非能行官禮之人，其所致亡，亦非因行《周禮》。蘇綽於宇文泰時行《周禮》，頗有效，隋唐法制，多本宇文[24]。王安石創新法，非必原本《周禮》，賒貸市易，特其一端[25]，實因宋人耻言富强，不得不上引周公，以箝報異議。後人謂安石以《周禮》亂天下，是爲安石所欺。安石嘗云：“法先王之政者，法其意而已。”[26]引此言極其通達，故知其所行法，非事事摹周也。《周禮》在周時初未舉行，如王畿居中、封公五百里之類。何能行於後世？古之治天下，至纖至悉，後世尚簡而戒煩苛，無論賒貸市易，必不可行，即飲射、讀法[27]，亦將大擾。然則法《周禮》者，亦但可如安石所云“法其意”而已矣。

箋注

〔1〕《漢書·張禹傳》：“張禹字子文，河内軹人也。……及禹壯，至長安學，從沛郡施讎受《易》，琅邪王陽、膠東庸生問《論語》，既皆明習，有徒衆，舉爲郡文學。甘露中，諸儒薦禹，有詔太子太傅蕭望之問。禹對《易》及《論語》大義，望之善焉，奏禹經學精習，有師法，可試事。奏寢，罷歸故官。久之，試爲博士。初元中，立皇太子，而博士鄭寬中以《尚書》授太子，薦言禹善説《論語》。詔令禹授太子《論語》，由是遷光禄大夫。……初，禹爲師，以上難數

對己問經，爲《論語章句》獻之。始，魯扶卿及夏侯勝、王陽、蕭望之、韋玄成皆説《論語》，篇第或異。禹先事王陽，後從庸生，采獲所安，最後出而尊貴。諸儒爲之語曰：‘欲爲《論》，念張文。’由是學者多從張氏，餘家寖微。”《隋書·經籍志·經部·論語類》：“張禹本授《魯論》，晚講《齊論》，後遂合而考之，删其煩惑。除去《齊論·問王》《知道》二篇，從《魯論》二十篇爲定，號《張侯論》，當世重之。”

〔2〕《後漢書·儒林傳下》：“包咸字子良，會稽曲阿人也。少爲諸生，受業長安，師事博士右師細君，習《魯詩》《論語》。王莽末，去歸鄉里，於東海界爲赤眉賊所得，遂見拘執十餘日，咸晨夜誦經自若，賊異而遣之。因住東海，立精舍講授。……建武中，入授皇太子《論語》，又爲其章句。”

〔3〕《三國志·魏書·王肅傳》：“魏初徵士燉煌周生烈。”裴松之注：“此人姓周生，名烈。何晏《論語集解》有烈義例，餘所著述見晉武帝《中經簿》。”《隋書·經籍志·經部·論語類》：“鄭玄以《張侯論》爲本，參考《齊論》、古《論》而爲之注。魏司空陳群、太常王肅、博士周生烈，皆爲義説。”《舊唐書·經籍志·經部》：“《周生烈子》五卷，周生烈志。”

〔4〕林碩，一作臨碩，即林存孝，一作臨孝存。《後漢書·孔融傳》：“郡人甄子然、臨孝存知名早卒，融恨不及之，乃命配食縣社。”《後漢書·鄭玄傳》：“凡玄所注《周易》《尚書》《毛詩》《儀禮》《禮記》《論語》《孝經》《尚書大傳》《中候》《乾象曆》，又著《天文七政論》《魯禮禘祫義》《六藝論》《毛詩譜》《駁許慎五經異義》《答臨孝存周禮難》，凡百餘萬言。”《周禮注疏·序周禮興廢》：“唯有鄭玄遍覽群經，知《周禮》者乃周公致太平之迹，故能答林碩之論難。”周嬰《巵林》卷一〇《諡胡·二名》：“臨存孝。《孔融傳》。嬰按：范曄《孔融傳》，融爲北海相，郡人然、臨孝行知名早卒，融命配食縣社。《魏志》注引《續漢書》，融爲北海相，郡人甄子然孝行知名，融命配食縣社。此無孝行事，恐皆誤也。《佔畢》改爲孝存，尋《鄭玄傳》有臨孝存，而伏滔《青楚人物論》曰：‘後漢時，鄭康成、周孟玉、劉祖融、侍其元矩、臨孝存、孫賓碩、劉公山皆青土有才德者。’此蓋以字稱耳。《鄭志》康成弟子有臨碩者，余嘗疑即其名。覽《周禮序》云：‘臨孝存以《周官》爲末世瀆亂之言，做《十論》《七難》以排之。鄭玄遍覽群經，知《周禮》者乃周公致太平之迹，故能答臨碩之論難。’予始曠若發矇。”

〔5〕素王，謂有帝王之德而未居帝王之位者，此處代指孔子。《莊子·天道》：“以此處上，帝王天子之德也；以此處下，玄聖素王之道也。”郭象注：“有其道爲天下所歸而無其爵者，所謂素王自貴也。”成玄英疏：“即老君、尼父是

也。"《論衡·定賢》:"孔子不王,素王之業在《春秋》。"

〔6〕 杜、鄭諸儒,即杜子春、鄭興、鄭衆等。《經義考》卷一二一《周禮二》:"杜氏子春《周官注》,佚。《後漢書》:'杜子春永平之初年且九十,能通其讀,頗識其說,鄭衆、賈逵往受業焉。'……賈公彥曰:'劉歆門徒河南緱氏杜子春,永平初年且九十,家於南山,通《周官說》。'陸德明曰:'河南緱氏杜子春,受業於劉歆,還家以教門徒,好學之士鄭興父子等多師事之。'"

〔7〕 《宋史·王安石傳》:"初,安石訓釋《詩》《書》《周禮》,既成,頒之學官,天下號曰'新義'。"《宋史·藝文志·經部·禮類》:"王安石《新經周禮義》二十二卷。"《郡齋讀書志》卷一上《禮類》:"《新經周禮義》二十二卷。右皇朝王安石介甫撰。熙寧中設經義局,介甫自爲《周官義》十餘萬言,不解《考工記》。"《直齋書錄解題》卷二《禮類》:"《周禮新義》二十二卷。王安石撰。……其解止於《秋官》,不及《考工記》。"《四庫全書總目提要·經部·禮類一》:"晁公武《讀書志》曰:熙寧中置經義局,撰《三經義》,皆本王安石經説。三經,《書》《詩》《周禮》也。……然則《三經義》中,惟《周禮》爲安石手著矣。……今觀此書,惟訓詁多用《字説》,病其牽合,其餘依經詮義,如所解八則之治都鄙,八統之馭萬民,九兩之繫邦國者,皆具有發明,無所謂舞文害道之處。故王昭禹、林之奇、王與之、陳友仁等注《周禮》,頗據其説。《欽定周官義疏》亦不廢采用,又安可盡以人廢耶!……安石本未解《考工記》,而《永樂大典》乃備載其説。據晁公武《讀書志》,蓋鄭宗顏輯安石《字説》爲之,以補其闕。"

〔8〕 《宋史·藝文志·經部·禮類》:"王昭禹《周禮詳解》四十卷。"《直齋書錄解題》卷二《禮類》:"《周禮詳解》四十卷。王昭禹撰。未詳何人,近世爲舉子業者多用之,其學皆宗王氏新説。"《四庫全書總目提要·經部·禮類一》:"《周禮詳解》四十卷,宋王昭禹撰。陳振孫《書錄解題》曰:'昭禹未詳何人。近世爲舉子業者多用之,其學皆宗王氏新説'。王與之作《周禮訂義》,類編姓氏世次,列於龜山楊時之後,曰'字光遠',亦不詳其爵里。當爲徽、欽時人。今案其書,附會穿鑿,皆遵王氏《字説》,蓋當時《三經新義》列在學官,功令所懸,故昭禹因之而不改。然其發明義旨,則有不盡同於王氏之學者……固不得以遵用新説而盡廢之也。"

〔9〕 王與之,字次點,南宋樂清(今屬浙江)人。著有《周禮訂義》《祭鼎儀範》《鼎書》等。《宋史·理宗本紀二》:"(淳祐三年四月)壬申,布衣王與之進所著《周禮訂議》,補下州文學。"《宋史·藝文志·經部·禮類》:"王與之《周禮訂義》八十卷。"《經義考》卷一二四《周禮五》:"王氏與之《周禮訂義》,《宋

志》八十卷，存。"《四庫全書總目提要·經部·禮類一》："是書所采舊説，凡五十一家。然唐以前僅杜子春、鄭興、鄭衆、鄭玄、崔靈恩、賈公彦等六家，其餘四十五家則皆宋人。凡文集、語録無不搜采。蓋以當代諸儒爲主，古義特附存而已。"

〔10〕易祓，字彦章，後改彦祥，號山齋。南宋潭州寧鄉人。《宋史·藝文志·經部·禮類》："易祓《周禮總義》三十六卷。"《經義考》卷一二三《周禮四》："易氏祓《周禮總義》，《宋志》三十六卷（《讀書附志》三十卷），未見。趙希弁曰：'《周禮總義》三十卷，山齋易祓所著也。許儀爲之序，刻於衡陽。'"《四庫全書提要·經部·禮類一》："是書陳振孫《書録解題》不載。惟趙希弁《讀書附志》著録，稱'許儀爲之序，刻於衡陽'。今衡陽本世已無傳。惟《永樂大典》尚載其《天官》《春官》《秋官》《考工記》，而《地官》《夏官》亦佚。謹裒合四官之文，編次成帙，以存其舊。其《地官》《夏官》則采王與之《周禮訂義》所引以補其亡，仍依《讀書附志》所列，勒爲三十卷。雖非宗帙，然十已得其八九矣。其書研索經文，斷以己意，與先儒頗有異同。……要其援引明晰，自不可没。蓋祓雖人品卑污，而於經義則頗有考據，不以韓侂胄、蘇師旦故，掩其著書之功也。"

〔11〕《清史稿·藝文志·經部·禮類》："《周官禄田考》三卷，沈彤撰。"《清史稿·儒林傳二》："沈彤，字果堂，吳江人。自少力學，以窮經爲事。貫串前人之異同，折衷至當。……彤淹通三《禮》，以歐陽修有《周禮》官多田少，禄且不給之疑，後人多沿其説，即有辨者，不過以攝官爲詞。乃詳究周制，撰《周官禄田考》，以辨正歐説。分《官爵數》《公田數》《禄田數》三篇，積算至爲精密。其説自鄭注、賈疏以後，可云特出。"《四庫全書總目提要·經部·禮類一》："歷來考《周禮》爲僞者不止一家，惟官多田少之説猝難置辯。得彤此書，遂決千古疑，頗有功於經典。"

〔12〕《清史稿·藝文志·經部·禮類》："《周禮軍賦説》四卷。王鳴盛撰。"王鳴盛《周禮軍賦説·序》："曩官翰林，錫山秦文恭公欲輯《五禮通考》，猥以軍禮見屬。予閉户讀此經注疏數月，乃得其端緒，削稿以復於公。意在以鄭注爲宗，步賈氏之後塵者也。凡宋以後人妄駁鄭者辨證之，能發明鄭義者采而列之。公大擊賞，而副本留篋中。歸田後究心史學，無暇他及矣。偶檢舊稿，念昔亦嘗稍盡心力於此，且使後人觀之而知古義之不可妄駁，或亦窮經之一助與。"

〔13〕《四庫全書總目提要》卷二〇《經部·禮類二》："《鬳齋考工記解》二卷（江蘇巡撫采進本），宋林希逸撰。希逸字肅翁，福清人。端平二年進士。景定間

官司農少卿,終中書舍人。自漢河間獻王取《考工記》補《周官》,於是經與《記》合爲一書。然後儒亦往往別釋之,唐有杜牧注,宋有陳祥道、林亦之、王炎諸家解,今并不傳。獨希逸此注僅存。宋儒務攻漢儒,故其書多與鄭康成注相刺繆。……希逸注明白淺顯,初學易以尋求。且諸工之事非圖不顯,希逸以《三禮圖》之有關於《記》者,采摭附入,亦頗便於省覽。故讀《周禮》者,至今猶傳其書焉。”

〔14〕《清史稿·藝文志·經部·禮類》:“《考工記圖注》二卷。戴震撰。”紀昀《考工圖記·序》:“戴東原君始爲《考工記》作圖也,圖後附以己説而無注。……是書之爲治經所取益固鉅。”

〔15〕《清史稿·儒林傳二》:“瑶田,字易疇,歙人。讀書好深沉之思,學於江氏。乾隆三十五年舉人,選授太倉州學正。以身率教,廉潔自持。告歸之日,錢大昕、王鳴盛皆贈詩推重,至與平湖陸隴其并稱。嘉慶元年,舉孝廉方正。同時舉者,推錢大昭、江聲、陳鱣三人,阮元獨謂瑶田足以冠之。平生著述,長於旁搜曲證,不屑依傍傳注,所著曰《喪服足徵記》《宗法小記》《溝洫疆里小記》《禹貢三江考》《九穀考》《磬折古義》《水地小記》《解字小記》《聲律小記》《考工創物小記》《釋草釋蟲小記》。年老目盲,猶口授孫輩成《琴音記》。東原戴氏自謂尚遜其精密。”

〔16〕《清史稿·藝文志·經部·禮類》:“《車制圖考》一卷。阮元撰。”阮元《考工記車制圖考序》:“作車以行陸,聖人之事也。至周人,上輿一器而工聚者車爲多。《考工記》注解釋尚疏,唐以後學者又專守傳注,罕貫經文。元以考工之事,今之二三君子既宣之矣,於公車之事猶闕焉。因玩辭步算,率憑陋識,澄牙圍、捎藪、輪綆、車耳、陰軹、輈深、任木、衡軛等十餘事,作輪解弟一,輿解弟二,輈解弟三,革解弟四,金解弟五,推求車度次弟解弟六。解所未明圖以顯之,作輪圖弟一,輿圖弟二,輈圖弟三。”

〔17〕《清史稿·藝文志·經部·禮類》:“《考工輪輿私箋》二卷。鄭珍撰。”《清史稿·儒林林傳三》:“鄭珍,字子尹,遵義人。……珍初受知於歙縣程恩澤,乃益進求諸聲音文字之原,與古宮室冠服之制。方是時,海内之士。崇尚考據,珍師承其説,實事求是,不立異,不苟同。復從莫與儔游,益得與聞國朝六七鉅儒宗旨。於經最深三《禮》……其讀《禮經》,恒苦乾、嘉以還積漸生弊,號宗高密,又多出新義,未見有勝,説愈繁而事愈蕪。故言三《禮》,墨守司農,不敢苟有出入。至於諸經,率依古注爲多。又以餘力旁通子史,類能提要鈎玄。《儀禮》十七篇皆有發明,半未脱稿,所成《儀禮私箋》,僅有《士昏》《公食》《大夫喪服》《士喪》四篇,凡八卷;而《喪服》一篇,反覆尋繹,

用力尤深。又以《周禮·考工記·輪輿》，鄭注精微，自賈疏以來，不得正解，説者日益支蔓，成《輪輿私箋》三卷。尤長《説文》之學，所著《説文逸字》二卷、《附録》一卷、《説文新附考》六卷，皆見稱於時。他著有《兒氏圖説》《深衣考》《汗簡箋正》《説隸》等書。又有《巢經巢經説》《詩鈔》《文鈔》，《明鹿忠節公無欲齋詩注》。"鄭珍《輪輿私箋序》："余所見言車制者，自唐賈氏、孔氏及宋林膚齋、戴仲達，以迄國朝惠天牧士奇、江慎修永、方靈皋苞、戴東原震、段懋堂玉裁、金輔之榜、姚姬傳鼐、程易疇瑤田、阮芸臺元凡十餘家，他著者未及見，然已愈説愈詳矣。今年入閏五，少雨熱酷，窮居無憀，輒取《考工》經注讀之。堅守康成，往復尋繹，時似得解，頗煩記識。至是三職有者，用思略盡，因彙爲《輪輿私箋》，得常覽之，省其當否。嗟夫！經至今日能者無不名鄭學，而鄭義輔幾無一是，即此車制，其一端也。慎修先生云鄭注之精微，賈氏猶不能通，後人可輕破乎？是真能讀鄭注者，然吾不得及斯人而持證之矣。丁巳八月五日，子午山柴翁鄭珍識。"

〔18〕以下引文見《東塾讀書記》卷七《周禮》。

〔19〕《周禮·考工記》："凡攻木之工七，攻金之工六，攻皮之工五，設色之工五，刮摩之工五，搏埴之工二。攻木之工：輪、輿、弓、廬、匠、車、梓。攻金之工：築、冶、鳧、㮚、段、桃。攻皮之工：函、鮑、韗、韋、裘。設色之工：畫、繢、鍾、筐、㡛。刮摩之工：玉、楖、雕、矢、磬。搏埴之工：陶、瓬。"

〔20〕割圓，即用圓内接正多邊形之面積去無限逼近圓面積并以此求取圓周率之方法。徐光啓《新法算書·大測序》："割圓之法，弧者曲綫也，矢者直綫也。以弧求弧，無法可得。必以直綫曲弧相當相準，乃可得之。相當相準者，圍徑之法也。"《新法算書》卷九七《新法曆引·割圓》："割圓古法，亦即以圓求圓之意。"

〔21〕《周易·既濟》："初九：曳其輪，濡其尾，无咎。"《周易·未濟》："九二：曳其輪，貞吉。"

〔22〕王莽曾以《周禮》爲藍圖，實行廣泛之社會改制。其核心内容爲解決土地即奴婢問題之"王田令"與"私屬令"。《漢書·王莽傳中》："莽曰：'古者，設廬井八家，一夫一婦田百畝，什一而税，則國給民富而頌聲作。此唐虞之道，三代所遵行也。秦爲無道，厚賦税以自供奉，罷民力以極欲，壞聖制，廢井田，是以兼并起，貪鄙生，强者規田以千數，弱者曾無立錐之居。又置奴婢之市，與牛馬同蘭，制於民臣，顓斷其命。奸虐之人因緣爲利，至略賣人妻子，逆天心，詩人倫，繆於"天地之性人爲貴"之義。書曰"予則奴戮女"，唯不用命者，然後被此辜矣。漢氏减輕田租，三十而税一，常有更賦，罷癃咸

出，而豪民侵陵，分田劫假。厥名三十稅一，實什稅五也。父子夫婦終年耕芸，所得不足以自存。故富者犬馬餘菽粟，驕而爲邪；貧者不厭糟糠，窮而爲奸。俱陷於辜，刑用不錯。予前在大麓，始令天下公田口井，時則有嘉禾之祥，遭反虜逆賊且止。今更名天下田曰"王田"，奴婢曰"私屬"，皆不得賣買。其男口不盈八，而田過一井者，分餘田予九族鄰里鄉黨。'……莽至明堂，授諸侯茅土。下書曰：'……昔周二后受命，故有東都、西都之居。予之受命，蓋亦如之。其以洛陽爲新室東都，常安爲新室西都。邦畿連體，各有采任。州從禹貢爲九，爵從周氏有五。諸侯之員千有八百，附城之數亦如之，以俟有功。諸公一同，有衆萬戶，土方百里。侯伯一國，衆戶五千，土方七十里。子男一則，衆戶二千有五百，土方五十里。附城大者食邑九成，衆戶九百，土方三十里。自九以下，降殺以兩，至於一成。'"

〔23〕蘇綽（498—546），字令綽，西魏京兆武功人。輔佐宇文泰，曾制定計帳、戶籍之法，後奉令依《周禮》改官制，未成，積勞成疾而卒，盧辯繼成其事。《周書·盧辯傳》："初，太祖欲行周官，命蘇綽專掌其事。未幾而綽卒，乃令辯成之。於是依《周禮》建六官，置公、卿、大夫、士，并撰次朝儀，車服器用，多依古禮，革漢、魏之法。事并施行。"

〔24〕宇文即指北周。《隋書》卷四一《蘇威傳》："蘇威字無畏，京兆武功人也。父綽……隋承戰爭之後，憲章踳駁，上令朝臣釐改舊法，爲一代通典。律令格式，多威所定，世以爲能。"《隋書》卷六六《裴政傳》："周文帝聞其忠，授員外散騎侍郎，引事相府。命與盧辯依《周禮》建六卿，設公卿大夫士，并撰次朝儀，車服器用，多遵古禮，革漢、魏之法，事并施行。……開皇元年，轉率更令，加位上儀同三司。詔與蘇威等修定律令。政采魏、晉刑典，下至齊、梁，沿革輕重，取其折衷。同撰著者十有餘人，凡疑滯不通，皆取決於政。"《舊唐書·刑法志》："高祖初起義師於太原，即布寬大之令。……及受禪，詔納言劉文靜與當朝通識之士，因開皇律令而損益之。"

〔25〕《宋史·王安石傳》："安石令其黨呂惠卿任其事。而農田水利、青苗、均輸、保甲、免役、市易、保馬、方田諸役相繼并興，號爲新法，遣提舉官四十餘輩，頒行天下。……市易之法，聽人賒貸縣官財貨，以田宅或金帛爲抵當。"

〔26〕《宋史·王安石傳》："於是上萬言書，以爲：'今天下之財力日以困窮，風俗日以衰壞，患在不知法度，不法先王之政故也。法先王之政者，法其意而已。法其意，則吾所改易更革，不至乎傾駭天下之耳目，囂天下之口，而固已合先王之政矣。'"

〔27〕飲射，即飲酒射箭。陳祥道《禮書》卷四〇《周明堂》："宗廟居雉門之內，而

教學飲射於其中，則莫之容處。"讀法，即宣讀法令。《周禮·地官·州長》："正月之吉，各屬其州之民而讀法，以考其德行道藝而勸之，以糾其過惡而戒之。"賈公彥疏："而讀法者，謂對衆讀一年政令及十二教之法。"《韓非子·外儲說左上》："王欲與官事，則何不試習讀法？"

37. 論《周官》之法不可行於後世，馬端臨《文獻通考》言之最晰

馬端臨曰[1]："按《周禮》一書，先儒信者半，疑者半。其所以疑之者，特不過病其官冗事多，瑣碎而煩擾耳。然愚嘗論之，經制至周而詳[2]，文物至周而備[3]，有一事必有一官，無足怪者。有如閻閻卜祝，各設命官[4]，衣膳泉貨，俱有司屬[5]，自漢以來，其規模之瑣碎，經制之煩密，亦復如此，特官名不襲六典[6]之舊耳，固未見其爲行《周禮》，而亦未見其異於《周禮》也。獨與百姓交涉之事，則後世惟以簡易闊略爲便，而以《周禮》之法行之，必至於屬民而階亂，王莽之王田、市易[7]，介甫之青苗、均輸是也[8]。後之儒者見其效驗如此，於是疑其爲歆、莽之偽書而不可行，或以爲無《關雎》《麟趾》之意則不能行，愚俱以爲未然。蓋《周禮》者三代之法也。三代之時，則非直周公之聖可行，雖一凡夫亦能行；三代而後，則非直王莽之矯詐、介甫之執愎不可行，而雖賢哲亦不能行。其故何也？蓋三代之時，寰宇悉以封建，天子所治，不過千里，公、侯則自百里以至五十里，而卿大夫又各有世食禄邑，分土而治，家傳世守，民之服食日用，悉仰給於公上。而上之人所以治其民者，不啻如祖父之於其子孫，家主之於其臧獲[9]，田土則少而授，老而收，於是乎有鄉遂之官。又從而視某田業之肥瘠，食指之衆寡，而爲之斟酌區畫，俾之均平，貨財則盈而斂，乏而散，於是乎有泉府之官，又從而補其不足[10]，助其不給，或賒或貸，而俾之足用，所以養之者如此。司徒之任，則自鄉大夫州長以至閭胥比長[11]，自遂大夫縣正以至里宰鄰長[12]，歲終正歲，四時孟月，皆徵召其民，考其德藝，糾其過惡，而加以

勸懲。司馬之任，則軍有將，師有帥，卒有長，四時仲月，則有振旅、治兵、茇舍、大閱之法[13]，以旗致民，行其禁令而加以誅賞。所以教之者如此，上下蓋弊弊焉，察察焉，幾無寧日矣。然其事雖似煩擾，而不見其爲法之弊者，蓋以私土子人，痛癢常相關，脉絡常相屬，雖其時所謂諸侯、卿大夫者，未必皆賢，然既世守其地，世撫其民，則自不容不視爲一體。既爲一體，則奸弊無由生，而良法可以世守矣。自封建變而爲郡縣，爲人君者宰制六合，穹然於其上，而所以治其民者，則諉之百官有司、郡守縣令。爲守令者率三歲而終更[14]，雖有龔、黃之慈良[15]，王、趙之明敏[16]，其始至也，茫然如入異境，積日累月方能諳其土俗，而施以政令，往往期月之後，其善政方可紀，才再期而已及瓜矣[17]。其有疲懦貪鄙之人[18]，則視其官如逆旅傳舍，視其民如飛鴻土梗[19]，發政施令，不過授成於吏手。既授成於吏手，而欲以《周官》行之，則事煩而政必擾，政擾而民必病，教養之恩未孚，而追呼之苛嬈已亟矣[20]。是以後之言善政者，必曰事簡。夫以《周禮》一書觀之，成周之制，未嘗簡也。自土不分胙[21]，官不世守，爲吏者不過年除歲遷，多爲便文自營之計，於是國家之法度率以簡易爲便，慎無擾獄市之説，治道去大甚之説，遂爲經國庇民之遠猷[22]。所以臨乎其民者，未嘗有以養之也，苟使之自無失其養，斯可矣。未嘗有以教之也，苟使之自無失其教，斯可矣。蓋壤地既廣，則志慮有所不能周，長吏數易，則設施有所不及竟。於是法立而奸生，令下而詐起，處以簡靖，猶或庶幾，稍涉繁夥，則不勝其瀆亂矣。《周禮》所載，凡法制之瑣碎煩密者，可行之於封建之時，而不可行之於郡縣之後。必知時適變者，而後可以語通經學古之説也。"[23]

錫瑞案：馬氏謂《周禮》可行於封建，不可行於郡縣，以壤地既廣，長吏數易之故，最爲通論。今壤地之廣，過於南宋，長吏數易，亦甚於南宋。彼時守吏猶必三歲而更，今且一歲而數易矣。使與百姓交涉，能至纖至悉乎？外國之法，所纖悉備舉者，以去封建未遠，日本與德意志，皆初合侯國爲一者。壤地不大，官制不同之故。今人作《泰西采風記》[24]《周禮政要》[25]，謂西法與《周禮》暗合。

箋注

〔1〕 馬端臨(1254—1323),字貴與,號竹洲,南宋饒州樂平人。宋元之際著名史學家,著有《文獻通考》三百四十八卷及《大學集注》《多識錄》等書。

〔2〕 經制,即治國之制度。《漢書·賈誼傳》:"豈如今定經制,令君君臣臣,上下有差,父子六親各得其宜,奸人亡所幾幸,而群臣衆信,上不疑惑! 此業壹定,世世常安,而後有所持循矣。若夫經制不定,是猶度江河亡維楫,中流而遇風波,船必覆矣。"

〔3〕 文物,即指禮樂制度。古代用文物明貴賤,制等級,故稱。《左傳·桓公二年》:"夫德,儉而有度,登降有數,文物以紀之,聲明以發之,以臨百官。"《舊唐書·褚無量傳》:"請旁詢碩儒,俯摭舊典,采曲臺之故事,行圓丘之正儀,使聖朝叶昭曠之塗,天下知文物之盛,豈不幸甚。"

〔4〕 閹閹,指被閹割過之奴僕。《舊唐書·韋陟傳》:"陟門地豪華,早踐清列,侍兒閹閹,列侍左右者十數。"卜祝,即專管占卜、祭祀之人。《六臣注文選》卷四一《報任少卿書(司馬子長)》:"僕之先非有剖符丹書之功,文史星曆近乎卜祝之間,固主上所戲弄,倡優所畜,流俗之所輕也。"

〔5〕 衣膳,即衣服、膳食。泉貨,即錢幣、貨幣。《宋書·顏竣傳》:"竣議曰:'泉貨利用,近古所同,輕重之議,定於漢世,魏晉以降,未之能改。'"

〔6〕《周禮·天官·大宰》:"大宰之職,掌建邦之六典,以佐王治邦國:一曰治典,以經邦國,以治官府,以紀萬民;二曰教典,以安邦國,以教官府,以擾萬民;三曰禮典,以和邦國,以統百官,以諧萬民;四曰政典,以平邦國,以正百官,以均萬民;五曰刑典,以詰邦國,以刑百官,以糾萬民;六曰事典,以富邦國,以任百官,以生萬民。"

〔7〕《漢書·食貨志》:"(王)莽一朝有之,其心意未滿,陋小漢家制度,以爲疏闊。……又動欲慕古,不度時宜,分裂州郡,改職作官,下令曰:'漢氏減輕田租,三十而稅一,常有更賦,罷癃咸出,而豪民侵陵,分田劫假,厥名三十,實什稅五也。富者驕而爲邪,貧者窮而爲奸,俱陷於辜,刑用不錯。今更名天下田曰"王田",奴婢曰"私屬",皆不得賣買。其男口不滿八,而田過一井者,分餘田與九族鄉黨。'"又:"莽乃下詔曰:'夫《周禮》有賒貸,《樂語》有五均,傳、記各有幹焉。今開賒貸,張五均,設諸幹者,所以齊衆庶,抑并兼也。'遂於長安及五都立五均官,更名長安東西市令及洛陽、邯鄲、臨甾、宛、成都市長皆爲五均司市(稱)師。東市稱京,西市稱畿,洛陽稱中,餘四都各

用東西南北爲稱,皆置交易丞五人,錢府丞一人。"

〔8〕《宋史·王安石傳》:"青苗法者,以常平糴本作青苗錢,散與人户,令出息二分,春散秋斂。均輸法者,以發運之職改爲均輸,假以錢貨,凡上供之物,皆得徙貴就賤,用近易遠,預知在京倉庫所當辦者,得以便宜蓄買。"

〔9〕臧獲,古代對奴婢之賤稱。《荀子·王霸》:"大有天下,小有一國,必自爲之然後可,則勞苦耗顇莫甚焉;如是,則雖臧獲不肯與天子易執業。"《六臣注文選》卷四一《報任少卿書(司馬子長)》:"僕雖怯懦欲苟活,亦頗識去就之分矣,何至自沈溺縲絏之辱哉!且夫臧獲婢妾由能引決,況僕之不得已乎!"

〔10〕泉府,周官名。《周禮·地官·泉府》:"泉府掌以市之征布、斂市之不售、貨之滯於民用者。"《漢書·食貨志下》:"國師公劉歆言周有泉府之官。"又,原刻本誤作"而",據《文獻通考·經籍考》改。

〔11〕《周禮·地官·鄉大夫》:"各掌其鄉之政教禁令。正月之吉,受教法於司徒,退而頒之於其鄉吏,使各以教其所治,以考其德行,察其道藝。"《周禮·地官·州長》:"各掌其州之教治政令之法。正月之吉,各屬其州之民而讀法,以考其德行道藝而勸之,以糾其過惡而戒之。若以歲時祭祀州社,則屬其民而讀法,亦如之。春秋,以禮會民而射於州序。凡州之大祭祀、大喪,皆涖其事。若國作民而師田行役之事,則帥而致之;掌其戒令與其賞罰。"《周禮·地官·閭胥》:"各掌其閭之徵令。以歲時各數其閭之衆寡,辨其施捨。凡春秋之祭祀役政喪紀之數,聚衆庶。"《周禮·地官·比長》:"各掌其比之治。五家相受相和親;有辠奇衺,則相及。徙於國中及郊,則從而授之。若徙於他,則爲之旌節而行之。若無授無節,則唯圜土内之。"

〔12〕《周禮·地官·遂大夫》:"各掌其遂之政令。以歲時稽其夫家之衆寡六畜田野,辨其可任者與其可施捨者,以教稼穡,以稽功事。掌其政令戒禁,聽其治訟。"《周禮·地官·縣正》:"各掌其縣之政令徵比,以頒田里,以分職事;掌其治訟,趨其稼事而賞罰之。若將用野民,師田,行役,移執事,則帥而至,治其政令。既役,則稽功會事而誅賞。"《周禮·地官·里宰》:"掌比其邑之衆寡,與其六畜兵器,治其政令。以歲時合耦於鋤,以治稼穡,趨其耕耨,行其秩叙,以待有司之政令,而徵斂其財賦。"《周禮·地官·鄰長》:"掌相糾相受。凡邑中之政,相贊。徙於他邑,則從而授之。"

〔13〕振旅,即整頓部隊,操練士兵。治兵,即練兵或治軍。茇舍,指軍隊芟除草

莽,即於野地宿營。大閱,指大規模地檢閱軍隊。《周禮·夏官·大司馬》:"中春,教振旅,司馬以旗致民,平列陳,如戰之陳。"注:"凡師出曰治兵,入曰振旅,皆習戰也。"《周禮·夏官·大司馬》:"中夏,教茇舍,如振旅之陳。"注:"茇舍,草止之也。軍有草止之法。"《正義》曰:"云'茇舍草止之也'者,以草釋茇,以止釋舍,故即云軍有草止之法。"《周禮·夏官·大司馬》:"中秋,教治兵,如振旅之陳。"《左傳·隱公五年》:"三年而治兵,入而振旅,歸而飲至,以數軍實。"《周禮·夏官·大司馬》:"中冬,教大閱。"《正義》曰:"以冬時農隙,故大簡閱軍實之凡要也。"《左傳·桓公六年》:"秋,大閱,簡車馬也。"

〔14〕終更,古代官員任某職皆有任期,任滿無過者則遷轉,稱爲終更。《宋史·高宗紀七》:"甲子,命郡守終更入見,各舉所部縣令一人。"《宋史·選舉志五·銓選法下》:"凡見任距受代半年及已終更者,許用本資序指射。"

〔15〕龔,龔遂;黄,黄霸。都是西漢著名循吏。《漢書·循吏傳》:"王成、黄霸、朱邑、龔遂、鄭弘、召信臣等,所居民富,所去見思,生有榮號,死見奉祀,此凛凛庶幾德讓君子之遺風矣。"

〔16〕王,王尊;趙,趙廣漢。漢代著名官吏,以廉明威敏、打擊豪强著稱。《漢書·趙尹韓張兩王傳》贊曰:"自孝武置左馮翊、右扶風、京兆尹,而吏民爲之語曰:'前有趙、張,後有三王。'然劉向獨序趙廣漢、尹翁歸、韓延壽,馮商傳王尊,揚雄亦如之。"

〔17〕及瓜,指爲官任職期滿。《左傳·莊公八年》:"齊侯使連稱、管至父戍葵丘。瓜時而往,曰:'及瓜而代。'"

〔18〕疲懦,即軟弱無能。《宋史·田況傳》:"今兵數雖多,疲懦者眾。"《金史·劉炳傳》:"委疲懦以臨陣,陣勢稍動,望塵先奔。"貪鄙,即貪婪卑鄙。《荀子·解蔽》:"故以貪鄙背叛爭權,而不危辱滅亡者,自古及今未嘗有之也。"

〔19〕土梗,即泥塑偶像,以喻輕賤無用。《莊子·田子方》:"吾所學者直土梗耳,夫魏真爲我累耳!"成玄英疏:"自覺所學,土人而已,逢雨則壞,并非真物。土梗者,土人也。"

〔20〕苛嬈,猶苛擾。《漢書·晁錯傳》:"除苛解嬈,寬大愛人。"顏師古注:"文穎曰:'嬈,煩繞也。'"《新唐書·循吏傳序》:"開元中,又銅廢酷吏,懲無良,群臣化之,革苛嬈之風,爭以惠利顯。"

〔21〕分胙,即祭祀完畢分享祭神之肉。胙(zuò),祭祀時所用之肉。《左傳·僖公四年》:"太子祭於曲沃,歸胙於公。"

〔22〕遠猷,即遠大之謀略。《尚書·康誥》:"顧乃德,遠乃猷。"《三國志·魏志·

明帝紀論》:"而遽追秦皇、漢武,宫館是營,格之遠猷,其殆疾乎。"

〔23〕見《文獻通考》卷一八〇《經籍考七》。

〔24〕《泰西采風記》,即《泰西各國采風記》,清末宋育仁撰。宋育仁(1857—1931),字芸子,號問琴閣主人,四川富順縣人。近代學者,思想家。《泰西各國采風記》一書全面介紹西歐各國之制度,多以中國文化印證之,其中雖不無牽合之處,然亦有特見獨識而爲人所稱道者。

〔25〕《周禮政要》,清末孫詒讓撰。該書以《周禮》爲綱,溝通中西政治學説,宣揚托古改制。孫詒讓(1848—1908),字仲容,浙江瑞安人。清末經學家、教育家,被譽爲有清三百年樸學之殿。《清史稿·儒林傳三》:"⋯⋯初讀《漢學師承記》及《皇清經解》,漸窺通儒治經、史、小學家法。謂古子、群經,有三代文字之通假,有秦、漢篆隸之變遷,有魏、晉正草之混淆,有六朝、唐人俗書之流失,有宋、元、明校讎之屢改。匡違捃佚,必有誼據,先成《札迻》十二卷。又著《周禮正義》八十六卷⋯⋯所著又有《墨子間詁》十五卷,《目録》《附録》二卷,《後語》二卷。精深閎博,一時推爲絕詣。《古籀拾遺》三卷,《逸周書斠補》四卷,《九旗古義述》一卷。"

38. 論鄭樵解釋《周禮》疑義未可信爲確據

鄭樵曰:"《周禮》所以難通者有五:一曰《職方》之説萬里,與《禹貢》五千里之制不同;二曰封國公五百里,與《孟子》《王制》公百里之制不同;三曰載師田税用十二,與三代什一之制不同;四曰遂人溝洫之數,與匠人多寡之制不同;五曰比閭族黨之讀法,無乃重擾吾民乎? 今案經文分析,合而一之,以釋五者之疑。《禹貢》有五服[1],各五百里,是禹之時地方五千里。《職方》有九服[2],亦各五百里,并王畿千里,則周之時地方萬里矣。禹之五服,各五百里,自其一面而數之;周職方九服,各五百里,自其兩面而數之也。周畿千里,不在九服之内,王畿即禹之甸服,侯、甸即禹之侯服,男、采即禹之綏服,衛、蠻即禹之要服,鎮、夷即禹之荒服,大率二畿當一服。而周人鎮服之外,又有五百里藩服,去王城二千五百里,乃九州之外,地增於《禹貢》五百里而已。諸侯

之地，當如《孟子》所言[3]，至開方之則如《王制》所説[4]。薛常州[5]開
方法：百里之國，開方得百里之國四，是謂侯四百里；七十里之國，開
方得七十里之國四，是謂伯三百里，四七二十八，二百八十里，舉成數
曰三百里；五十里之國，開方得五十里之國四，是謂子二百里。什一天
下之中，正《孟子》所謂'多則桀，寡則貉'[6]。《周禮・載師》之職曰：
'凡任地、國宅無徵，園廛二十而一，近郊十一，遠郊二十而三，甸、稍、
縣、都皆無過十二，惟其漆林之徵二十而五。'康成注《匠人》，亦引此謂
田税輕近重遠之失。周公制法，不當於十一之外，又有二十而税三，二
十而税五者。今案《載師》文曰'凡任地謂之地'，則非田矣；又曰'園
廛'[7]，謂之園廛，則亦非田矣；又曰'漆林'，則漆林又非田之所植矣；
豈得謂之田税？蓋園者不種五穀，其種雜物，所出不貲。廛者工商雜
處，百貨所聚，其得必厚。聖人抑末之意，以爲在國之園廛，可輕之而
爲二十而一，如自郊以往，每增之不過十二；若以其地植漆林，則非二
十而五不可也。《遂人》云：'十夫有溝，百夫有洫，千夫有澮，萬夫有
川。'[8]若案文讀，則一同之地，有九萬夫，當得九川，而川澮溝洫，不幾
太多歟？《匠人》云：'井間有溝，成間有洫，同間有澮。'[9]若案文讀，則
一同之地，惟有一澮，不幾太少歟？鄭氏求其説而不得，注《遂人》則
曰：'此鄉遂法，以千夫、萬夫爲制。'注《匠人》則曰：'此畿内之采地制，
井田異於鄉遂及公邑。'考尋鄭意，以二處不同。故謂鄉遂制，田不用
井畫，惟以夫地爲溝洫法；采地制田，則以田畫而爲井田法，是以《遂
人》《匠人》制田之法，分而爲二矣。《匠人》之制，舉大概而言；《遂人》
之制，舉一端而言。一成之地九百夫，一孔一井，井中有一溝，直。一
列凡九井，計九個溝，橫。通一洫，直。是十夫之地有一溝，百夫之地有
一洫，九百夫之地有九洫，而爲一成之地。若一同之地有百成，九萬
夫，一孔爲一成，中有九洫，直。橫一列凡有十成，計九十洫，直。通一
大澮，橫。九澮而兩川周其外，是謂九萬夫之地。合而言之，成間有
洫，是一成有九洫，同間有澮，是一同有九澮。《匠人》《遂人》之制，無
不相合。周家井田之法，通行於天下，未嘗有鄉遂、采地之異，但《遂
人》以一直言之，故曰以達於畿，《匠人》以四方言之，故止一同耳。《周

禮》五家爲比，五比爲閭，四閭爲族，五族爲黨，五黨爲州，五州爲鄉，州
長每歲屬民讀法者四[10]，黨正讀法者七[11]，族師讀法者十四[12]，閭胥
讀法者無數[13]，或者以爲是日讀法，即於州長，又於黨正，又於閭胥、
族師，且將奔命而不暇。予謂此法亦易曉，如正月之吉讀法，州長、黨
正、族師咸預焉，至四孟[14]吉日讀法，則族師、黨正預焉，州長不預。
到每月讀法，惟族師職焉。此注所謂彌親民者，其教亦彌數。正如今
之勸農，守倅、令佐皆預焉，其職各帶'勸農'二字，不必謂之更來迭
往也。"[15]

　　錫瑞案：鄭氏彌縫牽合，具見苦心，惟《周官》一書，與諸經多不相
通，如九服、公五百里之類是；《考工記》亦與《周官》不相通，如《匠人》
《遂人》之類是，欲強合之爲一，雖其説近理，未可信爲確據。

箋注

〔1〕《尚書·禹貢》："五百里甸服：百里賦納總，二百里納銍，三百里納秸服，四
　　　百里粟，五百里米。五百里侯服：百里采，二百里男邦，三百里諸侯。五百
　　　里綏服：三百里揆文教，二百里奮武衛。五百里要服：三百里夷，二百里
　　　蔡。五百里荒服：三百里蠻，二百里流。東漸於海，西被於流沙，朔南暨，
　　　聲教訖於四海。"

〔2〕《周禮·夏官·職方》："乃辨九服之邦國，方千里曰王畿，其外方五百里曰
　　　侯服，又其外方五百里曰甸服，又其外方五百里曰男服，又其外方五百里曰
　　　采服，又其外方五百里曰衛服，又其外方五百里曰蠻服，又其外方五百里曰
　　　夷服，又其外方五百里曰鎮服，又其外方五百里曰藩服。"

〔3〕《孟子·萬章下》："天子之制，地方千里，公侯皆方百里，伯七十里，子、男五
　　　十里，凡四等。不能五十里，不達於天子，附於諸侯，曰附庸。"

〔4〕《禮記·王制》："方千里者，爲方百里者百。封方百里者三十國，其餘方百
　　　里者七十。又封方七十里者六十，爲方百里者二十九、方十里者四十。其
　　　餘方百里者四十，方十里者六十。又封方五十里者二十，爲方百里者三十；
　　　其餘方百里者十，方十里者六十。……天子之縣內，方千里者，爲方百里者
　　　百。封方百里者九，其餘方百里者九十一。又封方七十里者二十一，爲方
　　　百里者十，方十里者二十九。其餘方百里者八十，方十里者七十一。又封

方五十里者六十三,爲方百里者十五,方十里者七十五。其餘方百里者六十四,方十里者九十六。"

〔5〕薛常州,即薛季宣(1134—1173),學者稱常州先生。永嘉學派創始人。注見前。

〔6〕《孟子·告子下》:"欲輕之於堯舜之道者,大貉、小貉也;欲重之於堯舜之道者,大桀、小桀也。"

〔7〕園廛,即園圃與廛里。廛里爲古代市民住宅之統稱。《周禮·地官·載師》:"以廛里任國中之地。"孫詒讓《正義》:"通言之,廛、里皆居宅之稱;析言之,則庶人、農、工、商等所居謂之廛……士大夫等所居謂之里。"《周禮·地官·載師》:"凡任地,國宅無徵,園廛二十而一。"鄭玄注:"周稅輕近而重遠,近者多役也;園廛亦輕之者,廛無穀,園少利也。"

〔8〕《周禮·地官·遂人》:"凡治野:夫間有遂,遂上有徑;十夫有溝,溝上有畛;百夫有洫,洫上有涂;千夫有澮,澮上有道;萬夫有川,川上有路,以達於畿。"

〔9〕《周禮·冬官·匠人》:"匠人爲溝洫。耜廣五寸,二耜爲耦。一耦之伐,廣尺深尺謂之甽。田首倍之,廣二尺,深二尺,謂之遂。九夫爲井,井間廣四尺,深四尺,謂之溝。方十里爲成,成間廣八尺,深八尺,謂之洫。方百里爲同,同間廣二尋,深二仞,謂之澮。"

〔10〕《周禮·地官·州長》:"各掌其州之教治政令之灋。正月之吉,各屬其州之民而讀灋,以考其德行道藝而勸之,以糾其過惡而戒之。……若以歲時祭祀州社,則屬其民而讀灋,亦如之。……正歲,則讀教灋如初。"灋:古文"法"字。

〔11〕《周禮·地官·黨正》:"各掌其黨之政令教治。及四時之孟月吉日,則屬民而讀邦灋以糾戒之。春秋祭禜,亦如之。……正歲,屬民讀灋,而書其德行道藝。"鄭玄注:"以四孟之月朔日讀法者,彌親民者於教亦彌數。"

〔12〕《周禮·地官·族師》:"各掌其族之戒令政事。月吉,則屬民而讀邦灋,書其孝弟睦姻有學者。春秋祭酺,亦如之。"鄭玄注:"月吉,每月朔日也。"

〔13〕《周禮·地官·閭胥》:"各掌其閭之徵令。……凡春秋之祭祀、役政、喪紀之數,聚衆庶;既比,則讀灋,書其敬敏任恤者。"鄭玄注:"祭祀,謂州社、黨禜、族酺也。役,田役也。政若州射黨飲酒也。喪紀,大喪之事也。四者及比,皆會聚衆民,因以讀法以敕戒之。"

〔14〕四孟吉日,即四時之孟月吉日。四孟即孟春、孟夏、孟秋、孟冬。

〔15〕見《六經奧論》卷六《周禮經》,引文有刪改。

39. 論《周官》并非周公未行之書，宋元人强補《周官》更不足辨

《尚書大傳》曰："周公攝政，六年制禮作樂，七年致政成王。"又曰："周公將作禮樂，優游之，三年不能作。君子耻其言而不見從，耻其行而不見隨，將大作，恐天下莫我知也，將小作，恐不能揚父祖功業德澤，然後營洛以觀天下之心，於是四方諸侯率其群黨，各攻位於其庭。周公曰：'示之以力役且猶至，况導之以禮樂乎？'然後敢作禮樂。"

《白虎通·禮樂篇》曰："太平乃制禮作樂，何？夫禮樂所以防奢淫，天下人民飢寒，何樂之乎？功成作樂，治定制禮，王者始起，何用正民。以爲且用先代之禮樂，天下太平，乃更制作焉。《書》曰：'肇修稱殷禮，祀新邑'[1]，此言太平去殷禮，必復更制者，示不相襲也。"《書·洛誥》疏引鄭注云："王者未制禮樂，恒用先王之禮樂，伐紂以來，皆用殷之禮樂，非始成王用之也。周公制禮樂既成，不使成王即用周禮，仍令用殷禮者，欲待明年即政，告神受職，然後班行周禮。班訖，始得用周禮，故告神且用殷禮也。"

錫瑞案：據此，則周公制禮，極其慎重，既已優游三年，乃敢制作，又待營洛之後，乃始班行。所以不能不慎重者，觀後世如漢賈誼、董仲舒、王吉、劉向皆請制禮而未能定[2]，曹褒定禮而未能行[3]。唐《顯慶》《開元禮》[4]，宋《政和禮》[5]，其書具在，迄未行用。周公蓋慮及此，故必慎之於始，其始既如此慎重，其後必實見施行。今之《周官》與周時制度多不符，則是當時并未實行，其非周公之書可知。孔子所謂"吾學周禮"[6]，亦非《周官》之書。北宫錡問周室班爵禄，[7]《周官》言班爵禄極詳，孟子乃云"其詳不可得聞"，而所謂"嘗聞其略"者，又不同《周官》而同《王制》，若《周官》爲周公手定，必無孔、孟皆未見之理，其書蓋出孔、孟後也。後人知《周官》與周時制度不合，乃以爲未成之書，又以爲

未行之書。《困學紀聞》引九峰蔡氏云[8]:"周公方條治事之官,而未及師保之職,《冬官》亦闕,首尾未備,周公未成之書也。[9]"《黃氏日鈔》引孫處之說曰[10]:"《周禮》之作,周公居攝之後,書成歸豐,而實未嘗行。惟其未行,故建都之制不與《召誥》《洛誥》合,封國之制不與《武成》《孟子》合,設官之制不與《周官》合,《武成》《周官》皆僞書,可不引。九畿之制不與《禹貢》合。凡此皆豫爲之也,而未嘗行也。"[11]許宗彥[12]本其說,謂:"武王既有天下,其命官或由商舊,或仍周初侯國之制,其時未有《周禮》,而官名、職掌固已皆定。及夫《周禮》之成,周公蓋將舉其不合者徐徐更之,以爲有周一代之定制,然而周公則已老矣。傳《尚書》者謂周公居攝,六年制禮,七年致政成王,其間才一年耳,《周禮》之不能遂行,時則然也,故謂《周禮》爲周代未行之書可矣。必以一二事疑之,謂非周公所作,不亦過乎!"[13]

案:此欲以《周官》強歸周公,乃以後世苟簡之法例周公。伏《傳》云制禮方致政,正是制禮必行之證,何得反據伏《傳》以爲不能遂行?顯慶、開元作禮書,飾太平,而不能實行,後世苟簡之法則然,豈有周公制禮亦如是者?孫處引《顯慶》《開元》爲比,見鄭樵《周禮辨》引,故駁之。雖欲強爲傅會,要無解於孔、孟未見也。若《考工記》本別爲一書,河間獻王以《周官》闕《冬官》一篇,購以千金不得,取《考工記》合成六篇奏之[14]。宋俞廷椿作《復古篇》[15],謂司空之屬,分寄於五官[16]。王與之又作《周官補遺》[17]。邱葵本俞、王之說,取五官所屬歸於冬官,六屬各得六十,著爲《周禮定本》[18]。吳澄《周禮叙錄》[19]:"以《尚書·周官》考之,冬官司空掌邦土,而雜於地官司徒掌邦教之中。今取其掌邦土之官,列於司空之後,庶乎冬官不亡,而《考工記》別爲一卷附之經後。"又與俞、王稍異,要皆宋元人竄易經文之陋習,不足辨。吳氏不信僞古文,此又執僞《周官》爲說,更不可解。

箋注

〔1〕《尚書·洛誥》:"王肇稱殷禮,祀於新邑,咸秩無文。"

〔2〕《漢書·禮樂志》:"漢興,撥亂反正,日不暇給,猶命叔孫通制禮儀,以正君臣之位。……以通爲奉常,遂定儀法,未盡備而通終。至文帝時,賈誼……乃草具其儀,天子説焉。而大臣絳、灌之屬害之,故其議遂寢。至武帝即位,進用英雋,議立明堂,制禮服,以興太平。會竇太后好黃老言,不説儒術,其事又廢。後董仲舒對策……是時,上方征討四夷,鋭志武功,不暇留意禮文之事。至宣帝時,琅邪王吉爲諫大夫,又上疏……上不納其言,吉以病去。至成帝時,犍爲郡於水濱得古磬十六枚,議者以爲善祥。劉向因是説上……成帝以向言下公卿議,會向病卒,丞相大司空奏請立辟雍。案行長安城南,營表未作,遭成帝崩,群臣引以定謚。"

〔3〕《後漢書·曹褒傳》:"會肅宗欲制定禮樂……章和元年正月,乃召褒詣嘉德門,令小黃門持班固所上叔孫通《漢儀》十二篇,敕褒曰:'此制散略,多不合經,今宜依禮條正,使可施行。於南宮、東觀盡心集作。'褒既受命,乃次序禮事,依準舊典,雜以五經讖記之文,撰次天子至於庶人冠婚、吉凶終始制度,以爲百五十篇,寫以二尺四寸簡。其年十二月奏上。帝以衆論難一,故但納之,不復令有司平奏。會帝崩,和帝即位,褒乃爲作章句,帝遂以新禮二篇冠。……後太尉張酺、尚書張敏等奏褒擅制漢禮,破亂聖術,宜加刑誅。帝雖寢其奏,而漢禮遂不行。"

〔4〕《新唐書·經籍志·史部·儀注類》:"《永徽五禮》一百三十卷。長孫無忌、侍中許敬宗、兼中書令李義府、黃門侍郎劉祥道許圉師、太常卿韋琨、博士蕭楚材孔志約等撰。削國恤,以爲豫凶事非臣子所宜論次,定著二百九十九篇。顯慶三年上。"案,《永徽五禮》即《顯慶禮》。"《開元禮》一百五十卷。開元中,通事舍人王嵒請改《禮記》,附唐制度,張説引嵒就集賢書院詳議。説奏:'《禮記》,漢代舊文,不可更,請修《貞觀》《永徽五禮》爲《開元禮》。'命賈登、張烜、施敬本、李鋭、王仲丘、陸善經、洪孝昌撰緝,蕭嵩總之。"《舊唐書·禮儀志一》:"高宗初,議者以《貞觀禮》節文未盡,又詔太尉長孫無忌、……等重加緝定,勒成一百三十卷。至顯慶三年奏上之,增損舊禮,并與令式參會改定,高宗自爲之序。……開元十年,詔國子司業韋紹爲禮儀使,專掌五禮。……初令學士右散騎常侍徐堅及左拾遺李鋭、太常博士施敬本等檢撰,歷年不就。説卒後,蕭嵩代爲集賢院學士,始奏起居舍人王仲丘撰成一百五十卷,名曰《大唐開元禮》。"《新唐書·禮樂志一》:"高宗又詔太尉長孫無忌……等增之爲一百三十卷,是爲《顯慶禮》。……玄宗開元十年,以國子司業韋紹爲禮儀使,以掌五禮。……乃詔集賢院學士右散騎常侍徐堅、左拾遺李鋭及太常博士施敬本撰述,歷年未就而鋭卒,蕭嵩代鋭爲

學士,奏起居舍人王仲丘撰定,爲一百五十卷,是爲《大唐開元禮》。"

〔5〕宋《政和禮》,即《政和五禮新儀》。《宋史·藝文志·史部儀注類》:"《政和五禮新儀》二百四十卷。鄭居中、白時中、慕容彦逢、强淵明等撰。"《宋史·禮志一》:"而大觀初,置議禮局於尚書省,命詳議、檢討官具禮制本末,議定請旨,三年書成,爲《吉禮》二百三十一卷、《祭服》制度十六卷,頒焉。議禮局請分秩五禮,詔依《開寶通禮》之序。政和元年,續修成四百七十七卷,且命仿是修定儀注。三年,《五禮新儀》成,凡二百二十卷,增置禮直官,許士庶就問新儀,而詔開封尹王革編類通行者,刊本給天下,使悉知禮意,其不奉行者論罪。⋯⋯大抵累朝典禮,講議最詳。祀禮修於元豐,而成於元祐,至崇寧復有所增損。其存於有司者,惟《元豐郊廟禮文》及《政和五禮新儀》而已。"《四庫全書總目提要》卷八二《史部·政書類二》:"《政和五禮新儀》二百二十卷(兩淮馬裕家藏本),宋議禮局官知樞密院鄭居中等奉敕撰。徽宗御製序文,題政和新元三月一日,蓋政和改元之年。錢曾《讀書敏求記》誤以新元爲心元,遂以爲不知何解,謬也。前列局官隨時酌議科條,及逐事御筆指揮。次列御制冠禮,蓋當時頒此十卷爲格式,故以冠諸篇。次爲《目錄》六卷。次爲《序例》二十四卷,禮之綱也。次爲《吉禮》一百一十一卷。次爲《賓禮》二十一卷。次爲《軍禮》八卷。次爲《嘉禮》四十二卷。升婚儀於冠儀前,徽宗所定也。次爲《凶禮》十四卷,惟官民之制特詳焉。是書頗爲朱子所不取。自《中興禮書》既出,遂格不行,故流傳絶少。⋯⋯然北宋一代典章,如《開寶禮》《太常因革禮》《禮閣新儀》,今俱不傳。《中興禮書》散見《永樂大典》中,亦無完本。惟是書僅存,亦論掌故者所宜參考矣。"

〔6〕孔子所謂"吾學周禮",見《中庸》:"子曰:'吾說夏禮,杞不足徵也。吾學殷禮,有宋存焉。吾學周禮,今用之,吾從周。'"

〔7〕北宮錡問周室班爵祿,見《孟子·萬章下》:"北宮錡問曰:'周室班爵祿也,如之何?'孟子曰:'其詳不可得聞也,諸侯惡其害己也,而皆去其籍。然而軻也嘗聞其略也。'"

〔8〕《困學紀聞》,南宋王應麟撰。注見前。

〔9〕"周公"句,見《困學紀聞》卷四《周禮》。

〔10〕《黄氏日鈔》,宋黄震撰。注見前。案,《六經奧論》卷六《周禮辯》亦引孫處之說。

〔11〕"《周禮》"句,見《黄氏日鈔》卷三〇《讀周禮》。

〔12〕許宗彦(1768—1818),字積卿,浙江德清人。九歲能讀經、史。善屬文。著有《鑑止水齋集》二十卷。《清史稿·儒林傳三》:"居杭州,杜門以讀書爲

事。其學無所不通,探賾索隱,識力卓然,發千年儒者所未發。……其他所著學説,能持漢、宋儒者之平。《禮論》《治論》諸篇,皆稽古證今,通達政體。尤精天文,得泰西推步秘法,自製渾金球,別具神解。……性孝友,慎於交游,體羸而神理澂淡,見者皆肅然敬之。”

〔13〕“武王”句,見《鑑止水齋集》卷一四《讀〈周禮〉記》,引文有删改。

〔14〕《隋書·經籍志》:“《周官》蓋周公所制官政之法,上於河間獻王,獨闕《冬官》一篇。獻王購以千金不得,遂取《考工記》以補其處,合成六篇奏之。”

〔15〕《宋史·藝文志·經部·禮類》:“俞庭椿《周禮復古編》三卷。”《四庫全書總目提要》卷一九《經部·禮類一》:“《周禮復古編》一卷,宋俞庭椿撰。庭椿字壽翁,臨川人。乾道八年進士,官古田令。是書《宋志》作三卷。今本作一卷,標曰陳友仁編。蓋友仁訂正《周禮集説》而以此書附其後也。庭椿之説,謂五官所屬皆六十,不得有羨。其羨者皆以補《冬官》。鑿空臆斷,其謬妄殆不足辯。又謂《天官》世婦與《春官》世婦,《夏官》環人與《秋官》環人爲一官複出,當省并之。其説似巧而其謬尤甚……此好立異説者之適以自蔽也。然復古之説,始於庭椿。厥後邱葵、吴澄皆襲其謬,説《周禮》者,遂有‘冬官不亡’之一派,分門別户,輾轉蔓延,其弊至明末而未已。”

〔16〕《周禮復古編·序》:“而司空之篇,實雜出於五官之屬。”

〔17〕《四庫全書總目提要·經部·禮類一》:“《周禮訂義》八十卷,宋王與之撰。與之字次點,樂清人。……又案邱葵《周禮補亡序》稱‘嘉熙間,東嘉王次點作《周官補遺》,由是《周禮》之六官始得爲全書。’”彭大翼《山堂肆考》卷一二一《文學·經術》:“元英宗泰定中,清源丘葵吉甫《周禮序》,聖朝新制以六經取士,乃置《周官》於不用,使天下之士習《周禮》者皆棄而習他經,毋乃以《冬官》之缺爲不全書耶?夫《冬官》未嘗缺也,雜出於五官之中。漢儒考古不深,遂以《考工記》補之。至宋淳熙間臨川俞廷椿始著《復古篇》,新安朱氏一見,以爲《冬官》不亡,考索甚當。自鄭、賈以來,皆當斂袵退三舍也。嘉熙間,永嘉王次點又作《周官補遺》,由是《周禮》六官始得爲全書。”

〔18〕《宋元學案》卷六八《北溪學案》:“丘葵,字吉甫,同安人。有志朱子之學,初從辛介甫,繼從信州吴平甫授《春秋》,而親炙吕大圭、洪天錫之門。宋没,不應科舉,杜門勵學,居海嶼中,因自號釣磯翁。所著有《易解義》《書解》《詩口義》《春秋通義》《周禮補亡》《四書日講》。”李清馥《閩中理學淵源考》卷三三《徵士丘釣磯先生葵》:“丘葵,字吉甫,同安人。家海嶼中,因自號釣磯。蚤有志考亭之學,初從辛介甫,繼從信州吴平甫授《春秋》。親炙吕大圭、洪天錫之門最久,風度端凝,如鶴立振鷺。宋末科舉廢,杜門勵學,不求

人知。……著有《易解義》《書解》《詩口義》《春秋通義》《四書日講》《經世書》《聲音既濟圖》《周禮補亡》等書……其著述多無傳，僅存《周禮補亡》及詩集四卷行世。《周禮補亡》今存，論者謂其參訂詳確。"按，考以上各書所記，丘葵所著當爲《周禮補亡》，非爲《周禮定本》。《四庫全書總目提要》卷二三《經部·禮類存目一》："是書本俞庭椿、王與之説，謂《冬官》一職散見五官，又參以諸家之説，訂定《天官》之屬五十九，《地官》之屬五十七，《春官》之屬六十，《夏官》之屬五十，《秋官》之屬五十七，《冬官》之屬五十四。……其説皆自信不疑。《周禮》一書，不過闕《冬官》耳。至南宋淳熙、嘉熙之間，俞、王二家倡爲異説，而五官俱亂。葵又從而推波助瀾。《閩書》稱宋末科舉廢，葵杜門勵學，居海嶼中，因自號釣磯翁，所著有《易解義》《書解義》《詩口義》《春秋通義》《四書日講》《周禮補亡》。今諸書散佚，惟此書爲世所詬病，轉以見異而存。據葵自序，書蓋成於泰定丙子，葵年八十一矣。虛殫一生之力，使至今談《周禮》者，稱俞庭椿爲變亂古經之魁，而葵與王與之，爲煽助異説之黨，不亦慎歟！其書世有二本。其一分六卷，題曰《周禮注》。其一即此本，不分卷數，而題曰《周禮冬官補亡》。《經義考》又作《周禮全書》，而注曰'一作《周禮補亡》'。案此書別無他長，惟補亡是其本志，故今以《補亡》之名著録焉。"

〔19〕吳澄，注見前。黃虞稷《千頃堂書目》卷二《三禮類》："吳澄《周官叙録》六篇。"

40. 論《禮記》始撰於叔孫通

《周禮》出於山岩屋壁，五家之儒莫見[1]，其授受不明，故爲衆儒所排。《儀禮》傳自高堂生，有五傳弟子[2]，其授受最明，故得立於學官。《禮記》删定，由於二戴，其前授受，亦莫能詳。魏張揖[3]以爲叔孫通撰輯，揖去漢不遠，其説當有所受。

陳壽祺曰："《漢書·藝文志》禮家'《記》百三十一篇'，班固本注：'七十子後學者所記。'《景十三王傳》曰：'河間獻王所得書，皆古文先秦舊書，《周官》《尚書》《禮》[4]《禮記》《孟子》《老子》之屬，皆經傳説記，七十子之徒所論。'又曰：'魯恭王壞孔子宅而得古文《尚書》及《禮記》

《論語》《孝經》，凡數十篇，皆古字也。'《經典釋文·序録》引鄭君《六藝論》云：'後得孔氏壁中、河間獻王古文《禮》五十六篇，《記》百三十一篇，《周禮》六篇。'又引劉向《別録》云：'古文《記》二百四篇。'壽祺案：孔壁所得書，《魯恭王傳》僅言數十篇，知非全書。《藝文志》依《七略》著録《記》百三十一篇，蓋河間獻王所得者，故《六藝論》兼舉之。百三十一篇之《記》，合《明堂陰陽》三十三篇，《王史氏》二十一篇，《樂記》二十三篇，《孔子三朝記》七篇，凡二百十五篇，并見《藝文志》。而《別録》言二百四篇，未知所除何篇，疑《樂記》二十三篇，其十一篇已具百三十一篇《記》中，除之，故爲二百四篇。《孔子三朝記》亦重出，不除者，篇名不同故也。《大戴禮記》所載七篇，爲《千乘》《四代》《虞戴德》《誥志》《小辨》《用兵》《少間》，不著《孔子三朝記》之名。《隋志》言劉向考校經籍，檢得一百三十篇，向因第而叙之，又得《明堂陰陽記》《孔子三朝記》《王氏史氏記》《樂記》五種，合二百十四篇，減少一篇，與《別録》《藝文志》不符，失之。然百三十一篇之《記》，第之者劉向，得之者獻王，而輯之者蓋叔孫通也。魏張揖《上廣雅表》曰：'周公著《爾雅》一篇，爰暨帝劉，魯人叔孫通撰置《禮記》，文不違古。'通撰輯《禮記》，此其顯證，稚讓之言，必有所據。《爾雅》爲通所采，當在《大戴禮》中。武進臧庸曰[5]："《白虎通·三綱六紀篇》引《禮親屬記》，見《爾雅·釋親》。《孟子》'帝館甥於貳室'[6]，趙岐注引《禮記》，亦《釋親》文。《風俗通·聲音》引《禮樂記》，乃《釋樂》文。《公羊·宣十二年》注引《禮》，乃《釋水》文。則《禮記》中有《爾雅》之文矣。"通本秦博士，親見古籍，嘗作《漢儀》十二篇及《漢禮器制度》[7]，而《禮記》乃先秦舊書，聖人及七十子微言大義，賴通以不墜，功亞河間。《漢志》禮家闕其書，且没其名，何也？"[8]

錫瑞案：《禮記》爲叔孫通所撰，説始見於張揖，揖以前無此説，近始發明於陳壽祺，壽祺以前亦無此説。壽祺引臧庸説以證《禮記》中有《爾雅》，尤爲精確。鄭以孔氏壁中、河間獻王兩事并舉者，孔壁所得書無《周禮》。許氏《説文序》曰："壁中書者，魯恭王壞孔子宅，而得《禮記》《尚書》《春秋》《論語》《孝經》。"不云有《周禮》。獻王得《周官》，見《漢書》本傳，鄭君不析言之，故并舉之。

箋注

〔1〕 五家之儒，指五家傳禮之儒，即后蒼、聞人通漢、戴德、戴聖、慶普。《漢書·儒林傳》："孟卿，東海人也。事蕭奮，以授后倉、魯閭丘卿。倉說禮數萬言，號曰《后氏曲臺記》，授沛聞人通漢子方、梁戴德延君、戴聖次君、沛慶普孝公。孝公爲東平太傅。德號大戴，爲信都太傅；聖號小戴，以博士論石渠，至九江太守。由是《禮》有大戴、小戴、慶氏之學。通漢以太子舍人論石渠，至中山中尉。普授魯夏侯敬，又傳族子咸，爲豫章太守。大戴授琅邪徐良斿卿，爲博士、州牧、郡守，家世傳業。小戴授梁人橋仁季卿、楊榮子孫。仁爲大鴻臚，家世傳業，榮琅邪太守。由是大戴有徐氏，小戴有橋、楊氏之學。"

〔2〕《漢書·藝文志》："漢興，魯高堂生傳《士禮》十七篇。訖孝宣世，后倉最明。戴德、戴聖、慶普皆其弟子，三家立於學官。"孔穎達《禮記正義序》："又案《儒林傳》云：'漢興，高堂生傳《禮》十七篇，而魯徐生善爲容。孝文時，徐生以容爲禮官大夫。瑕丘蕭奮以禮至淮陽太守。孟卿，東海人，事蕭奮，以授戴德、戴聖。'《六藝論》云'五傳弟子'者，熊氏云：'則高堂生、蕭奮、孟卿、后倉及戴德、戴聖爲五也。'此所傳皆《儀禮》也。"

〔3〕 顏師古《漢書叙例》："張揖，字稚讓，清河人，一云河間人，太和中爲博士。"《魏書》卷九一《江式傳》："魏初博士清河張揖著《埤倉》《廣雅》《古今字詁》。究諸《埤》《廣》，綴拾遺漏，增長事類，抑亦於文爲益者，然其《字詁》，方之許篇，古今體用，或得或失矣。"

〔4〕《禮》，原刻本無，據《左海經辨》卷上《大小戴禮考》補。《漢書·景十三王傳》亦有"禮"字。

〔5〕 臧庸（1767—1811），本名鏞堂，字在東，號拜經，江蘇武進人。著作頗豐，阮元所撰《臧拜經別傳》稱"其生平考輯古義甚勤，故輯古之書甚多"。《清史稿·儒林傳二》："與弟禮堂俱事錢塘盧文弨。沉默樸厚，學術精審。續其高祖將絕之學，儗《經義雜記》爲《拜經日記》八卷，高郵王念孫亟稱之。其叙《孟子年譜》，辨齊宣王、湣王之譌，閩縣陳壽祺嘆爲絕識。又著《拜經文集》四卷，《月令雜說》一卷，《樂記二十三篇注》一卷，《孝經考異》一卷，《子夏易傳》一卷，《詩考異》四卷，《韓詩遺說》二卷，《訂譌》一卷，《校鄭康成易注》二卷。其輯《子夏易傳》，辨此傳爲漢韓嬰作，非卜子夏。其《詩考異》大旨如王伯厚，但逐條必自考輯，不依循王本。"

〔6〕《孟子·萬章下》:"舜尚見帝,帝館甥於貳室,亦饗舜,迭爲賓主,是天子而
　　友匹夫也。"趙岐注"尚,上也。舜在畎畝之時,堯友禮之。舜上見堯,堯舍
　　之於貳室。貳室,副宮也。堯亦就享舜之所設,更迭爲賓主。禮謂妻父曰
　　外舅,謂我舅者吾謂之甥。堯以女妻舜,故謂舜甥。卒與之天位,是天子而
　　友匹夫也。"

〔7〕《周禮·天官·凌人》:"大喪,共夷槃冰。"鄭玄注:"《漢禮器制度》:大槃廣
　　八尺,長丈二尺,深三尺,漆赤中。"賈疏:"云《漢禮器制度》云云者,叔孫通
　　前漢時作《漢禮器制度》,多得古之周制,故鄭君依而用之也。"王應麟《漢制
　　考》卷二:"叔孫通作《漢禮器制度》,取法於周。"馬端臨《文獻通考》卷一三
　　〇《王禮考八·君臣冠冕服章》:"景祐中,以叔孫通《漢禮器制度》爲法。"孫
　　星衍《平津館叢書》有輯本。

〔8〕見陳壽祺《左海經辯》卷上《大小戴禮記考》。

41. 論《王制》《月令》《樂記》非秦漢之書

　　陳壽祺曰:"儒者每言《王制》漢博士作,《月令》吕不韋作,或又疑
《樂記》出河間獻王,皆非事實也。《禮記·王制正義》引盧植云:'漢孝
文皇帝令博士諸生作此書。'《經典釋文》引同。考盧氏説出《史記·封禪
書》。《封禪書》曰:'文帝召魯人公孫臣,拜爲博士[1],與諸生草改曆、
服色事[2]。明年,使博士諸生刺六經,作《王制》,謀議巡守、封禪事。'
然今《王制》無一語及封禪,言巡守者,特一端耳。司馬貞《史記索
隱》[3]引劉向《別録》[4]云:'文帝所造書,有《本制》《兵制》《服制》篇。'
以今《王制》參檢,絶不相合。鄭君《三禮目録》[5]云:"名曰《王制》者,以其記
先王班爵、授禄、祭祀、養老之法度。"此則博士所作《王制》,或在《藝文志》
禮家《古封禪群祀》二十二篇中,非《禮記》之《王制》也。《月令正義》引
鄭《目録》云:'《月令》者,本《吕氏春秋·十二月紀》之首章,以禮家好
事鈔合之,後人因題之名曰《禮記》,言周公所作。'壽祺案,《正義》云:
'賈逵、馬融之徒,皆云《月令》周公所作,故王肅用焉。'《後漢書·魯恭
傳》,恭議曰:'《月令》周世所作,而所據皆夏之時也。'蔡邕《明堂月令

論》曰：'《周書》七十一篇，而《月令》第五十三。秦相呂不韋著書，取《月令》爲紀號，淮南王安亦取以爲第四篇，改名曰《時則》，故偏見之徒，或云《月令》呂不韋作，或云淮南，皆非也。'《隋書·牛弘傳》：'今《明堂月令》者，蔡邕、王肅云周公所作，《周書》內有《月令》第五十三，即此。'《魏鄭公諫錄》[6]：'《月令》起於上古，呂不韋止是修古《月令》，未必始起秦代也。'此則《禮記·月令》非呂不韋著審矣。《唐書》'大衍曆議'云[7]：'七十二候，原於周公《時訓》。《月令》雖頗有增益，然先後之次則同。'[8]僧一行親見《周書·月令》有七十二候，則與《禮記·月令》無異，益信蔡邕之言不妄也。鄭君以爲禮家抄合，殆失之。又鄭君謂三王官無太尉，秦官則有，以此斷《月令》爲呂氏書。案《月令》'命太尉'，《呂覽》尉作封，然則《禮記》亦當作'命大封'，即《易·通卦驗》[9]所謂夏至景風至，拜大將，封有功之義。見《太平御覽》引。其作'太尉'者，《淮南·時則》依法制改，而禮家從之，非其舊也。《樂記》者，《藝文志》云：'河間獻王與毛生等共采《周官》及諸子言樂事[10]，以作《樂記》，其內史丞王定傳之，以授常山王禹[11]。'禹，成帝時爲謁者，獻二十四卷《記》；劉向校書，得《樂記》二十三篇，與禹不同。而班《志》兩載其書曰：《樂記》二十三篇，《王禹記》二十四篇。案《漢書·食貨志》王莽下詔曰：'《樂語》有五均。[12]'鄧展[13]注曰：'《樂語》《樂元語》[14]，河間獻王所傳，道五均事。'臣瓚曰：'其文云，天子取諸侯之土以立五均，則市無二價，四民常均[15]，强者不得困弱，富者不得要貧，則公家有餘，恩及小民矣。'《白虎通·禮樂》篇亦屢引《樂元語》，此即獻王所傳《樂記》二十四篇之一篇也。《三禮目錄》於《禮記·樂記》云：'此於《別錄》屬《樂記》。'謂屬二十三篇之《樂記》也。《禮記正義》云：'蓋十一篇合爲一篇，謂有《樂本》，有《樂論》，有《樂施》，有《樂言》，有《樂禮》，有《樂情》，有《樂化》，有《樂象》，有《賓牟賈》，有《師乙》，有《魏文侯》。劉向所校二十三篇，著於《別錄》，今《樂記》斷取十一篇，餘有十二篇，其名猶在。案《別錄》十一篇，餘次《奏樂》第十二，《樂器》第十三，《樂作》第十四，《章始》第十五，《樂穆》第十六，《說律》第十七，《季札》第十八，《樂道》第十九，《樂義》第二十，《昭本》第二十一，《昭頌》第二十二，《竇公》第二十三是也。按《別録》，《禮記》四十九篇，《樂記》第十九。則《樂記》十一篇入《禮記》，在劉向前矣。'《正義》言如此，則今《禮記》中之《樂記》，非王禹《樂記》其審。《史記正義》〔16〕云：'《樂記》者，公孫尼子次撰也。'此言必本之《別録》《七略》。《樂記》出公孫尼子，而有《竇公》篇者，竇公本魏文侯樂人，年百八十歲，至漢文帝時猶存，此篇或載其在文侯時論樂事也。《別録》於二百四篇稱爲《古文記》，《漢書·河間獻王傳》《魯恭王傳》兩稱《禮記》，皆統以古文。《魯恭王傳》又特明之曰'皆古字也'，《河間獻王傳》且明言七十子徒所論，是惡得有秦漢作者之文厠其間邪？後儒動訾《禮記》雜出漢儒，不考甚矣。"〔17〕

箋注

〔1〕《漢書·百官公卿表》："博士，秦官，掌通古今，秩比六百石，員多至數十人。武帝建元五年初置《五經》博士，宣帝黃龍元年稍增員十二人。"《史記·叔孫通傳》："叔孫通者，薛人也。秦時以文學徵，待詔博士。"

〔2〕改曆、服色，即改正朔、易服色。《史記》卷二六《曆書》："至孝文時，魯人公孫臣以終始五德上書，言漢得土德，宜更元、改正朔、易服色。"《禮記·大傳》："改正朔，易服色。"《正義》曰："'改正朔'者，'正'謂年始，'朔'謂月初，言王者得政，示從我始改故用新，隨寅、丑、子所損也。周子、殷丑、夏寅，是改正也。周夜半，殷雞鳴，夏平旦，是易朔也。'易服色'者，服色，車馬也。易之，謂各隨所尚赤、白、黑也。"

〔3〕司馬貞《史記索隱》與裴駰《史記集解》、張守節《史記正義》合稱"《史記》三家注"。《史記索隱序》："貞謏聞陋識，頗事鑽研，而家傳是書，不敢失墜。初欲改更舛錯，裨補疏遺，義有未通，兼重注述。然以此書殘缺雖多，實爲古史，忽加穿鑿，難允物情。今止探求異聞，采摭典故，解其所未解，申其所未申者，釋文演注，又重爲述贊，凡三十卷，號曰《史記索隱》。"《四庫全書總目提要》卷四五《史部·正史類一》："《史記索隱》三十卷，唐司馬貞撰。貞，河內人。開元中，官朝散大夫、宏文館學士。貞初受《史記》於崇文館學士張嘉會，病褚少孫補司馬遷書多傷蹖駁，又裴駰《集解》舊有音義，年遠散佚，諸家音義，延篤音隱，鄒誕生、柳顧言等書亦失傳，而劉伯莊、許子儒等又多疏漏，乃因裴駰《集解》撰爲此書。首注駰序一篇，載其全文。其注司

馬遷書,則如陸德明《經典釋文》之例,惟標所注之字,蓋經傳別行之古法。凡二十八卷,末二卷爲《述贊》一百三十篇,及補《史記》條例。"

〔4〕《漢書·藝文志》:"至成帝時,以書頗散亡,使謁者陳農求遺書於天下。詔光祿大夫劉向校經傳、諸子、詩賦,步兵校尉任宏校兵書,太史令尹咸校數術,侍醫李柱國校方技。每一書已,向輒條其篇目,撮其指意,錄而奏之。"案,劉向所奏者即爲《別錄》。

〔5〕《隋書·經籍志·經部·禮類》:"《三禮目錄》一卷,鄭玄撰。梁有陶弘景注一卷,亡。"《舊唐書·經籍志·經部·禮類》:"《三禮目錄》一卷,鄭玄注。"《新唐書·藝文志·經部·禮類》:"(鄭玄)《三禮目錄》一卷。"《經義考》卷一六三《通禮一》:"鄭氏玄《三禮目錄》。《隋志》一卷,佚。"《四庫全書總目提要》卷二二《經部·禮類四》:"案:鄭康成有《三禮目錄》一卷,此三禮通編之始。"

〔6〕《魏鄭公諫錄》,唐王方慶撰。魏鄭公即魏徵。《直齋書錄解題》卷五《典故類》:"《魏鄭公諫錄》五卷,唐尚書吏部郎中琅邪王綝撰。綝字方慶,以字行。相武后,其爲吏部當在高宗時。《館閣書目》作王琳,誤也。所錄魏公進諫奏對之語,又名《魏文貞公故事》。"《四庫全書總目提要》卷五七《史部·傳記類一》:"《魏鄭公諫錄》五卷,唐王方慶撰。方慶名綝,以字行,其先自丹陽徙咸陽。武后時,官至鸞臺侍郎,同鳳閣鸞臺平章事,終於太子左庶子,封石泉縣公,諡曰貞。事迹具《新唐書》本傳。此書前題尚書吏部郎中,蓋高宗時所居官。而本傳不載,則史文脱略也。傳稱方慶博學練朝章,著書二百餘篇。此乃所錄魏徵事迹。《唐書·藝文志》以爲《魏徵諫事》,司馬光《通鑑書目》以爲《魏元成故事》,標題互異,惟洪邁《容齋隨筆》作《魏鄭公諫錄》,與此相合。方慶在武后時,嘗以言悟主,召還廬陵。後建言不斥太子名,以示復位之漸,皆人所難能,蓋亦思以伉直自見者,故於徵諫争之語,撮錄最詳。司馬光《通鑑》所記徵事,多以是書爲依據。其未經采錄者,亦皆確實可信,足與正史相參證。"案,王方慶事迹具《舊唐書》本傳,《四庫提要》所言"事迹具《新唐書》本傳"誤。

〔7〕《大衍曆》,唐代僧一行所作。《舊唐書》卷一九一《方技傳》:"僧一行,姓張氏,先名遂,魏州昌樂人。……一行少聰敏,博覽經史,尤精曆象、陰陽、五行之學。……一行推《周易》大衍之數,立衍以應之,改撰《開元大衍曆經》。"《新唐書》卷二五《曆志一》:"唐終始二百九十餘年,而曆八改。初曰《戊寅元曆》,曰《麟德甲子元曆》,曰《開元大衍曆》,曰《寶應五紀曆》,曰《建中正元曆》,曰《元和觀象曆》,曰《長慶宣明曆》,曰《景福崇玄曆》而止矣。"

《新唐書》卷二七上《曆志三上》：“開元九年，麟德曆署日蝕比不效，詔僧一行作新曆，推大衍數立術以應之，較經史所書氣朔、日名、宿度可考者皆合。”

〔8〕《新唐書》卷二七上《曆志三上》：“其《五卦候議》曰：七十二候，原於周公《時訓》。《月令》雖頗有增益，然先後之次則同。自後魏始載於曆，乃依易軌所傳，不合經義。今改從古。”

〔9〕《易通卦驗》，《易緯》之一種。《後漢書·方技傳》李賢注：“《易緯》：《稽覽圖》《乾鑿度》《坤靈圖》《通卦驗》《是類謀》《辨終備》也。”《直齋書錄解題》卷三《讖緯類》：“《易通卦驗》二卷，鄭康成注。”

〔10〕《漢書·藝文志》：“武帝時，河間獻王好儒，與毛生等共采《周官》及諸子言樂事者，以作《樂記》。”

〔11〕《漢書·禮樂志》：“至成帝時，謁者常山王禹，世受河間樂，能說其義。”

〔12〕五均，古代管理市場物價之官員。《逸周書·大聚解》：“市有五均，早暮如一，送行逆來，振乏救窮。”《漢書·食貨志下》：“遂於長安及五都立五均官，更名長安東西市令及洛陽、邯鄲、臨甾、宛、成都市長皆爲五均司市（稱）師。”

〔13〕顏師古《漢書敘例》：“諸家注釋，雖見名氏，至於爵里，頗或難知。傳無所存，具列如左……鄧展，南陽人，魏建安中爲奮威將軍，封高樂鄉侯。”

〔14〕《樂語》，原刻本誤作“《樂記》”。案《漢書·食貨志下》：“《樂語》有五均。”顏師古注：“鄧展曰：‘《樂語》，《樂元語》，河間獻王所傳，道五均事。’”案，《樂元語》，《漢魏遺書鈔》及《玉函山房輯佚書》有輯本。

〔15〕四民常均，原刻本作“而民常均”，據《漢書·食貨志下》改。

〔16〕《史記正義》，唐張守節撰。《史記正義序》：“守節涉學三十餘年，六籍、九流、地里、蒼雅銳心觀采，評《史》《漢》詮衆訓釋而作正義，郡國城邑委曲申明，古典幽微竊控其美，索理永愜，次舊書之旨，兼音解注，引致旁通，凡成三十卷，名曰《史記正義》。”《新唐書·藝文志·史部·正史類》：“張守節《史記正義》三十卷。”《宋史·藝文志·史部·正史類》：“張守節《史記正義》三十卷。”《直齋書錄解題》卷四《正史類》：“《史記正義》三十卷。案：唐、宋《藝文志》俱作三十卷，此本作二十卷，疑誤，今改正。唐諸王侍讀張守節撰。開元二十四年作序。”《四庫全書總目提要》卷四五《史部·正史類一》：“《史記正義》一百三十卷，唐張守節撰。守節始末未詳，據此書所題，則其官爲諸王侍讀率府長史也。是書據《自序》三十卷，晁公武、陳振孫二家所錄，則作二十卷。蓋其標字列注，亦必如《索隱》，後人散入句下，已非

其舊。至明代監本采附《集解》《索隱》之後，更多所删節，失其本旨。如守節所長，在於地理，故《自序》曰：‘郡國城邑，委曲詳明。’”

〔17〕見陳壽祺《左海經辯》卷上《王制月令樂記非秦漢之書》。

42. 論《王制》爲今文大宗，即《春秋》素王之制

《禮記》非雜出漢儒，陳氏之辨晰矣。而《王制》爲今文大宗，與《周禮》爲古文大宗，兩相對峙。朱子曰：“《周禮》《王制》是制度之書。”〔1〕已以兩書對舉。一是周時舊法，一是孔子《春秋》所立新法。後人於《周禮》尊之太過，以爲周公手定；於《王制》抑之太過，以爲漢博士作，於是兩漢今、古文家法大亂。此在東漢已不甚晰，至近日而始明者也。鄭君《駁異義》曰：“《王制》是孔子之後大賢所記先王之事。”又答臨碩曰：“孟子在赧王之際，《王制》之作，復在其後。”推鄭君意，似以《王制》爲孟子之徒所作，以開卷説班爵禄，略同《孟子》文也。

《王制》非特合於《孟子》，亦多合於《公羊》，姑舉數事明之。《公羊·桓十一年傳》：“鄭忽出奔衛。忽何以名？《春秋》伯、子、男一也，辭無所貶。”《解詁》〔2〕云：“《春秋》改周之文，從殷之質，合伯、子、男爲一。”《王制》曰：“公、侯田方百里，伯七十里，子、男五十里。”鄭注云：“此地殷所因夏爵三等之制也。《春秋》變周之文，從殷之質，合伯、子、男以爲一，則殷爵三等者公、侯、伯也。”《正義》曰：“何休之意，合伯、子、男爲一，皆稱從子，鄭意合伯、子、男爲一，皆稱伯也。”鄭、何説雖稍異，而《春秋》三等，《王制》亦三等，其相合者一。《公羊·桓四年傳》：“春，公狩於郎。狩者何？田狩也。春曰苗，秋曰蒐，冬曰狩。”《穀梁傳》則“春曰田，夏曰苗，秋曰蒐，冬曰狩”。何休《廢疾》引《運斗樞》〔3〕曰：“夏不田。”《穀梁》在夏田，於義爲短。鄭釋之云：“孔子雖有聖德，不敢顯然改先王之法，以教授於世。若其所欲改，其陰書於緯藏之，以傳後王。《穀梁》四時田者，近孔子故也。《公羊》正當六國之亡，讖緯見，讀而傳爲三時田。”〔4〕據鄭説，則三時田乃孔子《春秋》制。《王制》

曰："天子、諸侯無事則歲三田。"其相合者二。其他建國之制曰："凡四海之內九州，州方千里。"又曰："二百一十國以爲州，州有伯。"立學之制曰："小學在公宮南之左，大學在郊。"取民之制曰："古者公田藉而不稅。"鄭注皆以殷制改之，正與《春秋》變周之文、從殷之質相合。特鄭君未知即素王之制，故見其與《周禮》不合，而疑爲夏、殷禮。孔《疏》申鄭，雖極詳晰，亦未能釋此疑，同異紛紜，莫衷一是。其《王制第五》篇題下疏曰："案鄭《目錄》云：'名曰《王制》者，以其記先王班爵、授祿、祭祀、養老之法度，此於《別錄》屬制度。'《王制》之作，蓋在秦漢之際。知者，案下文云'有正聽之'，鄭云漢有正平，承秦所置。又有'古者以周尺'之言，'今以周尺'之語，則知是周亡之後也。秦昭王亡周，故鄭答臨碩云：'孟子當赧王之際，《王制》之作，復在其後。'盧植云：'漢孝文皇帝令博士諸生作此《王制》之書。'"

錫瑞案：盧氏説，近人已駁正，孔與鄭説并引而不能辨，以正爲秦漢官制，亦未必然。正、長義同，《尚書·囧命·序》已有周太僕正[5]，《周禮》有宮正[6]，《左氏傳》有隧正、鄉正、校正、工正[7]，又云"師不陵正"，注云："正軍將命卿。"安知古刑官無正？"周尺"之語，或出周秦之間耳。治經者當先看《禮記》注疏，《禮記》中先看《王制》注疏，注疏中糾纏周禮者，可姑置之，但以今文家説解經，則經義了然矣。

《王制》一書，體大物博，非漢博士所能作，必出孔門無疑。近人俞樾[8]説："《王制》者，孔氏之遺書，七十子後學者所記也。王者孰謂？謂素王也。孔子將作《春秋》，先修王法，斟酌損益，具有規條，門弟子與聞緒論，私相纂輯而成此篇。後儒見其與周制不合而疑之，不知此固素王之法也。"[9]俞氏以《王制》爲素王之制，發前人所未發，雖無漢儒明文可據，證以《公羊》《穀梁》二傳及《尚書大傳》《春秋繁露》《説苑》《白虎通》諸書所説制度，多相符合，似是聖門學者原本聖人之説，定爲一代之制，其制損益殷周，而不盡同殷周，故與《春秋》説頗相同，而於《周禮》反不相合。必知此爲素王改制，《禮》與《春秋》二經始有可通之機，《王制》與《周官》二書亦無糾紛之患。治經者能得此要訣，可事半功倍也。《王制》據鄭君説，出在赧王之後，《周官》據何劭公説[10]，亦出戰國之時,是其出書先後略同,而爲説不同,皆由聖門各據所聞,著爲成書,以待後世之施行者。《王制》簡便易行,不比《周官》繁重難舉,學者誠能考定其法,仿用其意,以治今之天下,不必井田、封建^[11],已可以甄殷陶周矣。孔《疏》解"制,三公一命卷"云^[12]:"制謂王者制度。"又云:"此篇之作,皆是王者之制。"則孔穎達已知《王制》名篇之義,特未知爲素王之制,故仍説爲夏、殷。

箋注

〔1〕《朱子語類》卷八七《小戴禮・總論》:"如《周禮》《王制》是制度之書,《大學》《中庸》是説理之書。"

〔2〕《解詁》,即何休《春秋公羊解詁》。

〔3〕《運斗樞》,《春秋》緯書之一。《後漢書・方技傳》李賢注:"《春秋緯》:《演孔圖》《元命包》《文耀鈎》《運斗樞》《感精符》《合誠圖》《考異郵》《保乾圖》《漢含孳》《佐助期》《握誠圖》《潛潭巴》《説題辭》也。"

〔4〕《禮記・王制》:"三田者,夏不田,蓋夏時也。"《正義》曰:"鄭玄釋之云:'四時皆田,夏、殷之禮。《詩》云:"之子於苗,選徒囂囂。"夏田明矣。孔子雖有聖德,不敢顯然改先王之法,以教授於世。若其所欲改,其陰書於緯,藏之以傳後王。《穀梁》四時田者,近孔子故也。《公羊》正當六國之亡,讖緯見,讀而傳爲三時田。作傳有先後,雖異,不足以斷《穀梁》也。'"

〔5〕《尚書・冏命・序》:"穆王命伯冏爲周太僕正,作《冏命》。"注:"伯冏,臣名也。"

〔6〕《周禮・天官・官正》:"掌王宮之戒令糾禁。以時比宮中之官府次舍之衆寡,爲之版以待。夕擊柝而比之。國有故則令宿,其比,亦如之。辨外内而時禁,稽其功緒,糾其德行,幾其出入,均其稍食。去其淫怠,與其奇衺之民。會其什伍而教之道藝。月終,則會其稍食,歲終,則會其行事。凡邦之大事,令於王宮之官府次舍,無去守而聽政令。春秋以木鐸修火禁。凡邦之事,蹕,宮中廟中則執燭。大喪,則授廬舍,辨其親疏貴賤之居。"

〔7〕《左傳・襄公七年》:"叔仲昭伯爲隧正,欲善季氏,而求媚於南遺。"《襄公九年》:"使華臣具正徒,令隧正納郊保,奔火所。"又:"二師令四鄉正敬享,祝宗用馬於四墉,祀盤庚於西門之外。"又:"使皇鄖命校正出馬,工正出車,備甲兵,庀武守。"《昭公十七年》:"五雉爲五工正,利器用、正度量,夷民

者也。"

〔8〕 俞樾(1821—1907)，字蔭甫，自號曲園居士，浙江德清人。清末著名學者。《清史稿・儒林傳三》："生平專意著述，先後著書，卷帙繁富。……古文不拘宗派，淵然有經籍之光。所作詩，温和典雅，近白居易。工篆、隸。……樾湛深經學，律己尤嚴，篤天性，尚廉直，布衣蔬食，海内翕然稱曲園先生。……著有《群經平議》三十五卷，《諸子平議》三十五卷及《第一樓叢書》《曲園雜纂》《俞樓雜纂》《賓萌集》《春在堂雜文》《詩編》《詞録》《隨筆》《右臺仙館筆記》《茶香室叢鈔》《經説》，其餘雜著，稱《春在堂全書》。"

〔9〕 "《王制》"句，見俞樾《達齋叢説・王制説》。

〔10〕 何劭公，即何休。《後漢書・儒林傳下》："何休字邵公，任城樊人也。"

〔11〕 封建，即封土建邦。古代帝王將爵位、土地分賜親戚或功臣，使之在各該區域内建立邦國以爲藩屏。《禮記・王制》："王者之制禄爵，公、侯、伯、子、男，凡五等。諸侯之上大夫卿、下大夫、上士、中士、下士，凡五等。天子之田方千里，公侯田方百里，伯七十里，子男五十里。不能五十里者，不合於天子，附於諸侯曰附庸。"

〔12〕 《禮記・王制》："制：三公一命卷；若有加，則賜也。"

43. 論《禮記》所説之義古今可以通行

朱子曰："《儀禮》是經，《禮記》是解《儀禮》。且如《儀禮》有《冠禮》，《禮記》便有《冠義》；《儀禮》有《昏禮》，《禮記》便有《昏義》，以至燕、射之禮，莫不皆然。"[1]此朱子所以分别《儀禮》爲經，《禮記》爲傳，而有《儀禮經傳通解》之作也。《郊特牲》"冠義"一節孔《疏》云："以《儀禮》有《士冠禮》正篇，此説其義，下篇有《燕義》《昏義》，與此同。"《鄉飲酒義》孔《疏》云："《儀禮》有其事，此記釋其義。"《聘義》孔《疏》云[2]："此篇總明聘義，各顯聘禮之經於上，以義釋之於下。"據此，則孔穎達已明言諸義是解《儀禮》，非始於朱子矣。《冠義》自爲一篇，《郊特牲》復有冠義一節，蓋由解此義者不止一家。"天地合而後萬物生焉"一節，又是昏義。此二節之間有一節云："禮之所尊，尊其義也；失其義，陳其數，祝史之事也。故其數可陳也，其義難知也。知其義而敬守之，天子之所以治天下者也。"此記者明言禮以義爲重，乃冠、昏、飲、射、燕、聘、祭義之發凡。治《禮經》者，雖重禮之節文，而義理亦不可少。聖人所定之禮，非有記者發明其義，則精意閎旨，未必人人能解。且節文時有變通，而義理古今不易，十七篇雖聖人所定，後世不盡可行，得其義而通之，酌古準今，期不失乎禮意，則古禮猶可以稍復。後世用《禮記》取士，而不用《儀禮》，誠不免棄經任傳之失。而《禮記》網羅浩博，與十七篇亦當并行。

焦循《禮記鄭注補疏序》曰："《周官》《儀禮》，一代之書也。《禮記》曰'禮時爲大'[3]，此一言也，以蔽萬世制禮之法可矣。夫《周官》《儀禮》，固作於聖人，乃亦惟周之時用之。設令周公生宇文周，斷不爲蘇綽、盧辯之建官設令[4]。周公生趙宋，必不爲王安石之理財[5]。何也？時爲大也。且夫所謂時者，豈一代爲一時哉？開國之君，審其時之所宜，而損之益之，以成一代之典章度數，而所以維持此典章度數者，猶必時時變化之，以掩民之偏，而息民之詐。夫上古之世，民苦於不知，其害在愚。中古以來，民不患不知，而其害轉在智。伏羲、神農之時，道在折民之愚[6]，故通其神明，使知夫婦父子君臣之倫，開其謀慮，使知樹藝貿易之事。生羲農之後者，知識既啓，詐僞百出，其黠者往往窺長上之好惡，以行其奸，假軍國之禁令，以濟其賊。惟聰明睿智，有以鼓舞而消息之。故黃帝、堯、舜氏作，通其變，使民不倦，神而化之，使民宜之[7]，吾於《禮運》《禮器》《中庸》《大學》等篇，得其微焉。"

錫瑞案：焦氏於三《禮》軒輊太過，謂民患在智，近於老氏之旨，與世界進化之理不符。惟發明"禮時爲大"之義甚通，言禮者必知此，乃不至於拘礙難行。《抱朴子·省煩篇》[8]云："冠昏飲射，何煩碎之甚耶？好古官長，時或修之，至乃講試累月，猶有過誤，而欲以此爲生民之常事，至難行也。余以爲可命精學洽聞之士，使刪定三《禮》，割棄不要，次其源流，總合其事，類集以相從，務令約儉，無令小碎，條牒各別，令易案用。"《朱子語錄》云："古禮於今，實是難行，後世有大聖人者作，與他整理一過，令人蘇醒，必不一一如古人之繁，但放古人大意，簡而易行耳。"〔9〕此正得其義而通之,期不失乎禮意之説也。毛奇齡謂:"《禮記》舊謂孔子詔七十子共撰所聞以爲記,《儀禮》則顯然戰國人所爲,《儀禮》遜《禮記》遠矣。"〔10〕務反朱子之説,亦軒輕太過。

箋注

〔1〕見《朱子語類》卷八五《儀禮·總論》。

〔2〕聘義,原刻本作"聘禮"。案,以下引文實出於《禮記正義》卷六三《聘義》,據改。

〔3〕《禮記·禮器》:"禮,時爲大,順次之,體次之,宜次之,稱次之。"

〔4〕盧辯,原刻本作"盧辨",據《周書》卷二四《盧辯傳》改。蘇綽、盧辯之建官設令,即宇文泰命蘇綽、盧辯依《周禮》創制六官。《周書·盧辯傳》:"初,太祖欲行周官,命蘇綽專掌其事。未幾而綽卒,乃令辯成之。"《北史·盧辯傳》:"初,周文欲行周官,命蘇綽專掌其事。未幾而綽卒,乃令辯成之。於是依《周禮》建六官,革漢、魏之法。"

〔5〕王安石之理財,即王安石變法,以理財爲核心。《宋史·王安石傳》:"於是上萬言書,以爲:'今天下之財力日以困窮,風俗日以衰壞,患在不知法度,不法先王之政故也。法先王之政者,法其意而已。法其意,則吾所改易更革,不至乎傾駭天下之耳目,囂天下之口,而固已合先王之政矣。因天下之力以生天下之財,收天下之財以供天下之費,自古治世,未嘗以財不足爲公患也,患在治財無其道爾。在位之人才既不足,而間巷草野之間亦少可用之才,社稷之托,封疆之守,陛下其能久以天幸爲常,而無一旦之憂乎?願監苟且因循之弊,明詔大臣,爲之以漸,期合於當世之變。臣之所稱,流俗之所不講,而議者以爲迂闊而熟爛者也。'後安石當國,其所注措,大抵皆祖此書。"

〔6〕"神農"二字原刻本脱,"愚"字原刻本誤作"患",據焦循《禮記鄭注補疏序》補。

〔7〕見《周易·繫辭下傳》:"神農氏没,黄帝、堯、舜氏作,通其變,使民不倦,神而化之,使民宜之。"

〔8〕《抱朴子》,晉葛洪著。葛洪,字稚川,自號抱朴子,東晉道教學者、著名煉丹家、醫藥學家。《晉書》卷七二《葛洪傳》:"在山積年,優游閑養,著述不輟。其自序曰:'予所著子言黄白之事,名曰《內篇》,其餘駁難通釋,名曰《外篇》,大凡内外一百一十六篇。雖不足藏諸名山,且欲縅之金匱,以示識者。

自號《抱朴子》，因以名書。”

〔9〕案，此引文見《朱子語類》卷八四《禮一·論考禮綱領》：“古禮於今實難行。嘗謂後世有大聖人者作，與他整理一番，令人甦醒，必不一一盡如古人之繁，但放古之大意。”

〔10〕見毛奇齡《經問》卷三：“《禮記》舊謂孔子詔七十子共撰所聞以爲記，雖其間雜以他儒，若荀況、公孫尼子，諸篇合以成書，然大抵不出春秋、戰國之間。若《儀禮》則顯然戰國人所爲，觀其托孺悲以作《士喪禮》，托子夏以爲《喪服傳》，明明援七十子之徒借作倚附。然且七十子之徒尚有《大學》《中庸》確然爲孔門後儒所記，而《儀禮》倚附，別無考據，則《儀禮》遜《禮記》遠矣。”

44. 論《禮記》文多不次，若以類從，尤便學者，惜孫炎、魏徵之書不傳

《禮記》四十九篇，衆手撰集，本非出自一人，一篇之中，雜采成書，亦非專言一事。即如《曲禮》曰：“若夫坐如尸，立如齊。”鄭注云：“若夫，言欲爲丈夫也。《春秋傳》：‘是謂我非夫。’”其說似近迂曲。劉敞《七經小傳》曰[1]：“案曾子曰：‘孝子唯巧變，故父母安之。若夫坐如尸，立如齊，弗訊不言，言必齊色，此成人之善者也，未得爲人子之道也。’此兩‘若夫’之文同，疑《曲禮》本取曾子之言，而誤留‘若夫’，不然，則全脱一簡，失‘弗訊’以下十五字。”[2]朱子《答潘恭叔》曰：“《曲禮》雜取諸書精要之語，集以成編，雖大意相似，而文不連屬。如首章四句，乃《曲禮》古經之言，‘敖不可長’以下四句，不知是何書語，又自爲一節，皆禁戒之辭也。‘賢者’以下六句，又當別是一書。‘臨財毋苟得’以下六句，又是一書，亦禁戒之辭。‘若夫坐如尸，立如齊’，劉原父以爲此乃《大戴記·曾子事父母》篇之辭，‘若夫’二句失於刪去。鄭氏謂此二句爲丈夫之事，其說誤矣。此說得之。‘禮從宜，使從俗’，當又是一書。”[3]

錫瑞案：劉氏與朱子之說是也。《禮記》他篇亦多類此，故鄭君門

人孫炎[4]已有《類鈔》，而書不傳，魏徵因之以作《類禮》[5]，而書亦不傳。王應麟《困學紀聞》云：“《魏徵傳》曰：‘以《小戴禮》綜彙不倫，更作《類禮》二十篇，數年而成。太宗美其書，録實内府。’[6]《藝文志》云：‘次《禮記》二十卷。’[7]，舊史謂采先儒訓注，擇善從之。《諫録》載詔曰：‘以類相從，别爲篇第，并更注解，文義粲然。’[8]《會要》云：‘爲五十篇，合二十卷。’[9]《元行冲傳》：開元中魏光乘請用《類禮》列於經[10]，命行冲與諸儒集義作疏，將立之學，乃采獲刊綴爲五十篇。張説言[11]：‘戴聖所録，向已千載，與經并立，不可罷。魏孫炎始因舊書摘類相比，有如鈔掇，諸儒共非之。至徵更加整次，乃爲訓注，恐不可用。’帝然之，書留中不出。行冲著《釋疑》曰[12]：‘鄭學有孫炎，雖扶鄭義，乃易前編，條例支分，箋石間起。馬伷增革[13]，向逾百篇，葉遵删修[14]，僅全十二。魏氏采衆説之精簡，刊正芟釐[15]。’朱文公惜徵書之不復見，此張説文人不通經之過也。行冲謂‘章句之士，疑於知新，果於仍故，比及百年，當有明哲君子，恨不與吾同世者’，觀文公之書，則行冲之論信矣。”[16]

錫瑞案：《戴記》不廢，張説有存古之功；《類禮》不傳，説亦有泥古之失。當時若新舊并行，未爲不可。朱子惜《類禮》不復見，是以有《儀禮經傳通解》之作。吳澄作《禮記纂言》，更易次序，各以類從。近人懲於宋儒之割裂聖經，痛詆吳澄，并疑《通解》之雜合經傳。平心而論，《禮記》非聖人手定，與《易》《書》《詩》《春秋》不同。且《禮經》十七篇，已有附記。《禮記》文多不次，初學苦其難通，《曲禮》一篇，即其明證。若加分别部居，自可事半功倍。據《隋志》：“《禮記》三十卷，魏孫炎注。”則其書唐初尚存。炎學出鄭門，必有依據，魏徵因之，更加整比，若書尚在，當遠勝於《經傳通解》《禮記纂言》，而大有益於初學矣。陳澧云：“孔《疏》每篇引《鄭目録》云‘此於《别録》屬某某’，《禮記》之分類，不始於孫炎、魏徵矣。今讀《禮記》，當略仿《别録》之法，分類讀之，則用志不紛，易得其門徑。”[17]

箋注

〔1〕 劉敞，注見前。《四庫全書總目提要》卷三三《經部·五經總義類》："《七經小傳》三卷，宋劉敞撰。是編乃其雜論經義之語，其曰'七經'者：一《尚書》，二《毛詩》，三《周禮》，四《儀禮》，五《禮記》，六《公羊傳》，七《論語》也。……吳曾《能改齋漫録》曰：'慶曆以前多尊章句注疏之學，至劉原甫爲《七經小傳》，始異諸儒之説。王荆公修《經義》，蓋本於原甫。'晁公武《讀書志》亦證以所説'湯伐桀升自陑'之類，與《新經義》同，爲王安石劓取敞説之證，大旨均不滿於敞。《朱子語類》乃云'《七經小傳》甚好'，其説不同。今觀其書，……其説亦往往穿鑿，與安石相同，故流俗傳聞，致遭斯謗。然考所著《弟子記》，排斥安石不一而足，實與新學介然異趣。且安石剛愎，亦非肯趨於敞者。謂敞之説經，開南宋臆斷之弊，敞不得辭；謂安石之學由於敞，則竊鈇之疑矣。且略其厄詞，采其粹語，疏通剟抉，精鑿者多，又何可以末流之失，并廢敞書歟？"

〔2〕 見劉敞《七經小傳》卷中《禮記》。

〔3〕 見朱熹《晦庵集》卷五〇《書答潘恭叔》。

〔4〕 孫炎，字叔然，三國時期經學家。《三國志·魏書·王肅傳》："時樂安孫叔然，受學鄭玄之門，人稱東州大儒。徵爲秘書監，不就。肅集《聖證論》以譏短玄，叔然駁而釋之，及作《周易》《春秋例》，《毛詩》《禮記》、《春秋》三傳、《國語》《爾雅》諸注，又注書十餘篇。"裴松之注："叔然與晉武帝同名，故稱其字。"

〔5〕 《舊唐書》卷七一《魏徵傳》："徵以戴聖《禮記》編次不倫，遂爲《類禮》二十卷，以類相從，削其重複，采先儒訓注，擇善從之，研精覃思，數年而畢。"

〔6〕 見《新唐書·魏徵傳》。

〔7〕 《新唐書·藝文志·經部·禮類》："魏徵次《禮記》二十卷，亦曰《類禮》。"

〔8〕 見《魏鄭公諫録》卷五《上類戴氏禮》。

〔9〕 王溥《唐會要》卷三六《修撰》："初徵以《禮經》遭秦滅學，戴聖編之，條流不次。乃刪其所説，以類相從，爲五十篇，合二十卷。上善之，賜物一千段。"

〔10〕 元行冲（653—729），名澹，以字顯，著有《魏典》《群書四録》等書。見《舊唐書》卷一〇二《元行冲傳》。《新唐書》卷二〇〇《儒學傳下》："初，魏光乘請用魏徵《類禮》列於經。帝命行冲與諸儒集義作疏。"

〔11〕 《新唐書·張説傳》："張説字道濟，或字説之，其先自范陽徙河南，更爲洛陽

人。……説敦氣節，立然許，喜推藉後進，於君臣朋友大義甚篤。帝在東宮，所與秘謀密計甚衆，後卒爲宗臣。朝廷大述作多出其手，帝好文辭，有所爲必使視草。善用人之長，多引天下知名士，以佐佑王化，粉澤典章，成一王法。天子尊尚經術，開館置學士，修太宗之政，皆説倡之。爲文屬思精壯，長於碑志，世所不逮。既謫岳州，而詩益悽婉，人謂得江山助云。”

〔12〕《舊唐書》卷一〇二《元行沖傳》：“行沖恚諸儒排己，退而著論以自釋，名曰《釋疑》。”《新唐書》卷二〇〇《儒學傳下》：“行沖意諸儒間己，因著論自辯，名曰《釋疑》。”

〔13〕《新唐書·藝文志·經部·禮類》：“司馬伷《周官寧朔新書》八卷，又《禮記寧朔新書》二十卷。并王懋約注。”《經義考》卷一四〇《禮記三》：“司馬氏伷《禮記寧朔新書》。《七録》二十卷，唐新、舊《志》同《隋志》作八卷，佚。《舊唐書》司馬伷序，王懋約注。”

〔14〕葉遵，一作業遵。《隋書·經籍志·經部·詩類》：“又有《葉詩》，奉朝請葉遵所注，立義多異，世所不行。”《新唐書》卷五六《藝文志·經部·詩類》：“《毛詩詁訓》二十卷，又《譜》三卷，王肅注二十卷，又《雜義駁》八卷，《問難》二卷，葉遵注二十卷。號《葉詩》。”《經義考》卷一〇二：“業氏遵《業詩》。《隋志》二十卷，佚。《隋志》：《業詩》，宋奉朝請業遵所注，立義多異，世所不行。”

〔15〕魏氏，即魏徵。刊正，即訂正。芟䂬(shān lóng)，刪削潤飾。

〔16〕見《困學紀聞》卷五《禮記》。

〔17〕見《東塾讀書記》卷九《禮記》。

45. 論鄭注引漢事、引讖緯皆不得不然，習《禮記》者當熟玩注疏，其餘可緩

　　馬端臨《文獻通考》曰[1]：“三代之禮亡於秦。繼秦者漢，漢之禮書，則前有叔孫通，後有曹褒。然通之禮雜秦儀，褒之禮雜讖緯，先儒所以議其不純也。然自古禮既亡，今傳於世者，惟《周官》《儀禮》《戴記》，而其説未備。鄭康成於三書皆有注，後世之欲明禮者，每稽之鄭注以求經之意。而鄭注亦多雜讖緯及秦漢之禮以爲説，則亦必本於

通、褒之書矣。此三書者，漢、隋、唐三史《藝文志》俱無其卷帙，則其書久亡，故後世無述焉。然魏晉而後，所用之禮必祖述此者。"[2]

錫瑞案：馬氏之説甚通。禮自孔子時而經不具，後世所謂"三禮"，由孔子及七十子後學者撰集，雖未必與古禮盡合，而欲考古禮者捨三書無徵焉。通爲秦博士，習秦儀，秦之與古異者，惟尊君卑臣爲太過，其他去古未遠，必有所受。觀秦二世時議廟制[3]，引古七廟之文，可見通所定禮，不見於《漢・藝文志》，蓋猶蕭何之律[4]，韓信之軍法[5]，其書各有主者，不在向、歆所校古秘書内。許氏《異義》[6]間引通説，則鄭君注《禮》，亦必采用之矣。褒本習慶氏禮，乃高堂生、后倉所授[7]，其引讖緯，東漢風氣實然。緯書多先儒説經之文，觀《禮緯含文嘉》可見。鄭注禮間引讖緯，如耀魄寶、靈威仰[8]之類，或亦本之於褒。古禮失亡，通定禮采秦儀，鄭注禮用漢事，褒與鄭又引及讖緯，皆不得不然者。後人慣用鄭説，而於通雜秦儀、褒雜讖緯則議之，是知二五而不知十也。或且并詆鄭君，如陳傅良謂鄭注《周禮》之誤有三[9]，漢官制皆襲秦，今以比《周官》。王應麟引徐筠《微言》[10]，亦同此説。歐陽修請刪注疏中所引讖緯[11]，張璁且以引讖緯爲鄭君罪案而罷其從祀[12]。如其説，則漢以後之説禮者，不亡於秦火，而亡於宋明諸人矣。朱子曰："《禮記》有説宗廟、朝廷説得遠，復雜亂不切於日用，若欲觀禮，須將《禮記》節出切於日用常行者，如《玉藻》《内則》《曲禮》《少儀》看。"[13]又曰："鄭康成考禮名數大有功。"[14]又或問："《禮記》古注外，無以加否？"曰："鄭注自好看，看注看疏自可了。"[15]朱子推重《禮記注疏》，此至當之論也。孔穎達於三《禮》惟疏《禮記》，實貫串三《禮》及諸經，有因記一二語，而作疏至數千言者。如《王制》"制三公一命卷"云云，疏四千餘字；"比年一小聘"云云，疏二千餘字；《月令》《郊特牲》篇題，疏皆三千餘字。其餘一千餘字者尤多，元元本本，殫見洽聞，又非好爲繁博也。既於此一經下詳説此事，以後此事再見，則不復説，亦猶鄭注似繁而不繁也。學者熟玩《禮記注疏》，非止能通《禮記》，且可兼通群經。若衛湜《禮記集説》[16]一百六十卷，空衍義理者多；杭世駿《續禮記》[17]一百卷，亦未免於炫博；陸元輔《陳氏集説補正》[18]，足匡陳澔[19]之失；王夫之《禮記章句》[20]、朱彬《禮記訓纂》[21]、孫希旦《禮記集解》[22]，雖有可采，皆不及孔《疏》之詳博，亦不盡合古義，此等書皆可緩。鄭注《禮記》，因盧、馬之本而加校正[23]，其所改字必有精意。宋陸佃、方愨[24]、馬晞孟[25]等，以鄭改讀爲非，而强如本字讀之，解多迂曲。又或以後世之見疑古禮之不近人情，不但疑注疏，而并至疑經，足以迷誤後學。陳澔《集說》尤陋，學者仍求之注疏可也。

箋注

〔1〕《四庫全書總目提要》卷八一《史部·政書類一》：“《文獻通考》三百四十八卷（内府藏本），元馬端臨撰。端臨字貴與，江西樂平人。……是書凡《田賦考》七卷，《錢幣考》二卷，《户口考》二卷，《職役考》二卷，《徵榷考》六卷，《市糴考》二卷，《土貢考》一卷，《國用考》五卷，《選舉考》十二卷，《學校考》七卷，《職官考》二十一卷，《郊社考》二十三卷，《宗廟考》十五卷，《王禮考》二十二卷，《樂考》二十一卷，《兵考》十三卷，《刑考》十二卷，《經籍考》七十六卷，《帝系考》十卷，《封建考》十八卷，《象緯考》十七卷，《物異考》二十卷，《輿地考》九卷，《四裔考》二十五卷。其書以杜佑《通典》爲藍本。田賦等十九門，皆因《通典》而離析之。經籍、帝系、封建、象緯、物異五門，則廣《通典》所未及也。自序謂‘引古經史謂之文，參以唐、宋以來諸臣之奏疏、諸儒之議論謂之獻’，故名曰《文獻通考》。……大抵門類既多，卷繁帙重，未免取彼失此。然其條分縷析，使稽古者可以案類而考。又其所載宋制最詳，多《宋史》各志所未備。案語亦多能貫穿古今，折衷至當。雖稍遜《通典》之簡嚴，而詳瞻實爲過之。非鄭樵《通志》所及也。”

〔2〕見《文獻通考》卷一八七《經籍考十四》。“此三書者”，原刻本作“此二書者”，據《文獻通考》改。

〔3〕《史記·秦始皇本紀》：“二世下詔，增始皇寢廟犠牲及山川百祀之禮。令群臣議尊始皇廟。群臣皆頓首言曰：‘古者天子七廟，諸侯五，大夫三，雖萬世世不軼毀。今始皇爲極廟，四海之内皆獻貢職，增犠牲，禮咸備，毋以加。先王廟或在西雍，或在咸陽。天子儀當獨奉酌祠始皇廟。自襄公已下軼毀。所置凡七廟。群臣以禮進祠，以尊始皇廟爲帝者祖廟。’”

〔4〕蕭何之律，即蕭何所制之律令。《漢書·刑法志》：“於是相國蕭何攈摭秦法，取其宜於時者，作律九章。”《漢書·藝文志》：“漢興，蕭何草律，亦著其

法。"《隋書·經籍志·史部刑法類》:"漢初,蕭何定律九章。"

〔5〕《史記·太史公自序》:"於是漢興,蕭何次律令,韓信申軍法,張蒼爲章程,叔孫通定禮儀,則文學彬彬稍進,《詩》《書》往往間出矣。"《漢書·藝文志·兵書略》:"《韓信》三篇。……漢興,張良、韓信序次兵法,凡百八十二家,删取要用,定著三十五家。"

〔6〕許氏《異義》,即許慎《五經異義》。《後漢書·儒林傳下》:"初,慎以五經傳說臧否不同,於是撰爲《五經異義》,又作《説文解字》十四篇,皆傳於世。"《隋書·經籍志·經部·論語類》:"《五經異義》十卷,後漢太尉祭酒許慎撰。"

〔7〕《後漢書·曹褒傳》:"曹褒字叔通,魯國薛人也。父充,持慶氏禮……作章句辯難,於是遂有慶氏學。……褒博物識古,爲儒者宗。……作《通義》十二篇,《演經雜論》百二十篇,又傳《禮記》四十九篇,教授諸生千餘人,慶氏學遂行於世。"《隋書·經籍志·經部·禮類》:"自高堂生,至宣帝時后蒼,最明其業,乃爲《曲臺記》。蒼授梁人戴德,及德從兄子聖、沛人慶普,於是有大戴、小戴、慶氏,三家并立。後漢唯曹元傳慶氏,以授其子褒。"

〔8〕耀魄寶,星名,即天帝星,北極五星之最尊者。《晉書·天文志上》:"鈎陳口中一星曰天皇大帝,其神曰耀魄寶,主御群靈,執萬神圖。"靈威仰,即青帝,古代傳說中五帝之一,爲東方之神。《禮記·大傳》:"王者禘其祖之所自出,以其祖配之。"鄭玄注:"王者之先祖,皆感大微五帝之精以生,蒼則靈威仰,赤則赤熛怒,黃則含樞紐,白則白招拒,黑則汁光紀,皆用正歲之正月郊祭之,蓋特尊焉。"《周禮·天官·太宰》:"祀五帝,則掌百官之誓戒,與其具修。"賈公彥疏:"五帝者,東方青帝靈威仰,南方赤帝赤熛怒,中央黃帝含樞紐,西方白帝白招拒,北方黑帝汁光紀。"

〔9〕《宋史·儒林傳四》:"傅良爲學,自三代、秦、漢以下靡不研究,一事一物必稽於極而後已。而於太祖開創本原,尤爲潛心。……傅良著述有《詩解詁》《周禮説》《春秋後傳》《左氏章指》行於世。"

〔10〕王應麟《困學紀聞》卷四《周禮》:"徐氏《微言》謂:鄭注誤有三:《王制》,漢儒之書,今以釋《周禮》,其誤一;《司馬法》,兵制也,今以證田制,其誤二;漢官制皆襲秦,今引漢官以比周官。小宰乃漢御史大夫之職,謂小宰如今御史中丞,如此之類,其誤三。"徐筠《微言》,即徐筠《周禮微言》。《經義考》卷一二三《周禮四》:"徐氏筠《周禮微言》。《宋志》十卷,未見。《續中興館閣書目》:徐筠學《周官》於陳傅良,記所口授,成書十卷。自謂聞於傅良曰《周禮綱領》有三:養君德、正紀綱、均國勢。鄭氏注誤有三:《王制》漢儒之

書，今以釋《周禮》;《司馬法》兵制也，今以證田制;漢官制皆襲秦，今引漢官以比周官，其誤三也。《江西通志》:徐筠字國堅，清江人，得之子。蚤歲擢第，初主攸縣簿，後知金州。"

〔11〕歐陽修《論刪去九經正義中讖緯劄子》:"至唐太宗時，始詔名儒撰定九經之疏，號爲《正義》，凡數百篇。自爾以來，著爲定論。凡不本《正義》者，謂之異端。則學者之宗師，百世之取信也。然其所載既博，所擇不精，多引讖緯之書以相雜亂，怪奇詭僻，所謂非聖之書，異乎'正義'之名也。臣欲乞特詔名儒學官，悉取九經之疏，刪去讖緯之文，使學者不爲怪異之言惑亂，然後經義純一，無所駁雜。"

〔12〕張璁(1475—1539)，字秉用，號羅峰，後因避諱，由明世宗欽賜名爲孚敬，字茂恭。明朝嘉靖年間重臣，明朝大改革之開啓者，"大禮議"事件之重要人物。事迹見《明史》本傳。《明史紀事本末》卷五一《更定典祀》:"璁復爲《孔子祀典或問》上之，上嘉焉，衆議乃定。於是改大成至聖文宣王爲至聖先師孔子。其配享四子，仍稱復聖、宗聖、述聖、亞聖。從祀弟子稱先賢，左丘明以下稱先儒，俱罷公、侯、伯爵，撤像題主祀之。申棖、申黨二人，存棖去黨。罷公伯寮、秦冉、顔何、荀況、戴聖、劉向、賈逵、馬融、何休、王肅、王弼、杜預、吳澄十三人。林放、蘧瑗、鄭玄、盧植、鄭衆、服虔、范甯祀於其鄉。"

〔13〕"朱子曰"句，見《朱子語類》卷八七《禮四·小戴禮總論》。

〔14〕《朱子語類》卷八七《禮四·小戴禮總論》:"鄭康成是箇好人，考禮名數大有功。"

〔15〕見《朱子語類》卷八七《禮四·小戴禮總論》。

〔16〕衛湜，字正叔，宋代學者，學者稱櫟齋先生。《宋史·藝文志·經部·禮類》:"衛湜《禮記集説》一百六十卷。"《四庫全書總目提要·經部·禮類三》:"《禮記集説》一百六十卷，宋衛湜撰。湜字正叔，崑山人。開禧、嘉定間裒輯是書。自言日編月削二十餘載。寶慶初，爲武進令，始表上之，由此得直秘閣。紹定辛卯，趙善湘爲鋟版。後越九年，湜復加覆訂，定爲此本，蓋首尾閱三十餘戴而後成書。故采摭群言，最爲賅博。自鄭注而下，所取百四十四家，凡他書之涉於《禮記》者，亦悉采錄焉，用心可謂勤矣。其《後序》有云:'他人著書，惟恐不出於己;予之此編，惟恐不出於人。後有達者，毋襲此編所已言，没前人之善。'蓋異乎郭象、宋齊邱輩之用心矣。其後慈溪黃震《讀禮記日鈔》，新安陳櫟《禮記集義詳解》，皆取湜書刪節，附以己見。黃氏融匯諸家，猶出姓名於下方，陳氏則不復標出。蓋其用心之厚薄，前後人相去遠矣。"

〔17〕杭世駿《續禮記》,即杭世駿《續衛氏禮記集説》。《清史稿·藝文志·經部·禮類》:"《續衛氏禮記集説》一百卷。杭世駿撰。"杭世駿,字大宗,號菫浦,浙江仁和人。生平勤力學術,著述頗豐,著有《禮經質疑》《石經考異》《續方言》《史記考證》《三國志補注》《晉書補傳贊》《諸史然疑》《詞科掌録》《詞科餘話》《漢書蒙拾》《後漢書蒙拾》《文選課虛》《道古堂文集》《道古堂詩集》《榕城詩話》《兩浙經籍志》等書。杭世駿《續衛氏禮記集説·自序》:"余成童後,始從先師沈似裴先生受禮經,知有陳澔不知有衛湜也。又十年,始得交鄭太史筠谷,筠谷贈以衛氏《集説》。窮日夜觀之,采葺雖廣,大約章句訓詁之學爲多。卓然敢與古人抗論者,惟陸農師一人而已。……國朝文教覃敷,安溪、高安兩元老潛心三禮,高安尤爲傑出。《纂言》中所附解者,非草廬所能頡頏。館中同事編撰者,丹陽姜孝廉上均,宜興仁宗丞啟運,仁和吳通守廷華,皆有撰述,悉取而借録之,賢於勝國諸儒遠矣。書成,比於衛氏減三分之二,不施論斷仍衛例也。"

〔18〕《江南通志》卷一六三《人物志·儒林一》:"陸元輔,字翼王,嘉定人。少師黃淳耀,以敦篤之姿、精微之學稱之。自早年以存誠主敬自勵,至老不倦。其學博極群書,而要歸於六經。士大夫相語往往稱陸先生,不舉其字也。康熙十七年有以博學鴻儒薦者,元輔雅不欲違素志,以不入格罷歸。所著有《十三經注疏類抄》《續經籍考》。"據傳,《陳氏集説補正》一書本陸元輔爲納蘭性德代筆所作。《四庫全書總目提要·經部·禮類三》:"《陳氏禮記集説補正》三十八卷。國朝納喇性德撰。……是編因陳澔《禮記集説》疏舛太甚,乃爲條析而辨之。凡澔所遺者,謂之'補',澔所誤者,謂之'正'。皆先列經文,次列澔説,而援引考證以著其失。其無所補正者,則經文與澔説并不載焉。頗采宋、元、明人之論,於鄭注、孔疏亦時立異同。大抵考訓詁名物者十三四,辨義理是非者十之六七。以澔注多主義理,故隨文駁詰者亦多也。凡澔之説,皆一一溯其本自何人,頗爲詳核。而愛博嗜奇,亦往往泛采異説。"

〔19〕陳澔,宋末元初禮學家。黃虞稷《千頃堂書目》卷二《三禮類》:"陳澔《禮記集説》三十卷。字可大,號雲莊,又號北山叟,都昌人。"《明統一志》卷五二《南康府》:"陳澔。都昌人,號雲莊。潛心禮學,所著有《禮記集説》行世。"《經義考》卷一四二《禮記》:"陳氏澔《禮記集説》三十卷,存。……陸元輔曰:'澔字可大,都昌人。宋亡不樂仕進,教授鄉里,學者稱雲莊先生。'"

〔20〕《清史稿·藝文志·經部·禮類》:"《禮記章句》四十九卷。王夫之撰。"

〔21〕《清史稿·藝文志·經部·禮類》:"《禮記訓纂》四十九卷。朱彬撰。"《清史

稿・儒林傳二》：“朱彬，字武曹。……自少至老，好學不厭。承其鄉王懋竑經法，與外兄劉臺拱互相切磋。每有所得，輒以書札往來辨難，必求其是而後已。於訓詁、聲音、文字之學，用力尤深。著有《經傳考證》八卷，《禮記訓纂》四十九卷，虎觀諸儒所論議，鄭志弟子之問答，以及魏、晉以降諸儒之訓釋，《書鈔》《通典》《御覽》之涉是書者，一以注疏爲主，擷其精要，緯以古今諸說。其附以己意者，皆援據精確，發前人所未發。”

〔22〕《清史稿・藝文志・經部・禮類》：“《禮記集解》六十一卷。孫希旦撰。”孫希旦（1736—1784），字紹周，號敬軒，曾參與編修《四庫全書》。學問博涉經史、天文、輿地、曆算等，著有《禮記集解》等書。《禮記集解序》：“小戴之學，鄭注、孔義而外，宋櫟齋、衛氏之書宗羅最博而無所折衷，黃東發以爲浩瀚未易遍觀。自元雲莊陳氏《集説》出，明人樂其簡易。遂列學官，至今承用。然於禮制則援據多殊，禮意則發明未至，學者弗心饜也。我家敬軒先生乾隆戊戌廷對，以第三人及第。爲學一宗程朱，研精覃思，於書無所不觀，旁涉天官、地輿、鐘律、曆算，而致力於三禮尤深，著《禮記集解》六十一卷。”

〔23〕盧即盧植，馬即馬融。《隋書・經籍志・經部・禮類》：“《禮記》十卷漢北中郎將盧植注。”《後漢書・馬融傳》：“注《孝經》《論語》《詩》《易》、三《禮》、《尚書》《列女傳》《老子》《淮南子》《離騷》。”《隋書・經籍志・經部・禮類》：“《喪服經傳》一卷，馬融注”。

〔24〕《宋史・藝文志・經部・禮類》：“方慤《禮記解義》二十卷。”《直齋書録解題》卷二《禮類》：“《禮記解》二十卷。新安方慤性夫撰（案：此句原本脱，今校補）。政和三年表進，自爲之序，以王氏父子獨無解義，乃取其所撰《三經義》及《字説》申而明之，著爲此解，由是得上舍出身。其所解文義亦明白。”王應麟《玉海》卷三九《藝文・三禮》：“政和《禮記解義》。三年方慤進，二十卷，自爲之序。以王氏父子獨無解義，乃取《三經義》及《字説》申而明之，著爲此解。”黃虞稷《千頃堂書目》卷二《三禮類》：“方慤《禮記解》。桐廬人。父死，廬墓喪畢不歸，覃思積年，解《禮記》。書成獻之，朝命頒其書於天下。”《經義考》卷一四一《禮記四》：“方氏慤《禮記解》。《通考》二十卷，未見。朱子曰：‘方氏《禮解》儘有説得好處。’陳振孫曰：‘政和三年表進，自爲之序。以王氏父子《禮記》獨無解義，乃取所撰《三經義》及《字説》申而明之，著爲此解，由是得上舍出身。其所解文義亦明白。’衛湜曰：‘方氏、馬氏及山陰陸氏三家，書坊鋟板傳於世。方氏最爲詳悉，有補初學，然雜以《字説》，且多牽合，大爲一書之累。間爲與長樂陳氏講義同者，方自序亦謂諸家之説於王氏有合者悉取而用之，則其説不皆自己出也。’《浙江通志》：方

愨字性夫,桐廬人。父死,廬墓覃思積年,注《禮記集解》。政和三年領鄉薦至京師,表進於朝,詔賜上舍。釋褐而頒其書於天下。八年中進士,仕至禮部侍郎。"

〔25〕陳振孫《直齋書録解題》卷二《禮類》:"《禮記解》七十卷。馬希孟彦醇撰,未詳何人,亦宗王氏。"王應麟《玉海》卷三九《藝文·三禮》:"政和《禮記解義》。三年方愨進二十卷,自爲之序。以王氏父子獨無解義,乃取《三經義》及《字説》申而明之,著爲此解。"《經義考》卷一四一《禮記四》:"馬氏晞孟《禮記解》。《通考》七十卷,未見,《一齋書目》有。陳振孫曰:'晞孟字彦醇,未詳何人,亦宗王氏者。'朱子曰:'方、馬二解合當參考,儘有好處,不可以其新學而黜之。'衛湜曰:'方氏、馬氏及山陰陸氏三家,方氏最詳,馬氏頗略。馬氏《大學解》又與藍田吕氏同,朱文公《或問》以爲吕氏,今從之。《江西通志》:'馬希孟,廬陵人。熙寧癸丑登第。'"

46. 論宋明人疑經之失,明人又甚於宋人

宋、明人疑注疏,而并疑經,今略引其説辨之。

宋鄭樵曰[1]:"三《禮》之學,其所以訛異者,大端有四:有出於前人之所行,而後人更之者。如墨始於晉[2],髽始於魯[3],廟有二主始於齊桓[4],朝服以縞始於季康[5]。以至古者麻冕,今也純[6],古者冠縮縫,今也衡縫[7],同爲一代,而異制如此。幸而遺説尚存,得以推考因革之故,設其不存,則或同或異,無乃滋後人疑乎!有出於聖人之門,而傳之各異者。如曾子襲裘而吊,子游裼裘而吊[8];小斂之奠,曾子曰於東方,子游曰於西方[9];異父之服,子游曰爲之大功,子夏曰爲之齊衰[10]。同師而異説如此,況復傳之群弟子之門人,則其失又遠也。從而信之,則矛盾可疑,從而疑之,則其説有師承,此文義不能無乖異也。有後世諸儒,損益前代,而自爲一代之典者。如吕不韋作《月令》[11],蓋欲爲秦典,故祭祀官名不純於周;漢博士欲爲漢制,故封爵不純於古。案:二説皆非是,前已引陳壽祺説駁之。後世明知二書出於秦漢,猶且曰《月令》爲周制,《王制》爲商制。況三《禮》之書所成者非一人,所作

者非一時，又烏能使之無乖異也！有專門之學，欲自名家，而妄以臆見爲先代之訓者。如《春秋》之末執羔執雁，魯人已不自知[12]，則禮之所存，蓋無幾也。案：此孔子時經不具之證。延乎秦世，灰滅殆盡。漢世不愛高爵以延儒生，寧棄黃金以酬斷簡，諸儒各述所聞，雜以臆見，而實未見古人全書，故其說以霍山爲南岳[13]，案：此説甚是。以太尉爲堯官[14]。案：此見緯書，禮無明文。以商之諸侯爲千八百國，以周之封域爲千里者四十九[15]，案：此見《王制》，乃《春秋》素王之法[16]，非必商周。以分陝處内爲三公，案：此《公羊》説，古制當是如此，乃無一國三公之弊。以太宰、太宗、太卜、太士等爲六官[17]。案：此見《曲禮》，鄭以爲殷制。當時信其爲古書而無疑，後世以其傳久遠而不敢辨，又焉能使之無乖異乎！禮學之訛以此，後世議明堂，或以爲五室，或以爲九室，或以爲十二室[18]。案：焦循、陳澧辨之以明。議太學，或以爲五學，或以爲當如辟雍，或以爲當如膠庠[19]，或以爲當如成均[20]、瞽宗[21]。案：太學即辟雍，而膠庠、成均、瞽宗，又其異名，五學本同一處。夫明堂一也，而制有三，太學一也，而名有六，此何以使後世無疑哉！"[22]

明郝敬[23]曰："凡禮不可常行者，非禮之經；用於古不宜於今，而猶著之於篇者，非聖人立經之意。即四十九篇中所載，如俎豆席地[24]、袒衣行禮[25]，書名用方策[26]、人死三日斂之類[27]，古人用之，今未宜。案：此等古今異宜，可以通變。父在爲母期[28]，出母無服[29]，師喪無服[30]，此等雖古近薄。父母爲子斬衰[31]，妻與母同服[32]，此等失倫。案：古聖制服，各有精意，俗情膚淺，豈可妄譏古人。官士不得廟事祖[33]，支子不祭[34]，此等非人情。案：廟制、祭禮分尊卑，辨適庶，亦不可妄議。杖不杖視尊卑貴賤[35]，哭死爲位於外[36]，熬穀與魚臘置柩旁[37]。案：杖不杖非止視尊卑，爲位於外所以別嫌疑，熬則小節可變通。國君饗賓[38]，夫人出交爵[39]，命婦入公宮養子[40]，國君夫人入臣子家吊喪[41]，此等犯嫌疑。案：古人避嫌，未若後人之甚，交爵則因陽侯事已廢矣。祭祀用子弟爲尸[42]，使父兄羅拜，若祫祭則諸孫濟濟一堂爲鬼[43]，此等近戲謔。案：立尸是事死如事生。且古人行禮，與今不同，非有尸答拜，不能成禮。人死含珠玉以誨盗[44]，壙中藏甕甒筲衡等器[45]，歲久腐敗，陷爲坑谷，此等無益有害。案：此小事可變通。古人每事不忘本，酒尚玄，冠服用皮，食則祭[46]，至於宗族姓氏，則隨便改易，如司徒、司空、韓氏、趙氏，惟官惟地，數世之後，迷其祖姓，又何其無重本之思也？案：古氏族改，姓不改，男子稱氏，女子稱姓，安有改姓迷姓之事？廟制天子至士庶有定數[47]，皆有堂，有室，有寢，有門。大邑巨家，父子世官，兄弟同朝，不多於民居乎？如云皆設於宗子家，則宗子家無地可容。如父爲大夫，子爲士庶，則廟又當改毀，倏興倏廢，祖考席不暇煖。案：古惟宗子有廟，無父子兄弟分立之禮。廟在居室之左，何患無地可居？天子、諸侯亦有祧遷，何獨士庶不可興廢？適子繼體[48]，分固當尊，至於抑庶之法[49]，亦似太偏。喪服有等，不得不殺，至於三殤之辨[50]，亦覺太瑣。衰麻有數，不得不異，至於麻葛之易[51]，亦覺太煩。案：古重宗法，故嚴適庶，重本源，故分別喪服，不嫌煩瑣。天子選士，觀德用射，射中得爲諸侯，不中不得爲諸侯[52]。案：此猶後世以文字取士。如此之類，雖古禮乎，烏可用也？故凡禮非一世一端可盡，古帝王不相沿襲，聖人言禮不及器數，惟曰‘義以爲質’[53]，有以也。此四十九篇，大都先賢傳聞，後儒補輯，非儘先聖之舊，而鄭康成信以爲仲尼手澤，案：鄭無以《禮記》爲孔子所作之語。遇文義難通，則稱竹簡爛脫，顛倒其序，根據無實，則推殷夏異世，逃遁其説。蓋鄭以記爲經，既不敢矯記之非，世儒又以鄭爲知《禮》，不敢議鄭之失，千餘年來所以卒貿貿耳。”[54]

　　錫瑞案：鄭樵、郝敬，皆勇於疑經者，鄭猶以爲訛異，郝乃直攻經傳，足見明人之悍而不學，又甚於宋，兹遂條辨之，以釋後儒之疑。

箋注

〔1〕以下引文見《六經奧論》卷五《三禮異同辯》。

〔2〕《左傳·僖公三十三年》：“夏四月辛巳，敗秦師於殽，獲百里孟明視、西乞術、白乙丙以歸，遂墨以葬文公。晉於是始墨。”墨，穿黑色的喪服。

〔3〕《左傳·襄公四年》：“冬十月，邾人、莒人伐鄫，臧紇救鄫侵邾，敗於狐駘。國人逆喪者皆髽，魯於是乎始髽。”髽（zhuā），用麻束髮。

〔4〕《禮記·曾子問》：“昔者齊桓公亟舉兵，作僞主以行。及反，藏諸祖廟。廟

有二主，自桓公始也。"主，神主。

〔5〕《禮記·玉藻》："朝服之以縞也，自季康子始也。"縞(gǎo)：未染色的絹。

〔6〕《論語·子罕》："子曰：'麻冕，禮也，今也純。儉，吾從衆。'"朱熹《集注》："麻冕，緇布冠也。純，絲也。儉，謂省約。"

〔7〕《禮記·檀弓上》："古者冠縮縫，今也衡縫；故喪冠之反吉，非古也。"縮縫，縱向縫。衡縫：橫向縫。反吉，喪冠與吉冠相反。

〔8〕《禮記·檀弓上》："曾子襲裘而弔，子游裼裘而弔。"襲裘：行禮時，掩上裼衣而不使羔裘見於外，謂之襲裘。裼裘：裼裘，古時行禮時，袒外衣而露裼衣，且不盡覆其裘，謂之裼裘。裼(tì)衣，古時行禮時覆加在裘外之衣，也稱中衣。

〔9〕案，此引文有誤。《禮記·檀弓上》原文爲："小斂之奠，子游曰於東方，曾子曰於西方，斂斯席矣。小斂之奠在西方，魯禮之末失也。"小斂，給死者沐浴、穿衣、覆衾等。

〔10〕《禮記·檀弓上》："公叔木有同母異父之昆弟死，問於子游。子游曰：'其大功乎？'狄儀有同母異父之昆弟死，問於子夏，子夏曰：'我未之前聞也；魯人則爲之齊衰。'狄儀行齊衰。今之齊衰，狄儀之問也。"案，"異父之服"當爲"異父昆弟之服"。

〔11〕鄭玄注《禮記·月令》說："名曰《月令》者，以其紀十二月政之所行也。"賈逵、馬融、蔡邕、王肅之徒都以爲《月令》爲周公作。蔡邕《明堂月令論》說，《周書》七十二篇，而《月令》第五十三，"秦相呂不韋著書，取《月令》爲紀號；淮南王安亦以取爲第四篇，改名曰《時則》。故偏見之徒，或云《月令》呂不韋作，或云淮南，皆非也。"而《禮記正義》引鄭玄《目錄》說："《月令》者，本《呂氏春秋》十二月紀之首章，以禮家好事鈔合之，後人因題之名曰《禮記》，言周公所作。"以爲呂不韋作者，是因爲《禮記·月令》中有"太尉"官名，《漢書·百官公卿表》曰："太尉，秦官，金印紫綬，掌武事。"鄭玄《禮記注》："三王之官有司馬，無大尉(案：大即太，古大、太二字通)，秦官則有大尉。今俗人皆云周公作《月令》，未通於古。"《禮記正義》從文字、官名、曆法、服色四個方法證成鄭玄之說。

〔12〕《周禮·春官·大宗伯》："孤執皮帛，卿執羔，大夫執雁，士執雉，庶人執鶩，工商執雞。"《儀禮·士相見禮》："下大夫相見以雁，飾之以布，維之以索，如執雉。上大夫相見以羔，飾之以布，四維之結於面，左頭，如麛執之。"《左傳·定公八年》："公會晉師於瓦，范獻子執羔，趙簡子、中行文子皆執雁。魯於是始尚羔。"

〔13〕《史記·孝武本紀》:"其明年冬,上巡南郡,至江陵而東。登禮潛之天柱山,號曰南岳。"《集解》引應劭曰:"潛縣屬廬江。南岳,霍山也。"鄭樵《爾雅注》卷中《釋山》:"泰山爲東岳,華山爲西岳,霍山爲南岳,恒山爲北岳,嵩高爲中岳。霍山即天柱山,漢武帝以衡山遼曠,移其神於此,號爲南岳。在今壽州霍山,土人亦呼爲南岳也。"

〔14〕《宋書》卷三九《百官志上》:"太尉,一人。自上安下曰尉。掌兵事,郊祀掌亞獻,大喪則告諡南郊。堯時舜爲太尉官,漢因之。"

〔15〕《禮記·王制》:"凡四海之內九州。州方千里,州建百里之國三十,七十里之國六十,五十里之國百有二十,凡二百一十國。名山大澤不以封,其餘以爲附庸間田。八州,州二百一十國。"鄭玄注:"周公制禮,九州大界方七千里,七七四十九,方千里者四十有九也。其一爲畿內,餘四十八。八州各有方千里者六,設法一州,封地方五百里者不過四,謂之大國。"

〔16〕杜預《春秋左傳序》:"說者以爲仲尼自衛反魯,修《春秋》,立素王。"《正義》:"故說《左氏》者,言孔子'自衛反魯',則便撰述《春秋》,三年文成,乃致得麟。孔子既作此書,麟則爲書來,應言麟爲孔子至也。麟是帝王之瑞,故有素王之說。言孔子自以身爲素王,故作《春秋》,立素王之法。丘明自以身爲素臣,故爲素王作左氏之傳。漢魏諸儒,皆爲此說。董仲舒對策云:'孔子作《春秋》,先正王而繫以萬事,是素王之文焉。'賈逵《春秋序》云:'孔子覽史記,就是非之說,立素王之法。'鄭玄《六藝論》云:'孔子既西狩獲麟,自號素王,爲後世受命之君制明王之法。'盧欽《公羊序》云:'孔子自因魯史記而修《春秋》,制素王之道。'是先儒皆言孔子立素王也。"

〔17〕《禮記·曲禮下》:"天子建天官,先六大:曰大宰、大宗、大史、大祝、大士、大卜,典司六典。"鄭玄注:"典,法也。此蓋殷時制也,周則大宰爲天官,大宗曰宗伯,宗伯爲春官,大史以下屬焉,大士以神仕者。"

〔18〕《周禮·考工記·匠人》:"周人明堂,度九尺之筵,東西九筵,南北七筵,堂崇一筵。五室,凡室二筵。"《大戴禮·明堂》:"明堂者,古有之也。凡九室:一室而有四戶、八牖,三十六戶、七十二牖。以茅蓋屋,上圓下方。"《白虎通·辟雍》:"明堂,上圓下方,八窗四闥,布政之宮,在國之陽。上圓法天,下方法地,八窗象八風,四闥法四時,九室法九州,十二坐法十二月,三十六戶法三十六兩,七十二牖法七十二風。"《新唐書·禮樂志三》:"高宗時改元總章,分萬年置明堂縣,示欲必立之。而議者益紛然,或以爲五室,或以爲九室。"江藩《隸經文》卷一《明堂議》:"明堂制度,有以爲九室十二堂者也,《大戴禮記·盛德》篇、班固《白虎通》、蔡邕《明堂月令章句》也。有以爲五

室者,《考工記·匠人》。鄭康成《周禮》二記注也。後儒或從鄭注,或主蔡說,言人人殊,莫能是正。然尋其源,可窮其流焉。”

〔19〕膠庠,周代學校名。周時膠爲大學,庠爲小學,故後世統稱學校爲“膠庠”。《禮記·王制》:“周人養國老於東膠,養庶老於虞庠,虞庠在國之西郊。”

〔20〕成均,古之大學。《周禮·春官·大司樂》:“大司樂掌成均之法,以治建國之學政,而合國之子弟焉。”鄭玄注:“玄謂董仲舒云:‘成均,五帝之學。’成均之法者,其遺禮可法者。國之子弟,公卿大夫之子弟,當學者謂之國子。《文王世子》曰:‘於成均以及取爵於上尊。’然則周人立此學之官。”《禮記·文王世子》:“三而一有焉,乃進其等,以其序,謂之郊人,遠之,於成均,以及取爵於上尊也。”

〔21〕瞽宗,殷學校名。《周禮·春官·大司樂》:“凡有道有德者使教焉,死則以爲樂祖,祭於瞽宗。”《禮記·明堂位》:“瞽宗,殷學也;頖宮,周學也。”鄭玄注:“瞽宗,樂師瞽矇之所宗也,古者有道德者使教焉,死則以爲樂祖,於此祭之。泮之言班也,於以班政教也。”

〔22〕見《六經奧論》卷五《三禮異同辯》。

〔23〕郝敬(1557—1639),字仲輿,號楚望,明代學者。著有《周易正解》《尚書辨解》《毛詩原解》《周禮完解》《儀禮節解》《禮記通解》《春秋直解》《九部經解》《四書攝提》等書。事迹具《明史·文苑傳》。

〔24〕《禮記·燕義》:“席,小卿次上卿,大夫次小卿,士、庶子以次就位於下。獻君,君舉旅行酬;而後獻卿,卿舉旅行酬;而後獻大夫,大夫舉旅行酬;而後獻士,士舉旅行酬;而後獻庶子。俎豆、牲體、薦羞,皆有等差,所以明貴賤也。”

〔25〕《禮記·檀弓上》:“叔孫武叔之母死,既小斂,舉者出戶,出戶袒,且投其冠括髮。”《禮記·檀弓下》:“袒、括髮,變也;愠,哀之變也。去飾,去美也;袒、括髮,去飾之甚也。有所袒、有所襲,哀之節也。”

〔26〕《禮記·曲禮下》:“書方,衰、凶器:不以告,不入公門。”《禮記·中庸》:“文、武之政,布在方策,其人存,則其政舉;其人亡,則其政息。”《儀禮·士喪禮》:“書賵於方,若九、若七、若五。”

〔27〕《禮記·檀弓上》:“子思曰:‘喪三日而殯,凡附於身者,必誠必信,勿之有悔焉耳矣。’”《禮記·檀弓上》:“生與來日,死與往日。”鄭玄注:“《士喪禮》曰‘死日而襲,厥明而小斂,又厥明大斂而殯。’”

〔28〕《禮記·喪服四制》:“故父在爲母齊衰期者,見無二尊也。”

〔29〕《禮記·喪服小記》:“爲父後者,爲出母無服。無服也者,喪者不祭故也。”

〔30〕《禮記·檀弓上》:“孔子之喪,門人疑所服。子貢曰:‘昔者夫子之喪顏淵,

若喪子而無服;喪子路亦然。請喪夫子,若喪父而無服。'"

〔31〕《儀禮·喪服》:"父爲長子。傳曰:何以三年也? 正體於上,又乃將所傳重也。……母爲長子。傳曰:何以三年也? 父之所不降,母亦不敢降也。"

〔32〕《儀禮·喪服》"父在爲母。傳曰:何以期也? 屈也。至尊在,不敢伸其私尊也。父必三年然後娶,達子之志也。妻。傳曰:爲妻何以期也? 妻至親也。"

〔33〕《禮記·祭法》:"官師一廟,曰考廟。王考無廟而祭之,去王考爲鬼。庶士、庶人無廟,死曰鬼。"

〔34〕《禮記·曲禮下》:"支子不祭,祭必告於宗子。"

〔35〕《禮記·喪服四制》:"杖者何也? 爵也。三日授子杖,五日授大夫杖,七日授士杖。或曰擔主;或曰輔病,婦人、童子不杖,不能病也。"

〔36〕《禮記·奔喪》:"凡爲位,非親喪,齊衰以下皆即位。哭盡哀……齊衰望鄉而哭,大功望門而哭,小功至門而哭,緦麻即位而哭。……哭父之黨於廟,母、妻之黨於寢,師於廟門外,朋友於寢門外,所識於野張帷。"

〔37〕《禮記·喪大記》:"熬,君四種八筐,大夫三種六筐,士二種四筐,加魚臘焉。"鄭注:"熬者,煎穀也,將塗,設於棺旁,所以惑蚍蜉,使不至棺也。"

〔38〕《禮記·聘義》:"卿爲上擯,大夫爲承擯,士爲紹擯;君親禮賓;賓私面、私覿;致饔餼、還圭璋、賄、贈、饗、食、燕,所以明賓客君臣之義也。"

〔39〕《禮記·祭統》:"夫人薦豆執校,執醴授之執鐙。尸酢夫人執柄,夫人受尸執足。"《禮記·坊記》:"子云:'禮,非祭,男女不交爵。'以此坊民,陽侯猶殺繆侯而竊其夫人。故大饗廢夫人之禮。"

〔40〕《禮記·內則》:"國君世子生,告於君,接以大牢,宰掌具。三日,卜士負之,吉者宿齊朝服寢門外,詩負之,射人以桑弧蓬矢六。射天地四方,保受乃負之,宰醴負子,賜之束帛,卜士之妻、大夫之妾,使食子。……食子者,三年而出,見於公宮則劬。"

〔41〕《禮記·雜記下》:"婦人非三年之喪,不逾封而吊。如三年之喪,則君夫人歸。夫人其歸也以諸侯之吊禮,其待之也若待諸侯然。夫人至,入自闈門,升自側階,君在阼。其他如奔喪禮然。"《禮記·喪大記》:"夫人吊於大夫、士,主人出迎於門外,見馬首,先入門右。夫人入,升堂即位。主婦降自西階,拜稽顙於下。夫人視世子而踊。奠如君至之禮。夫人退,主婦送於門內,拜稽顙;主人送於大門之外不拜。"

〔42〕《禮記·曲禮下》:"《禮》曰:'君子抱孫不抱子。'此言孫可以爲王父尸,子不可以爲父尸。爲君尸者,大夫士見之,則下之。君知所以爲尸者,則自下

之，尸必式。乘必以几。”《禮記·曾子問》：“孔子曰：‘祭成喪者必有尸，尸必以孫。孫幼，則使人抱之。無孫，則取於同姓可也。’”《禮記·祭統》：“夫祭之道，孫爲王父尸。所使爲尸者，於祭者子行也；父北面而事之，所以明子事父之道也。此父子之倫也。”

〔43〕《禮記·祭義》：“衆生必死，死必歸土，此之謂鬼。”《正義》曰：“‘此之謂鬼’者，鬼，歸也，此歸土之形，故謂之鬼也。”

〔44〕《禮記·檀弓下》：“飯用米、貝，弗忍虛也。”《正義》曰：“又《禮緯·稽命徵》：‘天子飯以珠，含以玉。諸侯飯以珠，含以璧。卿大夫飯以珠，含以貝。’”《禮記·雜記下》：“天子飯，九貝；諸侯七，大夫五，士三。”鄭注：“周禮，天子飯含用玉。”《正義》曰：“按《禮戴》説天子飯以珠，含以玉；諸侯飯以珠；大夫、士飯以珠，含以貝。此等皆非周禮，并夏、殷之法。”《後漢書》：“飯唅珠玉如禮。”誨盜，即誘人盜竊。《易·繫辭上》：“慢藏誨盜；冶容誨淫。”

〔45〕《禮記·雜記上》：“醴者，稻醴也。甕甒筲衡，實見間而後折入。”鄭玄注：“此謂葬時藏物也。衡，當爲桁，所以庪甕、甒之屬。……甕，於貢反，盛醯醢之器。甒音武，瓦器。筲，所交反，竹器。衡，依注作桁，戶剛反，徐戶庚反，庪也。”《正義》曰：“‘甕’者，盛醯醢、醢。‘甒’者，盛醴、酒。‘筲’者，盛黍、稷。‘衡’者，以大木爲桁，置於地，所以庪舉於甕、甒之屬。”

〔46〕《禮記·禮器》：“醴酒之用，玄酒之尚。”《禮記·郊特牲》：“酒醴之美，玄酒明水之尚，貴五味之本也。”《禮記·鄉飲酒義》：“尊有玄酒，貴其質也。……尊有玄酒，教民不忘本也。”《禮記·郊特牲》：“祭之日，王皮弁以聽祭報，示民嚴上也。……皮弁素服而祭。……三王共皮弁素積。”《禮記·玉藻》：“皮弁以日視朝，遂以食，日中而餕，奏而食。……諸侯玄端以祭，裨冕以朝，皮弁以聽朔於大廟，朝服以日視朝於內朝。”《禮記·喪服小記》：“諸侯吊，必皮弁錫衰。”《禮記·學記》：“大學始教，皮弁祭菜，示敬道也。”《禮記·曲禮上》：“主人延客祭：祭食，祭所先進。殽之序，遍祭之。”《禮記·玉藻》：“若賜之食而君客之，則命之祭，然後祭。……侍食於先生異爵者，後祭先飯。”

〔47〕《禮記·王制》：“天子七廟，三昭三穆，與太祖之廟而七。諸侯五廟，二昭二穆，與太祖之廟而五。大夫三廟，一昭一穆，與太祖之廟而三。士一廟。庶人祭於寢。”《禮記·祭法》：“是故：王立七廟，一壇一墠，曰考廟，曰王考廟，曰皇考廟，曰顯考廟，曰祖考廟；皆月祭之。遠廟爲祧，有二祧，享嘗乃止。去祧爲壇，去壇爲墠。壇墠，有禱焉祭之，無禱乃止。去墠曰鬼。諸侯立五廟，一壇一墠。曰考廟，曰王考廟，曰皇考廟，皆月祭之；顯考廟，祖考

廟，享嘗乃止。去祖爲壇，去壇爲墠。壇墠，有禱焉祭之，無禱乃止。去墠爲鬼。大夫立三廟、二壇，曰考廟，曰王考廟，曰皇考廟，享嘗乃止。顯考祖考無廟，有禱焉，爲壇祭之。去壇爲鬼。適士二廟一壇，曰考廟，曰王考廟，享嘗乃止。顯考無廟，有禱焉，爲壇祭之。去壇爲鬼。官師一廟，曰考廟。王考無廟而祭之，去王考爲鬼。庶士、庶人無廟，死曰鬼。"

〔48〕繼體，即繼位。《史記·外戚世家》："自古受命帝王及繼體守文之君，非獨內德茂也，蓋亦有外戚之助焉。"《漢書·師丹傳》："先帝暴棄天下而陛下繼體，四海安寧，百姓不懼。"

〔49〕抑庶之法，《禮記·喪服小記》："庶子不祭祖者，明其宗也。庶子不爲長子斬，不繼祖與禰故也。庶子不祭殤與無後者，殤與無後者從祖祔食。庶子不祭禰者，明其宗也。"

〔50〕三殤，即長殤、中殤、下殤。《儀禮·喪服》："喪成人者其文縟，喪未成人者其文不縟，故殤之絰不樛垂。蓋未成人也，年十九至十六爲長殤，十五至十二爲中殤，十一至八歲爲下殤，不滿八歲以下皆爲無服之殤。無服之殤以日易月。以日易月之殤，殤而無服。"

〔51〕麻葛之易，《禮記·服問》："緦之麻，不變小功之葛；小功之麻，不變大功之葛。以有本爲稅。殤：長、中，變三年之葛。終殤之月算，而反三年之葛。是非重麻，爲其無卒哭之稅。下殤則否。"

〔52〕《禮記·射義》："射者，所以觀盛德也。……故射者各射己之鵠。故天子之大射謂之射侯；射侯者，射爲諸侯也。射中則得爲諸侯；射不中則不得爲諸侯。"

〔53〕《論語·衛靈公》："子曰：'君子義以爲質，禮以行之，孫以出之，信以成之。君子哉！'"《禮記·郊特牲》："禮之所尊，尊其義也。失其義，陳其數，祝史之事也。故其數可陳也，其義難知也。知其義而敬守之，天子之所以治天下也。"

〔54〕見郝敬《禮記通解·讀禮記》、徐文靖《管城碩記》卷一三《禮二》所引。

47. 論古宮室、衣冠、飲食不與今同，習禮者宜先考其大略，焦循《習禮格》最善

古之宮室，不與今同也；古之衣服、飲食，不與今同也。惟其不與

今同,故俗儒多疑古禮不近人情,即有志於古者,亦苦其扞格不相入。考古禮者,宜先於古之宮室、衣服、飲食等類,考其大略,乃有從入之處。

古宮室皆南向,外爲大門,門側左右皆有堂室,謂之塾。内爲寢門,中爲庭,再上爲階,有東階、即阼階。西階。升堂爲東西堂,有東西榮,即簷。有東西序,即墙。有兩楹,即柱。有棟,有楣。上爲户牖間,其後爲室。兩旁爲東西房。古之室即今之房,有壁。古之房,今過路屋,無壁。東房後有北堂。宮室之左爲廟,有闈門相通,廟制與宮室略同。觀李如圭《儀禮釋宮》[1]、江永《釋宮注》[2]、張惠言《儀禮圖》[3],得大略矣。

古祭服用絲,朝服用布[4];祭服用冕,朝服用弁或玄冠[5]。古冠小,如今道士之冠,非若後世之帽。冕服、朝服、玄端[6],皆上衣下裳,惟深衣連上下無裳[7],似今之長衫,惟方領對襟,緣以纘,或青或素爲異,用細白布爲之。喪服用布則粗,又各以輕重分精粗,觀任大椿《弁服釋例》[8],得大略矣。

古食用黍稷,加則有稻粱,黍、稷、稻、粱爲四簋[9]。常食有羹、菹、蔥、泪、醢、醬、脯、羞[10],飲有酒、有漿[11],齊則用糟,醴亦有糟[12]。薦用脯醢[13],脯以乾牛肉加薑、桂鍛治者爲脩[14],細剉脯加鹽酒爲醢[15],皆生物。酒新釀冷飲,豕、魚、臘爲三鼎,加羊與腸胃爲五鼎。臘,士用兔,大夫用麋,腸胃用牛羊,不用豕。加牛與膚、豕肉。鮮魚、鮮臘爲九鼎,加腳、臕、膮牛羊豕肉。爲十二鼎[16]。籩盛乾物,豆盛濡物[17]。俎以骨爲主。若今之排骨。骨分前足爲肩、臂、臑共六[18],長脅、代脅、短脅共六,正脊、挺脊、横脊共三,後足髀、肫、胳共六,二十一體。髀近竅,賤,不升[19]。鄉飲、燕射,則牲用狗,燕食有蜩、即蟬。范、即蜂。蚳醢,螘子。今人所不食者。考飲食無專書,亦可得大略也。得其大略,再取張惠言《儀禮圖》,如阮元説,畫地以習之[20],不患古禮不明。

若用焦循《習禮格》,尤爲事半功倍。焦氏自序曰[21]:"取於《儀禮》十七篇,去《喪服》《士喪禮》《既夕》《士虞禮》四篇,餘十三篇爲格以習之。紙方尺五寸,如奕枰,作朝廟圖一,庠圖一,大夫朝廟圖一,若門,若曲,若階,若堂,若房,若夾室,若東西堂,若東西榮[22],若坫[23],

若墻、墉[24]、屏[25]、宁[26]、戶、牖，無不備。削木或石爲棋，若主人，若賓，若介，若僎[27]，若主婦，若宰夫、司馬、樂工之屬，刻之，或以丹墨書。削木或石爲棋，小於前，於諸器物，若聘之圭、璋、皮、馬、錦、幣[28]，若祭之簠、簋、鼎、俎[29]，燕之爵、洗[30]，食之羹、醬，樂工之瑟、笙，射之弓、矢、楅、乏、旌、中、侯、正、豐、觶[31]，冠、昏之冠服，刻之，或以丹墨書。削木或石爲棋，前以圓，此以橢，書若揖，若拜，若再拜，若興，若坐，若立，若飲，若祭之類於上，或用刻。以十三篇爲之譜，習時各任一人，或兼之，按譜而行之。若東西左右升降之度，不容紊也，一揖一讓，不容遺也，否則爲負，負者罰。子弟門人或用心於博奕，思有以易之，爲此格。演之者必先讀經，經熟其文，熟其節。可多人演之，可少人演之，可一人演之。格有定，不容爭也，不容詐也，雖戲也，而不詭於正，後之學禮者或有好焉。”

〔1〕《四庫全書總目提要·經部·禮類》：“《儀禮釋宮》一卷，宋李如圭撰。如圭既爲《集釋》以發明經義，羽翼鄭康成注，又爲是書，以考論古人宮室之制。體例仿《爾雅·釋宮》，逐條之下引經記注疏，詳加討論。……其考證明晰，深得經意，發先儒之所未發，大抵類此，非以空言說禮者比也。”《經義考》卷一三二《儀禮三》：“李氏如圭《集釋古禮》十七卷，《釋宮》一卷，《綱目》一卷。俱未見。陳振孫曰：‘廬陵李如圭寶之撰，紹興癸丑進士，嘗爲福建撫幹。《釋宮》者，經所載堂室門庭，今人所不曉者一一釋之。’”

〔2〕江永《釋宮注》，《四庫全書總目提要·經部·禮類》：“是書取朱子《儀禮釋宮》一篇爲之詳注，爲之詳注，多所發明補正。其稍有出入者，僅一二條。而考證精密者，居十之九。”

〔3〕《清史稿·藝文志·經部·禮類》：“《儀禮圖》六卷，《讀儀禮記》二卷。張惠言撰。”阮元《儀禮圖序》：“宋楊復作《儀禮圖》，雖禮文完具，而位地或淆。而編修則以爲治《儀禮》者當先明宮室，故兼采唐、宋、元及本朝諸儒之義，斷以經注，首述《宮室圖》，而後依圖比事。按而讀之，步武朗然。又詳考吉凶冠服之制，爲之圖表。又論喪服爲至親期斷之説，爲《六服加降表》貫穿禮經，尤爲明著。”

〔4〕《儀禮·士冠禮》:"爵弁服，纁裳，純衣，緇帶，韎韐。此與君祭之服。《雜記》曰:'士弁而祭於公。'爵弁者，冕之次……純衣，絲衣也。餘衣皆用布，唯冕與爵弁服用絲耳。"

〔5〕《周禮·春官·司服》:"王之吉服:祀昊天上帝，則服大裘而冕，祀五帝亦如之;享先王，則袞冕;享先公、饗、射，則鷩冕;祀四望山川，則毳冕;祭社稷、五祀，則希冕;祭群小祀，則玄冕。"《禮記·王制》:"周人冕而祭，玄衣而養老。"《禮記·雜記上》:"大夫冕而祭於公，弁而祭於己。"《禮記·玉藻》:"皮弁以日視朝，遂以食，日中而餕，奏而食。"《周禮·春官·司服》:"視朝，則皮弁服。"《儀禮·士冠禮》:"乃易服，服玄冠、玄端、爵韠，奠摯見於君。……乃易服，服玄冠、玄端、爵韠，奠摯見於君。"《儀禮·特牲饋食禮》:"特牲饋食，其服皆朝服，玄冠、緇帶、緇韠。"

〔6〕玄端，古代之一種黑色禮服。祭祀時，天子、諸侯、士大夫皆服之。天子晏居時亦服之。《儀禮·士冠禮》:"玄端，玄裳、黃裳、雜裳可也。"鄭玄注:"此莫夕於朝之服。玄端即朝服之衣，易其裳耳。上士玄裳，中士黃裳，下士雜裳。雜裳者，前玄後黃。"《禮記·玉藻》:"卒食，玄端而居。"鄭玄注:"天子服玄端燕居也。"《周禮·春官·司服》:"其齊服有玄端、素端。"孫詒讓《正義》引金鶚曰:"玄端、素端是服名，非冠名，蓋自天子下達至於士通用爲齊服，而冠則尊卑所用互異。"

〔7〕《禮記正義·深衣》:"案鄭《目錄》云:'名曰《深衣》者，以其記深衣之制也。深衣，連衣裳而純之以采者。素純曰長衣，有表則謂之中衣。大夫以上祭服之中衣用素。……凡深衣皆用諸侯大夫士夕時所著之服，故《玉藻》云:'朝玄端，夕深衣。'庶人吉服亦深衣，皆著之在表也。……所以此稱深衣者，以餘服則上衣下裳不相連，此深衣衣裳相連，被體深邃，故謂之'深衣'。"

〔8〕任大椿(1738—1789)，字幼植，一字子田。清代著名學者。《清史列傳·儒林傳下一》:"少工文詞，既與休寧戴震同舉於鄉，習聞論說，究心漢儒之學。……於禮尤長名物，始欲薈萃全經，久之知其浩博難罄，因思即類以求，一類既貫，乃更求他類。所著《弁服釋例》八卷、《深衣釋例》三卷、《釋繒》一卷，皆博綜群籍，忠以己意。或視爲《爾雅》廣疏，實《禮經》別記之意。"阮元《弁服釋例序》:"茲帙釋弁服所用之例，以五禮區之，凡百四十餘事。綜覽經疏史志，發微訂訛，粲然經緯畢著矣。"

〔9〕《周禮·地官·舍人》:"凡祭祀，共簠簋，實之，陳之。"鄭玄注:"方曰簠，圓曰簋，盛黍稷稻粱器。"《毛詩·秦風·權輿》:"於我乎每食四簋。"《傳》曰:

"四簋，黍、稷、稻、粱。"《禮記·玉藻》："朔月少牢，五俎四簋。"鄭玄注："五俎，加羊與其腸胃也。朔月四簋，則日食粱、稻，各一簋而已"

〔10〕羹，帶有濃汁之食物，用菜及肉調和。《禮記正義》卷二七《內則》："用菜雜肉爲羹。"胾(zì)，切肉。《禮記·曲禮上》："凡進食之禮，左殽右胾。"鄭玄注："皆便食也。殽，骨體也。胾，切肉也。"蔥，《禮記·內則》："膾：春用蔥，秋用芥、豚；春用韭，秋用蓼。脂用蔥，膏用薤，三牲用藙，和用醯，獸用梅。"洎(jì)，肉汁。《左傳·隱公二十八年》："去其肉而以其洎饋。"醯(xī)，即醋。醬，調味料。《禮記·曲禮上》："膾炙處外，醯醬處內，蔥渫處末，酒漿處右。"《儀禮·士昏禮》："饌於房中，醯醬二豆，菹醢四豆，兼巾之。"鄭玄注："醯醬者，以醯和醬。"脯羞，乾製的肉類。《漢書·禮樂志》："乾豆上，奏登歌。"顏師古注："乾豆，脯羞之屬。"

〔11〕酒、漿，泛指酒水。《儀禮·公食大夫禮》："飲酒、漿飲，俟於東房。"鄭玄注："飲酒，清酒也。漿飲，漿也。"

〔12〕糟，即未濾清之酒或帶渣之酒。《禮記·內則》："飲：重醴，稻醴清糟，黍醴清糟，粱醴清糟。"鄭玄注："糟，醇也。清，沛也。致飲有醇者，有沛者，陪設之也。"《儀禮·士冠禮》："乃醴賓以壹獻之禮。"鄭玄注："凡禮事，質者用糟，文者用清。"

〔13〕脯醢，佐酒之菜餚。《周禮·天官·膳夫》："凡王之稍事，設薦脯醢。"《禮記·雜記下》："凡侍祭喪者，告賓祭薦而不食。"鄭玄注："薦，脯醢也。"

〔14〕《禮記·曲禮上》："以脯脩置者，左朐右末。"《正義》曰："脯訓始，始作即成也。脩亦脯也。脩訓治，治之乃成。"《周禮·天官·膳夫》："凡肉脩之頒賜皆掌之。"鄭玄注："鄭司農云：'脩，脯也。'"賈公彥疏："言'脩，脯也'者，謂加薑桂鍛治者謂之脩，不加薑桂，以鹽乾之者謂之脯。"

〔15〕《周禮·天官·醢人》："朝事之豆，其實韭菹，醓醢，昌本，麋臡，菁菹，鹿臡，茆菹，麇臡。"鄭玄注："作醢及臡者，必先膊乾其肉，乃後莝之，雜以粱麴及鹽，漬以美酒，塗置甀中百日則成矣。"

〔16〕《儀禮·公食大夫禮》："胾以東，膮、膘、牛炙。"鄭玄注："胾、膘、膮，今時臛也。牛曰胾，羊曰膘，豕曰膮，皆香美之名也。"

〔17〕籩、豆，竹製爲籩，木製爲豆。《周禮·天官·籩人》："籩人掌四籩之實。"鄭玄注："籩，竹器如豆者，其容實皆四升。"《儀禮·鄉射禮》："薦，脯用籩，五臟，祭半臟，橫於上。醢以豆，出自東房。"鄭玄注："脯用籩，籩宜乾物也。醢以豆，豆宜濡物也。"錢玄《三禮名物通釋·器皿》："盛濡物之器曰豆，有瓦豆、木豆，或以銅爲之。盛乾物之器曰籩，以竹爲之。"

〔18〕《儀禮・少牢饋食禮》:“司馬升羊右胖,髀不升,肩、臂、臑(nào)、膊、骼,正脊一、脡脊一、橫脊一、短脅一、正脅一、代脅一,皆二骨以幷,腸三、胃三、舉肺一、祭肺三,實於一鼎。”鄭玄注:“肩、臂、臑,肱骨也。膊、骼,股骨也。”案,膊(chún),一作“肫”。骼(gé),一作“胳”。

〔19〕《儀禮・少牢饋食禮》:“司馬升羊右胖,髀不升。”鄭玄注:“升猶上也。上右胖,周所貴也。髀不升,近竅,賤也。”

〔20〕阮元《儀禮圖序》:“予嘗以爲讀《禮》者當先爲頌,昔叔孫通爲綿蕝以習禮,他日亦欲使家塾弟子劃地以肄禮。庶於治經之道,事半而功倍也。”

〔21〕見《雕菰集》卷一七《習禮格序》。

〔22〕東西榮,即正房東西兩邊之檐廊。《儀禮・士冠禮》:“夙興,設洗,直於東榮。”鄭玄注:“榮,屋翼也。”《儀禮・士喪禮》:“復者降自後西榮。”《夢溪筆談》卷三《辯證一》:“榮者,夏屋東西序之外屋翼也,謂之東榮、西榮。”

〔23〕坫,古代設於堂中供祭祀、宴會時放禮器和酒具之土臺。《禮記・明堂位》:“反坫出尊,崇坫康圭。”鄭玄注:“反坫,反爵之坫也。出尊,當尊南也。唯兩君爲好,既獻,反爵於其上。禮,君尊於兩楹之間。崇,高也。康,讀爲‘亢龍’之‘亢’,又爲高坫,亢所受圭,莫於上焉。”《正義》曰:“‘反坫’者,兩君相見,反爵之坫也。築土爲之,在兩楹間,近南。人君飲酒既獻,反爵於坫上,故爲之‘反坫’也。‘出尊’者,尊在兩楹間,坫在尊南,故云‘出尊’。‘崇坫康圭’者,崇,高也。亢,舉也。爲高坫,受賓之圭,舉於其上也。”

〔24〕《禮記・郊特牲》:“社祭土而主陰氣也。君南鄉於北墉下,答陰之義也。”鄭玄注:“墙謂之墉,北墉,社內北墙。”

〔25〕屏,即屏風。《禮記・曲禮上》:“帷薄之外不趨。”《正義》曰:“《禮》:天子外屏,諸侯內屏,卿大夫以簾,士以帷。外屏,門外爲之。內屏,門內爲之。‘邦君樹塞門’是也。”

〔26〕宁,門屏之間曰宁。《禮記・曲禮下》:“天子當宁而立。”鄭玄注:“門屏之間曰宁。”

〔27〕儐,即古代行鄉飲酒禮時之輔佐者,輔賓者稱介,輔主人者稱儐。《禮記・鄉飲酒義》:“賓主,象天地也。介僎,象陰陽也。”鄭玄注:“古文禮‘僎’皆作‘遵’。……僎音遵,輔主人者。”

〔28〕圭璋、皮、馬、錦、幣皆爲聘禮所用。《禮記・聘義》:“以圭璋聘,重禮也;已聘而還圭璋,此輕財而重禮之義也。”《儀禮・聘禮》:“官陳幣,皮北首,西上,加其奉於左皮上;馬則北面,奠幣於其前。……上介北面視之,退復位。退圭。陳皮,北首,西上,又拭璧,展之,會諸其幣,加於左皮上。上介視之,

退。馬則幕南、北面，莫幣於其前。……有司展群幣以告。及郊，又展，如初。及館，展幣於賈人之館，如初。……賓用束錦儐勞者，勞者再拜稽首受……賓奉束錦以請覲。……賓執左馬以出。上介受賓幣，從者訝受馬。"

〔29〕簠、簋，兩種盛黍稷稻粱之禮器。《禮記·樂記》："簠簋俎豆，制度文章，禮之器也。"《周禮·地官·舍人》："凡祭祀，共簠簋，實之，陳之。"鼎、俎，古代祭祀、燕饗時陳置牲體或其他食物的禮器。《禮記·禮運》："陳其犧牲，備其鼎俎。"《禮記·郊特牲》："鼎俎奇而籩豆偶，陰陽之義也。"《周禮·天官·內饔》："王舉，則陳其鼎俎，以牲體實之。"《周禮·天官·外饔》："凡小喪紀，陳其鼎俎而實之。"

〔30〕燕即燕禮。《儀禮·燕禮》："更爵，洗，升，酌膳酒以降，酢於阼階下。"鄭玄注："更爵者，不敢襲至尊也。古文更爲受。"《禮記·燕禮》："受者如初受酬之禮，降，更爵、洗，升，酌膳，下拜。"

〔31〕楅（bī），古代行鄉射禮時插箭之器具。《儀禮·鄉射禮》："北面立於所設楅之南，命弟子設楅。"鄭玄注："楅猶幅也，所以承笴矢者。"乏，古代射禮唱靶者用以避箭的器具，其形略似屏風。《儀禮·鄉射禮》："乏參侯道，居侯黨之一，西五步。"《儀禮·大射禮》："司馬命量人量侯道與所設乏以貍步。"鄭玄注："容謂之乏，所以爲獲者御矢也。"旌，射器。《儀禮·鄉射禮》："命弟子納射器。"鄭玄注："射器，弓、矢、決、拾、旌、中、籌、楅、豐也。"侯，箭靶，中侯即射中箭靶。《儀禮·鄉射禮》："司馬又命獲者倚旌於侯中。"鄭玄注："欲令射者見侯與旌，深有志於中。"豐，古代承放爵、觶之禮器。《儀禮注·鄉射禮》："司射適堂西，命弟子設豐。"鄭玄注："將飲不勝者，設豐所以承其爵也。豐形蓋似豆而卑。"觶（zhì），酒器。《禮記·禮器》："尊者舉觶，卑者舉角。"《禮記·鄉飲酒義》："盥洗揚觶，所以致潔也。"

48. 論《禮記》義之精者本可單行，《王制》與《禮運》亦可分篇別出

《禮記》非一人所撰，義之精者可以單行。《漢·藝文志》於《禮記》百三十篇外，已別出《中庸》二篇[1]。梁武帝作《禮記大義》十卷，又作《中庸講疏》一卷[2]。宋仁宗以《大學》賜及第者[3]，表章《中庸》《大

學》,不始朱子。蔡邕作《月令章句》及《問答》[4],宋太宗以《儒行》篇刻於版,印賜近臣及新第舉人[5]。司馬光《書儀》云[6]:"《學記》《大學》《中庸》《樂記》,爲《禮記》之精要。"[7]黃道周作《月令明義》[8]、《表記》《坊記》《緇衣》《儒行》集傳[9],黃宗羲作《深衣考》[10],江永作《深衣考誤》[11],邵泰衢作《檀弓疑問》[12]。焦循謂於《禮運》《禮器》《中庸》《大學》得其微[13]。是皆於四十九篇之中,分篇別出者。

錫瑞謂《王制》爲今文大宗,用其說可以治天下,其書應分篇別出。《禮運》說禮極精,應亦分篇別出。

《黃氏日鈔》云:"《禮運》記五帝三王相變易陰陽轉移之道,故以運名。雖思太古而悲後世,其主意微近於《老子》,而終篇混混爲一,極多精語。如論造化,謂天秉陽,垂日星,地秉陰,竅於山川。如論治,謂聖人耐以天下爲一家,中國爲一人。如論人,則謂人者天地之心,謂天地之德,陰陽之交,鬼神之會,五行之秀氣。如論禮,則謂禮者固人肌膚之會[14],筋骸之束,皆千萬世名言。"

《困學紀聞》云:"《禮運》,致堂胡氏云[15]子游作,吕成公[16]謂蜡賓之嘆[17],前輩疑之,以爲非孔子語。'不獨親其親,子其子',而以堯、舜、禹、湯爲小康,是老聃、墨氏之論。朱文公謂程子論堯舜事業,非聖人不能,三王之事,大賢可爲,恐亦微有此意[18]。但記中分裂太甚,幾以帝王爲有二道則有病。"[19]

邵懿辰曰:"《禮運》一篇,先儒每嘆其言之精,而不甚表章者,以不知首章有錯簡,而疑其發端近乎老氏之意也。今以'禹、湯、文、武、成王、周公,此由其選也,此六君子者,未有不謹於禮者也'二十六字,移置'不必爲己'之下,'是故謀閉而不興'之上,則文順而意亦無病矣。就本篇有六證焉,先儒泥一'與'字,以'大道之行'屬大同,'三代之英'屬小康。不知大道之行,概指治功之盛,三代之英,切指其治世之人,'與'字止一意,無兩意,而下句'有志未逮',正謂徒想望焉,而莫能躬逢其盛也。否則'有志未逮'當作何解?證一也。'今大道既隱',以周爲今猶可,以夏商爲今,可乎?既曰'未逮',又曰'今',自相矛盾,證二也。禮爲忠信之薄,則子游宜舉大道爲問,而曰'如此乎禮之急也',不承大同而偏重小康，則文義不屬，證三也。'講信修睦'後文三見，皆指聖人先王而非遠古，果有重五帝、薄三王之意，後文何無一言相應乎？證四也。五帝官天下，三王家天下，本戰國時道家之説，而漢人重黃老者述之。實則五帝不皆與賢，堯舜以前皆與子也。'天下爲公'，即後文所謂'以天下爲一家，中國爲一人'者。'不獨親其親，子其子'，謂'老吾老，以及人之老，幼吾幼，以及人之幼'。'老有所終'以下六句，皆人情之所欲，即人情以爲田。而大同即大順也。'天下爲家'，則指東遷以後，政教號令不行於天下，國異政而家殊俗，并無與子與賢之意。'選賢與能'，對'世及'而言。'世及'者，若《春秋》譏世卿，雖有聖人，無自進身，異於周初'建官惟賢，位事惟能'耳，證五也。'我欲觀夏道'，'我欲觀殷道'，'我觀周道'，三'道'字正承'大道'而言。果大道既隱，又何觀焉？後文'大柄''大端''大寶'，即大道也，證六也。"[20]

　　錫瑞案：移易經文，動言錯簡，乃宋明人習氣，不可爲訓。而邵氏説極有理，證據亦明。明乎此，可以釋前人之疑，知《禮運》一篇皆無疵，而其精義著，故備舉其説，以爲《禮運》可以單行之證。

箋注

〔1〕《漢書·藝文志·六藝略·禮類》："《中庸説》二卷。"顏師古注："師古曰：今《禮記》有《中庸》一篇，亦非本禮經，蓋此之流。"王應麟《漢藝文志考證》："孔子之孫子思伋作《中庸》。程氏曰：《中庸》之書，是孔門傳授，成於子思，傳於孟子，《白虎通》謂之《中庸記》。"

〔2〕《隋書·經籍志·經部·禮類》："《禮記大義》十卷，梁武帝撰。……《中庸講疏》一卷，梁武帝撰。"《梁書·武帝本紀》："雖萬機多務，猶卷不輟手，然燭側光，常至戊夜。造制旨《孝經義》，《周易講疏》，及六十四卦、二《繫》、《文言》《序卦》等義，《樂社義》，《毛詩答問》，《春秋答問》，《尚書大義》，《中庸講》，《孔子正言》，《老子講疏》，凡二百餘卷，并正先儒之迷，開古聖之旨。"

〔3〕夏良勝《中庸衍義原序》："宋仁宗時，王堯臣及第，賜《中庸》篇；呂臻及第，賜《大學》篇。"毛奇齡《經問》卷三："宋仁宗於《戴記》中表出《大學》《中庸》二篇以賜王堯臣、呂臻，遂開一代理學之始。"徐文靖《管城碩記》卷一三《禮

二》：“新安胡氏曰：仁宗時王堯臣及第，賜《中庸》篇；吕臻及第，賜《大學》篇。”

〔4〕《隋書·經籍志·經部·禮類》：“《月令章句》十二卷，漢左中郎將蔡邕撰。”《問答》即《月令問答》，見《蔡中郎集》卷三。

〔5〕《宋史》卷第一〇八《選舉志·科目上》：“淳化三年，諸道貢士凡萬七千餘人。……詔刻《禮記·儒行》篇賜之。”《宋史》卷二六七《張洎傳》：“時，上令以《儒行》篇刻於版，印賜近臣及新第舉人。”《宋史》卷一九八《文苑傳一》：“時摹印《儒行》篇，以賜新及第人及三館、臺省官，皆上表稱謝。”

〔6〕《四庫全書總目提要·經部·禮類》：“《書儀》十卷，宋司馬光撰。凡《表奏》《公文》《私書》《家書式》一卷，《冠儀》一卷，《婚儀》二卷，《喪儀》六卷。”

〔7〕按，此句不見於司馬光《書儀》。真德秀《西山讀書記》卷二一《大學小學》：“溫公曰：‘自是以往，可以博觀群書。然必擇其精要者而誦之，如《禮記·內則》《學記》《大學》《中庸》《樂記》之類。”

〔8〕黄道周(1585—1646)，字幼元，一字螭若，漳浦人。因自幼坐卧於銅山石室中，故學者稱爲石齋先生。學精天文、曆數、《皇極》諸書，所著有《易象正》《三易洞璣》《太函經》《月令明義》等書。事迹具《明史》本傳。《四庫全書總目提要·經部·禮類》：“《月令明義》四卷。明黄道周撰。崇禎十一年，道周官少詹事，注《禮記》五篇以進，此其一也。其説以二至、二分、四立皆歸於中央之土，爲取則於《洛書》之中五，而五氣於以分布。此歲功所由成，政事所從出，故作《月令氣候生合總圖》。又以《月令》載昏旦中星，故有《十二月中星圖》，并細載中星距極遠近度數及寅泰、卯大壯等十二卦象、象，以爲此聖人敷治之原。每一月分爲一章，其日躔星度則各列原本於前，而别列《授時曆》新測於後。”

〔9〕《四庫全書總目提要·經部·禮類》：“《表記集傳》二卷。明黄道周撰。……是書亦在經筵日纂輯進呈。道周以爲古者窺測天地日月，皆先立表，爲《表記》之所由名。古者制字，表裹字皆從衣，謂衣之著於外者。人之言行，猶衣之章身，故鄭康成云‘以其記君子之德，見於儀表者’，是爲本義必取於八尺之表。”又：“《坊記集傳》二卷，明黄道周撰。是書亦在經筵日纂輯進呈之本。道周以爲聖人之坊亂，莫大於《春秋》，故是書之體，以《坊記》爲經，而每章之下皆臚舉《春秋》事迹以證。”又：“《緇衣集傳》四卷。明黄道周撰。是書取《緇衣》一篇各爲章目，分不煩第一、咸服第二、孫心第三、民表第四、好仁第五、王言第六、禁行第七、德壹第八、壹德第九、示元第十、不勞第十一、成教第十二、衆敬第十三、親賢第十四、慎溺第十五、體全第十

六、壹類第十七、好正第十八、堅著第十九、德惠第二十、聲成第二十一、成信第二十二、恒德第二十三。其創立名目，與《儒行》《表記》《坊記》相同。"又："《儒行集傳》二卷。明黃道周撰。是編取《儒行》一篇分十七章。上卷之目曰：服行第一、自立第二、容貌第三、備豫第四、近人第五、特立第六、剛毅第七、又《自立》章第八。下卷之目曰：儒仕第九、憂思第十、寬欲第十一、舉賢第十二、仁舉第十三、特立獨行第十四、歸爲第十五、交友第十六、尊讓第十七、命儒第十八。其篇目皆道周所創。"

〔10〕《四庫全書總目提要·經部·禮類》："《深衣考》一卷。國朝黃宗羲撰。是書前列己說，後附《深衣》經文，并列朱子、吳澄、朱右、黃潤玉、王廷相五家圖說，而各闢其謬。其說大抵排斥前人，務生新義。如謂衣二幅，各二尺二寸，屈之爲前後四幅，自掖而下殺之，各留一尺二寸，加衽二幅。……考深衣之裳十二幅，前後各六，自漢唐諸儒沿爲定說。宗羲忽改創四幅之圖，殊爲臆撰。……宗羲經學淹貫，著述多有可傳，而此書則變亂舊詁，多所乖謬。恐其貽誤後來，故摘其誤而存録之，庶讀者知所决擇焉。"

〔11〕《四庫全書總目提要·經部·禮類》："《深衣考誤》一卷，國朝江永撰。深衣之制，衆說糾紛。永據《玉藻》'深衣三袪，縫齊倍要，衽當旁'之文，如裳前後當中者，爲襟，爲裾，皆不名衽，惟當旁而斜殺者乃名衽。今以永說求之訓詁諸書，雖有合有不合，而衷諸經文，其義最當。……其釋經文'衽當旁'三字實非孔疏所能及。其後辨'續衽，鈎邊'一條……其說亦考證精核，勝前人多矣。"

〔12〕《四庫全書總目提要·經部·禮類》："《檀弓疑問》一卷，國朝邵泰衢撰。泰衢，字鶴亭，錢塘人，明於算術，以薦授欽天監左監副。其書以《禮記》出自漢儒，而《檀弓》一篇尤多附會，乃摘其可疑者，條列而論辨之。"

〔13〕焦循《禮記補疏叙》："吾於《禮運》《禮器》《中庸》《大學》等篇得其微焉。"

〔14〕肌膚，原刻本作"肌時"，據黃震《黃氏日鈔》卷一八《讀禮記》改。

〔15〕致堂胡氏，即胡寅（1098—1156），字明仲，建州崇安（今福建武夷山）人，學者稱致堂先生，南宋理學家，著有《論語詳說》《讀史管見》《斐然集》等書。見《宋史·儒林傳五》。

〔16〕吕成公，即吕祖謙，注見前。見《宋史·儒林傳四》。

〔17〕蜡賓之嘆，見《禮記·禮運》："昔者仲尼與於蜡賓，事畢，出游於觀之上，喟然而嘆。仲尼之嘆，蓋嘆魯也。"

〔18〕朱熹《晦庵集》卷三三《書·答吕伯恭》："如程子論堯舜事業，非聖人不能；三王之事，大賢可爲也。恐亦微有此意，但《記》中分裂太甚，幾以二帝、三

王爲有二道，此則有病耳。"

〔19〕見《困學紀聞》卷五《禮記》。

〔20〕見《禮經通論・論禮運首段有錯簡》。

49. 論六經之義禮爲尤重，其所關繫爲尤切要

六經之文，皆有禮在其中，六經之義，亦以禮爲尤重。於何徵之？於《經解》一篇徵之。《經解》首節泛言六經，其後乃專歸重於禮。鄭《目錄》云："名曰《經解》者，以其記六義政教之得失也[1]。此於《別錄》屬通論。"孔《疏》曰："《經解》一篇，總是孔子之言，記者録之以爲《經解》者，皇氏[2]云：‘解者分析之名，此篇分析六經禮教不同，故名曰《經解》也。’六經其教雖異，總以禮爲本，故記者録入於《禮》。"陳澧曰："《記》文引孔子曰：‘安上治民，莫善於禮。’此篇當録入於《禮》，其義已明矣。"[3]

錫瑞案：陳氏之説未盡，此篇自"禮之於正國也"至引"孔子曰安上治民"云云，皆是説禮。孔《疏》曰："從篇首‘孔子曰入其國其教可知也’至此‘長幼有序’事相連接，皆是孔子之辭，記者録之而爲記。其理既盡，記者乃引孔子所作《孝經》之辭以結之，故云‘此之謂也’，言孔子所云者，正此經之謂。"據此，則孔子説六經畢，已特舉禮之重以教人矣。

孔《疏》又曰："‘此之謂也’以後，則是記者廣明安上治民之義，非復孔子之言也。"案：記者之文亦極精，能發明《禮經》十七篇之義，曰："故朝覲之禮，所以明君臣之義也；聘問之禮，所以使諸侯相尊敬也；喪祭之禮，所以明臣子之恩也；鄉飲酒之禮，所以明長幼之序也；昏姻之禮，所以明男女之別也。夫禮，禁亂之所由生，猶坊止水之所自來也[4]。故以舊坊爲無所用而壞之者，必有水敗；以舊禮爲無所用而去之者，必有亂患。故昏姻之禮廢，則夫婦之道苦[5]，而淫辟之罪多矣。鄉飲酒之禮廢，則長幼之序失，而爭鬥之獄繁矣。喪祭之禮廢，則臣子

之恩薄，而倍死忘生據《漢書》作先。者衆矣[6]。聘覲之禮廢，則君臣之位失，諸侯之行惡，而倍畔侵陵之敗起矣[7]。故禮之教化也微，其止邪也於未形，使人日徙善遠罪而不自知也，是以先王隆之也。”“先王隆之”，承上孔子所云“隆禮”、“由禮”言之；“朝覲聘問”，承上“以入朝廷則貴賤有位”言之；“喪祭之禮”，承上“以奉宗廟則敬”言之；“鄉飲酒之禮”，承上“以處鄉里則長幼有序”言之；“昏姻之禮”，承上“以處室家則父子親兄弟和”言之，而皆不出《禮經》十七篇外。鄉飲以飲該射，昏姻以昏統冠，觀此乃知聖人制禮，非故爲是繁文縟節，實所以禁亂止邪。

謂禮猶坊，與《坊記》之義相通。《坊記》曰：“君子之道，辟則坊與?[8]，坊民之所不足者也。大爲之坊，民猶逾之，故君子禮以坊德[9]。禮者，因人之情而爲之節文，以爲民坊者也。”使民貧而好樂，富而好禮，“觴酒豆肉，讓而受惡”[10]，而鬥辨之獄息矣，則鄉飲酒之禮明也。夫禮者章疑別微[11]，以爲民坊者也。故貴賤有等，朝廷有位，示民有君臣之別，而弒獄不作矣，則聘覲之禮明也。教民追孝，示民不爭、不貳、不疑[12]，以有上下，而不孝之獄罕矣，則喪祭之禮明也。夫禮坊民所淫，章民之別，使民無嫌，以爲民紀者也。教民無以色厚於德[13]，而淫亂之獄絶矣，則昏姻之禮明也。

《大戴禮·盛德篇》亦云：“凡不孝生於不仁愛，不仁愛生於喪祭之禮不明。喪祭之禮，所以教仁愛也。致愛故能致喪祭，死且思慕饋食[14]，況於生而存乎？故喪祭之禮明，則民孝矣。故有不孝之獄，則飾喪祭之禮。凡弒上生於義不明。義者，所以等貴賤，明尊卑。貴賤有序，民尊上敬長，而弒者未有也。朝聘之禮，所以明義也，故有弒獄則飾朝聘之禮。凡鬥辨生於相侵陵，相侵陵生於長幼無序。鄉教以敬讓也，故有鬥辨之獄，則飾鄉飲酒之禮。凡淫亂生於男女無別，夫婦無義。昏禮所以別男女，明夫婦之義也，故有淫亂之獄，則飾昏禮。”其説與《經解》正合。喪、祭、朝、聘、鄉飲、昏禮，亦不出十七篇外。觀此諸篇，乃知古禮所存，大有關繫，較之各經，尤爲切要。若必蕩棄禮法[15]，潰決堤防，正所謂壞國、喪家、亡人，必先去其禮與[16]？《孟子》所謂“上無禮，下無學，賊民興，喪無日矣”[17]，可不儆懼乎！

箋注

〔1〕《禮記·經解》："孔子曰:'入其國,其教可知也。其爲人也,温柔敦厚,《詩》教也;疏通知遠,《書》教也;廣博易良,《樂》教也;絜静精微,《易》教也;恭儉莊敬,《禮》教也;屬辭比事,《春秋》教也。故《詩》之失,愚;《書》之失,誣;《樂》之失,奢;《易》之失,賊;《禮》之失,煩;《春秋》之失,亂。其爲人也,温柔敦厚而不愚,則深於《詩》者也;疏通知遠而不誣,則深於《書》者也;廣博易良而不奢,則深於《樂》者也;絜静精微而不賊,則深於《易》者也;恭儉莊敬而不煩,則深於《禮》者也;屬辭比事而不亂,則深於《春秋》者也。'"

〔2〕皇氏,即皇侃。《梁書·儒林傳》:"皇侃,吴郡人,青州刺史皇象九世孫也。侃少好學,師事賀瑒,精力專門,盡通其業,尤明三《禮》《孝經》《論語》。……撰《禮記講疏》五十卷,書成奏上,詔付秘閣。頃之,召入壽光殿講《禮記義》,高祖善之……性至孝,常日限誦《孝經》二十遍,以擬《觀世音經》。……所撰《論語義》十卷,與《禮記義》并見重於世,學者傳焉。"

〔3〕見陳澧《東塾讀書記》卷九《禮記》。

〔4〕《禮記·經解》:"夫禮,禁亂之所由生,猶坊止水之所自來也。"《正義》曰:"坊,謂堤坊,人築堤坊,止約水之所從來之處,言若有汙下水來之處,則豫防障之。"

〔5〕《禮記·經解》:"故昏姻之禮廢,則夫婦之道苦,而淫辟之罪多矣。"鄭玄注:"苦,謂不至、不答之屬。"《正義》曰:"'不至'者,謂夫親迎而女不至。若《詩·陳風》云:'昏以爲期,明星煌煌。'注云:'女留他色,不肯時行。'序云'親迎,女猶有不至者'是也。不答者,謂夫不答耦於婦,故《邶風》云'《日月》,衛莊姜傷己不見答於先君'是也。"淫辟,即放蕩淫亂。《漢書·禮樂志》:"鄭衛之聲興,則淫辟之化流。"

〔6〕《禮記·經解》:"喪祭之禮廢,則臣子之恩薄,而倍死忘生者衆矣。"《正義》曰:"喪祭之禮,所以敦勖臣子恩情,使死者不見背違,生者恒相從念。若廢不行,故臣子恩薄而死者見背,生者被遺忘。如此者多,故云'衆矣'。"

〔7〕《禮記·經解》:"聘覲之禮廢,則君臣之位失,諸侯之行惡,而倍畔侵陵之敗起矣。"《正義》曰:"倍畔,謂據倍天子也。侵陵,謂侵陵鄰國也。"

〔8〕《禮記·坊記》:"君子之道,辟則坊與?"《正義》曰:"君子之道,坊民之過,譬如坊之礙水,故云'辟則坊與'。"

〔9〕《禮記·坊記》:"故君子禮以坊德,刑以坊淫,命以坊欲。"《正義》曰:"'由民

逾德，故人君設禮以坊民德之失也。"

〔10〕觴酒豆肉，即一觴酒、一豆肉。《禮記·坊記》："觴酒豆肉，讓而受惡，民猶犯齒。"鄭玄注："犯，猶僭也。齒，年也。禮：六十以上，籩豆有加。"

〔11〕《禮記·坊記》："夫禮者，所以章疑別微，以爲民坊者也。"《正義》曰："'章疑'者，疑謂是非不決，當用禮以章明之。'別微'者，微，謂幽隱不著，當用禮以分別之。"

〔12〕《禮記·坊記》："升自客階，受吊於賓位，教民追孝也。未没喪不稱君，示民不爭也。"鄭玄注："謂反哭時也。既葬矣，猶不由阼階，不忍即父位也。"《坊記》又曰："孝以事君，弟以事長，示民不貳也。"鄭玄注："不貳，不自貳於尊者也。自貳，謂若鄭叔段者也。"《坊記》又曰："喪父三年，喪君三年，示民不疑也。"鄭玄注："不疑於君之尊也。君無骨肉之親，不重其服，至尊不明。"

〔13〕《禮記·坊記》："以此坊民，民猶以色厚於德。"鄭玄注："《論語》曰'未見好德如好色'，疾時人厚於色之甚，而薄於德也。"

〔14〕饋食，即獻熟食。古代之天子諸侯每月朔朝廟之一種祭禮。《周禮·春官·大宗伯》："以饋食享先王。"

〔15〕蕩棄禮法，即廢棄禮法。

〔16〕《禮記·禮運》："故禮義也者，人之大端也，所以講信修睦而固人之肌膚之會、筋骸之束也。所以養生、送死、事鬼神之大端也。所以達天道、順人情之大寶也。故唯聖人爲知禮之不可以已也，故壞國、喪家、亡人，必先去其禮。"

〔17〕"上無禮"句，見《孟子·離婁上》。

50. 論《大戴禮記》

鄭君《六藝論》曰："戴德傳《記》八十五篇，則《大戴禮》是也。"鄭注《小戴》，不注《大戴》，故《小戴禮》合《周禮》《儀禮》，至今稱爲三《禮》，而《大戴禮》漸至亡佚。八十五篇，《隋志》所録，已佚其四十七篇[1]，盧辯《注》亦僅存八卷[2]。《四庫提要》[3]："司馬貞曰[4]'《大戴禮》合八十五篇，其四十七篇亡，存三十八篇'。蓋《夏小正》一篇多別行，隋唐間録《大戴禮》者，或闕其篇，是以司馬貞云然，原書不別出《夏小正》篇，實闕四十六篇，存者宜爲三十九篇。《中興書目》[5]乃言存四十篇，則竄入《明堂》篇題[6]，自宋人始矣。書中《夏小正》篇最古，其《諸侯遷廟》《諸侯釁廟》《投壺》《公冠》，皆《禮古經》遺文。又《藝文志》‘《曾子》十八篇’久逸，是書猶存其十篇，自《立事》至《天圓》篇題中，悉冠以‘曾子’者是也。”

阮元《揅經室集·王實齋〈大戴禮記解詁〉序》曰[7]：“南城王君實齋聘珍[8]，著《大戴禮記解詁》十三卷，目録一卷。其言曰：‘大戴與小戴，同受業於后倉，各取孔壁古文《記》，非小戴刪大戴、馬融足小戴也。《禮察》《保傅》語及秦亡[9]，乃孔襄[10]等所合藏，是賈誼有取於古《記》，非古《記》采及《新書》也[11]。《三朝記》《曾子》乃劉氏分屬九流[12]，非大戴所裒集也。其校經文也，專守古本爲家法，有懲於近日諸儒妄據他書徑改經文之失。其爲解詁也，義精語潔，恪守漢法，多所發明，爲孔撝約[13]諸家所未及。能使二千年孔壁古文無隱滯之義，無虛造之文，用力勤而爲功鉅矣。”

又《孔檢討廣森〈大戴禮記補注〉序》曰[14]：“今學者皆治十三經，至兼舉十四經之目[15]，則《大戴禮記》，宜急治矣。《夏小正》爲夏時書，《禹貢》惟言地理，兹則言天象與《堯典》合。《公冠》《諸侯遷廟》《釁廟》《朝事》等篇，足補《儀禮》十七篇之遺。《盛德》《明堂》之制，爲《考工記》所未備。《孔子三朝記》，《論語》之外，兹爲極重。《曾子》十篇，儒言純粹，在《孟子》之上。《投壺》儀節，較《小戴》爲詳。《哀公問》字句，較《小戴》爲確。然則此經宜急治審矣。顧自漢至今，惟北周盧僕射爲之注，且未能精備。自是以來，章句溷淆[16]，古字更舛，良可慨嘆。近時戴東原庶常[17]、盧紹弓學士[18]相繼校訂，蹊徑漸辟。曲阜孔編修㦤軒，乃博稽群書，參會衆説，爲注十三卷，使二千年古經傳，復明於世，用力勤而爲功鉅矣。”

錫瑞案：《大戴禮記》合十三經爲十四經，見於史繩祖《學齋占畢》[19]，是宋時常立學[20]。以注者爲北周盧辨，見王應麟《困學紀聞》。近人注此書者，乃有孔廣森、王聘珍二家，阮文達皆以用力勤爲功鉅許之。序王聘珍書，以爲孔撝約所未及，其稱許又在孔書之上。而《皇清經解》[21]有孔書而無王書，或王書之出差後，《續經解》[22]亦未收，或王書之傳未廣歟？凡考據之書，後出者勝，王書之勝孔書宜也。《大戴》書與三《禮》多相出入，不可不知其義，故略言之。

箋注

〔1〕《隋書·經籍志·經部·禮類》：“《大戴禮記》十三卷，漢信都王太傅戴德撰。”

〔2〕《周書·盧辯傳》：“盧辯字景宣，范陽涿人。累世儒學。……辯少好學，博通經籍，舉秀才，爲太學博士。以《大戴禮》未有解詁，辯乃注之。……魏太子及諸王等，皆行束脩之禮，受業於辯。……初，太祖欲行周官，命蘇綽專掌其事。未幾而綽卒，乃令辯成之。於是依周禮建六官，置公、卿、大夫、士，并撰次朝儀，車服器用，多依古禮，革漢、魏之法。事并施行。”《經義考》卷一三八《禮記一》：“盧氏辯《大戴禮注》。存。……王應麟曰：《大戴禮》盧辯注，非鄭氏。朱文公引《明堂篇》鄭氏注云‘法龜文’，未考《北史》也。”

〔3〕見《四庫全書·經部·禮類》之《大戴禮記》提要。

〔4〕司馬貞，字子正，唐河內（今河南沁陽）人。開元中，官朝散大夫、宏文館學士，著有《史記索隱》三十卷。引文見《史記·仲尼弟子列傳》索隱。

〔5〕《中興書目》，即《中興館閣書目》。《宋史·藝文志·史部》：“陳騤《中興館閣書目》七十卷，《序例》一卷。”其書今不傳，近人趙士煒撰有《中興館閣書目輯考》五卷。

〔6〕《明堂》，見《大戴禮記》第六十七。

〔7〕見阮元《揅經室集》一集卷十一。

〔8〕王聘珍，字貞吾，號實齋，江西南城人，清代經學家。《清史稿·儒林傳二》：“自幼以力學聞。……爲謝啓昆、阮元參訂古籍。嘗客浙西，與歙凌廷堪論學，廷堪深許之。爲人厚重誠篤，廉介自守。治經確守後鄭之學，著《大戴禮記解詁》十三卷、《目録》一卷。……其發凡大旨，禮典器數，墨守鄭義，解詁文字，一依《爾雅》《説文》及兩漢經師訓詁。有不知而闕，無杜撰之言。……皆能根據經史，發蒙解惑。江都焦循稱其不爲增删，一仍其舊，列爲《三十二讀書贊》之一。他著《經義考補》《九經學》。”

〔9〕《禮察》《保傅》，皆爲《大戴禮記》篇名。《大戴禮記·禮察》篇：“我以爲秦王之欲尊宗廟而安子孫與湯、武同，然而湯、武能廣大其德、久長其後，行五百

歲而不失。秦王亦欲至是，而不能持天下十餘年即大敗之，此無他故也。湯武之定取捨審，而秦王之定取捨不審也。”又《保傅》篇：“故趙高傅胡亥而教之獄，所習者非斬劓人則夷人三族也。”

〔10〕《史記·孔子世家》：“（孔）鮒弟子襄，年五十七。嘗爲孝惠皇帝博士，遷爲長沙太守。”《孔子家語·曲禮子貢問》：“子武生子魚名鮒及子襄名騰。……子襄以好經書博學，畏秦法峻急，乃壁藏其《家語》《孝經》《尚書》及《論語》於夫子之舊堂壁中。”胡士行《尚書詳解·原序》：“《尚書》，史官所紀，孔子刪之，始皇燒之，孔襄藏之。”閻若璩《尚書古文疏證》卷五下：“余謂藏書有二説，《家語》作孔襄，《東觀漢記》作孔鮒。鮒爲陳涉博士，持孔子禮器以歸者。孔鮒近是。”毛奇齡《古文尚書冤詞》：“《家語》孔襄名騰，以秦法峻急，藏《尚書》《孝經》《論語》於夫子舊堂壁中。”

〔11〕《新書》，西漢賈誼撰。《漢書·藝文志·諸子略·儒家類》：“《賈誼》五十八篇。”《隋書·經籍志·子部儒家類》：“《賈子》十卷録一卷。漢梁太傅賈誼撰。”《舊唐書·經籍志·子部儒家類》：“《賈子》九卷，賈誼撰。”《四庫全書總目提要》卷九一《子部·儒家類一》：“《新書》十卷，漢賈誼撰。……其書多取誼本傳所載之文，割裂其章段，顛倒其次序，而加以標題，殊瞀亂無條理。《朱子語録》曰：‘賈誼《新書》，除了《漢書》中所載，餘亦難得粹者，看來只是賈誼一雜記稿耳，中間事事有些個。’陳振孫亦謂其非《漢書》所有者，輒淺駁不足觀，決非誼本書。……其書不全真，亦不全僞，朱子以爲雜記之稿，固未核其實，陳氏以爲決非誼書，尤非篤論也。且其中爲《漢書》所不載者，雖往往類《説苑》《新序》《韓詩外傳》，然如《青史氏之記》，具載胎教之古禮。《修政語》上下兩篇，多帝王之遺訓。《保傅篇》《容經篇》并敷陳古典，具有源本。其解《詩》之‘騶虞’，《易》之‘潛龍’‘亢龍’，亦深得經義，又安可盡以淺駁不粹目之哉。雖殘闕失次，要不能以斷爛棄之矣。”

〔12〕《漢書·叙傳下》：“劉向司籍，九流以別。”顏師古注引應劭曰：“儒、道、陰陽、法、名、墨、從橫、雜、農，凡九家。”

〔13〕孔撝約，即孔廣森(1751—1786)，注見前。著有《大戴禮記補注》十四卷、《詩聲類》十三卷、《禮學卮言》六卷、《經學卮言》六卷、《少廣正負術内外篇》六卷等書。

〔14〕《孔檢討廣森〈大戴禮記補注〉序》，見《拏經室集》一集卷十一。

〔15〕十四經之目，即於“十三經”外加《大戴禮記》，合稱“十四經”。史繩祖《學齋占畢》卷四《成王冠頌》：“《大戴記》一書雖列之十四經，然其書大抵雜取《家語》之書，分析而爲篇目。”

〔16〕涽淆，又作"涽肴"，與"混淆"同，即混亂，雜亂。《漢書‧五行志中》："挺身獨與小人晨夜相隨，烏集醉飽吏民之家，亂服共坐，涽肴亡別，閔勉遬樂，晝夜在路。"

〔17〕戴東原庶常，即戴震。注見前。"庶常"即"翰林院庶吉士"。《清史稿‧儒林傳二》："（戴震）乾隆二十七年，舉鄉試，三十八年，詔開四庫館，徵海内淹貫之士司編校之職，總裁薦震充纂修。四十年，特命與會試中式者同赴殿試，賜同進士出身，改翰林院庶吉士。"

〔18〕盧紹弓學士，即盧文弨（1717—1795），清代著名學者。江藩《漢學師承記》卷六《盧文弨》："盧文弨字紹弓，號磯魚，又號檠齋，晚更號弓父。抱經其堂顏也，人稱曰抱經先生。……文弨生而篤實，少不好弄，以讀書為事。既稟家學，又得外王父之緒論，已知學之所向矣。長為桑調元發甫婿，又師事之。於是學有本原，不為異説所惑。……紹弓官京師，與東原交善，始潛心漢學，精於讎校。歸田後二十餘年，勤事丹鉛，垂老不衰。所校之書《大戴禮記》《左傳》《經典釋文》《逸周書》《孟子音義》《荀子》《方言》《釋名》、賈誼《新書》《獨斷》《春秋繁露》《白虎通》《吕氏春秋》《韓詩外傳》《顏氏家訓》《封氏聞見記》諸書。又取《易》《禮》注疏、《吕氏讀書記》《魏書》《宋史》《金史》《新唐書》《列子》《申鑒》《新序》《新論》諸本脱漏者，薈萃一書，名曰《群書拾補》。《抱經堂文集》三十四卷及《鍾山札記》《龍城札記》刊行於世。"

〔19〕《四庫全書總目提要》卷一一八《子部‧雜家類二》："《學齋佔畢》四卷，宋史繩祖撰。繩祖字慶長，眉山人。受業於魏了翁之門。了翁《鶴山集》中有《題史繩祖孝經》一篇，即其人也。其仕履始末不甚可考。惟陽昉《字溪集》末有其挽詩，結銜稱'朝請大夫直焕章閣主管成都府玉局觀齊郡史繩祖'，蓋奉祠時作。所謂'齊郡'，其郡望也。是書皆考證經史疑義。其中如'君子懷刑'，訓刑為型；'子罕言利與命與仁'，訓'與'為'許'；以凡事物之九數皆為乾元之九，以禹於《周易》直《鼎》卦，以至解黃庭堅詩譏蘇軾之類，皆失之穿鑿。又如譏杜預注《左傳》誤稱《逸書》，而不知古文之晚出，謂'市開'字出《後漢‧循吏傳》，而不知本出《國語》，謂雙聲詩始姚合，而不知先有齊王融之類，皆疏於考據。然其他援據辨論，精確者為多，亦孫奕《示兒編》之亞也。"

〔20〕見史繩祖《學齋佔畢》卷四《成王冠頌》。

〔21〕《皇清經解》，又名《學海堂經解》，阮元主持編纂。夏修恕《皇清經解序》："《皇清經解》之刻，乃聚本朝解經之書以繼《十三經注疏》之迹也。自《十三經注疏》成，而唐宋解經諸家大義多括於其中。此後李鼎祚書及宋元以來

經解,則有康熙時通志堂之刻。我大清開國以來,御纂諸經爲之啓發,由此經學昌明,軼於前代。有證注疏之疏失者,有發注疏所未發者,亦有與古今人各執一說以待後人折衷者。國初如顧亭林、閻百詩、毛西河諸家之書已收入《四庫全書》。乾隆以來惠定宇、戴東原等書亦已久行宇內,惟未能如通志堂總匯成書,久之恐有散佚。道光初,官保總督阮公立學海堂於嶺南以課士,士之願學者苦不能備觀各書。於是官保盡出所藏,選其應刻者付之梓人,以惠士林。"

〔22〕《續經解》,即《皇清經解續編》,王先謙主持編纂。王先謙《皇清經解續編序》:"道光間,前大學士臣阮元總督兩廣,薈萃國朝學人撰著刊於粵東,爲《皇清經解》千四百卷。㠀昭代之儒風,導後進以繩矩,優優棣棣,觀者美焉。今距粵東刊經之日逾六十年,中間寇難迭興,烽驚相望。而率土人士內函貞固之氣,外炳文明之資,枕席可安,弦誦不輟,纂述之盛,視承平時抑無多讓。幸值神武奮定,寰海鏡清,不於斯時裒集遺編,廣續刊布,懼彌久散佚,曷以稱聖天子勸學右文至意?光緒十一年,臣奉恩命視學江南。抵任後,檄學官單心蒐采,合臣舊藏,掇其精要,得書二百九部,都千四百三十卷。奏請設局刊刻,經營三載,工乃告成。"

51. 論經學糾纏不明,由專據《左傳》《周禮》二書輕疑妄駁

經學之糾纏不明者,其故有二:一則古之事實不明。《左氏》一書所載事實,與《公羊》《穀梁》《國語》《史記》《新序》《說苑》《列女傳》多不合[1]。《公羊》《穀梁》今文說,與《左氏》古文不同。《國語》與《左氏》皆古文而不盡同。《史記》《新序》《說苑》《列女傳》皆從今文,故亦不同。後人謂《左氏》親見國史,於其不同者,以爲諸家事實皆誤,惟《左氏》不誤。案《左氏》不可盡信,如"君氏卒"[2]"暨齊平"[3]"衛宣烝夷姜"[4]之類,皆失實,說已見前。其餘劉敞《春秋權衡》[5]辨之尤詳。太史公、劉子政博極群書,未必不見《左傳》,而其書多與《左傳》不合,《史記》又多前後不符,非故爲是參差也。古人信則傳信,疑則傳疑,漢初古書尚多

傳聞不同，各據所聞記之，意以扶微廣異。後人不明此義，又不曉今、古文之別，專據《左氏》以駁群書，於是事實不備，且多淆亂。此事實不明者一也。

二則古之典禮不明。《周官》一書，與《孟子》《王制》全異，與《儀禮》《禮記》《大戴禮》《春秋》三傳及漢人説禮，亦多不合。後人謂《周官》爲周公手定，於其不合者，以爲諸家典禮皆誤，惟《周官》不誤。鄭君注三《禮》，於禮與《周官》有異者，或以爲夏、殷禮，或以爲晉文、襄之制，似惟《周官》爲周制可信矣。而鄭注《職方》“其浸波溠”[6]“其浸盧維”[7]，亦駁其誤，豈有周公作書而有誤者？是鄭亦未敢深信也。故自漢及唐宋，多疑非周公作，或謂文王治岐之政，或謂成周理財之書，或謂戰國陰謀之書，或謂漢儒附會之説[8]。鄭樵爲之解曰：“《周禮》一書有闕文，軍司馬、輿司馬之類[9]。有省文，遂人、匠人之類[10]。有兼官，三公、三孤[11]不必備，教官無府史、胥徒，皆兼官。有豫設，凡千里封公四，封侯六，伯十一之類。有不常制，夏采、方相氏之類[12]。有舉其大綱者，四兩爲卒之類[13]。有副相、副貳者，自卿至下士同，各隨才高下，而同治此事，司馬司上下爵祿事食[14]。有常行者，六官分職，各率其屬，正月之吉，垂法象魏之類是也[15]。有不常行者，二至祀方澤[16]，大裘祀上帝[17]，合民詢國遷[18]，珠盤盟諸侯[19]之類是也。注云：圜丘服大裘，方澤之祀，經無其服。周無遷國事，至平王東遷，盟詛不及三王以上[20]，事皆豫爲之，而未經行也。今觀諸經，其措置規模，不徒於弼亮天地，和洽人神[21]，而盟詛讎伐[22]，凡所以待衰世者，無不及也。”[23]

鄭氏所説前數條猶可通，惟以盟詛讎伐爲待衰世，則其説殊謬。孔子作《春秋》，欲由撥亂升平，馴致太平。周公作書，曰“子孫永保”，曰“萬邦咸休”，惟欲至千萬年爲長治久安之計，豈有聖人作書以待衰世，不期世之盛，而期世之衰者？盟詛不及三王，而《周官》有盟諸侯之文，故漢人以爲末世瀆亂不驗之書，又以爲戰國人作，正指此類而言。鄭氏強爲之辭，猶杜預以《春秋凡例》爲出周公[24]，而有滅入圍取之例[25]，爲柳宗元[26]、陸淳[27]所駁。此皆傅會無理，必不可通也。漢立十四博士，皆今文説，雖有小異，無害大同。其時經義分明，無所用其彌縫牽合。及古文説出，漸至淆雜，後人又偏執其説，如《莊子》所謂“暖暖姝姝，守一先王之言”[28]，李斯所用“別黑白以定一尊”之法[29]。以《左氏》爲親見國史，《周官》爲真出周公，舉一廢百，輕疑妄駁，以致《春秋》事實，周時典禮，皆不分明，學者遂以治經爲極難之事。竊謂《春秋》事實，當兼采三《傳》及《國語》《史記》《新序》《説苑》《列女傳》諸書，不必專據《左氏》。周時典禮，當兼采《儀禮》《禮記》《大戴禮》《春秋》三傳及漢人遺説，不必專據《周官》。能折衷者，加以折衷，不能折衷者，任其各自爲説，斯可以省枝節而去葛藤矣[30]。

箋注

〔1〕《新序》《説苑》《列女傳》，皆西漢劉向所撰。《漢書·藝文志·諸子略·儒家類》：“劉向所序六十七篇。《新序》《説苑》《世説》《列女傳頌圖》也。”《隋書·經籍志·史部雜傳類》：“《列女傳》十五卷，劉向撰，曹大家注。”《隋書·經籍志·子部儒家類》：“《新序》三十卷，《録》一卷。劉向撰。《説苑》二十卷，劉向撰。”《漢書·楚元王傳》：“（向）采取《詩》《書》所載賢妃貞婦，興國顯家可法則，及孽嬖亂亡者，序次爲《列女傳》，凡八篇，以戒天子。及采傳記行事，著《新序》《説苑》凡五十篇奏之。”

〔2〕君氏，即桓公之母聲子。《左傳·隱公三年》：“夏，君氏卒，聲子也。不赴於諸侯，不反哭於寢，不祔於姑，故不曰薨，不稱夫人，故不言葬。不書姓，爲公故，曰君氏。”《公羊傳·隱公三年》：“夏，四月辛卯，尹氏卒。尹氏者何？天子之大夫也。其稱尹氏何？貶。曷爲貶？譏世卿，世卿非禮也。外大夫不卒，此何以卒？天王崩，諸侯之主也。”《穀梁傳·隱公三年》：“夏，四月，辛卯，尹氏卒。尹氏者何也？天子之大夫也。外大夫不卒，此何以卒之也？於天子之崩爲魯主，故隱而卒之。”

〔3〕《左傳·昭公七年》：“七年，春，王正月，暨齊平，齊求之也。”《公羊傳·昭公七年》：“七年春，王正月，暨齊平。”《穀梁傳·昭公七年》：“七年，春，王正月，暨齊平。平者，成也。暨猶暨暨也，暨者，不得已也。以外及内曰暨。”

〔4〕《左傳·桓公十六年》：“初，衛宣公烝於夷姜。”杜預注：“夷姜，宣公之庶母也。上淫曰烝。”

〔5〕《四庫全書總目提要·經部·春秋類一》：“《春秋權衡》十七卷，宋劉敞傳。敞嘗作《春秋傳》，又爲此以平三《傳》之得失。葉夢得稱爲經傳更相發明，

雖間有未然，而淵源已正。夢得於《春秋》諸家皆抉摘瑕疵，孫復《尊王發微》尤所不許，獨推此書。蓋敞在北宋負博物重名，至於辨六駁之獸，識柳河之路，雖鄰國亦服其該洽，故夢得好抵排，亦不敢訟言攻也。然敞此書考據典贍，條理詳明，剖析是非如指諸掌，亦實有非夢得所能攻者，爲此折心有以也。”

〔6〕《周禮·夏官·職方氏》：“河南曰豫州，其山鎮曰華山，其澤藪曰圃田，其川滎雒，其浸波溠，其利林漆絲枲，其民二男三女，其畜宜六擾，其穀宜五種。”鄭玄注：“波讀爲播，《禹貢》曰‘滎播既都’。《春秋傳》曰：‘楚子除道梁溠，營軍臨隨’，則溠宜屬荆州，在此非也。”

〔7〕《周禮·夏官·職方氏》：“河東曰兗州，其山鎮曰岱山，其澤藪曰大野，其川河、沛，其浸盧、維，其利蒲、魚，其民二男三女，其畜宜六擾，其穀宜四種。”鄭玄注：“‘盧維’當爲‘雷雍’，字之誤也。《禹貢》曰：‘雷夏既澤，雍沮會同。’雷夏在城陽。”

〔8〕《六經奧論》卷六《周禮辯》：“後來求其說而不得，或謂文王治岐之制，或謂成周理財之書，或謂戰國陰謀之書（何休云），或謂漢儒附會之說（乃劉歆作），或謂末世瀆亂不驗之書。紛紜之說，無所折衷。”

〔9〕《周禮·夏官》：“軍司馬，下大夫四人。輿司馬，上士八人。軍司馬，下大夫四人。輿司馬，上士八人。行司馬，中士十有六人，旅下士三十有二人。……軍司馬：闕。輿司馬：闕。行司馬：闕。”

〔10〕《周禮·地官》：“遂人：掌邦之野。以土地之圖經田野，造縣鄙形體之法。五家爲鄰，五鄰爲里，四里爲酇，五酇爲鄙，五鄙爲縣，五縣爲遂，皆有地域，溝樹之。使各掌其政令刑禁，以歲時稽其人民，而授之田野，簡其兵器，教之稼穡。”《周禮·考工記》：“匠人建國，水地以縣。……匠人營國。……匠人爲溝洫。”

〔11〕三公、三孤，一說以太師、太傅、太保爲三公，少師、少傅、少保爲三孤。《尚書·周書·周官》：“立太師、太傅、太保，茲惟三公。論道經邦，燮理陰陽。官不必備，惟其人。少師、少傅、少保，曰三孤。”一說以司馬、司徒、司空爲三公，以三公之副職爲三孤，亦稱三少。《漢書·百官公卿表上》：“太師、太傅、太保，是爲三公，蓋參天子，坐而議政，無不總統，故不以一職爲官名。又立三少爲之副，少師、少傅、少保，是爲孤卿，與六卿爲九焉。”

〔12〕《周禮·天官》：“夏采：掌大喪以冕服復於大祖，以乘車建綏復於四郊。”《周禮·夏官》：“方相氏：掌蒙熊皮、黃金四目、玄衣朱裳、執戈揚盾，帥百隸而時難，以索室驅疫。大喪，先柩；及墓，入壙，以戈擊四隅，驅方良。”

〔13〕《周禮·地官·大司徒》:"乃會萬民之卒伍而用之:五人爲伍,五伍爲兩,四兩爲卒,五卒爲旅,五旅爲師,五師爲軍,以起軍旅,以作田役,以比追胥,以令貢賦。"

〔14〕"自卿至下士同",原刻本脱"同"字;"司馬司上下爵禄事食",原刻本"上下"前脱"司"字。據《六經奧論》卷六補。《周禮·夏官·司士擯》:"掌國中之士治,凡其戒令。掌擯士者,膳其摯。凡祭祀,掌士之戒令,詔相其法事;及賜爵,呼昭穆而進之。帥其屬而割牲,羞俎豆。凡會同,作士從,賓客亦如之。作士適四方使,爲介。大喪,作士掌事,作六軍之士執披;凡士之有守者,令哭無去守。國有故,則致士而頒其守。凡邦國,三歲則稽士任,而進退其爵禄。諸子:掌國子之倅,掌其戒令與其教治,辨其等,正其位,國有大事,則帥國子而致於大子,惟所用之。若有兵甲之事,則授之車甲,合其卒伍,置其有司,以軍法治之。司馬弗正。凡國正,弗及。大祭祀,正六牲之體。凡樂事,正舞位,授舞器。大喪,正群子之服位。會同、賓客,作群子從。凡國之政事,國子存游倅,使之修德學道,春合諸學,秋合諸射,以考其藝而進退之。"

〔15〕象魏,古代天子、諸侯宮門外的一對高建築,亦叫"闕"或"觀",爲懸示教令的地方。《周禮·天官·太宰》:"正月之吉,始和布治於邦國都鄙。乃縣治象之法於象魏,使萬民觀治象,挾日而斂之。"《周禮·地官·大司徒》:"正月之吉,始和布教於邦國都鄙。乃縣教象之法於象魏,使萬民觀教象,挾日而斂之。"《周禮·夏官·大司馬》:"正月之吉,始和布政於邦國都鄙,乃縣政象之法於象魏,使萬民觀政象,挾日而斂之。"《周禮·秋官·大司寇》:"正月之吉,始和布刑於邦國都鄙,乃縣刑象之法於象魏,使萬民觀刑象,挾日而斂之。"

〔16〕二至,即冬至、夏至。方澤即方丘,古代夏至祭地祇的方壇,因爲壇設於澤中,故稱。《周禮·天官·太宰》:"祀大神示亦如之。"賈疏:"云'祀大神',謂冬至祭天於圓丘。云'祀大祇',謂夏至祭地於方澤。"

〔17〕《周禮·春官·司服》:"王之吉服:祀昊天上帝,則服大裘而冕,祀五帝亦如之。"

〔18〕《周禮·秋官·大司寇》:"小司寇之職:掌外朝之政,以致萬民而詢焉,一曰詢國危,二曰詢國遷,三曰詢立君。"

〔19〕《周禮·天官·玉府》:"敦,槃類,珠玉以爲飾。古者以槃盛血,以敦盛食。若合諸侯,則共珠槃、玉敦。"鄭注:"合諸侯者,必割牛耳,取其血,歃之以盟。珠槃以盛牛耳,尸盟者執之。"

〔20〕盟詛，結盟立誓。《春秋穀梁傳》卷二《隱公八年》：“誥誓不及五帝，盟詛不及三王，交質子不及五伯。”范甯注：“三王，謂夏、殷、周也。夏后有鈞臺之享，商湯有景亳之命，周武有盟津之會。衆所歸信，不盟詛也。”《荀子·大略》：“誥誓不及五帝，盟詛不及三王，交質子不及五伯。”

〔21〕《尚書·周書·周官》：“寅亮天地，弼予一人。”孔傳：“敬信天地之教，以輔我一人之治。”《文選·兩都賦(班固)》：“神人之和允洽，群臣之序既肅。”

〔22〕《周禮·春官·詛祝》：“詛祝掌盟、詛、類、造、攻、説、檜、禜之祝號。作盟詛之載辭，以叙國之信用，以質邦國之劑信。”鄭玄注：“八者之辭，皆所以告神明也。盟詛主於要誓，大事曰盟，小事曰詛。”讎伐，復讎討伐。

〔23〕見《六經奧論》卷六《周禮辯》。

〔24〕杜預《春秋左傳序》：“其發凡以言例，皆經國之常制，周公之垂法，史書之憲章。仲尼從而修之，以成一經之通體。”杜預《春秋釋例》卷一五《終篇》：“諸凡雖是周公之舊典，丘明摭其體義，約以爲言，非純寫故典之文也。”

〔25〕《春秋釋例》卷一《滅入例》：“衞侯毀滅邢，同姓故名。又云穀伯綏、鄧侯吾離來朝，名，賤之也。又云不書蔡、許之君，乘楚車故也，謂之失位。此皆貶諸侯之例，例不稱人也。”《春秋釋例》卷二《滅取入例》：“《傳例》曰：凡勝國曰滅之，獲大城焉曰入之。”“《傳例》曰：凡書取，言易也。用大師焉曰滅，弗地曰入。”“《傳例》曰：凡克邑不用師徒曰取。”《春秋釋例》卷三《歸入納例》：“僖二十五年秋，楚人圍陳，納頓子於頓。《傳》曰：‘楚令尹子玉追秦師弗及，遂圍陳，納頓子於頓。’”《春秋釋例》卷三《公行至例》：“二十八年冬，公會晉侯、齊侯、宋公、蔡侯、鄭伯、陳子、莒子、邾子、秦人於温。諸侯遂圍許。二十九年春，公至自圍許。……定十二年冬十有二月，公圍成。《傳》曰：將墮成，公斂處父請孟孫：墮成，齊人必至於北門。且成，孟氏之保障也。無成，是無孟氏也。子偽不知，我將不墮。冬十二月，公圍成，弗克。公至自圍成。”

〔26〕柳宗元(773—819)，唐河東解(今山西永濟)人，字子厚，世稱柳河東。晚年貶官柳州(今屬廣西)，并卒於此，後人又稱“柳柳州”。唐代著名思想家、文學家，唐宋八大家之一。與韓愈共倡古文運動，均有卓越貢獻，并稱“韓柳”。見《舊唐書·柳宗元傳》《新唐書·柳宗元傳》。

〔27〕陸淳(? —806)，原名淳，字伯冲，避唐憲宗諱改名質。吳郡(今江蘇蘇州)人。精通《春秋》，師事趙匡，匡師啖助，乃盡得二家學。卒後門人私謚文通先生。著有《春秋集傳纂例》《春秋微旨》《春秋集傳辨疑》。《舊唐書》卷一八九下、《新唐書》卷一六八有傳。《舊唐書》卷一八九《儒學傳下》：“質有經

學,尤深於《春秋》,少師事趙匡,匡師啖助。助、匡皆爲異儒,頗傳其學,由是知名。……質著《集注春秋》二十卷,《類禮》二十卷,《君臣圖翼》二十五卷,并行於代。貞元二十一年卒。"

〔28〕《莊子·徐無鬼》:"所謂暖姝者,學一先生之言,則暖暖姝姝而私自説也。""説"同"悦"。郭慶藩注:"暖姝,自許之貌也。小見之人,學問寡薄,自悦足,謂窮微極妙,豈知所學未有一物可稱也,是以謂暖姝者。""暖暖姝姝"即自我滿足、沾沾自喜的樣子。

〔29〕《史記·秦始皇本紀》:"丞相李斯曰:'……今皇帝并有天下,別黑白而定一尊。'"《史記·李斯傳》:"丞相謬其説,絀其辭,乃上書曰:'……今陛下并有天下,別白黑而定一尊。'"

〔30〕枝節,喻橫生旁出之事。《朱子語類》卷一〇《學四·讀書法上》:"讀書,且就那一段本文意上看,不必又生枝節。"《朱子語類》卷三《論語十二·哀公問弟子章》:"如説這一段,且只就這一段平看。若更生枝節,又外面討一箇意思橫看,都是病。"葛藤,喻事物糾纏不清或話語囉蘇繁冗。《晦庵集》卷五九《書·答陳才卿》:"正叔在此無日不講説終是葛藤不斷也。"

52. 論《禮經》止於十七篇,并及群經,當求簡明有用,不當繁雜無用

邵懿辰曰:"人之心量無窮,而記誦限於其氣質,約而易操,則立心尤固。是故《春秋》萬七千言,《易》二萬四千餘言,《書》二萬五千餘言,《詩》三萬九千餘言,十七篇之《禮經》五萬六千餘言,合十六萬餘言,勢不可以再多,多則不能常存而不滅也。故禮在當時,道器尚不相離,至於後世,文字存焉耳。然則獨其道存焉耳,有所以爲冠、昏、喪、祭、射、鄉、朝、聘,而道豈有遺焉者乎?而尚存乎?見少乎?此聖人定十七篇爲《禮經》之意也。若夫《周官》太宰、宗伯之所掌〔1〕,太史、小史之所執、所讀〔2〕,小行人之所籍〔3〕,方策之多〔4〕,可想而知,雖秉禮之宗國,有不能備。司鐸火,子服景伯命出禮書〔5〕,而哀公使孺悲學士喪禮於孔子〔6〕,則魯初無《士喪禮》。執羔執雁,尚不能知〔7〕,則魯無《士相見

禮》。孔子周流列國，就老聃、萇宏識大訓小之徒而訪求焉者[8]，但得其大者而已，勢不能傳而致之，盡以教及門之士。與其失之繁多，而終歸於廢墜，不如擇其簡要，而可垂諸永久也。此《禮經》在孔子時，不止十七篇，亦不止五十六篇。而定爲十七篇，舉要推類而盡其餘者，非至當不易之理歟？"[9]

錫瑞案：邵氏不尊《周官》，不信《逸禮》，專據十七篇爲孔子手定，故謂繁多不如簡要，此《禮經》之定論，實亦諸經之通論也。孔子定六經以教萬世，必使萬世可以通行。上智少而中材多，古今之所同然，若書過於繁多，則惟上智之人能通，而中材之人不能通，不受教者多，而受教者少矣。古無紙墨刊印[10]，漆書竹簡[11]，尤不能繁。即如邵氏所推，合六經十六萬餘言，傳誦已苦不易。凡學務精不務博，務實不務名，務簡明有用，不務繁雜無用。孔子定六經之旨，曰刪正，曰筆削，皆變繁雜爲簡明之意也。漢人治經，能得此旨，其後乃漸失之。《藝文志》曰："古之學者耕且養，三年而通一藝，存其大體，玩經文而已，是故用日少而畜德多，三十而五經立也。後世經傳既已乖離，博學者又不思多聞闕疑之義，而務碎義逃難，便辭巧説，破壞形體[12]，説五字之文，至於二三萬言[13]。後進彌以馳逐[14]，故幼童而守一藝，白首而後能言，安其所習，毀所不見，終以自蔽，此學者之大患也。"[15]班氏此言，能括漢一代經學之盛衰，而爲萬世治經之龜鑑。經學莫盛於西漢，如《禹貢》治河[16]，《洪範》察變[17]，《春秋》決獄[18]，《詩》當諫書[19]，皆簡明而有用。至西漢末，此風遂變，乃有若秦恭之三萬言説"若稽古"者[20]。章句破碎，繁雜無用，於是古文家起而抵其隙。師説太多，莫知所從，於是鄭君出而集其成[21]。及漢亡而經學遂衰，皆由貪多務博者貽之咎也。今科學尤繁，課程太密，即上智之士，亦不能專力治經，是以大義不明，好新奇者詆毀舊學，至有燒經之説[22]。故作《通論》，粗發大綱，俾學者有從入之途，而無多歧之患，條舉群經之旨，冀存一綫之遺，觀者當諒其苦衷，而恕其僭妄，以教初學，或有裨益。若贍學淵聞之士，固無取乎此也。

箋注

〔1〕《周禮·天官·太宰》:"大宰之職:掌建邦之六典,以佐王治邦國。"《周禮·春官·大宗伯》:"大宗伯之職:掌建邦之天神、人鬼、地示之禮,以佐王建保邦國。"

〔2〕《周禮·春官·太史》:"祭之日,執書以次位常,辨事者考焉,不信者誅之。……及將幣之日,執書以詔王。……大喪,執法以涖勸防;遣之日,讀誄。"《周禮·春官·小史》:"大祭祀,讀禮法……卿大夫之喪,賜謚,讀誄。"

〔3〕《周禮·秋官·小行人》:"小行人:掌邦國賓客之禮籍,以待四方之使者。令諸侯春入貢,秋獻功;王親受之,各以其國之籍禮之。"

〔4〕方策,即簡冊,典籍。後亦指史冊。《禮記·中庸》:"哀公問政。子曰:'文武之政,布在方策,其人存,則其政舉;其人亡,則其政息。'"鄭玄注:"方,版也。策,簡也。"孔疏:"言文王、武王爲政之道皆布列在於方牘簡策。"

〔5〕《左傳·哀公三年》:"夏五月辛卯,司鐸火。火逾公宮,桓、僖災,救火者皆曰:'顧府。'南宮敬叔至,命周人出御書,俟於宮,曰:'庀女,而不在,死。'子服景伯至,命宰人出禮書,以待命。"

〔6〕《禮記·雜記下》:"恤由之喪,哀公使孺悲之孔子學士喪禮,士喪禮於是乎書。"

〔7〕《儀禮·士相見禮》:"下大夫相見以雁,飾之以布,維之以索,如執雉。上大夫相見以羔,飾之以布,四維之結於面,左頭,如麛執之。"《左傳·定公八年》:"公會晉師於瓦,范獻子執羔,趙簡子、中行文子皆執雁。魯於是始尚羔。"

〔8〕《史記·孔子世家》:"魯南宮敬叔言魯君曰:'請與孔子適周。'魯君與之一乘車,兩馬,一豎子俱,適周問禮,蓋見老子云。……學鼓琴於師襄子。"《孔子家語·觀周》:"問禮於老聃,訪樂於萇弘。"

〔9〕見邵懿辰《禮經通論·論孔子定禮樂》。

〔10〕紙墨刊印,指刻版印刷或排版印刷,泛指文章書籍之印刷流行。

〔11〕漆書竹簡,用漆書寫之竹木簡。《後漢書·杜林傳》:"林前於西州得漆書《古文尚書》一卷。"

〔12〕碎義,即支離破碎之解說。便辭巧說,猶言花言巧語。逃難:逃避問難。《漢書·藝文志》:"後世經傳既已乖離,博學者又不思多聞闕疑之義,而務碎義逃難,便辭巧說,破壞形體,說五字之文,至於二三萬言。"顏師古注:

"苟爲僻碎之義,以避它人之攻難者,故爲便辭巧説,以析破文字之形體也。"

〔13〕《漢書》顏師古注:"言其煩妄也。桓譚《新論》云,秦近君能説《堯典》,篇目兩字之説至十餘萬言,但説'曰若稽古'三萬言。"

〔14〕馳逐,指追隨,效法。

〔15〕見《漢書・藝文志・六藝略・序》。

〔16〕《漢書・平當傳》:"當以經明《禹貢》,使行河,爲騎都尉,領河堤。"顏師古注:"《尚書・禹貢》載禹治水次第,山川高下。當明此經,故使行河也。"

〔17〕《漢書・夏侯勝傳》:"是時,光與車騎將軍張安世謀欲廢昌邑王。光讓安世以爲泄語,安世實不言。乃召問勝,勝對言:'在《洪範傳》曰"皇之不極,厥罰常陰,時則下人有伐上者",惡察察言,故云臣下有謀。'光、安世大驚,以此益重經術士。"

〔18〕《春秋》決獄,又稱"經義決獄",指根據經義作出司法解釋和判決。《史記・儒林列傳》:"以《春秋》災異之變推陰陽所以錯行,故求雨閉諸陽,縱諸陰,其止雨反是。行之一國,未嘗不得所欲。……仲舒弟子遂者:蘭陵褚大,廣川殷忠,溫吕步舒。褚大至梁相。步舒至長史,持節使決淮南獄,於諸侯擅專斷,不報,以《春秋》之義正之,天子皆以爲是。"

〔19〕《漢書・王式傳》:"臣以《詩》三百五篇朝夕授王,至於忠臣孝子之篇,未嘗不爲王反復誦之也;至於危亡失道之君,未嘗不流涕爲王深陳之也。臣以三百五篇諫,是以亡諫書。"

〔20〕秦恭,即秦近君。《新論・正經》:"學者既多蔽暗,而師道又復缺然,此所以滋昏也。秦近君能説《堯典》,篇目兩字之説,至十餘萬言,但説'曰若稽古',三萬言。"

〔21〕《後漢書・鄭玄傳》論曰:"自秦焚六經,聖文埃滅。漢興,諸儒頗修藝文;及東京,學者亦各名家。而守文之徒,滯固所稟,異端紛紜,互相詭激,遂令經有數家,家有數説,章句多者或乃百餘萬言,學徒勞而少功,後生疑而莫正。鄭玄括囊大典,網羅眾家,删裁繁誣,刊改漏失,自是學者略知所歸。王父豫章君每考先儒經訓,而長於玄,常以爲仲尼之門不能過也。及傳授生徒,并專以鄭氏家法云。"

〔22〕皮錫瑞《經學歷史・經學復盛時代》:"乃自新學出,而薄視舊學,遂有燒經之説。"熊十力《論六經》:"時海内風氣日變,少年皆罵孔子、毀六經,餘亦如是。皮錫瑞在清末著《經學史》一小册,曾謂當時有燒經之説,蓋實録也。"

春秋通論箋注

1. 論《春秋》大義在誅討亂賊，微言在改立法制，《孟子》之言與《公羊》合，朱子之注深得《孟子》之旨

《春秋》有大義，有微言。所謂大義者，誅討亂賊以戒後世是也；所謂微言者，改立法制以致太平是也。此在《孟子》已明言之，曰：“世衰道微，邪説暴行又作，臣弑其君者有之，子弑其父者有之，孔子懼，作《春秋》。《春秋》，天子之事也，是故孔子曰：‘知我者其惟《春秋》乎！罪我者其惟《春秋》乎！’”[1] 趙注：“設素王之法，謂天子之事也。”[2] 朱注引胡氏曰[3]：“罪孔子者，以謂無其位，而托二百四十年南面之權。”[4] 朱注又曰：“仲尼作《春秋》以討亂賊，則治世之法，垂於萬世，是亦一治也。”《孟子》又曰：“王者之迹熄而《詩》亡，《詩》亡然後《春秋》作。晉之《乘》，楚之《檮杌》[5]，魯之《春秋》，一也。其事則齊桓、晉文[6]，其文則史。孔子曰：‘其義則丘竊取之矣。’”趙注：“竊取之以爲素王也。”朱注：“此文承上章歷叙群聖，因以孔子之事繼之。而孔子之事，莫大於《春秋》，故特言之。”[7]

錫瑞案：《孟子》説《春秋》，義極閎遠。據其説，可見孔子空言垂世，所以爲萬世師表者，首在《春秋》一書。孟子推孔子作《春秋》之功，可謂天下一治，比之禹抑洪水，周公兼夷狄，驅猛獸。又從舜明於庶物，説到孔子作《春秋》，以爲其事可繼舜、禹、湯、文、武、周公。且置孔子删《詩》《書》、訂《禮》《樂》、贊《周易》，皆不言，而獨舉其作《春秋》，可見《春秋》有大義微言，足以治萬世之天下，故推尊如此之至。兩引孔子之言，尤可據信。是孔子作《春秋》之旨，孔子已自言之；孔子作《春秋》之功，孟子又明著之。孔子懼弑君弑父而作《春秋》，《春秋》成而亂臣賊子懼，是《春秋》大義；天子之事，知我罪我，其義竊取，是《春秋》微言[8]。大義顯而易見，微言隱而難明，孔子恐人不知，故不得不自明其旨。“其事則齊桓、晉文”一節，亦見於《公羊·昭十二年傳》[9]，大同小異，足見孟子《春秋》

之學，與《公羊》同一師承，故其表章微言，深得《公羊》之旨。趙岐注《孟子》，兩處皆用《公羊》素王之説。朱子注引胡《傳》[10]，亦與《公羊》素王説合。素，空也，謂空設一王之法也，即《孟子》云"有王者起必來取法"之意，本非孔子自王，亦非稱魯爲王。後人誤以此疑《公羊》，《公羊》説實不誤。胡《傳》曰"無其位而托南面之權"[11]，此與素王之説有以異乎？無以異乎？趙岐漢人，其時《公羊》通行，岐引以注《孟子》，固無足怪。若朱子宋人，其時《公羊》久成絶學，朱子非墨守《公羊》者，胡安國《春秋傳》朱子亦不深信，而於此注，不能不引胡《傳》爲説，誠以《孟子》義本如是，不如是則解《孟子》不能通也。後人於《公羊》素王之説，群怪聚駡，并趙岐注亦多詬病，而朱注引胡《傳》，則尊信不敢議，豈非知二五而不知十乎？朱子云"孔子之事，莫大乎《春秋》"[12]，深得《孟子》《公羊》之旨。云"治世之法，垂於萬世，是亦一治"[13]，亦與《公羊》撥亂功成太平瑞應相合[14]，人多忽之而不察耳。

箋注

〔1〕見《孟子·滕文公下》載孟子答弟子公都子問，描述周平王東遷之後的亂局。"又作"，《孟子》作"有作"，朱熹《孟子集注》云"'有作'之'有'讀爲'又'，古字通用。"

〔2〕趙注，指趙岐《孟子章句》。《孟子注疏》卷六下載趙注："孔子懼正道遂滅，故作《春秋》，因魯史記，設素王之法，謂天子之事也，知我者謂我正綱紀也，罪我者謂時人見彈貶者言孔子以《春秋》撥亂也。"

〔3〕朱注，指朱熹《孟子集注》，是朱熹《四書章句集注》之一，融入了朱熹的理學思想。胡氏，即胡安國(1074—1138)，字康侯，建安人，宋代著名的經學家、理學家和政治家，爲學宗程頤。精研《春秋》，自稱"所著《傳》，事按《左氏》，義取《公羊》《穀梁》之精者，大綱本《孟子》，而微詞多以程氏之説爲據。凡三十年乃成"(李心傳《建炎以來繫年要錄》卷一〇九)。《春秋傳》今存三十卷，其書遠本孟子，中繼《公羊傳》諸家，近接孫復、程頤，強調"尊君父，討亂賊，辟邪説，正人心，用夏變夷"，"感激時事，往往借《春秋》以寓意"(《春秋傳》序)。《朱子語類》謂"胡氏《春秋傳》，有牽強處，然議論有開合精神"，對後世春秋學有重大影響。

〔4〕二百四十年南面之權,朱熹《孟子集注》與胡安國《春秋傳·序》均作"二百四十二年南面之權"。

〔5〕《乘》,晉國的史書;《檮杌》,楚國的史書。《孟子》趙岐注曰:"乘者,興於田賦乘馬之事,因以爲名;檮杌者,嚚凶之類興於記惡之戒,因以爲名。"檮杌又説是樹柑,引申爲年輪,與春秋一樣代表時間,作爲歷史的代名詞。

〔6〕齊桓、晉文,即齊桓公、晉文公。朱熹《孟子集注·離婁下》:"春秋之時,五霸迭興,而桓、文爲盛。"齊桓公和晉文公都曾是春秋時期的霸主,用以代指《春秋》中所記爲春秋時期之大事。

〔7〕又,原刻本作"文",據朱熹《孟子集注》改。

〔8〕《漢書·藝文志》有"昔仲尼没而微言絶"。"微言",李奇注曰"隱微不顯之言也",顏師古注曰"精微要妙之言耳"。

〔9〕《公羊傳》,即《春秋公羊傳》,相傳爲戰國時齊人公羊高所作,與《春秋左氏傳》《春秋穀梁傳》并稱《春秋》三傳,着重闡釋《春秋》的微言大義。爲《公羊傳》注釋的重要著作有東漢何休的《春秋公羊解詁》,唐朝徐彦的《公羊傳疏》,清朝陳立的《公羊義疏》。

〔10〕胡《傳》,即《胡氏春秋傳》,注見前。

〔11〕"無其位而托南面之權",語見胡安國《春秋傳·序》。

〔12〕引文出自朱熹《孟子集注·離婁下》,"乎"原文作"於"。

〔13〕"治世之法"句,見朱熹《孟子集注·滕文公下》"知我者其惟春秋乎罪我者其惟春秋乎"注。"治世",也作"致治"。

〔14〕《春秋公羊傳·哀公十四年》:"何以終乎哀十四年?曰:'備矣!'"何休注:"人道浹,王道備,必止於麟者,欲見撥亂功成於麟,猶堯、舜之隆,鳳皇來儀。故麟於周爲異,《春秋》記以爲瑞,明太平以瑞應爲效也。"

2. 論《春秋》是作不是鈔録,是作經不是作史,杜預以爲周公作凡例,陸淳駁之甚明

説《春秋》者,須知《春秋》是孔子作,作是做成一書,不是鈔録一過;又須知孔子所作者,是爲萬世作經,不是爲一代作史。經、史體例所以異者,史是據事直書,不立褒貶,是非自見,經是必借褒貶是非,以

定制立法，爲百王不易之常經。《春秋》是經，《左氏》是史，後人不知經史之分，以《左氏》之説爲《春秋》，而《春秋》之旨晦，又以杜預之説誣《左氏》，而《春秋》之旨愈晦。

杜預曰[1]：“《周禮》[2]有史官，掌邦國四方之事，達四方之志。諸侯亦各有國史，大事書之於策，小事簡牘而已。《孟子》曰：‘楚謂之《檮杌》，晉謂之《乘》，而魯謂之《春秋》，其實一也。’韓宣子適魯，見《易象》與《魯春秋》[3]，曰：‘周禮盡在魯矣，吾乃今知周公之德，與周之所以王。’韓子所見，蓋周之舊典禮經也。周德既衰，官失其守，上之人不能使《春秋》昭明，赴告策書[4]，諸所記注，多違舊章。仲尼因魯史策書成文，考其真僞，而志其典禮，上以遵周公之遺制，下以明將來之法，其教之所存，文之所害，則刊而正之，以示勸戒，其餘則皆即用舊史。”

錫瑞案：杜預引《周禮》《孟子》，皆不足據。《孟子》言魯之《春秋》，止有其事、其文而無其義，其義是孔子創立，非《魯春秋》所有，亦非出自周公。若周公時已有義例，孔子豈得不稱周公，而攘爲己作乎？杜引《孟子》之文不全，蓋以其引孔子云云，不便於己説，故諱而不言也。《周禮》雖有史官，未言史有凡例。杜預云：“其發凡以言例，皆經國之常制，周公之垂法。”[5]《正義》曰：“今案《周禮》，竟無凡例。”是孔穎達已疑其説，特以疏不駁注，不得不強爲傅會耳。《正義》又曰：“先儒之説《春秋》者多矣，皆云丘明以意作傳，説仲尼之經，凡與不凡，無新舊之例。”據孔説，則杜預以前，如賈逵、服虔諸儒説《左氏》者，亦未嘗以凡例爲周公作。蓋謂丘明既作傳，又作凡例，本是一人所作，故無新例、舊例之別也。至杜預乃專據韓宣疑似之文，盡翻前人成案，以《左氏傳》發凡五十，爲周公舊例。周衰史亂，多違周公之舊，仲尼稍加刊正，餘皆仍舊不改，其稱書、不書、先書、故書、不言、不稱、書曰之類，乃爲孔子新例[6]。此杜預自謂創獲，苟異先儒，而實大謬不然者也。自孟子至兩漢諸儒，皆云孔子作《春秋》，無攙入周公者。及杜預之説出，乃有周公之《春秋》，有孔子之《春秋》，周公之凡例多，孔子之變例少。若此，則周公之功大，孔子之功小。以故唐時學校尊周公爲先聖，抑孔子爲先師[7]，以生民未有之聖人，不得專享太牢之祭[8]，止可降居配享之列[9]。《春秋》之旨晦，而孔子之道不尊，正由此等謬説啓之。據《孟子》説，孔子作《春秋》，是一件絶大事業，大有關繫文字。若如杜預"經承舊史""史承赴告"之説〔10〕，止是鈔録一過，并無褒貶義例，則略識文字之鈔胥〔11〕，皆能爲之，何必孔子？即曰據事直書，不虛美，不隱惡〔12〕，則古來良史如司馬遷、班固等亦優爲之，何必孔子？孔子何以有"知我罪我""其義竊取"之言？孟子何以推尊孔子作《春秋》之功，配古帝王，説得如此驚天動地？與其信杜預之説，奪孔子制作之功，以歸之周公，曷若信孟子之言，尊孔子制作之功，以上繼周公乎？陸淳《春秋纂例》駁杜預之説曰〔13〕："杜預云，凡例皆周公之舊典禮經。按其傳例云，弑君稱君，君無道也；稱臣，臣之罪也。然則周公先設弑君之義乎？又曰，大用師曰滅，弗地曰入，又周公先設相滅之義乎？又云，諸侯同盟，薨則赴以名，又是周公令稱先君之名以告鄰國乎？雖夷狄之人，不應至此也。"案：陸淳所引後一條，即《左氏》所謂禮經，杜預所謂常例。陸駁詰明快，不知杜預何以解之？袒杜預者又何以解之？柳宗元亦曰〔14〕："杜預謂例爲周公之常法，曾不知侵、伐、入、滅之例，周之盛時，不應預立其法。"與陸氏第二條説同。

箋注

〔1〕杜預，注見前。《四庫全書總目》之《春秋釋例提要》曰："《春秋》以《左傳》爲根本，《左傳》以杜解爲門徑。"杜預還著有《春秋釋例》《盟會圖》《春秋長曆》等。

〔2〕《周禮》又稱《周官》，爲儒家經典之一，與《儀禮》《禮記》并稱"三禮"。注見前。

〔3〕《易象》，《左傳·昭公二年》杜預注云："《易象》，上下經之象辭。"楊伯峻注曰："人多以'易象'連讀，爲一事，今從王應麟《困學紀聞》卷六説分讀，與《易》爲二事。象，哀三年《傳》'命藏象魏'之象魏，因其懸挂於象魏，故以名之，亦省稱象。"

〔4〕赴告策書，孔穎達疏曰："崩薨曰赴，禍福曰告。"

〔5〕引文見杜預《春秋左氏傳序》。據孔穎達疏："此一段説舊發例也，言發凡五十皆是周公舊法。……杜所以知發凡言例是周公垂法、史書舊章者，以諸所發凡皆是國之大典，非獨經文之例。隱七年始發凡例，特云'謂之禮經'，

十一年又云'不書於策'，建此二句於諸例之端，明書於策者，皆是經國之常制，非仲尼始造策書，自制此禮也。"

〔6〕杜預《春秋左氏傳序》曰："諸稱書、不書、先書、故書、不言、不稱、書曰之類，皆所以起新舊，發大義，謂之變例。"孔穎達疏："諸傳之所稱書、不書、先書、故書、不言、不稱及書曰七者之類，皆所以起新舊之例，令人知發凡是舊，七者是新。"這七種敘述歷史的方法即是孔子所創的《春秋》筆法"。

〔7〕歐陽修《新唐書》卷一五載："(唐高祖)武德二年始詔國子學立周公孔子廟。七年，高祖釋奠焉，以周公爲先聖，孔子配。……永徽中，復以周公爲先聖，孔子爲先師。"

〔8〕太牢之祭，即祭祀時牛、羊、猪三犧牲皆備。另還有少牢之祭是只有羊和猪，沒有牛。

〔9〕配享即合祭，祔祀，謂配天享祿。《書·吕刑》："惟克天德，自作元命，配享在下。"孔穎達疏："享，訓當也。是此人能配當天命在於天之下。"孫星衍疏："配謂配天，享謂享其禄，言惟能肩任天德，自作善命，則配天命而享天禄於下矣。"

〔10〕"經"即指孔子所作《春秋》，"史"指魯國舊有之史書，"仲尼因魯史策書成文"，崩薨曰赴，禍福曰告。

〔11〕鈔胥，專事謄寫的胥吏、書手。

〔12〕裴駰《史記集解序》中評價司馬遷"其文直，其事核，不虛美，不隱惡"。

〔13〕陸淳，唐代經學家，注見前。《春秋纂例》即《春秋集傳纂例》，是陸淳協助啖助之子啖異整理啖氏《春秋統例》更名而來。《四庫全書總目》評價本書"捨傳求經，實導宋人之先路，生臆斷之弊，其過不可掩；破附會之失，其功不可没也。"

〔14〕據柳宗元《答元饒州論春秋書》一文，其曾從陸淳治《春秋》，故在《春秋》學上屬啖趙陸一派。傳見《舊唐書·柳宗元傳》《新唐書·柳宗元傳》。

3. 論董子之學最醇，微言大義存於董子之書，不必驚爲非常異義

孟子之後，董子之學最醇。朱子稱仲舒爲醇儒。[1]然則《春秋》之學，孟子之後，亦當以董子之學爲最醇矣。《史記·儒林列傳》曰："言《春

秋》，於齊、魯自胡毋生，於趙自董仲舒。董仲舒，廣川人也，以治《春秋》，孝景時爲博士，漢興至於五世之間[2]，惟董仲舒名爲明於《春秋》，其傳公羊氏也。胡毋生[3]，齊人也，孝景時爲博士。齊之言《春秋》者，多受胡毋生，公孫弘[4]亦頗受焉。”

錫瑞案：太史公未言董子受學何人，而與胡毋同爲孝景博士，則年輩必相若。胡毋師公羊壽[5]，董子或亦師公羊壽。何休《解詁序》謂“略依胡毋生《條例》”，疏云：“胡毋生以《公羊》經傳傳授董氏，猶自別作《條例》。太史公但云公孫弘受胡毋，不云董子亦受胡毋。”《漢書·儒林傳》於胡毋生云：“與董仲舒同業，仲舒著書稱其德。”云“同業”，則必非受業。戴宏序[6]、鄭君《六藝論》[7]，皆無傳授之説，未可爲據。何氏云依胡毋，而不及董。《解詁》與董書義多同，則胡毋、董生之學，本屬一家[8]。胡毋書不傳，而董子《春秋繁露》十七卷尚存[9]。國朝儒臣復以《永樂大典》所存樓鑰本詳爲勘訂[10]，凡補一千一百二十一字，删一百二十一字，改定一千八百二十九字，前之訛缺不可讀者，今粗得通，聖人之微言大義得以復明於世。漢人之解説《春秋》者，無有古於是書，而廣大精微，比伏生《大傳》《韓詩外傳》尤爲切要，未可疑爲非常異義而不信也。

《太史公自序》：“余聞董生曰：周道衰廢，孔子爲魯司寇，諸侯害之，大夫壅之。孔子知言之不用，道之不行也，是非二百四十二年之中，以爲天下儀表，貶天子，退諸侯，討大夫，以達王事而已矣。子曰：‘我欲載之空言，不如見之行事之深切著明也。’夫《春秋》上明三王之道，下辨人事之紀，别嫌疑，明是非，定猶豫，善善惡惡，賢賢賤不肖，存亡國，繼絶世，補敝起廢，王道之大者也。撥亂世反之正，莫近於《春秋》。《春秋》文成數萬[11]，其指數千，萬物之聚散，皆在《春秋》。《春秋》之中，弑君三十六，亡國五十二[12]，諸侯奔走，不得保其社稷者，不可勝數，察其所以，皆失其本已。故《易》曰：‘失之毫釐，差以千里。’故曰：臣弑君，子弑父，非一旦一夕之故也，其漸久矣。故有國者不可以不知《春秋》，前有讒而弗見，後有賊而不知。爲人臣者不可以不知《春秋》，守經事而不知其宜，遭變事而不知其權。爲人君父而不通於《春秋》者，必蒙首惡之名。爲人臣子而不通於《春秋》之義者，必陷篡弑之誅[13]，死罪之名。其實皆以爲善，爲之不知其義，被之空言而不敢辭。夫不通禮義之旨，至於君不君，臣不臣，父不父，子不子。夫君不君則犯，臣不臣則誅，父不父則無道，子不子則不孝，此四行者，天下之大過也。以天下之大過予之，則受而弗敢辭。故《春秋》者，禮義之大宗也。夫禮禁未然之前，法施已然之後，法之所爲用者易見，而禮之所爲禁者難知。"

案：太史公述所聞於董生者，微言大義，兼而有之，以禮説《春秋》，尤爲人所未發。《春秋》撥亂反正，道在别嫌明微。學者知《春秋》近於法家，不知《春秋》通於禮家；知《春秋》之法，可以治已然之亂臣賊子，不知《春秋》之禮，足以禁未然之亂臣賊子。自漢以後，有用《春秋》之法，如誅意，如無將，而引經義以斷獄者矣[14]。未有用《春秋》之禮别嫌疑，明是非，而明經義以撥亂者也。若宋孫復《尊王發微》[15]，狹隘酷烈，至謂《春秋》有貶無褒，是以《春秋》爲司空城旦書[16]，豈知《春秋》者乎！董子嘗作《春秋決事》，弟子吕步舒等以《春秋》顓斷於外[17]，而其言禮之精如是，是董子之學，當時見之施行者，特其麤觕[18]，而其精者并未嘗見之施行也。然則世但知漢世《公羊》盛行，究之其盛行者，特酷吏藉以濟其酷，致後人爲《公羊》詬病，董子所謂禮義之大宗，漢時已以爲迂而不之用矣。董子之學不行，後人并疑其書而不信。試觀太史公所述，有一奇辭險語否[19]？何必驚爲非常異義乎？

箋注

〔1〕朱子即朱熹，董子指董仲舒。醇儒，即學識精粹純正的儒者。

〔2〕五世，指漢高祖劉邦、漢惠帝劉盈、漢文帝劉恒、漢景帝劉啓、漢武帝劉徹。

〔3〕胡毋生，生卒年不詳，字子都，西漢齊人，專治《公羊春秋》。傳見《漢書·儒林傳》。

〔4〕公孫弘(約前 199—前 120)，字季，一云字次卿，齊菑川薛(今山東滕州市東南)人，從胡毋生學《公羊春秋》，以布衣拜相封侯。《漢書·藝文志》記録《公孫弘》十篇，已佚，清馬國翰《玉函山房輯佚書》輯有《公孫弘書》一卷。

〔5〕徐彦疏《春秋公羊傳》原目曰:"漢景帝時,公羊壽共弟子胡毋生乃著竹帛,胡毋生題親師,故曰'公羊'不曰'卜氏'矣。"

〔6〕徐彦疏《春秋公羊傳》原目載,"戴宏序曰:子夏傳與公羊高,高傳與其子平,平傳與其子地,地傳與其子敢,敢傳與其子壽,至漢景帝時,壽乃與齊人胡毋子都著於竹帛。"戴宏(124—?),東漢中後期名儒,著有《解疑論》一卷,闡述《公羊春秋》之學。

〔7〕鄭玄(127—200),注見前。所著《六藝論》已佚,清袁鈞《鄭氏遺書》、馬國翰《玉函山房輯佚書》均有輯佚本。

〔8〕何休《公羊傳解詁·序》曰:"往者略依胡毋生《條例》,多得其正。"何休所作《公羊解詁》自序曰"依胡毋生",沒有提及董仲舒,然其書很多觀點是對董仲舒之義的闡釋與發揮,皮氏據此以爲胡毋生、董仲舒之學本屬一家之學。

〔9〕《春秋繁露》十七卷,漢董仲舒撰。該書以《春秋》立論,內容不全是《春秋》學的。其中與《春秋》學有關的篇章,如《楚莊王》《玉杯》《竹林》《玉英》等是董仲舒《春秋》學思想的集中體現,其對《公羊》學的改造與發揮也盡寓於此。故其在《春秋》學史上占有重要地位,爲歷代學者所重。

〔10〕《永樂大典》是中國一部著名的大型類書,編纂於明朝永樂年間,保存了 14 世紀以前中國歷史、地理、文學、藝術、哲學、宗教和百科文獻,其規模遠遠超過了前代編纂的所有類書,全書目錄 60 卷,正文 22 877 卷。清乾隆年間編纂《四庫全書》時,從中輯錄出 500 餘種已經亡佚的古籍。但後來此書多亡於戰火,今存不到 800 卷。

〔11〕裴駰《史記集解》載:"張晏曰:'《春秋》萬八千字,當言"減"而云"成數",字誤也。'駰謂太史公此辭是述董生之言。董仲舒自治《公羊春秋》,《公羊》經傳凡有四萬四千餘字,故云'文成數萬'也。不得如張議,但論經萬八千字,便謂之誤。"司馬貞《索隱》:"案張晏曰'《春秋》萬八千字,此云"文成數萬",字誤也'。裴駰以遷述仲舒所論《公羊》經傳凡四萬四千,故云'數萬',又非也。小顏云'史遷豈以《公羊傳》爲《春秋》乎'?又《春秋》經一萬八千,亦足稱數萬,非字之誤也。"

〔12〕"弑君三十六,亡國五十二",除這裏所引外,《淮南子·主術訓》《漢書·劉向傳》所載劉向《條災異封事》、劉向《説苑·建本》也有相同之説,可見這是漢代通行之説。但"弑君三十六,亡國五十二"的具體組成未見記載,且《春秋繁露·盟會要》所記爲"弑君三十一,亡國五十二"。

〔13〕篡弑,謂弑君篡位。

〔14〕誅意,猶誅心。《後漢書·霍諝傳》:"諝聞《春秋》之義,原情定過,赦事誅

意,故許止雖弑君而不罪,趙盾以縱賊而見書。"無將,《公羊傳》莊公三十二年:"君親無將,將而誅焉。"顏師古注《漢書·董賢傳》引此語曰:"'將'謂將爲逆亂也。"即君主與父母至上,臣子不得對之有謀逆之心,否則將誅之。漢代開始將其用於處理實際的案例,如《漢書·淮南王安傳》記載,在討論淮南王劉安的處刑時,膠西王劉端便曰:"《春秋》曰'臣毋將,將而誅',安罪重於將,謀反形已定……當伏法。"《後漢書·樊儵傳》載儵不顧皇帝震怒,殺死廣陵王荆的依據也是"《春秋》之意,君親無將,將而誅焉"。斷獄即審理和判決案件,董仲舒《春秋決事》便是記載這類案件審理的著作。以上三者指以《春秋》之義運用於日常的政治生活中。

〔15〕孫復(992—1057),字明復,北宋晉州平陽(今山西臨汾)人,居泰山,世稱"泰山先生"。與胡瑗、石介同倡"以仁義禮樂爲學",并稱爲"宋初三先生"。著有《春秋尊王發微》二十卷、《春秋總論》三卷、《易説》六十四篇等。宋儒解經,多數與古人不同,孫復的《尊王發微》也在此列,《四庫全書總目》認爲"過於深求,而反失《春秋》之本旨者,實自復始。"

〔16〕司空,主刑徒之官。城旦書,《史記·儒林列傳》:"竇太后好《老子》書,召問固。固曰:'此家人言矣。'太后怒曰:'安得司空城旦書乎!'"裴駰《集解》:"徐廣曰:'司空,主刑徒之官也。'駰案《漢書音義》曰:'道家以儒法爲急,比之於律令。'"後以"司空城旦書"泛稱刑書。

〔17〕吕步舒,董仲舒弟子,官丞相長史。嘗持節決淮南王獄。遼東高廟灾,董仲舒居家推説其意,主父偃竊其書奏之。漢武帝以示諸儒。吕步舒不知其師書,以爲大愚,下仲舒吏,當死,詔赦之。見《史記·儒林列傳》。

〔18〕《公羊傳·隱公元年》"所傳聞異事",漢何休注:"於所傳聞之世,見治起於衰亂之中,用心尚麤觕,故内其國而外諸夏。"《四庫全書考證》云:"按'麤觕'二字音義皆略同'粗'字。"麤、觕都讀作 cū。

〔19〕奇辭險語,指令人驚異、聳人聽聞的話。皮氏引用司馬遷的話證明董子之學最醇,最能體現《春秋》的微言大義。

4. 論"存三統"明見董子書,并不始於何休,據其説,足知古時二帝三王本無一定

何氏《文謚例》[1]:《春秋》有五始、三科、九旨、七等、六輔、二類之

義。三科、九旨，尤爲閎大。《文謚例》："三科、九旨者，新周、故宋，以《春秋》當新王，此一科三旨也；所見異辭、所聞異辭、所傳聞異辭，二科六旨也；內其國而外諸夏、內諸夏而外夷狄，是三科九旨也。"宋氏之注《春秋》[2]，說三科者，一曰張三世，二曰存三統，三曰異外內，是三科也；九旨者，一曰時，二曰月，三曰日，四曰王，五曰天王，六曰天子，七曰譏，八曰貶，九曰絕。何氏九旨在三科之內，宋氏九旨在三科之外，其説亦無大異。

而"三科"之義，已見董子之書[3]。《楚莊王篇》曰："《春秋》分十二世以爲三等：有見，有聞，有傳聞。有見三世，有聞四世，有傳聞五世。故哀、定、昭，君子之所見也；襄、成、宣、文，君子之所聞也；僖、閔、莊、桓、隱，君子之所傳聞也。所見六十一年，所聞八十五年，所傳聞九十六年。"此張三世之義。《王道篇》曰："內其國而外諸夏，內諸夏而外夷狄，言自近者始也。"此異外內之義。《三代改制質文篇》曰："《春秋》應天作新王之事，時正黑統[4]，王魯，尚黑，絀夏，新周，故宋。"又曰："《春秋》上絀夏，下存周，以《春秋》當新王。《春秋》當新王者奈何？曰：王者之法，必正號。絀王謂之帝，封其後以小國，使奉祀之；下存二王之後以大國，使服其服，行其禮樂，稱客而朝。故同時稱帝者五，稱王者三，所以昭五端[5]，通三統也。是故周人之王，尚推神農爲九皇，而改號軒轅謂之黃帝，因存帝顓頊、帝嚳、帝堯之帝號，絀虞而號舜曰帝舜，錄五帝以小國；下存禹之後於杞，存湯之後於宋，以方百里，爵號公，皆使服其服，行其禮樂，稱先王客而朝。《春秋》作新王之事，變周之制，當正黑統，而殷、周爲王者之後，絀夏改號禹，謂之帝禹，錄其後以小國。故曰絀夏存周，以《春秋》當新王。"此存三統之義。

錫瑞案：存三統尤爲世所駭怪，不知此是古時通禮，并非《春秋》創舉。以董子書推之，古王者興，當封前二代子孫以大國，爲二王後，并當代之王爲三王；又推其前五代爲五帝，封其後以小國；又推其前爲九皇，封其後爲附庸；又其前則爲民。殷、周以上皆然。然則有繼周而王者，當封殷、周爲二王後，改號夏禹爲帝。《春秋》托王於魯，爲繼周者立法，當封夏之後以小國，故曰絀夏；封周之後爲二王後，故曰絀周。

此本推遷之次應然，《春秋》存三統，實原於古制。逮漢以後，不更循此推遷之次，人但習見周一代之制，遂以五帝、三王爲一定之號，於是《尚書大傳》舜乃稱王[6]，解者不得其説。《周禮》先、後鄭注引九皇六十四民[7]，疏家不能證明，蓋古義之湮晦久矣。晉王接、宋蘇軾、陳振孫，皆疑黜周王魯，《公羊》無明文，以何休爲《公羊》罪人。不知存三統明見董子書，并不始於何休。《公羊傳》雖無明文，董子與胡毋生同時，其著書在《公羊》初著竹帛之時，必是先師口傳大義。據其書可知古時五帝、三王，并無一定，猶親廟之祧遷。後世古制不行，人遂不得其説。學者試取董書《三代改制質文篇》，深思而熟讀之，乃知《春秋》損益四代，立一王之法，其制度纖悉具備，誠非空言義理者所能解也。

〔1〕《文謚例》，又名《春秋公羊謚例》，《隋書·經籍志》著録爲一卷，徐彥爲《公羊傳》作疏時有引用，後亡佚。清人馬國翰從徐疏中輯得七條。

〔2〕宋氏，指宋均，注見前。

〔3〕董子之書，指董仲舒《春秋繁露》。

〔4〕案，董仲舒認爲新王必建正朔。正月開始於寅月、丑月、子月，其陰陽之氣的位次不同，日月行迹也不同，君王之法統當然也要有所區分。夏、商、周三代遵循天命而根據黑、白、赤三統分別以寅、丑、子爲正。

〔5〕五端，指元年、春、王、正月、公即位五者，即"五始"。

〔6〕《尚書大傳》，舊題西漢伏生撰，其中關於舜有"惟十有三祀，帝乃稱王，而入唐郊"的記載。

〔7〕案，鄭玄注《周禮》多引鄭興、鄭衆父子之説，後人因稱鄭興、鄭衆爲"先鄭"，鄭玄爲"後鄭"。《周禮·小宗伯》："兆五帝於四郊，四望、四類亦如之。"鄭玄注："鄭司農云：'四望，道氣出入。四類，三皇、五帝、九皇、六十四民咸祀之。'玄謂四望，五岳、四鎮、四寶。四類，日、月、星、辰，運行無常，以氣類爲之位。兆日於東郊，兆月與風師於西郊，兆司中、司命於南郊，兆雨師於北郊。"賈公彥疏："先鄭云'四類，三皇、五帝、九皇、六十四民咸祀之'者，案《史記》云：'九皇氏没，六十四民興。六十四民没，三皇興。'彼雖無三皇、五帝之文，先鄭意三皇已祀之，明并祭五帝、三王可知。後鄭不從者，以其兆

五帝已下，皆據外神大昊、句芒等配祭而已，今輒特祭人帝於其中，非所宜，故不從。是以取五嶽之屬易之也。"

5. 論異外内之義與張三世相通，當競爭之時，尤當講明《春秋》之旨

三科惟張三世之義，明見於《公羊傳·隱元年》："公子益師卒，何以不日？遠也。所見異辭，所聞異辭，所傳聞異辭。"《解詁》曰："所見者，謂昭、定、哀，己與父時事也。所聞者，謂文、宣、成、襄，王父時事也。所傳聞者，謂隱、桓、莊、閔、僖，高祖、曾祖時事也。所以三世者，禮'爲父母三年，爲祖父母期，爲曾祖父母齊衰三月'[1]，立愛自親始，故《春秋》據哀錄隱，上治祖禰[2]。"與董子書略同，皆以三世爲孔子之三世。據此，是知《春秋》是孔子之書。張三世之義，雖比存三統、異外内爲易解，然非灼知《春秋》是孔子作，必不信張三世之義，而《春秋》書法詳略遠近，皆不得其解矣。張三世有二説：顏安樂以爲從襄二十一年之後孔子生訖[3]，即爲所見之世。《演孔圖》云[4]："文、宣、成、襄，所聞之世也。"顏氏分張二公而使兩屬，何劭公以爲任意。二説小異，而以三世爲孔子三世則同。異外内之義，與張三世相通。隱元年《解詁》曰[5]："於所傳聞之世，見治起於衰亂之中，用心尚麤觕，故内其國而外諸夏，先詳内而後治外。於所聞之世，見治升平，内諸夏而外夷狄。……至所見之世，著治太平，夷狄進至於爵，天下遠近小大若一。"

錫瑞案：《春秋》有攘夷之義，有不攘夷之義。以攘夷爲《春秋》義者，但見宣十一年晉侯會狄於攢函[6]，《解詁》有殊夷狄之文，成十五年叔孫僑如等會吳於鍾離，《傳》有"曷爲殊會吳？外吳也"之文，不知宣、成皆所聞世，治近升平，故殊夷狄。若所見世，著治太平，哀四年晉侯執戎曼子赤歸於楚，十三年公會晉侯及吳子於黄池，夷狄進至於爵，與諸夏同，無外内之異矣。外内無異，則不必攘，遠近小大若一，且不忍攘。聖人心同天地，以天下爲一家，中國爲一人，必無因其種族不同，

而有歧視之意。而升平世不能不外夷狄者，其時世界程度，尚未進於太平，夷狄亦未進化，引而內之，恐其侵擾，故夫子稱齊桓、管仲之功，有被髮左衽之懼，以其能攘夷狄，救中國，而特筆褒予之。然則以《春秋》爲攘夷，聖人非無此意，特是升平主義，而非太平主義，言豈一端而已，夫各有所當也。撥亂之世，內其國而外諸夏，諸夏非可攘者，而亦必異外內，故董子明言自近者始。王化自近及遠，由其國而諸夏、而夷狄，以漸進於大同，正如由修身而齊家、而治國，以漸至平天下，進化有先後，書法有詳略，其理本極平常。且春秋時夷狄，非真夷狄也。吳，仲雍之後[7]；越，夏少康之後[8]；楚，文王師鬻熊之後[9]；而姜戎是四岳裔胄[10]；白狄鮮虞是姬姓[11]。皆非異種異族，特以其先未與會盟，中國擯之，比於戎狄，故《春秋》有七等進退之義。《公羊》莊十三年傳曰："州不若國，國不若氏，氏不若人，人不若名，名不若字，字不若子。"[12]《疏》云："言荊不如言楚，言楚不如言潞氏、甲氏，言潞氏不如言楚人，言楚人不如言介葛盧，言介葛盧不如言邾婁儀父，言邾婁儀父不如言楚子、吳子。"《春秋》設此七等，以進退當時之諸侯。韓文公曰："諸侯用夷禮，則夷之，進於中國，則中國之。"[13]是中國、夷狄之稱，初無一定。宣十二年傳曰："不與晉而與楚子爲禮也。"[14]《繁露‧竹林篇》曰："《春秋》之常辭也，不予夷狄而與中國爲禮，至邲之戰[15]，偏然反之，晉變而爲夷狄，楚變而爲君子，故移其辭以從其事。"是進退無常，可見《春秋》立辭之變。定四年《傳》曰："吳何以稱子？夷狄也，而憂中國。"吳入楚，《傳》曰："吳何以不稱子？反夷狄。"是進退甚速，可見《春秋》立義之精，皆以今之所謂文明、野蠻爲褒貶予奪之義。後人不明此旨，徒嚴種族之辨，於是同異競爭之禍烈矣。蓋托於《春秋》義，而實與《春秋》義不甚合也。

箋注

〔1〕 期，音 jī，是一年的意思；齊衰，音 zī cuī，是用麻布做成的喪服。古代禮制，親人去世，根據與死者關繫親疏有不同的服喪規定，即斬衰、齊衰、大功、小

功以及緦麻五服。

〔2〕祖禰(mí),指祖廟與父廟,引申指祖先。

〔3〕顏安樂,字公孫,一作翁孫,魯國薛(今山東薛城)人,西漢《春秋》"顏氏學"
的開創者。顏安樂的著作已佚,清馬國翰《玉函山房輯佚書》輯有《春秋公
羊顏氏記》。傳見《漢書·儒林傳》。

〔4〕《演孔圖》,《春秋緯》之一,又名《春秋緯演孔圖》,是爲推演孔子之事而作。
書中叙述孔子因獲麟而作《春秋》,九月書成,端門受命,天降血書,中有作
圖制法之狀,故名《演孔圖》。

〔5〕《解詁》,即何休《春秋公羊傳解詁》。

〔6〕見《左傳·宣公十一年》:"晉郤成子求成於衆狄,衆狄疾赤狄之役,遂服於
晉。秋,會於欑函,衆狄服也。是行也,諸大夫欲召狄。郤成子曰:'吾聞
之,非德,莫如勤,非勤,何以求人? 能勤有繼,其從之也。《詩》曰:"文王既
勤止。"文王猶勤,况寡德乎?'"

〔7〕仲雍,周古公亶父次子,季歷之兄。太王欲傳位季歷及其子昌(即周文王),
仲雍與太伯(古公亶父長子)出逃至荆蠻,號句吳。太伯死,仲雍繼吳國君
王位。《史記·吳太伯世家》:"太王欲立季歷以及昌,於是太伯、仲雍二人
乃奔荆蠻,文身斷髮,示不可用。……自號句吳。……立爲吳太伯。太伯
卒,無子弟,仲雍立,是爲吳仲雍。"

〔8〕少康,夏代中興之主,帝相之子。寒浞使子澆殺相篡位,相后緡方娠,逃歸
有仍,生少康。少康長大,逃奔有虞,虞君妻以二女。夏舊臣靡收集夏朝舊
部,滅浞而立少康。少康又滅澆。見《左傳》襄公四年、哀公元年。有仍,古
國名,今山東省濟寧一帶。

〔9〕鬻熊,楚人先祖。《史記·楚世家》:"鬻熊子事文王,蚤卒。其子曰熊麗,熊
麗生熊狂,熊狂生熊繹。熊繹當周成王之時,舉文武勤勞之後嗣,而封熊繹
於楚蠻,封以子男之田,姓羋氏,居丹陽。……(楚武王)三十七年,楚熊通
怒曰:'吾先鬻熊,文王之師也,早終。成王舉我先公乃以子男田,令
居楚。'"

〔10〕姜戎,《史記·周本紀》裴駰集解引韋昭曰:"西夷别種,四岳之後也。"先秦
以前,關隴以西、涇渭上游及其以北爲戎地,西戎即是當時生活在這一帶諸
戎的總稱。姜戎居姜水(今陝西寶雞地區),與周族關繫密切。四岳,帝堯
時羲和的四個兒子,即羲仲、羲叔、和仲、和叔。《尚書·堯典》:"帝曰:'咨
四岳。'"孔安國《傳》曰:"四岳即上羲和之四子,分掌四岳之諸侯,故稱焉。"
裔胄,即後代。

〔11〕 白狄,亦作“白翟”。我國古代北方少數民族之一。《史記·匈奴列傳》:“晉文公攘戎翟,居於河西圁、洛之間,號曰赤翟、白翟。”鮮虞,古族名,春秋時白狄的一支。分布在今河北境内,以正定爲中心,春秋末年建立中山國。《左傳·昭公十二年》:“晉荀吴僞會齊師者,假道於鮮虞,遂入昔陽。”《國語·鄭語》:“北有衛、燕、翟、鮮虞、路、洛、泉、徐、蒲。”韋昭注:“鮮虞,姬姓在翟者。”

〔12〕 據《公羊傳》,此段文字爲莊公十年的傳文,皮氏此處言“十三年”,誤。

〔13〕 韓文公,即韓愈(768—824),字退之,河南河陽(今河南孟州市)人,因其祖先曾居昌黎,世稱韓昌黎。卒謚“文”,故後人稱韓文公。這裏所引之語,出自韓氏《原道》一文。

〔14〕 此爲《公羊傳》文。下文所引傳文亦同。

〔15〕 邲之戰,或稱兩棠之役,即周定王十年(前597),晉、楚争霸中原的戰争,楚莊王率軍在邲(今河南滎陽東北)打敗晉軍。經此一戰,晉國喪失長達數十年的霸主地位,楚國奪得中原霸權,成爲霸主。《春秋》經文對此戰的記載爲:“(宣公十二年)夏六月乙卯,晉荀林父帥師及楚子戰於邲,晉師敗績。”

6. 論《春秋》素王不必説是孔子素王,《春秋》爲後王立法,即云爲漢制法,亦無不可

《公羊》有《春秋》素王之義,董、何皆明言之[1]。而後世疑之者,因誤以素王屬孔子。杜預《左傳集解序》曰:“説者以仲尼自衛反魯,修《春秋》,立素王,丘明爲素臣。……子路欲使門人爲臣,孔子以爲欺天[2],而云仲尼素王,丘明素臣,又非通論也。”《正義》曰:“麟是帝王之瑞,故有素王之説,言孔子自以身爲素王,故作《春秋》立素王之法,丘明自以身爲素臣,故爲素王作《左氏》之傳。漢魏諸儒皆爲此説。董仲舒《對策》云:‘孔子作《春秋》,先正王而繫以萬事,見素王之文焉。’賈逵《春秋序》云[3]:‘孔子覽史記,就是非之説,立素王之法。’鄭玄《六藝論》云:‘孔子既西狩獲麟,自號素王,爲後世受命之君制明王之法。’盧欽《公羊序》云[4]:‘孔子自因魯史記而修《春秋》,制素王之道。’是先儒

皆言孔子立素王也。《孔子家語》稱齊太史子餘嘆美孔子，言'天其素王之乎'！素，空也，言無位而空王之也。彼子餘美孔子之深，原上天之意，故爲此言耳，非是孔子自號爲素王。先儒蓋因此而謬，遂言《春秋》立素王之法。左丘明述仲尼之道，故復以爲素臣。其言丘明爲素臣，未知誰所説也。"

錫瑞案：據杜、孔之説，則《春秋》素王，非獨公羊家言之，左氏家之賈逵亦言之，至杜預始疑非通論。杜所疑者是"仲尼素王"，以爲孔子自王，此本説者之誤。若但云《春秋》素王，便無語弊。孔《疏》所引云"素王之文""素王之法""素王之道"，皆不得謂非通論。試以孔《疏》解"素"爲"空"解之，何不可通？杜預序云"會成王義，垂法將來"，其與素王立法之説，有以異乎？無以異乎？惟《六藝論》之"自號素王"，頗有可疑。鄭君語質，不加別白，不必以辭害意。孔子作《春秋》以討亂賊，必不自蹈僭妄，此固不待辨者。《釋文》於《左傳序》"素王"字云："王，於況反。下'王魯''素王'同。"然則"素王"之"王"，古讀爲"王天下"之"王"，并不解爲"王號"之"王"。孔子非自稱素王，即此可證，若丘明自稱素臣，尤爲無理。丘明尊孔子，稱弟子可矣，何必稱臣示敬？孔《疏》亦不知其説所自出，蓋《左傳》家竊取《公羊》"素王"之説，張大丘明以配孔子，乃造爲此言耳。

漢人又多言《春秋》爲漢制法，《公羊疏》引《春秋説》云："伏義作八卦，丘合而演其文，瀆而出其神，作《春秋》以改亂制。"[5]又云："丘水精，治法爲赤制功。"[6]又云："黑龍生爲赤，必告之象，使知命。"[7]又云："經：十有四年春，西狩獲麟，赤受命，倉失權，周滅火起，薪采得麟。"[8]"以此數文言之，《春秋》爲漢制明矣。"據此，則《春秋》爲漢制法，説出緯書。何氏《解詁》於哀十四年云："木絶火王，制作道備"，"血書端門。"[9]明引《春秋緯·演孔圖》。《史晨》《韓敕》諸碑[10]亦多引之。東平王蒼曰[11]："孔子曰：'行夏之時，乘殷之輅，服周之冕，爲漢制法。"王充《論衡》曰："夫五經亦漢家之所立，儒生善政大義皆出其中。董仲舒表《春秋》之義，稽合於律[12]，無乖異者。然則《春秋》漢之經，孔子制作，垂遺於漢。孔子曰：'文王既没，文不在兹乎！'文王之文,傳在孔子,孔子爲漢制文,傳在漢也。"仲任發明《春秋》義甚暢,而史公、董子書未有《春秋》爲漢制法之説,故後人不信。歐陽修譏漢儒爲狹陋,云:"孔子作《春秋》,豈區區爲漢而已哉?"[13]不知《春秋》爲後王立法,雖不專爲漢,而漢繼周後,即謂爲漢制法,有何不可?且在漢言漢,推崇當代,不得不然。即如歐陽修生於宋,宋尊孔教,即謂《春秋》爲宋制法,亦無不可。今人生於大清,大清尊孔教,即謂《春秋》爲清制法,亦無不可。歐陽所見,何拘閡之甚乎!漢尊讖緯,稱爲内學,鄭康成、何劭公生於其時,不能不從時尚。後人議何氏《解詁》不應引《演孔圖》之文,試觀《左氏》文十三年傳"其處者爲劉氏",孔《疏》明云:"《左氏》不顯於世,先儒無以自申,劉氏從秦徙魏[14],其源本出劉累[15],插注此辭,將以媚世。明帝時賈逵上疏云:'五經皆無證圖讖明劉氏爲堯後者,而《左氏》獨有明文。'竊謂前世藉此以求道通,故後引之以爲證耳。"據孔《疏》,足見漢時風氣,不引讖緯不足以尊經。而《左氏》家擅增傳文,《公羊》家但存其説於注,而未敢增傳,相提并論,何氏之罪,不比賈逵等猶可末減乎[16]?

箋注

〔1〕詳見《漢書・董仲舒傳》。今傳何休著作中并無"素王"一詞,其"孔子以《春秋》當新王説"與之相近。

〔2〕案孔穎達疏曰:"此一段答素王素臣爲非也。案《論語》稱,孔子疾病,子路使門人爲臣。病間,曰:'久矣哉,由之行詐也!無臣而爲有臣,吾誰欺?欺天乎!'其意言子路以孔子將死,使門人爲臣,欲令以臣禮葬君,冀其顯榮夫子。夫子瘳而責之,我實無臣,何故而爲有臣?吾之於人也,於誰嘗欺?我尚不敢欺人,何故使吾欺天乎?子路使門人爲臣,才僭大夫禮耳,孔子尚以爲欺天,況神器之重,非人臣所議,而云'仲尼爲素王,丘明爲素臣',又非通理之論也。"

〔3〕賈逵(30—101),注見前。父賈徽曾從劉歆學《左氏春秋》,兼習《國語》《周官》等。賈逵悉傳父業,曾進獻《春秋左氏傳解詁》三十篇和《國語解詁》二十一篇,帝重其書,令寫藏秘館。賈逵向漢章帝條奏《左氏傳》大義長於二傳者曰:"《春秋左氏》義深於君父,而《公羊》多任於權變,其相殊絶,固以甚

遠。"賈逵著作已佚,清人馬國翰、王謨、黄奭等人分别有輯本。傳見《後漢書·賈逵傳》。

〔4〕盧欽(？—278),字子若,范陽涿(今屬河北)人。祖植,漢侍中。父毓,魏司空。世以儒業顯。欽清澹有遠識,篤志經史。詳見《晉書·盧欽傳》。

〔5〕《春秋說》,即《春秋說題辭》,爲《春秋》緯書之一。《春秋》緯書主要有《演孔圖》《元命包》《文耀鈎》《運斗樞》《感精符》《合誠圖》《考異郵》《保乾圖》《漢含孳》《佑助期》《握誠圖》《潛潭巴》《說題辭》《命曆序》等。

〔6〕讖緯以水精指孔子,赤指漢王朝。《史記·封禪書》:"秦始皇既并天下而帝,或曰:'黄帝得土德,黄龍地螾見。夏得木德,青龍止於郊,草木暢茂。殷得金德,銀自山溢。周得火德,有赤烏之符。今秦變周,水德之時。昔秦文公出獵,獲黑龍,此其水德之瑞。'於是秦更命河曰'德水',以冬十月爲年首,色上黑,度以六爲名,音上大呂,事統上法。"漢文帝時,"魯人公孫臣上書曰:'始秦得水德,今漢受之,推終始傳,則漢當土德,土德之應黄龍見。宜改正朔,易服色,色上黄。'"王莽建立"新朝",自以爲是屬木德。劉秀光武中興,認爲漢朝所以能中興是因爲漢屬火德,火克木。所以改前漢土德,定漢德爲火德。

〔7〕黑龍生爲赤,黑龍指孔子,爲火德的漢朝制法。

〔8〕"赤受命"即漢朝接受天命。倉,通"蒼",青色。周爲木德,色尚青。木生火,漢爲火德,代周而起。故曰"倉失權,周滅火起"。

〔9〕血書端門,何休《公羊解詁》曰:"得麟之後,天下血書魯端門曰'趨作法,孔聖没,周姬亡,彗東出,秦政起,胡破術,書記散,孔不絕。'子夏明日往視之,血書飛爲赤烏,化爲白書,署曰'演孔圖',中有作圖制法之狀。"

〔10〕《史晨碑》,東漢碑刻,隸書,漢靈帝建寧二年(169)立。碑在今山東曲阜孔廟内。此碑兩面刻,前碑爲"魯相史晨祀孔子奏銘",後碑爲"魯相史晨饗孔子廟碑"。書法古樸厚實,端莊遒勁,爲漢隸名碑。《韓敕碑》,全名《漢魯相韓敕造孔廟禮器碑》,又名《韓明府孔子廟碑》等。這兩幅碑刻内容深受緯書的影響。

〔11〕東平王蒼,即劉蒼,東漢光武帝劉秀之子。少好經書,雅有智慧。建武十五年(39)封東平公。十七年進爵爲王。明帝即位,拜驃騎將軍,位在三公之上。《東觀漢記》《漢書》皆有傳。

〔12〕引文出自王充《論衡·程材》篇。

〔13〕引文出自歐陽修《集古録》卷二《後漢魯相晨孔子廟碑》。

〔14〕從秦徙魏,原刻本作"從秦從魏",據《四庫全書》本《春秋左傳注疏》和《路

史》改。

〔15〕劉累，堯的後裔，被劉姓信奉爲始祖。據《左傳》《史記》記載，劉累生活在夏
代孔甲年間，因出生時手上出現"劉累"紋樣，家人以爲吉祥，遂以劉累爲
名。傳説劉累曾爲孔甲御龍。《左傳》襄公二十四年："宣子曰：'昔匄之祖，
自虞以上爲陶唐氏，在夏爲御龍氏，在商爲豕韋氏，在周爲唐杜氏。'"御龍
氏即指劉累。孔穎達疏曰："昭二十九年《傳》曰：'陶唐氏既衰，其後有劉
累，學擾龍於豢龍氏，以事孔甲。夏后嘉之，賜氏曰御龍。'"

〔16〕案，皮氏認爲《春秋左氏傳》擅增傳文，而《春秋公羊傳》只存其説於注，更多
地保留了經文的原貌，和他的今文家立場有關。

7. 論《春秋》改制猶今人言變法，損益四代，孔子以告顏淵，其作《春秋》亦即此意

《史記·孔子世家》："子曰：'弗乎弗乎！君子病殁世而名不稱焉。
吾道不行矣，吾何以自見於後世哉？'乃因史記作《春秋》，上至隱公，下
訖哀公十四年，十二公，據魯、親周、故殷，運之三代，約其辭文而指博。
故吳、楚之君，自稱王，而《春秋》貶之曰子[1]；踐土之會，實召周天子，
而《春秋》諱之曰'天王狩於河陽'[2]。推此類以繩當世，貶損之義，後
有王者，舉而開之，《春秋》之義行，則天下亂臣賊子懼焉。孔子在位，
聽訟、文辭有可與人共者，弗獨有也。至於爲《春秋》，筆則筆，削則削，
子夏之徒不能贊一辭。弟子受《春秋》，孔子曰：'後世知丘者以《春
秋》，而罪丘者亦以《春秋》。'"又《自序》引壺遂曰[3]："孔子之時，上無
明君，下不得任用，故作《春秋》，垂空文以斷禮義，當一王之法。"

錫瑞案：此二條史公未明引董生，不知亦董生所傳否，而其言皆
明白正大。云"據魯、親周、故殷"，則知公羊家存三統之義古矣。云有
貶損，有筆削，則知左氏家經承舊史之義非矣。云"垂空文，當一王之
法"，則知素王改制之義不必疑矣。《春秋》有素王之義，本爲改法而
設，後人疑孔子不應稱王，不知素王本屬《春秋》，《淮南子》[4]以《春秋》當

一代。而不屬孔子，疑孔子不應改制。不知孔子無改制之權，而不妨爲改制之言。所謂改制者，猶今人之言變法耳。法積久而必變，有志之士，世不見用，莫不著書立說，思以其所欲變之法，傳於後世，望其實行。自周秦諸子以及近之船山、亭林、梨洲、桴亭諸公皆然[5]。亭林《日知錄》明云“立言不爲一時”[6]，船山《黃書》《噩夢》[7]，讀者未嘗疑其僭妄，何獨於孔子《春秋》，反以僭妄疑之？《春秋》變周之文，從殷之質，或疑孔子自言從周，何得變周從殷？不知孔子周人，平日行事，必從時王之制，至於著書立說，不妨損益前代。顔子問爲邦，子兼取虞、夏、殷、周以答之[8]，此損益四代之明證。鄭君解《王制》與《周禮》不合者，率以殷法解之，證以爵三等、歲三田[9]，皆與《公羊》義合，此《春秋》從殷之明證。正如今人生於大清，衣冠禮節，必遵時制，若著書言法政，則不妨出入，或謂宜從古制，或謂宜采西法。聖人制法，雖非後學所敢妄擬，然自來著書者莫不如是，特讀者習而不察耳。《春秋》所以必改制者，周末文勝，當救之以質，當時老子、墨子、子桑伯子、棘子成皆已見及之[10]。《春秋》從殷之質，亦是此意。《檀弓》一篇，三言邾婁[11]，與《公羊》齊學同，而言禮多從殷。《中庸疏》引趙商問[12]：“孔子稱：‘吾學周禮，今用之，吾從周。’《檀弓》云：‘今丘也，殷人也。’兩楹奠殯哭師之處[13]，皆所法於殷禮，未必由周，而云‘吾從周’者，何也？”答曰：“今用之者，魯與諸侯皆用周之禮法，非專自施於己，在宋冠章甫之冠[14]，在魯衣逢掖之衣[15]，何必純用之。”《儒行疏》：“案《曲禮》云：‘去國三世，唯興之日從新國之法。’防叔奔魯，至孔子五世，應從魯冠，而猶著殷章甫冠者，以丘爲制法之主，故有異於人，所行之事，多用殷禮，不與尋常同也。且《曲禮》從新國之法，祇謂禮儀法用，未必衣服盡從也。”案鄭、孔所言，足解從殷之惑。惟衣冠禮法是一類，冠章甫本周制，故公西華可以相禮，兩楹奠殯哭師於寢，蓋當時可通行，惟作《春秋》立法以待後王，可自爲制法之主耳。謂《春秋》皆本魯史舊文，孔子何必作《春秋》，謂《春秋》皆用周時舊法，孔子亦何必作《春秋》。

箋注

〔1〕子,周代五等爵位公、侯、伯、子、男中的第四等。春秋時禮崩樂壞,吳、楚之君自詡爲王,爲僭越,《春秋》貶之爲"子",不承認其爲王的地位,以維護周王室的尊嚴。

〔2〕踐土,古地名。春秋屬鄭,在今河南原陽西南。公元前632年,晉文公會盟諸侯於此。《春秋》僖公二十八年:"五月癸丑,公會晉侯、齊侯、宋公、蔡侯、鄭伯、衛子、莒子,盟於踐土。……天王狩於河陽。"《春秋》爲尊者諱,不説晉文公召周王,而説天王狩於河陽。杜預注:"晉實召王,爲其辭逆而意順,故經以王狩爲辭。"劉敞《春秋意林》亦云:"天子自往也,自往雖微,而猶可言河陽之會,臣召君不可以訓,故書狩焉。"《春秋》筆法體現了孔子的立場,但也曲解了歷史。《後漢書·公孫瓚傳》"晉文爲踐土之會",顏師古注:"踐土,鄭地也,《左傳》周襄王出居於鄭,晉文公重耳爲踐土之會,率諸侯朝天子以成霸功。"

〔3〕壺遂,西漢梁(今河南商丘)人。通曉律令,與公孫卿同任中大夫,見曆法多謬誤,朔晦月見,遂聯合太史令司馬遷制定新曆。後奉命與司馬遷、落下閎等議造《太初曆》。《漢書·律曆志》:"大中大夫公孫卿、壺遂、太史令司馬遷等言曆紀壞廢,宜改正朔。"《漢書·竇田灌韓傳》:"壺遂與太史遷等定漢律曆,官至詹事。其人深中,篤行君子,上方倚欲以爲相,會其病卒。"

〔4〕《淮南子》,又名《淮南鴻烈》《劉安子》,是西漢宗室淮南王劉安招攬賓客並主持編寫的一部著作,分爲内二十一篇,外三十三篇,内篇論道,外篇雜説。今存二十一篇,以道家思想爲主,糅合儒、法、陰陽等家。《漢書·藝文志》將其列爲雜家。

〔5〕王夫之、顧炎武、黄宗羲都是明末清初著名思想家,注見前。陸桴亭(1560—1622),字道威,江蘇太倉人,著有《思辨録》等。全祖望《陸桴亭先生傳》稱其"上自周漢諸儒以迄於今,仰而象緯律例,下而禮樂政事異同,旁及異端……而其最足廢諸家紛争之説,百世俟之而不惑者,尤在論明儒"。

〔6〕引文出自《日知録》卷十九《立言不爲一時》:"天下之事有言在一時而其效見於數十百年之後者。"

〔7〕案,王夫之《黄書》作於1656年(明永曆十年,清順治十三年),共分爲七篇。《原極》是全書之綱,論聖王嚴華夷之辨是效法天則。其餘六篇爲分論:

《古義》説立國遵古;《宰制》説軍區設置;《慎選》言慎重選舉;《任官》論任官勿疑;《大正》申廉政之風;《離合》闡治亂交替。《噩夢》作於康熙二十一年（1682），總結明王朝政治、軍事、文化、經濟、司法的種種弊病，尋找失敗的原因，寄希望於將來。

〔8〕《論語·衞靈公》:"顏淵問爲邦。子曰:'行夏之時，乘殷之輅，服周之冕，樂則《韶》《舞》。放鄭聲，遠佞人，鄭聲淫，佞人殆。'"顏淵（前521—前481），即顏回，是孔子最得意的弟子。

〔9〕田，即田獵。《禮記·王制》:"天子諸侯，無事則歲三田。一爲乾豆，二爲賓客，三爲充君之庖。"孔穎達疏:"一歲三時田獵。"《公羊傳·桓公四年》:"春曰蒐，秋曰獮，冬曰狩。"徐彥《正義》曰:"不以夏田者，春秋制也。以爲飛鳥未去於巢，走獸未離於穴，恐傷害於幼稚，故於苑囿中取之。"

〔10〕子桑伯子，即子桑户，春秋時魯國人。《論語·雍也》:"子曰:'雍也可使南面。'仲弓問子桑伯子。子曰:'可也，簡。'仲弓曰:'居敬而行簡，以臨其民，不亦可乎? 居簡而行簡，無乃太簡乎!'"《莊子·大宗師》:"子桑户死，未葬。孔子聞之，使子貢往待事焉。或編曲，或鼓琴，相和而歌曰:'嗟來桑户乎! 嗟來桑户乎! 而已返其真，而我猶爲人猗!'"棘子成，春秋時衞國大夫。《論語·先進》:"棘子成曰:'君子質而已矣，何以文爲?'"朱熹《集注》:"棘子成，衞大夫，疾時人文勝，故爲此言。"

〔11〕邾婁，即邾國，春秋時諸侯國名。《公羊傳·隱公元年》:"三月，公及邾婁儀父盟於眛。"何休注:"邾人語聲後曰婁，故曰邾婁。"《禮記·檀弓上》:"邾婁復之以矢，蓋自戰於升陘始也。"陸德明《釋文》:"邾人呼邾聲曰婁，故曰邾婁。《公羊傳》與此記同，《左氏》《穀梁》但作邾。"

〔12〕《禮記·中庸》:"子曰:'吾説夏禮，杞不足徵也;吾學殷禮，有宋存焉;吾學周禮，今用之，吾從周。'"趙商，河內人，鄭玄弟子。

〔13〕引文出自《禮記·中庸》。兩楹，房屋正廳當中的兩根柱子。兩楹之間是房屋正中所在，爲舉行重大儀式和重要活動的地方。《禮記·檀弓上》:"殷人殯於兩楹之間。"後亦以"兩楹"借指停放棺柩、舉行祭奠之所。《公羊傳·定公元年》:"正棺於兩楹之間，然後即位。"

〔14〕章甫，商代的一種冠。《禮記·儒行》:"丘少居魯，衣逢掖之衣;長居宋，冠章甫之冠。"孫希旦《集解》:"章甫，殷玄冠之名，宋人冠之。"後來也指儒者之冠。

〔15〕逢掖，寬大的衣袖。見《禮記·儒行》。孫希旦《集解》:"逢掖之衣，即深衣也。深衣之袂，其當掖者二尺二寸，至袪而漸殺，故曰逢掖之衣。"袪，袖口。

8. 論《春秋》爲後世立法，惟《公羊》能發明斯義，惟漢人能實行斯義

　　孔子手定六經，以教後世，非徒欲使後世學者誦習其義，以治一身，并欲後世王者實行其義，以治天下。《春秋》立一王之法，其義尤爲顯著，而惟《公羊》知《春秋》是素王改制，爲能發明斯義；惟漢人知《春秋》爲漢定道，爲能實行斯義。姑舉數事證之。《公羊》之義，大一統。路溫舒曰：“臣聞《春秋》正即位，大一統而慎始也。”[1]《公羊》之義，立子以貴不以長。光武詔曰：“《春秋》立子以貴不以長，東海王陽，皇后之子，宜承大統。”[2]《公羊》之義，子以母貴。公孫瓚罪狀袁紹曰：“《春秋》之義，子以母貴，紹母親爲傅婢，無虛退之心。”[3]《公羊》之義，大居正。袁盎曰：“方今漢家法周，周之道不得立弟，當立子，故《春秋》所以非宋公，死不立子而與弟，弟受國死，復反之與兄之子，弟之子爭之，以爲我當代父，後即刺殺兄子，以故國亂禍不絶。故《春秋》曰：‘君子大居正。’”[4]《公羊》之義，天子嘗娶於紀，故封之百里。[5]《恩澤侯表》：“其餘后父據《春秋》褒紀之義。”應劭曰：“《春秋》天子將納后於紀，紀本子爵也，故先褒爲侯，言王者不娶於小國。”[6]《公羊》之義，子尊不加於父母。鄭玄《伏后議》：“帝皇后父屯騎校尉不其亭侯伏完，公庭，完拜如臣禮，及皇后在離宮，拜如子禮。”[7]《公羊》之義，昏禮不稱主人，不稱母，母不通也。杜鄴[8]曰：“禮明三從之義，雖有文母之德，必繫於子。《春秋》不書紀侯之母，陰義殺也。”[9]《公羊》之義，褒儀父[10]，貶無駭[11]。李固曰：“《春秋》褒儀父以開義路，貶無駭以閉利門。”[12]《公羊》之義，三公之職號，尊名也。翟方進曰：“《春秋》之義，尊上公謂之宰，海內無不統焉。”[13]《公羊》之義，昭公出奔，國當絶[14]。匡衡曰：“《春秋》之義，諸侯不能守其社稷者絶。”[15]《公羊》之義，善善及子孫。成帝封丙吉孫詔曰：“夫善善及子孫，古今之通義也。”[16]《公羊》之義，

臣有大喪，則君三年不呼其門。陳忠曰："先聖人緣人情以著其節，制服二十五月[17]，是以《春秋》臣有大喪，三年不呼其門。"[18]《公羊》之義，出竟有可以安社稷利國家者，專之可也。御史大夫張湯劾徐偃矯制大害法至死，偃以爲《春秋》之義，大夫出疆，有可以安社稷存萬民，顓之可也[19]。《公羊》之義，譏世卿[20]。樂恢曰："世卿持禄，《春秋》所戒。"[21]《公羊》之義，原情定罪[22]。霍諝曰："《春秋》之義，原情定過，赦事誅意。故許止雖弑君而不罪，趙盾以縱賊而見書。"[23]《公羊》之義，人臣無將[24]。膠西王曰："淮南王安，廢法行邪。《春秋》曰：'臣無將，將而誅。'安罪重於將。"[25]《公羊》之義，三年一祫，五年一禘[26]。張純曰："《春秋傳》曰：大祫者何？合祭也。毀廟及未毀廟之主，皆登合食太祖，五年而再殷。漢舊制，三年一祫，毀廟主合食高廟，存廟主未嘗合祭。元始五年，諸王公列侯朝會，始爲祫祭。"[27]《公羊》之義，未逾年君不書葬[28]。周舉曰："北鄉立，未逾載，年號未改。孔子作《春秋》，王子猛不稱崩，魯子野不書葬。"[29]《公羊》之義，譏逆祀[30]。質帝詔曰："昔定公追正順祀，《春秋》善之，其令恭陵次康陵，憲陵次恭陵。"[31]《公羊》之義，不書閏。班固以閏九月爲後九月[32]。《公羊》之義，懷藏以養微，是月不殺[33]。章帝詔曰："《春秋》於春每月書王者，重三正，慎三微也。律十二月立春，不以報囚。"[34]《公羊》之義，通三統。劉向曰："王者必通三統，明天命所授者博，非獨一姓。"[35]此皆見於兩《漢書》者。更以漢碑考之。《巴郡太守張納碑》云"正始順元"[36]，用《公羊》"五始"之義[37]。《處士嚴發殘碑》云[38]："蓋孔子作《春秋》，襃儀甫曰中缺。塞利欲之溪。"《成陽令唐扶頌》云[39]："通天三統。"楊孟文《石門頌》云[40]："《春秋》記異。"《安平相孫根碑》云[41]："仲伯撥亂，蔡即祭字。足譎權。"《衛尉卿衡方碑》云[42]："存亡繼絕。"《樊毅修華岳碑》云[43]："世室不修，《春秋》作譏。"《郎中郭君碑》云[44]："爲人後者爲之子。"皆本《公羊》，足見漢時《公羊》通行，故能知孔子作《春秋》爲後世立法之義，非止用之以決獄也。胡安國曰："武、宣之世[45]，時君信重其書，學士大夫誦説，用以斷獄決事，雖萬目未張，而大綱克正，過於春秋之時。"[46]其效亦可見矣。

箋注

〔1〕路温舒,字長君,鉅鹿東里(今河北平鄉)人,西漢名臣。引文見《漢書·路温舒傳》。

〔2〕《春秋公羊傳·隱公元年》:"立嫡以長不以賢,立子以貴不以長。"東海王陽,即漢明帝,光武帝第四子,建武十五年封東海公,十七年進爵爲王,十九年立爲皇太子。引文略見《後漢書》卷一下《光武帝紀下》,"春秋"後有"之義"二字,而無"不以長"三字。

〔3〕《春秋公羊傳·隱公元年》:"母貴則子何以貴? 子以母貴,母以子貴。"公孫瓚,字伯珪,遼西令支(今河北遷安)人,《後漢書》《三國志》有傳。袁紹,字本初,汝南汝陽(今河南周口)人,《三國志》有傳。《後漢書·公孫瓚傳》:"《春秋》之義,子以母貴,紹母親爲傅婢,地實微賤,據職高重,享福豐隆,有苟進之志,無虛退之心,紹罪九也。"

〔4〕袁盎,字絲,西漢楚人。《史記》有傳。宋公,即宋宣公。引文見《史記·梁孝王世家》。

〔5〕百里,古時諸侯封地之範圍。《孟子·萬章下》:"天子之制,地方千里,公侯皆方百里。"後用以稱諸侯國。紀,金文中稱"己",古國名,姜姓,公元前690年爲齊所滅。《春秋公羊傳·桓公二年》:"秋七月,紀侯來朝。"何休注:"稱侯者,天子將娶於紀,與之奉宗廟,傳之無窮,重莫大焉,故封之百里。"

〔6〕引文見《漢書·外戚恩澤侯表》顏師古注引應劭語。

〔7〕《春秋公羊傳·桓公九年》:"雖爲天王后,猶曰吾季姜。"何休注:"明子尊不加於父母。"鄭玄《伏后議》即《伏后敬父完禮議》,見《東漢文紀》卷二四。凌曙《春秋公羊問答》卷下:"鄭玄《伏后議》:'帝皇后父屯騎校尉不其亭侯伏完,公庭,完拜如臣禮,及皇后在離宮,拜如子禮。'"鄭玄《伏后議》之語,皮氏當引自《春秋公羊問答》。

〔8〕杜鄴,字子夏,西漢魏郡繁陽(今河南內黃)人,張敞外孫,武帝時徙居茂陵(今陝西興平)人。長於小學,工古文。《漢書》有傳。

〔9〕文母,文德之母,對后妃之稱頌。《漢書·杜鄴傳》:"禮明三從之義,雖有文母之德,必繫於子。"顏師古曰:"文母,文王之妃太姒也。"《毛詩·周頌·雝》:"既右烈考,亦右文母。"毛《傳》:"文母,大姒也。"鄭玄《箋》:"文德之母。"《公羊傳·隱公二年》:"九月,紀履緰來逆女。紀履緰者何? 紀大夫

也。何以不稱使？婚禮不稱主人。然則曷稱？稱諸父兄師友。宋公使公孫壽來納幣，則其稱主人何？辭窮也。辭窮者何？無母也。然則紀有母乎？曰有。有則何以不稱母？母不通也。"殺，即減降之義。

〔10〕《春秋公羊傳·隱公元年》："三月，公及邾婁儀父盟於眜。……儀父者何？邾婁之君也。何以名？字也。曷爲稱字？褒之也。曷爲褒之？爲其與公盟也。與公盟者衆矣，曷爲獨褒乎此？因其可褒而褒之。此其爲可褒奈何？漸進也。"何休注："《春秋》王魯，托隱公爲受命王，因儀父先與隱公盟，假以見褒賞義，故云爾。"

〔11〕《春秋公羊傳·隱公二年》："無駭帥師入極。無駭者何？展無駭也。何以不氏？貶。曷爲貶？疾始滅也。"

〔12〕李固，字子堅，東漢漢中南鄭（今屬陝西）人。引文見《後漢書》卷六三《李固傳》。

〔13〕翟方進曰："《春秋》之義，尊上公謂之宰，海内無不統焉。"翟方進，字子威，西漢汝南上蔡（今河南上蔡）人。引文見《漢書·翟方進傳》。

〔14〕《春秋公羊傳注·定公元年》："雖書即位於六月，實當如莊公有正月；今無正月者，昭公出奔，國當絶，定公不得繼體奉正，故諱爲微辭，使若即位在正月後，故不書正月。"

〔15〕匡衡，字稚圭，東海承（今山東蘭陵、棗莊一帶）人，西漢經學家。從后蒼學《齊詩》，能文學，善説《詩》。《漢書》有傳。引文見《漢書·梅福傳》。

〔16〕丙吉，字少卿，姓或作邴。西漢魯國人。本爲魯獄史，累遷廷尉監。武帝末，巫蠱事發，宣帝生數月，以衛太子事繫獄，賴吉得全。引文見《漢書·魏相丙吉傳》。"義"，《丙吉傳》作"誼"。

〔17〕《禮記·三年問》："三年之喪，二十五月而畢。"《公羊傳·莊公二年》："三年矣，曷爲謂之未三年？三年之喪，實以二十五月。"

〔18〕陳忠，字伯始，東漢沛國洨（今安徽固鎮）人。引文見《後漢書》四十六《陳寵傳（附子忠）》。

〔19〕張湯，西漢杜陵（今陝西西安東南）人，《漢書》有傳。徐偃，西漢人，從申公學《詩》，爲博士。《漢書·終軍傳》："御史大夫張湯劾偃矯制大害，法至死，偃以爲《春秋》之義，大夫出疆，有可以安社稷，存萬民，顓之可也。"

〔20〕《春秋公羊傳·隱公三年》："其稱尹氏何？貶。曷爲貶？譏世卿，世卿非禮也。"何休注："世卿者，父死子繼也。貶去名者氏者，起其世也，若曰世世尹氏也。"

〔21〕樂恢，東漢京兆長陵（今陝西咸陽）人，字伯奇。好經學，爲名儒。引文見

《後漢書》卷四三《樂恢傳》。

〔22〕原情，即推究本情，指根據犯罪人之動機及情節來判罪。或作原情定過、原心定罪。

〔23〕霍諝，字叔智，東漢魏郡鄴（今河南安陽）人。引文見《後漢書》卷四八《霍諝傳》。許止，許悼公之子，《公羊傳・昭公十九年》：“止進藥而藥殺，是以君子加弒焉爾。曰‘許世子止弒其君買’，是君子之聽止也。‘葬許悼公’，是君子之赦止也。赦止者，免止之罪辭也。”趙盾以縱賊而見書，《公羊傳・宣公六年》：“親弒君者趙穿，則曷爲加之趙盾？不討賊也。何以謂之不討賊？《晉史》書賊曰：‘晉趙盾弒其君夷獆。’趙盾曰：‘天乎無辜！吾不弒君，誰謂吾弒君者乎？’史曰：‘爾爲仁爲義，人弒爾君，而復國不討賊，此非弒君而何？’”

〔24〕人臣無將，指爲人臣者不得叛逆謀亂。將，即逆亂。《史記・叔孫通傳》：“博士諸生三十餘人前曰：‘人臣無將，將即反，罪死無赦。’”《集解》引臣瓚曰：“將謂逆亂也，《公羊傳》曰：‘君親無將，將而必誅。’”

〔25〕淮南王劉安（前179—前122），漢高祖劉邦之孫，淮南厲王劉長之子，同門客著有《淮南子》一書。武帝即位，安暗整武備。元狩元年事敗，舉兵未成，旋自殺。《史記・衡山王劉安傳》：“淮南王安廢法行邪，懷詐僞心以亂天下，熒惑百姓，倍畔宗廟，妄作妖言，《春秋》曰：‘臣無將，將而誅。’安罪重於將。”

〔26〕《春秋公羊傳・文公二年》：“大事者何？大祫也。大祫者何？合祭也。其合祭奈何？毀廟之主陳於大祖，未毀廟之主皆升，合食於大祖。五年而再殷祭。”何休注：“殷，盛也。謂三年祫、五年禘。禘所以異於祫者，功臣皆祭也。祫，猶合也。禘，猶諦也。審諦無所遺失。禮，天子特禘特祫；諸侯禘則不礿，祫則不嘗；大夫有賜於君，然後祫其高祖。”《後漢書》卷三《章帝紀》：“其四時禘祫於光武之堂。”李賢注引《續漢書》曰：“五年再殷祭，三年一祫，五年一禘。”

〔27〕張純，字伯仁，京兆杜陵（今陝西西安）人，高祖父爲張安世。引文見《後漢書》卷三五《張純傳》。“朝”，《張純傳》作“廟”。

〔28〕《春秋公羊傳・莊公三十二年》：“子般卒，何以不書葬？未逾年之君也。有子則廟，廟則書葬。無子不廟，不廟則不書葬。”何休注：“未逾年之君，禮，臣下無服，故無子不廟，不廟則不書葬，示一年不二君也。”

〔29〕周舉，字宣光，東漢汝南汝陽（今河南商水西南）人。博學洽聞，爲儒者所宗，有“五經縱橫周宣光”之譽。《後漢書》卷六一《周舉傳》：“北鄉侯本非正

統，奸臣所立，立不逾歲，年號未改，皇天不祐，大命夭昏。《春秋》王子猛不稱崩，魯子野不書葬。"

〔30〕逆祀，即違反昭穆位次之祭祀。《春秋公羊傳・閔公二年》："八月丁卯，大事於太廟，躋僖公。……躋者何？升也。何言乎升僖公？譏。何譏爾？逆祀也。其逆祀奈何？先禰而後祖也。"何休注："升謂西上。禮，昭穆指父子，近取法《春秋》，惠公與莊公當同南面西上；隱、桓與閔、僖亦當同北面西上，繼閔者在下。文公緣僖公於閔公爲庶兄，置僖公於閔公上，失先後之義，故譏之。"《左傳・文公二年》："秋，八月，丁卯，'大事於大廟，躋僖公'，逆祀也。"杜預注："僖是閔兄，不得爲父子。嘗爲臣，位應在下，令居閔上，故曰'逆祀'。"

〔31〕引文見《後漢書》卷六《質帝紀》。漢殤帝劉隆葬康陵，漢安帝劉祜葬恭陵，漢順帝劉保葬憲陵。

〔32〕《漢書・高帝紀》："後九月，懷王并呂臣、項羽軍自將之。"顏師古注引文穎曰："即閏九月也。時律曆廢，不知閏，謂之後九月。"又引如淳曰："時因秦以十月爲歲首，至九月則歲終。後九月即閏月。"顏師古曰："文説非也。若以律曆廢不知閏者，則當徑謂之十月，不應有後九月。蓋秦之曆法，應置閏者總致之於歲末。觀其此意，當取《左傳》所謂歸餘於終耳。何以明之？據《漢書》表及《史記》，漢未改秦曆之前，迄至高后、文帝，屢書後九月，是知故然，非曆廢也。"

〔33〕《春秋繁露・三代改制質文》："法不刑有身，重懷藏以養微，是月不殺。聽朔廢刑發德，具存二王之後也，親白統，故曰分夜半，夜半朝正。改正之義，奉元而起。"

〔34〕引文見《後漢書》卷三《章帝紀》。顏師古注："三正謂天、地、人之正。所以有三者，由有三微之月，王者所當奉而成之。《禮記》曰：'正朔三而改，文質再而復。三微者，三正之始，萬物皆微，物色不同，故王者取法焉。十一月，時陽氣始施於黃泉之下，色皆赤。赤者陽氣，故周爲天正，色尚赤。十二月，萬物始牙而色白。白者陰氣，故殷爲地正，色尚白。十三月，萬物莩甲而出，其色皆黑，人得加功展業，故夏爲人正，色尚黑。'《尚書大傳》曰：'夏十三月爲正，平旦爲朔。殷以十二月爲正，雞鳴爲朔。周以十一月爲正，夜半爲朔。'必以三微之月爲正者，當爾之時，物皆尚微，王者受命，當扶微理弱，奉成之義也。"

〔35〕《漢書・楚元王傳（附劉向）》："王者必通三統。"注引應劭曰："二王之後與已爲三統也。"孟康曰："天地人之始也。"張晏曰："一曰天統，謂周十一月建子爲正，天始施之端也；二曰地統，謂殷以十二月建丑爲正，地始化之端也；

三曰人統，謂夏以十三月建寅爲正，人始成之端也。"顏師古曰："諸家之説皆不備也，言王者象天、地、人之三統，故存三代也。"

〔36〕正始順元，即順應元氣，以正王道之始。張納，字子郎，渤海南皮（今河北南皮）人。《巴郡太守張納碑》，洪适《隸釋》卷五、嚴可均《全上古三代秦漢三國六朝文》卷一〇五皆有著録。

〔37〕五始，《春秋》紀事，始以元年、春、王、正月、公即位等五事，謂之"五始"。《漢書·王褒傳》："共惟《春秋》五始之要，在乎審己正統而已。"顏師古曰："元者氣之始，春者四時之始，王者受命之始，正月者政教之始，公即位者一國之始，是爲五始。共讀曰恭。"

〔38〕《處士嚴發殘碑》，洪适《隸續》卷一有著録。

〔39〕《成陽令唐扶頌》，洪适《隸釋》卷五有著録。婁機《漢隸字源》卷一："《成陽令唐扶頌》，光和六年立，在濮州雷澤縣。碑首之旁又刻題名二十餘字。"

〔40〕《石門頌》，全稱《漢司隸校尉楗爲楊君頌》，又稱《楊孟文頌》。洪适《隸釋》卷四有著録。婁機《漢隸字源》卷一："《司隸校尉楊君石門頌》，建和二年立，在興元府。《華陽國志》云：'楊君名涣'，《集古》作'楊厥開石門頌'，《隸釋》云'故司隸校尉楗爲楊君頌'，漢中太守王升立。碑云'司隸校尉楊君厥字孟文'，《水經》及歐、趙皆謂之楊厥碑。'蜀中晚出《楊淮碑》云：'司隸校尉楊君厥諱淮，大司隸孟文之元孫也。'始知兩碑皆以厥爲語助，此乃後政頌其勳德，故字之而不名。《墨寶》云：'襄城縣北五里磨崖'。"

〔41〕《安平相孫根碑》，洪适《隸釋》卷一〇有著録。趙明誠《金石録》卷一七《跋尾七》："右《漢安平相孫根碑》云：'府君諱根字元石，司空公之伯子，樂安太守之兄子，漢陽太守侍御史之兄……年七十有一，光和四年十二月乙巳卒。碑在今高密縣。'"婁機《漢隸字源》卷一："《安平相孫根碑》，光和四年立，在密州。《隸釋》云：'此碑體豐而勢逸，不類他漢碑，唐韓蔡輩蓋得此。'"

〔42〕《衛尉卿衡方碑》，王昶《金石萃編》卷一二有著録。趙明誠《金石録》卷一六《跋尾六》："右《漢衛尉卿衡方碑》有云：'感昔人之凱風，悼蓼儀之劬勞'，以'蓼莪'爲'蓼儀'，他漢碑多如此。蓋漢人各以其學名家，故傳時有異同也。"

〔43〕《樊毅修華岳碑》，洪适《隸釋》卷二有著録。婁機《漢隸字源》卷一："《樊毅修華岳碑》，光和二年立，在華州。"

〔44〕《郎中郭君碑》，洪适《隸釋》卷一七有著録。婁機《漢隸字源》卷一："《郎中郭君碑》，無名字可考。"

〔45〕武、宣之世，即漢武帝、漢昭帝、漢宣帝在位之時。

〔46〕引文見胡安國《進春秋傳表》。

9. 論《穀梁》在《春秋》之後，曾見《公羊》之書，所謂"一傳"即《公羊傳》

　　鄭君《釋廢疾》曰[1]："孔子雖有聖德，不敢顯然改先王之法以教授於世，若其所欲改，其陰書於緯藏之，以傳後王。《穀梁》'四時田'者[2]，近孔子故也。《公羊》正當六國之亡，讖諱見讀，而傳爲三時田[3]。作傳有先後雖異，不足以斷《穀梁》也。"鄭君言《春秋》改制之義，極精，故鄭云"《公羊》善於讖"；而以《公羊》之出在《穀梁》後，則未知所據。《釋文序録》云："公羊高受之於子夏，穀梁赤乃後代傳聞。"陳澧曰："《釋文序録》之言是也。莊二年公子慶父帥師伐於餘丘[4]，《公羊》云：'邾婁[5]之邑也，曷爲不繫乎邾婁？國之也。曷爲國之？君存焉爾。'《穀梁》云：'公子貴矣，師重矣，而敵人之邑，公子病矣。其一曰，君在而重之也。'劉原父《權衡》云[6]：'此似晚見《公羊》之説而附益之。'隱二年無駭帥師入極，八年無駭卒，《穀梁傳》皆兩説，劉氏亦以爲《穀梁》見《公羊》之書，而竊附益之。澧案，更有可證者，文十二年子叔姬卒，《公羊》云：'此未適人，何以卒？許嫁矣。'《穀梁》云：'其曰子叔姬，貴也，公之母姊妹也。其一傳曰，許嫁以卒之也。'此所謂'其一傳'，明是《公羊傳》矣。宣十五年初稅畝[7]，冬蝝生[8]，《穀梁》云：'蝝非災也，其曰蝝，非稅畝之災也。'此《穀梁》駁《公羊》之説也。《公羊》以爲宣公稅畝，應是而有天災，《穀梁》以爲不然，故曰，非災也，駁其以爲天災也；又云'其曰蝝，非稅畝之災也'，駁其以爲應稅畝而有此災，其在《公羊》之後，更無疑矣。《公羊》《穀梁》二傳同者，隱公不書即位，《公羊》云'成公意'，《穀梁》云'成公志'。鄭伯克段於鄢，皆云殺之。如此者不可枚舉矣。僖十七年夏滅項，《公羊》云：'孰滅之？齊滅之。曷爲不言齊滅之？《春秋》爲賢者諱。此滅人之國，何賢爾？君子之惡惡也疾始，善善也樂終，桓公嘗有繼絕存亡之功，故君子爲之諱也。'《穀梁》云：'孰滅之？桓公也。何以不言桓公也？爲賢者諱也。既滅人之國矣，何賢乎？君子惡惡疾其始，善善樂其終，桓公嘗有存亡繼絕之功，故君子爲之諱也。’此更句句相同，蓋《穀梁》以《公羊》之説爲是，而録取之也。《穀梁》在《公羊》之後，研究《公羊》之説，或取之，或不取，或駁之，或與己説兼存之，其傳較《公羊》爲平正者以此也。”[9]

錫瑞案：以《穀梁》晚出，曾見《公羊》之書，劉原父已言之，陳氏推衍尤晰。治《穀梁》者必謂《穀梁》早出，觀此可以悟矣。晁説之曰：“《穀梁》晚出於漢，因得監省《左氏》《公羊》之違畔而正之，至其精深遠大者，真得子夏之所傳，范氏[10]又因諸儒而博辯之[11]，申《穀梁》之志也，其於是非，亦少公矣。非若征南一切申《傳》，汲汲然不敢異同也。”[12]晁氏以爲《穀梁》監省《左氏》《公羊》，與陳氏所見同，不知陳氏見晁説否。晁以范氏是非爲公，則宋重通學，不守專門之見也。

箋注

〔1〕《釋廢疾》，當爲《起廢疾》，東漢鄭玄爲駁斥何休《穀梁廢疾》所作。《後漢書》卷三五《鄭玄傳》：“時任城何休好公羊學，遂著《公羊墨守》《左氏膏肓》《穀梁廢疾》；玄乃發《墨守》，鍼《膏肓》，起《廢疾》。”《隋書·經籍志》《舊唐書·經籍志》《新唐書·藝文志》皆有著録，現已佚。後引文“先王”原刻本誤作“先生”，據《禮記正義》卷一二《王制》改。

〔2〕四時田，即四時田獵，《穀梁傳·桓公四年》：“四時之田，皆爲宗廟之事也。春曰田，夏曰苗，秋曰蒐，冬曰狩。”

〔3〕三時田，即三時田獵，《禮記·王制》：“天子諸侯無事，則歲三田，一爲乾豆，一爲賓客，一爲充君之庖厨。”

〔4〕《公羊傳·莊公二年》：“於餘丘者何？邾婁之邑也。”《穀梁傳·莊公二年》：“國而曰伐。於餘丘，邾之邑也。”《左傳·莊公二年》：“公子慶父帥師伐於餘丘。”杜預注：“無傳。於餘丘，國名也。”孔穎達《正義》曰：“《公羊》《穀梁》皆以於餘丘爲邾之別邑，左氏無傳，正以《春秋》上下未有伐人之邑而不繫國者，此無所繫，故知是國。《釋例》注闕，不知其處，蓋近魯小國也。”

〔5〕邾婁，即邾，春秋時諸侯國名，《春秋公羊傳·隱公三年》：“公及邾婁儀父盟於眛。”陸德明《經典釋文》：“邾人語聲後曰婁，故曰邾婁，《禮記》同，《左氏》《穀梁》無‘婁’字。”

〔6〕劉原父《權衡》，即劉敞《春秋權衡》，宋劉敞著。《四庫全書總目提要》卷二六《經

部·春秋類一》:"《春秋權衡》(內府藏本)……陳振孫《書録解題》曰:'原父始爲《權衡》以平三家之得失,然後集衆説斷以己意而爲之《傳》。《傳》所不盡者見之《意林》。然則《傳》之作在《意林》前,此書又在《傳》前。敞《春秋》之學,此其根柢矣。'……葉夢得作《石林春秋傳》,於諸家義疏多所排斥,尤詆孫復《尊王發微》,謂其不深於禮學……惟於敞則推其淵源之正,蓋敞邃於禮故。是書進退諸説,往往依經立義,不似復之意爲斷制,此亦説貴徵實之一驗也。"

〔7〕初税畝,春秋時期魯國宣公十五年(前 594)所行按畝徵税之田賦制度,爲承認土地私有合法化之始。《公羊傳·宣公十五年》:"初税畝。初者何?始也。税畝者何?履畝而税也。初税畝何以書?譏。何譏爾?譏始履畝而税也。何譏乎始履畝而税?古者什一而藉。古者曷爲什一而藉?什一者天下之中正也。多乎什一,大桀、小桀;寡乎什一,大貉、小貉。什一者天下之中正也,什一行而頌聲作矣。"《穀梁傳·宣公十五年》:"初税畝。初者,始也。古者什一,藉而不税。初税畝,非正也。古者三百步爲里,名曰井田。井田者,九百畝,公田居一。私田稼不善則非吏,公田稼不善則非民。初税畝者,非公之去公田,而履畝十取一也。以公之與民爲已悉矣。古者公田爲居,井竈葱韭盡取焉。"

〔8〕螽,《春秋公羊傳·宣公十五年》:"冬,螽生。"何休注:"螽即蝝也,始生曰螽,大曰螽。"《左傳·宣公十五年》:"冬,蝝生。"杜預注:"蝝子以冬生,遇寒而死,故不成螽。"陸德明《經典釋文》:"劉歆云'蚍蜉子也',董仲舒云'蝗子'。"

〔9〕見《東塾讀書記》卷一〇《春秋三傳》。

〔10〕范氏,即范甯,《晉書》有傳。"范氏",晁説之《嵩山文集》卷一二《三傳説》作"范甯"。

〔11〕博辯,亦作"博辨",即雄辯、從多方面論説之意。《韓非子·説難》:"徑省其説則以爲不智而拙之,米鹽博辯則以爲多而交之。"

〔12〕見晁説之《嵩山文集》卷一二《三傳説》

10. 論《公羊》《穀梁》二傳當爲傳其學者所作,《左氏傳》亦當以此解之

子夏傳公羊高,至四世孫壽乃著竹帛,戴宏[1]所言當得其實。穀梁則有數説,且有四名。桓譚《新論》云:"《左氏》傳世後百餘年,魯人

穀梁赤爲《春秋》殘亡，多所遺失。"[2] 應劭《風俗通》[3]云："穀梁子名赤，子夏弟子。"糜信[4]則以爲秦孝公同時人，阮孝緒則以爲名俶，字元始。《漢書・藝文志》顏注[5]云名喜，而《論衡・案書》篇又云穀梁寘[6]。豈一人有四名乎？抑如公羊之祖孫父子相傳，非一人乎？名赤見《新論》爲最先，故後人多從之。而據《新論》，後左氏百餘年，年代不能與子夏相接，而與秦孝公同時頗合。《四庫提要》[7]曰："其傳則士勛疏[8]稱穀梁子'名俶，字元始，一名赤，受經於子夏，爲經作傳'，則當爲穀梁子所自作。徐彥《公羊傳疏》[9]又稱公羊高五世相授，至胡毋生乃著竹帛，題其親師，故曰《公羊傳》，穀梁亦是著竹帛者題其親師，故曰《穀梁傳》，則當爲傳其學者所作。案《公羊傳》'定公即位'一條，引'子沈子曰'，何休《解詁》以爲後師，此傳'定公即位'一條，亦稱'沈子曰'。《公羊》《穀梁》即同師子夏，不應及見後師。又'初獻六羽'一條，稱'穀梁子曰'，傳既穀梁自作，不應自引己説。且此條又引'尸子曰'，尸佼爲商鞅之師，鞅既誅，佼逃於蜀，其人亦在穀梁後，不應預爲引據。疑徐彥之言，爲得其實，但誰著於竹帛，則不可考耳。"[10]

　　錫瑞案：楊疏云穀梁傳孫卿，去子夏甚遠，穀梁如受經於子夏，不得親傳孫卿，以《傳》爲傳其學者所作，極是。非獨《公》《穀》二傳，即《左氏傳》亦當以此解之，故其傳有後人附益，且及左氏後事，若必以爲左氏自作，反爲後人所疑。趙匡、鄭樵遂以爲左氏非丘明[11]，是六國時人矣。朱子亦云："左氏不必解是丘明，《公》《穀》傳大概皆同，所以林黃中[12]説只是一人，只是看他文字，疑若非一手者。"[13] 羅璧《識遺》[14]云："公羊、穀梁，自高、赤作《傳》外，更不見有此姓。萬見春[15]謂皆姜字切韻脚，疑爲姜姓假托。"[16] 案邾婁爲鄒、勃鞮爲披之類，兩音雖可合爲一字。《越絕書》云："以口爲姓，承之以天。"[17] 朱子注《楚詞》，自署鄒訢[18]。古人著書，亦有自隱其姓名者，而二子爲經作傳，要不應自隱其姓。至謂公羊、穀梁，高、赤外不見有此姓，則尤不然。《禮記・檀弓》明云"鬘巾以飯，公羊賈爲之也"[19]，何得謂公羊高外，不見公羊姓乎？疑公羊賈即《論語》之公明賈，公羊高即《孟子》之公明高。高，曾子弟子，亦可從子夏受經。古讀"明"如"芒"，《詩》"以我齊明""與我犧羊"爲韻[20]，明、羊音近，或亦可通。是説雖未見其必然，而據《禮記》明明有姓公羊者矣。《漢書・古今人表》，有公羊、穀梁列四等，必實有其人可知。近人又疑公羊、穀梁皆卜商轉音[21]，更無所據。

箋注

〔1〕戴宏，字元襄，東漢濟北剛縣人。少好學，卒成儒宗。官至酒泉太守。《後漢書》卷六四《吳祐傳》："時濟北戴宏父爲縣丞，宏年十六，從在丞舍。祐每行園，常聞諷誦之音，奇而厚之，亦與爲友，卒成儒宗，知名東夏。官至酒泉太守。"

〔2〕桓譚，注見前。引文見《新論》卷九《正經》。"多所遺失"，中華書局《新輯本桓譚新論》作"多有遺文"。

〔3〕應劭，注見前。《風俗通》，又名《風俗通義》。

〔4〕糜信，三國魏人，官樂平太守。撰有《春秋説要》《春秋穀梁傳注》等書，均已佚。

〔5〕顔注，顔即顔師古（581—645），字籀，雍州萬年（今陝西西安）人，祖籍瑯玡臨沂（今山東臨沂）。顔之推之孫。著有《漢書注》《匡謬正俗》《急就章》等書。《舊唐書》卷七三、《新唐書》卷一九八有傳。

〔6〕《後漢書》卷四九《王充傳》："著《論衡》八十五篇，二十餘萬言，釋物類同異，正時俗嫌疑。"《論衡・案書》篇："公羊高、穀梁真、胡母氏皆傳《春秋》。"

〔7〕《四庫提要》，即《四庫全書總目提要》，亦名《四庫全書總目》，清代永瑢、紀昀等編纂，乾隆四十六（1781）年成書，共二百卷。我國古代之大型官修解題書目，爲中國古典目録學之集大成者。昭槤《嘯亭雜録》卷一〇《紀曉嵐》："所著《四庫全書總要》總匯三千年間典籍，持論簡而明，修詞澹而雅，人争服之。"

〔8〕楊士勛，唐初人。唐四門博士、國子助教。貞觀時與孔穎達等奉詔撰《春秋正義》。《直齋書録解題》卷三《春秋類》："《春秋穀梁傳疏》十二卷，唐國子四門助教楊士勛撰。"

〔9〕《直齋書録解題》卷三《春秋類》："《春秋公羊傳疏》三十卷，不著撰者名氏，《唐志》亦不載。《廣川藏書志》云世傳徐彦撰，不知何據，然亦不能知其定出何代。意其在貞元、長慶後也。景德中，侍講邢昺校定傳之。"

〔10〕見《四庫全書總目提要》卷二六《經部·春秋類一》之《春秋公羊傳注疏》提要。

〔11〕趙匡，字伯循，唐河東人。啖助之弟子。與陸質等同爲啖助《春秋集注總例》編《纂例》。官至洋州刺史，代宗大曆時以治《春秋》著名。《春秋集傳纂例》卷一《趙氏損益義第五》：“自古豈止有一丘明姓左乎，何乃見題左氏悉稱丘明？”舊題鄭樵《六經奧義》卷四《左氏非丘明辨》：“況孔氏所稱左丘明，姓左名丘明，斷非左氏明矣。今以《左氏傳》質之，則知其非丘明也……此左氏爲六國人。”

〔12〕林黃中，即林栗，字黃中，宋福州福清（今屬福建）人，紹興十二年進士，官至兵部侍郎，卒謚簡肅。《宋史》卷三九四有傳。

〔13〕見《朱子語類》卷八三《春秋》。

〔14〕羅璧，字子蒼，自號默耕。嘗考證經史疑義，爲《識遺》十卷，成書於宋亡以後。《四庫全書總目提要》以其“新安人”，李元度《天岳館文鈔》卷四〇《平江縣志論·著述》則以其爲“平江人”。

〔15〕萬見春，南宋平江（今江蘇蘇州）人。《天岳館文鈔》卷四〇《平江縣志論·著述》：“所謂萬見春，即邑人萬鎮十三君子之一也。”

〔16〕羅璧《識遺》卷三《公羊穀梁》：“公羊、穀梁二姓，自高、赤作《傳》外，考之前史及後事，更不見再有此姓。萬見春謂皆姜字切韻脚，疑其爲姜姓假托也。”

〔17〕《郡齋讀書志》卷五下：“《越絕書》十五卷。右越復讎之書也，或以爲子貢所作，或疑似子胥所作，皆無所據，故曰：‘越絕誰所作？吳越賢者所作也。’《隋·經籍志》十六卷，《崇文總目》十五卷。”《直齋書錄解題》卷五《雜史類》：“《越絕書》十六卷。無撰人名氏，相傳以爲子貢者非也。其書雜記吳越事，下及秦漢，直至建武二十八年，蓋戰國後人所爲，而漢人又附益之耳。”引文見《越絕書》卷一五《叙外傳記》，“承”作“丞”。

〔18〕朱熹《晦庵集》卷四八《書周易參同契考異後》：“今合諸本，更相讎正。其間尚多疑晦，未能盡袪，姑據所知寫成定本，其諸同異，因悉存之，以備參訂云。空同道士鄒訢。”《四庫全書總目提要》卷一四六《子部》：“《周易參同契考異》一卷（江西巡撫采進本）……跋末自署空同道士鄒訢，蓋以鄒本邾國，其後去邑而爲朱，故以寓姓。《禮記》鄭氏注謂‘訢’當作‘熹’。又《集韻》‘熹，虛其切；訢，亦虛其切’，故以寓名。”案，皮氏所言有誤，朱子撰《周易參同契考異》自署鄒訢，而非注《楚詞》。

〔19〕引文見《禮記·雜記下》，皮氏所云“《禮記·檀弓》明云”者誤。

〔20〕《毛詩·小雅·甫田》:"以我齊明,與我犧羊,以社以方。"

〔21〕"卜商轉音"句,卜商即子夏,孔門十哲之一、七十二賢人之一,以文學稱名。有學者認爲卜商轉音爲公羊、穀梁,進而證明《公羊傳》《穀梁傳》係子夏所作。廖平《知聖篇》認爲左丘明即子夏:"或以左丘明即子夏。'明'與'商''羊''梁'同音,左丘即啓予,所謂'左丘明',即'啓予商',左丘喪明,即子夏喪明事。三《傳》始師,皆爲子夏。"近人蔡元培、顧頡剛等認爲"公"和"穀"雙聲,"羊"和"梁"疊韻,因而"公羊"即是"穀梁",這兩部書的作者可能是同一個人。

11. 論《穀梁》廢興及三《傳》分別

《史記·儒林傳》曰:"瑕丘江生[1]爲《穀梁春秋》,自公孫弘[2]得用,嘗集比其義,卒用董仲舒。"《漢書·儒林傳》曰:"瑕丘江公受《穀梁春秋》及《詩》於魯申公,傳子至孫爲博士。武帝時,江公與董仲舒并,仲舒通五經,能持論,善屬文,江公訥於口,上使與仲舒議,不如仲舒,而丞相公孫弘本爲公羊學,比輯其議,卒用董生。於是上因尊公羊家,詔太子受《公羊春秋》,由是《公羊》大興。太子既通,復私問《穀梁》而善之,其後浸微。宣帝即位,聞衛太子[3]好《穀梁春秋》,以問丞相韋賢[4]、長信少府夏侯勝[5],及侍中樂陵侯史高[6],皆魯人也,言穀梁子本魯學,公羊氏乃齊學也,宜興《穀梁》,由是《穀梁》之學大盛。"故范甯論之曰:"廢興由於好惡,盛衰繼於辨訥。"[7]是漢時不獨《左氏》與《公羊》爭勝,《穀梁》亦嘗與《公羊》爭勝。武帝好《公羊》,而《公羊》之學大興,宣帝好《穀梁》,而《穀梁》之學大盛,非奉朝廷之意旨乎?公孫弘齊人,而祖齊學之《公羊》;韋賢魯人,而祖魯學之《穀梁》,非出鄉曲之私見乎?據《漢書》,江公傳子至孫爲博士,周慶、丁姓皆爲博士,申章昌亦爲博士[8],贊曰:"孝宣世復立《穀梁春秋》。"則《穀梁》在前漢嘗立學官,有博士。而後漢十四博士[9],止有《公羊》嚴、顏二家,而無《穀梁》,則《穀梁》雖暫立於宣帝時,至後漢仍不立,猶《左氏》雖暫立於平帝與光武時，至其後仍不立也。《後漢·賈逵傳》云："建初八年，乃詔諸儒各選高才生，受《左氏》《穀梁春秋》、古文《尚書》《毛詩》，由是四經遂行於世。"此四經雖行於世，而不立學。觀《左氏》《毛詩》《古文尚書》終漢世不立學，《穀梁春秋》可知。《熹平石經》止有《公羊》，無《穀梁》。然則《穀梁》雖暫盛於宣帝之時，而漢以前盛行《公羊》，漢以後盛行《左氏》。蓋《穀梁》之義不及《公羊》之大，事不及《左氏》之詳，故雖監省《左氏》《公羊》立説，較二家爲平正，卒不能與二家鼎立。鄭樵曰："《儒林傳》：學《公羊》者凡九家，而以《穀梁》名家獨無其人。"[10]此所謂師説久微也。無論瑕丘江公，即尹、胡、申章、房氏之學[11]，今亦無有存者，僅存者惟范氏《集解》，而《集解》所引，亦惟同時江、徐及兄弟子侄諸人[12]。古義淪亡，無可探索，求如《公羊》大師董子猶傳《繁露》一書，胡毋生《條例》猶存於《解詁》者，渺不可得，今其條理略可尋者，明月日例而已。

綜而論之，《春秋》有大義，有微言，大義在誅亂臣賊子，微言在爲後王立法，惟《公羊》兼傳大義、微言，《穀梁》不傳微言，但傳大義，《左氏》并不傳義，特以記事詳贍，有可以證《春秋》之義者，故三《傳》并行不廢，特爲斟酌分別，學者可審所擇從矣。

箋注

〔1〕瑕丘江生，又稱瑕丘江公。瑕丘（今屬山東）人，故稱瑕丘江公，名及生卒年不詳，西漢經學家。

〔2〕公孫弘，西漢經學家。年四十餘始學《春秋公羊傳》，後以《春秋》白衣爲天子三公，官至丞相，封平津侯。《史記》《漢書》有傳。注見前。

〔3〕衛太子，即漢武帝長子劉據（前128—前91），母爲衛子夫，稱衛太子，後因巫蠱之事而死，謚戾。《漢書》有傳。

〔4〕韋賢，字長孺，西漢魯國鄒（今山東鄒城東南）人，卒謚節。兼通《禮》《尚書》，以《詩》教授，號稱鄒、魯大儒。《漢書》有傳。

〔5〕夏侯勝，《漢書》有傳。注見前。

〔6〕史高，西漢魯人，徙居杜陵。宣帝祖母史良娣兄子，封樂陵侯。卒謚爲安。有子丹，傳見《漢書》。

〔7〕見《春秋穀梁傳序》，原文作"廢興由於好惡，盛衰繼之辯訥"。

〔8〕周慶，字幼君，西漢梁人。從榮廣受《穀梁春秋》。甘露初，與太子太傅蕭望之等諸名儒大議殿中，論《公羊》《穀梁》同異，爲博士。丁姓，字子孫。受《穀梁春秋》於魯人榮廣。後爲博士，官至中山太傅。申章昌，字曼君，西漢楚（今屬江蘇）人。從丁姓學《穀梁春秋》，爲博士。官至長沙太傅。

〔9〕《漢書·百官公卿表》："博士，秦官，掌通古今，秩比六百石，員多至數十人。武帝建元五年初置《五經》博士，宣帝黃龍元年稍增員十二人。"《後漢書》卷七九上《儒林傳上》："於是立《五經》博士，各以家法教授，《易》有施、孟、梁丘、京氏，《尚書》歐陽、大小夏侯，《詩》齊、魯、韓，《禮》大、小戴，《春秋》嚴、顏，凡十四博士，太常差次總領焉。"

〔10〕見《六經奧論》卷四《春秋經·穀梁傳》。

〔11〕尹即尹更始，注見前。胡即胡常，字子少，西漢清河（今屬河北）人。從膠東庸生受《古文尚書》，從江博士受《穀梁春秋》，爲博士。後任青州刺史，又從尹更始受《左氏》。房即房鳳，字子元，西漢瑯琊不其（今屬山東）人，從尹更始受《穀梁春秋》。《漢書》有傳。

〔12〕江即江熙，事迹及生卒年不詳。徐即徐邈，字仙民，徐廣之兄，東晉東莞姑幕（今屬山東）人。博學多聞。撰正《五經》音訓，學者宗之。并注《穀梁傳》，與范甯齊名。范甯《春秋穀梁傳序》："乃帥門生故吏、我兄弟子侄，研講六籍，次及三傳。"《疏》："'故吏'謂昔日君臣，江、徐之屬是也。'兄弟子侄'，即邵、凱、雍、泰之等是也。"

12. 論《春秋》兼采三《傳》、不主一家始於范甯，而實始於鄭君

何休《解詁》，專主《公羊》，杜預《集解》，獨宗《左氏》，雖義有拘窒[1]，必曲爲解説，蓋專門之學如是。惟范甯范字武子，其名當爲甯武子之甯。《穀梁集解》於三《傳》皆加貶辭，曰："《左氏》以鬻拳兵諫爲愛君[2]，文公納幣爲用禮[3]；《穀梁》以衛輒拒父爲尊祖[4]，不納子糾爲内惡[5]；《公羊》爲祭仲廢君爲行權[6]，妾母稱夫人爲合正[7]。以兵諫爲愛君，是人主可得而脅也；以納幣爲用禮，是居喪可得而婚也；以拒父

爲尊祖，是爲子可得而叛也；以不納子糾爲内惡，是仇讎可得而容也；以廢君爲行權，是神器可得而闚也；以妾母爲夫人，是嫡庶可得而齊也。若此之類，傷教害義，不可強通者也。"又曰："《左氏》艷而富，其失也巫；《穀梁》清而婉，其失也短；《公羊》辨而裁，其失也俗。"[8]

錫瑞案：范氏兼采三《傳》，不主一家，開唐啖、趙、陸之先聲[9]，異漢儒專門之學派。蓋經學至此一變，而其變非自范氏始。鄭君從第五元先[10]習《公羊》，其解《禮》多主《公羊》説，而《鍼膏》《起廢》[11]，兼主《左氏》《穀梁》。嘗云："《左氏》善於禮，《公羊》善於讖，《穀梁》善於經。"[12]已爲兼采三《傳》之嚆矢[13]。蓋解《禮》兼采三《禮》，始於鄭君；解《春秋》兼采三《傳》，亦始於鄭君矣。晉荀崧[14]曰："孔子作《春秋》，左丘明、子夏造膝親受，此用劉歆之説。無不精究。丘明撰所聞爲傳，其書善禮，多膏腴美辭，張本繼末，以發明經意，信多奇偉。儒者稱公羊高親受子夏，立於漢朝，辭義清俊，斷決明審，多可采用，董仲舒之所善也。穀梁赤師徒相傳，暫立於漢。以爲暫立最是。時劉向父子猶執一家，莫肯相從。其書文清義約，諸所發明，或《左氏》《公羊》所不載，亦足訂正，是以三《傳》并行。"[15]荀崧在東晉初請立《公羊》《穀梁》博士。觀其持論，三《傳》并重，亦在范氏之前。范氏并詆三《傳》乖違，惟《左氏》兵諫、喪娶二條，何氏《膏肓》已先斥之[16]，誠爲傷教害義，不可強通。若《穀梁》以衛輒拒父爲尊祖，是尊無二上之義，以不納子糾爲内惡，是敵怨不在後嗣之義，皆非不可通者。范解《穀梁》，不以爲是，故序先及之。《公羊》以祭仲廢君爲行權，乃《春秋》借事明義之旨，祭仲未必知權，而借以爲行權之義。仲廢君由迫脅，并非謀篡，范以爲闚神器，未免深文。妾母稱夫人爲合正，《春秋》質家[17]本有母以子貴之義[18]，董子《繁露·三代改制質文》篇言之甚明。范氏主《穀梁》，妾母不得稱夫人，義雖正大，然是文家義，不合於《春秋》質家。劉逢禄[19]治《公羊》，乃於此條必從《穀梁》，以汩公羊之義，是猶未曙於質家、文家之別也。

箋注

〔1〕拘窒,同"拘滯",即拘泥呆板。窒,不通。

〔2〕《春秋左傳·莊公十九年》:"初,鬻拳强諫楚子,楚子弗從,臨之以兵,懼而
從之。鬻拳曰:'吾懼君以兵,罪莫大焉。'遂自刖也。楚人以爲大閽,謂之
大伯,使其後掌之。君子曰:'鬻拳可謂愛君矣,諫以自納於刑,刑猶不忘納
君於善。'"杜預注曰:"言愛君,明非臣法也。楚能盡其忠愛,所以興。"

〔3〕《春秋左傳·文公二年》:"公子遂如齊納幣。"杜預注:"《傳》曰:禮也。僖
公喪終此年十一月,則納幣在十二月也。《士昏》六禮,其一納采,納徵始有
'玄纁束帛',諸侯則謂之納幣。其禮與士禮不同,蓋公爲大子時已行昏
禮也。"

〔4〕《穀梁傳·哀公二年》:"晉趙鞅帥師納衛世子蒯聵於戚。納者,内弗受也。
帥師而後納者,有伐也。何用弗受也?以輒不受也。以輒不受父之命,受
之王父也。信父而辭王父,則是不尊王父也。其弗受,以尊王父也。"

〔5〕《穀梁傳·莊公九年》:"公及齊大夫盟於暨。《傳》:公不及大夫。大夫不
名,無君也。盟,納子糾也。不日,其盟渝也。當齊無君,制在公矣。當可
納而不納,故惡内也。"

〔6〕《公羊傳·桓公十一年》:"九月,宋人執鄭祭仲。祭仲者何?鄭相也。何以
不名?賢也。何賢乎祭仲?以爲知權也。其爲知權奈何?古者鄭國處於
留,先鄭伯有善於鄶公者,通乎夫人,以取其國,而遷鄭焉,而野留。莊公死
已葬,祭仲將往省於留,塗出於宋,宋人執之。謂之曰:'爲我出忽而立突。'
祭仲不從其言,則君必死,國必亡。從其言,則君可以生易死,國可以存易
亡。少遼緩之。則突可故出,而忽可故反,是不可得則病,然後有鄭國。古
人之有權者,祭仲之權是也。權者何?權者反於經,然後有善者也。權之
所設,捨死亡無所設。行權有道:自貶損以行權,不害人以行權。殺人以
自生,亡人以自存,君子不爲也。"

〔7〕《公羊傳·隱公二年》:"十有二月,乙卯,夫人子氏薨。夫人子氏者何?隱
公之母也。何以不書葬?成公意也。何成乎公之意?子將不終爲君,故母
亦不終爲夫人也。"何休注:"時隱公卑屈其母,不以夫人禮葬之,以妾禮葬
之,以卑下桓母,無終爲君之心,得事之宜,故善而不書葬,所以起其意而成
其賢。"

〔8〕見范甯《春秋穀梁傳序》。

〔9〕 啖、趙、陸，啖即啖助，趙即趙匡，陸即陸淳，唐代經學家，注見前。

〔10〕 第五元先，東漢經學家。通《京氏易》《公羊春秋》《三統曆》《九章算術》，鄭玄師事之。

〔11〕《箴膏》即《箴膏肓》，《起廢》即《起廢疾》。《後漢書》卷三五《鄭玄傳》：“時任城何休好公羊學，遂著《公羊墨守》《左氏膏肓》《穀梁廢疾》；玄乃發《墨守》，鍼《膏肓》，起《廢疾》。書成，何休嘆曰：‘康成入吾室，操吾矛，以伐我乎！’”

〔12〕 引自鄭玄《六藝論》。《六藝論》已佚，可參見皮錫瑞《六藝論疏證》。皮氏曰：“言《左氏》善於禮者，謂朝聘、會盟、祭祀、田獵之屬不違周典是也。《公羊》善於讖者，謂黜周、王魯及龍門之戰等是也。《穀梁》善於經者，謂大夫日卒、諱莫如深之類是也。”

〔13〕 嚆矢，響箭。因發射時聲先於箭而到，故常用以比喻事物之開端，猶言先聲。《莊子·在宥》：“焉知曾史之不爲桀跖嚆矢也。”

〔14〕 荀崧（263—329），字景猷，荀彧玄孫，東晉潁川臨潁（今河南臨潁）人。晉朝官員，志操清純，喜好文學。官至右光祿大夫，卒諡敬。《晉書》卷七五有傳。

〔15〕《晉書》卷七五《荀崧傳》：“孔子懼而作《春秋》。諸侯諱妒，懼犯時禁，是以微辭妙旨，義不顯明，故曰‘知我者其惟《春秋》，罪我者其惟《春秋》’。時左丘明、子夏造膝親受，無不精究。孔子既没，微言將絶，於是丘明退撰所聞，而爲之傳。其書善禮，多膏腴美辭，張本繼末，以發明經意，信多奇偉，學者好之。稱公羊高親受子夏，立於漢朝，辭義清雋，斷決明審，董仲舒之所善也。穀梁赤師徒相傳，暫立於漢世。向、歆，漢之碩儒，猶父子各執一家，莫肯相從。其書文清義約，諸所發明，或是《左氏》《公羊》所不載，亦足有所訂正。是以三《傳》并行於先代。”

〔16〕《春秋左傳·莊公十九年》：“君子曰：‘鬻拳可謂愛君矣，諫以自納於刑，刑猶不忘納君於善。’”杜預注曰：“言愛君，明非臣法也。楚能盡其忠愛，所以興。”孔穎達《正義》曰：“何休《膏肓》云：人臣諫君，非有死亡之急，而以兵臨君，開篡弑之路，《左氏》以爲愛君，於義《左氏》爲短。”《春秋左傳·文公二年》：“公子遂如齊納幣。”孔穎達《正義》曰：“《公羊傳》曰：‘此何以書？譏。何譏爾？譏喪娶也。娶在三年之外，則何譏乎喪娶？三年之內不圖昏。’其意謂此喪服未畢而行昏禮也。何休據此作《膏肓》，以《左氏》爲短。”

〔17〕《史記·孔子世家》：“（孔子）曰：‘夏禮吾能言之，杞不足徵也。殷禮吾能言之，宋不足徵也。足，則吾能徵之矣。’觀殷、夏所損益，曰：‘後雖百世可知也，以一文一質。周監二代，郁郁乎文哉！吾從周。’”孔子認爲禮樂制度的

變化，總是一代崇尚文采而一代崇尚質實，互相交替。《春秋公羊傳·隱公元年》：“立適以長不以賢，立子以貴不以長。”何休注：“禮，適夫人無子，立右媵；右媵無子，立左媵；左媵無子，立嫡姪娣；嫡姪娣無子，立右媵姪娣；右媵姪娣無子，立左媵姪娣。質家親親，先立娣；文家尊尊，先立姪。嫡子有孫而死，質家親親，先立弟；文家尊尊，先立孫。”《白虎通》卷四《三軍》：“王者受命，質家先伐，文家先正何？質家之天命已也，使己誅無道，今誅，得爲王，故先伐。文家言天命已成，爲王者乃得誅伐王者耳，故先改正朔也。”

〔18〕母以子貴，古禮，庶子繼位，其母亦因之顯榮，故稱。《春秋公羊傳·隱公元年》：“桓何以貴？母貴也。母貴則何以子貴？子以母貴，母以子貴。”何休注：“禮，妾子立，則母得爲夫人。”

〔19〕案，劉逢祿爲學務通大義，不專章句，治《春秋公羊傳》專主董生、何休之說。著有《公羊春秋何氏釋例》《左氏春秋考》《發墨守評》《箴膏肓評》《申何難鄭》等書。《清史稿》卷四八一有傳。

13. 論《春秋》借事明義之旨，止是借當時之事做一樣子，其事之合與不合、備與不備本所不計

借事明義，是一部《春秋》大旨，非止祭仲一事。不明此旨，《春秋》必不能解。董子曰：“孔子知時之不用，道之不行也，是非二百四十二年之中，以爲天下儀表，貶天子，退諸侯，討大夫，以達王事而已矣。曰：‘我欲載之空言，不如見之行事之深切著明也。’”〔1〕

錫瑞案：董子引孔子之言，與孟子引孔子之言，皆《春秋》之要旨，極可信據。“載之空言，不如見之行事”，後人亦多稱述，而未必人人能解。《春秋》一書，亦止是載之空言，如何說是見之行事？即後世能實行《春秋》之法，見之行事，亦非孔子所及見，何以見其深切著明？此二語看似尋常之言，有令人百思而不得其解者，必明於《公羊》借事明義之旨，方能解之。蓋所謂見之行事，謂托二百四十二年之行事，以明褒貶之義也。孔子知道不行而作《春秋》，斟酌損益，立一王之法以待後世，然不能實指其用法之處，則其意不可見，即專著一書，說明立法之

意如何，變法之意如何，仍是托之空言，不如見之行事，使人易曉。猶今之《大清律》，必引舊案以爲比例[2]，然後辦案乃有把握。故不得不借當時之事，以明褒貶之義，即褒貶之義，以爲後來之法。如魯隱非真能讓國也，而《春秋》借魯隱之事，以明讓國之義[3]。祭仲非真能知權也，而《春秋》借祭仲之事，以明知權之義。齊襄非真能復讎也，而《春秋》借齊襄之事，以明復讎之義[4]。宋襄非真能仁義行師也，而《春秋》借宋襄之事，以明仁義行師之義[5]。所謂見之行事，深切著明，孔子之意，蓋是如此。故其所托之義，與其本事不必盡合，孔子特欲借之以明其作《春秋》之義，使後之讀《春秋》者，曉然知其大義所存，較之徒托空言而未能徵實者，不益深切而著明乎？三《傳》惟公羊家能明此旨，昧者乃執《左氏》之事，以駁《公羊》之義，謂其所稱祭仲、齊襄之類，如何與事不合。不知孔子并非不見國史，其所以特筆褒之者，止是借當時之事，做一樣子，其事之合與不合，備與不備，本所不計。孔子是爲萬世作經，而立法以垂教，非爲一代作史，而紀實以徵信也。董子曰：“《春秋》文成數萬，其旨數千。”[6]張晏曰[7]：“《春秋》萬八千字。”李仁甫[8]曰：“細數之，尚減一千四百二十八字，與王氏《學林》[9]云萬六千五百餘字合。”夫以二百四十二年之事，止一萬六千餘字，計當時列國赴告[10]，魯史著録，必十倍於《春秋》所書，孔子筆削，不過十取其一。蓋惟取其事之足以明義者，筆之於書，以爲後世立法，其餘皆削去不録。或事見於前者，即不録於後，或事見於此者，即不録於彼。以故一年之中，寥寥數事，或大事而不載，或細事而詳書，學者多以爲疑。但知借事明義之旨，斯可以無疑矣。

箋注

〔1〕見《史記·太史公自序》。

〔2〕比例，指可作比照之事例、條例。王充《論衡·程材》：“論者以儒生不曉簿書，置之於下第。法令比例，吏斷決也。文史治事，必問法家。”

〔3〕魯隱公（？—前712），名息，魯惠公庶長子。惠公死後，魯桓公年幼，由隱

公攝政。《公羊傳·隱公元年》："公將平國而反之桓。曷爲反之桓？桓幼而貴，隱長而卑，其爲尊卑也微，國人莫知。隱長又賢，諸大夫扳隱而立之。隱於是焉而辭立，則未知桓之將必得立也。且如桓立，則恐諸大夫之不能相幼君也，故凡隱之立爲桓立也。"《左傳·隱公元年》："生桓公而惠公薨，是以隱公立而奉之。"杜預注："隱公，繼室之子，當嗣世，以禎祥之故，追成父之志。爲桓尚少，是以立爲大子，帥國人奉之，爲經'元年春'不書即位傳。"

〔4〕齊襄公(？—前686)，姜姓，名諸兒，春秋時代齊國第十四位君主。《公羊傳·莊公四年》："紀侯大去其國。大去者何？滅也。孰滅之？齊滅之。何爲不言齊滅之？爲襄公諱也。《春秋》爲賢者諱。何賢乎襄公？復讎也。何讎爾？遠祖也。哀公亨乎周，紀侯譖之。以襄公之爲於此焉者，事祖禰之心盡矣。盡者何？襄公將復讎乎紀，卜之曰：'師喪分焉。寡人死之，不爲不吉也。'遠祖者幾世乎？九世矣。九世猶可以復讎乎？雖百世可也。"

〔5〕宋襄公(？—前637年)，名兹甫，謚號襄，春秋時宋國君主，以仁義見稱。《公羊傳·僖公二十二年》："冬十有一月己巳朔，宋公及楚人戰於泓，宋師敗績。宋公與楚人期戰於泓之陽。楚人濟水而來。有司復曰：'請迫其未畢濟而擊之。'宋公曰：'不可。吾聞之也，君子不厄人。吾雖喪國之餘，寡人不忍行也。'既濟，未畢陳。有司復曰：'請迫其未畢陳而擊之。'宋公曰：'不可。吾聞之也，君子不鼓不成列。'已陳，然後襄公鼓之，宋師大敗。故君子大其不鼓不成列，臨大事而不忘大禮，有君而無臣。以爲雖文王之戰，亦不過如此。"

〔6〕《史記·太史公自序》："《春秋》文成數萬，其指數千。"《集解》引張晏曰："《春秋》萬八千字，當言'減'，而云'成數'，字誤也。"

〔7〕張晏，字子博，三國魏中山(今河北定州)人，有《漢書注》，顔師古注《漢書》多引其言。

〔8〕李仁甫，即李燾(1115—1184)，字仁甫，一字子真，號巽巖，眉州丹棱(今四川丹棱)人，卒謚文簡。博覽典籍，著述宏富。纂修《續資治通鑑長編》，用力四十年始成，取材廣泛，考訂精核。又撰有《易學》《春秋學》《六朝通鑑博議》《說文解字五音韻譜》及《巽巖文集》等，書多亡佚。《宋史》卷三八八有傳。

〔9〕《四庫全書總目提要》卷一一八《子部·雜家類二》："《學林》十卷(浙江吳玉墀家藏本)。宋王觀國撰。觀國，長沙人。其事迹不見於《宋史》，《湖廣通志》亦未之載……書中專以辨別字體、字義、字音爲主。自六經、史、漢旁及

諸書,凡注疏箋釋之家,莫不臚列異同,考求得失,多前人之所未發……然考證之文,遞相掎摭,此疏彼密,利鈍互形,原不能毫無疵累。論其大致,則引據詳洽,辨析精核者十之八九。以視孫奕《示兒編》,殆爲過之。南宋諸儒,講考證者不過數家,若觀國者,亦可謂卓然特出矣。”

〔10〕赴告,春秋時各國以崩薨及禍福之事相告,前者稱“赴”,後者稱“告”。《春秋左傳正義》卷一《春秋序》:“赴告册書,諸所記注,多違舊章。”孔穎達疏:“文十四年傳曰‘崩薨不赴,禍福不告’,然則鄰國相命,凶事謂之赴,他事謂之告,對文則別,散文則通。”《左傳·文公十四年》:“凡崩、薨,不赴,則不書。禍、福,不告,亦不書。懲不敬也。”

14. 論三統、三世是借事明義,黜周、王魯亦是借事明義

《春秋》借事明義,且非獨祭仲數事而已也。存三統,張三世,亦當以借事明義解之,然後可通。隱公非受命王,而《春秋》於隱公托始,即借之以爲受命王。哀公非太平世,而《春秋》於哀公告終,即借之以爲太平世。故論《春秋》時世之漸衰,春秋初年王迹猶存,及其中葉,已不逮春秋之初,至於定、哀,駸駸[1]乎流入戰國矣。而論《春秋》三世之大義,《春秋》始於撥亂,即借隱、桓、莊、閔、僖爲撥亂世;中於升平,即借文、宣、成、襄爲升平世;終於太平,即借昭、定、哀爲太平世。世愈亂而《春秋》之文愈治,其義與時事正相反。蓋《春秋》本據亂而作,孔子欲明馴致太平之義,故借十二公之行事,爲進化之程度,以示後人治撥亂之世應如何,治升平之世應如何,太平之世應如何,義本假借,與事不相比附。《公羊疏》於注“至所見之世,著治太平”云[2]:“當爾之時,實非太平,但《春秋》之義,若治之太平於昭、定、哀也,猶如文、宣、成、襄之世,實非升平,但《春秋》之義,而見治之升平然。”疏之解此,亦甚明矣。昧者乃引當時之事,譏其不合。不知孔子生於昭、定、哀世,豈不知其爲治爲亂?《公羊》家明云世愈亂,而《春秋》之文愈治,亦非不知其爲治爲亂也。孟子以《春秋》成爲天下一治。黜周王魯,亦是假借。《公

羊疏》引："問曰：'《公羊》以魯隱公爲受命王，黜周爲二王後。案《長義》云[3]：名不正則言不順，言不順則事不成。今隱公人臣，而虛稱以王，周天子見在上，而黜公侯，是非正名而言順也。'答曰：'《春秋》藉位於魯，以託王義。隱公之爵，不進稱王，周王之號，不退爲公，何以爲不正名？何以爲不順言乎？'[4]賈逵所疑，疏已解之。《左傳疏》引劉炫難何氏云："新王受命，正朔必改，是魯得稱元，亦應改其正朔，仍用周正，何也？即託王於魯，則是不事文王，仍奉王正，何也？諸侯改元，自是常法，而云託王改元，是妄說也。"[5]

　　錫瑞案：劉炫習見後世諸侯改元之事，不知何氏明言惟王者改元立號，《春秋》王魯，故得改元，託王非真，故雖得改元，不得改正朔。此等疑義，皆甚易解。後之疑《公羊》與董、何者，大率皆如賈逵、劉炫之說，不知義本假託，而誤執爲實事，是以所見拘滯。劉逢祿《釋三科例》曰[6]："且《春秋》之託王至廣，稱號名義，仍繫於周，挫强扶弱常繫於二伯，何嘗真黜周哉？郊禘之事，《春秋》可以垂法，而魯之僭，則大惡也。就十二公論之，桓、宣之弑君宜誅[7]，昭之出奔宜絶[8]，定之盜國宜絶[9]，隱之獲歸宜絶[10]，莊之通讎、外淫宜絶[11]，閔之見弑宜絶[12]，僖之僭王禮、縱季姬禍鄫子[13]，文之逆祀、喪娶、不奉朔[14]，成、襄之盜天牲[15]，哀之獲諸侯、虛中國以事强吳[16]，雖非誅絶，不免於《春秋》之貶黜者，多矣，何嘗真王魯哉？"劉氏謂黜周王魯非真，正明其爲假借之義，陳澧乃詆之曰："言黜周王魯非真，然則《春秋》作僞歟？"[17]不知爲假借，而疑爲作僞，蓋《春秋》是專門之學，陳氏於《春秋》非專門，不足以知聖人微言也。

箋注

〔1〕駸駸（qīn），迅疾的樣子。南朝梁簡文帝《納涼》詩："斜日晚駸駸，池塘半生陰。"

〔2〕見《春秋公羊傳注疏》卷一《隱公元年》。

〔3〕《長義》，即《左氏長義》，又名《春秋左氏長經》《春秋左氏長經章句》，東漢賈

逵撰。《經典釋文》卷一《序録》:"逵受詔列《公羊》《穀梁》不如《左氏》四十事奏之,名曰《左氏長義》,章帝善之。"《隋書》卷三二《經籍志一》:"《春秋左氏長經》二十卷,漢侍中賈逵章句。"《舊唐書》卷四六《經籍志》:"《春秋左氏長經章句》三十卷,賈逵撰。"《新唐書》卷五七《藝文志·經部春秋類》:"賈逵《春秋左氏長經章句》二十卷。"

〔4〕見《春秋公羊傳注疏》卷一《隱公元年》。

〔5〕見《春秋左傳正義》卷二《隱公元年》"〔經〕元年春,王正月"之疏。

〔6〕《釋三科例》,見《劉禮部集》卷四,分别爲《張三世例》《通三通例》《内外篇例》,亦見之劉逢禄《春秋公羊經何氏釋例》卷一。

〔7〕魯桓公,名允,一名軌,惠公嫡子。魯宣公,名俀,一作倭,文公庶子。《史記·魯周公世家》:"隱公祭鍾巫,齊於社圃,館於蒍氏。揮使人殺隱公於蒍氏,而立子允爲君,是爲桓公⋯⋯俀私事襄仲,襄仲欲立之,叔仲曰不可。襄仲請齊惠公,惠公新立,欲親魯,許之。冬十月,襄仲殺子惡及視而立俀,是爲宣公。"

〔8〕魯昭公,名稠,一作裯,或作招。襄公庶子。《史記·魯周公世家》:"孟懿子聞叔孫氏勝,亦殺郈昭伯。郈昭伯爲公使,故孟氏得之。三家共伐公,公遂奔。"

〔9〕魯定公,名宋。昭公之弟。《史記·魯周公世家》:"三十二年,昭公卒於乾侯。魯人共立昭公弟宋爲君,是爲定公。"《春秋公羊傳·定公元年》:"定無正月者,即位後也。"何休注:"雖書即位於六月,實當如莊公有正月。今無正月者,昭公出奔,國當絶,定公不得繼體奉正,故諱爲微辭,使若即位在正月後,故不書正月。"

〔10〕《春秋公羊傳·僖公二十一年》:"然後逆襄公歸。"何休注:"凡出奔歸書,執獲歸不書者,出奔已失國,故録還,應盜國,與執獲者異,臣下尚隨君事之,未失國,不應盜國,無爲録也。"

〔11〕魯莊公,名同。桓公子。《公羊傳·莊公四年》:"冬,公及齊人狩於郜。公曷爲與微者狩? 齊侯也。齊侯則其稱人何? 諱與讎狩也。"《公羊傳·莊公十三年》:"冬,公會齊侯盟於柯。"莊公父桓公爲齊襄公所殺,身負殺父之仇,莊公與齊襄公狩、與齊桓公盟,是爲通讎。外淫,謂散逸游移。《公羊傳·莊公二十三年》:"夏,公如齊觀社。"

〔12〕魯閔公,名啓方,一作啓,亦作開。莊公子。《史記·魯周公世家》:"湣公二年,慶父與哀姜通益甚。哀姜與慶父謀殺湣公而立慶父。慶父使卜齮襲殺湣公於武闈。"《左傳·閔公二年》:"初,公傅奪卜齮田,公不禁。秋八月辛

丑,共仲使卜齮賊公於武闈。"案,湣公即閔公,共仲即慶父。

〔13〕魯僖公,名申。莊公子,閔公庶兄。僭王禮,或指"大雩",《公羊傳·僖公十
一年》:"秋八月,大雩。"《公羊傳·僖公十三年》:"秋九月,大雩。"案,《周
禮·司巫》:"司巫掌群巫之政令。若國大旱,則帥巫而舞雩。"鄭玄注:"雩,
旱祭也。天子於上帝,諸侯於上公之神。"賈公彦《疏》:"云'天子於上帝,諸
侯於上公之神',知者,按《禮記·月令》'大雩帝,習盛樂',據天子雩五帝。
按彼下文'命百縣,雩祀百辟卿士',百縣,謂畿內鄉遂,明畿外諸侯亦雩祀
百辟卿士,即古上公句龍、柱、棄之等。是天子祀上帝,諸侯祀上公。若魯
與二王之後得祀天者,亦得雩祭天。"據此而言,諸侯不得"雩祭天",然魯以
周公之故可行天子禮,則僖公"大雩"祭天不得稱"僭"。縱季姬禍鄫子,《左
傳·僖公十四年》:"夏,六月,季姬及鄫子遇於防,使鄫子來朝。"杜預注:
"季姬,魯女,鄫夫人也。鄫子本無朝志,爲季姬所召而來,故言'使鄫子來
朝'。"《春秋公羊傳·僖公十四年》:"夏,六月,季姬及鄫子遇於防,使鄫子
來朝。鄫子曷爲使乎季姬來朝? 內辭也。非使來朝,使來請己也。"何休
注:"使來請娶己以爲夫人,下書歸是也。禮,男不親求,女不親許。魯不防
正其女,乃使要遮鄫子淫泆,使來請己,與禽獸無異,故早鄫子使乎季姬,以
絕賤之也。"徐疏:"注'以絕賤之也'。解云:謂絕而賤之,不以爲諸侯也。"

〔14〕魯文公,名興。僖公之子。逆祀,即"躋僖公"之事,《左傳·文公二年》:
"秋,八月,丁卯,'大事於大廟,躋僖公',逆祀也"。喪娶,"公子遂如齊納
幣"之事,《公羊傳·文公二年》:"公子遂如齊納幣。納幣不書,此何以書?
譏。何譏爾? 譏喪娶也。娶在三年之外,則何譏乎喪娶? 三年之內不圖
婚。"奉朔,即奉正朔。正朔,帝王新頒之曆法。《禮記·大傳》:"改正朔,易
服色。"孔穎達《正義》曰:"'改正朔'者,'正'謂年始,'朔'謂月初,言王者得
政,示從我始改故用新,隨寅丑子所損也。"《左傳·桓公三年》:"三年春正
月,公會齊侯於嬴。"杜預注:"經之首時必書'王',明此曆,天王之所班也。
其或廢法違常,失不班曆,故不書'王'。"然《左傳·文公四年》"四年春,公
至自晉"不云"王正月",不奉朔即指此而言。

〔15〕魯成公,名黑肱,一作黑股。宣公之子。魯襄公,名午。成公之子。《春秋
公羊傳·成公十年》"夏四月,五卜郊不從,乃不郊。其言乃不郊何? 不免
牲,故言乃不郊也。"何休注:"不免牲,當坐盜天牲,失事天之道,故諱使若
重難不得郊。"《春秋公羊傳·襄公七年》:"夏,四月,三卜郊,不從,乃
免牲。"

〔16〕魯哀公,名將。定公子。獲諸侯,即"公伐邾婁"事,《春秋公羊傳·哀公七

年》："秋,公伐邾婁。八月己酉,入邾婁,以邾婁子益來。入不言伐,此其言伐何? 內辭也,若使他人然。"何休注:"諱獲諸侯,故不舉重而兩書,使若魯公伐而去,他人入之以來者,醇順他人來文。"虛中國以事强吳,即"吳來徵百牢"事,《左傳•哀公七年》:"夏,公會吳於鄖。吳來徵百牢,子服景伯對曰:'先王未之有也。'吳人曰:'宋百牢我,魯不可以後宋。且魯牢晉大夫過十,吳王百牢,不亦可乎?'景伯曰:'晉范鞅貪而棄禮,以大國懼敝邑,故敝邑十一牢之。君若以禮命於諸侯,則有數矣。若亦棄禮,則有淫者矣。周之王也,制禮,上物不過十二,以爲天之大數也。今棄周禮,而曰必百牢,亦唯執事。'吳人弗聽。景伯曰:'吳將亡矣! 棄天而背本。不與,必棄疾於我。'乃與之。"《史記•魯周公世家》:"七年,吳王夫差彊,伐齊,至繒,徵百牢於魯。季康子使子貢説吳王及太宰嚭,以禮詘之。吳王曰:'我文身,不足責禮。'乃止。"

〔17〕見《東塾讀書記》卷一〇《春秋三傳》。

15. 論《春秋》有現世主義,有未來主義,義在尊王攘夷,而不盡在尊王攘夷

　　董子曰"其旨數千",即孟子所引"其義則丘竊取"者。以《春秋》萬六千餘字,而其旨以千數,則必有兩義并行而不相悖,二意兼用而適相成者,自非專門之學,則但見其顯而不見其隱,知其淺而不知其深。聖人之書,廣大精微,仁者見仁,知得其一解,已足立義,亦無背於聖人之旨也。特患習於所見,而蔽所不見,但見其義之顯而淺者,而於其義之隱而深者,素所不解,遂誑而不信,或瞋目扼腕以爭之,則所得者少,而所失者多矣。《春秋》之義旨既如此之多,必非據事直書,而論者以爲止於據事直書;且必非止懲惡勸善,而論者以爲止於懲惡勸善。微言大義既已闇而不章,宋儒孫復[1]、胡安國之徒,其解《春秋》又專言尊王攘夷。不知《春秋》有尊王之義,而義不止於尊王,有攘夷之義,而義不止於攘夷。既言尊王,又有黜周、王魯之義,似相反矣。而《春秋》爲後王立法,必不專崇當代之王,似相反,實非相反也。既言攘夷矣,又有

夷狄進至於爵之義[2]，似相反矣，而聖人欲天下大同，必漸推漸廣，遠近若一，似相反，亦非相反也。成元年王師敗績於貿戎[3]，《公羊傳》曰：“王者無敵，莫敢當也。”《疏》云：“《春秋》之義，托魯爲王，而使舊王無敵者，見任爲王，寧可會奪？正可時時內魯見義而已。”陳澧遂據此傳，謂既以周爲王者無敵，必無黜周王魯之説[4]，此疏正可以駁黜周之説。不知疏明言《春秋》王魯，不奪舊王，是《春秋》尊王之義與王魯之義，本可并行不悖也。僖四年楚屈完來盟於師，盟於召陵[5]，《公羊傳》曰：“南夷與北狄交，中國不絶若綫，桓公救中國而攘夷狄，卒帖荆，以此爲王者之事。”《解詁》曰：“言桓公先治其國以及諸夏，治諸夏以及夷狄，如王者爲之，故云爾。”後人多據此傳，以爲《春秋》攘夷之證，不知《解詁》明言桓公先治其國以及諸夏，治諸夏以及夷狄。僖公當所傳聞世，而漸近於所聞，故有合於《春秋》“内其國而外諸夏，内諸夏而外夷狄”之義。若至所見世，夷無可據，是《春秋》攘夷之義，與夷狄進至於爵之義，本是兩意相成也。

　　綜而言之，有現世主義，有未來主義。聖人作《春秋》，因王靈不振，夷狄交橫，尊王攘夷，是現世主義，不得不然者也。而王靈不振，不得不爲後王立法；夷狄交橫，不能不思用夏變夷。爲後王立法，非可托之子虛烏有，故托王於魯以見義；思用夏變夷，非可限以種族不同，故進至於爵而後止。此未來主義，亦不得不然者也。《春秋》兼此二義，惟《公羊》、董、何能發明。今爲一語道破，亦實尋常易解，并無非常異義可怪之論。而不治《公羊》，則但知其一，不知其二，即尋常之義，亦駭怪以爲非常矣。

箋注

〔1〕孫復(992—1057)，字明復，宋晉州平陽(今山西臨汾)人，舉進士不第，退居泰山治《春秋》，世稱泰山先生，石介等皆師事之。著《春秋尊王發微》十二篇、《春秋總論》三卷。《宋史》卷四三二有傳。

〔2〕《春秋公羊傳·隱公元年》：“公子益師卒。何以不日？遠也。所見異辭，所

聞異辭，所傳聞異辭。”何休注曰：“於所聞之世，見治昇平，内諸夏而外夷狄，書外離會，小國有大夫，宣十一年，‘秋，晉侯會狄於攢函’，襄二十三年‘邾婁劓我來奔’是也。至所見世，著治太平，夷狄進至於爵，天下遠近大小若一，用心尤深而詳，故崇仁義，譏二名，晉魏曼多、仲孫何忌是也。”

〔3〕貿戎，地名，《公羊傳·成公元年》：“秋，王師敗績於貿戎。孰敗之？蓋晉敗之，或曰貿戎敗之。然則曷爲不言晉敗之？王者無敵，莫敢當也。”《穀梁傳·成公元年》：“秋，王師敗績於貿戎。不言戰，莫之敢敵也。爲尊者諱敵不諱敗，爲親者諱敗不諱敵，尊尊親親之義也。然則孰敗之？晉也。”《左傳·成公元年》：“元年春，晉侯使瑕嘉平戎於王，單襄公如晉拜成。劉康公徼戎，將遂伐之。叔服曰：‘背盟而欺大國，此必敗。背盟不祥，欺大國不義，神人弗助，將何以勝？’不聽，遂伐茅戎。三月癸未，敗績於徐吾氏。”

〔4〕黜周王魯之説，漢代公羊家因《春秋》用魯記年，以此爲貶降周而以魯爲王。《春秋左傳正義》卷一《春秋序》：“言《公羊》者，亦云黜周而王魯。”孔穎達《正義》曰：“‘言《公羊》者’，謂何休之輩。‘黜周王魯’，非《公羊》正文，説者推其意而致理耳。以杞是二王之後，本爵爲上公，而經稱‘杞伯’，以爲孔子黜之。宣十六年‘成周宣樹火’，《公羊傳》曰‘外灾不書，此何以書？新周也’。其意言周爲王者之後，比宋爲新。緣此故謂《春秋》託王於魯，以周、宋爲二王之後，黜杞同於庶國。何休隱元年注云：‘唯王者然後改元立號，《春秋》託新王受命於魯。’宣十六年注云‘孔子以《春秋》當新王，上黜杞，下新周而故宋’，黜周爲王者之後，是‘黜周王魯’之説也。”案，杜預亦駁黜周之説。《春秋序》：“所書之王，即平王也；所用之曆，即周正也；所稱之公，即魯隱也；安在其黜周而王魯乎？”孔穎達《正義》曰：“既言作《春秋》之意，然後‘答黜周王魯’之言。經書‘春王正月’，王即周平王也，月即周正也。‘公及邾儀父’，公即魯隱公也。魯用周正，則魯事周矣。天子稱王，諸侯稱公，魯尚稱公，則號不改矣。《春秋》之文，安在黜周王魯乎？若黜周王魯，則魯宜稱王，周宜稱公，此言周王而魯公，知非黜周而王魯也。孔子之作《春秋》本欲興周，非黜周也。”

〔5〕周惠王二十一年（前656），齊桓公率領齊、魯、宋等八國軍隊陳兵楚境，以楚國不朝貢周天子相質詢。楚爲避齊之鋒芒，使大夫屈完與齊斡旋，齊亦見楚無隙可乘，即與楚盟於召陵，史稱“召陵之盟”。召陵，在今河南漯河境内。《左傳·僖公四年》：“楚屈完來盟於師，盟於召陵。”杜預注：“屈完，楚大夫也。楚子遣完如師以觀齊，屈完睹齊之盛，因而求盟，故不稱使，以完來盟爲文。齊桓退舍以禮楚，故盟召陵。召陵，潁川縣。”

16. 論孔子成《春秋》，不能使後世無亂臣賊子，而能使亂臣賊子不能無懼

或曰：孟子言孔子成《春秋》，而亂臣賊子懼，何以《春秋》之後，亂臣賊子不絕於世？然則孔子作《春秋》之功安在？孟子之言殆不足信乎？曰：孔子成《春秋》，不能使後世無亂臣賊子，而能使亂臣賊子不能全無所懼。自《春秋》大義昭著，人人有一《春秋》之義在其胸中，皆知亂臣賊子人人得而誅之，雖極凶悖之徒，亦有魂夢不安之隱，雖極巧辭飾說以爲塗人耳目之計，而耳目仍不能塗，邪說雖橫，不足以蔽《春秋》之義。亂賊既懼，當時義士聲罪致討，又懼後世史官據事直書，如王莽者多方掩飾[1]，窮極詐僞，以蓋其篡弒者也；如曹丕、司馬炎者妄托禪讓[2]，褒封先代，篡而未敢弒者也；如蕭衍者已行篡弒[3]，旋知愧憾，深悔爲人所誤者也；如朱溫者公行篡弒[4]，猶畏人言，歸罪於人以自解者也。他如王敦、桓溫謀篡多年[5]，而至死不敢，曹操、司馬懿及身不篡[6]，而留待子孫。凡此等固由人有天良，未盡泯滅，亦由《春秋》之義，深入人心，故或遲之久而後發，或遲之又久而卒不敢發。即或冒然一逞，犯天下之不韙，終不能坦懷而自安。如蕭衍見吳均作史[7]，書其助蕭道成篡逆，遂怒而擯吳均；燕王棣使方孝孺草詔[8]，孝孺大書燕賊篡位，遂怒而族滅孝孺。其怒也，即其懼也，蓋雖不懼國法，而不能不懼公論也。

或曰：桓溫嘗言不能流芳百世，亦當貽臭萬年[9]。彼自甘貽臭者，又豈能懼清議？曰：桓溫雖有此言，亦止敢行廢立，而未敢行篡弒，正由懼清議之故。且彼自知貽臭，則已有清議在其心矣，安能晏然不一動乎？是非曲直，世之公理，獨臣子於君父，不得計是非曲直，所謂天下無不是的父母。《春秋》弒君三十六，而弒父者三：文二年楚世子商臣弒其君頵[10]，襄三十年蔡世子般弒其君固[11]，昭十九年許世子止弒其君買[12]。被弒三人，皆兼君父。許止進藥而藥殺，非真弒者，

而《春秋》以弒書;蔡侯淫而不父,禍由自取;楚子輕於廢立,機泄致禍,《春秋》亦以弒書。蓋君父雖有過惡,臣子無可解免。以此推之,臣子之於君父,不當論是非曲直,亦不當分別有道無道,臣子既犯弒逆之罪,即人倫之大變,天理所不容,雖其人有恩惠於民,有功勞於國,亦不當稱道其小善,而縱捨其大惡。《春秋》時如齊之陳氏[13],未嘗無恩惠於民;晉之趙盾[14],亦未嘗無功勞於國;而經一概書弒,不使亂臣賊子有所藉口。正如後世曹操、劉裕之類[15],有功於國,有德於民,而論者不爲末減也。至於但書弒君,而不書弒君爲何人,蓋由所據舊史,未有明文,聖人以爲既無主名,自難擅入人罪,雖有傳聞,未可據以增加,不若闕之爲愈。此正罪疑惟輕[16],與不知蓋闕之義[17]。若“弒君稱君,君無道”之例[18],與《春秋》大義反對,必非聖人作經之旨。杜預奸言誣聖,先儒已加駁正,學者不當更揚其波,使邪說誣民,充塞仁義也。

箋注

〔1〕 王莽(前45—23),字巨君,漢元帝皇后侄。平帝立,元后以太皇太后臨朝,召莽任大司馬,總攬朝政,進太傅,號安漢公,後加稱宰衡。旋毒死平帝,立兩歲的孺子嬰,以攝政名義居天子位,朝會稱假皇帝,改元居攝。初始元年(9),稱帝,國號“新”,建元“始建國”。在位期間,托古改制,法令苛細,賦役繁重。天鳳四年,全國各地爆發農民起義。地皇四年,綠林等入長安,莽爲商人杜吳所殺,新王朝亡。《漢書》卷九九有傳。

〔2〕 曹丕(187—226),字子桓。曹操次子。漢獻帝延康元年,操死,嗣爲魏王,繼任丞相。行九品中正制,確立士族門閥政治特權。公元220年漢獻帝爲山陽公,代漢稱帝,改元黃初,建立魏王朝,改元黃初,都洛陽,是爲魏文帝。性好文學,有《魏文帝集》。司馬炎(236—290),字安世,河內溫(今河南溫縣)人,司馬懿之孫,司馬昭之子。公元265年仿曹丕代漢故事,代魏稱帝,改國號爲晉,改元泰始,廢魏元帝曹奐爲陳留王。

〔3〕 蕭衍(464—549),字叔達,小字練兒,南蘭陵中都里(今江蘇武進)人。南朝梁開國君主,是爲梁武帝。

〔4〕 朱溫(852—912),宋州碭山(今安徽碭山)人。曾參加黃巢起義,歸唐後賜名朱全忠。公元907年代唐稱帝,建都汴(今河南開封),國號梁,史稱後

梁,是爲梁太祖。《舊五代史》卷一、《新五代史》卷一有傳。

〔5〕王敦(266—324),字處仲,東晉琅邪臨沂(今山東臨沂)人,王導從兄。瑯邪王司馬睿(元帝)初鎮江東,威名未著,敦與導同心扶助。東晉立,遷大將軍、荆州牧,手握重兵。元帝欲抑制王氏勢力,敦遂於永昌元年(322)舉兵反叛,攻入建康,史稱"王敦之亂"。《晉書》卷九八有傳。桓温(312—373),字元子,譙國龍亢(今安徽懷遠)人。東漢名儒桓榮之後,桓彝之子,卒謚宣武。永和三年(347)滅成漢。永和十年(354)北伐前秦,永和十二年(356)北伐姚襄,太和四年(369)北伐前燕,皆先勝後敗。晚年廢帝弄權。元興二年(403)十一月,桓温子桓玄代晉稱帝,建立桓楚,追尊桓温爲宣武皇帝,廟號太祖。《晉書》卷九八有傳。

〔6〕曹操(155—220),字孟德,小名吉利,小字阿瞞,沛國譙(今安徽亳州)人。卒謚武。曹丕稱帝后追尊爲武皇帝,廟號太祖。《三國志》卷一有傳。司馬懿(179—251),字仲達,河内温人。孫司馬炎代魏稱帝,建晉朝,追尊爲宣帝。《晉書》卷一有傳。

〔7〕吴均(469—520),字叔庠,吴興故鄣(今浙江安吉)人。文體清拔有古氣,時稱"吴均體"。撰《齊春秋》,武帝以其書不實,焚書免官。尋又奉命撰《通史》,未竟而卒。著有《後漢書注》《十二州記》等。《梁書》卷四九有傳。

〔8〕方孝孺(1357—1402),字希直,又字希古,台州寧海(今浙江寧海)人。因其故里舊屬緱城里,故稱"緱城先生"。號遜志,曾以"遜志"名其書齋。又因在漢中府任教授時,蜀獻王賜名其讀書處爲"正學",亦稱"正學先生"。有《遜志齋集》。《明史》卷一八三有傳。

〔9〕《世説新語》卷下之下《尤悔》:"桓公卧語曰:'作此寂寂,將爲文、景所笑!'既而屈起坐曰:'既不能流芳後世,亦不足復遺臭萬載邪?'"《資治通鑑》卷一〇三《晉紀》:"大司馬温恃其材略位望,陰蓄不臣之志,嘗撫枕嘆曰:'男子不能流芳百世,亦當遺臭萬年!'"王世貞《藝苑巵言》卷三:"桓玄子恒言'不能流芳百世,亦當貽臭萬年',至今爲書生駡端,然直是大英雄語。"

〔10〕商臣,即楚穆王,成王子。頵,即楚成王,亦名惲。《左傳·文公元年》:"冬十月丁未,楚世子商臣弑其君頵。"《公羊傳·文公二年》:"冬,十月,丁未,楚世子商臣弑其君髠。"案,皮氏所云"文二年"者有誤,當爲"文元年"。

〔11〕世子般,即蔡靈侯,蔡景侯之子,蔡平侯之兄。固,即蔡景侯。《公羊傳·襄公三十年》:"夏四月,蔡世子般弑其君固。"《左傳·襄公三十年》:"蔡景侯爲大子般娶於楚,通焉,大子弑景侯。"

〔12〕買,即許悼公。《左傳·昭公十九年》:"夏,五月,戊辰,許世子止弑其君買。"杜預注:"加弑者,責止不捨藥物。"孔穎達《正義》曰:"案傳許君飲止之

藥而卒耳，實非止弑也。言‘書曰“弑其君”’，則仲尼新意書弑也。實非弑而加弑者，責止事父不捨其藥物。言藥當信醫，不須已自嘗也。《釋例》曰：醫非三世，不服其藥，古之慎戒也。人子之孝，當盡心嘗禱而已，藥物之齊，非所習也。許止身爲國嗣，國非無醫，而輕果進藥，故罪同於弑。雖原其本心，而《春秋》不赦其罪，蓋爲教之遠防也。”

〔13〕齊之陳氏有德於民，後代齊自立，參見《史記·田敬仲完世家》。《左傳·昭公三年》：“齊舊四量，豆、區、釜、鐘。四升爲豆，各自其四，以登於釜。釜十則鐘。陳氏三量，皆登一焉，鐘乃大矣。以家量貸，而以公量收之。……陳氏有小德於民，故民歸之，得以代其君。”

〔14〕趙盾，即趙宣子，名盾，謚號宣，春秋時晉國大夫。趙衰之子。時人稱趙孟或宣孟。《史記·趙世家》：“靈公立十四年，益驕。趙盾驟諫，靈公弗聽。及食熊蹯，胹不熟，殺宰人，持其尸出，趙盾見之。靈公由此懼，欲殺盾。盾素仁愛人，嘗所食桑下餓人反扞救盾，盾以得亡。未出境，而趙穿弑靈公，而立襄公弟黑臀，是爲成公。趙盾復反，任國政。君子譏盾‘爲正卿，亡不出境，反不討賊’，故太史書曰‘趙盾弑其君’。晉景公時而趙盾卒，謚爲宣孟。”

〔15〕劉裕（363—422），字德輿，小名寄奴，祖籍彭城（今江蘇徐州）人，東晉時遷居京口（今江蘇鎮江）。初爲北府兵將領，從劉牢之鎮壓孫恩起家，戰功累累，先後消滅劉毅、盧循、司馬休之等分裂割據勢力，又滅桓楚、西蜀、南燕、後秦等國。官至相國，封宋王。晉恭帝元熙二年（420），代晉稱帝，國號宋，改元永初，是爲宋武帝，廟號高祖。

〔16〕罪疑惟輕，罪行輕重有可疑之處，只應從輕判處。《尚書·大禹謨》：“罪疑惟輕，功疑惟重。”孔穎達《疏》：“罪有疑者，雖重，從輕罪之。功有疑者，雖輕，從重賞之。”

〔17〕《論語·子路》：“君子於所其不知，蓋闕如也。”

〔18〕《左傳·宣公四年》：“凡弑君，稱君，君無道也；稱臣，臣之罪也。”杜預注：“稱君，謂唯書君名而稱國以弑，言衆所共絕也。稱臣者，謂書弑者之名以示來世，終爲不義。改殺稱弑，辟其惡名，取有漸也。”

17. 論《春秋》一字褒貶之義，宅心恕而立法嚴

《春秋》大義，在討亂賊，則《春秋》必褒忠義。經曰“宋督弑其君與

夷及其大夫孔父"〔1〕，"宋萬弒其君捷及其大夫仇牧"〔2〕，"晉里克弒其君卓及其大夫荀息"〔3〕，三大夫皆書"及"，褒其皆殉君難。《公羊傳》曰："何賢乎孔父？孔父可謂義形於色矣。""何賢乎仇牧？仇牧可謂不畏彊禦矣。""何賢乎荀息？荀息可謂不食其言矣。"《春秋》同一書法，《公羊》同一褒辭，足以發明大義。《左氏》序事之書，本不傳義，故不加褒，亦不加貶。惟荀息引君子曰"斯言之玷"〔4〕，語含譏刺，此林黃中所以謂《左傳》"君子曰"是劉歆增入也〔5〕。杜預乃有書名罪之之例，《釋例》曰："孔父爲國政則取怨於民，治其家則無閨闥之教，身先見殺，禍遂及君，既無所善。仇牧不警而遇賊，又死無忠事。晉之荀息，期欲復言，本無大節。先儒皆隨加善例，又爲不安。"〔6〕孔《疏》曰："《公羊》《穀梁》及先儒皆以善孔父而書字。知不然者，案'宋人殺其大夫司馬'，傳稱握節以死，故書其官。又'宋人殺其大夫'，傳以爲無罪，不書名。今孔父之死，傳無善事，故杜氏之意，以父爲名，言若齊侯祿父、宋公玆父之等。"〔7〕

錫瑞案：大夫書名罪之之例，本不可信。且《左氏》明云孔父嘉爲司馬，是其名嘉甚明。古人名嘉字孔，鄭公子嘉字子孔可證。"父"通"甫"，漢碑稱"孔甫"、"宋甫"可證。甫者，男子之美稱，豈有以"父"與"甫"爲名者乎？祿父、玆父，非單名父，不稱齊侯父、宋公父也。穎達曲徇杜預，而毒詈其遠祖，豈自忘其爲孔氏子孫乎？杜、孔之解《春秋》，如此等處，不謂之邪說不可也。陳澧謂孔《疏》覼縷數百言，尤所謂鍛煉深文，不知孔穎達何以惡其先世孔父，至於如此。〔8〕

錫瑞案：聖人之作《春秋》，其善善也長，其惡惡也短，有一字之褒貶。三大夫之書"及"，所謂一字之褒。弒君之臣，一概書"弒"，所謂一字之貶。聖人以爲其人甘於殉君，即是大忠，雖有小過，如《左氏》所書孔父、荀息之事，可不必究；其人忍於弒君，即是大惡，雖有小功，如《左氏》所書趙盾之事，亦不足道。蓋宅心甚恕，而立法甚嚴也。《春秋》之法，弒君者於經不復見，以爲其人本應伏誅，雖未伏誅，而削其名不再見經，即與已伏誅等。趙盾弒君所以復見者，以其罪在不討賊，與親弒者稍有分別。《春秋》之法，弒君、賊不討不書葬，以爲君父之仇未報，不瞑目於地下，雖葬與不葬等。許止弑君未討而君書葬，以其罪在誤用藥，與親弑者稍有分別。是亦立法嚴而宅心恕也。歐陽修謂趙盾弑君，必不止不討賊，許止弑君，必不止不嘗藥，以三《傳》爲皆不足信[9]。不知如三《傳》之說，於趙盾見忠臣之至，於許止見孝子之至，未嘗不情真罪當。"臣弑君，凡在官者殺無赦；子弑父，凡在官者殺無赦"，未嘗不詞嚴義正，而歐陽修等必不信傳。孫復曰："稱國以弑者，國之人皆不赦也。"[10]然則有王者作，將比一國之人而誅之乎？雖欲嚴《春秋》誅亂賊之防，而未免過當矣。

箋注

〔1〕宋督，即華督，一作華父督，宋戴公孫。與夷，即宋殤公。孔父，名嘉，孔子六世祖。《左傳·桓公二年》："二年，春，王正月戊申，宋督弑其君與夷及其大夫孔父。"杜預注："稱督以弑，罪在督也。孔父稱名者，內不能治其閨門，外取怨於民，身死而禍及其君。"《公羊傳》曰："二年，春王正月，戊申，宋督弑其君與夷及其大夫孔父。及者何？累也。弑君多矣，捨此無累者乎？曰：'有。仇牧、荀息皆累也。'捨仇牧、荀息無累者乎？曰：'有。'有則此何以書？賢也。何賢乎孔父？孔父可謂義形於色矣。"

〔2〕《左傳·莊公十二年》："秋，八月，甲午，宋萬弑其君捷及其大夫仇牧。"杜預注："捷，閔公，不書葬，亂也。萬及仇牧皆宋卿，仇牧稱名，不警而遇賊，無善事可褒。"《公羊傳·莊公十二年》："秋八月甲午，宋萬弑其君接及其大夫仇牧。及者何？累也。弑君多矣，捨此無累者乎？孔父、荀息皆累也。捨孔父、荀息無累者乎？曰：'有。'有則此何以書？賢也。何賢乎仇牧？仇牧可謂不畏彊禦矣！"

〔3〕卓，即卓子，姬姓，晉獻公之子，《史記》作悼子。晉獻公死後，被立爲晉國國君。《左傳·僖公十年》："晉里克弑其君卓及其大夫荀息。"杜預注："弑卓在前年，而以今春書者，從赴也。獻公既葬，卓以免喪，故稱君也。荀息稱名者，雖欲復言，本無遠謀，從君於昏。"《公羊傳·僖公十年》："晉里克弑其君卓子及其大夫荀息。及者何？累也。弑君多矣，捨此無累者乎？曰：'有。孔父、仇牧皆累也。'捨孔父、仇牧無累者乎？曰：'有。'有則此何以書？賢也。何賢乎荀息？荀息可謂不食其言矣。"

〔4〕《左傳·僖公九年》："冬，十月，里克殺奚齊於次。書曰：'殺其君之子。'未

葬也。荀息將死之，人曰：'不如立卓子而輔之。'荀息立公子卓以葬。十一月，里克殺公子卓於朝，荀息死之。君子曰：'《詩》所謂"白圭之玷，尚可磨也；斯言之玷，不可爲也"，荀息有焉。'"

〔5〕 林黃中，即林栗。《朱子語類》卷八三《春秋》："林黃中謂《左傳》'君子曰'是劉歆之辭。"

〔6〕 見杜預《春秋釋例》卷三《書弒例第十五》及《春秋左傳注疏》卷五《桓公二年》孔疏所引。

〔7〕 見《春秋左傳注疏》卷五《桓公二年》。

〔8〕 見《東塾讀書記》卷一〇《春秋三傳》。覶（luó）縷，謂詳細有條理地敘述。左思《吳都賦》："斯寔神妙之饗象，嗟難得而覶縷。"

〔9〕 歐陽修《春秋論》下："據三子之説，初靈公欲殺盾，盾走而免。穿，盾族也，遂弒，而盾不討，其迹涉於與弒矣。此疑似難明之事……然則許世子止實不嘗藥，則孔子決不書曰'弒君'，孔子書爲'弒君'，則止決非不嘗藥……難者曰：'然則盾曷爲復見於經，許悼公曷爲書葬？'曰：'弒君之臣不見經，此自三子説，果聖人法乎？悼公之葬且安知其不討賊而書葬也。'"

〔10〕《春秋尊王發微》卷一："衆弒君則稱國以誅之，衆謂上下乖離奸宄并作肆禍者，非一言舉國之人可誅也，故稱國以誅之。"又卷六："稱國以弒衆也，謂肆禍者非一。故衆弒君，則稱國以誅之，言舉國之人可誅也。"

18. 論《春秋》書災異，不書祥瑞，《左氏》《公羊》好言占驗，皆非大義所關

胡安國《進春秋傳表》〔1〕曰："仲尼制《春秋》之義，見諸行事，垂訓方來，雖祖述憲章，上循堯、舜、文、武之道，而改法創治〔2〕，不襲虞、夏、商、周之迹。蓋'洪水滔天，下民昏墊'與'《簫韶》九成，百獸率舞'，并載於《虞書》〔3〕；'大木斯拔'與'嘉禾合穎'，'鄗我周邦'與'六服承德'，同垂乎周史〔4〕。此上世帝王紀事之例。至《春秋》，則凡慶瑞之符，禮文常事，皆削而不書，而災異之變，政事闕失，則悉書之以示後世，使鑒觀天人之理，有恐懼祇肅之意〔5〕。乃史外傳心之要典，於以反身，日加修省，及其既久，積善成德，上下與天地同流，自家刑國，措之天下，則

麟鳳在郊，龜龍游沼，其道亦可馴致之也。故始於隱公，終於獲麟，而以天道終焉，比於《關雎》之應，而能事畢矣。"

錫瑞案：胡氏此論，深得《春秋》改制馴致太平之義。《春秋》書災異，不書祥瑞，聖人蓋有深意存焉。絕筆獲麟，《公羊》以爲受命制作，有反袂拭面，稱吾道窮之事[6]，則是灾異，并非祥瑞。若以麟至爲太平瑞應，比於《麟趾》之應《關雎》[7]，則又別是一義。胡氏引此以責難於君，非前後矛盾也。《困學紀聞》曰[8]："《春秋》三書'孛'[9]，文十四年、昭十七年、哀十三年。而昭十七年有星孛於大辰，申須曰：'彗所以除舊布新也。'《史記·天官書》劉更生封事云：'《春秋》彗星三見。'則彗、孛一也。《晏子春秋》：齊景公睹彗星，使伯常騫禳之，晏子曰：'孛又將出，彗星之出，庸何懼乎？'則孛之爲變，甚於彗矣。星孛東方，哀十三年冬。在於越入吳之後；十三年夏。彗見西方，在衛輒入秦之前[10]；天之示人著矣。齊桓之將興也，恒星不見，星隕如雨；晉文之將興也，沙鹿崩，自是諸侯無王矣。晉三大夫之命爲侯也，九鼎震，自是大夫無君矣。故董子曰：'天人相與之際，甚可畏也。[11]'"又曰："'八世之後'，莊二十二年。其田氏篡齊之後之言乎[12]？'公侯子孫必復其始'，閔元年。其三卿分晉之後之言乎[13]？'其處者爲劉氏'，文十三年。其漢儒欲立《左氏》者[14]所附益乎？皆非《左氏》之舊也。新都之篡，以沙鹿崩爲祥[15]。釋氏之熾，以恒星不見爲證[16]，蓋有作俑者矣。"[17]案：此亦得《春秋》書災異不書祥瑞之旨。書災異，所以示人儆懼；不書祥瑞，所以杜人覬覦。《困學紀聞》前說以爲天人相應，此示人儆懼之意也，後說以爲後人附益，此杜人覬覦之意也。《左氏》好言祥異占驗，故范甯以爲其失也巫。而如懿氏卜妻敬仲[18]，畢萬筮仕於晉之類[19]，又或出於附益，而非《左氏》之舊。《公羊》家與《左氏》異趣，而亦好言祥異占驗。漢儒言占驗者，齊學爲盛，伏《傳》五行、《齊詩》五際皆齊學，公羊氏亦齊學，故董子書多說陰陽、五行，何氏《解詁》說占驗亦詳。要皆《春秋》之別傳，與大義無關，猶《洪範五行傳》與《齊詩》，非《詩》《書》大義所關也。

箋注

〔1〕《玉海》卷四〇《藝文·春秋》：“紹興五年四月一日詔：‘徽猷閣待制胡安國，經筵舊臣，令以所著《春秋傳》纂述成書進入。’十年三月書成，上之。”《進春秋傳表》即胡安國奉敕修《春秋傳》完稿後所上之進書表。

〔2〕創制，原刻本引作“創治”，據胡安國《進春秋傳表》改。

〔3〕《虞書》，即《尚書·虞書》。《經典釋文》卷三《尚書音義上》：“《堯典》第一卷之一《虞書》。”注：“凡十六篇，十一篇亡，五篇見存。”即《堯典》《舜典》《大禹謨》《皋陶謨》《益稷》。

〔4〕周史，即《尚書·周書》。

〔5〕恐懼，即畏懼、害怕；祇肅，恭謹而嚴肅。《孟子·滕文公下》：“孔子成《春秋》而亂臣賊子懼。”《春秋》所記有災異之變、有政事闕失、有褒貶之義，鑒於世人，使後世之人有《春秋》之義存於心中。祇，敬也，旨移切，讀作 zhī。

〔6〕《公羊傳·哀公十四年》：“十有四年，春，西狩獲麟。何以書？記異也。何異爾？非中國之獸也。然則孰狩之？薪采者也。薪采者，則微者也。曷為以狩言之？大之也。曷為大之？為獲麟大之也。曷為為獲麟大之？麟者，仁獸也。有王者則至，無王者則不至。有以告者曰：‘有麋而角者。’孔子曰：‘孰為來哉！孰為來哉！’反袂拭面，涕沾袍。顏淵死，子曰：‘噫！天喪予！’子路死，子曰：‘噫！天祝予！’西狩獲麟，孔子曰：‘吾道窮矣！’”

〔7〕《麟趾》，即《國風·周南·麟之趾》，《毛詩正義》卷一《麟之趾》：“《麟之趾》，《關雎》之應也。《關雎》之化行，則天下無犯非禮，雖衰世之公子，皆信厚如麟趾之時也。”《麟之趾》為《周南》之殿，《關雎》是《周南》之首，同《春秋》止於獲麟。

〔8〕見《困學紀聞》卷六《春秋》。

〔9〕《春秋》三書孛，見《文公十四年》：“秋，七月，有星孛入於北斗。”又《昭公十七年》：“冬，有星孛於大辰。”又《哀公十三年》：“冬，十有一月，有星孛於東方。”

〔10〕衛鞅，即商鞅（前 395—前 338），亦稱公孫鞅，戰國時衛國人，法家代表人物。入秦輔佐孝公變法，秦國得以富強。在秦封於商，亦稱商鞅、商君。傳見《史記》卷六八《商君列傳》。

〔11〕《漢書·董仲舒傳》：“臣謹案《春秋》之中，視前世已行之事，以觀天人相與之際，甚可畏也。國家將有失道之敗，而天乃先出災害以譴告之；不知自

省，又出怪異以警懼之；尚不知變而傷敗乃至。以此見天心之仁愛人君，而欲止其亂也。"

〔12〕《左傳·莊公二十二年》："五世其昌，并於正卿，八世之後，莫之與京。"陳完如齊，以陳字爲田氏。陳完之子田稚，自田稚至田乞傳五代，田乞立公子陽生，是爲悼公。悼公立，田乞爲相，專齊政。是爲"五世其昌，并於正卿"。田乞四世孫田和代齊自立，自田稚至田和，共傳九代，是爲"八世之後，莫之與京"。田氏代齊，即戰國初年，陳國田氏後代取代齊國姜姓呂氏立爲齊侯之事件，亦稱田陳篡齊。公元前391年，太公田和廢齊康公。公元前386年，周安王册命太公田和爲齊侯，是爲田氏代齊。《史記·田敬仲完世家》："三年，太公與魏文侯會濁澤，求爲諸侯。魏文侯乃使使言周天子及諸侯，請立齊相田和爲諸侯。周天子許之。康公之十九年，田和立爲齊侯，列於周室，紀元年。"

〔13〕《左傳·閔公元年》："公侯之子孫，必復其始。"杜預注："萬，畢公高之後。《傳》爲魏之子孫衆多張本。"孔穎達《正義》曰："（畢）萬是畢公（高）之後，公侯之子孫，必當復其初始，言此人子孫又將爲公侯也。及春秋之後三家分晉，而魏爲諸侯，是其筮之驗也。"公元前403年，周威烈王封晉大夫魏斯、趙籍、韓虔三家爲諸侯。公元前376年，韓、趙、魏廢晉靜公，將晉公室剩餘土地瓜分，是爲三家分晉，春秋與戰國即以此爲分界。《史記·晉世家》："烈公十九年，周威烈王賜趙、韓、魏皆命爲諸侯……靜公二年，魏武侯、韓哀侯、趙敬侯滅晉後而三分其地。靜公遷爲家人，晉絶不祀。"

〔14〕《左傳·文公十三年》："秦人歸其帑，其處著爲劉氏。"杜預注："士會，堯後劉累之胤。別族復累之姓。"孔穎達《正義》曰："士會之帑在秦不顯，於會之身復無所辟，傳說處秦爲劉氏，未知何意言此？討尋上下，其文不類，深疑此句或非本旨，蓋以爲漢室初興，損棄古學，《左氏》不顯於世，先儒無以自申，劉氏從秦從魏，其源本出劉累，插注此辭，將以媚於世。"

〔15〕新都，代指王莽。《漢書·王莽傳》："永始元年，封莽爲新都侯，國南陽新野之都鄉，千五百户。"沙鹿，《左傳·僖公十四年》："（經）秋，八月，辛卯，沙鹿崩。"杜預注："沙鹿，山名。"又"（傳）秋，八月辛卯，沙鹿崩。晉卜偃曰：'期年將有大咎，幾亡國。'"杜預注："國主山川。山崩川竭，亡國之徵。"《漢書·元后傳》："昔《春秋》沙鹿崩，晉史卜之：'陰爲陽雄，土火相乘，故有沙鹿崩。崩後六百四十五年，宜有聖女興。'其齊田乎！今王翁孺徙，正直其地，日月當之。元城郭東有五鹿之虛，即沙鹿地也。後八十年，當有貴女興天下。'"

〔16〕《魏書》卷一一四《釋老志》:"釋迦生時,當周莊王九年,《春秋》魯莊公七年夏四月,恒星不見,夜明,是也。"《公羊傳·莊公七年》:"夏四月辛卯夜,恒星不見,夜中星霣如雨。恒星者何?列星也。列星不見,則何以知?夜之中星反也。如雨者何?如雨者非雨也。非雨則曷爲謂之如雨?不修《春秋》曰:'雨星不及地尺而復。'君子修之曰:'星霣如雨。'何以書?記異也。"

〔17〕引文見《困學紀聞》卷六《左氏》。

〔18〕敬仲,即陳完,陳厲公之子。《左傳·莊公二十二年》:初,懿氏卜妻敬仲。其妻占之,曰:"吉!是謂'鳳凰於飛,齊鳴鏘鏘。有嬀之後,將育於姜。五世其昌,并於正卿。八世之後,莫與之京。'"杜預注:"懿氏,陳大夫。"《史記·田敬仲完世家》:"齊懿仲欲妻完,卜之,占曰:'是謂鳳皇於蜚,和鳴鏘鏘。有嬀之後,將育於姜。五世其昌,并於正卿。八世之後,莫之與京。'卒妻完。"

〔19〕《左傳·閔公元年》:"初,畢萬筮仕於晉,遇《屯》之《比》。辛廖占之,曰:'吉!《屯》固《比》入,吉孰大焉!其必蕃昌。《震》爲土,車從馬,足居之,兄長之,母覆之,衆歸之,六體不易,合而能固,安而能殺。公侯之卦也。公侯之子孫,必復其始。'"

19. 論獲麟《公羊》與《左氏》説不同,而皆可通,鄭君已疏通之

臧琳曰[1]:"杜元凱《春秋左氏傳序》:'《春秋》之作,《左傳》及《穀梁》無明文。'《正義》曰:'據杜云《左傳》及《穀梁》無明文,則指《公羊》有其顯説。今驗何注《公羊》亦無作《春秋》事。案孔舒元[2]《公羊傳》本云:"十有四年春,西狩獲麟。何以書?記異也。以上何本同。今麟非常之獸,其爲非常之獸奈何?二句何本無。有王者則至,無王者則不至。二句何本同。然則孰爲而至?爲孔子之作《春秋》。二句何本無。"是有成文也。《左傳》及《穀梁》則無明文。'案:孔舒元未詳何時人,《儒林傳》及《六藝論》皆無之。《隋志》有'《公羊春秋傳》十四卷,孔衍集解',未知是否。杜氏作序既所據用,則爲古本可知矣。"[3]

錫瑞案：臧氏據孔《疏》以證《公羊》逸文，能發人所未發。疑舒元即孔衍而未能決，不知舒元即孔衍之字。《晉書·儒林傳》：“孔衍字舒元，孔子二十二世孫。中興初補中書郎，出爲廣陵郡。”亦見劉知幾《史通》。見《書論》。衍雖晉人，其年輩在杜預後，杜所據用非必衍書，或杜所見《公羊》與衍所據本同。漢時《公羊》有嚴、顏二家，何劭公據顏氏，故少數語，杜預、孔衍蓋據嚴氏，故多數語。鄭君注《禮》、箋《詩》，引《公羊》與何本不同。如“昉”作“放”，“登來”作“登戾”，“野留”作“鄙留”，“祠兵”作“治兵”，“大瘠”作“大漬”，“已蹙”作“已戚”，“使之將”作“使之將兵”，“群公禀”作“群公慊”，“爲周公主”作“爲周公後”，“仡然從乎趙盾”作“疑然從於趙盾”。《考工記》注引子家駒曰：“天子僭天，何本無之。”皆嚴氏《春秋》也。“獲麟”有數説。《異義》：“《公羊》説：哀十四年獲麟，此受命之瑞，周亡失天下之異。《左氏》説：麟是中央軒轅大角獸，孔子備“備”當爲“作”字之誤。《春秋》，禮修以致其子，故麟來爲孔子瑞。陳欽説：麟，西方毛蟲。[4]孔子作《春秋》，有立言。西方兑，兑爲口，故麟來。許慎謹案云：‘議郎尹更始、劉更生等議，以爲吉凶不并，瑞災不兼，今麟爲周亡天下之異，則不得爲瑞以應孔子至。’玄之聞也，以下鄭駁。《洪範》五事，二曰言，言作從，從作乂，乂，治也。言於五行屬金。孔子時周道衰亡，已有聖德，無所施用，作《春秋》以見志，其言少從以爲天下法，故應以金獸性仁之瑞。賤者獲之，則知將有庶人受命而得之[5]，受命之徵已見，則於周將亡，事勢然也。興者爲瑞，亡者爲災，其道則然，何吉凶不并，瑞災不兼之有乎？如此修母致子，不若立言之説密也。”[6]

案：如鄭君之義，則《公羊》《左氏》可通，“興者爲瑞，亡者爲災”，所見明通，并無拘閡。據孔舒元引《公羊傳》，麟至爲孔子作《春秋》，與《左氏》家賈逵、服虔、穎容[7]爲孔子修《春秋》，文成致麟，麟感而至，見《左傳正義》引。本無異義。惟杜預苟異先儒，以爲感麟而作，則與《左氏》義違，又不取稱吾道窮之文[8]，則與《公羊》又異。杜預以爲孔子《春秋》鈔録舊文，全無關繫，故爲瑞爲災之説，皆彼所不取也。

〔1〕臧琳(1650—1713),注見前。

〔2〕孔舒元,即孔衍(268—320),字舒元,注見前。

〔3〕見《經義雜記》卷五《孔舒元公羊傳》。

〔4〕陳欽,字子佚,漢末蒼梧廣信人。從賈護受《左氏春秋》。著有《陳氏春秋》,
已佚。傳見《後漢書》卷三六《陳元傳》。

〔5〕受命而得之,《禮記·禮運》正義引《駁五經異義》作"受命而行之。"

〔6〕見《禮記·禮運》正義引。

〔7〕潁容,字子嚴,陳國長平人,東漢末經學家。精於《春秋左傳》,師從楊賜,著
有《春秋左氏條列》。傳見《後漢書》卷七九下《儒林傳》。

〔8〕《公羊傳·哀公十四年》:"西狩獲麟,孔子曰:'吾道窮矣!'"

20. 論《春秋》本魯史舊名,墨子云"百國《春秋》"即百二十國寶書

孔穎達曰:"《春秋》之名,經無所見,惟傳記有之。昭二年韓起聘
魯,稱見魯《春秋》。《外傳·晉語》[1]司馬侯對晉悼公云羊舌肸習《春
秋》,《楚語》申叔時論傅太子之法云教之以《春秋》。《禮·坊記》云:
'魯《春秋》記晉喪曰:殺其君之子奚齊。'又《經解》曰:'屬辭比事,《春
秋》教也。'凡此諸文所説,皆在孔子之前,則知未修之時,舊有《春秋》
之目,其名起遠,亦難得而詳。"[2]鄭樵曰:"今《汲冢璅語》亦有魯《春
秋》記魯獻公十七年事。諸如此類,皆夫子未生之前,未經筆削之《春
秋》也。西東周六百年事。孟子云:'《詩》亡然後《春秋》作。'又曰:'知我
者其惟《春秋》乎! 罪我者其惟《春秋》乎!'諸如此類,皆魯史記東遷已
後事,已經夫子筆削之《春秋》也。自平王四十九年始[3]。或謂《春秋》之
名,取'賞以春夏,刑以秋冬';或謂一褒一貶,若春若秋;或謂春獲麟,
秋成書,《公羊正義》解獲麟云。謂之《春秋》。皆非也。惟杜預所謂'年

有四時，故錯舉以爲所記之名'〔4〕，此說得之。《汲冢瑣語》記太丁時事，目爲夏殷《春秋》。見《史通》。墨子曰：'吾見百國《春秋》。'〔5〕以至晏子、虞卿、吕不韋、陸賈著書，皆曰《春秋》〔6〕。蓋當時述作之流，於正史外，各記其書，皆取《春秋》以名之。然觀其篇第，本無年月，與錯舉春秋以爲所記之名則異矣。"〔7〕

錫瑞案：鄭氏之説，多本劉知幾《史通·六家》篇。劉氏云："《春秋》家者，其先出於三代。"亦引《國語》《左傳》之文，則《春秋》自是舊名，非夫子始創。或謂春獲麟，秋成書，雖出公羊家説，而與傳引"不修《春秋》"〔8〕之文不合。或謂賞刑褒貶，説亦近鑿。當以杜預云"錯舉四時"爲是。晏、吕之書，非錯舉四時，而亦名《春秋》。當時百國《春秋》具存，其體例或亦有所本。百國《春秋》，即百二十國寶書。《公羊疏》："案閔因叙〔9〕云：'昔孔子受端門之命，制《春秋》之義，使子夏等十四人求周史記，得百二十國寶書，九月經立。《感精符》《考異郵》《説題辭》具有其文。'問曰：'若然，《公羊》之義，據百二十國寶書以作《春秋》，今經止有五十餘國，通戎、夷、宿、潞之屬〔10〕，僅有六十，何言百二十國乎？'答曰：'其初求也，實得百二十國寶書，但有極美可以訓世，有極惡可以戒俗者取之，若不可爲法者，則棄而不録，是故止得六十國也。'"〔11〕

蘇軾《春秋列國圖説》曰〔12〕："春秋之世，見於經傳者，總一百二十四國：魯、晉、楚、齊、秦、吳、越、宋、衛、鄭、陳、蔡、邾、曹、許、莒、杞、滕、薛、小邾、息、隨、虞、北燕、紀、巴、鄧、酈、徐、鄟、芮、胡、南燕、州、梁、荀、賈、凡、祭、宿、郇、原、夔、舒鳩、滑、郯、黄、羅、邢、魏、霍、郜、鄅、瞞、向、偪、陽、韓、舒庸、焦、楊、夷、申、密、耿、麇、萊、弦、頓、沈、穀、譚、舒、邧、白狄、賴、肥、鼓、戎、唐、潞、江、鄅、權、道、柏、貳、軫、絞、蓼、六、遂、崇、戴、冀、蠻、温、厲、項、英氏、介、巢、盧〔13〕、根牟、無終、郝〔14〕、姒、蓐、狄、房、鮮虞、陸渾、桐、郳、於餘丘、須句、顓臾、任、葛、蕭、牟、鄆、極、鄫。蠻夷戎狄，不在其間。"蘇氏云百二十四國，正合百二十國寶書之數。《公羊疏》但據經言，止得其半，蘇氏兼據《左氏傳》，乃得其全。於餘丘、郳之類，《公羊》以爲邑，《左氏》以爲國，故知蘇據《左氏》。惟蘇氏計數亦有疏失，云百二十四國，今數之止百二十一國，二虢及齊所遷之陽，楚所滅之庸,皆失數。《傳》言毛、聃、雍、邗、應、蔣、茅、胙,亦不列入。沈、姒、蓐、黄在北,沈、胡、江、黄在南,當有二沈、二黄,止列其一。云蠻夷戎狄不在其間,又有鄋瞞、白狄、肥、鼓、戎、蠻、潞、狄、無終、鮮虞、陸渾諸國,此皆夷蠻戎狄,未必有寶書,當去諸國,而以所漏列者補之。數雖稍贏,計其整數,亦與百二十國合也。

箋注

〔1〕《外傳》,即《國語》,相對於被稱爲《內傳》之《左傳》,《國語》亦稱作《春秋外傳》。《國語》記上起周穆王十二年(前990),下訖智伯被滅(前453年)之間,周王室及魯、齊、晉、楚等八國歷史。全書二十一卷,有《周語》三卷、《魯語》二卷、《齊語》一卷、《晉語》九卷、《鄭語》一卷、《楚語》二卷、《吳語》二卷、《越語》二卷。韋昭《國語解敘》:"昔孔子發憤於舊書,垂法於素王,左丘明因聖言以攄意,托王義以流藻,其淵原深大,沉懿雅麗,可謂命世之才,博物善作者也。其明識高遠,雅思未盡,故復采録前世穆王以來,下訖魯悼、智伯之誅,邦國成敗,嘉言善語,陰陽律呂,天時人事逆順之數,以爲《國語》。其文不主於經,故號曰'外傳'。"

〔2〕見《春秋左傳正義》卷一《春秋序》疏。

〔3〕周平王,名宜臼,一作宜咎。在位五十一年。幽王太子,母申后。幽王改立褒姒之子伯服(一作伯盤)爲太子,乃出奔申。外祖申侯聯合繒、犬戎攻殺幽王,西周滅亡。諸侯依申侯意,立宜臼爲王,東遷於洛邑,依晉、鄭等國輔佐立國,史稱東周。時周王室已衰微,齊、楚、秦、晉始大,政由方伯。後世以平王元年(前770)爲春秋時代之始。周平王四十九年即魯隱公元年(前722),《春秋》記事自此始。

〔4〕見杜預《春秋序》。

〔5〕百國《春秋》,當時各諸侯國皆有史書,書名多取《春秋》,故稱百國《春秋》。

〔6〕晏子(前578—前500),即晏嬰,字仲,謚平,春秋時齊國人。《史記》有傳。後人集其行事言論爲《晏子春秋》。虞卿,戰國時游説之士,著有《虞氏春秋》,已亡佚。《史記》有傳。呂不韋(前290—前235年),戰國時衛國人,爲秦相十三年,廣招門客,編撰《呂氏春秋》。《史記》有傳。陸賈(約前240—前170年),漢代政治家、辯士。著有《楚漢春秋》一書。《史記》卷九七、《漢書》卷四三有傳。

〔7〕 引文見《六經奧論》卷四《春秋·春秋總辨》。

〔8〕《公羊傳·莊公七年》："夏四月辛卯夜,恒星不見,夜中星霣如雨。恒星者何?列星也。列星不見,則何以知?夜之中星反也。如雨者何?如雨者,非雨也。非雨則曷爲謂之如雨?不修《春秋》曰:'雨星不及地尺而復。'君子修之曰:'星霣如雨。'"

〔9〕 閔因,生平不詳。

〔10〕 戎、夷,中國古民族名,泛指少數民族。戎,中國古代對西北民族之稱謂;夷,中國古代對東部民族之稱謂。宿,即宿國,周初封國之一,風姓,伏羲氏之後。潞,即潞國,早先爲姜姓,後爲赤狄族人方國。

〔11〕 見《春秋公羊傳注疏》卷一《隱公元年》疏。

〔12〕《經義考》卷一八四《春秋》:"稅氏(安禮)《春秋列國圖説》一卷,存……陸元輔曰:'世所傳《春秋列國指掌圖説》刊本以爲蘇軾撰,誤也,蓋稅安禮作。'"案,引文中"春秋之世"原作"春秋之國",據《春秋列國指掌圖説》改。

〔13〕 盧,陸淳《春秋集傳纂例》卷一〇《國名譜》作"庸"。

〔14〕 郝,陸淳《春秋集傳纂例》卷一〇《國名譜》作"邿"。

21. 論《漢志》"《春秋》古經"即《左氏》經,《左氏》經長於二《傳》,亦有當分別觀之者

《漢志》:《春秋古經》十二篇,班氏無注。錢大昕曰:"謂《左氏》經也。漢儒傳《春秋》者以《左氏》爲古文,《公羊》《穀梁》爲今文,稱古經,則共知其爲《左氏》矣。《左氏》經傳本各單行,故别有《左氏傳》。"[1]《漢志》:《經》十一卷,班氏注云:"《公羊》《穀梁》二家。"沈欽韓曰:"二家合閔公於莊公,故十一卷。彼師當緣閔公事短,不足成卷,并合之耳。何休乃云繫閔公篇於莊公下者,子未三年,無改於父之道。"[2]

錫瑞案:何氏説是也。沈專主《左氏》,故不以何爲然。《漢志》:《左氏傳》三十卷,班氏注云:"左丘明,魯太史。"案《説文叙》曰:"北平侯張蒼獻《春秋左氏傳》。"《論衡》曰:"《左傳》三十篇,出恭王壁中。"[3]二説不同,班氏無明文,似不信此二説。《漢志》:《公羊傳》十一卷,注云:"公

羊,齊人。"《漢志》:《穀梁傳》十一卷,注云:"穀梁子,魯人。"不別出公、穀二家之經。馬端臨云:"《公羊》《穀梁傳》直以其所作傳文攙入正經,不曾別出。而《左氏》則經自經而傳自傳。又杜元凱《經傳集解序》文,以爲分經之年與傳之年相附,則是左氏作傳之時,經文本自爲一書,至元凱始以《左氏傳》附之經文各年之後,是《左氏傳》中之經文,可以言古經矣。"案漢《熹平石經》,《公羊》隱公一段,直載傳文而無經文,是《公羊》經傳亦自別行,不如馬氏之言。孔《疏》云:"丘明作傳,與經別行,《公羊》《穀梁》莫不皆然。"是《公羊》《穀梁》《左氏》之經傳,皆自別行。《左氏》經傳,至杜預始合之,《公》《穀》經傳,不知何人始合之也。《漢志》所列古經,即是《左氏》之經,馬氏不知,乃云:"《春秋古經》雖《漢·藝文志》有之,然夫子所修之《春秋》,其本文世所不見,而漢以來所編古經,則俱自三《傳》中取出經文,名之曰正經耳。"又云:"《春秋》有三《傳》,亦本與經文爲二,而治三《傳》者合之,先儒務欲存古,於是取其已合者復析之,命之曰古經。"〔4〕案三《傳》與經皆別行,而後人合之,馬氏乃以爲漢人於三《傳》中取出經文,不知何據。馬氏所云先儒,似指朱子所刻《春秋經》、李燾所定《春秋古經》〔5〕而言,然不得謂之漢以來。其立說不分明,皆由不知《漢志》之《古經》即是《左氏》經也。《四庫提要》曰:"徐彥《公羊傳疏》曰:'《左氏》先著竹帛,故漢儒謂之古學。'則所謂《古經》十二篇,即《左傳》之經,故謂之'古',刻《漢書》者,誤連二條爲一耳。今以《左傳》經文與二《傳》校勘,皆《左氏》義長,知手録之本確於口授之經也。"〔6〕謹案:《左氏》經長於二《傳》,詳見侯康《春秋古經說》〔7〕。然則《春秋》經文,三《傳》不同,如"蔑""昧""郿""微"之類〔8〕,專據《左氏》可也,而"君氏""尹氏"之類〔9〕,仍當分別觀之。

箋注

〔1〕錢大昕《廿二史考異》卷七《漢書》:"《春秋古經》十二卷,謂《左氏經》也。《劉歆傳》'歆校秘書,見古文《春秋左氏傳》。'又云:'《左氏傳》多古字古言。'許慎《五經異義》言:'今《春秋公羊》說、古《春秋左氏》說。'"

〔2〕沈欽韓(1775—1831),字文起,號小宛,江蘇吳縣(今蘇州)人。通經史、長於訓詁考證,著有《漢書疏證》《後漢書疏證》《左傳補注》等書。引文見《漢書疏證》卷二四《藝文志一》。

〔3〕王充《論衡》卷二〇《佚文》:"恭王壞孔子宅以爲宫,得佚《尚書》百篇、《禮》三百、《春秋》三十篇、《論語》二十一篇。"

〔4〕以上引文見《文獻通考》卷一八二《經籍考九》。

〔5〕李燾《春秋古經》,《直齋書録解題》卷三《春秋類》:"《春秋古經》一卷,禮部侍郎眉山李燾仁父所述。"

〔6〕見《四庫全書總目提要》卷二六《經部·春秋類》之《春秋左傳正義》提要。

〔7〕侯康(1799—1837),字君模,原名廷楷,廣東番禺(今廣州)人。長於禮學及史學,有《后漢書補注續》《三國志補注》《穀梁禮證》《春秋古經説》等。《清史稿》卷四八二有傳。侯康《春秋古經説序》:"《漢志》載《春秋古經》十二篇者左經也,經十一卷者公、穀經也。今以三《傳》參校之……大要《古經》爲優。自漢以來,即有取《公》《穀》亂《古經》者……《穀梁》出最先,其誤尚寡。《公羊》出最晚,其誤滋甚。"

〔8〕"蔑""眛""郿""微"皆春秋地名。《左傳·隱公元年》:"三月,公及邾儀父盟於蔑。"《公羊傳·隱公元年》:"三月,公及邾婁儀父盟於眛。"《穀梁傳·隱公元年》:"三月,公及邾儀父盟於眛。"《左傳·莊公二十八年》:"冬,築郿。"《公羊傳·莊公二十八年》:"冬,築微。"《穀梁傳·莊公二十八年》:"冬,築微。"

〔9〕《左傳·隱公三年》:"夏,四月,辛卯,君氏卒。"杜預注:"隱不敢從正君之禮,故亦不敢備禮於其母。"孔穎達《正義》曰:"君氏者,隱公之母聲子也。謂之君氏者,言是君之母氏也。母之與子,氏族必異,故經典通呼母、舅爲母氏,言其與己異氏也。"《公羊傳》曰:"夏四月,辛卯,尹氏卒。尹氏者何?天子之大夫也。其稱尹氏何?貶。曷爲貶?譏世卿。"《穀梁傳·隱公三年》曰:"夏,四月,辛卯,尹氏卒。尹氏者,何也?天子之大夫也。外大夫不卒,此何以卒之也?於天子之崩爲魯主,故隱而卒之。"

22. 論左氏不在七十子之列,不得口受傳指,《左傳疏》引《嚴氏春秋》不可信,引劉向《別録》亦不可信

《史記·十二諸侯年表序》曰:"是以孔子明王道,干七十餘君,莫

能用,故西觀周室[1],論史記舊聞,興於魯而次《春秋》,上記隱,下至哀之獲麟,約其辭文,去其煩重,以制義法,王道備,人事浹。七十子之徒口受其傳指,爲有所刺譏、褒諱、挹損之文辭[2],不可以書見也。魯君子左丘明懼弟子人人異端,各安其意,失其真,故因孔子史記具論其語,成《左氏春秋》。"《漢書·劉歆傳》曰:"初,《左氏傳》多古字古言,學者傳訓故而已。及歆治《左氏》,引傳文以解經,轉相發明,由是章句義理備焉。"

錫瑞案:史公生於劉歆未出之前,其説最爲近古,班氏生於《左氏》盛行之後,其説信而有徵。史公以丘明爲魯君子,別出於七十子之外,則左氏不在弟子之例,不傳《春秋》可知。云"七十子之徒口受其傳指",而左氏特"因孔子史記,具論其語",則左氏未得口授可知。班氏云漢初學《左氏》者惟傳訓故,則其初不傳微言大義可知。云歆治《左氏》,引傳文以解經,由是備章句義理,則劉歆以前,未嘗引傳解經,亦無章句義理可知。據馬、班兩家之説,則漢博士謂"左丘明不傳《春秋》",范升[3]謂左氏不祖孔子而出於丘明,師徒相傳又無其人,必是實事,而非誣妄。《左傳疏》據沈氏[4]云:"《嚴氏春秋》引《觀周》篇云[5]:孔子將修《春秋》,與左丘明乘如周,觀書於周史,歸而修《春秋》之經,丘明爲之傳,共爲表裏。"案:沈氏謂陳沈文阿。《嚴氏春秋》久成絶學,未必陳時尚存。漢博士治《春秋》者,惟嚴、顏兩家,嚴氏若有明文,博士無緣不知。如《左氏傳》與《春秋經》相表裏,何以有"丘明不傳《春秋》"之言?劉歆博極群書,又何不引《嚴氏春秋》以駁博士?則沈引《嚴氏春秋》必僞,其不可信者一也。《左傳疏》引劉向《別録》云:"左丘明授曾申,申授吳起,起授其子期,期授楚人鐸椒,鐸椒作《鈔撮》八卷授虞卿,虞卿作《鈔撮》九卷授荀卿,荀卿授張蒼。"[6]陸德明《經典釋文》略同,蓋皆本於《別録》。案:《左氏》傳授,《史》《漢》皆無明文。《漢書·儒林傳》云:"漢興,北平侯張蒼及梁太傅賈誼、京兆尹張敞、太中大夫劉公子,皆修《春秋左氏傳》。"[7]而張蒼、賈誼、張敞傳,皆不云傳《左氏春秋》,故范升以爲師徒相傳無其人。若如《別録》傳授源流若此彰灼,范升何得以此抵《左氏》,陳元[8]又何不引以轉抵范升?蓋如

《釋文》所引《毛詩》源流，同爲後人附會，則陸、孔所引劉向《別録》必僞，其不可信者二也。趙匡已以《釋文序録》例爲妄，謂此乃近世之儒欲尊崇《左氏》，妄爲此記。向若傳授分明如此，《漢書》張蒼、賈誼及《儒林傳》何故不書？則其僞可知也。是唐人已知之而明辨之矣。

箋注

〔1〕 周室，即周王朝。《左傳·僖公四年》："五侯九伯，女實征之，以夾輔周室。"前497年，孔子周游列國，過宋、衛、曹、鄭、陳、蔡等國，久不得志，返魯著書。魯國在東，周王朝之都城宗周、成周皆在魯國西部，故稱西觀周室。

〔2〕 刺譏，猶言譏刺。褒諱，即揚善隱惡。挹損，即貶抑。辭，原刻本脱，據《史記》補。

〔3〕 范升，字辯卿，代郡人。東漢經學家。《後漢書》卷三六有傳。

〔4〕 沈氏，即沈文阿，字國衛，沈峻子，南朝陳吳興武康（今屬浙江）人。治三《禮》、三《傳》，著有《儀禮》《經典大義》等書。《陳書》卷三三有傳。孔穎達《春秋正義序》："晉、宋傳授以至於今，其爲義疏者則有沈文阿、蘇寬、劉炫……今奉敕删定，據以爲本，其有疏漏，以沈氏補焉。"

〔5〕 嚴彭祖，字公子，下邳（今江蘇邳縣）人，西漢經學家，與顏安樂同隨眭孟習《公羊春秋》，後各專門傳授，成嚴、顏之學。《後漢書》卷七九上《儒林傳上》："前《書》齊胡母子都傳《公羊春秋》，授東平嬴公，嬴公授東海孟卿，孟卿授魯人眭孟，眭孟授東海嚴彭祖、魯人顏安樂。彭祖爲《春秋》嚴氏學，安樂爲《春秋》顏氏學。"《觀周篇》，即《孔子家語·觀周第十一》。

〔6〕 見《春秋左傳正義》卷一《春秋序》。

〔7〕 張蒼、賈誼注見前。《後漢書》卷七九下《儒林傳·董均》："梁太傅賈誼爲《春秋左氏傳訓詁》，授趙人貫公。"張敞（前？—前48），字子高，西漢京兆杜陵（今陝西西安）人，祖籍河東平陽（今山西臨汾）人，《漢書·張敞傳》："敞本治《春秋》，以經術自輔，其政頗雜儒雅，往往表賢顯善，不醇用誅罰，以此能自全，竟免於刑戮。"劉公子，即劉歆，曾官太中大夫，《漢書·楚元王傳（附劉歆）》："哀帝初即位，大司馬王莽舉歆宗室有材行，爲侍中太中大夫……及歆校秘書，見古文《春秋左氏傳》，歆大好之。"

〔8〕 陳元，字長孫，蒼梧廣信人。少傳父業，習《左氏春秋》。《後漢書》卷三六有傳。

23. 論趙匡、鄭樵辨左氏非丘明,《左氏傳》文實有後人附益

    劉歆以爲左丘明好惡與聖人同,親見夫子,始以作《傳》之左氏,爲《論語》之丘明。漢博士惟争左丘明不傳《春秋》,而作《傳》之丘明與《論語》之丘明,是一是二,未嘗深辨。其後桓譚、班固以至啖助,皆同劉歆説,無異議。趙匡始辨之曰:"啖氏依舊説,以左氏爲丘明,受經於仲尼。今觀《左氏》解經,淺於《公》《穀》,誣謬實繁,若丘明才實過人,豈宜若此? 推類而言,皆孔門後之門人。但《公》《穀》守經,《左氏》通史,故其體異耳。丘明者,蓋夫子以前賢人,如史佚、遲任之流[1],見稱於當時耳。"[2]王安石《左氏解》疑左氏爲六國時人者十一事[3],其書不傳。葉夢得疑《傳》及韓、魏、知伯、趙襄子之事[4],鄭樵《六經奧論》辨之尤力,曰:"《左氏》終紀韓、魏、知伯之事,又舉趙襄子之謚,若以爲丘明,自獲麟至襄子卒,已八十年矣。使丘明與孔子同時,不應孔子既没七十有八年之後,丘明猶能著書,此左氏爲六國人明驗一也。《左氏》:'戰於麻隧,秦師敗績,獲不更女父。'[5]又云:'秦庶長鮑、庶長武帥師及晉師戰於櫟。'[6]秦至孝公時立賞級之爵[7],乃有不更、庶長之號,明驗二也。《左氏》云:'虞不臘矣。'[8]秦至惠王十二年初臘[9],明驗三也。《左氏》師承鄒衍之説而稱帝王子孫,案齊威王時鄒衍推五德終始之運[10],明驗四也。《左氏》言分星,皆準堪輿[11],案韓、魏分晉之後,而堪輿十二次,始於趙分曰大梁之語[12],明驗五也。《左氏》云:'左師展將以公乘馬而歸。'[13]案三代時有車戰,無騎兵,惟蘇秦合從六國,始有"車千乘、騎萬匹"之語,明驗六也。《左氏》序吕相絶秦[14]、聲子説齊[15],當作"楚",此誤。其爲雄辨狙詐[16],真游説之士,捭闔之辭,明驗七也。《左氏》之書,序晉、楚事最詳,如'楚師熠'、'猶拾瀋'等語[17],則左氏爲楚人,明驗八也。據此八節,可以知左氏非丘明,是爲六國時

人，無可疑者。或問伊川曰：'左氏是丘明否？'曰：'傳無丘明字，不可考。'真知言歟！"[18] 朱子亦謂"《左傳》有縱橫意思""'不臘'是秦時文字"二條[19]，蓋本鄭樵。

錫瑞案：《史記》張守節《正義》云："秦惠文王始效中國爲之。"明古有臘祭，秦至是始用，非至是始創，則以"不臘"爲秦時文字，固未可據。"左師展將以公乘馬而歸"，即子家子謂"公以一乘入於魯師"之意，一乘仍是車乘，亦未可據爲乘馬之證。傳及知伯，或後人續增。不更、庶長之類，或亦後人改竄。《左氏》一書，實有增竄之處。文十三年《傳》"其處者爲劉氏"，劉炫、孔穎達已明言先儒插此媚世。僖十五年《傳》"上天降災"至"唯君裁之"四十一字，服、杜及唐定本皆無[20]。林黃中謂《左傳》"君子曰"是劉歆之辭。王應麟曰："'八世之後'，其田氏篡齊之後之言乎？'公侯子孫必復其始'，其三卿分晉之後之言乎？'其處者爲劉氏'，其漢儒欲立左氏者所附益乎？皆非《左氏》之舊也。"近儒姚鼐以"公侯子孫必復其始"，及"季札聞歌《魏》，曰：'以德輔此，則明主也'"，傳中盛稱魏絳、魏舒之類，爲吳起附益以媚魏者[21]。陳澧以《左傳》凡例與所記之事有違反者，可見凡例未必盡是，而傳文亦有後人所附益[22]。劉逢祿以《左氏》凡例、書法皆出劉歆[23]。雖未見其必然，而《左氏》有後人附益之辭，唐宋人已有此疑矣。

箋注

[1] 史佚，或作史逸，亦稱作册逸、尹佚、尹逸。西周初史官。《左傳·僖公十五年》："且史佚有言曰：'無始禍，無怙亂，無重怒。'"杜預注："史佚，周武王時太史，名佚。"遲任，傳説中之上古賢人。《尚書·盤庚上》："遲任有言曰：'人惟求舊，器非求舊，惟新。'"孔安國《傳》："遲任，古賢。"

[2] 見《春秋集傳纂例》卷一《趙氏損益義第五》。

[3] 《困學紀聞》卷六《左氏》："王介甫疑《左氏》爲六國時人者十一事。"注："介甫《左氏解》一卷，其序謂'爲《春秋》學餘二十年'，《館閣書目》以爲依托。"《宋史》卷二〇二《藝文志》："王安石《左氏解》一卷。"

[4] 案，葉夢得疑《傳》及韓、魏、知伯、趙襄子之事，見所著《春秋考》卷三《統

論》。知伯，即荀瑤（？—前560），姬姓，知（同"智"）氏，名瑤，諡曰"武"，故亦稱智武子、智瑤，世人尊稱其爲知伯。春秋末葉晉國大夫。趙襄子（？—前425），嬴姓，趙氏，名無恤，亦作"毋恤"，春秋末葉晉國大夫，趙簡子趙鞅之子。諡曰"襄"，故史稱"趙襄子"。趙襄子四年，聯合知伯、韓、魏盡分范氏、中行氏故地，并逐晉出公。二十一年，知伯索地於趙、韓、魏，獨趙不與，知伯遂率韓、魏攻趙，趙襄子固守晉陽，歲餘不下，知伯引水灌城。後無恤私與韓、魏合謀，反滅知伯，三分其地，爲此后三家分晉奠定基礎。

〔5〕《左傳·成公十三年》："五月，丁亥，晉師以諸侯之師及秦戰於麻隧，秦師敗績，獲秦成差及不更女父。"杜預注："不更，秦爵。"

〔6〕《左傳·襄公十一年》："秦庶長鮑、庶長武帥師伐晉以救鄭。鮑先入晉地，士魴禦之，少秦師而弗設備。壬午，武濟自輔氏，與鮑交伐晉師。己丑，秦、晉戰於櫟，晉師敗績，易秦故也。"杜預注："庶長，秦爵也。"

〔7〕《史記·秦本紀》："鞅之初爲秦施法，法不行，太子犯禁。"《集解》引《漢書》曰："商君爲法於秦，戰斬一首賜爵一級，欲爲官者五十石。其爵名：一爲公士，二上造，三簪褭，四不更，五大夫，六官大夫，七公大夫，八公乘，九五大夫，十左庶長，十一右庶長，十二左更，十三中更，十四右更，十五少上造，十六大上造，十七駟車庶長，十八大庶長，十九關內侯，二十徹侯。"

〔8〕《左傳·僖公五年》："宫之奇以其族行，曰：'虞不臘矣！'"杜預注："臘，歲終祭祀衆神之名。"

〔9〕《史記·秦本紀》："（惠王）十二年，初臘。"張守節《正義》："臘，盧盍反，十二月臘日也。秦惠文王始效中國爲之，故云初臘。獵禽獸以歲終祭先祖，因立此日也。《風俗通》云：'《禮傳》云"夏曰嘉平，殷曰清祀，周曰蜡，漢改曰臘"。《禮》曰"天子大蜡八，伊耆氏始爲蜡"。蜡者，索也。歲十二月合聚萬物而索饗之。'"

〔10〕鄒衍，一作騶衍（約前305—前240），戰國時齊國人，居稷下。曾歷游魏、燕、趙等國，見尊於諸侯。好談天文，時人稱爲"談天衍"。提出五德終始之說。《史記》卷七四《孟子荀卿列傳》附傳："其次騶衍，後孟子。騶衍睹有國者益淫侈，不能尚德，若大雅整之於身，施及黎庶矣。乃深觀陰陽消息，而作怪迂之變，《終始》《大聖》之篇十餘萬言。"

〔11〕分星，與地上分野相對應之星次。堪輿，《文選·揚雄〈甘泉賦〉》李善注引漢許慎曰："堪，天道也；輿，地道也。"後因以"堪輿"指稱天地。《左傳·襄公九年》："古之火正，或食於心，或食於咮，以出內火。是故咮爲鶉火，心爲大火。陶唐氏之火正閼伯，居商丘，祀大火，而火紀時焉。相土因之，故商

主大火。商人閱其禍敗之釁，必始於火，是以日知其有天道也。"孔穎達《正義》曰："祀大火者，閼伯祀此大火之星，居商丘，而祀火星也。相土因之，復主大火，是商丘之地屬大火也。然則在地之土，各有上天之分。《周禮》：'保章氏以星土辯九州之地所封，封域皆有分星。'"

〔12〕《周禮·春官宗伯·保章氏》："以星土辨九州之地，所封封域，皆有分星，以觀妖祥。"鄭玄注："《堪輿》雖有郡國所入度，非古數也。今其存可言者，十二次之分也。星紀，吳越也；玄枵，齊也；娵訾，衛也；降婁，魯也；大梁，趙也；實沈，晉也；鶉首，秦也；鶉火，周也；鶉尾，楚也；壽星，鄭也；大火，宋也；析木，燕也。此分野之妖祥，主用客星、彗孛之氣爲象。"

〔13〕《左傳·昭公二十五年》："左師展將以公乘馬而歸，公徒執之。"孔穎達《正義》曰："古者服牛乘馬，馬以駕車，不單騎也。至六國時，始有單騎。蘇秦云'車千乘，騎萬匹'是也。"

〔14〕呂相，即春秋時晉大夫魏錡之子魏相，以擅長外交辭令著稱。《左傳·成公十三年》："夏四月戊午，晉侯使呂相絕秦。"杜預注："呂相，魏錡子。蓋口宣己命。"

〔15〕聲子，即蔡聲子，公子朝之子，蔡文公之孫。《左傳·襄公二十六年》："及宋向戌將平晉、楚，聲子通使於晉。還，如楚。令尹子木與之語，問晉故焉。且曰：'晉大夫與楚孰賢？'對曰：'晉卿不如楚，其大夫則賢，皆卿材也。如杞、梓、皮革，自楚往也。雖楚有材，晉實用之。'子木曰：'夫獨無族姻乎？'對曰：'雖有，而用楚材實多。歸生聞之：善爲國者，賞不僭而刑不濫。賞僭則懼及淫人，刑濫則懼及善人。若不幸而過，寧僭勿濫。與其失善，寧其利淫。無善人則國從之……'"

〔16〕狙詐，即狡猾奸詐。《漢書·叙傳下》："吳孫狙詐，申商酷烈。"

〔17〕《左傳·昭公二十三年》："吳人伐州來，楚薳越帥師及諸侯之師奔命救州來。吳人禦諸鍾離。子瑕卒，楚師熸。"熸(jiān)：潰敗。《左傳·哀公三年》："夏，五月，辛卯，司鐸火。火逾公宫，桓、僖災……富父槐至，曰：'無備而官辦者，猶拾瀋也。'於是乎去表之槁，道還公宫。"拾瀋，拾取汁水，比喻事情不可能辦到。

〔18〕見《六經奧論》卷四《春秋經》。

〔19〕《朱子語類》卷八三《春秋·綱領》："如《左傳》之文，自有縱橫意思。《史記》却説：'左丘失明，厥有《國語》。'或云，左丘明，左丘其姓也。《左傳》自是左姓人作。又如秦始有臘祭，而左氏謂'虞不臘矣'，是秦時文字分明。"又："林黄中謂《左傳》'君子曰'是劉歆之辭。"

〔20〕僖十五年，原刻本誤作“僖十六年”，據《左傳》改。杜，原刻本誤作“柱”，據文意改。

〔21〕姚鼐，注見前。魏絳，姬姓，魏氏，名絳，卒謚莊，一説謚昭，史稱魏莊子。魏舒，魏絳子，一説魏絳孫，卒謚獻，史稱魏獻子。吴起，曾學於曾子，善用兵。兵法與孫武、孫臏齊名。《惜抱軒詩文集》文集卷三《左傳補注序》：“余考其書，於魏氏事造飾尤甚，竊以爲吴起爲之者蓋尤多。夫魏絳在晉悼公時甫佐新軍，在七人下耳，安得平鄭之後賜樂，獨以與絳？魏獻子合諸侯于位之人，而述其爲政之美詞，不恤其誇，此豈信史所爲，論本事而爲之傳者耶？國風之《魏》，至季札時亡久矣。與《邶》《鄘》《鄶》等而札胡獨美之曰：‘以德輔此則明主也’？此與魏大名‘公侯子孫必復其始’之談，皆造飾以媚魏君者耳。”

〔22〕陳澧《東塾讀書記》卷一〇《春秋三傳》：“《左傳》凡例與所記之事有違反者，可見凡例未必盡是。《左氏》之文有後人所附益，而又未詳考《傳》中之事也。”

〔23〕劉逢禄《公羊何氏釋例後録》卷四《哀公篇》：“又《左氏微》二篇。證曰：此書蓋非左氏之舊，或歆所造書法、凡例之類也。”

24. 論賈逵奏《左氏》義長於《公羊》，以己所附益之義爲《左氏》義，言多誣妄

《後漢書·賈逵傳》：“帝善逵説，使出《左氏傳》大義長於二《傳》者。逵於是具條奏之曰：‘臣謹摘出《左氏》三十事尤著明，斯皆君臣之正義，父子之紀綱，其餘同《公羊》者，什有八九，或文簡小異，無害大體。至如祭仲、紀季、伍子胥、叔術之屬，《左氏》義深於君父，《公羊》多任於權變。’”[1]李賢注：“《左傳》：宋人執鄭祭仲，曰：‘不立突將死。’祭仲許之，遂出昭公而立厲公。[2]杜預注云：‘祭仲之如宋，非會非聘，見誘被拘，廢長立少，故書名罪之。’”[3]《公羊傳》曰：“祭仲者何？鄭之相也。何以不名？賢也。何賢乎祭仲？以爲知權也。其知權奈何？宋人執之，謂之曰：‘爲我出忽而立突。’祭仲不從其言，則君必死，國必

亡；從其言，則君可以生易死，國可以存易亡。古之有權者，祭仲之權是也。"〔4〕《左傳》："紀季以酅入於齊。"〔5〕紀侯大去其國，賈逵以爲紀季不能兄弟同心以存國，乃背兄歸讎，書以譏之。《公羊傳》曰："紀季者何？紀侯之弟也。何以不名？賢也。何賢乎？服罪也。其服罪奈何？請後立廟以存姑姊妹。"《左傳》："楚平王將殺伍奢，召伍奢子伍尚、伍員曰：'來，吾免而父。'尚謂員曰：'聞免父之命，不可以莫之奔。親戚爲戮，不可以莫之報。父不可棄，名不可廢。'子胥奔吳，遂以吳師入郢，卒復父讎。"〔6〕《公羊傳》曰："父受誅，子復讎，推刃之道也。"〔7〕《公羊》不許子胥復讎，是不深父也。《左傳》曰："冬，邾黑肱以濫來奔。賤而書名，重地故也。君子曰：'名之不可不慎，以地叛，雖賤必書地以名其人，終爲不義，不可滅已。是以君子動則思禮，行則思義。'"〔8〕《公羊傳》："冬，黑肱以濫來奔。文何以無邾婁？通濫也。曷爲通濫？賢者子孫宜有地。賢者孰謂？謂叔術也。何賢乎叔術？讓國也。"〔9〕

　　錫瑞案：《春秋》大義在誅亂臣賊子，賈逵以義深君父爲重，自是正論，而所舉數事，則無一合者。《公羊》釋經者也，經書祭仲、紀季字而不名，故以爲賢，書黑肱不加邾婁，故以爲通濫。《左氏》紀事，不釋經者也，序祭仲事，與《公羊》略同，而未加斷語。杜預乃執大夫書名之例，以祭仲書名爲有罪。《左氏》明云祭封人仲足，又屢舉"鄭祭足"，是名足、字仲甚明，豈有以伯、仲、叔、季爲名者乎？《左氏》曰"紀侯不能下齊以與紀季"，則紀季入齊，是受兄命，亦與《公羊》略同，賈責以背兄歸讎，《左氏》有此説乎？《左氏》序子胥，亦未加斷語，而鬭辛有"君討臣，誰敢讎之"之言〔10〕，忠孝不能兩全，二人各行其是。若如賈逵之説，正可以《左氏》載鬭辛語爲不深父矣。《公羊》借子胥明復讎之義，謂父不受誅，子復讎可也，父受誅，子復讎，此推刃之道，是泛言人子應復讎、不應復讎之通義。子胥之父以忠獲罪，正不受誅、應復讎者，《公羊》未嘗不許子胥復讎。賈逵乃不引其上句與事合者，而引其下句不與事合者，妄斷爲不深父，不猶胥吏之舞文乎？叔術事，《左氏》不載，可不必論。何休《解詁序》謂："賈逵緣隙奮筆〔11〕，以爲《公羊》可奪，《左氏》可興。"賈逵《春秋左氏長義》二十卷〔12〕，見於《隋書·經籍志》

者,今佚不存,其所摘三十事,亦不可考。而如所引祭仲、紀季、伍子胥事,皆不足爲《左氏》深君父、《公羊》任權變之證。《公羊》於祭仲之外未嘗言權,逴乃以緣隙奮筆之私心,逞舞文弄法之謬論,欲抑《公羊》而莫能抑,欲伸《左氏》而莫能伸,乃必以爲《左氏》義長,而此三事《左氏》止紀實,而未嘗發義,不知其長者安在? 逴以己所附益之義爲《左氏》義,以難《公羊》,上欺其君,而下欺後世。東漢之治古學、貴文章者,大率類此,惜李育、何休未能一一駁之[13]。

箋注

〔1〕“使出”“什有八九”,《後漢書·賈逵傳》作“使發出”“什有七八”。祭仲,名足,字仲,春秋時鄭國人,亦稱祭封人。桓公十一年,祭仲廢昭公而立厲公。紀季,紀侯弟。紀季以酅地入齊國,以爲齊國附庸。伍子胥,名員,楚國人,後奔吴。其父兄爲楚平王殺害,伍子胥以吴師入楚,復父兄仇。叔術,即邾叔術,邾武公之弟,繼兄而立,後傳位於兄子邾夏父。

〔2〕見《左傳·桓公十一年》,原文爲:“雍氏宗有寵於宋莊公,故誘祭仲而執之,曰:‘不立突,將死!’亦執厲公而求賂焉。祭仲與宋人盟,以厲公歸而立之。”

〔3〕《春秋左傳正義》卷七引杜預《釋例》曰:“祭仲之如宋,非會非聘,與於見誘,而以行人應命,不能死節,挾僞以篡其君,故經不稱行人以罪之。”

〔4〕《春秋公羊傳·桓公十一年》:“古之有權者,祭仲之權是也。”何休注:“古人,謂伊尹也。湯孫大甲驕蹇亂德,諸侯有叛志,伊尹放之桐宮,令自思過,三年而復成湯之道。前雖有逐君之負,後有安天下之功,猶祭仲逐君存鄭之權是也。”

〔5〕《左傳·莊公三年》:“秋,紀季以酅入於齊。紀於是乎始判。”杜預注:“判,分也。言分爲附庸始於此。”《春秋公羊傳·莊公三年》:“秋,紀季以酅入於齊。紀季者何? 紀侯之弟也。何以不名? 賢也。何賢乎紀季? 服罪也。其服罪奈何? 魯子曰:‘請後五廟以存姑姊妹。’”何休注:“紀與齊爲讎,不直齊大紀小,季知必亡,故以酅首服,先祖有罪於齊,請爲五廟後,以酅共祭祀,存姑姊妹。稱字賢之者,以存先祖之功,則除出奔之罪,明其知權。言入者,難辭,賢季有難去兄入齊之心,故見之。男謂女先生爲姊,後生爲妹,父之姊妹爲姑。”

〔6〕《左傳·昭公二十年》：“無極曰：‘奢之子材，若在吳，必憂楚國，盍以免其父召之。彼仁，必來。不然，將爲患。’王使召之，曰：‘來，吾免而父。’棠君尚謂其弟員曰：‘爾適吳，我將歸死，我能死，爾能報。聞免父之命，不可以莫之奔也；親戚爲戮，不可以莫之報也。奔死免父，孝也；度功而行，仁也；擇任而往，知也；知死不辟，勇也。父不可棄，名不可廢，爾其勉之！相從爲愈’……員入吳，言伐楚之利於州於。”《史記·伍子胥傳》：“及吳兵入郢，伍子胥求昭王既不得，乃掘楚平王墓，出其尸鞭之三百然後已。”

〔7〕《春秋公羊傳·定公四年》：“父不受誅，子復讎可也；父受誅，子復讎，推刃之道也。復讎不除害，朋友相衛，而不相迿，古之道也。”何休注：“復讎，非當復討其子，一往一來曰推刃。”

〔8〕見《左傳·昭公三十一年》。

〔9〕見《公羊傳·昭公三十一年》，“黑肱”，《公羊傳》作“黑弓”。

〔10〕鬪辛，春秋時楚國人。鬪成然子。楚平王殺成然，使辛居鄖，是爲鄖公。柏舉之戰，吳師入郢，昭王奔鄖，辛弟懷欲殺王，辛以爲不可。與弟巢從王奔隨。後楚昭王復入郢，賞辛與懷。《左傳·定公四年》：“鄖公辛之弟懷將弑王，曰：‘平王殺吾父，我殺其子，不亦可乎？’辛曰：‘君討臣，誰敢讎之？君命，天也。若死天命，將誰讎？《詩》曰：‘柔亦不茹，剛亦不吐。不侮矜寡，不畏强禦’，唯仁者能之。’”

〔11〕何休《春秋公羊序》：“至使賈逵緣隙奮筆，以爲《公羊》可奪，《左氏》可興。”《疏》：“言‘緣隙奮筆’者，莊、顔之徒説義不足，故使賈逵得緣其隙漏，奮筆而奪之，遂作《長義》四十一條，云《公羊》理短，《左氏》理長，意望奪去《公羊》而興《左氏》矣。”

〔12〕《春秋左氏長義》，又名《春秋左氏長經》《春秋左氏長經章句》。《經典釋文》卷一《序録》：“逵受詔列《公羊》《穀梁》不如《左氏》四十事奏之，名曰《左氏長義》，章帝善之。”《隋書》卷三二《經籍志一》：“《春秋左氏長經》二十卷，漢侍中賈逵章句。”《舊唐書》卷四六《經籍志》：“《春秋左氏長經章句》三十卷，賈逵撰。”《新唐書》卷五七《藝文志·經部春秋類》：“賈逵《春秋左氏長經章句》二十卷。”

〔13〕李育，字元春，扶風漆人，東漢經學家，習《公羊春秋》。《後漢書》卷七九下《儒林傳·李育》：“嘗讀《左氏傳》，雖樂文采，然謂不得聖人深意，以爲前世陳元、范升之徒更相非折，而多引圖讖，不據理體，於是作《難左氏義》四十一事。建初元年，衛尉馬廖舉育方正，爲議郎。後拜博士。四年，詔與諸儒論五經於白虎觀，育以公羊義難賈逵，往返皆有理證，最爲通儒。”何休，東

漢經學家，精研六經，作《春秋公羊解詁》。《後漢書》卷七九下《儒林傳·何休》：“休善曆算，與其師博士羊弼，追述李育意以難二《傳》，作《公羊墨守》《左氏膏肓》《穀梁廢疾》。”

25. 論《左氏傳》不解經，杜、孔已明言之，劉逢禄考證尤詳晰

晉王接謂《左氏》自是一家書[1]，不主爲經發，此確論也。祖《左氏》者或不謂然，試以《春秋經》及《左氏傳》證之。莊公二十六年傳：“秋，虢人侵晉。冬，虢人又侵晉。”杜預《集解》云：“此年經、傳各自言其事者，或經是直文，或策書雖存，而簡牘散落，不究其本末，故傳不復申解，但言傳事而已。”孔《疏》曰：“此年傳不解經，經、傳各自言事。伐戎、日食[2]，體例已舉，或可經是直文，不須傳說。曹殺大夫，宋、齊伐徐，或須說其所以。此去丘明已遠，或是簡牘散落，不復能知故耳。上二十年亦傳不解經，彼經皆是直文，故就此一說，言下以明上。”[3]劉逢禄《左氏春秋考證》曰[4]：“《左氏》後於聖人，未能盡見列國寶書，又未聞口授微言大義，惟取所見載籍，如晉《乘》、楚《檮杌》等相錯編年爲之，本不必比附夫子之經，故往往比年闕事。劉歆强以爲傳《春秋》，或緣經飾說，或緣《左氏》本文前後事，或兼采他書以實其年。如此年之文，或即用《左氏》文，而增春、夏、秋、冬之時，遂不暇比附經文，更綴數語。要之皆出點竄，文采便陋，不足亂真也。然歆雖略解經文，顛倒《左氏》，二書猶不相合。《漢志》所列《春秋古經》十二篇，《經》十一卷，《左氏傳》三十卷是也。自賈逵以後，分經附傳，又非劉歆之舊，而附益改竄之迹益明矣。”

錫瑞案：劉氏以爲劉歆改竄傳文，雖未見其必然，而《左氏傳》不解經，則杜、孔極祖《左氏》者亦不能爲之辨。杜《序》明言“分經之年，與傳之年相附”[5]，孔《疏》云：“丘明作傳，不敢與聖言相亂，經傳異處，於省覽爲煩，故杜分年相附。”是分年附傳，實始於杜，非始賈逵，劉氏

説猶未諦。劉氏《考證》又舉隱二年“紀子帛、莒子盟於密”，證曰：“如此年《左氏》本文全闕，所書皆附益也。”十年“六月戊申”，證曰：“十年《左氏》文闕。”桓公元年，證曰：“是年《左氏》文闕。”七年“冬，曲沃伯誘晉小子侯殺之”，證曰：“即有此事，亦不必在此年，是年《左氏》文闕。”九年“冬，曹太子來朝”，證曰：“是年《左氏》文闕，巴子篇年月無考。”十年“冬，齊、衛、鄭來戰於郎，我有辭也”，證曰：“是年《左氏》文闕，虞叔篇年月無考。”十一年，證曰：“楚屈瑕篇年月無考。”十二年，證曰：“是年《左氏》文闕。楚伐絞篇當與屈瑕篇相接，年月亦無考。”十三年，證曰：“是年亦闕，伐羅篇亦與上相接，不必蒙此年也。”十四年，證曰：“是年文亦闕。”十六年，證曰：“是年亦闕。”十七年，證曰：“是年文蓋闕。”莊元年，證曰：“此以下七年文闕。楚荊尸篇、伐申篇年月亦無考。”十三年、十五年、十七年，證曰：“文闕。”二十七年，證曰：“比年《左氏》文闕，每於年終分析晉事，附益之迹甚明。蓋《左氏》舊文之體，如《春秋》前則云惠之二十四年，獲麟以後則云悼之四年，本不必拘拘比附《春秋》年月。”二十九年，證曰：“文闕。”三十年，證曰：“是年亦闕。”三十一年，證曰：“文闕。”僖元年，證曰：“是年文闕。”

錫瑞案：自幼讀《左氏傳》，“書”“不書”之類，獨詳於隱公前數年，而其後甚略，疑其不應如此草草。及觀劉氏《考證》，《左氏》釋經之文，闕於隱、桓、莊、閔爲尤甚，多取晉、楚之事敷衍，似皆出晉《乘》、楚《檮杌》。尤可疑者，杜、孔皆謂經傳各自言事，是雖經劉歆、賈逵諸人極力比附，終不能彌縫其迹。王接謂傳“不主爲經發”，確有所見。以劉氏《考證》爲左驗，學者可以恍然無疑。劉逢祿曰：“《左氏》以良史之材，博聞多識，本未嘗求附於《春秋》之義。後人增設條例，推衍事迹，強以爲傳《春秋》，冀以奪《公羊》博士之師法，名爲尊之，實則誣之，《左氏》不任咎也。余欲以《春秋》還之《春秋》，《左氏》還之《左氏》，而刪其書法凡例，及論斷之謬於大義，孤章絕句之依附經文者，冀以存《左氏》之本真。”[6] 近人有駁劉氏者，皆強説不足據。

箋注

〔1〕王接,字祖游,河東猗氏(今山西臨猗南)人,博通衆書,著有《公羊春秋注》《列女後傳》等書。另著有詩賦、碑頌、論議等,喪亂盡失。《晉書》卷五一《王接傳》:"接學雖博通,特精《禮》《傳》。常謂《左氏》辭意贍富,自是一家書,不主爲經發。"

〔2〕《左傳·莊公二十年》:"冬,齊人伐戎。"《左傳·隱公三年》:"三年春,王二月,己巳,日有食之。"杜預注:"無傳。"《左傳·莊公二十年》:"冬,齊人伐戎。"杜預注:"無傳。"《左傳·莊公二十六年》:"夏,公至自伐戎。"杜預注:"無傳。"

〔3〕《左傳·莊公二十六年》:"曹殺其大夫。"杜預注:"無傳。不稱名,非其罪,例在文七年。"又"秋,公會宋人、齊人,伐徐。"杜預注:"無傳。宋序齊上,主兵。"

〔4〕《鄭堂讀書記》卷一一《經部六之下》:"《左氏春秋考證》二卷(原刊本)。國朝劉逢禄撰。申受以《左氏春秋》猶《晏子春秋》《吕氏春秋》也。直稱《春秋》,太史公所據舊名也。冒曰《春秋左氏》,則東漢以後之以訛傳訛者矣。因撰此編正其名,曰《左氏春秋考證》。上卷凡一百十九條,皆摘引傳文,各證其非《左氏》舊文,爲劉歆所比附;下卷凡二十四條,皆摘引《史記》、前後《漢書》、《説文》、孔《疏》、劉向《别録》諸書,各證《左氏》不傳《春秋》,總屬劉歆所改竄。"引文見《春秋左傳考證》卷一《桓公篇》。

〔5〕見《春秋左傳正義》卷一《春秋序》,孔穎達《正義》:"丘明作傳,不敢與聖言相亂,故與經别行,何止丘明、公羊、穀梁? 及毛公、韓嬰之爲《詩》作傳,莫不皆爾。經傳異處,於省覽爲煩,故杜分年相附,别其經傳,聚集而解之。杜言'集解',謂聚集經傳爲之作解,何晏《論語集解》乃聚集諸家義理以解《論語》,言同而意異也。"

〔6〕見《劉禮部集》卷三《申左氏膏肓序》,引文有删改。

26. 論《左氏傳》止可云載記之傳,劉安世已有"經自爲經,傳自爲傳,不可合一"之説

張杓曰[1]:"傳有二義,有訓詁之傳,有載記之傳。訓詁之傳,主於

釋經；載記之傳，主於紀事。昔之傳《春秋》者五家，鄒氏無師，夾氏無書，今所傳惟《左》《公》《穀》。《公》《穀》依經立傳，經所不書，更不發義，故康成謂《穀梁》善於經，王接亦曰，《公羊》於文爲儉，通經爲長。此而例之訓詁之傳，猶或可也。若《左氏》之書，據太史公《十二諸侯年表》，則曰《左氏春秋》。而不言傳；據嚴彭祖引《觀周篇》之文，則言爲傳與《春秋》相表裏，而不言是釋經；據盧氏植、王氏接，則謂囊括古今，成一家之言，不主爲經發；據高氏祐[2]、賀氏循[3]，則并目之爲史。是漢晉諸儒言《左氏》者，莫不以爲紀事之書，所謂載記之傳是也。故漢世《左傳》與《春秋》分行。至杜元凱作《集解》[4]，始割傳附經，妄生義例，謂‘傳或先經以紀事[5]，或後經以終義，或依經以辨理，或錯經以合異’，一似《左氏》此書專爲解駁經義者。獨不思經止哀十六年，而傳則終於二十七年，如依杜説，此十有一年之傳，爲先後何經？ 依錯何經耶？ 甚矣其惑也。後儒不察，乃反依據杜本妄議《左氏》之書。唐權德輿[6]謂《左氏》有無經之傳，失其根本。宋王晳[7]謂《左氏》貪惑異説，於聖人微旨疏略。明何異孫[8]謂《左氏》疏於義理，理不勝文。凡此狂言，皆杜氏以傳附經，謂《左氏》專爲釋經而作，有以啓之也。昔人謂三《傳》作而《春秋》微[9]，余亦謂杜注行而《左傳》隱。”

錫瑞案：《史記》云《左氏春秋》，《漢志》云《左氏傳》，近人據博士説“左丘明不傳《春秋》”，以《漢志》稱《傳》爲沿劉歆之誤。此獨分別有訓詁之傳，有載記之傳，以《左傳》爲載記之傳，其説亦通。《南齊書·陸澄傳》曰：“泰元取服虔，而兼取賈逵經。服傳無經[10]，雖在注中，而傳又有無經者故也。今留服而去賈，則經有所闕。”據此，則服子慎知經傳有別，故但釋傳而不釋經，賈景伯則經傳并釋。杜從賈，不從服，故《集解序》不及服虔。其後服、杜并行，卒主杜而廢服。蓋以杜解有經，服解無經之故。不知經傳分行，實古法也。劉安世曰[11]：“《公》《穀》皆解正《春秋》，《春秋》所無者，《公》《穀》未嘗言之。若《左傳》，則《春秋》所有者或不解，《春秋》所無者或自爲傳。故先儒以謂《左氏》‘或先經以起事，或後經以終義，或依經以辨理，或錯經以合異’[12]，然其説亦有時牽合。要之讀《左氏》者，當經自爲經，傳自爲傳，不可合而爲一也，然後通矣。"據此，則《左氏》經傳當各自爲書，宋人已見及之，可爲劉逢祿先路之導。

箋注

〔1〕張杓，號磬泉，祖籍浙江錢塘，遷廣東番禺（今廣州）。曾爲學海堂學長，著有《磨甗齋文存》。陳澧作《張磬泉先生傳》，見《東塾集》卷五、《碑傳集補》卷四八。引文見《磨甗齋文存·春秋之傳解》。

〔2〕高祐，字子集，小名次奴，北魏渤海蓚（今屬河北）人，高允從祖弟。本名高禧，因與咸陽王元禧同名，孝文帝元宏賜名高祐。《魏書》卷五七有傳《高祐傳》："至若《左氏》，屬詞比事，兩致并書，可謂存史意，而非全史體。"

〔3〕賀循（260—319），字彥先，諡曰穆，東晉會稽山陰（今浙江紹興）人。著有《喪服要記》《喪服譜》等書。《晉書》卷六八有傳。

〔4〕漢世、集解，原刻本誤作漢氏、集傳，據張杓《磨甗齋文存·春秋之傳解》改。

〔5〕傳或先經以紀事，杜預《春秋經傳集解序》作"傳或先經以始事"。

〔6〕權德輿（759—818），字載之，唐天水略陽（今甘肅秦安），後徙潤州丹徒（今江蘇鎮江）。以文章著稱，有《權載之文集》五十卷傳世。《舊唐書》卷一四八、《新唐書》卷一六五有傳。《權載之文集》卷四〇《明經策問·左氏傳》："《左氏》有無經之傳，杜氏又錯傳分經，誠多艷富，慮失根本，既學於是，頗嘗思乎。"

〔7〕王晳，字微之，北宋太原人，著有《春秋皇綱論》五卷傳世。又有《春秋通義》《異義》《孫子注》等書，皆佚。《春秋皇綱論》卷五《傳釋異同》："左氏善覽舊史，兼該衆說，得《春秋》之事迹甚備。然於經外自成一書，故有貪惑異說，采掇過當。至於聖人微旨，頗亦疏略。"

〔8〕何異孫，元代人，著有《十一經問對》五卷，皮氏云"明何異孫"者有誤。《十一經問對》卷五："《左氏》善於考事，而義理則疏；《公》《穀》於義理頗精，而考事則略。《左氏》理不勝文，《公》《穀》文不勝理。《左氏》之得，《公》《穀》失之。《公》《穀》之得，《左氏》失之。"

〔9〕章潢《圖書編》卷八《洛書洪範蔡氏洪範皇極總論》："後世擬《易》而《易》晦矣，補《書》而《書》亂矣，續《詩》而《詩》失矣，三《傳》作而《春秋》微矣，補《周禮》而《禮》亡矣，此僭經、擬經、窮經、經絕而後世多異論也。"

〔10〕服傳無經，《南齊書》卷三九《陸澄傳》作"由服傳無經"。

〔11〕 劉安世(1048—1125)，字器之，號讀易老人，學者稱元城先生，北宋魏(今河北大名)人，從學於司馬光。《宋史》卷三四五有傳。引文見《元城語録》卷中。

〔12〕 見杜預《春秋經傳集解序》。

27. 論杜預解《左氏》始別異先儒，盡棄二《傳》，不得以杜預之説爲孔子《春秋》之義

杜預《春秋序》曰："古今言《左氏春秋》者多矣，今其遺文可見者十數家，大體轉相祖述，進不成爲錯綜經文以盡其變，退不守丘明之傳，於丘明之傳有所不通，皆没而不説，而更膚引《公羊》《穀梁》，適足自亂。預今所以爲異，專修丘明之傳以釋經。經之條貫，必出於傳；傳之義例，總歸諸凡。推變例以正褒貶，簡二《傳》以去異端，蓋丘明之志也。然劉子駿創通大義〔1〕，賈景伯父子〔2〕、許惠卿〔3〕，皆先儒之美者也，末有潁子嚴者〔4〕，雖淺近，亦復名家，故特舉劉、賈、許、潁之違，以見同異。分經之年，與傳之年相附，比其義類，各隨而解之，名曰《經傳集解》。"《疏》曰："丘明作傳，不敢與聖言相亂，故與經別行，何止丘明，《公羊》《穀梁》及毛公、韓嬰之爲《詩》作傳，莫不皆爾。經傳異處，於省覽爲煩，故杜分年相附，別其經傳，聚集而解之。杜言'集解'，謂聚集經、傳爲之作解。"

錫瑞案：據杜、孔之説，杜之《集解》異於先儒者有數事。古者經自經，傳自傳，漢熹平石經《公羊》有傳無經，是其證。杜乃分經附傳，取便學者省覽，此異於先儒者一也。《左氏》本不解經，先儒多引《公》《穀》二傳以釋經義，漢儒家法，尚無臆説。杜乃盡棄二傳，專以己意解傳，并以己意解經。如以周公爲舊例，孔子爲新例是。此異於先儒者二也。鄭注《周禮》，先引杜、鄭〔5〕，韋注《國語》，明徵賈、唐〔6〕，言必稱先，不敢掠美。杜乃空舉劉、賈、許、潁，而《集解》中不著其名，此異於先儒者三也。杜解不舉所出，劉與許、潁之説盡亡，賈、服二家，尚存崖略。杜舉

四家而不及服，孔《疏》遂云"服虔之徒劣於此輩"[7]，其説非是。南北分立時代，江南《左傳》則杜元凱，河洛則服子慎。當時有"寧道孔孟誤，諱言鄭服非"之語，則服注盛行可知。據《世説新語》云"鄭君作《左氏傳》注未成，以與子慎"[8]，則鄭、服之學，本是一家。北方諸儒徐遵明傳服注[9]，傳其業者，有張買奴、馬敬德、邢峙諸人[10]。衛冀隆申服難杜[11]，劉炫作《春秋述義》《攻昧》《規過》[12]，以規杜氏。惟姚文安[13]排斥服注。南方則崔靈恩[14]申服難杜，虞僧誕[15]又申杜難服以答靈恩，秦道静[16]亦申杜以答衛冀隆。杜預玄孫坦與弟驥[17]爲青州刺史，故齊地多習杜義。蓋服、杜之争二百餘年，至唐始專宗杜。杜作《集解》，别異先儒，自成一家之學。唐作《正義》，掃棄異説，如駁劉炫以申杜是。又專用杜氏一家之學。自是之後，治《春秋》者既非孔子之學，亦非《左氏》之學，又非賈、服諸儒之學，止是杜預一家。正如元明以來，治《春秋》者止是胡安國一家，當時所謂經義，實安國之傳義。蓋捨經求傳，而《春秋》之義晦，捨傳求注，而《春秋》之義更晦矣。

箋注

〔1〕 劉子駿，即劉歆，劉向之子，西漢後期著名學者，古文經學的開創者，著有《七略》。注見前。

〔2〕 賈景伯，即賈逵，注見前。《後漢書》卷三六有傳。其父賈徽，字元伯，從劉歆受《左氏春秋》，兼習《國語》《周官》，又受《古文尚書》於塗惲，學《毛詩》於謝曼卿。傳見《後漢書·賈逵傳》。

〔3〕 許惠卿，即許淑，《經典釋文》卷一《序録》："太中大夫許淑，字惠卿，魏郡人。"

〔4〕 穎子嚴，即穎容，善《春秋左氏》，著有《春秋左氏條例》。《後漢書》卷七九有傳。

〔5〕 杜即杜子春，鄭即鄭興、鄭衆父子。杜子春，河南緱氏人，東漢經學家，有《周官注》一書。鄭興、鄭衆傳見《後漢書·鄭興傳》。

〔6〕 賈即賈逵，唐即唐固。唐固，字子正，丹陽太守唐翔之子。《三國志·吳書·闞澤傳》："澤州里先輩丹楊唐固，亦修身積學，稱爲儒者。著《國語》《公羊》《穀梁傳注》，講授常數十人。權爲吳王，拜固議郎，自陸遜、張温、駱

統等皆拜之。黄武四年爲尚書僕射，卒。"

〔7〕《春秋左傳正義》卷一《春秋序》作"服虔之徒殊劣於此輩"。

〔8〕《世説新語·文學》："鄭玄欲注《春秋傳》，尚未成時，行與服子慎遇宿客舍，先未相識，服在外車上與人説己注傳意。玄聽之良久，多與己同。玄就車與語曰：'吾久欲注，尚未了。聽君向言，多與吾同。今當盡以所注與君。'遂爲服氏注。"

〔9〕徐遵明（475—529），北朝大儒。注見前。曾遍注群經，曾得舊本服虔注《春秋》，研究數年，撰成《春秋義章》三十卷，已佚。《北史》卷八一有傳。

〔10〕張買奴，北齊平原人。馬敬德，北齊河間人。邢峙，字士峻，河間鄭人。此三人皆北朝經學家，《北史》卷八一、《北齊書》卷四四有傳。

〔11〕衛冀隆，北魏遼西人，國子博士。《魏書》卷七二《賈思伯傳》："國子博士遼西衛冀隆，爲服氏之學，上書難杜氏《春秋》六十三事。"《北史》卷四七同。

〔12〕劉炫，注見前。《舊唐書》卷四六《藝文志》："《春秋攻昧》十二卷，劉炫撰。《春秋規過》三卷，劉炫撰。《春秋述議》三十七卷，劉炫撰。"

〔13〕姚文安，北齊魏郡人，治《春秋》服虔注，後兼講杜元凱所注《春秋》。《北齊書》卷四四《儒林傳》："又有姚文安、秦道静，初亦學服氏，後更兼講杜元凱所注。"《北史》卷八一《儒林傳·李業興》："姚文安難服虔《左傳解》七十七條，名曰《駁妄》。"

〔14〕崔靈恩，注見前。

〔15〕虞僧誕，南朝梁會稽餘姚人，精杜預所注《春秋》。《梁書》卷四八《儒林傳·崔靈恩》："靈恩先習《左傳》服解，不爲江東所行。及改説杜義，每文句常申服以難杜，遂著《左氏條義》以明之。時有助教虞僧誕，又精杜學，因作《申杜難服》以答靈恩，世并行焉。"

〔16〕秦道静，北齊樂陵人。初學《春秋》服虔注，後兼講杜預所注《春秋》。

〔17〕杜坦、杜驥，杜預玄孫，祖籍京兆杜陵（今陝西西安）。《杜驥傳》見《宋書》卷六五、《南史》卷七〇。

28. 論孔子作《春秋》以闢邪説，不當信劉歆、杜預，反以邪説誣《春秋》

《春秋》大義，炳如日星，而討亂臣賊子之明文，仍茫昧不明者，邪説蔽之也。據《孟子》所言"邪説暴行又作，孔子懼，作《春秋》"[1]，是孔子時已有邪説。邪説與暴行相表裏，暴行即謂弑君、弑父；邪説謂爲弑君父者多方掩飾，解免其罪，大率以爲君父無道，應遭弑逆之禍，而弑逆者罪可末減[2]。凡人欲弑君父，不能無所顧忌，有人倡爲邪説，以爲有辭可執，乃横行而全無所畏；更有人張大邪説，設爲淫辭助攻，益肆行而相率效尤。後世史書，於被弑之君，皆甚言其惡。如秦苻生[3]，史稱好殺，劉裕滅後秦，得一老人親見苻秦之事，云苻生并不好殺，苻堅[4]篡國，史書誣之。劉知幾《史通》云"秦人不死，驗苻生之厚誣"是也[5]。金完顔亮史稱淫惡[6]，幾非人類，由世宗得國後[7]，令人以海陵惡事進呈者有賞。史稱宋、齊之主亦極醜穢不堪，船山史論力辨其不足信[8]。可見亂世無信史，而多助亂之邪説也。此等邪説，《春秋》時已有之，《左氏》一書，是其明據。傳載韓厥稱趙盾之忠[9]，士鞅稱欒書之德[10]，弑君之賊，極口贊美。史墨云："君臣無常位。"[11]逐君之賊極力解免，而反罪其君，可見當時邪説誣民。故《春秋》二百四十二年之中，致有弑君三十六之事。孔子於此盡然傷之[12]，以爲欲治亂賊，必先闢邪説，欲闢邪説，不得不作《春秋》，此《孟子》所以極推作《春秋》之功也。《左氏》原本國史，據事直書，當時邪説不得不載，正賴《左氏》載之。孟子言《春秋》時有邪説，益信孔子作《春秋》、闢邪説之功益彰，此《左氏》所以有功於《春秋》也。至於《左氏》凡例，未審出自何人，杜預以爲周公，陸淳、柳宗元已駁之[13]，或以爲孔子，更無所據。據孔《疏》云："先儒以爲并出丘明。"[14]劉逢禄以爲劉歆竄入，例與傳文不合，實有可疑。"凡弑君稱君，君無道也；稱臣，臣之罪也"一條，尤與《春秋》大義反對。杜預《釋例》曲暢其説，以爲君無道則應弑，而弑君者無罪；不知君實有道，何至被弑，君而被弑，無道可知。惟無道亦有分別，使如桀紂殘賊，民欲與之偕亡，湯武伐罪吊民，自不當罪其弑。若但童昏兒戲，非有桀紂之暴，如晉靈公、鄭靈公之類[15]，權臣素有無君之心，因小隙而弑之，與湯武之伐罪吊民，全然不同，豈得藉口於君無道而弑者無罪乎？杜預於鄭祝聃射王中肩一事[16]，曲爲鄭伯回護，謂鄭志在苟免王討之非。焦循作《左傳補疏序》曰："預爲司馬懿女婿,目見成濟之事,射王中肩,即成濟抽戈犯蹕也。將有以爲昭飾,且有以爲懿、師飾,即用以爲己飾,此《左氏春秋集解》所以作也。"[17]

　　錫瑞案:預父恕與司馬懿不合,幽死,預忘父仇而娶懿女,助司馬氏篡魏,正與劉歆父向言劉氏、王氏不并立,而歆助王莽篡漢相似[18]。二人不忠不孝,正《春秋》所討之亂賊。而《左氏》創通於劉歆,昌明於杜預,則《左氏》一書,必有爲二人所亂者,故林黄中以"君子曰"爲劉歆之言,劉逢禄以爲歆竄入凡例,焦循以爲預作《集解》,將爲司馬氏飾。孔子作《春秋》以闢邪説,後人乃反以邪説誣《春秋》,蓋不特孔子之經爲所誣罔,即《左氏》之傳亦爲所汨亂,致使學者以《左氏》爲詬病。若歆與預,乃《左氏》之罪人,豈得爲《左氏》之功臣哉? 讀《左氏》者於此等當分別觀之,一以孔子之《春秋》大義斷之可也。

箋注

〔1〕《孟子·滕文公下》曰:"世衰道微,邪説暴行有作,臣弒其君者有之,子弒其父者有之,孔子懼,作《春秋》。"

〔2〕末減,謂從輕論罪或減刑。《左傳·昭公十四年》:"三數叔魚之惡,不爲末減。"杜預注:"末,薄也;減,輕也。"

〔3〕苻生(335—357),字長生,苻健三子,苻洪之孫,氐族,略陽臨渭(今甘肅秦安)人。十六國時前秦君主。傳見《晉書》卷一一二《載記十二·苻生》、《十六國春秋》卷三五《前秦録》。楊衒之《洛陽伽藍記》卷二曰:"國滅之後,觀其史書皆非實録,莫不推過於人,引善自向。苻生雖好勇嗜酒,亦仁而不殺。觀其治典,未爲凶暴,及詳其史,天下之惡皆歸焉。苻堅自是賢主,賊君取位,妄書生惡,凡諸史官,皆是此類也。"

〔4〕苻堅(338—385),一名文玉,字永固,苻雄子,氐族。十六國時前秦國君。殺苻生自立,去帝號,稱大秦天王,改元永興。重用王猛等人治國,先後攻滅前燕、前涼、代國,於淝水之戰爲東晉軍所敗,後爲後秦姚萇擒殺,前秦由是瓦解。傳見《晉書》卷一一三、一一四《載記·苻堅》,《十六國春秋》卷三五、三六、三七《前秦録》。

〔5〕見劉知幾《史通·内篇》卷七《曲筆第二十五》。

〔6〕 完顔亮(1122—1161),字元功,女真名迪古乃,金代第四位皇帝,史稱海陵王。在位十二年,被殺。世宗時降爲海陵郡王,謚號煬,後再降爲海陵庶人。見《金史》卷五。

〔7〕 金世宗,即完顔雍(1124—1189),本名烏禄,改名雍。太祖孫,完顔宗輔子。封葛王。海陵正隆六年,乘海陵攻宋之機,在遼陽即位,改元大定。與宋議和,爲叔侄之國。在位二十八年,時號小堯舜。見《金史》卷六。

〔8〕 船山,即王夫之;史論,即指《讀通鑑論》《宋論》。

〔9〕 韓厥,春秋時期晉國卿大夫,謚號獻,史稱韓獻子。《左傳·成公八年》:"晉趙莊姬爲趙嬰之亡故,譖之於晉侯,曰:'原、屏將爲亂,欒、郤爲徵。'六月,晉討趙同、趙括。武從姬氏畜於公宮。以其田與祁奚。韓厥言於晉侯曰:'成季之勛,宣孟之忠,而無後,爲善者其懼矣。三代之令王,皆數百年保天之禄。夫豈無辟王,賴前哲以免也。《周書》曰:"不敢侮鰥寡。"所以明德也。'乃立武,而反其田焉。"

〔10〕 士匄,即范匄,謚曰獻,史稱范獻子。欒書,謚曰武,史稱欒武子。春秋時晉國大夫。欒武子殺晉厲公,立晉悼公。《左傳·襄公十四年》:"秦伯問於士匄曰:'晉大夫其誰先亡?'對曰:'其欒氏乎!'秦伯曰:'以其汰乎?'對曰:'然。欒黶汰虐已甚,猶可以免,其在盈乎!'秦伯曰:'何故?'對曰:'武子之德在民,如周人之思召公焉,愛其甘棠,況其子乎?欒黶死,盈之善未能及人,武子所施没矣,而黶之怨實章,將於是乎在。'"

〔11〕 史墨,即蔡墨,爲晉太史,故稱史墨,春秋時晉國大夫。《左傳·昭公三十二年》:"趙簡子問於史墨曰:'季氏出其君,而民服焉,諸侯與之;君死於外而莫之或罪,何也?'對曰:'物生有兩,有三,有五,有陪貳。故天有三辰,地有五行,體有左右,各有妃耦。王有公,諸侯有卿,皆有貳也。天生季氏,以貳魯侯,爲日久矣。民之服焉,不亦宜乎?魯君世從其失,季氏世修其勤,民忘君矣。雖死於外,其誰矜之?社稷無常奉,君臣無常位,自古以然。'"

〔12〕 盡然,悲傷痛惜貌。《尚書注疏》卷一四《酒誥》:"民罔不盡傷心。"孔安國《傳》:"民無不盡然痛傷其心。"盡,音 xì。

〔13〕 陸淳《春秋集傳纂例》卷一《趙氏損益義第五》:"杜預云:凡例皆周公舊典、禮經。按其傳例云'弑君稱君,君無道也;稱臣,臣之罪也',然則周公先設弑君之義乎?又云'大用師曰滅,弗地曰入',又周公先設相滅之義乎?又云'諸侯同盟,薨則赴以名',又是周公令稱先君之名以告鄰國乎?周以諱事神,不應有此也。"鄭樵《六經奧論》卷四《春秋經》:"柳宗元之言曰:'杜預

謂例爲周公之常法，曾不知侵、伐、入、滅之例，用之盛時，不應豫立其法。'真知言乎！"

〔14〕《左傳·隱公七年》："謂之禮經。"杜預注："此言凡例，乃周公所制禮經也。"孔穎達《正義》："諸發凡者皆周公之垂法，史書之舊章。丘明采合舊語，以發明史例。雖意是舊典，而辭出丘明，非全寫舊語。"

〔15〕晉靈公，春秋時晉國國君。年少而立，及壯，侈且暴，任意殺人。趙盾諫，將置盾於死地，未成。盾弟趙穿襲殺之。《左傳·宣公二年》："晉靈公不君：厚斂以雕墻；從臺上彈人，而觀其辟丸也；宰夫胹熊蹯不熟，殺之，寘諸畚，使婦人載以過朝。"鄭靈公，春秋時鄭國國君。《左傳·宣公四年》："楚人獻黿於鄭靈公。公子宋與子家將見，子公之食指動，以示子家，曰：'他日我如此，必嘗異味。'及入，宰夫將解黿，相視而笑。公問之，子家以告。及食大夫黿，召子公而弗與也。子公怒，染指於鼎，嘗之而出。公怒，欲殺子公。子公與子家謀先，子家曰：'畜老，猶憚殺之，而況君乎？'反譖子家，子家懼而從之。夏，弑靈公。"

〔16〕《左傳·桓公五年》："蔡、衛、陳皆奔，王卒亂，鄭師合以攻之，王卒大敗。祝聃射王中肩，王亦能軍。祝聃請從之。"

〔17〕《鄭堂讀書記》卷一一《經部六之下》："《春秋左傳補疏》五卷（原刊本）。國朝焦循撰……杜氏之隱衷，則未有摘其奸而發其伏者，里堂因補是疏。《集解》外間及《釋例》，以闢杜氏之邪説爲主，而不徒詳核乎訓故名物而已。較諸萬、惠、顧三家，尤爲大聲疾呼，從此杜氏悖經欺世之罪，無所逃於天地之間矣。"

〔18〕《漢書》卷九九《王莽傳上》："少阿、羲和劉歆與博士諸儒七十八人皆曰：'居攝之義，所以統立天功，興崇帝道，成就法度，安輯海內也。昔殷成湯既没，而太子蚤夭，其子太甲幼少不明，伊尹放諸桐宮而居攝，以興殷道。周武王既没，周道未成，成王幼少，周公屏成王而居攝，以成周道。是以殷有翼翼之化，周有刑錯之功。今太皇太后比遭家之不造，委任安漢公宰尹群僚，衡平天下。遭孺子幼少，未能共上下，皇天降瑞，出丹石之符，是以太皇太后則天明命，詔安漢公居攝踐祚，將以成聖漢之業，與唐虞三代比隆也。攝皇帝遂開秘府，會群儒，制禮作樂，卒定庶官，茂成天功。聖心周悉，卓爾獨見，發得《周禮》，以明因監，則天稽古，而損益焉，猶仲尼之聞韶，日月之不可階，非聖哲之至，孰能若兹！綱紀咸張，成在一匱，此其所以保佑聖漢，安靖元元之效也。"《漢書·劉歆傳》："及王莽篡位，歆爲國師，後事皆在《莽傳》。"

29. 論《左氏》采各國之史以成書，讀者宜加别白，斷以《春秋》之義

　　《左氏》采各國之史以成書，作者意在兼收，讀者宜加别白，或古今異事，各有隱衷，或借儆其君，自有深意，或阿附權臣，實爲邪説，未可一概論也。所謂古今異事，各自隱衷者，古者諸侯世爵，大夫世卿，卿命於天子，與諸侯同守社稷[1]，故君臣皆以社稷爲重。如崔子弑齊君，晏子曰："君爲社稷死，則死之，爲社稷亡，則亡之，若爲己死而爲己亡，非其私暱，誰敢任之？"[2]與孟子"社稷爲重、君爲輕"之義[3]，若合符節。孟子言諸侯違社稷，則君屬諸侯；説《春秋》義國君死社稷，國君亦屬諸侯。或疑孟子之言爲過，又疑晏子不死爲無勇，皆未曉古義也。又如晉范文子[4]、魯叔孫昭子[5]，皆使祝宗祈死而卒，杜預以爲因禱自裁。夫二子不惜一死自明，文子何不以死衛君？昭子何以死討季氏而復君？而二子不爲者，彼自祖宗以來，世有禄位，外雖憂國，内亦顧家，故寧亡其身，而不肯亡其家。文子之祈死也，恐與三郤同夷族也。昭子之祈死也，以無季氏是無叔孫氏也。觀於宋公孫壽辭司城，使其子意諸爲之，謂去官則族無所庇，雖亡子，猶不亡族[6]。可知《春秋》世卿，以族爲重，非如後世大臣起自田間，其位既非受之祖宗，其死亦無關於家族，忠義奮發，可無内顧，此則古今異事，而古人之隱衷，不盡白於後世者也。所謂借儆其君，自有深意者，如衛侯出奔齊，師曠侍於晉侯，晉侯曰："衛人出其君，不亦甚乎？"對曰："或者其君實甚。"又曰："天之愛民甚矣，豈其使一人肆於民上，以縱其淫，而棄天地之性？必不然矣。"[7]危言激論，令人悚然，借儆其君，不嫌過當。孟子有"土芥""寇讎"之言[8]，有"殘賊""一夫"之戒[9]，皆對齊王言之。或疑孟子之言未純，蓋不知爲托諷。師曠之意，猶孟子之意也。所謂阿附權臣，實爲邪説者，如魯昭公薨

於乾侯，趙簡子問於史墨曰：“季氏出其君而民服焉，諸侯與之，君死於外，而莫之或罪也？”對曰：“魯君世從其失，季氏世修其勤，民忘君矣。雖死於外，其誰矜之。社稷無常奉，君臣無常位，自古以然。故《詩》曰：‘高岸爲谷，深谷爲陵’，三后之姓，於今爲庶，主所知也。在《易》卦，雷乘乾曰《大壯》[10]，天之道也。”[11]夫簡子，晉之權臣，正猶魯之季氏，爲史墨者當斥季氏之無君，戒簡子之效尤，乃盛稱季氏而反咎魯君，且以君臣無常位爲言，則真助亂之邪説矣。君尊臣卑，比於上天下澤，何得以雷乘乾與陵谷之變，爲君臣無常位之比哉？師曠與史墨兩説相似而實不同，一對君言，則不失爲納約自牖，一對臣言，則適足以推波助瀾。國史并記之，《左氏》兼存之，讀者當分別觀之，而是非自見，不當不分黑白，而概執爲《春秋》之義也。

箋注

〔1〕《禮記·王制》：“大國三卿，皆命於天子……次國三卿，二卿命於天子，一卿命於其君……小國二卿，皆命於其君。”

〔2〕見《左傳·襄公二十五年》、《史記》卷三二、《晏子春秋·內篇雜上》。

〔3〕見《孟子·盡心上》：“民爲貴，社稷次之，君爲輕。”

〔4〕范文子，即士燮，春秋時晉國大夫。謚文，稱范文子。《左傳·成公十七年》：“晉范文子反自鄢陵，使其祝宗祈死，曰：‘君驕侈而克敵，是天益其疾也，難將作矣。愛我者惟祝我，使我速死，無及於難，范氏之福也。’六月戊辰，士燮卒。”

〔5〕叔孫昭子，即叔孫婼，一名舍，謚曰昭，魯國三桓之一叔孫氏宗主。《左傳·昭公二十五年》：“昭子自闞歸，見平子。平子稽顙，曰：‘子若我何？’昭子曰：‘人誰不死？子以逐君成名，子孫不忘，不亦傷乎！將若子何？’平子曰：‘苟使意如得改事君，所謂生死而肉骨也。’昭子從公於齊，與公言。子家子命適公館者執之。公與昭子言於幄內，曰：‘將安衆而納公。’公徒將殺昭子，伏諸道。左師展告公，公使昭子自鑄歸。平子有異志。冬十月辛酉，昭子齊於其寢，使祝宗祈死。戊辰，卒。”

〔6〕公孫壽，宋桓公之孫。《左傳·文公十六年》：“初，司城蕩卒，公孫壽辭司城，請使意諸爲之。既而告人曰：君無道，吾官近，懼及焉。棄官則族無所

庇。子，身之貳也，姑紓死焉。雖亡子，猶不亡族。"意諸，公孫壽之子，公子蕩之孫。

〔7〕引文見《左傳·襄公十四年》。

〔8〕土芥、寇讎之言，《孟子·離婁下》："君之視臣如土芥，則臣視君如寇讎。"

〔9〕《孟子·梁惠王》"齊宣王問曰：'湯放桀，武王伐紂，有諸？'孟子對曰：'於傳有之。'曰：'臣弑其君，可乎？'曰：'賊仁者謂之賊，賊義者謂之殘，殘賊之人，謂之一夫。聞誅一夫紂矣，未聞弑君也。'"

〔10〕雷乘乾，即乾下震上，爲《大壯》卦。《左傳·昭公三十二年》杜預注："《乾》下《震》上，《大壯》。《震》在《乾》上，故曰雷乘乾。"孔穎達《正義》："《乾》爲天，爲剛，《震》爲雷，爲動。天以剛而動，動則爲雷，壯之大者，故曰《大壯》。"

〔11〕引文見《左傳·昭公三十二年》。

30. 論《左氏》所謂禮多當時通行之禮，非古禮，杜預短喪之説，實則《左氏》有以啓之

朱大韶《左氏短喪説》曰[1]："《晉書·杜預傳》議曰：'周景王有后、世之子喪，既葬，除喪而宴。叔向不譏其除喪，而譏其宴樂，則是既葬應除，而違諒闇之節。'按杜預短喪之説，固爲名教罪人，實則《左氏》有以啓之。諸傳所載，文元年：'晉襄公既祥，朝王於溫。'[2]襄十五年十二月，晉悼公卒。十六年春，平公即位，改服修官，烝於曲沃，會於溴梁。晉侯與諸侯宴，使諸大夫舞，歌詩必類[3]。傳載其事，而無貶刺之文。昭十二年：'晉侯享諸侯，子産相鄭伯，請免喪而後聽命，晉人許之，禮也。'[4]六月葬鄭簡公，未葬而請免喪，則既葬即除喪矣[5]。以此爲禮，此杜預所藉口以誣世者也。襄九年：五月，穆姜薨。冬十二月同盟於戲，晉侯以公宴，問公年，曰：'可以冠矣。'季武子對曰：'君冠，必以裸享之禮行之，以金石之樂節之，以先君之祧處之。今寡君在行，請及兄弟之國而假備焉。'公還及衛，冠於成公之廟，假鐘磬焉，禮也。'[6]按《雜記》曰：'以喪冠者，雖三年之喪可也。既冠於次，哭踊者

三,乃出。'此謂孤子當冠之年,因喪而冠。故《曾子問》曰:'除喪不改冠乎?'明不備禮。穆姜,襄公適祖母[7],承重三年,公年十二,未及冠,又因喪冠而用吉冠,此何禮也? 文元年:'穆伯如齊,始聘焉,禮也。凡君即位,卿出并聘,踐修舊好,要結外援,好事鄰國,以衛社稷,忠信卑讓之道也。'襄元年:'邾子來朝。冬,衛侯使公孫剽來聘。'《左氏》并曰:'禮也。凡君即位,小國朝之,大國聘焉,以繼好結信,謀事補闕,禮之大者也。'二年:'春王正月,葬簡王'。昭十一年:'五月,齊歸薨,大蒐於比蒲,非禮也。''孟僖子會邾莊公,盟於祲祥,禮也。'按:《聘禮》於聘君曰:'宰入告具於君,朝服出門左南鄉。'於所聘之君曰:'公皮弁迎賓於大門內。'始即位必相聘,則兩國之孤并須釋服,即吉禮。經又曰:'聘遭喪,入境則遂,不郊勞,不筵几,不禮賓。遭夫人[8]、世子之喪,君不受使,大夫受於廟。其他如遭君喪。'此已入竟而遭所聘君之喪,非因即位而聘。又曰:'聘,句。君若薨於後,入竟則遂,赴者未至,則哭於巷,衰於館,赴者至則衰而出。'云'入竟則遂',若未入竟,則反奔喪矣。豈有君喪未期,而使大夫朝服出聘乎? 喪三年不祭,不以純凶接純吉也[9]。烝嘗之禮尚不行,而要結外援,捨其本而末是圖,此何禮也? 昭十年:晉平公既葬,諸侯之大夫送葬者,欲因見新君,叔向辭曰:'大夫之事畢矣,而又命孤,孤斬焉在衰絰之中,其以嘉服見,則喪禮未畢,其以喪服見,是重受吊也,大夫將若之何?'皆無辭以對。引彼證此,自相乖刺。而鄭《箴膏肓》曰:'周禮,邦交世相朝,《左氏》合古禮。'按父子相繼曰世,非謂三年之中必相朝。依禮,三年喪畢,當先朝天子,不得誣《周官》。《喪服·斬衰章》[10]一曰君。天王崩末葬,而諸侯自相朝,此何禮也? 君母之喪服斬,盟禮非皮弁即朝服,以大蒐為非禮,而以盟為禮,此何禮也? 文二年:'襄仲如齊納幣,禮也。凡君即位,好甥舅修婚姻,取元妃以奉粢盛,孝也。孝,禮之始也。'按《公羊》曰:'三年之內不圖昏。'[11]董子曰:'納幣之月在喪分,故謂之喪取。'[12]而《箴膏肓》曰:'僖公母成風主昏,得權宜之禮。'[13]按禮為長子三年,無論成風不當主昏,即主昏亦須禫後。凡事可以權,三年之重無所謂權,鄭此說所謂又從而為之辭。《左氏》習於衰世之故,以非禮爲禮，不知《春秋》所書，皆直書其事，不待貶絶，而其惡自見者也。"

錫瑞案：鄭君云"《左氏》善於禮"，實則《左氏》之所謂禮，多《春秋》衰世之禮，不盡與古禮合，故《左氏》亦自有矛盾之處。以如大蒐爲非禮，載叔向辭諸大夫欲見新君，非不知吉凶不可并行，而於他處又以爲禮，此矛盾之甚者。朱子曰："《左氏》說禮，皆是周末衰亂不經之禮，無足取者。"[14] 陳傅良謂："禮也者，蓋魯史舊文，未必皆合於《春秋》。"[15] 其説是也。鄭《駁異義》謂諸侯歲聘間朝之屬[16]，説無所出，或以爲文襄之制，則鄭君亦知《左氏》之禮不可盡據，而《箴膏肓》又强爲飾説，至以喪娶爲合權宜，不亦謬乎！朱大韶駁《左氏》，可謂辭嚴義正。三年之喪，在《春秋》時已不通行，故滕人有"魯先君亦莫之行"等語。《左氏》序事之書，據事直書，不加褒貶，自是史家通例。其所云禮，爲當時通行之禮，亦不必爲《左氏》深咎。惟文元年穆伯如齊始聘，文二年襄仲如齊納幣，襄元年邾子來朝之類，乃《左氏》自發之凡，杜預且以凡例皆出周公，是周公已制短喪之禮，且制喪娶之禮矣。此則萬無可解。即袒《左氏》者如沈欽韓等，亦無以申其説。必如劉逢禄以凡例爲劉歆增竄，乃可以爲《左氏》解也。文公喪娶，在三年外，惟納采、問名，猶在三年之中，故《左氏》不以爲非。《公羊》授經子夏，子夏作《喪服傳》[17]，講喪禮最嚴，故《公羊》云'三年之内不圖昏'，此《公羊》有師授，《左氏》無師授之一證。杜、孔乃曲爲《左氏》解，以爲文公納采，在爲太子之時，此所謂又從爲之辭，亦非《左氏》意也。

箋注

〔1〕朱大韶，見前注。《左氏短喪説》見《實事求是齋經説》二。引文所謂"《晉書·杜預傳》議曰"實爲《晉書·禮志中》所載杜預議。

〔2〕《左傳·文公元年》："晉襄公既祥，使高於諸侯而伐衛，及南陽。先且居曰：'效尤，禍也。請君朝王，臣從師。'晉侯朝王於温，先且居、胥臣伐衛。"祥，爲古代父母喪後之祭名，有小祥、大祥之分，周年祭爲小祥，兩周年祭爲大祥。

〔3〕《左傳·襄公十六年》："晉侯與諸侯宴於温，使諸大夫舞，曰：'歌詩必類。'

齊高厚之詩不類。荀偃怒,且曰:'諸侯有異志矣。'使諸大夫盟高厚,高厚逃歸。"杜預注:"歌古詩,當使各從義類。"

〔4〕《左傳·昭公十二年》:"晉侯享諸侯,子產相鄭伯,辭於享,請免喪而後聽命。晉人許之,禮也。"杜預注:"簡公未葬。"孔穎達《正義》曰:"僖九年,宋桓公卒,未葬,襄公會諸侯,故曰子。是先君未葬,有從會之禮也。鄭逼於楚,以固事晉,故父雖未葬,朝晉嗣君,不得已而行,於情可許也。諸侯相享,享必有樂,未葬不可以從吉,故辭享爲得禮。"

〔5〕《禮記·檀弓上》:"既葬,各以其服除。"《春秋·昭公十二年》:"五月,葬鄭簡公。"《左傳·隱公元年》:"吊生不及哀。"杜預注:"諸侯已上,既葬則縗麻除,無哭位,諒闇終喪。"孔穎達《正義》曰:"唯預以爲古者天子、諸侯,三年之喪,始服齊斬,既葬除喪服,諒闇以居,心喪終制。"

〔6〕成公,衛獻公之曾祖。鐘磬,即金石之樂。《左傳·襄公九年》:"以裸享之禮行之,以金石之樂節之,以先君之祧處之。"杜預注:"裸,謂灌鬯酒也,享祭先君也。以鐘磬爲舉動之節。諸侯以始祖之廟爲祧。"孔穎達《正義》曰:"冠是嘉禮之大者,當祭以告神,故有裸享之禮以祭祀也。國君無故不徹縣,故有金石之樂行,冠禮之時爲舉動之節也。冠必在廟,故先君之祧處之也。既行裸享,祭必有樂。所言金石節之,謂冠時之樂,非祭祀之樂也。"

〔7〕穆姜,魯宣公夫人,魯成公母親,魯襄公祖母。

〔8〕夫人,原刻本作"大夫",據《儀禮·聘禮》、朱大韶《左傳短喪説》改。

〔9〕《儀禮·聘禮》:"遭喪將命於大夫,主人長衣練冠以受。"鄭玄注:"遭喪,謂主國君薨,夫人、世子死也,此三者皆大夫攝主人。長衣,素純布衣也。去衰易冠,不以純凶接純吉也。"賈疏:"云'不以純凶接純吉'者,聘禮是純吉禮,爲君三升衰裳六升冠,爲夫人、世子,六升衰裳九升冠,是純凶禮。麻経與屨不易,直去衰易冠而已,故云不以純凶接純吉也。"

〔10〕見《儀禮·喪服》。斬衰,五種喪服中之最重者。用粗麻布製成,左右及下邊不縫。服制三年。子及未嫁女爲父母,媳爲公婆,承重孫爲祖父母,妻妾爲夫,均服斬衰。先秦諸侯爲天子、臣爲君亦服斬衰。

〔11〕《春秋公羊傳·文公二年》:"三年之内不圖昏。"何休注:"僖公以十二月薨,至此未滿二十五月,又禮先納采、問名、納吉,乃納幣,此四者皆在三年之内,故云爾。"

〔12〕喪娶,即在服喪期間婚娶。董仲舒《春秋繁露·玉杯》:"何以謂之喪取?曰:《春秋》之論事,莫重乎志。今取必納幣,納幣之月在喪分,故謂之喪取也。"

〔13〕見《禮記注疏》卷六《檀弓上》疏引。

〔14〕見《朱子語類》卷六三《中庸二·第十八章》。

〔15〕陳傅良，注見前。引文見樓鑰《春秋後傳左氏章指原序》。

〔16〕即鄭玄《駁五經異義》。《禮記注疏》卷一一《王制》疏："鄭駁之云：'三年聘，五年朝，文、襄之霸制。《周禮·大行人》諸侯各以服數來朝，其諸侯歲聘間朝之屬，説無所出。'"

〔17〕《喪服傳》即《儀禮·喪服》。《隋書》卷三二《經籍志一》："其《喪服》一篇，子夏先傳之，諸儒多爲注解，今又別行。"關於《喪服傳》之作者是否爲子夏，尚無定論。《朱子語類》卷八四："子升問：'《儀禮》傳、記是誰作？'曰：'《傳》是子夏作，《記》是子夏以後人作。'"敖繼公《禮記集説》卷一一《喪服記》："先儒以傳爲子夏所作，未必然也。"方苞《望溪集》文集卷一《書考定儀禮喪服後》："余少讀《儀禮·喪服傳》，即疑非卜氏所手訂，乃一再傳後門人記述，而間雜以己意者……是亦劉歆增纂也。"胡培翬《儀禮正義》卷二一《喪服傳》："但此《傳》爲子夏所作與否，似當在闕疑之列。"曹元弼《禮經校釋》卷一二《喪服》："人皆云云，師師相傳。則作傳者爲子夏，自周以來舊説也。作者創始之辭，後儒傳述增續，但可謂之述，不可謂之作。"曹元弼《禮經學》卷五《戴氏震與任幼植書辨〈喪服經傳〉》："幼植奮筆加駁於孔冲遠、賈公彦諸儒，進而難漢之先師鄭君康成矣，而訾漢以來相傳之子夏《喪服傳》爲劉歆、王莽傅會矣。進而遂訾《儀禮》之經周公之制作爲歆、莽之爲之矣。"

31. 論《春秋》是經，《左氏》是史，必欲强合爲一，反致信傳疑經

《左氏》叙事之工，文采之富，即以史論，亦當在司馬遷、班固之上，不必依傍聖經，可以獨有千古。《史記》《漢書》後世不廢，豈得廢《左氏》乎？且其書比《史》《漢》近古，三代故實，名臣言行，多賴以存。如納鼎有諫[1]，觀社有諫[2]，申繻名子之對[3]，御孫別男女之贄[4]，管仲辭上卿之饗[5]，魏絳之述《夏訓》《虞箴》[6]，郯子之言紀官[7]，子革之誦《祈招》[8]，且有齊虞人之守官[9]，魯宗人之守禮[10]，劉子所云天地之中[11]，子產所云天地之經[12]，胥臣敬德之聚[13]，晏子禮之善物[14]，王

應麟《漢制考序》嘗歷舉之[15]，顧棟高[16]、陳澧皆引之，以爲《左氏》之善矣。然《左氏》記載誠善，而於《春秋》之微言大義，實少發明。則陸淳《春秋纂例》嘗言之矣[17]："或問：'無經之傳，有仁義誠節，知謀功業，政理禮樂，讜言善訓多矣，頓皆除之，不亦惜乎？'答曰：'此經，《春秋》也，此傳，《春秋》傳也，非傳《春秋》之旨，理自不得録耳，非謂其不善也。且歷代史籍善言多矣，豈可盡入《春秋》乎？其當示於後代者，自可載於史書爾。今《左氏》之傳見存，必欲耽玩文彩，記事迹者，覽之可也；若欲通《春秋》者，即請觀此傳焉。"[18]

錫瑞案：陸氏自言其所作《集傳》不取《左氏》無經之傳之義，治《春秋》者皆當知此義，分別《春秋》是經，《左氏》是傳，離之雙美，合之兩傷。經本不待傳而明，故漢代《春秋》立學者，止有《公羊》，并無《左氏》，而《春秋》經未嘗不明。其後《左氏》盛行，又專用杜預《集解》，學者遂執《左氏》之説，爲《春秋》之義。且據杜氏之説，爲《左氏》之義，而《春秋》可廢矣。分別《春秋》《左氏》最明者，惟唐大中時工部尚書陳商立《春秋左傳學議》[19]，以："孔子修經，褒貶善惡，類例分明，法家流也；左丘明爲魯史，載述時政，惜忠賢之泯滅，恐善惡之失墜，以日繫月，修其職官，本非扶助聖言，緣飾經旨，蓋太史氏之流也。舉其《春秋》，則明白而有實，合之《左氏》，則叢雜而無徵。杜元凱曾不思夫子所以爲經，當與《詩》《書》《周易》等列，丘明所以爲史，當與司馬遷、班固等列，取二義乖剌不侔之語，參而貫之，故微旨有所不周，宛章有所未一。"[20]此議載令狐澄《大中遺事》、孫光憲《北夢瑣言》[21]。陳商在唐代不以經學名，乃能分別夫子修經與《詩》《書》《周易》等列，丘明作史與《史記》《漢書》等列，以杜預參貫經傳爲非，是可謂卓識。其謂《左傳》非扶助聖言，即漢博士云"丘明不傳《春秋》"之説也；非緣飾經旨，即晉王接云"《左氏》自是一家言，不主爲經發"之説也。經史體例，判然不同。經所以垂世立教，有一字褒貶之文，史止是據事直書，無特立褒貶之義。杜預、孔穎達不知此意，必欲混合爲一，又無解於經傳參差之故，故不能據經以正傳，反信傳而疑經矣。

〔1〕納鼎有諫，即臧哀伯諫魯桓公納郜大鼎之事。《左傳·桓公二年》："夏四月，取郜大鼎於宋。戊申，納於大廟。非禮也。臧哀伯諫曰：'君人者，將昭德塞違，以臨照百官，猶懼或失之。故昭令德以示子孫。是以清廟茅屋，大路越席，大羹不致，粢食不鑿，昭其儉也。袞、冕、黻、珽、帶、裳、幅、舄、衡、紞、紘、綖，昭其度也。藻、率、鞞、鞛、鞶、厲、游、纓，昭其數也。火、龍、黼、黻，昭其文也。五色比象，昭其物也。錫、鸞、和、鈴，昭其聲也。三辰旂旗，昭其明也。夫德，儉而有度，登降有數，文、物以紀之，聲、明以發之，以臨照百官。百官於是乎戒懼，而不敢易紀律。今滅德立違，而寘其賂器於大廟，以明示百官。百官象之，其又何誅焉？國家之敗，由官邪也。官之失德，寵賂章也。郜鼎在廟，章孰甚焉？武王克商，遷九鼎於雒邑，義士猶或非之，而況將昭違亂之賂器於大廟，其若之何？'公不聽。"

〔2〕觀社有諫，即曹劌諫魯莊公如齊觀社之事。曹劌，魯大夫。《左傳·莊公二十三年》："二十三年夏，公如齊觀社，非禮也。曹劌諫曰：'不可。夫禮，所以整民也。故會以訓上下之則，制財用之節；朝以正班爵之義，帥長幼之序；征伐以討其不然。諸侯有王，王有巡守，以大習之。非是，君不舉矣。君舉必書，書而不法，後嗣何觀？'"又見《國語》卷四《魯語上》。

〔3〕申繻，魯大夫。《左傳·桓公六年》："九月丁卯，子同生，以大子生之禮舉之，接以大牢，卜士負之，士妻食之。公與文姜、宗婦命之。公問名於申繻。對曰：'名有五，有信，有義，有象，有假，有類。以名生爲信，以德命爲義，以類命爲象，取於物爲假，取於父爲類。不以國，不以官，不以山川，不以隱疾，不以畜牲，不以器幣。周人以諱事神，名，終將諱之。故以國則廢名，以官則廢職，以山川則廢主，以畜牲則廢祀，以器幣則廢禮。晉以僖侯廢司徒，宋以武公廢司空，先君獻、武廢二山，是以大物不可以命。'公曰：'是其生也，與吾同物，命之曰同。'"

〔4〕御孫別男女之贄，即御孫諫魯莊公使哀姜贄幣之事。御孫，魯大夫。《左傳·莊公二十四年》："秋，哀姜至。公使宗婦覿，用幣，非禮也。御孫曰：'男贄，大者玉帛，小者禽鳥，以章物也。女贄，不過榛栗棗脩，以告虔也。今男女同贄，是無別也。男女之別，國之大節也。而由夫人亂之，無乃不可乎！'"

〔5〕管仲，字夷吾，春秋時齊國著名的政治家、思想家。《左傳·僖公十二年》：

"冬,齊侯使管夷吾平戎於王,使隰朋平戎於晉。王以上卿之禮饗管仲,管仲辭曰:'臣,賤有司也。有天子之二守國、高在,若節春秋來承王命,何以禮焉?陪臣敢辭。'王曰:'舅氏,余嘉乃勳,應乃懿德,謂督不忘。往踐乃職,無逆朕命。'管仲受下卿之禮而還。"

〔6〕 魏絳,春秋時晉國人,亦稱魏莊子。《夏訓》,即《尚書·夏書》。《虞箴》,即《虞人之箴》。《左傳·襄公四年》:"無終子嘉父使孟樂如晉,因魏莊子納虎豹之皮,以請和諸戎。晉侯曰:'戎狄無親而貪,不如伐之。'魏絳曰:'諸侯新服,陳新來和,將觀於我。我德則睦,否則攜貳。勞師於戎,而楚伐陳,必弗能救,是棄陳也。諸華必叛。戎,禽獸也,獲戎失華,無乃不可乎?《夏訓》有之曰:"有窮后羿。"'公曰:'后羿何如?'對曰:'昔有夏之方衰也,后羿自鉏遷於窮石,因夏民以代夏政。恃其射也,不修民事,而淫於原獸,棄武羅、伯困、熊髡、尨圉,而用寒浞。寒浞,伯明氏之讒子弟也,伯明後寒棄之,夷羿收之,信而使之,以爲己相。浞行媚於內,而施賂於外,愚弄其民,而虞羿於田。樹之詐慝,以取其國家,外內咸服。羿猶不悛,將歸自田,家衆殺而亨之,以食其子,其子不忍食諸,死於窮門。靡奔有鬲氏。浞因羿室,生澆及豷,恃其讒慝詐偽,而不德於民,使澆用師滅斟灌及斟鄩氏。處澆於過,處豷於戈。靡自有鬲氏,收二國之燼,以滅浞,而立少康。少康滅澆於過,後杼滅豷於戈,有窮由是遂亡,失人故也。昔周辛甲之爲大史也,命百官,官箴王闕。於《虞人之箴》曰:"芒芒禹迹,畫爲九州,經啓九道,民有寢廟,獸有茂草,各有攸處,德用不擾。在帝夷羿,冒於原獸,忘其國恤,而思其麀牡。武不可重,用不恢於夏家。獸臣司原,敢告僕夫。"《虞箴》如是,可不懲乎?'"

〔7〕 郯子,少昊後裔,春秋時郯國國君,孔子曾從其問學。《左傳·昭公十七年》:"秋,郯子來朝,公與之宴。昭子問焉,曰:'少皞氏鳥名官,何故也?'郯子曰:'吾祖也,我知之。昔者黃帝氏以雲紀,故爲雲師而雲名;炎帝氏以火紀,故爲火師而火名;共工氏以水紀,故爲水師而水名;大皞氏以龍紀,故爲龍師而龍名。我高祖少皞摯之立也,鳳鳥適至,故紀於鳥,爲鳥師而鳥名:鳳鳥氏,曆正也;玄鳥氏,司分者也;伯趙氏,司至者也;青鳥氏,司啓者也;丹鳥氏,司閉者也。祝鳩氏,司徒也;鵙鳩氏,司馬也;鳲鳩氏,司空也;爽鳩氏,司寇也;鶻鳩氏,司事也。五鳩,鳩民者也。五雉爲五工正,利器用、正度量,夷民者也。九扈爲九農正,扈民無淫者也。自顓頊以來,不能紀遠,乃紀於近。爲民師而命以民事,則不能故也。'仲尼聞之,見於郯子而學之。既而告人曰:'吾聞之:"天子失官,學在四夷",猶信。'"

〔8〕子革，即然丹，子革爲其字，鄭穆公之孫，子然之子。《左傳·昭公十二年》："楚子狩於州來，……析父謂子革：'吾子，楚國之望也。今與王言如響，國其若之何？'子革曰：'摩厲以須，王出，吾刃將斬矣。'王出，復語。左史倚相趨過，王曰：'是良史也，子善視之。是能讀《三墳》《五典》《八索》《九丘》。'對曰：'臣嘗問焉，昔穆王欲肆其心，周行天下，將皆必有車轍馬迹焉。祭公謀父作《祈招》之詩以止王心，王是以獲没於祗宫。臣問其詩而不知也。若問遠焉，其焉能知之？'王曰：'子能乎？'對曰：'能，其詩曰："祈招之愔愔，式昭德音。思我王度，式如玉，式如金。形民之力，而無醉飽之心。"'王揖而入，饋不食，寢不寐，數日，不能自克，以及於難。"

〔9〕虞人，古時掌山澤園囿之官。《左傳·昭公十二年》："十二月，齊侯田於沛，招虞人以弓，不進。公使執之。辭曰：'昔我先君之田也，旌以招大夫，弓以招士，皮冠以招虞人。臣不見皮冠，故不敢進。'乃捨之。仲尼曰：'守道不如守官。'"

〔10〕宗人，掌譜牒、宗廟、祭祀之官。《左傳·哀公二十四年》："公子荆之母嬖，將以爲夫人，使宗人釁夏獻其禮。對曰：'無之。'公怒曰：'女爲宗司，立夫人，國之大禮也，何故無之？'對曰：'周公及武公娶於薛，孝、惠娶於商，自桓以下娶於齊，此禮也則有。若以妾爲夫人，則固無其禮也。'公卒立之，而以荆爲大子，國人始惡之。"

〔11〕劉子，即劉康公，周定王同母弟，或稱王季子，食邑於劉。《左傳·成公十三》年："公及諸侯朝王，遂從劉康公、成肅公會晉侯伐秦。成子受脹於社，不敬。劉子曰：'吾聞之，民受天地之中以生，所謂命也。是以有動作禮義威儀之則，以定命也。能者養以之福，不能者敗以取禍。是故君子勤禮，小人盡力。勤禮莫如致敬，盡力莫如敦篤。敬在養神，篤在守業。國之大事，在祀與戎，祀有執膰，戎有受脹，神之大節也。今成子惰，棄其命矣，其不反乎？'"

〔12〕子産，春秋時鄭大夫公孫僑之字，與孔子同時。《左傳·昭公二十五年》："子大叔見趙簡子，簡子問揖讓周旋之禮焉。對曰：'是儀也，非禮也。'簡子曰：'敢問何謂禮？'對曰：'吉也聞諸先大夫子産曰：夫禮，天之經也，地之義也，民之行也。'"

〔13〕胥臣，春秋時晉國人。字季，一稱司空季子，食邑於臼，又稱臼季。從重耳（晉文公）出亡，後爲司空。《左傳·僖公三十三年》："初，臼季使過冀，見冀缺耨，其妻饁之。敬，相待如賓。與之歸，言諸文公曰：'敬，德之聚也。能敬必有德，德以治民，君請用之。臣聞之，出門如賓，承事如祭，仁之

則也。'"

〔14〕晏子，即晏嬰，字平仲，春秋時齊國人。歷事靈公、莊公、景公三世。《左傳•昭公二十五年》："己亥，公孫於齊，次於陽州。齊侯將唁公於平陰，公先至於野井。齊侯曰：'寡人之罪也。使有司待於平陰，爲近故也。'書曰：'公孫於齊，次於陽州，齊侯唁公於野井'，禮也。將求於人，則先下之，禮之善物也。"

〔15〕《四庫全書總目提要》卷八一《史部•政書類一》："《漢制考》四卷。⋯⋯是編因《漢書》《續漢書》諸志於當日制度多詳於大端，略於細目，因摭采諸家經注及《説文》諸書所載，鈎稽排纂，以補其遺，頗足以資考證。又以唐時賈、孔諸疏去古已遠，方言土俗，時異名殊，所謂某物如今某物，某事如今某事者，往往循文箋釋，於舊文不必悉符，亦一一詳爲訂辨核。""要其大致精核，具有依據。較南宋末年諸人侈空談而鮮實徵者，其分量相去遠矣。"

〔16〕顧棟高(1679—1759)，字復初，一字震滄，江蘇無錫人，清朝學者。尤好《左傳》，著有《春秋大事表》五十卷，及《大儒粹語》《毛詩訂詁》等書。《清史稿》卷四八〇《儒林傳一》有傳。

〔17〕《春秋纂例》，即《春秋集傳纂例》，《直齋書錄解題》卷三《春秋類》："《春秋集傳纂例》十卷、《辨疑》七卷。唐給事中吳郡陸質伯淳撰。初潤州丹陽主簿趙郡啖助叔佐明《春秋》，傳洋州刺史河東趙匡伯循，質從助及伯循傳其學。助考三《傳》，捨短取長，又集前賢注釋，補以己意，爲《集傳集注》，又撮其綱目爲統例。助卒，質與其子異繕錄，以詣伯循請損益焉，質隨而纂會之，大曆乙卯歲書成。質本名淳，避憲宗諱改焉，故其書但題陸淳。"

〔18〕見《春秋集傳纂例》卷一《啖子取捨三傳義例第六》。

〔19〕陳商，字述聖，早年從韓愈游，唐憲宗元和九年(814)進士，有文集十七卷，《新唐書》卷六〇《藝文志四》有著錄。王讜《唐語林》卷二《文學》："文宗時，工部尚書陳商立《漢文帝廢喪議》，又立《左氏》學議，以孔子修經，褒貶善惡，類例分明，法家流也。左丘明爲魯史，載述時政，懼善惡失墜，以日繫月，本非扶助聖言，緣飾經旨，蓋太史氏之流也。舉之《春秋》，則明白而有實；合之《左氏》，則叢雜而無徵。杜元凱曾不思孔子所以爲經，當與《詩》《書》《周易》等列；丘明所以爲史，當與司馬遷、班固等列，二義不侔，乃參而貫之，故微旨有所未盡，婉章有所未一。"

〔20〕"則明白而有實"，"實"原刻本誤作"識"；"當與《詩》《書》《周易》等列"，"與"原刻本誤作"以"。據《北夢瑣言》卷一《駁杜預》改。

〔21〕令狐澄，唐宜州華原(今陜西耀縣)人，其先敦煌(今屬甘肅)人。《大中遺

事》亦稱《貞陵遺事》，一卷。貞陵爲唐宣宗陵墓名，大中爲唐宣宗年號。（雍正）《陝西通志》卷七四《經籍志一》："《貞陵遺事》二卷，中書舍人華原令狐澄撰。"孫光憲（？—968），字孟文，自號葆光子，陵州貴平（今四川仁壽縣東北）人。博通經史，聚書校讎，工詩詞，好著書。《宋史》卷四八三有傳。著有《北夢瑣言》三十卷，現僅存二十卷。《郡齋讀書志》："《北夢瑣言》三十卷。右荆南孫光憲撰。取傳毗於江南之夢，以其爲高氏從事，在荆江之北，故以命篇。記唐至五代及十國雜事。"

32. 論《公羊》《左氏》相攻最甚，何、鄭二家分左右祖，皆未盡得二《傳》之旨

《公羊疏》云："《左氏》先著竹帛，故漢時謂之古學。《公羊》漢世乃興，故謂之今學。是以許慎作《五經異義》云：'古者《春秋》左氏説，今者《春秋》公羊説'是也。"[1]又引戴宏序云："子夏傳與公羊高，高傳與其子平，平傳與其子地，地傳與其子敢，敢傳與其子壽。至漢景帝時，壽乃共弟子齊人胡毋子都著於竹帛。"[2]

錫瑞案：戴宏漢人，其言當可信據。《左氏》書先出，而不傳口授之義，《公羊》書後出，而實得口授之傳，此漢所以立《公羊》而不立《左氏》也。漢今、古文家相攻擊，始於《左氏》《公羊》，而今、古文家相攻若仇，亦惟《左氏》《公羊》爲甚。四家《易》之於費氏《易》[3]，三家《尚書》之於古文《尚書》[4]，三家《詩》之於《毛詩》[5]，雖不并行，未聞其相攻擊。漢博士惟以《尚書》爲備，亦未嘗攻古文。惟劉歆請立《左氏》，則博士以左丘明不傳《春秋》抵之[6]。韓歆請立《左氏》，則范升以左氏不祖孔子抵之[7]。鄭衆[8]作《長義》十九條十七事，論《公羊》之短，《左氏》之長。賈逵[9]作《長義》四十條，云《公羊》理短，《左氏》理長[10]。李育讀《左氏傳》，雖樂文采，然謂不得聖人深意，作《難左氏》四十一事[11]。何休與其師羊弼追述李育意以難二傳，作《公羊墨守》《左氏膏肓》《穀梁廢疾》，鄭康成鍼《膏肓》、發《墨守》、起《廢疾》。隗禧謂《左氏》爲相

祈書，不足學[12]。鍾繇謂《左氏》爲大官，《公羊》爲賣餅家[13]。各經皆有今、古文之分，未有相攻若此之甚者。蓋他經雖義説不同，尚未大相反對，惟《左氏》與《公羊》不止義例不合，即事實亦多不符。《左氏》以文、宣爲父子，昭、定爲兄弟，《公羊》以文、宣爲兄弟，昭、定爲父子。魯十二公倫序，已大不同。《左氏》經作“君氏卒”，以爲魯之聲子[14]，《公羊》經作“尹氏卒”，以爲周之世卿[15]。所傳之經，一字不同，而一以爲婦人，一以爲男子，乖異至此，豈可并立？平心而論，以《左氏》爲相祈書，則詆之大過，亦由治《左氏》者專取莫敖采樵、爨枝曳柴之類[16]，有此致之。以《左氏》爲大官，《公羊》爲賣餅家，專以繁簡詳略言之，不關大義。鄭衆、賈逵《長義》不傳，賈所舉《左氏》深於君父不可據，已見前。李育、羊弼書亦不傳，何休《墨守》僅存一二，《廢疾》得失互見，《膏肓》以《左氏》所載之文爲《左氏》之罪，未知國史據事直書之例，且駁論多瑣細，惟兵諫、喪娶數條，於大義有關。鄭《發墨守》亦僅存一二，《起廢疾》亦得失互見，《鍼膏肓》多强説，以文公喪娶爲權制[17]，豈有喪娶可以從權者乎？《後漢書》於鄭康成《鍼膏肓》下云“自是《左氏》大興”，蓋鄭君雖先習《公羊》，而意重古學，常軒《左氏》而輕《公羊》，重其學者意有偏重，遂至《左氏》孤行。自漢以後，治《公羊》者，如晉之王接、王愆期已不多見[18]，《北史·儒林傳》云何休《公羊傳》大行於河北，而其傳載習《公羊》者止有梁祚一人[19]。且傳又云“《公羊》《穀梁》多不措意”，則以爲河北行《公羊》，似非實録。《唐志》，《公羊疏》無撰人名氏，《崇文總目》或云徐彦，《郡齋讀書志》引李獻民説同。董逌《廣川藏書志》亦稱世傳徐彦[20]，不知時代，意其在貞元、長慶之後。王應麟《小學紺珠》[21]謂《公羊疏》徐彦撰，《宋志》直云徐彦《公羊疏》三十卷。嚴可均曰[22]：“不知何據，即徐彦亦不知何代人，東晉有徐彦與徐衆同時，見《通典》九十五，又九十九有武昌太守徐彦，與征西桓温牋，而疏中引及劉宋庾蔚之[23]，則非東晉人。今世皆云唐徐彦，尤無所據，蓋涉徐彦伯而譌耳[24]。疏先設問答，與蔡邕《月令章句》相似，唐疏無此體例。所引書百三十許種，最晚者郭璞、庾蔚之，餘皆先秦、漢魏。開卷疏‘司空掾’云：‘若今三府掾是也。’齊、梁、陳、隋、唐無此官制，惟北齊有之,則此疏北齊人撰也。"〔25〕洪頤煊、姚範之説略同〔26〕。王鳴盛以爲即《北史》徐遵明,考其年代,似亦相近。惟據《北史》所載,遵明傳鄭《易》《尚書》《三禮》、服氏《春秋》,未聞傳何氏《公羊》,其弟子亦無治《公羊》學者,則謂彦即遵明,尚在疑似之間。若以"葬桓王"一條同於楊士勛《穀梁疏》〔27〕,謂徐襲楊疏,當在楊後,又安知楊士勛非襲徐疏乎?

箋注

〔1〕見《春秋公羊傳注疏·序》。

〔2〕見《春秋公羊傳注疏·序》。

〔3〕四家《易》,指施讎、孟喜、梁丘賀、京房四家。費氏即費直,字長翁,西漢東萊(今山東掖縣)人。費直所傳《易》被稱爲《古文易》。《漢書》卷三〇《藝文志》:"及秦燔書,而《易》爲筮卜之事,傳者不絶。漢興,田何傳之。訖於宣、元,有施、孟、梁丘、京氏列於學官,而民間有費、高二家之説。劉向以中古文《易經》校施、孟、梁丘經,或脱去'无咎''悔亡',唯費氏經與古文同。"《後漢書》卷七九上《儒林傳》:"由是《易》有施、孟、梁丘之學。又東郡京房受《易》於梁國焦延壽,别爲京氏學。又有東萊費直傳《易》,授琅邪王橫,爲費氏學。本以古字,號古文《易》。"

〔4〕三家《尚書》,指歐陽、大小夏侯三家。《漢書》卷三〇《藝文志》:"《尚書古文經》四十六卷。⋯⋯秦燔書禁學,濟南伏生獨壁藏之。漢興,亡失,求得二十九篇,以教齊魯之間。訖孝宣世,有歐陽、大小夏侯氏立於學官。古文《尚書》者,出孔子壁中。武帝末,魯共王壞孔子宅,欲以廣其宫,而得古文《尚書》及《禮記》《論語》《孝經》凡數十篇,皆古字也。"《後漢書》卷七九上《儒林傳》:"濟南伏生傳《尚書》,授濟南張生及千乘歐陽生,歐陽生授同郡兒寬,寬授歐陽生之子,世世相傳,至曾孫歐陽高,爲《尚書》歐陽氏學;張生授夏侯都尉,都尉授族子始昌,始昌傳族子勝,爲大夏侯氏學;勝傳從兄子建,建别爲小夏侯氏學:三家皆立博士。又魯人孔安國傳古文《尚書》,授都尉朝,朝授膠東庸譚,爲《尚書》古文學,未得立。"

〔5〕三家《詩》,即申培公、齊轅固生、燕韓生三家所傳《詩經》。《毛詩》是西漢時期魯國人毛亨所傳《詩經》,用古文寫成,且流傳至今。《漢書》卷三〇《藝文志》:"漢興,魯申公爲《詩》訓故,而齊轅固、燕韓生皆爲之傳。或取《春秋》,

采雜説，咸非其本義。與不得已，魯最爲近之。三家皆列於學官。又有毛公之學，自謂子夏所傳，而河間獻王好之，未得立。”

〔6〕《漢書》卷三六《楚元王傳》：“及歆親近，欲建立《左氏春秋》及《毛詩》《逸禮》《古文尚書》皆列於學官。哀帝令歆與五經博士講論其義，諸博士或不肯置對，歆因移書太常博士，責讓之曰：‘……猶欲保殘守缺，挾恐見破之私意，而無從善服義之公心，或懷妒嫉，不考情實，雷同相從，隨聲是非，抑此三學，以《尚書》爲備，謂《左氏》爲不傳《春秋》，豈不哀哉！’”

〔7〕《後漢書》卷三六《范升傳》：“時尚書令韓歆上疏，欲爲《費氏易》《左氏春秋》立博士，詔下其議。四年正月，朝公卿、大夫、博士，見於雲臺。帝曰：‘范博士可前平説。’升起對曰：‘《左氏》不祖孔子，而出於丘明，師徒相傳，又無其人，且非先帝所存，無因得立。’遂與韓歆及太中大夫許淑等互相辯難，日中乃罷。”

〔8〕鄭衆，注見前。少從父習《春秋左氏傳》，著有《春秋難記條例》，《後漢書》卷三六有傳。

〔9〕賈逵，注見前。逵著有《春秋左氏傳解詁》《國語解詁》，均佚，今存清人輯本。

〔10〕《春秋公羊傳注疏·序》：“至使賈逵緣隙奮筆，以爲《公羊》可奪，《左氏》可興。”《疏》：“言‘緣隙奮筆’者，莊、顏之徒説義不足，故使賈逵得緣其隙漏，奮筆而奪之，遂作《長義》四十一條，云《公羊》理短，《左氏》理長，意望奪去《公羊》而興《左氏》矣。鄭衆亦作《長義》十九條十七事，專論《公羊》之短，《左氏》之長，在賈逵之前。”

〔11〕李育，字元春，東漢經學家。少習《公羊春秋》，博覽書傳，知名太學，爲班固所重。漢章帝時拜博士，建初四年詔與諸儒論《五經》於白虎觀。《後漢書》卷七九下《儒林傳·李育》：“嘗讀《左氏傳》，雖樂文采，然謂不得聖人深意，以爲前世陳元、范升之徒更相非折，而多引圖讖，不據理體，於是作《難左氏義》四十一事。”

〔12〕隗禧，字子牙，三國魏京兆（今陝西西安西北）人。相研書，記載戰争之書。《三國志》卷一三《魏書·王肅傳》：“明帝時大司農弘農董遇等，亦歷注經傳，頗傳於世。”裴松之注引《魏略》曰：“隗禧字子牙，京兆人也。世單家。少好學。初平中三輔亂，禧南客荆州，不以荒擾，擔負經書，每以采稆餘日，則誦習之。太祖定荆州，召署軍謀掾。黄初中，爲譙王郎中。王宿聞其儒者，常虚心從學。禧亦敬恭以授王，由是大得賜遺。以病還，拜郎中。年八十餘，以老處家，就之學者甚多。禧既明經，又善星官，常仰瞻天文，嘆息謂

魚豢曰：'天下兵戈尚猶未息，如之何？'豢又常從問《左氏傳》，禧答曰：'欲知幽微莫若《易》，人倫之紀莫若《禮》，多識山川草木之名莫若《詩》，《左氏》直相斫書耳，不足精意也。'豢因從問《詩》，禧説齊、韓、魯、毛四家義，不復執文，有如諷誦。又撰作諸經解數十萬言，未及繕寫而得聾，後數歲病亡也。'"

〔13〕鍾繇(151—230)，字元常，謚成侯，三國魏穎川長社(今河南長葛)人。工書，兼善各體，尤精隸、楷，與張芝、王羲之齊名。賣餅家，比喻小家氣派，與大方之家相對。《三國志》卷二三《魏書·裴潛傳》："(裴)秀，咸熙中爲尚書僕射。"裴松之注引《文章序録》曰："司隸鍾繇不好《公羊》而好《左氏》，謂《左氏》爲太官，而謂《公羊》爲賣餅家，故數與(嚴)幹共辯析長短。"

〔14〕《春秋左傳·隱公三年》："夏，四月，辛卯，君氏卒。"《正義》："君氏者，隱公之母聲子也。"

〔15〕《春秋公羊傳·隱公三年》："夏，四月，辛卯，尹氏卒。尹氏者何？天子之大夫也。其稱尹氏何？貶。曷爲貶？譏世卿，世卿非禮也。"

〔16〕莫敖，春秋時楚國官名。原爲楚國最高官職，楚武王以其封號太重，改以令尹爲重臣。後莫敖廢置不常，地位逐漸降低，降至左司馬之下。欒枝，晉大夫，欒成之子，卒謚貞子。莫敖采樵，見《春秋左傳·桓公十二年》："楚伐絞，軍其南門。莫敖屈瑕曰：'絞小而輕，輕則寡謀，請無扞采樵者以誘之。'從之。絞人獲三十人。明日，絞人爭出，驅楚役徒於山中。楚人坐其北門，而覆諸山下，大敗之，爲城下之盟而還。"欒枝曳柴，見《春秋左傳·僖公二十八年》："狐毛設二旆而退之，欒枝使輿曳柴而僞遁，楚師馳之。原軫、郤溱以中軍公族橫擊之。狐毛、狐偃以上軍夾攻子西，楚左師潰。楚師敗績。"

〔17〕喪取，在服喪期間婚娶。《禮記·檀弓上》："夫子曰：'獻子加於人一等矣。'"《正義》："文公二年'公子遂如齊納幣'者，鄭《箋膏肓》：'僖公母成風主婚，得權時之禮。'"

〔18〕王接，見前注。王愆期，王接之子，生卒年不詳。繼父志，注《公羊》，集《列女後傳》。父子二人《晉書》卷五一有傳。

〔19〕梁祚(427—513)，北魏北地泥陽(今陝西耀縣)人。篤志好學，歷治諸經，尤善《公羊春秋》、鄭氏《易》，常以教授。著有《國統》《代都賦》。《北史》卷八一《儒林傳上》有傳。

〔20〕董逌，字彥遠，宋東平(今山東東平)人，藏書家，鑒賞家，依其藏書撰有《廣川藏書志》二十六卷。另著有《廣川易學》《廣川詩學》及《廣川書畫跋》。

《直齋書録解題》卷八《目録類》："《廣川藏書志》二十六卷。徽猷閣待制董逌彥遠撰。以其家藏書考其本末,而爲之論説,及於諸子而止,蓋其本意專爲經設也。"《四庫全書總目提要》卷二六《經部春·秋類一》:"《春秋公羊傳注疏》二十八卷(内府藏本),漢公羊壽傳、何休解詁、唐徐彥疏。……彥《疏》,《唐志》不載,《崇文總目》始著録,稱不著撰人名氏,或云徐彥。董逌《廣川藏書志》亦稱世傳徐彥,不知時代,意其在貞元、長慶之後。"

〔21〕王應麟《小學紺珠》,全書分爲天道、律曆、地理、人倫、人事、藝文、歷代、聖賢、名臣、氏族、職官、治道、制度、器用、儆戒、動植等十七類。王應麟《自序》曰:"采掇載籍,擬錦帶書,始於三才,終於萬物,經以歷代,緯以庶事,分別部居,用訓童幼。"《四庫全書總目提要》卷一三五《子部·類書類一》:"《小學紺珠》十卷(江西巡撫采進本),宋王應麟撰。分門隸事,與諸類書略同。而每門之中,以數爲綱,以所統之目繫於下,則與諸類書迥異。蓋仿世傳陶潛四八目之例,以數目分隸故實,遂爲類事者別創一格也。其間隨筆記録,或有不及編次者……間有采摭未備失之耳目之前者……踵事者易,創始者難。篳路藍縷,又烏可没應麟之功歟!"

〔22〕嚴可均(1762—1843),字景文,號鐵橋,浙江烏程人,清代文獻學家、藏書家。輯有《全上古三代秦漢三國六朝文》及諸經佚注與子書多種。著有《鐵橋漫稿》《四録堂類集》《説文聲類》等。《清史稿》卷四八二《儒林傳三》有傳。

〔23〕庾蔚之,字季隨,南朝宋經學家,著有《喪服》《喪服世要》《禮論鈔》《禮答問》《喪服要記》《禮記略解》等書。

〔24〕徐彥伯,即徐洪(?—714),字彥伯,以字行,唐兖州瑕丘(今山東兖州西南)人。少以文章名世,時司户韋暠善判,司士李亘工書,而彥伯文辭雅美,時人謂之"河東三絶"。《舊唐書》卷九四、《新唐書》卷一一四有傳。

〔25〕見嚴可均《鐵橋漫稿》卷八《文類六·書公羊疏後》。"所引書百三十許種","三十"原刻本作"二十",據嚴氏本文改。

〔26〕洪頤煊(1765—1837),字旌賢,號筠軒,晚號倦舫老人,浙江臨海人,孫星衍門生。與兄洪坤煊、弟洪震煊,并稱"三洪"。著有《筠軒詩文鈔》《台州札記》《諸史考異》《禮經宫室答問》《漢志水道疏證》《平津館讀碑記》等。《清史稿》卷四八六《文苑傳三》有傳。姚範(1702—1771)字南青,號姜塢,清安徽桐城人。工文章,長於考訂,有《援鶉堂詩集》《援鶉堂文集》《援鶉堂筆記》。

〔27〕楊士勛,唐初人。官四門博士、國子助教。貞觀時與孔穎達等奉詔撰《春秋

正義》,著有《春秋穀梁傳疏》。

33. 論《春秋》必有例,劉逢禄、許桂林《釋例》大有功於《公羊》《穀梁》,杜預《釋例》亦有功於《左氏》,特不當以"凡例"爲周公所作

《禮記·經解》引孔子曰:"屬辭比事[1],《春秋》教也。"又曰:"《春秋》之失亂。"《經解》引此爲夫子自道,是猶《孟子》兩引孔子之語,皆聖人自發其作《春秋》之旨,最可憑信。古無例字,屬辭比事即比例。《漢書·刑法志》師古曰:"比,以例相比况也。"《後漢書·陳寵傳》注:"比,例也。"夫子以《春秋》口授弟子,必有比例之説,故自言屬辭比事爲《春秋》教。《春秋》文簡義繁,若無比例以通貫之,必至人各異説,而大亂不能理,故曰"《春秋》之失亂"。亂由於無比例,是後世説經之弊,夫子已預防之矣。何休《公羊解詁序》曰:"往者略依胡毋生條例,多得其正。"是胡毋生以《公羊傳》著於竹帛,已爲之作條例。董仲舒曰:"《春秋》無達例。"[2]則董子時《公羊春秋》已有例可知。胡毋生《條例》散見《解詁》,未有專書。何休《文謚例》僅見於《疏》所引。《公羊傳條例》見於《七録》[3],今佚。劉逢禄作《公羊何氏釋例》[4]以發明之,其釋時、月、日例,引子思贊《春秋》上律天時,以爲《春秋》不待襃譏貶絶,以月日相示,而學之者湛思省悟,推闡甚精。《穀梁》時、月、日例更密於《公羊》。許桂林作《穀梁釋例》[5]以發明之,其有功於《穀梁》,與劉逢禄有功於《公羊》相等。范甯解《穀梁》亦有例。《四庫提要》曰:"《自序》有'商略名例'之句,疏稱甯別有《略例》百餘條,此本不載,然注中時有'傳例曰'字,或士勛割裂其文,散入注疏中歟?"[6]陳澧曰:"楊《疏》有稱'范氏略例'者,有稱'范例'者,有稱'范氏別例'者,皆即《略例》也。范氏注中已有例,又別爲《略例》,故可稱《別例》。楊《疏》所引二十餘條,王仁俊《漢魏遺書鈔》已鈔出[7]。"據此,則《公羊》《穀梁》二家説《春秋》者,皆有例矣。《左氏》之例,始於鄭興、賈徽[8],其子鄭衆、賈逵各

傳家學,亦有條例。潁容已有《釋例》,在杜預之前。《左氏傳》本無日月例,孔《疏》曰:"《春秋》諸事皆不以日月爲例,其以日月爲義例者,唯卿卒、日食二事而已。"陳澧曰:"此說可疑,豈有一書內唯二條有例者乎? 且日食不書日爲官失之,其說通。大夫卒,公不與小斂,不書日,則不可通。孔巽軒云:'九月甲申,公孫敖卒於齊,公豈得與小斂乎?'此無可置辨矣。蓋《左傳》無日月例,後人附益者以《公》《穀》有之,故亦仿效而爲此二條耳。"〔9〕

錫瑞案:二條爲後人附益,固無可疑,即五十凡亦未知出自何人,然鄭、賈、潁已言例在前,則非杜預所創,特不當以舊例爲周公所定耳。

箋注

〔1〕屬辭比事,亦作"屬詞比事",指連綴文辭,排比史事,後指撰文記事。"屬辭"即在表述史事時講求造句注重文辭的錘煉;"比事"即在編寫史書時要編年記事,按照年、時、月、日之順序排比史事。

〔2〕《春秋繁露》卷三《精華第五》:"《詩》無達詁,《易》無達占,《春秋》無達辭。"

〔3〕《七錄》,南朝梁阮孝緒撰,是繼劉歆《七略》、王儉《七志》之後另一部目錄專著。原書已佚,序目完整地保存於《廣弘明集》卷三中。《隋書》卷三二《經籍志一》:"普通中,有處士阮孝緒,沉靜寡欲,篤好墳史,博采宋、齊已來王公之家凡有書記,參校官簿,更爲《七錄》:一曰《經典錄》,紀六藝;二曰《記傳錄》,紀史傳;三曰《子兵錄》,紀子書、兵書;四曰《文集錄》,紀詩賦;五曰《技術錄》,紀數術;六曰《佛錄》;七曰《道錄》。"

〔4〕劉逢祿,注見前。《公羊春秋何氏釋例》爲劉逢祿闡釋《春秋公羊傳》之著作,該書十卷三十篇,歸納義例三十類。

〔5〕許桂林(1779—1822),字同叔,號日南,又號月嵐,別號棲雲野客,江蘇海州(今屬連雲港市)人。清代學者,以詁經爲事,於諸經皆有發明。其《春秋穀梁傳時日月書法釋例》一書,爲孫星衍所贊賞。《清史稿》卷四八二《儒林傳三》有傳。《穀梁釋例》即《春秋穀梁傳時日月書法釋例》,《清史稿》曰:"其書有引《公羊》而互證者,有駁《公羊》而專主者。陽湖孫星衍嘗以條理精密、論辯明允許之。"

〔6〕見《四庫全書總目提要》卷二六《經部·春秋類一》。

〔7〕 王仁圖，即王謨(約 1731—1817)，字仁圖，清江西金溪人。生平好博覽，勤
　　著述，輯《漢魏遺書鈔》，共四集一百十二種，多收漢魏佚書，素爲學者所重。
〔8〕 鄭興，注見前。賈徽，賈逵之父。《後漢書》卷三六《賈逵傳》曰："(賈逵)父
　　徽，從劉歆受《左氏春秋》，兼習《國語》《周官》，又受《古文尚書》於塗惲，學
　　《毛詩》於謝曼卿。作《左氏條例》二十一篇。"
〔9〕 以上引陳澧文見《東塾讀書記》卷一〇《春秋三傳》。

34. 論日、月、時正變例

　　胡安國曰[1]："《春秋》之文，有事同而辭同者，後人因謂之例；有事
同而辭異，則其例變矣。是故正例非聖人莫能立，變例非聖人莫能裁，
正例天地之常經，變例古今之通誼，惟窮理精義，於例中見法，例外通
類者，斯得之矣。"[2]
　　案：《春秋》正變例以日、月、時爲最著明：正例日，則變例時；正例
時，則變例日；而月在時、日之間。《公羊》《穀梁》說已詳晰，而後人猶
疑之者，以解者繁雜，未有簡明之說以括之也。今據《春秋》之例，討
賊、侵伐常事，與不以日、月計者，皆例時。以月爲變者，不以月計也。
《春秋》以月記時事，以月分尊卑，除二者之外，遂不以日、月爲例。《春
秋》記事，大事記之詳，如君、夫人葬薨，大夫卒，天王崩，外諸侯卒，大
異，宗廟災，祭事，盟，戰，所關者大，重錄之則詳，故記其日。小事則從
略，如來往、如致，朝聘，會遇，外盟，外戰，一切小事，皆例時。大事日，
小事時，一定之例也，亦記事之體應如是也。至於輕事而重之，則變時
而日、月焉，重事而輕之，則變日而月、時焉。事以大小爲準，例以時、
日爲正，一望而知者也。而月在時、日之中，爲消息焉。凡月皆變例。
大事例日，如盟例日，而桓盟皆不日而月[3]，變也。柯之盟時者[4]，變
之至也。此日爲正，月爲變，時爲尤變之例也。小事例時，如外諸侯葬
例時，月爲變，日爲變之甚，此時爲正，月爲變，日爲尤變之例也。又如
朝時也，變之則月，尤變則日；用幣時也，謹之則日。因其事之小，知其

日、月之爲變。外諸侯卒例日，變之則月，尤變則時。因其事之大，知其月、時之爲變。凡變，則有二等，以差功過淺深，故月皆變例。從時而日，從日而時，皆變之尤甚者，有條不紊，綱目明白。先儒因有記時分早暮二例，遂遍推之，則正例有三等，無以進退，而於二主之間，又添一主，則正變不明，端委朦混，治絲而棼，故使人疑之也。淺人以爲經承舊史，或時，或月，或日，皆無義例，則斷爛朝報可爲確論矣。

箋注

〔1〕 胡安國，注見前。所著《春秋傳》被後人稱爲"《春秋》胡傳"。

〔2〕 元汪克寬著《春秋胡傳附錄纂疏・明類例》，卷首曰："《春秋》之文有事同則詞同者，後人因謂之例，然有事同而詞異，則其例變矣。是故正例非聖人莫能立，變例非聖人莫能裁，正例天地之常經，變例古今之通誼，惟窮理精義，於例中見法，例外通類者，斯得之矣。"

〔3〕 桓盟，齊桓公所主導之會盟。如北杏會盟、召陵之盟、葵丘會盟。《史記》卷三二《齊太公世家》："寡人兵車之會三，乘車之會六，九合諸侯，一匡天下。昔三代受命，有何以異於此乎？"兵車之會三，即《正義》所云"《左傳》云魯莊十三年，會北杏以平宋亂；僖四年，侵蔡，遂伐楚；六年，伐鄭，圍新城也。"乘車之會六，即《正義》所云："《左傳》云魯莊十四年，會於鄄；十五年，又會鄄；十六年，同盟於幽；僖五年，會首止；八年，盟於洮；九年，會葵丘是也。"

〔4〕 柯之盟，齊桓公與魯莊公在柯邑之會盟。《史記》卷三二《齊太公世家》："五年，伐魯，魯將師敗。魯莊公請獻遂邑以平，桓公許，與魯會柯而盟。"《史記》卷八六《刺客列傳》："曹沫爲魯將，與齊戰，三敗北。魯莊公懼，乃獻遂邑之地以和。猶復以爲將。齊桓公許與魯會於柯而盟。"《左傳・莊公十三年》："冬，盟於柯，始及齊平也。"

35. 論三《傳》以後説《春秋》者亦多言例，以爲本無例者非是

　　洪興祖曰[1]："《春秋》本無例，學者因行事之迹以爲例，猶天本無

度,治曆者因周天之數以爲度。"[2]錫瑞案:洪氏此説,比例正合。聖人作《春秋》,當時嘗自定例與否,誠未可知,而學者觀聖人之書,譬如觀天,仁者見仁,知者見知,各成義例,皆有可通。治曆者因周天之數以爲度,不得以爲非天之度;學者因行事之迹以爲例,豈得以爲非《春秋》之例乎? 朱彝尊《經義考》論崔子方《本例》云[3]:"以例説《春秋》,自漢儒始。曰牒例,鄭衆、劉寔也[4];曰謚例,何休也;曰釋例,潁容、杜預也;曰條例,荀爽、劉陶、崔靈恩也;曰經例,方範也[5];曰傳例,范甯也;曰詭例,吳略也[6];曰略例,劉獻之也[7],曰通例,韓滉、陸希聲、胡安國、畢良史[8]也;曰統例,啖助、丁副、朱臨也[9];曰纂例,陸淳、李應龍、戚崇增也[10];曰總例,韋表微、成元、孫明復、周希孟、葉夢得、吳澂也[11];曰凡例,李瑾、曾元生也[12];曰説例,劉敞也;曰忘例,馮正符[13]也;曰演例,劉熙也[14];曰義例,趙瞻、陳知柔也[15];曰刊例,張思伯也[16];曰明例,王晢、王日休、敬鉉也[17];曰新例,陳德甯也[18];曰門例,王鎡、王炫也[19];曰地例,余嘉也[20];曰會例,胡箕也[21];曰斷例,范氏也[22];曰異同例,李氏也[23];曰顯微例,程迥也[24];曰類例,石公孺、周敬孫也[25];曰序例,家鉉翁也[26];曰括例,林堯叟也[27];曰義例,吳迂也[28]。而梁簡文帝、齊晉安王子懋皆有《例苑》[29],孫立節有《例論》[30],張大亨有《例宗》[31],劉淵有《例義》[32],刁氏有《例序》[33],繩之以例而義益紛綸矣。彦直崔子方字。謂聖人之書,總年以爲體,舉時以爲名,著日月以爲例。《春秋》固有例也,而日月之例蓋其本,乃列一十六門,而皆以日月時例之,亦一家之言云爾。"[34]

案:諸家書多不傳,未能考其得失,惟陸淳《纂例》兼采三傳,崔子方《本例》多本《公》《穀》,能成一家之言。其後趙汸《春秋屬辭》爲最著[35],孔廣森《公羊通義》本之[36],謂知《春秋》者惟趙汸一人。或謂趙汸、崔子方無三科九旨以統貫之,故其例此通而彼窒,左支而右絀,是二家之書,亦未盡善。蓋日月例《公》《穀》已極詳密,崔子方等更求詳於《公》《穀》之外,又不盡用《公》《穀》之義,未免過於穿鑿。然例雖未盡善,猶愈於全不言例者,全無例則必失亂矣。後人矯言例者支離破碎之過,謂《春秋》本無例,出後儒傅會。鄭樵謂例非《春秋》之法[37]。爲此説者,非獨不明《春秋》之義,并不知著書作文之體例矣。凡修史皆有例,《史記》《漢書》自序,即其義例所在。後世修史,先定凡例,詳略增損,分別合并,或著録,或不著録,必有一定之法。修州郡志亦然。即自著一部書,或注古人之書,其引用書傳,編次子目,亦必有凡例,或自列於簡端。即爲人撰碑志、墓銘,其述祖考、子孫官爵事實,亦有例,故有《墓銘舉例》《金石三例》等書[38]。惟日録、筆記,隨手紀載,乃無義例。再下則胥吏之檔案,市井之簿録耳。聖人作經以教萬世,乃謂其全無例義,則於檔案、簿録,比後儒之著書作文者,猶不逮焉,誠不知何説也。

箋注

〔1〕 洪興祖(1090—1155),字慶善,號練塘,鎮江丹陽(今屬江蘇)人。著有《老莊本旨》《周易通義》《左氏通解》《楚辭補注》及《楚辭考異》等書。《宋史》卷四三三有傳。

〔2〕 見《春秋本旨·序》。

〔3〕 案,皮氏所云"朱彝尊《經義考》論崔子方《本例》"有誤,當爲"朱彝尊《曝書亭集》論崔子方《本例》"。崔子方,字彦直,一字伯直,號西疇居士,涪州涪陵(今屬重慶)人。與蘇軾、黄庭堅游,爲北宋蜀學重要人物。著有《春秋經解》《春秋本例》《春秋例要》等書。《四庫全書總目提要》卷二七《春秋類二》曰:"《春秋本例》二十卷(内府藏本)。宋崔子方撰。是書大旨以爲,聖人之書,編年以爲體,舉時以爲名,著日月以爲例。而日月之例又其本,故曰《本例》。凡一十六門,皆以日、月、時推之,而分著例、變例二則。州分部居,自成條理。"

〔4〕 劉寔(220—310),字子真。平原郡高唐縣(今山東高唐)人。三國至西晉時期重臣、學者。初以計吏入洛陽,調任河南尹丞,後遷任尚書郎、廷尉正、吏部郎,封爵循陽子。西晉建立後,歷官少府、太常、尚書等職,進爵爲伯。杜預伐吳時,以本官兼鎮南軍司。因數劉夏受賄獲罪,免官。後被起用爲國子祭酒、散騎常侍。元康初年,進爵爲侯,漸升太子太保,加侍中、特進、右光禄大夫、開府儀同三司,兼冀州都督。元康九年拜司空,遷太保。其後轉任太傅。永嘉四年卒,年九十一。謚元。著有《左氏牒例》《春秋條例》《春

秋公羊達義》等，今已佚。

〔５〕方範，正史無傳，《新唐書》卷五七《藝文志・經部》："方範《經例》六卷。"

〔６〕吳略，正史無傳，《新唐書》卷五七《藝文志・經部》："吳略《春秋經傳詭例疑隱》一卷。"

〔７〕劉獻之，北魏博陵饒陽(今屬河北)人。雅好《詩》《春秋》，爲學以德行爲首，時海內諸生凡於五經大義有所疑滯，咸決於獻之。其門徒數百，皆通經之士。著有《三禮大義》《三傳略例》等書。《魏書》卷八四《儒林傳》、《北史》卷八一《儒林傳上》有傳。

〔８〕韓滉(723—787)，字太冲，京兆長安(今陝西西安)人，唐中期著名畫家，卒諡忠肅。滉工詩文，善書畫，精《易象》《春秋》。著有《春秋通例》《天文序議》等；畫有《五牛圖》《文苑圖》等傳世。《舊唐書》卷一二九、《新唐書》卷一二六有傳。陸希聲，字鴻磬，唐蘇州吳縣(今江蘇蘇州)人。初爲嶺南從事，後隱居義興。博學善屬文，通《易》《春秋》《老子》，著有《道德經傳》《春秋通例》等。《新唐書》卷一一六有傳。畢良史(?—1150)，字少董，一字伯瑞，宋蔡州上蔡(今河南汝南)人，人號"畢骨董"。著有《春秋正辭》二十卷、《春秋通例》十五卷、《論語探古》二十卷，《直齋書錄解題》有著錄。

〔９〕丁副，宋人，著有《春秋演聖統例》二十卷、《三傳經字異同字》一卷，見鄭樵《通志・藝文略・經類・春秋》。《宋史》卷二〇二《藝文志・春秋類》、朱彝尊《經義考》卷一七九《春秋十二》作《春秋三傳異同字》。朱臨，字正夫，宋湖州烏程(今浙江湖州)人。從胡瑗學《春秋》，晚好唐陸淳之學。著有《春秋外傳》《春秋統例》等。《(崇禎)吳興備志》卷二二《經籍徵》："朱臨《春秋統例》二十卷，《春秋私記》一卷，《春秋外傳》十卷。"《浦陽人物記》卷下有傳。

〔10〕李應龍，字玉林，元光澤(今屬福建)人。博學多文，有節操。著有《春秋纂例》《孝經集注》。弘治《八閩通志》卷七〇《人物》有傳。戚崇增，字仲咸，元金華(今屬浙江)人。工詩、古文辭。著有《春秋學講》《春秋纂例原指》《四書儀對》等書。《新元史》卷二三六《儒林傳三》有傳。

〔11〕韋表微，字子明，唐京兆萬年(今陝西西安)人。著有《九經師授譜》一卷、《春秋三傳總例》二十卷。《舊唐書》卷一八九《儒林傳下》、《新唐書》卷一七七有傳。孫明復(992—1057)，即孫復，注見前。《宋史》卷四三二有傳。周希孟，字公闢，宋福建侯官(今福建福州)人。與陳烈、陳襄、鄭穆相交甚厚，閩人號四先生。通五經，尤長於《易》，有《易義》《詩義》《春秋義》并文集行世。另有《春秋總例》二十卷(鄭樵《通志・藝文略第一・經類・春秋》作

"周希聖")。《宋元學案》卷五有傳。

〔12〕李瑾,唐人,著有《春秋指掌》十五卷,《新唐書》卷五七《藝文志》有著録。
《文獻通考》卷一八二《經籍考九》:"《春秋指掌》。《崇文總目》:唐試左武
衛兵曹李瑾撰。瑾集諸家之説爲《序》《義》《凡例》各一篇。稱孔穎達《正
義》爲五篇,采摭餘條爲《碎玉》一篇,集先儒異同,辯正得失爲三篇。取劉
炫《規過》申證其義爲三篇。大抵專依杜氏之學以爲説云。"曾元生,有《春
秋凡例》一書。《經義考》卷一九一《春秋二十四》:"王逢曰:礶峰曾元生,
江西人,宋末屏居教授,有《春秋凡例》《大學演正》藏於家。"

〔13〕馮正符,字通道,宋遂寧(今屬四川)人。從何群學。三上禮部不第,以經學
教授梓遂間。閉户十年著述,於諸經多論解,著有《春秋得法忘例論》三十
卷,及《詩》《易》《論語解》等。《宋史翼》卷二六《文苑一》有傳。案,《春秋得
法忘例論》,《郡齋讀書志》《經義考》作《春秋得法忘例論》,《文獻通考》卷一
八三《經籍考十》作《春秋得法志例論》,徐小蠻、顧美華點校《直齋書録解
題》卷三《春秋類》:"《春秋得法志例論》……[注]:盧校本'志'爲'忘',注
曰:別作'志例'者訛。"

〔14〕《經義考》卷一八一《春秋十四》:"劉氏熙古《春秋極論》二篇、《春秋演例》三
篇。未見。"按,劉熙當爲劉熙古,翁方綱《經義考補正》卷七《春秋》:"劉氏
熙古《春秋極論》。按:'古'字應旁寫。劉熙古即劉蒙正之父,《宋史》有傳,
此誤將'古'字大書,連下《春秋極論》爲書名,今據《宋史》及《玉海》改正。
檢《曝書亭集·涪陵崔氏春秋本例序》中引劉熙《演例》,亦删'古'字,與此
處誤同。"劉熙古(903—976),字義淳,宋州寧陵(今河南寧陵縣)人。著有
《歷代紀要》《切韻拾玉》《春秋演例》等。《宋史》卷二六三有傳。

〔15〕趙瞻(1019—1090),字大觀,其先亳州永城(今屬河南)人,後徙鳳翔之盩厔
(今陝西周至),卒謚懿簡。著有《春秋論》三十卷、《春秋經解義例》二十卷。
《宋史》卷三四一有傳。陳知柔(? —1184),字體仁,號休齋,一號弱翁。宋
泉州永春(今屬福建)人,著有《易本旨》《春秋義例》《易大傳》《易圖》《詩聲
譜》《論語後傳》等。《(弘治)八閩通志》卷六七《人物》有傳。

〔16〕張思伯,北齊河間樂城人。善説《左氏傳》,亦治《毛詩》章句,撰《刊例》十卷
行於時。傳見《北齊書》卷四四《儒林傳》、《北史》卷八一《儒林傳》。

〔17〕王晢,字微之,宋太原(今屬山西)人。著有《春秋皇綱論》五卷傳世,又有
《春秋通義》十二卷、《異義》十二卷(《玉海》)、《孫子注》三卷、《春秋明例隱
括圖》一卷,皆佚。《鄭堂讀書記》卷一〇《經部·春秋類一》:"《春秋皇綱
論》五卷(通志堂經解本)。宋王晢撰。晢太原人,至和中官太常博士。《四

庫全書》著録,《書録解題》《玉海》《通考》《宋志》俱載之。《玉海》又載其《春秋通義》十二卷(又見《宋志》)、《異義》十二卷,陳、馬兩家又載其《明例隱括圖》一卷,俱已佚矣。"王日休,宋龍舒人,字虛中。深研《春秋》,嘗著書辨《左氏》《公羊》《穀梁》三傳及孫復解經之失。又有《易解》《春秋名例》《養賢録》《净土文》《模楷書》等。《經義考》卷一八八《春秋二十一》:"王氏日休《春秋明例》(《宋志》作"名義"),《宋志》一卷,佚。……《中興書目》:《春秋明例》一卷,紹興中,舒州布衣王日休撰。凡十篇,通謂之《明例》,又冠以例要、例釋、例意。"敬鉉,字鼎臣,金易州人,爲中都儒學提舉,博通經史,文章鳴世,學者稱太寧先生。所著有《春秋備忘》四十卷(朱睦㮮《授經圖》卷一六《諸儒著述附歷代春秋傳注》、《千頃堂書目》卷二《春秋類》作"十卷",《國史經籍志》卷二《經類・春秋》作"四十六卷"),《太寧先生續明三傳例説略》八卷。

〔18〕陳德寧,生平不詳。《宋史》卷二〇二《藝文志》:"陳德寧《公羊新例》十四卷,又《穀梁新例》六卷。"

〔19〕王鎡,字時可,宋池州石埭(今屬安徽)人。有《紫微集》《春秋門例通解》《戚里元龜》《易象寶鑒》。《明一統志》卷一六《池州府・人物》有傳。《遂初堂書目・春秋類》:"王鎡《門例通解》。"《經義考》卷一九〇《春秋二十三》:"王氏鎡《春秋門例通解》(鎡,《宋志》作'炫'),《宋志》十卷,佚。"《宋史》卷二〇二《藝文志》:"王炫《春秋門例通解》十卷。"

〔20〕余嘉,生平不詳。《經義考》卷一八八《春秋二十一》:"余氏嘉《春秋地例增釋紀年續編》,佚。"

〔21〕胡箕(1122—1194),字斗南,胡銓從子。學貫經史,尤精於《春秋》,著有《春秋三傳會例》。《(雍正)江西通志》卷七六《人物・吉安府二》有傳。《經義考》卷一八八《春秋二十一》:"胡氏箕《春秋三傳會例》三十卷,佚。"

〔22〕范氏,失名。《經義考》卷一九二《春秋二十五》:"范氏《春秋斷例》,佚。"《經義考》卷一八五《春秋十八》:"胡氏安國《春秋傳》……故君子以謂五經之有春秋,猶法律之有斷例也。"

〔23〕《新唐書》卷五七《藝文志一》:"李氏《三傳異同例》十三卷。開元中右威衛録事參軍,失名。"《經義考》卷一七八《春秋十一》:"李氏《三傳異同例》,《唐志》十三卷,佚。《新唐書》注'開元中右威衛録事參軍,失名'。"

〔24〕程迥,字可久,宋應天府寧陵(今屬河南)人,家於沙隨(寧陵古爲沙隨邑),南渡後僑居餘姚(今屬浙江)。深於經學,學者稱沙隨先生。著有《南齋小集》,已佚。又有《春秋顯微例目》一卷、《春秋傳》二十卷,《宋史》卷二〇二

《藝文志一》有著録。《宋史》卷四三七有傳。

〔25〕石公孺,字長孺,石待旦曾孫,宋越州新昌(今浙江紹興)人。著有《春秋類例》。《浙江通志》卷一九二《人物·隱逸上》有傳。《宋史》卷二〇二《藝文志一》:"石公孺《春秋類例》十二卷。"《經義考》卷一八六《春秋十九》:"石氏公孺《春秋類例》,《宋志》十二卷,佚。"周敬孫,字子高,宋台州臨海(今浙江台州)人。師王柏,受性理之學。著有《易象占》《尚書補遺》《春秋類例》等。《浙江通志》卷一七六《人物·儒林中》有傳。《經義考》卷一九一《春秋二十四》:"周氏敬孫《春秋類例》,佚。謝鐸曰:'《春秋類例》周敬孫著,今亡。'"

〔26〕家鉉翁,號則堂,宋眉州眉山(今四川眉山)人,著有《則堂集》《春秋序例》《春秋詳説》等。《宋史》卷四二一有傳。《授經圖》卷一六《諸儒著述附歷代春秋傳注》:"《春秋序例》一卷,家鉉翁。"

〔27〕林堯叟,字唐翁。《皕宋樓藏書志》卷八《經部》:"《音注全文春秋括例始末左傳句讀直解》七十卷(元刊本),[宋]林堯叟注。"蔣光煦《東湖叢記》卷五《元本春秋左傳句讀直解跋》:"每卷題云《音注全大春秋括例始末左傳句讀直解》,凡七十卷。《經義考》作《春秋左傳句解》四十卷者,殆未經寓目耳。"

〔28〕吳迂,字仲迂,號可堂,元饒州浮梁(今屬江西)人,學者稱可堂先生。《新元史》卷二三五有傳。博學明經,隱居著書。著有《易學啓蒙》《書編大旨》《左傳義例》《詩傳衆説》等書。《千頃堂書目》卷二:"吳迂《左傳義例》,又《左傳分紀》,又《春秋紀聞》。"

〔29〕簡文帝,即蕭綱(503—551),字世纘,小字六通,南朝梁武帝第三子,昭明太子同母弟,爲侯景所殺。撰《春秋左氏傳例苑》十八卷,兩《唐志》皆有著録。齊晉安王子懋,即蕭子懋(472—494),字雲昌,齊武帝(蕭賾)子,封晉安王。著有《春秋例苑》三十卷。《經義考》卷一七五《春秋八》:"齊晉安王蕭子懋《春秋例苑》三十卷,佚。"

〔30〕孫立節,字介夫,宋寧都(今屬江西)人。《例論》,即《春秋三傳例論》。《經義考》卷一七九《春秋十二》:"孫氏立節《春秋三傳例論》,佚。《贛州府志》:孫立節,字介夫,寧都人,皇祐五年進士,判桂州。著《春秋三傳例論》,孫復見之嘆曰:'吾力所未及者,介夫盡發之矣。'"

〔31〕張大亨,字嘉父,宋湖州(今屬浙江)人,著有《春秋五禮例宗》《春秋通訓》。《例宗》即《春秋五禮例宗》。《宋史》卷二〇二《藝文志一》:"張大亨《春秋通訓》十六卷、《五禮例宗》十卷。"

〔32〕劉淵,生平不詳,《例義》即《春秋例義》。《經義考》卷一九四《春秋二十七》:"劉氏淵《春秋例義》,佚。"

〔33〕《例序》，即《春秋公羊例序》。《隋書》卷三二《經籍志一》：“《春秋公羊例序》，刁氏撰。”《經義考》卷一七三《春秋》：“刁氏《春秋公羊例序》，《隋志》五卷，佚。”

〔34〕見《曝書亭集》卷三四《涪陵崔氏春秋本例序》。

〔35〕趙汸(1319—1369)，字子常，元明間徽州府休寧(今安徽休寧)人，師事黄澤，受《易》象、《春秋》之學，著有《春秋屬辭》《春秋集傳》《春秋師説》《左氏補注》《東山存稿》等。《四庫全書總目提要》卷二八《經部·春秋類》：“《春秋屬辭》十五卷(兩江總督采進本)。元趙汸撰。汸於《春秋》用力至深……又因《禮記·經解》之語，悟《春秋》之義在於比事屬辭，因復推筆削之旨，定著此書。其爲例凡八：一曰存策書之大體，二曰假筆削以行權，三曰變文以示義，四曰辨名實之際，五曰謹内外之辨，六曰特筆以正名，七曰因日月以明類，八曰辭從主人。其説以杜預《釋例》、陳傳良《後傳》爲本，而亦多所補正。”

〔36〕孔廣森(1751—1786)，注見前。精於《公羊春秋》，著有《春秋公羊通義》。《鞏經室集一集》卷一一《春秋公羊通義序》：“先生幼秉異資，長通絶學，凡漢、晉以來之治《春秋》者不下數百家，靡不綜覽。嘗謂《左氏》舊學，湮於征南，《穀梁》本義，汩於武子；王祖游謂何休志通《公羊》，往往爲《公羊》疚病，其餘啖助、趙匡之徒，又横生義例，無當於經，唯趙汸最爲近正；何氏體大思精，然不無承訛率臆。於是旁通諸家，兼采《左》《穀》，擇善而從，撰《春秋公羊通義》十一卷，序一卷，凡諸經籍義有可通於《公羊》者，多著録之。”

〔37〕見《六經奧論》卷四《春秋經·例(例非《春秋》之法)》。

〔38〕《墓銘舉例》，明王行撰。王行(1331—1395)，字止仲，號淡如居士，又號半軒，亦號楮園，元明間蘇州府吳縣(今江蘇蘇州)人，淹貫經史百家。與高啓、徐賁、張羽等號爲十友，人稱十才子。著有《楮園集》《半軒集》《墓銘舉例》等。《四庫全書總目提要》卷一九六《集部·詩文評類二》“《墓銘舉例》四卷(山東巡撫采進本)。明王行撰。……行以墓志銘書法有例，其大要十有二事，曰諱，曰字，曰姓氏，曰鄉邑，曰族出，曰治行，曰履歷，曰卒日，曰壽年，曰妻，曰子，曰葬。其序次或有先後，要不越此十餘事而已。取唐韓愈、李翱、柳宗元、宋歐陽修、尹洙、曾鞏、王安石、蘇軾、朱子、陳師道、黄庭堅、陳瓘、晁補之、張耒、吕祖謙一十五家所作碑志，録其目而舉其例，以補元潘昂霄《金石例》之遺。”《金石三例》即元潘昂霄《金石例》十卷、王行《墓銘舉例》四卷、黄宗羲《金石要例》一卷，由盧見曾編刻爲《金石三例》。盧見曾《雅雨堂集·文集》卷一《刻金石三例序》：“元潘蒼崖創爲《金石例》十卷，制

器之楷式，爲文之榘矱，靡不畢具。明初王止仲又撰《墓銘舉例》四卷，兼韓子以下十五家，條分縷晰，例之正變，推而愈廣。本朝黃梨洲以潘書未著爲例之義與壞例之始，作《金石要例》一卷，用補蒼崖之闕，合三書而金石之例始賅。"錢泰吉《曝書雜記》卷二："元潘蒼崖《金石例》十卷、明王止仲《墓銘舉例》四卷、黃梨洲以潘書未著爲例之義與壞例之始，作《金石要例》一卷，雅雨堂合刻爲《金石三例》。"

36. 論啖助説《左氏》具有特識，説《公》《穀》得失參半，《公》《穀》大義散配經文，以傳考之確有可徵

《春秋》雜采三《傳》，自啖助始。《三傳得失議》曰[1]："古之解説，悉是口傳，自漢以來，乃爲章句。如《本草》皆後漢時郡國，而題以神農[2]，《山海經》廣説殷時，而云夏禹所記[3]。自餘書籍，比比甚多。是知三《傳》之義，本皆口傳，後之學者，乃著竹帛，而以祖師之目題之。予觀《左氏傳》，自周、晉、齊、宋、楚、鄭等國之事最詳，晉則每一出師，具列將佐，宋則每因興廢，備舉六卿。故知史策之文，每國各異，左氏得此數國之史，以授門人，義則口傳，未形竹帛。後代學者乃演而通之，總而合之，編次年月以爲傳記，又廣采當時文籍，故兼與子產、晏子及諸國卿佐家傳，并卜書、夢書及雜占書、縱橫家、小説、諷諫等，雜在其中。故叙事雖多，釋意殊少，是非交錯，混然難證，其大略皆是左氏舊意，故比餘傳，其功最高。博采諸家，叙事尤備，能令百代之下，頗見本末，因以求意，經文可知。又況論大義得其本源，解三數條大義，亦以原情爲説[4]，欲令後人推此以及餘事。而作傳之人不達此意，妄有附益，故多迂誕。又《左氏》本未釋者，抑爲之説，遂令邪正紛糅，學者迷宗也。《公羊》《穀梁》初亦口授，後人據其大義，散配經文，原注：傳中猶稱"穀梁子曰"，是其證也。故多乖謬，失其綱統，然其大指，亦是子夏所傳，故二《傳》傳經密於《左氏》。《穀梁》意深，《公羊》辭辨，隨文解釋，往往鈎深，但以守文堅滯，泥難不通，比附日月，曲生條例，義有不合，

亦復强通，蹐駁不倫，或至矛盾，不近聖人夷曠之體也[5]。夫《春秋》之文，一字以爲褒貶，誠則然矣。其文亦有文異而義不異者，原注：'詳内以略外''因舊史之文'之類是也。二《傳》穿鑿，悉以褒貶言之，是故繁碎甚於《左氏》。《公羊》《穀梁》又不知有'不告則不書'之義，凡不書者皆以義説之。且列國至多，若盟會、征伐、喪紀，不告亦書，則一年之中，可盈數卷。況他國之事，不憑告命，從何得書？但書所告之事，定其善惡，以文褒貶耳。《左氏》言褒貶者又不過十數條，其餘事同文異者，亦無他解，舊解皆言從告及舊史之文。若如此論，乃是夫子寫魯史，何名修《春秋》乎？予故謂二者之説俱不得中。"

錫瑞案：啖氏《春秋》之學非專家，故所説有得有失。其説《左氏》具有特見，説《公》《穀》則得失參半。謂三《傳》皆後學著竹帛，而以祖師之目題之，與《公羊》徐疏同。徐疏惟言《公羊》《穀梁》，啖氏并言《左氏》，亦以爲門人乃著竹帛，且有附益。故啖氏兼取三《傳》，而不盡信三《傳》也。啖氏不云左氏非丘明，但云傳非丘明自作，比趙匡之論爲更平允[6]。謂《公》《穀》得子夏口授，後人據其大義，散配經文，所見尤精。既云二《傳》傳經，密於《左氏》，不得疑其繁碎。《春秋》之旨數千，聖人詳示後人，無所謂不夷曠，若其矛盾穿鑿，正由散配經文時致誤，與《左氏》之徒附益迂誕正相等耳。《公》《穀》釋經雖密，亦或有經無傳，經所書者間無其説，不書者以義説之，實所罕見。啖氏知不告則不書，不知《春秋》即告者亦多不書。聖人筆削，大率筆者一而削者十，若從舊史赴告全録，則一年之中，亦可盈卷矣。以"夫子寫魯史，何名修《春秋》"，駁《左氏》家經承舊史，尤爲明快。知啖氏云《公》《穀》大義散配經文之説是者，如"君子大居正"一條[7]，《公羊》以之説宋宣，《穀梁》以之説魯隱，是二家據《春秋》"大居正"之大義，散配經文，而參差不同之明證也。《公羊傳》"《春秋》有譏父老子代從政者，未知其爲齊與？曹與？"是《公羊》家據《春秋》"譏世子"之大義，散配經文，而未知其屬齊世子，屬曹世子，游移莫決之明證也。明乎此，而於傳義之可疑者不必强通，啖氏見及此，可謂卓識矣。

〔1〕見《春秋集傳纂例》卷一《三傳得失議第二》、唐順之《荆川稗編》卷一三《三傳得失議》。

〔2〕《本草》即《神農本草經》,亦稱爲《本草經》,爲中國現存最早之藥物學專著,托名神農作,可能成書於秦漢。《隋書·經籍志三》:"《神農本草》八卷。"原書早佚,明盧復,清孫星衍、孫馮翼、顧觀光,日本森立之等皆有輯本。盧復輯本爲《神農本草經》之最早輯本,孫星衍、孫馮翼輯本流傳最廣。神農,傳説中三皇之一,亦稱炎帝,謂以火德王。始教民爲耒耜,務農業,故稱神農氏。傳説其曾嘗百草,教人治病。《易·繫辭下》:"包犧氏没,神農氏作,斲木爲耜,揉木爲耒;耒耨之利,以教天下。"

〔3〕《山海經》,我國古代地理名著。作者不詳,大約成書於戰國時期,西漢初又有所增删。晉郭璞爲之作注。内容多怪異,包括山川、道里、部族、物産、草木、鳥獸、祭祀、醫巫、風俗等,保存有不少古代神話傳説與史地材料。《史記·大宛列傳》:"至《禹本紀》《山海經》所有怪物,余不敢言也。"《漢書·藝文志》:"《山海經》十三篇。"

〔4〕亦經原情爲説,"亦"字原作"不",據《春秋集傳纂例》卷一《三傳得失議第二》改。

〔5〕夷曠,平和曠達。《晉書》卷三《武帝紀》:"帝乃追述允鳳望,稱奇之才,擢爲祠部郎,時論稱其夷曠。"《北史》卷四七《陽休之傳》:"談笑晏然,議者服其夷曠。"

〔6〕趙匡之論,見《春秋集傳纂例》卷一《趙氏損益義第五》:"啖氏依舊説,以左氏爲丘明,受經於仲尼。今觀《左氏》解經淺於《公》《穀》,誣謬寔繁,若丘明才實過人,豈宜若此? 推類而言,皆孔門後之門人,但《公》《穀》守經,《左氏》通史,故其體異耳。"

〔7〕《春秋公羊傳·隱公三年》:"故君子大居正。宋之禍,宣公爲之也。"何休曰:"明修法守正,最計之要者。"徐彦《疏》:"解云:君子之人大其適子居正,不勞違禮而讓庶也。"《春秋穀梁傳·隱公元年》:"元年,春,王正月。雖無事,必舉正月,謹始也。公何以不言即位? 成公志也。焉成之? 言君之不取爲公也。君之不取爲公何也? 將以讓桓也。讓桓正乎? 曰:不正。《春秋》成人之美,不成人之惡。隱不正而成之,何也? 將以惡桓也。"

37. 論啖、趙、陸不守家法，未嘗無扶微學之功，宋儒治《春秋》者皆此一派

三《傳》專門之學，本不相通，而何休《解詁序》云"援引他經，失其句讀"，《疏》云："三《傳》之理，不同多矣。羣經之義，隨經自合，而顏氏之徒[1]，既解《公羊》，乃取他經爲義，猶賊黨入門，主人錯亂，故曰'失其句讀'。"據此，則漢之治《公羊》者，未嘗不兼采三《傳》也。杜預《集解序》云："古今言《左氏春秋》者多矣。膚引《公羊》《穀梁》，適足自亂。"孔《疏》云："《公羊》《穀梁》口相傳授，因事起問，意與《左氏》不同，故引之以解《左氏》，適足以自錯亂也。"《疏序》又云："鄭眾、賈逵、服虔、許惠卿之等各爲詁訓，然雜取《公羊》《穀梁》以釋《左氏》。"據此，則漢之治《左氏》者，未嘗不兼采三《傳》也。范武子《穀梁集解序》，兼及《左氏》《公羊》，尤爲顯著。惟諸人兼采三《傳》，仍是專主一家，間取二家之説，裨補其義。晉劉兆作《春秋調人》三萬言[2]；又爲《左氏傳》解，名曰《全綜》；作《公羊》《穀梁》解詁，皆納經、傳中，朱書以別之，似已合三《傳》爲一書，而其書不傳。今世所傳，合三《傳》爲一書者，自唐陸淳《春秋纂例》始[3]。淳本啖助、趙匡之説，雜采三《傳》，以意去取，合爲一書，變專門爲通學，是《春秋》經學一大變，宋儒治《春秋》者，皆此一派。如孫復、孫覺、劉敞、崔子方、葉夢得、吕本中、胡安國、高閌、吕祖謙、張洽、程公説、吕大圭、家鉉翁[4]，皆其著者，以劉敞爲最優，胡安國爲最顯。劉敞《春秋傳》本啖、趙、陸之法，删改三《傳》合爲一《傳》，陳澧糾其删改不當[5]。如"鄭伯克段於鄢"，録《左傳》而改之云："太叔出奔，公追而殺諸鄢。"既信《公》《穀》殺段之説，乃録《左傳》而删改之，此孔冲遠所謂方鑿圓枘者[6]。胡安國《春秋傳》雜采三《傳》，參以己意，朱子已駁其王不稱天、以宰咺爲冢宰、桓公不書秋冬，貶滕稱子之類[7]。其説有本於《公》《穀》者，有胡氏自爲説，出《公》《穀》之外者。

蓋宋人説《春秋》，本啖、趙、陸一派，而不如啖、趙、陸之平允。邵子曰：“《春秋》三傳之外，陸淳、啖助可以兼治。”[8]程子稱其絶出諸家，有攘異端開正途之功[9]。朱子曰：“趙、啖、陸淳皆説得好。”[10]吴澄曰：“唐啖助、趙匡、陸淳三子，始能信經駁傳，以聖人書法纂而爲例，得其義者十七八，自漢以來，未聞或之先也。”[11]案吴氏極推三子得聖人之義，勝於漢儒之不合不公。蓋自唐宋以後，《春秋》無復專門之學，故不知專門之善，而反以爲非。後儒多歸咎於昌黎“三傳束閣”之言，見昌黎贈玉川子盧仝詩。詆啖、趙、陸不守家法。而據啖子曰“今《公羊》《穀梁》二傳殆絶，習《左氏》者皆遺經存傳”[12]，則其時《春秋》之學不講可知。唐開元八年，國子司業李元瓘上言：“《公羊》《穀梁》殆絶。”[13]十六年，楊瑒爲國子祭酒，奏言：“今明經習《左氏》者十無二三，《公羊》《穀梁》殆將絶廢。”[14]啖氏正當其時，於經學廢墜之餘，爲舉世不爲之事，使《公》《穀》二《傳》復明於世，雖不守家法，不得謂其無扶微學之功也。

箋注

〔1〕顔氏之徒，即顔安樂及其門人。《漢書·儒林傳》：“顔安樂字公孫，魯國薛人，眭孟姊子也。家貧，爲學精力，官至齊郡太守丞，後爲仇家所殺。安樂授淮陽泠豐次君、淄川任公。公爲少府，豐淄川太守。由是顔家有泠、任之學。始貢禹事嬴公，成於眭孟，至御史大夫，疏廣事孟卿，至太子太傅，皆自有傳。廣授琅邪筦路，路爲御史中丞。禹授潁川堂谿惠，惠授泰山冥都，都爲丞相史。都與路又事顔安樂，故顔氏復有筦、冥之學。路授孫寶，爲大司農，自有傳。豐授馬宫、琅邪左咸。”

〔2〕劉兆，字延世，濟南東平（今屬山東）人。博學洽聞，撰《春秋調人》《春秋左傳全綜》《周易訓注》等書。《晉書》卷九一《儒林傳》：“劉兆字延世……以《春秋》一經而三家殊塗，諸儒是非之議紛然，互爲讎敵，乃思三家之異，合而通之。《周禮》有調人之官，作《春秋調人》七萬餘言，皆論其首尾，使大義無乖，時有不合者，舉其長短以通之。”又鄭樵《六經奥義》卷四《春秋經·三傳》“（劉兆）合三家同異而通之作爲《春秋調人》七萬餘言，以平其得失。”案，皮氏此處作“三萬言”，當誤。

〔3〕《春秋纂例》，即《春秋集傳纂例》，唐陸淳撰。

〔4〕孫覺(1028—1090),字莘老,宋高郵(今屬江蘇)人。少從胡瑗學。著有《易傳》《春秋經解》及文集四十卷。《宋史》卷三四四有傳。劉敞(1019—1068),字原父,一作原甫,北宋史學家、經學家、散文家。與其弟劉攽合稱爲"北宋二劉",著有《春秋傳》《春秋權衡》《春秋傳説例》等。《宋史》卷三一九有傳。呂本中(1084—1145),字居仁,世稱東萊先生。呂夷簡玄孫,呂好問之子,祖籍萊州,呂夷簡知壽州(今安徽壽縣),子孫遂爲壽州人。著有《春秋集解》《紫微詩話》《東萊先生詩集》等。《宋史》卷三七六有傳。高閌(1097—1153),字抑崇,號息齋,宋明州鄞縣人(今浙江寧波)人。從楊時學。著有《春秋集傳》,已佚。《宋史》卷四三三有傳。呂祖謙,注見前。程公説(1171—1207),宋眉州眉山(今四川眉山)人,字伯剛,號克齋。力學著述,尤精《春秋》經傳,著有《春秋分紀》《春秋比事》《左氏始終》等。呂大圭(1227—1275),字圭叔,號樸卿,宋泉州南安(今屬福建)人,師從楊昭復,朱熹再傳弟子。著有《周易集解》《春秋或問》《春秋五論》《學易管見》等。

〔5〕《東塾讀書記》卷一〇《春秋三傳》:"劉原父之書,即啖、趙、陸之法刪改三《傳》而合爲一《傳》,然所刪改多不當。"

〔6〕方鑿圓枘,方形榫眼和圓形榫頭,比喻格格不入,不能相合。孔穎達《春秋左傳正義序》曰:"後漢有鄭衆、賈逵、服虔、許惠卿之等,各爲詁訓,雜取《公羊》《穀梁》以釋《左氏》,此乃以冠雙屨,將絲綜麻,方鑿圓枘,其可入乎?"

〔7〕見《朱子語類》卷八三《春秋·綱領》。

〔8〕邵子,即邵雍。引文見《皇極經世》卷十三《觀物外篇上》。

〔9〕見《四庫全書總目提要》卷二六《經部·春秋類》:"《春秋集傳纂例》十卷……而程子則稱其絶出諸家,有攘異端開正途之功。"程子即大程子程顥。《二程文集》卷五《南廟試策五道·第二道》:"唐陸淳得啖先生、趙夫子而師之,講求其學,積三十年,始大光瑩,絶出於諸家外。雖未能盡聖作之蘊,然其攘異端開正途,功亦大矣。"

〔10〕見《朱子語類》卷八三《春秋》:"如孫復、趙、啖、陸淳、胡文定皆説得好。"

〔11〕見《吴文正集》卷一《四經序録》。

〔12〕見《春秋集傳纂例》卷一《啖氏集傳注義第三》。

〔13〕《通典》卷一五《選舉三》:"開元八年七月,國子司業李元璀上言:三《禮》、三《傳》及《毛詩》《尚書》《周易》等,并聖賢微旨,生人教業,必事資經遠,則斯道不墜。今明經所習,務在出身,咸以《禮記》文少,人皆競讀。《周禮》經邦之軌則,《儀禮》莊敬之楷模,《公羊》《穀梁》歷代崇習,今兩監及州縣以獨學無友,四經殆絶。'"

〔14〕楊瑒,字瑶光,華州華陰(今陝西華陰)人。《舊唐書》卷一八五、《新唐書》卷一三〇有傳。《日知録》卷七《九經》:"開元十六年十二月,楊瑒爲國子祭酒,奏言:今之明經習《左氏》者十無二三,又《周禮》《儀禮》及《公羊》《穀梁》殆將廢絶,請量加優獎。"

38. 論《公》《穀》傳義,《左氏》傳事,其事亦有不可據者,不得以親見國史而盡信之

自啖助斟酌三《傳》,各取其長,云:"《左氏》叙事尤備,能令百代之下,頗見本末,因以求意,經文可知。二《傳》傳經,密於《左氏》。《穀梁》意深,《公羊》辭辨。"〔1〕宋人推衍其説,胡安國曰:"事莫備於《左氏》,例莫明於《公羊》,義莫精於《穀梁》。"〔2〕葉夢得曰:"《左氏》傳事不傳義,是以詳於史而事未必實;《公羊》《穀梁》傳義不傳事,是以詳於經而義未必當。"〔3〕朱子曰:"《左氏》是史學,《公》《穀》是經學。史學者記得事却詳,於道理上便差;經學者於義理上有功,然記事多誤。"又曰:"左氏曾見國史,考事頗精,只是不知大義,專去小處理會,往往不會講學。公、穀考事甚疏,然義理却精。二人乃是經生,傳得許多説話,往往不曾見國史。"〔4〕吕大圭曰:"左氏熟於事,公、穀深於理。蓋左氏曾見國史,而公、穀乃經生也。"〔5〕吴澄曰:"載事則《左氏》詳於《公》《穀》,釋經則《公》《穀》精於《左氏》。"〔6〕

錫瑞案:諸説皆有所見,朱子之説尤晰,惟兼采三《傳》,亦必有啖、趙諸人之學識,方能别擇。初學不守家法,必至茫無把握,而陷於《春秋》之失亂。《公》《穀》精於義,《左氏》詳於事,誠如諸儒之説。《春秋》重義不重事,治《春秋》者當先求《公》《穀》之義,而以《左氏》之事證之,乃可互相發明,不至妄生疑難。即啖助云"因以求意,經文可知"之説。若但考《左氏》之事,不明《春秋》之義,將并傳之不可信者而亦信之,必至如杜預、孔穎達諸人從傳駁經,非聖無法,正猶齊人知有孟嘗君,而不知有王,秦人知有穰侯,而不知有王矣〔7〕。引《左氏》之事以證《春

秋》之義可也，據《左氏》之義以爲《春秋》之義不可也。《左氏》不傳《春秋》，本無義例。劉歆治《左氏》，引傳文以解經，始有章句義理。杜預排斥二《傳》，始專發《左氏》義。劉歆、杜預之義明，而孔子《春秋》之義隱。《左氏》凡例、書法、君子曰，前人已多疑之，陸淳已駁弑君、滅國、蕆赴以名之例矣。朱子曰："《左傳》'君子曰'，最無意思。因舉'芟夷蘊崇之'一段，是關上文甚事。左氏是一箇審利害之幾、善避就底人，所以其書有貶死節等事。指孔父、荀息諸人，《左氏》亦無貶諸人明文。惟論荀息，有"君子曰"。其間議論有極不是處，如周、鄭交質之類，是何議論？此是實事，史官據事直書，却不礙。其曰：'宋宣公可謂知人矣，立穆公，其子饗之，命以義夫。'只知有利害，不知有義理。此段不如《穀梁》説君子大居正，却是儒者議論。"〔8〕案：朱子説是也。且殤公立而被弑，所謂其子饗之安在？非但不明義理，并不合事實。《左氏》於叙事中攙入書法，或首尾橫決，文理難通。如"鄭伯克段於鄢"傳文，"太叔出奔共"下，接"書曰鄭伯克段於鄢"，至"不言出奔，難之也"云云，乃曰"遂置姜氏於城潁"，"遂"字上無所承，文理鶻突〔9〕，若删去"書曰"十句，但云"太叔出奔共，遂置姜氏於城潁"，則一氣相承矣。其他"書曰""君子曰"，亦多類此，爲後人攙入無疑也。諸儒多云《左氏》親見國史，事必不誤，亦未盡然，姑舉一二證之。如昭七年"春，王正月，暨齊平"，杜解曰："暨，與也。燕與齊平，前年冬齊伐燕，間無異事，故不重言燕，從可知。"孔《疏》曰："此直言暨齊平，不知誰與齊平。《穀梁傳》云：'以外及内曰暨'，謂此爲魯與齊平。賈逵、何休亦以爲魯與齊平，許惠卿以爲燕與齊平。服虔云：襄二十四年'仲孫羯侵齊'，二十五年'崔杼伐我'，自爾以來，齊魯不相侵伐。且齊是大國，無爲求與魯平，此六年'冬，齊侯伐北燕，將納簡公'，齊侯貪賄而與之平，故傳言'齊求之也'，'齊次於虢，燕人行成'。其文相比，許君近之。案經例，即燕與齊平，當書燕；魯與諸侯平，皆言'暨'。下'三月，公如楚，叔孫婼如齊涖盟'，公不在國，故齊無來者。據經言之，賈君爲得，杜則從許説也。"〔10〕案：《疏》舉經例甚明，當從《公》《穀》，而《左氏》本年傳明云'齊、燕平之月'，則《左》實以爲燕與齊平。賈解《左氏》乃從《公》《穀》，孔《疏》云"賈遂雜采《公》《穀》",此其一證。許、服、杜則以《左》解《左》,然《左》實與書法不合,親見聖人、親見國史者,何以有此誤乎?《左氏傳》衛宣公烝於夷姜,生急子,爲之妻於齊而美,公妻之,生壽及朔[11]。夫宣公烝庶母,必在即位之後,生子能妻,必十六七年,公妻之,生壽及朔,朔能譖兄,壽能代死,必又十六七年。而衛人立晉在隱四年,宣公卒在桓十三年,共止二十年,如何能及?若謂烝夷姜在即位前,桓公不應容其弟濁亂宮闈,石碏未必立此穢德彰聞之公子[12]。《史記》云"愛夫人夷姜"[13],不云烝淫,則《左氏》未可信。洪邁謂十九年之間如何消破,此最爲難曉也。晉獻公烝齊姜[14],近人亦有疑之者。蘧伯玉、延陵季子皆年近百[15],而服官帥師,事亦可疑,是《左氏》之事亦不盡可信也。朱子曰:"《左氏》所傳《春秋》事,恐八九分。"[16]是亦不盡信《左氏》。《公羊傳》惟季姬使鄫子請己,單伯淫子叔姬,叔術妻嫂,事有可疑[17]。董子《繁露》於此數事皆無説,或以不關大義,或亦疑而不信,學者於此等處闕疑可也。《解詁》是章句,不得不解傳,《繁露》説大義,故於此數條皆無説,學者亦不必强説。

箋注

〔1〕《春秋集傳纂例》卷一《三傳得失議第二》:"其大略皆是《左氏》舊意,故比餘《傳》其功最高。博采諸家,叙事尤備,能令百代之下,頗見本末,因以求意,經文可知。……故二《傳》傳經,密於《左氏》。《穀梁》意深,《公羊》辭辨。"

〔2〕見《困學紀聞》卷六《左氏》:"事莫備於《左氏》,例莫明於《公羊》,義莫精於《穀梁》,或失之誣,或失之亂,或失之鑿,胡文定之言也。"

〔3〕見《困學紀聞》卷六《左氏》:"《左氏》傳事不傳義,是以詳於史而事未必實;《公羊》《穀梁》傳義不傳事,是以詳於經而義未必當,葉少蘊之言也。"葉夢得字少蘊。

〔4〕見《朱子語類》卷八三《春秋》:"國秀問三《傳》優劣。曰:'左氏曾見國史,考事頗精,只是不知大義,專去小處理會,往往不曾講學;公、穀考事甚疏,然義理却精。二人乃是經生,傳得許多説話,往往都不曾見國史。……以三《傳》言之,《左氏》是史學,《公》《穀》是經學。史學者記得事却詳,於道理上便差;經學者於義理上有功,然記事多誤。"

〔5〕呂大圭《春秋五論·論三傳所長所短》:"左氏熟於事,而公、穀深於理。蓋左氏曾見國史,故雖熟於事而理不明,公、穀出於經生所傳,故雖深於理而事多繆。"

〔6〕見《吳文正集》卷一《四經叙録》。

〔7〕孟嘗君,即田文,戰國齊貴族,封於薛(今山東滕縣南),稱薛公,號孟嘗君。爲戰國四公子之一,以善養士著稱。《史記》卷七五有傳。穰侯,即魏冉,戰國時秦國人。秦昭王母宣太后異父弟。本芈姓,係楚人。《史記》卷七二有傳。

〔8〕左氏、穀梁,原刻本作"左傳""公羊",據《朱子語類》卷八三《春秋》改。

〔9〕鶻突,亦作"鶻鴒",即模糊,混沌。唐孟郊《邊城吟》:"何處鶻突夢,歸思寄仰眠。"《朱子語類》卷三三《論語》:"呂氏'當務之爲急'説得好;'不求於所難知'一句,説得鶻突。"

〔10〕見《春秋左傳·昭公七年》。

〔11〕案,此段引文與《左傳》略有出入。《左傳·桓公十六年》:"初,衛宣公烝於夷姜,生急子,屬諸右公子。爲之娶於齊,而美,公取之,生壽及朔,屬壽於左公子。"夷姜,宣公庶母。烝,古代指與母輩淫亂。

〔12〕石碏,春秋時衛國大夫。衛莊公庶子州吁有寵好武,石碏進諫,莊公不聽。衛桓公十六年,州吁與碏子石厚謀殺桓公而自立爲君。厚向碏問安定君位之法,因誘州吁及厚往陳,陳執二人,由衛使右宰醜殺州吁,使其家宰獳羊肩殺厚。時人稱碏大義滅親。若宣公即位前即淫亂宮闈,石碏必不立其爲君。

〔13〕《史記》卷三七《衛康叔世家》:"初,宣公愛夫人夷姜,夷姜生子伋,以爲太子,而令右公子傅之。右公子爲太子取齊女,未入室,而宣公見所欲爲太子婦者好,説而自取之,更爲太子取他女。宣公得齊女,生子壽、子朔,令左公子傅之。"

〔14〕齊姜,晉武公之妾,與獻公私通,生申生;獻公立,齊姜爲夫人。《左傳·莊公二十八年》:"晉獻公娶於賈,無子。烝齊姜,生秦穆公夫人及太子申生。"

〔15〕蘧伯玉,春秋時期衛國人,名瑗。《論語·憲問》:"蘧伯玉使人於孔子,孔子與之坐而問焉,曰:'夫子何爲?'對曰:'夫子欲寡其過而未能也。'使者出,子曰:'使乎!使乎!'"延陵季子,即季札,又稱公子札。春秋時吳王壽夢少子。封於延陵,稱延陵季子。後又封州來,稱延州來季子。

〔16〕《朱子語類》卷八三《春秋》:"《左氏》所傳《春秋》事,恐八九分是,《公》《穀》專解經,事則多出揣度。"

〔17〕《春秋公羊傳·僖公十四年》:"夏,六月,季姬及鄫子遇於防,使鄫子來朝。鄫子曷爲使乎季姬來朝? 內辭也。非使來朝,使來請己也。"何休注曰:"使來請娶己以爲夫人,下書歸是也。禮,男不親求,女不親許。魯不防正其女,乃使要遮鄫子淫泆,使來請己,與禽獸無異,故卑鄫子使乎季姬,以絶賤之也。"單伯淫子叔姬,《春秋公羊傳·文公十四年》:"冬,單伯如齊。齊人執單伯。齊人執子叔姬。……單伯之罪何? 道淫也。惡乎淫? 淫乎子叔姬。"何休注曰:"時子叔姬嫁,當爲齊夫人,使單伯送之。"叔術妻嫂:叔術爲邾妻顏公之弟,《春秋公羊傳·昭公三十一年》:"顏夫人者,嫗盈女也,國色也,其言曰:'有能爲我殺殺顏者,吾爲其妻。'叔術爲之殺殺顏者,而以爲妻,有子焉,謂之盱。"何休注曰:"叔術妻嫂,雖有過惡當絶身無死刑,當以殺殺顏者爲重。"

39. 論劉知幾詆毀《春秋》并及孔子,由誤信杜預、孔穎達,不知從《公》《穀》以求聖經

　　説《春秋》者,唐劉知幾爲最謬,其作《史通》,有《惑經》《申左》二篇,詆毀《春秋》,并詆孔子[1]。曰:"善惡必書,斯爲實録。觀夫子修《春秋》也,多爲賢者諱。狄實滅衛,因桓恥而不書[2];河陽召王,成文美而稱狩[3]。斯則情兼向背,志懷彼我。哀八年及十三年,公再與吳盟而皆不書[4]。桓二年公及戎盟則書之[5]。戎實豺狼,非我族類,夫非所諱而仍諱,謂當恥而不恥,求之折衷,未見其宜。如魯之隱、桓戕弒[6],昭、哀放逐[7],姜氏淫奔[8],子般夭酷[9],斯則邦之孔醜,諱之可也。如公送晉葬、公與吳盟、爲齊所止、爲邾所敗,盟而不至,會而後期[10],并諱而不書,豈非煩碎之甚。"[11]
　　錫瑞案:劉氏但曉史法,不通經義,專據《左氏》,不讀《公》《穀》,故不知《春秋》爲尊親諱,其書、不書,皆有義例,非可以史法善惡必書繩之。《左氏傳》云:孫、甯出君,"名藏在諸侯之策,曰:'孫林父、甯殖出其君。'"夫子以爲臣出君,不可訓,故更之曰:"衛侯衎出奔齊。"以君自出爲文[12]。天王狩於河陽,其義亦然。《左氏》引仲尼曰:"以臣召

君，不可以訓。"是隱諱之義，《左氏》亦知之。而續經云："齊陳恒執其君，寘於舒州。"〔13〕則與《春秋》不書孫、甯出君之義相背，是《左氏》於《春秋》隱諱之旨，半明半昧，劉氏則全不知。夫吳爲伯主，故耻不書，公及戎盟，本無庸諱，且及戎盟，隱、桓二年凡兩見，劉舉桓而失隱，知其讀《春秋》不熟矣。劉氏又曰："齊、鄭及楚國有弑君，各以疾赴，遂皆書卒。反不討賊〔14〕，藥不親嘗〔15〕，遂皆被以惡名，播諸來葉。"〔16〕案劉氏此説，亦由不解隱諱之義。鄭伯髡原如會，卒於操，《公羊傳》明以爲隱，以爲弑，以爲爲中國諱〔17〕。楚子卷、齊侯陽生卒，《公羊》無説〔18〕。《左氏》亦但於鄭伯之卒云"以瘧疾赴於諸侯"〔19〕。楚郟敖、齊悼公，《左氏》以爲弑，而不云以疾赴〔20〕，劉云各以疾赴，不知何據。"反不討賊"本晉史之舊文，"藥不親嘗"由君子之聽止，是二君之弑，初非夫子所加，夫子特因舊文書之，以著忠臣孝子之義。若齊、鄭、楚三君，其國無董狐之直筆，國史本不書弑，夫子豈得信傳聞之説，遽加人以弑逆之罪乎？至鄭伯隱諱，又是一義，劉氏不明其義，而并爲一談，斯惑矣。魯桓弑隱，但書公薨，劉氏以爲董狐、南史各懷直筆。孟子言"孔子成《春秋》而亂臣賊子懼"，無乃烏有之談？不知南、董非崔、趙之臣，故可直書，孔子是魯臣，於其先君篡弑，不可直書。劉氏在唐，曾爲史官，試問其於唐代之事，能直書無隱否？乃以此惑聖經，并疑孟子之言爲烏有，固由讀書粗疏，持論獷悍，亦由誤信杜預、孔穎達，不知從《公》《穀》以求聖經也。

箋注

〔1〕劉知幾《史通·惑經》："夫子所修之史，是曰《春秋》，竊詳《春秋》之義，其所未論者有十二……又世人以夫子固天攸縱，將聖多能，便謂所著《春秋》，善無不備。而審形者少，隨聲者多，相與雷同，莫之指實，榷而爲論，其虛美者有五焉。"

〔2〕《公羊傳·僖公二年》："二年，春，王正月，城楚丘。孰城之？城衛也。曷爲不言城衛？滅也。孰滅之？蓋狄滅之。曷爲不言狄滅之？爲桓公諱也。曷爲爲桓公諱？上無天子，下無方伯，天下諸侯有相亡者，桓公不能救，則

桓公耻之也。"《左傳·僖公二年》："二年春,諸侯城楚丘,而封衞焉。不書所會,後也。"

〔3〕《公羊傳·僖公二十八年》："天王狩於河陽。狩不書,此何以書? 不與再致天子也。"《左傳·僖公二十八年》曰："是會也,晉侯召王,以諸侯見,且使王狩。仲尼曰:'以臣召君,不可以訓。'故書曰:'天王狩於河陽。'言非其地也,且明德也。壬申,公朝於王所。"

〔4〕吳盟,指哀公八年、十三年與吳結盟。《春秋左傳·哀公十二年》:"秋,衞侯會吳於鄖。公及衞侯、宋皇瑗盟。"杜預注:"盟不書,畏吳竊盟。"孔穎達《正義》:"畏吳竊盟,恐吳知之,故不敢書於策也。……此亦畏吳竊盟,經遂没而不書者,彼以晉是盟主,諸侯不應背晉,故貶諸侯之卿,以成晉爲霸主。此吳以夷禮自處,不合主諸侯之盟,故與吳盟者悉皆不書,是不與吳爲盟主也。既不與吳,則三國私盟,於義可許,不合貶責。但魯自不書,仲尼亦從而不書之耳。《釋例》曰:'諸侯畏晉而竊與楚盟,而貶其卿,所以成晉爲盟主也。吳之強大,始於會鄖,終於黃池。凡三會三伐三盟,唯書會伐而不書盟者,吳以盟主自居,而行其夷禮,禮儀不典,則盟神不蠲,非所以結信義、昭明德,故不録其盟,不與其成爲盟主也。既不與吳之爲盟主,則宋魯衞三國私盟可許,故無貶文。'是其説也。杜言三會三伐三盟者,七年會於鄖,十二年會於橐皋,十三年會於黃池,是三會也;八年吳伐我,十年公會吳伐齊,十一年齊國書及吳戰於艾陵,是三伐也;七年《傳》云夏盟於鄖衍,八年《傳》云吳人盟而還,十三年《傳》云秋七月辛丑盟吳晉爭先,是三盟也。"

〔5〕《左傳·桓公二年》:"公及戎盟於唐,修舊好也。"

〔6〕《春秋左傳·隱公十一年》:"壬辰,羽父使賊弑公於寪氏,立桓公,而討寪氏,有死者。"杜預注:"欲以弑君之罪加寪氏,而復不能正法誅之。"《春秋左傳·桓公十八年》:"使公子彭生乘公,公薨於車。"杜預注:"上車曰乘。彭生多力,拉公幹而殺之。"

〔7〕魯昭公討伐季孫氏,三桓共伐昭公,乃奔齊,後如晉。晉使居於乾侯,居八年,卒。在位三十二年。《左傳·昭公二十五年》:"九月戊戌,伐季氏,殺公之於門,遂入之。平子登臺而請曰:'君不察臣之罪,使有司討臣以干戈,臣請待於沂上以察罪。'弗許。請囚於費,弗許。請以五乘亡,弗許。……孟氏使登西北隅,以望季氏。見叔孫氏之旌,以告。孟氏執郈昭伯,殺之於南門之西,遂伐公徒。子家子曰:'諸臣僞劫君者,而負罪以出,君止。意如之事君也,不敢不改。'公曰:'余不忍也。'與臧孫如墓謀,遂行。"魯哀公患三

桓之强,欲借諸侯之力以抑之。反爲三桓所攻,奔於衛,至鄒,如越,後國人迎歸,卒於有山氏家。在位二十七年。《左傳·哀公二十七年》:"公患三桓之侈也,欲以諸侯去之;三桓亦患公之妄也,故君臣多間。公游於陵阪,遇孟武伯於孟氏之衢,曰:'請有問於子,余及死乎?'對曰:'臣無由知之。'三問,卒辭不對。公欲以越伐魯而去三桓,秋八月甲戌,公如公孫有陘氏。因孫於邾,乃遂如越。國人施公孫有山氏。"

〔8〕姜氏,即文姜,桓公夫人,莊公母。《春秋左傳·莊公元年》:"三月,夫人孫於齊。"杜預注:"夫人,莊公母也。魯人責之,故出奔,内諱奔,謂之孫,猶孫讓而去。"

〔9〕子般,魯莊公之子,莊公死後,子般立,慶父殺子般,立閔公。《左傳·莊公三十三年》:"八月癸亥,公薨於路寢。子般即位,次於黨氏。冬十月己未,共仲使圉人犖賊子般於黨氏。成季奔陳。立閔公。"

〔10〕《左傳·成公十年》:"秋,公如晉。晉人止公,使送葬。於是糴茷未反。冬,葬晉景公,公送葬,諸侯莫在。魯人辱之,故不書,諱之也。"公與吳盟:《左傳·哀公八年》:"吳人盟而還。"《左傳·哀公十三年》:"夏,公會單平公、晉定公、吳夫差於黄池。"爲齊所止:《左傳·僖公十七年》:"淮之會,公有諸侯之事,未歸,而取項。齊人以爲討,而止公。秋,聲姜以公故,會齊侯於卞。九月,公至。書曰'至自會。'猶有諸侯之事焉,且諱之也。"爲邾所敗:《左傳·僖公二十二年》:"八月丁未,公及邾師戰於升陘,我師敗績。邾人獲公胄,縣諸魚門。"盟而不至:《左傳·文公十五年》:"冬,十一月,晉侯、宋公、衛侯、蔡侯、鄭伯、許男、曹伯盟於扈,尋新城之盟,且謀伐齊也。齊人賂晉侯,故不克而還。於是有齊難,是以公不會。書曰'諸侯盟於扈',無能爲故也。凡諸侯會,公不與,不書,諱君惡也。與而不書,後也。"會而後期:《左傳·文公七年》:"秋八月,齊侯、宋公、衛侯、鄭伯、許男、曹伯會晉趙盾盟於扈,晉侯立故也。公後至,故不書所會。凡會諸侯,不書所會,後也。後至不書其國,辟不敏也。"

〔11〕見《史通·惑經》。

〔12〕《左傳·襄公二十年》:"衛甯惠子疾,召悼子,曰:'吾得罪於君,悔而無及也。名藏在諸侯之策,曰:"孫林父、甯殖出其君。"君入則掩之。若能掩之,則吾子也。若不能,猶有鬼神,吾有餒而已,不來食矣。'"《春秋公羊傳·襄公十四年》:"衛侯衎出奔齊。"何休注:"爲孫氏、甯氏所逐,後甯氏復納之。出納之者同,當相起,故獨日也。不書孫、甯逐君者,舉君絶爲重。"

〔13〕續經,孔子《春秋》絶筆於哀公十四年西狩獲麟,此後至哀公二十七年爲續

經。《公羊傳·哀公十四年》：“西狩獲麟，孔子曰：‘吾道窮矣！’《春秋》何以始乎隱？祖之所逮聞也，所見異辭，所聞異辭，所傳聞異辭。何以終乎哀十四年？曰：‘備矣！’”《左傳·哀公十四年》：“夏，四月，齊陳恒執其君，寘於舒州。”

〔14〕《史記·趙世家》：“靈公立十四年，益驕。趙盾驟諫，靈公弗聽。及食熊蹯，胹不熟，殺宰人，持其尸出，趙盾見之。靈公由此懼，欲殺盾。盾素仁愛人，嘗所食桑下餓人反扞救盾，盾以得亡。未出境，而趙穿弒靈公而立襄公弟黑臀，是爲成公。趙盾復反，任國政。君子譏盾‘爲正卿，亡不出境，反不討賊’，故太史書曰‘趙盾弒其君’。”《左傳·宣公二年》：“乙丑，趙穿攻靈公於桃園。宣子未出山而復。太史書曰：‘趙盾弒其君’。以示於朝。宣子曰：‘不然。’對曰：‘子爲正卿，亡不越竟，反不討賊，非子而誰？’”

〔15〕許悼公生病，世子止進藥，許悼公飲所進之藥薨。《春秋·昭公十九年》：“許世子止弒其君買。”《左傳·昭公十九年》：“夏，許悼公瘧。五月戊辰，飲大子止之藥卒。大子奔晉。書曰‘弒其君。’君子曰：‘盡心力以事君，捨藥物可也。’”

〔16〕《史通·惑經》：“奚爲齊、鄭及楚，國有弒君，各以疾赴，遂皆書卒？夫臣弒其君，子弒其父，凡在含識，皆知恥懼。苟欺而可免，則誰不願然？且官爲正卿，反不討賊；地居冢嫡，藥不親嘗。遂皆被以惡名，播諸來葉。”

〔17〕《春秋·襄公七年》：“鄭伯髡原如會，未見諸侯。丙戌，卒於操。”《公羊傳·襄公七年》曰：“操者何？鄭之邑也。諸侯卒其封內不地，此何以地？隱之也。何隱爾？弒也。孰弒之，其大夫弒之。曷爲不言其大夫弒之？爲中國諱也。”

〔18〕《春秋·昭公元年》：“冬，十有一月，己酉，楚子卷卒。”《春秋·哀公十年》：“三月，戊戌，齊侯陽生卒。”此二處《公羊傳》皆有經無傳。

〔19〕《左傳·襄公七年》：“鄭僖公之爲大子也，於成之十六年與子罕適晉，不禮焉。又與子豐適楚，亦不禮焉。及其元年，朝於晉，子豐欲愬諸晉而廢之，子罕止之。及將會於鄬，子駟相，又不禮焉。侍者諫，不聽，又諫，殺之。及鄬，子駟使賊夜弒僖公，而以瘧疾赴於諸侯。”

〔20〕楚郟敖，楚康王之子，在位期間公子圍爲令尹，欲取而代之。公子圍於楚郟敖病時將其縊殺，自立爲王。齊悼公，齊景公之子，爲田乞所擁立，後爲齊大夫鮑牧所殺。《左傳·昭公十年》：“十一月己酉，公子圍至，入問王疾，縊而弒之，遂殺其二子幕及平夏。”《左傳·哀公十年》：“齊人弒悼公，赴於師。”

40. 論劉知幾據竹書以詆聖經，其惑始於杜預，唐之陸淳、劉蚡已駁正其失

　　且劉氏受惑之處，非直此也。曰："案汲冢竹書[1]《晉春秋》及《紀年》[2]之載事也，如重耳出奔，惠公見獲，書其本國皆無所隱，唯魯《春秋》之紀其國也，則不然。何者？國家事無大小，苟涉嫌疑，動稱恥諱。又案晉自魯閔公以前，未通於上國，至僖二年滅下陽已降，漸見於《春秋》，蓋始命行人，自達於魯也。而《瑣語》《春秋》載魯國閔公時事，言之甚詳，斯則聞見必書，無假相赴者也。蓋當時國史，他皆仿此。至於夫子所修也，則不然，凡書異國，皆取來告，苟有所告，雖小必書，如無其告，雖大必闕。尋兹例之作也，蓋因周禮舊法，魯策成文，夫子既撰不刊之書，爲後王之則，豈可仍其過失而不中規矩乎？又案古者國有史官，具列時事。觀汲墳出記[3]，皆與魯史符同。至於周之東遷，其説稍備，隱、桓已上，難得而詳。此之煩省，皆與《春秋》不別。又獲君曰止，誅臣曰刺，殺其大夫曰殺，'執我行人'，'鄭棄其師'，'隕石於宋五'[4]，諸如此句，多是古史全文，則知夫子之所修者，但因其成事，就加雕飾，仍舊而已，有何力哉？"[5]

　　錫瑞案：劉氏據《左傳》而疑經，謂經全因舊史，已是大惑，又據《竹書》而疑經，謂經何以不改舊史，更滋其惑，而其惑實始於杜預。杜預《春秋集解後序》論《汲冢書》云："其著書文意，大似《春秋經》，推此足見古者策書之常也。文稱'魯隱公及邾莊公盟於姑蔑'，即《春秋》所書'邾儀父未王命，故不書爵，曰儀父，貴之也'。又稱'晉獻公會虞師伐虢，滅下陽'，即《春秋》所書'虞師、晉師滅下陽，先書虞賄故也'。又稱'周襄王會諸侯於河陽'，即《春秋》所書'天王狩於河陽''以臣召君，不可以訓也'。諸若此輩甚多，略舉數條，以明國史皆承告據實而書時事，仲尼修《春秋》，以義而制異文也。"胡渭曰[6]："《竹書紀年》文意簡

質，雖頗似《春秋經》，然此書乃戰國魏哀王時人所作，往往稱諡以記當時之事。如‘魯隱公及邾莊公盟於姑蔑’‘晉獻公會虞師伐虢，滅下陽’‘周襄王會諸侯於河陽’，明係春秋後人約《左傳》之文，倣經例而爲之，與身爲國史承告據實書者不同。杜氏《後序》則謂推此足見古者國史策書之常，不亦過乎！”[7]

案：胡氏此説，足解杜氏之惑，即足解劉氏之惑。《春秋》傳於子夏，子夏退老西河，爲魏文侯師，魏人必有從之受《春秋》者。《紀年》作於魏哀王時，距孔子作《春秋》已百年，其書法明是倣《春秋》，杜氏乃疑古史書法本然，孔子《春秋》是依倣此等書爲之，而益堅其經承舊史、史承赴告之説。不思著書年代先後，具有明徵，但有後人襲前人，未有前人襲後人者。孔子作《春秋》，在百年前，魏人作紀年，在百年後，猶之《史記》在《漢書》前，《三國志》在《後漢書》前，若有謂史公襲班書，陳壽襲范書，人未有不啞然笑者。杜氏之惑，何異於是？陸淳《春秋纂例》嘗言之矣：“或曰：若左氏非受經於仲尼，則其書多與《汲冢紀年》符同，何也？答曰：彭城劉惠卿名貺。著書云[8]：‘《紀年》序諸侯列會，皆舉其諡，知是後人追修，非當世正史也。至於“齊人殲於遂”[9]“鄭棄其師”，皆夫子褒貶之意，而《竹書》之文亦然。其書“鄭殺其君某”，因釋曰是子亹[10]；“楚囊瓦奔鄭”，因曰是子常[11]，率多此類。別有《春秋》一卷，全録《左氏傳》卜筮事，無一字之異，故知此書按《春秋》經傳而爲之也。’劉之此論當矣。且經書‘紀子伯、莒子盟於密’，《左氏經》改爲紀子帛[12]，《傳》釋云：‘魯故也。’以爲是紀大夫裂繻之字，緣爲魯結好，故褒而書字，同之内大夫，序在莒子上。此則魯國褒貶之意，而《竹書》自是晉史，亦依此文而書，何哉？此是明驗。其中有鄭莊公殺公子聖，《春秋》作段。‘魯桓公、紀侯、莒子盟於區蛇’，如此等數事，又與《公羊》同。其稱今王者，魏惠成王也。此則魏惠成王時，史官約諸家書，追修此紀，理甚明矣。觀其所記，多詭異鄙淺，殊無條例，不足憑據而定邪正也。”[13]案劉貺、陸淳皆唐人，曾見《紀年》全書，其説可憑。陸年輩後於劉知幾，其説正可駁劉。以“齊人殲於遂”“鄭棄其師”爲夫子褒貶之特筆，遠勝劉説以爲出《瑣語》《晉春秋》矣。陸通經學，劉不通經,故優劣判然也。

箋注

〔1〕 汲冢竹書,發現於西晉武帝時,用蝌蚪文寫成。《晉書》卷五一《束皙傳》:
"初,太康二年,汲郡人不準盜發魏襄王墓,或言安釐王冢,得竹書數十車。
其《紀年》十三篇,記夏以來至周幽王爲犬戎所滅,以事接之,三家分,仍述
魏事至安釐王之二十年。蓋魏國之史書,大略與《春秋》皆多相應。其中經
傳大異,則云夏年多殷;益干啓位,啓殺之;太甲殺伊尹;文丁殺季歷;自周
受命,至穆王百年,非穆王壽百歲也;幽王既亡,有共伯和者攝行天子事,非
二相共和也。其《易經》二篇,與《周易》上下經同。《易繇陰陽卦》二篇,與
《周易》略同,繇辭則異。《卦下易經》一篇,似《説卦》而異。《公孫段》二篇,
公孫段與邵陟論《易》。《國語》三篇,言楚、晉事。《名》三篇,似《禮記》,又
似《爾雅》《論語》。《師春》一篇,書《左傳》諸卜筮,'師春'似是造書者姓名
也。《瑣語》十一篇,諸國卜夢妖怪相書也。《梁丘藏》一篇,先叙魏之世數,
次言丘藏金玉事。《繳書》二篇,論弋射法。《生封》一篇,帝王所封。《大
曆》二篇,鄒子談天類也。《穆天子傳》五篇,言周穆王游行四海,見帝臺、西
王母。《圖詩》一篇,畫贊之屬也。又《雜書》十九篇:周食田法,周書,論楚
事,周穆王美人盛姬死事。大凡七十五篇,七篇簡書折壞,不識名題。冢中
又得銅劍一枚,長二尺五寸。漆書皆科斗字。"

〔2〕 《紀年》,即汲冢竹書中之《紀年》,又名《竹書紀年》。

〔3〕 汲墳出記,即汲冢竹書中之《紀年》。注見前。

〔4〕 《春秋·昭公二十三年》:"晉人執我行人叔孫婼。"《春秋·閔公二年》:"十
又二月,狄入衛,鄭棄其師。"《春秋·僖公十六年》:"十有六年,春,王正月,
戊申朔,隕石於宋五。是月,六鶂退飛,過宋都。"

〔5〕 見《史通·惑經》,引文多有删改。

〔6〕 胡渭(1633—1714),字朏明,號東樵,初名渭生,浙江德清人。清初經學家。
著有《禹貢錐指》二十卷、《易圖明辨》十卷、《洪範正論》五卷、《大學翼真》七
卷等。《清史稿》卷四八一有傳。

〔7〕 見《尚書古文疏證·五十四》閻若璩所述胡渭語。

〔8〕 劉貺,字惠卿,徐州彭城(今江蘇徐州)人,劉知幾長子,博通經史,明天文、
律曆、音樂等,著有《太樂令壁記》三卷、《六經外傳》三十七卷、《天官舊事》
一卷、《續説苑》十卷、《真人肘後方》三卷。

〔9〕《春秋·莊公十六年》:"夏,齊人殲於遂。"《左傳·莊公十六年》:"夏,遂因氏、頜氏、工婁氏、須遂氏饗齊戍,醉而殺之,齊人殲焉。"

〔10〕子亹,春秋時期鄭國君主。《史記·鄭世家》:"昭公二年,自昭公爲太子時,父莊公欲以高渠彌爲卿,太子忽惡之,莊公弗聽,卒用渠彌爲卿。及昭公即位,懼其殺己,冬十月辛卯,渠彌與昭公出獵,射殺昭公於野。祭仲與渠彌不敢入厲公,乃更立昭公弟子亹爲君,是爲子亹也,無諡號。"《春秋·桓公十七年》:"初,鄭伯將以高渠彌爲卿,昭公惡之,固諫,不聽,昭公立,懼其殺己也。辛卯,弒昭公,而立公子亹。"

〔11〕囊瓦,字子常,春秋時楚國令尹。因聽費無忌讒言,致郤宛自殺,遭國人非議,乃誅無忌以謝衆。楚昭王八年,伐吳兵敗。後蔡昭侯、唐成公來朝,因索美裘、佩玉與駿馬不得,留之三歲,遂以貪名聞於諸侯。吳、蔡聯軍攻楚時,子常兵敗於柏舉,楚郢都失陷,亡奔鄭國。《春秋·定公四年》:"冬十有一月庚午,蔡侯以吳子及楚人戰於柏舉,楚師敗績。楚囊瓦出奔鄭。"《左傳·定公四年》:"十一月庚午,二師陳於柏舉……以其屬五千先擊子常之卒。子常之卒奔,楚師亂,吳師大敗之。子常奔鄭。"

〔12〕《春秋·隱公二年》:"紀子伯、莒子盟於密。"《左傳·隱公二年》:"冬,紀子帛、莒子盟於密,魯故也。"杜預注:"子帛,裂繻字也。"

〔13〕見《春秋集傳纂例》卷一《趙氏損益義第五》。

41. 論《春秋》家、《左傳》家當分爲二,如劉知幾説

劉知幾説《春秋》雖謬,猶知《春秋》《左傳》之分。共論史體六家[1],一曰《尚書》家,二曰《春秋》家,三曰《左傳》家,四曰《國語》家,五曰《史記》家,六曰《漢書》家。前二家經也,後二家史也,中二家《左傳》《國語》則在經、史之間,是劉知幾猶知《春秋》家與《左傳》家體例不同,當分爲二,不當合爲一也。古經、傳皆別行,據《漢書·藝文志》與《左傳序》孔《疏》,具有明證。熹平石經《公羊春秋》有傳無經。漢時專主《公羊》,故直以《公羊》爲《春秋》。後世孤行《左傳》,又直以《左傳》爲《春秋》。《公羊》字字解經,經傳相附,以《公羊》爲《春秋》,可也;《左氏》本不解經,經傳不相附,或有經無傳,或有傳無經,以《左氏》爲《春

秋》，不可也。唐人作《五經正義》，《春秋》主《左氏傳》，《公羊》《穀梁》雖在中經、小經之列[2]，而習此二經者殆絕。唐時如啖、趙、陸兼通三傳者甚少[3]，如陳商能分別《春秋》是經，《左氏》是史者，更別無其人矣。宋人刊《十三經注疏》[4]，《公》《穀》稱《公羊》《穀梁》，《左氏》稱《春秋左傳》，明以《春秋》專屬《左氏》，而屏《公》《穀》於《春秋》之外。夫以《公》《穀》之字字解經者，不以《春秋》屬之，《左氏》之本不解經者，獨以《春秋》屬之，宜乎學者止知有《左氏傳》，不知有《春秋經》，聖人之作經爲萬世法者，付之若存若亡之列。洪邁《容齋續筆》[5]有"紹聖廢《春秋》"一條云："五聲本於五行，而徵音廢[6]；四瀆源於四方，而濟水絕[7]；《周官》六典所以布治，而司空之書亡[8]。是固出於無可奈何，非人力所能爲也。乃若六經載道，而王安石欲廢《春秋》[9]。紹聖中章子厚作相，蔡卞執政，遂明下詔罷此經，誠萬世之罪人也[10]。"如洪氏説，彼悍然廢《春秋》者，罪誠大矣，然亦豈非唐宋以來不尊《春秋》有以階之屬乎？宋人以《春秋》專屬《左傳》，由於唐作《正義》但取《左傳》；漢人以《禮經》專屬《儀禮》，而唐作《正義》但取《禮記》，故後世以《禮記》取士，論者譏其捨經用傳。《禮記》體大物博，雖有解《儀禮》數篇之義，而非盡解《儀禮》，不得全謂之傳。若《左氏》明明《春秋》之傳，傳又不與經合，而後世《左氏》孤行，捨經用傳，較之捨《儀禮》而用《禮記》者，蓋有甚焉。王應麟《困學紀聞》先列《春秋》，繼以《左傳》《公羊》《穀梁》[11]，分別尚晰。學者當知如此分別，則經、傳部居不紊，不得以《春秋》專屬《左氏》，而竟以《左氏》冒《春秋》。後之治《左氏》者，能詮擇經義[12]，解説凡例，可附於《春秋》家；若專考長曆、地名、人名、事實，或參以議論者，止可入《左氏》家，以與聖經大義無關，止可謂之史學，不得謂之經學也。

箋注

〔1〕見《史通·内篇》卷一《六家第一》。

〔2〕中經、小經，《舊唐書·歸崇敬傳》："今請以《禮記》《左傳》爲大經，《周禮》

《儀禮》《毛詩》爲中經，《尚書》《周易》爲小經，各置博士一員。其《公羊》《穀梁》文疏少，請共準一中經，通置博士一員。"《新唐書·選舉志上》："凡《禮記》《春秋左氏傳》爲大經，《詩》《周禮》《儀禮》爲中經，《易》《尚書》《春秋公羊傳》《穀梁傳》爲小經。"

〔3〕啖、趙、陸，即啖助、趙匡、陸淳。

〔4〕宋人刊《十三經注疏》，自南宋以後，人們將《詩經》《尚書》《禮記》《周易》《左傳》《公羊傳》《穀梁傳》《周禮》《儀禮》《論語》《孝經》《爾雅》《孟子》之注和疏，并唐陸德明《經典釋文》之注音合刊爲一部書，即《十三經注疏》，分別爲：《周易正義》，(魏)王弼、(晉)韓康伯注，(唐)孔穎達等正義；《尚書正義》，(漢)孔安國傳、(唐)孔穎達等正義；《毛詩正義》，(漢)毛亨傳、鄭玄箋、(唐)孔穎達等正義；《周禮注疏》，(漢)鄭玄注、(唐)賈公彥疏；《儀禮注疏》，(漢)鄭玄注、(唐)賈公彥疏；《禮記正義》，(漢)鄭玄注、(唐)孔穎達等正義；《春秋左傳正義》，(晉)杜預注、(唐)孔穎達等正義；《春秋公羊傳注疏》，(晉)何休解詁、(唐)徐彥疏；《春秋穀梁傳注疏》，(晉)范甯注、(唐)楊士勛疏；《孝經注疏》，(唐)唐玄宗注、(宋)邢昺疏；《爾雅注疏》，(晉)郭璞注、(宋)邢昺疏；《論語注疏》，(魏)何晏注宋·邢昺疏；《孟子注疏》，(漢)趙岐注、(宋)孫奭疏。

〔5〕洪邁(1123—1202)，字景廬，號容齋，饒州鄱陽(今江西鄱陽)人，著有《容齋隨筆》《夷堅志》等。《容齋隨筆》共《五筆》，七十四卷，包括《隨筆》十六卷、《續筆》十六卷、《三筆》十六卷、《四筆》十六卷、《五筆》十卷，爲研究宋史之史料筆記，涉及經史諸家、文學藝術、宋代掌故、人物評價等方面內容。

〔6〕五聲，又稱五音，即宮、商、角、徵、羽。《孟子·離婁上》："不以六律，不能正五音。"趙岐注："五音，宮、商、角、徵、羽。"五行，即金、木、水、火、土。《尚書·甘誓》："有扈氏威侮五行，怠棄三正。"孔穎達疏："五行，水、火、金、木、土也。"五聲與五行相對應，即宮—土、商—金、角—木、徵—火、羽—水。《宋史》卷一二九《樂志》："二十八舍列在四方，用之於合樂者，蓋東方七角屬木，南方七徵屬火，西方七商屬金，北方七羽屬水。"

〔7〕四瀆，即我國古代四條獨流入海之大河。《爾雅注疏》卷七《釋水》："江、河、淮、濟爲四瀆。四瀆者，發源注海者也。"《史記》卷三《殷本紀》："東爲江，北爲濟，西爲河，南爲淮，四瀆已修，萬民乃有居。"

〔8〕《周禮·天官·大宰》："大宰之職，掌建邦之六典，以佐王治邦國：一曰治典，以經邦國，以治官府，以紀萬民；二曰教典，以安邦國，以教官府，以擾萬民；三曰禮典，以和邦國，以統百官，以諧萬民；四曰政典，以平邦國，以正百

官,以均萬民;五曰刑典,以詰邦國,以刑百官,以糾萬民;六曰事典,以富邦
國,以任百官,以生萬民。"《周官》成於先秦,漢代更名爲《周禮》,分爲天官
冢宰、地官司徒、春官宗伯、夏官司馬、秋官司寇、冬官司空,其中冬官司空
已佚,以《考工記》代之。

〔9〕《宋史》卷三二七《王安石傳》:"先儒傳注一切廢不用,黜《春秋》之書,不使
列於學官,至戲目爲斷爛朝報。"《宋史紀事本末》卷九《學校科舉之制》:"王
安石又謂孔子作《春秋》實垂世立教之大典,當時游、夏不能贊一詞,自經秦
火,煨燼無存,漢求遺書,而一時儒者附會以邀厚賞。自今觀之,一如斷爛
朝報,決非仲尼之筆也,《儀禮》亦然,請自今經筵毋以進講,學校毋以設官,
貢舉毋以取士。"

〔10〕章惇(1035—1106),字子厚,建州浦城(今屬福建)人,《宋史》卷四七一有
傳。蔡卞(1058—1117),字元度,蔡京之弟,王安石之婿,宋興化軍仙游(今
屬福建)人。《宋史》卷四七二有傳。神宗熙寧初,章惇支持王安石變法。
哲宗即位,高太后聽政,爲劉摯、蘇軾等所劾,黜知汝州。哲宗親政,起爲尚
書左僕射兼門下侍郎,引用蔡卞、蔡京等,倡"紹述"之説,盡復青苗、免役諸
法。排擠元祐黨人,報復仇怨,株連甚衆。

〔11〕王應麟,注見前。

〔12〕詮擇,詮選録用,選取。

42. 論孔子作《春秋》,增損改易之迹可尋,非徒因仍舊史

陳壽祺曰:"竊觀孟子言孔子作《春秋》,作之云者,雖據舊史之文,
必有增損改易之迹。不修《春秋》曰:'雨星不及地尺而復',君子修之
曰:'星隕如雨。'諸侯之策曰:'孫林父、甯殖出其君。'孔子書之曰:'衛
侯衎出奔齊。'晉文公召王而朝之,孔之曰:'以臣召君,不可以訓。'故
書曰:'天王狩於河陽。'魯《春秋》去夫人之姓曰'吳',其卒曰'孟子
卒'。孔子書'孟子卒',而不書'夫人吳'〔1〕。此其增損改易之驗,見於
經典者也。華督得罪於宋殤公〔2〕,名在諸侯之策。晉董狐書曰:'趙盾
弑其君。'齊太史書曰:'崔杼弑其君。'〔3〕《魯春秋》記晉喪曰:'弑其君
之子奚齊及其君卓。'〔4〕孔子於《春秋》皆無異辭,此循舊而不改之驗

也。太子獨記子同生，而不及子赤、子野、襄公，則知此爲《春秋》特筆，以起不能防閑文姜之失[5]。妾母獨録惠公仲子、僖公成風，而略於敬嬴、定姒、齊歸，則知此亦《春秋》特筆，以著公妾立廟稱夫人之始[6]。有年、大有年，惟見桓三年及宣十六年，蓋承屢祲之後，書以示幸[7]。王臣書氏，惟見隱三年及昭二十三年、二十六年，蓋兆世卿之亂王室，書以示譏[8]，則其他之删削者夥矣。外大夫奔書字，惟見文十四年宋子哀，蓋褒其不失職[9]。外大夫見殺書字，惟見桓二年孔父，蓋美其死節[10]。公子季友、公弟叔肸稱字，季子、高子稱子，所以嘉其賢[11]。齊豹曰盜，三叛人名，所以斥其惡[12]。公薨以不地見弑，夫人以尸歸見殺，師以戰見敗，公夫人奔曰孫，内殺大夫曰刺，天王不言出，凡伯不言執，與王人盟不言公，皆《春秋》特筆也[13]。是知聖人修改之迹，不可勝數，善善惡惡，義逾衮鉞[14]，然後是非由此明，功罪由此定，勸懲由此生，治亂由此正。故曰《春秋》天子之事。苟徒因仍舊史，不立褒貶，則諸侯之策，當時未始亡也，孔子何爲作《春秋》？且使《春秋》直寫魯史之文，則孟子何以謂之作？則知我、罪我安所徵，亂臣賊子安所懼？"[15]

錫瑞案：陳氏引《春秋》書法，兼采三傳，求其增損改易之迹，可謂深切著明，即此足見《左氏》家經承舊史、史承赴告，其説近是而實不是。孔子作《春秋》，非可憑空結撰，其承舊史是應有之事；魯史亦非能憑臆捏造，其承赴告亦是應有之事。《左氏》家説本非全然無理，特後人視之過泥，持之太堅，謂《春秋》止是鈔録舊文，尚不如《漢書》之本《史記》，《後漢書》之襲《三國志》，《新五代史》《唐書》之因《舊五代史》《唐書》，猶有增損改易之功，則《春秋》一書，於魯史爲重臺，於《左傳》爲疣贅，宋人廢之，誠不過矣。而《春秋》經豈若是乎？

箋注

〔1〕《公羊傳》："夏五月甲辰，孟子卒。孟子者何？昭公之夫人也。其稱孟子何？諱娶同姓，蓋吳女也。"

〔2〕華督，一作華父督。春秋時宋國大夫。宋殤公十年，殺大夫孔父嘉，奪其妻，又殺殤公，并迎立公子馮爲宋莊公，自爲相。閔公時，爲大夫南宮萬所殺。《左傳·桓公二年年》："二年春，宋督攻孔氏，殺孔父而取其妻。公怒，督懼，遂弑殤公。"《左傳·文公十五年》："三月，宋華耦來盟，其官皆從之。書曰'宋司馬華孫'，貴之也。公與之宴，辭曰：'君之先臣督，得罪於宋殤公，名在諸侯之策。臣承其祀，其敢辱君！請承命於亞旅。'魯人以爲敏。"

〔3〕見《左傳·襄公二十五年》。《春秋·襄公二十五年》"夏五月乙亥，齊崔杼弑其君光。"

〔4〕陳立《公羊義疏》卷三一《僖公九年》："冬，晉里克弑其君之子奚齊。"疏："《魯春秋》記晉喪曰：'弑其君之子奚齊及其君卓。'"

〔5〕子同，即魯莊公。《春秋左傳·桓公六年》："九月，丁卯，子同生。"杜預注："桓公子，莊公也。十二公唯子同是適夫人之長子，備用大子之禮，故史書之於策，不稱大子者，書始生也。"子赤，魯文公子。魯宣公爲子赤庶兄，殺子赤以奪其位。《公羊傳·文公十八年》："冬十月，子卒。子卒者孰謂？謂子赤也。何以不日？隱之也。何隱爾？弑也。弑則何以不日？不忍言也。"子野，魯襄公之子。《春秋·襄公三十一年》："秋，九月，癸巳，子野卒。"文姜，桓公夫人，莊公之母。文姜與其兄齊襄公亂倫，桓公得知大怒，齊襄公殺桓公。《左傳·桓公十八年》："公會齊侯於濼，遂及文姜如齊。齊侯通焉，公謫之以告。夏，四月，丙子，享公。使公子彭生乘公，公薨於車。"《公羊傳·莊公年》："夫人譖公於齊侯：'公曰：同非吾子，齊侯之子也。'齊侯怒，與之飲酒。於其出焉，使公子彭生送之。於其乘焉，搚幹而殺之。"《史記·魯周公世家》："十八年春，公將有行，遂與夫人如齊。申繻諫止，公不聽，遂如齊。齊襄公通桓公夫人。公怒夫人，夫人以告齊侯。夏四月丙子，齊襄公饗公，公醉，使公子彭生抱魯桓公，因命彭生摺其脅，公死於車。"

〔6〕仲子，宋武公之女，魯惠公之妾，魯桓公之母。《左傳·隱公元年》："宋武公生仲子，仲子生而有文在其手，曰'爲魯夫人'，故仲子歸於我。生桓公而惠公薨，是以隱公立而奉之。"《公羊傳·隱公元年》："秋，七月，天王使宰咺來歸惠公仲子之賵。……仲子者何？桓之母也。……其言惠公仲子何？兼之，兼之非禮也。何以不言及仲子？仲子微也。"成風，莊公之妾，僖公之母，母以子貴，得以爲夫人之禮葬之。《公羊傳·文公五年》："三月辛亥，葬我小君成風。成風者何？僖公之母也。"《春秋公羊傳注疏》："母貴則子何以貴？子以母貴，母以子貴。"何休注："禮，妾子立，則母得爲夫人。夫人成風是也。"敬嬴，魯文公之妾，魯宣公之母。《左傳·文公十八年》："文公二

妃。敬嬴生宣公。"定姒，魯成公之妾，魯襄公之母。《春秋左傳·襄公四年》："秋七月，戊子，夫人姒氏薨。"杜預注："成公妾，襄公母。"齊歸，魯襄公之妾，魯昭公之母。《春秋公羊傳·昭公十一年》："九月己亥，葬我小君齊歸。齊歸者何？昭公之母也。"何休注："歸氏，胡女，襄公嫡夫人。"

〔7〕《春秋左傳·桓公三年》："冬，齊侯使其弟年來聘。有年。"杜預注："五穀皆熟，書有年。"《春秋左傳·宣公十六年》："冬，大有年。"《公羊傳·桓公三年》："有年，何以書？以喜書也。大有年，何以書？亦以喜書也。此其曰有年何？僅有年也。彼其曰大有年何？大豐年也。僅有年亦足以當喜乎？恃有年也。"

〔8〕《春秋·隱公三年》："夏，四月辛卯，尹氏卒。"《公羊傳·隱公三年》："尹氏者何？天子之大夫也。其稱尹氏何？貶。曷爲貶？譏世卿，世卿非禮也。"《春秋·昭公二十三年》："尹氏立王子朝。"《春秋·昭公二十六年》："尹氏、召伯、毛伯以王子朝奔楚。"

〔9〕《春秋左傳·文公十四年》："宋子哀來奔。"杜預注："大夫奔，例書名氏。貴之，故書字。"

〔10〕《公羊傳·桓公二年》："二年，春王正月，戊申，宋督弒其君與夷及其大夫孔父。……有則此何以書？賢也。何賢乎孔父？孔父可謂義形於色矣。其義形於色奈何？督將弒殤公，孔父生而存，則殤公不可得而弒也，故於是先攻孔父之家。殤公知孔父死，己必死，趨而救之，皆死焉。孔父正色而立於朝，則人莫敢過而致難於其君者，孔父可謂義形於色矣。"

〔11〕季友，即公子友，魯桓公子，魯莊公弟。《春秋·閔公元年》："秋，八月，公及齊侯盟於落姑，季子來歸。"《公羊傳·閔公元年》："其稱季子何？賢也。其言來歸何？喜之也。"《左傳·閔公元年》："秋八月，公及齊侯盟於落姑，請復季友也。齊侯許之，使召諸陳，公次於郎以待之。'季子來歸'，嘉之也。"叔肸，魯文公之子，魯宣公弟，有臣節，不滿襄仲廢嫡立庶，寧織履而食。《春秋公羊傳·宣公十七年》："冬，十有一月，壬午，公弟叔肸卒。"何休注："稱字者，賢之。宣公篡立，叔肸不仕其朝，不食其祿，終身於貧賤，故孔子曰'篤信好學，守死善道。危邦不入，亂邦不居。天下有道則見，無道則隱'，此之謂也。"《左傳·宣公十七年》："冬，公弟叔肸卒，公母弟也。凡大子之母弟，公在曰公子，不在曰弟。凡稱弟，皆母弟也。"季子，即季札，又稱公子札。春秋吳國人，吳王壽夢少子。《公羊傳·襄公二十九年》："吳子使札來聘。吳無君無大夫，此何以有君有大夫？賢季子也。何賢乎季子？讓國也。"高子，春秋齊大夫。《公羊傳·閔公二年》曰："冬，齊高子來盟。高

子者何？齊大夫也。何以不稱使？我無君也。然則何以不名？喜之也。何喜爾？正我也。"

〔12〕齊豹，衛司寇，守嗣大夫。《春秋左傳·昭公二十年》："秋，盜殺衛侯之兄縶。"杜預注："齊豹作而不義，故書曰盜，所謂求名而不得。"《春秋左傳正義》卷一《春秋序》："書齊豹'盜'、三叛人名之類是也。"疏："昭二十年'盜殺衛侯之兄縶'，襄二十一年'邾庶其以漆閭丘來奔'，昭五年'莒牟夷以牟婁及防茲來奔'，昭三十一年'邾黑肱以濫來奔'，是謂盜與三叛人名也。齊豹，衛國之卿，《春秋》之例，卿皆書其名氏，齊豹忿衛侯之兄，起而殺之，欲求不畏強禦之名，《春秋》抑之，書曰'盜'。盜者，賤人有罪之稱也。邾庶其、黑肱、莒牟夷三人，皆小國之臣，并非命卿，其名於例不合見經，竊地出奔，求食而已，不欲求其名聞，《春秋》故書其名，使惡名不滅。"

〔13〕公薨以不地見弒，《公羊傳·閔公二年》："秋八月辛丑，公薨……公薨何以不地？隱之也。何隱爾？弒也。孰弒之？慶父也。"夫人以尸歸見殺：《左傳·閔公二年》："閔公，哀姜之娣叔姜之子也，故齊人立之。共仲通於哀姜，哀姜欲立之。閔公之死也，哀姜與知之，故孫於邾。齊人取而殺之於夷，以其尸歸，僖公請而葬之。"《公羊傳·僖公元年》："秋七月戊辰，夫人姜氏薨於夷，齊人以歸……夫人薨於夷，則齊人以歸。夫人薨於夷，則齊人曷爲以歸？桓公召而縊殺之。"師以戰見敗：《春秋公羊傳注疏》卷三《隱公六年》："狐壤之戰，隱公獲焉。然則何以不言戰？"何休注："戰者，内敗文也。"公夫人奔曰孫：《公羊傳·莊公元年》："三月，夫人孫於齊。孫者何？孫猶孫也。内諱奔謂之孫。"内殺大夫曰刺：《公羊傳·僖公二十八年》："公子買戍衛，不卒戍刺之……刺之者何？殺之也。殺之則曷爲謂之刺之？内諱殺大夫，謂之刺之也。"天王不言出：《春秋左傳·成公十二年》："十二年，春，王使以周公之難來告。書曰'周公出奔晉'，凡自周無出，周公自出故也。"杜預注："天子無外，故奔者不言'出'。"凡伯不言執：《公羊傳·隱公七年》："冬，天王使凡伯來聘，戎伐凡伯於楚丘以歸。……此聘也，其言伐之何？執之也。執之則其言伐之何？大之也。曷爲大之？不與夷狄之執中國也。"與王人盟不言公：《公羊傳·莊公二十二年》："秋七月丙申，及齊高傒盟於防……公則曷爲不言公？諱與大夫盟也。"

〔14〕袞鉞，謂褒貶。古代賜袞衣以示嘉獎，給斧鉞以示懲罰，故云。逾，超過，越過。

〔15〕見陳壽祺《左海文集》卷四下《答高雨農舍人書》。

43. 論宋五子説《春秋》有特見，與《孟子》《公羊》合，足正杜預以後之陋見謬解

宋五子於《春秋》無專書，而説《春秋》皆有特見。周子曰："《春秋》正王道，明大法也。孔子爲後世王者而修也，亂臣賊子誅死者於前，所以懼生者於後。"[1] 邵子曰："《春秋》者，孔子之刑書也，功過不相揜，聖人先褒其功而貶其罪，故罪人有功，亦必録之。"[2] 程子曰："夫子作《春秋》，爲百王不易之大法。斯道也，惟顏子嘗聞之矣。行夏之時，乘殷之輅，服周之冕，樂則韶舞，此其準的也。後世以史視《春秋》，謂褒善貶惡而已，至於經世之大法，則不知也。《春秋》大義，炳如日星，乃易見也，惟其微辭隱義，時措咸宜者，爲難知也。或抑或縱，或予或奪，或進或退，或微或顯，而得乎義理之安，文質之中，寬猛之宜，是非之公，乃制事之權衡，揆道之模範也。"[3] 張子曰："《春秋》之書，在古無有，乃仲尼所自作，惟孟子爲能知之。"[4] 朱子曰："孔子作《春秋》，當時亦須與門人講説，所以《公》《穀》《左氏》，得一箇源流，只是漸漸訛舛，當初若是全無傳授，如何鑿空撰得？"[5] 又曰："三家皆非親見孔子，左氏不必解是丘明。"[6] 又曰："杜預每到不通處，不云傳誤，云經誤，可怪，是何識見。"[7]

錫瑞案：《春秋》始誤於杜預，而極謬於劉知幾，當以宋五子之説正之，其説與《孟子》《公羊》之旨合。周子曰"《春秋》正王道，明大法"，非即素王改制之旨乎？曰"孔子爲後世王者而修"，非即爲漢定道之旨乎？邵子曰"《春秋》者孔子之刑書"，非即貶天子、退諸侯、討大夫，以達王事之旨乎？曰"功過不相揜"，非即善善從長之旨乎？程子曰"作《春秋》，爲百王不易之大法"，非即作《春秋》、垂空言以斷禮義，當一王之法之旨乎？引"行夏之時"四語爲證，非即損益四代、變周之文、從殷之質之旨乎？張子曰"《春秋》之書，在古無有"，豈得如杜預云"周公已

有《春秋》凡例"乎？曰"乃仲尼所自作"，豈得如杜預云孔子多鈔魯史舊文乎？朱子曰"孔子作《春秋》，與門人講説"，即"七十子之徒口受其傳旨"之意，而《史記》以魯君子左丘明列七十子口受傳旨之外，則丘明不得口受，不當如劉歆輕口説而重傳記矣。曰"三家皆非親見孔子"，公、穀皆子夏弟子，未必親見孔子，而作傳之丘明，與《論語》之丘明，是一是二，古無明文，不必如劉歆云"丘明親見聖人"，荀崧云"丘明造膝親受"矣。程子云"後世以史視《春秋》，謂褒善貶惡而已，至於經世之大法，則不知也"，尤道盡杜預以後諸儒之陋見謬解。"《春秋》經世"，《莊子》嘗言之矣[8]，其義在孟子云"天子之事"[9]，《公羊》云"素王改制"，其大者在"三科九旨"[10]。杜預以後，不明此義，其高者以爲懲惡勸善，僅同良史直書，其下者以爲録舊增新，不過鈔胥校對。其失由於專據《左氏》，不治《公》《穀》，於孔子所以爲後王立法，以馴致太平者，全未夢見，孟子所稱爲天下一治，功可繼群聖者，亦不致思。宋五子非《春秋》專門，未必深求《公》《穀》二傳，乃獨能知微言大義，不惑於杜預諸人淺陋之見，由其學識超卓，亦由此心此理之同，與古人不謀而合也。程子曰"大義炳如日星"，朱子已引"成宋亂""宋災故"之類以證之[11]。至於微辭奧義，時措咸宜，程、朱以爲難知者，學者能研求《公》《穀》二傳，當知之矣。

箋注

〔1〕周子，即周敦頤(1017—1073)，注見前。《宋史》卷四二七有傳。引文見《通書·孔子上第三十八》。

〔2〕邵子，即邵雍。引文見《皇極經世書》卷一三《觀物外篇下之上》："五霸者，功之首，罪之魁也。《春秋》者，孔子之刑書也，功過不相掩，聖人先褒其功，後貶其罪，故罪人有功者，亦必録之，不可不恕也。"

〔3〕時措咸宜，《河南程氏遺書》卷八《春秋傳序》作"時措從宜"。程子，這裏指程頤。吕祖謙《宋文鑑》卷九〇《(程頤)春秋傳序》："夫子當周之末，以聖人不復作也，順天應時之治不復有也，於是作《春秋》，爲百王不易之大法……斯道也，唯顔子嘗聞之矣。行夏之時，乘殷之輅，服周之冕，樂則韶舞，此其

準的也。後世以史視《春秋》，謂褒善貶惡而已，至於經世之大法，則不知也。《春秋》大義數十，其義雖大，炳如日星，乃易見也，惟其微辭隱義，時措從宜者，爲難知也。或抑或縱，或予或奪，或進或退，或微或顯，而得乎義理之安，文質之中，寬猛之宜，是非之公，乃制事之權衡，揆道之模範也。"《宋史》卷四二七《程頤傳》與此同。

〔4〕張子，即張載（1020—1077），字子厚，鳳翔郿縣（今陝西眉縣）橫渠鎮人，世稱橫渠先生，北宋理學家，關學創始人。著有《正蒙》《橫渠易説》等。《宋史》卷四二七有傳。引文見《張子全書·性理拾遺》。

〔5〕見《朱子語類》卷八三《春秋》。

〔6〕《朱子語類》卷八三《春秋》："三家皆非親見孔子，或以左丘明恥之，是姓左丘。"

〔7〕引文見《朱子語類》卷八三《春秋》："杜預每到不通處，多云告辭略，經傳互異。不云傳誤，云經誤，可怪，是何識見？"

〔8〕《莊子·齊物論》："六合之外，聖人存而不論，六合之内，聖人論而不議。《春秋》經世，先王之志，聖人議而不辯。"

〔9〕《孟子·滕文公上》曰："世衰道微，邪説暴行有作，臣弒其君者有之，子弒其父者有之。孔子懼，作《春秋》。《春秋》，天子之事也，是故孔子曰：'知我者其惟《春秋》乎！罪我者其惟《春秋》乎！'"

〔10〕《春秋公羊傳注疏》卷一："問曰：《春秋説》云'《春秋》設三科九旨'，其義如何？答曰：何氏之意，以爲三科九旨正是一物，若總言之，謂之三科，科者，段也；若析而言之，謂之九旨。旨者，意也。言三個科段之内，有此九種之意。故何氏作《文謚例》云'三科九旨者，新周，故宋，以《春秋》當新王'，此一科三旨也；又云'所見異辭，所聞異辭，所傳聞異辭'，二科六旨也；又'内其國而外諸夏，内諸夏而外夷狄'，是三科九旨也。"

〔11〕《朱子語類》卷八三《春秋》："程子所謂《春秋》大義數十，炳如日星者，如'成宋亂''宋災故'之類，乃是聖人直著，誅貶自是分明。"

44. 論"斷爛朝報"之説不必專罪王安石，朱子疑胡《傳》，并疑《公》《穀》，故於《春秋》不能自信於心

《困學紀聞》引王介甫答韓求仁問《春秋》曰："此經比他經尤難，蓋

三《傳》不足信也。"尹和靖云:"介甫不解《春秋》,以其難之也,廢《春秋》非其意。"[1]又林希逸曰:"尹和靖言介甫未嘗廢《春秋》,廢《春秋》以爲斷爛朝報,皆後來無忌憚者托介甫之言也。"[2]

錫瑞案:此諸説可爲安石平反,然《春秋》之義,具在三《傳》,安石過爲高論,以三《傳》不足信,則《春秋》不廢而廢矣。以《春秋》經爲難知,何不深求三《傳》?至於斷爛朝報,則非特宋人有是言,自《左氏》孤行,杜預謬解,人之視《春秋》者,莫不如是。專信《左氏》家經承舊史之説,一年之中,寥寥數事,信手鈔録,并無義例,則是朝報而已。不信《公》《穀》家一字褒貶之義,日月、名氏、爵號有不具者,皆爲闕文。萬六千餘字,而闕文百數十條,則是朝報之斷爛者而已。如杜預、孔穎達之説《春秋》,實是斷爛朝報,并不爲誣。若不謂然,則當罪杜、孔,不當罪宋人矣。《困學紀聞》又引朱文公亦曰:"《春秋》義例,時亦窺其一二大者,而終不能自信於心,故未嘗敢措一辭。"[3]王應麟引王介甫、尹和靖二條,繼引朱文公説,蓋謂朱子亦以《春秋》爲難知,與王介甫意同。案:朱子所謂"《春秋》義例,窺其一二大者",如"成宋亂"、"宋災故",既引以證程子所云大義,又云"如書會盟侵伐,不過見諸侯擅興自肆耳;書郊禘,不過見魯僭禮耳。至於三卜四卜、牛傷牛死,是失禮之中又失禮也。如'不郊,猶三望',是不必望而猶望也。如書'仲遂卒,猶繹',是不必繹而猶繹也。如此等義,却自分明。"[4]此朱子所云窺其一二者。朱子學最篤實,故於《春秋》之義,但信其分明可據者,若其義稍隱,或不見經而但見傳,則皆不敢信據。當時盛行胡《傳》[5],《朱子語録》曰:"胡文定《春秋》非不好,却不合。這件事聖人意是如何下字,那件事聖人意又如何下字,要知聖人只是直筆,據見在而書,豈有許多忉怛?"[6]案胡《傳》議論苛碎,多出《公》《穀》之外;朱子懲胡《傳》之苛碎,遂并不信《公》《穀》一字褒貶之義,以爲必於一字一辭之間求褒貶所在,竊恐不然,聖人只是直筆據見在而書,則仍惑於杜預、孔穎達,而與孟子、程子之説不合矣。朱子謂《春秋》自難理會,足見朱子矜慎,遠勝强不知爲知者,但亦有矜慎太過處。胡《傳》不可盡信,而《公》《穀》近古則可信,能深考《公羊》之微言大義,參以《穀梁》之例,又參以《左氏》

所載事實，亦可以得十之七八。朱子謂：“須是己之心果與聖人之心神交心契，始可斷他所書之旨。”[7]則聖人往矣，安得復有聖人？以朱子之賢，猶不敢自信，安得復有自信與聖人神交心契者？《春秋》一經，將沈霾終古矣。《公羊疏》引閔因敘云：“昔孔子制《春秋》之義，使子夏等十四人求周《史記》，得百二十國寶書。”[8]莊七年《傳》云：“不修《春秋》曰：‘雨星不及地尺而復。’君子修之曰：‘星霣如雨。’”朱子病二書之不傳，不得深探聖人筆削之意。夫二書不得見，學者無如何也。三《傳》猶幸存，學者所當信也，亦何必矜慎太過，而不措一辭乎！”

箋注

〔1〕 尹和靖，即尹焞（1071—1142），字彥明，一字德充，洛陽人，靖康初招至京師，不欲留，賜號和靖處士。著有《和靖集》《論語解》等。《宋史》卷四二八有傳。引文見《困學紀聞》卷六《春秋》。

〔2〕 林希逸（1193—1271），字肅翁，號鬳齋，又號竹溪，福州福清（今屬福建）人，宋代理學家，著《易講》《考工記解》《竹溪稿》《鬳齋續集》等。引文見《鬳齋續集》卷二八《學記》。

〔3〕 朱文公，即朱熹。引文見《困學紀聞》卷六《春秋》。

〔4〕 見《朱子語類》卷八三《春秋》。

〔5〕 胡《傳》，即胡安國《春秋傳》。

〔6〕 見《朱子語類》卷八三《春秋》。忉怛（dāo dá），即囉嗦，嘮叨。

〔7〕 見《朱子語類》卷八三《春秋》。

〔8〕 《春秋公羊傳注疏》卷一：“案閔因敘云：‘昔孔子受端門之命，制《春秋》之義，使子夏等十四人求周史記，得百二十國寶書，九月經立。’”

45. 論據朱子之説足證《春秋》是經非史，學《春秋》者當重義不重事

朱子曰：“前輩做《春秋》義，言辭雖粗率，却説得聖人大意出。如

二程未出時，便有胡安定、孫泰山、石徂徠[1]，他們説經，雖是甚有疏略處，觀其推明治道，直是懍懍可畏。《春秋》本是嚴底文字，聖人此書之作，遏人欲於横流，遂以二百四十二年行事，寓其褒貶，一字不敢胡亂下。"[2] 又："林問：'先生論《春秋》一經，本是正誼明道，權衡萬世典刑之書，如朝聘、會盟、侵伐等事，皆是因人心之敬肆，爲之詳略，或書字，或書名，皆就其事而爲之義理，最是斟酌，毫忽不差。後之學《春秋》，多是較量齊魯短長，自此以後，如宋襄、晉悼等事，皆是論霸事業，不知當時爲王道作耶？爲霸者作耶？若是爲霸者作，則此書豈足爲義理之書？'曰：'大率本爲王道正其紀綱。看以前《春秋》文字雖觕，尚知有聖人明道正誼道理，尚可看。近來止説得伯業權譎底意思，更開眼不得，此義不可不知。'"[3]

錫瑞案：據朱子之説，可知學者當以《春秋》爲經，不當以《春秋》爲史，當重《春秋》之義，不當重《春秋》之事。謂"以二百四十二年行事寓其褒貶"，即借事明義也；謂"一字不敢胡亂下"，即一字褒貶也；謂"書字書名，皆就其事而爲之義理"，亦即一字褒貶之旨。正誼明道，權衡萬世，惟在《春秋》一經，若置經而求傳，捨義而論事，則不過較量齊魯之短長，宋襄、晉悼之霸事而已。孟子曰："王者之迹熄而《詩》亡，《詩》亡然後《春秋》作。"是《春秋》所以承王者之迹，故孟子斷之曰"天子之事"。若夫魯之舊史，止有"其事則齊桓、晉文"，而無其義，故孔子裁之以義曰"其義則丘竊取之矣"[4]。《春秋》是經不是史，重義不重事，即孔子、孟子之言足以證之。《左氏》叙事詳而釋義略，仍如魯史其事其文之舊，非但侈陳桓、文。《春秋》雖褒桓、文，實與而文不與。孟子深於《春秋》，謂"仲尼之徒，無道桓、文之事"[5]，蓋裁之以義，不當侈陳其事，并晉悼之霸，亦侈陳之。何劭公不許晉悼之霸，鄭君以爲鄉曲之學，深可忿疾[6]。不知桓、文之事，猶無足道，何論晉悼？以鄭君之學而所見如此，何怪後之學者遺經存傳，談其事迹，用唉助語。或且樂道陰謀詭計。如魏禧作《左傳經世》[7]，又纂《左氏兵謀》《兵法》[8]，以張其焰，與"春秋無義戰"之旨全然相反，正朱子所謂止説得伯業權譎，更開眼不得者[9]。試思《春秋》爲王道作，豈專論伯事者哉？朱子云

"以前文字雖粗"，即指胡安定、孫泰山諸人。胡書不傳[10]，孫氏《尊王發微論》雖近苟[11]，尚能比附《春秋》之義，以其重義不重事，是經不是史，故文字雖粗，而與聖人之旨猶近也。後來止説伯業權譎，雖由其人識見卑陋，亦由專主《左氏》，不知有《春秋經》，而其流弊遂至於此。以其重事不重義，是史不是經，故議論猥多，而與聖人之旨愈遠也。學《春秋》者，觀朱子之論，可以審所去取矣。

箋注

〔1〕胡安定，即胡瑗(993—1059)；孫泰山，即孫復(992—1057)，注見前。石徂徠，即石介(1005—1045)，字守道，一字公操，兗州奉符(今山東泰安)人，嘗講學徂徠山下，學者稱徂徠先生。著有《易口義》《易解》《三朝聖政録》等，已佚，另有《徂徠先生文集》二十卷傳世。《宋史》卷四三二有傳。胡瑗、孫復、石介有"宋初三先生"之稱，爲北宋繼承范仲淹，開啓張載、周敦頤、二程理學之過渡人物。

〔2〕《朱子語類》卷八三《春秋》："前輩做《春秋》義，言辭雖粗率，却説得聖人大意出……如二程未出時，便有胡安定、孫泰山、石徂徠，他們説經，雖是甚有疏略處，觀其推明治道，直是凛凛然可畏。《春秋》本是嚴底文字，聖人此書之作，過人欲於横流，遂以二百四十二年行事寓其褒貶，恰如大辟罪人，事在款司，極是嚴緊，一字不敢胡亂下。"

〔3〕見《朱子語類》卷八三《春秋》。

〔4〕《孟子·離婁下》："孟子曰：'王者之迹熄而《詩》亡，《詩》亡然後《春秋》作，晉之《乘》、楚之《檮杌》、魯之《春秋》，一也。其事則齊桓、晉文，其文則史。孔子曰：'其義則丘竊取之矣。'"

〔5〕《孟子·梁惠王上》："齊宣王問曰：'齊桓、晉文之事，可得聞乎。'孟子對曰：'仲尼之徒，無道桓、文之事者，是以後世無傳焉，臣未之聞也。無以，則王乎？'"

〔6〕晉悼公，春秋時晉國國君，在位十五年。晉厲公被弑後，迎立爲君，是爲晉悼公。修功業，施德惠，會諸侯，多次與楚争奪鄭，鄭服，楚不敢與競。使魏絳和戎，戎人親附。晉復霸。《春秋左傳·成公十八年》："舉不失職，官不易方，爵不逾德，師不陵正，旅不逼師，民無謗言，所以復霸也。"《正義》："鄭玄云：天子衰，諸侯興，故曰霸。夏有昆吾，商有豕韋、大彭，周有齊桓、晉

文，此最强者也，故書傳通謂彼五人爲五霸耳。但霸是强國爲之，天子既衰，諸侯無主，若有强者，即營霸業，其數無定限也。而何休以霸不過五，不許悼公爲霸，以鄉曲之學，足以忿人。"

〔7〕 魏禧(1624—1680)，字冰叔，一字叔子，號裕齋、勺庭。與兄魏祥、弟魏禮自爲師友，號寧都三魏。明亡，隱居翠微峰，築易堂，與李騰蛟、彭士望、林時益、丘維屏、曾燦、彭任號"易堂九子"。著有《魏叔子集》《左傳經世》等書。《經義考》卷二〇八《春秋》："魏氏禧《左傳經世》三十卷，未見。禧自序曰：'……禧少好《左氏》，及遭變亂，放廢山中者二十年，時時取而讀之。若於古人經世大用，《左氏》隱而未發之旨，薄有所會，隨筆評注，以示門人。'"《清文獻通考》卷二二二《經籍考》："《左傳經世》十卷，……臣等謹按：是書不主解經論文，惟以推識成敗、考鑒得失爲事。故以經世名編。其間略取杜林之注，又復雜采諸説，綴以評語。"

〔8〕 此二書見《魏叔子文集外篇》卷二《論》。《魏叔子文集外篇》卷一七《大鐵椎傳》："庚戌十一月，予自廣陵歸，與陳子燦同舟。子燦年二十八，好武事，予授以《左氏兵謀》《兵法》。"

〔9〕 《朱子語類》卷八三《春秋》："已前《春秋》文字雖恂，尚知有聖人明道正誼，道理尚可看。近來止説得伯業權譎底意思，更開眼不得，此義不可不知。"

〔10〕 胡瑗著有《春秋口義》一書，其書不傳。《直齋書録解題》卷三《春秋類》："《春秋口義》五卷。胡翼之撰。至宣十二年而止，戴岷隱在湖學，嘗續之。不傳。"

〔11〕 《尊王發微論》，即《春秋尊王發微》，十二卷。《郡齋讀書志》："《春秋尊王發微》十二卷。右皇朝孫明復撰。史臣言：'明復治《春秋》不取傳、注，其言簡而義詳，著諸大夫功罪以考時之盛衰，而推見治亂之迹，故得經之意爲多。'常秩則譏之曰：'明復爲《春秋》，猶商鞅之法，棄灰於道者有刑，步過六尺者有誅。'謂其失於刻也，胡安國亦以秩言爲然。"

46. 論杜預專主《左氏》，似乎《春秋》全無關繫無用處，不如啖、趙、陸、胡説《春秋》尚有見解

凡書必有關繫，有用處，然後人人尊信誦習。若無關繫，無用處，雖間存於一二好古之士，而尊信誦習者尠矣。漢人之尊《春秋》，在

《易》《詩》《書》之上，一則以爲諸經止是孔子贊修，不如《春秋》爲孔子手作；二則孔子贊修諸經之旨，未甚著明，不如孔子所作之《春秋》，微言大義，顯然可見；三則諸經雖爲後世立法，亦不如《春秋》素王改制之顯。故爲漢定道，多專屬之《春秋》，且多引《春秋》以決時事。是漢人以《春秋》爲有關繫，有用處，人人尊信誦習，由專主《公羊》之故也。及《左氏傳》出而一變。《左氏》自成一家之書，亦未嘗與《公羊》抵牾，而偏護古文者務張大其說，以駁異今文。自劉歆、韓歆欲以左氏立學，爲今文博士所排[1]，仇隙愈深，反對愈甚。賈逵[2]已將臆造之說爲《左氏》之說，以斥《公羊》，而解《左氏》猶采《公》《穀》。至杜預出，乃盡棄二《傳》，專執韓宣“周禮在魯”一語，以《左氏傳》五十凡例盡屬周公，孔子止是鈔録成文，并非褒貶筆削，又安得有微言大義與立法改制之旨？故如杜預所說，《春秋》一經，全無關繫，亦無用處。由於力反先儒之說，不信漢儒之論，不顧《孟子》之文，以致聖人所作之經，沈廢擱棄，良可浩嘆。啖助在唐時已云：“習《左氏》者皆遺經存傳，談其事迹，玩其文采，如覽史籍，不復知有《春秋》微旨。”[3]蓋《左氏傳》本是史籍，并無《春秋》微旨在內，止有事實文采可玩。自漢以後，六朝及唐皆好尚文辭，不重經術，故《左氏傳》專行於世，《春秋》經義，委之榛蕪。啖、趙、陸始兼采三《傳》，不專主《左氏》，推明孔子褒貶之例，不以凡例屬周公，雖未能上窺微言，而視杜預、孔穎達以《春秋》爲録成文而無關繫者，所見固已卓矣。宋儒通學啖、趙遺風，至程子出，乃於孔子作《春秋》爲後王立法之意，有所窺見。其《春秋傳·自序》曰：“夫子當周之末，以聖人不復作也，順天應時之治不復有也，於是作《春秋》，爲百王不易之大法。後王知《春秋》之義，則雖德非禹、湯，尚可以法三代之治。自秦而下，其學不傳。予悼夫聖人之志不明於後世也，故作傳以明之，俾後之人通其文而求其義，得其意而法其用，則三代可復也。”自漢以後，論《春秋》者尠知此義，惜其傳作於晚年，略舉大義，襄、昭以後尤略。[4]書止二卷。胡安國師程子，其作傳大綱本《孟子》，而微旨多以程子之說爲據。本晁、陳二氏之說。其序曰：“孟氏發明宗旨曰爲天子之事者，周道衰微，乾綱解紐，亂臣賊子接迹當世，人欲肆而天理滅矣。

仲尼天理之所在，不以爲己任而誰可？五典弗惇[5]，己所當叙，五禮弗庸[6]，己所當秩，五服弗章[7]，己所當命，五刑弗用[8]，己所當討。故曰：‘我欲載之空言，不如見之行事之深切著明也。’空言獨能載其理，行事然後見其用，是故假魯史以寓王法，撥亂世反之正，其大要皆天子之事也。”[9]

錫瑞案：胡氏以惇典、庸禮、命德、討罪爲天子之事，又云仲尼以爲己任，足以發明《春秋》素王之義。空言獨能載其理，行事然後見其用，尤足證明《春秋》借事明義之旨。假魯史以寓王法，即托王於魯也。撥亂世反之正，亦《公羊》之文也。胡氏尊孟子，故能信《公羊》，惜其傳不能篤守《公羊》，故雖窺見微言，未盡原本古義，間涉穿鑿，不愜人心，而視前儒以《春秋》爲托空言而無用處者，其見爲更卓矣。近漢學家不取通學，啖、趙、陸、胡皆致不滿。竊謂諸家雖非專門，然猶知《春秋》有關繫，有用處，故其所著之書，體例雖雜，猶於《春秋》有關繫，有用處。若專主《左氏》者，專執杜、孔之説，并不知《春秋》有關繫，有用處，則其所著之書，考證雖詳，亦於《春秋》無關繫，無用處也。

箋注

〔1〕韓歆，字翁君。漢代南陽人。新莽末爲河内太守，光武徇河内，乃降。爲鄧禹軍師。從攻伐有功，封扶陽侯。《漢書》卷三六《劉歆傳》：“及歆親近，欲建立《左氏春秋》及《毛詩》《逸禮》《古文尚書》皆列於學官。哀帝令歆與五經博士講論其義，諸博士或不肯置對。”《後漢書》卷三六《賈逵傳》：“侍中劉歆欲立《左氏》，不先暴論大義，而輕移太常，恃其義長，詆挫諸儒，諸儒内懷不服，相與排之。”

〔2〕賈逵，注見前。其《春秋左氏傳解詁》《國語解詁》均佚，今有清人輯本。

〔3〕見陸淳《春秋集傳纂例》卷一《啖氏集傳注義第三》。

〔4〕《直齋書録解題》卷三《春秋類》：“《春秋傳》二卷，程頤撰。略舉大義，不盡爲説，襄、昭後尤略。序文崇寧二年所作，蓋其晚年也。”

〔5〕五典，指古代五種倫理道德。《尚書·舜典》：“慎徽五典，五典克從。”孔《傳》：“五典，五常之教。父義、母慈、兄友、弟恭、子孝。”惇，推崇，尊重之義。五典弗惇，即不推崇、不尊重五典。

〔6〕五禮，指公、侯、伯、子、男五等諸侯朝聘之禮。《尚書·皋陶謨》："天秩有禮，自我五禮有庸哉。"孔《傳》："庸常自用也。天次秩有禮，當用我公、侯、伯、子、男五等之禮以接之，使有常。"五禮亦指古代五種禮制，即吉禮、凶禮、軍禮、賓禮、嘉禮。《周禮·春官·小宗伯》："掌五禮之禁令與其用等。"鄭玄注："鄭司農云：'五禮，吉、凶、軍、賓、嘉。'"

〔7〕五服，指古代天子、諸侯、卿、大夫、士五等服式。《尚書·皋陶謨》："天命有德，五服五章哉。"孔《傳》："五服，天子、諸侯、卿、大夫、士之服也。"五服亦指古代以親疏爲差等之五種喪服，即斬衰、齊衰、大功、小功、緦麻。《禮記·學記》："師無當於五服，五服弗得不親。"孔《傳》："五服，斬衰至緦麻之親。"孔穎達《疏》："五服，斬衰也，齊衰也，大功也，小功也，緦麻也。"

〔8〕五刑，指五種治理百姓之法律，即野刑、軍刑、鄉刑、官刑、國刑。《周禮·秋官·大司寇》："以五刑糾萬民，一曰野刑，上功糾力；二曰軍刑，上命糾守；三曰鄉刑，上德糾孝；四曰官刑，上能糾職；五曰國刑，上願糾暴。"五刑或指五種輕重不同之刑法。《尚書·舜典》："汝作士，五刑有服。"孔《傳》："五刑：墨、劓、剕、宮、大辟。"《周禮·秋官·司刑》："掌五刑之灋，以麗萬民之罪，墨罪五百，劓罪五百，宮罪五百，剕罪五百，殺罪五百。"

〔9〕見胡安國《春秋傳序》。

47. 論《春秋》一字褒貶，不得指爲闕文

鄭樵曰："諸儒之說《春秋》，有以一字爲褒貶者，有以爲有貶無褒者，有以爲褒貶俱無者。謂《春秋》以一字爲褒貶者，意在於推尊聖人，其說出於太史公曰'夫子修《春秋》，游、夏之徒不能贊一辭'，故學者因而得是說也。謂《春秋》有貶無褒者，意在於列國之君臣也，其說出於孟子曰'《春秋》無義戰，彼善於此，則有之矣'，故學者因而得是說也。謂《春秋》無褒貶者，意在於矯漢儒，其說出於《竹書紀年》所書。案此即劉知幾之說，前已辨之。載'鄭棄其師''齊人殲於遂'之類，皆孔子未修之前，故學者因而得是說也。雖其意各有所主，然亦不可以泥，泥一字褒貶之說，則是'春秋'二字，皆挾劍戟風霜，聖人之意，不如是之勞頓

也。泥於有貶無襃之説，則是《春秋》乃司空城旦之書，聖人不如是之慘刻也。泥於無襃貶之説，則是《春秋》爲瑣語小説，聖人又未嘗無故而作經也。”[1]

顧棟高曰：“鄭氏之言極是。聖人之心，正大平易，何嘗無襃貶，但不可於一字上求襃貶耳。案：此正同朱子之説。孟子明言：‘其事則齊桓、晉文，其文則史，孔子曰：其義則丘竊取之矣。’如以爲無襃貶，則是有文、事而無義也。如此則但有魯之《春秋》足矣，孔子更何用作《春秋》乎？近日有厭支離之説而竟將《春秋》之襃貶抹去者，矯枉過正，亦非聖人之意。有以《春秋》爲有筆無削者，是即無襃貶之説也。夫未修之《春秋》，即不可得見，而《左氏》之書具在，如[2]襄公親送葬楚子，昭公昏於吳，豈有不遣卿、大夫往會吳、楚葬之理？而終《春秋》吳、楚之葬不書，此削之以示義也。襄公葬楚子不書，而於二十九年‘春，王正月，公在楚’見之[3]；昭公昏於吳不書，而於哀十二年書‘孟子卒’見之[4]，此削之以示諱也。又如十二公之納幣、逆夫人，魯史皆書，而《春秋》於僖公、襄公不書，此所謂合禮不書也。世子生皆書，而《春秋》止書子同生[5]，此所謂常事不書也。此皆其顯然可見者，如以爲有筆無削，則《春秋》竟是一部鈔胥，何足以爲經世大典乎？”[6]

錫瑞案：以《春秋》爲一字襃貶，《公》《穀》之古義也，以爲有貶無襃，孫復之新説也。以爲襃貶俱無，後世習《左氏》者之甋言也[7]。鄭樵并三《傳》皆不信，故於三説皆不取。其不取後二説是也，不取前一説非也。《春秋》一字之襃，一字之貶，兩漢諸儒及晉范甯皆明言之。《左氏》孤行，學者不信《公》《穀》，於是《春秋》或日、或不日，四時或具、或不具，或州、或國、或氏、或人、或名、或字、或子之類，人皆不得其解。聖人豈故爲是參差以貽後世疑惑乎？《春秋》文成數萬，其旨數千，非字字有襃貶之義，安得有數千之旨？若如杜預、孔穎達説，其不具者，概爲闕文，則“斷爛朝報”之譏，誠不免矣。顧氏於《春秋》用功深，《大事表》一書，實出宋章冲[8]、程公説之上。惟其《春秋》之學，專主《左氏》，惑於杜、孔之説，故以鄭氏爲是。其《春秋闕文表》於一字襃貶之處，皆以爲偶闕，且謂：“此皆《公》《穀》倡之，而後來諸儒如孔氏穎達、啖氏助、趙氏匡、陸氏淳、孫氏復、劉氏敞亦既辨之矣，而復大熾於宋之中葉者，蓋亦有故焉。自諸儒攻擊三傳，王介甫遂目《春秋》爲‘斷爛朝報’，不立學官，文定反之，矯枉過正，遂舉聖經之斷闕不全者，皆以爲精義所存，復理《公》《穀》之故説，而吕氏東萊、葉氏少藴、張氏元德諸儒俱從之[9]，由是《春秋》稍明於唐以後者，復晦昧於宋之南渡，豈非勢之相激使然哉？夫蔑棄聖人之經，與過崇聖人之經，其用心不同，而其未得乎聖人垂世立教之心則一也。"[10]案顧氏之説非是。"斷爛朝報"之説起而《春秋》廢，正由説《春秋》者闕文太多之故，南宋諸儒力反其説。如胡文定者，其穿鑿或出《公》《穀》之外，誠未免求之過深，然文定之深文不可信，而《公》《穀》之故説則可信。文定反"斷爛朝報"之説，顧氏以爲矯枉過正。顧氏反文定"一字褒貶"之説，以聖經爲斷闕不全，則仍是"斷爛朝報"之説矣，獨不爲矯枉過正乎？《春秋經》惟"夏五""伯於陽"實是闕文[11]，其餘後世以爲闕者，皆有説以處之，并非斷闕不全。如文定之説，猶不失爲過崇聖經；如顧氏之説，已不免於蔑棄聖經矣。黄澤[12]曰：屈經申傳者，杜預輩是也；屈傳申經者，若胡文定諸公是也。

箋注

〔1〕 引文見《六經奧義》卷四《春秋經·褒貶》。司空城旦之書，意即囚徒讀的書。司空，主管刑徒之官。城旦，秦漢時的一種刑罰名。秦服四年兵役，漢確定其刑期爲五年，夜裏築長城，白天防敵寇（站崗）。《史記》卷一二一《儒林列傳》："竇太后好老子書，召轅固生問老子書，固曰：'此是家人言耳。'太后怒曰：'安得司空城旦書乎？'"

〔2〕 如，原刻本作"於"，據顧棟高《讀春秋偶筆》（附於《春秋大事表》）改。

〔3〕《春秋左傳·襄公二十九年》："二十九年，春，王正月，公在楚。"杜預注："公在外，闕朝正之禮甚多，而唯書此一年者，魯公如楚，既非常，此公又逾年，故發此一事以明常。"《公羊傳》曰："二十有九年，春，王正月，公在楚。何言乎公在楚？正月以存君也。"

〔4〕《春秋左傳·哀公十二年》："夏，五月，甲辰，孟子卒。"杜預注："魯人諱娶同

姓,謂之孟子,《春秋》不改,所以順時。"《公羊傳》曰:"夏,五月,甲辰,孟子卒。孟子者何? 昭公之夫人也。其稱孟子何? 諱娶同姓,蓋吳女也。"《禮記注疏》卷三〇《坊記》:"《魯春秋》去夫人之姓曰吳,其死曰孟子卒。"

〔5〕子同,即魯莊公,桓公之子。《左傳·桓公六年》:"九月丁卯,子同生,以大子生之禮舉之,接以大牢,卜士負之,士妻食之。公與文姜、宗婦命之。"

〔6〕見顧棟高《讀春秋偶筆》(附於《春秋大事表》)。

〔7〕薆(wèi)言,虛妄不足信之言。《左傳·哀公二十四年》:"君卑政暴,往歲克敵,今又勝都,天奉多矣,又焉能進? 是薆言也。役將班矣!"杜預注:"薆,過也。"《正義》:"服虔云:'薆,偽不信也'。注云'薆,過謬言也',俱是不實之義。"

〔8〕章冲,字茂深,宋湖州烏程(今屬浙江)人,祖籍建州浦城(今屬福建),章惇曾孫,葉夢得婿。究心於《春秋》,講學有源流。有《春秋左氏傳事類始末》。

〔9〕呂氏東萊,即呂祖謙;葉氏少蘊,即葉夢得;張氏元德,即張洽。

〔10〕見《春秋大事表》卷四三《闕文表》。

〔11〕《春秋》卷七《桓公十四年》:"無冰。夏,五。"杜預注:"不書月,闕文。"伯於陽,《春秋左傳·昭公十二年》:"十有二年春,齊高偃帥師納北燕伯於陽。"杜預注:"陽即唐,燕別邑。中山有唐縣。不言於燕,未得國都。"《穀梁傳》與《公羊傳》記載相同,《左傳》與二傳記載有異。《春秋公羊傳·昭公十二年》:"十有二年春,齊高偃帥師納北燕伯於陽。伯於陽者何? 公子陽生也。子曰:'我乃知之矣。'"何休注:"時孔子年二十三,具知其事,後作《春秋》,案史記知'公'誤爲'伯','子'誤爲'於','陽'在,'生'刊滅闕。"

〔12〕黃澤,字楚望,祖籍資州(今四川資中),家居江州(今江西九江)。以明經學道爲志。曾先後任江州路景星書院山長、龍興路東湖書院山長。秩滿即歸,以著述爲事,授徒以養親。著有《易學濫觴》《春秋指要》等。《元史》卷一八九有傳。

48. 論經、史分別甚明,讀經者不得以史法繩《春秋》,修史者亦不當以《春秋》書法爲史法

　　劉敞曰:"《傳》曰:'公出復入,不書,諱之也,諱國惡,禮也。'杜氏曰:'掩惡揚善,義存君親,皆當時臣子率意而隱,故無淺深之準。'〔1〕非

也。《傳》所云者，似言仲尼作《春秋》，改舊史，有所不書之意也，非當時史官以諱爲禮也。何以知之邪？按御孫謂莊公曰：'君舉必書，書而不法，後嗣何觀。'[2]此曹翽之言，以爲御孫，誤。以御孫之説論之，君之不法，無所不書也；既無所不書，則是諱國惡者，非史官之事，《春秋》之意也。爲之臣子，率意爲君父諱，非也。臣之意莫不欲尊其君，子之意莫不欲美其親，如此，國史爲無有實事，皆虛美也，謂之史可乎？故《春秋》一也，魯人記之則爲史，仲尼修之則爲經，經出於史，而史非經也。史可以爲經，而經非史也。譬如攻石取玉，玉之產於石，必也，而石不可謂之玉；披沙取金，金之取於沙，必也，而沙不可謂之金。魯國之史，賢人之記，沙之與石也；《春秋》之法，仲尼之筆，金之與玉也。金石必待揀擇追琢而後見，《春秋》亦待筆削改易而後成也。謂《春秋》之文，皆舊史所記，無用仲尼者，是謂金石不待揀擇追琢而得，非其類矣。"[3]

錫瑞案：劉氏分別經、史，義極精確。即以《左氏傳》義駁杜預"經出舊史"之非，尤足以關其口。《春秋》是爲萬世作經，爲後人立法，聖人特筆，空前絶後，不可無一、不能有二之書。前古未有，本張橫渠説[4]。則不得謂前有所承；後莫能繼，則不得云後人可續。乃後之讀經者既不知聖人所作是經，而誤以史法繩之，於是經義亂。如劉知幾《惑經》《申左》之類[5]。後之修史者又不知非聖人不能作經，而誤以史書擬之，於是史法亦亂。如沈既濟之類[6]。司馬遷、班固世稱良史，所著《史記》《漢書》多得《春秋》之義，然其書不敢學一字褒貶，只是據事直書。揚雄準《易》作《太玄》，仿《論語》作《法言》[7]，而不敢擬《春秋》。王通始擬《春秋》作《元經》，論者以爲宋阮逸僞作[8]。蓋隋以前猶知古義，唐宋以下議論始繁。

唐沈既濟書中宗曰"帝在房陵"[9]，孫甫、范祖禹用其説，以《春秋》"公在乾侯"爲比[10]，程迥駁之曰："《春秋》書王在畿內曰'居於狄泉'，出王畿曰'出居於鄭'，諸侯在境內曰'公居於鄆'，出境曰'公在乾侯'[11]。《唐鑑》[12]用《春秋》書法，中宗則宜曰'帝居房陵'，不宜曰'在'。"案程氏之駁是矣，而未盡也。敬王與王子朝，雖有東王、西王之稱，士伯問介衆而辭王子朝[13]，則當時皆推戴敬王。襄王之出居鄭[14]，諸侯推戴，更無異說。是《春秋》書"天王"，據實直書也。昭公出奔在外，魯國未別立君，平子每歲賈馬，具從者之衣屨，而歸之於乾侯，士鞅以爲季孫事君如在國[15]，齊晉諸國亦皆以君禮待之。景公曰："執君而無稱。"[16]是《春秋》書"公"，亦據實直書也。若唐中宗已廢爲盧陵王[17]，武后自稱則天皇帝，今書盧陵王曰帝，則唐有兩帝矣；若奪則天之帝以與盧陵，則不據實直書，而變亂當時之事實，雖聖人有所不敢矣。乾侯晉地，故書"在"，與"公在楚"同義；房陵唐地，不當引以爲比，《唐鑑》書"帝在東宮"，尤不可通。非止劉知幾貌同心異之誚，錢大昕已辨之[18]，歐陽修《五代史》、朱子《綱目》亦有此失[19]。《綱目》書"莽大夫揚雄死"，錢大昕亦已辨之[20]。王鳴盛論《五代史》曰："歐公手筆誠高，學《春秋》却正是一病。《春秋》出聖人手筆，義例精深，後人去聖久遠，莫能窺測，豈可妄效？"[21]引薛應旂《宋元通鑑·義例》云："《春秋》諸侯而或書其名，大夫而或書其字，或生而書其爵，或卒而去其官，論者以爲夫子之褒貶，於是焉在也。夫《春秋》大義，炳如日星，而其微詞變例，美惡不嫌同辭，有非淺近之所能推測者。後人修史，輒從而擬之，不失之迂妄，則失之鄙陋。"[22]又論孫甫《唐史論斷》云："觀其自序欲效《春秋》書法，以褒貶予奪示勸戒，幸其書亡，若存，徒汩亂學者耳目。大抵作史者宜直敘其事，不必弄文法，寓予奪；讀史者宜詳考其事實，不必憑意見，發議論。宋人略通文義，便想著作傳世，一涉史事，便欲法聖人筆削，此一時習氣。"[23]王氏此說，切中作史者妄擬《春秋》之弊，皆由不知《春秋》是經不是史，經非可僭擬者也。

黃澤曰："作史惟當直書爲得體。夫子《春秋》，只借二百四十二年，以示大經大法於天下，故不可以史法觀之。"[24]

箋注

〔1〕《左傳·僖公元年》："元年，春，不稱即位，公出故也。公出復入，不書，諱之也。諱國惡，禮也。"杜預注："掩惡揚善，義存君親，故通有諱例，皆當時臣子率意而隱，故無深淺常準。聖賢從之以通人理，有時而聽之可也。"

〔2〕《左傳·莊公二十三年》：“二十三年，夏，公如齊觀社，非禮也。曹劌諫曰：‘不可！夫禮，所以整民也。故會以訓上下之則，制財用之節，朝以正班爵之義，帥長幼之序，征伐以討其不然。諸侯有王，王有巡狩，以大習之，非是，君不舉矣，君舉必書，書而不法，後嗣何觀？’”

〔3〕見劉敞《春秋權衡》卷四《僖公》。

〔4〕張橫渠，即張載。

〔5〕見劉知幾《史通》。

〔6〕沈既濟，唐蘇州吳（今江蘇蘇州）人。博通群籍，史筆尤工。著有《建中實錄》《枕中記》《任氏傳》等。《新唐書》卷一三二有傳。

〔7〕《漢書》卷八七《揚雄傳》：“實好古而樂道，其意欲求文章成名於後世，以爲經莫大於《易》，故作《太玄》；傳莫大於《論語》，作《法言》。”

〔8〕王通，注見前。阮逸，字天隱，北宋建州建陽（今屬福建）人，善辭賦，通經學。晁公武《郡齋讀書志》著錄《元經》十卷：“隋王通撰，唐薛收傳，皇朝阮逸學。”陳振孫《直齋書錄解題》卷四《編年類》：“《元經》薛氏傳十五卷，稱王通撰，薛收傳，阮逸補并注。案河汾王氏諸書，自《中說》之外皆《唐藝文志》所無，其傳出阮逸，或云皆逸僞作也。”

〔9〕帝在房陵，見《新唐書》卷一三二《沈既濟傳》：吳兢撰國史，爲《則天本紀》次高宗下。既濟奏議，以爲：“則天皇後進以强有，退非德讓，史臣追書，當稱爲太后，不宜曰上。中宗雖降居藩邸，而體元繼代，本吾君也，宜稱皇帝，不宜曰廬陵王。……魯昭公之出，《春秋》歲書其居曰：‘公在乾侯。’君在，雖失位，不敢廢也。請省《天后紀》合《中宗紀》，每歲首必書孝和在所以統之，曰：‘皇帝在房陵，太后行其事，改某制。’”

〔10〕孫甫（998—1057），字之翰，許州陽翟人，《宋史》卷二九五《有傳》。所著《唐史論斷》，《宋史》卷二〇三《藝文志》、《郡齋讀書志》著錄爲二卷。《直齋書錄解題》卷四《編年類》：“《唐史論斷》三卷，天章閣待制陽翟孫甫之翰撰。甫以《唐書》煩冗遺略，多失體法，乃修爲《唐史》，用編年體。自康定元年逮嘉祐元年，成七十五卷，爲論九十二首。甫没，朝廷取其書留禁中，其從子察錄以遺溫公，而世亦罕見，聞蜀有刻本，偶未得之，今惟諸論存焉。”今有四庫全書本《唐史論斷》三卷。范祖禹（1041—1098），字淳甫，一字夢得，成都華陽人，宋代史學家，著有《唐鑑》十二卷、《帝學》八卷、《仁宗政典》六卷等。《宋史》卷三三七有傳。

〔11〕《左傳·昭公二十三年》：“天王居於狄泉。”杜預注：“敬王辟子朝也。”《公羊傳·昭公二十三年》：“天王居於狄泉。此未三年，其稱天王何？著有天子

也。”何休注：“時庶孼并纂，天王失位徙居，微弱甚，故急著正其號，明天下當救其難而事之。”《左傳·僖公二十四年》：“冬，天王出居於鄭。”杜預注：“襄王也。天子以天下爲家，故所在稱居。天子無外而書出者，譏王蔽於匹夫之孝，不顧天下之重，因其辟母弟之難書出，言其自絶於周。”《正義》：“出居，實出奔也。出謂出畿内，居若移居然。天子以天下爲家，所在皆得安居，故爲天子别立此名。《釋例》曰：‘天子以天下爲家，故傳曰，凡自周無出，今以出居爲名，而不書奔，殊之於别國。’”《公羊傳·僖公二十四年》：“冬，天王出居於鄭。王者無外，此其言出何？”何休注：“據王子瑕奔晉不言出。”天子以天下爲家，所在稱居，在畿内曰居，天子無外而書出，是爲譏諷其蔽於匹夫之孝，不顧天下之重。《左傳·昭公二十六年》：“（經）三月，公至自齊，居於鄆。……（傳）三月，公至自齊，處於鄆，言魯地也。”杜預注：“入魯竟，故書至。猶在外，故書地。”《左傳·昭公三十年》：“三十年，春，王正月，公在乾侯。”杜預注：“二十七年、二十八年，公在鄆，二十九年公在乾侯，而經不釋朝正之禮者，所以非責公之妄，且明過謬猶可掩，故不顯書其所在，使若在國然。”

〔12〕《唐鑑》十二卷，宋范祖禹撰，經吕祖謙注後，析爲二十四卷。《郡齋讀書志》卷七《史評類》：“《唐鑑》二十卷。右皇朝范祖禹醇夫撰。醇夫爲温公《通鑑》局編修官十五年，分掌唐史，以其所自得著成此書。取武后臨朝二十一年繫之中宗，其言曰：‘此《春秋》“公在乾侯”之義也，雖得罪於君子，亦所不辭。’觀此則知醇夫之從公，決非苟同者。凡二百六篇。”案，“二十卷”當爲“十二卷”。《四庫全書總目提要》卷八八《史部·史評類》：“《唐鑑》二十四卷（副都御史黄登賢家藏本），宋范祖禹撰，吕祖謙注。……初治平中司馬光奉詔修《通鑑》，祖禹爲編修官，分掌唐史，以其所自得者著成此書。上自高祖，下迄昭、宣，撮取大綱，繫以論斷，爲卷十二。……後祖謙爲作注，乃分爲二十四卷。”

〔13〕敬王，即周敬王，周景王次子，名匄。王子朝，周景王子，名朝。《史記·周本紀》：“景王十八年，後太子聖而蚤卒。二十年，景王愛子朝，欲立之，會崩，子匄之黨與争立，國人立長子猛爲王，子朝攻殺猛。猛爲悼王。晉人攻子朝而立匄，是爲敬王。敬王元年，晉人入敬王，子朝自立，敬王不得入，居澤。四年，晉率諸侯入敬王於周，子朝爲臣，諸侯城周。十六年，子朝之徒復作亂，敬王奔於晉。十七年，晉定公遂入敬王於周。”《春秋左傳·昭公二十三年》：“周之亡也，其三川震。今西王之大臣亦震，天棄之矣。東王必大克。”杜預注：“子朝在王城，故謂西王。敬王居狄泉，在王城之東，故曰東

王。”《春秋左傳·昭公二十四年》：“三月庚戌，晉侯使士景伯涖問周故。士
伯立於乾祭，而問於介衆。晉人乃辭王子朝，不納其使。衆言子朝曲故。”
杜預注：“涖，臨也。就問子朝、敬王，知誰曲直。”“介，大也。”

〔14〕《春秋左傳·僖公二十四年》：“冬，天王出居於鄭。”杜預注：“襄王也。天子
以天下爲家，故所在稱居。天子無外而書出者，譏王蔽於匹夫之孝，不顧天
下之重，因其辟母弟之難書出，言其自絕於周。”

〔15〕士鞅，祁姓，范氏，諱鞅，謚獻，其名范鞅，又曰士鞅，史稱范獻子。春秋時晉
國大夫。《春秋左傳·昭公二十七年》：“事君如在國，故鞅以爲難。”

〔16〕《春秋公羊傳·昭公二十五年》：“景公曰：‘寡人有不腆先君之服，未之敢
服；有不腆先君之器，未之敢用，請以饗乎從者。’昭公曰：‘喪人其何稱？’景
公曰：‘孰君而無稱？’”何休注：“猶曰誰爲君者而言無所稱乎？昭公非
君乎？”

〔17〕唐中宗，即李顯（656—710），高宗第七子。既嗣位，母武后臨朝稱制，廢之
爲廬陵王，遷均州，又遷房州。武周聖曆二年，復爲太子。神龍元年，張柬
之等以羽林兵討亂，始復帝位及唐國號。見《舊唐書》卷七、《新唐書》卷四。

〔18〕《史通·模擬》：“蓋模擬之體，厥途有二：一曰貌同而心異，二曰貌異而心
同……蓋貌異而心同者，模擬之上也；貌同而心異者，模擬之下也。然人皆
好貌同而心異，不尚貌異而心同者，何哉？蓋鑒識不明，嗜愛多僻，悦夫似
史而憎夫真史，此子張所以致譏於魯侯，有葉公好龍之喻也。”錢大昕《潛研
堂集·文集》卷二《春秋論（二）》：“魯昭公之出也，魯未嘗立君，魯之臣民猶
君之也。若齊、若晉，猶以諸侯之禮待之也。昭雖失國，而未失位，故生稱
‘公’、葬稱‘我君’。自二十六年至三十二年，皆昭在位之年也，非《春秋》強
加之也……唐之中宗，尊號已去，此山陽公、陳留王之類也。武氏篡奪，已
成其紀元也，猶晉泰始、宋永初之類也。沈氏欲以《春秋》昭公之事例之，是
不然矣。或曰：‘武氏雖篡，唐之臣民未嘗忘唐也，緣臣子之心而書之，奚爲
不可？’曰：‘漢之亡，其臣民亦未忘漢也，今有編漢魏之年者，改黃初二年爲
建安二十六年，歲首書曰“帝在山陽邸”，以爲緣故臣之心而書之，可乎？不
可乎？’”

〔19〕歐陽修《五代史》，即歐陽修所撰《五代史記》，今稱《新五代史》。朱子《綱
目》，即朱熹所撰《通鑑綱目》。《新唐書》卷七六《韋皇后傳》：“帝在東宮，後
被選爲妃。”《通鑑綱目》卷四二上：“春正月，帝在東宮。”案，皮氏所云“歐陽
修《五代史》、朱子《綱目》亦有此失”者誤，當作“歐陽修《唐書》、朱子《綱目》
亦有此失”。

〔20〕《綱目》書"莽大夫揚雄死",見朱熹《通鑑綱目》卷八上。《潛研堂集·文集》卷二《春秋論(一)》:"班固以上中下九等品古今人,後世猶且嗤之,況以死與卒二者定君子小人之别,其權衡輕重,果無一之或爽乎!揚雄之仕於莽,於去就固不無可議,然方之劉歆、甄豐之徒何如?方之莽、操、懿、裕之徒又何如?有王者起而定其罪,輕重必有别矣。操、懿尚不能概以死書之,何獨責於雄哉!"

〔21〕王鳴盛,注見前。《清史稿》卷四八一有傳。引文見《十七史商榷》卷九三《歐法春秋》。

〔22〕薛應旂(1500—1575),字仲常,號方山。常州府武進(今江蘇武進)人,著有《宋元資治通鑑》《四書人物考》《薛子庸語》《薛方山紀述》《方山文録》等書。《宋元通鑑》即《宋元資治通鑑》,《四庫全書總目提要》卷四八有著録。引文見《十七史商榷》卷九三《歐法春秋》。

〔23〕引文見《十七史商榷》卷九二《唐史論斷》。

〔24〕見趙汸《春秋師説》卷上《論魯史策書遺法》。

49. 論《春秋權衡》駁《左氏》及杜解多精確,駁《公》《穀》則未得其旨

劉敞曰:"前漢諸儒不肯爲《左氏》學者,爲其是非謬於聖人也,故曰'《左氏》不傳《春秋》',此無疑矣。[1]然爲《左氏》者皆耻之,因共護曰'丘明受經於仲尼',此欲以自解免耳,其實非也。何以言之邪?仲尼之時,魯國賢者無不從之游,獨丘明不在弟子之籍,若丘明真受經作傳者,豈得不在弟子之籍哉?豈有受經傳道而非弟子者哉?以是觀之,仲尼未嘗授經於丘明,丘明未嘗受經於仲尼也。然丘明所以作傳者,乃若自用其意説經,汎以舊章、凡例通之於史策,可以見成敗耳,其褒貶之意,非丘明所盡也,以其不受經也,學者可勿思之哉!杜氏序曰:'仲尼因魯史策書成文,考其真僞,而志其典禮,上以遵周公之遺制,下以明將來之法。其教之所存,文之所害,則刊而正之,以示勸戒,其餘皆即用舊史,史有文質,辭有詳略,不必改也。'[2]此未盡也。苟唯文之

所害,則刊而正之,其餘皆因而不改,則何貴於聖人之作《春秋》也?而《傳》又何以云非聖人莫能修之乎?大凡《左氏》本不能盡得聖人《春秋》之意,故《春秋》所有義同文異者,皆没而不說。而杜氏患苦《左傳》有不傳《春秋》之名,因爲作說云:'此乃聖人即用舊史爾。'觀丘明之意,又不必然。按隱公之初,始入《春秋》,丘明解經,頗亦殷勤。故'克段於鄢'《傳》曰:'不言出奔,難之也;不書城郎,非公命也。'[3]不書之例,一年之中凡七發,明是仲尼作經,大有所删改也,豈專用舊史者乎?"[4]又曰:"大率《左氏》解經之蔽有三:從赴告,一也;用舊史,二也;經闕文,三也。按史雖待赴告而録,然其文非赴告之詞也;《春秋》雖據舊史而作,然其義非舊史之文也。簡牘雖有闕失,其史非聖人所遺也,如謂史之記從赴告而已,則亂臣賊子何由而懼?如謂《春秋》用舊史而已,則何貴於聖人之筆削也?且《春秋》書'良霄入於鄭,鄭人殺良霄'[5],'欒盈入於晉,晉人殺欒盈'[6],其文同也。至哀十四年,非仲尼所修矣。其記陳宗豎乃曰:'陳宗豎入於陳,陳人殺之。'[7]明史之所記,與仲尼之所修異矣。又仲尼所修,無記内邑叛者,哀十五年獨記成叛,此亦史文不與仲尼相似,仲尼不專用史文驗也。如謂經之闕文,皆聖人所遺者,苟傳有所說而不與經同,盡可歸過於經,何賴於傳之解經哉?故《春秋》者,出於舊史者也,而《春秋》非舊史之文也;舊史者,出於赴告者也,而舊史非赴告之辭也;傳者,出於經者也,而傳非經之本也。今傳與經違,是本末反矣。"[8]

錫瑞案:劉氏《春秋權衡》,爲世所稱。以愚觀之,惟駁《左氏傳》及杜預《集解》說多精確。蓋《左氏》傳事不傳義,本無所謂義例,杜氏傅會,多不可據,故劉氏所駁多中肯。《公》《穀》二傳,各有義例,非會通全經之旨,必至多所窒礙;誠能融會貫通,則人所見爲窒礙者,皆有說以處此。枚乘曰:"銖銖而積之,至石必差;寸寸而度之,至丈必過。石稱丈量,徑而寡失。"[9]專求字句,則多見窒礙,此所謂銖銖而積,寸寸而度也;會通全文,則少所窒礙,此所謂石稱丈量,徑而寡失也。《春秋》是孔子所作一部全書,其中又有非常異義,若不大通義例,精究微言,則但能見淺而不能見深,凡所爲三科九旨,一字褒貶,時月日例之類，皆以爲橫生枝節，妄立異端。不知游、夏不能贊一辭者，義正在此；不達乎此，則雖知經承舊史之謬，而不知聖人作經以教萬世，其異於舊史者，究竟安在？經史之異，豈僅在一字一句間乎？劉氏博學精識，而《春秋》非專門，故雖知《左氏》、杜預之非，而未曉《公》《穀》二傳之是，其所駁多字句瑣細，不關大義，其大義明著者，又或詆而不信。故《權衡》一書，駁《左氏》及杜預者多可取，駁二傳者可取甚尠。其合并三《傳》爲劉氏《傳》，尤近童牛角馬〔10〕。"鄭伯克段"一事，陳澧已駁其非〔11〕。

箋注

〔1〕《漢書》卷三六《劉歆傳》："哀帝令歆與五經博士講論其義，諸博士或不肯置對，歆因移書太常博士，責讓之曰：'……謂《左氏》爲不傳《春秋》，豈不哀哉？'"

〔2〕見《春秋左傳正義》卷一《春秋序》。

〔3〕《春秋左傳·隱公元年》："夏，四月，費伯帥師城郎。不書，非公命也……書曰：'鄭伯克段於鄢。'段不弟，故不言弟；如二君，故曰'克'；稱'鄭伯'，譏失教也；謂之鄭志，不言出奔，難之也。"

〔4〕見《春秋權衡》卷一。

〔5〕良霄，春秋時鄭國人，字伯有。公子去疾孫。去疾字子良，乃以祖父字爲氏。《春秋左傳·襄公三十年》："鄭良霄出奔許，自許入於鄭，鄭人殺良霄。"

〔6〕樂盈，春秋時晉國人。樂黶子。其母范宣子女，有淫行，盈患之。其母懼，訴於宣子，誣盈怨范氏，欲以死發難，宣子信之。平公六年，宣子使盈城於著且逐之。盈奔楚，復如齊。平公八年，陰依齊使潛入晉爲亂，戰敗，奔曲沃。晉人圍而克之，盡滅樂氏黨族。《春秋左傳·襄公二十三年》："晉樂盈復入於晉，入於曲沃。……冬，十月，乙亥，臧孫紇出奔邾。晉人殺樂盈。"

〔7〕《春秋左傳·哀公十四年》："五月，庚申，朔，日有食之。陳宗豎出奔楚。……冬，陳宗豎自楚復入於陳，陳人殺之。"

〔8〕見《春秋權衡》卷七《哀公》。

〔9〕枚乘，字叔，臨淮淮陰（今江蘇淮安）人，西漢辭賦家，代表作品《七發》。引文見《漢書》卷五一《枚乘傳》。

〔10〕童牛角馬：無角之牛與有角之馬，喻絶無之事物。揚雄《太玄經》卷三
　　《更》：“童牛角馬，不今不古。測曰：童牛角馬，變天常也。”
〔11〕見陳澧《東塾讀書記》卷一〇《春秋三傳》。

50. 論吕大圭以後世猜防之見疑古義，宋儒説經多有此失

　　吕大圭曰：“《公羊》論隱公之貴賤，而曰‘子以母貴，母以子貴’〔1〕。夫謂子以母貴可也，謂母以子貴可乎？推此言也，所以長後世妾母陵僭之禍者，皆此言基之也。《穀梁》論世子蒯聵之事則曰：‘信父而辭王父，則是不尊王父也，其弗受以尊王父也。’〔2〕夫尊王父可也，不受父命可乎？推此言也，所以啓後世父子爭奪之禍者，未必不以此言藉口也。晉趙鞅入於晉陽以叛，趙鞅歸於晉，《公》《穀》皆曰：‘其言歸何？以地正國也。’〔3〕後之臣子，有據邑以叛，而以逐君側之小人爲辭者矣。公子結媵婦遂盟，《公羊》曰：‘大夫受命不受辭，出境有可以安社稷、利國家，則專之可也。’〔4〕後之人臣，有事異域，而以安社稷、利國家自諉者矣。祭仲執而鄭忽出，其罪在祭仲也，而《公羊》則以爲合於反經之權〔5〕，後世蓋有廢置其君如奕棋者矣。聖人作經，本以明其理也，自傳者學不知道，妄爲之説，而是非易位，義利無別，其極於下之僭上，卑之陵尊，父子相夷，兄弟爲讎，爲大臣而稱兵以向闕，出境外而矯制以行事，國家易姓，而爲其大臣者，反以盛德自居而無所愧。君如武帝，臣如雋不疑，皆以《春秋》定國論〔6〕，而不知其非也，此其爲害甚者，不由於叙事失實之過哉？故嘗以爲三《傳》要皆失實，而失之多者，莫如《公羊》。何、范、杜三家，各自爲説，而説之繆者，莫如何休。《公羊》之失，既已略舉其二，而何休之繆爲尤甚。元年春王正月，《公羊》不過曰‘君之始年’爾，何休則曰《春秋》紀新王受命於魯〔7〕。滕侯卒不日，不過曰滕微國而侯，不嫌也，而休則曰《春秋》王魯，托隱公以爲始〔8〕。黜周王魯，《公羊》未有明文也，而休乃唱之〔9〕，其誣聖人也甚矣。《公羊》曰‘母弟稱弟，母兄稱兄’，此其言已有失矣。而休從爲之説曰：‘《春秋》

變周之文，從商之質，質家親親，明當親厚於群公子也。'[10] 使後世有親厚於同母弟，而薄於父之枝葉者，未必不由斯言啓之。《公羊》曰：'立適以長不以賢，立子以貴不以長。'此言固有據也，而何休乃爲之説曰：'嫡子有孫而死，質家親親，先立弟，文家尊尊，先立孫。'[11] 使後世有惑於質文之異，而嫡庶互爭者，未必非斯語禍之。其釋會戎之文則曰：'王者不治夷狄。録戎，來者勿拒，去者勿追也。'[12]《春秋》之作，本以正夫夷夏之分，乃謂之'不治夷狄'，可乎？其釋'天王使來歸賵'之義則曰：'王者據土與諸侯分職，俱南面而治，有不純臣之義。'[13]《春秋》之作，本以正君臣之分，乃謂有不純臣之義，可乎？"[14]

錫瑞案：宋儒不信古義而好駁難，是一時風氣，不足怪。其最不可訓者，則誤沿當時猜防疑忌之習，反以古訓爲助亂之階，非止上誣古人，且恐下惑後世。胡安國《春秋傳》發明尊王攘夷之義於南宋初，切中時勢，而解翬帥師之類，以權臣主兵爲大戒[15]，王夫之論之曰："王之尊，非唯喏趨伏之可尊；夷之攘，非一身兩臂之可攘"；"岳侯之死，其説先中於庸主之心矣。"[16] 王氏之駁胡《傳》誠非苛論。宋懲黄袍加身之事，首奪將帥之權，子孫傳爲家法，賢者限於習俗。南宋之初，欲雪國耻，正賴師武臣力，乃諸將稍稍振起，秦檜[17] 奪其兵而殺之、廢之。胡氏與檜薰蕕不同，而誤加推薦[18]，蓋由於議論之偶合，而實因經義之不明。岳侯之死，雖未可以咎胡，而解經不精，以致誤國，亦有不得辭其咎者。吕氏此論，多以後世之亂，歸咎漢人。不知漢人但解經義，何能豫防後世之亂？奸人引古藉口，何所不至。曹丕自比舜禹[19]，豈得以舜禹禪讓爲非？王莽自比周公[20]，豈得以周公居攝爲誤？廢君者自比伊尹，豈得疑伊尹爲篡？反上者自比湯武，豈得疑湯武爲弑乎？若以僭上陵尊，相夷爲讎，歸咎《公》《穀》，孔子作《春秋》時，已有弑君父者，亦《公》《穀》爲之乎？黜周王魯，變文從質，母弟稱弟，母以子貴，親親立弟，尊尊立孫，《公羊》雖不皆有明文，董子當《公羊》初著竹帛之時，其書已有明文。吕氏但責何休，而不知其本於董子，是董子書并未得見，何足以言《春秋》義乎？"來者勿拒，去者勿追"，并無語弊，吕以爲非，將來者拒之，去者追之乎？王者、諸侯分土，有不純臣之義，封建時本如是，豈可以一統時世并論乎？《容齋隨筆》有"二傳誤後世"一條，以《左氏》"大義滅親"、《公羊》"母以子貴"并論[21]，與吕氏所見同。

箋注

〔1〕隱桓，原刻本作"隱公"，據吕大圭《春秋五論》改。《春秋公羊傳·隱公元年》："隱長又賢，何以不宜立？立嫡以長不以賢，立子以貴不以長。桓何以貴？母貴也。母貴則子何以貴？子以母貴，母以子貴。"何休注："禮，妾子立，則母得爲夫人。"

〔2〕《春秋穀梁傳·哀公二年》："晉趙鞅帥師納衛世子蒯聵於戚。納者，内弗受也。帥師而後納者，有伐也。何用弗受也？以輒不受也。以輒不受父之命，受之王父也。信父而辭王父，則是不尊王父也。其弗受，以尊王父也。"

〔3〕《春秋公羊傳·定公十三年》："晉趙鞅歸於晉。此叛也，其言歸何？以地正國也。"何休注："軍以井田立數，故言以地。"《春秋穀梁傳·定公十三年》："晉趙鞅歸於晉。此叛也，其以歸言之何也？貴其以地反也。貴其以地反，則是大利也。非大利也，許悔過也。許悔過，則何以言叛也？以地正國也。以地正國，則何以言叛？其入無君命也。"范甯注："覬曰：'專入晉陽以興兵甲，故不得不言叛，實以驅惡而安君，則釋兵不得不言歸。《春秋》善惡必著之義。'"

〔4〕《春秋公羊傳·莊公十九年》："秋，公子結媵陳人之婦於鄄，遂及齊侯、宋公盟。媵者何？諸侯娶一國，則二國往媵之，以姪娣從。姪者何？兄之子也。娣者何？弟也。諸侯壹聘九女，諸侯不再娶。媵不書，此何以書？爲其有遂事書。大夫無遂事，此其言遂何？聘禮，大夫受命不受辭，出竟有可以安社稷利國家者，則專之可也。"何休注："先是鄄、幽之會，公比不至，公子結出竟，遭齊、宋欲深謀伐魯，故專矯君命而與之盟，除國家之難，全百姓之命，故善而詳録之。先書地，後書盟者，明出竟乃得專之也。"

〔5〕反經，即不合常規；權，權變，權宜也。《史記·太史公自序》："諸吕爲從，謀弱京師，而（周）勃反經合於權。"《春秋公羊傳·桓公十一年》："九月，宋人執鄭祭仲。祭仲者何？鄭相也。何以不名？賢也。何賢乎祭仲？以爲知權也。其爲知權奈何？古者鄭國處於留。先鄭伯有善於鄶公者，通乎夫人，以取其國，而遷鄭焉，而野留。莊公死已葬，祭仲將往省於留，塗出於宋，宋人執之。謂之曰：'爲我出忽而立突。'祭仲不從其言，則君必死、國必

亡；從其言，則君可以生易死，國可以存易亡。少遼緩之，則突可故出，而忽可故反，是不可得則病，然後有鄭國。古人之有權者，祭仲之權是也。權者何？權者反於經，然後有善者也。權之所設，捨死亡無所設。行權有道，自貶損以行權，不害人以行權。殺人以自生，亡人以自存，君子不爲也。"

〔6〕武帝，即漢武帝，用董仲舒之諫罷黜百家，獨尊儒術。《漢書·武帝紀》贊曰："漢承百王之弊，高祖撥亂反正，文景務在養民，至於稽古禮文之事，猶多闕焉。孝武初立，卓然罷黜百家，表章六經。遂疇咨海內，舉其俊茂，與之立功。"顏師古注："百家，謂諸子雜説，違背六經。六經，謂《易》《詩》《書》《春秋》《禮》《樂》也。"雋不疑，字曼倩，勃海人。治《春秋》，爲郡文學。武帝末，拜青州刺史。昭帝初，擢京兆尹，常以儒家經術決事。《漢書·雋不疑傳》："始元五年，有一男子乘黃犢車，建黃旐，衣黃襜褕，著黃冒，詣北闕，自謂衛太子。公車以聞，詔使公卿將軍中二千石雜識視。長安中吏民聚觀者數萬人。右將軍勒兵闕下，以備非常。丞相御史中二千石至者并莫敢發言。京兆尹不疑後到，叱從吏收縛。或曰：'是非未可知，且安之。'不疑曰：'諸君何患於衛太子！昔蒯聵違命出奔，輒距而不納，《春秋》是之。衛太子得罪先帝，亡不即死，今來自詣，此罪人也。'遂送詔獄。"

〔7〕《春秋公羊傳·隱公元年》："元年，春，王正月。元年者何？君之始年也。"何休注："以常録即位，知君之始年。君，魯侯隱公也。年者，十二月之總號，《春秋》書十二月稱年是也。變一爲元，元者，氣也，無形以起，有形以分，造起天地，天地之始也，故上無所繫，而使春繫之也。不言公，言君之始年者，王者諸侯皆稱君，所以通其義於王者，惟王者然後改元立號。《春秋》托新王受命於魯，故因以録即位，明王者當繼天奉元，養成萬物。"

〔8〕《春秋公羊傳·隱公七年》："七年，春，王正月，叔姬歸於紀。滕侯卒。何以不名？微國也。不嫌也。《春秋》貴賤不嫌同號，美惡不嫌同辭。"何休注："若繼體君亦稱即位，繼弑君亦稱即位，皆有起文，美惡不嫌同辭是也。滕，微國，所傳聞之世未可卒，所以稱侯而卒者，《春秋》王魯，托隱公以爲始受命王，滕子先朝隱公，《春秋》襃之以禮，嗣子得以其禮祭，故稱侯見其義。"

〔9〕《晉書》卷五一《王接傳》："《公羊》附經立傳，經所不書，傳不妄起，於文爲儉，通經爲長。任城何休訓釋甚詳，而黜周王魯，大體乖硋，且志通《公羊》而往往還爲《公羊》疾病。"《春秋左傳正義》卷一《春秋序》："言《公羊》者，亦云黜周而王魯，危行言孫，以辟當時之害，故微其文，隱其義。"《正義》曰："'言《公羊》者'，謂何休之輩。'黜周王魯'非《公羊》正文，説者推其意而致理耳。以杞是二王之後，本爵爲上公，而經稱'杞伯'，以爲孔子黜之。宣十

六年'成周宣榭火'，《公羊傳》曰'外災不書，此何以書？新周也'。其意言周爲王者之後，比宋爲新。緣此故謂《春秋》托王於魯，以周、宋爲二王之後，黜杞同於庶國。何休隱元年注云：'唯王者然後改元立號，《春秋》托新王受命於魯。'宣十六年注云'孔子以《春秋》當新王，上黜杞，下新周而故宋'，黜周爲王者之後，是'黜周王魯'之説也。"

〔10〕《春秋公羊傳·隱公七年》："齊侯使其弟年來聘。其稱弟何？母弟稱弟，母兄稱兄。"何休注："母弟，同母弟；母兄，同母兄。不言同母言母弟者，若謂不如爲如矣，齊人語也。公別同母者，《春秋》變周之文，從殷之質。質家親親，明當親厚異於群公子也。聘者，問也。來聘書者，皆喜内見聘事也。古者諸侯朝罷朝聘，爲慕賢孝禮，一法度，尊天子。不言聘公者，禮，聘受之於大廟，孝子謙，不敢以己當之，歸美於先君，且重賓也。"

〔11〕《春秋公羊傳·隱公元年》："立嫡以長不以賢，立子以貴不以長。"何休注："嫡，謂嫡夫人之子，尊無與敵，故以齒。子，謂左右媵及姪娣之子，位有貴賤，又防其同時而生，故以貴也。禮，嫡夫人無子，立右媵；右媵無子，立左媵；左媵無子，立嫡姪娣；嫡姪娣無子，立右媵姪娣；右媵姪娣無子，立左媵姪娣。質家親親，先立娣；文家尊尊，先立姪。嫡子有孫而死，質家親親，先立弟；文家尊尊，先立孫。其雙生也，質家據見立先生，文家據本意立後生：皆所以防愛争。"

〔12〕《春秋公羊傳·隱公二年》："二年，春，公會戎於潛。"何休注："凡書會者，惡其虛内務，恃外好也。古者諸侯非朝時不得逾竟。所傳聞之世，外離會不書，書内離會者，《春秋》王魯，明當先自詳正，躬自厚而薄責於人，故略外也。王者不治夷狄，録戎者，來者勿拒，去者勿追。"

〔13〕《春秋公羊傳·隱公元年》："秋，七月，天王使宰咺來歸惠公仲子之賵……何以不言及仲子？仲子微也。"何休注："《春秋》不正者，因以廣是非。稱使者，王尊敬諸侯之意也。王者據土與諸侯分職，俱南面而治，有不純臣之義，故異姓謂之伯舅叔舅，同姓謂之伯父叔父。"

〔14〕引文見吕大圭《春秋五論·論三傳所長所短》。

〔15〕翬，即公子翬，字羽父，侍隱公。宋太祖趙匡胤以權臣主兵而"黄袍加身"。後爲預防此事重演，以"杯酒釋兵權"解除石守信等統軍大將兵權。《左傳·隱公四年》："（經）秋，翬帥師會宋公、陳侯、蔡人、衛人伐鄭。……（傳）秋，諸侯復伐鄭。宋公使來乞師，公辭之。羽父請以師會之，公弗許，固請而行。故書曰'翬帥師'，疾之也。"《公羊傳·隱公四年》："秋，翬帥師會宋公、陳侯、蔡人、衛人伐鄭。翬者何？公子翬也。何以不稱公子？貶。曷爲

貶？與弑公也。其與弑公奈何？公子翬諂乎隱公，謂隱公曰：‘百姓安子，諸侯説子，盍終爲君矣。’隱曰：‘吾否，吾使修塗裘，吾將老焉。’公子翬恐若其言聞乎桓，於是謂桓曰：‘吾爲子口隱矣。隱曰：“吾不反也。”’桓曰：‘然則奈何？’曰：‘請作難，弑隱公。’於鍾巫之祭焉弑隱公也。”《左傳·隱公十年》：“（經）夏，翬帥師會齊人、鄭人伐宋。”《公羊傳·隱公十年》：“夏，翬帥師會齊人、鄭人伐宋。此公子翬也。何以不稱公子？貶。曷爲貶？隱之罪人也。故終隱之篇貶也。”

〔16〕《宋論》卷一〇《高宗》：“嘗讀胡氏《春秋傳》而有憾焉。是書也，著攘夷尊周之大義，入告高宗，出傳天下，以正人心而雪靖康之恥，起建炎之衰，誠當時之龜鑒矣。顧抑思之，夷不攘，則王不可得而尊。王之尊，非唯諾趨伏之能尊；夷之攘，非一身兩臂之可攘。師之武，臣之力，上所知，上所任者也。……唯胡氏之言如此，故與秦檜賢奸迥異，而以志合相獎。非知人之明不至也，其所執以爲道者非也。然此非胡氏專家之説也，宋之君臣上下，奉此以爲藏身之固也久矣。”《讀通鑑論》卷一七《敬帝》：“權臣，國之蠹也，而非天下之害也。小則擅而大則篡，聖人豈不慮焉，而五經之文無防制權臣之道。胡氏傳《春秋》，始惴惴然制之如檻虎。宋人猜忌之習，卒以自弱，而授天下於異族。使孔子之意而然也，則爲司寇攝相事之日，必以誅三桓爲亟，而何惡乎陪臣執國命？何憂乎庶人之議也？故知胡氏之傳《春秋》，宋人之私，非聖人之旨也。岳侯之死，其説先中於庸主之心矣。”

〔17〕秦檜（1090—1155），字會之，江寧（今江蘇南京）人。政和五年進士及第，中詞學兼茂科，任太學學正。宋欽宗時，歷任左司諫、御史中丞。靖康二年，因上書金帥反對立張邦昌，隨徽、欽二帝被俘至金，爲撻懶信用。宋高宗建炎四年，秦檜回到臨安，力主宋金議和。紹興元年（1131）除參知政事。二年罷，提舉江州太平觀。八年復相。爲相凡十九年，力主和議，詘主戰臣僚。二十五年卒，年六十六，贈申王，謚忠獻。寧宗開禧二年（1206）追奪王爵，改謚謬醜。《宋史》卷四七三有傳。

〔18〕薰蕕，即香草和臭草。喻善惡、賢愚、好壞等。《春秋左傳·僖公四年》：“一薰一蕕，十年尚猶有臭。”杜預注：“薰，香草；蕕，臭草。十年有臭，言善易消，惡難除。”《宋論》卷一〇《高宗》：“而胡氏之説經也，於公子翬之伐鄭、公子慶父之伐於餘丘，兩發兵權不可假人之説。不幸而翬與慶父終於弑逆，其説伸焉。而考古驗今，人君馭將之道，夫豈然哉？”

〔19〕曹丕（187—226），注見前。《三國志》卷二《魏書·文帝紀》：“乃爲壇於繁陽。庚午，王升壇即阼，百官陪位。事訖，降壇，視燎成禮而反。改延康爲

黄初，大赦。"裴松之注："《魏氏春秋》曰：帝升壇禮畢，顧謂群臣曰：'舜、禹之事，吾知之矣。'"

〔20〕王莽(前45—23)，注見前。《漢書·王莽傳中》："讀策畢，莽親執孺子手，流涕歔欷，曰：'昔周公攝位，終得復子明辟，今予獨迫皇天威命，不得如意！'哀嘆良久。"

〔21〕《容齋續筆》卷二《二傳誤後世》："自《左氏》載石碏事，有'大義滅親'之語，後世援以爲説，殺子孫、害兄弟。如漢章帝廢太子慶，魏孝文殺太子恂，唐高宗廢太子賢者，不可勝數。《公羊》書魯隱公、桓公事，有'子以母貴，母以子貴'之語，後世援以爲説，廢長立少，以妾爲后妃。如漢哀帝尊傳昭儀爲皇太太后，光武廢太子彊而立東海王陽，唐高宗廢太子忠而立孝敬者，亦不可勝數。"

51. 論黃澤、趙汸説《春秋》有可取者，而誤信杜預，仍明昧參半

黃澤曰："《春秋》以前，禮法未廢，史所書者，不過君即位、君薨葬、逆夫人、夫人薨葬、大夫卒、有年無年、天時之變、郊廟之禮、諸侯卒葬、交聘會朝，大抵不過如此爾，無有伐國、圍城、入某國某邑等事也。其後禮法既壞，史法始淆亂。如隱公元年除書'及邾、宋盟''公子益師卒'外，其餘皆失禮之事。如不書即位，是先君失禮，爲魯亂之本。鄭伯克段，是兄不兄、弟不弟。天王歸仲子之賵，則失禮顯然。祭伯來則不稱使。舉一年如此，則二百四十二年可知，如此則夫子《春秋》安得不作。"[1]

錫瑞案：黃氏之説甚是，據此可見《春秋》凡例必不出自周公。周公時天子當陽，諸侯用命，必不容有伐滅圍入等事，故柳宗元、陸淳皆有此疑[2]，黃氏所見，與柳氏、陸氏同，而説加詳。然則韓宣之單辭，杜預之謬解，不當以汩亂《春秋》明矣。乃黃氏既知此義，又曰："《春秋》凡例，本周公之遺法，故韓宣子適魯，見《易象》與《魯春秋》，曰：'周禮盡在魯矣！吾乃今知周公之德，與周之所以王。'此時未經夫子筆削，

而韓宣子乃如此稱贊者，見得魯之史與諸國迥然不同故也。"〔3〕案黄氏前後之説，大相矛盾。謂凡例本周公遺法，然則伐滅圍入，周公之時已有之乎？魯史與諸國迥然不同，然則孟子云"晉之《乘》、楚之《檮杌》、魯之《春秋》，一也"，又何説乎？此等皆由惑於杜預之説，先入爲主，故雖於《春秋》有所窺見，而其説半明半昧。凡經學所以不明者，由爲前人之説所壓。不知前人與前人説各不同，有是有非，所當審擇。其審擇是非之法，當視前人之年代先後，與其人之賢否。如杜預解《春秋》，與《孟子》全然反對。以年代論，則孟子在五百餘年之前，杜預在五百餘年之後；以賢否論，則孟子爲命世亞聖，杜預爲黨逆亂臣。其所説之是非，自不待辨而決。而自杜解孤行之後，學《春秋》者誤守其説，盡反孟子之説以從之。黄氏於《春秋》，自謂功力至深，亦未能免此失，所以一知半解，間有所窺，而大義微言，終不能喻也。其徒趙汸説《春秋》〔4〕，亦得失互見，大率本其師説。黄氏謂孔子非史官，何由得見國史？蓋魯之史官，以孔子是聖人，乃稟君命使其刊正。又謂公羊氏五世傳《春秋》，《左氏》增年傳文，亦當其子孫所續，故通謂之《左氏傳》。二説皆有思想，而無所依據。

箋注

〔1〕見趙汸《春秋師説》卷上《論魯史策書遺法》。"伐國"後，《春秋師説》有"滅國"二字。

〔2〕案，柳宗元曾師事陸淳(一名陸質)，陸氏《春秋》學對柳宗元有較深刻之影響。柳宗元《答元饒州論春秋書》："京中於韓安平處始得《微指》，和叔處始見《集注》，恒願掃於陸先生之門。及先生爲給事中，與宗元入尚書同日，居又與先生同巷，始得執弟子禮。未及講討，會先生病，時聞要論。嘗以《易》教誨見寵，不幸先生疾彌甚，宗元又出邵州，乃大乖謬，不克卒業。"陸淳《春秋集傳纂例》卷一《趙氏損益義第五》："杜預云：凡例皆周公舊典、禮經。按其傳例云'弑君稱君，君無道也；稱臣，臣之罪也'，然則周公先設弑君之義乎？又云'大用師曰滅，弗地曰入'，又周公先設相滅之義乎？又云'諸侯同盟，薨則赴以名'，又是周公令稱先君之名以告鄰國乎？周以諱事神，不應有此也。"

〔３〕見趙汸《春秋師説》卷上《論魯史策書遺法》。"與周之所以王",原刻本作"與周公之所以王",據《春秋師説》刪"周"字。

〔４〕《元史》卷一八九《黄澤傳》:"其書存於世者十二三,門人惟新安趙汸爲高第,得其《春秋》之學爲多。"趙汸師事黄澤,受《春秋》《易象》之學,頗得其師要領,著有《春秋屬辭》《春秋集傳》《春秋師説》等。

52. 論趙汸説《春秋》策書筆削近是,孔廣森深取其書,而亦不免有誤

趙汸《春秋集傳序》[1]曰:"策書之例十有五,而筆削之義有八。策書之例十有五:一曰君舉必書,非君命不書。二曰公即位不行其禮不書。三曰納幣、逆夫人、夫人至、夫人歸皆書之。四曰君夫人薨、不成喪不書,葬不用夫人禮則書卒,君見弒則諱而書薨。五曰適子生則書之,公子大夫在位書卒。六曰公女嫁爲諸侯夫人,納幣、來逆、女歸、娣婦、來媵、致女、卒葬、來歸皆書;爲大夫妻,書來逆而已。七曰時禮、時田,苟過時越禮則書之,軍賦改作逾制,亦書於策。此史氏之録乎内者也。八曰諸侯事有命告則書,崩卒不赴則不書,禍福不告亦不書;雖及滅國,滅不告敗,勝不告克,不書於策。九曰雖伯主之役令,不及魯,亦不書。十曰凡諸侯之女行,惟王后書;適諸侯,雖告不書。十一曰諸侯之大夫奔,有玉帛之使則告,告則書。此史氏之録乎外者也。十二曰凡天子之命無不書;王臣有事爲諸侯,則以内辭書之。十三曰大夫已命書名氏,未命書名,微者名氏不書,書其事而已,外微者書人[2]。十四曰將尊師少稱將,將卑師衆稱師,將尊師衆稱某帥師,君將不言帥師。十五曰凡天災物異無不書,外災告則書之。此史氏之通録乎内外者也。筆削之義有八:一曰存策書之大體。凡策書之大體,曰天道,曰王事,曰土功,曰公即位,曰逆夫人、夫人至、世子生,曰公夫人外如,曰薨葬,曰孫,曰夫人歸,曰内女卒葬,曰來歸,曰大夫、公子卒,曰公、大夫出疆,曰盟會,曰出師,曰國受兵,曰祭祀、蒐狩越禮,軍賦、改作逾

制,外諸侯卒葬,曰兩君之好,曰玉帛之使。凡此之類,其書於策者,皆不削也。二曰假筆削以行權。《春秋》撥亂經世,而國史有恒體,無辭可以寄文,於是有書、有不書,以互顯其義。書者筆之,不書者削之。其筆削大凡有五:或略同以存異,公行不書致之類也;或略常以明變,釋不朝正、內女歸寧之類也;或略彼以見此,以來歸爲義則不書歸,以出奔爲義則殺之不書之類也;或略是以著非,諸侯有罪及勤王、復辟不書之類也;或略輕以明重,非有關於天下之故不悉書是也。三曰變文以示義。《春秋》雖有筆有削,而所書者皆從主人之辭。然有事同而文異者,有文同而事異者,則予奪無章,而是非不著,於是有變文之法焉。將使學者即其文之是非[3]、詳略以求之,則可別嫌疑,明是非矣。四曰辨名實之際,亦變文也。正必書王,諸侯稱爵,大夫稱名氏,四夷大者稱子,此《春秋》之名也。諸侯有王而伯者興,中國無伯而夷狄橫,大夫專兵而諸侯散,此《春秋》之實也。《春秋》之名實如此,可無辨乎?於是有去名以全實者,征伐在諸侯,則大夫將不稱名氏;中國有伯,則楚君侵伐不稱君。又有去名以責實者,諸侯無王,則正不書王;中國無伯,則諸侯不序君;大夫將,略其恒稱則稱人。五曰謹華夷之辨,亦變文也。楚至東周,強於四夷,僭王猾夏,故伯者之興,以攘卻爲功。然則自晉伯中衰,楚益侵陵中國,俄而入陳、圍鄭、平宋,盟於蜀、盟於宋,會於申,甚至伐吳、滅陳、滅蔡,假討賊之義,號於天下,天下知有楚而已。故《春秋》書楚事,無不一致其嚴者,而書吳越與徐,亦必與中國異辭,所以信大義於天下也。六曰特筆以正名。筆削不足以盡義,而後有變文。然禍亂既極,大分不明,事有非常,情有特異,雖變文猶不足以盡義,而後聖人特筆是正之,所以正其名分也。夫變文雖有損益,猶曰史氏恒辭,若特筆則辭旨卓異,非復史氏恒辭矣。七曰因日月以明類。上下內外之無別,天道人事之反常,六者尚不盡見,則又假日月之法區而別之。大抵以日爲詳,則以不日爲略;以月爲詳,則以不月爲略。其以日爲恒,則以不日爲變;以不日爲恒,則以日爲變,甚則以不月爲異。其以月爲恒,則以不月爲變[4];以不月爲恒,則以月爲變,甚則以日爲異。將使屬辭比事以求之,則筆削、變文、特筆既各以類明,而日月又相爲經緯，無微不顯矣。八曰辭從主人。主人，謂魯君也。《春秋》本魯史成書，夫子作經，唯以筆削見義，自非有所是正，皆從史氏舊文，而所是正亦不多見，故曰辭從主人。此八者，實制作之權衡也。”

錫瑞案：趙氏分別策書、筆削，語多近是。《春秋屬辭》本此立説，孔廣森深取其書[5]。惟其書學非專門，仍有未盡是者。如隱公不書即位以成公意，桓公書即位以如其意，公薨以不地見弒，公夫人出奔曰孫，凡此等皆《春秋》特筆，未必魯史有此書法。趙氏以爲存策書之大體，是猶惑於杜預之説，又信其師黄澤臆撰孔子奉君命修國史之文。不知聖人口授微言，實是私修而非官書。不信古義，而臆造不經，故其所著《集傳》《屬辭》仍不免有誤也。

箋注

〔1〕《春秋集傳》十五卷，元趙汸撰。趙汸《春秋集傳序》：“故學者必知策書之例，然後筆削之義可求。筆削之義既明，則凡以虚辭説經者，其刻深辯急之説，皆不攻自破，然後《春秋》經世之道，可得而明矣……汸自早歲獲聞資中黄先生論五經旨要，於《春秋》以求書法爲先。於是思之十有餘載，卒有得於孟氏之言，因其説以考三《傳》及諸家，陳氏書具知其得失異同之故，乃輯録爲書，名曰《春秋集傳》，凡十五卷。”（見《宋元學案》卷九二《草廬學案（附趙汸）》）

〔2〕外微者書人，原刻本脱“人”字，據趙汸《春秋集傳序》補。

〔3〕是非，趙汸《春秋集傳序》作“異同”。

〔4〕則以不月爲變，原刻本脱“不”字，據趙汸《春秋集傳序》補。

〔5〕孔廣森精於《公羊春秋》，著有《春秋公羊通義》。《清史稿》卷四八一有傳。《撝經室集一集》卷一一《春秋公羊通義序》：“先生幼秉異資，長通絶學，凡漢晉以來之治《春秋》者不下數百家，靡不綜覽。嘗謂《左氏》舊學，湮於征南，《穀梁》本義，汩於武子；王祖游謂何休志通《公羊》，往往爲《公羊》疢病；其餘啖助、趙匡之徒，又横生義例，無當於經，唯趙汸最爲近正；何氏體大思精，然不無承訛率臆。”

53. 論"王正月"是周正，胡安國"夏時冠周月"之説，朱子已駁正之

　　《春秋》王正月，三《傳》及三《傳》之注皆云周正建子之月。《左氏傳》加一"周"字，云"元年春，王周正月。"孔《疏》："言'王正月'者，王者革前代馭天下，必改正朔、易服色，以變人視聽，夏以建寅之月爲正，殷以建丑之月爲正，周以建子之月爲正，三代異制。正朔不同，正是時王所建，故以'王'字冠之，言是時王之正月也。"[1]《左氏》之增一字，可謂一字千金。孔《疏》解釋詳明，自宋以前，皆無異義。

　　胡安國《春秋傳》始有夏時冠周月之説，云："以夏時冠月，垂法後世，以周正紀事，示無其位，不敢自專。"[2]朱子曰："某親見文定家説，文定《春秋》説夫子以夏時冠周月[3]，以周正紀事，謂如公即位，依舊是十一月，只是孔子改正作春正月，某便不敢信。恁地時二百四十二年，夫子只證得箇'行夏之時'四箇字。據今《周禮》有正月，有正歲，則周實是元改作'春正月'。夫子所謂'行夏之時'，只是爲他不順，欲改從建寅。如孟子説'七八月之間旱'，這斷然是五六月，'十一月徒杠成，十二月輿梁成'，這分明是九月、十月。"[4]黄澤曰："近世士大夫多闢《春秋》用周正之説，以爲時不可改，甚者至以爲月亦不可改，如'七八月之間旱'與'十一月徒杠成，十二月輿梁成'，趙岐釋以周正，晦庵亦從趙岐。而近世説者以趙岐爲非，則是并晦庵皆非之矣。此是本無所見，而妄生事端，以疑惑聖經，爲害不細。前世士大夫學問，却未見有如此者。"[5]

　　錫瑞案：《春秋》本魯史舊文，魯史奉周王正朔，"王正月"之爲周正，無可疑者。孔子作《春秋》，述時事，必不擅改周曆，以致事實不明。《春秋》之書"無冰"皆在春，此周正也；若夏正，則春無冰，何足爲異？又書"冬十月，隕霜殺菽"，此周正也；若夏正，則十月隕霜，何足爲異？

十月亦未必有菽。僖公三年，自去冬"十月，不雨"，至春，書"王正月，不雨。夏四月，不雨"，至"六月，雨"。若夏正，則六月建未之月，歷三時不雨，至六月不得耕種矣。惟六月爲周正建巳之月，得雨猶可耕種。故《春秋》是年不書旱，亦不書饑，《傳》曰"不爲災也"[6]，此顯有可據者。乃胡氏諸人好逞異説，此宋人説經所以多不可從。朱子不以胡《傳》爲然，此朱子在宋儒之中所以爲最篤實。乃其弟子蔡沈解《尚書》，以爲商、周不改月[7]，不守師説，殊不可解。《春秋》爲後王立法，漢儒以爲素王改制，實有可據，而後人必不信。《春秋》雖爲後王立法，不能擅改時王正朔。宋儒以爲夏時冠周月，實不可據，而後人反信之，是末師而非往古[8]，豈非顛倒之甚。

箋注

〔1〕見《春秋左傳正義》卷二《隱公元年》："(經)元年春，王正月。"

〔2〕見胡安國《春秋傳》卷一《隱公上·春王正月》："以夏時冠周月，何哉？聖人語顏回以爲邦，則曰'行夏之時'；作《春秋》以經世，則曰'春王正月'，此見諸行事之驗也。或曰：非天子不議禮。仲尼有聖德，無其位，而改正朔，可乎？曰：有是言也！不曰'《春秋》，天子之事'乎？以夏時冠月，垂法後世，以周正紀事，示無其位，不敢自專也。"

〔3〕夫子以夏時冠周月，《朱子語類》卷八三《春秋》作"夫子以夏時冠月"。

〔4〕引文見《朱子語類》卷八三《春秋》。

〔5〕見趙汸《春秋師説》卷中《論漢唐宋諸儒得失》。

〔6〕《左傳·僖公三年》："(經)三年，春，王正月，不雨，夏四月，不雨……(傳)三年，春不雨，夏六月雨，自十月不雨，至於五月不曰旱，不爲災也。"

〔7〕蔡沈《書集傳》卷三《伊訓》："或曰：孔氏言湯崩逾月，太甲即位則十二月者，湯崩之年建子之月也，豈改正朔而不改月數乎？曰：此孔氏惑於序《書》之文也。太甲繼仲壬之後，服仲壬之喪，而孔氏曰湯崩莫殯而告，固已誤矣。至於改正朔而不改月數，則於經史尤可考。周建子矣，而《詩》言'四月維夏，六月徂暑'，則寅月起數，周未嘗改也。"

〔8〕末師，指膚淺之學者。往古，即古昔，從前。劉歆《移書讓太常博士》："往者綴學之士，不思廢絶之闕，苟因陋就寡，分文析字……信口説而背傳記，是

末師而非往古。"

54. 論三《傳》皆專門之學，學者宜專治一家，治一家又各有所從入

漢十四博士今文之學，今多不傳，施、孟、梁丘、京《易》，歐陽、夏侯《尚書》，齊、魯、韓《詩》，皆已亡佚，惟《公羊春秋》猶存，《穀梁》亦存全書，此天之未喪斯文也。而自《左氏》孤行，二《傳》雖存若亡。陸德明作《經典釋文》，已云："二《傳》近代無講者，恐其學遂絶，故爲音以示將來。"[1] 幸而唐人雖以《左氏》列於五經，而《公羊》爲中經，《穀梁》爲小經[2]，亦用之以取士，故士子習者雖少，見李元璀、楊瑒所奏。而書猶不至亡。啖、趙、陸兼采之，以作《纂例》[3]，宋人沿啖、趙、陸之派説《春秋》，多兼采《公》《穀》，故未至如《韓詩》之亡於北宋。惟宋尚通學，不主專門，合三《傳》爲一家，是合五金爲一爐而治之，合三牲、魚臘爲一鼎而烹之也[4]。《春秋》是一部全書，其義由孔子一手所定，比《詩》《書》《易》《禮》不同。學《春秋》必會通全經，非可枝枝節節而爲之者。若一條從《左氏》，一條從《公羊》，一條從《穀梁》，一條從唐宋諸儒，雖古義略傳，必不免於《春秋》失亂之弊。故《春秋》一經，尤重專門之學。國朝稽古，漢學中興，孔廣森作《公羊通義》，阮元稱爲孤家專學[5]。然其書不守何氏義例，多采後儒之説，又不信黜周王魯科旨，以新周比新鄭，雖有蓽路藍縷之功，不無買櫝還珠之憾。惟何氏《解詁》與徐《疏》簡奥難讀，陳立書又太繁[6]，治《公羊》者可從《通義》先入，再觀注疏。常州學派多主《公羊》，莊存與作《春秋正辭》[7]，傳之劉逢禄、宋翔鳳、龔自珍諸人[8]。凌曙作董子《繁露注》[9]，其徒陳立作《公羊義疏》。治《公羊》者，當觀凌曙所注《繁露》，以求董子大義，及劉逢禄所作《釋例》，以求何氏條例，再覽陳立《義疏》以求大備，斯不愧專門之學矣。許桂林作《穀梁釋例》[10]，柳興宗作《穀梁大義述》[11]，鍾文烝作《穀梁

補注》〔12〕，亦成一家之言。《穀梁》不傳三科九旨，本非《公羊》之比，惟其時月日例，與《公羊》大同小異，詳略互見，可以補《公羊》所未及，治《穀梁》者，先觀范《解》、楊《疏》，及許桂林《釋時月日例》〔13〕。許書簡而有法，如公子益師卒，《傳》云：“大夫日卒，正也；不日卒，惡也。〔14〕”何休《廢疾》已引公子牙、季孫意如何以書卒難之〔15〕，鄭君所釋，亦不可通。許據《左氏》“公不與小斂”〔16〕，謂不與小斂即是惡，乃得其解。柳興恩、鍾文烝皆據《穀梁》謹始，謂隱公之讓，爲不能正始，柳興恩至以亂臣賊子斥隱公。夫以讓國之賢君，而斥爲亂賊，則篡弒之桓公，將何以處之乎？《春秋》善善從長，必不如此深刻；《穀梁》惡桓而善隱，其義亦不如此之刻也。《穀梁》義例多比附《公羊》，故治《穀梁》不如治《公羊》，治《公羊》乃可兼采《穀梁》。如《穀梁·桓二年傳》：“或曰：‘其不稱名，蓋爲祖諱也，孔子故宋也。’”是比附《公羊》故宋而失其旨之證。《成九年傳》：“不言戰，以鄭伯也，爲尊者諱恥，爲賢者諱過，爲親者諱疾。”是比附《公羊》爲親者諱而失其旨之證。《春秋》爲親者諱，惟魯。《昭二十一年傳》：“東者，東國也。曰東，惡之而貶之也。”是比附《公羊》譏二名而失其旨之證。若《左氏》不傳《春秋》，亦有譏二名之説，云“先名武庚，乍名禄父”〔17〕，則尤不知而强説者。治《左氏》者，先觀杜《解》、孔《疏》，再及李貽德《賈服輯述》〔18〕以參考古義，顧棟高《春秋大事表》以綜覽事實。然亦只是《左氏》一家之學，於《春秋》之微言大義，無甚發明。

箋注

〔1〕 見陸德明《經典釋文》卷一：“二傳近代無講者，恐其學遂絶，故爲音以示將來。”

〔2〕《舊唐書·歸崇敬傳》：“今請以《禮記》《左傳》爲大經，《周禮》《儀禮》《毛詩》爲中經，《尚書》《周易》爲小經，各置博士一員。其《公羊》《穀梁》文疏少，請共準一中經，通置博士一員。”《新唐書》卷四四《選舉志上》：“凡《禮記》《春秋左氏傳》爲大經，《詩》《周禮》《儀禮》爲中經，《易》《尚書》《春秋公羊傳》《穀梁傳》爲小經。”

〔3〕《纂例》，即《春秋集傳纂例》。《直齋書録解題》卷三《春秋類》："《春秋集傳纂例》十卷、《辨疑》七卷。唐給事中吴郡陸質伯淳撰。初潤州丹陽主簿趙郡啖助叔佐明《春秋》，傳洋州刺史河東趙匡伯循，質從助及伯循，傳其學。助考三《傳》，捨短取長，又集前賢注釋，補以己意，爲《集傳集注》，又撮其綱目爲《統例》。助卒，質與其子異繕録，以詣伯循請損益焉，質隨而纂會之，大曆乙卯歲書成。質本名淳，避憲宗諱改焉，故其書但題陸淳。"

〔4〕三牲，指古代祭祀時所用之供品，分爲大三牲和小三牲。牛、羊、豕俗謂大三牲，猪、魚、雞俗謂小三牲。《孝經注疏》卷六《紀孝行》："雖日用三牲之養，猶爲不孝也。"《注》："三牲，太牢也。"《疏》："三牲，牛、羊、豕也。"《韓昌黎文集》卷七《李君墓志銘》："五穀三牲，鹽醯果蔬，人所常御。人相厚勉，必曰強食。今惑者皆曰：'五穀令人夭，不能無食，當務減節。'鹽醯以濟百味，豚、魚、雞三者古以養老。"案，韓愈所云"三牲"即猪、魚、雞。臘，歲終祭祀。《禮記·月令》："天子乃祈來年於天宗，大割祠於公社及門閭，臘先祖五祀。"鄭玄注："此《周禮》所謂蜡祭也……臘謂以田獵所得禽祭也。"孔穎達疏："'祈來年於天宗'者，謂祭日月星辰也。'大割祠於公社'者，謂大割牲以祠公社，以上公配祭，故云'公社'。'及門閭'者，非但祭社，又祭門閭，但先祭社，後祭門閭，故云及。'臘先祖五祀'者，臘，獵也，謂獵取禽獸以祭先祖五祀也。"

〔5〕阮元《揅經室集一集》卷二《擬國史儒林傳序》："近時，孔廣森之於《公羊春秋》，張惠言之於孟、虞《易説》，亦專家孤學也。"案，阮元稱孔廣森治《公羊傳》爲"專家孤學"，非皮氏所云"孤家專學"。

〔6〕陳立書，即《公羊義疏》。《清史稿·陳立傳》："立乃博稽載籍，凡唐以前《公羊》古義及國朝諸儒説《公羊》者，左右采獲，擇精語詳。草創三十年，長編甫具。南歸後，乃整齊排比，融會貫通，成《公羊義疏》七十六卷。"

〔7〕案，《鄭堂讀書記》卷一一《經部·春秋類二》："《春秋正辭》十三卷（原刊本）。國朝莊存與撰……方耕讀趙子常《春秋屬辭》而善之，因檃括其條，正列其義，撰爲是書，更名曰《正辭》……大旨本《公羊傳》及何邵公注義，而以群書傅益之。雖僞《古文尚書》亦引以取證，蓋即其不廢僞書之意……其書條例賅括，議論詳贍，殊勝趙氏書遠矣。"

〔8〕劉逢禄、宋翔鳳、龔自珍注見前。劉逢禄、宋翔鳳係莊存與外孫，傳莊氏《公羊》學説，而龔自珍師事劉逢禄研習《公羊春秋》。

〔9〕案，《鄭堂讀書記》卷一一《經部·春秋類二》："《春秋繁露注》十七卷（蜚雲閣刊本）。國朝凌曙撰。曉樓以《繁露》一書流傳已久，魚魯雜揉，篇第裦

落,致難卒讀。因以聚珍版本爲主,而輔以張皋文讀本、盧抱經刻本,重加釐正。又復采列代之舊聞,集先儒之成説,爲之注釋。及隋唐以後諸書之引《繁露》者,莫不考其異同,校其詳略,書目姓氏咸臚列於下方。"凌曙《春秋繁露注自序》:"今其書流傳既久,魚魯雜揉,篇第裦落,致難卒讀。淺嘗之夫,橫生訾議,經心聖符,不絶如綫。心竊傷之,遂乃搆求善本,重予釐正;又復搜列代之舊聞,集先儒之成説,爲之注釋;及隋唐以後,諸書之引《繁露》者,莫不考其異同,校其詳略,書目姓氏,咸臚列於下方。"

〔10〕《穀梁釋例》,即許桂林所著《春秋穀梁傳時日月書法釋例》一書。《清史稿》卷四八二《許桂林傳》曰:"其書有引《公羊》而互證者,有駁《公羊》而專主者。陽湖孫星衍嘗以條理精密、論辯明允許之。"

〔11〕柳興宗(1795—1880),即柳興恩,原名興宗,字賓叔,江蘇丹徒人,清代經學家,阮元弟子。貧而好學,治《毛詩》《穀梁傳》。著有《穀梁春秋大義述》《周易卦氣輔》《虞氏逸象考》《尚書篇目考》等書。《清史稿》卷四八一《柳興恩傳》:"元刻《皇清經解》,《公羊》《左氏》俱有專家,而《穀梁》缺焉。乃發憤沈思,成《穀梁春秋大義述》三十卷,以鄭《六藝論》云'穀梁子善於經',遂專從善經入手,而善經則以屬辭比事爲據,事與辭則以《春秋》日月等名例定之。"

〔12〕《穀梁補注》,即《春秋穀梁經傳補注》。《清史稿》卷四八二《鍾文烝傳》:"其全力尤在《春秋》,因沉潛反覆三十餘年,成《春秋穀梁經傳補注》二十四卷。其書網羅眾家,折衷一是,其未經人道者,自比於梅鷟之辨僞書、陳第之談古韻。"

〔13〕范《解》,即范甯《春秋穀梁傳集解》。楊《疏》,即楊士勛《春秋穀梁傳疏》。許桂林《釋時月日例》,即所著《春秋穀梁傳時月日書法釋例》。

〔14〕《穀梁傳·隱公元年》:"公子益師卒。大夫日卒,正也。不日卒,惡也。"

〔15〕公子牙,即叔牙,一稱僖叔,春秋時期魯國公族,魯莊公庶弟。莊公無嫡嗣,叔牙於莊公病重時薦慶父繼位爲君,後爲季友以公命鴆殺,立其後爲叔孫氏。季孫如意,即季平子。春秋時魯國大夫,季孫宿之孫,專魯政。魯昭公伐季氏,季平子結連叔孫、孟孫,三家共攻公,得解圍。昭公出亡,赴齊、晉求助。季平子抗齊略晉,使昭公居乾侯。

〔16〕《左傳·隱公元年》:"公不與小斂,故不書日。"

〔17〕武庚,即祿父,商紂王之子。武王克商,封武庚爲殷君,以續殷祀。武王卒,成王幼,周公攝政。武庚與管叔、蔡叔聯合東夷部族爲亂。周公討平之,殺武庚。

〔18〕杜《解》，即杜預《春秋經傳集解》。孔《疏》，即孔穎達《春秋左傳正義》。李貽德《賈服輯述》，即所著《春秋賈服注輯述》。李貽德(1783—1832)，字天彝，號次白，又字次白，浙江嘉興人，清代學者。著有《詩經名物考》《詩考異》《春秋左傳賈服輯述》等書。《清史稿》卷四八一《李貽德傳》："著《春秋左傳賈服輯述》二十卷。其書援引甚博，字比句櫛，於義有未安者亦加駁難。雖使冲遠復生，終未敢專樹征南之幟而盡棄舊義也。"後劉恭冕校《春秋左傳賈服輯述》，移補數十百事。

55. 論俞正燮説《春秋》最謬，乃不通經義、不合史事、疑誤後學之妄言

近人説《春秋》者，俞正燮爲最謬。其"《公羊傳》及注論"曰："《公羊傳》者，漢人所致用，所謂漢家自有法度，奈何言王道。《公羊》集酷吏、佞臣之言，謂之經義，漢人便之，謂之通經致用。"〔1〕

錫瑞案：漢家自有制度，乃宣帝之言。宣帝好《穀梁》，非尊《公羊》者。通經致用，乃西漢今文之學，簡明有用。如《禹貢》治河、《洪範》察變之類，非止《春秋》一經。俞云《公羊》集酷吏、佞臣之言，酷吏似指張湯〔2〕，佞臣似指公孫弘〔3〕。《史記·酷吏列傳》曰："是時上方鄉文學，湯決大獄，欲傅古義，乃請博士弟子治《尚書》《春秋》，補廷尉史，亭疑法。"又曰："依於文學之士，丞相弘數稱其美。"又《平準書》曰："自公孫弘以《春秋》之義繩臣下，取漢相，張湯用峻文決理爲廷尉，於是見知之法生，而廢格、沮誹、窮治之獄用矣。"〔4〕據《史記》，則弘、湯希世用事，見《公羊傳》有貶絶之義、無將之誅〔5〕，傅會之以行慘酷之法，要非《公羊》所能逆料。俞氏以爲《公羊》罪案，則《莊子》云"儒以《詩》《禮》發冢"〔6〕，可以發冢歸罪《詩》《禮》？王莽動托《周官》，可以王莽歸罪《周官》乎？《公羊傳》由胡毋生著竹帛，公孫弘受學胡毋生，則《公羊》成書，必不在宏、湯用事之後。據俞氏説，似作《公羊傳》者集弘、湯之言爲之，年代不符，甚不可通。若酷吏、佞臣不指弘、湯，則胡毋生之

前,酷吏佞臣爲何人？更無可據。《漢書·董仲舒傳》曰："仲舒在家,朝廷如有大議,使使者及廷尉張湯就其家而問之,其對皆有明法。"《後漢書·應劭傳》曰："故膠西相董仲舒老病致仕,朝廷每有政議,數遣廷尉張湯親至陋巷問得失,於是作《春秋決獄》二百三十二事,動以經對。"[7]據此,則張湯用法嘗詢仲舒。《漢·藝文志》"《董仲舒治獄》十六篇",久亡。《通典》《六帖》《御覽》共載六事[8],引《春秋》義以斷當時之獄,多以爲某人罪不當坐。蓋以漢法嚴酷,持議多歸仁恕,與弘、湯之慘刻異趣。《繁露·郊祀對》仲舒答張湯問梟鸑之類[9],亦不盡屬刑法,則不能以張湯之法歸咎仲舒,尤不能歸咎《公羊》矣。三科九旨,《繁露》書明言之[10]。俞云董仲舒未敢言而心好之,故陷呂步舒之獄。以俞氏之博,似并未見《繁露》,殊不可解。何休《解詁》曰："自王者言之,屈遠世子在三公下。"引《禮·喪服》爲證[11]。何氏解《禮》即不當,亦無關《春秋》大義。俞以此爲何氏罪案,謂以己得公府掾之故。論古人當平心靜氣,不當鍛煉以入人罪;必欲深文鍛煉,謂何氏因己爲公府掾,故崇重三公,亦安知俞氏非因己爲時相所扼,故卑抑三公乎？俞爲董誥所扼,不得進士[12]。《孟子》曰："《春秋》,天子之事也。"又曰："孔子成《春秋》而亂臣賊子懼。"[13]《公羊》家説與《孟子》合。若《左氏》家説經承舊史,無素王之法,則天子之事安在？曰："凡弑君稱君,君無道也;稱臣,臣之罪也。"[14]如其説,則君無道,而弑君之臣無罪。《傳》文於殉君之孔父、荀息并無褒辭,而弑君之趙盾、欒書反加稱許,且有"君臣無常位"之言[15],《左氏》據事直書,初無成見,杜預張大其説,與《春秋》之義相反。是《春秋》成而亂臣賊子喜矣。如俞氏説,不亦可云《左氏》集亂臣賊子之言,謂之經義乎？俞氏曰："《左氏》,萬世之書也;《公羊傳》,漢廷儒臣通經致用干禄之書也;何休所説,漢末公府掾致用干禄之書也。"[16]請爲更正之曰：《公羊傳》,經學也,一字褒貶,孔子作《春秋》之義本如是也;《左氏傳》,史學也,據事直書,不立褒貶,雖不傳《春秋》,而書不可廢也。俞氏所説,乃不通經義,不合史事,疑誤後學之妄言也。

箋注

〔1〕 俞正燮,注見前。引文見《癸巳存稿》卷一《公羊傳及注論》。

〔2〕 張湯,京兆杜陵(今陝西西安)人,西漢酷吏,用法嚴酷,常以《春秋》之義爲掩飾,以皇帝旨意爲準繩。後被誣陷,自殺,死後家産不足五百金。《史記》卷一二二、《漢書》卷五九有傳。

〔3〕 公孫弘,注見前。漢代布衣官至丞相者,自公孫弘始。《史記》卷一〇二、《漢書》卷五八有傳。

〔4〕 廢格,亦作"廢閣",即擱置而不實施。《漢書》卷九〇《酷吏傳·義縱》:"天子聞使杜式治,以爲廢格沮事。"顏師古注引孟康曰:"武帝使楊可主告緡,没入其財物,縱捕爲可使者,此爲廢格詔書,沮已成之事也。"沮誹,詆毁、誹謗之義。《漢書》卷二四下《食貨志》:"廢格、沮誹、窮治之獄用矣。"顏師古注引如淳曰:"廢格,天子文法使不行也。誹,謂非上所行,若顏異反唇之比也。""沮,止壞之。"窮治,即徹底查辦。《漢書》卷六三《武五子傳·戾太子據》:"是時,上春秋高,意多所惡,以爲左右皆爲蠱道祝詛,窮治其事。"

〔5〕 希世,迎合世俗。《莊子·讓王》:"原憲笑曰:'夫希世而行,比周而友。'"陸德明《釋文》引司馬彪云:"希,望也。所行常顧世譽而動,故曰希世而行。"《史記·儒林傳》:"公孫弘治《春秋》不如董仲舒,而弘希世用事,位至公卿。"《公羊傳·昭公元年》:"《春秋》不待貶絶而罪惡見者,不貶絶以見罪惡也。貶絶然後罪惡見者,貶絶以見罪惡也。"《公羊傳·莊公三十二年》:"公子牙今將爾,辭曷爲與親弑者同? 君親無將,將而誅焉。"

〔6〕《詩》《禮》發冢,意即一邊念著儒書,一邊盗挖古墓。《莊子·外物》:"儒以《詩》《禮》發冢,大儒臚傳曰:'東方作矣,事之何若?'小儒曰:'未解裙襦,口中有珠。'"

〔7〕 膠西相,原刻本脱"相"字;二百三十二事,原刻本誤作"二百三十三事"。按《後漢書》卷四八《應劭傳》:"故膠西相董仲舒老病致仕……於是作《春秋決獄》二百三十二事,動以經對。"據補、改。

〔8〕 六事,見《通典》卷六九《禮·養兄弟子爲後後自生子議》、卷一六六《刑·雜議》、《白孔六帖》卷八《仁》、卷一三《從坐》、《太平御覽》卷二三一《職官部·大理卿》、卷六四〇《刑法部·決獄》。

〔9〕《春秋繁露》卷一五《郊事對》:"臣湯問仲舒:'祠宗廟或以鶩當鳧,鳧非鶩,可用否?'仲舒對曰:'鶩非鳧,鳧非鶩也。臣聞孔子入太廟,每事問,慎之至

也。陛下祭躬親，齋戒沐浴，以承宗廟，甚敬謹，奈何以鳧當鶩？鶩當鳧，名實不相應，以承太廟，不亦不稱乎！臣仲舒愚以爲不可。臣犬馬齒衰，賜骸骨，伏陋巷，陛下乃幸使九卿問臣以朝廷之事，臣愚陋，曾不足以承明詔，奉大對。臣仲舒昧死以聞。'"案，"仲舒答張湯問鳧鶩"見《繁露·郊事對》，皮氏所云"《繁露·郊祀對》仲舒答張湯問鳧鶩"有誤。

〔10〕見《春秋繁露義證》卷五《十指》，蘇輿注："此篇六科十指，何休則用三科九旨，殆胡毋生條例別與？"

〔11〕《春秋公羊傳·僖公五年》："曷爲殊會王世子？世子貴也。世子，猶世世子也。"何休注："言當世父位，儲君副主，不可以諸侯會之爲文，故殊之，使若諸侯爲世子所會也。自王者言之，以屈遠世子在三公下，《禮·喪服·斬衰》曰'公士大夫之衆臣'是也。自諸侯言之，世子尊於三公。此禮之威儀，各有所施。言及者，因其文可得見汲汲也。世子所以會者，時桓公德衰，諸侯背叛，故上假王世子，示以公義。"

〔12〕董誥（1740—1818），字雅倫，一字西京，號蔗林，浙江富陽人。曾預修"三通"、《皇朝禮器圖》，充四庫館副總裁。累官至東閣大學士、太子太傅。先後直軍機四十年，諳於朝章故事。卒諡文恭。《清史稿》卷三四〇有傳。

〔13〕引文見《孟子·滕文公下》。

〔14〕《左傳·宣公四年》："夏，弒靈公。書曰'鄭公子歸生弒其君夷'，權不足也。君子曰：'仁而不武，無能達也。'凡弒君：稱君，君無道也；稱臣，臣之罪也。"

〔15〕《左傳·昭公三十二年》："社稷無常奉，君臣無常位，自古以然。故《詩》曰：'高岸爲谷，深谷爲陵。'三後之姓，於今爲庶，主所知也。"

〔16〕見俞正燮《癸巳存稿》卷一《公羊傳及注論》。

56. 論《春秋》明王道、絀詐力，故特褒宋襄，而藉以明仁義行師之義

嘗讀《春秋》而有感焉。《春秋》據亂，而作亂莫甚於戰爭。《孟子》曰："《春秋》無義戰，彼善於此則有之矣。"今據《公羊》之傳，推《孟子》之義，而知《孟子》之善說《春秋》也。《春秋》托始於隱。隱二年"無駭帥師

入極"，《傳》曰："何以不氏？疾始滅也。"然則後之滅人國者，皆《春秋》之所疾矣。四年"莒人入杞，取牟婁"，《傳》曰："外取邑，不書，此何以書？疾始取邑也。"然則後之取人邑者，皆《春秋》之所疾矣。桓七年"焚咸丘"，《傳》曰："以火攻也。何言乎以火攻？疾始以火攻也。"然則後之以火攻者，皆《春秋》之所疾矣。《春秋》戰例時，偏戰日，詐戰月。《左氏》凡例：凡師，敵未陳曰敗某師，即詐戰，皆陳曰戰，即偏戰。桓十年"冬，十有二月，丙午，齊侯、衛侯、鄭伯來戰於郎"；僖元年"冬，十月，壬午，公子友帥師敗莒師於犂，獲莒拏"[1]；僖十五年"十一月，壬戌，晉侯及秦伯戰於韓，獲晉侯"；僖二十二年"冬，十有一月，己巳朔，宋公及楚人戰於泓，宋師敗績"；文七年"夏，四月，戊子，晉人及秦人戰於令狐"；十二年"冬，十有二月，戊午，晉人、秦人戰於河曲"，《傳》皆以爲偏戰，是彼善於此者，猶愈於詐戰也。宋、楚戰泓，《傳》曰："偏戰者日爾，此其言朔何？《春秋》辭繁而不殺者，正也。君子大其不鼓不成列，臨大事而不忘大禮，有君而無臣，以爲雖文王之戰，亦不過此也。"[2]是宋襄戰泓，爲善之善者，故夫子特筆褒之。董子《繁露·王道》《俞序》篇、《史記·宋世家·贊》、《淮南·泰族訓》、《白虎通·號》篇、何氏《穀梁廢疾》，皆褒宋襄[3]。

錫瑞案：《司馬法》曰[4]："逐奔不過百步，從綏不過三舍[5]，明其禮也；不窮不能而哀憐傷病，明其仁也；成列而鼓，明其信也；爭義不爭利，明其義也。"據此，則不鼓不成列、不重傷、不禽二毛[6]，本古軍禮之遺。古禮不行，而《老子》有"以奇用兵"之言[7]。談兵者謂兵不厭詐，宋襄獨行古禮，宜世皆迂之矣。《穀梁》《左氏》不以宋襄爲是，狃於後世詐力之見。《左氏》書之善在明典禮，詳事實，而淺人武夫但以爲善言兵。故隗禧以《左氏》爲相斫書[8]。《左氏》述子魚之言[9]，訾宋襄者以爲口實。不知《宋世家》亦載子魚"兵以勝爲功"之言[10]，而史公作贊，必褒宋襄之禮讓者，以《春秋》撥亂之旨，具在此也。當其時，戰禍亟矣，獨有一宋襄公能明王道，絀詐力，故《春秋》特褒之，而藉以明仁義行師之義，以爲後之用兵者能如宋襄之言，則戰禍少紓，民命可保矣。春秋時，宋華元、向戌皆主弭兵[11]，其後墨翟、宋牼以禁攻寢兵爲務[12]，似聞宋襄仁義之風而興起者。《左氏》載子罕之言以斥向戌[13]，似近正，然不得以弭兵爲非。兵雖不能終弭，弭一日緩一日之禍也。痛乎，何劭公之言火攻也！曰：“征伐之道，不過用兵，服則可以退，不服則可以進。火之盛炎，水之盛衝，雖欲服罪，不可復禁，故疾其暴而不仁也。”〔14〕今之戰事，專尚火攻，其暴而不仁，又百倍於東周之世。西人近講公法，開弭兵會〔15〕，似得墨子兼愛、非攻之旨，若進之以《春秋》之義，明王道，絀詐力，戰禍庶少瘥乎！

箋注

〔1〕僖元年，原刻本誤作“僖二年”，據《公羊傳·僖公元年》改。

〔2〕正也，原刻本無“正”字。按《公羊傳·僖公二十二年》：“偏戰者日爾，此其言朔何？《春秋》辭繁而不殺者，正也。何正爾？宋公與楚人期，戰於泓之陽。楚人濟泓而來。有司復曰：‘請迨其未畢濟而擊之。’宋公曰：‘不可。吾聞之也：君子不厄人。吾雖喪國之餘，寡人不忍行也。’既濟，未畢陳，有司復曰：‘請迨其未畢陳而擊之。’宋公曰：‘不可。吾聞之也：君子不鼓不成列。’已陳，然後襄公鼓之，宋師大敗。故君子大其不鼓不成列，臨大事而不忘大禮，有君而無臣，以爲雖文王之戰，亦不過此也。”據改。

〔3〕《春秋繁露·王道》：“宋襄公曰：‘不鼓不成列，不厄人’……君子篤於禮，薄於利。”《春秋繁露·俞序》：“故善宋襄公不厄人，不由其道而勝，不如由其道而敗，《春秋》貴之，將以變習俗，而成王化也。”《史記·宋微子世家》：“太史公曰：……襄公之時，修行仁義，欲爲盟主，其大夫正考父美之，故追道契、湯、高宗、殷所以興，作《商頌》。襄公既敗於泓，而君子或以爲多，傷中國闕禮義，襃之也，宋襄之有禮讓也。”《淮南子·泰族訓》：“泓之戰，軍敗君獲，而《春秋》大之，取其不鼓不成列也。”《白虎通·號》：“宋襄伐齊，亂齊桓公，不擒二毛，不鼓不成列。《春秋傳》曰：‘雖文王之戰不是過。’知其霸也。”《穀梁廢疾》：“所謂教民戰者，習之也。《春秋》偏戰而惡詐戰，宋襄公所以敗於泓者，守禮偏戰也，非不教其民也。孔子曰：‘君子去仁，惡乎成名，造次必於是，顛沛必於是。’未有守正以敗而惡之也。《公羊》以爲不書葬，爲襄公諱。”（見後知不足齋叢書本《起廢疾》）

〔4〕《司馬法》，春秋時期重要軍事著作之一。《史記·太史公自序》：“《司馬法》所從來尚矣，太公、孫、吳、王子能紹而明之，切近世，極人變。作《律書》第三……自古王者而有《司馬法》，穰苴能申明之，作《司馬穰苴列傳》第四。”

〔5〕綏，即退軍。《春秋左傳·文公十二年》：“乃皆出戰，交綏。”杜預注：“《司馬法》曰：‘逐奔不遠，從綏不及。逐奔不遠則難誘，從綏不及則難陷。’然則古名退軍爲綏。秦、晉志未能堅戰，短兵未至，爭而兩退，故曰交綏。”舍，古代長度單位。古代一舍三十里，三舍爲九十里。《國語·晉語四》：“若以君之靈，得復晉國，晉、楚治兵，會於中原，其避君三舍。”韋昭注：“古者師行三十里而舍，三舍爲九十里。”

〔6〕二毛，斑白的頭髮，常用以指老年人。《春秋左傳·僖公二十二年》：“君子不重傷，不禽二毛。”杜預注：“二毛，頭白有二色。”

〔7〕《老子》第五十七章：“以正治國，以奇用兵，以無事取天下。”

〔8〕隗禧，字子牙，三國魏京兆（今陝西西安西北）人。相研書，指記載戰爭之書。

〔9〕子魚，即目夷。春秋時宋桓公子，襄公茲父庶兄。桓公有疾，茲父請立子魚，辭不肯。襄公即位，任爲相。《左傳·僖公二十二年》：“公曰：‘君子不重傷，不禽二毛。古之爲軍也，不以阻隘也。寡人雖亡國之餘，不鼓不成列。’子魚曰：‘君未知戰。勍敵之人，隘而不列，天贊我也。阻而鼓之，不亦可乎？猶有懼焉。且今之勍者，皆吾敵也。雖及胡耇，獲則取之，何有於二毛？明恥教戰，求殺敵也，傷未及死，如何勿重？若愛重傷，則如勿傷；愛其二毛，則如服焉。三軍以利用也，金鼓以聲氣也。利而用之，阻隘可也；聲盛致志，鼓儳可也。’”

〔10〕《史記·宋微子世家》：“宋師大敗，襄公傷股，國人皆怨公。公曰：‘君子不困人於阨，不鼓不成列。’子魚曰：‘兵以勝爲功，何常言與？必如公言，即奴事之耳，又何戰爲？”

〔11〕弭兵，即平息戰爭。華元，春秋時宋國大夫。華督曾孫。公元前579年，華元因與楚令尹子重、晉欒武子友善，促成晉、楚兩大國在宋西門外締結第一次“弭兵”之約。《史記·宋微子世家》：“共公十年，華元善楚將子重，又善晉將欒書，兩盟晉、楚。”向戌，春秋時期宋國大夫，促成晉楚第二次“弭兵”。公元前546年，十四國諸侯會於宋，約定“晉、楚之從，交相見也。”《左傳·襄二十七年》：“宋向戌善於趙文子，又善於令尹子木，欲弭諸侯之兵以爲名。如晉告趙孟，趙孟謀於諸大夫。韓宣子曰：‘兵，民之殘也，財用之蠹也，小國之大菑也。將或弭之，雖曰不可，必將許之。弗許，楚將許之，以召諸侯，則我失爲盟主矣。’晉人許之。如楚，楚亦許之。如齊，齊人難之。陳文子曰：‘晉、楚許之，我焉得已？且人曰弭兵，而我弗許，則固攜吾民矣，將焉用之？’齊人許之。告於秦，秦亦許之。皆告於小國，爲會於宋。”

〔12〕墨翟，戰國初魯國人，一說宋國人。墨家創始者。主張兼愛、非攻、尚賢、尚

同,反對儒家繁禮厚葬,提倡薄葬非樂,反對世卿世禄制度,提出三表法,以檢驗言論是非。有《墨子》一書,爲墨子及其後學著作之總集。宋牼,亦名宋榮、宋鈃,同尹文創立宋尹學派。《莊子·天下》篇:"宋鈃、尹文聞其風而説之。作爲華山之冠以自表,接萬物以別宥爲始;語心之容,命之曰'心之行'。以聏合歡,以調海内。請欲置之以爲主。見侮不辱,救民之鬥,禁攻寢兵,救世之戰。以此周行天下,上説下教。雖天下不取,强聒而不捨者也。"

〔13〕《左傳·襄公二十七年》:"宋左師請賞,曰:'請免死之邑。'公與之邑六十,以示子罕。子罕曰:'凡諸侯小國,晉、楚所以兵威之,畏而後上下慈和,慈和而後能安靖其國家,以事大國,所以存也。無威則驕,驕則亂生,亂生必滅,所以亡也。天生五材,民并用之,廢一不可,誰能去兵? 兵之設久矣,所以威不軌而昭文德也。聖人以興,亂人以廢,廢興存亡,昏明之術,皆兵之由也。而子求去之,不亦誣乎? 以誣道蔽諸侯,罪莫大焉。縱無大討,而又求賞,無厭之甚也!'削而投之。左師辭邑。"

〔14〕不服則可以進,原刻本"可以"前衍"不"字。案《春秋公羊傳·桓公七年》:"七年,春,二月,己亥,焚咸丘。焚之者何? 樵之也。樵之者何? 以火攻也。何言乎以火攻? 疾始以火攻也。"何休注:"征伐之道,不過用兵,服則可以退,不服則可以進。火之盛炎,水之盛衝,雖欲服罪,不可復禁,故疾其暴而不仁也。"據删。

〔15〕如 1899 年、1907 年兩次海牙和平會議。19 世紀末,西方帝國主義國家爲重新瓜分殖民地、爭奪歐洲和世界霸權,展開了軍備競賽,其中尤以英、德兩國之間的競爭最爲激烈。俄國因國内財政拮據、國内矛盾激烈,在大國爭霸中感到力不從心。爲了贏得時間,限制對手,1898 年 8 月 24 日俄皇尼古拉二世建議在海牙召開和平會議,并邀歐、亞及北美各獨立國家參加。各國對沙俄的和平倡議雖持懷疑態度,但爲了實現各自的外交目的,都没有表示拒絕。1899 年 5 月 18 日至 7 月 29 日,第一次海牙和平會議召開。參加會議的有中、俄、英、法、美、日等 26 國。由於德國及其他國家的反對,無論裁減軍備或限制軍備都没有取得任何成果。會議簽訂了《和平解決國際爭端公約》《陸戰法規與慣例公約》和《日内瓦公約諸原則適用於海戰的公約》3 個公約。1907 年 6 月 15 日至 10 月 18 日,第二次和平會議在海牙召開,共 44 個國家參加。除第一次與會國(因挪威已與瑞典分立,共 27 國)外,還有 17 個中南美國家。會議議程與第一次會議基本相同。關於限制軍備問題的討論無進展。重新審定了 1899 年的 3 個公約,通過了有關中立問題、海戰法規等 10 項新公約。

參考文獻

一、經　　部

1. 周易

子夏易傳十一卷,舊題子夏撰,通志堂經解本。

周易鄭康成注一卷,〔宋〕王應麟輯,秘册彙函本。

周易鄭注十二卷,〔宋〕王應麟輯,〔清〕丁傑後定,張惠言訂正,湖海樓叢書本。

新本鄭氏周易三卷,〔清〕惠棟編,鄭氏佚書本。

周易注十卷周易略例一卷,〔三國〕王弼撰,武英殿仿相臺岳氏本。

關氏易傳一卷,(舊本題)〔北魏〕關朗撰、〔唐〕趙蕤注,津逮秘書本。

周易正義十四卷,〔三國〕王弼、〔晉〕韓康伯注,〔唐〕孔穎達正義,毛晉汲古閣
　　刻本。

周易集解十七卷,〔唐〕李鼎祚撰,雅雨堂叢書本。

周易口訣義六卷,〔唐〕史徵撰,武英殿聚珍版書本。

周易舉正三卷,〔唐〕郭京撰,津逮秘書本。

易童子問三卷,〔宋〕歐陽修撰,歐陽文忠公集本。

易數鈎隱圖三卷,〔宋〕劉牧撰,通志堂經解本。

周易口義十三卷,〔宋〕倪天隱撰,文淵閣四庫全書本。

溫公易説六卷,〔宋〕司馬光撰,武英殿聚珍版書本。

橫渠易説三卷,〔宋〕張載撰,通志堂經解本。

東坡易傳九卷,〔宋〕蘇軾撰,焦竑刊兩蘇經解本。

易傳四卷,〔宋〕程頤撰,二程全書本。

周易新講義十卷,〔宋〕耿南仲撰,文淵閣四庫全書本。

周易新講義十卷,〔宋〕龔原撰,佚存叢書本。

紫岩易傳十卷,〔宋〕張浚撰,通志堂經解本。

讀易詳説十卷,〔宋〕李光撰,文淵閣四庫全書本。

漢上易集傳十一卷、卦圖三卷、叢説一卷,〔宋〕朱震撰,通志堂經解本。

周易窺餘十五卷，〔宋〕鄭剛中撰，文淵閣四庫全書本。

易變體義十二卷，〔宋〕都絜撰，文淵閣四庫全書本。

郭氏傳家易說十一卷，〔宋〕郭雍撰，文淵閣四庫全書本。

周易義海撮要十二卷，〔宋〕李衡撰，通志堂經解本。

易原八卷，〔宋〕程大昌撰，文淵閣四庫全書本。

周易古占法五卷、古周易章句外編一卷，〔宋〕程迥撰，范氏奇書本。

方舟易學二卷，〔宋〕李石撰，叢書集成初編本。

周易本義十二卷，〔宋〕朱熹撰，文淵閣四庫全書本。

南軒易說三卷，〔宋〕張栻撰，文淵閣四庫全書本。

楊氏易傳二十卷，〔宋〕楊簡撰，文淵閣四庫全書本。

周易玩辭十六卷，〔宋〕項安世撰，通志堂經解本。

誠齋易傳二十卷，〔宋〕楊萬里撰，武英殿聚珍版書本。

大易粹言十二卷，〔宋〕曾穜輯，宋淳熙三年舒州公使庫刻本。

易圖說三卷，〔宋〕吳仁傑撰，通志堂經解本。

古周易一卷，〔宋〕呂祖謙編，金華叢書本。

古周易音訓二卷，〔宋〕呂祖謙撰、〔清〕宋咸熙輯，式訓堂叢書本。

厚齋易學六十二卷，〔宋〕馮椅撰，文淵閣四庫全書本。

童溪易傳三十卷，〔宋〕王宗傳撰，通志堂經解本。

丙子學易編一卷，〔宋〕李心傳撰，通志堂經解本。

周易經傳訓解二卷，〔宋〕蔡淵撰，文淵閣四庫全書本。

周易要義十卷，〔宋〕魏了翁撰，四部叢刊續編本。

東穀易翼傳二卷，〔宋〕鄭汝諧撰，通志堂經解本。

朱文公易說二十三卷，〔宋〕朱鑒編，通志堂經解本。

易學啓蒙小傳一卷，〔宋〕稅與權撰，通志堂經解本。

周易輯聞六卷，〔宋〕趙汝楳撰，通志堂經解本。

用易詳解十六卷，〔宋〕李杞撰，文淵閣四庫全書本。

淙山讀周易記二十一卷，〔宋〕方實孫撰，文淵閣四庫全書本。

周易傳義附録十四卷，〔宋〕董楷撰，通志堂經解本。

易學啓蒙通釋二卷，〔宋〕胡方平撰，嘉慶十五年慶餘堂刻本。

三易備遺十卷，〔宋〕朱元升撰，朱士立補輯，通志堂經解本。

泰軒易傳六卷，〔宋〕李中正撰，佚存叢書本。

周易象義十二卷，〔宋〕丁易東撰，文淵閣四庫全書本。

周易集說十三卷，〔元〕俞琰撰，通志堂經解本。

讀易舉要四卷，〔元〕俞琰撰，文淵閣四庫全書本。

易圖通變五卷、易筮通變三卷，〔元〕雷思齊撰，文淵閣四庫全書本。

讀易私言一卷，〔元〕許衡撰，通志堂經解本。

周易本義附録纂疏十五卷，〔元〕胡一桂撰，通志堂經解本。

易學啓蒙翼傳四卷，〔元〕胡一桂撰，通志堂經解本。

易纂言十二卷，〔元〕吳澄撰，通志堂經解本。

易纂言外翼十二卷，〔元〕吳澄撰，豫章叢書本。

周易程朱傳義折衷三十三卷，〔元〕趙采撰，文淵閣四庫全書本。

周易衍義十六卷，〔元〕胡震撰，文淵閣四庫全書本。

大易緝説十卷，〔元〕王申子撰，通志堂經解本。

周易本義通釋十二卷，〔元〕胡炳文撰，通志堂經解本。

易學濫觴一卷，〔元〕黄澤撰，小萬卷樓叢書本。

周易本義集成十二卷，〔元〕熊良輔撰，通志堂經解本。

大易象數鈎深圖三卷，〔元〕張理撰，文淵閣四庫全書本。

學易記九卷，〔元〕李簡撰，通志堂經解本。

周易集傳八卷，〔元〕龍仁夫撰，別下齋叢書本。

讀易考原一卷，〔元〕蕭漢中撰，豫章叢書本。

周易會通十四卷，〔元〕董真卿撰，文淵閣四庫全書本。

周易文詮四卷，〔元〕趙汸撰，文淵閣四庫全書本。

周易大全二十四卷，〔明〕胡廣等奉敕撰，文淵閣四庫全書本。

易經圖釋十二卷，〔明〕劉定之撰，劉文安全集刻本。

玩易意見二卷，〔明〕王恕撰，惜陰軒叢書刻本。

易象抄四卷，〔明〕胡居仁撰，文淵閣四庫全書本。

易經蒙引十二卷，〔明〕蔡清撰，萬曆三十八年刻本。

讀易餘言五卷，〔明〕崔銑撰，文淵閣四庫全書本。

周易説翼三卷，〔明〕吕柟撰，惜陰軒叢書刻本。

易經存疑十二卷，〔明〕林希元撰，文淵閣四庫全書本。

周易象旨決録七卷，〔明〕熊過撰，文淵閣四庫全書本。

易象鈎解四卷，〔明〕陳士元撰，文淵閣四庫全書本。

周易禪解十卷，〔明〕釋智旭撰，民國四年金陵刻經處刊本。

易學識遺一卷，〔明〕朱睦㮮撰，五經稽疑本。

周易集注十六卷，〔明〕來知德撰，文淵閣四庫全書本。

像象管見九卷，〔明〕錢一本。撰，文淵閣四庫全書本。

九正易因無卷數,〔明〕李贄撰,毛氏汲古閣刻本。

周易古今文全書二十一卷,〔明〕楊時喬撰,萬曆刻本。

易筌六卷附論一卷,〔明〕焦竑撰,萬曆四十年刻本。

易經疑問十二卷,〔明〕姚舜牧撰,萬曆三十八年刊本。

周易正解二十卷,〔明〕郝敬撰,萬曆四十三年郝氏家刻本。

周易古文鈔三卷,〔明〕劉宗周撰,姜希轍刻本。

周易易簡説(又名周易孔義)三卷,〔明〕高攀龍撰,文淵閣四庫全書本。

易象正十六卷,〔明〕黃道周撰,康熙三十二年刊石齋先生經傳九種本。

古周易訂詁十六卷,〔明〕何楷撰,文淵閣四庫全書本。

周易玩辭困學記十五卷,〔明〕張次仲撰,文淵閣四庫全書本。

讀易隅通二卷,〔明〕來集之撰,雍正元年張文炳刻本。

日講易經解義十八卷,〔清〕牛鈕等奉敕撰,文淵閣四庫全書本。

周易折中二十二卷,〔清〕李光地等奉敕撰,文淵閣四庫全書本。

周易述義十卷,〔清〕傅恒、孫嘉淦等奉敕撰,文淵閣四庫全書本。

讀易大旨六卷,〔清〕孫奇逢撰,文淵閣四庫全書本。

周易稗疏四卷,〔清〕王夫之撰,船山遺書本。

周易内傳六卷,〔清〕王夫之撰,船山遺書本。

周易發例一卷,〔清〕王夫之撰,船山遺書本。

周易外傳七卷,〔清〕王夫之撰,船山遺書本。

易學象數論六卷,〔清〕黃宗羲撰,文淵閣四庫全書本。

田間易學十二卷,〔清〕錢澄之撰,文淵閣四庫全書本。

周易象辭附尋門餘論圖書辯惑,〔清〕黃宗炎撰,文淵閣四庫全書本。

易酌十四卷,〔清〕刁包撰,文淵閣四庫全書本。

周易筮述八卷,〔清〕王宏撰撰,文淵閣四庫全書本。

周易圖説述四卷,〔清〕王宏撰撰,康熙年間刊本。

古易彙詮不分卷,〔清〕劉文龍撰,雍正年間刊本。

仲氏易十三卷,〔清〕毛奇齡撰,文淵閣四庫全書本。

推易始末四卷,〔清〕毛奇齡撰,西河合集本。

周易通論四卷,〔清〕李光地撰,榕村全集本。

周易觀象十二卷,〔清〕李光地撰,榕村全集本。

周易淺述八卷,〔清〕陳夢雷撰,文淵閣四庫全書本。

周易劄記二卷,〔清〕楊名時撰,楊氏全書本。

易原就正十二卷,〔清〕包儀撰,文淵閣四庫全書本。

易經衷論二卷,〔清〕張英撰,張文端公全集本。

易圖明辨十卷,〔清〕胡渭撰,皇清經解續編本。

周易玩辭集解十卷,〔清〕查慎行撰,文淵閣四庫全書本。

合訂删補大易集義粹言八十卷,〔清〕納蘭性德撰,通志堂經解本。

周易函書約存十八卷、約注十八卷、別集十六卷,〔清〕胡煦撰,文淵閣四庫全
　　書本。

周易傳注七卷、附周易筮考一卷,〔清〕李塨撰,顏李叢書本。

周易傳義合訂十二卷,〔清〕朱軾撰,高安全書本。

易説六卷,〔清〕惠士奇撰,皇清經解本。

河圖洛書同異考一卷,〔清〕冉覲祖撰,昭代叢書本。

周易本義闡旨八卷,〔清〕胡方撰,嘉慶十七年蘭桂堂刻本。

大易擇言三十六卷,〔清〕程廷祚撰,文淵閣四庫全書本。

讀易別録三卷,〔清〕全祖望撰,知不足齋叢書本。

周易述二十三卷,〔清〕惠棟撰,皇清經解本。

易漢學八卷,〔清〕惠棟撰,皇清經解續編本。

易例二卷,〔清〕惠棟撰,皇清經解續編本。

周易本義辯正六卷,〔清〕惠棟撰,蔣氏省吾堂本。

周易詮義十五卷,〔清〕汪紱撰,敷文書局刊本。

河洛精蘊九卷,〔清〕江永撰,蘊真書屋刊本。

虞氏易言二卷,〔清〕張惠言撰,張皋文全集本。

周易虞氏義九卷,〔清〕張惠言撰,茗柯全書本。

易義別録十四卷,〔清〕張惠言撰,茗柯全書本。

周易鄭氏注二卷,〔清〕張惠言撰,湖海樓叢書本。

易圖條辨一卷,〔清〕張惠言撰,茗柯全書本。

周易荀氏九家三卷,〔清〕張惠言撰,茗柯全書本。

易卦圖説一卷,〔清〕崔述撰,崔東壁遺書本。

孫氏周易集解十卷,〔清〕孫星衍撰,粵雅堂叢書本。

雕菰樓易學四十卷,〔清〕焦循撰,焦氏叢書本。

卦本圖考一卷,〔清〕胡秉虔撰,潄喜齋本。

周易引經通釋十卷,〔清〕李鈞簡撰,嘉慶十九年刊本。

學易討原一卷,〔清〕姚文田撰,嘉慶刊本。

周易述補四卷,〔清〕江藩撰,皇清經解續編本。

諸家異象別録一卷,〔清〕方申撰,南菁書院叢書本。

李氏易解賸義三卷，〔清〕李富孫撰，讀史齋叢書刻本。

易經異文釋六卷，〔清〕李富孫撰，讀史齋叢書本。

周易姚氏學十六卷，〔清〕姚配中撰，湖北叢書本。

周易通論月令二卷，〔清〕姚配中撰，一經廬刊本。

周易集解纂疏十卷，〔清〕李道平撰，道光二十一年獲齋刊本。

讀易備忘四卷，〔清〕王滌心撰，慎修堂刊本。

周易恒解六卷，〔清〕劉沅撰，到福樓重刻本。

六十四卦經解一卷，〔清〕朱駿聲撰，中華書局，1958 年。

周易考異二卷，〔清〕宋翔鳳撰，皇清經解續編本。

讀易漢學私記一卷，〔清〕陳壽熊撰，光緒年間刊本。

易釋四卷，〔清〕黃式三撰，廣雅書院本。

易釋四卷，〔清〕易順豫撰，民國年間刊本。

周易舊疏考正一卷，〔清〕劉毓崧撰，光緒十四年青溪舊屋刊本。

周易漢讀考三卷，〔清〕郭階撰，春暉雜稿本。

虞氏易象考證二卷，〔清〕紀磊撰，嘉業堂叢書本。

九家易象辨證一卷，〔清〕紀磊撰，吳興叢書本。

周易本義辨證補訂四卷，〔清〕紀磊撰，嘉業堂叢書本。

漢儒傳易源流一卷，〔清〕紀磊撰，嘉業堂刊本。

虞氏易補注二卷，〔清〕紀磊撰，嘉業堂刊本。

易經象類一卷，〔清〕丁晏撰，鄦齋叢書本。

周易解詁一卷，〔清〕丁晏撰，廣雅書局刊本。

易大義補一卷，〔清〕桂文燦撰，桂氏經學叢書本。

讀易筆記二卷，〔清〕方宗誠撰，光緒三年刊本。

周易釋爻例一卷，〔清〕成蓉鏡撰，皇清經解續編本。

周易經典證略十卷，〔清〕何其傑撰，光緒年間刊本。

易漢學考二卷，〔清〕吳翊寅撰，廣雅書局刊本。

易漢學師承表一卷，〔清〕吳翊寅撰，廣雅書局刊本。

易象傳大義述二卷，〔清〕吳翊寅撰，廣雅書局刊本。

易爻例一卷，〔清〕吳翊寅撰，廣雅書局刊本。

周易故訓訂上經一卷，〔清〕黃以周撰，光緒間唐文治刊本。

易旁通變化論一卷，〔清〕俞樾撰，俞樓雜纂本。

周易互體徵一卷，〔清〕俞樾撰，皇清經解續編本。

易貫五卷，〔清〕俞樾撰，第一樓叢書本。

周易學統九卷,〔清〕汪宗沂撰,光緒刊本。

香草校易六卷,〔清〕于鬯撰,光緒刊香草校書本。

周易説十一卷,〔清〕王閻運撰,光緒年間湖南刊本。

學易筆談四卷,杭辛齋撰,易藏叢書本。

學易筆談二集四卷,杭辛齋撰,易藏叢書本。

易楔六卷,杭辛齋撰,易藏叢書本。

易數偶得一卷,杭辛齋撰,易藏叢書本。

讀易雜識一卷,杭辛齋撰,易藏叢書本。

重訂周易費氏學八卷,馬其昶撰,民國刊本。

費氏古易訂文十二卷,王樹楠撰,光緒十七年文莫室刊本。

周易釋貞二卷,王樹楠撰,陶廬叢刻本。

霜菉亭易説一卷,胡薇元撰,玉津閣叢書本。

易經古本一卷,廖平撰,成都存古書局刊本。

四益易説一卷,廖平撰,六譯館叢書本。

邵村學易二十卷,張其淦撰,民國排印本。

易獨斷一卷,魏元曠撰,潛園二十四種叢書本。

周易補注四十一卷,段復昌撰,光緒十五年刊本。

周易鄭氏注箋釋十六卷,曹元弼撰,民國刊本。

京氏易傳三卷,〔漢〕京房撰,四部叢刊景天一閣本。

易洞林一卷,〔晉〕郭璞撰,〔清〕黄奭、馬國翰等輯本。

靈臺秘苑十五卷　〔北周〕庾季才撰,文淵閣四庫全書本。

元包經傳五卷,〔北周〕衛元嵩撰,文淵閣四庫全書本。

皇極經世書,〔宋〕邵雍撰,九州出版社,2012 年。

元包數總義二卷,〔宋〕張行成撰,文淵閣四庫全書本。

易通變四十卷,〔宋〕張行成撰,文淵閣四庫全書本。

大衍索隱三卷,〔宋〕丁易東撰,文淵閣四庫全書本。

敦煌古寫本周易王注校勘記二卷,羅振玉撰,廣倉學窘叢書本。

2. 尚書

尚書大傳四卷,(舊題)〔漢〕伏勝撰、〔漢〕鄭玄注,四部叢刊本。

尚書大傳三卷,〔漢〕鄭玄注、〔清〕陳壽祺輯校,古經解彙函本。

尚書大傳注三卷,〔漢〕鄭玄注、〔清〕袁均輯,鄭氏佚書本。

鄭氏古尚書十一卷,〔漢〕鄭玄注、〔宋〕王應麟輯、〔清〕李調元補正,函海本。

尚書古文注十卷，[清] 孔廣林輯，鄭氏佚書本。

尚書正義二十卷，[唐] 孔穎達等奉敕撰，阮刻十三經注疏本。

尚書正義，[唐] 孔穎達等奉敕撰、黄懷信點校，上海古籍出版社，2007 年。

東坡書傳十三卷，[宋] 蘇軾撰，兩蘇經解本。

尚書全解四十卷，[宋] 林之奇撰，通志堂經解本。

尚書講義，[宋] 史浩撰，四明叢書本。

書古文訓十六卷，[宋] 薛季宣撰，通志堂經解本。

書説三十五卷，[宋] 吕祖謙撰，通志堂經解本。

尚書説七卷，[宋] 黄度撰，文淵閣四庫全書本。

書集傳六卷，[宋] 蔡沈撰，元至正十一年德星書堂刻本。

尚書精義五十卷，[宋] 黄倫撰，經苑本。

尚書要義十七卷、序説一卷，[宋] 魏了翁撰，江蘇書局刊全本。

古文尚書證訛十一卷，[宋] 王應麟撰集，函海本。

書疑九卷，[宋] 王柏撰，通志堂經解本。

尚書表注二卷，[元] 金履祥撰，率祖堂叢書本。

書經注十二卷，[元] 金履祥撰，十萬卷樓叢書本。

書纂言四卷，[元] 吴澄撰，文淵閣四庫全書本。

尚書集傳纂疏六卷，[元] 陳櫟撰，通志堂經解本。

讀書叢説六卷，[元] 許謙撰，金華叢書本。

尚書通考十卷，[元] 黄鎮成撰，通志堂經解本。

尚書纂注四十六卷，[元] 王天與撰，通志堂經解本。

尚書旁注六卷，[明] 朱升撰，清康熙間蔡鏊再刻本。

尚書譜五卷，[明] 梅鷟撰，續修四庫全書本。

書經直解十三卷，[明] 張居正撰，四庫存目叢書本。

尚書辨解十卷，[明] 郝敬撰，湖北叢書本。

書傳會選六卷，[明] 劉三吾等奉敕撰，文淵閣四庫全書本。

書傳大全十卷，[明] 胡廣等奉敕撰，文淵閣四庫全書本。

尚書考異五卷，[明] 梅鷟撰，平津館叢書本。

尚書疏衍四卷，[明] 陳第撰，萬曆壬子刊本。

日講書經解義十三卷，[清] 聖祖康熙御定，文淵閣四庫全書本。

欽定書經傳説彙纂二十四卷，[清] 王頊齡等奉敕撰，文淵閣四庫全書本。

書經稗疏四卷，[清] 王夫之撰，船山遺書本。

尚書古文疏證八卷，[清] 閻若璩撰，上海古籍出版社，2013 年。

古文尚書冤詞八卷,[清] 毛奇齡撰,西河合集本。

尚書廣聽録五卷,[清] 毛奇齡撰,西河合集本。

尚書埤傳十七卷,[清] 朱鶴齡撰,清康熙濠上草堂刻本。

尚書解義一卷,[清] 李光地撰,榕村全書本。

書經衷論四卷,[清] 張英撰,張文端公全集本。

尚書地理今釋一卷,[清] 蔣廷錫撰,文淵閣四庫全書本。

尚書集解二十卷,[清] 孫承澤撰,四庫存目叢書本。

尚書近指六卷,[清] 孫奇逢撰,孫夏峰全集本。

尚書引義六卷,[清] 王夫之撰,船山遺書本。

古文尚書辨一卷,[清] 朱彝尊撰,光緒丁亥宋澤元刊本。

古文尚書考一卷,[清] 陸隴其撰,遜敏堂叢書本。

今文尚書説三卷,[清] 陸奎勳撰,四庫存目叢書本。

尚書小疏一卷,[清] 沈彤撰,皇清經解本。

古文尚書冤詞補正一卷,[清] 周春撰,續修四庫全書影印本。

書經詮義十四卷,[清] 汪紱撰,雙池叢書本。

晚書訂疑三卷,[清] 程廷祚撰,皇清經解續編本。

尚書考辨四卷,[清] 宋鑒撰,續修四庫全書影印本。

尚書異讀考六卷,[清] 趙佑撰,清獻堂全編本。

尚書古字辨異一卷,[清] 李調元輯,函海本。

古文尚書考二卷,[清] 惠棟撰,嘉慶省吾堂刊本。

尚書古義二卷,[清] 惠棟撰,嘉慶省吾堂刊本。

尚書義考二卷,[清] 戴震撰,聚學軒叢書本。

尚書古文證疑四卷,[清] 孫喬年撰,嘉慶十五年天心閣刊本。

尚書客難四卷,[清] 龔元玠撰,道光年間刊本。

尚書説二卷,[清] 莊存與撰,味經齋刊本。

尚書注疏補正一卷,[清] 盧文弨撰,抱經堂刊本。

尚書後案三十卷,[清] 王鳴盛撰,續修四庫全書影印本。

尚書後案駁正二卷,[清] 王劼撰,咸豐十一年巴縣王氏晚晴樓刊本。

尚書集注音疏十二卷,[清] 江聲撰,續修四庫全書影印本。

尚書隸古定釋文八卷,[清] 李遇孫撰,嘉慶九年寧儉堂刊本。

古文尚書辨偽二卷,[清] 崔述撰,崔東壁遺書本。

古文尚書撰異三十三卷,[清] 段玉裁撰,經韻樓叢書本。

尚書今古文注疏三十卷,[清] 孫星衍撰,中華書局,1986 年。

書説二卷,〔清〕郝懿行撰,光緒刊本。

尚書補疏二卷,〔清〕焦循撰,焦氏叢書本。

尚書略説二卷,〔清〕宋翔鳳撰,嘉慶二十五年浮溪精舍叢書本。

書序述聞一卷,〔清〕劉逢禄撰,皇清經解續編本。

尚書今古文集解三十卷,〔清〕劉逢禄撰,皇清經解續編本。

尚書大傳輯校八卷,〔清〕陳壽祺撰,陳氏家刻本。

同文尚書三十一卷,〔清〕牟庭撰,山左名賢遺書本。

書經恒解六卷,〔清〕劉沅撰,至福樓重刊本。

尚書詁要四卷,〔清〕龍萬育輯,道光五年刊本。

尚書傳授同異考一卷,〔清〕邵懿辰撰,光緒年間家刻本。

尚書通義二卷,〔清〕邵懿辰撰,光緒間家刻本。

尚書述一卷,〔清〕凌堃撰,傳經樓叢書本。

尚書啓蒙五卷,〔清〕黃式三撰,光緒十四年黃氏家塾刊本。

尚書舊疏考正一卷,〔清〕劉毓崧撰,皇清經解續編本。

今文尚書經説考三十二卷,〔清〕陳喬樅撰,續修四庫全書影印本。

尚書歐陽夏侯遺説考一卷,〔清〕陳喬樅撰,陳氏家刻本。

尚書余論一卷,〔清〕丁晏撰,六藝堂詩禮七編本。

書蔡傳附釋一卷,〔清〕丁晏撰,廣雅書局本。

尚書故三卷,〔清〕吳汝綸撰,桐城吳氏全書本。

達齋書説一卷,〔清〕俞樾撰,春在堂全書本。

尚書駢枝不分卷,〔清〕孫詒讓撰,齊魯書社,1988年。

今文尚書考證三十卷,〔清〕皮錫瑞撰,中華書局,1989年。

尚書古文疏證辨正一卷,〔清〕皮錫瑞撰,思賢書局刊本。

古文尚書冤詞平議二卷,〔清〕皮錫瑞撰,皮氏經學叢書本。

尚書大傳疏證七卷,〔清〕皮錫瑞撰,皮氏家刊本。

香草校尚書四卷,〔清〕于鬯撰,光緒年間刊本。

尚書今古文注三十卷,〔清〕王闓運撰,光緒五年四川成都刻本。

尚書箋三十卷,〔清〕王闓運撰,王湘綺全集本。

尚書大傳注七卷,〔清〕王闓運撰,王湘綺全集本。

尚書孔傳參正三十六卷,〔清〕王先謙撰,續修四庫全書影印本。

尚書集注述疏三十五卷,〔清〕簡朝亮撰,續修四庫全書影印本。

尚書商誼三卷,〔清〕王樹楠撰,續修四庫全書影印本。

尚書誼略二十八卷、叙録一卷,〔清〕姚永樸撰,續修四庫全書影印本。

尚書今文新義二十九卷,［清］廖平撰,六譯館叢書本。

尚書弘道編不分卷,［清］廖平撰,六譯館叢書本。

禹貢論五卷後論一卷、山川地理圖二卷,［宋］程大昌撰,古逸叢書本。

禹貢指南四卷,［宋］毛晃撰,榕園叢書本。

禹貢説斷四卷,［宋］傅寅撰,金華叢書本。

禹貢長箋十二卷,［清］朱鶴齡撰,文淵閣四庫全書本。

禹貢錐指二十卷、圖一卷,［清］胡渭撰,皇清經解本。

九州山水考三卷,［清］孫承澤撰,清康熙間刻本。

禹貢會箋十二卷,［清］徐文靖撰,文淵閣四庫全書本。

禹貢山川考二卷,［清］李榮陛撰,豫章叢書本。

禹貢三江考三卷,［清］程瑶田撰,通藝録本。

禹貢鄭注釋一卷,［清］焦循撰,焦氏叢書本。

禹貢水道考異十卷,［清］方堃撰,光緒三年刊本。

禹貢分箋三卷,［清］方溶撰,嘉慶二十四年銀花藤館刊本。

禹貢九州今地考二卷,［清］曾廉撰,光緒三十二年湖南刊本。

禹貢正字一卷,［清］王筠撰,道光己酉自刻本。

禹貢説二卷,［清］魏源撰,同治六年廣州碧琭瓏館本。

禹貢集注一卷,［清］劉崇慶撰,咸豐十年刊本。

禹貢古今注通釋六卷,［清］侯楨撰,光緒年間重刻本。

禹貢川澤考二卷,［清］桂文燦撰,桂氏經學叢書本。

禹貢通釋十三卷,［清］童顔舒撰,民國十二年刊本。

禹貢集釋三卷,［清］丁晏撰,頤志齋叢書本。

禹貢三江九江辨一種,［清］黎庶昌撰,拙尊園叢搞本。

禹貢本義,［清］楊守敬撰,光緒間自刻本。

洪範口義二卷,［宋］胡瑗講授,墨海金壺本。

洪范政鑒十二卷,［宋］仁宗趙禎撰,四庫存目叢書本。

洪範説一卷,［清］李光地撰,康熙戊子刊本。

洪範正論五卷,［清］胡渭撰,乾隆四年胡紹芬刻本。

洪範五行傳三卷,［清］陳壽祺撰,左海全集本。

洪范大義三卷,［清］唐文治撰,民國壬戌刊本。

尚書周誥考辨二卷,［清］章謙存撰,强恕齋本。

洛誥箋一卷,［清］王國維撰,雪堂叢刻本。

大誓答問一卷,［清］龔自珍撰,滂喜齋叢書本。

逸周書補注二十二卷，［清］陳逢衡撰，道光乙酉修梅山館刊本。

周書集訓校釋十卷、逸文一卷，［清］朱右曾撰，道光丙午歸硯齋刊本。

周書斠補四卷，［清］孫詒讓撰，籀廎精刊本。

王會篇箋釋三卷，［清］何秋濤撰，光緒辛卯江蘇書局刊本。

周書補正六卷、附略説一卷，［清］劉師培撰，民國十年刊本。

古文尚書拾遺定本，章炳麟撰，章太炎先生遺著本。

太史公古文尚書説，章炳麟撰，章氏叢書續編本。

尚書古注輯佚書彙集，［清］嚴可均、馬國翰、王仁俊、黃奭等輯。

3. 詩經

韓詩外傳十卷，［漢］韓嬰撰，漢魏叢書本。

毛詩注疏二十卷，［漢］毛亨傳、鄭玄箋、［唐］孔穎達疏、陸德明音義，阮刻十三經
　　注疏本。

毛詩注疏，［漢］毛亨傳、鄭玄箋、［唐］陸德明音釋、孔穎達正義，上海古籍出版
　　社，2013 年。

毛詩草木鳥獸蟲魚疏二卷，［三國吳］陸璣撰，續百川學海本。

毛詩指説一卷，［唐］成伯瑜撰，通志堂經解本。

詩本義十六卷，［宋］歐陽修撰，通志堂經解本。

詩集傳二十卷，［宋］蘇轍撰，兩蘇經解本。

毛詩名物解二十卷，［宋］蔡卞撰，通志堂經解本。

詩辨妄六卷，［宋］鄭樵撰，北京樸社，1933 年。

詩集傳二十卷，［宋］朱熹撰，四部叢刊三編本。

詩序辨説一卷，［宋］朱熹撰，文淵閣四庫全書本。

詩補傳三十卷，［宋］范處義撰，通志堂經解本。

詩論一卷，［宋］程大昌撰，學海類編本。

詩總聞二十卷，［宋］王質撰，文淵閣四庫全書本。

非詩辨妄一卷，［宋］周孚撰，別下齋叢書本。

呂氏家塾讀詩記三十二卷，［宋］呂祖謙撰，文淵閣四庫全書本。

毛詩集解四十二卷，［宋］李樗、黃櫄撰，通志堂經解本。

慈湖詩傳二十卷，［宋］楊簡撰，四明叢書本。

詩傳遺説六卷，［宋］朱鑒撰，通志堂經解本。

續呂氏家塾讀詩記三卷，［宋］戴溪撰，武英殿聚珍版書本。

絜齋毛詩經筵講義四卷，［宋］袁燮撰，武英殿聚珍版書本。

毛詩講義十二卷,〔宋〕林岊撰,文淵閣四庫全書本。

毛詩要義二十卷,〔宋〕魏了翁撰,九經要義本。

山堂詩考一卷,〔宋〕章如愚撰,格致叢書本。

詩童子問十卷,〔宋〕輔廣撰,文淵閣四庫全書本。

詩地理考六卷,〔宋〕王應麟撰,文淵閣四庫全書本。

詩考一卷,〔宋〕王應麟撰,格致叢書本。

詩疑二卷,〔宋〕王柏撰,通志堂經解本。

詩緝三十六卷,〔宋〕嚴粲撰,文淵閣四庫全書本。

讀詩一得一卷,〔宋〕黃震撰,古名儒毛詩解十六種本。

詩傳注疏三卷,〔宋〕謝枋得撰,知不足齋叢書本。

毛詩集解二十五卷,〔宋〕段昌武撰,文淵閣四庫全書本。

詩辨說一卷,〔宋〕趙悳撰,通志堂經解本。

詩集傳附錄纂疏二十卷,〔元〕胡一桂撰,建安劉君優翠岩精舍刻本。

詩傳通釋二十卷,〔元〕劉瑾撰,文淵閣四庫全書本。

詩傳旁通十五卷,〔元〕梁益撰,文淵閣四庫全書本。

詩集傳名物鈔八卷,〔元〕許謙撰,通志堂經解本。

詩經疏義二十卷,〔元〕朱公遷撰,文淵閣四庫全書本。

詩經疑問七卷,〔元〕朱倬撰,通志堂經解本。

詩經大全二十卷,〔明〕胡廣等撰,文淵閣四庫全書本。

讀詩錄一卷,〔明〕薛瑄撰,古名儒毛詩解十六種本。

毛詩說序六卷,〔明〕呂柟撰,呂涇野五經說本。

詩說解頤四十卷,〔明〕季本撰,文淵閣四庫全書本。

詩故十卷,〔明〕朱謀㙔撰,文淵閣四庫全書本。

詩經疑問十二卷,〔明〕姚舜牧撰,文淵閣四庫全書本。

毛詩原解三十六卷,〔明〕郝敬撰,郝氏九經解本。

毛詩序說八卷,〔明〕郝敬撰,山草堂集內編本。

毛詩古音考四卷,〔明〕陳第撰,明辨齋叢書本。

讀詩略記六卷,〔明〕朱朝瑛撰,文淵閣四庫全書本。

詩經通義十二卷,〔清〕朱鶴齡撰,碧琳琅館叢書甲部本。

詩問一卷,〔清〕汪琬撰,後知不足齋叢書本。

詩本音十卷,〔清〕顧炎武撰,皇清經解本。

欽定詩經傳說彙纂二十一卷,〔清〕王鴻緒等撰,御纂七經本。

欽定詩義折中二十卷,〔清〕傅恒等撰,武英殿聚珍版叢書本。

田間詩學十二卷，〔清〕錢澄之撰，文淵閣四庫全書本。

詩經稗疏四卷，〔清〕王夫之撰，船山遺書本。

詩廣傳五卷，〔清〕王夫之撰，船山遺書本。

詩經通論十八卷，〔清〕姚際恒撰，中華書局，1958 年。

毛詩稽古編三十卷，〔清〕陳啓源撰，皇清經解本。

朱子詩義補正八卷，〔清〕方苞撰，清乾隆刻本。

毛詩古義二卷，〔清〕惠棟撰，昭代叢書本。

詩傳名物集覽十二卷，〔清〕陳大章撰，湖北叢書本。

詩説三卷，〔清〕惠周惕撰，文淵閣四庫全書本。

詩義記講四卷，〔清〕楊名時述、夏宗瀾記，四庫存目叢書本。

讀詩質疑三十一卷，〔清〕嚴虞惇撰，文淵閣四庫全書本。

毛詩類釋二十一卷、續編三卷，〔清〕顧棟高撰，文淵閣四庫全書本。

毛鄭詩考正四卷，〔清〕戴震撰，微波榭叢書本。

杲溪詩經補注二卷，〔清〕戴震撰，微波榭叢書本。

詩聲類十二卷、分例一卷，〔清〕孔廣森撰，皇清經解續編本。

詩疑辨證六卷，〔清〕黄中松撰，文淵閣四庫全書本。

詩沈二十卷，〔清〕范家相撰，文淵閣四庫全書本。

三家詩拾遺十卷，〔清〕范家相撰，文淵閣四庫全書本。

重訂三家詩拾遺十卷，〔清〕范家相撰、葉鈞重訂，嶺南遺書本。

詩序補義二十四卷，〔清〕姜炳璋撰，文淵閣四庫全書本。

毛詩名物圖説九卷，〔清〕徐鼎撰，清乾隆三十六年刻本。

陸氏詩草木鳥獸蟲魚疏校正二卷，〔清〕趙佑撰，聚學軒叢書本。

詩音表一卷，〔清〕錢坫撰，音韻學叢書本。

詩經韻讀四卷，〔清〕江有誥撰，江氏音學十書本。

毛詩故訓傳定本三十卷，〔清〕段玉裁撰，經韻樓叢書本。

詩經小學四卷，〔清〕段玉裁撰，拜經堂叢書本。

毛詩馬王微四卷，〔清〕臧庸撰，問經堂叢書本。

韓詩遺説二卷、訂譌一卷，〔清〕臧庸撰，靈鶼閣叢書本。

讀風偶識四卷，〔清〕崔述撰，崔東壁遺書本。

毛詩考證四卷，〔清〕莊述祖撰，皇清經解續編本。

詩附記四卷，〔清〕翁方綱撰，畿輔叢書本。

毛詩補疏五卷，〔清〕焦循撰，焦氏雕菰樓叢書本。

陸氏草木鳥獸蟲魚疏疏二卷，〔清〕焦循撰，南菁書院叢書本。

毛詩異義四卷，〔清〕汪龍撰，安徽叢書本。

詩説二卷，〔清〕郝懿行撰，郝氏遺書本。

毛詩通考三十卷，〔清〕林伯桐撰，嶺南遺書本。

三家詩補遺三卷，〔清〕阮元撰，觀古堂匯刻書第一集本。

毛詩校勘記七卷、釋文校勘記三卷，〔清〕阮元撰，皇清經解本。

詩經音訓不分卷，〔清〕楊國楨輯，十一經音訓本。

詩故考異三十二卷，〔清〕徐華嶽撰，清道光十二年咫聞齋刻本。

詩經詮義十二卷，〔清〕汪紱撰，汪雙池先生叢書本。

詩問六卷，〔清〕牟應震撰，清嘉慶戊寅刊本。

毛詩傳箋通釋三十二卷，〔清〕馬瑞辰撰，中華書局，1989 年。

毛詩重言一卷，〔清〕王筠撰，式訓堂叢書三集本。

毛詩雙聲疊韻説一卷，〔清〕王筠撰，式訓堂叢書三集本。

詩毛鄭異同辨二卷，〔清〕曾釗撰，嘉慶年間面城樓叢刊本。

詩經恒解六卷，〔清〕劉沅撰，槐軒全書本。

詩古微二十卷，〔清〕魏源撰，清道光二十年刻本。

詩毛氏傳疏三十卷，〔清〕陳奂撰，陳氏毛詩五種本。

釋毛詩音四卷，〔清〕陳奂撰，陳氏毛詩五種本。

毛詩説一卷，〔清〕陳奂撰，陳氏毛詩五種本。

毛詩傳義類一卷，〔清〕陳奂撰，陳氏毛詩五種本。

鄭氏箋考徵一卷，〔清〕陳奂撰，陳氏毛詩五種本。

齊詩翼氏學疏證二卷，〔清〕陳喬樅撰，左海續集本。

毛詩鄭箋改字説四卷，〔清〕陳喬樅撰，左海續集本。

詩經四家異文考五卷，〔清〕陳喬樅撰，左海續集本。

詩緯集證四卷，〔清〕陳喬樅撰，左海續集本。

三家詩遺説考五十卷，〔清〕陳壽祺撰、陳喬樅述，左海續集本。

詩古韻表廿二部集説二卷，〔清〕夏炘撰，音韻學叢書本。

毛詩多識十二卷，〔清〕多隆阿撰，遼海叢書本。

毛鄭詩釋三卷、續録一卷，〔清〕丁晏撰，頤志齋叢書本。

鄭氏詩譜考正一卷，〔清〕丁晏撰，頤志齋叢書本。

詩考補注二卷、補遺一卷，〔清〕丁晏撰，頤志齋叢書本。

詩集傳附釋一卷、詩草木鳥獸蟲魚疏校正二卷，〔清〕丁晏撰，頤志齋叢書本。

詩經原始十八卷，〔清〕方玉潤撰，中華書局，1986 年。

毛詩釋地六卷，〔清〕桂文燦撰，桂氏經學叢書本。

韓詩外傳校注十卷，［清］周廷寀校注，畿輔叢書本。

韓詩内傳征四卷、叙録二卷，［清］宋綿初撰，積學齋叢書本。

韓詩遺説續考四卷，［清］顧震福撰，清光緒十九年刻本。

詩經補箋二十卷，［清］王闓運撰，湘綺樓叢書本。

詩毛氏學三十卷，［清］馬其昶撰，民國五年京師第一監獄鉛印本。

詩三家義集疏二十八卷，［清］王先謙撰，中華書局，2011 年。

詩經四家異文考補一卷，［清］江瀚撰，晨風閣叢書本。

毛詩詞例舉要一卷，劉師培撰，劉申叔先生遺書本。

毛詩劄記一卷，劉師培撰，劉申叔先生遺書本。

毛鄭詩斠議一卷，羅振玉撰，晨風閣叢書本。

4. 三禮

周禮注十二卷，［漢］鄭玄撰，四部叢刊本。

周禮注疏五十卷，［漢］鄭玄注、［唐］賈公彥疏，阮刻十三經注疏本。

周禮注疏五十卷，［漢］鄭玄注、［唐］賈公彥疏、彭林整理，上海古籍出版社，
　2010 年。

周禮致太平論十卷，［宋］李覯撰，文淵閣四庫全書本。

周官新義十六卷、附考工記解二卷，［宋］王安石撰，文淵閣四庫全書本。

周禮義二卷，［宋］黃裳撰，文淵閣四庫全書本。

周禮詳解四十卷，［宋］王昭禹撰，文淵閣四庫全書本。

周禮解六卷，［宋］胡銓撰，胡忠簡公經解本。

周禮説五卷，［宋］黃度撰，道光二十二年刊本。

周禮復古編三卷，［宋］俞庭椿撰，文淵閣四庫全書本。

禮經會元四卷，［宋］葉時撰，通志堂經解本。

周禮總義三十卷，［宋］易祓撰，文淵閣四庫全書本。

太平經國之書十一卷，［宋］鄭伯謙撰，文淵閣四庫全書本。

周禮句解十二卷，［宋］朱申撰，文淵閣四庫全書本。

周禮折衷四卷，［宋］魏了翁撰，文淵閣四庫全書本。

鬳齋考工記解二卷，［宋］林希逸撰，通志堂經解本。

周禮訂義八十卷，［宋］王與之撰，通志堂經解本。

周禮考注十五卷，［元］吳澄撰，明刻本。

周官集傳十六卷（周官或問五卷），［元］毛應龍撰，文淵閣四庫全書本。

周禮集説十卷，［元］陳友仁輯，文淵閣四庫全書本。

周禮補亡六卷,〔元〕丘葵撰,四庫全書存目叢書本。

周禮沿革傳六卷,〔明〕魏校撰,四庫全書存目叢書本。

讀禮疑圖六卷,〔明〕季本撰,四庫全書存目叢書本。

周禮傳十卷,〔明〕王應電撰,文淵閣四庫全書本。

周禮注疏刪翼三十卷,〔明〕王志長撰,文淵閣四庫全書本。

周禮問二卷,〔清〕毛奇齡撰,西河合集本。

周官辨非一卷,〔清〕萬斯大撰,萬充宗先生經學五書本。

周官筆記一卷,〔清〕李光地撰,榕村全集本。

周禮述注二四卷,〔清〕李光坡撰,文淵閣四庫全書本。

周禮訓纂二十一卷,〔清〕李鍾倫撰,文淵閣四庫全書本。

周官集注十二卷,〔清〕方苞撰,抗希堂十六種本。

周官析疑三十六卷、考工記析義四卷,〔清〕方苞撰,抗希堂十六種本。

周官辨一卷,〔清〕方苞撰,抗希堂十六種本。

禮說十四卷,〔清〕惠士奇撰,文淵閣四庫全書本。

周禮疑義舉要七卷,〔清〕江永撰,文淵閣四庫全書本。

周禮集傳六卷,〔清〕李文炤撰,四庫全書存目叢書本。

禮經會元疏解四卷,〔清〕陸隴其撰,陸子全書本。

周禮質疑五卷,〔清〕劉清芝撰,四庫全書存目叢書本。

周禮古義一卷,〔清〕惠棟撰,昭代叢書(道光本)本。

周官祿田考三卷,〔清〕沈彤撰,果堂全集本。

周官記五卷周官說二卷、補三卷,〔清〕莊存與撰,味經齋遺書本。

周官義疏四十八卷,〔清〕鄂爾泰等奉敕撰,御纂七經本。

周禮軍賦說四卷,〔清〕王鳴盛撰,皇清經解本。

周禮漢讀考六卷,〔清〕段玉裁撰,經韻樓叢書本。

周官精義十二卷,〔清〕連斗山撰,乾隆刻本。

周禮故書考一卷,〔清〕程際盛撰,積學齋叢書本。

周官學一卷(附周官辨非辨),〔清〕沈夢蘭撰,菱湖沈氏叢書本。

周官指掌五卷,〔清〕莊有可撰,正覺樓叢書本。

周禮鄭氏注十二卷,〔清〕黃丕烈撰,士禮居叢書本。

周官恒解六卷,〔清〕劉沅撰,槐軒全書本。

周禮學二卷,〔清〕王聘珍撰,皇清經解續編本。

周官臆測七卷,〔清〕孔廣林撰,孔叢伯說經五稿本。

周禮故書疏證六卷,〔清〕宋世犖撰,碻山所著書本。

周禮注疏獻疑七卷，[清] 許珩撰，嘉慶十六年刻本。

周官故書考四卷，[清] 徐養原撰，湖州叢書本。

周禮注疏小箋五卷，[清] 曾釗撰，皇清經解續編本。

周官識小一卷，[清] 沈豫撰，蛾術堂集本。

讀周官録一卷，[清] 曾國藩撰，曾文正公集本。

周禮今釋六卷，[清] 桂文燦撰，南海桂氏經學叢書本。

周禮補注六卷，[清] 吕飛鵬撰，聚學軒叢書本。

周官箋六卷，[清] 王闓運撰，湘綺樓叢書本。

周禮疑義辨證四卷，[清] 陳衍撰，石遺室叢書本。

答臨孝存周禮難疏證一卷，[清] 皮錫瑞撰，皮氏經學叢書本。

周禮古學考十一卷，[清] 李滋然撰，宣統刻本。

周禮訂本略注二卷附周禮新義凡例，[清] 廖平撰，新訂六譯館叢書本。

周禮古注集疏十三卷，[清] 劉師培撰，劉申叔先生遺書本。

西漢周官師説考二卷，[清] 劉師培撰，劉申叔先生遺書本。

讀周禮日記，[清] 于鬯撰，香草校書本。

周官講義六卷，[清] 李步青撰，民國三年家刊本。

禮説，[清] 惠士奇撰，文淵閣四庫全書本。

周禮政要二卷，[清] 孫詒讓撰，光緒石印本。

周禮正義八十六卷，[清] 孫詒讓撰，中華書局，2013 年。

考工記圖記二卷，[清] 戴震撰，皇清經解本。

考工記車制圖解二卷，[清] 阮元撰，揅經室集本。

考工記考辨八卷，[清] 王宗涑撰，皇清經解續編本。

考工記辨證三卷，[清] 陳衍撰，石遺室叢書本。

考工記補疏一卷，[清] 陳衍撰，石遺室叢書本。

儀禮注十七卷，[漢] 鄭玄撰，四部叢刊本。

儀禮注疏五十卷，[漢] 鄭玄注、[唐] 賈公彦撰，阮刻十三經注疏本。

儀禮注疏五十卷，[漢] 鄭玄注、[唐] 賈公彦撰、王輝整理，上海古籍出版社，
　　1990 年。

儀禮識誤三卷，[宋] 張淳撰，武英殿聚珍版書本。

儀禮經傳通解三十七卷、續二十八卷，[宋] 朱熹等撰，文淵閣四庫全書本。

儀禮圖十七卷、儀禮旁通圖一卷，[宋] 楊復撰，通志堂經解本。

儀禮集釋三十卷，[宋] 李如圭撰，武英殿聚珍版書本。

儀禮釋宮一卷，[宋] 李如圭撰，武英殿聚珍版書本。

儀禮要義五十卷，[宋] 魏了翁撰，文淵閣四庫全書本。

内外服制通釋七卷，[宋] 車垓撰，續台州叢書本。

儀禮逸經傳二卷，[元] 吳澄撰，通志堂經解本。

儀禮集説十七卷，[元] 敖繼公撰，通志堂經解本。

儀禮鄭注句讀十七卷，[清] 張爾岐撰，文淵閣四庫全書本。

儀禮疑義二卷，[清] 毛奇齡撰，西河合集本。

喪禮吾説篇十卷，[清] 毛奇齡撰，西河合集本。

古今五服考異八卷，[清] 汪琬撰，鈍翁全集本。

讀禮通考一百二十卷，[清] 徐乾學撰，文淵閣四庫全書本。

儀禮商二卷、附録一卷，[清] 萬斯大撰，萬充宗先生經學五書本。

儀禮述注十七卷，[清] 李光坡撰，文淵閣四庫全書本。

禮經通論十七卷，[清] 姚際恒撰，中國社會科學出版社，1998 年。

儀禮析疑十七卷，[清] 方苞撰，抗希堂十六種本。

喪禮或問一卷，[清] 方苞撰，抗希堂十六種本。

儀禮釋宫增注一卷，[清] 江永撰，文淵閣四庫全書本。

儀禮釋例一卷，[清] 江永撰，守山閣叢書本。

儀禮章句十七卷，[清] 吳廷華撰，皇清經解本。

禮經本義三十七卷，[清] 蔡德晉撰，文淵閣四庫全書本。

朝廟宫室考二卷，[清] 任啓運撰，聚學軒叢書本。

肆獻祼饋食禮三卷，[清] 任啓運撰，文淵閣四庫全書本。

儀禮小疏一卷，[清] 沈彤撰，果堂全集本。

儀禮義疏四十八卷，[清] 鄂爾泰等奉敕撰，御纂七經本。

儀禮管見三卷，[清] 褚寅亮撰，粤雅堂叢書本。

儀禮集編四十卷，[清] 盛世佐撰，文淵閣四庫全書本。

儀禮注疏詳校十七卷，[清] 盧文弨撰，抱經堂叢書本。

儀禮經注疏正訛十七卷，[清] 金曰追撰，皇清經解續編本。

儀禮漢讀考一卷，[清] 段玉裁撰，經韻樓叢書本。

儀禮古今考二卷，[清] 李調元撰，函海本。

弁服釋例八卷表一卷，[清] 任大椿撰，皇清經解本。

喪服文足徵記十卷，[清] 程瑶田撰，皇清經解本。

五服異同匯考三卷，[清] 崔述撰，崔東壁遺書本。

儀禮古文今文考一卷，[清] 程際盛撰，稻香樓雜著本。

釋服二卷，[清] 宋綿初撰，皇清經解續編本。

儀禮恒解四卷，[清] 劉沅撰，民國丙寅刊本。

儀禮學一卷，[清] 王聘珍撰，皇清經解續編本。

儀禮臆測十七卷，[清] 孔廣林撰，孔叢伯説經五稿本。

儀禮釋官九卷，[清] 胡匡衷撰，皇清經解本。

鄭氏儀禮目録校正一卷，[清] 胡匡衷撰，皇清經解續編本。

儀禮古今文疏證二卷，[清] 宋世犖撰，碻山所著書本。

禮經釋例十三卷、目録一卷，[清] 凌廷堪撰，安徽叢書本。

儀禮圖六卷，[清] 張惠言撰，皇清經解續編本。

讀儀禮記二卷，[清] 張惠言撰，皇清經解續編本。

儀禮今古文疏義十七卷，[清] 胡承珙撰，皇清經解續編本。

儀禮今古文異同疏證五卷，[清] 徐養原撰，廣雅書局叢書本。

喪服答問記實一卷，[清] 汪喜孫撰，重印江都汪氏叢書本。

儀禮釋注二卷，[清] 丁晏撰，頤志齋叢書本。

冕服考四卷，[清] 焦廷琥撰，積學齋叢書本。

禮經宮室答問二卷，[清] 洪頤煊撰，傳經堂叢書本。

儀禮禮服通釋六卷，[清] 凌曙撰，木犀軒叢書本。

儀禮正義四十卷，[清] 胡培翬撰，皇清經解續編本。

研六室雜著十卷，[清] 胡培翬撰，世澤樓刊本。

儀禮漢讀考十七卷，[清] 陳光煦撰，宣統刻本。

喪服古今通考一卷，[清] 單爲鏓撰，民國十二年石印本。

儀禮經注一隅一卷，[清] 朱駿聲撰，朱氏群書本。

喪服匯通説四卷，[清] 吳嘉賓撰，皇清經解續編本。

儀禮私箋八卷，[清] 鄭珍撰，巢經巢全集本。

讀儀禮録一卷，[清] 曾國藩撰，曾文正公集本。

喪服私論一卷，[清] 俞樾撰，俞樓雜纂本。

禮經箋十七卷，[清] 王闓運撰，湘綺樓叢書本。

儀禮奭固十七卷，[清] 吳之英撰，壽櫟廬叢書本。

儀禮禮事圖十七卷，[清] 吳之英撰，壽櫟廬叢書本。

禮器圖十七卷，[清] 吳之英撰，壽櫟廬叢書本。

禮經學七卷，[清] 曹元弼撰，宣統元年刻本。

禮經舊説十七卷、補遺一卷，[清] 劉師培撰，劉申叔先生遺書本。

逸禮考一卷，[清] 劉師培撰，劉申叔先生遺書本。

儀禮讀異二卷，[清] 于鬯撰，于香草遺著叢輯本。

喪服鄭氏學十六卷,[清]張錫恭撰,求恕齋叢書本。

儀禮經傳通解五十八卷,[清]楊丕復撰,楊愚齋先生全集本。

禮記注二十卷,[漢]鄭玄撰,四部叢刊本。

禮記正義七十卷,[漢]鄭玄注,[唐]孔穎達疏,四部叢刊三編本。

禮記正義七十卷,[漢]鄭玄注,[唐]孔穎達疏,上海古籍出版社,2008 年。

禮記傳,[宋]呂大臨撰,西京清麓叢書本。

禮記要義三十三卷,[宋]魏了翁撰,四部叢刊續編本。

禮記集説一百六十卷,[宋]衛湜撰,通志堂經解本。

禮記纂言三十卷,[元]吳澄撰,文淵閣四庫全書本。

禮記集説十六卷,[元]陳澔撰,文淵閣四庫全書本。

禮記集説大全三十卷,[明]胡廣等輯,文淵閣四庫全書本。

禮記集説辨疑一卷,[明]戴冠撰,四庫全書全目叢書本。

禮記集注三十卷,[明]徐師曾撰,四庫全書存目叢書本。

禮記疑問十二卷,[明]姚舜牧撰,萬曆刻本。

禮記通解二十二卷,[明]郝敬撰,郝氏九經解本。

讀禮記略記四九卷,[明]朱朝瑛撰,四庫全書存目叢書本。

禮記章句四十九卷,[清]王夫之撰,船山遺書本。

禮記疏略四十七卷,[清]張沐撰,四庫全書存目叢書本。

禮記偶箋三卷,[清]萬斯大撰,萬充宗先生經學五書本。

禮記述注二十八卷,[清]李光坡撰,文淵閣四庫全書本。

陳氏禮記集説補正三十八卷,[清]納喇性德撰,通志堂經解本。

日講禮記解義六十四卷,[清]張廷玉等撰,文淵閣四庫全書本。

禮記詳説一百七十八卷,[清]冉覲祖撰,四庫全書存目叢書本。

校補禮記纂言三十六卷,[清]朱軾撰,四庫全書存目叢書本。

禮記析疑四十六卷,[清]方苞撰,抗希堂十六種本。

禮記訓義擇言八卷,[清]江永撰,守山閣叢書本。

禮記疑義七十二卷,[清]吳廷華撰,續修四庫全書本。

禮記集説七十卷,[清]鄭元慶撰,吳興叢書本。

禮記古義一卷,[清]惠棟撰,昭代叢書(道光本)本。

續衛氏禮記集説一百卷,[清]杭世駿撰,光緒間浙江書局刻本。

禮記注疏考證一卷,[清]齊召南撰,皇清經解本。

禮記義疏八十二卷,[清]鄂爾泰等奉敕撰,御纂七經本。

禮記附證六卷,[清]翁方綱撰,畿輔叢書本。

禮記客難四卷，〔清〕龔元玠撰，十三經客難本。

禮記注疏校正一卷，〔清〕盧文弨撰，抱經堂叢書本。

禮記集解六十一卷，〔清〕孫希旦撰，中華書局，1989 年。

禮記精義六卷，〔清〕黃淦撰，七經精義本。

禮記集説四十九卷，〔清〕莊有可撰，商務印書館，1935 年。

禮記集説參訂，〔清〕陳鱣撰，清代稿本百種彙刊本。

禮記校勘記六十三卷、釋文校勘記四卷，〔清〕阮元撰，皇清經解本。

禮記恒解四十九卷，〔清〕劉沅撰，槐軒全書本。

讀禮記十二卷，〔清〕趙良澍撰，涇川叢書本。

禮記天算釋一卷，〔清〕孔廣牧撰，思進齋叢書本。

禮記訓纂四十九卷，〔清〕朱彬撰，中華書局，1996 年。

禮記箋四十九卷，〔清〕郝懿行撰，郝氏遺書本。

禮記補疏三卷，〔清〕焦循撰，焦氏叢書本。

禮記釋注四卷，〔清〕丁晏撰，頤志齋叢書本。

禮記鄭讀考六卷，〔清〕陳喬樅撰，左海續集本。

禮記質疑四十九卷，〔清〕郭嵩燾撰，文海出版社影印稿本。

禮記箋四十六卷，〔清〕王闓運撰，湘綺樓全書本。

禮記鄭讀考一卷，〔清〕俞樾撰，春在堂全書本。

禮記異文箋一卷，〔清〕俞樾撰，春在堂全書本。

禮記通釋八十卷，戴禮撰，1933 年。

深衣考一卷，〔清〕黃宗羲撰，文淵閣四庫全書本。

深衣釋例三卷，〔清〕任大椿撰，皇清經解續編本。

深衣考誤一卷，〔清〕江永撰，皇清經解本。

曾子問講録四卷，〔清〕毛奇齡撰，西河合集本。

檀弓訂誤一卷，〔清〕毛奇齡撰，後知不足齋叢書本。

檀弓疑問一卷，〔清〕邵泰衢撰，文淵閣四庫全書本。

考訂檀弓二卷，〔清〕程穆衡撰，借月山房匯抄本。

廟制圖考四卷，〔清〕萬斯同撰，文淵閣四庫全書本。

宗法小記一卷，〔清〕程瑶田撰，皇清經解本。

明堂問一卷，〔清〕毛奇齡撰，西河合集本。

明堂大道録八卷，〔清〕惠棟撰，經訓堂叢書本。

明堂考三卷，〔清〕孫星衍撰，問經堂叢書本。

明堂億一卷，〔清〕孔廣林撰，孔叢伯説經五稿本。

明堂考三卷,[清] 孫馮翼撰,問經堂叢書本。

燕寢考三卷,[清] 胡培翬撰,皇清經解本。

七十二候考一卷,[清] 俞樾撰,春在堂全書本。

王制箋一卷,[清] 皮錫瑞撰,師伏堂叢書本。

王制集説不分卷,[清] 廖平撰,新訂六譯館叢書本。

分撰兩戴記章句凡例不分卷,[清] 廖平撰,新訂六譯館叢書本。

學記箋證四卷,[清] 王樹枏撰,陶廬叢刻本。

禮運注一卷,[清] 康有爲撰,康南海先生遺著匯刊本。

大戴禮記補注十三卷,[清] 孔廣森撰,顨軒孔氏所著書本。

大戴禮記正誤一卷,[清] 汪中撰,皇清經解本。

大戴禮記解詁十三卷,[清] 王聘珍撰,中華書局,1983 年。

大戴禮記補注十三卷,[清] 汪照撰,皇清經解續編本。

大戴禮記斠補三卷,[清] 孫詒讓撰,民國三年石印本。

校正孔氏大戴禮記補注十三卷,[清] 王樹枏撰,陶廬叢刻本。

明堂陰陽夏小正經傳考釋十卷,[清] 莊述祖撰,嘉慶刻本。

曾子注釋四卷,[清] 阮元撰,文選樓叢書本。

孔子三朝記七卷,[清] 洪頤煊撰,傳經堂叢書本。

夏小正傳校正二卷,[清] 孫星衍撰,岱南閣叢書本。

夏小正輯注四卷,[清] 范家相撰,嘉慶十五年古趣亭刻本。

夏小正集解四卷,[清] 顧問撰,乾隆五十七年敬業堂刊本。

夏小正考注一卷,[清] 畢沅撰,經訓堂叢書本。

夏小正補注四卷,[清] 任兆麟撰,心齋十種本。

夏小正經傳通釋四卷,[清] 梁章鉅撰,光緒十三年浙江書局刻本。

夏小正經傳集解四卷、校録一卷,[清] 顧鳳藻撰,士禮居黄氏叢書本。

夏小正疏義四卷、附釋音義字記一卷,[清] 洪震煊撰,傳經堂叢書本。

夏小正經傳考二卷、夏小正本義四卷,[清] 雷學淇撰,道光癸未亦囂囂齋刊本。

夏小正補傳三卷,[清] 朱駿聲撰,朱氏群書本。

夏小正正義一卷,[清] 王筠撰,王菉友九種本。

夏小正箋疏四卷,[清] 馬征麐撰,同治刊本。

夏小正異義二卷,[清] 黄模撰,皇清經解續編本。

夏小正私箋一卷,[清] 吳汝綸撰,桐城吳先生全書本。

三禮圖集注二十卷,[宋] 聶崇義撰,通志堂經解本。

三禮圖四卷,[明] 劉績撰,四庫全書本。

三禮鄭注考三卷,[清]程陸盛撰,稻香樓雜著本。

三禮通釋二百八十卷,[清]林昌彝撰,同治三年廣州刻本。

禮書一百五十卷,[宋]陳祥道撰,四庫全書本。

郊社禘祫問一卷,[清]毛奇齡撰,西河合集本。

大小宗通釋一卷,[清]毛奇齡撰,西河合集本。

廟制折衷一卷,[清]毛奇齡撰,西河合集本。

學校問一卷,[清]毛奇齡撰,西河合集本。

郊社考辨一卷,[清]李塨撰,顏李叢書本。

學禮五卷,[清]李塨撰,顏李叢書本。

禘祫考辨一卷,[清]李塨撰,顏李叢書本。

學禮質疑二卷,[清]萬斯大撰,皇清經解本。

讀禮志疑十三卷,[清]陸隴其撰,四庫全書本。

禘祫辨誤二卷,[清]程廷祚撰,道光五年東山草堂刻本。

禮經質疑二卷,[清]杭世駿撰,道古堂外集本。

參讀禮志疑二卷,[清]汪紱撰,汪雙池先生遺書本。

禘說二卷,[清]惠棟撰,經訓堂叢書本。

經傳禘祀通考一卷,[清]崔述撰,崔東壁遺書本。

禮箋三卷,[清]金榜撰,乾隆間刻本。

禮學卮言六卷,[清]孔廣森撰,顨軒孔氏所著書本。

禘祫問答一卷,[清]胡培翬撰,昭代叢書本。

求古録禮説一五卷、補遺一卷,[清]金鶚撰,皇清經解續編本。

佚禮扶微五卷,[清]丁晏撰,南菁書院叢書本。

四禘通釋三卷,[清]崔適撰,光緒刻本。

學禮管釋一卷,[清]夏炘撰,皇清經解續編本。

鄭康成駁正三禮考一卷,[清]俞樾撰,春在堂全書本。

禮經通論二卷,[清]邵懿辰撰,皇清經解續編本。

禮書通故一百卷,[清]黃以周撰,中華書局,2007 年。

禮説六卷,[清]黃以周撰,儆季雜著本。

魯禮禘祫義疏證一卷,[清]皮錫瑞撰,皮氏經學叢書本。

宗法論,[清]萬斯大撰,昭代叢書(道光本)本。

禮書綱目八十五卷,[清]江永撰,廣雅書局叢書本。

禮學匯編六十四卷,[清]應撝謙撰,四庫全書存目叢書本。

禮樂通考三十卷,[清]胡掄撰,四庫全書存目叢書本。

五禮通考二百六十二卷,〔清〕秦蕙田撰、王鍔點校,中華書局,2020 年。

六禮或問十二卷,〔清〕汪紱撰,汪雙池先生叢書本。

釋宮小記一卷,〔清〕程瑤田撰,皇清經解本。

群經宮室圖二卷,〔清〕焦循撰,焦氏叢書本。

群經冠服圖考三卷,〔清〕黄世發撰,戊寅叢編本。

五服釋例二十卷,〔清〕夏燮撰,同治刊本。

古經服緯三卷,〔清〕雷鐏撰,畿輔叢書本。

讀禮條考二十卷,〔清〕王曜南撰,道光二十九年刊本。

禮器釋名十八卷,〔清〕桑宣撰,鐵研齋叢書本。

典禮質疑六卷,〔清〕杜貴墀撰,桐華閣叢書本。

周政三圖三卷,〔清〕吴之英撰,壽櫟廬叢書本。

殷禮徵文一卷,王國維撰,海寧王静安先生遺書本。

明堂廟寢通考一卷,王國維撰,雪堂叢刻本。

古禮器略説,王國維撰,雪堂叢刻本。

讀禮志疑五卷,陶鴻慶撰,中華書局,1963 年。

5. 春秋

春秋經傳集解三十卷,〔晉〕杜預撰,上海古籍出版社,1988 年。

春秋釋例十五卷,〔晉〕杜預撰,武英殿聚珍版書本。

春秋左傳正義六十卷,〔唐〕孔穎達撰,阮刻十三經注疏本。

春秋集傳纂例十卷,〔唐〕陸淳撰,武英殿聚珍版書本。

春秋微旨三卷,〔唐〕陸淳撰,文淵閣四庫全書本。

春秋集傳辨疑十卷,〔唐〕陸淳撰,古經解彙函本。

春秋名號歸一圖二卷,〔五代〕馮繼先撰,通志堂經解本。

春秋尊王發微十二卷,〔宋〕孫復撰,通志堂經解本。

春秋皇綱論,〔宋〕王皙撰,通志堂經解本。

春秋權衡十七卷,〔宋〕劉敞撰,通志堂經解本。

春秋傳十五卷,〔宋〕劉敞撰,文淵閣四庫全書本。

春秋意林二卷,〔宋〕劉敞撰,武英殿聚珍版書本。

春秋傳説例一卷,〔宋〕劉敞撰,武英殿聚珍版書本。

春秋經解十三卷,〔宋〕孫覺撰,武英殿聚珍版書本。

春秋經解十二卷,〔宋〕崔子方撰,四庫全書珍本初集本。

春秋集解十二卷,〔宋〕蘇轍撰,兩蘇經解本。

春秋集解三十卷，[宋]呂本中撰，通志堂經解本。

春秋辨疑四卷，[宋]蕭楚撰，清芬堂叢書本。

春秋本例二十卷，[宋]崔子方撰，通志堂經解本。

春秋通訓六卷，[宋]張大亨撰，墨海金壺本。

春秋傳三十卷，[宋]胡安國撰，四部叢刊續編本。

春秋傳二十卷，[宋]葉夢得撰，通志堂經解本。

春秋考十六卷，[宋]葉夢得撰，文淵閣四庫全書本。

春秋三傳讞二十二卷，[宋]葉夢得撰，文淵閣四庫全書本。

春秋集注四十卷，[宋]高閌撰，武英殿聚珍版書本。

春秋後傳十二卷，[宋]陳傅良撰，通志堂經解本。

春秋左傳類編六卷，[宋]呂祖謙撰，四部叢刊續編本。

春秋左氏傳說二十卷，[宋]呂祖謙撰，金華叢書本。

左氏傳續說十二卷，[宋]呂祖謙撰，金華叢書本。

左氏博議二十五卷，[宋]呂祖謙撰，文淵閣四庫全書本。

春秋左傳句解三十五卷，[宋]朱申撰，萬曆刻本。

音注全文春秋括例始末左傳句讀直解七十卷，[宋]林堯叟撰，續修四庫全書本。

春秋比事二十卷，(舊題)[宋]沈棐撰，文淵閣四庫全書本。

春秋左傳要義三十一卷，[宋]魏了翁撰，文淵閣四庫全書本。

春秋分紀九十卷，[宋]程公説撰，文淵閣四庫全書本。

春秋講義四卷，[宋]戴溪撰，文淵閣四庫全書本。

春秋集義五十卷、綱領三卷，[宋]李明復撰，文淵閣四庫全書本。

春秋集注十一卷、綱領一卷，[宋]張洽撰，文淵閣四庫全書本。

春秋通說十三卷，[宋]黄仲炎撰，通志堂經解本。

春秋說三十卷，[宋]洪咨夔撰，洪氏晦木齋叢書本。

春秋經筌十六卷，[宋]趙鵬飛撰，文淵閣四庫全書本。

春秋或問二十卷、附春秋五論一卷，[宋]呂大圭撰，通志堂經解本。

春秋詳說三十卷，[宋]家鉉翁撰，通志堂經解本。

春秋提綱十卷，[元]陳則通撰，通志堂經解本。

春秋纂言十二卷、總例一卷，[元]吳澄撰，文淵閣四庫全書本。

春秋本義三十卷，[元]程端學撰，通志堂經解本。

春秋三傳辯疑二十卷，[元]程端學撰，文淵閣四庫全書本。

春秋師說三卷、附錄二卷，[元]趙汸編，通志堂經解本。

春秋集傳十五卷，[元]趙汸撰，通志堂經解本。

春秋屬辭十五卷，[元] 趙汸撰，通志堂經解本。

春秋左氏傳補注十卷，[元] 趙汸撰，通志堂經解本。

春秋胡傳附録纂疏三十卷，[元] 汪克寬撰，文淵閣四庫全書本。

日講春秋解義六十四卷，[清] 聖祖御撰，康熙六十年内府刻本。

欽定春秋傳説彙纂三十八卷，[清] 王炎、張廷玉等奉敕撰，内府刻本。

御纂春秋直解十五卷，[清] 傅恒等奉敕撰，内府刻本。

左傳杜解補正三卷，[清] 顧炎武撰，亭林十種本。

春秋稗疏二卷，[清] 王夫之撰，船山遺書本。

左傳事緯十二卷、附録八卷，[清] 馬驌撰，函海本。

春秋毛氏傳三十六卷，[清] 毛奇齡撰，西河合集本。

春秋屬辭比事記略四卷，[清] 毛奇齡撰，西河合集本。

春秋地名考略十四卷，[清] 高士奇撰，康熙二十七年高氏清吟堂刻本。

春秋詳説五十六卷，[清] 冉覲祖撰，五經詳説本。

春秋管窺十二卷，[清] 徐庭垣撰，文淵閣四庫全書本。

左傳折諸二十八卷，[清] 張尚瑗撰，文淵閣四庫全書本。

春秋闕如編八卷，[清] 焦袁熹撰，嘉慶九年錢氏刻本。

春秋宗朱辨義十二卷，[清] 張自超撰，文淵閣四庫全書本。

春秋通論四卷，[清] 方苞撰，文淵閣四庫全書本。

春秋長曆一卷，[晉] 杜預撰，[清] 孔繼涵批校，微波榭叢書本。

春秋長曆十卷，[清] 陳厚耀撰，文淵閣四庫全書本。

春秋世族譜一卷，[清] 陳厚耀撰，鶴壽堂叢書本。

半農春秋説十二卷，[清] 惠士奇撰，皇清經解本。

春秋大事表五十卷，[清] 顧棟高撰，皇清經解本。

春秋識小録九卷，[清] 程延祚撰，藝海珠塵本。

左傳補注六卷，[清] 惠棟撰，皇清經解本。

春秋左氏傳小疏一卷，[清] 沈彤撰，皇清經解本。

春秋地理考實四卷，[清] 江永撰，皇清經解本。

左氏春秋集説十卷、附春秋凡例二卷，[清] 朱鶴齡撰，道光間强恕堂刊本。

左通補釋三十二卷，[清] 梁履繩撰，皇清經解續編本。

左傳通釋十二卷，[清] 李惇撰，鶴壽堂叢書本。

春秋左傳詁二十卷，[清] 洪亮吉撰，中華書局，1987 年。

春秋左傳補注三卷，[清] 馬宗槤撰，皇清經解本。

春秋左氏古經十二卷、附春秋左氏五十凡一卷，[清] 段玉裁撰，經韻樓叢書本。

春秋左傳補疏五卷,〔清〕焦循撰,皇清經解本。

春秋左氏古義六卷,〔清〕臧壽恭撰,皇清經解續編本。

左傳杜注辨證六卷,〔清〕張聰咸撰,聚學軒叢書第二集本。

欽定春秋左傳讀本三十卷,〔清〕英和等奉敕撰,道光二年武英殿刊本。

左氏春秋考證二卷,〔清〕劉逢禄撰,續修四庫全書本。

箴膏肓評一卷,〔清〕劉逢禄撰,皇清經解本。

春秋左氏傳補注十二卷,〔清〕沈欽韓撰,功順堂叢書本。

春秋左氏傳賈服注輯述二十卷,〔清〕李貽德撰,皇清經解續編本。

春秋古經説二卷,〔清〕侯康撰,嶺南遺書(第五集)本。

春秋左氏傳述義拾遺八卷,〔清〕陳熙晉撰,廣雅書局叢書本。

左傳舊疏考正八卷,〔清〕劉文淇撰,皇清經解續編本。

春秋左氏傳舊注疏證不分卷,〔清〕劉文淇、劉毓崧、劉壽曾撰,續修四庫全書本。

左傳杜解集正八卷,〔清〕丁晏撰,適園叢書本。

春秋左傳杜注校勘記一卷,〔清〕黎庶昌撰,怡蘭堂叢書本。

左傳古本分年考一卷,〔清〕俞樾撰,光緒二十五年春在堂全書本。

箴膏肓疏證一卷,〔清〕皮錫瑞撰,光緒年間刊本。

左氏春秋僞傳辨八卷,〔清〕王樹枏撰,文海出版社影印本。

春秋左傳讀叙録(章太炎全集),章炳麟著,上海人民出版社,1985 年。

春秋左氏傳傳注例略一卷,劉師培撰,劉申叔先生遺書本。

春秋左氏傳答問一卷,劉師培撰,劉申叔先生遺書本。

讀左劄記一卷,劉師培撰,劉申叔先生遺書本。

春秋公羊傳解詁十一卷,〔漢〕何休撰,宋淳熙年間撫州公使庫刻本。

春秋公羊傳注疏二十八卷,〔漢〕何休注、〔唐〕徐彥疏,阮刻十三經注疏本。

春秋公羊傳注疏,〔漢〕何休注、〔唐〕徐彥疏、刁小龍整理,上海古籍出版社,
　2014 年。

公羊折諸六卷首一卷,〔清〕張尚瑗撰,文淵閣四庫全書本。

春秋公羊經傳通義十一卷,〔清〕孔廣森撰,嘉慶十七年孔廣廉刊本。

公羊經傳異文集解不分卷,〔清〕吳壽暘撰,續修四庫全書本。

春秋公羊禮疏十一卷,〔清〕凌曙撰,嘉慶二十四年江都凌氏蜚雲閣刊本。

春秋公羊經何氏釋例十卷、後録六卷,〔清〕劉逢禄撰,皇清經解續編本。

公羊春秋何氏解詁箋一卷,〔清〕劉逢禄撰,皇清經解本。

公羊逸禮考徵一卷,〔清〕陳奐撰,滂喜齋叢書本。

公羊義疏七十六卷,〔清〕陳立撰,中華書局,2017 年。

春秋公羊傳箋十一卷,〔清〕王闓運撰,湘綺樓全書本。

春秋例表三十八卷,〔清〕王代豐撰、廖丙文等增訂,光緒七年四川尊經書院刊本。

何氏公羊解詁三十論三卷、附尊卑表一卷,〔清〕廖平撰,蟄雲雷齋叢書本。

公羊春秋經傳驗推補證十一卷,〔清〕廖平撰,新訂六益館叢書本。

春秋筆削大義微言考十一卷,〔清〕康有爲撰,民國六年刊本。

春秋決事比一卷,〔清〕龔自珍撰,皇清經解續編本。

發墨守評一卷,〔清〕皮錫瑞撰,光緒二十二年湖南思賢書局刊本。

春秋復始三十八卷,崔適撰,民國七年北京大學排印本。

春秋穀梁傳集解十二卷,〔晉〕范寧撰,四部叢刊影印本。

春秋穀梁傳注疏二十卷,〔晉〕范寧集解,〔唐〕楊士勳疏,阮刻十三經注疏本。

穀梁折諸六卷首一卷,〔清〕張尚瑗撰,文淵閣四庫全書本。

穀梁廢疾申何二卷,〔清〕劉逢祿撰,皇清經解本。

穀梁禮證二卷,〔清〕侯康撰,皇清經解續編本。

春秋穀梁傳時月日書法釋例四卷,〔清〕許桂林撰,粵雅堂叢書二編本。

穀梁傳補注一卷,〔清〕姚鼐撰,惜抱軒全集本。

春秋穀梁傳補注二十四卷,〔清〕鍾文丞撰,光緒二年鍾氏信美堂刊本。

穀梁大義述三十卷,〔清〕柳興恩撰,道光二十六年刊本。

釋廢疾疏證一卷,〔清〕皮錫瑞撰,光緒二十九年思賢書局刊本。

穀梁申義一卷,〔清〕王闓運撰,光緒十七年刊本。

續穀梁傳廢疾三卷,吳樹榮撰,民國時排印本。

重訂穀梁春秋經傳古義疏十一卷,廖平撰,民國渭南嚴氏孝義家塾刊本。

穀梁古義疏,廖平撰,郜積意點校,中華書局,2012年。

春秋穀梁傳注十五卷,柯劭忞撰,國立北京大學研究院文史部排印本,1927年。

穀梁大義述補闕不分卷,張慰祖撰,民國二十三年陶風樓石印本。

春秋三傳異文釋十二卷,〔清〕李富孫撰,嘉慶十二年丁卯別下齋刊本。

春秋經傳比事二十二卷,〔清〕林春溥撰,竹柏山房十五種本。

春秋説略十二卷、春秋比二卷,〔清〕郝懿行撰,道光七年趙銘彝刊本。

春秋經傳朔閏表二卷,〔清〕姚文田撰,道光七年刊本。

春秋傳禮證十卷,〔清〕朱大韶撰,適園叢書本。

春秋異文箋十三卷,〔清〕趙坦撰,皇清經解本。

春秋名字解詁二卷,〔清〕王引之撰,經義述聞。

春秋經傳朔閏表發覆四卷、首一卷,〔清〕施彦士撰,道光十二年刊本。

春秋三傳異文核一卷，[清] 朱駿聲撰，光緒中貴池劉氏刊本。

春秋書法比義十二卷，[清] 劉曾璿撰，道光十九年蓮窗書屋刻本。

三傳經文辨異四卷，[清] 焦廷琥撰，邃雅齋叢書本。

春秋朔閏異同二卷，[清] 羅士琳撰，仰視千七百二十九鶴齋叢書本。

春秋釋四卷，[清] 黃式三撰，光緒戊子黃氏家塾刊本。

春秋疑年録一卷，[清] 錢保塘撰，光緒二十一年刊本。

春秋屬比考例二卷，[清] 王銘西撰，民國二十四年陶風樓石印本。

春秋經傳日月考一卷，[清] 鄒伯奇撰，光緒辛丑兩湖書院重刊本。

春秋世族譜拾遺一卷，[清] 成蓉鏡撰，南菁書院叢書本。

春秋集義十二卷，[清] 方宗誠撰，光緒八年刊本。

春秋釋經十二卷，[清] 高澍然撰，道光七年刻本。

春秋通義一卷，[清] 魏元曠撰，民國二十二年刊本。

春秋圖表一卷，[清] 廖平撰，新訂六譯館叢書本。

春秋三傳折中一卷，[清] 廖平撰，新訂六譯館叢書本。

春秋名字解詁補義一卷，[清] 俞樾撰，春在堂全書本。

達齋春秋論一卷，[清] 俞樾撰，春在堂全書本。

春秋講義二卷，[清] 皮錫瑞撰，宣統元年活字排版本。

春秋中國夷狄辨三卷，[清] 徐勤撰，光緒二十三年上海大同澤書局石印本。

6. 五經總義

五經異義疏證三卷，[漢] 許慎撰、[清] 陳壽祺疏證，左海全集本。

駁五經異義疏證二卷，[漢] 鄭玄撰、[清] 皮錫瑞疏證，皮氏經學叢書本。

六藝論疏證一卷，[漢] 鄭玄撰、[清] 皮錫瑞疏證，皮氏經學叢書本。

新校鄭志三卷、附録一卷，[三國魏] 鄭小同編、[清] 錢東垣等校，粵雅堂叢書本。

鄭志八卷，[三國魏] 鄭小同編、[清] 袁鈞輯，鄭氏佚書本。

鄭志疏證八卷，[清] 皮錫瑞撰，皮氏經學叢書本。

群經總義古注輯佚，馬國翰、王仁俊、黃奭等輯。

公是先生七經小傳三卷，[宋] 劉敞撰，通志堂經解本。

河南程氏經説八卷，[宋] 程頤撰，洪氏唐石經館叢書本。

六經奧論六卷，(舊題)[宋] 鄭樵撰，通志堂經解本。

方舟經説六卷，[宋] 李石撰，叢書集成初編本。

九經發題一卷，[宋] 唐仲友撰，金華唐氏遺書本。

六經正誤六卷，[宋] 毛居正撰，通志堂經解本。

六經圖六卷，[宋] 楊甲撰、毛邦翰補，文淵閣四庫全書本。

刊正九經三傳沿革例一卷，[宋] 岳珂撰，粤雅堂叢書本。

五經說七卷，[元] 熊朋來撰，通志堂經解本。

十一經問對五卷，[元] 何異孫撰，通志堂經解本。

五經蠡測六卷，[明] 蔣悌生撰，通志堂經解本。

石渠意見四卷、拾遺二卷、補缺二卷，[明] 王恕撰，惜陰軒叢書本。

疑辨録三卷，[明] 邵寶撰，璜川吳氏經學叢書本。

簡端録十二卷，[明] 邵寶撰，文淵閣四庫全書本。

升庵經説十四卷，[明] 楊慎撰，函海本。

小辨齋説義一卷，[明] 顧允成撰，萬曆刊本。

經典稽疑二卷，[明] 陳耀文撰，文淵閣四庫全書本。

五經稽疑八卷，[明] 朱睦㮮撰，四庫全書珍本。

群經辨疑録三卷，[明] 周洪謨撰，四庫存目叢書本。

經繹十五卷，[明] 鄧元錫撰，四庫存目叢書本。

五經異文十一卷，[明] 陳士元撰，四庫存目叢書本。

談經九卷，[明] 郝敬撰，崇雅堂叢書本。

九經誤字一卷，[清] 顧炎武撰，皇清經解續編本。

經問十八卷、經問補三卷，[清] 毛奇齡撰，皇清經解本。

經義考，[清] 朱彝尊撰，四部備要本。

潛丘劄記，[清] 閻若璩撰，皇清經解本。

讀書脞録，[清] 孫志祖撰，皇清經解本。

實事求是齋經説，[清] 朱大韶撰，皇清經解續編本。

癸巳類稿，[清] 俞正燮撰，皇清經解續編本。

崔東壁遺書，[清] 崔述撰，顧頡剛編訂，上海古籍出版社，1983 年。

群經補義五卷，[清] 江永撰，皇清經解本。

經稗六卷，[清] 鄭方坤撰，文淵閣四庫全書本。

九經古義十六卷，[清] 惠棟撰，皇清經解本。

注疏考證六卷，[清] 齊召南撰，皇清經解本。

經史問答七卷，[清] 全祖望撰，皇清經解本。

經考七卷，[清] 戴震撰，戴東原先生全集本。

通藝録四十二卷，[清] 程瑤田撰，皇清經解本。

惜抱軒九經説十七卷，[清] 姚鼐撰，惜抱軒全集本。

群經識小八卷，[清] 李惇撰，皇清經解本。

經韻樓集六卷，[清] 段玉裁撰，皇清經解本。

經義知新記一卷，[清] 汪中撰，皇清經解本。

經讀考異八卷、補經讀考異一卷，[清] 武億撰，皇清經解本。

群經義證八卷，[清] 武億撰，皇清經解續編本。

經義雜記三十卷，[清] 臧琳撰，嘉慶四年臧庸刊本。

經傳小記一卷，[清] 劉台拱撰，皇清經解續編本。

經學卮言六卷，[清] 孔廣森撰，皇清經解本。

經傳考證八卷，[清] 朱彬撰，道光十六年宜禄堂刊本。

寶甓齋劄記一卷，[清] 趙坦撰，皇清經解本。

頑石廬經説十卷，[清] 徐養原撰，皇清經解續編本。

經義叢鈔三十卷，[清] 嚴傑輯，皇清經解本。

周人經説八卷，[清] 王紹蘭撰，功順堂叢書本。

群經宮室圖二卷，[清] 焦循撰，焦氏遺書本。

揅經室集七卷，[清] 阮元撰，中華書局，1993 年。

詩書古訓六卷，[清] 阮元撰，粵雅堂叢書本。

詩書古訓補遺十卷，[清] 黄朝柱撰，西園讀書記本。

浙士解經録四卷，[清] 阮元録，嘉慶刊本。

讀書雜志，[清] 王念孫撰，江蘇古籍出版社，2000 年。

經義述聞三十二卷，[清] 王引之撰，江蘇古籍出版社，2000 年。

經傳釋詞，[清] 王引之撰，江蘇古籍出版社，2000 年。

拜經日記（又名拜經堂日記）十二卷，[清] 臧庸撰，拜經堂叢書本。

經圖彙考三卷，[清] 毛應觀撰，道光小園刊本。

左海經辨二卷，[清] 陳壽祺撰，左海全集本。

通義堂集二卷，[清] 劉毓崧撰，光緒十六年思賢講舍本。

研六室雜著一卷，[清] 胡培翬撰，皇清經解本。

經説五卷，[清] 黄式三撰，儆居遺書本。

讀經説一卷，[清] 丁晏撰，頤志齋叢書本。

巢經巢經説一卷，[清] 鄭珍撰，巢經巢全集本。

句溪雜箸六卷，[清] 陳立撰，光緒十六年長沙思賢講舍刊行本。

茶香室經説十六卷，[清] 俞樾撰，春在堂全書本。

群經平義三十五卷，[清] 俞樾撰，春在堂全書本。

東塾讀書記，[清] 陳澧撰，上海古籍出版社，2012 年。

過庭録，[清] 宋翔鳳撰，皇清經解續編本。

開有益齋經説,［清］朱緒曾撰,皇清經解續編本。

讀書偶志,［清］鄒漢勛撰,皇清經解續編本。

經説略,［清］黃以周撰,皇清經解續編本。

群經説四卷,［清］黃以周撰,續修四庫全書本。

讀經劄記二卷,［清］張之洞撰,張文襄公全集本。

經學博采録六卷,［清］桂文燦纂,辛巳叢編本。

群經補證十八卷,［清］桂文燦纂,辛巳叢編本。

漢碑徵經一卷,［清］朱百度撰,廣雅書局刻本。

漢碑經義輯略二卷,［清］淳于鴻恩撰,光緒二十八年濟南刻本。

漢碑引經考六卷(附引緯考一卷),［清］皮錫瑞撰,師伏堂叢書本。

香草校書六十卷、續二十二卷,［清］于鬯撰,中華書局,1984 年。

博約齋經説三卷,［清］潘任撰,光緒二十年虞山潘氏叢書本。

經玩二十卷,［清］沈淑編,四庫全書存目叢書本。

讀俞氏經説隨筆十卷,［清］謝庭蘭撰,光緒年間刊本。

經譜甲編二卷、乙編一卷,［清］廖平撰,新訂六譯館叢書本。

新學僞經考十四卷,康有爲撰,中華書局,1988 年。

孔子改制考十四卷,康有爲撰,中華書局,1988 年。

經解入門八卷,章炳麟撰,天津市古籍書店影印本。

經學通誥五卷,葉德輝撰,民國四年湖南省教育會鉛印本。

群經大義相通論一卷,劉師培撰,劉申叔遺書本。

經學教科書,劉師培撰,劉申叔遺書本。

群經考略十五卷,姚永樸撰,民國排印本。

十三經注疏校勘記識語四卷,［清］汪文臺撰,光緒二年江西書局刻本。

十三經義疑十二卷,［清］吴浩撰,文淵閣四庫全書本。

十三經客難五十五卷,［清］龔元玠撰,道光江西刻本。

十三經遺文,［清］王朝榘撰,豫章叢書本。

十三經詁答問六卷,［清］馮登府撰,皇清經解續編本。

十三經字辨八卷,［清］陳鶴齡撰,四庫全書存目叢書本。

十一經音訓二十六卷,［清］楊國楨輯,道光十一年刊本。

十三經證異七十九卷,［清］萬希槐撰,天津古籍出版社,2020 年。

十三經提綱十三卷,唐文治撰,民國十三年刊本。

十三經注疏校勘記,［清］阮元撰、劉玉才主編,北京大學出版社,2014 年。

7. 小學

爾雅注疏十卷,［晉］郭璞注、［宋］邢昺疏,阮刻十三經注疏本。

爾雅注疏十卷,［晉］郭璞注、［宋］邢昺疏,上海古籍出版社,2010 年。

爾雅注三卷,［宋］鄭樵撰,毛氏汲古閣本。

爾雅新義二十卷,［宋］陸佃撰,三間草堂刊本。

爾雅義疏二十卷,［清］郝懿行撰,上海古籍出版社,1983 年。

爾雅正義二十卷,［清］邵晉涵撰,中華書局,2018 年。

爾雅草木蟲魚鳥獸釋例一卷,王國維撰,觀堂集林本。

爾雅詁林,朱祖延主編,湖北教育出版社,2014 年。

小爾雅疏八卷,［清］王煦撰,鼇翠山莊刊本。

小爾雅義證十三卷、附補遺一卷,［清］胡承珙撰,聚學軒叢書本。

廣雅疏證二十卷、補正一卷,［清］王念孫著、王引之述,中華書局,1983 年。

通雅五十二卷,［明］方以智撰,文淵閣四庫全書本。

說雅十九卷,［清］朱駿聲撰,光緒中上海坊間石印巾箱本。

說文解字三十卷,［東漢］許慎撰,中華書局,1963 年。

說文解字注三十卷(附六書音均表),［清］段玉裁撰,上海古籍出版社,1981 年。

說文通訓定聲十八卷,［清］朱駿聲撰,中華書局,1984 年。

說文解字義證五十卷,［清］桂馥撰,中華書局,2017 年。

說文解字句讀三十卷,［清］王筠撰,中華書局,1988 年。

說文解字繫傳四十卷,［南唐］徐鍇撰,龍威秘書本。

說文經字考辨證四卷,［清］郭慶藩撰,光緒二十年揚州刻本。

說文引經異同二十六卷、附錄二卷,［清］沈家本撰,沈寄簃先生遺書本。

釋名八卷,［東漢］劉熙撰,四部叢刊本。

釋名疏證八卷,［清］江聲(畢沅)撰,經訓堂叢書本。

釋名疏證補八卷,［清］王先謙撰,光緒二十二年長沙思賢書局刻本。

經典釋文三十卷,［唐］陸德明撰,上海古籍出版社,1985 年。

經典釋文考證三十卷,［清］盧文弨撰,抱經堂叢書本。

經典釋文校勘記二十七卷,［清］阮元撰,清嘉慶十三年文選樓刻本。

經典釋文序錄疏證,吳承仕撰,中華書局,1984 年。

經典釋文匯校,黃焯撰,中華書局,1980 年。

經典釋文音系,邵榮芬撰,學海出版社,1995 年。

群經音辨七卷,［宋］賈昌朝撰,四部叢刊續編本。

經籍纂詁一百六卷,［清］阮元撰,中華書局,1982 年。

經傳釋詞十卷,〔清〕王引之撰,中華書局,1958 年。

經傳釋詞續編(經傳釋詞補)二卷,〔清〕孫經世撰,道光二十三年刊本。

經詞衍釋十卷、補遺一卷,〔清〕吳昌瑩撰,道光二十三年刊本。

古書疑義舉例五種,〔清〕俞樾等撰,中華書局,1956 年。

原本玉篇殘卷,〔南朝梁〕顧野王撰,中華書局,1985 年。

宋本玉篇,〔南朝梁〕顧野王撰,北京市中國書店,1983 年。

正續一切經音義,〔唐〕釋慧琳,〔遼〕釋希麟撰,上海古籍出版社,1986 年。

汗簡三卷、目録叙略一卷,〔宋〕郭忠恕撰,廣雅書局叢書本。

宋本廣韻,〔宋〕陳彭年等撰,北京市中國書店,1982 年。

群經音辨,〔宋〕賈昌朝撰,叢書集成新編本,新文豐出版公司,1984 年。

隸釋二十七卷、隸續二十一卷,〔宋〕洪适撰,中華書局,1986 年。

五經文字三卷,〔唐〕張參撰,玲瓏山館叢刻本。

五經文字疑三卷,〔清〕孔繼涵撰,微波榭遺書本。

九經字樣一卷,〔唐〕唐玄度撰,玲瓏山館叢刻本。

九經字樣疑一卷,〔清〕孔繼涵撰,微波榭遺書本。

康熙字典四十二卷,漢語大字典出版社,2002 年。

廣韻五卷,〔宋〕陳彭年、丘雍等修撰,古逸叢書本。

音學五書,〔清〕顧炎武撰,中華書局,1982 年。

古韻標準四卷,〔清〕江永撰著、〔清〕戴震參訂,粵雅堂叢書本。

聲韻考四卷,〔清〕戴震撰,民國十二年渭南嚴氏刊本。

聲類表九卷,〔清〕戴震撰,民國十二年渭南嚴氏刊本。

詩聲類十二卷、附詩聲分例一卷,〔清〕孔廣森撰,顨軒孔氏所著書本。

音學十書,〔清〕江有誥撰,音韻學叢書本。

群經韻讀一卷,〔清〕江有誥撰,音韻學叢書本。

小學鉤沈十九卷,〔清〕任大椿輯、〔清〕王念孫校正,嘉慶二十二年汪氏刊本。

小學鉤沈續編八卷,〔清〕顧震福輯,光緒十八年刊本。

正字通,〔明〕張自烈撰,中國工人出版社,1996 年。

五經小學述二卷,〔清〕莊述祖撰,皇清經解續編本。

汗簡箋正八卷,〔清〕鄭珍撰,巢經巢全集本。

古文四聲韻五卷,〔宋〕夏竦撰,芋園叢書本。

漢代古文考一卷,王國維撰,廣倉學窘叢書本。

七經孟子考文補遺一百九十九卷,(日本)山井鼎撰、物觀補遺,叢書集成初編本。

許鄭經文異同詁九卷，［清］桑宣撰，鐵研齋叢書本。

汗簡注釋，黃錫全撰，武漢大學出版社，1990 年。

甲骨文編，中國社會科學院考古所撰，中華書局，1965 年。

甲骨文字研究，郭沫若撰，科學出版社，1982 年。

甲骨文字集釋，李孝定撰，臺北“中央研究院”歷史語言研究所，1965 年。

甲骨文字釋林，于省吾撰，中華書局，1979 年。

殷契粹編，郭沫若撰，科學出版社，1965 年。

金文編，容庚撰，中華書局，1985 年。

兩周金文辭大系圖録考釋，郭沫若撰，科學出版社，1957 年。

金文叢考，郭沫若撰，人民出版社，1952 年。

金文詁林，周法高撰，香港中文大學出版社，1977 年。

兩周金文虚詞集釋，崔永東撰，中華書局，1994 年。

碑别字新編，秦公輯，文物出版社，1985 年。

詞詮，楊樹達撰，上海古籍出版社，1986 年。

古書虚字集釋，裴學海撰，中華書局，1954 年。

古文字詁林，李圃主編，上海教育出版社，2004 年。

漢語大字典，徐中舒主編，四川辭書出版社、湖北辭書出版社，1986—1990 年。

漢語大辭典，羅竹風等編，漢語大辭典出版社，1995 年。

故訓匯纂，宗福邦主編，商務印書館，2007 年。

經籍舊音辨證，吳承仕撰，中華書局，1986 年。

隸定古文疏證，徐在國撰，安徽大學出版社，2002 年。

二、史　　部

史記，［漢］司馬遷撰，中華書局，1982 年。

漢書，［漢］班固撰，中華書局，1962 年。

後漢書，［南朝宋］范曄撰，中華書局，2000 年。

三國志，［晉］陳壽撰，中華書局，2011 年。

晉書，［唐］房玄齡等撰，中華書局，1996 年。

宋書，［南朝梁］沈約撰，中華書局，1974 年。

南齊書，［南朝梁］蕭子顯撰，中華書局，1996 年。

梁書，［唐］姚思廉撰，中華書局，1973 年。

陳書，［唐］姚思廉撰，中華書局，1972 年。

魏書,〔北齊〕魏收撰,中華書局,1997 年。

北齊書,〔唐〕李百藥撰,中華書局,1972 年。

周書,〔唐〕令狐德棻等撰,中華書局,1971 年。

隋書,〔唐〕魏徵等撰,中華書局,1997 年。

南史,〔唐〕李延壽撰,中華書局,1975 年。

北史,〔唐〕李延壽撰,中華書局,1974 年。

舊唐書,〔五代〕劉昫等撰,中華書局,1975 年。

新唐書,〔宋〕歐陽修、宋祁撰,中華書局,1975 年。

舊五代史,〔宋〕薛居正等撰,中華書局,1976 年。

新五代史,〔宋〕歐陽修撰,中華書局,1974 年。

宋史,〔元〕脫脫等撰,中華書局,1985 年。

遼史,〔元〕脫脫等撰,中華書局,1974 年。

金史,〔元〕脫脫等撰,中華書局,1975 年。

元史,〔明〕宋濂等撰,中華書局,1976 年。

明史,〔清〕張廷玉等撰,中華書局,1974 年。

清史稿,〔清〕趙爾巽等撰,中華書局,1998 年。

資治通鑑,〔宋〕司馬光撰,中華書局,2011 年。

續資治通鑑,〔清〕畢沅撰,上海古籍出版社,1987 年。

史記會注考證,(日)瀧川資言撰,上海古籍出版社,2015 年。

八家後漢書輯注,周天游輯注,上海古籍出版社,1986 年。

唐會要,〔宋〕王溥撰,上海古籍出版社,1991 年。

宋會要輯稿,〔清〕徐松輯,劉琳等點校,上海古籍出版社,2014 年。

漢書補注,〔清〕王先謙撰,中華書局,1983 年。

後漢書集解,〔清〕王先謙撰,中華書局,1984 年。

三國志集解,盧弼撰,中華書局,1982 年。

水經注疏,〔北魏〕酈道元注,〔清〕楊守敬等疏,江蘇古籍出版社,1989 年。

史通通釋,〔唐〕劉知幾撰,〔清〕浦起龍釋,上海古籍出版社,2009 年。

二十五史補編,二十五史刊行委員會,中華書局,1957 年。

通志,〔宋〕鄭樵撰,中華書局,1987 年。

通典,〔唐〕杜佑撰,中華書局,1982 年。

文獻通考,〔元〕馬端臨撰,中華書局,2011 年。

文史通義,〔清〕章學誠撰,上海書店出版社,1988 年。

廿二史劄記校正,〔清〕趙翼撰,王樹民校證,中華書局,1984 年。

廿二史考異,〔清〕錢大昕撰,上海古籍出版社,2004 年。

十七史商榷,〔清〕王鳴盛撰,上海書店出版社,2005 年。

中國歷史紀年表,萬國鼎編,中華書局,1978 年。

中國歷史紀年表,方詩銘編,上海書店出版社,2013 年。

簡明歷代官制辭典,安作璋主編,齊魯書社,1990 年。

中國歷代官制(增訂本),鹿諝慧、曲萬法、孔令紀編,齊魯書社,2013 年。

四庫全書總目,〔清〕永瑢等撰,中華書局,1965 年。

續修四庫全書總目提要稿本,齊魯書社,1996 年。

續修四庫全書提要,王雲五主編,臺灣商務印書館,1972 年。

續修四庫全書總目提要・經部,單承彬主編,上海古籍出版社,2016 年。

漢書藝文志注釋彙編,陳慶中撰,中華書局,1983 年。

隋書經籍志考證,〔清〕章宗源撰,清華大學出版社,2012 年。

隋書經籍志考證,〔清〕姚振宗撰,清華大學出版社,2012 年。

宋史藝文志考證,陳樂素,廣東人民出版社,2002 年。

郡齋讀書志校證,〔宋〕晁公武著,孫猛校證,上海古籍出版社,1990 年。

直齋書錄解題,〔宋〕陳振孫撰,徐小蠻、顧美華點校,上海古籍出版社,2015 年。

遂初堂書目,〔宋〕尤袤撰,商務印書館,1935 年。

文淵閣書目,〔明〕楊士奇等編,中華書局,1985 年。

千頃堂書目,〔清〕黃虞稷撰,瞿鳳起、潘景鄭整理,上海古籍出版社,1990 年。

鄭堂讀書記,〔清〕周中孚撰,中華書局,1993 年。

二十五史藝文經籍志考補萃編,清華大學出版社,2012 年。

唐鑑,〔宋〕范祖禹,上海古籍出版社,1984 年。

資治通鑑綱目,〔宋〕朱熹撰,北京圖書館出版社,2005 年。

清史稿藝文志及補編,章鈺等撰,武作成補編,中華書局,1982 年。

清史稿藝文志拾遺,王紹曾、杜澤遜、王承略編,中華書局,2000 年。

經義考,〔清〕朱彝尊撰,林慶彰等校正,上海古籍出版社,2010 年。

中國古籍總目,中國古籍總目編纂委員會,中華書局、上海古籍出版社,2012 年。

中國古籍善本書目,中國古籍善本書目編委會,上海古籍出版社,1989 年。

中國善本書提要,王重民撰,上海古籍出版社,1983 年。

中國叢書綜錄,上海圖書館編,上海古籍出版社,1982 年。

四庫提要辨證,余嘉錫著,中華書局 1980 年。

中國歷代年譜總錄(增訂本),楊殿珣編,書目文獻出版社,1996 年。

中國版刻圖錄,趙萬里、徐蜀編,文物出版社,2015 年。

中國地方志聯合目録,中國科學院北京天文臺主編,中華書局,1985 年。

宋人傳記資料索引,王德毅編,中華書局,1988 年。

宋人傳記資料索引補編,李國玲編,四川大學出版社,1994 年。

元人傳記資料索引,王德毅編,新文豐出版公司,1980 年。

明人傳記資料索引,"中央圖書館"編印,1978 年。

明清進士題名碑録索引,朱保炯、謝沛霖,上海古籍出版社,2006 年。

名臣碑傳琬琰集,〔宋〕杜大珪編,文海出版社,1969 年。

碑傳集,〔清〕錢儀吉纂,靳斯校點,中華書局,1993 年。

續碑傳集,〔清〕繆荃孫編,王興康整理,上海人民出版社,2019 年。

唐人佚事彙編,周勛初等編,上海古籍出版社,2006 年。

宋人佚事彙編,丁傳靖編,中華書局,1981 年。

宋稗類鈔,潘永因撰,書目文獻出版社,1985 年。

清稗類鈔,徐珂撰,中華書局,1996 年。

兩漢三國學案,唐晏撰,中華書局,1986 年。

魏晉學案,楊世文撰,人民出版社,2013 年。

宋元學案,〔清〕黄宗羲著,中華書局,1986 年。

宋元學案補遺,〔清〕王梓材、馮雲濠撰,人民出版社,2012 年。

明儒學案,〔清〕黄宗羲著,中華書局,1985 年。

清儒學案,徐世昌撰,人民出版社,2013 年。

三、子 部

論語集釋,程樹德撰,中華書局,2014 年。

孟子正義,〔清〕焦循撰,中華書局,2015 年。

孔子集語校注,郭沂校注,中華書局,2017 年。

四書章句集注,〔宋〕朱熹撰,中華書局,2012 年。

老子校釋,朱謙之撰,中華書局,1984 年。

管子校注,黎翔鳳撰,中華書局,2004 年。

墨子間詁,〔清〕孫詒讓撰,中華書局,2001 年。

墨子校注,吴毓江撰,中華書局,2006 年。

莊子集釋,〔清〕郭慶藩撰,中華書局,1982 年。

莊子集解,〔清〕王先謙撰,中華書局,2012 年。

列子集釋,楊伯峻撰,中華書局,1979 年。

荀子集解,〔清〕王先謙撰,中華書局,1988 年。

荀子簡釋,梁啓雄撰,中華書局,1983 年。

孔叢子校釋,傅亞庶撰,中華書局,2011 年。

韓非子集解,〔清〕王先慎撰,中華書局,2013 年。

晏子春秋集釋,吳則虞撰,中華書局,1982 年。

吕氏春秋集釋,許維遹撰,中華書局,2009 年。

鹽鐵論校注,〔漢〕桓寬撰,王利器撰,中華書局,1992 年。

淮南鴻烈集解,〔漢〕劉安撰,劉文典撰,中華書局,2013 年。

淮南子集釋,〔漢〕劉安撰,何寧撰,中華書局,1998 年。

春秋繁露義證,〔清〕蘇輿撰,中華書局,1992 年。

新序校釋,〔漢〕劉向撰,石光瑛校釋,中華書局,2017 年。

法言義疏,〔漢〕揚雄撰,汪榮寶疏,中華書局,2014 年。

白虎通疏證,〔清〕陳立撰,中華書局,1994 年。

潛夫論箋校正,〔漢〕王符撰,〔清〕汪繼培箋,彭鐸校正,中華書局,1985 年。

論衡校釋(附劉盼遂集解),〔漢〕王充撰,黃暉撰,中華書局,1990 年。

風俗通義校注,〔漢〕應劭撰,王利器校注,中華書局,2010 年。

世説新語箋疏,〔南朝宋〕劉義慶撰,〔南朝梁〕劉孝標注,余嘉錫箋疏,中華書局,
　　1983 年。

抱朴子外篇校釋,〔晉〕葛洪撰,楊明照校釋,中華書局,1991 年。

顔氏家訓集解,〔北齊〕顔之推撰,王利器集解,中華書局,1993 年。

文中子中説,〔隋〕王通撰,鳳凰出版社,2017 年。

初學記,〔唐〕徐堅撰,中華書局,1981 年。

藝文類聚,〔唐〕歐陽詢撰,上海古籍出版社,1995 年。

太平御覽,〔宋〕李昉等,上海古籍出版社,1994 年。

朱子語類,〔宋〕黎靖德編,中華書局,1986 年。

習學記言,〔宋〕葉適撰,上海古籍出版社,1992 年。

容齋隨筆,〔宋〕洪邁撰,上海古籍出版社,1998 年。

困學紀聞,〔宋〕王應麟著,〔清〕閻若璩等注,上海古籍出版社,2015 年。

學齋占畢(外六種),〔宋〕史繩祖撰,上海古籍出版社,1992 年。

識遺,〔宋〕羅璧著,岳麓書社 2010 年。

玉海藝文校證,〔宋〕王應麟撰,鳳凰出版社,2013 年。

圖書編,〔明〕章潢撰,廣陵書社 2011 年。

日知錄集釋,〔清〕顧炎武著,黄汝成集釋,上海古籍出版社,1985 年。

過庭録,〔清〕宋翔鳳撰,中華書局,1986 年。

癸巳類稿,〔清〕俞正燮撰,遼寧教育出版社,2001 年。

癸巳存稿,〔清〕俞正燮撰,遼寧教育出版社,2003 年。

勸學篇,〔清〕張之洞著,廣西師範大學出版社,2008 年。

東塾讀書記,〔清〕陳澧著,上海古籍出版社,2012 年。

四、集   部

楚辭集注,〔宋〕朱熹撰,上海古籍出版社,1979 年。

全上古三代秦漢三國六朝文,〔清〕嚴可均輯,中華書局,1985 年。

文選,〔唐〕李善注,上海古籍出版社,1986 年。

全唐文,〔清〕董誥等編,上海古籍出版社,1990 年。

王弼集校釋,〔三國〕王弼撰,樓宇烈校釋,中華書局,1980 年。

韓愈文集匯校箋注,〔唐〕韓愈撰,劉真倫、岳珍校注,中華書局,2010 年。

柳宗元集校注,〔唐〕柳宗元撰,尹占華、韓文奇校注,中華書局,2013 年。

新刊權載之文集,〔唐〕權德輿撰,上海古籍出版社,2013 年。

歐陽修全集,〔宋〕歐陽修撰,李逸安點校,中華書局,2001 年。

范仲淹全集,〔宋〕范仲淹撰,李勇先、劉琳、王蓉貴點校,中華書局,2020 年。

臨川先生文集,〔宋〕王安石撰,中華書局,1959 年。

司馬光集,〔宋〕司馬光撰,李文澤、霞紹輝點校,四川大學出版社,2010 年。

周敦頤集,〔宋〕周敦頤撰,中華書局,2002 年。

邵雍集,〔宋〕邵雍撰,中華書局,2010 年。

邵雍全集,〔宋〕邵雍撰,上海古籍出版社,2016 年。

三蘇全書,〔宋〕蘇洵、蘇軾、蘇轍撰,曾棗莊、舒大剛主編,語文出版社,2001 年。

二程集,〔宋〕程顥、程頤撰,中華書局,1981 年。

張載集,〔宋〕張載撰,中華書局,1978 年。

嵩山文集,〔宋〕晁説之撰,四部叢刊續編本。

斐然集 崇正辨,〔宋〕胡寅撰,中華書局,1993 年。

胡宏集,〔宋〕胡宏撰,中華書局,1987 年。

陸九淵集,〔宋〕陸九淵撰,中華書局,1980 年。

陳亮集,〔宋〕陳亮撰,中華書局,1978 年。

葉適集,〔宋〕葉適撰,中華書局,1985 年。

張栻集,〔宋〕張栻撰,中華書局,1985 年。

止齋先生文集，［宋］陳傅良撰，四部叢刊本。

攻媿集，［宋］樓鑰撰，浙江古籍出版社，2010 年。

朱子全書，［宋］朱熹撰，朱傑人等主編，上海古籍出版社，2010 年。

鶴山先生大全集，［宋］魏了翁撰，四部叢刊本。

魯齋集，［宋］王柏撰，商務印書館，1936 年。

黃氏日鈔，［宋］黃震撰，文淵閣四庫全書本。

吳文正集，［元］吳澄撰，文淵閣四庫全書本。

王陽明全集，［明］王守仁撰，吳光等編校，上海古籍出版社，2014 年。

澹園集，［明］焦竑撰，中華書局，1999 年。

楊升庵叢書，［明］楊慎撰，王文才主編，天地出版社，2002 年。

船山全書，［明］王夫之著，岳麓書社 2011 年。

顧亭林詩箋釋，［清］顧炎武撰，王冀民箋釋，中華書局，2017 年。

黃宗羲全集，［清］黃宗羲著，沈善洪、吳光編校，浙江古籍出版社，2005 年。

顧炎武全集，［清］顧炎武撰，徐德明等校點，上海古籍出版社，2011 年。

船山全書，［清］王夫之撰，岳麓書社 2012 年。

牧齋初學集，［清］錢謙益撰，上海古籍出版社，1985 年。

牧齋有學集，［清］錢謙益撰，上海古籍出版社，1996 年。

全祖望集匯校集注，［清］全祖望撰，朱鑄禹注，上海古籍出版社，2000 年。

曝書亭集，［清］朱彝尊撰，四部叢刊本。

通志堂集，［清］納蘭性德撰，上海古籍出版社，1979 年。

方苞集，［清］方苞撰，上海古籍出版社，1983 年。

揅經室集，［清］阮元撰，鄧經元點校，中華書局，1993 年。

雕菰集，［清］焦循撰，中華書局，1985 年。

抱經堂文集，［清］盧文弨撰，王文錦點校，中華書局，1996 年。

嚴可均集，［清］嚴可均撰，浙江古籍出版社，2013 年。

戴震集，［清］戴震撰，上海古籍出版社，1980 年。

問字堂集岱南閣集，［清］孫星衍撰，中華書局，1996 年。

惜抱軒詩文集，［清］姚鼐撰，上海古籍出版社，1992 年。

校禮堂文集，［清］凌廷堪著，中華書局，2016 年。

劉禮部集，［清］劉逢祿撰，北京大學出版社，2016 年。

陳壽祺全集，［清］陳壽祺撰，廣陵書社 2017 年。

龔自珍全集，［清］龔自珍撰，上海古籍出版社，2000 年。

魏源集，［清］魏源撰，中華書局，2009 年。

魏源全集,〔清〕魏源撰,岳麓書社,2011 年。

湘綺樓文集,〔清〕王闓運著,岳麓書社,1996 年。

廖平全集,〔清〕廖平著,上海古籍出版社,2015 年。

康有爲全集,〔清〕康有爲著,上海古籍出版社,1987 年。

皮錫瑞全集,〔清〕皮錫瑞,中華書局,2015 年。

張之洞全集,〔清〕張之洞著,河北人民出版社,1998 年。

春在堂全書,〔清〕俞樾著,鳳凰出版社,2010 年。

劉申叔遺書,劉師培著,鳳凰出版社,1997 年。

飲冰室合集,梁啓超著,中華書局,2015 年。

羅雪堂先生全集,羅振玉著,臺北文華出版公司 1969 年。

觀堂集林,王國維著,中華書局,1959 年。

王國維遺書,王國維著,上海古籍出版社,1983 年。

章太炎全集,章炳麟著,上海人民出版社,2014 年。

范文瀾歷史論文選集,范文瀾著,中國社會科學出版社,1979 年。

蒙文通文集,蒙文通著,蒙默編,巴蜀書社 1987—1999 年。

訒庵學術講論集,張舜徽著,岳麓書社 1992 年。

徐中舒歷史論文選集,徐中舒著,中華書局,1998 年。

容肇祖集,容肇祖著,齊魯書社 1989 年。

選堂集林,饒宗頤著,香港中華書局,1982 年。

固庵文録,饒宗頤著,新文豐出版公司,1989 年。

于省吾著作集,于省吾著,中華書局,2009 年。

裘錫圭學術文集,裘錫圭著,復旦大學出版社,2012 年。

金景芳全集,金景芳著,上海古籍出版社,2015 年。

李學勤文集,李學勤著,江西教育出版社,2018 年。

五、其　　他

經學歷史,皮錫瑞著,周予同注釋,中華書局,1959 年。

經學通論,皮錫瑞著,中華書局,1954 年。

經學通論,皮錫瑞著,吳仰湘點校,中華書局,2018 年。

經學通論,皮錫瑞著,周春健校注,華夏出版社,2011 年。

經學通論校注,皮錫瑞著,張金平校注,中國社會科學出版社,2019 年。

群經概論,范文瀾著,樸社,1933 年。

中國經學史,馬宗霍著,商務印書館,1937 年。

兩漢經學今古文平議,錢穆著,商務印書館,2001 年。

經今古文字考,金建德著,齊魯書社,1986 年。

司馬遷所見書考,金建德著,上海人民出版社,1963 年。

周予同經學史論著選集(增訂本),周予同著,上海人民出版社,1996 年。

徐復觀論經學史二種,徐復觀著,上海書店出版社,2002 年。

中國經學史論文選集,林慶彰編,臺北文史哲出版社,1990 年、1993 年。

五經哲學及其文化學的闡釋,嚴正著,齊魯書社,2001 年。

尚秉和易學全書,尚秉和著,張善文校理,中華書局,2020 年。

周易哲學,朱謙之著,上海學術研究會,1926 年。

周易古義,楊樹達著,上海古籍出版社,1991 年。

周易解題及其讀法,錢基博著,上海書店出版社,1991 年。

易經語文解,許舜屏輯注,上海錦章書局,1931 年。

周易史論,孔廣海著,上海明善書局,1932 年。

易學會通,蘇淵雷著,上海世界書局,1935 年。

雙劍誃易經新證,于省吾著,于氏排印本,1937 年。

雕菰樓易義,程石泉著,上海商務印書館 1940 年。

易學新探,程石泉著,臺北文行出版社,1979 年。

易辭新詮,程石泉著,上海古籍出版社,2000 年。

易學討論集,李證剛等著,商務印書館,1941 年。

周易古經通說,高亨著,中華書局,1958 年。

周易大傳今注,高亨著,齊魯書社,1979 年;1998 年再版。

周易古經今注重訂本,高亨著,中華書局,1987 年。

易通,金景芳著,商務印書館,1945 年。

周易講座,金景芳講述,呂紹綱整理,吉林大學出版社,1987 年。

學易四種,金景芳著,吉林文史出版社,1987 年。

周易全解,金景芳、呂紹綱著,吉林大學出版社,1989 年。

周易繫辭傳新編詳解,金景芳著,遼海出版社,1998 年。

易學新論,嚴靈峰著,福州左海學術研究社,1947 年。

無求備齋易學集成,嚴靈峰編,臺北成文出版社,1976 年。

馬王堆帛書易經初步研究,嚴靈峰著,臺北成文出版社,1980 年。

周易雜卦證解,周善培著,上海文通書局,1948 年。

先秦漢魏易例述評,屈萬里著,臺灣學生書局,1969 年。

周易集釋初稿,屈萬里著,臺北聯經出版事業公司,1981年。

周易卦爻辭釋義,李漢三著,臺北中華叢書編審委員會,1969年。

周易探原,鄭衍通著,臺北教育出版社,1971年。

周易理解,傅隸樸著,臺灣中華書局,1973年。

周易舊音辨證,吳承仕著,臺北成文出版社,1976年。

周易探源,李鏡池著,中華書局,1978年。

周易通義,李鏡池著,中華書局,1981年。

細說易經,徐芹庭著,中國書店1999年。

易學探原經傳集解,黃元炳著,臺北集文書局,1977年。

周易經傳象義闡釋,朱維煥著,臺灣學生書局,1980年。

易經研究論集,林尹等著,臺北黎明文化事業公司,1981年。

周易原義新證釋,孫再生著,臺北正中書局,1981年。

周易新論,宋祚胤著,湖南教育出版社,1982年。

周易譯注與考辨,宋祚胤著,湖南人民出版社,1987年。

周易經傳異同,宋祚胤著,湖南師範大學出版社,1991年。

周易大傳新注,徐志銳著,齊魯書社,1986年。

周易縱橫錄,唐明邦等編,湖北人民出版社,1986年。

帛書周易校釋,鄧球柏著,湖南人民出版社,1987年。

周易研究論文集(共4輯),黃壽祺、張善文編,北京師範大學出版社,1987—
　　1991年。

周易譯注,黃壽祺、張善文著,上海古籍出版社,1989年。

易學大辭典,張其成主編,華夏出版社,1992年。

周易辭典,呂紹綱主編,吉林大學出版社,1992年。

周易辭典,張善文主編,上海古籍出版社,1995年。

歷代易家與易學要籍,張善文著,福建人民出版社,1998年。

周易概論,劉大鈞著,齊魯書社,1988年。

大易集述,劉大鈞主編,巴蜀書社,1998年。

象數易學研究(第1輯),劉大鈞主編,齊魯書社,1996年。

象數易學研究(第2輯),劉大鈞主編,齊魯書社,1997年。

周易導讀,黎子耀著,巴蜀書社,1990年。

周易譯注,周振甫著,中華書局,1991年。

周易研究史,廖名春、康學偉、梁韋弘著,湖南出版社,1991年。

周易經傳溯源,李學勤著,長春出版社,1992年。

帛書周易注釋,張立文著,中州古籍出版社,1992 年。

帛易説略,韓仲民著,北京師範大學出版社,1992 年。

易學書目,山東省圖書館編,齊魯書社,1993 年。

易廬易學書目,盧松安編,山東省圖書館整理,齊魯書社,1999 年。

易學哲學史,朱伯崑著,華夏出版社,1995 年。

易經古歌考釋,黃玉順著,巴蜀書社 1995 年。

周易辨證,馬恒君著,河北人民出版社,1995 年。

兩漢象數易學研究,劉玉建著,廣西教育出版社,1996 年。

易學源流,鄭萬耕著,瀋陽出版社,1997 年。

周易與易圖,李申著,瀋陽出版社,1997 年。

内聖外王的貫通——北宋易學的現代詮釋,余敦康著,學林出版社,1997 年。

周易六十四卦通釋,朱高正著,華東師範大學出版社,1999 年。

帛書周易研究,邢文著,人民出版社,1997 年。

中國古代易學叢書,王立文等編,中國書店,1998 年。

象數易學發展史,林忠軍著,齊魯書社 1998 年。

易道,張其成著,中國書店,1999 年。

易經釋詁,朱方栩著,廣西師範大學出版社,1999 年。

敦煌本易書詩考略,陳鐵凡著,孔孟學報 1969 年 4 月第 17 期。

周易異文校證,吳新楚著,廣東人民出版社,2001 年。

二十世紀中國易學史,楊慶中著,人民出版社,2000 年。

周易經傳與易學史新論,廖名春著,齊魯書社,2001 年。

今帛竹書周易綜考,劉大鈞著,上海古籍出版社,2005 年。

楚竹書周易研究,濮茅左著,上海古籍出版社,2006 年。

周易文字彙校集釋,侯乃峰著,臺灣古籍出版有限公司,2009 年。

周易本經彙校新解,黃懷信著,清華大學出版社,2014 年。

周易今古文考證,陳居淵著,商務印書館,2015 年。

考古發現與易學源流研究,張金平著,中國社會科學出版社,2015 年。

周易經傳校異,楊軍著,中華書局,2018 年。

觀堂學書記,王國維講,劉盼遂記,清華國學論叢二卷一號。

静安先生尚書講授記,王國維講,吳其昌記,清華國學論叢一卷三號。

古史新證:王國維最後的講義,王國維著,清華大學出版社,1994 年。

尚書覈詁,楊筠如著,陝西人民出版社,1959 年。

禹貢集解,尹世積著,商務印書館,1957 年。

禹貢新解,辛樹幟著,農業出版社,1964 年。

古文尚書研究,(日本)小林信明著,東京大修館書店,1958 年。

尚書標識,(日本)東條一堂著,湯島聖堂內書籍文物流通會,1962 年。

真古文尚書集釋,(日本)加藤常賢著,明治書院,1964 年。

尚書正讀,曾運乾著,中華書局,1964 年。

雙劍誃尚書新證,于省吾著,中華書局,2009 年。

尚書集釋,屈萬里著,臺灣聯經出版公司,1983 年。

尚書通論,陳夢家著,中華書局,1985 年。

尚書綜述,蔣善國著,上海古籍出版社,1988 年。

尚書文字合編,顧頡剛、顧廷龍輯,上海古籍出版社,1996 年。

尚書文字校詁,臧克和著,上海教育出版社,1999 年。

尚書校釋譯論,顧頡剛、劉起釪著,中華書局,2005 年。

史記述尚書研究,古國順著,臺北文史哲出版社,1985 年。

尚書源流及傳本考,劉起釪著,遼寧大學出版社,1997 年。

尚書學史(訂補修訂本),劉起釪著,中華書局,2017 年。

尚書學史,程元敏著,五南圖書出版有限公司,1997 年。

周秦尚書學研究,馬士遠著,中華書局,2008 年。

兩漢尚書學研究,馬士遠著,中國社會科學出版社,2014 年。

今文尚書周書異文研究及彙編,趙成傑著,蘭臺出版社,2015 年。

審核古文《尚書》案,張岩著,中華書局,2006 年。

中國學術史奇觀:偽古文尚書真相,楊善群著,上海人民出版社,2019 年。

唐寫殘本尚書釋文考證,龔道耕著,華西協合大學活字排印本。

敦煌本商書校證,陳鐵凡著,長期發展科學委員會,1965 年。

敦煌殘卷古文尚書校注,吳福熙著,甘肅人民出版社,1992 年。

魏石經尚書殘字集證,屈萬里著,"中央研究院"歷史語言研究所,1999 年。

尚書辭典,周民編,四川人民出版社,1993 年。

詩經學,胡樸安著,商務印書館,1928 年。

詩經六論,張西堂著,商務印書館,1957 年。

國風毛序朱傳異同考析,李家樹著,香港學津出版社,1979 年。

國風毛序朱傳異同考析,李家樹著,香港學津出版社,1979 年。

詩經研究史概要,夏傳才著,中州書畫社,1982 年。

詩經研究反思,趙沛霖著,天津教育出版社,1989 年。

詩經注析,程俊英、蔣見元著,中華書局,1991 年。

思無邪齋詩經論稿,夏傳才著,學苑出版社,2000 年。

二十世紀詩經研究文獻目録,寇淑慧編,學苑出版社,2001 年。

詩經異文研究,陸錫興著,中國社會科學出版社,2001 年。

詩經學史,洪湛侯著,中華書局,2002 年。

歷代詩經論説述評,馮浩非著,中華書局,2003 年。

詩經異文輯考,程燕著,北京師范大學出版社,2010 年。

詩經異文匯考辯證,袁梅著,齊魯書社,2013 年。

敦煌詩經卷子研究論文集,潘重規著,香港新亞研究所,1970 年。

敦煌詩集殘卷輯考,徐俊著,中華書局,2000 年。

阜陽漢簡詩經研究,胡平生、韓自强 編著,上海古籍出版社,1988 年。

孔子詩論述學,劉信芳著,安徽大學出版社,2003 年。

上海博物館藏戰國楚竹書詩論解義,黃懷信著,社會科學文献出版社,2004 年。

金石簡帛詩經研究,于茀著,北京大學出版社,2004 年。

楚簡與先秦詩學研究,曹建國著,武漢大學出版社,2010 年。

上博簡詩論研究,晁福林著,商務印書館 2013 年。

詩經辭典,董治安主編,山東教育出版社,1989 年。

周禮譯注,吕友仁著,中州古籍出版社,2000 年。

周禮譯注,楊天宇著,上海古籍出版社,2004 年。

儀禮譯注,杨天宇著,上海古籍出版社,2016 年。

禮記校證,王夢鷗著,臺北藝文出版社,1976 年。

禮記譯注,杨天宇著,上海古籍出版社,1997 年。

禮記今注今譯,王夢鷗注,新世界出版社,2011 年。

禮記講讀,吕友仁著,華東師范大學出版社 2020 年。

周禮書中有關農業條文的解釋,夏緯瑛著,農業出版社,1979 年。

周禮研究,侯家駒著,臺北聯經出版事業公司,1987 年。

周禮主體思想與成書年代研究,彭林著,中國社會科學出版社,1991 年。

周禮制度淵源與成書年代新考,郭偉川著,國家圖書館出版社,2016 年。

周禮經注疏音義校勘記,(日) 加藤虎之亮著,中西書局,2016 年。

儀禮服飾考辨,王關仕著,臺北文史哲出版社,1977 年。

儀禮喪服考論,丁鼎著,社會科學文獻出版社,2003 年。

儀禮喪服服叙變除圖釋,徐淵著,中華書局,2017 年。

禮記目録後案,任銘善著,齊魯書社 1982 年。

禮記成書考,王鍔著,中華書局,2007 年。

禮記版本研究,王鍔著,中華書局,2018年。

大戴禮記匯校集注,黃懷信著,三秦出版社,2005年。

大戴禮記匯校集解,方向東著,中華書局,2008年。

二十世紀中國禮學研究論集,陳其泰等編,學苑出版社,1998年。

宗周禮樂文明考論,沈文倬著,浙江大學出版社,1999年。

考工記營國制度研究,賀業矩著,中國建築工業出版社,1985年。

禮學研究的諸面向,葉國良著,臺北清華大學出版社,2010年。

禮學研究的諸面向續集,葉國良著,臺北清華大學出版社,2017年。

清代儀禮文獻研究,鄧聲國著,上海古籍出版社,2006年。

宋代禮記學研究,潘斌著,吉林人民出版社,2011年。

賈公彥儀禮疏研究,李洛旻著,萬卷樓圖書股份有限公司,2017年。

欽定禮記義疏研究,瞿林江著,廣陵書社2017年。

鄭學叢著,張舜徽著,華中師範大學出版社,2005年。

鄭玄辭典,唐文編,語文出版社,2004年。

鄭玄三禮注研究,楊天宇著,中國社會科學出版社,2008年。

三禮鄭氏學發凡,李雲光著,臺北嘉新水泥公司文化基金會,1966年。

三禮研究論集,李曰綱等著,黎明文化事業股份有限公司1981年。

三禮名物通釋,錢玄著,江蘇古籍出版社,1987年。

三禮辭典,錢玄、錢興奇編,江蘇古籍出版社,1998年。

三禮通論,錢玄著,南京師範大學出版社,1996年。

三禮研究論著提要(增訂本),王鍔編,甘肅教育出版社,2007年。

左傳疏證,徐仁甫著,四川人民出版社,1981年。

春秋三傳比義,傅隸樸著,中國友誼出版社,1984年。

春秋左傳辭典,楊伯峻、徐提編,中華書局,1985年。

春秋宋學發微,宋鼎宗著,臺北文史哲出版社,1986年。

春秋左傳注,楊伯峻著,中華書局,1986年。

春秋三傳及國語之綜合研究,顧頡剛講授,劉起釪筆記,巴蜀書社1988年。

春秋左傳學史稿,沈玉成、劉寧著,江蘇古籍出版社,1992年。

春秋經傳研究,趙生群著,上海古籍出版社,2000年。

春秋學史,趙伯雄著,山東教育出版社,2004年。

敦煌寫卷春秋經傳集解校證,李索著,中國社會科學出版社,2005年。

公羊學引論,蔣慶著,遼寧教育出版社,1995年。

公羊學發展史,黃開國著,人民出版社,2013年。

中國孟學詮釋史論,黃俊傑著,社會科學文獻出版社,2004 年。

國故論衡,章太炎著,上海古籍出版社,2003 年。

章太炎學術論集,傅傑編,中國社會科學出版社,1997 年。

古史辨,顧頡剛等編,上海古籍出版社,1982 年影印本。

古籍考辨叢刊,顧頡剛編,中華書局,1955 年。

顧頡剛學術文化隨筆,顧頡剛著,中國青年出版社,1998 年。

崔東壁遺書,顧頡剛編訂,上海古籍出版社,1983 年。

新學僞經考,康有爲著,中華書局,1956 年。

孔子改制考,康有爲著,中華書局,1958 年。

先秦經籍考,江俠庵編譯,上海文藝出版社,1990 年。

僞書通考,張心澂著,商務印書館 1939 年。

續僞書通考,鄭良樹著,臺灣學生書局,1984 年。

古史續辨,劉起釪著,中國社會科學出版社,1991 年。

中國古文獻學史,孫欽善著,中華書局,1994 年。

中國近三百年疑古思潮研究,路新生著,上海人民出版社,2001 年。

二十世紀疑古思潮,吳少瑉、趙金昭主編,學苑出版社,2003 年。

二十世紀歷史文獻研究,王子今著,清華大學出版社,2002 年。

簡帛古書與學術源流,李零著,生活・讀書・新知三聯書店,2004 年。

中國哲學史,馮友蘭著,商務印書館,1934 年。

中國思想通史,侯外廬、趙紀彬、杜國庠等著,人民出版社,1957 年。

宋明理學史,侯外廬、邱漢生、張豈之主編,人民出版社,1997 年。

中國現代學術經典(黃侃、劉師培卷),劉夢溪主編,河北教育出版社,1996 年。

走出疑古時代,李學勤著,遼寧教育出版社,1997 年。

失落的文明,李學勤著,上海文藝出版社,1997 年。

簡帛佚籍與學術史,李學勤著,江西教育出版社,2001 年。

古文獻叢論,李學勤著,上海遠東出版社,1996 年。

文字學概要,裘錫圭著,商務印書館,2018 年。

宗周社會與禮樂文明,楊向奎著,人民出版社,1995 年。

古代宗教與倫理——儒家思想的根源,陳來著,生活・讀書・新知三聯書店,
1996 年。

古代思想文化的世界——春秋時代的宗教、倫理與社會思想,陳來著,生活・讀
書・新知三聯書店,2002 年。

郭店竹簡與先秦學術思想,郭沂著,上海教育出版社,2001 年。

中國人性論史,徐復觀著,九州出版社,2014 年。

兩漢思想史,徐復觀著,學生書局,1979 年。

漢代思想史,金春峰著,中國社會科學出版社,1997 年。

宋明理學,陳來著,生活·讀書·新知三聯書店,2011 年。

宋明經學史,章權才著,廣東人民出版社,1999 年。

宋代經學之研究,汪惠敏著,"國立編譯館"主編,1989 年。

朱子新學案,錢穆著,巴蜀書社,1987 年。

朱熹年譜長編,束景南著,華東師範大學出版社,2001 年。

明代經學研究論集,林慶彰著,華東師範大學出版社,2015 年。

中國近三百年學術史,梁啓超著,中華書局,2019 年。

中國近三百年學術史,錢穆著,商務印書館 1997 年。

清代今文經學新論,黃開國著,人民出版社,2017 年。

從六藝到十三經——以經目演變爲中心,程蘇東著,北京大學出版社,2018 年。

宋本群經義疏的編校與刊印,李霖著,中華書局,2019 年。

宋代經書注疏刊刻研究,張麗娟著,北京大學出版社,2013 年。

經學研究論著目録(1912—1987),林慶彰主編,臺北漢學研究中心,1989 年。

經學研究論著目録(1988—1992),林慶彰主編,臺北漢學研究中心,1999 年。

經學研究論著目録(1993—1997),林慶彰主編,臺北漢學研究中心,2002 年。

現存宋人著述總録,劉琳、沈治宏編,巴蜀書社,1995 年。

四庫大辭典,李學勤、呂文郁主編,吉林大學出版社,1996 年。

經學辭典,黃開國編,四川人民出版社,1995 年。

十三經索引,葉紹鈞主編,中華書局,1983 年。

十三經辭典,十三經辭典編纂委員會編,陝西人民出版社,2012 年。

疑難字考釋與研究,楊寶忠著,中華書局,2005 年。

緯書集成,(日本)安居香山、中村璋八編,河北人民出版社,1994 年。

緯書集成,本社編,上海古籍出版社,1994 年。

歷代石經研究資料輯刊,賈貴榮輯,北京圖書館出版社,2005 年。

敦煌經籍叙録,許建平著,中華書局,2006 年。

敦煌經學文獻研究論稿,許建平著,浙江大學出版社,2016 年。

敦煌經部文獻合集,張湧泉主編/審訂,中華書局,2008 年。

吐魯番文獻合集(儒家經典卷) 王啓濤主編,巴蜀書社 2017 年。

郭店簡與儒學研究(中國哲學第二十一輯),遼寧教育出版社,2000 年。

郭店竹簡文本研究綜論,劉傳賓著,上海古籍出版社,2017 年。

上博楚簡儒學文獻校理,侯乃峰著,上海古籍出版社,2018 年。

清華簡與先秦經學文獻研究,姚小鷗著,生活・讀書・新知三聯書店,2016 年。

清華簡與儒家經典國際學術研討會論文集,江林昌、孫進主編,上海古籍出版社,
　2017 年。